I0804504

COMENTARIO MACARTHUR DEL NUEVO TESTAMENTO

1 Y 2 TESALONICENSES, 1 Y 2 TIMOTEO, TITO

JOHN MACARTHUR

EDITORIAL PORTAVOZ

La misión de *Editorial Portavoz* consiste en proporcionar productos de calidad —con integridad y excelencia—, desde una perspectiva bíblica y confiable, que animen a las personas a conocer y servir a Jesucristo.

Título del original: *The MacArthur New Testament Commentary: 1 & 2 Thessalonians* © 2002 por John MacArthur y publicado por Moody Publishers, 820 N. LaSalle Boulevard, Chicago, IL 60610. Traducido con permiso.

Título del original: *The MacArthur New Testament Commentary: 1 Timothy* © 1995 por John MacArthur y publicado por Moody Publishers, 820 N. LaSalle Boulevard, Chicago, IL 60610. Traducido con permiso.

Título del original: *The MacArthur New Testament Commentary: 2 Timothy* © 1995 por John MacArthur y publicado por Moody Publishers, 820 N. LaSalle Boulevard, Chicago, IL 60610. Traducido con permiso.

Título del original: *The MacArthur New Testament Commentary: Titus* © 1996 por John MacArthur y publicado por Moody Publishers, 820 N. LaSalle Boulevard, Chicago, IL 60610. Traducido con permiso.

Edición en castellano: *Comentario MacArthur del Nuevo Testamento: 1 y 2 Tesalonicenses, 1 y 2 Timoteo, Tito* © 2012 por Editorial Portavoz, filial de Kregel Inc., Grand Rapids, Michigan 49505. Todos los derechos reservados.

Todos los derechos reservados. Ninguna parte de esta publicación podrá ser reproducida, almacenada en un sistema de recuperación de datos, o transmitida en cualquier forma o por cualquier medio, sea electrónico, mecánico, fotocopia, grabación o cualquier otro, sin el permiso escrito previo de los editores, con la excepción de citas breves o reseñas.

A menos que se indique lo contrario, todas las citas bíblicas han sido tomadas de la versión Reina-Valera © 1960 Sociedades Bíblicas en América Latina; © renovado 1988 Sociedades Bíblicas Unidas. Utilizado con permiso. Reina-Valera 1960™ es una marca registrada de la American Bible Society, y puede ser usada solamente bajo licencia.

EDITORIAL PORTAVOZ
2450 Oak Industrial Dr. NE
Grand Rapids, Michigan 49505 USA

Visítenos en: www.portavoz.com

ISBN 978-0-8254-1561-6

4 5 6 7 8 / 29 28 27 26 25 24

Impreso en China
Printed in China

I TESALONICENSES

A Doug Virgint, quien ha traducido y publicado mis escritos
por varios años al francés, para que la Palabra de Dios pueda
irradiar su luz gloriosa a personas con recursos bíblicos limitados.

Me da mucha alegría ver la luz de la verdad
brillando en otras partes de la oscuridad.

Gracias Doug por ser un amigo, un facilitador
y un misionero verdadero.

Contenido

Prólogo

La predicación expositiva de todo el Nuevo Testamento sigue siendo para mí una experiencia de comunión y gratificación divinas. Mi meta siempre es tener una comunión más profunda con el Señor para entender su Palabra y, a partir de esa experiencia, explicar a su pueblo el significado del pasaje. Usando las palabras de Nehemías 8:8, me esfuerzo por "[ponerle] el sentido" al texto de modo que las personas puedan oír de verdad cómo Dios les habla y, al escucharle, puedan responderle.

Obviamente, el pueblo de Dios necesita entender a Dios y para ello necesitan conocer su Palabra de verdad (2 Ti. 2:15) y permitir que esa Palabra more abundantemente en ellos (Col. 3:16). Por tanto, el impulso dominante de mi ministerio es ayudar a que la Palabra viva de Dios se avive en su pueblo. Es una aventura estimulante.

La serie de comentarios del Nuevo Testamento refleja este objetivo de explicar y aplicar las Escrituras. Algunos comentarios son principalmente lingüísticos, otros son sobre todo teológicos, y algunos tienen un enfoque más homilético. Este es básicamente explicativo o expositivo. No es técnico en lo lingüístico pero usa la lingüística cuando parece útil para la interpretación apropiada. No es teológicamente amplio, pero se enfoca en las doctrinas principales de cada texto y su relación con todas las Escrituras. No es primariamente homilético aunque cada unidad de pensamiento se trata en general como un capítulo, con un delineamiento y flujo lógico de pensamiento. La mayoría de las verdades se ilustran y aplican con otras Escrituras. Después de establecer el contexto de un pasaje, he procurado seguir de cerca el desarrollo y razonamiento del escritor.

Mi oración es que cada lector pueda entender lo que el Espíritu Santo está diciendo por medio de esa parte de la Palabra de Dios, de forma que esa revelación pueda alojarse en la mente de los creyentes y llevarles a una mayor obediencia y fidelidad, todo para la gloria de nuestro gran Dios.

Introducción a 1 Tesalonicenses

En esta época de tanto interés por la profecía y los últimos tiempos, existe la tendencia a ver las epístolas a los tesalonicenses tan solo como tratados escatológicos. Sin embargo, eso pasa por alto toda la riqueza allí contenida. Estas epístolas *sí* incluyen enseñanzas importantes sobre el final de los tiempos (p. ej., 1 Ts. 1:10; 2:19; 3:11-13; 4:13—5:11; 5:23; 2 Ts. 1:7-10; 2:1-12), pero solo en el contexto de la preocupación pastoral apasionada de Pablo por su amado rebaño tesalonicense, para que no perdieran el gozo y la esperanza de una escatología coherente (p. ej., 1 Ts. 1:2-5; 2:7-8, 11-12, 17-20; 3:1-12; 4:1-12; 2 Ts. 1:3-4, 11-12; 2:13-14, 16-17; 3:5, 16, 18). Por lo tanto, pueden caracterizarse más precisamente como epístolas eclesiásticas.

Aunque el apóstol Pablo había ministrado solo un poco de tiempo en Tesalónica, estaba asombrado con lo que estaba ocurriendo allí. Sus cartas reflejan alegría por el progreso espiritual de los tesalonicenses en su breve tiempo como creyentes:

> *Damos siempre gracias a Dios por todos vosotros, haciendo memoria de vosotros en nuestras oraciones (1 Ts. 1:2).*
>
> *Por lo cual también nosotros sin cesar damos gracias a Dios, de que cuando recibisteis la palabra de Dios que oísteis de nosotros, la recibisteis no como palabra de hombres, sino según es en verdad, la palabra de Dios, la cual actúa en vosotros los creyentes. Porque vosotros, hermanos, vinisteis a ser imitadores de las iglesias de Dios en Cristo Jesús que están en Judea; pues habéis padecido de los de vuestra propia nación las mismas cosas que ellas padecieron de los judíos (1 Ts. 2:13-14).*
>
> *Porque ¿cuál es nuestra esperanza, o gozo, o corona de que me gloríe? ¿No lo sois vosotros, delante de nuestro Señor Jesucristo, en su venida? Vosotros sois nuestra gloria y gozo (1 Ts. 2:19-20).*
>
> *Por lo cual, ¿qué acción de gracias podremos dar a Dios por vosotros, por todo el gozo con que nos gozamos a causa de vosotros delante de nuestro Dios? (1 Ts. 3:9).*
>
> *Pero acerca del amor fraternal no tenéis necesidad de que os escriba, porque vosotros mismos habéis aprendido de Dios que os améis unos a otros; y también lo hacéis así*

con todos los hermanos que están por toda Macedonia. Pero os rogamos, hermanos, que abundéis en ello más y más (1 Ts. 4:9-10).

Por lo cual, animaos unos a otros, y edificaos unos a otros, así como lo hacéis (1 Ts. 5:11).

Debemos siempre dar gracias a Dios por vosotros, hermanos, como es digno, por cuanto vuestra fe va creciendo, y el amor de todos y cada uno de vosotros abunda para con los demás; tanto, que nosotros mismos nos gloriamos de vosotros en las iglesias de Dios, por vuestra paciencia y fe en todas vuestras persecuciones y tribulaciones que soportáis (2 Ts. 1:3-4).

Pero nosotros debemos dar siempre gracias a Dios respecto a vosotros, hermanos amados por el Señor, de que Dios os haya escogido desde el principio para salvación, mediante la santificación por el Espíritu y la fe en la verdad (2 Ts. 2:13).

Las epístolas a los tesalonicenses señalan las características de una iglesia sana y creciente. Nos hablan de las responsabilidades de los líderes con la congregación (1 Ts. 5:12, 14-15); de la congregación con los líderes (1 Ts. 5:13, 25-28; 2 Ts. 3:1-2); de los creyentes para crecer espiritualmente (1 Ts. 5:16-22), de estar firmes en medio de la persecución (1 Ts. 2:14-16) y de vivir vidas ordenadas (2 Ts. 3:6-13); y la responsabilidad de la iglesia de disciplinar a los miembros en pecado (2 Ts. 3:6; 14-15). También hacen hincapié en la responsabilidad de la iglesia de alcanzar al mundo perdido con la verdad salvadora del evangelio (1 Ts. 1:8-10).

LA CIUDAD DE TESALÓNICA

Tesalónica (antiguamente Salónica), era la ciudad más grande e importante en la provincia romana de Macedonia (al norte de la Grecia moderna). Su ubicación en la cabecera del golfo Termaico (el golfo de Salónica), un brazo del mar Egeo, la hizo un puerto marino vibrante. Se extendía sobre las colinas con vista al puerto y tenía una población cosmopolita cercana a las doscientos cincuenta mil personas que incluían griegos nativos, romanos, marineros, viajeros, comerciantes y hombres de negocios. A diferencia de Filipos, cuya población judía no era suficiente para sostener una sinagoga (cp. Hch. 16:13), la presencia judía en Tesalónica era importante e influyente (cp. Hch. 17:1, 5-9).

Tal vez la mayor ventaja de Tesalónica era su ubicación a horcajadas de la vía Egnatia, la mayor carretera de este a oeste en el imperio romano, que iba desde lo que hoy es Albania hasta Bizancio (Constantinopla, Estambul). La principal calle de Tesalónica era parte de aquella gran carretera que enlazaba a Roma con las regiones orientales del imperio. William Barclay, observando la importancia de la ubicación estratégica de Tesalónica en la vía Egnatia para el esparcimiento del evangelio, escribe:

> Es imposible exagerar la importancia de la llegada del cristianismo a Tesalónica. Si se asentaba en ella, era de esperar que se extendiera hacia el Este por la vía Egnatia hasta conquistar toda Asia [Menor], y hacia el Oeste, hasta invadir a la misma Roma... La llegada del cristianismo a Tesalónica fue clave para que llegara a ser una religión universal (*Comentario al Nuevo Testamento* [Barcelona: Clie, 2005], p. 783).

Tesalónica fue fundada por Casandro alrededor del 315 a.C. Casandro fue uno de los generales de Alejandro Magno y llegó a ser rey de Macedonia después de la muerte de Alejandro. Le dio nombre al nuevo asentamiento, construido sobre un pueblo antiguo llamado Terme (supuestamente por unas aguas termales cercanas), en honor a su esposa, medio hermana de Alejandro Magno. Cuando los romanos conquistaron Macedonia (168 a.C.) y la dividieron en cuatro repúblicas, hicieron a Tesalónica la capital de una de ellas. Y cuando toda Macedonia se convirtió en provincia romana (148 a.C.), Tesalónica fue su capital. La ciudad tuvo la sabiduría (o la suerte) de respaldar a Antonio y Octavio en su campaña exitosa contra Bruto y Casio. La recompensa fue hacerla una ciudad libre en el 42 a.C. Como tal, aunque era la sede del gobernador romano, la ciudad no estaba ocupada por tropas romanas. Permaneció una ciudad griega, a diferencia de Filipos, fuertemente influenciada por las leyes y costumbres romanas. Tesalónica, como ciudad libre, tampoco tenía que pagar ciertos impuestos. Pero lo más importante fue que a la ciudad se le concedió una gran medida de gobierno propio; su pueblo elegía sus propios magistrados, llamados politarcos ("las autoridades de la ciudad"; Hch. 17:6). Aunque alguna vez los escépticos cuestionaron el uso de ese término, varias inscripciones han verificado su exactitud.

Tesalónica es una de las pocas ciudades visitadas por Pablo cuya existencia ha sido continua desde los tiempos paulinos hasta hoy día. Según la tradición, Gayo, compañero de viaje de Pablo, fue el primer obispo de Tesalónica. Él es uno entre varios tesalonicenses mencionados en las Escrituras (Hch. 19:29; al parecer, el Gayo mencionado en Hch. 20:4 es otro). Otros tesalonicenses que ministraron con Pablo incluyen a Aristarco (Hch. 19:29; 20:4; 27:2), a Segundo (Hch. 20:4) y posiblemente a Demas (2 Ti. 4:10).

Tesalónica fue la segunda ciudad más importante del imperio bizantino, después de Constantinopla. En la ciudad ocurrió un famoso incidente en el 390 d.C., cuando el emperador Teodosio ordenó la masacre de miles de sus habitantes tras una revuelta. Por ese acto de barbarie, Ambrosio, uno de los padres de la Iglesia, le negó la comunión hasta que se arrepintió públicamente. La ciudad sobrevivió repetidos ataques a través de los siglos; de los ávaros, eslavos, árabes, búlgaros, sarracenos, normandos y turcos otomanos. Los nazis la capturaron en 1941 para luego deportar y ejecutar a la mayoría de los sesenta mil judíos que moraban en ella. Hoy día, Tesalónica sigue siendo una de las ciudades griegas más importantes, con una población cercana a los cuatrocientos mil habitantes.

FUNDACIÓN DE LA IGLESIA DE TESALÓNICA

Pablo fue por primera vez a Tesalónica en su segundo viaje misionero. Después de viajar al occidente por toda Asia Menor hasta la región conocida como Misia, el apóstol y sus acompañantes habían llegado a un callejón sin salida. El Espíritu les había prohibido predicar en la provincia de Asia (al sur de Misia) y su intento de ir hacia el norte a Bitinia también fue bloqueado. Sin otro camino para seguir, fueron a Troas, una ciudad a orillas del mar Egeo. Allí Pablo tuvo una visión de un macedonio que le imploraba ir a aquella provincia para predicar el evangelio (Hch. 16:6-10). Después de cruzar el mar Egeo, fueron a Filipos donde la predicación valiente de Pablo desató una revuelta. Como resultado, Pablo y Silas fueron apresados, golpeados y puestos en cepos en la cárcel de la ciudad. Dios los liberó milagrosamente por medio de un terremoto y de allí resultó que el carcelero creyó en Jesucristo. Los magistrados, horrorizados al darse cuenta de que habían golpeado a ciudadanos romanos sin el beneficio de un juicio (un hecho que pudo haber tenido repercusiones serias sobre la ciudad y sobre ellos), rogaron a Pablo y Silas que salieran de Filipos.

En un viaje que debió haber sido espantoso, los predicadores maltrechos recorrieron 160 kilómetros por la vía Egnatia hacia Tesalónica. Al parecer, pasaron la noche en Anfípolis y luego en Apolonia, pero no predicaron en aquellas ciudades porque no había sinagogas judías. Pablo comenzó su ministerio en Tesalónica predicando el evangelio en la sinagoga del lugar, como solía hacer. Pasó tres sábados argumentando a partir del Antiguo Testamento que el Mesías debía morir y resucitar. Tal enseñanza revolucionaria contradecía la perspectiva judía prevalente del Mesías como un libertador político y militar que rescataría a Israel de sus opresores. Pablo proclamó que Jesús de Nazaret era el Mesías prometido. Como resultado de la predicación poderosa del apóstol, creyeron en el evangelio algunos judíos, un gran número de prosélitos gentiles e incluso algunas mujeres griegas de clase alta.

Es probable que Pablo se quedara en Tesalónica más que los tres sábados mencionados por Lucas (Hch. 17:2). En 1 Tesalonicenses 2:9 y 2 Tesalonicenses 3:8 Pablo recuerda a sus lectores que trabajó para sostenerse mientras estuvo en su ciudad para no serles carga. No habría necesitado hacer eso si hubiera estado tan solo dos o tres semanas, ni habría sido una carga para ellos en tan poco tiempo. Aunque muchos de los gentiles convertidos eran judíos prosélitos que asistían a la sinagoga, muchos se convirtieron directamente de su adoración pagana a los ídolos (1 Ts. 1:9) lo cual sugiere que Pablo tuvo un ministerio en Tesalónica por fuera de la sinagoga, como en Corinto (Hch. 18:4-7). El cuidado pastoral profundo que dio Pablo a los tesalonicenses conversos (cp. 1 Ts. 2:11-12) y el afecto igualmente profundo que se desarrolló entre ellos (cp. 1 Ts. 2:8; 3:6-10) sugieren una estadía más larga. El tamaño y la vitalidad de la iglesia cuando Pablo se fue sugiere que hacía tiempo que se había separado de la sinagoga. Por último, lo que es más importante, los filipenses enviaron dos veces una ayuda a Pablo durante su tiempo en Tesalónica (Fil. 4:16). No le habrían hecho el segundo envío si él hubiera estado sólo un par de semanas.

Cuando los judíos vieron el éxito de Pablo en ganar prosélitos gentiles para Cristo, el resentimiento leve se convirtió en una llama. Tras reunir una banda de matones en la plaza del mercado, asaltaron la casa de Jasón en busca de los predicadores cristianos. Como no los encontraron, los judíos frustrados echaron mano de Jasón y de otros cristianos y los arrastraron ante los politarcos. La acusación falsa de traición era extremadamente peligrosa ("Todos éstos contravienen los decretos de César, diciendo que hay otro rey, Jesús"; Hch. 17:7), calculada para "[alborotar] al pueblo y a las autoridades de la ciudad [que oían] estas cosas" (Hch. 17:8). El pueblo y los politarcos sabían esto muy bien:

> La sola insinuación de traición contra los emperadores solía ser fatal para los acusados. Tal cosa requería que los politarcos actuaran, pues, si no lo hacían, se expondrían a la acusación de traición por haber cuidado poco el honor del emperador. Muchos hombres se habían arruinado por esa acusación con emperadores anteriores (Sir William M. Ramsay, *St. Paul the Traveller and the Roman Citizen* [San Pablo, viajero y ciudadano romano] [Reimpresión; Grand Rapids: Baker, 1975], pp. 229-230).

La amenaza para la libertad de Tesalónica era importante; si los politarcos no mantenían el orden, los romanos intervendrían.

Sin embargo, mostrando una preocupación loable por la justicia, los politarcos tan solo requirieron una promesa o compromiso de Jasón y los otros para liberarlos. Sir William Ramsay señala que: "La decisión de los politarcos fue la más suave entre las prudentes, dadas las circunstancias: les pusieron una fianza para asegurar que la paz se mantuviera" (*St. Paul the Traveller and the Roman Citizen*, p. 230). Puesto que Jasón y los demás perderían la fianza si los judíos se alborotaban de nuevo, Pablo y Silas se fueron de Tesalónica.

LA OCASIÓN DE 1 TESALONICENSES

Después de verse obligado a abandonar Tesalónica, el equipo misionero salió para Berea, a unos 80 km de distancia. Allí desarrollaron un ministerio exitoso hasta que llegaron unos judíos de Tesalónica que crearon dificultades, y Pablo, una vez más, tuvo que salir de la ciudad. Sin embargo, en esta ocasión Silas y Timoteo pudieron quedarse allí. Desde Berea, Pablo marchó a Atenas, donde más tarde sus compañeros se reunieron con él.

Aunque separado por la fuerza de los tesalonicenses, Pablo se preocupó profundamente por ellos. El apóstol expresó la angustia que sentía en 1 Tesalonicenses 2:17-18: "Pero nosotros, hermanos, separados de vosotros por un poco de tiempo, de vista pero no de corazón, tanto más procuramos con mucho deseo ver vuestro rostro; por lo cual quisimos ir a vosotros, yo Pablo ciertamente una y otra vez; pero Satanás nos estorbó". Su preocupación eran tan grande que envió a Timoteo de vuelta a Tesalónica; aun cuando eso le dejó con la tarea formidable de evangelizar a Atenas él solo (también envió a Silas de Atenas a Macedonia, posiblemente a Filipos; cp. Hch. 18:5):

> *Por lo cual, no pudiendo soportarlo más, acordamos quedarnos solos en Atenas, y enviamos a Timoteo nuestro hermano, servidor de Dios y colaborador nuestro en el evangelio de Cristo, para confirmaros y exhortaros respecto a vuestra fe… Por lo cual también yo, no pudiendo soportar más, envié para informarme de vuestra fe, no sea que os hubiese tentado el tentador, y que nuestro trabajo resultase en vano (1 Ts. 3:1-2, 5).*

Para inmenso alivio y alegría de Pablo, cuando Timoteo se encontró con él en Corinto (Hch. 18:5), adonde fue el apóstol cuando salió de Atenas (Hch. 18:1), le dio un informe alentador de la situación en Tesalónica:

> *Pero cuando Timoteo volvió de vosotros a nosotros, y nos dio buenas noticias de vuestra fe y amor, y que siempre nos recordáis con cariño, deseando vernos, como también nosotros a vosotros, por ello, hermanos, en medio de toda nuestra necesidad y aflicción fuimos consolados de vosotros por medio de vuestra fe; porque ahora vivimos, si vosotros estáis firmes en el Señor. Por lo cual, ¿qué acción de gracias podremos dar a Dios por vosotros, por todo el gozo con que nos gozamos a causa de vosotros delante de nuestro Dios (1 Ts. 3:6-9).*

Pero aunque el informe de Timoteo era alentador en general, había algunos asuntos de Tesalónica que preocuparon a Pablo. La iglesia necesitaba apoyo para estar firme porque la persecución que expulsó a los misioneros de Tesalónica no había disminuido (1:2-10; 2:13-16). Más aún, los enemigos de la verdad estaban esparciendo mentiras y calumniando a Pablo y sus compañeros. Afirmaban que los predicadores cristianos solo estaban en esto por negocio y para tener buena reputación. Insinuaban incluso que, después de haber provocado una revuelta, los misioneros huyeron de la escena, dejando a sus conversos engañados para que ellos enfrentaran solos las consecuencias. Puede que incluso argumentaran que la no comparecencia de los misioneros ante los politarcos era una admisión tácita de culpa. La incapacidad de Pablo para volver a Tesalónica pudo usarse para probar que a él no le interesaban los creyentes tesalonicenses. Para contrarrestar esas mentiras y calumnias insidiosas, Pablo defendió enérgicamente la integridad de Timoteo, de Silas y la suya (2:1-12). También le preocupaba que los nuevos conversos no cayeran de nuevo en la inmoralidad pagana tan prevalente en su cultura (4:1-8). Al apóstol también le preocupaba la reputación de los tesalonicenses con la gente de fuera de la iglesia; por tanto, los animaba continuamente a amarse unos a otros fervientemente y a trabajar con diligencia (4:9-12). La carta, además, corrige una interpretación errónea sobre los últimos tiempos (4:13—5:11) e instruye a la congregación tesalonicense en los aspectos básicos de la vida cristiana (5:12-22).

EL AUTOR DE 1 TESALONICENSES

La carta afirma dos veces que Pablo es su autor (1:1; 2:18), armoniza bien con los relatos de Hechos sobre sus viajes (2:1-2; 3:1-2; Hch. 16—18) y contiene muchos detalles íntimos de Pablo. La carta muestra claras evidencias de haber sido escrita al comienzo de la historia de la iglesia, durante el tiempo en que vivió Pablo. No hay referencia a la organización de la iglesia o a un ministerio especializado; solo una referencia general en 5:12 a "los que trabajan entre [ellos], y [los] presiden en el Señor, y [los] amonestan". Un falsificador que escribiera después de la muerte de Pablo no habría permitido la posibilidad de que Cristo pudiera regresar en tiempos de los apóstoles (4:15, 17). El vocabulario es coherente con el de las otras cartas inspiradas paulinas (cp. William Hendriksen, *New Testament Commentary: Exposition of Thessalonians, Timothy and Titus* [Comentario del Nuevo Testamento: Exposición de Tesalonicenses, Timoteo y Tito] [Grand Rapids: Baker, 1981], pp. 20-21).

El testimonio de la naciente iglesia también respalda la autoría paulina de 1 Tesalonicenses. El canon muratorio (ca. 170 d.C.) e Ireneo, Tertuliano y Clemente de Alejandría, quienes fueron padres de la iglesia, afirmaron su autoría. Incluso Marción, el hereje que negó la autoría de varias cartas de Pablo, reconoció la autenticidad de 1 Tesalonicenses. Eusebio, historiador de la iglesia, quien escribió al comienzo del siglo IV, incluyó 1 Tesalonicenses entre las cartas paulinas.

FECHA Y LUGAR DONDE SE ESCRIBIÓ 1 TESALONICENSES

Pablo escribió esta epístola desde Corinto, donde fue cuando salió de Atenas, como se dijo anteriormente. Timoteo, después de que Pablo lo enviase de vuelta a verificar la situación en Tesalónica, se encontró con Pablo en Corinto y le entregó el informe (Hch. 18:5; 1 Ts. 3:6). La inclusión de Silas en el saludo de Pablo en la carta indica que fue escrita en el segundo viaje misionero, pues Silas no lo acompañó en su tercer viaje (Silas no se menciona en Hechos después de 18:5).

La estadía de Pablo en Corinto se puede correlacionar con el período de Galión como procónsul (Hch. 18:12). En Delfi, no muy lejos de Corinto, se encontró una inscripción que hace referencia a Galión como procónsul de Corinto a comienzos del 52 d.C. Como los procónsules asumían sus cargos durante el verano, Galión debió haber comenzado en el verano del 51 d.C. El juicio de Pablo ante Galión (Hch. 18:12-17) probablemente ocurriese poco después de que este asumiera el cargo. Como, al parecer, Pablo había estado en Corinto por un tiempo antes de la llegada de Galión, y escribió 1 Tesalonicenses poco después de su llegada al lugar, la epístola probablemente se escribiese al final del 50 d.C., o a comienzos del 51 d.C.

BOSQUEJO

I. Saludo de Pablo (1:1)
II. Cuidado pastoral de Pablo (1:2–3:13)
   A. Describe su agradecimiento (1:2-10)
   B. Defiende su integridad (2:1-16)
   C. Define sus preocupaciones (2:17–3-13)
III. Instrucción práctica de Pablo (4:1–5:22)
   A. Pureza moral (4:1-8)
   B. Vida disciplinada (4:9-12)
   C. El arrebatamiento (4:13-18)
   D. El día del Señor (5:1-11)
   E. Relaciones eclesiales (5:12-15)
   F. Vida cristiana básica (5:16-22)
IV. Bendición de Pablo y amonestación final (5:23-28)

Identificación de los elegidos 1

Pablo, Silvano y Timoteo, a la iglesia de los tesalonicenses en Dios Padre y en el Señor Jesucristo: Gracia y paz sean a vosotros, de Dios nuestro Padre y del Señor Jesucristo. Damos siempre gracias a Dios por todos vosotros, haciendo memoria de vosotros en nuestras oraciones, acordándonos sin cesar delante del Dios y Padre nuestro de la obra de vuestra fe, del trabajo de vuestro amor y de vuestra constancia en la esperanza en nuestro Señor Jesucristo. Porque conocemos, hermanos amados de Dios, vuestra elección; pues nuestro evangelio no llegó a vosotros en palabras solamente, sino también en poder, en el Espíritu Santo y en plena certidumbre, como bien sabéis cuáles fuimos entre vosotros por amor de vosotros. Y vosotros vinisteis a ser imitadores de nosotros y del Señor, recibiendo la palabra en medio de gran tribulación, con gozo del Espíritu Santo, de tal manera que habéis sido ejemplo a todos los de Macedonia y de Acaya que han creído. Porque partiendo de vosotros ha sido divulgada la palabra del Señor, no sólo en Macedonia y Acaya, sino que también en todo lugar vuestra fe en Dios se ha extendido, de modo que nosotros no tenemos necesidad de hablar nada; porque ellos mismos cuentan de nosotros la manera en que nos recibisteis, y cómo os convertisteis de los ídolos a Dios, para servir al Dios vivo y verdadero, y esperar de los cielos a su Hijo, al cual resucitó de los muertos, a Jesús, quien nos libra de la ira venidera. (1:1-10)

Los tesalonicenses, como todos los creyentes, eran elegidos de Dios. Por tal motivo el apóstol Pablo comenzó su carta expresando su agradecimiento por el don divino de la salvación de ellos. Los creyentes solo pueden discernir si alguien es elegido después que Dios ha regenerado y santificado el alma. Pablo no conocía el decreto eterno de Dios sobre la elección, pero podía ver qué vidas evidenciaban la salvación genuina (cp. 2:13).

Pablo sufrió mucho y sin cesar por la causa de Cristo, y llevaba en sus hombros la responsabilidad abrumadora y el cuidado de todas las iglesias. A la iglesia de Corinto le describió así su carga:

> *De los judíos cinco veces he recibido cuarenta azotes menos uno. Tres veces he sido azotado con varas; una vez apedreado; tres veces he padecido naufragio; una*

> *noche y un día he estado como náufrago en alta mar; en caminos muchas veces; en peligros de ríos, peligros de ladrones, peligros de los de mi nación, peligros de los gentiles, peligros en la ciudad, peligros en el desierto, peligros en el mar, peligros entre falsos hermanos; en trabajo y fatiga, en muchos desvelos, en hambre y sed, en muchos ayunos, en frío y en desnudez; y además de otras cosas, lo que sobre mí se agolpa cada día, la preocupación por todas las iglesias (2 Co. 11:24-28).*

En vista de ese sufrimiento severo en medio de pesadas responsabilidades, debió haber sido estimulante y emocionante para Pablo haber ministrado a los elegidos de Tesalónica, a quienes en esta carta consideró dignos de elogios y ánimos. En la situación que experimentó en Tesalónica, los creyentes mostraron muchas características que identifican a los elegidos. Comenzó su primera carta con un reconocimiento de esas virtudes. Las organizó bajo dos categorías: la condición presente de los tesalonicenses (fe que obra, amor que actúa y esperanza inquebrantable) y la conversión pasada (recepción del evangelio en el poder del Espíritu Santo, imitación auténtica del Señor, perseverancia gozosa en la tribulación, comportamiento ejemplar de los creyentes, proclamación de la Palabra en todo lugar, transformación total de la idolatría y espera expectante del regreso de Cristo). Pablo hace una pausa entre estas dos listas en el versículo 4 para afirmar que entiende la elección de la iglesia tesalonicense. Antes, como es usual, abrió la carta con un saludo para sus amigos amados.

SALUDO DE PABLO

Pablo, Silvano y Timoteo, a la iglesia de los tesalonicenses en Dios Padre y en el Señor Jesucristo: Gracia y paz sean a vosotros, de Dios nuestro Padre y del Señor Jesucristo. Damos siempre gracias a Dios por todos vosotros, haciendo memoria de vosotros en nuestras oraciones. (1:1-2)

Aunque Pablo fue el apóstol más influyente de la naciente iglesia, en su saludo a los tesalonicenses no se identifica como tal. Al parecer, en las iglesias de Macedonia su apostolado nunca se cuestionó porque ni en sus cartas a la iglesia de Tesalónica ni en la carta a la iglesia de Filipos comenzó identificándose como apóstol. Esas iglesias no habían cuestionado su condición de apóstol, aunque después defendería su integridad y sinceridad (1 Ts. 2:1-6). Aquí se identifica sencilla y humildemente como **Pablo**. Y con esa misma actitud humilde incluye a sus colaboradores, **Silvano** (Silas) **y Timoteo**, tratándolos como a iguales.

Silas, probablemente un judío helenizado, era un miembro prominente de la iglesia de Jerusalén, y acompañó a Pablo en el segundo viaje misionero (Hch. 15:40) y después fue escribano de Pedro (cp. 1 P. 5:12). **Timoteo** era oriundo de Listra (Hch. 16:1-3), una ciudad de Asia Menor. Era hijo en la fe de Pablo (1 Co.

4:17; Fil. 2:22; 1 Ti. 1:2; 2 Ti. 1:2; 2:1) y su protegido. Estuvo con Pablo en el segundo y el tercer viaje misionero, y permaneció cerca del apóstol en su primer encarcelamiento de Roma (cp. Fil. 1:1; Col. 1:1; Flm. 1). Después, Timoteo sirvió en la iglesia de Éfeso (1 Ti. 1:3) y también estuvo preso (He. 13:23). Pablo, al final de su vida, le escribió las dos cartas inspiradas cuando Timoteo estaba en Éfeso.

Los tres hombres conocían bien a los creyentes tesalonicenses. Fundaron la iglesia de Tesalónica (Hch. 17:4) y después Timoteo verificó que ésta estuviera bien y llevó un informe positivo a Pablo (1 Ts. 3:6). Pablo incluyó los nombres de sus colaboradores en el saludo porque los tres apreciaban mucho a los tesalonicenses.

El uso de la palabra griega que traduce **iglesia** (*ekklēsia*) enfatiza la elección de los tesalonicenses. *Ekklēsia* está relacionado con la frase *ek kaleō*, "convocar", y significa "los convocados" o puede significar "los elegidos", en especial cuando se relaciona con la frase "él los ha escogido" (v. 4, NVI), que es específica. Pablo tenía la certeza de que los tesalonicenses estaban entre los elegidos de Dios porque había visto evidencia de su transformación.

El apóstol reflexionó sobre la naturaleza de la iglesia, con la expresión algo inusual **en Dios Padre y en el Señor Jesucristo**, para demostrar la unión vital e inextricable de los tesalonicenses con Dios y Cristo (cp. 2:14; 2 Ts. 1:1). Participaban ellos en la vida misma de Dios y la de Cristo. Hay una unión espiritual indivisible entre Cristo y los suyos. Pablo enseñó en sus cartas del Nuevo Testamento que los creyentes no solo creen hechos *acerca de* Jesucristo; ellos están *en* Jesucristo. A los gálatas dijo: "Con Cristo estoy juntamente crucificado, y ya no vivo yo, mas vive Cristo en mí" (Gá. 2:20). A los colosenses les recordó: "Porque habéis muerto, y vuestra vida está escondida con Cristo en Dios" (Col. 3:3). Ese es el misterio inexplicable e incomprensible de lo que significa ser cristiano: que Dios, Cristo y el Espíritu Santo (Ro. 8:9, 11; 1 Co. 3:16; 2 Ti. 1:14) viven dentro del creyente y el creyente vive en ellos compartiendo la vida divina y eterna.

Es importante notar que en esta declaración profunda del versículo 1 Pablo usó la preposición **en** solo una vez. Al usar una única preposición en la frase **en Dios Padre y en el Señor Jesucristo**, enfatiza la igualdad de esencia entre el Padre y el Hijo [N.T.: En la NASB, la versión usada en el original inglés, solo aparece una vez la preposición *en*]. También cabe destacar que Pablo usó el título completo del Salvador: **el Señor Jesucristo**. Así combina en una frase todos los aspectos principales de su obra redentora. **Señor** lo describe como el gobernante soberano y creador, quien nos hizo, nos compró, nos gobierna y a quien debemos nuestra lealtad. **Jesús** ("Jehová salva") se refiere a su humanidad; fue el nombre que recibió en su nacimiento (Mt. 1:21, 25). **Cristo** ("el ungido") es el término griego para el Mesías, el prometido por Dios para cumplir su plan de redención.

Pablo continuó el saludo con su usual **Gracia y paz sean a vosotros** (cp., p. ej., 1 Co. 1:3; 2 Co. 1:2; Gá. 1:3; Ef. 1:2; Fil. 1:2). **Gracia** es el favor inmerecido de Dios para el pecador en el perdón completo del pecado y el otorgamiento de la vida eterna, y **paz** es el resultado de tan sorprendente regalo de amor. Pablo deseaba que los tesalonicenses experimentaran continuamente la plenitud de la **gracia** de Dios. Entonces no solo poseerían **paz** inacabable con Dios; también experimentarían en sus corazones una **paz** que sobrepasaba su entendimiento humano (Fil. 4:7). La **gracia** y la **paz** son las porciones diarias del cristiano: todos los días reciben la **gracia** divina para cubrir sus pecados y la **paz** divina para aliviar su culpa.

Era comprensible que el apóstol Pablo y sus compañeros dieran **siempre gracias a Dios por todos** ellos**, haciendo memoria de** ellos **en** sus **oraciones** (v. 2). Pablo, Silas y Timoteo agradecían a Dios **por todos** ellos porque todos los creyentes de Tesalónica eran elegidos de Dios.

Como los tesalonicenses eran elegidos, vivían para honrar a Cristo. El apóstol subrayó su agradecimiento citando las tres primeras cualidades que demuestran que Dios los había elegido en su soberanía y que se manifestaban en su santificación.

SU CONDICIÓN PRESENTE

acordándonos sin cesar delante del Dios y Padre nuestro de la obra de vuestra fe, del trabajo de vuestro amor y de vuestra constancia en la esperanza en nuestro Señor Jesucristo. (1:3)

Aquí comienza Pablo una letanía de alabanza a Dios por la evidencia de la salvación que mostraban los tesalonicenses en el presente. Agradeció a Dios la fe de ellos que obraba, el trabajo que amaba y la esperanza que persistía. Esta tríada de virtudes cristianas era un tema favorito de Pablo (cp. 1 Co. 13:13; Col. 1:4-5; 1 Ts. 5:8).

LA FE QUE OBRABA

acordándonos sin cesar... de la obra de vuestra fe, (1:3*a*)

Pablo recordaba **sin cesar** en oración agradecida estas cualidades espirituales fundamentales, la primera de las cuales era **la obra de** la **fe** de los tesalonicenses. La verdadera fe salvadora en Jesucristo siempre dará como resultado la **obra** poderosa de Dios que cambia la disposición o naturaleza de la persona. **La obra de** la **fe** es la acción representativa del poder transformador de la regeneración (2 Co. 5:17). En palabras simples, los elegidos se dedican a las obras justas y santas para honrar a Dios. **Obra** es la palabra griega *ergon* y se refiere al hecho, logro o función como tal. Pablo confiaba en la elección de los tesalonicenses porque su **fe** —el don divino auténtico de salvación y santificación— producía acciones justas en sus vidas.

Sin embargo, las palabras de Pablo aquí no contradicen su enseñanza clara en otras partes sobre la salvación por sola fe, sin necesidad de las obras humanas. Por ejemplo, en Romanos 3:20-21 declara: "Ya que por las obras de la ley ningún ser humano será justificado delante de él; porque por medio de la ley es el conocimiento del pecado. Pero ahora, aparte de la ley, se ha manifestado la justicia de Dios, testificada por la ley y por los profetas". Luego Pablo afirma lo siguiente sobre los pecadores: "Siendo justificados gratuitamente por su gracia, mediante la redención que es en Cristo Jesús, a quien Dios puso como propiciación por medio de la fe en su sangre, para manifestar su justicia, a causa de haber pasado por alto, en su paciencia, los pecados pasados" (vv. 24-25; cp. 4:4; 5:1; Ef. 2:8-9).

No obstante, el Nuevo Testamento también enfatiza el lado activo de la fe: la salvación producirá necesariamente una conducta santa. Tal enseñanza no se opone a la justificación por la fe sola, por la sola gracia y, en realidad, cuando se entiende apropiadamente, complementa dicha doctrina. Pablo es claro en el comienzo de Romanos al decir que las obras fluyen de la fe salvadora: "[Dios] pagará a cada uno conforme a sus obras: vida eterna a los que, perseverando en bien hacer, buscan gloria y honra e inmortalidad" (2:6-7). Eso no quiere decir que las personas puedan *obtener* su salvación por sus buenas obras, sino que esas buenas obras *verifican* su salvación.

Pablo instruyó así a los efesios: "Porque por gracia sois salvos por medio de la fe; y esto no de vosotros, pues es don de Dios; no por obras, para que nadie se gloríe. Porque somos hechura suya, creados en Cristo Jesús para buenas obras, las cuales Dios preparó de antemano para que anduviésemos en ellas" (Ef. 2:8-10). La razón por la cual los creyentes realizan buenas obras es porque Dios obra en ellos (Fil. 2:13).

Pablo describió la transformación de los creyentes diciendo que va de una forma de esclavitud a otra:

> *¿No sabéis que si os sometéis a alguien como esclavos para obedecerle, sois esclavos de aquel a quien obedecéis, sea del pecado para muerte, o sea de la obediencia para justicia? Pero gracias a Dios, que aunque erais esclavos del pecado, habéis obedecido de corazón a aquella forma de doctrina a la cual fuisteis entregados; y libertados del pecado, vinisteis a ser siervos de la justicia... ¿Pero qué fruto teníais de aquellas cosas de las cuales ahora os avergonzáis? Porque el fin de ellas es muerte. Mas ahora que habéis sido libertados del pecado y hechos siervos de Dios, tenéis por vuestro fruto la santificación, y como fin, la vida eternal (Ro. 6:16-18, 21-22).*

El apóstol Santiago también enseñó que las buenas obras deben estar presentes en las vidas de quienes profesan fe en Cristo; de otra forma dicha profesión no es genuina.

> *Pero alguno dirá: Tú tienes fe, y yo tengo obras. Muéstrame tu fe sin tus obras, y yo te mostraré mi fe por mis obras. Tú crees que Dios es uno; bien haces. También los demonios creen, y tiemblan. ¿Mas quieres saber, hombre vano, que la fe sin obras es muerta? ¿No fue justificado por las obras Abraham nuestro padre, cuando ofreció a su hijo Isaac sobre el altar? ¿No ves que la fe actuó juntamente con sus obras, y que la fe se perfeccionó por las obras?... Porque como el cuerpo sin espíritu está muerto, así también la fe sin obras está muerta (Stg. 2:18-22, 26).*

Los creyentes desobedecerán los mandatos de Dios en ocasiones y no harán su voluntad, pero siempre anhelarán obedecer (Ro. 7:18-20) y manifestarán el fruto espiritual verdadero de la obediencia (cp. Jn. 15:5). Por definición, la fe salvadora auténtica está inclinada hacia la obediencia a Dios, y esta lleva inevitablemente a **la obra de** la **fe** por la cual Pablo elogió a los tesalonicenses.

AMOR QUE TRABAJABA

del trabajo de vuestro amor (1:3*b*)

La segunda característica de los elegidos es el **trabajo** del **amor**. Los cristianos verdaderos ministran motivados por el amor al prójimo. Amar, incluso a los enemigos, es una expresión del poder de la salvación (cp. Mt. 5:44; Gá. 6:10). Amar a otros creyentes también es evidencia de la salvación, como se declara explícitamente en 4:9: "Pero acerca del amor fraternal no tenéis necesidad de que os escriba, porque vosotros mismos habéis aprendido de Dios que os améis unos a otros". Pedro también lo afirmó: "Habiendo purificado vuestras almas por la obediencia a la verdad, mediante el Espíritu, para el amor fraternal no fingido, amaos unos a otros entrañablemente, de corazón puro" (1 P. 1:22). El apóstol Juan también lo expresó cuando escribió: "El que ama a su hermano, permanece en la luz, y en él no hay tropiezo" (1 Jn. 2:10). Luego declaró que tal amor es evidencia definitiva de la salvación: "Nosotros sabemos que hemos pasado de muerte a vida, en que amamos a los hermanos. El que no ama a su hermano, permanece en muerte" (3:14; cp. Jn. 13:35; 1 Jn. 2:9, 11; 3:10; 4:20). Este **amor** es parte del fruto del Espíritu, producido en aquellos guiados por el Espíritu (Gá. 5:22). **Trabajo** es la palabra griega *kopos,* y denota la clase de trabajo duro, agotador y arduo, hecho hasta el punto de la extenuación. A diferencia de *ergon* (**obra**), cuyo enfoque está en el acto como tal, *kopos* se enfoca en el esfuerzo invertido para lograr una tarea particular. Es un esfuerzo que consume las energías de la persona hasta el máximo nivel. La forma de **amor** más altruista (*agapē*) motiva esta clase de esfuerzo espiritual. A este esfuerzo se refirió el apóstol Pablo como la obra de los creyentes para promover la verdad divina y el reino del Señor porque aman sinceramente a las personas.

Más aún, además del amor por creyentes e incrédulos, Romanos 8:28 identifica a los elegidos —quienes están incluidos en el propósito eterno de salvación de Dios— como "los que aman a Dios". Tal característica es básica en cualquiera que adore para salvación al Dios vivo y verdadero y al Señor Jesucristo, y es la razón real para amar a los demás:

> *A los extranjeros que se han unido al* SEÑOR *para servirle, para amar el nombre del* SEÑOR*, y adorarlo, a todos los que observan el sábado sin profanarlo y se mantienen firmes en mi pacto (Is. 56:6,* NVI*).*
>
> *Antes bien, como está escrito: Cosas que ojo no vio, ni oído oyó, ni han subido en corazón de hombre, son las que Dios ha preparado para los que le aman (1 Co. 2:9).*
>
> *Pero si alguno ama a Dios, es conocido por él (1 Co. 8:3).*
>
> *La gracia sea con todos los que aman a nuestro Señor Jesucristo con amor inalterable. Amén (Ef. 6:24).*
>
> *Bienaventurado el varón que soporta la tentación; porque cuando haya resistido la prueba, recibirá la corona de vida, que Dios ha prometido a los que le aman (Stg. 1:12).*

Para una explicación detallada de este amor a Dios, véase *Romanos 1—8,* Comentario MacArthur del Nuevo Testamento (Grand Rapids: Portavoz, 2010), pp. 536-540.

El cristianismo auténtico siempre se ha definido por el amor a Cristo. En 2 Corintios 5:14, Pablo dice: "El amor de Cristo nos constriñe" (cp. Gá. 5:6). Quienes son indiferentes a ello van camino al infierno, a menos que se arrepientan: "El que no amare al Señor Jesucristo, sea anatema. El Señor viene" (1 Co. 16:22). Por lo tanto, el **trabajo** del **amor** de los creyentes tesalonicenses era otra marca de su elección (cp. 2 Ts. 1:11).

LA ESPERANZA QUE PERSISTÍA

delante del Dios y Padre nuestro... de vuestra constancia en la esperanza en nuestro Señor Jesucristo. (1:3*a*-3*c*)

La tercera evidencia de la salvación es la **constancia en la esperanza**. Todos los cristianos tienen **la esperanza en** el **Señor Jesucristo**: la expectativa perseverante de recibir su herencia eterna y de ver la gloria futura de Cristo.

Los redimidos buscan la aparición futura y gloriosa del **Señor Jesucristo** (véase más abajo la explicación de 1:10). Pablo declaró que la salvación instruye a los creyentes en esa **esperanza**: "Porque la gracia de Dios se ha manifestado para salvación a todos los hombres, enseñándonos que, renunciando a la impiedad y a los deseos mundanos, vivamos en este siglo sobria, justa y piadosamente, aguardando la esperanza bienaventurada y la manifestación gloriosa de nuestro gran Dios y Salvador Jesucristo" (Tit. 2:11-13).

El apóstol podía enseñar y animar a otros en esta gran **esperanza** (Ro. 5:1-2; Ef. 1:11; Col. 1:27) porque en su propia vida confiaba en ella: "Por lo demás, me está guardada la corona de justicia, la cual me dará el Señor, juez justo, en aquel día; y no sólo a mí, sino también a todos los que aman su venida" (2 Ti. 4:8).

Pedro abrió su primera epístola con el anuncio de la bendición de Dios que trasciende todas las bendiciones: "Una esperanza viva... una herencia... en los cielos para vosotros, que sois guardados por el poder de Dios... cuando sea manifestado Jesucristo" (1 P. 1:3-7). Esta esperanza es la misma a la cual se refirió Pablo cuando escribió: "Porque en esperanza fuimos salvos" (Ro. 8:24).

Constancia traduce la palabra griega *hupomonē*, que conlleva la idea de resistencia y perseverancia; literalmente, denota la condición de permanencia bajo presión. Está relacionada de cerca con el concepto teológico que los reformadores llamaron "la perseverancia de los santos" (cp. Ro. 2:7; 2 Ts. 1:4; Ap. 14:12); esto es, los cristianos se asirán a su esperanza hasta el final. No hay nada que deba provocar que los cristianos verdaderos pierdan su confianza en las promesas de Dios: "Porque todo lo que es nacido de Dios vence al mundo; y esta es la victoria que ha vencido al mundo, nuestra fe. ¿Quién es el que vence al mundo, sino el que cree que Jesús es el Hijo de Dios?" (1 Jn. 5:4-5). Para los creyentes, la esperanza verdadera es un anhelo y un gemido por estar "presentes al Señor" (cp. 2 Co. 5:2-8).

La **esperanza** (*elpis*) de los tesalonicenses era firme porque estaba anclada en el inmutable **Señor Jesucristo**. El escritor de Hebreos expresó muy bien la seguridad de esta **esperanza** cuando escribió:

> *Para que por dos cosas inmutables, en las cuales es imposible que Dios mienta, tengamos un fortísimo consuelo los que hemos acudido para asirnos de la esperanza puesta delante de nosotros. La cual tenemos como segura y firme ancla del alma, y que penetra hasta dentro del velo, donde Jesús entró por nosotros como precursor, hecho sumo sacerdote para siempre según el orden de Melquisedec (He. 6:18-20).*

El contexto indica que las "dos cosas inmutables" son la promesa y el juramento de Dios (v. 17); estas hacen imposible que cambie la esperanza de los creyentes en el evangelio. Más aún, tiene asegurada esta esperanza por la intercesión de Cristo, el sumo sacerdote eterno, y Él la mantiene a salvo dentro del santuario celestial impenetrable donde Él mismo hace guardia por los suyos (He. 7:25; cp. 4:15-16). La **esperanza** trasciende la expectativa humana de lo deseable y se apoya confiadamente en la consumación de la redención que, según las Escrituras, tendrá lugar con certeza cuando Cristo regrese. Inevitablemente, tal **esperanza** hará que los creyentes triunfen sobre las dificultades de la vida, pues se deriva del tipo de fe que los tesalonicenses recibieron de Dios.

La **constancia de** quienes han recibido esa **esperanza** cumple la promesa de Dios en Mateo 24:13: "El que persevere hasta el fin, éste será salvo". Dicho concepto no era novedoso, tenía su base sólida en enseñanzas del Antiguo Testamento tales como Proverbios 4:18: "Mas la senda de los justos es como la luz de la aurora, que va en aumento hasta que el día es perfecto" (cp. Jer. 32:40). La senda espiritual de los justos no va de la luz a la oscuridad, va de la luz tenue a la luz total. Se hace más clara cuando la obra de fe de la persona se incrementa, cuando su trabajo de amor se intensifica y cuando su esperanza persevera más y más. Aquellos cuya fe es genuina son aquellos a quienes el Señor les asegura su **esperanza** en el cielo y, por el poder del Espíritu Santo, pueden perseverar hasta el final, como los tesalonicenses (cp. Job 17:9; Jn. 8:31; Fil. 1:6; Col. 1:21-23; He. 3:6, 14). Hebreos 6:10-11 se compara con lo que Pablo escribió aquí: "Porque Dios no es injusto para olvidar vuestra obra y el trabajo de amor que habéis mostrado hacia su nombre, habiendo servido a los santos y sirviéndoles aún. Pero deseamos que cada uno de vosotros muestre la misma solicitud hasta el fin, para plena certeza de la esperanza".

COMPRENSIÓN DE LA ELECCIÓN

Porque conocemos, hermanos amados de Dios, vuestra elección; (1:4)

El versículo 4 señala la transición de la declaración anterior (v. 3), donde se describe la confianza de Pablo en la condición espiritual presente de los tesalonicenses, a la sección siguiente, donde se enfoca en su conversión pasada (vv. 5-10).

Conocemos, que traduce una forma del verbo griego *oida*, también puede traducirse "vemos" o "percibimos". Aquí lo usó Pablo para expresar su percepción de que la asamblea en Tesalónica era genuina.

La frase **hermanos amados de Dios** contiene terminología conocida del Nuevo Testamento. **Hermanos** (*adelphoi*) es una palabra común para los hijos de Dios en Cristo. **Amados de Dios** traduce una frase del griego en participio pasivo perfecto (*ēgapēmenoi hupo [tou] theou*) para explicar que los cristianos son los receptores del amor soberano de Dios (cp. Dt. 7:7-8).

Cuando Pablo dijo a los tesalonicenses que estaba seguro de la **elección** divina de ellos, sus palabras estaban en armonía perfecta con el uso del Nuevo Testamento (cp. Mt. 24:22, 24, 31; Lc. 18:7; Ro. 8:33; Col. 3:12; 2 Ti. 2:10). Los cristianos son los elegidos, escogidos por Dios únicamente por su propósito amoroso y soberano, sin ningún mérito o sabiduría humana. En el pasado eterno, Dios escogió soberanamente para salvación a los creyentes y, con el tiempo, los llevó a Él por la obra del Espíritu Santo (Jn. 6:37, 44; Ro. 9:15-16; 1 Co. 1:9; Ef. 1:4-6, 11; 2 Ts.

2:13; 2 Ti. 1:9; cp. Hch. 13:46-48; Ap. 13:8; 17:8). Jesús les dijo a los discípulos: "No me elegisteis vosotros a mí, sino que yo os elegí a vosotros, y os he puesto para que vayáis y llevéis fruto" (Jn. 15:16). El Padre, el Hijo y el Espíritu Santo no eligieron solamente a los apóstoles; también eligieron a todos los que han creído en toda la historia. Jesús oró así en su oración sacerdotal: "Yo ruego por ellos; no ruego por el mundo, sino por los que me diste; porque tuyos son" (Jn. 17:9).

Como lo sugieren 1 Tesalonicenses 1:6 y 9, la voluntad del hombre participa en la respuesta a la incitación divina. Así, el evangelismo verdadero es un llamado al arrepentimiento y a creer (p. ej., Hch. 20:21).

LA CONVERSIÓN PASADA DE LOS TESALONICENSES

pues nuestro evangelio no llegó a vosotros en palabras solamente, sino también en poder, en el Espíritu Santo y en plena certidumbre, como bien sabéis cuáles fuimos entre vosotros por amor de vosotros. Y vosotros vinisteis a ser imitadores de nosotros y del Señor, recibiendo la palabra en medio de gran tribulación, con gozo del Espíritu Santo, de tal manera que habéis sido ejemplo a todos los de Macedonia y de Acaya que han creído. Porque partiendo de vosotros ha sido divulgada la palabra del Señor, no sólo en Macedonia y Acaya, sino que también en todo lugar vuestra fe en Dios se ha extendido, de modo que nosotros no tenemos necesidad de hablar nada; porque ellos mismos cuentan de nosotros la manera en que nos recibisteis, y cómo os convertisteis de los ídolos a Dios, para servir al Dios vivo y verdadero, y esperar de los cielos a su Hijo, al cual resucitó de los muertos, a Jesús, quien nos libra de la ira venidera. (1:5-10)

La certeza de Pablo sobre la elección de los tesalonicenses abarca el recuerdo de cuando ellos se hicieron creyentes en el pasado. En los versículos 5-10, el apóstol expone confiadamente tales recuerdos como razones para afirmar la salvación de ellos.

RECIBIMIENTO DEL EVANGELIO EN PODER Y EL ESPÍRITU SANTO

pues nuestro evangelio no llegó a vosotros en palabras solamente, sino también en poder, en el Espíritu Santo y en plena certidumbre, como bien sabéis cuáles fuimos entre vosotros por amor de vosotros. (1:5)

El primer indicador pasado (y el cuarto en general) de la conversión de los tesalonicenses que certificaba la autenticidad de su elección fue el poder divino revelado cuando se les predicó el evangelio. Cuando Pablo dijo que el **evangelio** llegó **en poder, en el Espíritu Santo y en plena certidumbre**, no solamente describía la experiencia de los tesalonicenses, sino la de Timoteo, Silas y la suya cuando declararon por primera vez las nuevas de la salvación en Tesalónica. Pablo y los otros se identificaban tan profundamente con el mensaje de salvación y su poder que lo llamaban "**nuestro evangelio**" (cp. 2 Ts. 2:14), aunque era de Dios (Ro. 1:1; 1 Ts. 2:2, 9), al respecto de la obra expiatoria de Jesucristo (1 Co. 15:1-4).

Primero, Pablo aseveró que se reveló el **poder** porque el mensaje **no llegó** a los tesalonicenses **en palabras solamente**; no fue una simple charla. Lo que importaba no era tan solo las palabras, aunque, por definición, cualquier mensaje —incluido el evangelio— está compuesto de las palabras expuestas en el mensaje (cp. Ro. 10:8, 14; 1 P. 1:22-25). La fe es por oír las palabras de verdad, pero el proceso de participación requiere mucho más que eso. Sin importar la erudición, la lógica convincente, la retórica enérgica o el estilo de comunicación claro e interesante, si la verdad hablada no llega acompañada del poder de Dios, no logra nada. Pero cuando entra en el alma preparada por el poder de Dios, la verdad del evangelio salva (cp. 1 P. 1:23-25).

Jesús indicó la incapacidad de todos los pecadores para creer la verdad cuando dijo: "Y esta es la condenación: que la luz vino al mundo, y los hombres amaron más las tinieblas que la luz, porque sus obras eran malas. Porque todo aquel que hace lo malo, aborrece la luz y no viene a la luz, para que sus obras no sean reprendidas" (Jn. 3:19-20). Bajo esa misma línea Pablo instruyó a los corintios: "Pero si nuestro evangelio está aún encubierto, entre los que se pierden está encubierto; en los cuales el dios de este siglo cegó el entendimiento de los incrédulos, para que no les resplandezca la luz del evangelio de la gloria de Cristo, el cual es la imagen de Dios" (2 Co. 4:3-4; cp. Ef. 2:1). Él ya les había dicho que "el hombre natural" no puede entender el evangelio (1 Co. 2:14). Las palabras estériles de la sola verdad, no importa cuán bien presentadas, no pueden penetrar tal ceguera y muerte espiritual. "Porque el reino de Dios no consiste en palabras, sino en poder" (1 Co. 4:20). Dios tiene que despertar poderosamente el alma muerta y abrir los ojos de los ciegos para que la verdad pueda regenerar (Ef. 2:4-5).

Tal **poder** evidente para despertar al muerto espiritual viene del **Espíritu Santo**. El poder transformador genuino del alma que acompaña la predicación del evangelio es la obra del Espíritu que estimula al predicador y al oyente. Jesús aludió a esta verdad cuando, justo antes de su ascensión, prometió a los apóstoles: "Recibiréis poder, cuando haya venido sobre vosotros el Espíritu Santo, y me seréis testigos en Jerusalén, en toda Judea, en Samaria, y hasta lo último de la tierra" (Hch. 1:8).

Pablo sabía que la predicación en Tesalónica llevaba poder divino por la **plena certidumbre** ("profunda convicción"; NVI) cuando la impartió. El comentarista Leon Morris ofrece una perspectiva útil de qué quería decir aquí Pablo:

> El tercer punto es que el evangelio llegó con "en plena certidumbre". En el griego no hay repetición de "en". El efecto es enlazar estas palabras

> muy cercanamente con las anteriores. La certidumbre *[plērophoria]* no es un artefacto humano por el cual los hombres puedan persuadirse. Más bien, es el resultado de la actividad del Espíritu Santo que obra en los creyentes. Algunos han creído que aquí la certidumbre era aquello que llegaba a los creyentes cuando depositaban su confianza en Cristo, y posiblemente eso no era ajeno al pensamiento del apóstol. Pero su significado principal es la certidumbre que el Espíritu da a los predicadores, porque Pablo está hablando de la forma en que él y sus compañeros supieron de la elección de los tesalonicenses. Cuando estaba predicando, estaban convencidos en sus corazones de que el poder de Dios estaba obrando. El Espíritu estaba obrando su gracia (*The First and Second Epistles to the Thessalonians* [Primera y segunda epístolas a los Tesalonicenses], The New International Commentary on the New Testament [Nuevo comentario internacional del Nuevo Testamento] [Grand Rapids: Eerdmans, 1989], pp. 57-58).

Pablo y sus compañeros predicadores tenían el poder, la confianza y la seguridad del Espíritu, además eran audaces y dependían del **poder** de Dios que obraba a través de ellos y en sus oyentes para efectuar la salvación.

Para enfatizar la idea sobre el poder de predicación de los misioneros, Pablo cerró el versículo con estas palabras: "**como bien sabéis cuáles fuimos entre vosotros por amor de vosotros**". Dijo a los creyentes tesalonicenses que el poder espiritual manifiesto en su vida y en la de sus compañeros de ministerio afirmaba la exactitud de su predicación. El apóstol (y, sin duda, Silas y Timoteo también) era veraz, humilde, desinteresado, amable, cuidadoso, apasionado y compasivo con los tesalonicenses. Trabajó entre ellos con sus propias manos para no aceptar dinero de ellos (2 Ts. 3:7-8). Los tesalonicenses no solo habían oído la predicación del evangelio, lo habían visto vivo en Pablo, cuya vida era un ejemplo espléndido del poder del evangelio que predicaba (cp. 2 Co. 1:12).

IMITACIÓN GENUINA DEL SEÑOR

Y vosotros vinisteis a ser imitadores de nosotros y del Señor, (1:6*a*)

La quinta marca para probar la elección de los tesalonicenses fue que se hicieron **imitadores de** Pablo **y del Señor**. **Imitadores** (*mimētai*) es la palabra de la cual se deriva el término español *mímica*. Esta obra transformadora ocurrió al momento de la salvación, cuando los creyentes tesalonicenses se hicieron nuevas criaturas (cp. 2 Co. 5:17). Inmediatamente, los patrones de la vida santa comenzaron a remplazar los antiguos patrones de pecado (cp. Ef. 4:22, 24). Los tesalonicenses, en medio del ambiente pagano, sin liderazgo eclesial veterano, se habían vuelto

imitadores del apóstol, de sus colaboradores y, lo más importante, de Cristo. La salvación comienza con la obra de la santificación (cp. 1 P. 1:1-2). Como lo recordó Pablo a los romanos: "¿O no sabéis que todos los que hemos sido bautizados en Cristo Jesús, hemos sido bautizados en su muerte? Porque somos sepultados juntamente con él para muerte por el bautismo, a fin de que como Cristo resucitó de los muertos por la gloria del Padre, así también nosotros andemos en vida nueva" (Ro. 6:3-4; cp. 2 Co. 5:17; Gá. 6:15).

El estilo de vida de los creyentes tesalonicenses comenzó a ser muy diferente del paganismo idólatra y sórdido de su pasado y del legalismo de supuesta superioridad moral de los judíos de la ciudad. Se habían vuelto **imitadores** de Jesucristo. Pablo ordenaba a los creyentes seguir esa realidad como un estilo de vida: "Sed imitadores de mí, así como yo de Cristo" (1 Co. 11:1). A los corintios dijo que la experiencia de la santificación era progresiva por el Espíritu Santo, quien los subía a niveles crecientes de gloria, cada vez más a la imagen de Cristo (2 Co. 3:18).

PERSEVERANCIA GOZOSA EN LA TRIBULACIÓN

recibiendo la palabra en medio de gran tribulación, con gozo del Espíritu Santo, (1:6*b*)

La sexta marca para confirmar la verdadera elección de los tesalonicenses era su **gozo** en medio del sufrimiento y las dificultades. No importa cuán difíciles se tornen las circunstancias, los verdaderos cristianos no pierden su **gozo** final porque el Espíritu Santo lo concede a los elegidos. El reino de Dios *es* **gozo** (Ro. 14:17).

Pablo volvió a señalar que los tesalonicenses habían recibido **la palabra**, reiterando simplemente que habían creído el evangelio y se habían convertido. Pero fue así **en medio de gran tribulación**, esto es, en el sufrimiento severo que comenzó cuando Pablo les predicó la primera vez. Como leemos en Hechos 17:1-4 y vimos antes, Pablo y sus compañeros de misión emprendieron un ministerio evangelístico eficaz que se extendió a tres días de reposo en la sinagoga de Tesalónica, después de los cuales continuaron su obra en otro lugar durante varios meses; tiempo suficiente para recibir dos ofrendas de los filipenses (cp. Fil. 4:16), estar empleados (1 Ts. 2:9; 2 Ts. 3:8) y cuidar profundamente de la iglesia (1 Ts. 2:7-11). Como resultado del impacto transformador del evangelio, los judíos iniciaron una fuerte persecución y oposición contra el apóstol:

> *Entonces los judíos que no creían, teniendo celos, tomaron consigo a algunos ociosos, hombres malos, y juntando una turba, alborotaron la ciudad; y asaltando la casa de Jasón, procuraban sacarlos al pueblo. Pero no hallándolos, trajeron a*

> *Jasón y a algunos hermanos ante las autoridades de la ciudad, gritando: Estos que trastornan el mundo entero también han venido acá; a los cuales Jasón ha recibido; y todos éstos contravienen los decretos de César, diciendo que hay otro rey, Jesús. Y alborotaron al pueblo y a las autoridades de la ciudad, oyendo estas cosas. Pero obtenida fianza de Jasón y de los demás, los soltaron. Inmediatamente, los hermanos enviaron de noche a Pablo y a Silas hasta Berea. Y ellos, habiendo llegado, entraron en la sinagoga de los judíos (Hch. 17:5-10).*

Es probable que los judíos incrédulos y los gentiles paganos intensificaran la persecución después de que Pablo y sus compañeros dejaran Tesalónica. Pablo reflexionó después sobre ese agravio: "Porque vosotros, hermanos, vinisteis a ser imitadores de las iglesias de Dios en Cristo Jesús que están en Judea; pues habéis padecido de los de vuestra propia nación las mismas cosas que ellas padecieron de los judíos, los cuales mataron al Señor Jesús y a sus propios profetas, y a nosotros nos expulsaron" (1 Ts. 2:14-15).

La palabra griega que se traduce **tribulación** es *thlipsis*, cuyo significado es "presión intensa", a diferencia de algo suave. De modo que los creyentes nuevos de Tesalónica experimentaron una persecución severa, pero la autenticidad de su salvación trascendió esa aflicción y así no perdieron nunca el **gozo** (cp. 1 Ts. 3:4; 2 Ts. 1:4; véase en contraste Sal. 51:12).

La respuesta de los tesalonicenses a la persecución y el sufrimiento —**con gozo del Espíritu Santo**— recordaba la reacción anterior de los apóstoles en Hechos. Después de que el sanedrín los azotase, les ordenó no volver a predicar el evangelio y los liberó, "ellos salieron de la presencia del concilio, gozosos de haber sido tenidos por dignos de padecer afrenta por causa del Nombre" (Hch. 5:41).

Mas no deben considerarse que tales respuestas gozosas y llenas del Espíritu son extrañas o incomprensibles: el gozo es el beneficio divino de estar en Cristo, una de las bendiciones espirituales "en los lugares celestiales en Cristo" (Ef. 1:3). Romanos 5:1-4 declara:

> *Justificados, pues, por la fe, tenemos paz para con Dios por medio de nuestro Señor Jesucristo; por quien también tenemos entrada por la fe a esta gracia en la cual estamos firmes, y nos gloriamos en la esperanza de la gloria de Dios. Y no sólo esto, sino que también nos gloriamos en las tribulaciones, sabiendo que la tribulación produce paciencia; y la paciencia, prueba; y la prueba, esperanza (cp. Hch. 16:22-25; Gá. 5:22; Fil. 4:4).*

La simple alegría humana morirá bajo la persecución; el **gozo del Espíritu Santo** la trascenderá y aumentará. Sin embargo, aunque tal gozo es fruto del Espíritu (Gá. 5:22), todos los creyentes están llamados a regocijarse cada vez más (Fil. 4:4).

COMPORTAMIENTO EJEMPLAR

de tal manera que habéis sido ejemplo a todos los de Macedonia y de Acaya que han creído. (1:7)

El séptimo indicador de la elección de los tesalonicenses, y una extensión de los demás, era su conducta ejemplar. Pasaron de ser imitadores loables de Pablo y de Cristo a ser personas cuyas vidas merecían imitarse. La iglesia se había vuelto un **ejemplo a todos los que** habían **creído**, un modelo a seguir incluso para cristianos más maduros. **Ejemplo** es la palabra griega *tupos* ("reproducción exacta") de la cual se deriva la palabra española *tipo*. Los tesalonicenses se convirtieron en planos sobre los cuales los otros en el resto de la región podían construir sus vidas (cp. 1 Jn. 2:6). **Macedonia** era la provincia al norte de Grecia donde estaba Tesalónica, además de Filipos y Berea. **Acaya** era la provincia del sur de Grecia e incluía ciudades tan prominentes como Atenas y Corinto.

Para ilustrarlo específicamente, los tesalonicenses estaban entre los creyentes que Pablo citó a los corintios como modelo por sus ofrendas y su mayordomía financiera. Los tesalonicenses vivían en pobreza extrema, probablemente debido a la persecución que soportaron. No obstante, daban con liberalidad y sacrificio para ayudar a los creyentes necesitados de Jerusalén (2 Co. 8:1-5), demostrando así un modelo de piedad y probando una vez más la realidad de su elección.

PROCLAMACIÓN DE LA PALABRA POR TODAS PARTES

Porque partiendo de vosotros ha sido divulgada la palabra del Señor, no sólo en Macedonia y Acaya, sino que también en todo lugar vuestra fe en Dios se ha extendido, de modo que nosotros no tenemos necesidad de hablar nada; porque ellos mismos cuentan de nosotros la manera en que nos recibisteis, (1:8-9*a*)

Otra característica que verificaba el poder de la salvación en los santos tesalonicenses era su fidelidad en la proclamación del evangelio. **La palabra del Señor**, la verdad divina y salvadora del evangelio, se había **divulgado** a partir de la iglesia en Tesalónica. **Divulgado** (*exēchētai*) se usa únicamente aquí en el Nuevo Testamento y significa "retumbar" o "resonar muy intensamente". Fuera del Nuevo Testamento el término se usaba para referirse al retumbar de la trompeta o a un trueno. La forma del tiempo perfecto en *exēchētai* indica el sonar continuo y audaz de la iglesia con el mensaje del evangelio.

Desde el momento en que la iglesia se fundó, la proclamación del evangelio resonó, **no sólo en Macedonia y Acaya, sino que también en todo lugar**. Como Tesalónica era un centro de viaje y comercio, la gente que iba hacia **Macedonia** por la Vía Egnatia, de oriente y occidente, oía **la palabra del Señor** de los creyentes verdaderos, así también quienes visitaban la ciudad en barco y usaban el complejo portuario. Al parecer, los tesalonicenses que salían de la ciudad también llevaban el evangelio con ellos a **Acaya** y a **todo lugar**. Pablo describió la proclamación de ellos como un sonido constante, creciente y cuyo eco formaba una onda cada vez mayor, pues la iglesia aprovechaba al máximo la ubicación estratégica para proclamar la verdad.

Su influencia era tan clara y extensa que Pablo no tenía **necesidad de hablar nada**. De hecho, las noticias sobre la salvación de los tesalonicenses y su consiguiente testimonio de poder fueron tan convincentes que Pablo dijo que las personas que oían el testimonio de la iglesia podían contar de Pablo y sus compañeros **la manera en que** los recibieron. En lugar de que Pablo contara a las personas que conocía en sus viajes qué había hecho Dios en esa ciudad, ellas le decían lo que todos ya sabían. Toda iglesia podría desear ese impacto y reputación.

LA TRANSFORMACIÓN TOTAL DE LA IDOLATRÍA

y cómo os convertisteis de los ídolos a Dios, para servir al Dios vivo y verdadero, (1:9*b*)

La evidencia segura sobre la elección de los tesalonicenses era que ellos se sometieron a un nuevo Amo. La salvación significó una ruptura decisiva con la religión pagana y una nueva dirección para toda su vida personal. Los tesalonicenses abandonaron todo politeísmo y aceptaron al único Dios y al Señor Jesucristo. Pablo expresó este cambio como haberse convertido **de los ídolos a Dios**. **Convertisteis** viene del verbo *epistrephō*, usado en el Nuevo Testamento para indicar que cuando un pecador se convierte hay un giro en la dirección absolutamente opuesta (Hch. 9:35; 11:21; 26:18, 20; 2 Co. 3:16; cp. Lc. 1:16; Stg. 5:20). Tal conversión implica arrepentirse, apartarse **de los ídolos** y someterse solo al Salvador en fe (Hch. 20:21). Tal giro es mucho más que el simple cambio de creencia sobre quién es Cristo; es un cambio completo de lealtades, **de los ídolos** a **servir al Dios vivo y verdadero**. La palabra que escogió Pablo para **servir** (*douleuein*) quiere decir servir como esclavo, la forma más exigente de servidumbre. Pablo sabía que los tesalonicenses se habían apartado de la devoción servil a los **ídolos** demoniacos, muertos y falsos, a una esclavitud nueva y deseable **al Dios vivo y verdadero** (cp. Ro. 6:16-18).

ANHELO EXPECTANTE POR EL REGRESO DE CRISTO

y esperar de los cielos a su Hijo, al cual resucitó de los muertos, a Jesús, quien nos libra de la ira venidera. (1:10)

La marca décima y final para indicar que en la iglesia de Tesalónica eran realmente elegidos de Dios era que sus miembros esperaban **de los cielos a su Hijo**; es decir, **a Jesús**.

Quienes aman a Cristo anhelan y esperan su regreso. Los apóstoles evidenciaron tal deseo cuando vieron la ascensión de Jesús:

> *Y habiendo dicho estas cosas, viéndolo ellos, fue alzado, y le recibió una nube que le ocultó de sus ojos. Y estando ellos con los ojos puestos en el cielo, entre tanto que él se iba, he aquí se pusieron junto a ellos dos varones con vestiduras blancas, los cuales también les dijeron: Varones galileos, ¿por qué estáis mirando al cielo? Este mismo Jesús, que ha sido tomado de vosotros al cielo, así vendrá como le habéis visto ir al cielo (Hch. 1:9-11).*

Pablo afirmó incuestionablemente que Aquel que ascendió una vez al cielo también es a quien los creyentes esperan, Aquel que Dios **resucitó de los muertos, a Jesús**. La referencia a la resurrección determina el escenario para el regreso de Jesucristo. Dios lo **resucitó de los muertos** porque le complació el sacrificio de Jesús por el pecado y porque quería exaltarlo hasta el trono celestial, del cual regresará para ejercer su derecho soberano como Rey de reyes (Hch. 2:24, 32; 3:15; 4:10-12; 5:30-32; 13:33-35; 17:31; cp. Ro. 1:3-4; 2 Co. 13:4; Ef. 1:19-23). La palabra traducida **esperar** se usa solo aquí en el Nuevo Testamento y se refiere a la espera expectante: la espera constante, paciente y confiada.

Esperar con ilusión y paciencia el regreso de Jesús desde el cielo es otro aspecto importante en este primer capítulo para definir a un cristiano. La espera es un asunto recurrente en las cartas a los tesalonicenses (1 Ts. 2:17, 19; 3:13; 4:15-17; 5:8, 23; 2 Ts. 3:6-12). En dos de las otras cartas paulinas el apóstol describió esta actitud de esperar como sigue:

> *Por lo demás, me está guardada la corona de justicia, la cual me dará el Señor, juez justo, en aquel día; y no sólo a mí, sino también a todos los que aman su venida (2 Ti. 4:8).*

> *Porque la gracia de Dios se ha manifestado para salvación a todos los hombres, enseñándonos que, renunciando a la impiedad y a los deseos mundanos, vivamos en este siglo sobria, justa y piadosamente, aguardando la esperanza bienaventurada y la manifestación gloriosa de nuestro gran Dios y Salvador Jesucristo (Tit. 2:11-13).*

El creyente verdadero anhela el regreso de Cristo porque sabe que allí se completará y satisfará el propósito eterno de Dios, que es librarnos **de la ira venidera**. **Librarnos** hace referencia a la liberación que el Señor provee. Él es Libertador y Salvador de quienes en otro caso habrían enfrentado el juicio divino y el castigo eterno. En el mundo antiguo se aceptaba la idea de la ira divina, pero no había esperanza genuina de librarse de ella. En contraste, el mundo posmoderno rechaza la idea de la ira divina, por lo que no se necesita ni considera al Libertador. *Orgē* (**ira**) describe la oposición resuelta del Señor y su disgusto con el pecado. Algunos creen que **la ira venidera** se refiere a la Gran Tribulación y ven en esta liberación la promesa del arrebatamiento pretribulacionista, cuya explicación se dará más adelante en esta epístola (véase el capítulo 11 de este comentario). Pero el contexto inmediato de la explicación de Pablo sobre la elección y salvación, en lugar de ser escatológico, desecha la ira temporal y señala la **ira** eterna; como sucede con la ira mencionada en 5:9: "Porque no nos ha puesto Dios para ira, sino para alcanzar salvación por medio de nuestro Señor Jesucristo".

Estas diez marcas de los elegidos son ciertas para cada seguidor genuino de Cristo. Pero es posible que, de vez en cuando, incluso los creyentes verdaderos pierdan contacto en sus vidas con estas realidades y vivan de forma no consecuente con su posición en el cuerpo de Cristo. Pedro urgió así a sus lectores: "Por lo cual, hermanos, tanto más procurad hacer firme vuestra vocación y elección; porque haciendo estas cosas, no caeréis jamás" (2 P. 1:10). No es porque necesiten convencer a Dios; Él ya sabe quiénes están entre los elegidos. Pero no hay mayor seguridad para quienes profesan fe en Cristo que conocer su condición espiritual verdadera por medio de estos diez puntos de referencia.

Liderazgo espiritual a toda prueba

2

Porque vosotros mismos sabéis, hermanos, que nuestra visita a vosotros no resultó vana; pues habiendo antes padecido y sido ultrajados en Filipos, como sabéis, tuvimos denuedo en nuestro Dios para anunciaros el evangelio de Dios en medio de gran oposición. Porque nuestra exhortación no procedió de error ni de impureza, ni fue por engaño, sino que según fuimos aprobados por Dios para que se nos confiase el evangelio, así hablamos; no como para agradar a los hombres, sino a Dios, que prueba nuestros corazones. Porque nunca usamos de palabras lisonjeras, como sabéis, ni encubrimos avaricia; Dios es testigo; ni buscamos gloria de los hombres; ni de vosotros, ni de otros, aunque podíamos seros carga como apóstoles de Cristo. (2:1-6)

Por cerca de medio siglo, desde el comienzo de la década de 1950, el mundo se ha preguntado: ¿A dónde se han ido los líderes? Durante ese tiempo la sociedad le ha dado cada vez más valor al liderazgo, pero ha encontrado pocos líderes nobles con habilidad e integridad.

El liderazgo no es fácil. Cuando un equipo deportivo no gana, el dueño despide al entrenador. Cuando una empresa pierde su capacidad competitiva o de alguna forma significativa no está a la altura de las expectativas, la junta directiva suele despedir al presidente. Cuando una iglesia no crece de acuerdo con las expectativas de las personas, al pastor se le obliga a dejar el cargo.

Y como en la iglesia hay asuntos espirituales y eternos en juego, la crisis de liderazgo en el mundo es insignificante comparada con la crisis de liderazgo en la iglesia, que es la agencia de Dios para cumplir su misión en la tierra (Mt. 28:19-20; cp. 1 Ti. 3:15) hasta el regreso de Cristo.

Los llamados a ser ancianos de la iglesia, quienes predican, enseñan y lideran el rebaño de Dios, tienen el deber inigualable de proclamar el evangelio a los pecadores incrédulos y llevar a quienes crean y se bauticen a la comunión de la iglesia local. Allí el Espíritu Santo los santificará a medida que adoren a Dios en espíritu y en verdad, y se sometan a la exposición y aplicación de las Escrituras. Los pastores también deben interceder por su pueblo mediante la oración pública y privada; deben supervisar la administración de la Cena del Señor, de manera que su pueblo confiese regularmente sus pecados y renueve su pacto de obediencia; capacitar a otros maestros y obreros de la iglesia; supervisar y aplicar la disciplina de la iglesia; y dar consejería bíblica a la congregación. Toda esta obra espiritual es para edificar los santos hasta la madurez: "la medida de la estatura de la plenitud de Cristo" (Ef. 4:13).

El anciano debe ser un médico espiritual que tenga la capacidad de aplicar las curas bíblicas en aquellos vicios y herejías que puedan afligir a los miembros de su iglesia. También debe ser un pastor sensible, el cual, mientras alimenta al rebaño, cure sus heridas, calme sus temores, los proteja de los peligros espirituales y los consuele cuando estén afligidos. En resumen, debe ser un campeón de la verdad bíblica (2 Ti. 4:2), una fuente de recursos espirituales (1 P. 5:1-2), un guardián y protector (Hch. 20:28-31) y siempre un modelo de virtud espiritual (1 Ti. 4:12) para todos aquellos por quienes es directamente responsable ante su Señor Jesucristo (He. 13:17; Stg. 3:1).

Hasta el superdotado apóstol Pablo se hizo esta pregunta: "Y para estas cosas, ¿quién es suficiente?" (2 Co. 2:16). Se dio cuenta de que ningún hombre puede cumplir eficazmente con la obligación inmensa del liderazgo espiritual solo mediante el esfuerzo, la sabiduría y la fortaleza humanos. Sabía que solo Dios podía proporcionar el poder para ser un líder eficaz; aunque luchaba con su carne, descubrió que no hacía lo que quería, sino lo que no quería (Ro. 7:14-25). Dios, en su misericordia, le dio dolor y sufrimiento continuo para darle una lección de humildad y hacerlo dependiente del poder divino (2 Co. 12:7-10).

Los falsos maestros asediaban a Pablo, como suelen hacerlo con otros pastores fieles, cuestionando su carácter y autoridad. Por eso la declaración de apertura en el capítulo 2 es una polémica en defensa del ministerio de Pablo a los tesalonicenses. Los oponentes de su ministerio mentían a la iglesia de Tesalónica en cuanto a la integridad y sinceridad del apóstol. Esperaban acabar con la nueva iglesia destruyendo su confianza en la persona que Dios había usado para fundarla. Dicho grupo incluía probablemente judíos incrédulos y gentiles paganos, ambos muy hostiles al evangelio. (Era una situación semejante a la que después trató Pablo en 2 Corintios). En una respuesta negativa a la venida del Mesías y su obra redentora, además de a la expansión del evangelio, se intensificaron los ataques a la verdad de la salvación por gracia; y Pablo era el blanco principal.

Debido a que el mundo del primer siglo estaba lleno de charlatanes y líderes espirituales falsos, era fácil que los enemigos del apóstol lo encasillaran en ese grupo que viajaba alrededor ministrando solo para obtener poder, riqueza y prestigio. W. Neil escribe lo siguiente sobre aquellos tiempos:

> Es probable que no haya habido nunca tan grande variedad de sectas religiosas y sistemas filosóficos como en los días de Pablo. Oriente y

> Occidente se habían unido y mezclado para producir una amalgama de piedad real, principios morales elevados, superstición cruda y licencia flagrante. Los misterios orientales, la filosofía griega y los diosecillos locales competían por tener buena acogida bajo la protección de la indiferencia romana. "Hombres santos" de todos los credos y países, filósofos populares, magos, astrólogos, locos y maniáticos; los sinceros y los falsos, los justos y los pícaros, los estafadores y los santos; todos presionaban y reclamaban la atención de crédulos y escépticos (Citado en Leon Morris, *The First and Second Epistles to the Thessalonians* [Primera y segunda epístolas a los Tesalonicenses], The New International Commentary on the New Testament [Nuevo comentario internacional del Nuevo Testamento] [Grand Rapids: Eerdmans, 1989], p. 68, n. 3).

A pesar de la pureza en la vida de Pablo y del poder trasformador de su mensaje (prueba suficiente y convincente de su legitimidad como apóstol de Jesucristo), los enemigos del evangelio estaban teniendo éxito en convencer a los tesalonicenses de que Pablo y sus compañeros tenían malas intenciones, que tan solo eran farsantes en busca de su propio beneficio, como muchos otros "maestros espirituales" de la época. Por lo tanto, tan desagradable como pudiera ser para Pablo la defensa propia, respondió directa y concisamente a sus detractores por amor a la verdad.

RECORDATORIO INICIAL DE PABLO

Porque vosotros mismos sabéis, hermanos, que nuestra visita a vosotros no resultó vana; (2:1)

Pablo abrió la defensa de su liderazgo espiritual con una declaración general sobre la eficacia de su ministerio: "**Porque vosotros mismos sabéis, hermanos, que nuestra visita a vosotros no resultó vana**". El apóstol urgió inmediatamente a sus lectores a recordar su experiencia con él y con sus compañeros; lo que había ocurrido era obvio y evidente. El conocimiento del ministerio de Pablo entre los tesalonicenses no venía por un informe de segunda mano (cp. 1 Ts. 1:9); ellos habían participado directamente.

La frase **nuestra visita a vosotros** se refiere a la llegada de los misioneros a Tesalónica con el mensaje del evangelio. **Vana** traduce la palabra *kenos*, cuyo significado es "vacío". El término también puede denotar algo carente de propósito, efecto o importancia y, por tanto, intrascendente. Pero el ministerio de Pablo, Silas y Timoteo en Tesalónica no resultó insulso. Por el contrario, tuvo un impacto poderoso porque produjo efectos profundos y de largo alcance en la vida de los tesalonicenses: las señales de la fe genuina mencionadas en 1:1-10. La fortaleza de la iglesia en Tesalónica, incluso después de la partida de Pablo, era evidencia de que su trabajo **no resultó** vano. Pablo continúa la defensa de su ministerio en esta sección de la carta y expresa cinco ingredientes que abrieron su ministerio al poder divino: su confianza en el poder de Dios, su dedicación a la verdad de Dios, su comisión por la voluntad de Dios, su motivación por el conocimiento de Dios y su dedicación a la gloria de Dios.

CONFIANZA DE PABLO EN EL PODER DE DIOS

pues habiendo antes padecido y sido ultrajados en Filipos, como sabéis, tuvimos denuedo en nuestro Dios para anunciaros el evangelio de Dios en medio de gran oposición. (2:2)

La confianza de Pablo en el poder de Dios para impulsar su ministerio y protegerle del mal, le dio audacia, valentía, tenacidad e intrepidez frente a sus enemigos.

Pablo pensaba en aquellos enemigos cuando recordó a los tesalonicenses que él y sus compañeros habían **antes padecido y sido ultrajados en Filipos**. Lucas recuerda ese episodio en Hechos 16:16-24:

> *Aconteció que mientras íbamos a la oración, nos salió al encuentro una muchacha que tenía espíritu de adivinación, la cual daba gran ganancia a sus amos, adivinando. Esta, siguiendo a Pablo y a nosotros, daba voces, diciendo: Estos hombres son siervos del Dios Altísimo, quienes os anuncian el camino de salvación. Y esto lo hacía por muchos días; mas desagradando a Pablo, éste se volvió y dijo al espíritu: Te mando en el nombre de Jesucristo, que salgas de ella. Y salió en aquella misma hora. Pero viendo sus amos que había salido la esperanza de su ganancia, prendieron a Pablo y a Silas, y los trajeron al foro, ante las autoridades; y presentándolos a los magistrados, dijeron: Estos hombres, siendo judíos, alborotan nuestra ciudad, y enseñan costumbres que no nos es lícito recibir ni hacer, pues somos romanos. Y se agolpó el pueblo contra ellos; y los magistrados, rasgándoles las ropas, ordenaron azotarles con varas. Después de haberles azotado mucho, los echaron en la cárcel, mandando al carcelero que los guardase con seguridad. El cual, recibido este mandato, los metió en el calabozo de más adentro, y les aseguró los pies en el cepo.*

En realidad, Pablo y Silas fueron perjudicados de dos maneras en Filipos, como lo indican las palabras ***padecido*** y ***ultrajados***. Los trataron brutalmente: los azotaron y los aseguraron con cepos, los acusaron falsamente y los castigaron ilegalmente. **Padecido** se refiere principalmente al maltrato físico, mientras **ultrajados** se refiere a la vergüenza pública e incluso al abuso legal; los juzgaron injustamente y los enviaron a prisión aunque no habían cometido ningún crimen. En el primer siglo, *hubrizō* (**ultrajados**) significaba tratar de forma vergonzosa, insultante o escandalosa en público; todo con la intención de humillar.

Pablo declaró que aun después de haber experimentado ese maltrato **en Filipos** continuaron predicando el evangelio en Tesalónica, donde se les acusó falsamente de traición (Hch. 17:7) y fueron atacados injustamente por una turba (17:5-6). La palabra traducida **pues habiendo** (*alla*) en la RVR-60 es un adversativo fuerte que en este contexto podría haberse traducido mejor como "pero por otra parte" o "aunque". Incluso cuando los misioneros encontraron tan terrible reacción en Filipos al momento de proclamar el evangelio, fueron a Tesalónica entregados al mismo deber privilegiado de predicar **el evangelio de Dios**. De hecho, Pablo concluyó que la reacción hostil de los filipenses paganos era un indicador seguro de que él y sus amigos estaban predicando la verdad. La declaración de Pablo aquí deja claro que la predicación audaz, bíblica y confiada no lleva a la popularidad. Más bien, lleva a conflictos que requieren valentía y audacia renovada.

La confianza de Pablo no era en sí mismo. Al contrario, su confianza o **denuedo** estaba solamente en **Dios**. Pablo confiaba de todo corazón en que Dios los sostendría. Como escribiría después a los efesios, era fuerte "en el Señor, y en el poder de su fuerza" (Ef. 6:10). Su debilidad humana era la mejor herramienta para el poder de Dios (2 Co. 12:9-10).

El término **evangelio de Dios** aparece dos veces más en el capítulo 2 (vv. 8-9) así como en Marcos 1:14; Romanos 1:1; 15:16; 2 Corintios 11:7 y 1 Pedro 4:17. Describe el evangelio desde la perspectiva de Dios como fuente. Se trata de las buenas noticias diseñadas y reveladas por Dios sobre lo que Él ha hecho para redimir a los pecadores a través de su gracia y por su Hijo Jesucristo.

Como en Filipos y en otros lugares, el apóstol ministró el evangelio en Tesalónica **en medio de gran oposición**. La palabra griega traducida **oposición** es *agōn* ("lucha", "conflicto", "pelea") y de ella se deriva la palabra *agonizar*. Se refiere a una lucha agonizante de vida o muerte. En el ministerio siempre hay presión para suavizar el mensaje, para ser inofensivo a los pecadores, para hacerles el evangelio aceptable. Pero esa transigencia no tenía cabida en la estrategia de Pablo. En su lugar, estaba completamente convencido de que el poder de Dios vencería toda la oposición y lograría su propósito redentor. El siervo de Dios predica sin suavizar el mensaje verdadero que Dios ha dispuesto en su Palabra; no otro mensaje. Lo hace por la verdad, no por la popularidad personal. Cuando viene la oposición, confía en el poder de Dios y permanece obediente a su llamado. Todo esto era cierto para Pablo y sus compañeros. Como sucede con todos los predicadores devotos del evangelio, calcularon el costo de confrontar fielmente a los pecadores con la verdad y se apoyaron confiados en el poder supremo y soberano de Dios.

DEDICACIÓN DE PABLO A LA VERDAD DE DIOS

Porque nuestra exhortación no procedió de error ni de impureza, ni fue por engaño, (2:3)

El apóstol Pablo sabía que podía confiar en el poder de Dios porque estaba comprometido con la verdad de Dios, no solo en su predicación, sino también en su vida. Los enemigos de la verdad tratan de destruir a los ministros del evangelio mediante la persecución. Pero cuando eso no funciona, como en el caso de Pablo, intentan socavar la confianza del pueblo en el mensaje del líder espiritual o en su integridad personal.

Eso les pasaba a menudo a Pablo y sus compañeros. Por eso, Pablo consideraba necesario defender su integridad afirmando su compromiso sin titubeos con la verdad divina, en palabra y conducta. Primero declaró: "**nuestra exhortación no procedió de error**". La palabra **exhortación** (*paraklēsis*) quiere decir "llamado, imploración o ruego urgente", con énfasis en el juicio. Tal uso enfatizaba a los lectores de Pablo la urgencia y franqueza de su predicación. No se desviaba él de la verdad ni operaba sin las normas de la revelación divina. Pablo les aseguró que no había enseñanza falsa ni vida falsa —en otras palabras, **error**— en su ministerio.

Los críticos de Pablo no solo deben haberlo tildado de **error** sino de herejía total. Los judíos antagonistas lo acusaban de ignorancia del Antiguo Testamento. Pero tales acusaciones eran falsas (cp. 2 Co. 2:17). Desde el momento de la conversión de Pablo, él fue un guardián de la verdad de Dios y más adelante amonestaría a Timoteo sobre la importancia de ser esa clase de guardián:

> *Si alguno enseña otra cosa, y no se conforma a las sanas palabras de nuestro Señor Jesucristo, y a la doctrina que es conforme a la piedad, está envanecido, nada sabe, y delira acerca de cuestiones y contiendas de palabras, de las cuales nacen envidias, pleitos, blasfemias, malas sospechas... Oh Timoteo, guarda lo que se te ha encomendado, evitando las profanas pláticas sobre cosas vanas, y los argumentos de la falsamente llamada ciencia (1 Ti. 6:3-4, 20).*

> *Retén la forma de las sanas palabras que de mí oíste, en la fe y amor que es en Cristo Jesús. Guarda el buen depósito por el Espíritu Santo que mora en nosotros (2 Ti. 1:13-14)*

> *Procura con diligencia presentarte a Dios aprobado, como obrero que no tiene de qué avergonzarse, que usa bien la palabra de verdad (2 Ti. 2:15).*

Como señalamos, Pablo no solo estaba comprometido con hablar y guardar la verdad, también estaba comprometido con vivirla. Así, él afirmó que su mensaje no se originaba en la **impureza** (*akatharsias*), una palabra compuesta de *katharos*, cuyo significado es "puro" o "limpio", y el prefijo *a*, que da a la expresión un sentido negativo, literalmente "sin pureza" (*katharos* es la fuente de la palabra *catarsis*, cuyo significado es purificación o limpieza). Aunque la palabra podría referirse a la impureza física y social (estigma), su sentido era principalmente de impureza sexual.

En los días de Pablo, muchas religiones de misterio y sectas griegas practicaban e incluso exaltaban la perversión sexual. Tales religiones eran muy populares porque en la mayoría de ellas la experiencia religiosa primaria se centraba en que los adherentes al culto tenían relaciones sexuales con una prostituta ritual del templo o con el líder de dicha secta. Las orgías en los templos eran comunes. La relación sexual tenía un papel central en las religiones paganas porque los miembros creían que cuando alguien tenía esa relación con un líder hombre o con una prostituta —quienes supuestamente estaban más cerca de los dioses—, los individuos se conectaban con las deidades. Por lo tanto, suponían que por medio de la fornicación, alcanzaban una especie de unión mística o metafísica con los dioses. Así pues, los líderes inescrupulosos y malvados buscaban conversos para mantener relaciones sexuales con ellos.

De modo que era muy típico que los charlatanes religiosos entraran en un lugar y buscaran a mujeres para satisfacer sus propios deseos sexuales con el pretexto de ofrecerles una experiencia religiosa más íntima, completa y profunda. Esos maestros sin escrúpulos hasta reclutaban a mujeres para pasar esas "experiencias religiosas" a otros hombres. Otras referencias del Nuevo Testamento a esas prácticas sugieren cuán comúnmente se promovían esas enseñanzas perversas en los días de Pablo. El apóstol Pedro escribió: "Y muchos seguirán sus disoluciones, por causa de los cuales el camino de la verdad será blasfemado, y por avaricia harán mercadería de vosotros con palabras fingidas. Sobre los tales ya de largo tiempo la condenación no se tarda, y su perdición no se duerme" (2 P. 2:2-3; cp. vv. 12-15). Después, al transmitir la advertencia del Señor a la iglesia de Tiatira, el apóstol Juan dijo: "Pero tengo unas pocas cosas contra ti: que toleras que esa mujer Jezabel, que se dice profetisa, enseñe y seduzca a mis siervos a fornicar y a comer cosas sacrificadas a los ídolos" (Ap. 2:20).

Por increíble que parezca, los enemigos de Pablo lo estaban acusando de la misma clase de **impureza** de los falsos maestros: buscando conversos para favores sexuales. Pero eso es inimaginable, como se ve en su negación categórica de tales acusaciones. De hecho, al negar las acusaciones malvadas de sus enemigos, Pablo usó la palabra *akatharsias* porque la connotación más amplia de esa palabra probablemente indicaba amor libidinoso para fornicación. El apóstol y sus compañeros no tenían motivos ocultos impuros ni eran líderes espirituales inmorales sexualmente. Hablaban la verdad ilustrada con sus vidas puras.

Por último, Pablo afirmó su dedicación a la verdad de Dios declarando que él no había llegado **por engaño**. Con esas palabras pasaba el argumento al reino de los motivos y aseveraba la honradez y franqueza de sus intenciones. **Engaño** traduce *dolos*, literalmente, anzuelo, trampa o truco (formas de engaño). Los falsos maestros solían usar la hechicería, la magia y el teatro para hacer parecer que tenían poderes sobrenaturales y así ganar conversos para obtener dinero y favores sexuales (cp. Hch. 8:9-11; 2 P. 2:15-18; Jud. 11). Pero los motivos de Pablo eran justos y él había vivido y ministrado con la mayor integridad (1 Co. 4:1-5; 2 Co. 3:1-3; 4:1-6). Pablo —y por extensión, sus colegas— solo querían cumplir su responsabilidad de hablar y vivir la verdad, sin engaños de algún tipo.

Pablo era lo opuesto a un falso maestro; su mensaje era la verdad; su vida era pura y su ministerio era honrado, sin hipocresías ni engaños.

COMISIÓN DE PABLO POR LA VOLUNTAD DE DIOS

sino que según fuimos aprobados por Dios para que se nos confiase el evangelio, (2:4*a*)

El tercer elemento esencial en el impacto poderoso de Pablo era que el ministerio estaba aprobado **por Dios**. Con este punto, la explicación pasaba de la dedicación del apóstol a la verdad a su comisión divina, de la cual derivaba su dedicación a la verdad.

El tiempo perfecto del verbo *dedokimasmetha* (**fuimos aprobados**) quiere decir que a Pablo se le probó y se le encontró válido, se le dio una aprobación duradera. Dios había validado y seguía aprobando el ministerio de Pablo.

Claramente, Dios había llamado a Pablo para ser apóstol; él no se nombró a sí mismo (Hch. 9:1-18). No estaba ministrando por su propia autoridad, a él se le había confiado **el evangelio**. Poco después de la conversión de Pablo, el Señor dijo a Ananías: "Ve, porque instrumento escogido me es éste, para llevar mi nombre en presencia de los gentiles, y de reyes, y de los hijos de Israel" (Hch. 9:15). Pablo reiteró la veracidad de ese concepto varias veces en sus epístolas:

> *Pero por la gracia de Dios soy lo que soy; y su gracia no ha sido en vano para conmigo, antes he trabajado más que todos ellos; pero no yo, sino la gracia de Dios conmigo (1 Co. 15:10).*

> *A mí, que soy menos que el más pequeño de todos los santos, me fue dada esta gracia de anunciar entre los gentiles el evangelio de las inescrutables riquezas de Cristo (Ef. 3:8).*

> *Según el glorioso evangelio del Dios bendito, que a mí me ha sido encomendado. Doy gracias al que me fortaleció, a Cristo Jesús nuestro Señor, porque me tuvo por fiel, poniéndome en el ministerio (1 Ti. 1:11-12).*

> *Y a su debido tiempo manifestó su palabra por medio de la predicación que me fue encomendada por mandato de Dios nuestro Salvador (Tit. 1:3).*

Por eso, el apóstol Pablo fue un hombre bajo el llamado, mandato y autoridad de

Dios; el Señor le dio la gran responsabilidad de predicar **el evangelio**, establecer la iglesia y escribir las Escrituras. Para tales servicios nobles, Pablo fue aprobado **por Dios** y trabajó bajo ese llamado como uno cuya autoridad se ha delegado divinamente y a quien se le prometió bendición sobrenatural.

MOTIVACIÓN DE PABLO POR EL CONOCIMIENTO DE DIOS

así hablamos; no como para agradar a los hombres, sino a Dios, que prueba nuestros corazones. Porque nunca usamos de palabras lisonjeras, como sabéis, ni encubrimos avaricia; Dios es testigo; (2:4*b*-5)

Aunque Pablo se regocijaba en su supremo llamamiento, había un fuerte sentido de responsabilidad ante Dios que equilibraba su autoridad para predicar la Palabra. Dicha responsabilidad venía de ser bien consciente de que el Señor omnisciente sabía y examinaba todo en su corazón y en su vida.

Él era consciente de no ser responsable solamente ante los hombres. Aseguró a los tesalonicenses que cuando hablaba la Palabra de Dios, no lo hacía **como para agradar a los hombres.** En ninguna parte lo dejó más claro que cuando respondió a la acusación de los falsos maestros gálatas según los cuales él predicaba como para agradar a los hombres. Después de atacarlos con una denuncia poderosa y una maldición, de declararlos *anatema* a ellos y a todo el que corrompa el evangelio (Gá. 1:6-9), les dijo: "Pues, ¿busco ahora el favor de los hombres, o el de Dios? ¿O trato de agradar a los hombres? Pues si todavía agradara a los hombres, no sería siervo de Cristo" (v. 10; cp. He. 13:17; Stg. 3:1).

El apóstol Pablo estaba consumido por agradar a Dios porque sabía que solo Dios **prueba** verdaderamente los **corazones** de quienes le sirven. Aquí **corazones** se refiere al fuero interno, la persona real, donde convergen sentimientos, voluntad y motivos. Dios escudriña todos estos factores y sabe con certeza si sus siervos buscan agradarlo a Él o a los hombres. Reconocer tal omnisciencia era lo que motivaba su servicio.

Pablo habló sobre el asunto de la motivación y la responsabilidad más ampliamente en una sección instructiva clave de su primera epístola a la iglesia de Corinto:

> *Así, pues, téngannos los hombres por servidores de Cristo, y administradores de los misterios de Dios. Ahora bien, se requiere de los administradores, que cada uno sea hallado fiel. Yo en muy poco tengo el ser juzgado por vosotros, o por tribunal humano; y ni aun yo me juzgo a mí mismo. Porque aunque de nada tengo mala conciencia, no por eso soy justificado; pero el que me juzga es el Señor. Así que, no juzguéis nada antes de tiempo, hasta que venga el Señor, el cual aclarará también lo oculto de las tinieblas, y manifestará las intenciones de los corazones; y entonces cada uno recibirá su alabanza de Dios (1 Co. 4:1-5).*

Aunque Pablo dejaba la evaluación de su fidelidad a su Señor omnisciente, él mantenía su corazón limpio. Su testimonio personal en 2 Corintios 1:12 es notable: "Porque nuestra gloria es esta: el testimonio de nuestra conciencia, que con sencillez y sinceridad de Dios, no con sabiduría humana, sino con la gracia de Dios, nos hemos conducido en el mundo, y mucho más con vosotros".

Debido a que el Señor es el Juez verdadero, el apóstol llamó a **Dios** por **testigo** en el cuidado de esta iglesia y le pidió confirmar que él y sus amigos no habían venido a explotar a los tesalonicenses con **palabras lisonjeras**. Quien usa **palabras lisonjeras** con una persona, lo hace para ganar el favor o para ganar poder sobre ella. Pablo no se rebajaba al pecado de la adulación, sin duda recordando las palabras del Antiguo Testamento: "El SEÑOR cortará todo labio lisonjero y toda lengua jactanciosa" (Sal. 12:3 NVI; cp. 5:9; Job 32:21-22; Pr. 20:19; 28:23; Ro. 16:18).

Los falsos maestros no solo buscan ganar poder e influencia mediante sus palabras aduladoras, sino que su motivación subyacente suele ser la avaricia. Así ocurría con los religiosos falsos de los tiempos de Pablo y así ocurre hoy día. Por lo tanto, Pablo aseveró: **no encubrimos avaricia**. **Encubrimos** viene de *prophasis*, cuyo significado es "capa". Pablo y sus compañeros no fueron a Tesalónica con una capa que ocultara sus intenciones avaras. No eran como los impostores espirituales que llegaron tapando sus deseos reales de dinero y favores sexuales usando la adulación para conquistar a la audiencia y luego aprovecharse de ella para toda suerte de ganancias y satisfacciones personales.

En contraste, el ministerio de Pablo era coherente con sus últimas palabras a los ancianos de Éfeso: "Ni plata ni oro ni vestido de nadie he codiciado. Antes vosotros sabéis que para lo que me ha sido necesario a mí y a los que están conmigo, estas manos me han servido" (Hch. 20:33-34). A diferencia de la mayoría de los falsos maestros, él trabajó con sus propias manos, con lo cual demostró que no predicaba el evangelio por la recompensa monetaria vulgar. Dios conocía su corazón y sus motivos, y ante Él Pablo era responsable.

DEDICACIÓN DE PABLO A LA GLORIA DE DIOS

ni buscamos gloria de los hombres; ni de vosotros, ni de otros, aunque podíamos seros carga como apóstoles de Cristo. (2:6)

Además, a diferencia de los impostores espirituales comunes, Pablo no buscaba **gloria**, estima, honra o alabanza, **de los hombres**. El tiempo presente del participio griego *zētountes* indica que no acostumbraba buscar elogios, recompensas, reconocimientos y prestigio **ni de** los tesalonicenses **ni de otros**. La única **gloria** que Pablo buscó siempre era eterna. A los efesios les escribió: "Y a Aquel que es poderoso para hacer todas las cosas mucho más abundantemente de lo que pedimos o entendemos, según el poder que actúa en nosotros, a él sea gloria en la iglesia en Cristo Jesús por todas las edades, por los siglos de los siglos. Amén" (Ef. 3:20-21). Pablo no estaba en el ministerio por ambiciones personales. Dios lo había dotado, preparado y ubicado ahí y por eso no merecía los elogios humanos (cp. 1 Co. 9:16-18; 10:31; 2 Co. 4:5).

Aunque Pablo y sus compañeros pudieron ser **carga como apóstoles de Cristo** y ganar con ellos un poco de prestigio, estaban preocupados con darle toda la gloria a Dios. **Apóstoles** se refiere a los mensajeros con llamado especial. En el sentido más estricto, el plural **apóstoles** probablemente pretendiera enlazar a Pablo con los doce (como uno de los que había visto al Cristo resucitado y había sido comisionado personalmente por Él), para identificar así su autoridad única. En un sentido menos específico, podría designar a Silas y a Timoteo como apóstoles de las iglesias, no escogidos directamente por Cristo sino por las iglesias (cp. Ro. 16:7; Fil. 2:25).

Pablo nunca abusó de la **carga** que pudiera ser como apóstol; la equilibró siempre con la responsabilidad y la humildad. Y sabía que la omnisciencia de Dios discernía todo pensamiento e intención de los corazones, de modo que tenía cuidado de no desear la alabanza de los hombres y, más bien, buscar siempre darle la gloria a Dios. La doxología divina del apóstol lo expresa así:. "Porque de él, y por él, y para él, son todas las cosas. A él sea la gloria por los siglos. Amén" (Ro. 11:36).

Este pasaje establece cinco cualidades clave del liderazgo espiritual a toda prueba: tenacidad, porque el líder confía totalmente en el poder de Dios; integridad, porque el líder está completamente comprometido con la verdad de Dios; autoridad, porque el líder está comisionado por la voluntad de Dios; responsabilidad, porque el líder sabe que el Dios omnisciente examina su corazón; y humildad, porque el líder está consumido por la gloria de Dios. Si tiene estas cualidades, estará en el camino correcto de un liderazgo espiritual a toda prueba.

Descripciones paternales del liderazgo espiritual

3

Antes fuimos tiernos entre vosotros, como la nodriza que cuida con ternura a sus propios hijos. Tan grande es nuestro afecto por vosotros, que hubiéramos querido entregaros no sólo el evangelio de Dios, sino también nuestras propias vidas; porque habéis llegado a sernos muy queridos. Porque os acordáis, hermanos, de nuestro trabajo y fatiga; cómo trabajando de noche y de día, para no ser gravosos a ninguno de vosotros, os predicamos el evangelio de Dios. Vosotros sois testigos, y Dios también, de cuán santa, justa e irreprensiblemente nos comportamos con vosotros los creyentes; así como también sabéis de qué modo, como el padre a sus hijos, exhortábamos y consolábamos a cada uno de vosotros, y os encargábamos que anduvieseis como es digno de Dios, que os llamó a su reino y gloria. (2:7-12)

Las Escrituras ofrecen guía abundante, por el ejemplo y la instrucción directa, sobre el liderazgo espiritual. Desde el comienzo de la creación, Dios estableció el liderazgo en las relaciones humanas. En el matrimonio entre Adán y Eva, Dios designó a Adán para que fuera líder (Gn. 2:18). Desde entonces, le ha ordenado al esposo y al padre ser el líder de la familia (1 Co. 11:3, 8-9; Ef. 5:22; Col. 3:18; 1 Ti. 2:12-14).

A nivel nacional, a lo largo del Antiguo Testamento, Dios usó patriarcas, sacerdotes, jueces, reyes, profetas y líderes militares para dirigir a su pueblo. El Espíritu Santo revela directamente desde Génesis hasta Malaquías las bendiciones y maldiciones del liderazgo bueno y del malo.

En los Evangelios aparece el líder más grande de todos: Jesucristo (cp. He. 2:10). Al comienzo de su ministerio escogió doce apóstoles (cp. Lc. 6:12-13): una selección establecida de antemano de hombres comunes y corrientes que recibirían la capacitación única en liderazgo del Hijo de Dios. Tal preparación, junto con la recepción del Espíritu Santo (Hch. 1:6-11; 2:1-4), les permitió reproducir líderes espirituales adicionales, quienes a su vez pasaron lo que sabían a otros hombres en un proceso de discipulado que ha continuado por toda la historia de la iglesia (cp. 2 Ti. 2:2). La iglesia siempre ha tenido la responsabilidad de identificar y nombrar hombres cualificados bíblicamente para liderar y al mismo tiempo ser capaces de seleccionar y capacitar la siguiente generación de líderes espirituales (cp. 1 Ti. 3:1ss; Tit. 1:4ss).

El liderazgo espiritual eficaz es una combinación de carácter y actividad. En 1 Tesalonicenses 2:1-6 leemos sobre las virtudes de liderazgo ejemplares en la vida de Pablo (de Silas y de Timoteo): tenacidad, integridad, autoridad, responsabilidad y humildad. Sin embargo, en este pasaje siguiente, el apóstol presenta las funciones externas del líder espiritual aprobado por Dios. Para presentar estas funciones, Pablo podría haber hablado sobre la predicación, la disciplina, la protección y la supervisión. Pero el apóstol usó una metáfora, como solían hacerlo los escritores del Nuevo Testamento para hacer el mensaje más vívido y rico: un mayordomo o el gerente de una casa (1 Co. 4:1-2); un siervo o un esclavo (Col. 4:12); un heraldo o pregonero del mensaje (1 Ti. 2:7); un maestro, soldado, atleta y labrador (2 Ti. 2:2-6); o la imagen común de un pastor (1 P. 5:1-4; cp. Sal. 23). Todas estas metáforas están llenas de significado y describen imágenes útiles. Sin embargo, Pablo escogió usar la metáfora más convincente e íntima de un padre y una madre para ilustrar las clases principales de cuidado espiritual que debe dar un líder a su pueblo.

Tales metáforas no están limitadas a esta epístola. En Gálatas 4:19 escribió como si fuera una madre llamando a los creyentes: "Hijitos míos, por quienes vuelvo a sufrir dolores de parto, hasta que Cristo sea formado en vosotros". Se describió como una madre que tuvo su primer parto y luego alargó el parto para hacer madurar espiritualmente a sus hijos. En 1 Corintios 4:15 se describió como un padre espiritual: "Porque aunque tengáis diez mil ayos en Cristo, no tendréis muchos padres; pues en Cristo Jesús yo os engendré por medio del evangelio". Él era la fuente humana de la vida espiritual de ellos, además de su maestro y protector. El uso de estas metáforas de familia enfatiza el cuidado y el afecto de la vida compartida de Pablo con aquellos a quienes llevaba el evangelio.

EL LÍDER ESPIRITUAL COMO UNA MADRE

Antes fuimos tiernos entre vosotros, como la nodriza que cuida con ternura a sus propios hijos. Tan grande es nuestro afecto por vosotros, que hubiéramos querido entregaros no sólo el evangelio de Dios, sino también nuestras propias vidas; porque habéis llegado a sernos muy queridos. Porque os acordáis, hermanos, de nuestro trabajo y fatiga; cómo trabajando de noche y de día, para no ser gravosos a ninguno de vosotros, os predicamos el evangelio de Dios. (2:7-9)

Así como las madres son absoluta e indiscutiblemente esenciales para el bienestar de los hijos, los líderes espirituales que ministran con la ternura, el afecto íntimo, el amor sacrificial y el trabajo desinteresado de una madre, son esenciales para la salud de la iglesia.

TERNURA

Antes fuimos tiernos entre vosotros, como la nodriza que cuida con ternura a sus propios hijos. (2:7)

Pablo comienza con el adversativo importante **Antes**, el cual vuelve a contrastar la conducta de sus compañeros y él con el comportamiento pecaminoso de los falsos maestros (vv. 2, 4). Pablo recordó a los tesalonicenses que, en lugar de operar con los abusos engañosos de los agentes satánicos, fueron **tiernos entre** los tesalonicenses.

El término **tiernos** está en el corazón de este versículo. Quiere decir ser amable con alguien y abarca toda una gama de virtudes adicionales: aceptación, respeto, compasión, tolerancia a las imperfecciones, paciencia, buen corazón y lealtad. A diferencia de muchos maestros itinerantes, Pablo y sus amigos predicadores no fueron a Tesalónica a explotar a las personas para prosperidad propia, sino a vivir y servir **entre** ellos con bondad. Pablo explicó su grado de ternura a los tesalonicenses comparándolos con una **nodriza que cuida con ternura a sus propios hijos**, la imagen que usó Moisés para su relación con Israel (Nm. 11:12). Como lo indica la frase **sus propios hijos**, Pablo no era una madre sustituta pagada o una trabajadora social contratada por días, al estilo moderno. El apóstol exhibía los mismos sentimientos que una **nodriza** cuando cuidaba de las necesidades espirituales de los tesalonicenses. Esta descripción suele ser ajena a todos los líderes que no están en la verdadera iglesia de Jesucristo. De hecho, para la mayoría, parecería ser sentimental, débil e improductivo. La norma del liderazgo mundano es alcanzar los deseos del líder *por medio* de las personas. En la iglesia, los pastores tienen el privilegio de ver las cosas que Dios desea para su pueblo. Esto cambia la dinámica. Tal como los padres buenos se preocupan por el corazón de sus hijos, así también hacen los buenos pastores. La metáfora anterior lo deja claro.

El verbo que traducido es **cuida con ternura** quiere decir literalmente calentar con el calor corporal. La madre amorosa tomaría al pequeño en sus brazos y le daría calor con su propio cuerpo. Tal metáfora tan descriptiva ilustra perfectamente la clase de cuidado especial que recibieron los tesalonicenses. A diferencia de los enemigos de la verdad, Pablo no era duro ni indiferente; él los cuidaba con ternura.

AFECTO ÍNTIMO

Tan grande es nuestro afecto por vosotros, (2:8*a*)

Al extender la metáfora de la nodriza, era lógico que Pablo mencionara el motivo de tal ternura cuidadosa: el amor. Poseía un gran **afecto** por los tesalonicenses.

Una madre que carga en su pecho a su hijo tiene un gran **afecto** que no se iguala en otros contextos humanos. La palabra griega traducida **grande… afecto** (*homeiromai*; usada solamente aquí en el Nuevo Testamento) quiere decir anhelar a alguien con pasión y seriedad y, al estar ligado con el amor de madre, pretende aquí expresar un afecto profundo y absorbente que no puede sobrepasarse. Las inscripciones antiguas en las tumbas de los bebés muertos contenían a veces este término cuando los padres querían describir la añoranza triste por un hijo que se fue demasiado pronto.

Pablo reconoció que Dios diseñó naturalmente este **afecto** tan íntimo en los corazones de las madres. Y los corazones de todos los líderes espirituales justos han recibido el mismo tipo de **afecto** por su pueblo, semejante al de Pablo y sus compañeros por quienes eran de Cristo.

AMOR SACRIFICIAL

que hubiéramos querido entregaros no sólo el evangelio de Dios, sino también nuestras propias vidas; porque habéis llegado a sernos muy queridos. (2:8*b*)

Tal afecto sobrenatural e íntimo no era por obligación; no eran simples ejecutores de una tarea como mensajeros de Dios. Más bien, el mayor gozo de sus corazones era amar de esta manera. Pablo dijo que ellos habían **querido** ministrar así. Ese deseo definía una ansiedad y un celo generados por sus corazones llenos de amor (cp. 3:12).

Antes que nada, ellos fueron para entregar **el evangelio de Dios**. El verbo que se traduce **entregaros** quiere decir compartir, dar a alguien algo de lo cual se retiene una parte. Eso es exactamente lo que ocurre cuando los cristianos entregan a otros la verdad divina. Dan a alguien más las buenas noticias de la salvación sin perder la posesión de ella.

Pablo y sus compañeros misioneros enseñaron las verdades transformadoras del **evangelio de Dios** (véase los comentarios sobre 2:2) y aun así retuvieron esas verdades, incluso fortaleciéndolas al darlas (como saben todos los buenos maestros) de modo que formaron una comunión amorosa y enriquecedora con quienes aceptaron el mensaje. En la expresión **evangelio de Dios** está implícita la plenitud de la doctrina que comprende la justificación, la glorificación y la santificación (cp. Tit. 1:1-2). (Y como Dios es la fuente de todas las buenas nuevas, se incluye también la elección). Los misioneros obedecieron y entendieron el mandato de la Gran Comisión, donde se decía a los cristianos que fueran a hacer "discípulos a todas las naciones… enseñándoles que guarden todas las cosas que [el Señor les ha] mandado" (Mt. 28:19-20). Exhortaron a los tesalonicenses a arrepentirse y aceptar la muerte y resurrección de Cristo (justificación). También los instruyeron sobre cómo vivir vidas santas en obediencia a las Escrituras, en el poder del Espíritu Santo (santificación) y a esperar la gloria eterna de la gloriosa venida del Señor por su amada iglesia (glorificación). (En realidad, toda la enseñanza en el Nuevo Testamento está relacionada con el evangelio completo de alguna manera).

Además de compartir el evangelio completo, Pablo, Silas y Timoteo compartieron **también** sus **propias vidas**. Literalmente, entregaron sus almas —su ser interno— por los tesalonicenses. No había nada superficial o parcial sobre su servicio sacrificial. La mujer que cumple el modelo bíblico para la maternidad hace lo mismo cuando, a gran costo personal, desinteresada y generosamente, pone su vida a un lado por el beneficio de su hijo amado. Esto es especialmente cierto de la nodriza al amamantar al bebé y cuidar de cada necesidad del recién nacido.

Pablo ministró a su pueblo con la misma actitud de compromiso total **porque**, como los bebés a una madre, ellos habían **llegado a** ser **muy queridos** para él. **Muy queridos** es otra imagen y descripción de Pablo para demostrar sin lugar a dudas el corazón de un pastor fiel.

TRABAJO DESINTERESADO

Porque os acordáis, hermanos, de nuestro trabajo y fatiga; cómo trabajando de noche y de día, para no ser gravosos a ninguno de vosotros, os predicamos el evangelio de Dios. (2:9)

Para probar su afecto por ellos, Pablo volvió a instar a los tesalonicenses a acordarse de la clase de ministerio que él había tenido con ellos. **Trabajo y fatiga** resumen apropiadamente el ministerio en Tesalónica. **Trabajo** enfatiza la dificultad de una obra en particular y **fatiga** subraya el esfuerzo agotador y la lucha para realizarla. Estas dos palabras no solo se combinan para reflejar la actitud amorosa de la preocupación maternal, sino también la aplicación sincera de esa preocupación. Toda madre sabe que no hay precio que sus hijos puedan pagar por lo que ella hace por ellos. Ella no espera compensación de parte de ellos por haberlos criado, por mostrarles afecto profundo o por atender todas sus necesidades con sacrificio y amor de corazón. De igual manera, Pablo dijo a la iglesia que él y sus compañeros ministraron con ahínco, sin deseos de compensación que tuvieran derecho a esperar (cp. 1 Co. 9:7-11; 1 Ti. 5:17-18).

Pablo da mayor explicación de este sacrificio en 2 Tesalonicenses 3:7-9:

> *Porque vosotros mismos sabéis de qué manera debéis imitarnos; pues nosotros no anduvimos desordenadamente entre vosotros, ni comimos de balde el pan de nadie, sino que trabajamos con afán y fatiga día y noche, para no ser gravosos a ninguno*

de vosotros; no porque no tuviésemos derecho, sino por daros nosotros mismos un ejemplo para que nos imitaseis.

Él y sus compañeros vivieron de lo que recibieron de los filipenses (Fil. 4:16) y de lo que Pablo obtenía de su trabajo de fabricar tiendas. Tuvo tiempo de montar el negocio de tiendas porque, claramente, se quedó más allá de los tres días de reposo en que enseñó en la sinagoga; estuvo **trabajando de noche y de día** en esa actividad con sus propias manos para sostenerse a sí mismo y su equipo misionero.

Pablo no quería ser gravoso **a ninguno** de los tesalonicenses porque sabía que carecían de recursos materiales (cp. 2 Co. 8:1-2). Aunque proveyeron con sacrificio y generosidad para los creyentes empobrecidos de Jerusalén (cp. vv. 3-4), lo hicieron de la "profunda pobreza" típica de los creyentes (cp. 1 Co. 1:26-28), especialmente en la a menudo saqueada provincia romana de Macedonia.

De modo que Pablo se describió a sí mismo y a sus acompañantes como madres espirituales que hicieron un esfuerzo máximo para proveerles ternura, afecto íntimo, amor sacrificial y provisión con trabajo duro, cuando les predicaron **el evangelio de Dios**. Sin embargo, esa metáfora maternal describe solo parcialmente al líder espiritual eficaz. La descripción del líder espiritual como padre completa la imagen paulina del liderazgo.

EL LÍDER ESPIRITUAL COMO PADRE

Vosotros sois testigos, y Dios también, de cuán santa, justa e irreprensiblemente nos comportamos con vosotros los creyentes; así como también sabéis de qué modo, como el padre a sus hijos, exhortábamos y consolábamos a cada uno de vosotros, y os encargábamos que anduvieseis como es digno de Dios, que os llamó a su reino y gloria. (2:10-12)

En 1 Corintios 16:13 leemos la definición neotestamentaria distintiva de masculinidad, la cual es corolario útil para entender los aspectos paternales del liderazgo espiritual. Después de instruir a los creyentes corintios sobre cómo mantenerse firmes y estar alerta frente al carácter faccioso del pecado y a la debilidad comprometedora, Pablo los exhortó a portarse varonilmente y esforzarse. El verbo griego que traduce "portaos varonilmente" quiere decir "comportarse de manera valiente". Esa exhortación aclara aún más el precepto de esforzarse; resume el asunto de la masculinidad y es equivalente con el término *temple* (el diccionario de la Real Academia define *temple* como "fortaleza enérgica y valentía serena para afrontar las dificultades y los riesgos").

Los líderes espirituales eficaces, pues, serán hombres con la fortaleza de convicción y la valentía para permanecer en ella. Dios los ha llamado a niveles espirituales nobles (cp. Ef. 4:11-12; 1 Ti. 3:1-13; 2 Ti. 2:2; 1 P. 5:1-4) y les ha concedido por la verdad y el Espíritu Santo el temple para mantenerse en esos niveles y estar firmes, inamovibles y sin ceder frente a la oposición.

Este texto de Corintios es el único lugar del Nuevo Testamento donde aparece la frase "portaos varonilmente, y esforzaos". Pero los traductores de la Septuaginta (LXX) la usaron varias veces y algunos de esos pasajes clave aportan luz adicional a las implicaciones de la frase en el liderazgo.

> *Llamó entonces Moisés a Josué, y en presencia de todo Israel le dijo: "Sé fuerte y valiente, porque tú entrarás con este pueblo al territorio que el SEÑOR juró darles a sus antepasados. Tú harás que ellos tomen posesión de su herencia. El SEÑOR mismo marchará al frente de ti y estará contigo; nunca te dejará ni te abandonará. No temas ni te desanimes"... Y el SEÑOR le dio a Josué hijo de Nun esta orden: "Esfuérzate y sé valiente, porque tú conducirás a los israelitas al territorio que juré darles, y yo mismo estaré contigo" (Dt. 31:7-8, 23, NVI).*

> *Durante todos los días de tu vida, nadie será capaz de enfrentarse a ti. Así como estuve con Moisés, también estaré contigo; no te dejaré ni te abandonaré. Sé fuerte y valiente, porque tú harás que este pueblo herede la tierra que les prometí a sus antepasados. Sólo te pido que tengas mucho valor y firmeza para obedecer toda la ley que mi siervo Moisés te mandó. No te apartes de ella para nada; sólo así tendrás éxito dondequiera que vayas. Recita siempre el libro de la ley y medita en él de día y de noche; cumple con cuidado todo lo que en él está escrito. Así prosperarás y tendrás éxito. Ya te lo he ordenado: ¡Sé fuerte y valiente! ¡No tengas miedo ni te desanimes! Porque el SEÑOR tu Dios te acompañará dondequiera que vayas (Jos. 1:5-9, NVI).*

> *"¡Ánimo! ¡Luchemos con valor por nuestro pueblo y por las ciudades de nuestro Dios! Y que el SEÑOR haga lo que bien le parezca". En seguida Joab y sus tropas avanzaron para atacar a los sirios, y éstos huyeron de él (2 S. 10:12-13, NVI).*

Como se revela en el pasaje de Josué, la primera fuente de valentía para Josué en su tarea de líder espiritual era la presencia continua de Dios ("yo mismo estaré contigo"), la segunda era la promesa de Dios ("al territorio que juré darles") y la tercera era el poder de Dios ("El SEÑOR mismo marchará al frente de ti y estará contigo; nunca te dejará ni te abandonará. No temas ni te desanimes"). Con base en esos recursos divinos, Dios llamó a Josué a obedecer su ley, sabiendo que tal obediencia lo haría un líder exitoso. Tales verdades, dadas tan simplemente, se aplican a todos los que lideran en el reino de Dios.

Tal vez el apóstol Pablo las sacó de los pasajes anteriormente citados cuando elucidaba la metáfora paterna del liderazgo espiritual y recordaba a los tesalonicenses cómo él y sus compañeros habían sido ejemplo de ella.

EL PADRE COMO MODELO

Vosotros sois testigos, y Dios también, de cuán santa, justa e irreprensiblemente nos comportamos con vosotros los creyentes; (2:10)

Como con todos los líderes, el deber de un padre es liderar con el ejemplo, estableciendo la norma de integridad virtuosa en su familia (Dt. 4:9; Pr. 13:24; Ef. 6:4; Col. 3:21; He. 12:9); y esa también es la responsabilidad del líder espiritual con su pueblo. Con esto en mente, Pablo volvió a decir a los tesalonicenses que recordaran lo que él había dicho y cómo había ministrado en medio de ellos (2:1-2, 5, 9). La frase **Vosotros sois testigos** repite el recordatorio del versículo 1 —"Porque vosotros mismos sabéis"— y la frase **Dios también** hace referencia a los versículos 4-5, en los cuales Pablo describe el examen omnisciente de Dios a sus motivos y su testimonio de integridad personal.

Así, Pablo señaló el conocimiento de primera mano de los tesalonicenses y el entendimiento de Dios sobre **cuán santa, justa e irreprensiblemente** se comportaron él y sus amigos con ellos. **Santa[mente]** enfatiza la vida ante Dios de Pablo, Silas y Timoteo. El adverbio **justa[mente]** se refiere al trato justo, bajo la ley divina, de los hombres para con Dios y otras personas. Y, por último, la palabra **irreprensiblemente** tiene que ver con su reputación ante las personas. Eran padres espirituales ejemplares en todo aspecto, determinando así la norma para todos los que los seguían.

EL PADRE COMO MAESTRO Y MOTIVADOR

así como también sabéis de qué modo, como el padre a sus hijos, exhortábamos y consolábamos a cada uno de vosotros, y os encargábamos (2:11-12*a*)

Como el padre a sus hijos expresa la función normal de un **padre** preocupado por el bienestar de **sus hijos**. Los padres, además de ejemplos, son instructores. De modo que el padre espiritual no es solo un modelo, también debe ser un maestro y un motivador personal. Esta instrucción paternal se expresa en tres verbos que describen la función de los padres y lo que hacía Pablo continuamente.

Exhortábamos viene de *parakaleō*, literalmente "llamar cerca" y está relacionado con el sustantivo *paraklētos*, "el que viene a tu lado", que es uno de los títulos del Espíritu Santo (Jn. 14:16-17, 26; 15:26; cp. Gn. 1:2; Is. 11:2; Jn. 3:6; Ro. 8:9, 15-16; Ef. 1:13; 1 P. 4:14). El apóstol se refería al que acude al lado de los **hijos** con el propósito de ayudar, dirigir e instruir sabiamente, como fuente de conducta del carácter.

Consolábamos (*paramutheomai*) significa alentar en el sentido de dar consolación, y es clave para ayudar en el crecimiento espiritual a causa de la abundancia de los obstáculos y fracasos que los cristianos pueden experimentar. Usada en Juan 11:19, 31 para la consolación dada a la familia doliente de Lázaro, la palabra se reservaba para levantar y restaurar el ánimo de forma cariñosa y compasiva, tan necesario para el hijo en problemas y con el corazón roto. Esta expresión bella de la bondad paternal natural también se ajusta al padre espiritual.

Por último, Pablo recordó a los creyentes que le había hecho un encargo **a cada uno** (señalándoles personalmente). **Encargábamos** viene del participio griego *marturomenoi*, que se suele traducir "testificar" o "dar testimonio", está relacionada con la palabra *mártir* porque muchos testigos fieles murieron por su audacia. Pablo advirtió a los tesalonicenses que cualquier desviación del curso de conducta prescrito divinamente tenía consecuencias serias. La advertencia era una amonestación según la cual si no seguían el curso trazado para ellos, podían esperar recibir disciplina espiritual del apóstol, como los hijos desobedientes la recibirían del padre.

EL PADRE COMO PRODUCTOR

que anduvieseis como es digno de Dios, que os llamó a su reino y gloria. (2:12*b*)

Como un padre cuya meta es la sabiduría madura de sus hijos, el apóstol Pablo concluyó su exhortación afirmando que un padre espiritual continuará esforzándose hasta que produzca hijos e hijas que anden **como es digno**, con vidas maduras. **Anduvieseis** se refiere a la conducta diaria, como suele ser el caso en las epístolas del Nuevo Testamento (p. ej., Ro. 6:4; 2 Co. 5:7; Gá. 5:16, 25; Ef. 2:10; 4:1; 5:8; Col. 1:10; 2:6; 1 Jn. 2:6). Cuando Pablo dice "**Dios, que os llamó**", de nuevo refería a los tesalonicenses a la verdad de su elección, declarada en 1:4 (véase la explicación en el capítulo 1) y mencionada otra vez en 5:24.

Aquí el llamado divino, como siempre ocurre en las epístolas, se refiere al llamamiento eficaz a la salvación. Por este y mediante la fe, Dios regenera, justifica y santifica a los pecadores, en su misericordia y soberanía. Y Pablo declaró el final singular de este llamado: la entrada **a su reino y gloria**. Aunque ellos, como todos los creyentes, no habían visto aún el reino milenario o el reino eterno, ya eran ciudadanos del **reino** de los redimidos, sobre el cual Dios gobierna ahora (Lc. 17:21; Col. 1:13; cp. Ro. 14:17). En consecuencia, tienen ahora participación en la **gloria** de Dios y tienen la promesa de la gloria futura en el **reino** venidero. Todos los creyentes anhelan compartir la **gloria** completa del reino celestial, cuando Dios los levante para ser semejantes a Cristo y estar con Él por la eternidad (Sal. 73:24; Pr. 3:35; Ro. 9:23; 1 Co. 15:43; Fil. 3:20-21; Col. 3:4; 2 Ts. 2:14; 1 P. 5:10; cp. Mt. 5:12; Jn. 14:2; Ro. 8:18; 2 Co. 4:17; He. 4:9; 11:16; 1 P. 1:3-4; Ap. 7:16-17).

Las descripciones paternales del liderazgo espiritual en 1 Tesalonicenses 2:7-12 demuestran claramente que el liderazgo en la iglesia debe estar equilibrado. No es suficiente que los líderes sean compasivos, tiernos y bondadosos como madres espirituales. También deben ser firmes, puros y ejemplares como padres espirituales: vidas que, en sus motivos y acciones, determinen la norma a seguir para todos (cp. 1 Co. 11:1). Más aún, necesitan enseñar fielmente la verdad, edificar a los santos en sabiduría espiritual (cp. Ef. 4:11-16) y mostrar valentía y convicción para acudir a su lado, para exhortar y llamar a la obediencia a sus hijos espirituales, por medio de la disciplina fuerte y la consolación tierna. Estos esfuerzos llevan a que sus congregaciones vivan de modo que honren a Dios, quien los ha llamado a su reino y gloria eternos.

Un pueblo para alegrarse y un pueblo para entristecerse 4

Por lo cual también nosotros sin cesar damos gracias a Dios, de que cuando recibisteis la palabra de Dios que oísteis de nosotros, la recibisteis no como palabra de hombres, sino según es en verdad, la palabra de Dios, la cual actúa en vosotros los creyentes. Porque vosotros, hermanos, vinisteis a ser imitadores de las iglesias de Dios en Cristo Jesús que están en Judea; pues habéis padecido de los de vuestra propia nación las mismas cosas que ellas padecieron de los judíos, los cuales mataron al Señor Jesús y a sus propios profetas, y a nosotros nos expulsaron; y no agradan a Dios, y se oponen a todos los hombres, impidiéndonos hablar a los gentiles para que éstos se salven; así colman ellos siempre la medida de sus pecados, pues vino sobre ellos la ira hasta el extremo. (2:13-16)

El plan de redención, desde que Dios lo reveló a la humanidad, ha sido una realidad agridulce (cp. Ap. 10:8-10). Encontramos la dulzura al contemplar la dicha y la gloria de la vida eterna que espera a quienes aceptan el evangelio. Por el contrario, se encuentra amargura en la vergüenza sin fin y en el castigo de condenación eterna que espera a quienes rechazan el evangelio. Tal contraste nunca es más marcado que cuando se comparan a personas que han sacado el máximo provecho de oportunidades espirituales limitadas con aquellas que han desaprovechado grandes oportunidades y privilegios espirituales. A lo largo de la historia de la redención, los judíos fueron ejemplo de la segunda realidad, lo cual ilustra la tragedia final de la apostasía (cp. Ro. 2:4-11; 3:1-4; 9:30-33). Por otra parte, los tesalonicenses personificaron la primera realidad y creyeron la verdad de Dios después de tan solo una exposición inicial breve de esta (Hch. 17:1-4).

Este contraste sorprendente es el asunto en el que se enfoca Pablo en 1 Tesalonicenses 2:13-16. Distingue con agudeza entre un pueblo para alegrarse —los tesalonicenses creyentes— y un pueblo para entristecerse —los judíos incrédulos—. En solo unas semanas, los tesalonicenses escogieron con disposición la bendición de la obediencia al evangelio de Dios; mientras que después de siglos de revelación divina, los judíos pertinaces eligieron la maldición que resulta de desobedecer el evangelio. Estas respuestas contrarias a la verdad de Dios y a la gracia llevaron a que Pablo ordenara las razones para alegrarse por los tesalonicenses y lamentarse por los judíos.

UN PUEBLO PARA ALEGRARSE

Por lo cual también nosotros sin cesar damos gracias a Dios, de que cuando recibisteis la palabra de Dios que oísteis de nosotros, la recibisteis no como palabra de hombres, sino según es en verdad, la palabra de Dios, la cual actúa en vosotros los creyentes. Porque vosotros, hermanos, vinisteis a ser imitadores de las iglesias de Dios en Cristo Jesús que están en Judea; pues habéis padecido de los de vuestra propia nación las mismas cosas que ellas padecieron de los judíos, (2:13-14)

Pablo, Silas y Timoteo habían ministrado solo un tiempo breve en Tesalónica cuando vieron los resultados milagrosos de su predicación (Hch. 17:2-3). A Pablo le preocupaba que la fe de los tesalonicenses pudiera flaquear por la inmoralidad en la ciudad y su fuerte ambiente religioso pagano, y por el hecho de que la verdad de la salvación era muy nueva para la gente porque el apóstol había estado con ellos tan solo unos pocos meses. En consecuencia, después de dejar Tesalónica, Pablo envió a Timoteo de regreso a la ciudad para verificar el progreso de la iglesia: "Por lo cual también yo, no pudiendo soportar más, envié para informarme de vuestra fe, no sea que os hubiese tentado el tentador, y que nuestro trabajo resultase en vano" (1 Ts. 3:5). Sin embargo, los temores del apóstol no tenían fundamento: "Pero cuando Timoteo volvió de vosotros a nosotros, y nos dio buenas noticias de vuestra fe y amor, y que siempre nos recordáis con cariño, deseando vernos, como también nosotros a vosotros" (v. 6). Tal informe positivo produjo esta expresión de gratitud por los tesalonicenses.

Pablo siempre estuvo agradecido por el privilegio de ministrar y reconocía sin cesar que Dios era el único en dar poder a la verdad por medio de él. Ya se lo había expresado a los tesalonicenses al inicio de la carta: "Damos siempre gracias a Dios por todos vosotros" (1:2; cp. Ro.1:8). Aquí repite la razón por la que **sin cesar** da **gracias a Dios** por los tesalonicenses. La expresión **por lo cual**, aunque es singular, abarca una causa triple para la gratitud de Pablo: el recibimiento de la palabra de Dios por los tesalonicenses, su honra a los santos y su perseverancia en el sufrimiento.

RECIBIMIENTO DE LA PALABRA DE DIOS POR LOS TESALONICENSES

de que cuando recibisteis la palabra de Dios que oísteis de nosotros, la recibisteis no como palabra de hombres, sino según es en verdad, la palabra de Dios, la cual actúa en vosotros los creyentes. (2:13)

Primero de todo, Pablo estaba agradecido por la disposición de las personas para recibir **la palabra de Dios**. Eran abiertas y receptivas para oír la predicación de Pablo, Silas y Timoteo (Hch. 17:4; cp. 28:24). *Paralabontes* (**recibisteis**) se refiere al recibimiento objetivo de un mensaje particular, en este caso el evangelio.

La frase **la palabra de Dios que oísteis de nosotros** literalmente se lee: "Palabra oída de nosotros y enviada por Dios". Los misioneros pronunciaban las palabras, pero ellas venían de Dios. Por eso Pablo se refiere varias veces en sus cartas a su mensaje como "el evangelio de Dios" (2:2, 8, 9; cp. Hch. 8:14; 13:44). Como **palabra de Dios**, era infinitamente superior a las palabras de la opinión humana que los tesalonicenses estaban acostumbrados a oír. Debido a la ubicación estratégica de Tesalónica (véase la Introducción a 1 Tesalonicenses en el capítulo 1), la ciudad atraía a muchos falsos filósofos y maestros religiosos. Por lo tanto, sus residentes habían oído gran cantidad de sabiduría y retórica humana. Pero, en contraste con los demás, cuando oyeron la predicación de Pablo y sus compañeros, lo recibieron como el mensaje verdadero de la salvación de Dios.

El recibimiento de la palabra de Dios en los tesalonicenses fue subjetivo y objetivo. *Edexasthe* (**recibisteis,** RVR-1960; *aceptasteis,* LBLA) connota una recepción interna del mensaje, una transferencia de la mente al corazón. Tal aceptación entusiasta de lo que habían oído los tesalonicenses indicaba que Dios les había concedido la fe y la regeneración. El registro de Lucas dice: "Y algunos de ellos creyeron, y se juntaron con Pablo y con Silas; y de los griegos piadosos gran número, y mujeres nobles no pocas" (Hch. 17:4; cp. Ro. 10:10, 17).

Pablo subrayó lo que afirmaban los tesalonicenses: que el mensaje que habían aceptado no era **palabra de hombres**. Quienes recibieron las cartas de Pablo sabían que su enseñanza era de Dios. A los corintios escribió:

> *Además os declaro, hermanos, el evangelio que os he predicado, el cual también recibisteis, en el cual también perseveráis... Porque primeramente os he enseñado lo que asimismo recibí: Que Cristo murió por nuestros pecados, conforme a las Escrituras; y que fue sepultado, y que resucitó al tercer día, conforme a las Escrituras (1 Co. 15:1, 3-4).*

A los gálatas aseguró: "Mas os hago saber, hermanos, que el evangelio anunciado por mí, no es según hombre; pues yo ni lo recibí ni lo aprendí de hombre alguno, sino por revelación de Jesucristo" (Gá. 1:11-12). De igual forma, lo que los tesalonicenses oyeron era **en verdad, la palabra de Dios** (cp. 1 Ts. 4:15).

A diferencia de la **palabra de hombres**, la palabra de Dios no es vacía, inerte o impotente. El verbo traducido como **actúa** quiere decir obrar con eficacia, eficiencia y productividad en el nivel (divino) sobrenatural (cp. 1 Co. 12:6; Fil. 2:13). La Palabra de Dios siempre **actúa** llevando a cabo su propósito **en** las vidas de **los creyentes** (cp. Is. 55:11). Las Escrituras obran en favor de los creyentes de varias formas: los salva (Stg. 1:18; 1 P. 1:23), los santifica (Jn. 17:17), los madura (1 P. 2:2), los libera (Jn. 8:31-32), los perfecciona (2 Ti. 3: 16-17), los aconseja (Sal. 119:24), los edifica (Hch. 20:32), les asegura el éxito espiritual (Jos. 1:8-9; Sal. 1:2-3) y les da esperanza (Sal. 119:147; Hch. 20:32).

A pesar de afirmar lo contrario, la sabiduría humana no puede producir ninguno de esos resultados. Ese es el mensaje claro de 1 Corintios 1:18-25, donde Pablo registra el testimonio inspirado por el Espíritu de la vacuidad y locura en la sabiduría humana:

> *Porque la palabra de la cruz es locura a los que se pierden; pero a los que se salvan, esto es, a nosotros, es poder de Dios. Pues está escrito: Destruiré la sabiduría de los sabios, y desecharé el entendimiento de los entendidos. ¿Dónde está el sabio? ¿Dónde está el escriba? ¿Dónde está el disputador de este siglo? ¿No ha enloquecido Dios la sabiduría del mundo? Pues ya que en la sabiduría de Dios, el mundo no conoció a Dios mediante la sabiduría, agradó a Dios salvar a los creyentes por la locura de la predicación. Porque los judíos piden señales, y los griegos buscan sabiduría; pero nosotros predicamos a Cristo crucificado, para los judíos ciertamente tropezadero, y para los gentiles locura; mas para los llamados, así judíos como griegos, Cristo poder de Dios, y sabiduría de Dios. Porque lo insensato de Dios es más sabio que los hombres, y lo débil de Dios es más fuerte que los hombres.*

Los tesalonicenses progresaron espiritualmente porque creyeron para salvación en el mensaje de la cruz y tal creencia afectó poderosamente a sus vidas diarias. Pablo estaba agradecido por esa realidad, tal como después lo estuvo por el recibimiento de la Palabra con los colosenses: "[La palabra] que ha llegado hasta vosotros, así como a todo el mundo, y lleva fruto y crece también en vosotros, desde el día que oísteis y conocisteis la gracia de Dios en verdad" (Col. 1:6).

HONRA DE LOS TESALONICENSES A LOS SANTOS

Porque vosotros, hermanos, vinisteis a ser imitadores de las iglesias de Dios en Cristo Jesús que están en Judea; (2:14*a*)

La prueba de la aceptación completa del evangelio y del Señor de ese evangelio en la iglesia de Tesalónica es que sus miembros se convirtieron en **imitadores** del apóstol y sus compañeros, Silas y Timoteo (véase la explicación de 1:6 en el capítulo 1). Aquí Pablo amplía sus elogios y dice que los tesalonicenses también imitaron a los creyentes **en Judea**, dándole aun más razones para estar agradecido con Dios por su obra de salvación en los tesalonicenses.

Aunque es probable que los tesalonicenses nunca hubieran estado en **las iglesias** de **Judea** para ver un modelo que pudieran seguir, la obra santificadora del Espíritu estaba haciendo de la iglesia en Tesalónica un duplicado de su obra en Judea, en cuanto al sufrimiento que las dos iglesias experimentaban (v. 14*b*).

En el primer siglo, **Judea** era una provincia romana de Palestina, y se encontraba allí la primera asamblea cristiana local, la iglesia de Jerusalén, cuyo inicio está en el día de Pentecostés (Hch. 2). En los primeros años después del nacimiento de la iglesia, los creyentes fundaron otras iglesias locales (cp. Hch. 8:4) que, al momento de la conversión de los tesalonicenses, eran asambleas maduras, habiéndose beneficiado por el refinamiento de la persecución.

Pablo se refiere a las congregaciones de Judea como **las iglesias de Dios**, con lo cual enfatiza su fuente divina (cp. Hch. 20:28; Gá. 1:22). El plural **iglesias** indica que para ese momento había varias **iglesias** locales esparcidas por **Judea**, asambleas individuales de personas que estaban **en Cristo Jesús**, algo cierto para todas las iglesias auténticas (cp. 1 Co. 1:2; Ef. 1:1; Fil. 1:1; Col. 1:2; 1 Ts. 1:1). Las iglesias son **de Dios** y **en Cristo** porque todos los creyentes individuales están en Cristo (Ro. 6:11; 8:1; 12:5; 2 Co. 5:17; Gá. 3:28; Ef. 2:10; Fil. 4:21; Col. 1:28; 2 Ti. 2:10; 1 P. 5:14).

PERSEVERANCIA DE LOS TESALONICENSES EN EL SUFRIMIENTO

pues habéis padecido de los de vuestra propia nación las mismas cosas que ellas padecieron de los judíos, (2:14*b*)

Después de la lapidación de Esteban, los cristianos de Judea sufrieron un período de persecución liderado sobre todo por Saulo de Tarso (Hch. 7:54—8:4). Cuando el Cristo resucitado salvó a Saulo en el camino a Damasco (Hch. 9:1-19), la persecución disminuyó de algun modo. Pero pasó poco tiempo hasta que la persecución arreciara de nuevo bajo Herodes —situación que incluyó la primera muerte de un apóstol, Santiago, por la espada—. En esa época los líderes judíos también encarcelaron a Pedro (Hch. 12:1-4). De modo que las iglesias de Judea tenían una historia marcada por el maltrato despiadado y habían perseverado en el sufrimiento; una experiencia que la iglesia de Tesalónica estaba imitando.

Igual que los creyentes de Judea sufrieron la persecución **de** su propio pueblo, los tesalonicenses también la sufrieron inmediatamente después de recibir el evangelio (Hch. 17:1-4): habiendo **padecido** la persecución **de los de** su **propia nación**. Hechos 17:5-8 identifica a los perseguidores como judíos incrédulos y sus cómplices gentiles:

> *Entonces los judíos que no creían, teniendo celos, tomaron consigo a algunos ociosos, hombres malos, y juntando una turba, alborotaron la ciudad; y asaltando la casa de Jasón, procuraban sacarlos al pueblo. Pero no hallándolos, trajeron a Jasón y a algunos hermanos ante las autoridades de la ciudad, gritando: Estos que trastornan el mundo entero también han venido acá; a los cuales Jasón ha*

recibido; y todos éstos contravienen los decretos de César, diciendo que hay otro rey, Jesús. Y alborotaron al pueblo y a las autoridades de la ciudad, oyendo estas cosas.

Aquella vez, la turba buscó a Pablo y sus amigos en la casa de Jasón, bajo la presunción de que estaban protegidos allí (Jasón era el nombre adoptado por muchos judíos dispersados, por lo que podría tratarse de un israelita). El episodio ilustra la clase de persecución que la iglesia de Tesalónica estaba sufriendo.

Pablo y sus compañeros dejaron Tesalónica poco después del levantamiento de la turba (Hch. 17:10), pero es probable que la persecución se retomara e intensificara durante las semanas posteriores, antes de que Pablo enviara esta epístola desde Corinto. No obstante, los tesalonicenses triunfaron en sus sufrimientos y estuvieron gozosos en la aflicción (1 Ts. 1:6), lo cual era para Pablo evidencia de su conversión verdadera, y por eso termina agradeciendo a Dios por ellos.

UN PUEBLO PARA ENTRISTECERSE

los cuales mataron al Señor Jesús y a sus propios profetas, y a nosotros nos expulsaron; y no agradan a Dios, y se oponen a todos los hombres, impidiéndonos hablar a los gentiles para que éstos se salven; así colman ellos siempre la medida de sus pecados, pues vino sobre ellos la ira hasta el extremo. (2:15-16)

El apóstol Pablo hizo una transición abrupta cuando comenzó su crítica a los judíos. Parece como si la mención de la palabra **judíos** al final del versículo 14 lo catapultara a las duras palabras de los versículos 15 y 16. Los judíos incrédulos eran la antítesis trágica de los creyentes en Tesalónica.

Un arrebato tan condenatorio y duro como este contra los judíos no era inusual en Pablo, a la luz del resentimiento antiguo y persistente de ellos hacia el apóstol, cuyo inicio se dio poco después de su conversión. El libro de Hechos relata varios ejemplos de la hostilidad de los judíos. "En seguida predicaba a Cristo en las sinagogas, diciendo que [Jesús] era el Hijo de Dios... Pero Saulo mucho más se esforzaba, y confundía a los judíos que moraban en Damasco, demostrando que Jesús era el Cristo" (Hch. 9:20, 22; cp. 14:1-7, 19-20; 18:12-17; 19:8-10; 2 Co. 11:24). En Hechos 13, cuando los judíos observaron la proclamación eficaz del evangelio por boca de Pablo y sus compañeros, los primeros reaccionaron con odio discriminatorio. Se llenaron de envidia y rabia por los esfuerzos de Pablo, un judío, por alcanzar a los gentiles impuros. Hechos 13:40-50 describe esa clase de prejuicio:

> *Mirad, pues, que no venga sobre vosotros lo que está dicho en los profetas: Mirad, oh menospreciadores, y asombraos, y desapareced; porque yo hago una obra en vuestros días, obra que no creeréis, si alguien os la contare. Cuando salieron ellos de la sinagoga de los judíos, los gentiles les rogaron que el siguiente día de reposo*

les hablasen de estas cosas. Y despedida la congregación, muchos de los judíos y de los prosélitos piadosos siguieron a Pablo y a Bernabé, quienes hablándoles, les persuadían a que perseverasen en la gracia de Dios. El siguiente día de reposo se juntó casi toda la ciudad para oír la palabra de Dios. Pero viendo los judíos la muchedumbre, se llenaron de celos, y rebatían lo que Pablo decía, contradiciendo y blasfemando. Entonces Pablo y Bernabé, hablando con denuedo, dijeron: A vosotros a la verdad era necesario que se os hablase primero la palabra de Dios; mas puesto que la desecháis, y no os juzgáis dignos de la vida eterna, he aquí, nos volvemos a los gentiles. Porque así nos ha mandado el Señor, diciendo: Te he puesto para luz de los gentiles, a fin de que seas para salvación hasta lo último de la tierra. Los gentiles, oyendo esto, se regocijaban y glorificaban la palabra del Señor, y creyeron todos los que estaban ordenados para vida eterna. Y la palabra del Señor se difundía por toda aquella provincia. Pero los judíos instigaron a mujeres piadosas y distinguidas, y a los principales de la ciudad, y levantaron persecución contra Pablo y Bernabé, y los expulsaron de sus límites.

El pueblo judío ya le había dado la espalda al privilegio espiritual que Pablo aludía en su carta a los romanos:

Que son israelitas, de los cuales son la adopción, la gloria, el pacto, la promulgación de la ley, el culto y las promesas; de quienes son los patriarcas, y de los cuales, según la carne, vino Cristo, el cual es Dios sobre todas las cosas, bendito por los siglos. Amén (9:4-5; cp. Gn. 17:2; Éx. 4:22; Dt. 4:13; 29:14-15; 1 S. 4:21; Sal. 26:8; 147:19; He. 9:1, 6).

Entonces el apóstol pasa a resumir la posición apóstata de los judíos: "Porque yo les doy testimonio de que tienen celo de Dios, pero no conforme a ciencia. Porque ignorando la justicia de Dios, y procurando establecer la suya propia, no se han sujetado a la justicia de Dios" (Ro. 10:2-3; cp. Mt. 23:13-30).

Sabiendo Pablo que la actitud de odio de los judíos no había cambiado, sino que se había intensificado desde su hostilidad original en los primeros días en Tesalónica, hizo una declaración fuerte sobre la condición espiritual de ellos. Su declaración consta de tres razones por las cuales ellos son un pueblo para entristecerse: rechazaron la Palabra de Dios, impidieron el trabajo de los santos y enfrentaron el castigo y el sufrimiento. Estas tres están en contraste directo con las razones por las que Pablo se alegraba por los tesalonicenses.

EL RECHAZO DE LOS JUDÍOS A LA PALABRA DE DIOS

los cuales mataron al Señor Jesús y a sus propios profetas, y a nosotros nos expulsaron; (2:15*a*)

En contraste claro y sorprendente con el amor inmediato por la verdad en los creyentes tesalonicenses, los judíos, durante toda su historia, habían rechazado el mensaje y los mensajeros de Dios. En el caso más notable, el **Señor Jesús**, su Mesías, declaró la verdad de Dios y ellos lo **mataron** (Hch. 2:22-23, 36). Los **profetas** del Antiguo Testamento entregaron las palabras de Dios a su pueblo y a ellos también los **mataron** (Jer. 26:23; He. 11:32-37; cp. 1 R. 19:10; 2 Cr. 24:20-21). Mateo 23:31-35 resume la actitud de los judíos hacia los mensajeros de Dios:

> *Así que dais testimonio contra vosotros mismos, de que sois hijos de aquellos que mataron a los profetas. ¡Vosotros también llenad la medida de vuestros padres! ¡Serpientes, generación de víboras! ¿Cómo escaparéis de la condenación del infierno? Por tanto, he aquí yo os envío profetas y sabios y escribas; y de ellos, a unos mataréis y crucificaréis, y a otros azotaréis en vuestras sinagogas, y perseguiréis de ciudad en ciudad; para que venga sobre vosotros toda la sangre justa que se ha derramado sobre la tierra, desde la sangre de Abel el justo hasta la sangre de Zacarías hijo de Berequías, a quien matasteis entre el templo y el altar.*

La parábola de Jesús en Mateo 21:33-46 revela vívidamente los hechos asesinos de los judíos hacia los profetas y el Señor:

> *Oíd otra parábola: Hubo un hombre, padre de familia, el cual plantó una viña, la cercó de vallado, cavó en ella un lagar, edificó una torre, y la arrendó a unos labradores, y se fue lejos. Y cuando se acercó el tiempo de los frutos, envió sus siervos a los labradores, para que recibiesen sus frutos. Mas los labradores, tomando a los siervos, a uno golpearon, a otro mataron, y a otro apedrearon. Envió de nuevo otros siervos, más que los primeros; e hicieron con ellos de la misma manera. Finalmente les envió su hijo, diciendo: Tendrán respeto a mi hijo. Mas los labradores, cuando vieron al hijo, dijeron entre sí: Este es el heredero; venid, matémosle, y apoderémonos de su heredad. Y tomándole, le echaron fuera de la viña, y le mataron. Cuando venga, pues, el señor de la viña, ¿qué hará a aquellos labradores? Le dijeron: A los malos destruirá sin misericordia, y arrendará su viña a otros labradores, que le paguen el fruto a su tiempo. Jesús les dijo: ¿Nunca leísteis en las Escrituras: La piedra que desecharon los edificadores, ha venido a ser cabeza del ángulo. El Señor ha hecho esto, y es cosa maravillosa a nuestros ojos? Por tanto os digo, que el reino de Dios será quitado de vosotros, y será dado a gente que produzca los frutos de él. Y el que cayere sobre esta piedra será quebrantado; y sobre quien ella cayere, le desmenuzará. Y oyendo sus parábolas los principales sacerdotes y los fariseos, entendieron que hablaba de ellos. Pero al buscar cómo echarle mano, temían al pueblo, porque éste le tenía por profeta.*

Los Evangelios respaldan la declaración paulina de que los judíos **mataron al**

Señor Jesús (Mt. 27:20-25; Mr. 14:61-65; 15:11-14; Lc. 23:20-25). Los romanos lo ejecutaron pero solo por instigación de los judíos (Jn. 19:12-16). Obviamente, no todos los judíos de todas las épocas son responsables por matar a Cristo. Sin embargo, la turba judía apóstata que le insistió a Poncio Pilato en crucificar a Jesús fue la culpable de su muerte. Dichos judíos representaban el ápice histórico de la incredulidad y oposición de su pueblo a la voluntad de Dios (Hch. 2:22-23, 36; 4:10; 5:30; 10:39). De este modo, sin duda, las palabras fuertes de Pablo en el versículo 15 están en armonía con la desaprobación divina duradera de los judíos que apostataron (cp. 2 R. 17:13; 2 Cr. 15:1-2; 36:16; Jer. 25:4-5; Lm. 2:9; Ez. 3:19; Mt. 23:35-38).

La culpabilidad del pueblo judío por matar a Jesús también se correlaciona con su hostilidad mortal hacia los **profetas**. Aparte del asesinato de Zacarías (2 Cr. 24:20-22), no se detallan en las Escrituras los asesinatos de los profetas del Antiguo Testamento. Sin embargo, el escritor de la carta a los Hebreos da una indicación general de lo ocurrido: "Fueron apedreados, aserrados, puestos a prueba, muertos a filo de espada; anduvieron de acá para allá cubiertos de pieles de ovejas y de cabras, pobres, angustiados, maltratados" (He. 11:37).

El rechazo arraigado de los judíos hacia cualquiera que les llevara la Palabra de Dios (2 Cr. 24:19) se extendió a Pablo y los otros apóstoles del Nuevo Testamento. Por eso escribió Pablo que los judíos los **expulsaron** de Tesalónica (Hch. 17:10). El verbo traducido **expulsaron** se refiere a ir de cacería tras un animal con la intención de matarlo. Tal rechazo pertinaz y manifiesto de los judíos hacia la Palabra de Dios entristecía profundamente el corazón del apóstol (cp. Ro. 9:1-5; 10:1).

EL IMPEDIMENTO DE LOS JUDÍOS DEL TRABAJO DE LOS SANTOS

y no agradan a Dios, y se oponen a todos los hombres, impidiéndonos hablar a los gentiles para que éstos se salven; (2:15*b*-16*a*)

Mientras los tesalonicenses honraban a los mensajeros de Dios, los judíos impedían la labor de los predicadores del evangelio intentando evitar que expusieran su mensaje. Al igual que el inconverso Saulo de Tarso, lo judíos creían que le hacían un servicio a Dios impidiendo el esparcimiento del evangelio **a los gentiles**. Sin embargo, Pablo dijo que **no** agradaban **a Dios** y usó el tiempo presente para denotar que la actitud antagonista de los judíos era habitual.

Los judíos no solo desagradaban a Dios, también **se** oponían **a todos los hombres**. Tal hostilidad se debía más a un prejuicio religioso que racial. Despreciaban, incluso odiaban, cualquier religión excepto la suya; y en especial el evangelio de Jesucristo, a quien rechazaron como un mesías satánico y falso (cp. Mt. 12:24). Dicha animosidad se expresó cuando impidieron a los apóstoles **hablar** el evangelio **a los gentiles**. Los judíos se negaron a creer en el evangelio y les molestaba que se predicara a otros para que pudieran salvarse. Tal prejuicio religioso pecaminoso había aparecido antes, en los primeros días de la iglesia de Jerusalén, cuando el sanedrín intentó silenciar a los apóstoles:

> *Pero viniendo uno, les dio esta noticia: He aquí, los varones que pusisteis en la cárcel están en el templo, y enseñan al pueblo. Entonces fue el jefe de la guardia con los alguaciles, y los trajo sin violencia, porque temían ser apedreados por el pueblo. Cuando los trajeron, los presentaron en el concilio, y el sumo sacerdote les preguntó, diciendo: ¿No os mandamos estrictamente que no enseñaseis en ese nombre? Y ahora habéis llenado a Jerusalén de vuestra doctrina, y queréis echar sobre nosotros la sangre de ese hombre. Respondiendo Pedro y los apóstoles, dijeron: Es necesario obedecer a Dios antes que a los hombres. El Dios de nuestros padres levantó a Jesús, a quien vosotros matasteis colgándole en un madero. A éste, Dios ha exaltado con su diestra por Príncipe y Salvador, para dar a Israel arrepentimiento y perdón de pecados. Y nosotros somos testigos suyos de estas cosas, y también el Espíritu Santo, el cual ha dado Dios a los que le obedecen. Ellos, oyendo esto, se enfurecían y querían matarlos (Hch. 5:25-33; cp. 4:1-22; 5:17-18, 40-41).*

Eso demuestra cuán fuertemente rechazaban los judíos el evangelio de Jesucristo, y cuán determinados estaban algunos de ellos a parar su proclamación: ¡hasta matando a quienes lo proclamaban!

EL CASTIGO DE LOS JUDÍOS EN EL SUFRIMIENTO

así colman ellos siempre la medida de sus pecados, pues vino sobre ellos la ira hasta el extremo (2:16*b*)

Los tesalonicenses habían demostrado perseverancia en el sufrimiento y salieron victoriosos en la esperanza de la gloria eterna. Sin embargo, los judíos enfrentaban una situación completamente diferente. Ellos no podrían soportar su castigo final, mortal y aterrador.

El resultado de la hostilidad de los judíos a la Palabra de Dios y a sus santos es que **colman ellos siempre la medida de sus pecados**. Esa frase dice literalmente: "Siempre apilan sus pecados hasta el límite". Hay un punto bien definido donde las personas alcanzan el límite de sus pecados (cp. Gn. 6:3, 5-6; Mt. 23:32). El lenguaje de Pablo se deriva del tipo de expresión que se ve primero en las Escrituras en Génesis 15:16: "Aún no ha llegado a su colmo la maldad del amorreo". Quiere decir que Dios trae juicio solamente cuando el pecado alcanza cierto límite (Dn. 8:23; Hch. 17:30-31; Ro. 2:5-6; cp. Mt. 23:32; He. 10:28-30).

La ira del juicio de Dios **vino sobre** los judíos **hasta el extremo**. El verbo traducido **vino** está en tiempo aoristo, y afirma que Pablo tenía tanta certeza sobre la llegada de **la ira** divina que expresó la noción como si ya hubiera ocurrido. E históricamente ya había ocurrido: en el cautiverio babilónico (Ez. 8—11). La expresión de Pablo probablemente incluya la destrucción de Jerusalén en el 70 d.C., aunque en aquel momento estaban a veinte años del acontecimiento; y denota **la ira** venidera cuando Jesús regrese a la tierra en juicio (Ap. 19). Pero la expresión señala sobre todo la condenación de las personas que rechazan a Dios (cp. Jn. 3:36). La certeza de esto es tal que Pablo también escribió como si ya hubiera ocurrido. Aquellos judíos habían cumplido todos los prerrequisitos de la condenación futura. Habían completado **la medida de sus pecados** al rechazar la única verdad de salvación y haber matado a su Mesías y sus mensajeros; por lo tanto **la ira** de Dios vendrá **sobre ellos hasta el extremo**. La expresión **hasta el extremo** quiere decir que Dios extenderá su ira a los judíos incrédulos hasta su límite extremo o su expresión total (cp. 2 R. 22:17; 2 Cr. 24:18; 36:16; Neh. 13:18; Sal. 78:59; Jer. 4:4; Mt. 3:7; Ro. 9:22). Su castigo futuro en el infierno era irreversible en ese momento. (Sin embargo, ello no quiere decir que Dios haya terminado con Israel. Como Pablo escribe en Romanos 11:26-27, Dios salvará a todo Israel algún día, de acuerdo con sus promesas a esta nación: "Y luego todo Israel será salvo, como está escrito: Vendrá de Sion el Libertador, que apartará de Jacob la impiedad. Y este será mi pacto con ellos, cuando yo quite sus pecados" [cp. Jer. 33:19-26; Zac. 12:10]).

Hoy, como en los días de Pablo, la elección entre la bendición y la maldición de Dios sigue existiendo (cp. Dt. 28: 1, 15). Quienes creen y obedecen la Palabra, y honran a otros creyentes imitando sus vidas perseverarán hasta la gloria eterna, que es una buena razón para alegrarse por ellos. Pero quienes rechazan la Palabra y obstaculizan a quienes la predican sufrirán la condenación eterna, que es una buena razón para entristecerse por ellos.

Fuera del alcance visual, no mental

5

Pero nosotros, hermanos, separados de vosotros por un poco de tiempo, de vista pero no de corazón, tanto más procuramos con mucho deseo ver vuestro rostro; por lo cual quisimos ir a vosotros, yo Pablo ciertamente una y otra vez; pero Satanás nos estorbó. Porque ¿cuál es nuestra esperanza, o gozo, o corona de que me gloríe? ¿No lo sois vosotros, delante de nuestro Señor Jesucristo, en su venida? Vosotros sois nuestra gloria y gozo. (2:17-20)

Los conflictos entre las personas persisten a pesar de todos los esfuerzos humanos por mitigarlos. Algunos estudios estiman que el noventa por ciento de las personas que fracasan en su vocación de vida, lo hacen porque no pueden relacionarse bien con otras personas. Al final, el fracaso laboral suele tener poca relación con la capacidad o incluso el desempeño. En su lugar, el fracaso suele derivarse de la incapacidad para dejar a un lado el egoísmo y entender y cuidar lo que preocupa a los demás. Las personas pueden estar bien preparadas y tener gran habilidad en un campo técnico o profesional, pero son un lastre en el trabajo si son egocéntricas. De igual manera, el pastor mejor preparado académicamente puede ser un lastre en la iglesia si no busca amar con sacrificio y servir a su pueblo.

El apóstol Pablo estableció la norma para los pastores en todo su ministerio, y aquí confirmó la autenticidad de su amor y preocupación por los tesalonicenses, al tiempo que respondía a la acusación de quienes le criticaban. Además de las críticas anteriores acusándole de falta de integridad, avaricia, adulación engañosa y hambre de poder, los enemigos de Pablo, al parecer, dijeron a los tesalonicenses que en realidad él no les tenía afecto y que los había abandonado voluntaria y cruelmente. Por eso él concluye 1 Tesalonicenses 2 diciéndole a la iglesia por qué no había regresado y cuánto se interesaba él por ellos.

Pablo dejó Tesalónica porque le obligaron a hacerlo (Hch. 17:1-10). La turba incrédula llegó a casa de un residente creyente de Tesalónica, Jasón, con la idea errada de que Pablo estaba allí. La multitud airada cedió solo cuando Jasón y otras personas pagaron una fianza. Jasón y sus amigos entregaron parte de sus posesiones en garantía de que Pablo no causaría más problemas en la ciudad. Por lo tanto, el apóstol no salió voluntariamente de Tesalónica. Sus palabras en 3:1-3, 5 (véase el capítulo 6) reafirman la verdadera actitud de Pablo para con ellos:

> *Por lo cual, no pudiendo soportarlo más, acordamos quedarnos solos en Atenas, y enviamos a Timoteo nuestro hermano, servidor de Dios y colaborador nuestro en el evangelio de Cristo, para confirmaros y exhortaros respecto a vuestra fe, a fin de que nadie se inquiete por estas tribulaciones; porque vosotros mismos sabéis que para esto estamos puestos… Por lo cual también yo, no pudiendo soportar más, envié para informarme de vuestra fe, no sea que os hubiese tentado el tentador, y que nuestro trabajo resultase en vano.*

Aun cuando Pablo había conocido solo por unos cuantos meses a los tesalonicenses y hacía poco tiempo que se había ido, luchaba para soportar la separación de ellos. En este párrafo, el apóstol se enfoca en cuánto se interesaba por los tesalonicenses al explicar tres elementos de su relación con ellos: su deseo de estar con ellos, su comprensión de su enemigo espiritual y su anticipación de la recompensa eterna.

EL AMOR DE PABLO POR LOS TESALONICENSES

Pero nosotros, hermanos, separados de vosotros por un poco de tiempo, de vista pero no de corazón, tanto más procuramos con mucho deseo ver vuestro rostro; por lo cual quisimos ir a vosotros, yo Pablo ciertamente una y otra vez; (2:17-18*a*)

El apóstol Pablo escribió a menudo sobre su gran amor por los demás creyentes (Ro. 1:7-12; Ef. 6:21-24; Fil. 1:3-8; 4:1; Col. 1:3-12; 2 Ts. 1:3-5; 2:13-14; 2 Ti. 1:3-5; Tit. 1:4; Flm. 1-7). Incluso cuando Pablo tuvo que escribir algunas palabras de reprensión especialmente fuertes a la iglesia de Corinto, él seguía amando a esa iglesia: “Porque por la mucha tribulación y angustia del corazón os escribí con muchas lágrimas, no para que fueseis contristados, sino para que supieseis cuán grande es el amor que os tengo” (2 Co. 2:4). Incluso a los gálatas, a quienes reprendió severamente, les escribió:

> *¿Me he hecho, pues, vuestro enemigo, por deciros la verdad? Tienen celo por vosotros, pero no para bien, sino que quieren apartaros de nosotros para que vosotros tengáis celo por ellos. Bueno es mostrar celo en lo bueno siempre, y no solamente cuando estoy presente con vosotros. Hijitos míos, por quienes vuelvo a sufrir dolores de parto, hasta que Cristo sea formado en vosotros, quisiera estar con vosotros ahora mismo y cambiar de tono, pues estoy perplejo en cuanto a vosotros (Gá. 4:16-20).*

Pablo también tenía un amor inagotable por los filipenses: “Como me es justo sentir esto de todos vosotros, por cuanto os tengo en el corazón; y en mis prisiones, y en la defensa y confirmación del evangelio, todos vosotros sois participantes conmigo de la gracia. Porque Dios me es testigo de cómo os amo a todos vosotros con el entrañable amor de Jesucristo" (Fil. 1:7-8). En la conclusión de la carta a los romanos, Pablo mencionó nombre por nombre a los cristianos que amaba y con quienes había trabajado conjuntamente por la causa del evangelio (16:1-15). Él amaba de veras a los ancianos de Éfeso y ellos a su vez lo amaban entrañablemente. El relato de la partida de Pablo de Éfeso ilustra claramente ese afecto mutuo: "Cuando hubo dicho estas cosas, se puso de rodillas, y oró con todos ellos. Entonces hubo gran llanto de todos; y echándose al cuello de Pablo, le besaban, doliéndose en gran manera por la palabra que dijo, de que no verían más su rostro. Y le acompañaron al barco" (Hch. 20:36-38).

De igual forma, Pablo amó a los tesalonicenses. Las palabras **pero nosotros** vuelven a contrastar el amor que tenía Silas, Timoteo y él, con la hostilidad fuerte de los judíos hacia los tesalonicenses. A diferencia de los judíos, quienes no querían que ellos conocieran a Cristo y no les importaba su salud espiritual, Pablo y sus colegas se interesaban sinceramente por ellos. El apóstol llamó **hermanos** a los tesalonicenses, un término familiar de cariño que expresaba su afecto filial y sentido por ellos. Era un repudio claro de las críticas que decían que él se negaba a volver a Tesalónica.

Aunque el incidente que obligó la salida de Pablo de Tesalónica dejaba claro que él no quería dejar esa ciudad, él hizo hincapié en que lo habían separado de ellos. El participio traducido como **separados** puede significar "desgarramiento de" en el sentido fuerte en que un padre se ve distanciado de su hijo muerto o en que un hijo queda huérfano de sus dos padres. Esto ilustra cómo sentía Pablo su separación prematura de los tesalonicenses.

Las estadías más largas de Pablo en las otras iglesias ilustran que probablemente él se hubiera quedado más tiempo en Tesalónica si sus oponentes se lo hubieran permitido. En Éfeso vivió y ministró por tres años y es dudoso que la iglesia de allí igualara la calidad de la de Tesalónica (cp. 1 Ti. 1:3-7; Ap. 2:1-7). En Corinto se quedó entre dieciocho y veinte meses y, en un sentido humano, no habría amado igual a la iglesia de Corinto, llena de problemas, que a la iglesia espiritualmente creciente de Tesalónica. Como se vio forzado a dejar Tesalónica después de un período relativamente corto, se sentía como un padre a quien le habían arrebatado sus hijos (vea la perspectiva paterna en 2:7, 11 en el capítulo 3), así lo evidencia en sus escritos a ellos: "Pero cuando Timoteo volvió de vosotros a nosotros, y nos dio buenas noticias de vuestra fe y amor, y que siempre nos recordáis con cariño, deseando vernos, como también nosotros a vosotros, por ello, hermanos, en medio de toda nuestra necesidad y aflicción fuimos consolados de vosotros por medio de vuestra fe" (3:6-7; cp. vv. 10-13).

Pese a que la separación del apóstol **de** ellos había sido solo **por un poco de tiempo**, él tenía un gran anhelo en el corazón de estar con los tesalonicenses; un anhelo que no se derivaba simplemente del sentimiento de amistad y socialización, sino de su sentimiento de responsabilidad por su bienestar espiritual. Pablo exhibió el mismo trato que le ordenó a Epafras: "Porque de él doy testimonio de que tiene gran solicitud por vosotros, y por los que están en Laodicea, y los que están en Hierápolis" (Col. 4:13).

Los enemigos de Pablo lo habían separado de los tesalonicenses en persona, pero no pudieron alejarlo en su **corazón**; aún estaban en los pensamientos y oraciones de Pablo (1 Ts. 1:2-4; 2:13; 3:9-13; 5:23-24; 2 Ts. 1:3, 11-12; 2:13-16; 3:16). Sus necesidades espirituales las cargaba Pablo en su corazón y esa clase de carga le llevó a decir a los corintios: "Lo que sobre mí se agolpa cada día, la preocupación por todas las iglesias. ¿Quién enferma, y yo no enfermo? ¿A quién se le hace tropezar, y yo no me indigno?" (2 Co. 11:28-29).

Esa preocupación continua por varias iglesias que él conocía y por los creyentes individuales que amaba fue la razón por la cual Pablo aseguró a los tesalonicenses que él procuró **con mucho deseo ver** el **rostro** de ellos. Esta frase está cargada de intensidad y emoción; era como si el apóstol se quedara sin aliento por la ansiedad y anhelo cuando explicaba su **deseo** de ver a los tesalonicenses. Más aún, esa aspiración no era un deseo común y corriente. **Mucho deseo** es traducción de *pollē epithumia*, una expresión general para cualquier pasión dominante o **deseo** absorbente y controlador, cuyo uso en el griego secular era usual para denotar pasión sexual. Haberla usado aquí indica cuán dominante y absorbente era el **deseo** de Pablo por **ver** el **rostro** colectivo de los tesalonicenses una vez más y pronto. En el contexto bíblico más exacto "ver el rostro" de alguien quiere decir tener comunicación íntima con esa persona (cp. Gn. 33:10; 48:11; Éx. 10:29; 1 Ts. 3:10; 2 Jn. 12). Por esa razón Dios no permitió que Moisés viera su rostro (Éx. 33:17-23). Ver el rostro de Dios habría sido idéntico a ver toda la expresión de su gloria y santidad, cosa que significaría la muerte para Moisés o cualquier otro mortal. En el entender de Pablo, ver la cara de alguien no era insignificante en absoluto.

De este modo, contrario a las acusaciones de los críticos según las cuales Pablo y sus compañeros estaban felices por irse de Tesalónica y no tenían deseos de regresar nunca, ellos sí quisieron **ir** a ellos, ver las caras de sus nuevos hermanos amados y renovar su comunión con ellos a la primera oportunidad.

Como si quisiera subrayar sus sentimientos fuertes, Pablo cambia abruptamente del plural **nosotros** al singular enfático **yo Pablo**. Leon Morris comenta: "En estas dos epístolas [a los tesalonicenses]... el plural se usa más que en la mayoría de las cartas paulinas. Esto hace más significativo el singular cuando aparece. Aquí irrumpe el sentimiento intenso y personal, y tenemos el singular enfático apoyado por el nombre personal" (*The First and Second Epistles to the Thessalonians* [Primera y segunda epístolas a los Tesalonicenses], The New International Commentary on the New Testament [Nuevo comentario internacional del Nuevo Testamento] [Grand Rapids: Eerdmans, 1989], pp. 94-95). El apóstol afirma que **una y otra**

vez ("repetidamente") deseó volver a estar con los tesalonicenses. Pero había un obstáculo formidable que estorbaba su regreso y él identificó claramente esa barrera en la frase siguiente.

LA COMPRENSIÓN DE PABLO DE SU ENEMIGO

pero Satanás nos estorbó. (2:18*b*)

La segunda realidad que Pablo entendió bien en su ministerio y en su relación con los tesalonicenses era el enfrentamiento a la oposición satánica. Tenía él discernimiento y entendimiento espiritual para darse cuenta de que Dios ha permitido que **Satanás** se oponga al reino de Dios en varias formas. Las Escrituras mencionan muchas de ellas: el diablo tentó a Cristo (Mt. 4:3-10), se opone al evangelio (Mt. 13:19; 2 Co. 4:4), realiza milagros falsos (Éx. 7:11; Hch. 8:9-24; 13:8; cp. 2 Ts. 2:9; Ap. 16:14), busca engañar a los creyentes (2 Co. 11:3, 14; Ef. 6:11), perpetra mentiras y homicidios (1 R. 22:22; Jn. 8:44), ataca a las iglesias locales (Hch. 5:1-11; Ap. 2:9, 13, 24; 3:9) y ataca especialmente a los líderes espirituales (Job 1:6—2:8; Lc. 22:31-32; 2 Co. 12:7-9; 1 Ti. 3:7). El Nuevo Testamento nos dice que estaba presente en las iglesias de Jerusalén (Hch. 5:1-10), Corinto (2 Co. 2 1-11), Éfeso (1 Ti. 3:6-7), Esmirna (Ap. 2:9-10), Pérgamo (2:13), Tiatira (2:24) y Filadelfia (3:9).

Satanás quiere frustrar el progreso del reino de Dios tal como un ejército busca trastornar el avance de otro ejército contrario. La palabra que se traduce **estorbó** es un término militar que se refiere a cavar una trinchera u obstaculizar un camino. Una táctica defensiva de los ejércitos de la antigüedad era cavar una trinchera enorme para evitar que las tropas enemigas alcanzasen a sus hombres. Otra forma de malograr el progreso del enemigo era romper un camino de ladrillo o piedras para que este no pudiera usarlo. Así, Pablo describió al enemigo como una fuerte obstrucción sobrenatural al deseo fuerte del apóstol de volver a Tesalónica. Pablo no declara específicamente cómo frustró Satanás ese deseo, pero el estorbo podría referirse al problema en casa de Jasón y a la promesa que este hizo (Hch. 17:9).

Otros escritores del Nuevo Testamento retratan a **Satanás** como un león rugiente en busca de víctimas para devorar (1 P. 5:8) y como alguien a quien los cristianos deben resistir para que huya de ellos (Stg. 4:7; 1 P. 5:9). Sin embargo, el diablo no es omnipresente y no puede hacer nada contra los creyentes que sea contrario a la providencia divina (cp. Job 1:12; 2:6). Sobre este aspecto escribe el comentarista R. C. H. Lenski:

> De ninguna manera excluye esto la divina providencia, cuyo gobierno se extiende a nuestros enemigos. Satanás entró en el corazón de Judas para que él hiciera los planes de traicionar a Jesús y Dios permitió la traición

por sus fines divinos y benditos. De modo que Satanás frustró dos planes de Pablo por regresar a Tesalónica, pero solo porque esto estaba acorde con los planes de Dios para la obra de Pablo. Satanás llevó muchos mártires a la muerte y Dios lo permitió. La muerte de estos mártires fue más bendita para ellos y para la causa del evangelio de lo que hubiera sido su vida. Siempre es así con los éxitos de Satanás. ¡No gracias a Satanás! Su culpa es la más grande. Fue culpa de Satanás que los tesalonicenses sufrieran tal como las iglesias originales de Judea tuvieron que sufrir (v. 14), aunque Dios permitió este sufrimiento (*The Interpretation of St. Paul's Epistles to the Colossians, to the Thessalonians, to Timothy, to Titus and to Philemon* [Interpretación de las epístolas de Pablo a los colosenses, tesalonicenses, Timoteo, Tito y Filemón] [Minneapolis: Augsburg, 1961], pp. 275-276).

EL ANHELO DE PABLO DEL REGRESO DE CRISTO

Porque ¿cuál es nuestra esperanza, o gozo, o corona de que me gloríe? ¿No lo sois vosotros, delante de nuestro Señor Jesucristo, en su venida? Vosotros sois nuestra gloria y gozo. (2:19-20)

El apóstol Pablo siempre vivió y enseñó a otros a vivir a la luz del regreso de Jesucristo (Ro. 13:12; Fil. 3:20; 2 Ti. 2:12; 4:8, 18; cp. 1 Co. 1:7-8; Fil. 4:5; Tit. 2:13) y dijo claramente a los tesalonicenses que la gloria por venir para los creyentes, cuando Cristo regrese, es una motivación poderosa para ministrar. Tal anhelo de la perfección futura de los creyentes es la tercera realidad en la relación de Pablo con los tesalonicenses. Para enfatizar este punto, hizo una pregunta triple y la respondió. Primero, preguntó **cuál** era el objeto de su **esperanza** en la recompensa futura prometida y en la bendición eterna (cp. Ro. 5:2; Col. 1:5, 27; 1 Ts. 1:3; Tit. 1:2; 2:13; 3:7; He. 3:6; 6:11; 1 P. 1:13). Entonces preguntó cuál era la fuente de su **gozo** o de su felicidad y satisfacción eternas (cp. Mt. 25:21, 23; Fil. 4:1; Jud. 24). Finalmente, inquirió sobre la identidad de la **corona que** lo gloriara. La **corona** (cp. Pr. 1:9; 1 Co. 9:25; 2 Ti. 4:8; Stg. 1:12; 1 P. 5:4; Ap. 2:10; 3:11; 6:2) es festiva o de victoria otorgada por los triunfos atléticos; y la gloria denota la expresión exuberante de los sentimientos de alegría, a veces traducida "jactancia" en sentido más correcto. A partir del griego, esta frase podría quedar literalmente así: "la corona que es regocijo". Del mismo modo, "la corona de vida" (Stg. 1:12) es "la corona que es vida" y "la corona de justicia" (2 Ti. 4:8) es "la corona que es justicia". La corona "incorruptible" (1 Co. 9:25) es el triunfo de la salvación sobre la corrupción de los creyentes. La **corona** denota la victoria abrumadora que Dios da a los suyos sobre el pecado, el sufrimiento, la muerte y el juicio (cp. 1 P. 5:4).

Luego Pablo respondió la pregunta de qué le traía **gozo** con una pregunta retórica que causa sorpresa. Se podría pensar que la respuesta debiera ser el

Señor Jesucristo. Pero el apóstol dijo: "**¿No lo sois vosotros, delante de nuestro Señor Jesucristo, en su venida?**". El anhelo futuro de Pablo era la seguridad de estar **delante de** su Salvador (cp. 1:10; 1 Co. 1:7; Ro. 8:19-20; Fil. 3:20; Tit. 2:13), pero un elemento crucial en la alegría de esa experiencia es que, en **la venida** de **Jesucristo**, Pablo vería a todos los creyentes a quienes había ministrado, incluidos los tesalonicenses (cp. 2 Co. 1:14; Fil. 2:16).

Pablo entendía que cuando los creyentes llegan al cielo, no reciben coronas literales para ponerlas en sus cabezas glorificadas. En su lugar, el Señor coronará a todos los creyentes con vida, justicia, gloria, perfección y gozo. Gran parte de la dicha celestial para los redimidos será la presencia de aquellos a quienes alcanzaron. La esperanza del creyente de tal recompensa es parte de lo aludido por Jesús en la parábola del mayordomo injusto: "Ganad amigos por medio de las riquezas injustas, para que cuando éstas falten, os reciban en las moradas eternas" (Lc. 16:9). Incluso como el mayordomo o gerente incrédulo usó los recursos de su amo para comprar amigos terrenales, Cristo dijo que los creyentes deben usar los recursos de su Maestro para llevar personas a la salvación. Ya sea que los creyentes sean amigos de estas personas o no, los conocerán en la gloria como amigos eternos y como fuentes de **gozo** eterno.

El tiempo para recibir por completo las alegrías prometidas sigue siendo futuro, en el regreso de Cristo. Él prometió: "He aquí yo vengo pronto, y mi galardón conmigo, para recompensar a cada uno según sea su obra" (Ap. 22:12). El Señor entregará oficialmente esa recompensa a cada creyente en el día del juicio (*bēma*) de Cristo (Ro. 14:10; 1 Co. 3:12-15; 2 Co. 5:10; cp. Mt. 12:36; 2 Co. 9:6; Gá. 6:7, 9; Ef. 6:8; Col. 3:24-25). Y Dios la sellará en la cena de bodas del Cordero (Ap. 19:6-9; cp. Mt. 25:1-13; Ro. 8:16-17; Gá. 3:29; Col. 1:12; 1 P. 1:4).

Venida es la importante palabra neotestamentaria *parousia*, "presencia", que en la mayoría de las ocasiones tiene significado escatológico (1 Co. 15:23; 1 Ts. 3:13; 4:15; 5:23; 2 Ts. 2:1, 8-9; Stg. 5:7-8; 2 P. 3:4, 12; 1 Jn. 2:28). A veces se refiere al tiempo posterior a la tribulación, cuando Cristo regrese para establecer su reino milenario (Mt. 24:3, 27, 37, 39). Sin embargo, en 1 Tesalonicenses *parousia* se refiere más específicamente al arrebatamiento porque Pablo escribía a creyentes que el ya sabía que estaban esperando el regreso de Jesús desde el cielo (1 Ts. 1:10). Además del versículo presente, la epístola usa *parousia* otras tres veces para hablar del arrebatamiento (3:13; 4:15; 5:23).

De modo que Pablo alentó a los tesalonicenses con su amor por ellos, evidenciado por su deseo de verlos, la oposición sobrenatural que le alejó de ellos y su perspectiva celestial que sería el eje de su **gozo** eterno. Ellos eran también su **gloria**, el verdadero honor que le conferiría Dios, quien lo usó para alcanzarlos. El pronombre **vosotros** está en posición enfática, para eliminar cualquier duda de que Pablo no identificara a sus hermanos tesalonicenses como la fuente de su honor y felicidad en la eternidad.

El corazón del pastor 6

Por lo cual, no pudiendo soportarlo más, acordamos quedarnos solos en Atenas, y enviamos a Timoteo nuestro hermano, servidor de Dios y colaborador nuestro en el evangelio de Cristo, para confirmaros y exhortaros respecto a vuestra fe, a fin de que nadie se inquiete por estas tribulaciones; porque vosotros mismos sabéis que para esto estamos puestos. Porque también estando con vosotros, os predecíamos que íbamos a pasar tribulaciones, como ha acontecido y sabéis. Por lo cual también yo, no pudiendo soportar más, envié para informarme de vuestra fe, no sea que os hubiese tentado el tentador, y que nuestro trabajo resultase en vano. Pero cuando Timoteo volvió de vosotros a nosotros, y nos dio buenas noticias de vuestra fe y amor, y que siempre nos recordáis con cariño, deseando vernos, como también nosotros a vosotros, por ello, hermanos, en medio de toda nuestra necesidad y aflicción fuimos consolados de vosotros por medio de vuestra fe; porque ahora vivimos, si vosotros estáis firmes en el Señor. Por lo cual, ¿qué acción de gracias podremos dar a Dios por vosotros, por todo el gozo con que nos gozamos a causa de vosotros delante de nuestro Dios, orando de noche y de día con gran insistencia, para que veamos vuestro rostro, y completemos lo que falte a vuestra fe? (3:1-10)

Quien sea pastor o anciano en una iglesia se da cuenta de que los requisitos bíblicos para su servicio son altos. También sabe que debe entender los asuntos importantes de lo que hace, dice y siente el pastor (1:2-3, 5; 2:2-4, 5-7, 9-11, 13). Como se indicó antes, a través de su pluma inspirada Pablo nos habla de algunas de sus actitudes pastorales para con la iglesia: estaba agradecido por ellos (1:2; 2:13), apreciaba su testimonio (1:3), le alentaban las noticias sobre ellos (1:9), los amaba (2:8) y anhelaba estar con ellos (2:17-20). Aquí, al hablar de asuntos entre Timoteo y él, relacionados con la iglesia, abrió incluso más su corazón para expresar sus preocupaciones por ellos de manera mucho más específica. Su separación forzosa de los tesalonicenses parecía intensificar su preocupación pastoral por ellos. La narración de Pablo sugiere siete elementos en su corazón ejemplar de pastor: afecto por los suyos, sacrificio por ellos, compasión por ellos, protección para ellos, deleite al verlos, gratitud por ellos e intercesión por ellos.

EL AFECTO DEL PASTOR POR LOS SUYOS

Por lo cual, no pudiendo soportarlo más, (3:1*a*)

A causa de una división de capítulo algo arbitraria, este pasaje abre con **Por lo cual**, que específicamente lo enlaza con la sección de cierre del capítulo anterior. Dada la actitud de Pablo con los creyentes de Tesalónica —"Vosotros sois nuestra gloria y gozo" (2:20)—, **no** pudo **soportarlo más**. **No** podía soportar la distancia de sus hijos espirituales y el resultante desconocimiento de la condición de ellos. El afecto fuerte de Pablo por ellos le provocó dolor emocional intenso durante esta separación forzosa.

Aunque enfrentó sus propios problemas (3:7), Pablo estaba más preocupado por el bienestar espiritual de los suyos en medio de las dificultades de ellos. De hecho, su afecto por ellos era tan fuerte que en 3:5 también declaró: "Yo, no pudiendo soportar más...".

Ese amor era mucho más que un simple deseo sentimental por comunión social con la iglesia. El deseo de Pablo era ayudar a los tesalonicenses a cumplir el llamado de Dios de ser fieles a la verdad y experimentar la madurez espiritual en sus vidas. Como se explicó en el capítulo anterior de este comentario, los enemigos del evangelio obligaron a Pablo y sus compañeros a salir de Tesalónica, creando una situación potencialmente peligrosa (cp. Hch. 20:29-32) que incrementó la preocupación de Pablo por los tesalonicenses.

Un hombre con un corazón de pastor fiel y verdadero no se preocupa por su propio éxito o su reputación; tampoco está preocupado por sus problemas propios. Más bien, se preocupa profundamente por la condición espiritual de su pueblo, por el cual sufre y se alegra con afecto inagotable. Pablo exhibió esa clase de cuidado espiritual, sin importar la respuesta. A los corintios les escribió: "Yo con el mayor placer gastaré lo mío, y aun yo mismo me gastaré del todo por amor de vuestras almas, aunque amándoos más, sea amado menos" (2 Co. 12:15; cp. 2:12-13; 11:28-29).

EL SACRIFICIO DEL PASTOR POR LOS SUYOS

acordamos quedarnos solos en Atenas, y enviamos a Timoteo nuestro hermano, servidor de Dios y colaborador nuestro en el evangelio de Cristo, (3:1*b*-2*a*)

El afecto grande siempre lleva al sacrificio. El amor se entrega a su objeto. El compromiso desinteresado por satisfacer las necesidades de los demás es la medida del cariño verdadero por los demás. Pablo fue ejemplo de esa realidad cuando dijo que consideró mejor quedarse solo **en Atenas, y** enviar **a Timoteo** de vuelta a Tesalónica. El apóstol usó el plural, pero el contexto deja claro que se refería a sí mismo. En ocasiones, parece tener en sus cartas una aversión al pronombre *yo*, como si usarlo fuera una infracción a su humildad.

Inicialmente, Pablo fue a Atenas sin **Timoteo** y Silas (Hch. 17:14), pero después ellos se unieron a él allí (v. 15). Tras un período indeterminado, Pablo envió **a Timoteo** de nuevo a Tesalónica (Hch. 18:5) para determinar la situación allí (1 Ts. 3:5) y, al parecer, envió a Silas a otra parte de Macedonia, tal vez a Filipos (18:5; cp. 2 Co. 11:9; Fil. 4:15). Así las cosas, por segunda vez, Pablo se quedó solo **en Atenas**. El verbo traducido **quedarnos solos** significa "abandonado" u "olvidado" y se usaba en contextos seculares para la separación de un ser querido por la muerte. Expresa cuán seria era la separación de Pablo con sus amigos. Aun cuando pudo haberse beneficiado grandemente de la ayuda y comunión de ellos en Atenas, Pablo consideró mejor enviar a sus colegas a Tesalónica y Macedonia por el bienestar de los creyentes en aquellos lugares.

La clase de sacrificio de Pablo indica otra vez la fuerza de su preocupación pastoral por los tesalonicenses. Por causa de ellos envió con alegría a su amigo más querido y compañero de misión, **Timoteo**. Pablo envió a su hijo en la fe como su representante a varias iglesias (cp. 1 Co. 4:17; 16:10; Fil. 2:19-24; 1 Ti. 1:3).

Las apelaciones cálidas y positivas de Pablo a Timoteo demuestran la relación cercana y confiada que tenía el apóstol con su colega más joven. Primero, Pablo lo llamó **hermano**, algo cierto para Timoteo como creyente por la gracia de Dios (1 Ti. 1:2; 2 Ti. 1:2; 2:1; cp. Fil. 1:1). Pero, a causa de los rigores que habían pasado al ministrar juntos (cp. Hch. 16:1-3; 17:1-15; 18:5-7; 19:22; 20:4-5), eran más que hermanos espirituales.

Segundo, Pablo se refirió a **Timoteo** no solo en relación con él sino como **servidor de Dios y colaborador nuestro** (*sunergon tou theou*). La NVI traduce: "hermano nuestro y colaborador de Dios". Timoteo colaboraba con Dios porque él, como Pablo, proclamaba fielmente **el evangelio de Cristo** (cp. 1 Ti. 1:18; 6:12; 2 Ti. 1:6-7; 4:2, 5). El mensaje de la salvación se llama "el evangelio de Dios" tres veces en 1 Tesalonicenses 2 (vv. 2, 8-9) y **el evangelio de Cristo** porque Dios lo entregó por medio de Cristo.

Pablo dio la descripción de su noble y amado Timoteo para enfatizar cuán precioso le era. Tal descripción también reveló a los tesalonicenses el amor de Pablo, pues enviar a Timoteo era para él un sacrificio.

LA COMPASIÓN DEL PASTOR POR SU PUEBLO

para confirmaros y exhortaros respecto a vuestra fe, a fin de que nadie se inquiete por estas tribulaciones; porque vosotros mismos sabéis que para esto estamos puestos. Porque también estando con vosotros, os predecíamos que íbamos a pasar tribulaciones, como ha acontecido y sabéis. (3:2*b*-4)

La compasión nacida del amor motivó a Pablo a enviar a Timoteo de regreso a Tesalónica para confirmarlos y exhortarlos **respecto a** su **fe**, que Pablo menciona cinco veces en esta sección (vv. 2, 5-7, 10). Esta no es *la* fe (cp. Jud. 3) que es el cuerpo de las verdades del evangelio, sino la *creencia* en este de los tesalonicenses. Como lo indica la explicación de 1:1-10 en el primer capítulo de este comentario, los creyentes tesalonicenses constituían una iglesia modelo con muchas virtudes nobles. Pero aún eran jóvenes en una fe que se estaba poniendo a prueba por la aflicción, y necesitaban ser guiados hacia la madurez espiritual (cp. 1 Ts. 3:13; 4:1, 10).

La labor de Timoteo era, antes que nada, confirmar la fe de los tesalonicenses. **Confirmaros** significa apoyar o apuntalar algo con la intención de instituirlo. La fe fuerte es el resultado de conocer todo lo que Dios ha revelado y tener un fundamento firme en la sana doctrina. La fe no puede ser fuerte sin el conocimiento y el entendimiento de la verdad. Segundo, fue a exhortarlos, lo cual denota acudir a su lado y motivarlos a vivir esa sana doctrina. La tarea de Timoteo era hacer sólido e inquebrantable el fundamento de la **fe** de los tesalonicenses, de modo que pudieran tener confianza para aplicar la verdad.

Timoteo hizo la clase de seguimiento, fortalecimiento y motivación que Pablo ya había practicado. Por ejemplo, Pablo, Bernabé y sus colaboradores regresaban a menudo a las ciudades donde habían enseñado previamente.: "Y después de anunciar el evangelio a aquella ciudad y de hacer muchos discípulos, volvieron a Listra, a Iconio y a Antioquía, confirmando los ánimos de los discípulos, exhortándoles a que permaneciesen en la fe, y diciéndoles: Es necesario que a través de muchas tribulaciones entremos en el reino de Dios" (Hch. 14:21-22; cp. 15:32, 41; 18:23; Ro. 1:11). Pablo deseaba la madurez espiritual de las iglesias: "[Oro para que Dios alumbre] los ojos de vuestro entendimiento, para que sepáis cuál es la esperanza a que él os ha llamado, y cuáles las riquezas de la gloria de su herencia en los santos, y cuál la supereminente grandeza de su poder para con nosotros los que creemos, según la operación del poder de su fuerza" (Ef. 1:18-19; cp. 2 Ts. 2:16-17; 3:3). Más específicamente, dijo a los gálatas que la meta de su trabajo por los creyentes era que Cristo se formara en ellos (Gá. 4:19).

Pablo sabía que enfrentaban y podían inquietarse **por** ciertas **tribulaciones** (presión, sufrimiento como prueba de la fe). El verbo traducido **inquiete** (*sainesthai*) designaba originalmente el meneo de la cola de un perro, pero con los años pasó a significar "encantar, fascinar, adular o engatusar". Cuando un perro menea la cola, usualmente lo hace para recibir atención y obtener lo que quiere. Por lo tanto *sainō*, el verbo raíz de *sainesthai*, pasó a referirse a una persona que intentaba adular o engatusar a otras personas. Pablo no quería que nadie alejara a los tesalonicenses de la verdad de esa manera, porque se habían hecho vulnerables por la persecución y el sufrimiento.

El apóstol les recordó que todos los creyentes deben esperar tribulaciones y persecuciones, todos están **puestos** para tales dificultades temporales. En realidad, no queda claro si **estamos** en el versículo 3 se refiere a Pablo o a los tesalonicenses. Algunos aseveran que denota a Pablo y las **tribulaciones** y sufrimientos por los que pasó (cp. Hch. 9:16). En tal interpretación Pablo les recuerda a los tesalonicenses las dificultades que Dios le envió para que no creyeran ellos que se trataba de la desaprobación de Dios a Pablo, de la anulación de los planes divinos para Pablo o incluso de evidencia de que él no era apóstol. Otros ven la declaración de Pablo como un recordatorio a los tesalonicenses y todos los cristianos de que deben esperar **tribulaciones**. Pablo exhortó después a Timoteo así: "También todos los que quieren vivir piadosamente en Cristo Jesús padecerán persecución" (2 Ti. 3:12; cp. Jn. 16:33; Stg. 1:2-4; 1 P. 5:10). Jesús les dijo a los discípulos: "Bienaventurados sois cuando por mi causa os vituperen y os persigan, y digan toda clase de mal contra vosotros, mintiendo. Gozaos y alegraos, porque vuestro galardón es grande en los cielos; porque así persiguieron a los profetas que fueron antes de vosotros" (Mt. 5:11-12; cp. 10:24-25). La interpretación más amplia que incluye a Pablo y a los creyentes en la declaración podría ser la mejor, puesto que en realidad se aplica a ambos.

Para asegurarse de que los tesalonicenses entendieran el mensaje, Pablo les recordó que **también estando** él **con** ellos, les predijo **que** iban **a pasar tribulaciones** terrenales. William Hendriksen observó: "Las aflicciones que se han *predicho* y que ocurren de acuerdo a lo predicho sirven para fortalecer la fe" (William Hendriksen, *New Testament Commentary: Exposition of Thessalonians, Timothy and Titus* [Comentario del Nuevo Testamento: Exposición de Tesalonicenses, Timoteo y Tito] [Grand Rapids: Baker, 1981], p. 85; cursivas en el original).

LA PROTECCIÓN DEL PASTOR HACIA LOS SUYOS

Por lo cual también yo, no pudiendo soportar más, envié para informarme de vuestra fe, no sea que os hubiese tentado el tentador, y que nuestro trabajo resultase en vano. (3:5)

Repitiendo esencialmente lo que había escrito hacía tan solo unas líneas (3:1-2), el apóstol Pablo revela otra actitud de su corazón pastoral: su protección hacia los suyos. **Por lo cual**, cuando Pablo **no** lo pudo **soportar más**, envió a Timoteo **parar** informarse **de** la **fe** de ellos.

Cuando envió a Timoteo, el apóstol no sabía cómo la fe de los tesalonicenses había soportado la tormenta de las pruebas, las tribulaciones y las persecuciones. La preocupación constante de Pablo por las iglesias bajo su cuidado (cp. 2 Co. 11:28) se expresa en su advertencia a los ancianos de Éfeso: "Porque yo sé que después de mi partida entrarán en medio de vosotros lobos rapaces, que no perdonarán al rebaño. Y de vosotros mismos se levantarán hombres que hablen cosas perversas para arrastrar tras sí a los discípulos" (Hch. 20:29-30; cp. 1 Ti. 4:1).

El temor del apóstol era que **el tentador**, Satanás, los pudiera haber **tentado** con éxito para que rechazaran el evangelio de la verdad. El diablo usa tres estrategias básicas para ello. Su primer asalto es evitar que las personas crean: "El dios de este siglo cegó el entendimiento de los incrédulos, para que no les resplandezca la luz del evangelio de la gloria de Cristo, el cual es la imagen de Dios" (2 Co. 4:4). Si eso no funciona, su segundo asalto es destruir el interés inicial de alguien en el evangelio: "Y el que fue sembrado en pedregales, éste es el que oye la palabra, y al momento la recibe con gozo; pero no tiene raíz en sí, sino que es de corta duración, pues al venir la aflicción o la persecución por causa de la palabra, luego tropieza" (Mt. 13:20-21). Por último, si no puede detener la aceptación del evangelio, Satanás se esfuerza por debilitar la fe de quienes creen: "Pero temo que como la serpiente con su astucia engañó a Eva, vuestros sentidos sean de alguna manera extraviados de la sincera fidelidad a Cristo" (2 Co. 11:3; cp. 1 Co. 7:5; 2 Co. 2:11; 3:14-15; Stg. 1:12-18; 1 P. 5:8).

Si Satanás había tenido éxito en su asalto a los tesalonicenses, Pablo sabía que su **trabajo** en medio de ellos había sino **en vano** (*eis kenon*), "vacío, nulo, inútil, para nada". Esta no fue la única vez que Pablo expresó tales sentimientos. Escribió así a los gálatas: "Después, pasados catorce años, subí otra vez a Jerusalén con Bernabé, llevando también conmigo a Tito. Pero subí según una revelación, y para no correr o haber corrido en vano, expuse en privado a los que tenían cierta reputación el evangelio que predico entre los gentiles" (Gá. 2:1-2; cp. 4:11). Urgió a los filipenses de este modo: "Para que seáis irreprensibles y sencillos, hijos de Dios sin mancha en medio de una generación maligna y perversa, en medio de la cual resplandecéis como luminares en el mundo; asidos de la palabra de vida, para que en el día de Cristo yo pueda gloriarme de que no he corrido en vano, ni en vano he trabajado" (2:15-16). De igual manera, Pablo estaba preocupado por la fe de los tesalonicenses. Quería saber si era real y no superficial.

EL DELEITE DEL PASTOR EN LOS SUYOS

Pero cuando Timoteo volvió de vosotros a nosotros, y nos dio buenas noticias de vuestra fe y amor, y que siempre nos recordáis con cariño, deseando vernos, como también nosotros a vosotros, por ello, hermanos, en medio de toda nuestra necesidad y aflicción fuimos consolados de vosotros por medio de vuestra fe; porque ahora vivimos, si vosotros estáis firmes en el Señor. (3:6-8)

Cuando Timoteo volvió de Tesalónica e informó a Pablo, el apóstol estaba en Corinto. El informe de Timoteo fue tan alentador para Pablo que para describirlo lo llamó "**buenas noticias**", usando la palabra *euangelisamenou* (de las cuales se derivan las palabras *evangelio* y *evangelismo*), de una raíz griega (*euangelion*) que en el resto del Nuevo Testamento se refiere al mensaje de la salvación por la gracia por medio de la fe.

Timoteo llevó a Pablo un informe de cuatro partes sobre el estado espiritual de los tesalonicenses. Primero, entregó las **buenas noticias** de que la **fe** de ellos en Dios y Jesucristo era auténtica. Sus corazones habían sido como la buena tierra que recibe la semilla del evangelio y produce mucho fruto (Mt. 13:23). Segundo, dio a Pablo las **buenas noticias** sobre el **amor** auténtico de ellos por el Señor, la evidencia más clara de que eran cristianos (cp. Sal. 5:11; Mt. 22:37-40; Jn. 8:42; 13:34-35; Ro. 13:8-10; Gá. 5:6, 22; 1 P. 1:8; 1 Jn. 2:5, 10; 3:14; 4:20; 5:1-3). Tercero, Timoteo, anunció que los tesalonicenses **siempre** recordaban a Pablo **con cariño**. Para el apóstol, estas eran **buenas noticias**: que atesoraran los recuerdos de él y que aún fueran leales a él como apóstol verdadero de Cristo. En vista de sus múltiples enemigos (Hch. 21:27; 2 Ti. 1:15) y la preocupación de que Satanás o los falsos maestros alejaran a los tesalonicenses de la verdad, como habían intentado hacer en otras partes (cp. 2 Co. 12:19-21; Gá. 3:1), Pablo estaba emocionado por saber que la iglesia confiaba en él. Finalmente, Timoteo declaró que el afecto de los tesalonicenses era tan fuerte que deseaban ver a Pablo. Con dolor por la separación de sus hijos espirituales (1 Ts. 2:7-12), Pablo se alegró por las **buenas noticias** de que ellos estuvieran deseosos de renovar su comunión con él (cp. Hch. 2:42; Ro. 15:32; He. 10:25; 1 Jn. 1:3).

El informe de Timoteo fue la fuente del giro del apóstol desde la ansiedad hasta el deleite. En medio de toda la **necesidad y aflicción** —todas las persecuciones, presiones y pruebas que estaba experimentando (cp. 2 Co. 4:7-12; 11:23-28; 32-33; 2 Ti. 3:11; cp. Hch. 9:23-25; 14:1-20; 16:16-34; 17:1-10; 19:13-41; 21:27-36; 27:14-26)—, Pablo se consoló **por medio de** la **fe** de sus hijos. Debe notarse que cuando las iglesias eran infieles y sucumbían al pecado y los falsos maestros, el apóstol quedaba devastado. Así ocurrió en la iglesia de Corinto, por la cual Pablo necesitó consuelo (2 Co. 7:6) y perdió interés en predicar el evangelio en una ciudad donde Dios había abierto una puerta para el mensaje (cp. 2 Co. 2:12-13). Cuando recibió el informe positivo sobre los tesalonicenses, fue como si volviera a vivir. Saber que estaban **firmes en el Señor** estimuló más a Pablo para renovar su celo en el ministerio. Se deleitaba cuando veía que los creyentes estaban **firmes** (*stēkete*, un término militar cuyo significado es no retroceder frente al ataque), fuertes en su **fe**, pero los exhortaba a proseguir con firmeza. Por ejemplo, en la segunda carta a los tesalonicenses, declaró:

> *Pero nosotros debemos dar siempre gracias a Dios respecto a vosotros, hermanos amados por el Señor, de que Dios os haya escogido desde el principio para salvación, mediante la santificación por el Espíritu y la fe en la verdad, a lo cual os llamó mediante nuestro evangelio, para alcanzar la gloria de nuestro Señor Jesucristo. Así*

que, hermanos, estad firmes, y retened la doctrina que habéis aprendido, sea por palabra, o por carta nuestra (2:13-15; cp. 1 Co. 16:13; Gá. 5:1; Fil. 1:27; 4:1).

LA GRATITUD DEL PASTOR POR LOS SUYOS

Por lo cual, ¿qué acción de gracias podremos dar a Dios por vosotros, por todo el gozo con que nos gozamos a causa de vosotros delante de nuestro Dios? (3:9)

El pastor devoto reconoce que toda la gratitud por el progreso espiritual es para Dios. Que el apóstol Pablo reconocía que su gratitud por los tesalonicenses debía ir sobre todo a Dios, pero no encontró las palabras adecuadas para expresar la plenitud de su corazón, queda claro porque se preguntó retóricamente: "**¿Qué acción de gracias podremos dar a Dios por vosotros?**".

Pablo estaba en deuda con Dios **por todo el gozo** que le había producido el informe de Timoteo y se dio cuenta de que no tenía modo de expresar su agradecimiento adecuadamente. **Dar... por** es traducción de una palabra (*antapodounai*) y expresa la imposibilidad de volver a pagar al Señor por la obra divina que le hizo gozarse **delante de Dios**. La obra completa de la gracia de Dios en sus vidas había hecho a Pablo agradecido más allá de lo expresable.

LA INTERCESIÓN DE PABLO POR LOS SUYOS

orando de noche y de día con gran insistencia, para que veamos vuestro rostro, y completemos lo que falte a vuestra fe. (3:10)

Aunque el pastor verdadero tendrá gozo y gratitud por su pueblo, aún sigue dándose cuenta de la necesidad de la oración intercesora por ellos. Entenderá que sus vidas no son perfectas todavía y que su ministerio en medio de ellos es incompleto. Por estas razones él, como el apóstol, se dedicará a la intercesión sincera ante Dios para que tenga la oportunidad de ministrar en medio de ellos (cp. Ro. 1:8-12; 15:5-7, 13; 2 Co. 1:3-5; Ef. 1:15-21; 3:14-21; Fil. 1:3-11; Col. 1:9-12; 2 Ts. 1:11-12; Flm. 4-7).

La oración de Pablo era constante y ferviente. Intercedía por ellos **de noche y de día**, y lo hacía **con gran insistencia**. La meta final de su oración era completar **lo que** faltara en las vidas de ellos delante de Dios. La meta inmediata era **que** pudiera verles el **rostro**, para suplir la instrucción que necesitaban al instante. Los capítulos 4 y 5 de esta carta proporcionan algunas de las verdades de las que ellos carecían.

Si Pablo es el modelo humano ideal del corazón de un pastor, es solo porque en su ministerio pastoral siguió de cerca el patrón de Jesucristo, quien modeló el corazón perfecto del pastor durante su ministerio terrenal. El Señor fue el ejemplo supremo de afecto por sus ovejas (Jn. 10:11-16, 27-28), sin egoísmo con sus discípulos (Jn. 13:3-17), compasivo con su pueblo (Jn. 11:33-44; cp. Mt. 23:37-39), protector de sus corderos (Jn. 10:2-5), con deleite por su iglesia (Mt. 16:18-19), agradecido por sus seguidores (Mt. 11:25-30) e intercesor por sus hijos amados (Jn. 17:6-26). Ese modelo del corazón de un pastor es la norma divina para todos los pastores hoy.

Una oración pastoral 7

Mas el mismo Dios y Padre nuestro, y nuestro Señor Jesucristo, dirija nuestro camino a vosotros. Y el Señor os haga crecer y abundar en amor unos para con otros y para con todos, como también lo hacemos nosotros para con vosotros, para que sean afirmados vuestros corazones, irreprensibles en santidad delante de Dios nuestro Padre, en la venida de nuestro Señor Jesucristo con todos sus santos. (3:11-13)

El Nuevo Testamento contiene muchos ejemplos instructivos y valiosos de oraciones que agradan a Dios (p. ej., Mt. 26:36-42; Jn. 11:41-42; 17:9-24; Hch. 4:24-30; 7:60; He. 13:20-21; Jud. 24-25). Arthur W. Pink (1886-1952), escritor cristiano inglés, teólogo y maestro de la Biblia, señaló al final de la década de 1940 cuán valiosas son esas oraciones para los creyentes actuales:

> ¡Qué bendición es oír a un santo experimentado, que ha caminado mucho tiempo con Dios y ha disfrutado de su íntima comunión, derramar su corazón ante Él en adoración y súplica! ¡Pero cuánto más bendito sería escuchar las oraciones de quienes acompañaron a Cristo en persona durante los días en que Él estuvo en la tierra! Y si alguno de los apóstoles aún estuviera aquí sobre la tierra, ¡qué privilegio deberíamos considerar oírlo entregarse a la oración! Tan grande sería el privilegio que la mayoría de nosotros estaría dispuesto a pasar inconvenientes considerables y a viajar distancias largas para tener ese favor. Y si nuestro deseo se cumpliera, ¡con cuánta atención oiríamos sus palabras y con cuánta diligencia buscaríamos atesorarlas en nuestras memorias! Bueno, no se requieren tales inconveniencias ni tal viaje. Al Espíritu Santo le ha placido dejarnos constancia de varias oraciones apostólicas para nuestra instrucción y satisfacción (*Gleanings from Paul: Studies in the Prayers of the Apostle* [Frutos de Pablo: Estudios en las oraciones del apóstol] [Reimpresión; Chicago: Moody, 1967; edición en tapa blanda, 1981], p. 9).

La mayoría de las oraciones registradas en el Nuevo Testamento son del apóstol Pablo. Hay más páginas dedicadas a sus palabras y ministerio que a cualquier otro individuo, excepto Jesús. Pablo es el personaje principal en Hechos 14—28 (aunque Hechos no registra oraciones específicas de los apóstoles en particular, los describe como hombres de oración en 1:24-25; 4:24-30; 6:4; 9:40; 10:9; 20:36; 21:5; 28:8) y el autor de trece cartas que registran muchas de sus oraciones (p. ej., Ro. 15:5-7, 13; 1 Co. 1:4-7; 2 Co. 1:3-5; Ef. 1:15-23; 3:14-21; Fil. 1:8-11; Col. 1:9-12; 2 Ts. 1:11-12; Flm. 4-6). La descripción de Lucas sobre el Pablo recién convertido es acorde con esta imagen del apóstol: "Él ora" (Hch. 9:11).

A la verdad, el apóstol Pablo modeló la oración para los tesalonicenses. También fue ejemplo de la vida de oración pastoral descrita por Charles Spurgeon: "Considero que como ministro *siempre está orando*... No está siempre en el acto de la oración, pero vive en el espíritu de ella... Si usted es un ministro genuino de Dios, permanecerá como sacerdote delante del Señor, vistiendo el efod espiritual y el pectoral sobre el cual llevará los nombres de [sus] hijos... y orará por ellos dentro del velo" (*Discursos a mis estudiantes* [Reimpresión; El Paso: Casa Bautista de Publicaciones, 2003], pp. 42, 47 del original en inglés. Cursivas en el original). Obviamente, Pablo estaba en el espíritu de oración desde 1:1 hasta 3:10, aun cuando no orara formalmente sino hasta 3:11. Irrumpir en oración en una coyuntura crucial de sus cartas era típico en Pablo (p. ej., Ro. 1:8-12; Ef. 1:15-23; Col. 1:9-12; 2 Ts. 1:11-12). Y ciertamente no podía él concluir la expresión de su corazón de pastor aquí sin orar pidiendo que se cumpliera la voluntad de Dios en la vida de su pueblo.

LA FORMA DE LA ORACIÓN DE PABLO

Mas el mismo Dios y Padre nuestro, y nuestro Señor Jesucristo, (3:11*a*)

La oración de Pablo tenía una forma distintiva. En lugar de dirigirse a **Dios** usando la segunda persona usual, al incluir a los tesalonicenses en su petición, Pablo se dirige a Él en primera persona: "**Dios y Padre nuestro**". La petición de Pablo usó el modo optativo griego, indicado en español por el uso del subjuntivo, *dirija*, con el cual expresa deseo. Esa forma de oración no era la normal en Pablo, pero la usó en otras ocasiones (5:23; 2 Ts. 3:5, 16). El uso del optativo le permitió reiterar a los tesalonicenses los deseos sinceros de su corazón para con ellos. Pablo también dirigió esta oración a **Dios Padre y** al **Señor Jesucristo**, expresando el deseo de que tanto el Padre como el Hijo actuaran para responder a su petición. Poner juntos al Padre y al Hijo es frecuente en las epístolas y enfatiza la igualdad en la naturaleza divina entre Dios Padre y Jesús el Hijo (cp. Ro. 1:7; 1 Co. 1:3; 2 Co. 1:2; Gá. 1:3; Ef. 1:2; Fil. 1:2; Col. 1:3; 1 Ts. 1:1, 3; 2 Ts. 1:1-2; 1 Ti. 1:2; 2 Ti. 1:2; Tit. 1:4; Flm. 3; Stg. 1:1; 1 P. 1:3; 2 P. 1:1; 1 Jn. 1:3; 2 Jn. 3; Jud. 1).

Al llamar a Dios "**Padre nuestro**", una forma de hablar que recalca la relación personal, y a Jesús "**nuestro Señor**", Pablo cambió las ideas populares y usuales sobre el Dios que es gobernador y el Cristo que es con quien los creyentes tienen relación. El uso de **nuestro** para referirse a **Dios** y a **Jesucristo** subraya la relación que tenían Pablo y los tesalonicenses con las dos personas de la Trinidad. Dios descendió para tener intimidad con ellos, como su Padre misericordioso, amoroso y perdonador, y Jesús ascendió al trono del cielo para ser su Señor soberano.

Se aporta una idea adicional sobre la naturaleza de la Divinidad con el uso singular de **el mismo** (*autos*) y su posición enfática en el griego. El versículo 11 dice literalmente: "Mas Él mismo, nuestro Dios y Padre, y nuestro Señor Jesucristo, dirija nuestro camino a vosotros". El uso del pronombre singular (**el mismo**) y del verbo singular (**dirija**) con el sujeto plural (**Dios y Padre nuestro, y nuestro Señor Jesucristo**) vuelve a hacer hincapié en la unidad inconfundible del Padre y el Hijo en la Divinidad.

Esa consideración gramatical ayuda a explicar por qué la oración de Pablo podía dar por sentado la deidad de Jesús y dirigirse a Él en igualdad con el Padre divino. El Padre y el Hijo son igualmente soberanos y están en acuerdo perfecto en todos los asuntos. Con la certeza de esta verdad, los cristianos, como Pablo, pueden dirigir sus oraciones a cualquiera de los dos o a los dos (cp. Job 8:5; Sal. 5:2; 143:1; Jn. 16:23-24; Hch. 7:59; 1 Jn. 5:14). Romanos 8:27 indica que el Espíritu Santo también está en acuerdo perfecto: "Mas el que escudriña los corazones sabe cuál es la intención del Espíritu, porque conforme a la voluntad de Dios intercede por los santos".

EL PROPÓSITO DE LA ORACIÓN DE PABLO

dirija nuestro camino a vosotros. Y el Señor os haga crecer y abundar en amor unos para con otros y para con todos, como también lo hacemos nosotros para con vosotros, para que sean afirmados vuestros corazones, irreprensibles en santidad delante de Dios nuestro Padre, en la venida de nuestro Señor Jesucristo con todos sus santos. (3:11*b*-13)

La oración de Pablo aquí es un modelo definitivo de intercesión pastoral concienzuda. Tenía un propósito triple al hacerla: que Dios concediera a los tesalonicenses una fe perfecta, un amor que prosperara y una esperanza que purificara. Esta es la conocida triada de virtudes cristianas (1 Co. 13:13). Pablo estaba genuinamente preocupado por el crecimiento de su pueblo en cada una de estas realidades espirituales, como es evidente al comienzo de esta carta: "Acordándonos sin cesar delante del Dios y Padre nuestro de la obra de vuestra fe, del trabajo de vuestro amor y de vuestra constancia en la esperanza en nuestro Señor Jesucristo" (1:3), y al final: "Habiéndonos vestido con la coraza de fe y de amor, y con la esperanza de salvación como yelmo" (5:8).

UNA FE PERFECTA

dirija nuestro camino a vosotros. (3:11*b*)

El motivo principal de la oración de Pablo por los tesalonicenses era que la fe de ellos creciera. El apóstol no lo dice explícitamente en su oración pero lo identificó como su meta de oración: "Orando de noche y de día con gran insistencia, para que veamos vuestro rostro, y completemos lo que falte a vuestra fe" (v. 10). *Completemos* también podría traducirse "perfeccionemos"; Pablo quería regresar para ayudarles a perfeccionar cualquier debilidad o defecto en su fe (véanse los comentarios a 3:10 en la página 84), en el sentido de Efesios 4:11-12: "Y él mismo constituyó a unos, apóstoles; a otros, profetas; a otros, evangelistas; a otros, pastores y maestros, a fin de perfeccionar a los santos para la obra del ministerio, para la edificación del cuerpo de Cristo".

Le pidió a Dios y a Jesús que dirigiera su **camino a** los tesalonicenses para esa obra espiritual de edificación. **Dirija** conlleva la idea de preparar un sendero recto y suave con los obstáculos eliminados. Hasta ese momento, las circunstancias instigadas por Satanás habían evitado que Pablo fuera a los tesalonicenses (véase la explicación de 2:18 en el capítulo 5 de este comentario). El apóstol sabía que solo el poder de nuestro Señor vencería a Satanás (cp. Gn. 3:15; Mt. 10:1; Lc. 11:21-22; Ro. 16:20; Col. 2:15; 1 Jn. 3:8; 4:4; Jud. 6; Ap. 12:10; 20:10) y le permitiría regresar. Su deseo era regresar, pero solo por la voluntad de su Señor y Dios (cp. Sal. 37:1-5; Pr. 3:5-6).

La intención de Pablo no era volver para llevar a los tesalonicenses a alguna forma de experiencia emocional que tan solo intentara hacer creer más fervientemente a los tesalonicenses las cosas que ya sabían. Más bien, quería ampliar su conocimiento de Dios a través de la verdad que Él había revelado, lo cual, a su vez, ampliaría su confianza en Él y les permitiría caminar con mayor obediencia a su voluntad (Hch. 9:15-18; 13:1-4; 1 Co. 9:16; Ef. 3:1-8), lo cual significaba alimentarlos con las Escrituras para que pudieran madurar por ella. Tal es el principio hallado en 1 Pedro 2:2: "Desead, como niños recién nacidos, la leche espiritual no adulterada, para que por ella crezcáis para salvación" (cp. Hch. 20:32).

Los preceptos, principios y promesas de las Escrituras son las ventanas a través de las cuales los creyentes ven a Dios y entienden su gloria y voluntad para sus vidas (cp. Sal. 19:7-8, 11; 119:9, 93, 99, 105, 130; Pr. 6:23; Lc. 11:28; Jn. 17:17; 20:31; Ro. 15:4; 2 Ti. 3:15-17; Stg. 1:21-22, 25). Su respuesta a las verdades de la Palabra de Dios también les permite saber si su fe está creciendo, y esto queda evidente cuando (1) aumenta su conocimiento de la Palabra de Dios (cp. Col. 3:16); (2) su confianza en Dios es mayor que antes (cp. Ef. 3:12); (3) su confianza en la soberanía de Dios es más fuerte que antes (cp. Job 42:2); (4) su obediencia a Él es continua (cp. Dt. 17:19-20), y (5) se alegran en las pruebas (cp. Stg. 1:2-3).

Así, la oración pastoral de Pablo comenzó con una petición al Padre y al Hijo para que lo usaran para madurar y fortalecer la fe de los tesalonicenses, que era el fundamento que necesitaban para vivir en la obediencia y el poder cristianos (cp. Hch. 14:22; 2 Co. 1:24; 5:7; Col. 1:23; 1 Ti. 1:4; He. 11:6; Jud. 20). Aun cuando Pablo no regresó a Tesalónica, sí vio cumplido su deseo, como se evidenció en su segunda carta, escrita unos meses después: "Debemos siempre dar gracias a Dios por vosotros, hermanos, como es digno, por cuanto vuestra fe va creciendo, y el amor de todos y cada uno de vosotros abunda para con los demás" (2 Ts. 1:3).

UN AMOR QUE CRECE

Y el Señor os haga crecer y abundar en amor unos para con otros y para con todos, como también lo hacemos nosotros para con vosotros, (3:12)

El apóstol Pablo sabía que los creyentes genuinos siempre exhibirían amor (cp. Jn. 13:34-35), por lo tanto oró pidiendo que el crecimiento en la fe de los tesalonicenses estuviera acompañado de un amor próspero. El hecho de que Pablo pidiera al **Señor** que hiciera **crecer** a los tesalonicenses en **amor** indica que él dependía de Dios para el desarrollo de las virtudes espirituales. Ya fuera en el comienzo de la vida cristiana (la justificación; Ro. 3:30; 8:30, 33; cp. Is. 50:8; Jon. 2:9; Jn. 1:12-13) o el proceso de crecimiento espiritual (la santificación; Jn. 17:17; 1 Ts. 5:23; Jud. 1; cp. Ez. 37:28; Ef. 5:26), Dios reveló que la madurez de los creyentes es gracias a Él (1 Co. 3:6-7; cp. 2 Co. 3:5; 9:8; Gá. 2:20).

Las declaraciones de Pablo en 1:3 —"Acordándonos sin cesar... de vuestra fe, del trabajo de vuestro amor"— y en 3:6 —"buenas noticias de vuestra fe y amor"— son evidencias claras del amor en los tesalonicenses. Aquí él oró pidiendo que ellos crecieran y abundaran **en amor** (*agapē*), **en** ese **amor** que es el más puro y noble (Ro. 13:8-10; 1 Co. 13:4, 13; 16:14; Gá. 5:13-14, 22; Ef. 1:15; 4:2; 5:2; 25, 28, 33; Fil. 1:9; Col. 3:19; 1 Jn. 3:16-17). Pablo pidió primero que su amor creciera y abundara **unos para con otros**; esto es, dentro de la iglesia (cp. Ef. 1:15; 4:16; Fil. 2:2; Col. 2:2; 3:14; 1 Ts. 4:9; 2 Ts. 1:3; 1 P. 1:22; 4:8). Hay más de treinta "unos para con otros" positivos y negativos en el Nuevo Testamento, y **amor** aparece mucho más seguido (1 Ts. 4:9; Ro. 12:10; 13:8; 2 Ts. 1:3; 1 P. 1:22; 1 Jn. 3:11, 23; 4:7, 11; 2 Jn. 5). Segundo, el apóstol oró pidiendo que su amor **para con todos** se incrementara. Quería que amaran más a los perdidos y a quienes los perseguían, como Jesús lo ordenó a sus discípulos: "Amad a vuestros enemigos... y orad por los que os ultrajan y os persiguen" (Mt. 5:44; cp. Dt. 10:19; Ro. 12:14, 20; 1 Ti. 2:1-4). Otros mandatos del Nuevo testamento **para con todos** incluyen buscar la paz (Ro. 12:18), hacer el bien (Gá. 6:10), ser paciente (Ef. 4:2), orar (1 Ti. 2:1), mostrar consideración (Tit. 3:2) y honrarlos (1 P. 2:17).

Dándoles un ejemplo práctico para entender ese **amor**, Pablo dijo a los tesalonicenses que debían amar **como también** él los amaba. Los amó cuando eran extraños, en la más grande necesidad espiritual, llevándoles el evangelio con sacrificio (1 Ts. 1:9; 2:1-2). Entonces, después de haber recibido la justificación, los amó mediante la completa dedicación de su vida para la santificación de ellos (2:10-12).

UNA ESPERANZA PURIFICADORA

para que sean afirmados vuestros corazones, irreprensibles en santidad delante de Dios nuestro Padre, en la venida de nuestro Señor Jesucristo con todos sus santos. (3:13)

El objetivo final de la oración de Pablo por los tesalonicenses era **que** pudieran ver su glorificación, que produce esperanza purificadora. Todas las cualidades buenas de la fe perfecta y el amor vibrante están incompletas a menos que señalen hacia la esperanza genuina. Pablo recordó esto a los romanos: "Justificados, pues, por la fe, tenemos paz para con Dios por medio de nuestro Señor Jesucristo; por quien también tenemos entrada por la fe a esta gracia en la cual estamos firmes, y nos gloriamos en la esperanza de la gloria de Dios" (Ro. 5:1-2; cp. 15:13; Tit. 2:13; He. 6:11). La naturaleza de esta esperanza se declara mejor en 1 Juan 3:2: "Amados, ahora somos hijos de Dios, y aún no se ha manifestado lo que hemos de ser; pero sabemos que cuando él se manifieste, seremos semejantes a él, porque le veremos tal como él es" (cp. Fil. 3:20-21).

La única forma en que los tesalonicenses vivirían de verdad dicha esperanza era si Dios afirmaba sus **corazones, irreprensibles en santidad delante de** (lit. "en presencia de") **Dios**. Pablo expresa un sentimiento similar en 5:23: "Y el mismo Dios de paz os santifique por completo; y todo vuestro ser, espíritu, alma y cuerpo, sea guardado irreprensible para la venida de nuestro Señor Jesucristo". Sabía que quien más se interesaba en la esperanza purificadora de los tesalonicenses era Dios y sólo Él sabía verdaderamente que había en el corazón de las personas (2 Cr. 6:30; Sal. 44:21; Pr. 24:12; cp. 1 S. 16:7; Pr. 21:2). Pablo los quería puros de corazón, para que desearan **la venida** (*parousia*, "presencia") del **Señor Jesucristo**, quien es el Juez (cp. 2 Ti. 4:1). El apóstol sabía que la promesa del retorno de Cristo en el arrebatamiento y la recompensa a la iglesia era la esencia de la esperanza purificadora de los cristianos. En 4:13-18 explica el acontecimiento como la esperanza que produce consuelo (cp. Jud. 24; la explicación en el capítulo 11). Los creyentes saben que cuando Cristo vuelva recompensará a su pueblo y sus obras serán evaluadas ante el trono (2 Co. 5:10), por eso viven en santidad (véase también la explicación de 2:19-20 en el capítulo 5).

Pablo examina el corazón porque es el lugar de las emociones, pensamientos y voluntad humanas (cp. Pr. 4:23; 1 Cr. 28:9; Mt. 12:35; 15:16-20). Si sus **corazones** eran puros, limpios y justos, y podían permanecer firmes contra la tentación (cp. Mt. 4:4-11; 26:41; 1 Co. 10:13; Ef. 6:16; Stg. 1:12; 1 P. 5:8-9), se librarían de la vergüenza y la pena delante del Señor y desearían con ansias su regreso. Cuando el creyente esté delante de Dios, se completará verdaderamente su santificación (Ro. 8:17, 30).

En contraste con los creyentes obedientes que aguardan la aparición de Cristo, los creyentes pecadores no anhelan la interrupción de su pecado y que sea expuesto en la presencia del Señor. Tales cristianos desobedientes son como los hijos desobedientes que no quieren ser atrapados por sus padres; o como los infractores de la ley, que lo que menos desean es la llegada de la policía. Lo que hace que los creyentes obedientes anhelen el regreso del Señor es la santidad que busca la comunión pura con el Santo. Y tal pureza que inspira inicialmente la esperanza también produce aún más esperanza, como lo escribió Juan: "Y todo aquel que tiene esta esperanza en él, se purifica a sí mismo, así como él es puro".

Mientras que Pablo oraba pidiendo que Dios purificara la esperanza de los tesalonicenses, Pedro imploraba a sus lectores directamente que vivieran puros en la esperanza:

> *Por tanto, ceñid los lomos de vuestro entendimiento, sed sobrios, y esperad por completo en la gracia que se os traerá cuando Jesucristo sea manifestado; como hijos obedientes, no os conforméis a los deseos que antes teníais estando en vuestra ignorancia; sino, como aquel que os llamó es santo, sed también vosotros santos en toda vuestra manera de vivir; porque escrito está: Sed santos, porque yo soy santo. Y si invocáis por Padre a aquel que sin acepción de personas juzga según la obra de cada uno, conducíos en temor todo el tiempo de vuestra peregrinación; sabiendo que fuisteis rescatados de vuestra vana manera de vivir, la cual recibisteis de vuestros padres, no con cosas corruptibles, como oro o plata, sino con la sangre preciosa de Cristo, como de un cordero sin mancha y sin contaminación (1 P. 1:13-19).*

De nuevo, la realidad sobrenatural de la santificación es por completo obra de Dios y, al mismo tiempo, dependiente de la obediencia del creyente.

En realidad, la oración del apóstol Pablo pidiendo que los tesalonicenses tuvieran una esperanza purificadora se extiende más allá de esa congregación. Su petición era que Dios afirmara sus **corazones, irreprensibles en santidad con todos los santos**. Pablo quería que todos los demás elegidos fueran puros y apartados del mundo. Más específicamente, algunos comentaristas identifican **todos sus santos** con los ángeles y creyentes que acompañarán a Cristo en su regreso para establecer el reino milenario (cp. Mt. 16:27). Como esa expresión *no* se usa en el Nuevo Testamento para denotar a los ángeles, *sino* usualmente para los creyentes, es mejor hacer la equivalencia de esta **venida** del **Señor Jesucristo** con el arrebatamiento de la iglesia (véase 4:13-18) y la llegada de esta al lugar que se le ha preparado (cp. Jn 14:1-6). Luego vendrá la recompensa (Ap. 22:12) en el tribunal de Cristo, donde se pagará a los creyentes por su fidelidad y obediencia. En 1 Corintios 3:11-14 se describe este acontecimiento de recompensar como el juicio de las obras. Aun así, en 1 Corintios 4:5 queda claro que las recompensas vendrán con base en lo que motivaba tales obras. La gloria de esta recompensa es el asunto de Romanos 8:17-18; Colosenses 3:4; Filipenses 3:20-21; 2 Timoteo 4:8; Santiago 1:12 y 1 Pedro 1:4; 5:4 (cp. 1 Co. 9:25).

Este énfasis en la esperanza concluye la oración pastoral breve de Pablo por sus tesalonicenses amados. Sus peticiones para que Dios los perfeccionara en su fe, los prosperara en su amor y purificara su esperanza es el modelo de cómo deben orar los pastores y los ancianos por su pueblo. Sus súplicas también establecen la devoción general a la oración que debe acompañar a cualquier ministro sincero de la Palabra (cp. Hch. 6:4).

Progresen aún más

8

Por lo demás, hermanos, os rogamos y exhortamos en el Señor Jesús, que de la manera que aprendisteis de nosotros cómo os conviene conduciros y agradar a Dios, así abundéis más y más. Porque ya sabéis qué instrucciones os dimos por el Señor Jesús. (4:1-2)

Los historiadores en general consideran que Jonathan Edwards (1703-1758) está entre los grandes intelectuales y escritores de la historia estadounidense, ya sea en los anales seculares o los eclesiásticos. Edwards también fue un teólogo evangélico líder de su época y el pastor más prominente del primer gran avivamiento (1735-1737; 1740-1744) en Nueva Inglaterra. Fue el pastor fiel de la misma iglesia en Northampton, Massachusetts, durante veintitrés años y fue tan incomparable la influencia de su predicación, escritos y evangelismo que continúa aun hoy. El motivo y la dirección subyacentes en el impacto duradero y poderoso de Edwards no se desprendían de la sola devoción personal por su profesión, sino de su sed insaciable de Dios y las cosas que a Él le preocupaban –pureza, santidad, virtud y verdad–, lo que él llamaba "afectos religiosos". Dios le salvó a los diecisiete años y el cambio fue total. Después de su conversión, reflexionó sobre la transformación divina y profunda de sus pensamientos y acciones:

> Mi mente estaba muy centrada en las cosas divinas; casi continuamente en su contemplación. Año tras año pasaba casi todo mi tiempo pensando en las cosas divinas; solía caminar solo por los bosques y lugares solitarios para meditar, tener soliloquios, orar y conversar con Dios; y en aquellos tiempos, esa era siempre mi manera de cantar mis contemplaciones. Allí donde estuviera, estaba casi siempre en oración fervorosa. La oración me parecía natural, como el aliento por el cual se ventilaban las entrañas enardecidas de mi corazón. Los deleites que siento ahora en esas cosas de la religión eran de una clase completamente diferente de las ya mencionadas, de las que tenía cuando era joven; y no tengo más noción de ellas que las que tiene uno nacido ciego de los colores hermosos y agradables. Los deleites eran ahora de una naturaleza interna, pura y alentadora del

> alma. Los de antes nunca alcanzaron el corazón, no surgían de haber visto la excelencia divina en las cosas de Dios o de haber probado en ellos el bien que satisface el alma y da vida (*Memoirs of Jonathan Edwards* [Memorias de Jonathan Edwards] en *The Works of Jonathan Edwards* [Las obras de Jonathan Edwards], editado por Edward Hickman [London: Henry G. Bohn, 1865], 10ª ed., vol. 1, lv).

Los sentimientos de Edwards resaltan un elemento importante en la exhortación del apóstol Pablo en estos dos versículos. Podía instar a todos los creyentes a progresar más y más en la vida cristiana, pero solo cuando los creyentes alimentaran esa nueva naturaleza con su anhelo por Dios, obtendrían la clase de progreso espiritual que Pablo tenía en mente.

Siempre existe el peligro de que los cristianos crean que no necesitan progresar más en la santificación; pero a este lado de la eternidad ningún creyente se ha acercado a lo que Dios desea para él espiritualmente (cp. Fil. 3:12-16). Debido a su amplio conocimiento de la verdad, incluso una iglesia tan fuerte como la de Tesalónica podía sentirse tentada a acomodarse en su condición. Pero gracias a la instrucción sólida de Pablo cuando estuvo con ellos, los cristianos llevaban vidas ejemplares y él los había elogiado por eso (1 Ts. 1:2-4, 7; 2:13-14). Como resultado, podrían haber pensado que su condición era ideal y no necesitaban mejorar. Pero Pablo sabía que podían mejorar y los alentó a hacerlo. Él ni siquiera estaba satisfecho con su propio progreso:

> *No que lo haya alcanzado ya, ni que ya sea perfecto; sino que prosigo, por ver si logro asir aquello para lo cual fui también asido por Cristo Jesús. Hermanos, yo mismo no pretendo haberlo ya alcanzado; pero una cosa hago: olvidando ciertamente lo que queda atrás, y extendiéndome a lo que está delante, prosigo a la meta, al premio del supremo llamamiento de Dios en Cristo Jesús (Fil. 3:12-14).*

Como maestro y supervisor fiel, Pablo no solo era diligente en impartir la verdad a su rebaño, sino en aplicársela a sí mismo y en motivar a los suyos a aplicarla de manera creciente (1 Co. 15:58; 2 Co. 8:7; Fil. 1:9; 1 Ts. 4:10; cp. 1 Ts. 3:10). Desde 4:1 hasta el final de la carta (5:22), el propósito principal de Pablo era exhortar a la iglesia a que se esforzara en el progreso espiritual. En 4:1-2 introdujo tres elementos fundamentales para la búsqueda de esa excelencia espiritual: la prioridad de progresar, el poder y los principios del progreso, y el progreso y la presión por la excelencia.

LA PRIORIDAD DE PROGRESAR

Por lo demás, hermanos, os rogamos y exhortamos... así abundéis más y más. (4:1*a, c*)

Las palabras iniciales **Por lo demás** dejan claro que en 4:1-2 Pablo comienza una reflexión sobre la meta del progreso espiritual para los tesalonicenses. La sección principal de enseñanza en la epístola concluye en 3:13 y, con base en ese contenido, llega la exhortación del apóstol a sobresalir en el progreso.

Rogamos denota una sugerencia humilde y amable entre iguales. No contiene el tono militar de un comandante ordenando a un soldado, el tono de un amo mandando a su siervo o el tono de un monarca soberano ordenando a sus súbditos. A diferencia de esos líderes, Pablo no estaba intimidando a los tesalonicenses, sino rogándoles con amor, ternura y bondad, que como **hermanos** de Pablo perseveraran en la santificación. Igualmente, **exhortamos** (*parakaloumen*) quiere decir "ponerse al lado y animar". La palabra podría usarse en sentido autoritativo (2 Ts. 3:12; 2 Ti. 4:2; Tit. 2:15), pero aquí Pablo la usó para expresar su deseo de ayudar en el crecimiento espiritual.

Pablo mostró mucha humildad y cordialidad pastoral hacia estos creyentes fieles. No había razón para ser autoritario porque ya estaban viviendo de un modo que agradaba a Dios. Por lo tanto, su actitud fue amorosa y considerada, con la única urgencia de que ellos aceptaran su exhortación a no contentarse con su crecimiento espiritual y buscar **más y más** la excelencia.

La palabra traducida **abundéis** (*perisseuēte*) quiere decir "tener suministros amplios; desbordar; existir en cantidad total; estar sobre, por encima y por alrededor, estar avanzado". Una forma de la palabra cercanamente relacionada puede significar "extraordinario" o "incomparable". Aquí Pablo usó *perisseuēte* de modo comparativo (cp. 1 Co. 8:8) para decir a los tesalonicenses que estaba resuelto a que el crecimiento espiritual de ellos fuera extraordinario, que sobresalieran a un nivel más alto (cp. 1 Co. 14:12; Fil. 1:9; 1 Ts. 3:12; 4:10).

La prioridad de Pablo para los creyentes era el progreso espiritual motivado por el deseo de conocer a Dios; la clase de deseo fuerte descrita por el salmista: "Como el ciervo brama por las corrientes de las aguas, así clama por ti, oh Dios, el alma mía" (Sal. 42:1; cp. 34:8; 63:1-2). Para todos los creyentes, la búsqueda del conocimiento de Dios es el componente básico del crecimiento espiritual (Jer. 9:23-24; 2 Co. 8:7; Ef. 4:13; Fil. 3:7-10; Col. 1:9-10; 2:2; 3:10; 2 P. 1:2-9; cp. Sal. 25:10; 71:15-16; 138:2; Jer. 31:34; 2 Co. 7:1; He. 6:12, 15; 10:36). El objetivo de conocer a Dios debe incluso superar el deseo de conocer su Palabra; ese deseo es sencillamente el medio de conocer al Dios de la Palabra. Si obtener más información sobre la Biblia y participar de las actividades espirituales adicionales —orar, testificar y servir— no se ligan al deseo de conocer mejor a Dios, tales actividades no llevarán crecimiento espiritual a quienes profesan fe en Cristo (cp. Os. 6:6; Mt. 6:1-18; Jn. 15:4-5; 1 Co. 13:1-3; Fil. 2:13; Col. 3:17).

Este es el sentido de 1 Juan 2:12-14:

> *Os escribo a vosotros, hijitos, porque vuestros pecados os han sido perdonados por su nombre. Os escribo a vosotros, padres, porque conocéis al que es desde el principio. Os escribo a vosotros, jóvenes, porque habéis vencido al maligno. Os escribo a vosotros, hijitos, porque habéis conocido al Padre. Os he escrito a vosotros, padres, porque habéis conocido al que es desde el principio. Os he escrito a vosotros, jóvenes, porque sois fuertes, y la palabra de Dios permanece en vosotros, y habéis vencido al maligno.*

En este texto Juan identifica tres escalones en el crecimiento espiritual del creyente: (1) "hijitos" que saben que sus pecados se han perdonado, (2) "jóvenes" que conocen la doctrina y están fuertes contra las mentiras de Satanás (a diferencia de los hijos pequeños, cp. Ef. 4:14) y (3) "padres" que no solo conocen la doctrina sino al Dios eterno. Esta es la meta de cada creyente.

EL PODER Y LOS PRINCIPIOS DEL PROGRESO

En el Señor Jesús, que de la manera que aprendisteis de nosotros cómo os conviene conduciros y agradar a Dios. (4:1*b*)

En el Señor Jesús podía referirse a quienes obtuvieron la regeneración y comparten la vida de Dios estando en Cristo. Ciertamente, solo los regenerados poseen el poder y la perspectiva espiritual para lograr los objetivos del crecimiento espiritual (cp. 1 Co. 2:14). Esta realidad cargaba el corazón del apóstol, como se demuestra en su oración por los tesalonicenses: "El Señor os haga crecer y abundar en amor unos para con otros" (1 Ts. 3:12). La única forma en que la virtud de un cristiano puede incrementarse es cuando el Señor lo hace. El poder para destacarse viene del poder de Cristo habitando en el creyente (Jn. 17:23; Gá. 2:20; Ef. 3:17; 4:15-16; Col. 2:7; 1 Jn. 5:20). Pablo llamó a los tesalonicenses a la excelencia espiritual y ellos podían alcanzarla porque estaban **en el Señor Jesús**.

Esa frase también podía referirse a los verbos *rogamos* y *exhortamos*, por lo tanto podría significar de parte del **Señor Jesús**, esto es, con su autoridad (v. 2). Pablo solía agregar fuerza a sus apelaciones recordando a los líderes de la iglesia la autoridad que tenía como apóstol de Cristo (cp. vv. 2, 15; 5:27; 2 Ts. 3:6, 12).

Sin embargo, el poder para destacarse no opera en el vacío. Opera de acuerdo con principios bíblicos delineados, probados por el tiempo y aprobados por Dios. Pablo se refiere a los principios divinos, las verdades espirituales y la doctrina del evangelio que los tesalonicenses aprendieron **de** él y de sus compañeros cuando ellos llegaron por primera vez a Tesalónica (Hch. 17:2-4; 1 Ts. 1:5-6; 2:7-8, 14). Los tesalonicenses aprendieron de Pablo y sus compañeros misioneros **cómo** les **conviene** conducirse y agradar a Dios en la vida diaria (cp. Ro. 12:9-21; Gá. 5:16-26; 6:6-10; Ef. 4:25—5:21; 6:10-18; Col. 3:12—4:6).

Así que los santos ya conocían los fundamentos de la vida cristiana. Sabían qué necesitaban para **agradar a Dios** (literalmente "para esforzarse en agradar a Dios") y glorificarlo en todo: necesitaban confesar sus pecados habitualmente (cp. Sal. 32:5; Is. 1:18-19; Mt. 6:12; 1 Jn. 1:9), orar continuamente y confiar en Él (cp. Sal. 27:8; Fil. 4:6; 1 Ts. 5:17; 1 Ti. 2:8; He. 4:16; 10:22; Stg. 1:6), buscar la humildad (cp. Mt. 20:26-28; Ef. 4:1-2; Fil. 2:3-4; Col. 3:12; Stg. 4:6), tener contentamiento en la voluntad de Dios (cp. Sal. 37:16; 1 Ti. 6:6, 8; He. 13:5) como se revela en su Palabra (cp. Sal. 119:105; Pr. 6:23; 2 Ti. 3:16-17; 2 P. 1:19), estar dispuestos a sufrir por su nombre (cp. Mt. 5:10-12; Jn. 15:20; Hch. 5:41; 2 Ti. 3:12), evangelizar a los perdidos (cp. Mt. 4:19; 28:19-20; Mr. 16:15; 2 Co. 5:20; 2 Ti. 4:5), celebrar la Santa Cena (cp. Lc. 22:19; 1 Co. 11:23-28), cuidarse mutuamente (cp. Hch. 2:44-46; Gá. 6:2; Fil. 2:3-4; 1 Ts. 5:11, 14; He. 13:1-3; Stg. 1:27; 2:15-17), honrar a Dios en sus matrimonios y familias (cp. Ef. 5:22—6:4; Col. 3:18-21; 1 Ti. 5:3-16; Tit. 2:1-8; He. 13:4) y ser diligente y fructífero en todas las formas de servicio (cp. Mt. 3:8; Ef. 2:10; Col. 1:10; 2 Ti. 3:16-17; Tit. 3:8, 14; He. 10:24; 13:21). Pablo, Silas y Timoteo habían enseñado a los tesalonicenses a vivir como cristianos, y ellos obedecían lo que ya habían escuchado.

EL PROGRESO Y LA PRESIÓN POR LA EXCELENCIA

Porque ya sabéis qué instrucciones os dimos por el Señor Jesús. (4:2)

El crecimiento espiritual no es un proceso instantáneo; no culmina en una noche. En su lugar, la búsqueda del progreso espiritual es un compromiso de toda la vida. Cuando los creyentes caminan en obediencia diaria, gradualmente pero con firmeza se hacen cada vez más semejantes a Cristo. La exhortación de Pablo a los tesalonicenses era la confirmación de ese hecho y les recordaba que siguieran progresando como lo habían hecho hasta ahora. Iban por el camino de la santificación progresiva y Pablo quería que siguieran en él y que tuvieran la mentalidad paciente y determinada de un corredor de distancias largas o de un boxeador, como más adelante diría a los corintios:

> *¿No sabéis que los que corren en el estadio, todos a la verdad corren, pero uno solo se lleva el premio? Corred de tal manera que lo obtengáis. Todo aquel que lucha, de todo se abstiene; ellos, a la verdad, para recibir una corona corruptible, pero nosotros, una incorruptible. Así que, yo de esta manera corro, no como a la ventura; de esta manera peleo, no como quien golpea el aire, sino que golpeo mi*

> *cuerpo, y lo pongo en servidumbre, no sea que habiendo sido heraldo para otros, yo mismo venga a ser eliminado (1 Co. 9:24-27; cp. Fil. 3:12-14; He. 12:1-2).*

La presión de los tesalonicenses por estar en el camino de la justicia y sobresalir más y más en su caminar con Cristo se derivaba de saber **qué instrucciones** les había dado Pablo **por el Señor Jesús**. Cristo había autorizado la exhortación de Pablo a la iglesia de Tesalónica. **Instrucciones** (*parangelias*) alude a directrices fuertes y autoritativas dadas por un oficial a sus subordinados. Quería decir que la iglesia no podía tomar a la ligera la admonición del apóstol. No solamente les recordó las diversas **instrucciones** que les había dado, como lo hizo implícitamente al respecto de su instrucción pasada a ellos, también les recordó la autoridad divina por la cual él ministraba (cp. 1 Co. 2:1-5; 2 Co. 10:1-5; 2 Ts. 2:13). Las directrices de Pablo no se originaban en alguna sanción humana arbitraria o en alguna autoridad eclesiástica remota (cp. Gá. 1:1, 15-16; 2 P. 1:20-21). En su lugar, venían de la autoridad del **Señor Jesús** y la obediencia a ellas era obligatoria (cp. Mt. 7:21; Jn. 15:14-17; 1 Jn. 2:3-5).

Los cristianos que buscan conocer mejor a Dios, amarlo más y obedecerle más completamente, deben vivir de acuerdo con los mandamientos de las Escrituras. Estos creyentes experimentarán entonces el crecimiento hacia la excelencia espiritual, por medio del poder de Cristo que habita en ellos y por la obediencia a la verdad de la Palabra. Pablo habló de este progreso como mirar "a cara descubierta… la gloria del Señor" y ser "transformados de gloria en gloria en la misma imagen… por el Espíritu del Señor" (2 Co. 3:18). La "gloria del Señor" está en las Escrituras que, cuando la mente santificada las entiende, cambia y eleva progresivamente a los creyentes a mayor semejanza de Cristo. Eso sucede cuando, "a cara descubierta" —sin distracciones, sin dificultades—, el hijo de Dios se ve en el espejo magnífico de las Escrituras, que reflejan la gloria del Señor.

Abstenerse del pecado sexual 9

Pues la voluntad de Dios es vuestra santificación; que os apartéis de fornicación; que cada uno de vosotros sepa tener su propia esposa en santidad y honor; no en pasión de concupiscencia, como los gentiles que no conocen a Dios; que ninguno agravie ni engañe en nada a su hermano; porque el Señor es vengador de todo esto, como ya os hemos dicho y testificado. Pues no nos ha llamado Dios a inmundicia, sino a santificación. Así que, el que desecha esto, no desecha a hombre, sino a Dios, que también nos dio su Espíritu Santo. (4:3-8)

Desde la década de 1960, cuando empezó a acelerarse de verdad la revolución sexual moderna, la sociedad occidental ha tenido cada vez menos reglas para gobernar las actitudes y comportamientos sexuales. En muchos sentidos, la libertad de la expresión sexual se ha vuelto el dios cultural que rige sobre todos los otros dioses idólatras de la cultura posmoderna. Las personas quieren el derecho, para ellas y para las demás, de expresar a cualquier costo sus deseos sexuales, incluso si esto significa abortar los hijos no deseados que resulten de una unión sexual o de arriesgarse a una enfermedad venérea.

Varios principios obvios constituyen el punto de vista no bíblico e inmoral del mundo sobre el sexo. Primero, las personas son básicamente buenas y todas las actividades, excepto las más atroces, deben tolerarse. Por lo tanto, prácticamente toda clase de actividad sexual consensual es buena (excepto el abuso de menores), especialmente si se considera el sexo como una mera forma de gratificación personal. Segundo, dado que la actividad sexual no es sino una función biológica (cp. 1 Co. 6:13), es normal y necesario abordarla sin restricciones morales de ningún tipo. Tercero, puesto que el sexo "casual" es simplemente otra forma de placer y diversión, está permitido el disfrute de la actividad sexual recreativa, en cualquier momento y con cualquier pareja que lo consienta. Cuarto, satisfacer el deseo sexual personal es una meta importante en la vida, más importante que desarrollar relaciones personales con significado. Quinto, la gratificación instantánea es más importante que demorar la satisfacción. Por lo tanto, la relación sexual prematrimonial es legítima y preferible a esperar hasta el matrimonio. Sexto, el intercambio sexual placentero es el factor más importante para determinar una buena relación marital. Así, pues, las primeras etapas de cualquier relación romántica deben incluir el sexo. La pareja debe vivir junta para determinar la compatibilidad sexual y la satisfacción antes del matrimonio.

Los cristianos entienden que estos son los dogmas de la perspectiva permisiva de la sociedad en cuanto al sexo. El apóstol Pablo pudo haber reconocido las mismas tendencias en su época porque si algo es cierto es que la cultura pagana greco-romana en la que él ministró era más perversa y depravada sexualmente que la cultura occidental contemporánea, que ha tenido durante siglos la influencia benéfica del cristianismo y sus instituciones. Tesalónica era parte de esa cultura greco-romana degradada. En la ciudad cundían prácticas pecaminosas como la fornicación, el adulterio, la homosexualidad (la pedofilia, inclusive), el travestismo (hombres que se vestían como mujeres) y una amplia variedad de perversiones eróticas y pornográficas, todas realizadas con la conciencia cauterizada y la aceptación de la sociedad, por lo que había poco o nada de vergüenza o culpa. A diferencia de las naciones occidentales de hoy, los tesalonicenses habían crecido sin una tradición cristiana que respaldara las leyes y las normas que prohíben las manifestaciones groseras de inmoralidad. Al parecer, la sociedad pagana griega no tenía las leyes civiles para prohibir el comportamiento inmoral.

Al ambiente permisivo sexual de Tesalónica contribuían también las religiones de misterio que abogaban por la prostitución ritual. Enseñaban que si el adorador se involucraba con una prostituta del templo, entraría en una comunión trascendental con la deidad representada por dicha prostituta. Por ejemplo, el templo de Afrodita en la acrópolis de Corinto empleaba mil sacerdotisas que eran esencialmente prostitutas. Así, las personas no consideraban que la fornicación o el adulterio fueran inmorales; en realidad, las religiones idólatras las aprobaban.

Entonces, para los tesalonicenses, el pecado sexual era más usual y tolerable que hoy día. Esa realidad aporta una perspectiva más clara del ministerio de Pablo en Tesalónica. Cuando Silas, Timoteo y él plantaron la iglesia en aquel lugar, rescataron a las personas de tal sociedad pornográfica. Muchos de los nuevos conversos, que habían vivido en la inmoralidad, tenían sin duda amantes y muchas de las mujeres probablemente participarían en la prostitución. Su entrada más bien repentina al reino de Dios exigía que los tesalonicenses rompieran con su trasfondo pagano. Ese requisito les representaba retos serios: antiguos hábitos y presiones de una cultura impía que buscarían alejarlos de la nueva vida y devolverlos a la antigua. Pablo, como su pastor, estaba lo suficientemente preocupado para comenzar la parte de la exhortación en esta epístola con sus mandamientos sobre la conducta inmoral.

Aunque la cultura alrededor de ellos disminuía continuamente sus normas morales, los tesalonicenses no podían hacerlo con las suyas. La exigencia paulina a los creyentes tesalonicenses de abstenerse del pecado sexual no llevaba a la relatividad moral; comprendía una norma absoluta. Sin embargo, tal instrucción sin ambigüedades no era para grupos o individuos específicos de la iglesia que estaban cometiendo ciertos pecados (como sí ocurrió con los corintios; cp. 1 Co. 5:1-13). Pero la falta de especificidad no mitigaba de forma alguna la preocupación de Pablo por la pureza de los tesalonicenses. Haber iniciado su lista de instrucciones prácticas de los dos capítulos finales de 1 Tesalonicenses con esta exhortación general y preventiva resalta la preocupación principal de Pablo por la fidelidad sexual en Tesalónica. Con este trasfondo en mente, se puede examinar este pasaje haciéndose tres preguntas: ¿Qué tipo de conducta sexual exige Dios? ¿Cómo puede un creyente ser sexualmente moral? ¿Por qué debe el creyente ser sexualmente moral?

¿QUÉ TIPO DE CONDUCTA SEXUAL EXIGE DIOS?

Pues la voluntad de Dios es vuestra santificación; que os apartéis de fornicación; (4:3)

La voluntad de Dios para los cristianos en lo relativo al comportamiento sexual apropiado es muy clara; a saber, **que** se aparten **de** la **fornicación**. La conjunción **pues** enlaza este mandato con la exhortación previa de Pablo a los tesalonicenses de progresar más (4:1-2). Pablo ya sabía que sus lectores deseaban hacer la voluntad de Dios (cp. 1:3-10), pero también se daba cuenta de que necesitaban saber más específicamente qué comprendía esta.

Antes de mencionar los detalles particulares, Pablo definió **la voluntad de Dios** bajo el principio general de gobierno de la **santificación** (*hagiosmos*): el proceso de separarse del pecado y apartarse para la santidad de Dios (Sal. 4:3; Jer. 1:5; Jn. 17:17, 19; Hch. 20:32; 26:18; Ro. 6:22; 15:16; 1 Co. 6:11; Ef. 5:26-27; 2 Ti. 2:21; He. 2:11; 10:10; 13:12; cp. 2 Co. 6:17; Ef. 5:7-9; Fil. 2:12-13). Dios quiere que los creyentes se separen de todo lo maligno, carnal e impuro. El proceso de la **santificación** es el resultado directo de la salvación, como Pablo instruyó a los corintios: "[Inmorales sexualmente] erais algunos; mas ya habéis sido lavados, ya habéis sido santificados, ya habéis sido justificados en el nombre del Señor Jesús, y por el Espíritu de nuestro Dios" (1 Co. 6:11; cp. 1:2, 30; Hch. 20:32; 26:18; 2 Ts. 2:13; He. 2:11; 10:14; 1 P. 1:2). La referencia del apóstol a la santificación señala a una de las peticiones por las que acababa de orar por los tesalonicenses: "Para que sean afirmados vuestros corazones, irreprensibles en santidad delante de Dios nuestro Padre" (1 Ts. 3:13).

En vista de la cultura permisiva de Tesalónica, Pablo consideraba que abstenerse **de fornicación** era la primera prioridad de los tesalonicenses en su devoción por la santificación. Como ya se explicó, en Tesalónica y sus alrededores proliferaban todos los vicios imaginables; por lo tanto, a Pablo le preocupaba sobre todo que los tesalonicenses pudieran volver a sus antiguos hábitos. Por eso, les dio el mandamiento directo de apartarse **de fornicación**. **Apartéis** significa abstinencia completa, en este caso, mantenerse completamente alejado de cualquier pensamiento o comportamiento que viole los principios de la Palabra de Dios y conduce a cualquier acto de pecado sexual. **Fornicación** (*porneias*) es un término usado para describir toda forma de comportamiento sexual ilícito (Jn. 8:41; Hch. 15:20, 29; 21:25; 1 Co. 5:1; 6:13, 18; 2 Co. 12:21; Gá. 5:19; Ef. 5:3; Col. 3:5; Ap. 2:21; 9:21). Cualquier actividad sexual que se desvíe de la relación monógama entre marido y mujer es inmoral según las normas de Dios. El Señor bendice la relación sexual en el matrimonio: "Honroso sea en todos el matrimonio, y el lecho sin mancilla" (He. 13:4*a*). Pero no le agrada la actividad sexual de cualquier otro tipo: "a los fornicarios y a los adúlteros los juzgará Dios" (He. 13:4*b*; cp. Ro. 1:24-32; 2:2).

La enseñanza de Pablo sobre la moralidad sexual es tan estricta y exigente que va más allá de los actos físicos de inmoralidad, como lo ilustran sus enseñanzas posteriores a los efesios y a los colosenses:

> *Pero fornicación y toda inmundicia, o avaricia, ni aun se nombre entre vosotros, como conviene a santos (Ef. 5:3).*

> *Porque habéis muerto, y vuestra vida está escondida con Cristo en Dios… Haced morir, pues, lo terrenal en vosotros: fornicación, impureza, pasiones desordenadas, malos deseos y avaricia, que es idolatría (Col. 3:3, 5).*

En los dos pasajes los términos *inmundicia* e *impureza* vienen de la misma palabra griega, cuyo significado va más allá de los actos sexuales e incluyen pensamientos e intenciones impuras. Tal uso de *impureza*, junto con el tenor general de las advertencias de Pablo frente a la inmoralidad sexual, lo ubica en completo acuerdo con la enseñanza de Jesús sobre el pecado sexual: "Oísteis que fue dicho: No cometerás adulterio. Pero yo os digo que cualquiera que mira a una mujer para codiciarla, ya adulteró con ella en su corazón" (Mt. 5:27-28; cp. 15:19; Mr. 7:21-22). La abstinencia total del pecado sexual es un deber de la más alta importancia para todos los creyentes (Éx. 20:14; Hch. 15:20; Ro. 13:13; 1 Co. 6:15-18; Gá. 5:19-21; Ef. 5:5-6; Col. 3:5; cp. Gn. 39:7-10; 1 Co. 5:11; 1 P. 4:3).

Las Escrituras dejan claro que las personas que habitualmente se involucran en inmoralidad sexual demuestran con ello que no son cristianas: "¿No sabéis que los injustos no heredarán el reino de Dios? No erréis; ni los fornicarios, ni los idólatras, ni los adúlteros, ni los afeminados, ni los que se echan con varones, ni los ladrones, ni los avaros, ni los borrachos, ni los maldicientes, ni los estafadores, heredarán el reino de Dios" (1 Co. 6:9-10; cp. Gá. 5:19-21; Ap. 21:8; 22:15). Pero el mismo capítulo de 1 Corintios también indica que los creyentes cometen en ocasiones pecados sexuales:

> *¿No sabéis que vuestros cuerpos son miembros de Cristo? ¿Quitaré, pues, los*

miembros de Cristo y los haré miembros de una ramera? De ningún modo. ¿O no sabéis que el que se une con una ramera, es un cuerpo con ella? Porque dice: Los dos serán una sola carne. Pero el que se une al Señor, un espíritu es con él. Huid de la fornicación. Cualquier otro pecado que el hombre cometa, está fuera del cuerpo; mas el que fornica, contra su propio cuerpo peca. ¿O ignoráis que vuestro cuerpo es templo del Espíritu Santo, el cual está en vosotros, el cual tenéis de Dios, y que no sois vuestros? Porque habéis sido comprados por precio; glorificad, pues, a Dios en vuestro cuerpo y en vuestro espíritu, los cuales son de Dios (6:15-20).

Tal vez Pablo tuviera en mente estos pecados cuando escribió después a los corintios: "No podéis beber la copa del Señor, y la copa de los demonios; no podéis participar de la mesa del Señor, y de la mesa de los demonios" (1 Co. 10:21). La copa y la mesa demoníacas son para referirse a la adoración en los templos paganos de Corinto, y parte de estos rituales idólatras implicaban que los adoradores tuvieran relaciones sexuales con prostitutas del templo. El apóstol estaba preocupado porque los nuevos creyentes corintios no habían abandonado del todo dichas actividades. Seguramente, la situación en Corinto, donde estaba Pablo cuando escribió las epístolas a los tesalonicenses, resaltó el peligro del pecado sexual y motivó las advertencias de Pablo a los tesalonicenses. Entonces, el mandato insta a la abstinencia total de cualquier actividad sexual fuera del matrimonio.

¿CÓMO PUEDE UN CREYENTE SER SEXUALMENTE MORAL?

que cada uno de vosotros sepa tener su propia esposa en santidad y honor; no en pasión de concupiscencia, como los gentiles que no conocen a Dios; que ninguno agravie ni engañe en nada a su hermano; (4:4-6)

Debido a que los cristianos de hoy día están expuestos incesantemente a toda clase de vistas, sonidos y filosofías que tientan su carne caída a pensamientos y acciones inmorales, deben saber cómo resistir tales tentaciones. Como la necesidad para los tesalonicenses era la misma, Pablo les dio tres principios intemporales para mantener la moralidad sexual: el cuerpo no debe controlar al creyente, el creyente no debe actuar como el incrédulo y el creyente no debe aprovecharse del prójimo.

EL CUERPO NO DEBE CONTROLAR AL CREYENTE

que cada uno de vosotros sepa tener su propia esposa en santidad y honor; (4:4)

Los creyentes deben mantener el control sobre sus deseos carnales. Por eso, Pablo exhortó a los tesalonicenses a **que cada uno de** ellos **supiera** controlar sus apetitos corporales. **Cada** creyente tenía la misma responsabilidad personal para controlar su cuerpo. **Sepa** viene de *oida,* que conlleva la idea de tener el conocimiento o la habilidad necesaria para alcanzar una meta deseada. Todo cristiano necesita conocerse bien para entender sus debilidades y propensiones al mal para que, con ello, **sepa tener** ("obtener maestría sobre") **su** *propio vaso* (LBLA, "**propia esposa**" [RVR-1960], "propio cuerpo" [NVI]).

Durante años, muchos comentaristas han aseverado que *vaso* (*skeuos*) significa "esposa", pero esa definición no se ajusta al contexto o al significado usual de la palabra. Leon Morris explica:

> Algunos comentaristas tempranos, como Teodoro de Mopsuestia y Agustín afirmaban que la palabra significa "esposa", y varios comentaristas modernos les han seguido. El argumento más fuerte para esta perspectiva parece ser que hay algunos pasajes (Grimm-Thayer citan dos en la LXX y uno en Jenofonte) donde la combinación de este sustantivo y el verbo significa "casarse". Dice apoyarse esto en la referencia a la esposa como "a vaso más frágil" en 1 P. 3:7. Sin embargo, no debe tenerse en cuenta esta consideración porque en absoluto se habla de la esposa como el "vaso" del esposo. Los dos son "vasos" del Espíritu Santo y la esposa es la más débil. Así el pasaje tiene poco que ver con nuestro problema. Entre los rabíes el equivalente hebreo de la palabra griega que se usa aquí significa "esposa" y eso debe haber influenciado a Pablo.
>
> No es fácil decidirlo, pero me parece que sería poco natural para un escritor griego hablar de la esposa como un "vaso". En este caso sería aun menos probable, pues Pablo está inculcando una perspectiva alta del matrimonio, y esta es una perspectiva muy baja donde se piensa que la esposa es poco más que un vaso para satisfacer los deseos sexuales del esposo. Esto... me inclina a la perspectiva de que el significado es "cuerpo". Entonces, Pablo exhorta a sus amigos tesalonicenses a mantener puros sus cuerpos (*The First and Second Epistles to the Thessalonians* [Primera y segunda epístolas a los Tesalonicenses], The New International Commentary on the New Testament [Nuevo comentario internacional del Nuevo Testamento] [Grand Rapids: Eerdmans, 1989], pp. 123-124).

El Nuevo Testamento usa *skeuos* metafóricamente para utensilios, instrumentos o herramientas (Ro. 9:21; 2 Co. 4:7; 2 Ti. 2:21); también lo usa en referencia a las personas (Hch. 9:15; Ro. 9:22-23). Pero el versículo en mención lo usa para "cuerpo", que se ajusta a algunos usos rabínicos de la palabra. Pablo estaba amonestando a los tesalonicenses a controlar sus cuerpos, la carne humana irredenta que es el punto de apoyo para el pecado y la inmoralidad (cp. Ro. 7:18; 8:5-8, 23). Por esa razón, Pablo urgía a los creyentes a morir a la carne (cp. Ro. 13:14; 2 Co.

7:1), vivir en el Espíritu (Ro. 8:13) y dedicar sus cuerpos a Dios y permitir que su Espíritu renueve sus mentes para que el cuerpo no los controle (Ro. 12:1-2).

Como ocurre en la cultura de hoy, la cultura de la época de Pablo operaba en gran parte de acuerdo con los apetitos físicos y las emociones impulsivas y superficiales. (Las palabras del eslogan "Si te hace sentir bien, hazlo" tienen origen contemporáneo, pero la filosofía que expresan no es nueva). Por eso Pablo dio tan fuerte instrucción a los corintios:

> *Las viandas para el vientre, y el vientre para las viandas; pero tanto al uno como a las otras destruirá Dios. Pero el cuerpo no es para la fornicación, sino para el Señor, y el Señor para el cuerpo... ¿No sabéis que vuestros cuerpos son miembros de Cristo? ¿Quitaré, pues, los miembros de Cristo y los haré miembros de una ramera? De ningún modo (1 Co. 6:13, 15).*

La declaración sobre "las viandas" y "el vientre" probablemente fuera un dicho que consideraba toda gratificación física como natural y normal, y veía el sexo, como a la comida, algo puramente biológico. Al parecer, algunos de los corintios usaron esta analogía para justificar su inmoralidad sexual. Pero el pecado sexual no es un siervo; es un amo poderoso. Por lo tanto, el apóstol advirtió a los corintios, como lo había hecho con los tesalonicenses, que los creyentes no deben permitir que el pecado los controle. En su lugar, los cristianos deben conocer la importancia de disciplinar sus cuerpos para honrar a Dios (cp. 1 Co. 9:27).

En varias de sus otras cartas, el apóstol dejó bien claro que para controlar sus cuerpos, los creyentes deben apoyarse en el Espíritu Santo. "Digo, pues: Andad en el Espíritu, y no satisfagáis los deseos de la carne" (Gá. 5:16). La clave para caminar en el Espíritu es estar lleno del Espíritu (Ef. 5:17-18) y la clave para que los creyentes estén llenos del Espíritu es permitir que la Palabra de Dios habite en ellos (Col. 3:16; cp. Sal. 19:7-11; 119:11, 105). Deben leer, estudiar y aplicar las Escrituras sinceramente para que ellas saturen sus vidas y les permitan ceder el control completo al Espíritu Santo (Dt. 6:7; Sal. 1:2; 119:97; Jn. 5:39; Hch. 17:11; 20:32; Ro. 15:4; 1 P. 2:2; 2 P. 1:19; cp. Is. 30:20-21; Ez. 36:27; Jn. 14:26; 1 Co. 2:12-13; 2 Ti. 3:15).

En esa línea, Pablo instó a los tesalonicenses a controlar sus cuerpos con propósito de **santidad y honor**. Como se indicó en la explicación de 4:3, la **santificación** quiere decir apartarse del pecado para Dios, para el propósito de vivir una vida pura y santa. **Honor** es el resultado de la separación del pecado. Deben mostrar respeto por sus cuerpos como templos del Espíritu e instrumentos del servicio a Cristo (cp. 1 Co. 3:17; 6:19; 2 Co. 6:16). La meta es positiva: ir tras la separación y la virtud con todo el corazón. Ningún cristiano debe preguntarse cuán lejos de la norma divina puede ir su comportamiento moral y aun así evitar el pecado. Más bien, los creyentes deben esforzarse por separarse completamente de la inmoralidad, de modo que puedan honrar sus cuerpos, que pertenecen a Dios, y usarlos para glorificar a Jesucristo, la Cabeza de la iglesia (Ef. 1:21-23; 2:20-21; 4:15-16; 5:23; Col. 1:18, 24; cp. Jn. 10:1-16, 27-28; He. 13:20; 1 P. 2:25; 5:4).

EL CREYENTE NO DEBE ACTUAR COMO EL INCRÉDULO

no en pasión de concupiscencia, como los gentiles que no conocen a Dios; (4:5)

El segundo principio que Pablo dio a los tesalonicenses sobre cómo mantener la pureza sexual y abstenerse de la inmoralidad era que no se comportaran como sus vecinos o familiares paganos, **que no conocen a Dios**; esto es, no estaban transformados por la obra divina de la salvación. Las Escrituras suelen designar a quienes están fuera de la salvación de esta manera (cp. Jue. 2:10; Sal. 79:6; Is. 45:4-5; Jer. 9:3; 10:25; Hch. 17:23; Ro. 1:28; 1 Co. 1:21; 15:34; Gá. 4:8; 2 Ts. 1:8). El deseo incontrolado de la gratificación sexual, típico de personas no regeneradas (Ro. 1:24-27; 1 Co. 5:9-11; Gá. 5:19-21; Ef. 5:3-5; Col. 3:5-7; 1 P. 4:1-4; cp. 2 Ti. 3:1-7; 2 P. 2:12-14; Jud. 17-19), no debía ser cierto para los tesalonicenses u otros creyentes verdaderos (cp. 1 Ts. 3:13).

Pasión (*pathos*) quiere decir "deseos incontrolables, sentimientos absorbentes, impulsos intensos" (cp. Ro. 1:26; Col. 3:5). **Concupiscencia** (*epithumias*) se refiere a unas ansias fuera de control, usualmente por algo ilegítimo o injusto (cp. Ro. 6:12; 2 Ti. 2:22; Tit. 3:3; 1 P. 4:3), aunque puede referirse a los deseos y anhelos legítimos (cp. Fil. 1:23; 1 Ts. 2:17). Las palabras usadas en conjunto caracterizan fuertemente la inmoralidad de quienes **no conocen a Dios**.

Sin embargo, los cristianos no pueden seguir viviendo en los mismos patrones malsanos de pecado que los impíos (**los gentiles** en este contexto). El apóstol instruyó a los gálatas así: "Pero los que son de Cristo han crucificado la carne con sus pasiones y deseos" (Gá. 5:24; cp. Col. 3:5-10). Las personas no regeneradas practican en su manera de vivir toda clase de inmoralidad sexual (cp. Ro. 1:24-28); pero Dios ha librado a los regenerados de tales pecados habituales (cp. 1 Jn. 3:9-10). No obstante, los creyentes pueden cultivar pensamientos inmorales y cometer actos inmorales, por lo que necesitan esta instrucción.

Los cristianos no deben rebajarse al nivel del comportamiento sexual pagano, determinado tan solo por pasiones irreflexivas e impulsos carnales descontrolados. Los creyentes no deben someterse al amplio espectro de tentaciones inmorales sexuales en la sociedad impía porque tienen una relación íntima con el Dios santo (cp. 2 Ti. 2:22; 1 Jn. 2:15-16). Exponerse demasiado a tales tentaciones disminuye la resistencia propia y la indignación personal, debilitando así la virtud y la resolución espiritual. Las Escrituras advierten a los hijos de Dios que se alejen e incluso huyan de toda inmoralidad (1 Co. 6:18). Los pensamientos y sentimientos lascivos pueden llevar a los creyentes a acciones completamente incongruentes con su posición en el cuerpo de Cristo (cp. 1 Co. 6:15-20).

EL CREYENTE NO DEBE APROVECHARSE DEL PRÓJIMO

que ninguno agravie ni engañe en nada a su hermano; (4:6*a*)

El tercer principio práctico y sin ambigüedades emerge de la admonición del apóstol a los tesalonicenses sobre la moralidad sexual: Nunca deben aprovecharse sexualmente de otros creyentes. La palabra traducida como **agravie** quiere decir "pecar contra", que incluye el concepto de pasar la raya y exceder los límites legales. En algunas traducciones modernas como la NVI, los traductores dan nuevas luces traduciendo **agravie** como "se aproveche".

Pablo advierte que un creyente no debe aprovecharse de esa forma para no engañar **en nada a su hermano**. **Engañe** quiere decir tomar algo con egoísmo y ambición para ganancia personal, a costa de otro. Como ocurre con **agravie**, la definición de **engañe** incluye la noción de sacar ventaja de alguien, y en este contexto se refiere al pecado sexual. Cuando un creyente busca satisfacer sus deseos físicos y obtener placer sexual a costa de otro creyente, ha violado este mandamiento.

Dios considera tan seriamente este asunto de aprovecharse de otros creyentes que Jesús advirtió:

> *Y cualquiera que haga tropezar a alguno de estos pequeños que creen en mí, mejor le fuera que se le colgase al cuello una piedra de molino de asno, y que se le hundiese en lo profundo del mar. ¡Ay del mundo por los tropiezos! porque es necesario que vengan tropiezos, pero ¡ay de aquel hombre por quien viene el tropiezo! (Mt. 18:6-7).*

Los cristianos que provocan tropiezos (pecados) a otros cristianos ("pequeños") harían mejor ahogándose. Se espera que el mundo ofenda a los creyentes y que a veces los haga pecar, pero los creyentes nunca deben ser piedra de tropiezo para otros creyentes (cp. Mt. 5:23-24; Ro. 14:13; 1 Co. 10:32-33; Col. 2:18). La seriedad de la admonición de Cristo a los creyentes en Mateo 18:6 no tiene parangón en toda su enseñanza. ¡Dijo que un creyente que engañe a otro merece la muerte! Por eso, los cristianos deben atender su propia santidad, evitar todas las influencias impías y nunca aprovecharse de otras personas, especialmente de otros creyentes, para alcanzar la gratificación pecaminosa.

¿POR QUÉ DEBE UN CREYENTE SER SEXUALMENTE MORAL?

porque el Señor es vengador de todo esto, como ya os hemos dicho y testificado. Pues no nos ha llamado Dios a inmundicia, sino a santificación. Así que, el que desecha esto, no desecha a hombre, sino a Dios, que también nos dio su Espíritu Santo. (4:6*b*- 8)

El apóstol Pablo, por medio de la inspiración del Espíritu Santo, se anticipó a la pregunta de sus lectores sobre por qué guardar este mandamiento concerniente a la moralidad sexual. Dio tres razones por las cuales los tesalonicenses y todos los creyentes deben abstenerse de la inmoralidad sexual: por la venganza de Dios, porque es el propósito de Dios y por el Espíritu Santo de Dios.

POR LA VENGANZA DE DIOS

porque el Señor es vengador de todo esto, como ya os hemos dicho y testificado. (4:6*b*)

El primer motivo convincente de Pablo a los tesalonicenses para obedecer este mandato de abstenerse de la inmoralidad sexual es **porque el Señor es vengador de todo esto.** Solo Dios tiene el derecho a la venganza exacta por los pecados que su pueblo cometa: "No os venguéis vosotros mismos, amados míos, sino dejad lugar a la ira de Dios; porque escrito está: Mía es la venganza, yo pagaré, dice el Señor" (Ro. 12:19; cp. Dt. 32:35). Él es quien impone el juicio, y el pecado sexual es una de las razones por las que lo hace: "Honroso sea en todos el matrimonio, y el lecho sin mancilla; pero a los fornicarios y a los adúlteros los juzgará Dios" (He. 13:4).

Si un creyente participa de inmoralidad sexual, Dios, el **vengador**, puede juzgar **todo esto** permitiendo una o varias consecuencias que afecten a la vida del creyente. Por ejemplo, el resultado podría ser un matrimonio muy perjudicado, acompañado por la pérdida del respeto y amor familiar; el pecado puede llevar al divorcio (Mt. 5:32; 19:9); Dios puede castigar a la persona permitiendo que sufra una enfermedad venérea u otra aflicción física; o el pecado puede resultar en ausencia de bendición, o en la presencia de pruebas y tribulaciones por encima del promedio e incluso en una muerte prematura (cp. 1 Co. 10:8). Con seguridad, el pecado sexual en un creyente dará como resultado algún grado de pérdida de las recompensas eternas (cp. Pr. 11:18; 1 Co. 3:12-15; 2 Co. 5:10; 2 Jn. 8).

El concepto del juicio de Dios contra la inmoralidad sexual no era nuevo para los tesalonicenses. Pablo les recordó que **ya** les había **dicho y testificado**. Haberles **testificado** de estas cosas muestra que el apóstol les enseñó "todo el consejo de Dios" (Hch. 20:27). Había hecho un trabajo completo evangelizando a los tesalonicenses, no solo les impartió la comprensión completa del evangelio, sino también qué significaba observar todos los mandamientos de Cristo (cp. Mt. 28:18-20).

PORQUE ES EL PROPÓSITO DE DIOS

Pues no nos ha llamado Dios a inmundicia, sino a santificación. (4:7)

Los cristianos deben esforzarse por ser morales sexualmente y eso está en completo acuerdo con el plan general de Dios para sus vidas. Por eso, la segunda razón de Pablo para abstenerse de la inmoralidad sexual fue porque ese mandato se ajusta al propósito de Dios para los tesalonicenses. Por tercera vez en este pasaje, Pablo usó una forma de la palabra **santificación**, con la cual les enfatiza que cuando **Dios** los llamó efectivamente para salvación, también los llamó a santidad. La vida de **inmundicia** no era consecuente con el llamado más alto de los creyentes (Ef. 4:1).

La frase **a santificación** indica que la posición de santidad del creyente es resultado directo del llamado efectivo de Dios. El propósito de Dios en la salvación es producir un pueblo santo, digno del caminar en el llamado divino hacia su reino y gloria (cp. Ef. 4:1; 1 Ts. 2:12). El llamado a la salvación es inseparable del llamado a una vida santa y pura. Efesios 2:8-10 dice:

> *Porque por gracia sois salvos por medio de la fe; y esto no de vosotros, pues es don de Dios; no por obras, para que nadie se gloríe. Porque somos hechura suya, creados en Cristo Jesús para buenas obras, las cuales Dios preparó de antemano para que anduviésemos en ellas.*

La intención de Pablo era presentar la iglesia de Tesalónica y la iglesia de todas partes como una novia sin "mancha ni arruga ni cosa semejante" (Ef. 5:27), apartada y pura ante Dios. Por lo tanto, el pecado sexual no es consecuente en absoluto con el propósito presente y futuro de Dios para los creyentes.

POR EL ESPÍRITU SANTO DE DIOS

Así que, el que desecha esto, no desecha a hombre, sino a Dios, que también nos dio su Espíritu Santo. (4:8)

La última razón para que los tesalonicenses obedezcan la admonición de Pablo es que su desobediencia significaría desechar al **Espíritu Santo** de Dios. Un creyente que deseche ("anule, vacíe, cancele, desconsidere, desprecie") el mandamiento de abstenerse de la inmoralidad sexual **no desecha a hombre, sino a Dios, que también nos dio su Espíritu Santo**. Entonces, si los tesalonicenses desobedecían las palabras de Pablo, no solo desechan a él, a los ancianos de la iglesia o a alguna facción de la iglesia, también desechan al **Espíritu** de **Dios**. La norma para la moralidad sexual es de Dios, y Él da a los creyentes el **Espíritu Santo** para permitirles vivir de acuerdo con esa norma (cp. Ez. 36:27; Jn. 14:16-17; Ro. 8:9; Gá. 5:16; 1 Jn. 3:24; 4:13).

El verbo griego **dio** denota intemporalidad. Pablo dijo a los tesalonicenses que **Dios dio** a los creyentes el don intemporal de **su Espíritu Santo** (cp. Is. 59:21; 2 Co. 1:22; Ef. 1:13-14; 2 Ti. 1:14) de modo que pudieran vivir vidas puras y santas (cp. 1 Co. 6:19-20; Ro. 8:16; 2 Co. 5:5; 1 Jn. 2:27). Si los tesalonicenses entendían esta identificación precisa del **Espíritu** de Dios, sería impensable que entraran en el pecado sexual y rechazaran con ello al Señor que les dio el Espíritu.

La práctica del pecado sexual viola la obra del Padre, el Hijo y el Espíritu Santo. Es un rechazo a la voluntad del Señor, no toma en cuenta sus propósitos, desacata sus mandatos, rechaza su amor y desobedece y abusa abiertamente de su gracia. Tal vez lo más aterrador y aleccionador de todo: quienes se enredan en inmoralidad sexual no tienen en cuenta la realidad del juicio de Dios justo contra el pecado. Así, la exhortación del apóstol a los tesalonicenses debe llevar a todos los creyentes a hacer caso fiel de estas palabras y usar con diligencia los medios que Dios les ha dado para abstenerse de todas las formas de pecado sexual (Ro. 13:13-14; 1 P. 2:11).

La fe viva y práctica 10

Pero acerca del amor fraternal no tenéis necesidad de que os escriba, porque vosotros mismos habéis aprendido de Dios que os améis unos a otros; y también lo hacéis así con todos los hermanos que están por toda Macedonia. Pero os rogamos, hermanos, que abundéis en ello más y más; y que procuréis tener tranquilidad, y ocuparos en vuestros negocios, y trabajar con vuestras manos de la manera que os hemos mandado, a fin de que os conduzcáis honradamente para con los de afuera, y no tengáis necesidad de nada. (4:9-12)

El cristianismo es una fe viva y práctica que sale a la calle en la vida normal y cotidiana, afectando a todo en la vida de los creyentes; desde sus actitudes más simples y acciones más mundanas hasta sus pensamientos más profundos y obras más nobles. Aunque cualquier religión debe influir en la forma en que viven sus adherentes, ninguna religión falsa —no importa cuán altas sean sus normas éticas— puede transformar genuinamente las vidas de sus seguidores de manera que controle su naturaleza caída. Solo al creer en el evangelio de Jesucristo, el poder de Dios transforma las vidas de modo que los creyentes son capaces de vivir lo que profesan. La insistencia continua del apóstol Pablo para que los tesalonicenses vivieran de esa manera fue el motivo para las expresiones prácticas en este pasaje.

Una situación inquietante en el seno de la iglesia de Tesalónica intensificó su preocupación por el crecimiento espiritual de los creyentes. La iglesia fue auténtica desde el comienzo y Pablo así lo reconoció: "Acordándonos sin cesar delante del Dios y Padre nuestro de la obra de vuestra fe, del trabajo de vuestro amor y de vuestra constancia en la esperanza en nuestro Señor Jesucristo. Porque conocemos, hermanos amados de Dios, vuestra elección" (1 Ts. 1:3-4; cp. 2:13). Pronto se volvieron una iglesia modelo en su región. "[Se hicieron] ejemplo a todos los de Macedonia y de Acaya que [habían] creído. Porque partiendo de [ellos] ha sido divulgada la palabra del Señor, no sólo en Macedonia y Acaya, sino que también en todo lugar [su] fe en Dios se [extendió], de modo que [Pablo y sus colegas] no [tenían] necesidad de hablar nada" (1:7-8; cp. 2 Co. 8:1-5; 2 Ts. 1:3-4). Sin embargo, en la conclusión de los elogios de Pablo hay una indicación de un problema.

El apóstol había enseñado a los tesalonicenses sobre el regreso de Cristo y ellos esperaban con anhelo la venida gloriosa (1:10). No obstante, al parecer estaban demasiado deseosos por el regreso de Jesús y querían estar seguros de no perdérselo. Su preocupación ferviente por la venida de Jesús los llevó a la idea errónea de que, a la luz de su regreso, las responsabilidades temporales no importaban. Así, Pablo tuvo que darles instrucción sustancial para corregir ese malentendido y las respuestas poco saludables a la promesa del regreso inminente del Salvador (4:13—5:11; 2 Ts. 2:1-12).

Anhelar ferviente pero equilibradamente el regreso de Cristo es bueno. El apóstol Juan tenía esa expectativa seria por la Parousia cuando concluyó el Apocalipsis: "El que da testimonio de estas cosas dice: Ciertamente vengo en breve. Amén; sí, ven, Señor Jesús" (Ap. 22:20). El apóstol Santiago dijo a sus lectores: "Por tanto, hermanos, tened paciencia hasta la venida del Señor. Mirad cómo el labrador espera el precioso fruto de la tierra, aguardando con paciencia hasta que reciba la lluvia temprana y la tardía. Tened también vosotros paciencia, y afirmad vuestros corazones; porque la venida del Señor se acerca" (Stg. 5:7-8). El apóstol Pedro escribió: "Pero nosotros esperamos, según sus promesas, cielos nuevos y tierra nueva, en los cuales mora la justicia. Por lo cual, oh amados, estando en espera de estas cosas, procurad con diligencia ser hallados por él sin mancha e irreprensibles, en paz" (2 P. 3:13-14). Pablo deseaba que los corintios esperaran "la manifestación de nuestro Señor Jesucristo" (1 Co. 1:7).

Pero los tesalonicenses estaban permitiendo que su emoción y entusiasmo por la segunda venida de Cristo opacara las responsabilidades de la vida. Parecían perder el equilibrio y la compostura (2 Ts. 2:2; 3:10) y estar tan fervientes y agitados sobre los eventos escatológicos que obviaban sus deberes cotidianos. Sin embargo, esa perspectiva desequilibrada del regreso de Jesús contradecía las enseñanzas del Señor, por ejemplo, en la parábola de las diez minas, donde buscó corregir la idea errónea de los discípulos según la cual "el reino de Dios se manifestaría inmediatamente" (Lc. 19:11; cp. 24:21; Hch. 1:6). Cuando Cristo presentó la parábola, indicó cómo debían vivir los creyentes con la perspectiva de su reino terrenal futuro: "Dijo, pues: Un hombre noble se fue a un país lejano, para recibir un reino y volver. Y llamando a diez siervos suyos, les dio diez minas, y les dijo: Negociad entre tanto que vengo" (Lc. 19:12-13). Los cristianos deben seguir con sus responsabilidades y vidas diarias hasta que Cristo regrese.

Debido a la perspectiva sesgada e inquietante de los tesalonicenses sobre la venida de Cristo, Pablo necesitaba aterrizarlos y darles cuatro exhortaciones prácticas para la vida hasta que Jesús regresara: amarse más unos a otros, llevar vidas tranquilas, preocuparse por sus quehaceres y trabajar con sus manos. La obediencia a estas normas sería un testimonio más adecuado para los incrédulos que la preocupación extrema de los tesalonicenses con el regreso del Señor, la cual venía a costa de descuidar las responsabilidades de la vida.

AMARSE MÁS UNOS A OTROS

Pero acerca del amor fraternal no tenéis necesidad de que os escriba, porque vosotros mismos habéis aprendido de Dios que os améis unos a otros; y también lo hacéis así con todos los hermanos que están por toda Macedonia. Pero os rogamos, hermanos, que abundéis en ello más y más; (4:9-10)

La exhortación del apóstol Pablo a amar, contrasta con su admonición con respecto a la inmoralidad y la lujuria (4:3-8; cp. Ef. 5:1-3). La frase **pero acerca del** marca un cambio de tema (cp. 5:1), de la explicación sobre la lujuria y el pecado sexual a la consideración del **amor fraternal**. No solo deben abstenerse los creyentes de formas ilícitas de afecto, también deben intercambiar toda clase de amor fraternal caracterizado por los motivos y conductas más puros. Esta sería la expresión más verdadera del cambio que la regeneración habría operado en los tesalonicenses.

Amor fraternal (*philadelphia*) se refería originalmente al afecto por los familiares pero siempre se usa en el Nuevo Testamento en referencia al afecto cristiano (Ro. 12:10; He. 13:1; 1 P. 1:22; 2 P. 1:7). El verdadero amor bíblico, un tema recurrente en el Nuevo Testamento, siempre se expresa en actos de servicio, satisfaciendo las necesidades y haciendo cosas en sacrificio para beneficio de otros (Mt. 25:35-40; Jn. 13:34-35; Ro. 12:15; 1 Co.1 2:26; 16:14; 2 Co. 8:7; Gá. 5:13; 6:2; Ef. 5:2; Fil. 1:9; Col. 3:14; He. 6:10; 10:24; Stg. 1:27; cp. Mt. 22:37-39; 1 Co. 13:13; Gá. 5:22; 1 Jn. 3:18).

Aun cuando Pablo lo mencionó en su carta, solo era para afirmar que **no** había **necesidad de** escribir a los tesalonicenses (cp. 5:1) sobre el **amor fraternal**, porque habían **aprendido de Dios** a amarse **unos a otros**. El uso paulino de la expresión enfática **vosotros mismos** indica que los creyentes aprendieron **de Dios** (*theodidaktos*, lit. "Dios enseñó" y se usa solo aquí en el Nuevo Testamento) a amarse **unos a otros**, sin necesidad de él u otros maestros. Ese tipo de amor era característico de la naturaleza divina que ahora poseían.

Romanos 5:5 respalda esa idea: "El amor de Dios ha sido derramado en nuestros corazones por el Espíritu Santo que nos fue dado". Cuando se convierten, los cristianos reciben el Espíritu Santo (Hch. 2:38-39; 15:8; 1 Co. 12:13) que habita en ellos (Jn 14:16-17; Ro. 8:11; Ef. 1:13-14; 5:18; 2 Ti. 1:14; 1 Jn. 2:27; cp Ez. 36:27) y les enseña a amar (Jn. 14:26; 16:13; Ro. 5:3-5; 1 Co. 2:10). Así, es imposible que los creyentes no amen (Jn. 13:34-35; 1 Jn. 3:17; 4:20-21; 5:1). En la primera carta de Juan, el apóstol enfatizó varias veces, positiva y negativamente, esta verdad. "El que dice que está en la luz, y aborrece a su hermano, está todavía en tinieblas. El que ama a su hermano, permanece en la luz, y en él no hay tropiezo" (1 Jn. 2:9-10). "Nosotros sabemos que hemos pasado de muerte a vida, en que amamos a los hermanos. El que no ama a su hermano, permanece en muerte" (3:14; cp. 4:7-8, 12).

Amor viene del verbo conocido *agapaō*, relacionado con el sustantivo *agapē*. Expresa la forma de amor más pura y noble, guiada por la voluntad, no motivada por las apariencias superficiales, la atracción emocional o la relación sentimental. Pablo estaba convencido de que ellos amaban **así** a **todos los hermanos**. Los tesalonicenses no solo demostraban amor *agapē* en su congregación, también lo hacían con otros **hermanos** (cristianos) **que** estaban **por toda Macedonia**. Pablo inició iglesias en otras ciudades de Macedonia como Filipos y Berea (Hch. 16:12-40; 17:10-14; cp. 16:6-10), y sus compañeros en Tesalónica también ministraron en esos lugares (Hch. 16:19, 25, 29; 17:14). Tal y como ellos habían proclamado su fe a toda la región (1 Ts. 1:8), demostrando así la realidad de su conversión, los tesalonicenses también habían demostrado su santificación al mostrar amor espiritual hacia todos. Los creyentes de toda la región (**Macedonia**) habían recibido su hospitalidad generosa, sus actos buenos de misericordia y sus obras de servicio sacrificial.

No obstante, a pesar de ser tan ejemplar, el **amor** de los tesalonicenses no era perfecto. Tal como Pablo quería ver la fe de ellos fortalecida (1 Ts. 3:10), también buscaba que fortalecieran su amor. Por eso, les volvió a instar a que abundaran **más y más** (sobreabundaran) en esta virtud (cp. 4:1). La oportunidad específica de abundar en amor con sus pastores (5:12-13) y con los demás creyentes (5:14-15, 26) estaba vigente para los tesalonicenses. Con esta misma idea, Pedro animó a sus lectores: "Habiendo purificado vuestras almas por la obediencia a la verdad, mediante el Espíritu, para el amor fraternal no fingido, amaos unos a otros entrañablemente, de corazón puro" (1 P. 1:22; cp. 2:17; 4:8; 2 P. 1:7). "Amaos unos a otros entrañablemente" podría traducirse literalmente: "Extiendan los límites del amor unos a otros".

Por eso, en vista del regreso de Jesús, Pablo exhortó a los tesalonicenses a amar más a los demás, no menos. Como lo habían hecho en el pasado, debían vivir en la esperanza del regreso del Señor y aun así no perder de vista la prioridad del amor (cp. Stg. 1:27; 2:15-16; 1 Jn. 3:17-18).

LLEVAR UNA VIDA TRANQUILA

y que procuréis tener tranquilidad, (4:11*a*)

Aunque hay gran urgencia por la venida inminente del Señor, que impulsa el afán de proclamar el evangelio mientras aún haya tiempo, el apóstol Pablo no ordenó a los tesalonicenses que llevaran vidas de agitación evangelística ruidosa y frenética. En su lugar, como resultado de abundar más y más en amor fraternal, debían procurar **tener tranquilidad**.

En esa frase Pablo usó las dos formas del verbo de manera casi contradictoria. **Procuréis** (de *philotimeomai*) quiere decir tener celo y esforzarse con entusiasmo, incluso considerar un honor (como en Ro. 15:20; 2 Co. 5:9); mientras que **tener tranquilidad** (de *hēsuchazō*) significa estar en silencio (como en Lc. 14:4; Hch. 21:14), no hablar algo inapropiado (véase 1 Ti. 2:11-12), quedarse tranquilo y descansando (como en Lc. 23:56). En espera del regreso del Señor, los creyentes deben llevar vidas tranquilas, libres de conflictos y hostilidades con los demás, cosa que es un testimonio poderoso del poder transformador del evangelio.

La meta de la directriz de Pablo, como ocurrió cuando instruyó a Timoteo y a la iglesia de Éfeso a orar por quienes estaban en autoridad, era que los creyentes vivieran "quieta y reposadamente en toda piedad y honestidad" (1 Ti. 2:2; cp. Is. 30:15; 32:17; 2 Ts. 3:12).

OCUPARSE DE SUS PROPIOS ASUNTOS

y ocuparos en vuestros negocios, (4:11*b*)

La admonición de ocuparse **en** sus **negocios** era usual en los escritos griegos seculares, pero solo se usa aquí en el Nuevo Testamento. Sin embargo, no está claro si Pablo hablaba a un grupo particular dentro de la iglesia de Tesalónica o estaba tratando un asunto específico. El apóstol puede haber usado la expresión como exhortación general para que los tesalonicenses se concentraran en sus vidas, cuidaran sus trabajos y no se inmiscuyeran en los asuntos de los demás.

Pablo les exhorta de nuevo en 2 Tesalonicenses 3:11-12: "Porque oímos que algunos de entre vosotros andan desordenadamente, no trabajando en nada, sino entremetiéndose en lo ajeno. A los tales mandamos y exhortamos por nuestro Señor Jesucristo, que trabajando sosegadamente, coman su propio pan". Quienes no se ocupaban **en** sus **negocios** eran unos entrometidos (*periergazomai*, "desperdiciando su trabajo"), corriendo a inmiscuirse en los problemas de los demás.

El antídoto de tal comportamiento poco sabio e indisciplinado era que los tesalonicenses se dedicaran diligente y fielmente a sus ocupaciones propias (cp. Pr. 27:23-27; Gá. 6:5; Ef. 4:28; 6:5-7; Col. 3:22-24; 1 Ti. 6:1-2), se alejaran de los negocios de los demás, y llevaran vidas calmadas y discretas que sirvieran a los demás creyentes y glorificaran al Señor ante los incrédulos.

TRABAJAR CON SUS MANOS

y trabajar con vuestras manos de la manera que os hemos mandado, a fin de que os conduzcáis honradamente para con los de afuera, y no tengáis necesidad de nada. (4:11*c*-12)

Los griegos creían que los hombres libres nunca debían rebajarse a trabajar. **Trabajar con** las **manos** era degradante para ellos; por lo tanto, hacían que sus esclavos trabajaran todo lo necesario. No obstante, dado que la mayoría de cristianos provenían de las clases trabajadoras, la iglesia dignificó el trabajo manual como una empresa honorable. Por eso, Pablo mandó a los tesalonicenses a perseverar en sus trabajos.

Al parecer, muchas personas de la clase trabajadora y muchos esclavos entre los conversos tesalonicenses habían adoptado la actitud de no someterse a sus amos y a las obligaciones de sus trabajos, porque ahora estaban libres en Cristo. La preocupación de los nuevos creyentes por el regreso de Jesús puede haber intensificado esa actitud. En lugar de mantenerse por medio del trabajo honrado, probablemente algunos tesalonicenses estaban dependiendo de los recursos de otros para su mantenimiento durante lo que, creían, sería solo un breve interludio. Así, Pablo los exhortó aquí a **trabajar con** sus propias **manos** y les advirtió en 2 Tesalonicenses 3:10 que "si alguno no quiere trabajar, tampoco coma".

El propósito subyacente a la exhortación de Pablo sobre el trabajo, y que motivaba todos sus otros mandatos —amar, tener tranquilidad y preocuparse por sus negocios—, era evangelístico, de modo que los tesalonicenses se condujeran **honradamente para con los de afuera**. Para él, la clave del evangelismo era la integridad que los cristianos manifestaran frente a un mundo pecaminoso, confuso y agitado (cp. Job 2:3; Sal. 26:1; Mt. 5:16; Fil. 2:15-16; 1 P. 2:12). Cuando los creyentes muestran actitudes y hábitos de trabajo diligentes y viven de modo tranquilo y amoroso, que respeta la privacidad de los demás y no se entromete ni entra en chismes, se convierten en un testimonio poderoso para los incrédulos y hacen creíble el evangelio.

Más aún, el comportamiento apropiado de los tesalonicenses (la conducta diaria aceptable), les aseguraría **no** tener **necesidad de nada**. Si obedecían las exhortaciones de Pablo, no tendrían que depender siempre de cristianos más diligentes para solventar sus vidas.

Esa forma de vida práctica y sencilla, como se manifestaba en las exhortaciones del apóstol Pablo a los tesalonicenses, es el fundamento de todo el evangelismo. Los creyentes que aman con sacrificio, que exhiben vidas tranquilas, que se centran conscientemente en mantener sus propias vidas en orden y llevan a cabo fielmente sus responsabilidades diarias en su lugar de trabajo (evitando así cualquier dependencia asistencial) —proclamando al tiempo el evangelio, a la luz del regreso de Cristo— son los testigos más eficaces para su vecinos y seres queridos no salvos.

11 ¿Qué pasa con los cristianos que mueren?

Tampoco queremos, hermanos, que ignoréis acerca de los que duermen, para que no os entristezcáis como los otros que no tienen esperanza. Porque si creemos que Jesús murió y resucitó, así también traerá Dios con Jesús a los que durmieron en él. Por lo cual os decimos esto en palabra del Señor: que nosotros que vivimos, que habremos quedado hasta la venida del Señor, no precederemos a los que durmieron. Porque el Señor mismo con voz de mando, con voz de arcángel, y con trompeta de Dios, descenderá del cielo; y los muertos en Cristo resucitarán primero. Luego nosotros los que vivimos, los que hayamos quedado, seremos arrebatados juntamente con ellos en las nubes para recibir al Señor en el aire, y así estaremos siempre con el Señor. Por tanto, alentaos los unos a los otros con estas palabras. (4:13-18)

El estudio de los últimos tiempos es la pasión que consume a muchas personas en la iglesia de hoy. Los autores de libros sensacionales y exitosos en ventas argumentan que los eventos actuales cumplen sus interpretaciones —a menudo dudosas— de la profecía bíblica. Algunos argumentan haber descubierto el secreto que ni siquiera sabía Jesús en su encarnación: el tiempo de la Segunda Venida (cp. Mt. 24:36). Por desgracia, algunas personas quedan tan atrapadas en el estudio de la escatología que pasan por alto los principios básicos del crecimiento espiritual y evangelismo que la Segunda Venida debería motivar.

De todos los eventos del fin de los tiempos, el arrebatamiento de la iglesia es el que parece generar más interés y debate. La iglesia joven de Tesalónica también tenía preguntas sobre este suceso, de modo que Pablo se centra en esas preocupaciones en este pasaje. Pero a diferencia de la mayoría de los tratados sobre el tema en los días actuales, la preocupación de Pablo no era solo doctrinal sino pastoral. Su intención no era dar una descripción detallada del arrebatamiento, sino consolar a los tesalonicenses. La intención de los otros dos pasajes neotestamentarios que explican el arrebatamiento (Jn. 14:1-3; 1 Co. 15:51-58) también es aportar consuelo y aliento para los creyentes, no alimentar sus especulaciones proféticas.

Cuando Pablo escribió esta epístola, los tesalonicenses habían estado en Cristo solo unos pocos meses. El apóstol les había enseñado sobre los sucesos de los últimos tiempos, tales como el regreso de Cristo para reunir a los creyentes con Él (p. ej., 1:9-10; 2:19; 3:13). También conocían el día del Señor (5:1-3), un tiempo de juicio venidero sobre los impíos. Pero algunos de los detalles sobre su reunión con Cristo les causaban problemas. Primero, parecían estar asustados de haberse perdido el arrebatamiento, pues la persecución que estaban sufriendo (3:3-4) les hacía temer que estuvieran en el día del Señor, algo que obviamente no esperaban experimentar (2 Ts. 2:1-2). Había algunos falsos maestros que alimentaban esa mala interpretación, de los cuales advirtió Pablo en 2 Tesalonicenses 2:2: "No os dejéis mover fácilmente de vuestro modo de pensar, ni os conturbéis, ni por espíritu, ni por palabra, ni por carta como si fuera nuestra, en el sentido de que el día del Señor está cerca". Pero la persecución que estaban experimentando no estaba tan asociada con la tribulación o con el día del Señor. Tan solo era la persecución que todos los creyentes podrían esperar (2 Ti. 3:12) y sobre la cual Pablo había advertido a los tesalonicenses (3:3-4).

El temor de los tesalonicenses de que estaban en el día del Señor y que se habían perdido el arrebatamiento implica que el arrebatamiento precede a la tribulación. Si los tesalonicenses supieran que el arrebatamiento vendría al final de la tribulación, la persecución no les habría causado el temor de habérselo perdido. En su lugar, esa persecución habría sido causa de gozo, no de preocupación. Si el día del Señor había llegado y el arrebatamiento era después de la tribulación, aquel acontecimiento bendito se estaría acercando.

Pero la preocupación mayor de los tesalonicenses tenía que ver con aquellos de entre ellos que habían muerto. ¿Recibirían sus cuerpos resucitados en el arrebatamiento o debían esperar hasta después de la tribulación? ¿Se perderían el arrebatamiento? ¿Serían entonces ciudadanos de segunda clase en el cielo? ¿Sería la muerte un castigo por sus pecados (cp. 1 Co. 11:30)? Se amaban tanto unos a otros (cp. 4:9-10) que esos pensamientos los perturbaban. Su preocupación por quienes habían muerto muestra que los tesalonicenses creían que el regreso de Cristo era inminente y podía ocurrir durante su tiempo de vida. De otra manera, no habría razón para su preocupación. El temor de los tesalonicenses de que los creyentes muertos pudieran perderse el arrebatamiento también implica que creían que éste sucedería antes de tribulación. Si el arrebatamiento precede a la tribulación, podrían haberse preguntado cuándo recibirían sus cuerpos resucitados los creyentes que habían muerto. Pero esa confusión no existiría si el arrebatamiento era posterior a la tribulación: entonces todos los creyentes recibirían sus cuerpos resucitados al mismo tiempo. Además, si les hubieran enseñado que pasarían por la tribulación, no se habrían lamentado por quienes murieron; más bien, se habrían alegrado al saberlos libres de vivir ese momento horrible.

Pablo escribió esta sección de su epístola para aliviar la pena y la confusión de los tesalonicenses. Le preocupaba la ignorancia de ellos **acerca de los que duer-**

men y que así se entristecieran **como los otros que no tienen esperanza**. Como su pena estaba basada en la ignorancia, él los consoló dándoles conocimiento.

La frase **tampoco queremos, hermanos, que ignoréis** o su equivalente, suele presentar un tema nuevo en las epístolas de Pablo (cp. Ro. 1:13; 1 Co. 10:1; 11:3; 12:1; 2 Co. 1:8; Fil. 1:12; Col. 2:1). La palabra **tampoco** y el término afectuoso **hermanos** (cp. vv. 1, 10; 1:4; 2:1, 9, 14, 17; 3:7; 5:1, 4, 12, 14, 25) enfatizan el cambio de asunto y llaman la atención a la importancia del nuevo tema. En este caso, Pablo no solo presentó un nuevo tema, sino también la nueva revelación que había recibido "en palabra del Señor" (v. 15).

Puesto que esta era su preocupación principal, Pablo trató primero la cuestión **de los que duermen.** Si bien *koimaō* (dormir) se puede usar para el dormir normal (Mt. 28:13; Lc. 22:46; Hch. 12:6), se refiere más a menudo a aquellos que han muerto (vv. 13-15; Mt. 27:52; Jn. 11:11; Hch. 7:60; 13:36; 1 Co. 11:30; 15:6, 18, 20, 51; 2 P. 3:4). En el versículo 14, **los que duermen** aparecen identificados como "a los que durmieron en él [Jesús]". El participio presente *koimōmenōn* (v. 13) se refiere a aquellos que duermen continuamente como un curso normal de la vida en la iglesia. Ellos estaban cada vez más preocupados por sus hermanos creyentes que continuaban muriendo.

Es importante recordar que en el Nuevo Testamento "dormir" se aplica solamente al cuerpo, nunca al alma. "El sueño de las almas", la enseñanza falsa de que las almas de los muertos están en un estado de existencia inconsciente en la otra vida, es ajeno a las Escrituras. En 2 Corintios 5:8 Pablo escribió que quisiera estar ausente en el cuerpo y presente al Señor, mientras que Filipenses 1:23 expresó su "deseo de partir y estar con Cristo, lo cual es muchísimo mejor". Tales declaraciones enseñan que los creyentes, cuando mueren, van de manera consciente a la presencia del Señor, pues ¿cómo puede ser la inconsciencia "muchísimo mejor" que la comunión consciente con Jesucristo en esta vida? Jesús prometió al ladrón arrepentido: "De cierto te digo que hoy estarás conmigo en el paraíso [el cielo; cp. 2 Co. 12:4; Ap. 2:7]" (Lc. 23:43). Las almas de Moisés y Elías no estaban dormidas, pues aparecieron con Jesús en la transfiguración (Mt. 17:3), ni las de los mártires de la tribulación en Apocalipsis 6:9-11, quienes estarán despiertos y podrán hablar con Dios. Después de la muerte, los redimidos van conscientemente a la presencia del Señor, pero los no salvos van al castigo consciente (Lc. 16:19-31).

Pablo ofreció esta información a los tesalonicenses a fin de **que no** se entristecieran. Hay una pena normal que acompaña la muerte de un ser amado, causada por el dolor de la separación y la soledad. Jesús lamentó la muerte de Lázaro (Jn. 11:33, 35) y Pablo exhortó a los romanos a llorar "con los que lloran" (Ro. 12:15). Sin embargo, el apóstol no tenía en mente aquí esa clase de dolor, sino el de **los otros que no tienen esperanza**. En Efesios 2:12 Pablo describió a los incrédulos como quienes van "sin esperanza y sin Dios en el mundo". Hay un final horrible, aterrador y desesperanzador para los incrédulos cuando muere un ser amado, un dolor sin atenuaciones por cualquier esperanza de reunión. William Barclay escribió lo siguiente, comentando sobre el desespero de los incrédulos en el mundo antiguo:

> Ante la muerte, el mundo pagano se encontraba sumido en la desesperación. Se enfrentaban con ella con una sombría resignación y una árida desesperanza. Esquilo escribió: "Una vez que un hombre muere, no hay esperanza de que resucite". Y Teócrito: "Mientras hay vida hay esperanza, pero no la hay para los muertos". Y Catulo: "Una vez que se pone nuestra breve lumbrera, no nos queda más que una perpetua noche en la que no podemos hacer más que dormir". En sus lápidas aparecían lúgubres epitafios: "No era, llegué a ser, ya no soy; no me importa nada" (*Comentario al Nuevo Testamento*, ed. rev. [Terrassa: Editorial Clie, 2005], p. 789).

Incluso los paganos que creían en la vida después de la muerte no tenían esa esperanza confirmada por el Espíritu Santo; solo se aferraban a ella sin afirmación de Dios. Pero los cristianos no experimentan el dolor desesperanzado de los incrédulos, para quienes la muerte marca el corte permanente de las relaciones. A diferencia de los incrédulos, los cristianos nunca tienen una despedida final entre ellos; habrá una "reunión [de todos los creyentes] con él" (2 Ts. 2:1). Las separaciones en esta vida son solamente temporales.

La ignorancia de los tesalonicenses sobre el arrebatamiento les causaba dolor. Pablo explicó ese suceso memorable para darles esperanza y consuelo, y les dio una descripción en cuatro partes: sus pilares, sus participantes, su plan y su ganancia.

LOS PILARES DEL ARREBATAMIENTO

Porque si creemos que Jesús murió y resucitó, así también traerá Dios con Jesús a los que durmieron en él. Por lo cual os decimos esto en palabra del Señor: (4:14-15*a*)

La esperanza bendita del arrebatamiento no tiene su base en las arenas movedizas de la especulación filosófica. Tampoco es mitología religiosa o una fábula inventada por personas bienintencionadas para consolar a quienes sufren. La maravillosa verdad según la cual el Señor Jesucristo regresará a reunir a los creyentes con Él se basa en tres pilares inamovibles: la muerte de Cristo, la resurrección de Cristo y la revelación de Cristo.

LA MUERTE DE CRISTO

Porque si creemos que Jesús murió (4:14*a*)

La conjunción **si** no sugiere incertidumbre o duda, sino secuencia lógica. Pablo dice: "Puesto que" o "Con base en el hecho de que" **creemos que Jesús murió**, ciertas cosas se siguen lógicamente. La declaración simple del apóstol resume toda la riqueza de la obra expiatoria de Cristo, que provee el fundamento necesario para la reunión de la iglesia. Su muerte satisfizo las exigencias de justicia y santidad de Dios, pagando por completo la pena por los pecados de los creyentes. En virtud de la muerte sustitutiva de Cristo, cuando "al que no conoció pecado, [Dios] por nosotros lo hizo pecado, para que nosotros fuésemos hechos justicia de Dios en él" (2 Co. 5:21), los cristianos han sido hechos aceptables para Dios y aptos para reunirse en su presencia.

Es importante que Pablo no usara la metáfora del sueño para referirse a Jesús, sino dice que **murió**. Jesús experimentó toda la furia de la muerte en todas sus dimensiones cuando "llevó él mismo nuestros pecados en su cuerpo sobre el madero, para que nosotros, estando muertos a los pecados, vivamos a la justicia" (1 P. 2:24). Su muerte transformó la muerte de los creyentes en sueño. T. E. Wilson explica: "La muerte se convirtió en sueño por la obra de Cristo. Es una metáfora adecuada en la cual se transforma todo el concepto de la muerte. 'Cristo hizo que el dormir fuera el nombre de la muerte en el dialecto de la iglesia (Hch. 7:60) (Findlay)'" (*What the Bible Teaches: 1 and 2 Thessalonians* [Qué enseña la Biblia: 1 y 2 Tesalonicenses] [Kilmarnock: Jonh Ritchie Ltd., 1983], p. 45). Cuando los creyentes mueren, su espíritu va inmediatamente a la comunión consciente con el Señor, mientras sus cuerpos duermen temporalmente en la tumba, a la espera del arrebatamiento.

LA RESURRECCIÓN DE CRISTO

y resucitó, así también traerá Dios con Jesús a los que durmieron en él. (4:14*b*)

La resurrección de Cristo indica que el Padre aceptó su sacrificio, le permitió ser "el justo, y el que justifica al que es de la fe de Jesús" (Ro. 3:26). Pablo enseñó esto a los romanos cuando escribió que Cristo "fue entregado por nuestras transgresiones, y resucitado para nuestra justificación" (Ro. 4:25). La resurrección de Cristo prueba que conquistó el pecado y la muerte y se hizo la fuente de la vida de resurrección para todos los cristianos. I. Howard Marshall escribe: "La muerte de los creyentes no ocurre sin Jesús y, por tanto, Pablo puede concluir que Dios los resucitará y los llevará a la presencia de Jesús en la *parousia.* Dios tratará a quienes murieron confiando en Jesús de la misma forma en que trató a Jesús; a saber, los resucitará" (*1 and 2 Thessalonians* [1 y 2 Tesalonicenses], The New Century Bible Commentary [Comentario bíblico del nuevo siglo] [Grand Rapids: Eerdmans, 1983], p. 124).

La frase **así también** enlaza la resurrección de los creyentes de modo inextricable con la resurrección de Cristo. En Juan 14:19 Jesús dijo: "Porque yo vivo, vosotros también viviréis". En el pasaje más detallado de las Escrituras sobre la resurrección, Pablo escribió: "Cristo [es] las primicias; luego los que son de Cristo, en su venida" (1 Co. 15:23). En esa misma epístola ya había dicho antes claramente: "Dios, que levantó al Señor, también a nosotros nos levantará con su poder" (1 Co. 6:14). En la segunda carta de Pablo inspirada a los corintios, escribió: "El que resucitó al Señor Jesús, a nosotros también nos resucitará con Jesús" (2 Co. 4:14).

Para aliviar aún más sus temores, Pablo aseguró a los creyentes que **traerá Dios con Jesús a los que durmieron en Él**. Los otros creyentes que habían muerto no se perderían el arrebatamiento, sino que regresarían con Cristo en gloria. Algunos interpretan la frase **traerá Dios** de forma tal que los espíritus de los creyentes muertos vendrán del cielo con Cristo para recibir sus cuerpos resucitados. Otros ven en esta la verdad según la cual Dios llevará a todos los creyentes en el arrebatamiento, vivos y muertos, de vuelta al cielo con Cristo. Aunque la primera perspectiva sí es cierta, la segunda parece ser el énfasis de este pasaje.

Lo que el pasaje no enseña es que los espíritus de los creyentes muertos regresarán inmediatamente a la tierra con Cristo para establecer el reino milenario. Esa enseñanza ubica al arrebatamiento al final de la tribulación y, en esencia, lo hace igual a la segunda venida. Eso trivializa el arrebatamiento a un acontecimiento paralelo carente de propósito. Thomas R. Edgar se pregunta, comentando sobre la futilidad de un arrebatamiento posterior a la tribulación:

> ¿Cuál puede ser el propósito de mantener vivo un remanente durante la tribulación de manera que sobrevivan algunas personas de la iglesia para luego sacarlos de su situación y hacerlos iguales a quienes no sobrevivieron? ¿Por qué presevarlos para esto? Decir que son una escolta para Jesús es indefensible. Los santos vivos arrebatados serán iguales a los santos muertos resucitados. ¿Por qué no pueden cumplir este propósito los creyentes muertos? ¿Por qué tener un remanente vivo [durante la tribulación] para luego arrebatarlos y no lograr nada más que habiéndolos dejado morir? No hay propósito ni logro en [tal] arrebatamiento...
>
> Con todos los santos de todas las eras pasadas, los ejércitos [de ángeles] de los cielos disponibles como escoltas y el hecho de que los santos [arrebatados] no aportan un escolta diferente si hubieran muerto, ¿por qué permitir que la iglesia sufra inmensamente la muerte de la mayoría de los creyentes y guardar unos cuantos para un arrebatamiento sin

propósito aparente, inmediatamente antes de que termine el período [de la tribulación]?... ¿Es esa la promesa? Sufrirán, los matarán, pero mantendré vivos a algunos y los sacaré justo antes de que lleguen los buenos tiempos. Por supuesto, tal forma de razonamiento exige una explicación, dada la aparente falta de propósito en cualquier clase de arrebatamiento postribulacional.

Podemos observar lo siguiente:

(1) Un acontecimiento singular, portentoso y que tiene lugar una sola vez como el arrebatamiento debe tener un propósito específico. Dios tiene propósitos para sus acciones. Este propósito debe ser alguno que se logre solo por medio de un acontecimiento tan inusual como el arrebatamiento de los santos vivos.

(2) Este propósito debe ser acorde con los principios generales de operación divina.

(3) Hay poca o ninguna razón para arrebatar a los creyentes cuando el Señor regrese, justo antes de establecer el reino tan esperado con todas sus gozosas perspectivas.

(4) Hay buenas razones para librar a todos aquellos que ya sean creyentes de la tribulación, donde serían los blancos especiales de la persecución.

(5) La liberación de un período de juicio universal y destrucción física como la tribulación requiere trasladar a los creyentes de la tierra mediante muerte o arrebatamiento. La muerte no es apropiada como promesa en Apocalipsis 3:10.

(6) La liberación de la tribulación antes de su inicio concuerda con el trato previo de Dios con Noé y con Lot y se afirma directamente como principio en la acción de Dios con los creyentes en 2 P. 2:9 ("Robert H. Gundry and Revelation 3:10" [Robert H. Gundry y Apocalipsis 3:10], *Grace Theological Journal* 3 [Primavera de 1982], pp. 43-44).

La perspectiva de que los santos arrebatados regresarán a la tierra con Cristo también contradice a Juan 14:1-3:

No se turbe vuestro corazón; creéis en Dios, creed también en mí. En la casa de mi Padre muchas moradas hay; si así no fuera, yo os lo hubiera dicho; voy, pues, a preparar lugar para vosotros. Y si me fuere y os preparare lugar, vendré otra vez, y os tomaré a mí mismo, para que donde yo estoy, vosotros también estéis.

Las frases "la casa de mi Padre" y "donde yo estoy" se refieren claramente al cielo (cp. Jn. 7:34). Jesús prometió llevar a los creyentes de vuelta al cielo con Él cuando regrese para reunir a su pueblo. Entonces, debe haber un intervalo entre el regreso de Cristo para reunir a su pueblo (el arrebatamiento) y su regreso a la tierra para establecer el reino milenario (la Segunda Venida). Durante el intervalo entre el arrebatamiento y la Segunda Venida, tendrá lugar el juicio de los creyentes (1 Co. 3:11-15; 2 Co. 5:10), el arrebatamiento postribulacional no dejaría espacio para tal evento.

La frase **en Él** se entiende mejor si describe las circunstancias en las cuales **durmieron** los santos que partieron. Murieron estando relacionados con Jesucristo. Pablo usó esencialmente la misma frase en 1 Corintios 15:18 cuando escribió sobre "los que durmieron en Cristo".

Demostrando la aceptación de Dios por el sacrificio expiatorio de Cristo, su resurrección apuntala el primer pilar sobre el cual se basa el arrebatamiento: la muerte de Cristo.

LA REVELACIÓN DE CRISTO

Por lo cual os decimos esto en palabra del Señor: (4:15*a*)

La enseñanza de Pablo sobre el arrebatamiento no era su propia especulación, sino revelación directa de Dios. La frase **os decimos esto en palabra del Señor** tiene el tono autoritativo de un escritor inspirado que revela lo que Dios le ha mostrado. Algunos argumentan que la **palabra del Señor** fue algo que Jesús dijo mientras estaba aquí en la tierra. Pero no hay paralelos cercanos en ninguno de los Evangelios a los cuales Pablo pudiera estar aludiendo en este pasaje. Aunque el Señor habló en los Evangelios sobre una trompeta y la reunión de los elegidos, las diferencias entre esos pasajes y este sobrepasan las similitudes, como lo señala Robert L. Thomas:

> Las similitudes entre este pasaje de 1 Tesalonicenses y los relatos de los Evangelios incluyen la trompeta (Mt. 24:31), la resurrección (Jn. 11:25-26) y la reunión de los elegidos (Mt. 24:31)... Aun así, las diferencias entre este y las palabras canónicas de Cristo sobrepasan con mucho las semejanzas... Algunas de las diferencias entre Mateo 24:30-31 y 1 Tesalonicenses 4:15-17 son las siguientes: (1) En Mateo el Hijo del Hombre viene de las nubes..., en 1 Tesalonicenses los creyentes que ascienden están en ellas. (2) En el primero los ángeles se reúnen, en el segundo el Hijo lo hace personalmente. (3) En el primero no se dice nada con respecto a la resurrección, mientras que en el segundo este es el tema principal. (4) Mateo no registra nada sobre el orden de ascensión, que

es la lección principal en Tesalonicenses ("1, 2 Thessalonians" [1, 2 Tesalonicenses] en Frank E. Gaebelein, ed., *The Expositor's Bible Commentary* [Comentario del expositor bíblico], vol. 11 [Grand Rapids: Zondervan, 1979], pp. 276-277).

Tampoco es probable que Pablo se refiriera a palabras de Jesús no registradas en los Evangelios (cp. Hch. 20:35); él no dice ni sugiere que esté citando directamente las palabras de Cristo. Más aún, en 1 Corintios 15:51 Pablo se refirió al arrebatamiento como un misterio; esto es, una verdad antes oculta pero ahora revelada. Eso indica que Jesús no desveló los detalles del arrebatamiento durante su ministerio terrenal. (Se refirió a ello en Jn. 14:1-3 en un sentido general, no específico). La enseñanza de Pablo sobre el arrebatamiento era revelación nueva, dada por Dios quizás a través de un profeta (como Agabo; Hch. 21:11), pero más probablemente dada a Pablo directamente. Al parecer, los tesalonicenses estaban informados sobre el día del juicio del Señor (5:1-2), pero no sobre el evento anterior —el arrebatamiento de la iglesia—, hasta que el Espíritu Santo se lo reveló por medio de Pablo. Esta revelación era nueva, un misterio desvelado.

Entonces, el arrebatamiento no se apoya en el fundamento endeble de la especulación teológica caprichosa, sino en el fundamento sólido de la muerte, resurrección y revelación del Señor Jesucristo.

LOS PARTICIPANTES DEL ARREBATAMIENTO

que nosotros que vivimos, que habremos quedado hasta la venida del Señor, no precederemos a los que durmieron. (4:15*b*)

Dos grupos de personas participarán en el arrebatamiento: los **que** vivan **hasta la venida del Señor** y **los que durmieron**. El uso del pronombre plural **nosotros** por parte de Pablo indica que él creía que este suceso podía ocurrir durante su vida. Él esperaba el regreso del Señor, aunque a diferencia de muchos en la historia de la iglesia, el apóstol no predijo un tiempo específico para ello. Aceptó las palabras de Cristo en Mateo 24:36: "Pero del día y la hora nadie sabe, ni aun los ángeles de los cielos, sino sólo mi Padre" y Hechos 1:7: "No os toca a vosotros saber los tiempos o las sazones, que el Padre puso en su sola potestad". En ese momento Pablo entendió la parábola de las vírgenes sabias y necias, que ilustra la necedad de no estar siempre preparado para el regreso del Señor (Mt. 25:1-13). El Señor expresó la idea de esa parábola cuando declaró: "Velad, pues, porque no sabéis el día ni la hora en que el Hijo del Hombre ha de venir" (Mt. 25:13; cp. 24:45-51). Entonces Pablo evitó los dos errores usuales sobre el regreso de Cristo: ni especuló sobre fechas, ni alejó el regreso de Cristo a un futuro distante y nebuloso.

Varios pasajes adicionales expresan la esperanza y expectativa ferviente de

Pablo por estar entre los que están vivos y habrán **quedado hasta la venida del Señor**. En Romanos 13:11 escribió: "Y esto, conociendo el tiempo, que es ya hora de levantarnos del sueño; porque ahora está más cerca de nosotros nuestra salvación que cuando creímos". La salvación sobre la cual escribió era la redención del cuerpo (Ro. 8:23) que ocurrirá cuando Cristo regrese. En el versículo 12, Pablo añadió: "La noche [del pecado del hombre y el reino de Satanás] está avanzada, y se acerca el día [del regreso de Cristo]. Desechemos, pues, las obras de las tinieblas, y vistámonos las armas de la luz". A los corintios escribió: "Estas cosas les acontecieron como ejemplo, y están escritas para amonestarnos a nosotros, a quienes han alcanzado los fines de los siglos" (1 Co. 10:11). Pablo sabía que estaba en la era mesiánica, el período entre la primera y la segunda venida de Cristo, los últimos días de la historia humana. Probablemente no se imaginaba que durarían tanto como hasta ahora. En esa epístola Pablo se incluyó después, como lo hizo aquí en 1 Tesalonicenses, entre quienes podrían estar vivos al momento del arrebatamiento: "He aquí, os digo un misterio: No todos dormiremos; pero todos seremos transformados, en un momento, en un abrir y cerrar de ojos, a la final trompeta; porque se tocará la trompeta, y los muertos serán resucitados incorruptibles, y nosotros seremos transformados" (1 Co. 15:51-52). Cuando Pablo concluía esa carta, escribió: "El que no amare al Señor Jesucristo, sea anatema. El Señor viene" (1 Co. 16:22). *El Señor viene* es el significado de *maranatha*, que viene de dos palabras arameas, y expresa la esperanza fuerte de Pablo por el pronto regreso del Señor. En esta epístola elogió a los tesalonicenses por "esperar de los cielos a su Hijo" (1:10). Expresó su deseo de que Dios afirmara sus "corazones, irreprensibles en santidad delante de Dios nuestro Padre, en la venida de nuestro Señor Jesucristo con todos sus santos" (3:13). Al pronunciar una bendición final cuando concluía su carta, Pablo escribió: "El mismo Dios de paz os santifique por completo; y todo vuestro ser, espíritu, alma y cuerpo, sea guardado irreprensible para la venida de nuestro Señor Jesucristo" (5:23). El apóstol escribió a Tito que él estaba "aguardando la esperanza bienaventurada y la manifestación gloriosa de nuestro gran Dios y Salvador Jesucristo" (Tit. 2:13).

Por otra parte, Pablo era bien consciente de que podría morir antes del arrebatamiento. En 1 Corintios 6:14 reconoció que podría estar entre los resucitados del arrebatamiento: "Y Dios, que levantó al Señor, también a nosotros nos levantará con su poder". Afirmó a los filipenses su deseo que "como siempre... fuera magnificado Cristo en [su] cuerpo, o por vida o por muerte" (Fil. 1:20). Al final de su vida, sintiendo la inminencia de la muerte, escribió a Timoteo: "Porque yo ya estoy para ser sacrificado, y el tiempo de mi partida está cercano. He peleado la buena batalla, he acabado la carrera, he guardado la fe" (2 Ti. 4:6-7). Aunque reconocía las dos posibilidades, Pablo usó **nosotros** porque cuando lo escribió, aún era posible que el Señor regresara en el tiempo de su vida. Así, trasmitió a los tesalonicenses su propio anhelo por el retorno inminente de Cristo.

Pablo vivía en constante expectativa por el regreso de Cristo. No obstante, el apóstol tranquilizó a los tesalonicenses diciéndoles que quienes habían muerto entre ellos no se perderían el arrebatamiento, que también incluiría **a los que durmieron**. Más aún, los vivos **no** precederían a los muertos. No habrá precedencia de los vivos sobre los muertos ni obtendrán ventaja sobre ellos. Quienes mueran antes del arrebatamiento no serán inferiores en ningún sentido a quienes estén vivos. Todos los cristianos participarán del arrebatamiento.

EL PLAN DEL ARREBATAMIENTO

Porque el Señor mismo con voz de mando, con voz de arcángel, y con trompeta de Dios, descenderá del cielo; y los muertos en Cristo resucitarán primero. Luego nosotros los que vivimos, los que hayamos quedado, seremos arrebatados juntamente con ellos en las nubes para recibir al Señor en el aire, y así estaremos siempre con el Señor. (4:16-17)

Habiendo tranquilizado a los creyentes con que la partida de sus seres amados no significaba que ellos se perderían el arrebatamiento, Pablo dio una descripción paso a paso de dicho acontecimiento.

Primero, **el Señor mismo** regresará por su iglesia. No enviará ángeles a hacerlo, en contraste con la reunión de los elegidos que ocurrirá en la Segunda Venida (Mr. 13:26-27).

Segundo, Jesús **descenderá del cielo**, donde ha estado desde su ascensión (Hch. 1:9-11). Al comienzo de esta epístola, Pablo había elogiado a los tesalonicenses porque estaban esperando "de los cielos a su Hijo, al cual resucitó de los muertos, a Jesús" (1:10). Esteban exclamó en su juicio ante el sanedrín: "He aquí, veo los cielos abiertos, y al Hijo del Hombre que está a la diestra de Dios" (Hch. 7:56). El escritor de Hebreos dijo de Cristo: "Habiendo efectuado la purificación de nuestros pecados por medio de sí mismo, se sentó a la diestra de la Majestad en las alturas" (He. 1:3).

Tercero, cuando Jesús descienda del cielo, lo hará **con voz de mando**. *Keleusma* (**mando**) tiene un timbre militar, como cuando el Comandante llama a sus tropas a formar filas. Los santos muertos en sus cuerpos resucitados se reunirán con los creyentes arrebatados vivos en las filas. La voz de mando del Señor será semejante a la resurrección de Lázaro, cuando "clamó a gran voz: ¡Lázaro, ven fuera!" (Jn. 11:43). Esta es la hora "cuando los muertos oirán la voz del Hijo de Dios; y los que la oyeren vivirán" (Jn. 5:25). Los muertos justos de la era eclesial serán los primeros en levantarse; una verdad que debe haber consolado grandemente a los inquietos tesalonicenses.

Cuarto, la **voz de arcángel** sonará. No hay artículo definido en el texto griego (como lo traduce la BJ y la DHH); literalmente dice: "un arcángel". En Judas 9, el único otro pasaje de las Escrituras que menciona un arcángel, el arcángel es Miguel. Las Escrituras no dicen si él es el único arcángel (había siete según la tradición judía). Así, es imposible decir quién es el **arcángel** cuya **voz** se oirá en el arrebatamiento. Quienquiera que sea, él añade su **voz** a la voz de mando del Señor.

Quinto, a la orden del Señor y a la voz del arcángel se añadirá el sonido de la **trompeta de Dios** (1 Co. 15:52). Las trompetas se usaban en las Escrituras por muchas razones. Sonaban en las fiestas de Israel (Nm. 10:10), en las celebraciones (2 S. 6:15) y en las convocatorias (Lv. 23:24); para sonar la alarma en tiempos de guerra (Nm. 10:9) o por cualquier otra razón necesaria para congregar a la multitud (Nm. 10:2; Jue. 6:34); o para hacer un anuncio (1 S. 13:3; 2 S. 15:10; 20:1; 1 R. 1:34, 39, 41). La **trompeta** del arrebatamiento no tiene relación con las trompetas del juicio en Apocalipsis 8—11. Parece tener un propósito doble: congregar al pueblo de Dios (cp. Éx. 19:16-19) y dar la señal de su liberación (cp. Zac. 1:16; 9:14-16).

Sexto, **los muertos en Cristo resucitarán primero**. Como ya se indicó, los santos **muertos** no serán inferiores de modo alguno a quienes estén vivos durante el arrebatamiento. De hecho, **resucitarán primero**, sus cuerpos glorificados se unirán a sus espíritus glorificados para hacerlos a imagen de Cristo, como escribió el apóstol Juan: "Sabemos que cuando él se manifieste, seremos semejantes a él, porque le veremos tal como él es" (1 Jn. 3:2) Quienes estuvieron **en Cristo** en la vida, también lo estarán en la muerte; la muerte no puede separar a los creyentes de Dios (Ro. 8:38): "Sea que vivamos, o que muramos, del Señor somos" (Ro. 14:8).

Por último, los creyentes que estén vivos, **los que** hayan **quedado,** serán **arrebatados juntamente** con los santos muertos **en las nubes para recibir al Señor en el aire, y así estaremos siempre con el Señor**. *Harpazō* (**arrebatados**) se refiere a un acto violento, irresistible y fuerte. En Mateo 11:12 se describe la toma por la fuerza del reino de Dios. En Juan 10:12, se describe un lobo robando las ovejas. En Juan 10:28-29 se nos habla de la imposibilidad de arrebatar a alguno de los creyentes de la mano de Jesucristo y de Dios Padre; Hechos 8:39 dice que Felipe fue arrebatado de donde estaba con el etíope eunuco y en 2 Corintios 12:2, 4 se describe el arrebatamiento de Pablo al tercer cielo. Cuando los creyentes vivos sean **arrebatados**, serán transformados y recibirán sus cuerpos glorificados (Fil. 3:21). "En un momento, en un abrir y cerrar de ojos… [los creyentes serán] transformados" (1 Co. 15:52), rescatados del alcance de Satanás, de la carne caída, del sistema mundano maligno y de la ira venidera de Dios.

El tiempo del arrebatamiento no puede discernirse solo de este pasaje. Pero cuando se lee con otros textos sobre el tema (Jn. 14:3; Ap. 3:10; cp. 1 Co. 15:51-52; Fil. 3:2-21) y se comparan con los textos sobre el juicio (Mt. 13:34-50; 24:29-44; Ap. 19:11-21), queda claro que no hay mención alguna de juicio en los pasajes del arrebatamiento, mientras que en los segundos sí. Por lo tanto, es necesario concluir que el arrebatamiento ocurre en un tiempo diferente al del juicio.

Lo mejor, pues, es separar los dos acontecimientos. Esto inicia el caso de que el arrebatamiento se producirá de forma inminente, antes de los elementos del juicio descritos en las Escrituras que llevan a la Segunda Venida en juicio.

De nuevo, ningún texto de las Escrituras presenta por sí solo una defensa completa a favor del pretribulacionismo. Sin embargo, cuando se considera toda la evidencia del Nuevo Testamento, emerge una posición convincente a favor del pretribulacionismo, con la capacidad de responder más preguntas y resolver más problemas que cualquier otra posición sobre el arrebatamiento. Los siguientes argumentos presentan una defensa convincente a favor del arrebatamiento pretribulacional.

Primero, el reino terrenal de Cristo, prometido en Apocalipsis 6—18 no menciona que la iglesia esté en la tierra. Como Apocalipsis 1—3 usa la palabra griega para *iglesia* diecinueve veces, podría suponerse —razonablemente— que si la iglesia estuviera en la tierra y no en el cielo, en los capítulos 6—18, se usaría allí la palabra *iglesia* con la misma frecuencia, pero no es este el caso. Por lo tanto, puede suponerse que la iglesia no está presente en la tierra durante el período de la tribulación descrito en Apocalipsis 6—18 y, por tanto, el Señor la ha trasladado de la tierra y reubicado en el cielo por medio del arrebatamiento.

Segundo, Apocalipsis 19 no menciona el arrebatamiento, aunque el capítulo está donde ocurriría lógicamente el arrebatamiento postribulacional (si fuera cierto). Por lo tanto, puede concluirse que el arrebatamiento ya había ocurrido.

Tercero, el arrebatamiento postribulacional hace insignificante el concepto mismo del arrebatamiento. Si Dios preserva a la iglesia durante la tribulación, como lo afirman los postribulacionistas, ¿para qué el arrebatamiento? No tiene sentido arrebatar a los creyentes de la tierra al cielo sin una razón aparente distinta a que ellos regresen inmediatamente con Cristo a la tierra. Más aún, el arrebatamiento postribulacional hace redundante la separación única de las ovejas (creyentes) y los cabritos (incrédulos) en el regreso de Cristo en juicio, porque un arrebatamiento postribulacional habría servido para eso.

Cuarto, si Dios arrebata y glorifica a todos los creyentes justo antes de inaugurar el reino milenario (como lo requiere el arrebatamiento postribulacional), no quedaría nadie para poblar y propagar el reino terrenal de Cristo prometido a Israel. En el plan y propósito de Dios no está usar individuos glorificados para propagarse en la tierra durante el milenio. De modo que el arrebatamiento debe ocurrir antes, para que después de que Dios haya arrebatado a todos los creyentes, Él pueda salvar más almas, inclusive el remanente de Israel, durante la tribulación de siete años. Esas personas podrán entrar después al reino milenario con sus cuerpos terrenales. La posibilidad más razonable para ese escenario es el arrebatamiento pretribulacional.

Quinto, el Nuevo Testamento no advierte a los creyentes de la era eclesial de una tribulación inminente, tal como la experimentada durante la semana setenta de Daniel. Sí advierte de los errores y los falsos profetas (Hch. 20:29-30; 2 P. 2:1;

1 Jn. 4:1-3), contra la vida impía (Ef. 4:25—5:7; 1 Ts. 4:3-8; He. 12:1) y de la tribulación presente (1 Ts. 2:14-16; 2 Ts. 1:4; todo 2 P.). Por eso, es incongruente que el Nuevo Testamento guarde silencio sobre tan traumático cambio como la semana setenta de Daniel, si el postribulacionismo fuera cierto.

Sexto, las instrucciones de Pablo aquí a los tesalonicenses exigían un arrebatamiento pretribulacional porque, si Pablo les estuviera enseñando un arrebatamiento postribulacional, se esperaría que ellos estuvieran alegres porque sus seres queridos estaban en casa con el Señor y se habían librado de los horrores de la tribulación. Pero, en realidad, ellos estaban afligidos. Además, dada la enseñanza postribulacionista, se esperaría que les doliera su propio juicio inminente y que preguntaran por su condena futura; no obstante, ese pavor o cuestionamientos no los experimentaron. Más aún, podría esperarse que Pablo los instruyera y exhortara al respecto de una prueba tan severa como la tribulación, pero solo escribió sobre la esperanza del arrebatamiento.

Séptimo, la secuencia de sucesos en la venida de Cristo posterior a la tribulación requiere un arrebatamiento pretribulacional. Al comparar y contrastar los pasajes del arrebatamiento con los de la Segunda Venida, surgen indicadores fuertes de que aquel no puede ser postribulacional. Por ejemplo, (a) Cristo reúne a los suyos en el arrebatamiento (vv. 16-17 del pasaje presente), pero en la Segunda Venida los ángeles reúnen a los elegidos (Mt. 24:31); (b) la resurrección es prominente en el arrebatamiento (vv. 15-16 del pasaje presente), pero las Escrituras no mencionan la resurrección cuando se trata de la Segunda Venida; (c) Cristo viene a recompensar a los creyentes en el arrebatamiento (v. 17 del pasaje actual), pero en la Segunda Venida, Cristo viene a juzgar la tierra (Mt. 25:31-46); (d) en el arrebatamiento el Señor arrebata a los verdaderos creyentes de la tierra (vv. 15-17 del pasaje actual), pero en la Segunda Venida se lleva a los incrédulos (Mt. 24:37-41); (e) en el arrebatamiento los incrédulos siguen en la tierra, mientras que en la Segunda Venida los creyentes se quedan en la tierra; (f) cuando las Escrituras hablan del arrebatamiento no mencionan el establecimiento del reino de Cristo, pero en la Segunda Venida, Cristo establecerá su reino; y (g) en el arrebatamiento los creyentes recibirán cuerpos glorificados, mientras que eso no ocurrirá con nadie en la Segunda Venida.

Octavo, ciertas enseñanzas de Jesús exigen un arrebatamiento pretribulacional. Por ejemplo, la parábola del trigo y la cizaña (Mt. 13:24-30) habla de quitar la cizaña (los incrédulos) de entre el trigo (los creyentes) por parte de los segadores (los ángeles) para juzgar a la cizaña, lo cual demuestra que en la Segunda Venida el Señor quitará a los incrédulos de entre los creyentes. No obstante, en el arrebatamiento toma a los creyentes de entre los incrédulos. Esto también es cierto en la parábola de la red (Mt. 13:47-50), en la explicación de los días de Noé y la descripción del juicio de las naciones en el discurso en el monte de los Olivos (Mt. 24—25).

Noveno, Apocalipsis 3:10 enseña que el Señor se llevará a la iglesia antes de la tribulación. En el griego, la frase *yo también te guardaré de* no puede significar nada distinto a "evitaré que pases por". Jesucristo honrará a la iglesia evitando que entre en la hora de la prueba; a saber, la semana setenta de Daniel, que estará a punto de venir sobre todo el mundo. Solo el arrebatamiento pretribulacional puede explicar cómo ocurre esto.

Por lo tanto, el arrebatamiento debe ser pretribulacional, anterior a la ira de Dios descrita en la tribulación (Ap. 6—19). En el arrebatamiento, se arrebatará a los creyentes vivos **juntamente con** los creyentes resucitados, en tanto la iglesia triunfante se reúne con la iglesia militante para formar la iglesia glorificada. **Las nubes** suelen asociarse en las Escrituras con las apariciones divinas. Cuando Dios se apareció en el Monte Sinaí, "la gloria del Señor se posó sobre el Sinaí. Seis días la nube cubrió el monte" (Éx. 24:16, NVI). Las nubes denotaban la presencia de Dios en el tabernáculo (Éx. 40:34), el templo (1 R. 8:10) y en la transfiguración de Cristo (Mt. 17:5). En la ascensión de Cristo, Él "fue alzado, y le recibió una nube que le ocultó de sus ojos" (Hch. 1:9).

Algunos argumentan que la palabra **recibir** sugiere la recepción de un dignatario, rey o una persona famosa, para escoltarlo de regreso a su ciudad. Entonces, argumentan ellos, después de la recepción descrita en este pasaje, los creyentes regresarán a la tierra con Cristo. Pero tal analogía es arbitraria y supone un significado técnico de **recibir** que no exige ni la palabra ni el contexto. Como ya se observó al comienzo de este capítulo, esa explicación también hace innecesario el arrebatamiento; ¿por qué habrían de **recibir** los creyentes a Cristo **en el aire** para regresar inmediatamente a la tierra?; sencillamente, ¿por qué no lo reciben cuando llegue aquí? Gleason L. Archer comenta: "Lo máximo que puede decirse de tal 'arrebatamiento' es que es un evento más bien secundario cuya importancia es mínima" (Gleason L. Archer, Jr., Paul D. Feinberg, Douglas J. Moo y Richard Reiter, *The Rapture: Pre-, Mid-, or Post-Tribulational?* [El rapto: ¿Pre, semi o postribulacionista?] [Grand Rapids: Zondervan, 1984], p. 215). Como ya se indicó antes en este capítulo, el arrebatamiento postribulacional contradice la enseñanza de Cristo en Juan 14:1-3 sobre su regreso para llevar a los creyentes al cielo, no inmediatamente de vuelta a la tierra.

El paso final en el plan del arrebatamiento es la verdad bendita y consoladora de que después del regreso de Cristo para reunirnos (a los creyentes) con Él, **estaremos siempre con el Señor**.

LA GANANCIA DEL ARREBATAMIENTO

Por tanto, alentaos los unos a los otros con estas palabras. (4:18)

El beneficio de entender el arrebatamiento no es llenar las lagunas en el conocimiento escatológico de cada uno. Como dijimos al comienzo de este capítulo, la meta de Pablo cuando enseñaba el arrebatamiento a los tesalonicenses era alentarlos. El “Dios de toda consolación” (2 Co. 1:3) concede a todos los creyentes el consuelo alentador de saber que Cristo regresará por ellos un día. En ese acontecimiento monumental, resucitarán los muertos en Cristo, se unirán con los santos vivos para experimentar la transformación completa en cuerpo y alma, y estarán por siempre con Dios. Por lo tanto, no había necesidad de que los tesalonicenses se lamentaran o se afligieran por los otros creyentes que habían muerto. No sorprende que Pablo llame al regreso de Cristo “la esperanza bienaventurada” (Tit. 2:13).

El día del Señor

12

Pero acerca de los tiempos y de las ocasiones, no tenéis necesidad, hermanos, de que yo os escriba. Porque vosotros sabéis perfectamente que el día del Señor vendrá así como ladrón en la noche; que cuando digan: Paz y seguridad, entonces vendrá sobre ellos destrucción repentina, como los dolores a la mujer encinta, y no escaparán. (5:1-3)

Después de un siglo que experimentó el terror de dos guerras mundiales, el horror del Holocausto, la brutalidad del conflicto coreano, la inutilidad desesperanzada de la guerra de Vietnam, además de incontables revoluciones, revueltas, asesinatos y actos de terrorismo, la pregunta crucial es: ¿Hacia dónde va la historia? (si es que va hacia alguna parte). ¿Tiene un propósito, meta o significado? ¿Es solo una sucesión de eventos que no llevan a ningún lado? ¿Cómo debemos vivir, trabajar, jugar y amar en medio del caos, la confusión y la carencia de significado en la vida? Hendrikus Berkhof escribe en su libro *Christ the Meaning of History* [Cristo el significado de la historia]:

> A nuestra generación la estrangula el miedo: miedo al hombre, a su futuro y a la dirección en que vamos contra nuestra voluntad o deseo. Y de todo esto surge un clamor de iluminación relativo al significado de la existencia de la humanidad, y relativo a la meta a la cual nos dirigimos. Es un clamor por una respuesta a la antigua pregunta sobre el significado de la historia ([Grand Rapids: Baker, 1979, p. 13]).

Hay tres perspectivas contemporáneas populares sobre la historia. La primera es cíclica, según la cual la historia es un círculo interminable que va en espiral por las mismas cosas una y otra vez. En las palabras cínicas del Predicador: "¿Qué es lo que fue? Lo mismo que será. ¿Qué es lo que ha sido hecho? Lo mismo que se hará; y nada hay nuevo debajo del sol" (Ec. 1:9). La perspectiva cíclica fue popular entre los griegos antiguos. Hoy caracteriza gran parte del pensamiento oriental; especialmente el hinduismo, con su ciclo continuo de muerte y renacimiento (*samsara*). Gracias a la influencia del movimiento de la nueva era, este pensamiento también se ha hecho cada vez más popular en Occidente.

Pero la perspectiva cíclica despoja a la historia de cualquier significado o propósito, como señala John Marsh:

> Si tal perspectiva es cierta, se ha despojado a la existencia histórica de su significado. Lo que ahora hago, ya lo he hecho en un ciclo previo del mundo y lo volveré a hacer en los ciclos futuros del mundo. La responsabilidad y la decisión desaparecen, y con ellos cualquier importancia real de la vida histórica, que en efecto se vuelve, más bien, un ciclo natural grandioso. Tal como el maíz se siembra, crece y madura cada año, así también los eventos de la historia son recurrentes una vez tras otra. Más aún, si todo lo que puede ocurrir es la repetición constante de un ciclo de sucesos, no hay posibilidad de significado en el ciclo como tal. No logra nada en sí mismo ni puede contribuir a nada externo a este. Los eventos de la historia están desprovistos de significado (*The Fulness of Time* [La plenitud del tiempo] [Londres: Nisbet, 1952], p. 167).

La segunda perspectiva de la historia corresponde al naturalismo ateo. A diferencia de la perspectiva cíclica, aquí la historia es lineal y no repetitiva. Pero a semejanza de la perspectiva cíclica, la perspectiva naturalista no asigna significado a la historia. Puede que la historia proceda en línea recta y no en círculos, pero no lleva a ninguna parte; no tiene meta o propósito final. Anthony Hoekema observa que según esta perspectiva, "no se pueden encontrar patrones significativos en la historia, ningún movimiento dirigido hacia una meta; solo una sucesión de acontecimientos sin significado" (*The Bible and the future* [La Biblia y el futuro] [Grand Rapids: Eerdmans, 1989], p. 25). Bertrand Russell, célebre filósofo británico y crítico férreo del cristianismo, admitió: "No hay ley de progreso cósmico... Desde la evolución, hasta donde lo muestra nuestro conocimiento presente, al final no puede inferirse con validez una filosofía optimista" (citado en Henry M. Morris, *That Their Words May Be Used Against Them* [Que sus palabras sean contra ellos] [Green Forest: Master Books, 1997], p. 418). Richard Dawkins, defensor ardiente del darwinismo, reconoce: "La evolución no tiene metas de largo plazo. No hay un objetivo en la distancia, no hay perfección final que sirva de criterio para la selección, aunque la vanidad humana valora la noción absurda de que nuestra especie es la meta final de la evolución" (citado en Morris, p. 412). Así las cosas, la historia humana solo es una fase del flujo sin significado de la historia evolutiva. George Gaylord Simpson, influyente paleontólogo evolutivo, lo declaró sin rodeos: "El hombre es el resultado de un proceso natural carente de propósito que no lo tenía en mente" (citado en Phillip E. Johnson, *Proceso a Darwin* [Grand Rapids: Portavoz, 1995], p. 116 del original en inglés). Tal perspectiva vacía, desesperanzada y carente de propósito reduce al hombre hasta la insignificancia, hasta nada más que una "configuración atómica al azar en la vía de una historia de casualidad y carente de significado" (Francis A. Schaeffer, *Death in the City* [Muerte en la ciudad] [Downers Grove: Intervarsity, 1972], p. 18).

La perspectiva cristiana de la historia está en un marcado contraste con el desespero de las primeras dos. La Biblia revela que la historia es producto de un plan con propósito por parte del Dios soberano y creador. Job confesó: "Yo conozco que todo lo puedes, y que no hay pensamiento que se esconda de ti" (Job 42:2). Dios declaró a través del profeta Isaías: "Mi consejo permanecerá, y haré todo lo que quiero" (Is. 46:10) y "lo que hago yo, ¿quién lo estorbará?" (Is. 43:13). Jesucristo es la figura central de la historia; el Antiguo Testamento señala su venida y el Nuevo Testamento describe y expone su vida, muerte, resurrección y Segunda Venida.

A medida que la historia va desvelando los propósitos divinos, planeados desde la eternidad, hay un evento que ocupa un lugar preponderante en el horizonte: el día del Señor. Dicho suceso marcará el final de los días del hombre, cuando Dios actúe en juicio para retomar, de los usurpadores que hoy lo gobiernan (humanos y demoníacos), el control directo de la tierra. Será un tiempo sin precedentes de juicio catastrófico sobre todos los pecadores no arrepentidos.

La mayoría de los predicadores se esfuerzan por ser positivos, afirmadores y consoladores; por eso, ellos rara vez predican sobre la ira, venganza o juicio de Dios. Pero ignorar esa verdad es rehuir anunciar "todo el consejo de Dios" (Hch. 20:27). Es abandonar la responsabilidad del predicador de "[predicar] la palabra... [instar] a tiempo y fuera de tiempo; [redargüir, reprender, exhortar] con toda paciencia y doctrina" (2 Ti. 4:2). Las Escrituras advierten a menudo sobre el juicio de Dios y el castigo eterno de los incrédulos. El juicio era un énfasis importante en los profetas del Antiguo Testamento y los apóstoles del Nuevo. Pero quien más habló sobre el juicio fue el Señor Jesucristo. Todos los predicadores verdaderos deben seguir su ejemplo, como Pablo (cp. 1:10; 2:16; 4:6; 5:9; 2 Ts. 1:5-9).

Pablo había predicado a los tesalonicenses sobre la realidad del día del Señor durante su breve estadía en la ciudad (2 Ts. 2:5). Cuando se fue, surgieron en ellos preguntas al respecto del arrebatamiento y el día del Señor. Probablemente, Timoteo llevó esas inquietudes a Pablo cuando regresó de su viaje a Tesalónica (3:2, 6). Después de responder a sus preguntas sobre el arrebatamiento (4:13-18), Pablo lidia ahora con las inquietudes de los tesalonicenses sobre el día del Señor. Pasó del evento bendito del arrebatamiento de la iglesia, al acontecimiento horrible que le seguía: la destrucción de los impíos que rechazaron al Señor Jesucristo. Como sucedió con el arrebatamiento, el propósito de Pablo al escribir esta sección sobre el día del Señor no era ante todo teológico ni escatológico, sino pastoral y práctico.

Pablo comenzó su explicación del día del Señor con la frase tradicional *peri de*

(**Pero acerca de**). El apóstol usaba esa frase con frecuencia en sus escritos para señalar un cambio de tema (p. ej., 4:9; 1 Co. 7:1, 25; 8:1; 12:1; 16:1, 12). El uso paulino del término cariñoso **hermanos** para llamar la atención también sugiere un asunto nuevo (cp. 2:1, 17; 4:1, 13). En su explicación de los acontecimientos finales, pasó del arrebatamiento (4:13-18) a un nuevo tema: el día del Señor.

La frase **de los tiempos** (*chronos*) **y de las ocasiones** (*kairos*) se refiere en sentido general a los últimos tiempos (cp. Dn. 2:21; Hch. 1:7). Aunque las dos palabras podían usarse aquí en sentido sobrepuesto, hay una diferencia sutil de significado entre ellas. *Chronos* se refiere al tiempo cronológico, al tiempo del reloj o del calendario. *Kairos*, por otra parte, ve el tiempo en términos de era, temporadas o acontecimientos, tal como el tiempo de los gentiles (Lc. 21:24). Tomados en conjunto, los dos términos sugieren que los tesalonicenses tenían curiosidad por el tiempo en que ocurrirían estos sucesos finales. El hecho de que los dos sustantivos sean plurales indica que los últimos tiempos están compuestos por varios períodos (cp. Dn. 7:25; 9:24-27; 12:7; 11-12; Ap. 11:2-3; 13:5) y acontecimientos diferentes (p. ej., el arrebatamiento, la aparición del anticristo, la salvación de Israel, los juicios de los sellos, las trompetas y las copas, el encarcelamiento de Satanás, el reino milenario, la liberación de Satanás y la consecuente rebelión mundial al final del milenio, el juicio del gran trono blanco y los cielos nuevos y la tierra nueva).

Específicamente, la congregación quería saber cuándo ocurrirían el arrebatamiento y el día del Señor. Como dijimos en el capítulo anterior, estaban preocupados porque pudieran haberse perdido el arrebatamiento y estuvieran en el día del Señor (cp. 2 Ts. 2:1-2). En el versículo 4 de este capítulo, Pablo los tranquilizó diciéndoles que no experimentarían el día del Señor (véase la explicación de 5:4-11 en el capítulo 13).

Pero a su pregunta referente a cuándo llegaría el día del Señor, Pablo respondió: "**No tenéis necesidad, hermanos, de que yo os escriba**". El Señor Jesucristo dio una respuesta similar a sus discípulos; cuando le preguntaron: "Señor, ¿restaurarás el reino a Israel en este tiempo?" (Hch. 1:6), Él respondió: "No os toca a vosotros saber los tiempos o las sazones, que el Padre puso en su sola potestad" (Hch. 1:7; cp. Mt. 24:36, 44, 50; 25:13). Los tesalonicenses no necesitaban saber cuándo llegaría el día del Señor; ya sabían todo lo que Dios quería que supieran. Saber cuándo llegaría el día del Señor provocaría indiferencia espiritual si se demoraba, o pánico si venía pronto. Estar preparado espiritualmente para el regreso de Cristo no requiere determinar una fecha, velar ante un reloj o buscar señales. Dios ha escogido no revelar el tiempo de los acontecimientos finales de modo que todos los creyentes vivan anhelándolos constantemente.

Cuando Pablo respondió las preguntas de los tesalonicenses sobre el día del Señor, explicó tres aspectos de aquel momento memorable: su llegada, su carácter y su completitud.

LA LLEGADA DEL DÍA DEL SEÑOR

Porque vosotros sabéis perfectamente que el día del Señor vendrá así como ladrón en la noche; que cuando digan: Paz y seguridad, (5:2-3*a*)

Los tesalonicenses sabían **perfectamente que el día del Señor vendrá así como ladrón en la noche**: repentino, inesperado, inoportuno y perjudicial. Será un golpe terrible para quienes no conocen al Señor Jesucristo. *Akribōs* (**perfectamente**) describe la investigación cuidadosa, precisa y concienzuda (cp. Mt. 2:8; Lc. 1:3; Hch. 18:25). Los tesalonicenses tenían la certeza de que el día del Señor llegaría inesperadamente. Pero es obvio que no se revelaría el tiempo de su llegada; ningún **ladrón** en su sano juicio anuncia con anticipación a qué hora de **la noche** planea robar a alguien.

En el discurso del Monte de los Olivos —el sermón de Jesús sobre su Segunda Venida—, usó la imagen de un **ladrón en la noche** para referirse a su regreso inesperado: "Pero sabed esto, que si el padre de familia supiese a qué hora el ladrón habría de venir, velaría, y no dejaría minar su casa" (Mt. 24:43; cp. Ap. 16:15). Como el día del Señor, el tiempo exacto de la Segunda Venida no se revela, aunque habrá señales del regreso inminente de Cristo (Mt. 24:4-33). Jesús advirtió a cada generación que debían vivir expectantes por su regreso y los eventos del día del Señor que lleven a este.

La metáfora de un **ladrón** no se usa nunca para el arrebatamiento de la iglesia. Describe la llegada del Señor en juicio, al final de los siete años de tribulación, y el juicio al final del reinado milenario de Cristo en la tierra (2 P. 3:10). Un **ladrón** que llega no es un acontecimiento que se espere o genere alegría, es una calamidad inesperada.

El término bíblico importante **el día del Señor** describe el juicio divino catastrófico de Dios sobre los impíos. Se menciona explícitamente diecinueve veces en el Antiguo Testamento (Is. 2:12; 13:6, 9; Ez. 13:5; 30:3; Jl. 1:15; 2:1, 11, 31; 3:14; Am. 5:18 [2 veces], 20; Abd. 15; Sof. 1:7, 14 [2 veces]; Zac. 14:1; Mal. 4:5), cuatro veces en el Nuevo Testamento (cp. Hch. 2:20; 2 Ts. 2:2; 2 P. 3:10) y se alude en otros pasajes (cp. Ap. 6:17; 16:14). Será el tiempo en que Dios derrame su furia sobre los malvados; de hecho, las Escrituras llaman tres veces "día de venganza" al día del Señor (Is. 34:8; 61:2; 63:4).

El día del Señor debe diferenciarse del "día de Cristo" (Fil. 1:10; 2:16), el "día de Jesucristo" (Fil. 1:6), el "día del Señor Jesús" (1 Co. 5:5) y el "día de nuestro Señor Jesucristo" (1 Co. 1:8); todos esos términos se refieren al tiempo en que los creyentes recibirán sus recompensas del Señor Jesucristo (Ro. 14:10; 1 Co. 3:11-14; 4:1-5; 2 Co. 5:9-10). El día del Señor también debe diferenciarse del "día de Dios" (2 P. 3:12), cuya referencia es al estado eterno.

Los pasajes del Antiguo Testamento relativos al día del Señor suelen llevar un sentido de inminencia, cercanía y expectativa: "¡Giman, que el día del SEÑOR está cerca!" (Is. 13:6, NVI); "El día del SEÑOR se acerca, sí, ya se acerca el día" (Ez. 30:3, NVI); "¡Ay de aquel día, el día del SEÑOR, que ya se aproxima!" (Jl. 1:15, NVI); "Tiemblen todos los habitantes del país, pues ya viene el día del Señor; en realidad ya está cerca" (Jl. 2:1, NVI). "¡Cercano está el día del SEÑOR en el valle de la Decisión!"(Jl. 3:14, NVI); "Porque cercano está el día del SEÑOR contra todas las naciones" (Abd. 15, NVI); "¡Silencio ante el SEÑOR omnipotente, porque cercano está el día del SEÑOR!" (Sof. 1:7, NVI); "Ya se acerca el gran día del SEÑOR; a toda prisa se acerca" (Sof. 1:14, NVI).

Los profetas del Antiguo Testamento vieron días del Señor históricos que anticiparían al día del Señor final y escatológico. Dios solía usar circunstancias controladas providencialmente, como la destrucción de una nación por otra, o los desastres naturales, como instrumentos de su juicio. Pero esos días del Señor históricos solo eran un preludio del día del Señor final y escatológico, cuyo alcance sería mucho mayor y más terrible en su destrucción.

Los pasajes del Antiguo Testamento sobre el día del Señor suelen tener un cumplimiento a corto plazo y uno a largo plazo, como ocurre con gran parte de la profecía veterotestamentaria. En el Salmo 69:9 David escribió: "El celo por tu casa me consume; sobre mí han recaído los insultos de tus detractores"; aun así, después de que Jesús purificó el templo, "se acordaron sus discípulos que está escrito: El celo de tu casa me consume" (Jn. 2:17). El Salmo 22 tiene en perspectiva tanto el sufrimiento de David como la crucifixión de Cristo. Isaías 7:14 se refiere al nacimiento histórico del hijo de Isaías y al nacimiento virginal profético de Cristo. Igualmente, Isaías 13:6 señala un día histórico del Señor, mientras el versículo 9 del mismo capítulo tiene el día del Señor final y escatológico en mente. En Joel 1:15; 2:1, 11 se describe un día histórico del Señor; Joel 3:1-14 retrata el día escatológico del Señor. Abdías 1-14 describe el día histórico del Señor en que Edom recibiría su juicio; los versículos 15-21 describen el día escatológico del Señor. Sofonías 1:7-14 predice un día del Señor histórico inminente de juicio sobre Judá, cuyo cumplimiento se dio poco después en la cautividad babilónica; 3:8-20 predice el día final del Señor.

George Eldon Ladd escribió lo siguiente, resumiendo la interacción entre los días del Señor históricos y escatológicos en el Antiguo Testamento:

> El día del Señor estaba cerca porque Dios estaba a punto de actuar; y el acontecimiento histórico era en sentido real un preludio del hecho escatológico final... La inminencia histórica del día del Señor no incluía todo el significado del día del Señor; la historia y la escatología se sostenían en tensión dinámica, porque *las dos eran el día del Señor* (*The Presence of the Future* [La presencia del futuro] [Grand Rapids: Eerdmans, 1976], p. 320. Cursivas en el original).

A diferencia del arrebatamiento, que no estará precedido por señal alguna, habrá varios precursores que servirán de heraldo a la llegada del día del Señor escatológico. Sin embargo, no revelarán el día específico en que llegará.

La primera señal de que el día del Señor se acerca será la aparición de un precursor semejante a Elías. En Malaquías 4:5 el Señor declaró: "Estoy por enviarles al profeta Elías antes que llegue el día del Señor, día grande y terrible" (NVI). Al igual que otras profecías del día del Señor, esta tenía un cumplimiento histórico en Juan el Bautista (Lc. 1:7) y tendrá un cumplimiento futuro al final de los tiempos. Algunos han especulado que este precursor será uno de los dos testigos (Ap. 11:3). Quienquiera que sea, será heraldo del regreso inminente del Señor Jesucristo y de la llegada del día del Señor que le precede.

Segundo, al día del Señor lo precederá una rebelión mundial contra Dios y su Palabra. En 2 Tesalonicenses 2:3, Pablo recordó a los tesalonicenses que el día del Señor (v. 2) "no vendrá sin que antes venga la apostasía". La apostasía incluirá un sistema mundial de religión falsa (véase la explicación de 2 Tesalonicenses 2:3 en *2 Tesalonicenses,* Comentario MacArthur del Nuevo Testamento [Grand Rapids: Portavoz, 2012]).

Tercero, el día del Señor no llegara hasta que "se manifieste el hombre de pecado, el hijo de perdición, el cual se opone y se levanta contra todo lo que se llama Dios o es objeto de culto; tanto que se sienta en el templo de Dios como Dios, haciéndose pasar por Dios" (2 Ts. 2:3-4). La aparición del anticristo y la profanación del templo (Dn. 9:27; 11:31; 12:11; Mt. 24:15) precederá la llegada del día del Señor (véase la explicación de 2 Tesalonicenses 2:3-4 en *2 Tesalonicenses,* Comentario MacArthur del Nuevo Testamento [Grand Rapids: Portavoz, 2012]).

Cuarto, las naciones comenzarán a reunirse en el valle de la decisión para la batalla del Armagedón (Jl. 3:2-14).

Quinto, las señales dramáticas de los cielos precederán la llegada del día del Señor: Dios mostrará "prodigios: sangre, fuego y columnas de humo. El sol se convertirá en tinieblas y la luna en sangre antes que llegue el día del Señor, día grande y terrible" (Jl. 2:30-31, NVI; cp. Is. 13:10; Mt. 24:29; Lc. 21:25; Ap. 6:12-13; 8:12).

En el discurso del Monte de los Olivos, Jesús dio otra lista de señales del día del Señor; una lista paralela a la de los cinco primeros juicios de los sellos en Apocalipsis. El Señor describió estos juicios como "los dolores" (Mt 24:8, NVI); una analogía apta a los dolores de parto que llegan repentinamente a una mujer embarazada y que se intensifican hasta que da a luz. Tal como los dolores de parto de una mujer le advierten que el tiempo del nacimiento es inminente, así también los dolores advertirán a las personas que el día del Señor se acerca.

El primer dolor es la proliferación de falsos maestros, falsos profetas y falsas religiones. Lograrán explicar las señales de forma tal que las personas no reconocerán que señalan al día del Señor. En Mateo 24:5 Jesús advirtió: "Vendrán muchos en mi nombre, diciendo: Yo soy el Cristo; y a muchos engañarán". Pero el más importante de todos ellos será el falso profeta, el gobernante final del mundo, el anticristo. En las Escrituras se le conoce por muchos nombres: el cuerno pequeño (Dn. 7:8), el rey que hará su voluntad (Dn. 11:36-45), el hombre de pecado (2 Ts. 2:3) y la bestia (Ap. 11:7; 13:2-8). Este individuo habitado por el demonio será un hombre de carisma, encanto, persuasión, brillantez, autoridad, implacabilidad e impiedad consumada. Al principio parecerá ser todo lo que el mundo desesperado anhela: un hombre que unificará el mundo bajo su liderazgo y promoverá una era corta de paz y prosperidad global. Incluso hará un pacto de siete años con Israel (Dn. 9:27), prometiendo proporcionar la seguridad y protección que la nación siempre ha anhelado. Pero por la mitad del intervalo de ese pacto, el anticristo revelará quién es en realidad. Detendrá la religión de Israel y profanará el templo, estableciéndose como Dios y exigiendo que el mundo le adore (2 Ts. 2:4).

El primer juicio de los sellos (Ap. 6:2) describe el ascenso al poder del anticristo: "Y miré, y he aquí un caballo blanco; y el que lo montaba tenía un arco; y le fue dada una corona, y salió venciendo, y para vencer". El arco describe el poder del anticristo, pero la ausencia de flechas y la corona que se le dio indican que su victoria no vendrá por medio de una guerra. La victoria del anticristo será sin sangre, política, una conquista ideológica, cuando el mundo se torne a él para que los lleve a la crisis sin parangón de los tiempos de la tribulación.

La paz falsa del anticristo no durará, porque el segundo dolor es la guerra. En Mateo 24:6-7, Jesús advierte: "Y oiréis de guerras y rumores de guerras; mirad que no os turbéis, porque es necesario que todo esto acontezca; pero aún no es el fin. Porque se levantará nación contra nación, y reino contra reino; y habrá pestes, y hambres, y terremotos en diferentes lugares". La guerra en escalas sin precedentes caracterizará la tribulación (Dn. 11:36-45) y culminará con la carnicería inimaginable de la batalla del Armagedón (Ap. 19:17-21).

El segundo juicio de los sellos (Ap. 6:3-4) también describe las guerras devastadoras que precederán el día del Señor: "Cuando abrió el segundo sello, oí al segundo ser viviente, que decía: Ven y mira. Y salió otro caballo, bermejo; y al que lo montaba le fue dado poder de quitar de la tierra la paz, y que se matasen unos a otros; y se le dio una gran espada". La guerra personificada monta el caballo bermejo de la batalla y la matanza.

Para sumar a la miseria y sufrimiento causados por la guerra, habrá desastres naturales asociados con el tercer dolor de parto: "Habrá pestes, y hambres, y terremotos en diferentes lugares" (Mt. 24:7). Los juicios de los sellos tercero y cuarto también describen desastres naturales que precederán el día del Señor:

> *Cuando abrió el tercer sello, oí al tercer ser viviente, que decía: Ven y mira. Y miré, y he aquí un caballo negro; y el que lo montaba tenía una balanza en la mano. Y oí una voz de en medio de los cuatro seres vivientes, que decía: Dos libras de trigo*

> *por un denario, y seis libras de cebada por un denario; pero no dañes el aceite ni el vino (Ap. 6:5-6).*

Las condiciones de hambre que prevalecerán se describen gráficamente porque con un denario (el salario de un día de trabajo) se comprarán solo dos libras de trigo (la provisión diaria de una persona) y suficiente cebada (un grano de baja calidad para alimentar usualmente al ganado) para alimentar una familia pequeña por un día.

El cuarto sello describe la muerte en una escalada sin precedentes en la historia humana:

> *Cuando abrió el cuarto sello, oí la voz del cuarto ser viviente, que decía: Ven y mira. Miré, y he aquí un caballo amarillo, y el que lo montaba tenía por nombre Muerte, y el Hades le seguía; y le fue dada potestad sobre la cuarta parte de la tierra, para matar con espada, con hambre, con mortandad, y con las fieras de la tierra (Ap. 6:7-8).*

La devastación provocada por la guerra y el hambre dará como resultado una cuota de muertes asombrosa: un cuarto de la población mundial.

El cuarto dolor de parto describe el martirio de muchos creyentes de la tribulación. En medio de la devastación, las matanzas y el horror de la tribulación, muchos (Ap. 7:9) obtendrán la redención por medio de la predicación de los dos testigos (Ap. 11:2-6), los 144.000 judíos evangelistas (Ap. 7) y el "ángel, que tenía el evangelio eterno para predicarlo a los moradores de la tierra, a toda nación, tribu, lengua y pueblo" (Ap. 14:6). Jesús advirtió a esos creyentes: "Os entregarán a tribulación, y os matarán, y seréis aborrecidos de todas las gentes por causa de mi nombre" (Mt. 24:9). Cuando el Señor Jesucristo rompió el quinto sello…

> *[Juan vio] bajo el altar las almas de los que habían sido muertos por causa de la palabra de Dios y por el testimonio que tenían. Y clamaban a gran voz, diciendo: ¿Hasta cuándo, Señor, santo y verdadero, no juzgas y vengas nuestra sangre en los que moran en la tierra? Y se les dieron vestiduras blancas, y se les dijo que descansasen todavía un poco de tiempo, hasta que se completara el número de sus consiervos y sus hermanos, que también habían de ser muertos como ellos (Ap. 6:9-11).*

El dolor final, a diferencia de los primeros cuatro, es una señal positiva. Jesús dijo en Mateo 24:14: "Será predicado este evangelio del reino en todo el mundo, para testimonio a todas las naciones; y entonces vendrá el fin". Como ya se ha indicado, habrá grandes cantidades de personas convertidas durante la tribulación, como resultado de la predicación de los dos testigos, los 144.000 judíos evangelistas y el ángel que vuela en medio del cielo.

Pero increíble e incomprensiblemente, a pesar de estas señales inequívocas y obvias, la mayoría de las personas aún serán tomadas por sorpresa cuando llegue el día del Señor. El derramamiento terrible de la ira de Dios en juicio ocurrirá **cuando digan: "Paz y seguridad"**. La única explicación para una respuesta tan absurda y ridícula es que las personas serán engañadas por los falsos profetas. Jesús advirtió: "Porque vendrán muchos en mi nombre, diciendo: Yo soy el Cristo; y a muchos engañarán... Y muchos falsos profetas se levantarán, y engañarán a muchos... Porque se levantarán falsos Cristos, y falsos profetas, y harán grandes señales y prodigios, de tal manera que engañarán, si fuere posible, aun a los escogidos" (Mt. 24:5, 11, 24). Tales engañadores mentirosos embaucarán al mundo haciéndoles creer que la paz y la prosperidad están a la vuelta de la esquina, a pesar de las señales siniestras de que el día del Señor se está acercando rápidamente.

Los profetas del Antiguo Testamento también se encontraron con falsos profetas que se mofaban de sus advertencias sobre la fatalidad inminente. Jeremías advirtió a sus conciudadanos: "Huid, hijos de Benjamín, de en medio de Jerusalén, y tocad bocina en Tecoa, y alzad por señal humo sobre Bet-haquerem; porque del norte se ha visto mal, y quebrantamiento grande" (Jer. 6:1). Pero a pesar de la advertencia de Jeremías, los falsos profetas decían "Paz, paz", y no había paz (Jer. 6:14; cp. 8:11). En Jeremías 14:13 el profeta se quejó: "¡Ah, SEÑOR mi Dios! Los profetas les dicen que no se enfrentarán con la espada ni pasarán hambre, sino que tú les concederás una paz duradera en este lugar" (NVI). En el versículo 14 Dios le respondió: "Falsamente profetizan los profetas en mi nombre; no los envié, ni les mandé, ni les hablé; visión mentirosa, adivinación, vanidad y engaño de su corazón os profetizan". Lamentaciones 2:14 escribe: "Tus profetas vieron para ti vanidad y locura; y no descubrieron tu pecado para impedir tu cautiverio, sino que te predicaron vanas profecías y extravíos" (cp. Mi. 3:5). Dios declaró esto de los falsos profetas que plagaban Israel:

> *Así es, en efecto. Estos profetas han engañado a mi pueblo diciendo: ¡Todo anda bien!, pero las cosas no andan bien; construyen paredes endebles de hermosa fachada. Pues diles a esos constructores que sus fachadas se vendrán abajo con una lluvia torrencial, abundante granizo y viento huracanado. Y cuando la pared se haya caído, les preguntarán: "¿Qué pasó con la hermosa fachada?". Por tanto, así dice el SEÑOR omnipotente: En mi furia desataré un viento huracanado; en mi ira, una lluvia torrencial; en mi furia, granizo destructor. Echaré por los suelos la pared con su hermosa fachada; sus endebles cimientos quedarán al descubierto. Y cuando caiga, ustedes perecerán. Así sabrán que yo soy el SEÑOR. Descargaré mi furia sobre esa pared y sobre los que hicieron su hermosa fachada. A ustedes les diré que ya no queda la pared ni los que hicieron su hermosa fachada: esos profetas de Israel que profetizaban acerca de Jerusalén, y tenían visiones falsas, y*

> *anunciaban que todo andaba bien, cuando en realidad era todo lo contrario. Lo afirma el* Señor *omnipotente (Ez. 13:10-16,* nvi*).*

Al final de los tiempos, los falsos profetas usarán "grandes señales y prodigios" (Mt. 24:24) para engañar al mundo. Como resultado de su engaño, la vida pasará con alguna semblanza de normalidad, tal como fue antes del diluvio:

> *Mas como en los días de Noé, así será la venida del Hijo del Hombre. Porque como en los días antes del diluvio estaban comiendo y bebiendo, casándose y dando en casamiento, hasta el día en que Noé entró en el arca, y no entendieron hasta que vino el diluvio y se los llevó a todos, así será también la venida del Hijo del Hombre (Mt. 24:37-39).*

El falso profeta, el asociado del anticristo, usará señales y prodigios para persuadir a las personas a adorar al anticristo: "Hace grandes señales, de tal manera que aun hace descender fuego del cielo a la tierra delante de los hombres" (Ap. 13:13).

La susceptibilidad de los incrédulos al engaño de los falsos profetas es una señal del juicio de Dios sobre ellos. En 2 Tesalonicenses 2:10-12 Pablo escribió que quienes fueran engañados por el anticristo "se pierden, por cuanto no recibieron el amor de la verdad para ser salvos. Por esto Dios les envía un poder engañoso, para que crean la mentira, a fin de que sean condenados todos los que no creyeron a la verdad, sino que se complacieron en la injusticia". Como resultado, la llegada inesperada y repentina del día del Señor los barrerá en juicio.

EL CARÁCTER DEL DÍA DEL SEÑOR

entonces vendrá sobre ellos destrucción repentina, como los dolores a la mujer encinta, (5:3*b*)

Olethros (**destrucción**) no se refiere a la aniquilación, sino a la separación de Dios (cp. 2 Ts. 1:9). No significa destrucción del ser, sino del bienestar (cp. 1 Ti. 6:9); no el final de la existencia, sino la destrucción del propósito de la existencia. La voluntad de Dios logrará la **destrucción** de los incrédulos, arrojándolos al tormento eterno del infierno (2 Ts. 1:9).

Apocalipsis 6:12-17 describe gráficamente la destrucción del día del Señor:

> *Miré cuando abrió el sexto sello, y he aquí hubo un gran terremoto; y el sol se puso negro como tela de cilicio, y la luna se volvió toda como sangre; y las estrellas del cielo cayeron sobre la tierra, como la higuera deja caer sus higos cuando es sacudida por un fuerte viento. Y el cielo se desvaneció como un pergamino que se enrolla; y todo monte y toda isla se removió de su lugar. Y los reyes de la tierra,*

> *y los grandes, los ricos, los capitanes, los poderosos, y todo siervo y todo libre, se escondieron en las cuevas y entre las peñas de los montes; y decían a los montes y a las peñas: Caed sobre nosotros, y escondednos del rostro de aquel que está sentado sobre el trono, y de la ira del Cordero; porque el gran día de su ira ha llegado; ¿y quién podrá sostenerse en pie?*

Hechos 2:19-20 describe el día del Señor como un tiempo de "prodigios arriba en el cielo, y señales abajo en la tierra, sangre y fuego y vapor de humo; el sol se convertirá en tinieblas, y la luna en sangre, antes que venga el día del Señor, grande y manifiesto".

Con el uso del término **ellos** (en referencia a los incrédulos), Pablo aseguró a los tesalonicenses que no enfrentarían **destrucción**. Como explica claramente en el versículo 4, los tesalonicenses no experimentarán el día del Señor; serán arrebatados antes de su inicio (véase la explicación del v. 4 en el capítulo 13). Como ya indicamos antes en este capítulo, el día del Señor será repentino e inesperado para los incrédulos. No prestarán atención a las múltiples señales que les advertían de la llegada inminente de ese día, tal como los **dolores** de una **mujer encinta** le advierten que el nacimiento de su hijo es inminente (véase la explicación anterior de los "dolores").

LA COMPLETITUD DEL DÍA DEL SEÑOR

y no escaparán. (5:3*c*)

El resultado trágico de la falta de preparación de los incrédulos para el día del Señor es que **no escaparán** al juicio divino. El uso del doble negativo, *ou mē* recalca la amplitud del día del Señor, que, cuando llegue, llevará destrucción sobre cada incrédulo vivo.

Los creyentes deben consolarse con la realidad de saber que serán arrebatados antes de la llegada del día del Señor y que no experimentarán sus horrores. Sin embargo, el conocimiento de que ese evento se avecina en el horizonte profético debe motivar para evangelizar a los perdidos. La realidad trágica es que quienes rechazan al Señor Jesucristo experimentarán tanto la ira temporal como la ira eterna de Dios. En las palabras aleccionadoras y pensativas del autor de Hebreos: "¿cómo escaparemos nosotros, si descuidamos una salvación tan grande?" (He. 2:3).

Personas de la noche y personas del día

13

Mas vosotros, hermanos, no estáis en tinieblas, para que aquel día os sorprenda como ladrón. Porque todos vosotros sois hijos de luz e hijos del día; no somos de la noche ni de las tinieblas. Por tanto, no durmamos como los demás, sino velemos y seamos sobrios. Pues los que duermen, de noche duermen, y los que se embriagan, de noche se embriagan. Pero nosotros, que somos del día, seamos sobrios, habiéndonos vestido con la coraza de fe y de amor, y con la esperanza de salvación como yelmo. Porque no nos ha puesto Dios para ira, sino para alcanzar salvación por medio de nuestro Señor Jesucristo, quien murió por nosotros para que ya sea que velemos, o que durmamos, vivamos juntamente con él. Por lo cual, animaos unos a otros, y edificaos unos a otros, así como lo hacéis. (5:4-11)

Nuestro mundo es una mezcla diversa de grupos étnicos, culturas, idiomas, religiones y sistemas políticos. Aun así, a pesar de todas esas diferencias, solo hay dos clases de personas en el mundo. Hay creyentes e incrédulos; redimidos e irredentos; salvos y perdidos; hijos de Dios e hijos del diablo; quienes están en el reino de Dios y quienes están en el reino de las tinieblas; quienes están en Adán y quienes están en Cristo; quienes aman a Dios y quienes le odian; quienes van a la vida eterna y quienes van al castigo eterno; quienes estarán para siempre con el Señor y quienes estarán separados para siempre del Señor; o, como alguien dijo con humor, los santos y los tantos.

En este pasaje, Pablo contrasta las personas de la noche (incrédulos) con las personas del día (creyentes). Las personas de la noche se asocian con la oscuridad, el sueño y la embriaguez; las personas del día con la luz, con estar alerta y la sobriedad.

La verdad según la cual los incrédulos están en la oscuridad y los creyentes en la luz tiene su raíz en el Antiguo Testamento. En el Salmo 107:10-12 el salmista describe a los incrédulos como quienes "habitaban en las más densas tinieblas por haberse rebelado contra las palabras de Dios, por menospreciar los designios del Altísimo. Los sometió a trabajos forzados; tropezaban, y no había quien los ayudara". Luego, en los versículos 13-16, el salmista describe la transformación de personas de la noche en personas del día:

> *En su angustia clamaron al Señor, y él los salvó de su aflicción. Los sacó de las sombras tenebrosas y rompió en pedazos sus cadenas. ¡Que den gracias al Señor por su gran amor, por sus maravillas en favor de los hombres! ¡Él hace añicos las puertas de bronce y rompe en mil pedazos las barras de hierro!* (NVI)

Isaías 9:2 también describe la transformación de la oscuridad espiritual a la luz: "El pueblo que andaba en tinieblas vio gran luz; los que moraban en tierra de sombra de muerte, luz resplandeció sobre ellos". Los versículos 6-7 revelan que la luz es el Mesías:

> *Porque nos ha nacido un niño, se nos ha concedido un hijo; la soberanía reposará sobre sus hombros, y se le darán estos nombres: Consejero admirable, Dios fuerte, Padre eterno, Príncipe de paz. Se extenderán su soberanía y su paz, y no tendrán fin. Gobernará sobre el trono de David y sobre su reino, para establecerlo y sostenerlo con justicia y rectitud desde ahora y para siempre. Esto lo llevará a cabo el celo del Señor Todopoderoso* (NVI).

Zacarías, el padre de Juan el Bautista, precursor del Mesías, profetizó sobre su hijo:

> *Y tú, niño, profeta del Altísimo serás llamado; porque irás delante de la presencia del Señor, para preparar sus caminos; para dar conocimiento de salvación a su pueblo, para perdón de sus pecados, por la entrañable misericordia de nuestro Dios, con que nos visitó desde lo alto la aurora, para dar luz a los que habitan en tinieblas y en sombra de muerte; para encaminar nuestros pies por camino de paz (Lc. 1:76-79).*

Mateo registró el cumplimiento de la profecía del Antiguo Testamento según la cual el Mesías sería una luz para su pueblo, pero también para los gentiles:

> *Cuando Jesús oyó que Juan estaba preso, volvió a Galilea; y dejando a Nazaret, vino y habitó en Capernaum, ciudad marítima, en la región de Zabulón y de Neftalí, para que se cumpliese lo dicho por el profeta Isaías, cuando dijo: Tierra de Zabulón y tierra de Neftalí, camino del mar, al otro lado del Jordán, Galilea de los gentiles; el pueblo asentado en tinieblas vio gran luz; y a los asentados en región de sombra de muerte, luz les resplandeció (Mt. 4:12-16).*

En Juan 8:12 Jesús declaró: "Yo soy la luz del mundo; el que me sigue, no andará en tinieblas, sino que tendrá la luz de la vida" (cp. 3:19; 12:35, 46).

¿Cómo pasa la gente de las tinieblas a la luz? Al contar la experiencia dramática de su conversión, Pablo dijo al rey Agripa que Jesús lo había enviado a los gentiles "para [abrir] sus ojos, para que se conviertan de las tinieblas a la luz, y de la potestad de Satanás a Dios; para que reciban, por la fe que es en [Él], perdón de pecados y herencia entre los santificados" (Hch. 26:18). La última frase es la clave: dejar la oscuridad del pecado y la incredulidad, y pasar a ser una persona redimida del día, se debe estar "entre los santificados" "por la fe que en [Él]". Quien pone su fe en Él, se "ha librado de la potestad de las tinieblas, y trasladado al reino de su amado Hijo" (Col. 1:13); quienes "en otro tiempo [eran] tinieblas... ahora [son] luz en el Señor" (Ef. 5:8); Dios los "llamó de las tinieblas a su luz admirable" (1 P. 2:9).

El propósito del apóstol al contrastar los salvos y los perdidos en este pasaje era consolar a los tesalonicenses (4:18; 5:11). A pesar de las enseñanzas de Pablo durante su estadía en la ciudad (2 Ts. 2:5), les preocupaba su futuro. Había falsos maestros que intentaban engañarlos y exacerbaban sus temores (2 Ts. 2:1-3). Como resultado, los atribulaban varias preguntas, preguntas comunicadas a Pablo por Timoteo, quien había regresado recientemente de Tesalónica (3:2, 6). Temían que los seres amados que habían muerto se perdieran el arrebatamiento, de modo que Pablo les aseguró en 4:13-18 que eso no pasaría. De hecho, "los muertos en Cristo resucitarán primero" (4:16). Con respecto a la curiosidad de los tesalonicenses sobre cuándo sucedería el día del Señor, el apóstol les recordó: "Acerca de los tiempos y de las ocasiones, no tenéis necesidad, hermanos, de que yo os escriba" (5:1). "El día del Señor vendrá así como ladrón en la noche" (5:2); por lo tanto, el tiempo de su venida no se revelará.

Los temores y las preocupaciones de los tesalonicenses tienen un paralelo en el libro de Malaquías, quien predicó un mensaje de juicio aleccionador y aterrador (cp. 3:5; 4:5) que causó preocupación y ansiedad entre los redimidos. Pero el Señor tranquilizó a su pueblo diciéndole que no experimentaría su juicio:

> *Los que temían al Señor hablaron entre sí, y él los escuchó y les prestó atención. Entonces se escribió en su presencia un libro de memorias de aquellos que temen al Señor y honran su nombre. "El día que yo actúe ellos serán mi propiedad exclusiva —dice el Señor Todopoderoso—. Tendré compasión de ellos, como se compadece un hombre del hijo que le sirve. Y ustedes volverán a distinguir entre los buenos y los malos, entre los que sirven a Dios y los que no le sirven" (Mal. 3:16-18, NVI).*

De igual forma, Pablo tranquilizó a los nuevos creyentes de Tesalónica diciéndoles que no enfrentarían la ira de Dios. Su uso del pronombre "ellos" (5:3) diferencia a los tesalonicenses de los incrédulos que sí experimentarán la ira de Dios. Lo hizo por medio de una serie de contrastes entre las personas de la noche y las del día. Pablo les dio una descripción multifacética de la diferencia entre los creyentes y los incrédulos, y las implicaciones para cada uno, relativas al día del Señor. Al hacerlo, el apóstol dejó claro que los temores de los tesalonicenses sobre estar ya en el día del Señor eran infundados. Los creyentes son las personas de la luz y no experimentarán la oscuridad del día del Señor.

Hay tres características distintivas que diferencian a las personas de la luz (creyentes) de las personas de la noche (incrédulos): su naturaleza, su comportamiento y su destino.

EL CARÁCTER DISTINTIVO DE LA NATURALEZA DEL CREYENTE

Mas vosotros, hermanos, no estáis en tinieblas, para que aquel día os sorprenda como ladrón. Porque todos vosotros sois hijos de luz e hijos del día; no somos de la noche ni de las tinieblas. (5:4-5)

La expresión **mas vosotros** presenta un contraste con el versículo 3, donde Pablo usó el pronombre "ellos" en referencia a los incrédulos que no escaparán al día del Señor. El término familiar **hermanos** recalca aún más la idea de Pablo. Los tesalonicenses, como hijos de Dios, no experimentarían el día del Señor porque, a diferencia de los incrédulos, los creyentes **no** están **en tinieblas**; poseen una naturaleza completamente diferente. No pertenecen a la noche; no son parte del reino maligno de Satanás.

La noche espiritual que envuelve a los incrédulos incluye la oscuridad moral e intelectual. Es la oscuridad intelectual de la ignorancia, por una parte, y la oscuridad moral del pecado, por otra; de no saber qué es verdad y de no hacer lo que es correcto. Dios, en la persona de Jesucristo, irrumpió en el mundo oscurecido por el pecado (Jn. 1:4, 9). Sin embargo, trágicamente, la mayoría de las personas escogió permanecer en la oscuridad; aunque la "luz resplandece en las tinieblas... las tinieblas no han podido [comprenderla]" (Jn. 1:5; NVI). Como explicó Jesús a Nicodemo: "La luz vino al mundo, y los hombres amaron más las tinieblas que la luz, porque sus obras eran malas. Porque todo aquel que hace lo malo, aborrece la luz y no viene a la luz, para que sus obras no sean reprendidas" (Jn. 3:19-20). Pablo escribió a los efesios: "Esto, pues, digo y requiero en el Señor: que ya no andéis como los otros gentiles, que andan en la vanidad de su mente, teniendo el entendimiento entenebrecido, ajenos de la vida de Dios por la ignorancia que en ellos hay, por la dureza de su corazón" (Ef. 4:17-18). Los incrédulos no solo están en la oscuridad porque no conocen la verdad, sino también porque aman la iniquidad.

Todos los creyentes "en otro tiempo [eran] tinieblas, mas ahora [son] luz en el Señor" (Ef. 5:8). Pablo ya había descrito gráficamente en esta epístola las vidas antiguas de los creyentes en la oscuridad:

> *Y él os dio vida a vosotros, cuando estabais muertos en vuestros delitos y pecados, en los cuales anduvisteis en otro tiempo, siguiendo la corriente de este mundo, conforme al príncipe de la potestad del aire, el espíritu que ahora opera en los hijos de desobediencia, entre los cuales también todos nosotros vivimos en otro tiempo en los deseos de nuestra carne, haciendo la voluntad de la carne y de los pensamientos, y éramos por naturaleza hijos de ira, lo mismo que los demás (Ef. 2:1-3).*

En Lucas 22:53 Jesús llamó a Satanás "la potestad de las tinieblas", y está descrito en Efesios 2:2 como el "príncipe de la potestad del aire"; mientras que en Efesios 6:12 Pablo llamó a las huestes demoníacas de Satanás "los gobernadores de las tinieblas de este siglo". Todos habitan en "la potestad de las tinieblas" como corresponde. Y el destino final de Satanás, sus huestes demoníacas y de todos los incrédulos es la oscuridad eterna del infierno (Mt. 8:12; 2 P. 2:4, 17; Jud. 6, 13).

Pero los creyentes no están perdidos en esa oscuridad de ignorancia, pecado y rebelión. Jesús dijo: "Yo soy la luz del mundo; el que me sigue, no andará en tinieblas, sino que tendrá la luz de la vida" (Jn. 8:12). En el Sermón del Monte llamó a los creyentes "la luz del mundo" (Mt. 5:14). Juan, en su primera epístola, describió a los creyentes como aquellos que andan "en luz, como él está en luz" (1 Jn. 1:7). Los creyentes no están en la oscuridad intelectual porque conocen la verdad (Jn. 8:32; 1 Ti. 4:3; 2 P. 1:12; 1 Jn. 2:21; 2 Jn 1); ni están en la oscuridad moral porque practican la verdad (Jn. 3:21; 3 Jn. 11).

Puesto que su naturaleza es distinta de la de los incrédulos, los creyentes no necesitan temer que el día los **sorprenda como ladrón**. El día del Señor es un "día de tinieblas" (Jl. 2:2; Sof. 1:15); "el día del SEÑOR... va a ser de oscuridad y no de luz... ¿No será el día del SEÑOR de oscuridad y no de luz?" (Am. 5:18, 20, NVI). Es, pues, para las personas de la noche; las personas del día no necesitan temer por el día del Señor; no formarán parte de él.

Los creyentes, lejos de estar en la oscuridad, **todos** son **hijos de luz e hijos del día** (cp. Lc. 16:8; Jn. 12:36; Ef. 5:8). La frase **hijos de** suele ser parte de una expresión idiomática hebrea que describe la influencia dominante en una persona. El Antiguo Testamento usa la frase "hijos de Belial" (Jue. 19:22; 1 S. 2:12; 2 S. 23:6; 1 R. 2:10; RVR antigua) para describir a los hombres despreciables que son hijos del diablo por naturaleza (cp. 2 Co. 6:15). Jesús dio el sobrenombre de "hijos del trueno" a Jacobo y Juan (Mr. 3:17) por sus personalidades volátiles y agresivas. El nombre *Bernabé* significa literalmente "hijo de consolación" (Hch. 4:36), denotando su naturaleza consoladora. Así, describir a los creyentes como **hijos de luz** es decir que la **luz** es la influencia dominante en sus vidas. Añadir la frase paralela **hijos del día** refuerza la idea paulina; la luz pertenece al día tal como la oscuridad pertenece a la noche.

Para llegar a donde quería, Pablo declaró: "**No somos de la noche ni de las tinieblas**". Los creyentes viven en una esfera completamente diferente a quienes experimentarán la ira de Dios en el día del Señor. Como **hijos de luz e hijos del día**, los creyentes andan "en vida nueva" (Ro. 6:4), son nuevas criaturas en Cristo (2 Co. 5:17), son nueva creación (Gá. 6:15), están sentados "en los lugares celestiales con Cristo Jesús" (Ef. 2:6) y su vida "está escondida con Cristo en Dios" (Col. 3:3). Por lo tanto, los tesalonicenses no necesitaban temer perderse el arrebatamiento, estar atrapados en el día del Señor o experimentar la ira y la condenación de Dios. Los creyentes viven en una esfera de vida separada, donde el juicio no llega.

EL CARÁCTER DISTINTIVO DEL COMPORTAMIENTO DE LOS CREYENTES

Por tanto, no durmamos como los demás, sino velemos y seamos sobrios. Pues los que duermen, de noche duermen, y los que se embriagan, de noche se embriagan. Pero nosotros, que somos del día, seamos sobrios, habiéndonos vestido con la coraza de fe y de amor, y con la esperanza de salvación como yelmo. (5:6-8)

La frase **Por tanto** hace hincapié en la relación inseparable entre la naturaleza de los cristianos y su comportamiento, entre su carácter y su conducta; una verdad enseñada en todo el Nuevo Testamento (cp. 2:12; 4:1; Ef. 4:1, 17; Fil. 1:27; Col. 1:10). Lo que las personas son determina cómo actúan; los creyentes son personas del día y deben actuar consecuentemente.

Sobre esa base, Pablo exhortó a los tesalonicenses: "**No durmamos como los demás, sino velemos y seamos sobrios**". El apóstol no necesitaba exhortarlos para ser personas del día, porque su naturaleza estaba fijada para siempre por el poder divino, transformador y regenerador, en la salvación. Pero es posible que las personas hagan obras de la oscuridad porque la naturaleza nueva está encarcelada en la carne humana caída y pecaminosa (cp. Ro. 7:14-25). Por eso, Pablo exhortó a los tesalonicenses a vivir en conformidad con su nueva naturaleza. El tiempo presente de los verbos indica que ellos debían estar conscientes, alertas y sobrios continuamente. En lugar de amenazarlos con castigos, el apóstol apeló a su sentido de dignidad espiritual. Como hijos del día y de la luz, era impensable para ellos participar en las obras de la oscuridad (cp. Ef. 4:1; 5:11).

El término **durmamos** (*katheudō*; una palabra diferente a la usada para referirse metafóricamente a la "muerte" en 4:13-15) agrega otra dimensión más al retrato paulino de las personas de la noche (**los demás** a quienes se refiere). Por ser hijos de la noche y la oscuridad, no es extraño encontrarlos dormidos en la indiferencia espiritual, viviendo como si no hubiera juicio. Como el padre de familia en la parábola del Señor (Mt. 24:43) —el cual no era consciente de que estaba a punto de ser robado—, son necios e inconscientes del desastre que los amenaza. El hecho de que ellos duerman agrava su dilema: no solo están en la más densa oscuridad de la noche, también están en coma. En el versículo 7, el apóstol completará la descripción de su triste situación diciendo que están dormidos en la oscuridad en un estupor de embriaguez. Tristemente, aunque las personas de la noche están dormidas a la realidad espiritual, están muy despiertas para la lujuria de la carne.

Los tesalonicenses, como personas del día, se habían librado de la noche oscura de pecado, ignorancia, rebelión e incredulidad. Por eso, era descabellado que caminaran en la oscuridad. No hay lugar para la vida de la noche entre las personas del día; una verdad que Pablo recalca en otra exhortación:

> *La noche está avanzada, y se acerca el día. Desechemos, pues, las obras de las tinieblas, y vistámonos las armas de la luz. Andemos como de día, honestamente; no en glotonerías y borracheras, no en lujurias y lascivias, no en contiendas y envidia, sino vestíos del Señor Jesucristo, y no proveáis para los deseos de la carne (Ro. 13:12-14).*

El apóstol recordó a Tito que "la gracia de Dios se ha manifestado para salvación a todos los hombres, enseñándonos que, renunciando a la impiedad y a los deseos mundanos, vivamos en este siglo sobria, justa y piadosamente" (Tit. 2:11-12). La gracia redentora también es gracia santificadora.

Vivir de forma consecuente con la naturaleza de personas del día aporta consuelo a los creyentes, porque una vida recta y pía trae la tranquilidad de salvación (cp. 2 P. 1:5-10). Sin embargo, cuando las personas del día caminan en la oscuridad, pierden la seguridad y se vuelven temerosos del juicio de Dios. Se vuelven ciegos, "habiendo olvidado la purificación de sus antiguos pecados" (2 P. 1:9). Aunque no es posible que las personas del día estén atrapadas en el día del Señor, es posible que los pecadores entre ellas pierdan la seguridad y teman que puedan estar.

Dormir es la condición natural de las personas de la noche, pero las personas del día velan. *Grēgoreō* (**velemos**), la fuente del nombre *Gregorio*, quiere decir estar despierto o vigilante. A diferencia de las personas de la noche, adormecidas y atontadas, las personas del día están despiertas y son capaces de determinar rápidamente qué está ocurriendo en la dimensión espiritual. Obedecen el mandato petrino de disponerse a "actuar con inteligencia" (1 P. 1:13, NVI) y, sabiendo que el día del Señor viene (2 P. 3:10), procuran "con diligencia ser hallados por él sin mancha e irreprensibles, en paz" (2 P. 3:14).

En contraste con el estupor de la embriaguez que envuelve a las personas de la noche, quienes son del día también son **sobrios**. Ser **sobrios** quiere decir estar libre de la influencia de bebidas alcohólicas. Una persona **sobria** exhibe dominio propio, lleva una vida seria, equilibrada, calmada y mantiene las prioridades apropiadas. Estar **sobrios** es estar velando; los dos términos son esencialmente sinónimos. Tal como el sueño y la embriaguez definen la insensibilidad de las personas de la noche a la realidad espiritual, así también estar sobrio y velando describe la sensibilidad al día de quienes son del día. William Hendriksen escribe:

> La persona *sobria* vive profundamente. Sus placeres no son ante todo los de los sentidos, como, por ejemplo, los placeres del bebedor, sino los del alma. No es un estoico en modo alguno. Al contrario, con una buena medida de gozosa expectativa anhela el regreso del Señor (1 P. 1:13). ¡Pero no huye de sus tareas! Note cómo aquí y también en 1 Pedro 5:8 los dos verbos *velemos* y *seamos sobrios* se usan de manera sinónima.
>
> Entonces, la exhortación del apóstol equivale a esta: "No seamos negligentes y faltos de preparación, sino estemos listos, velando en lo espiritual, firmes en la fe, valientes, fuertes, calmados, pero con expectativa gozosa del día futuro. Más aún, hagamos todo esto porque pertenecemos al día y no a la noche" (*New Testament Commentary: Exposition of Thessalonians, Timothy, and Titus* [Comentario del Nuevo Testamento: Exposición de Tesalonicenses, Timoteo y Tito] [Grand Rapids: Baker, 1981], pp. 125-126; cursivas en el original).

La observación evidente según la cual **los que duermen, de noche duermen, y los que se embriagan, de noche se embriagan**, fortalece aún más la idea de Pablo. También puede estar aludiendo a una parábola de Jesús:

> *Mas si aquel siervo dijere en su corazón: Mi señor tarda en venir; y comenzare a golpear a los criados y a las criadas, y a comer y beber y embriagarse, vendrá el señor de aquel siervo en día que éste no espera, y a la hora que no sabe, y le castigará duramente, y le pondrá con los infieles (Mt. 12:45-46).*

Dormir y embriagarse son cosas que generalmente se hacen en la **noche**. Dormir se refiere metafóricamente a la indiferencia pasiva; embriagarse al pecado activo.

Repitiendo lo que se dijo en el versículo 6 por énfasis, Pablo escribió: "**Pero** —en marcado contraste con el sueño y la embriaguez de las personas de la noche— **nosotros, que somos del día, seamos sobrios**". La repetición del apóstol sugiere que el temor de los tesalonicenses por ser parte del día del Señor era una preocupación importante. De hecho, estaban tan preocupados que Pablo tuvo que volver a tratar el asunto en su segunda carta inspirada a ellos (2 Ts. 2:1ss). Una vez más, recalcó que como personas del día, los tesalonicenses no tendrían parte en el día del Señor. Su naturaleza y comportamiento los separa de las personas de la noche, sobre quienes descenderá el día del Señor.

Los conceptos de velar y estar sobrio sugerían a Pablo la imagen de un soldado en el deber. Por eso, veía a las personas del día como si estuvieran vistiendo "las armas de la luz" (Ro. 13:12; cp. Is. 59:17; Ef. 6:13-17). La **coraza** de un soldado protegía sus órganos vitales, la zona donde era más vulnerable. Era el equivalente antiguo de un chaleco a prueba de balas. La función obvia del **yelmo** (como el casco moderno de motociclismo o fútbol americano) era proteger la cabeza de los embates que de otra forma podrían aplastarla. **La coraza de fe y de amor** y **el yelmo** de **la esperanza de salvación** equipan al soldado cristiano para "estar firmes contra las asechanzas del diablo... contra [las] huestes espirituales de maldad en las regiones celestes" (Ef. 6:11-12).

Fe, **amor** y **esperanza** forman la triada suprema de virtudes cristianas (cp. 1:3; 1 Co. 13:13). También aportan una defensa excelente contra la tentación. La **fe** es confianza en el poder, promesas y plan de Dios. Es la creencia firme en que Dios es completamente confiable en todo lo que dice y hace.

Primero, los creyentes pueden confiar en Dios. Él nunca se desvía de su naturaleza como está revelada en las Escrituras, sino que siempre es consecuente con sus atributos. El escritor de Hebreos declaró de Dios Hijo: "Jesucristo es el mismo ayer, y hoy, y por los siglos" (He. 13:8).

Segundo, los creyentes pueden confiar en el poder de Dios. Él preguntó retóricamente a Abraham: "¿Hay para Dios alguna cosa difícil?" (Gn. 18:14; cp. Jer. 32:17, 27).

Tercero, los creyentes pueden confiar en las promesas de Dios. "Dios no es hombre, para que mienta, ni hijo de hombre para que se arrepienta. Él dijo, ¿y no hará? Habló, ¿y no lo ejecutará?" (Nm. 23:19).

Cuarto, los creyentes pueden confiar en el plan soberano de Dios, que no se puede parar ni dificultar. Dios declaró por medio de Isaías: "Lo que hago yo, ¿quién lo estorbará?" (Is. 43:13).

La **fe** proporciona la defensa contra la tentación, porque todo pecado es el resultado de la falta de confianza en Dios. Por ejemplo, la preocupación es no creer que Dios actuará en amor a favor de su pueblo; mentir sustituye los propósitos soberanos de Dios con los planes egoístas del hombre; el adulterio niega la sabiduría de Dios al instituir el lazo monógamo del matrimonio. Así, la **fe** es una **coraza** impenetrable, que da protección segura contra la tentación. Pero para vestirla, los creyentes deben estudiar y meditar en las riquezas profundas de la naturaleza de Dios revelada en las Escrituras, y luego traducir ese conocimiento a acciones en sus vidas.

Si la **fe** forma la superficie externa, protectora y dura de la **coraza** cristiana, entonces el **amor** es el forro interno suave. El **amor** a Dios requiere deleite y devoción a Dios como el objeto supremo del afecto. También es una disuasión poderosa para el pecado, pues en todo pecado hay una falta de amor por Dios. El mandamiento más grande, la orden que resumía toda la ley de Dios, es: "Amarás al Señor tu Dios con todo tu corazón, y con toda tu alma, y con toda tu mente" (Mt. 22:37). "El cumplimiento de la ley es el amor" (Ro. 13:10) porque quienes aman a Dios de verdad, no harán lo que le duele u ofende. De modo que el **amor** y la **fe** forman una barrera impenetrable contra la tentación; es solo cuando uno o ambos faltan que los cristianos caen víctimas del pecado. La confianza perfecta en Dios y el amor por Él, llevan a la obediencia perfecta.

La pieza final de la armadura es el **yelmo** de **la esperanza de salvación**. La **salvación** aquí considerada no es el aspecto pasado de la salvación (justificación) o su aspecto presente (santificación), sino su aspecto futuro (glorificación). Pablo describió ese aspecto futuro de la salvación en Romanos 13:11 cuando escribió: "Ahora está más cerca de nosotros nuestra salvación que cuando creímos". Entonces los creyentes recibirán la tan esperada redención de sus cuerpos (Ro. 8:23), cuando el Señor Jesucristo "transformará el cuerpo de la humillación nuestra, para que sea semejante al cuerpo de la gloria suya" (Fil. 3:21). Cuando los creyentes se enfocan en la gloria eterna que les espera (2 Ti. 2:10; 1 P. 5:10), se protegen de la tentación. Juan escribió: "Amados, ahora somos hijos de Dios, y aún no se ha manifestado lo que hemos de ser; pero sabemos que cuando él se manifieste, seremos semejantes a él, porque le veremos tal como él es. Y todo aquel que tiene esta esperanza en él, se purifica a sí mismo, así como él es puro" (1 Jn. 3:2-3).

Cuando la **fe** es débil, el **amor** se enfría. Cuando el amor se enfría, la esperanza se pierde. Cuando la **esperanza** en la promesa divina de la gloria futura es débil, los creyentes son vulnerables a la tentación y al pecado. Solo quienes visten con firmeza **la coraza de fe y de amor** y el **yelmo** de **la esperanza de salvación** pueden resistir con eficacia el ataque de las fuerzas de la oscuridad.

EL CARÁCTER DISTINTIVO DEL DESTINO DE LOS CREYENTES

Porque no nos ha puesto Dios para ira, sino para alcanzar salvación por medio de nuestro Señor Jesucristo, quien murió por nosotros para que ya sea que velemos, o que durmamos, vivamos juntamente con él. Por lo cual, animaos unos a otros, y edificaos unos a otros, así como lo hacéis. (5:9-11)

La verdad más aleccionadora de las Escrituras es que Dios juzgará a los impíos y los sentenciará al infierno eterno (Mt. 3:12; 13:40-42, 50; 18:8: 25:41, 46; Jn. 3:36; 5:29; Hch. 24:25; Ro. 2:5, 8; 9:22; 2 Ts. 1:9; He. 6:2; 10:26-27; 2 P. 2:9; 3:7; Ap. 14:9-11; 20:11-15; 21:8). Por otra parte, la verdad bendita para los creyentes es que **no** los **ha puesto Dios para ira** (cp. 1:10; Jn. 3:18, 36; 5:24; Ro. 5:1, 9; 8:1, 33-34). Como su naturaleza, establecida en el pasado en la salvación, y su patrón presente de obediencia, el destino futuro de las personas del día les separa de las personas de la noche. Los creyentes no experimentarán la **ira** que Dios derramará sobre los incrédulos en el día del Señor y por la eternidad en el infierno.

La palabra **puesto** expresa la puesta en práctica del plan soberano y divino, inexorable, para la salvación de los creyentes. En Mateo 25:34 Jesús prometió que los creyentes heredarán "el reino preparado para [ellos] desde la fundación del mundo". Pablo escribió a los efesios: "Nos escogió en él antes de la fundación del mundo, para que fuésemos santos y sin mancha delante de él" (Ef. 1:4), mientras que en 2 Timoteo 1:9 añadió: "[Dios] nos salvó y llamó con llamamiento santo, no conforme a nuestras obras, sino según el propósito suyo y la gracia que nos fue dada en Cristo Jesús antes de los tiempos de los siglos".

Orgē (**ira**) no se refiere al arrebato momentáneo de rabia, sino al "hábito de la mente asentado y determinado" (Richard C. Trench, *Synonyms of the New Testament* [Sinónimos del Nuevo Testamento] [Reimpresión; Grand Rapids: Eerdmans, 1983], p. 131). Es una referencia general al juicio final, cuando la ira de Dios se derramará sobre los impíos (Mt. 3:7; Jn. 3:36; Ro. 1:18; 2:5, 8; 3:5; 4:15; 5:9; 9:22; 12:19; Ef. 5:6; Col. 3:6; Ap. 14:9-11). Pero la **ira** de Dios aquí debe incluir también el día del Señor, pues esa era la principal preocupación de los tesalonicenses. Pablo les aseguró que no experimentarían ni la **ira** temporal del día del Señor (cp. Ap. 6:17) ni la **ira** del infierno.

Sino —en contraste con las personas condenadas de la noche— Dios ha destinado a los creyentes **para alcanzar** (lit. "ganar" o "adquirir") la **salvación por medio de nuestro Señor Jesucristo**. Una vez más, Pablo se refirió a la dimensión futura de la **salvación** de los creyentes, su glorificación (véase arriba la explicación del versículo 8). Pero los tres aspectos de la salvación —justificación (Is. 53:11; Ro. 3:24, 26; 5:8-9; 1 Co. 6:11; Gá. 2:16), santificación (1 Co. 1:30; 6:11; He. 7:25) y glorificación (cp. Fil. 3:21)— solo vienen **por medio de nuestro Señor Jesucristo**. La frase simple, pero profunda, **quien murió por** (*huper*; "a favor nuestro", "con referencia a nosotros", "en nuestro lugar", "como nuestro sustituto") **nosotros** (cp. Ro. 5:8) expresa la única base para la salvación de los creyentes. "Al que no conoció pecado, [Dios] por nosotros lo hizo pecado, para que nosotros fuésemos hechos justicia de Dios en él" (2 Co. 5:21); "llevó él mismo nuestros pecados en su cuerpo sobre el madero, para que nosotros, estando muertos a los pecados, vivamos a la justicia" (1 P. 2:24; cp. Jn. 10:11; Ro. 8:3; Gá. 1:4; 3:13; Ef. 5:2; 1 P. 3:18; 1 Jn. 2:2). El mensaje glorioso del evangelio es que la muerte sustitutiva de Cristo pagó en su totalidad la pena por los pecados de los creyentes y, por tanto, no pasarán por el juicio de Dios. En Juan 5:24 Jesús declaró: "De cierto, de cierto os digo: El que oye mi palabra, y cree al que me envió, tiene vida eterna; y no vendrá a condenación, mas ha pasado de muerte a vida". Tampoco enfrentarán la condenación de Dios, porque "ninguna condenación hay para los que están en Cristo Jesús" (Ro. 8:1).

La muerte de Cristo por las personas del día —tanto los que velan (vivos) como los que duermen (muertos; cp. 4:13-15)— las separa de las personas de la noche. La realidad maravillosa es que todos los creyentes vivirán **juntamente con él**, como Jesús lo prometió:

> *No se turbe vuestro corazón; creéis en Dios, creed también en mí. En la casa de mi Padre muchas moradas hay; si así no fuera, yo os lo hubiera dicho; voy, pues, a preparar lugar para vosotros. Y si me fuere y os preparare lugar, vendré otra vez, y os tomaré a mí mismo, para que donde yo estoy, vosotros también estéis (Jn. 14:1-3; cp. 1 Ts. 4:17).*

Como lo hizo con la explicación del arrebatamiento (cp. 4:18, donde usó la misma palabra traducida allí como "alentaos"), Pablo concluyó su explicación del día del Señor exhortando a los tesalonicenses a animarse **unos a otros, y** edificarse **unos a otros**. Con base en la verdad que él les dio, debían tranquilizar su ansiedad y temor porque no experimentarían el día del Señor. En su frase de conclusión confirma que ellos ya estaban comprometidos con animarse: "**Así como lo hacéis**". Pablo, siempre el pastor apasionado, fiel, preocupado por su pueblo, quería que ellos progresaran "más y más" (4:1).

A todo miembro de la raza humana le espera uno de dos posibles destinos. Quienes tercamente permanecen en la oscuridad espiritual, al final "serán echados a las tinieblas de afuera" en el infierno eterno (Mt. 8:12; cp. 22:13; 25:30). Pero quienes llegan a la luz de la salvación por medio de la fe en Jesucristo (Hch. 13:47; cp. Jn. 8:12; 9:5; 11:9; 12:46) participarán "de la herencia de los santos en luz" (Col. 1:12). Vivirán para siempre en la presencia gloriosa de Dios, donde "no habrá... más noche; y no tienen necesidad de luz de lámpara, ni de luz del sol, porque Dios el Señor los iluminará; y reinarán por los siglos de los siglos" (Ap. 22:5).

El crecimiento de un rebaño sano—Primera parte: La relación entre pastores y ovejas 14

Os rogamos, hermanos, que reconozcáis a los que trabajan entre vosotros, y os presiden en el Señor, y os amonestan; y que los tengáis en mucha estima y amor por causa de su obra. Tened paz entre vosotros. (5:12-13)

La iglesia es la institución más bendecida de la tierra, la única edificada por el Señor Jesucristo (Mt. 16:18; cp. Hch. 4:11-12; 20:28; 1 Co. 3:9; He. 3:6; 1 P. 2:5-7), la única institución a la que Él ha prometido bendición eterna (cp. Ef. 5:25-27) y la única de la cual declaró: "Las puertas del Hades no prevalecerán contra ella" (Mt. 16:18). El apóstol Pablo estaba tan convencido de la importancia terminante de la iglesia que la describió a Timoteo como "columna y baluarte de la verdad" (1 Ti. 3:15). Pero esas descripciones poderosas no quieren decir que la iglesia esté desprovista de dificultades. La iglesia enfrenta grandes retos y trata constantemente con los problemas del pecado porque los pecadores redimidos siguen batallando con la carne caída, y algunos miembros de las iglesias locales son inmaduros espiritualmente o incluso no son regenerados. Solo cuando la iglesia reconoce y confronta la debilidad, las imperfecciones y las dificultades provocadas por el pecado, comienza a crecer espiritualmente y continúa haciéndolo (Mt. 18:15-18; 1 Co. 5:1-7; 1 Jn. 1:9; cp. Stg. 5:16).

La iglesia verdadera también enfrenta la oposición fuerte de Satanás, sus demonios y sus agentes humanos (Mt. 13:19; 2 Co. 2:11; 4:4; Ef. 6:12; 1 Ts. 2:18; 3:5; cp. Hch. 8:1-3). No obstante, tiene recursos sobrenaturales porque es el cuerpo de Cristo en el mundo (Ro. 12:5; Gá. 3:28; Ef. 1:22-23; 3:21; Col. 1:24; He. 3:6), el Espíritu Santo da vigor a su vida (Jn. 14:26; Hch. 1:8; 9:31; 13:2-4; 20:28; 1 Co. 2:12-13; 3:16-17; 12:13; 1 Jn. 2:27; 3:24; 4:13), la Palabra de Dios la instruye (Jn. 17:17; Ro. 15:4; Col. 3:16; 2 Ti. 3:16-17; He. 4:12; 1 P. 2:2) y sus miembros poseen dones espirituales concedidos por Dios para edificarse mutuamente y alcanzar a los perdidos (Ro. 12:4-13; 1 Co. 12:4-11, 28; 14:12; Ef. 4:11-12). Los creyentes verdaderos en la iglesia aman y obedecen al Señor y se esfuerzan sinceramente por tener mayor santidad (1 Co. 6:11; Col. 1:21-23; He. 2:11; Cp. Hch. 14:22). La iglesia de Tesalónica era una iglesia que luchaba con éxito por esa santidad, como lo revela el resumen excelente de Pablo sobre su vida: "Por lo demás, hermanos, os rogamos y exhortamos en el Señor Jesús, que de la manera que aprendisteis de nosotros cómo os conviene conduciros y agradar a Dios, así abundéis más y más" (1 Ts. 4:1). El apóstol ya la había elogiado en varias partes de esta carta a los tesalonicenses (1:2-3, 6, 8-10; 2:13, 17, 19-20; 3:6, 8-9) lo cual indica que la iglesia iba en la dirección espiritual correcta. Fueran cuales fueran las deficiencias espirituales de Tesalónica, no amenazaban la vida espiritual básica de las personas. Pablo no señaló ningún pecado escandaloso ni falsas doctrinas. Pero sí animó a los creyentes porque había aún un proceso de santificación a seguir y mucho que crecer: necesitaban progresar "más y más".

En 1 Tesalonicenses 5:12-13, Pablo comienza una serie de exhortaciones directas a los tesalonicenses para perseverar y crecer en su caminar con Cristo. Aun cuando esperaran con ansias el regreso de Cristo por su iglesia y la liberación del día final del Señor, su responsabilidad presente era llevar vidas santas en el presente y continuar creciendo en gracia.

Los versículos 12-13 presentan directrices relativas a la relación entre los pastores y las personas. Es crucial que la relación entre el pastor y su rebaño sea saludable para garantizar el progreso espiritual de la iglesia (cp. 1 Co. 14:10; He. 13:17; 1 P. 5:1-5). Si los pastores y las ovejas no cumplen con sus responsabilidades espirituales propias para con el otro, la iglesia no puede ser lo que Dios quiere que sea. Este énfasis impregna las otras epístolas neotestamentarias (p. ej., Ro. 1:9-12; 1 Co. 16:10-11; 2 Co. 7:13-16; Ef. 4:15-16; 2 Ts. 3:4; 1 Ti. 3:14-15; 5:17-22; Tit. 2:1-10; He. 10:24-25). (Para una explicación más completa de qué constituye una iglesia saludable, véase John McArthur, *El plan del Señor para la iglesia* [Grand Rapids: Portavoz, 2005] y *Body Dynamic* [La dinámica del cuerpo] [Colorado Springs: ChariotVictor/Victor Books, 1996]).

LA RESPONSABILIDAD DEL PASTOR CON LAS OVEJAS

Os rogamos, hermanos... a los que trabajan entre vosotros, y os presiden en el Señor, y os amonestan; (5:12)

Los apóstoles hicieron del liderazgo una alta prioridad para las iglesias desde el principio. Pablo delineó en sus cartas a Timoteo y Tito los requisitos y deberes de tales líderes (1 Ti. 3:1-7; Tit. 1:5-9). En el Nuevo Testamento hay cuatro términos básicos para identificar y describir a los líderes eclesiales. Primero, está el término conocido *anciano* (*presbuteros*), con el cual se caracteriza a los líderes sabios y maduros espiritualmente (Hch. 15:2ss; 20:17; 1 Ti. 5:17, 19; Tit. 1:5; Stg.

5:14; 1 P. 5:1, 5; 2 Jn. 1; 3 Jn. 1). Segundo, está la palabra *obispo* (*episkopos*; Hch. 20:28; Fil. 1:1; 1 Ti. 3:1-2; Tit. 1:7), describe la supervisión y autoridad del líder espiritual. Tercero, el término conocido *pastor* (*poimēn*) enfatiza la responsabilidad del líder para alimentar y proteger a su rebaño (Ef. 4:11; cp. Mt. 9:36; Mr. 6:34). Finalmente, el término *líder* (*hegemōn*) indica que el líder eclesial debe ser capaz de proveer discernimiento y guía espirituales para su rebaño (cp. He. 13:7, 17, 24).

Poner a tales hombres en posiciones de liderazgo dentro de la naciente iglesia era esencial (cp. Hch. 14:23), pero la tarea no era fácil. En Tesalónica, como en otras ciudades greco-romanas donde Pablo había sembrado iglesias, era difícil encontrar líderes cualificados. Primero de todo, la iglesia tenía menos de un año y estaba compuesta principalmente de nuevos conversos. Por tanto, había pocos miembros (si es que había alguno) con la madurez y sabiduría suficiente para articular la verdad y dirigir a la congregación con discernimiento. No obstante, el apóstol Pablo ejerció su autoridad (cp. Hch. 13:1-3; 15:22-29; 16:1-5; 2 Co. 10:8, 14) y discernimiento recibidos del Espíritu, e identificó a ciertos hombres capaces y los comenzó a capacitar para ser ancianos. Aunque 1 Tesalonicenses no menciona ancianos, obispos, pastores o líderes, están implícitos como los que presidían **en el Señor** a los tesalonicenses.

Segundo, encontrar ancianos cualificados entre los tesalonicenses era difícil porque, en general, los creyentes nuevos eran personas comunes y corrientes. Muchos de ellos eran esclavos, no acostumbrados a las responsabilidades del liderazgo. Así, tendrían que aprender a crecer espiritualmente y desarrollarse como líderes al mismo tiempo.

La dificultad en identificar ancianos cualificados en Tesalónica llevó a un conflicto dentro de la iglesia (5:14-15). Al parecer, algunos del rebaño no se sometían a los nuevos líderes, preguntándose por qué otros creyentes igual de nuevos en Cristo tenían autoridad sobre ellos. Aunque ese conflicto no era una amenaza a la vida de la iglesia (como sí lo eran las divisiones y los excesos carismáticos en la iglesia de Corinto), era suficientemente serio para que Pablo quisiera resolverlo tan pronto como fuese posible. En buena parte, la resolución de ese conflicto radicaba en el cumplimiento apropiado de las funciones de los pastores y de la congregación. Por eso, Pablo amonestó a los tesalonicenses con respecto a la relación entre pastores y ovejas, comenzando con la responsabilidad del pastor por las ovejas.

Como el asunto era nuevo para los tesalonicenses, y considerando que estaban creciendo espiritualmente y volviéndose modelos para otras iglesias (1:7-9), Pablo planteó el tema amablemente. **Os rogamos, hermanos**, era un acercamiento amable y amigable del apóstol. No es la expresión forzosa de la autoridad apostólica que Pablo podía usar (p. ej., Hch. 13:9-11; 27:21-26; 1 Co. 1:10; 5:1-8; 11:17-22; 2 Co. 2:8-11; Gá. 1:6-9; 3:1-9); era más la solicitud de un buen amigo; también es la misma expresión que utilizó en 4:1 (véase la explicación de ese versículo en el capítulo 8). Los tesalonicenses lo estaban haciendo bien; esta era tan solo una solicitud para animarlos a hacerlo aún mejor. Por eso, Pablo habló a la iglesia sobre tres responsabilidades de los pastores con las ovejas: trabajar entre ellas, ejercer autoridad sobre ellas y amonestarlas.

LA RESPONSABILIDAD DE TRABAJAR

a los que trabajan entre vosotros (5:12*b*)

Trabajan proviene de *kopiaō*, que significa exhibir gran esfuerzo y ahínco, hasta el punto de sudar o quedar exhausto. El pastor fiel trabaja duro entre su pueblo y lo ministra como lo haría un pastor con sus ovejas o como un padre guía a su familia. Los pastores espirituales deben proclamar el evangelio (2 Ti. 4:5), explicar la verdad y aplicarla (1 Ti. 3:2; 2 Ti. 4:2; Tit. 1:9), advertir y amonestar a las ovejas (cp. Ro. 15:14; Col. 1:28; 3:16; 1 Ts. 5:14) y aconsejarlas a partir de las Escrituras (2 Ti. 3:16—4:4; cp. Pr. 17:17; 27:6, 9, 17).

El apóstol Pablo era el ejemplo consumado de tal pastor concienzudo y trabajador diligente, y ya había declarado: "Porque os acordáis, hermanos, de nuestro trabajo y fatiga; cómo trabajando de noche y de día, para no ser gravosos a ninguno de vosotros, os predicamos el evangelio de Dios" (1 Ts. 2:9; véase la explicación de este versículo y los dos versículos precedentes en el capítulo 3). Entonces, en su segunda carta a los tesalonicenses, Pablo les ordenó: "[Apartaos] de todo hermano que ande desordenadamente, y no según la enseñanza que recibisteis de nosotros. Porque vosotros mismos sabéis de qué manera debéis imitarnos; pues nosotros no anduvimos desordenadamente entre vosotros" (3:6-7). Pablo trabajaba haciendo tiendas para sostenerse (Hch. 18:3), no porque no tuviera el derecho a recibir compensación por su trabajo ministerial, sino para servir de ejemplo a los creyentes de alguien que trabajaba duro y no quería ser carga indebida para nadie (cp. 1 Co. 9:1-15). Se espera de los pastores que ministren con diligencia a su pueblo y trabajen duro en sus labores (cp. 1 Co. 3:13). Pablo sabía que si iba a enseñar a los tesalonicenses a hacer las dos cosas, debía ser un buen ejemplo de alguien que las hiciera.

En la exhortación de despedida de Pablo a los ancianos de Éfeso, les recordó varias veces con cuánta diligencia había trabajado entre ellos:

> *Vosotros sabéis cómo me he comportado entre vosotros todo el tiempo, desde el primer día que entré en Asia, sirviendo al Señor con toda humildad, y con muchas lágrimas, y pruebas que me han venido por las asechanzas de los judíos; y cómo nada que fuese útil he rehuido de anunciaros y enseñaros, públicamente y por las casas (Hch. 20:18-20; cp. Col. 1:28; 1 Ti. 4:10).*

> *Por tanto, velad, acordándoos que por tres años, de noche y de día, no he cesado de amonestar con lágrimas a cada uno (v. 31; cp. 1 Co. 15:10).*

> *Ni plata ni oro ni vestido de nadie he codiciado. Antes vosotros sabéis que para lo que me ha sido necesario a mí y a los que están conmigo, estas manos me han servido. En todo os he enseñado que, trabajando así, se debe ayudar a los necesitados, y recordar las palabras del Señor Jesús, que dijo: Más bienaventurado es dar que recibir (vv. 33-35).*

Pablo era el modelo de ministerio servicial y diligente que debería caracterizar a todo pastor. El liderazgo exitoso de la iglesia llega para quienes están dispuestos a trabajar hasta el cansancio por la causa de los mandatos divinos y de los objetivos espirituales, aceptando la proclamación del evangelio, el establecimiento de las iglesias y la edificación de los creyentes.

LA RESPONSABILIDAD DE EJERCER AUTORIDAD

y os presiden en el Señor, (5:12*c*)

Presidir (*proistēmi*) significa literalmente "pararse ante" y conlleva la noción de presidir, liderar o dirigir con autoridad. Después, Pablo usó la palabra cuatro veces, para instruir a Timoteo sobre el carácter y deberes de los ancianos de la iglesia (1 Ti. 3:4-5, 12; 5:17). Los pastores están en el lugar del Pastor principal como sus pastores delegados ejerciendo supervisión y autoridad en su nombre (cp. 1 P. 5:1-4).

La responsabilidad de los pastores tesalonicenses de dar guía y dirección al rebaño exigía el cumplimiento de muchos deberes, tales como establecer un tono espiritual positivo, proporcionar unidad funcional, relacionarse bien con los miembros de la iglesia a nivel individual, ayudar a resolver las dificultades de la vida y encontrar soluciones bíblicas a sus problemas, y trabajar por los cambios necesarios dentro de la iglesia; todo mediante el esfuerzo diligente y con la ayuda del Espíritu Santo.

La frase **en el Señor** enfatiza que los verdaderos pastores no se nombran a sí mismos, su autoridad no proviene de seres humanos falibles. Al ser nombrados y formados por Dios (1 Co. 4:1; 2 Co. 3:5-6; He. 5:4), su deber es conducir y cuidar de las ovejas por amor a Él; nunca porque quieren poder, prestigio, riqueza o promover sus carreras (1 P. 5:2-3; cp. 1 Ti. 6:9-10).

LA RESPONSABILIDAD DE AMONESTAR

y os amonestan; (5:12*d*)

La tercera responsabilidad de los pastores con sus ovejas es amonestarlos. Esta expresión viene del verbo *noutheteō*, que se traduce *amonestar* en el Nuevo

Testamento (cp. Hch. 20:31; Ro. 15:14; 1 Co. 4:14; Col. 1:28; 3:16; 1 Ts. 5:14; 2 Ts. 3:15). No se refiere tan solo al conocimiento académico impartido de forma impersonal, sino a amonestar con el propósito de corregir y cambiar a las personas. Es enseñar con un componente de advertencia, diseñado para dirigir al rebaño a una vida santa (cp. 1 Co. 4:14).

Por lo tanto, los pastores deben ser maestros aptos de la Palabra de Dios. (De hecho, la autoridad de ningún pastor va más allá de la voluntad expresa de Dios revelada en las Escrituras por su Espíritu). Además de las cualidades de carácter estipuladas para los ancianos (1 Ti. 3:2-7; Tit. 1:7-9), la habilidad de enseñar es la única específica que, según Pablo, ellos deben tener (cp. 1 Ti. 4:6, 16). Más aun, el apóstol sabía que enseñar la Palabra tiene aspectos positivos y negativos, requiere retener "la palabra fiel tal como ha sido enseñada, para que también pueda exhortar con sana enseñanza y convencer a los que contradicen" (Tit. 1:9). El pastor debe ser capaz de enseñar de forma tal que exhorte a los creyentes a practicar la verdad (cp. Hch. 20:32; Ef. 4:11-12; Tit. 2:15) y, cuando sea necesario, urja a quienes niegan la verdad a dejar su error y aceptar la verdad (2 Ti. 2:24-26; cp. 3 Jn. 9-10). Richard Baxter, puritano, escribió sobre la importancia de que un pastor tenga la capacidad de enseñar la verdad con eficacia:

> En mi opinión, predicar un sermón no es la parte más difícil; y sin embargo, cuánta habilidad es necesaria para hacer clara la verdad; para convencer a los oyentes, para dejar una luz irresistible en sus consciencias y mantenerla allí para que la lleven a casa; para fijar la verdad en sus mentes y hacer que Cristo obre en sus afectos; para responder a cada objeción y resolverla claramente; para llevar a los pecadores a adoptar una posición y hacerles ver que no hay esperanza, sino que inevitablemente deben convertirse o condenarse. Y hacer todo esto como corresponde al lenguaje y las maneras, como es apropiado para nuestro trabajo y, sin embargo, como se ajuste mejor a las capacidades de nuestros oyentes. Con seguridad, esto y mucho más de lo que debe hacerse en cada sermón requiere una gran cantidad de habilidad santa. Un Dios tan grande, cuyo mensaje entregamos, debe sentirse honrado cuando en efecto lo entregamos. Es lamentable que en un mensaje del Dios del cielo, de duración eterna en las vidas de los hombres, nos comportemos con tanta debilidad, con tan poca galantería, con tanta imprudencia o ligereza, que todo el asunto se malogre en nuestras manos; que Dios sea deshonrado, su obra pierda gracia y los pecadores se endurezcan en vez de convertirse. ¡Todo esto por nuestra debilidad o negligencia! ¡Cuán a menudo los oyentes carnales han vuelto a sus casas vociferando ante los errores palpables y deshonrosos del predicador! ¡Cuántas personas bajo nuestro cargo duermen porque nuestros corazones y lenguas están dormidos, y no tenemos en nosotros

la habilidad y el celo para despertarlos! (*The Reformed Pastor* [El pastor reformado] [Reimpresión; Edimburgo: Banner of Truth, 1974], p. 70).

LA RESPONSABILIDAD DE LAS OVEJAS CON LOS PASTORES

que reconozcáis... y que los tengáis en mucha estima y amor por causa de su obra. Tened paz entre vosotros. (5:12*a*, 13)

Quienes son pastores de ovejas en el campo saben que los animales pueden ser muy difíciles de manejar. Las ovejas son sucias, débiles, desorganizadas y dadas a extraviarse. Con todo, pueden exigir demasiado y no considerar a quienes se atraviesan en el camino de sus pezuñas afiladas. Así, las ovejas pueden hacer muy infeliz la vida del pastor, si no le obedecen. De igual manera, cuando los creyentes no obedecen los mandamientos del Señor ni se someten al liderazgo de los líderes que Él ha designado, pueden hacer miserable e improductiva la vida de la iglesia local (cp. He. 13:17). Por esa razón, es imperativo que los cristianos se den cuenta de su responsabilidad con los pastores y la cumplan. Pablo dio a los tesalonicenses una expresión triple de ese deber para con los pastores: apreciarlos, estimarlos y someterse a ellos.

LA RESPONSABILIDAD DE APRECIARLOS

que reconozcáis (5:12*a*)

Reconozcáis es una traducción de *oida*, una palabra común del Nuevo Testamento, cuyo significado es conocer por experiencia (p. ej., Mt. 7:11; 9:6; Mr. 2:10; Lc. 20:21; Jn. 4:22; 10:4; Hch. 3:16; Ro. 6:16; 8:28; 1 Co. 2:12; 2 Co. 9:2; Ef. 1:18; Fil. 4:12; Col. 4:6; 2 Ts. 3:7; 1 Ti. 3:15; 2 Ti. 1:12; He. 10:30; Stg. 1:19; 1 Jn. 2:20; 3:2; 3 Jn. 12; Ap. 2:2; 3:8). Aquí la connotación es que los creyentes deben conocer a sus pastores profunda y respetuosamente, y valorar su servicio. Esta forma de conocimiento es mucho más que solamente recordar sus nombres o tener consciencia de algunos hechos sobre su vida personal. En cambio, implica un conocimiento personal que resulte en aprecio y cuidado por el siervo del Señor.

Es común que las personas sean poco amables, criticonas e indiferentes con sus pastores cuando no los conocen bien. Pero es improbable que tengan una actitud tan negativa hacia los pastores que realmente conocen. Más bien, son más dados a tratarlos con respeto y gratitud sinceros.

El reconocimiento también implica dar respaldo económico a los pastores. La instrucción posterior de Pablo sobre los ancianos da a entender tal apoyo con mayor claridad: "Los ancianos que gobiernan bien, sean tenidos por dignos de doble honor, mayormente los que trabajan en predicar y enseñar" (1 Ti. 5:17).

Timē ("honor") quiere decir "respeto" o "alta consideración", pero el contexto de 1 Timoteo 5 (vv. 3-16, la explicación del apoyo a las viudas) sugiere que la palabra también puede referirse a dinero (cp. Mt. 27:6, 9; Hch. 5:2-3; 7:16; 19:19). Pablo dijo a Timoteo que los ancianos fieles y diligentes eran dignos de doble respeto y pago generoso, en particular los que son más diligentes y dedicados en la predicación y la enseñanza. La iglesia debe apoyar generosamente a los pastores que trabajan en la exposición de la Palabra. En 1 Corintios 9:14 resume bien este principio: "Así también ordenó el Señor a los que anuncian el evangelio, que vivan del evangelio" (cp. 9:9; 2 Co. 8:1-5; 1 Ti. 5:18).

De modo que la petición de Pablo de que los tesalonicenses reconocieran a sus pastores incluía el conocimiento que lleva al respeto amoroso, la admiración sincera y la remuneración económica generosa que muestra gratitud por el ministerio del pastor, y confianza en su mayordomía de los recursos de la iglesia.

LA RESPONSABILIDAD DE ESTIMARLOS

y que los tengáis en mucha estima y amor por causa de su obra. (5:13*a*)

La congregación de creyentes tiene el deber de tener **en mucha** ("más allá de toda medida") **estima** ("consideración", "pensar en") a sus pastores. Si bien este verbo es obviamente similar a mostrar aprecio, indica algo más que el simple conocimiento respetuoso. Esta frase es un llamado a respetar ilimitadamente a los líderes de la iglesia.

Pablo aumentó esta responsabilidad aún más, diciendo a los tesalonicenses que debían tener en mucha estima **y amor** a sus pastores, no por la personalidad de estos últimos o por los favores que otorgan, sino **por causa de su obra**. De modo que, más allá de apreciar al pastor porque lo conocen, los santos deben tenerlo en mayor consideración por su designación divina y su llamamiento fortalecido por el Espíritu. **Amor** es la conocida palabra *agapē,* y se refiere al servicio desinteresado y sacrificial por los demás. La **obra** de los pastores es su ministerio de la Palabra que alimenta las almas del rebaño. En su carta a las iglesias de Galacia, el apóstol había elogiado a los creyentes gálatas por la forma en que le mostraron su estima:

> *Y no me despreciasteis ni desechasteis por la prueba que tenía en mi cuerpo, antes bien me recibisteis como a un ángel de Dios, como a Cristo Jesús. ¿Dónde, pues, está esa satisfacción que experimentabais? Porque os doy testimonio de que si hubieseis podido, os hubierais sacado vuestros propios ojos para dármelos (Gá. 4:14-15).*

A pesar de alguna clase de enfermedad física repulsiva que Pablo padecía, los gálatas le dieron la bienvenida como su pastor. La enfermedad de Pablo podría haber sido algún tipo de afección ocular, lo cual podría explicar la disposición de los gálatas a sacarse los ojos. (La referencia también puede ser en sentido figurado, para ilustrar la disposición de ellos de ir a cualquier extremo por él, cp. Mt. 5:29; 18:8-9). En cualquier caso, aunque desde el punto de vista humano no hubiera nada de atractivo en Pablo, los gálatas mostraron la misma clase de respeto que él mandaba a los tesalonicenses para con sus pastores.

Dios ha llamado a los pastores y los ha apartado para la obra importante de liderar la iglesia de Él (1 Ti. 3:1-7; Tit. 1:5-9; cp. Mr. 3:13-19; Hch. 6:3-6; 13:1-3). Por eso, las personas bajo la autoridad de los pastores deben reconocer amorosamente su trabajo ministerial, respetarlos, pasar por alto su fragilidad humana no pecaminosa (cp. Pr. 10:12; 1 P. 4:8), hablar bien de ellos, animarlos y darles lo mejor que tienen.

LA RESPONSABILIDAD DE SOMETERSE

Tened paz entre vosotros. (5:13*b*)

El concepto de los creyentes viviendo en **paz entre** ellos es una exhortación familiar en el Nuevo Testamento (Ro. 14:19; 2 Co.13:11; Ef. 4:3; Col. 3:15; Stg. 3:18). Pero la admonición de Pablo aquí se refiere específicamente a la relación entre los tesalonicenses y sus pastores. Para que esa relación fuera pacífica, los creyentes debían someterse a sus líderes. Tal sumisión, si se hace de una forma que honre a Dios, eliminaría conflictos, contiendas y discordias, y promovería la paz, la armonía y el ministerio eficaz en la iglesia (cp. Ro. 12:18; 1 Co. 14:33; He. 12:14; 1 P. 3:10-11).

Casi veinte años después de que Pablo escribió a los tesalonicenses, el autor de Hebreos desarrolló aún más la necesidad de que las ovejas se sometieran a sus pastores. Primero, mandó a sus lectores: "Acordaos de vuestros pastores, que os hablaron la palabra de Dios; considerad cuál haya sido el resultado de su conducta, e imitad su fe" (13:7). "Acordaos" se refiere a recordar a los pastores con amor y afecto, y considerar cuánto bendice el Señor las vidas de los pastores y los usa para proclamar su Palabra. Recordar esto debe llevar a las ovejas a emular la conducta de los pastores. Imitar a quienes exhiben un comportamiento apropiado es la parte central de la sumisión.

Hebreos 13:17 contiene dos exhortaciones adicionales sobre la sumisión a los ancianos. La primera mitad del versículo dice: "Obedeced a vuestros pastores, y sujetaos a ellos; porque ellos velan por vuestras almas, como quienes han de dar cuenta". A menos que los pastores pidan a las ovejas hacer algo pecaminoso o ajeno a las Escrituras, las ovejas deben obedecerles y someterse a su liderazgo. Las ovejas no deben despreciar la enseñanza y supervisión fiel de sus pastores porque tal falta de respeto pecaminosa solo hace que la responsabilidad de los líderes ante Dios sea mucho más difícil. El versículo concluye amonestándolos: "Para que lo hagan con alegría, y no quejándose, porque esto no os es provechoso". Las ovejas tercas, caprichosas y desobedientes roban la alegría de sus pastores y solo les causan —a ellos y a los demás líderes— dolor y relaciones no provechosas (cp. Jer. 9:1-6; Mt. 23:37-39). (Para un comentario más completo sobre Hebreos 13: 7, 17, véase John McArthur, *Hebrews* [Hebreos], The MacArthur New Testamento Commentary [Comentario MacArthur del Nuevo Testamento] [Chicago: Moody, 1983], caps. 38—39).

Para que la iglesia local funcione como Dios quiere y reciba su bendición, sus pastores deben ser responsables de trabajar entre su pueblo, ejercer autoridad sobre ellos y amonestarlos. Al mismo tiempo, los creyentes tienen la obligación de reconocer a sus pastores, estimarlos y someterse a ellos. Cuando los dos cumplen con sus respectivas responsabilidades, la iglesia se convierte en el rebaño saludable, unificado, gozoso y pacífico que Dios quiere. Cuando ministran conjuntamente, los pastores fieles y la congegación fiel honran a Cristo —la cabeza de la iglesia—, promueven el reino de Dios y le glorifican.

El crecimiento de un rebaño sano—Segunda parte: La atención a los espiritualmente necesitados

15

También os rogamos, hermanos, que amonestéis a los ociosos, que alentéis a los de poco ánimo, que sostengáis a los débiles, que seáis pacientes para con todos. Mirad que ninguno pague a otro mal por mal; antes seguid siempre lo bueno unos para con otros, y para con todos. (5:14-15).

La iglesia que más cerca ha estado de ser la que el Señor desea fue la iglesia apostólica del libro de Hechos. Sobre la condición de la iglesia en los días y semanas que siguieron a los impresionantes acontecimientos de Pentecostés, Lucas escribió:

> *Y perseveraban en la doctrina de los apóstoles, en la comunión unos con otros, en el partimiento del pan y en las oraciones. Y sobrevino temor a toda persona; y muchas maravillas y señales eran hechas por los apóstoles. Todos los que habían creído estaban juntos, y tenían en común todas las cosas; y vendían sus propiedades y sus bienes, y lo repartían a todos según la necesidad de cada uno. Y perseverando unánimes cada día en el templo, y partiendo el pan en las casas, comían juntos con alegría y sencillez de corazón, alabando a Dios, y teniendo favor con todo el pueblo. Y el Señor añadía cada día a la iglesia los que habían de ser salvos (Hch. 2:42-47).*

La iglesia apostólica tenía una respuesta que honraba a Dios en cada situación, la persecución inclusive. Después de que los líderes judíos prendieron a Pedro y a Juan, los interrogaron, les advirtieron que no volvieran a predicar el evangelio y los liberaron, la iglesia oró de inmediato por la situación (4:24-30). Como resultado…

> *El lugar en que estaban congregados tembló; y todos fueron llenos del Espíritu Santo, y hablaban con denuedo la palabra de Dios. Y la multitud de los que habían*

> *creído era de un corazón y un alma; y ninguno decía ser suyo propio nada de lo que poseía, sino que tenían todas las cosas en común. Y con gran poder los apóstoles daban testimonio de la resurrección del Señor Jesús, y abundante gracia era sobre todos ellos. Así que no había entre ellos ningún necesitado; porque todos los que poseían heredades o casas, las vendían, y traían el precio de lo vendido, y lo ponían a los pies de los apóstoles; y se repartía a cada uno según su necesidad (4:31-35).*

Sin embargo, había otra lección clave que el Señor tenía para la primera iglesia si es que había de crecer espiritualmente y ser eficaz para alcanzar a los perdidos. La lección era la urgencia de disciplinar a los miembros pecadores (cp. Hch. 5:1-6). A partir de la enseñanza de Jesús (Mt. 18:15-18) y los acontecimientos de Hechos 5, el apóstol Pablo entendió bien el principio y se dio cuenta de que las iglesias más fuertes, como la de Tesalónica, debían ser diligentes en confrontar el pecado entre sus miembros (cp. 2 Co. 12:20—13:2). Estaba agradecido por la salud espiritual de los tesalonicenses (1 Ts. 1:2-3, 9-10; 2:19-20; 3:9-10), pero deseaba que ellos continuaran creciendo en gracia (3:8, 12; 4:1, 10) y eso significaba ministrar directamente a las personas con problemas, como lo indica este texto.

La idea de Pablo sobre el crecimiento de la iglesia estaba en contraste agudo con las preocupaciones de los expertos de hoy sobre "crecimiento eclesial", relativas a demografía y homogeneidad cultural, confabulaciones sutiles para hacer la iglesia más "amigable para el buscador", metodologías sofisticadas de entretenimiento para hacer los servicios de adoración "más relevantes" y las técnicas de mercadeo locuaz para atraer a nuevos miembros. En lugar de confiar en tales conceptos o estrategias desarrolladas por el hombre, el apóstol se enfocaba en los obstáculos pecaminosos al crecimiento espiritual de la iglesia tesalonicense. De este modo, identificó cinco tipos de ovejas con problemas con las cuales necesitan lidiar las ovejas sanas: la rebelde, cuya necesidad es volver a alinearse; la preocupada, cuya necesidad es tener más ánimo, fe, audacia y confianza; la débil, cuya necesidad es ser más disciplinada en la santidad; la fastidiosa, cuya necesidad es mantener el paso en obediencia; y la mala, cuya necesidad es comportarse con rectitud. La falta de progreso espiritual en la iglesia se debe generalmente al comportamiento pecaminoso de los miembros en tales categorías de problemas. Pablo deseaba de veras que los tesalonicenses supieran cómo lidiar adecuadamente con quienes estaban en cada una de estas categorías.

CÓMO LIDIAR CON LA OVEJA REBELDE

También os rogamos, hermanos, que amonestéis a los ociosos, (5:14*a*)

La exhortación de Pablo a los tesalonicenses reflejaba su sentido de la urgencia. **Rogamos** viene de *parakaleō*, cuyo significado literal es "ir junto a alguien" y conlleva la idea de proveer ayuda a alguien. El apóstol animaba con celo y entusiasmo a los **hermanos**, a los creyentes sanos espiritualmente, a participar en la ayuda a los necesitados. Aunque reconocía que los pastores también tenían responsabilidad sobre las ovejas problemáticas dentro de la iglesia, esta exhortación, como la de 5:12, estaba dirigida principalmente a los **hermanos** o a la congregación.

Pablo identificó a los rebeldes con el término **ociosos** (*ataktos*), que en el griego común aparecía a menudo en contextos militares y se refería a un soldado fuera de la fila, cuyo comportamiento era desordenado e insubordinado. La palabra llegó a referirse a cualquiera que no cumpliera su deber ni sus responsabilidades. Algunos comentaristas dicen que *ataktos* se refiere sobre todo a los apáticos, indolentes o perezosos (2 Ts. 3:6-7, 11; cp. 1 Ti. 5:13) en la iglesia tesalonicense; aquellos que eran pasivos y holgazanes con sus deberes. Pero el contexto sugiere que el término también puede referirse a quienes tenían una actitud rebelde activa.

Los ociosos eran los que se salían de la dirección en la cual iban todos. Así son los creyentes que no sirven en la iglesia con sus dones espirituales (cp. 1 Co. 12:7; 14:12-13), no ofrendan parte de sus riquezas (cp. 1 Co. 16:2; 2 Co. 8:7; 9:6-12) ni apoyan a los líderes (cp. 1 Ts. 5:12-13; 1 Ti. 5:17; He. 13:7, 17). Tal vez no los estaban apoyando porque no les importaba, porque estaban enojados o porque eran rebeldes y contenciosos. Si no se arregla la situación con estas personas, tienden a volverse amargadas. Se pueden volver "calienta sillas" criticones y a la larga rebeldes que minen el liderazgo de la iglesia para justificar su insubordinación. Obviamente, las dos son causa de división.

Para Pablo, ayudar al rebelde no requería alguna metodología compleja o un programa sofisticado de consejería psicológica. En su lugar, los otros creyentes debían acompañarlo en su caminar y amonestarlo (*noutheteō*). Amonestar también puede tener el sentido de advertir (cp. Hch. 20:31; 1 Co. 4:14; Col. 1:28), un significado que conlleva la idea de ayudar a alguien a entender o alertarlo sobre las consecuencias serias de sus acciones. *Noutheteō* no significa juzgar o criticar de manera superior. Más bien, es la clase de advertencia cariñosa contra el peligro que dio Pablo a los ancianos de Éfeso (Hch. 20:31) y que quería transmitir a los tesalonicenses.

CÓMO LIDIAR CON LA OVEJA PREOCUPADA

que alentéis a los de poco ánimo, (5:14*b*)

El segundo grupo de ovejas espiritualmente necesitadas que Pablo identificó eran las **de poco ánimo**, literalmente "de alma pequeña" (*oligopsuchos*). Mientras los ociosos iban al extremo del comportamiento cristiano aceptable; estas ovejas estaban preocupadas, acurrucadas en el medio y con miedo de llegar al extremo. En la iglesia encontramos creyentes audaces y valientes, no temerosos de las persecuciones o dificultades y dispuestos a dar sus vidas en el campo de batalla por una causa noble o por los principios de la verdad. En contraste, **los de poco ánimo** carecen de audacia para aceptar un ministerio nuevo y retador; le temen al cambio y a lo desconocido y quieren ministerios sin riesgo, tradicionales y con seguridad absoluta.

Algunos de los tesalonicenses eran **de poco ánimo** porque no soportaban bien la persecución; al parecer, no habían entendido el llamado de Pablo a la evangelización audaz o no estaban dispuestos a obedecerlo, temiendo que los llevara al sufrimiento (1 Ts. 3:2-4; cp. Mt. 5:10-12; Jn. 15:18-21; Fil. 1:29-30; 2 Ti. 3:12; 1 P. 4:19; 5:10).

La instrucción del apóstol Pablo sobre cómo debían ayudar las ovejas confiadas a las preocupadas era simple: las confiadas debían alentar a las preocupadas. **Alentéis** (*paramutheomai*) significa literalmente "hablar al lado de" alguien y consolar al hacerlo. Los confiados necesitan volverse instructores personales y ejemplos para los preocupados, enseñarles la certeza bíblica de que el Señor responde sus oraciones (1 Jn. 5:14-15), les asegura su salvación (Jn. 10:27-29), les incluye en la resurrección final (Jn. 11:24-27), les ama eternamente (Ro. 8:38-39) y cumple su voluntad en las vidas de ellos (Pr. 19:21; Ro. 8:28-29). Cuando el creyente confiado y gozoso recuerda estas cosas al tímido y triste, lo alegra.

CÓMO LIDIAR CON LA OVEJA DÉBIL

que sostengáis a los débiles, (5:14*c*)

Los **débiles** podrían ser los que son frágiles en la fe, y están acosados por las dudas (Ro. 14:1—15:13; 1 Co. 8:1-13; 9:19-23; 10:23-33). Tal vez su fe no es lo suficientemente fuerte para disfrutar su libertad en Jesucristo (cp. Gá. 5:1; Col. 2:16-23). Ellos son ciertamente más susceptibles al error (Ef. 4:14), a la tentación y al pecado, que los creyentes más fuertes (cp. 1 Co. 8:9-13). Algunos creyentes débiles tienen conciencias tan susceptibles con sus pecados pasados que perciben pecado en algunas cosas que definitivamente no lo son (cp. 1 Co. 8:7).

El término **débiles** (*asthenēs*) se centra en la susceptibilidad al pecado y se aplica a creyentes que luchan por abandonarlo y obedecer la voluntad de Dios. Aunque las versiones modernas traducen *asthenēs* en Santiago 5:14 como "enfermo", denota a quienes están débiles: "¿Está alguno enfermo entre vosotros? Llame a los ancianos de la iglesia, y oren por él". Los débiles morales y espirituales deben llamar a los ancianos fuertes espiritualmente para que intercedan por ellos y les exhorten a arrepentirse por el pecado que les esté causando debilidad. (Para una explicación completa de este versículo y los siguientes véase *Santiago,* Comentario

MacArthur del Nuevo Testamento [Grand Rapids: Portavoz, 2004], pp. 276-290 del original en inglés). **Los débiles** siempre son impedimentos y piedras de tropiezo para el crecimiento y el poder de la iglesia.

Pablo urgió a los tesalonicenses fuertes a sostener **a los débiles** (cp. Gá. 6:1-2). La Nueva Versión Internacional usa el término "ayuden", pero se trata de una traducción algo imprecisa de la palabra griega *antechō*, cuyo significado es "asir con firmeza", "aferrarse", "apoyar", "sostener" (cp. Tit. 1:9). Pablo mandó que las ovejas más fuertes fueran junto a las ovejas más débiles, establecieran relaciones personales con ellas y les proporcionaran instrucción doctrinal y aliento para ir hacia la justicia y alejarse del pecado.

CÓMO TRATAR A LA OVEJA FASTIDIOSA

que seáis pacientes para con todos. (5:14*d*)

Es fácil que las ovejas sanas se frustren, enojen o desanimen con algunas de las ovejas con problemas crónicos. Siempre hay desilusión en una relación de discipulado cuando un creyente maduro ha enseñado, formado, exhortado, fortalecido y animado a un creyente menos maduro, solo para ver que esa persona manifiesta poco compromiso con Cristo o poca evidencia de crecimiento espiritual. Algunos creyentes de Tesalónica habían oído la verdad de Pablo y otros maestros, habían tenido múltiples oportunidades para aplicarla, pero su progreso espiritual era insignificante. Como resultado, Pablo exhortó a la congregación a ser **pacientes para con todos**.

Cuando Pablo usó la palabra **pacientes** (*makrothumeō*) dio el mandato de ser tolerantes con quienes tenían sus luchas. Al decir **todos** Pablo se refería a aquellos con quienes los cristianos fuertes podrían volverse fácilmente impacientes. Las ovejas que crecían tan imperceptiblemente, nunca parecían ir al mismo paso de las demás, se distraían fácilmente y eran indisciplinadas en general con los medios de la gracia, podían probar con facilidad la paciencia de los más fuertes. Incluso Jesús se exasperó justamente por el crecimiento lento de los discípulos y su falta de entendimiento cuando los llamó en varias ocasiones "hombres de poca fe" (Mt. 8:26; 16:8; Lc. 12:28). Pero los tesalonicenses debían tener paciencia ilimitada con las ovejas fastidiosas, de la misma manera en que Dios tiene paciencia grande con todas sus ovejas (Éx. 34:6; Nm. 14:18; Sal. 86:15; Is. 63:7-9; Ro. 3:25; 1 Ti. 1:16; cp. 1 Co. 13:4-5; 2 Co. 6:4-10; Gá. 5:22; Ef. 4:2; Col. 3:12-13; 2 Ti. 2:24; 4:2; He. 5:1-3).

En el siguiente intercambio con Pedro, Jesús resumió mejor la magnitud con la cual los creyentes deben extender la paciencia perdonadora a otros: "Entonces se le acercó Pedro y le dijo: Señor, ¿cuántas veces perdonaré a mi hermano que peque contra mí? ¿Hasta siete? Jesús le dijo: No te digo hasta siete, sino aun hasta setenta veces siete" (Mt. 18:21-22; cp. vv. 23-35; Lc. 17:3-4). Cristo enseñó que no debe haber un límite arbitrario, no importa cuán generoso pareciera, en la cantidad de veces para perdonar al prójimo. Por el contrario, los creyentes deben extender una paciencia y perdón inagotables a sus hermanos y hermanas en Cristo.

CÓMO LIDIAR CON LA OVEJA MALA

Mirad que ninguno pague a otro mal por mal; antes seguid siempre lo bueno unos para con otros, y para con todos. (5:15)

Para los cristianos, las decepciones más graves y dolorosas no vienen de la maldad del mundo incrédulo, sino de otras ovejas en el seno de la iglesia. Una oveja es capaz sin duda alguna de dañar a otras ovejas; de pecar contra ellas en múltiples formas, como atacarlas con malas palabras (cp. Pr. 13:2-3; 15:1, 4; 18:13, 21; 24:28; Mt. 5:22; Stg. 3:1-12) que incluyen chismes y difamación (cp. Éx. 20:16; Pr. 11:13; 20:19; 24:28), aislarlas de la comunión y las oportunidades ministeriales, herirlas más abiertamente al provocar la ruptura de su matrimonio (cp. Éx. 20:14; 1 Ts. 4:6) o influenciar a alguien para que peque (Mt. 18:6-10).

El apóstol Pablo instruyó a los tesalonicenses sobre cómo responder a esa maldad de parte de otros en la iglesia: "**Mirad que ninguno pague a otro mal por mal**". En algún punto, las ovejas desobedientes han hecho **mal** ("abyección, mezquindad, maldad") a las obedientes. La respuesta paulina —declarada en imperativo— a los afectados era **que ninguno** debía pagar **mal por mal**. No hay lugar en absoluto para la represalia o venganza personal entre los cristianos (Ro. 12:19). El único con derecho a la represalia es Dios (Lv. 19:18; Dt. 32:25; Sal. 94:1; Pr. 20:22; Nah. 1:2; He. 10:30; Ap. 14:9-10, 14-20).

Por lo tanto, la respuesta apropiada de las ovejas cuando han sido agraviadas por otras ovejas no es la búsqueda de venganza, es seguir **lo bueno**; ir siempre en pos, con deseo y celo, de lo que es bello, noble y excelente (cp. 1 Co. 13:4-7; 2 Co. 8:21; Ef. 4:25; Fil. 4:8; Stg. 3:17). "Así que, si tu enemigo tuviere hambre, dale de comer; si tuviere sed, dale de beber; pues haciendo esto, ascuas de fuego amontonarás sobre su cabeza. No seas vencido de lo malo, sino vence con el bien el mal" (Ro. 12:20-21; cp. 2 R. 6:22; Pr. 25:21-22; Mt. 5:43-44; Lc. 6:27-38; 1 Co. 4:12; 6:6-8; 1 P. 2:19-23; 3:8-12).

Pablo quería que los tesalonicenses respondieran a la hostilidad con actos genuinos de amor. El bienestar de **unos para con otros** debía ser la primera preocupación de los tesalonicenses, incluso para con quienes les habían ofendido seriamente. Esa preocupación también debía extenderse más allá de la iglesia, era **para con todos** (cp. Gá. 6:10; 1 Ti. 2:1; 2 Ti. 2:24; Tit. 3:2, 8).

De modo que un rebaño sano se caracteriza por su crecimiento en fe, amor, pureza y progreso en asemejarse a Cristo. Pero las ovejas con problemas y necesidad espiritual pueden impedir el crecimiento del rebaño y de hecho así ocurre. Eso quiere decir que las ovejas sanas deben tratar a las ovejas difíciles con amor, paciencia y sinceridad a fin de eliminar los impedimentos pecaminosos y asegurarles crecimiento verdadero. La clave no es encontrar alguna estrategia astuta para eludir los obstáculos, sino que los pastores y ovejas traten esas situaciones directamente por igual, y amonesten al rebelde, alienten al preocupado, sostengan al débil, soporten al fastidioso y traten con bondad al malvado.

16 Las responsabilidades de las ovejas ante el Gran Pastor— Primera parte: Gozo, oración y agradecimiento

Estad siempre gozosos. Orad sin cesar. Dad gracias en todo, porque esta es la voluntad de Dios para con vosotros en Cristo Jesús. (5:16-18)

Si el rebaño de Dios ha de ser sano, debe haber una buena relación entre las ovejas y el Gran Pastor, Jesucristo el Hijo de Dios. Para que eso ocurra, los creyentes deben ser conscientes de sus responsabilidades de adoración y servicio al Señor, su Rey. Las palabras de las cuatro primeras estrofas de "Que mi vida esté", himno clásico de Frances Havergal, tal vez captan la esencia de esas responsabilidades mejor de lo que podría hacerlo cualquier prosa:

> Que mi vida entera esté consagrada a Ti, Señor;
> Que a mis manos pueda guiar el impulso de tu amor.
>
> Que mis pies tan sólo en pos de lo santo puedan ir;
> Y que a Ti, Señor, mi voz se complazca en bendecir
>
> Que mis labios al hablar hablen sólo de tu amor;
> Que mis bienes ocultar no los pueda a Ti, Señor.
>
> Que mi tiempo todo esté consagrado a tu loor;
> Y mi mente y su poder sean usados en tu honor.

Explícita e implícitamente, el himno contiene el espíritu de las tres primeras exhortaciones de Pablo a los tesalonicenses para fortalecer sus vidas espirituales y así poder cumplir sus responsabilidades antes Dios (1 Ts. 5:16-22). Las tres exhortaciones van directo al punto de partida de la actitud del creyente: la exhortación al gozo constante, a la oración constante y al agradecimiento constante.

LA EXHORTACIÓN AL GOZO CONSTANTE

Estad siempre gozosos. (5:16)

Entender con precisión y exactitud el gozo cristiano es esencial para todos los creyentes. La exhortación de Pablo a los tesalonicenses de estar **siempre gozosos** puede parecer absurda e imposible de obedecer dadas las dificultades inevitables de la vida, pero como mandamiento divinamente inspirado, los creyentes deben obedecerlo. Cualquier fracaso en el intento es hacer caso omiso de las instrucciones claras de las Escrituras y es, por tanto, desobediencia pecaminosa.

A lo largo de toda la Palabra de Dios hay otras declaraciones que mandan al creyente tener gozo en todas las situaciones (Dt. 12:18; Neh. 8:10; Sal. 2:11; 5:11; 32:11; 68:3; 100:2; 132:16; Is. 29:19; Jl. 2:23-24; Hab. 3:17-18; Mt. 5:10-12; Lc. 6:22-23; 10:20; Jn. 16:20-22; cp. Sal. 16:8-9; 21:6; 28:7; Is. 35:10; 55:12; 56:7; Zac. 9:9; Hch. 5:41; Ro. 15:13; 2 Co. 10:17; Ef. 5:9; Fil. 2:17-18; 4:4; Col. 1:24; Stg. 1:2; 5:13; 1 P. 1:6; 4:13). Aunque Pablo era consciente de los varios mandatos a regocijarse, también reconocía la existencia de emociones humanas negativas como el dolor y el sufrimiento (p. ej., Hch. 20:19, 37-38; Ro. 12:15; Fil. 3:18; cp. Is. 32:11-12; Mt. 9:23; Mr. 5:38-39). Sin embargo, el apóstol también sabía que los creyentes deben trascender sus penas con un enfoque continuo en el verdadero gozo; deben ser como él escribió: "Como entristecidos, mas siempre gozosos" (2 Co. 6:10). Tal enfoque es posible porque el gozo bíblico viene de Dios; no viene simplemente de una respuesta emocional y superficial a circunstancias positivas (cp. Fil. 3:3). El gozo cristiano fluye constantemente de lo que el creyente sabe con certeza sobre Dios y sobre su relación eterna y salvadora con Él; sin importar las circunstancias (Sal. 16:11; 68:3; Lc. 2:10-11; 24:52; Hch. 16:34; Ro. 5:2, 11; 1 P. 1:8). El gozo sobrenatural viene del Espíritu Santo; por eso, Pablo lo mencionó como parte del fruto espiritual (Gá. 5:22; cp. Ro. 14:17).

La frase que se traduce **siempre gozosos**, literalmente se lee: "alégrense en todo momento" y enfatiza que los cristianos gozosos de verdad siempre tendrán una confianza profundamente arraigada en el amor de Dios, en su poder a favor de los suyos y en su providencia que obra todas las cosas de acuerdo con su plan perfecto (Mt. 6:33-34; Ro. 8:28-30; 11:33; Fil. 1:12; cp. Gn. 50:20; Sal. 139:1-5). Por tanto, ningún suceso o circunstancia de la vida cristiana, aparte del pecado, puede o debe disminuir el gozo verdadero.

Una perspectiva apropiada sobre el gozo bíblico aporta numerosas razones para que los creyentes estén gozosos. Antes que nada, deben estar **siempre gozosos** en aprecio por el carácter justo de Dios, que incluso en los problemas se muestra tan fielmente a los creyentes. El salmista declaró: "El Señor es mi fuerza y mi escudo; mi corazón en él confía; de él recibo ayuda. Mi corazón salta de alegría, y con cánticos le daré gracias" (Sal. 28:7, NVI; cp. Neh. 8:10; Sal. 71:23; 89:16; Is. 61:10). Segunda, deben tener gozo constante en aprecio por la obra redentora de Cristo, derivada de un Dios compasivo, misericordioso y amoroso (Lc. 2:10; 10:20; Ro. 5:1-2, 11; 1 P. 1:8-9), y por su infalible instrucción (Jn. 15:11; 16:30; 1 Jn. 5:20). Tercera, deben regocijarse en aprecio por el ministerio del Espíritu Santo en su favor (Hch. 10:44; Ro. 14:17; cp. 8:14-27). Cuarta, los creyentes deben estar **siempre gozosos** por la variedad amplia de bendiciones espirituales que poseen (cp. Ef. 1:·3-4; Fil. 4:13, 19; Col. 2:9-14; 2 P. 1:3). Quinta, deben alegrarse por la providencia de Dios con la que ha orquestado todo para su beneficio (Ro. 8:28-30; Stg. 1:2-4). Sexta, deben alegrarse en gratitud por la promesa de la gloria futura (cp. Sal. 16:8-11; Mt. 5:12; Lc. 10:20; 1 Co. 1:7; Fil. 1:18-21; 3:20; Jud. 24). Séptima, la oración respondida siempre debe ser fuente de gozo (Sal. 66:20; 116:1, 17; 118:21; Jn. 16:24), como debe serlo la octava razón: aprecio por el regalo de la Palabra de Dios (Col. 3:16; cp. Sal. 19:7-11; 119:14, 111, 162; Jer. 15:16). Novena, el privilegio de la comunión genuina debe darle continua alegría al creyente (1 Ts. 3:9; 2 Ti. 1:4; Flm. 7; 2 Jn. 12). Y por último, los verdaderos creyentes no pueden sino expresar su gozo por la proclamación salvadora del evangelio, como lo hizo la iglesia primitiva: "[Pablo, Bernabé y otros creyentes], habiendo sido encaminados por la iglesia, pasaron por Fenicia y Samaria, contando la conversión de los gentiles; y causaban gran gozo a todos los hermanos" (Hch. 15:3; cp. Fil. 1:18).

Al cristiano gozoso le preocupa más glorificar a Dios que evitar las dificultades temporales (Ro. 8:18; cp. He. 11:13-16, 25). Piensa más en sus riquezas espirituales y en la gloria eterna que en cualquier dolor presente o pobreza material (1 P. 1:6-7; 4:13; Stg. 5:11; cp. 2 Co. 6:4-10; 1 P. 5:10). Los creyentes que viven de esa forma cumplirán el mandato de estar **siempre gozosos**.

LA EXHORTACIÓN A LA ORACIÓN CONSTANTE

Orad sin cesar. (5:17)

Los creyentes gozosos también son creyentes de oración. Quienes viven su cristianismo en dependencia gozosa de Dios seguirán reconociendo su insuficiencia; por eso, estarán siempre en actitud de oración. La exhortación de Pablo a los tesalonicenses de orar **sin cesar** es pues un mandamiento divino para todos los creyentes. **Orad** es de *proseuchomai,* la palabra más común en el Nuevo Testamento para la oración (p. ej., Mt. 6:5-6; Mr. 11:24; Lc. 5:16; 11:1-2; Hch. 10:9; Ro. 8:26; 1 Co. 14:13-15; Ef. 6:18; Col. 1:9; 2 Ts. 3:1; Stg. 5:13-14, 16). Comprende todos los aspectos de la oración: sumisión, confesión, petición, intercesión, alabanza y acción de gracias. **Sin cesar** quiere decir "constantemente" y no define la oración como una actividad perpetua de arrodillarse e interceder, sino como una forma de vida marcada por una actitud de oración continua.

No es posible entender el mandato de Pablo sobre la oración continua sin considerar cómo oró fielmente Jesús durante su ministerio terrenal. Como Hijo de Dios, estaba en comunicación constante con el Padre, y los Evangelios proveen muchos ejemplos de la vida de oración continua por parte del Señor (Mt. 14:23; Mr. 1:35; 6:46; Lc. 9:18, 28-29; cp. Jn. 6:15; 17:1-26). En las ocasiones en que fue al Monte de los Olivos a orar toda la noche (Lc. 21:37-38; Jn 8:1-2), sin duda, oró con una intensidad poco conocida —o completamente desconocida— a los creyentes. El ejemplo clásico de esa intensidad es cuando Jesús oró en el huerto de Getsemaní, la noche anterior a su crucifixión. "Y él se apartó de ellos a distancia como de un tiro de piedra; y puesto de rodillas oró... Y estando en agonía, oraba más intensamente; y era su sudor como grandes gotas de sangre que caían hasta la tierra" (Lc. 22:41, 44). Mateo 26:38-46 registra que la oración de Jesús en el huerto fue una experiencia prolongada en la cual rogó tres veces que el padre lo librara de esa "copa" (v. 39): la ira divina contra el pecado que debería cargar al día siguiente en su muerte sustitutiva en la cruz por los pecadores. (Para una exposición completa de este pasaje véase *Matthew 24–28* [Mateo 24–28] The MacArthur New Testament Commentary [Comentario MacArthur del Nuevo Testamento] [Chicago: Moody, 1989], pp. 167-178). Tal nivel de agonía intensa está más allá de lo que los cristianos tienen que enfrentar, pero ilustra la persistencia de la cual habló Jesús en las parábolas del amigo en necesidad (Lc. 11:5-10) y de la viuda insistente (Lc. 18:1-8). También sirve de ejemplo único a lo que quería decir el apóstol cuando instruyó a los tesalonicenses a orar **sin cesar**.

La naciente iglesia demostró desde su origen efervescencia y constancia en su vida de oración, como las había mostrado Cristo. Lucas escribió sobre la devoción a la oración de los seguidores de Cristo, incluso antes de Pentecostés: "Todos éstos perseveraban unánimes en oración y ruego, con las mujeres, y con María la madre de Jesús, y con sus hermanos" (Hch 1:14). Después se entregaron habitualmente a la oración (Hch. 2:42). Los apóstoles, en su papel de líderes de la joven iglesia, determinaron persistir "en la oración y en el ministerio de la palabra" (Hch 6:4). La oración diligente de los creyentes también jugó un papel en la liberación de Pedro de la prisión (Hch. 12:11-16; cp. 4:23-31).

El hincapié que hace el Nuevo Testamento en la importancia de la oración no se puede sobrevalorar. En 1 Tesalonicenses ya había escrito Pablo: "Orando de noche y de día con gran insistencia, para que veamos vuestro rostro" (3:10). Muchas de las otras epístolas paulinas también indican la importancia de la oración (Ro. 12:12; 1 Co. 7:5; Ef. 6:18-19; Fil. 4:6; Col. 4:2; 2 Ts. 3:1; 1 Ti. 2:8).

El fuerte énfasis bíblico en la oración sugiere una lista de motivaciones sustanciales para que los cristianos oren **sin cesar**. Primera, la motivación más elevada para todos los creyentes es el deseo de glorificar al Señor. Jesús enseñó a los discípulos en su modelo de oración: "Vosotros, pues, oraréis así: Padre nuestro que estás en los cielos, santificado sea tu nombre. Venga tu reino. Hágase tu voluntad, como en el cielo, así también en la tierra" (Mt. 6:9-10; cp. Dn. 9:4-19). Segunda, el deseo de comunión con Dios motiva a los creyentes a orar: "Como el ciervo brama por las corrientes de las aguas, así clama por ti, oh Dios, el alma mía. Mi alma tiene sed de Dios, del Dios vivo; ¿cuándo vendré, y me presentaré delante de Dios?" (Sal. 42:1-2; cp. 27:1, 4; 63:1-2; 84:1-2). Jesús dijo que las oraciones de los creyentes se responderían "para que el Padre sea glorificado en el Hijo" (Jn. 14:13; cp. v. 14).

Tercera, los creyentes orarán para que Dios supla sus necesidades: "El pan nuestro de cada día, dánoslo hoy" (Mt. 6:11; cp. Lc. 11:9-13; 1 Jn. 5:14-15). Cuarta, los cristianos orarán con insistencia por la sabiduría de Dios en tanto vivan en un mundo pecaminoso: "Y si alguno de vosotros tiene falta de sabiduría, pídala a Dios, el cual da a todos abundantemente y sin reproche, y le será dada" (Stg. 1:5; cp. Mt. 6:13; 1 Co. 10:13). Quinta, el deseo de liberación de los problemas motiva la oración. Jonás es un ejemplo vívido de dicha motivación: "Entonces Jonás oró al Señor su Dios desde el vientre del pez. Dijo: 'En mi angustia clamé al Señor, y él me respondió. Desde las entrañas del sepulcro pedí auxilio, y tú escuchaste mi clamor'" (Jon. 2:1-2, NVI; cp. Sal. 20:1).

Sexta, todos los cristianos desean aliviarse de preocupaciones y temores. Pablo animó a los filipenses así: "Por nada estéis afanosos, sino sean conocidas vuestras peticiones delante de Dios en toda oración y ruego, con acción de gracias. Y la paz de Dios, que sobrepasa todo entendimiento, guardará vuestros corazones y vuestros pensamientos en Cristo Jesús" (Fil. 4:6-7; cp. Sal. 4:1). La séptima motivación es gratitud por las bendiciones pasadas, como oró el salmista:

> *Oh Dios, con nuestros oídos hemos oído, nuestros padres nos han contado, la obra que hiciste en sus días, en los tiempos antiguos. Tú con tu mano echaste las naciones, y los plantaste a ellos; afligiste a los pueblos, y los arrojaste. Porque no se apoderaron de la tierra por su espada, ni su brazo los libró; sino tu diestra, y tu brazo, y la luz de tu rostro, porque te complaciste en ellos. Tú, oh Dios, eres mi rey (Sal. 44:1-4a; cp. Fil. 1:3-5).*

Octava, los creyentes oran para librarse de la culpa del pecado. David lo expresó así cuando escribió: "Pero te confesé mi pecado, y no te oculté mi maldad. Me dije: 'Voy a confesar mis transgresiones al Señor', y tú perdonaste mi maldad y mi pecado" (Sal. 32:5, NVI; cp. Pr. 28:13; 1 Jn. 1:9). Novena, la preocupación de los creyentes por la salvación de los perdidos les hace orar. Pablo captó esta motivación en sus palabras a Timoteo:

> *Exhorto ante todo, a que se hagan rogativas, oraciones, peticiones y acciones de gracias, por todos los hombres; por los reyes y por todos los que están en eminencia,*

para que vivamos quieta y reposadamente en toda piedad y honestidad. Porque esto es bueno y agradable delante de Dios nuestro Salvador, el cual quiere que todos los hombres sean salvos y vengan al conocimiento de la verdad (1 Ti. 2:1-4; cp. Mt. 9:37-38; Ro. 10:1).

Por último, y con seguridad una motivación tan importante como las demás para que los cristianos oren **sin cesar**, es su deseo de crecimiento espiritual; el de ellos y de los demás creyentes. La petición de Pablo por los efesios es un modelo en este aspecto:

Por esta causa doblo mis rodillas ante el Padre de nuestro Señor Jesucristo, de quien toma nombre toda familia en los cielos y en la tierra, para que os dé, conforme a las riquezas de su gloria, el ser fortalecidos con poder en el hombre interior por su Espíritu; para que habite Cristo por la fe en vuestros corazones, a fin de que, arraigados y cimentados en amor, seáis plenamente capaces de comprender con todos los santos cuál sea la anchura, la longitud, la profundidad y la altura, y de conocer el amor de Cristo, que excede a todo conocimiento, para que seáis llenos de toda la plenitud de Dios. Y a Aquel que es poderoso para hacer todas las cosas mucho más abundantemente de lo que pedimos o entendemos, según el poder que actúa en nosotros, a él sea gloria en la iglesia en Cristo Jesús por todas las edades, por los siglos de los siglos. Amén (Ef. 3:14-21; cp. 1:15-19; Col. 1:9-12).

LA EXHORTACIÓN AL AGRADECIMIENTO CONSTANTE

Dad gracias en todo, porque esta es la voluntad de Dios para con vosotros en Cristo Jesús. (5:18)

Ser desagradecido es la esencia misma del corazón no regenerado. El apóstol Pablo identificaba a los incrédulos como desagradecidos: "Pues habiendo conocido a Dios [por medio de la consciencia y le revelación general], no le glorificaron como a Dios, ni le dieron gracias, sino que se envanecieron en sus razonamientos, y su necio corazón fue entenebrecido" (Ro. 1:21). Pero cuando Dios regenera a un individuo produce un nuevo corazón que anhela obedecer el mandato paulino y dar **gracias en todo**. Esa declaración simple y directa no permite excusas de ingratitud en los creyentes. **En todo** (*en panti*) se refiere a *todo* lo que ocurre en la vida. No importa qué luchas, pruebas, dificultades o vicisitudes ocurran en la vida de los cristianos (con la excepción obvia de los pecados personales), deben dar **gracias** (Hch. 5:41; cp. Stg. 1:2-3; 1 P. 1:6-9). Por eso, el agradecimiento debe ser parte de la estructura de la vida regenerada (Sal. 136:1-3; Dn. 6:10; Ef. 5:20; Col. 3:17; He. 13:15), un fruto de gracia de la obra del Espíritu Santo en el corazón del creyente (cp. Col. 2:7).

En lo espiritual, no es normal que los cristianos sean desagradecidos. La falta de agradecimiento desobedece muchos textos bíblicos que llaman al creyente a una vida de gratitud. Romanos 8:28 establece este principio abarcador: "Y sabemos que a los que aman a Dios, todas las cosas les ayudan a bien, esto es, a los que conforme a su propósito son llamados". La providencia de Dios —su mezcla soberana de todas las contingencias de la vida para la bendición final de los creyentes— les hace ser agradecidos por todo lo relativo a la vida, sabiendo que se ajusta al propósito eterno de Dios para ellos (cp. Gn. 50:20; Sal. 37:28; 91:3-4; 145:9; Pr. 19:21).

Cuando la naciente iglesia se reunía, uno de sus principales propósito era dar gracias a Dios. Eso está implícito en la instrucción de Pablo a los corintios sobre el uso de las lenguas durante los servicios de adoración:

> *Así también vosotros; pues que anheláis dones espirituales, procurad abundar en ellos para edificación de la iglesia. Por lo cual, el que habla en lengua extraña, pida en oración poder interpretarla. Porque si yo oro en lengua desconocida, mi espíritu ora, pero mi entendimiento queda sin fruto. ¿Qué, pues? Oraré con el espíritu, pero oraré también con el entendimiento; cantaré con el espíritu, pero cantaré también con el entendimiento. Porque si bendices sólo con el espíritu, el que ocupa lugar de simple oyente, ¿cómo dirá el Amén a tu acción de gracias? pues no sabe lo que has dicho. Porque tú, a la verdad, bien das gracias; pero el otro no es edificado (1 Co. 14:12-17).*

Las otras cartas de Pablo recuerdan a los creyentes que expresen su gratitud y así se diferencien de la cultura incrédula e ingrata que los rodeaba. "Pero fornicación y toda inmundicia, o avaricia, ni aun se nombre entre vosotros, como conviene a santos; ni palabras deshonestas, ni necedades, ni truhanerías, que no convienen, sino antes bien acciones de gracias" (Ef. 5:3-4; cp. 2 Co. 4:15; 9:11).

Efesios 5:18-20 afirma claramente que los cristianos deben ser conocidos por su agradecimiento constante:

> *No os embriaguéis con vino, en lo cual hay disolución; antes bien sed llenos del Espíritu, hablando entre vosotros con salmos, con himnos y cánticos espirituales, cantando y alabando al Señor en vuestros corazones; dando siempre gracias por todo al Dios y Padre, en el nombre de nuestro Señor Jesucristo (cp. Col. 2:6-7; 3:15-17; 4:2).*

Incluso en tiempos de gran angustia, temor, preocupación y estrés, la actitud de acción de gracias en oración debe caracterizar a los creyentes (Fil. 4:6-7).

La declaración final de Pablo abarca los tres mandatos de este pasaje: "**Porque esta es la voluntad de Dios para con vosotros en Cristo Jesús**". La **voluntad de**

Dios es que todos los que están **en Cristo Jesús** expresen gozo constante, oración constante y agradecimiento constante. Dios no solamente manda esas expresiones de justicia, también hace posible que los creyentes las articulen (cp. Fil. 2:13); y se complace cuando lo hacen.

17 La responsabilidad de las ovejas ante el gran Pastor—Segunda parte: No apagar el Espíritu, sino responder a la Palabra de Dios y tener discernimiento

No apaguéis al Espíritu. No menospreciéis las profecías. Examinadlo todo; retened lo bueno. Absteneos de toda especie de mal. (5:19-22).

Hoy día, gran parte de la iglesia evangélica ha minimizado la importancia del Espíritu Santo y la Palabra de Dios en la vida espiritual de los creyentes. Es culpable, pues, del mismo tipo de error por el cual Pablo reprendió a los gálatas: "¿Tan necios sois? ¿Habiendo comenzado por el Espíritu, ahora vais a acabar por la carne?" (Gá. 3:3). El ministerio del Espíritu Santo y el poder de la Palabra quedaron en segundo lugar ante las técnicas y metodologías pragmáticas y humanistas para tratar las necesidades emocionales y espirituales de las personas. Por ejemplo, la preocupación actual de la iglesia con la psicología sustituye la verdad bíblica con enfoques antropocéntricos en el trato de los problemas. La afirmación común es que el Espíritu Santo y la Palabra de Dios tratan los problemas con superficialidad y simpleza, mientras que la psicoterapia va a los aspectos ocultos y efectúa una sanidad genuina y profunda en la vida del individuo. Pero la perspectiva psicológica pone al revés la verdad. En realidad, *esta* es la solución superficial a las necesidades espirituales; pero el Espíritu, por medio de la Palabra y la oración, aporta soluciones espirituales duraderas, eficaces y profundas a las dificultades de los creyentes.

El movimiento carismático contemporáneo, con todas sus connotaciones místicas, también tergiversa la obra verdadera del Espíritu Santo y apaga sus propósitos santificadores. La religión carismática enfoca su atención en el Espíritu Santo, enfatiza su ministerio y dones y, en el caso del movimiento Palabra y Fe, espera constantemente que Dios realice obras sobrenaturales a instancias "soberanas" de las llamadas afirmaciones de fe. No obstante, irónicamente, tales énfasis en realidad tergiversan al Espíritu, ofreciendo una imagen falsa de su obra santificadora y pasando así por alto la advertencia de Pablo a los tesalonicenses sobre no apagarlo. (Para un análisis completo de los problemas que plantean la psicología y el movimiento carismático a la iglesia, véase John McArthur, *Our Sufficiency in Christ* [Nuestra suficiencia en Cristo] [Dallas: Word, 1991] y *Los carismáticos: Una perspectiva doctrinal* [El Paso, TX: Casa Bautista de Publicaciones, 1994]).

El énfasis restado a la obra del Espíritu Santo por medio de la Palabra ha llevado también a una pronunciada falta de discernimiento espiritual. Se podrían citar muchos síntomas de esta deficiencia, pero hay seis que vienen a la mente inmediatamente. Primero, ha habido un debilitamiento general de la claridad y convicción doctrinal en el seno de la iglesia. Muchos cristianos ya no piensan bíblica ni teológicamente y consideran que está mal y es poco amoroso ser dogmático, hasta en las doctrinas más básicas como la infabilidad de las Escrituras y la definición del evangelio. Segundo, gran parte de la iglesia ya no es antitética en su pensamiento. No hace distinciones agudas entre lo verdadero y lo falso o lo correcto y lo errado, sino que acepta la subjetividad, el relativismo y el pragmatismo. Tercero, la imagen y la influencia han remplazado la proclamación de la verdad como la esencia de la evangelización. La iglesia es renuente a arriesgarse en ofender a los incrédulos con un mensaje del evangelio claro y convincente. En su lugar, se apoya en la filosofía del mercadeo para presentar un mensaje que gane amigos, enfocado en las necesidades que las personas sienten. Cuarto, la iglesia ha dejado de dar valor a la hermenéutica sana. Muchos predicadores ya no trabajan diligentemente en la interpretación precisa y cuidadosa de la Palabra. Han sustituido la exposición objetiva de las Escrituras con anécdotas, psicología y subjetividad. Quinto, la iglesia ha cesado casi completamente de ejercer la disciplina eclesial contra los miembros que insisten en el pecado y el error. Como resultado, la filosofía y las prácticas del mundo entran en la iglesia y no permiten diferenciarla de la cultura pagana a su alrededor. Sexto, todas las características precedentes producen y son características de las iglesias espiritualmente inmaduras. La iglesia absorta en sí misma, preocupada con alcanzar la comodidad, el éxito y el logro personales, posee una fe superficial que no puede discernir entre el bien y el mal o la verdad y el error. (Para un estudio más completo del alejamiento eclesial del discernimiento espiritual en las décadas recientes y las claves para retenerlo, véase John MacArthur, *Reckless faith* [Fe temeraria] [Wheaton: Crossway, 1994]).

Los grandes errores de la psicología y la doctrina carismática, junto con la falta alarmante de discernimiento en las iglesias, amenazan sin cesar su salud y eficacia espirituales. Pero las admoniciones claras de Pablo en 1 Tesalonicenses 5:19-22 llevan a los creyentes a sus responsabilidades verdaderas de no apagar el Espíritu, sino responder a la Palabra de Dios y tener discernimiento en todas las cosas.

LA RESPONSABILIDAD DE NO APAGAR EL ESPÍRITU

No apaguéis al Espíritu. (5:19)

Algunos comentaristas creen que este versículo está conectado con los versículos 20-22 y se refiere a la prohibición de la expresión de los dones carismáticos en la iglesia tesalonicense. Argumentan que Pablo advertía a los tesalonicenses no sofocar el ejercicio de esos dones dentro de la asamblea. Tales comentaristas pasan a aseverar que "las profecías" (v. 20) son sobrenaturales y deben examinarse con cuidado para asegurarse de que sean buenas y no malas (vv. 21-22). Esta perspectiva concluye que los versículos 19-22 constituyen el intento de Pablo por corregir la poca estima que los tesalonicenses tenían de los dones milagrosos, cosa equivalente a afirmar el uso de los dones en la iglesia.

Sin embargo, tales argumentos no son convincentes por varias razones. Primera, no hay una razón convincente en el texto para tomar esta exhortación de Pablo —"**No apaguéis el Espíritu**"— o las otras en los versículos 20-22, como algo más que declaraciones separadas de exhortación general. Los lectores han de verlas como principios de la vida cristiana y no leer nada más en el texto. Segunda, si la iglesia tesalonicense hubiera estado abusando de los dones carismáticos, Pablo los habría amonestado prontamente y en detalle, como hizo más tarde con los corintios.

Para apreciar la verdadera aplicación de este mandato corto y para verlo en la perspectiva apropiada, debe recordarse el papel del Espíritu Santo en las vidas de los creyentes. Dios, por su poder soberano (cp. Jn. 1:12-13; 6:37, 44; Hch. 13:48; 16:14), regenera a los creyentes por medio de su Espíritu (Jn. 3:6, 8; Ef. 2:1, 5; Tit. 3:5; cp. Ez. 37:11-14), efectuando con ello una transformación completa de sus afectos espirituales (Tit. 3:5; cp. Ez. 11:19; 36:27; Ro. 2:29; 2 Co. 5:17). Los libera de la esclavitud a los pecados habituales (Ro. 8:3-9), los pone en el cuerpo de Cristo (Ro. 8:15-17), mora de forma permanente en la vida de cada creyente nuevo (Jn. 14:17; Ro. 8:9, 11, 14; 1 Co. 3:16; 1 Jn. 2:27; 4:13; cp. 1 Co. 6:19), derrama amor en sus corazones (Ro. 5:5; 2 Ts. 3:5; cp. 1 Jn. 2:5), les da dones para el servicio espiritual (1 Co. 12:4-10, 28; cp. Ro. 12:4-13; 1 Co. 2:12-13; 1 Ti. 4:14; 2 Ti. 1:6), los sella para la eternidad (2 Co. 1:22; Ef. 1:13-14; 4:30) y los santifica (Ro. 15:16; 1 Co. 6:11; 2 Ts. 2:13; He. 10:14-15; 1 P. 1:2).

Fue este proceso de santificación progresiva por el Espíritu el que Pablo pidió **no** apagar. La metáfora con **apaguéis** significa "extinguir, sofocar o retardar" el poder o la energía de algo (cp. Mt. 25:8; Mr. 9:48). A veces las Escrituras representan la presencia del **Espíritu** como un fuego (Hch. 2:2-4; cp. Éx. 13:21; Mal. 3:2-3); así, el apóstol advertía a los tesalonicenses sobre no ahogar la obra del Espíritu Santo dentro de ellos, comparando tal sofocamiento con la extinción de un fuego (cp. Is. 63:10; Hch. 5:3-4; Ef. 4:30; 2 Ti. 1:6).

Otra razón crucial para **no** apagar el Espíritu es que Jesús prometió enviarlo a los creyentes como Consolador para ayudarlos en el ministerio y santificarlos progresivamente (Jn. 14:16; 15:26; 16:7; Hch. 1:4-5; cp. Pr. 1:23). Y ese proceso de santificación comprende el inicio de varias obras por parte del Espíritu.

Primera, el Espíritu Santo arroja luz sobre la Palabra de Dios. "Ahora bien, Dios nos ha revelado esto por medio de su Espíritu, pues el Espíritu lo examina todo, hasta las profundidades de Dios" (1 Co. 2:10, NVI; cp. vv. 12-13; 2 Ti. 3:16; 2 P. 1:20-21; 1 Jn. 2:27). Los creyentes crecen espiritualmente solo cuando se alimentan con la Palabra, cuando desean "como niños recién nacidos, la leche espiritual no adulterada, para que por ella [crezcan] para salvación" (1 P. 2:2; cp. Sal. 19:7-14; Mt. 4:4). Los creyentes pueden apagar este aspecto de la obra del Espíritu al dejar de estudiar las Escrituras o malinterpretarlas (cp. 2 Ti. 2:15), al no recibirlas con humildad ni aplicarlas a sus vidas (cp. Stg. 1:21-25), al no guardarlas en sus corazones (cp. Sal. 119:11), al no buscarlas con diligencia (cp. Jn. 5:39; 8:31-32) y al no permitir que la Palabra more en ellos con abundancia (cp. Col. 3:16).

Segunda, el Espíritu Santo da a los creyentes intimidad con Dios. "Pues no habéis recibido el espíritu de esclavitud para estar otra vez en temor, sino que habéis recibido el espíritu de adopción, por el cual clamamos: ¡Abba, Padre! El Espíritu mismo da testimonio a nuestro espíritu, de que somos hijos de Dios" (Ro. 8:15-16). El Espíritu quiere que los creyentes tengan una gozosa confianza en que Dios los ama como a sus hijos (*Abba* quiere decir "papito" o "papi", un término de intimidad y cariño) y que estén seguros en su salvación. Pablo dijo a los gálatas: "Y por cuanto sois hijos, Dios envió a vuestros corazones el Espíritu de su Hijo, el cual clama: ¡Abba, Padre!" (Gá. 4:6). El Espíritu impulsa a los creyentes a orar por recursos divinos (cp. Sal. 116:2; Mt. 6:33; 1 Co. 14:15; Fil. 4:6; He. 4:16). Si los creyentes están creciendo en santificación, tendrán un conocimiento de Dios cada vez más íntimo y profundo (cp. Sal. 9:10; 25:4; 1 Co. 2:2; Ef. 3:19; Fil. 3:10; 1 Jn. 2:3). Sin embargo, los creyentes pueden apagar ese conocimiento íntimo promovido por el Espíritu al no aceptar el propósito de Dios en las dificultades de la vida (cp. Ro. 5:3; Stg. 1:2-3, 12), al no estar en oración y adoración (cp. Jn. 4:24; Col. 4:2; 1 Ts. 5:17), al no depositar en Dios toda ansiedad (cp. 1 P. 5:7), al funcionar en su propia carne en lugar de confiar en el poder de Dios (cp. Pr. 3:5-6), al no confiar en la provisión de Dios (2 Co. 9:8 Fil. 4:19) y al no confiar en el amor de Dios (cp. Ef. 2:4-5; 1 Jn. 3:1; 4:19).

Tercera, el Espíritu Santo glorifica a Cristo en los creyentes y los hace más semejantes a Él. "Por tanto, nosotros todos, mirando a cara descubierta como en un espejo la gloria del Señor, somos transformados de gloria en gloria en la misma imagen, como por el Espíritu del Señor" (2 Co. 3:18; cp. Jn. 16:14-15; Gá. 4:19). Bajo el nuevo pacto, se quita el velo, los creyentes pueden mirar en el espejo de la Palabra y ver la gloria de Cristo (cp. Is. 40:5; Jn. 5:39). Los cristianos genuinos afirman el señorío de Cristo y glorifican su nombre (1 Co. 12:3; cp. 1 Jn. 2:6). Pero los creyentes también pueden apagar los esfuerzos del Espíritu para hacerlos más semejantes a Cristo; por ejemplo, al rechazar la lectura y estudio de las Escrituras (cp. Sal. 119:130; Hch. 17:11; 2 Ti. 2:15) o al considerar que la Biblia es solo información, en lugar de permitirle revelarles a Cristo. O pueden negarse, por orgullo, a admitir que necesitan ver su gloria y ser más como Él (cp. Stg. 1:22-25).

Cuarta, el Espíritu Santo ayuda a los creyentes a conocer la voluntad de Dios (cp. Ef. 5:17; Stg. 1:5; 1 Jn. 5:14-15). Primero, se asegura de que conozcan y obedezcan la voluntad de Dios revelada en las Escrituras. "Y pondré dentro de vosotros mi Espíritu, y haré que andéis en mis estatutos, y guardéis mis preceptos, y los pongáis por obra" (Ez. 36:27; cp. Is. 28:29; Jer. 10:23; Jn. 10:4). Segundo, el Espíritu dirige a los creyentes más subjetivamente en la voluntad de Dios sobre los asuntos que no se revelan específicamente en las Escrituras. El Espíritu allana un sendero de guía para los creyentes (Sal. 143:10) en cuanto opera por medio de su providencia y les ayuda a tomar decisiones de acuerdo con la voluntad del Padre (cp. Sal. 37:5; Pr. 16:3; Stg. 4:15). Los creyentes pueden apagar este aspecto de la obra del Espíritu en santificación por medio de su obstinación, orgullo, indiferencia e insensibilidad a la voluntad de Dios (cp. Pr. 26:12; Dn. 5:20; Lc. 18:11-12; Ro. 12:3; Ap. 2:4; 3:16-17).

Por último, el Espíritu concede a los creyentes la fortaleza interna para ayudarlos a permanecer en el camino de la santificación progresiva. Pablo oró para que Dios les concediera a los efesios, "conforme a las riquezas de su gloria, el ser fortalecidos con poder en el hombre interior por su Espíritu" (Ef. 3:16; cp. Zac. 4:6; 2 Co. 12:9). Es imposible que los cristianos caminen con Cristo en obediencia, a menos que se apoyen en el poder del Espíritu Santo por la Palabra que habita en ellos (Gá. 5:16; cp. Ef. 5:8-10). Por el sello del Espíritu pueden conocer la seguridad de su salvación (Ef. 1:13-14). Sin la fortaleza del Espíritu, no pueden obtener la victoria sobre la carne y el pecado (Ro. 8:5, 13; Gá. 3:3; 6:8; cp. Mt. 26:41; Ro. 7:18). A menos que los creyentes tengan el poder del Espíritu, no pueden dar testimonio eficaz (Hch. 1:8; cp. Mt. 28:18-20; Hch. 8:26-29). La llenura y capacitación que reciben del Espíritu les permite adorar a Dios de corazón y relacionarse con los demás de un modo que honra a Dios. Sin embargo, la obra de capacitación del Espíritu también puede apagarse por el orgullo y el exceso de confianza en la capacidad humana, que niega la necesidad del creyente de apoyarse en el Espíritu.

Isaías 11:2 resume acertadamente cómo ayudaría el Espíritu a Cristo durante su ministerio terrenal y sugiere las clases de capacitación que todos los cristianos tienen a su disposición: "El Espíritu del Señor reposará sobre [Cristo]: espíritu de sabiduría y de entendimiento, espíritu de consejo y de poder, espíritu de conocimiento y de temor del Señor" (NVI). Pero los creyentes pueden utilizar esos recursos solo cuando están llenos del Espíritu (Ef. 5:18) y caminan en el Espíritu (Gá. 5:25); dos expresiones de lo que significa estar controlados por el Espíritu. (Para un estudio completo sobre el Espíritu Santo y su obra, véase John MacArthur, *The Silent Shepherd* [El pastor silencioso] [Wheaton: Scripture Press/ Victor Books, 1996]).

LA RESPONSABILIDAD DE RESPONDER A LA PALABRA DE DIOS

No menospreciéis las profecías. (5:20)

La Palabra de Dios es infinitamente superior a todas las palabras de los hombres. Jesús resumió su excelencia cuando citó Deuteronomio 8:3 en Mateo 4:4: "No sólo de pan vivirá el hombre, sino de toda palabra que sale de la boca de Dios". Respeto a la supremacía de la revelación de Dios en las Escrituras era lo que tenía en mente Pablo cuando previno a los tesalonicenses sobre **no** menospreciar **las profecías. Menospreciéis** (*exoutheneō*) tiene un significado fuerte: "considerar como absolutamente nada", "tratar con desprecio" o "mirar por encima del hombro". En el Nuevo Testamento, **las profecías** (*prophēteia*) pueden referirse a las palabras habladas o escritas. La forma del verbo (*prophēteuō*) quiere decir "hablar o proclamar públicamente"; por lo tanto, el don de profecía es la habilidad dada por el Espíritu de proclamar públicamente la Palabra de Dios (cp. Ro. 12:6). A veces los profetas del Nuevo Testamento comunicaban una nueva revelación directamente de Dios (Lc. 2:29-32; cp. v. 38; Hch. 15:23-29). En otras ocasiones tan solo reiteraban la proclamación divina que ya estaba registrada (cp. Lc. 3:5-6; Hch. 2:17-21, 25-28, 34-35; 4:25-26; 7:2-53).

Los apóstoles y sus asociados recibieron, hablaron y escribieron el texto del Nuevo Testamento, y otros portavoces transmitieron mensajes sobrenaturales sobre revelaciones prácticas para ciertos asuntos temporales (cp. Hch. 11:27-30). En tiempos del Nuevo Testamento, la profecía solía ser la proclamación de la palabra de Dios previamente revelada, como lo es hoy, teniendo en cuenta que las Escrituras están completas. Romanos 12:6 respalda esta opinión: "Si [se usa el don] de profecía, úsese conforme a la medida de la fe". La frase *conforme a la medida de la fe* indica que una persona con el don de profecía debía hablar de acuerdo con el conjunto de la doctrina cristiana revelada divinamente. El Nuevo Testamento siempre consideró que la fe era sinónimo de la colección de verdades previamente reveladas (Hch. 6:7; Jud. 3, 20). Por eso, Pablo instruyó a los romanos a conformar **las profecías** con "*la* fe", que es la Palabra de Dios. Igualmente, Apocalipsis 19:10 concluye: "Porque el testimonio de Jesús es el espíritu de la profecía". La profecía genuina habla de la propia revelación de Dios sobre Cristo y no se desvía nunca de las Escrituras.

Las profecías de revelación (1 Co. 12:10) estaban limitadas a la era apostólica. Pero el don de la profecía (sin revelación) es permanente, como el llamado de los predicadores a "[predicar] la palabra" (2 Ti. 4:2); esto es, a proclamar el testimonio divino ya dado. Cuando Pablo predicó en Berea, los creyentes escudriñaban "cada día las Escrituras para ver si estas cosas eran así". Esa era una respuesta noble y excelente (Hch. 17:10-11). La profecía es esencial para la salud de la iglesia, por esa razón Pablo urgió a los tesalonicenses a **no** menospreciarla. Después, en su primera carta a los corintios, Pablo enfatizó la importancia del don de profecía, urgiendo a toda la iglesia a desear su uso porque claramente consolaba, exhortaba y edificaba (1 Co. 14:1-3; cp. v. 6). Y desarrolló aún más la importancia de la profecía para la iglesia en la segunda parte del capítulo 14, incluyendo su superioridad sobre los dones extáticos:

> *Si, pues, toda la iglesia se reúne en un solo lugar, y todos hablan en lenguas, y entran indoctos o incrédulos, ¿no dirán que estáis locos? Pero si todos profetizan, y entra algún incrédulo o indocto, por todos es convencido, por todos es juzgado; lo oculto de su corazón se hace manifiesto; y así, postrándose sobre el rostro, adorará a Dios, declarando que verdaderamente Dios está entre vosotros. ¿Qué hay, pues, hermanos? Cuando os reunís, cada uno de vosotros tiene salmo, tiene doctrina, tiene lengua, tiene revelación, tiene interpretación. Hágase todo para edificación… Si alguno se cree profeta, o espiritual, reconozca que lo que os escribo son mandamientos del Señor. Mas el que ignora, ignore. Así que, hermanos, procurad profetizar, y no impidáis el hablar lenguas; pero hágase todo decentemente y con orden (14:23-26, 37-40).*

La profecía, como término, se usa actualmente para referirse a la Palabra escrita de Dios. El apóstol Pedro escribió: "Entendiendo primero esto, que ninguna profecía de la Escritura es de interpretación privada, porque nunca la profecía fue traída por voluntad humana, sino que los santos hombres de Dios hablaron siendo inspirados por el Espíritu Santo" (2 P. 1:20-21; cp. Mt. 13:14; Ro. 16:25-26). El apóstol Juan añadió esta declaración: "Bienaventurado el que lee, y los que oyen las palabras de esta profecía, y guardan las cosas en ella escritas; porque el tiempo está cerca" (Ap. 1:3; cp. 22:10, 18-19).

La reverencia de Pablo a la Palabra de Dios tenía sus raíces en el Antiguo Testamento (cp. Jos. 1:8; Job 23:13; Sal. 1:1-2; 119:1-8; Jer. 15:16). Tan grande amor y respeto por la Palabra de Dios resultó sin duda del mandamiento de Moisés a los israelitas:

Y estas palabras que yo te mando hoy, estarán sobre tu corazón; y las repetirás a tus hijos, y hablarás de ellas estando en tu casa, y andando por el camino, y al acostarte, y cuando te levantes. Y las atarás como una señal en tu mano, y estarán como frontales entre tus ojos; y las escribirás en los postes de tu casa, y en tus puertas (Dt. 6:6-9).

Ese pasaje también sugiere dos listas detalladas de razones por las cuales los creyentes de hoy **no** deben menospreciar **las profecías**: (1) Por el carácter esencial de las Escrituras. Primero, es autoritativa (Is. 1:2); segundo, es completamente infalible (Sal. 19:7); tercero, es infalible en todas sus partes (Pr. 30:5-6; cp. Mt. 5:18); cuarto, es suficiente para todas la necesidades espirituales (Sal. 19:7-11; 2 Ti. 3:15-17); quinto, es absolutamente eficaz (Is. 55:11) y sexto, determina la condición espiritual del creyente (Jn. 5:24). (2) Por los beneficios generosos de las Escrituras. Primero, es la fuente suprema de la verdad (Jn. 17:17); segundo, es la fuente de toda la felicidad (Pr. 8:34; Lc. 11:28); tercero, es la fuente de la victoria sobre el pecado y las fuerzas del mal (Sal. 119:9, 11; Mt. 4:1-11; Ef. 6:17); cuarto, es la fuente última de crecimiento espiritual (2 Ti. 3:16-17; 1 P. 2:2); quinto, es la única fuente perfectamente confiable de guía (Sal. 19:8; 119:105) y sexto, es la fuente de la esperanza (Sal. 119:116; Ro. 15:4).

LA RESPONSABILIDAD DE TENER DISCERNIMIENTO

Examinadlo todo; retened lo bueno. Absteneos de toda especie de mal. (5:21-22)

D. Martyn Lloyd-Jones, reconocido expositor británico, se dio cuenta correctamente al comienzo de la década de 1970 que la Iglesia se estaba alejando del discernimiento espiritual y explicó cómo la cultura posmoderna ha contribuido a esa realidad:

> Hay una reacción muy obvia en estos tiempos en contra del intelectualismo… Se puede ver en los estudiantes de Estados Unidos, y es creciente en este país. Se desconfía de la razón y se la está dejando a un lado. Siguiendo a D. H. Lawrence, muchos dicen que nuestros problemas se deben al hecho de que hemos desarrollado en exceso nuestro cerebro. Debemos escuchar más a nuestra "sangre" y volver a la naturaleza. Y así, tornándose en contra del intelectualismo, propugnando deliberadamente el credo de la irracionalidad, ceden al deseo de "experimentar" y ubican la sensación por encima del entendimiento. Lo que importa es sentir y disfrutar; no pensar. El pensamiento puro no lleva a ninguna parte (Citado en Iain H. Murray, *D. Martyn Lloyd-Jones: The Fight of Faith, 1939-1981* [D. Martyn Lloyd-Jones: La batalla por la fe 1939-1981] [Edimburgo: Banner of Truth, 1990], p. 666).

Si algo es cierto es que tales tendencias culturales solo se han hecho más pronunciadas y el discernimiento real está cada vez más ausente en buena parte de la iglesia evangélica.

El discernimiento espiritual es la capacidad de distinguir entre la verdad divina y el error o las verdades a medias (cp. Hch. 17:11; 1 Ti. 4:1-6, 13, 16; 6:20-21; 2 Ti. 4:1-5; Tit. 1:9), y es esencial para la vida cristiana (1 Co. 12:10; Ef. 4:14-15; He. 5:14; 1 Jn. 4:1; cp. 1 R. 3:9; Pr. 2:3; 14:15, 33; 16:21). Esa es la razón por la cual el apóstol Pablo exhortó a los tesalonicenses a examinarlo **todo**. **Examinadlo** es traducción de *dokimazō*, una palabra común del Nuevo Testamento para referirse a probar la autenticidad de algo. Implica distinguir entre verdadero y falso o bueno y malo (cp. 2 S. 14:17). A veces la palabra denota el proceso de diferenciar qué agrada al Señor (Ef. 5:10; cp. Ro. 12:2). **Todo** no permite excepciones; incluye todo asunto e idea que pueda confrontar a los creyentes.

Una vez que los creyentes han examinado **todo**, deben retener **lo bueno**. **Retened** quiere decir "aceptar de todo corazón". **Bueno** (*kalos*) denota lo que es inherentemente auténtico, verdadero, noble y correcto (Ro. 7:16; 1 Ti. 1:8, 18; 2:3; 4:4; 6:12-13, 19; 2 Ti. 4:7; Tit. 3:8), no solo lo que pueda ser hermoso en apariencia. Cuando los creyentes encuentran lo **bueno**, deben aceptarlo y hacerlo suyo (cp. Ro. 12:9; 16:19; Fil. 4:8).

En el sentido opuesto, Pablo advirtió a los tesalonicenses en el versículo 22 que se abstuvieran **de toda especie de mal**. **Absteneos** (*apechō*) es una palabra fuerte que quiere decir "alejarse de". El énfasis está en que el creyente evite completamente cualquier enseñanza o comportamiento maligno. Las Escrituras no permiten en ninguna parte que los creyentes se expongan a las influencias de lo falso o malo; en cambio, deben abstenerse de esas cosas, incluso huir de ellas (1 Co. 6:18; 10:14; 1 Ti. 6:11; 2 Ti. 2:22; cp. Sal. 34:14; 37:27; 97:10; Pr. 3:7; 8:13; 14:16; 22:3).

Mal se refiere a algo que es activamente maligno o dañino. Tal **mal**, que incluye las mentiras y las distorsiones de la verdad como las perversiones morales, aparece en muchas formas. El apóstol advirtió a los tesalonicenses a rehuir **toda especie de mal**. La exhortación de Pablo era un llamado general a los creyentes a discernir la verdad del error, el bien del mal, la justicia del pecado, y era una orden de rechazar cualquier enseñanza, influencia o comportamiento negativos que desagradara a Dios.

Los creyentes que se entregan al completo control del Espíritu Santo apreciarán el carácter de las Escrituras, permitirán que su poder santifique sus vidas y examinarán todo de acuerdo a sus normas. Así cumplirán tres responsabilidades vitales que todos los creyentes tienen con Jesucristo: honrar a su Espíritu, obedecer su Palabra y ejercitar el discernimiento espiritual.

La oración por la santificación completa

18

Y el mismo Dios de paz os santifique por completo; y todo vuestro ser, espíritu, alma y cuerpo, sea guardado irreprensible para la venida de nuestro Señor Jesucristo. Fiel es el que os llama, el cual también lo hará. (5:23-24)

La bendición final de Pablo señala a la única fuente de poder para obedecer todas las exhortaciones de 4:1—5:22: Dios, el único que santifica al creyente obediente. La santificación está inseparablemente ligada a la fe salvadora; porque a quienes Dios justifica, Él también los santifica (cp. Ro. 8:28-29). El apóstol Pablo comenzó esta epístola dando testimonio de que los tesalonicenses de verdad habían respondido con fe salvadora a su predicación del evangelio y habían sido justificados (1:2-5; 2:1, 12-13); aquí en la conclusión oraba ahora por su santificación completa. Su bendición en oración por ellos en estos versículos revela varios elementos esenciales de la santificación: su naturaleza, fuente y alcance; sus componentes humanos; su meta y culminación; y su seguridad final.

NATURALEZA, FUENTE Y ALCANCE DE LA SANTIFICACIÓN

Y el mismo Dios de paz os santifique por completo; (5:23*a*)

Santificar (*hagiazō*) quiere decir "apartar", "separar" del pecado a la santidad. El modo optativo expresa aquí deseo. La forma del sustantivo aparece varias veces más en esta carta (4:3-4, 7) y el verbo también varias veces en el Nuevo Testamento (Jn. 10:36; 17:17, 19; Hch. 20:32; 26:18; Ro. 15:16; 1 Co. 1:2; 6:11; 7:14; Ef. 5:26; 1 Ti. 4:5; 2 Ti. 2:21; He. 2:11; 9:13; 10:10, 14, 29; 13:12; 1 P. 3:15). La santificación es el proceso continuo por el cual Dios separa cada vez más a los creyentes del pecado y los lleva a la santidad. Las súplicas del apóstol por los tesalonicenses son paralelas y reiteran el tema de su oración anterior sobre el crecimiento espiritual de ellos en 3:11-13:

Mas el mismo Dios y Padre nuestro, y nuestro Señor Jesucristo, dirija nuestro camino a vosotros. Y el Señor os haga crecer y abundar en amor unos para con otros y para con todos, como también lo hacemos nosotros para con vosotros, para que sean afirmados vuestros corazones, irreprensibles en santidad delante de Dios nuestro Padre, en la venida de nuestro Señor Jesucristo con todos sus santos.

El concepto de la santificación, separar las cosas para Dios, es uno de los más antiguos en las Escrituras. En Génesis 2:3, Dios santificó el séptimo día y descansó de su obra creadora. Job solía ofrecer holocaustos a Dios y santificaba a sus hijos (Job 1:5). En el éxodo, Dios apartó al primogénito de su pueblo y sus animales para su uso (Éx. 13:1-2). Justo antes de darle los Diez Mandamientos a Moisés, Dios separó a Israel para ser una nación santa (Éx. 19:5-6; cp. Ez. 37:28) y pocos días después santificó el Monte Sinaí (Éx. 19:23) habiendo ya prohibido a los israelitas acercarse demasiado a este (v. 12). Después, en el desierto, el Señor santificó a Aarón y sus hijos para el oficio sacerdotal (Éx. 28:41ss) y separó el tabernáculo y sus utensilios para los propósitos sagrados (cáps. 30—31; 35—40). Samuel santificó a Isaí y a su hijo David (1 S. 16:5, 12-13). Muchos años después Dios santificó el templo de Jerusalén (2 Cr. 7:16). Antes del nacimiento del profeta Jeremías, Dios lo apartó para el ministerio profético (Jer. 1:5).

Las narraciones del Nuevo Testamento también contienen ejemplos de la obra santificadora de Dios. Él apartó a Juan el Bautista para ser el precursor de Jesucristo (Lc. 1:13-17). Dios Padre también separó a su Hijo, el Mesías, para la obra de la redención (Mt. 1:20-23; Lc. 1:31-33; cp. 2:29-35; Mt. 3:13-17; Hch. 2:22-24). Jesús separó a los doce apóstoles de entre la gran cantidad de discípulos que le seguían (Mr. 3:13-19; Lc. 6:12-16). La naciente iglesia separó a los primeros diáconos para el servicio divino (Hch. 6:1-6) y a otros para el servicio misionero (13:1-3).

Hay tres elementos básicos para definir la santificación del creyente. Primero, está el aspecto fijo, pasado —santificación posicional—, efectuado por Dios en el momento en que salvó a cada creyente. Dios aseguró la santificación posicional por medio de la muerte de su Hijo: “Somos santificados mediante la ofrenda del cuerpo de Jesucristo hecha una vez para siempre... porque con una sola ofrenda hizo perfectos para siempre a los santificados” (He. 10:10, 14). Por la obra expiatoria de Cristo, Dios rescató a todos los creyentes del dominio del pecado y la oscuridad espiritual, y los ubicó en el dominio de la justicia y la luz espiritual. Los creyentes también reciben una naturaleza nueva en la salvación: “De modo que si alguno está en Cristo, nueva criatura es; las cosas viejas pasaron; he aquí todas son hechas nuevas” (2 Co. 5:17; cp. 2 P. 1:4). La morada del Espíritu en el creyente significa que el creyente tiene una naturaleza nueva (Ro. 8:9). Dios imputa la justicia de Cristo a los creyentes de modo que no los ve pecadores, sino santificados, cubiertos con la justicia de Cristo (cp. Ro. 3:21-25; 2 Co. 5:21; 1 Jn. 4:10). Como resultado, Dios los declara santos y así los llama (cp. Ro. 1:7; 1 Co. 1:2; 2 Co. 1:1; Ef. 1:1).

La santificación tiene un segundo aspecto futuro —la santificación final— cuando Dios hace a los creyentes realmente libres del pecado en el cuerpo y en el espíritu para siempre. Pablo aseguró a los filipenses: "Mas nuestra ciudadanía está en los cielos, de donde también esperamos al Salvador, al Señor Jesucristo; el cual transformará el cuerpo de la humillación nuestra, para que sea semejante al cuerpo de la gloria suya, por el poder con el cual puede también sujetar a sí mismo todas las cosas" (Fil. 3:20-21; cp. Ro. 8:30; 1 Co. 15:52-54; 1 Jn. 3:2-3). En la santificación final, Dios une la naturaleza nueva, entonces librada de la carne debilitadora, a cuerpos transformados y glorificados por toda la eternidad. Es la realización prometida a la iglesia de ser presentada como una esposa sin mancha ni arruga a su Esposo, Jesucristo (Ap. 19:7-8; 21:2, 9; cp. Ef. 5:26-27; Col. 1:21-23).

El tercer elemento que define la santificación bíblica es el aspecto experimental, que tiene que ver con la vida cristiana presente y, por tanto, está entre los aspectos pasado/posicional y futuro/último de la santificación. Es el proceso en el cual los creyentes se esfuerzan, por el poder del Espíritu, en conformarse a la imagen de Cristo. Pablo lo resumió en 2 Corintios 3:18: "Por tanto, nosotros todos, mirando a cara descubierta como en un espejo la gloria del Señor, somos transformados de gloria en gloria en la misma imagen, como por el Espíritu del Señor" (cp. Ro. 12:9-21; 15:4-7; 2 Co. 9:6-12; Gá. 5:16—6:10; Ef. 4:1—6:18; Fil. 2:1-4, 14-15; 3:15-17; 4:4-9; Col. 3:1—4:6; 1 Ts. 3:11-13; 4:3-12; 2 Ts. 2:13-15; 3:7, 13; 1 Ti. 4:12-16; 6:11-14; 2 Ti. 1:6-10; Tit. 3:1-8; He. 12:12-15; 13:1-9; Stg. 1:2-27; 3:13-18; 1 P. 3:1-12; 2 P. 1:5-11; 1 Jn. 1:5-9). La santificación experimental es ir en pos de la santidad (cp. Mt. 5:48; 1 P. 1:14-16). El puritano Thomas Watson lo declaró de esta manera: "[La santificación] es un principio de la gracia salvadora obrada, a través de la cual el corazón se hace más santo y se vuelve conforme al corazón de Dios. Una persona santificada no solo es portadora del nombre de Dios, sino de su imagen" (*Body of Divinity* [Cuerpo de divinidad] [Reimpresión; Grand Rapids: Baker, 1979, p. 167]). Cuando en todas las epístolas paulinas el autor pasa de la exposición doctrinal a la exhortación práctica, tiene este aspecto en mente. Su oración apasionada por los tesalonicenses y por todos los creyentes era pasar por la santificación experimental. Dios los conformaba progresivamente a la santidad.

Dios es la fuente de la santificación. Después de dar una serie de mandatos y exhortaciones a los tesalonicenses para llamarlos a un esfuerzo devoto y disciplinado (5:12-22; véase también 4:1-8; 11-12, 18; 5:6, 8, 11), Pablo quería reconocer que al final es Dios quien capacita a los creyentes para obedecer esas admoniciones y progresar en santificación (cp. Fil. 2:13). Siglos antes, el profeta Zacarías dejó claro ese principio: "No será por la fuerza ni por ningún poder, sino por mi Espíritu—dice el Señor Todopoderoso—" (Zac. 4:6, NVI). Pablo entendía bien el principio con respecto a su propio ministerio: "A [Cristo], quien anunciamos, amonestando a todo hombre, y enseñando a todo hombre en toda sabiduría, a fin de presentar perfecto en Cristo Jesús a todo hombre; para lo cual también trabajo, luchando según la potencia de él, la cual actúa poderosamente en mí" (Col. 1:28-29; cp. 1 Co. 2:1-5; Ef. 3:20). Sin embargo, la afirmación de Pablo a los colosenses también revela el enlace inseparable entre el esfuerzo humano y el poder divino en la vida cristiana. Los creyentes deben rendirse a Dios (Ro. 6:19; 12:1-2) e ir diligentemente en pos de la santidad (1 Co. 9:24-27; 2 Ti. 4:7; 2 P. 1:5-11) y aun así proceder siempre en dependencia humilde de Él (cp. 1 Co. 15:10; Gá. 2:20).

Desde el punto de vista humano es imposible entender del todo cómo funciona esta simbiosis (cp. Dt. 29:29; Is. 55:9). Pablo resumió bien este proceso insondable cuando dijo a los filipenses: "Por tanto, amados míos, como siempre habéis obedecido, no como en mi presencia solamente, sino mucho más ahora en mi ausencia, ocupaos en vuestra salvación con temor y temblor, porque Dios es el que en vosotros produce así el querer como el hacer, por su buena voluntad" (Fil. 2:12-13; cp. Gá. 2:20). Los cristianos deben vivir a diario la salvación que Dios obró en ellos.

Pablo eligió identificar a Dios con la conocida expresión bíblica **Dios de paz** (cp. Ro. 15:33; 16:20; 1 Co. 14:33; 2 Co. 13:11; Fil. 4:9; He. 13:20). **Paz** (*eirēnē*) es la mejor palabra para resumir la obra de salvación divina; por eso el Nuevo Testamento la suele usar para describir a Dios (cp. Lc. 19:38; Jn. 14:27; Ro. 1:7; 1 Co. 1:3; 2 Co. 1:2; Ef. 2:14; 2 Ts. 3:16). No denota solamente la existencia, situación o estado de la mente libre de conflictos, sino la composición de la bendición del evangelio. Pablo no habla aquí de la tranquilidad propia de Dios, sino de la **paz** de la salvación que provee a través de la cruz de Cristo a todos los que quieran arrepentirse y creer (Is. 53:5; Ro. 5:1; Ef. 2:14-15; Col. 1:20; cp. Lc. 1:79; 2:14; Jn. 14:27; Hch. 10:36; Ro. 10:17).

Para subrayar que **Dios** es quien santifica, el apóstol usó **el mismo** (*autos*) en posición enfática. Dios no delega el proceso de santificación a un ángel o apóstol; ni lo logra mediante algún decreto distante. Más bien, lo lleva a cabo por sus acciones en la vida de los creyentes.

Por completo solo se usa aquí en el Nuevo Testamento y está compuesto por dos palabras griegas: *holos*, "cabal", "completo" y *telēs*, "final". Pablo pidió que Dios santificara a los tesalonicenses "por todo el camino" o "por todas partes"; por medio de tal santificación, ninguna parte de su ser interior quedaría no afectada.

COMPONENTES HUMANOS DE LA SANTIFICACIÓN

y... espíritu, alma y cuerpo, (5:23*c*)

La obra santificadora de Dios no solo incluye la parte inmaterial del creyente (**espíritu** y **alma**), sino también el **cuerpo** (Pablo no se refiere aquí a la glorificación, porque deseaba que el elemento de la santificación mencionado ahora fuera cierto para los tesalonicenses cuando Cristo volviera, no después). En vista de la cultura griega prevalente, es importante que Pablo incluyera el **cuerpo** en su bendición. Esa cultura, influenciada por el dualismo filosófico, según el cual el espíritu del hombre es inherentemente bueno y su cuerpo es inherentemente malo, no tenía al cuerpo en buena estima. Esa filosofía proveía razones convenientes para tachar de intrascendente cualquier comportamiento físico inmoral en que las personas se hubieran involucrado.

Pero ese pensamiento era aborrecible al apóstol Pablo, quien más adelante exhortó a los corintios así: "¿O ignoráis que vuestro cuerpo es templo del Espíritu Santo, el cual está en vosotros, el cual tenéis de Dios, y que no sois vuestros? Porque habéis sido comprados por precio; glorificad, pues, a Dios en vuestro cuerpo y en vuestro espíritu, los cuales son de Dios" (1 Co. 6:19-20; cp. Lc. 11:36; Ro. 6:12-13; 8:13; 12:1; 1 Co. 6:13, 15; 9:27; Col. 2:23; 3:5; Stg. 3:2-3, 6). Si la santificación ha de completarse, se extenderá a cada parte del creyente, especialmente al cuerpo, que piensa, siente y actúa en respuesta a la santidad de la persona interior.

Durante años ha habido un debate importante sobre la definición y uso de los términos **espíritu** y **alma**. Algunos (llamados históricamente tricotomistas) creen que Pablo estaba identificando dos categorías distintas en la esencia no material del hombre. Esas partes, junto con el cuerpo, hacen del hombre un ser tripartito. Otros (históricamente llamados dicotomistas) creen que *espíritu* y *alma* son palabras intercambiables para denotar la naturaleza interna e indivisible del hombre. Esos intérpretes, pues, consideran que el hombre es un ser bipartito, compuesto solamente por la naturaleza no material (**espíritu** y **alma**) y la material (**cuerpo**).

Ningún texto de las Escrituras atribuye sustancias y funciones distintas para el espíritu y el alma. No obstante, los tricotomistas, proponen que el **espíritu** es la consciencia de Dios en el hombre y el **alma** es la consciencia terrenal; no obstante, ni el uso griego de **espíritu** (*pneuma*) ni el de **alma** (*psuchē*) respaldan esa proposición. La parte inmaterial del hombre tiene innumerables capacidades para responder a los múltiples estímulos de Dios, Satanás y el mundo, pero no puede defenderse la separación arbitraria del espíritu y el alma. Los dos términos se usan de modo intercambiable en las Escrituras (cp. He. 6:19; 10:39; 1 P. 2:11; 2 P. 2:8). **Espíritu** y **alma** son palabras sinónimas y comunes que Pablo usó para enfatizar la profundidad y el alcance de la santificación. Algunos sugieren que una traducción aceptable de esta oración de Pablo pudiera ser: "Y su espíritu, incluso su alma y cuerpo", en cuyo caso *espíritu* se referiría a la totalidad de la persona, y *alma y cuerpo* a las partes inmaterial y material de la persona. Las referencias de Pablo en las otras epístolas aporta evidencia clara de que él era dicotomista (Ro. 8:10; 1 Co. 2:11; 5:3, 5; 7:34; 2 Co. 7:1; Gá. 6:18; Col. 2:5; 2 Ti. 4:22).

Algunos afirman que Hebreos 4:12 respalda la perspectiva tricotómica de la esencia humana porque sugiere la división entre el alma y el espíritu: "Porque la palabra de Dios es viva y eficaz, y más cortante que toda espada de dos filos; y penetra hasta partir el alma y el espíritu, las coyunturas y los tuétanos, y discierne los pensamientos y las intenciones del corazón". Pero una revisión cuidadosa del lenguaje en el versículo anula esa opinión. El escritor no dijo que la espada de la Palabra penetra el interior de la persona y separa su alma de su espíritu. Solo dice que la espada corta el alma y el espíritu de la persona. El autor usó una segunda expresión metafórica, "penetra… las coyunturas y los tuétanos" para describir incluso mejor la penetración profunda de la Palabra de Dios en la persona interior. Este versículo no plantea dificultades especiales a la posición dicotómica.

LA META Y LA CULMINACIÓN DE LA SANTIFICACIÓN

todo vuestro ser… sea guardado irreprensible para la venida de nuestro Señor Jesucristo. (5:23*b, d*)

Todo (*holoklēros*) quiere decir "con integridad", "total", "intacto", "sin daño" y concuerda perfectamente con el deseo de Pablo y de su Señor sobre la santidad de la iglesia, sin mancha ni defecto (Ef. 5:25-27; cp. 2 Co. 6:16; 11:2; 1 Ti. 3:15; 1 P. 2:5; Ap. 19:7-8; 21:2).

Esta porción de la oración de Pablo también es consecuente con la meta personal que expresó a los filipenses: "Prosigo a la meta, al premio del supremo llamamiento de Dios en Cristo Jesús" (Fil. 3:14). El premio por ser llamado al cielo es la santidad eterna y la semejanza a Cristo. Y mientras tanto, el apóstol tenía, en todo lo posible, la misma meta terrenal: ir en pos de la semejanza de Cristo. Dijo que eso era lo que hacía (3:13). En el equilibrio maravilloso del esfuerzo diligente y del poder divino presente en cada aspecto de la salvación, Pablo oró pidiendo que los santos fueran guardados, que Dios los mantuviera en el sendero de la santidad hasta que recibieran la santificación final (cp. Mt. 24:13; Hch. 13:43; 14:22; Ef. 6:18; Col. 1:21-23; He. 12:2-3). Su deseo era que Dios los llevara irreprensibles hasta ese punto. **Irreprensible** (*amemptōs*) es la misma palabra que los arqueólogos han encontrado en tumbas cristianas de la Tesalónica antigua. Cuando las personas querían identificar a un amigo o familiar cristiano muerto, inscribían *intachable* en su tumba; ser intachable en el comportamiento es lo que desea el Señor para su iglesia (cp. Ef. 5:26-27).

Para la venida del **Señor Jesucristo**, Dios quitará el pecado de todos los creyentes. En 1 Corintios 15:50-54 se afirma esa realidad:

> *Pero esto digo, hermanos: que la carne y la sangre no pueden heredar el reino de Dios, ni la corrupción hereda la incorrupción. He aquí, os digo un misterio: No todos dormiremos; pero todos seremos transformados, en un momento, en un abrir y cerrar de ojos, a la final trompeta; porque se tocará la trompeta, y los muertos serán resucitados incorruptibles, y nosotros seremos transformados. Porque es necesario que esto corruptible se vista de incorrupción, y esto mortal se vista de*

inmortalidad. Y cuando esto corruptible se haya vestido de incorrupción, y esto mortal se haya vestido de inmortalidad, entonces se cumplirá la palabra que está escrita: Sorbida es la muerte en victoria.

Esta es la cuarta mención de su **venida** (*parousia*) y, como con las otras ocasiones (2:19; 3:13; 4:15), otra vez es una referencia al arrebatamiento de la iglesia. Pablo oraba pidiendo que cuando el **Señor Jesucristo** viniera a por los creyentes los encontrara yendo fielmente tras la meta de ser tan santos como su Señor y anhelando recibir la promesa celestial de la perfección.

SEGURIDAD DE LA SANTIFICACIÓN FINAL

Fiel es el que os llama, el cual también lo hará. (5:24)

Dios, **el que llama**, también es **fiel** para completar y llevar a cabo el propósito de la santificación. Pablo expresó después a los filipenses esta confianza en la fidelidad de Dios con los creyentes: "Estando persuadido de esto, que el que comenzó en vosotros la buena obra, la perfeccionará hasta el día de Jesucristo" (Fil 1:6). Esa es otra promesa a todos los creyentes, que Dios tiene el poder para garantizar su santificación final. La salvación que Dios concede es segura; con gracia y eficacia **llama** a los individuos (Jn. 6:37, 44-45, 64-65), les da la fe para arrepentirse y creer (Ef. 2:8-9; cp. 2 Ti. 2:25-26), y les provee la gracia para perseverar hacia la gloria de la santificación final (Jud. 24-25; cp. 1 Co. 10:13). Romanos 8:28-30 también declara esta promesa:

Y sabemos que a los que aman a Dios, todas las cosas les ayudan a bien, esto es, a los que conforme a su propósito son llamados. Porque a los que antes conoció, también los predestinó para que fuesen hechos conformes a la imagen de su Hijo, para que él sea el primogénito entre muchos hermanos. Y a los que predestinó, a éstos también llamó; y a los que llamó, a éstos también justificó; y a los que justificó, a éstos también glorificó.

En resumen, la oración de Pablo por los tesalonicenses sugiere un número de principios esenciales en el proceso de santificación que todos los cristianos necesitan recordar. Primero, la santificación experimental es inherentemente positiva y negativa. Por lo negativo, requiere la purga del pecado (cp. Ro. 6:6; 8:13; 2 Ti. 2:19). Las Escrituras comparan el pecado con la levadura (cp. Mt. 16:12; 1 Co. 5:6-8; Gá. 5:8-9), que connota la influencia del mal con el cual el pecado permea la humanidad. La santificación no elimina el pecado, pero quita del creyente su amor por este y decrece su frecuencia (cp. Ro. 6:22; 7:21-25; Fil. 3:7-16; Tit. 2:11-12). La santificación positiva requiere la renovación de la mente (cp. Ro. 12:2) y revestirse de la semejanza a Cristo (cp. Col. 3:5-17). Los cambios positivos y negativos ocurren a medida que el Espíritu Santo usa la Palabra de Dios en las vidas de los creyentes (Jn. 17:17; 2 Ti. 3:16-17; cp. Jn. 15:1-3).

Segundo, la santificación ocurre principalmente en el corazón, en la mente, en el ser interno. No está relacionada con modificar el comportamiento externo —aun si tal cambio estuviera alineado con la ley de Dios— sin cambiar el corazón (cp. Ro. 3:21-23, 28; 4:4-5; 5:1-2), ni circunscribe las acciones y actitudes de la persona a un código de ética arbitrario (cp. Ro. 14:17; Col. 2:16-23). La santificación no afecta a las acciones cristianas externas (cp. Jn. 15:4-5; Ef. 2:10), es esencialmente gracia interna. Se ilustra por lo que escribió el apóstol Pedro a las esposas creyentes: "Vuestro atavío no sea el externo de peinados ostentosos, de adornos de oro o de vestidos lujosos, sino el interno, el del corazón, en el incorruptible ornato de un espíritu afable y apacible, que es de grande estima delante de Dios" (1 P. 3:3-4).

Tercero, la Biblia llama a la santificación una bella realidad (cp. Sal. 110:3). La santidad es la corona de joyas hermosas de la Divinidad, refleja la perfección divina, la virtud sin mitigaciones, la justicia absoluta y la ausencia pura de pecado (cp. Éx. 15:11; Sal. 47:8; 145:17; Is. 57:15). La santificación es una experiencia noble que imparte a los creyentes una medida de la majestad que Dios pretendía para ellos cuando creó a la humanidad a su imagen (cp. Gn. 1:26-27; Sal. 8:4-6).

Cuarto, la santificación es una realidad continua. En el nuevo nacimiento, Dios planta la semilla de la justicia, el principio de la vida divina, en el corazón del creyente (cp. 1 P. 1:23-25). Eso no quiere decir que él no volverá a pecar, sino que habrá discontinuidad en su patrón ininterrumpido de pecado y comenzará a vivir en un nuevo patrón de santidad (cp. Ro. 6:17-18; 1 Jn. 3:9).

Quinto, los creyentes deben recordar que las personas pueden falsificar la santificación en varias formas. Primera, la virtud moral puede sustituir la verdadera santificación. Las personas pueden exhibir cualidades del carácter como ausencia de prejuicios, lealtad, civismo, bondad, generosidad, diligencia y filantropía y, sin embargo, ser incrédulos de corazón (cp. Is. 29:13). Segunda, la actividad religiosa puede enmascararse de santificación. Por ejemplo, las personas religiosas devotas pueden pasar años evitando los pecados más abyectos y buscando agradar a Dios adhiriéndose a los rituales de su iglesia y justificándose a sus propios ojos con buenas obras (cp. Mt. 23:23-25; Lc. 18:10-14). Pero hacen todo esto porque temen a Dios y quieren obtener su perdón, no porque sean sus hijos y lo amen sinceramente por su gracia. Tercera, profesar externamente el cristianismo puede parecer santificación genuina (cp. Mt. 23:27-28). Suele lucir un tipo de piedad hipócrita que solamente es superficial (cp. Mt. 7:21-23). Tal santificación falsa no solo engaña a los testigos, también a quienes la practican. Cuarta, su consciencia y su miedo a las consecuencias del pecado suelen refrenar a las personas de los malos comportamientos. La mayor parte del tiempo ellas rechazan el pecado porque temen las consecuencias negativas físicas, psicológicas e incluso legales. Tal vez hayan crecido en una familia cristiana en la cual sus padres les enseñaron principios bíblicos y establecieron un fundamento doctrinal que informa a sus conciencias las convicciones morales. Tales personas temen adentrarse en el pecado abierto y parecen justas en lo exterior, pero solo porque no quieren una conciencia culpable que los turbe. El amor salvador por Cristo no es el motivador de su comportamiento, el miedo humano y la conciencia sensible dirigen sus acciones.

Sexto, la santificación evita que los creyentes contaminen las cosas santas. "Todas las cosas son puras para los puros, mas para los corrompidos e incrédulos nada les es puro; pues hasta su mente y su conciencia están corrompidas" (Tit. 1:15). Los incrédulos se burlan y blasfeman contra Dios y su Hijo (cp. Lc. 22:65; Ro. 8:7; Col. 1:21; Ap. 16:9). Ridiculizan las cosas de Dios y al pueblo de Dios (cp. Neh. 2:19; Sal. 38:12; 2 Ti. 3:3-4), lo cual significa que también ridiculizan y degradan la Palabra de Dios (cp. Neh. 9:28-29). Contaminan todo lo que Dios ha diseñado por su gloria y para bendición humana (cp. Ro. 1:21-32), como la belleza de la creación, el matrimonio y la amistad. En contraste, cuando Dios santifica a los creyentes, consideran santas las cosas más simples y mundanas de la vida y respetan todas las cosas que los incrédulos no respetan (cp. Sal. 1:1-6).

Por último, los cristianos deben recordar que la santificación es la prioridad de Dios para sus vidas. Es su voluntad para ellos (1 Ts. 4:3; cp. He. 12:14) y el resultado de la muerte de Cristo a favor de ellos, "quien se dio a sí mismo por [ellos] para [redimirlos] de toda iniquidad y purificar para sí un pueblo propio, celoso de buenas obras" (Tit. 2:14). Todos los creyentes deben vivir para la santificación. No tienen otra meta en la vida que ser como Jesucristo: "El que dice que permanece en él, debe andar como él anduvo" (1 Jn. 2:6).

Peticiones finales de Pablo 19

Hermanos, orad por nosotros. Saludad a todos los hermanos con ósculo santo. Os conjuro por el Señor, que esta carta se lea a todos los santos hermanos. La gracia de nuestro Señor Jesucristo sea con vosotros. (5:25-28)

En este epílogo, Pablo transmite sus peticiones personales directa y claramente a la iglesia amada de Tesalónica. Antes de cerrar con una bendición, hace tres peticiones: (1) orar por él como pastor, (2) mostrar afecto unos por otros y (3) someterse a la Palabra de Dios.

PETICIÓN DE ORACIÓN

Hermanos, orad por nosotros. (5:25)

Esta sencilla solicitud a los **hermanos** tesalonicenses de orar **por** él constituye su primer deseo al despedirse de ellos. Como lo expresaba con frecuencia a sus iglesias, la carga del corazón del apóstol era que su rebaño intercediera ante el Señor por él (cp. Ro. 15:30; 2 Co. 1:11; Ef. 6:18-20; Fil. 1:19; Col. 4:2-4; Flm. 22) y, por implicación, que todos los creyentes oraran por sus pastores.

Hermanos (*adelphoi*), en posición enfática, se usa repetidas veces (véase también 1:4; 2:1, 9, 17; 3:7; 4:1, 10; 5:1, 12, 14) para subrayar el gran afecto de Pablo por los tesalonicenses. **Hermanos** no deja a nadie fuera y servía de base para la primera petición de Pablo; porque estaban juntos en la familia de Dios y él tenía derecho a esperar que ellos oraran por él.

Nosotros incluye a Silas y Timoteo, los colaboradores de Pablo. Los tres habían sido fieles en oración por los tesalonicenses: "Damos siempre gracias a Dios por todos vosotros, haciendo memoria de vosotros en nuestras oraciones" (1 Ts. 1:2; cp. Hch. 6:4), y ahora Pablo les pedía que le devolvieran el favor espiritual. **Orad** está en tiempo presente, lo cual indica que Pablo quería que los tesalonicenses hicieran un hábito de estas oraciones.

Es consecuente con las peticiones en otras de sus epístolas que Pablo expresara su dependencia en las oraciones de los otros creyentes. William Hendriksen comenta:

> [Pablo], quien, en medio de sus hercúleas labores, en 2 Corintios 11:29 exclama: "¿Cuando alguien se siente débil, no comparto yo su debilidad?" [NVI] y quien, como prólogo de esa expresión, escribe una lista larga de sufrimientos y dificultades que tuvo que soportar, siente la necesidad de que oren por él. Las circunstancias que lo rodeaban en Corinto no eran fáciles en absoluto... Además, él (junto con Silas y Timoteo, por supuesto) cree en la eficacia de la oración. Por tanto, no sorprende encontrar aquí (y en varias de sus epístolas) esta petición conmovedora: "Hermanos, oren por nosotros"; cp. 2 Ts. 3:1; Ro. 15:30; Ef. 6:19; Col. 4:3 (*New Testament Commentary. Exposition of Thessalonians, Timothy and Titus* [Comentario al Nuevo Testamento. Exposición de Tesalonicenses, Timoteo y Tito] [Grand Rapids: Baker, 1981], p. 142).

Gardiner Spring, pastor presbiteriano del siglo XIX en Nueva York, entendió el papel vital de la oración en la guerra espiritual e hizo una petición apasionada para que los cristianos oraran por sus pastores:

> Ah, es un tremendo desperdicio que se permita alguna vez la entrada de los ministros a los púlpitos sin estar precedidos, acompañados y seguidos por las oraciones más fervientes de las iglesias. No sorprende que el púlpito sea tan carente de poder y sus ministros estén tan descorazonados cuando tan pocas personas sostienen sus brazos. La consecuencia de rechazar este deber se ve y se siente en el declive espiritual de las iglesias, y se verá y se sentirá en la perdición eterna de los hombres. ¡Mientras que la consecuencia de tenerlo en cuenta sería la congregación de multitudes en el reino de Dios y nuevas glorias al Cordero que fue inmolado!
>
> Por eso, el escritor, de su parte y de parte de los hermanos amados y respetados, desea las oraciones de todos los que aman al Salvador y a las almas de los hombres. Somos los dispensadores de la verdad de Dios y en el mejor de los casos estamos muy por debajo del poderoso asunto que nos ocupa. Los deberes de nuestro llamado regresan a nosotros con cada día y semana que pasa. Suelen venir a nosotros con muchas exigencias en conflicto. Suelen hacernos exigencias sobre todos nuestros demás pensamientos, justo cuando hemos perdido el poder de pensar; y a veces solicitan toda la intensidad y fuerza de nuestros afectos, justo en el momento en que menos somos capaces de expresarlos. Asociadas a estas exigencias, están la presión del estrés y la ansiedad que hace decaer, cosas que agotan nuestro vigor, lisian nuestra valentía y consumen nuestro espíritu. ¡Y entonces, además de todo esto, hay tantas desilusiones en nuestro trabajo que necesitamos desesperadamente la simpatía y el consuelo de las oraciones del pueblo fiel! ("A Plea to Pray

for Pastors" [Una súplica de oración por los pastores] [Amityville, NY: Calvary, 1991], pp. 5-6; tomado de *The Power of the Pulpit* [El poder del púlpito] [Reimpresión de la edición de 1848; Edimburgo: Banner of Truth, s.f.]).

La petición de oración de Pablo sugiere varios asuntos que los creyentes deben recordar cuando oren **por** su pastor. Primero, es importante orar por la seguridad del pastor. En la segunda carta, Pablo dijo a los tesalonicenses: "Por lo demás, hermanos, orad por nosotros, para que la palabra del Señor corra y sea glorificada, así como lo fue entre vosotros, y para que seamos librados de hombres perversos y malos; porque no es de todos la fe" (2 Ts. 3:1-2; cp. Ro. 15:31*a*). Con *perverso* se refiere a quienes fueron exageradamente malos y hostiles con Pablo y buscaban hacerle daño (principalmente los judíos incrédulos). El pastor fiel, quien una vez tras otra confronta la maldad del sistema mundano con la verdad espiritual podría sufrir un daño potencial (Jn. 15:20; 2 Ti. 3:12; cp. Hch. 4:3; 5:18; 13:50; 16:23) y, por eso, necesita las oraciones de su pueblo por su seguridad.

Segundo, los creyentes deben orar pidiendo sabiduría para sus pastores en el servicio. Pablo pidió a los romanos que oraran para que "la ofrenda de [su] servicio a los santos en Jerusalén [fuera] acepta" (Ro. 15:31*b*). No se refería con *servicio* a su predicación y enseñanza de la doctrina. Más bien, se refería a su liderazgo servicial de recoger dinero en las iglesias gentiles de Macedonia y Asia Menor para ayudar a los miembros pobres de la iglesia de Jerusalén (Hch. 11:27-30; 1 Co. 16:1-3; cp. 2 Co. 8—9). Pablo anhelaba las oraciones de los creyentes por sabiduría para administrar el plan con eficacia. Cuando emprendió la recogida de esta ofrenda especial, el apóstol no tenía garantía de si los judíos la recibirían con gratitud amorosa y reconocerían que los gentiles la enviaban como un gesto de bondad fraternal. Su ruego a los romanos ilustra bien y con sencillez por qué los pastores necesitan las oraciones para tomar buenas decisiones en el liderazgo y para ejercitar el juicio sabio a la hora de resolver posibles conflictos.

Tercero, los creyentes deben orar para que los planes futuros y las prioridades del pastor sean conformes a la voluntad de Dios para él (Stg. 4:13-15; cp. Mt. 6:10, 33; Hch. 21:14; Ro. 1:10; 15:32; Ef. 6:6; 1 P. 5:1-4). Pablo pidió a los romanos que oraran para que Dios dirigiera su camino "para que con gozo [llegara a ellos] por la voluntad de Dios, y que [fuera] recreado juntamente con [ellos]" (Ro. 15:32). Los pastores tienen deseos y visiones para el ministerio futuro y, como Pablo, necesitan la valentía que puede resultar de las oraciones de los creyentes; para que Dios, en su providencia, cumpla esos planes.

Cuarto, los cristianos necesitan orar por la eficacia de sus pastores en la predicación de la Palabra de Dios. Pablo buscaba tal oración de los efesios: "[Oren] por mí, a fin de que al abrir mi boca me sea dada palabra para dar a conocer con denuedo el misterio del evangelio" (Ef. 6:19; cp. Col. 4:2-4). Pablo sumó estas peticiones de oración a las que antes había hecho a los tesalonicenses: "Que la palabra del Señor corra y sea glorificada, así como lo fue entre vosotros," (2 Ts. 3:1). Allí su deseo era que la Palabra *corriera* de un lugar a otro (como lo haría un velocista) y recibiera honor cuando las personas la obedecieran.

Por último, la iglesia necesita orar para que Dios fortalezca espiritualmente a su pastor y le permita ministrar con integridad. Gardiner Spring solicitó oración por fortaleza espiritual en estos términos:

> Hermanos, *oren por nosotros*, para que Dios nos guarde del pecado; para que andemos con cuidado, no como necios, sino como sabios, aprovechando el tiempo [Ef. 5:16]; para que nuestros corazones puedan ser más devotos a Dios y nuestras vidas sean un ejemplo más impresionante del evangelio que predicamos; para que seamos completamente adecuados para nuestra obra, nuestros conflictos y nos revistamos de toda la armadura de Dios [6:10-17]; para que seamos más fieles y sabios para ganar almas; y para que disciplinemos nuestro cuerpo y lo tengamos en sujeción, no sea que habiendo predicado a otros, nosotros seamos desechados (1 Co. 9:27] ("Petición de oración por los pastores", p. 9; cursivas en el original).

El escritor de Hebreos instó a su pueblo a orar pidiendo que la integridad siguiera siendo evidente: "Orad por nosotros; pues confiamos en que tenemos buena conciencia, deseando conducirnos bien en todo" (He. 13:18).

PETICIÓN DE AFECTO

Saludad a todos los hermanos con ósculo santo. (5:26)

El segundo deseo de Pablo en su despedida era que los tesalonicenses mostraran afecto entre ellos. El deseo paulino de que sus lectores se saludaran con un beso **santo** fue una conclusión común en todas sus cartas (Ro. 16:16; 1 Co. 16:20; 2 Co. 13:12; cp. 1 P. 5:14). **Saludad** conlleva la intención de un gesto justo y amigable, a diferencia de un reconocimiento formal y reservado.

A todos los hermanos incluye a todos los creyentes de Tesalónica, incluso a los rebeldes de 5:14. Cuando los ancianos recibieron esta carta, tenían que transmitir a toda la congregación por medio de un **ósculo santo** el amor del apóstol por la iglesia. Cuando los miembros se dieran el beso, también demostrarían tangiblemente su amor mutuo. En los tiempos de Pablo era usual que las personas saludaran a los superiores con un beso en los pies, rodillas, codos o manos; pero los amigos se besaban en la mejilla (el beso hipócrita de Judas Iscariote es la ilustración más torcida de esta costumbre [cp. Mt. 26:49]). El **ósculo santo** llegó a ser un símbolo de amor y afecto genuino entre los creyentes; pero era más que una señal litúrgica o un gesto ritual realizado solamente durante los servicios de adoración; era una muestra personal y espontánea de afecto practicada cuando se encontraban dos amigos creyentes.

Con el tiempo, las personas comenzaron a abusar del beso santo y en el siglo XIII la iglesia occidental abandonó la práctica. Ahora, los cristianos de occidente expresan afecto estrechándose la mano o con un abrazo. Sin embargo, cualquiera que sea la forma apropiada que tome el afecto, el apóstol Pablo ordenó que los creyentes se amaran de modo demostrable.

PETICIÓN DE SUMISIÓN

Os conjuro por el Señor, que esta carta se lea a todos los santos hermanos. (5:27)

Pablo declaró a los tesalonicenses, en los términos más fuertes, su tercer deseo de despedida: que se sometieran a la Palabra de Dios. Mandó a los tesalonicenses leer **esta carta a todos los hermanos**, porque su contenido era de inspiración divina.

Conjuro (*enorkizō*) es una palabra fuerte que significa "atar en juramento". Pablo estaba tan resuelto a que todos los tesalonicenses recibieran el contenido de su carta que impuso a los ancianos un juramente solemne (**por el Señor**). Así, a través de Pablo, el Espíritu los obligó a asegurarse de que todos oyeran la carta (cp. Ap. 2:7, 17, 29; 3:6, 13, 22).

Se lea connota una lectura en voz alta en el servicio público de adoración. La lectura pública de las Escrituras era esencial para la responsabilidad espiritual del pueblo de Dios (2 Ts. 3:14; 1 Ti. 4:13; cp. Gá. 4:16). Al apóstol le preocupaba que los tesalonicenses se decepcionaran por su ausencia y rechazaran por ello su carta. De modo que urgió a los ancianos a leerla cuando la iglesia se reuniera para que todos oyeran su contenido. Pablo quería en particular que oyeran sus palabras de consuelo y de aclaración con respecto a la escatología (4:13—5:11).

Inicialmente, solo había una copia atesorada de la epístola, lo cual hizo imposible que cada uno la leyera por separado. Probablemente, la mayoría de los miembros de la iglesia no pudieron leerla por su analfabetismo. La carta debía leerse cual Palabra de Dios, revelación del cielo cierta y autoritativa, y que exigía fe y obediencia.

PABLO DA SU BENDICIÓN A LOS TESALONICENSES

La gracia de nuestro Señor Jesucristo sea con vosotros. (5:28)

El apóstol Pablo resumió su correspondencia con una bendición: oró pidiendo que experimentaran **la gracia** del **Señor Jesucristo**. Pablo comenzaba y cerraba todas sus epístolas con una mención a la **gracia** divina (p. ej., Ro. 1:7; 16:20; 1 Co. 1:3; 16:23; Gá. 1:3; 6:18) porque la gracia es el centro de la teología cristiana (Jn. 1:14, 17; Ro. 3:24; Ef. 1:7; 2:5; Tit. 3:7). La gracia resume todo lo que Dios provee a los creyentes **en Jesucristo** (Ro. 4:16; 1 Co. 15:20; 2 Co. 9:8; 2 Ts. 1:11-12; 2 P. 3:18). Con respecto al uso del término **gracia** en las aperturas y cierres de las cartas paulinas, Leon Morris observó:

> Fundamentalmente, gracia quiere decir "aquello que causa gozo", y discernimos una sombra de su significado cuando hablamos de una acción grácil o de la cortesía social. Llegó a significar "favor", "bondad" y luego, especialmente, bondad de Dios para el hombre para satisfacer sus necesidades espirituales en Cristo. Como consecuencia, pasó a significar lo que se debe a la gracia; a saber, los buenos dones de Dios a los hombres, y finalmente, la actitud de agradecimiento que todo esto despierta en los cristianos. Cuando se usaba en los saludos, hacía referencia al don gratuito de Dios, pero la palabra evoca necesariamente las memorias del don gratuito en el Calvario… Es la gracia del Señor lo que persiste en los pensamientos del apóstol [cuando cierra sus cartas], tal como es la gracia del Señor con lo que las comienza (*The First and Second Epistles to the Thessalonians* [Primera y segunda epístolas a los Tesalonicenses], The New International Commentary on the New Testament [Nuevo comentario internacional del Nuevo Testamento] [Grand Rapids: Eerdmans, 1989], pp. 49, 187).

Las peticiones finales que Pablo hizo a los tesalonicenses se equiparan a lo que todos los pastores dedicados desean para sus propias iglesias: que su pueblo ore por ellos, que su pueblo les demuestre afecto y se demuestren afecto entre ellos y que oigan, lean, estudien y apliquen la Palabra de Dios. La iglesia evangélica vive ahora en un tiempo en que muchas personas suponen que pueden alcanzar su misión usando estrategias, programas y métodos centrados en el hombre. Estas personas minimizan la necesidad de apoyarse regularmente en los recursos suficientes y divinos contenidos en las Escrituras. Es una mentira de Satanás que los pastores puedan hacer su labor sin las oraciones de su pueblo cargadas de poder divino; pero es la verdad de Dios que, a través de esas oraciones, dará poder a los pastores para permitirles cumplir su llamado y ayudar en la edificación de la iglesia de Dios.

Bibliografía

Arndt, William F. y F. Wilbur Gingrich, *A Greek-English Lexicon of the New Testament and Other Early Christian Literature* [Léxico griego-inglés del Nuevo Testamento y de otra literatura cristiana temprana]. Chicago: Univ. of Chicago, 1957.

Best Ernest, *The First and Second Epistles to the Thessalonians* [Primera y Segunda epístolas a los Tesalonicenses]. Black's New Testament Commentary [Comentario de Black al Nuevo Testamento]. Peabody: Hendrickson, 1988.

Bruce F. F. *1 & 2 Thessalonians* [1 y 2 Tesalonicenses]. Word Biblical Commentary [Comentario bíblico Word]; vol. 45. Waco, Word, 1982.

Carson, D. A., Douglas J. Moo y Morris, Leon. *Una introducción al Nuevo Testamento.* Barcelona: Clie, 2008.

Findlay, G. G. *The Epistles of Paul the Apostle to the Thessalonians* [Las epístolas del apóstol Pablo a los tesalonicenses] [Reimpresión; Grand Rapids: Baker, 1982].

Gromacki, Robert G. *New Testament Survey* [Panorama del Nuevo Testamento]. Grand Rapids: Baker, 1974.

Guthrie, Donald. *New Testament Introduction* [Introducción al Nuevo Testamento], edición revisada. Downers Grove: Intervarsity, 1990.

Harrison, Everett F. *Introducción al Nuevo Testamento.* Grand Rapids: Desafío, 1980.

Hendriksen, William. *New Testament Commentary: Exposition of Thessalonians, Timothy, and Titus* [Comentario al Nuevo Testamento: Exposición de Tesalonicenses, Timoteo y Tito]. Grand Rapids: Baker, 1981.

Hiebert, D. Edmond. *An Introduction to the New Testament Volume Two: The Pauline Epistles* [Introducción al Nuevo Testamento volumen dos: Las epístolas paulinas]. Chicago, Moody, 1977.

________. *The Thessalonian Epistles: A Call to Readiness* [Las epístolas a los tesalonicenses: Un llamado a estar listos]. Chicago, Moody, 1977.

Marshall, I. Howard. *1 and 2 Thessalonians* [1 y 2 Tesalonicenses]. The New Century Bible Commentary [Comentario bíblico del nuevo siglo]. Grand Rapids: Eerdmans, 1983.

Morris Leon. *The First and Second Epistles to the Thessalonians* [Primera y segunda epístolas a los tesalonicenses]. The New International Commentary on the New Testament [Nuevo comentario internacional al Nuevo Testamento]. Grand Rapids: Eerdmans, 1989.

Pfeiffer, Charles F. y Howard F. Vos *The Wycliffe Historical Geography of Bible Lands* [La geografía histórica Wycliffe de las tierras bíblicas]. Chicago: Moody, 1967.

Ramsay, Sir William M. *St. Paul the Traveler and Roman Citizen* [San Pablo el viajero y el ciudadano romano] Reimpresión; Grand Rapids: Baker, 1975.

Smith, T. W. *What the Bible Teaches: 2 Thessalonians* [Qué enseña la Biblia: 2 Tesalonicenses]. Kilmarnock: John Ritchie, 1983.

Thomas Robert L. "1, 2 Thessalonians" [1, 2 Tesalonicenses] en *The Expositor's Bible Commentary* [Comentario bíblico del expositor], vol. 11. Editado por Frank E. Gaebelein. Grand Rapids: Zondervan, 1979.

Wanamaker, Charles A. *The Epistles to the Thessalonians* [Las epístolas a los tesalonicenses]. The New International Greek New Testament Commentary [Nuevo comentario internacional del Nuevo Testamento griego]. Grand Rapids: Eerdmans, 1990.

Wilson, Geoffrey B. *1 & 2 Thessalonians* [1 y 2 Tesalonicenses]. Edimburgo: Banner of Truth, 1975.

Wilson, T. E. *What the Bible Teaches: 1 and 2 Thessalonians* [Qué enseña la Biblia: 1 y 2 Tesalonicenses]. Kilmarnock: John Ritchie, 1983.

Índice de palabras griegas

Índice de temas

2 TESALONICENSES

Contenido

Prólogo

La predicación expositiva de todo el Nuevo Testamento sigue siendo para mí una experiencia de comunión y gratificación divinas. Mi meta siempre es tener una comunión más profunda con el Señor para entender su Palabra y, a partir de esa experiencia, explicar a su pueblo el significado del pasaje. Usando las palabras de Nehemías 8:8, me esfuerzo por "[ponerle] el sentido" al texto de modo que las personas puedan oír de verdad cómo Dios les habla y, al escucharle, puedan responderle.

Obviamente, el pueblo de Dios necesita entender a Dios y para ello necesitan conocer su Palabra de verdad (2 Ti. 2:15) y permitir que esa Palabra more abundantemente en ellos (Col. 3:16). Por tanto, el impulso dominante de mi ministerio es ayudar a que la Palabra viva de Dios se avive en su pueblo. Es una aventura estimulante.

La serie de comentarios del Nuevo Testamento refleja este objetivo de explicar y aplicar las Escrituras. Algunos comentarios son principalmente lingüísticos, otros son sobre todo teológicos, y algunos tienen un enfoque más homilético. Este es básicamente explicativo o expositivo. No es técnico en lo lingüístico pero usa la lingüística cuando parece útil para la interpretación apropiada. No es teológicamente amplio, pero se enfoca en las doctrinas principales de cada texto y su relación con todas las Escrituras. No es primariamente homilético aunque cada unidad de pensamiento se trata en general como un capítulo, con un delineamiento y flujo lógico de pensamiento. La mayoría de las verdades se ilustran y aplican con otras Escrituras. Después de establecer el contexto de un pasaje, he procurado seguir de cerca el desarrollo y razonamiento del escritor.

Mi oración es que cada lector pueda entender lo que el Espíritu Santo está diciendo por medio de esa parte de la Palabra de Dios, de forma que esa revelación pueda alojarse en la mente de los creyentes y llevarles a una mayor obediencia y fidelidad, todo para la gloria de nuestro gran Dios.

Introducción a 2 Tesalonicenses

LA CIUDAD DE TESALÓNICA

Tesalónica (antiguamente Salónica), era la ciudad más grande e importante en la provincia romana de Macedonia (al norte de la Grecia moderna). Su ubicación en la cabecera del golfo Termaico (el golfo de Salónica), un brazo del mar Egeo, la hizo un puerto marino vibrante. Se extendía sobre las colinas con vista al puerto y tenía una población cosmopolita cercana a las doscientos cincuenta mil personas que incluían griegos nativos, romanos, marineros, viajeros, comerciantes y hombres de negocios. A diferencia de Filipos, cuya población judía no era suficiente para sostener una sinagoga (cp. Hch. 16:13), la presencia judía en Tesalónica era importante e influyente (cp. Hch. 17:1, 5-9).

Tal vez la mayor ventaja de Tesalónica era su ubicación a horcajadas de la vía Egnatia, la mayor carretera de este a oeste en el imperio romano, que iba desde lo que hoy es Albania hasta Bizancio (Constantinopla, Estambul). La principal calle de Tesalónica era parte de aquella gran carretera que enlazaba a Roma con las regiones orientales del imperio. William Barclay, observando la importancia de la ubicación estratégica de Tesalónica en la vía Egnatia para el esparcimiento del evangelio, escribe:

> Es imposible exagerar la importancia de la llegada del cristianismo a Tesalónica. Si se asentaba en ella, era de esperar que se extendiera hacia el Este por la vía Egnatia hasta conquistar toda Asia [Menor], y hacia el Oeste, hasta invadir a la misma Roma... La llegada del cristianismo a Tesalónica fue clave para que llegara a ser una religión universal (*Comentario al Nuevo Testamento* [Barcelona: Clie, 2005], p. 783).

Tesalónica fue fundada por Casandro alrededor del 315 a.C. Casandro fue uno de los generales de Alejandro Magno y llegó a ser rey de Macedonia después de la muerte de Alejandro. Le dio nombre al nuevo asentamiento, construido sobre un pueblo antiguo llamado Terme (supuestamente por unas aguas termales cercanas), en honor a su esposa, medio hermana de Alejandro Magno. Cuando los romanos conquistaron Macedonia (168 a.C.) y la dividieron en cuatro repúblicas, hicieron a Tesalónica la capital de una de ellas. Y cuando toda Macedonia se convirtió en provincia romana (148 a.C.), Tesalónica fue su capital. La ciudad tuvo la sabiduría (o la suerte) de respaldar a Antonio y Octavio en su campaña exitosa contra Bruto y Casio. La recompensa fue hacerla una ciudad libre en el 42 a.C. Como tal, aunque era la sede del gobernador romano, la ciudad no estaba ocupada por tropas romanas. Permaneció una ciudad griega, a diferencia de Filipos, fuertemente influenciada por las leyes y costumbres romanas. Tesalónica, como ciudad libre, tampoco tenía que pagar ciertos impuestos. Pero lo más importante fue que a la ciudad se le concedió una gran medida de gobierno propio; su pueblo elegía sus propios magistrados, llamados politarcos ("las autoridades de la ciudad"; Hch. 17:6). Aunque alguna vez los escépticos cuestionaron el uso de ese término, varias inscripciones han verificado su exactitud.

Tesalónica es una de las pocas ciudades visitadas por Pablo cuya existencia ha sido continua desde los tiempos paulinos hasta hoy día. Según la tradición, Gayo, compañero de viaje de Pablo, fue el primer obispo de Tesalónica. Él es uno entre varios tesalonicenses mencionados en las Escrituras (Hch. 19:29; al parecer, el Gayo mencionado en Hch. 20:4 es otro). Otros tesalonicenses que ministraron con Pablo incluyen a Aristarco (Hch. 19:29; 20:4; 27:2), a Segundo (Hch. 20:4) y posiblemente a Demas (2 Ti. 4:10).

Tesalónica fue la segunda ciudad más importante del imperio bizantino, después de Constantinopla. En la ciudad ocurrió un famoso incidente en el 390 d.C., cuando el emperador Teodosio ordenó la masacre de miles de sus habitantes tras una revuelta. Por ese acto de barbarie, Ambrosio, uno de los padres de la Iglesia, le negó la comunión hasta que se arrepintió públicamente. La ciudad sobrevivió repetidos ataques a través de los siglos; de los ávaros, eslavos, árabes, búlgaros, sarracenos, normandos y turcos otomanos. Los nazis la capturaron en 1941 para luego deportar y ejecutar a la mayoría de los sesenta mil judíos que moraban en ella. Hoy día, Tesalónica sigue siendo una de las ciudades griegas más importantes, con una población cercana a los cuatrocientos mil habitantes.

FUNDACIÓN DE LA IGLESIA DE TESALÓNICA

Pablo fue por primera vez a Tesalónica en su segundo viaje misionero. Después de viajar al occidente por toda Asia Menor hasta la región conocida como Misia, el apóstol y sus acompañantes habían llegado a un callejón sin salida. El Espíritu les había prohibido predicar en la provincia de Asia (al sur de Misia) y su intento de ir hacia el norte a Bitinia también fue bloqueado. Sin otro camino para seguir, fueron a Troas, una ciudad a orillas del mar Egeo. Allí Pablo tuvo una visión de un macedonio que le imploraba ir a aquella provincia para predicar el evangelio (Hch. 16:6-10). Después de cruzar el mar Egeo, fueron a Filipos donde la predicación valiente de Pablo desató una revuelta. Como resultado, Pablo y Silas fueron apresados, golpeados y puestos en cepos en la cárcel de la ciudad. Dios los liberó milagrosamente por medio de un terremoto y de allí resultó que el carcelero creyó en Jesucristo. Los magistrados, horrorizados al darse cuenta de que habían golpeado a ciudadanos romanos sin el beneficio de un juicio (un hecho que pudo haber tenido repercusiones serias sobre la ciudad y sobre ellos), rogaron a Pablo y Silas que salieran de Filipos.

En un viaje que debió haber sido espantoso, los predicadores maltrechos recorrieron 160 kilómetros por la vía Egnatia hacia Tesalónica. Al parecer, pasaron la noche en Anfípolis y luego en Apolonia, pero no predicaron en aquellas ciudades porque no había sinagogas judías. Pablo comenzó su ministerio en Tesalónica predicando el evangelio en la sinagoga del lugar como solía hacer. Pasó tres sábados argumentando a partir del Antiguo Testamento que el Mesías debía morir y resucitar. Tal enseñanza revolucionaria contradecía la perspectiva judía prevalente del Mesías como un libertador político y militar que rescataría a Israel de sus opresores. Pablo proclamó que Jesús de Nazaret era el Mesías prometido. Como resultado de la predicación poderosa del apóstol, creyeron en el evangelio algunos judíos, un gran número de prosélitos gentiles e incluso algunas mujeres griegas de clase alta.

Es probable que Pablo se quedara en Tesalónica más que los tres sábados mencionados por Lucas (Hch. 17:2). En 1 Tesalonicenses 2:9 y 2 Tesalonicenses 3:8 Pablo recuerda a sus lectores que trabajó para sostenerse mientras estuvo en su ciudad para no serles carga. No habría necesitado hacer eso si hubiera estado tan solo dos o tres semanas, ni habría sido una carga para ellos en tan poco tiempo. Aunque muchos de los gentiles convertidos eran judíos prosélitos que asistían a la sinagoga, muchos se convirtieron directamente de su adoración pagana a los ídolos (1 Ts. 1:9) lo cual sugiere que Pablo tuvo un ministerio en Tesalónica por fuera de la sinagoga, como en Corinto (Hch. 18:4-7). El cuidado pastoral profundo que dio Pablo a los tesalonicenses conversos (cp. 1 Ts. 2:11-12) y el afecto igualmente profundo que se desarrolló entre ellos (cp. 1 Ts. 2:8; 3:6-10) sugieren una estadía más larga. El tamaño y la vitalidad de la iglesia cuando Pablo se fue sugiere que hacía tiempo que se había separado de la sinagoga. Por último, lo que es más importante, los filipenses enviaron dos veces una ayuda a Pablo durante su tiempo en Tesalónica (Fil. 4:16). No le habrían hecho el segundo envío si él hubiera estado sólo un par de semanas.

Cuando los judíos vieron el éxito de Pablo en ganar prosélitos gentiles para Cristo, el resentimiento leve se volvió una llama. Tras reunir una banda de matones en la plaza del mercado, asaltaron la casa de Jasón en busca de los predicadores cristianos. Como no los encontraron, los judíos frustrados echaron mano de Jasón y de otros cristianos y los arrastraron ante los politarcos. La acusación falsa de traición era extremadamente peligrosa ("Todos éstos contravienen los decretos de

César, diciendo que hay otro rey, Jesús"; Hch. 17:7), calculada para "[alborotar] al pueblo y a las autoridades de la ciudad [que oían] estas cosas" (Hch. 17:8). El pueblo y los politarcos sabían esto muy bien:

> La sola insinuación de traición contra los emperadores solía ser fatal para los acusados. Tal cosa requería que los politarcos actuaran, pues, si no lo hacían, se expondrían a la acusación de traición por haber cuidado poco el honor del emperador. Muchos hombres se habían arruinado por esa acusación con emperadores anteriores (Sir William M. Ramsay, *St. Paul the Traveller and the Roman Citizen* [San Pablo, viajero y ciudadano romano] [Reimpresión; Grand Rapids: Baker, 1975], pp. 229-230).

La amenaza para la libertad de Tesalónica era importante; si los politarcos no mantenían el orden, los romanos intervendrían.

Sin embargo, mostrando una preocupación loable por la justicia, los politarcos tan solo requirieron una promesa o compromiso de Jasón y los otros para liberarlos. Sir William Ramsay señala que "La decisión de los politarcos fue la más suave entre las prudentes, dadas las circunstancias: les pusieron una fianza para asegurar que la paz se mantuviera" (*San Pablo, viajero y ciudadano romano*, p. 230). Como Jasón y los demás perderían la fianza si los judíos se alborotaban de nuevo, Pablo y Silas se fueron de Tesalónica.

LA OCASIÓN DE 2 TESALONICENSES

Habían pasado pocos meses desde que Pablo escribió 1 Tesalonicenses. Aunque no podía visitarlos (1 Ts. 2:18), el apóstol había mantenido el contacto con la iglesia. En general, le complacía el progreso de ellos (2 Ts. 1:3-4), pero aún había asuntos que debían resolverse. En la segunda carta inspirada de Pablo, se refirió a tres temas especiales. La persecución, que había comenzado mientras Pablo estaba allí, todavía continuaba. En el capítulo 1, animó a los tesalonicenses a permanecer firmes y fieles al Señor, a pesar de sus sufrimientos.

Pablo había instruido a los tesalonicenses sobre los últimos tiempos cuando estuvo con ellos (2 Ts. 2:5) y en 1 Tesalonicenses (4:13—5:11). Aun así, ellos seguían confundidos, temían haberse perdido el arrebatamiento y estar en el día del Señor. Aunque la severidad de la persecución por la que estaban pasando contribuía a esa creencia errónea, la principal razón de confusión provenía de los falsos maestros que enseñaban que el día del Señor había llegado. Tales engañadores afirmaban que así lo enseñaban ahora Pablo, Silas y Timoteo, e incluso falsificaron una carta supuestamente del apóstol Pablo para respaldar su afirmación. Pablo escribió el capítulo 2 para calmar los temores de los tesalonicenses, clarificar su enseñanza, y tranquilizarlos porque el día del Señor no había llegado.

Por último, el problema de ociosidad que había tratado Pablo en la primera epístola (1 Ts. 4:11-12) había empeorado. Algunos, con la expectativa del regreso del Señor en cualquier momento, habían dejado de trabajar por completo. El apóstol trató severamente a tales haraganes perezosos y también trató el asunto de la disciplina de la iglesia en el capítulo 3.

EL AUTOR DE 2 TESALONICENSES

Como lo hizo en 1 Tesalonicenses, Pablo se identificó dos veces como el autor de la epístola (1:1; 3:17). A pesar de la declaración clara del texto inspirado, algunos han cuestionado la autoría paulina de 2 Tesalonicenses. Los críticos afirman que hay contradicción en las enseñanzas escatológicas de las dos epístolas. Argumentan que mientras 1 Tesalonicenses hace hincapié en lo repentino e inesperado del regreso del Señor, 2 Tesalonicenses enseña que hay señales que lo precederán. Pero Pablo tenía en mente dos fases diferentes del regreso del Señor: En 1 Tesalonicenses, dice que el arrebatamiento llegará inesperadamente. En 2 Tesalonicenses, escrito para contrarrestar la enseñanza falsa según la cual el día del Señor ya había llegado, nos dice que un evento específico precederá aquel día. Ese evento, la llegada y presentación del anticristo, no obvia lo inesperado del día del Señor. A pesar de sus precursores, "el día del Señor vendrá así como ladrón en la noche" (1 Ts. 5:2).

La afirmación de que Pablo no pudo haber escrito 2 Tesalonicenses porque él no menciona al hombre de pecado (2 Ts 2:3) en ninguna otra parte de sus escritos es igualmente injustificada. Pero, ¿por qué debería cuestionarse la veracidad de un escritor tan solo porque menciona un asunto una única vez? Además, Pablo enseñó a los tesalonicenses sobre el hombre de pecado mientras estaba aún en Tesalónica (2 Ts. 2:5). Por último, la enseñanza de Pablo sobre el hombre de pecado (el anticristo) está en armonía con la de los profetas del Antiguo Testamento y la del Señor Jesucristo (véase la explicación de este punto en el capítulo 4).

Segunda Tesalonicenses fue aceptada ampliamente por la naciente iglesia como escrito inspirado de Pablo. Además del testimonio paulino sobre la autoría de 1 Tesalonicenses (véase la Introducción a 1 Tesalonicenses), Policarpo, Justino Mártir y posiblemente la *Didajé* e Ignacio afirmaron que Pablo escribió 2 Tesalonicenses.

Como ocurre con 1 Tesalonicenses, el estilo y el vocabulario de 2 Tesalonicenses son consecuentes con los otros escritos paulinos inspirados.

FECHA Y LUGAR DE ESCRITURA DE 2 TESALONICENSES

Segunda Tesalonicenses se escribió desde Corinto, pocos meses después de 1 Tesalonicenses (véase la explicación de la fecha en que se escribió 1 Tesalonicenses en la Introducción de *1 Tesalonicenses,* Comentario MacArthur del Nuevo Testamento [Grand Rapids: Portavoz, 2012]).

BOSQUEJO

- I. Saludo (1:1-2)
- II. Consuelo en la persecución (1:3-12)
  - A. Aliento (1:3-4)
  - B. Exhortación (1:5-12)
- III. Corrección del error profético (2:1-17)
  - A. Crisis (2:1-2)
  - B. Corrección (2:3-12)
  - C. Consuelo (2:13-17)
- IV. Exhortaciones prácticas (3:1-15)
  - A. Con respecto a la oración (3:1-5)
  - B. Con respecto a la vida indisciplinada (3:6-15)
- V. Bendición (3:16-18)

Una iglesia para enorgullecerse

1

Pablo, Silvano y Timoteo, a la iglesia de los tesalonicenses en Dios nuestro Padre y en el Señor Jesucristo: Gracia y paz a vosotros, de Dios nuestro Padre y del Señor Jesucristo. Debemos siempre dar gracias a Dios por vosotros, hermanos, como es digno, por cuanto vuestra fe va creciendo, y el amor de todos y cada uno de vosotros abunda para con los demás; tanto, que nosotros mismos nos gloriamos de vosotros en las iglesias de Dios, por vuestra paciencia y fe en todas vuestras persecuciones y tribulaciones que soportáis. Esto es demostración del justo juicio de Dios, para que seáis tenidos por dignos del reino de Dios, por el cual asimismo padecéis. (1:1-5)

Las iglesias se sienten orgullosas de muchas cosas: su gran membresía o asistencia, el tamaño de sus terrenos, el diseño de sus edificios, su riqueza, su música, la posición social de sus miembros, la prominencia de su pastor, su peso político, su influencia en la comunidad o su celo por una causa teológica particular. Otros celebran su creatividad y libertad de las formas tradicionales de adoración: cambian la teología por la psicología, los coros y los órganos por bandas de rock y remplazan los sermones con obras de teatro, musicales y otras formas de entretenimiento, en un esfuerzo por crear una atmósfera inofensiva, no amenazante, para los incrédulos y cristianos nominales de sus congregaciones. Se han convertido en los modelos de iglesia que muchos buscan emular. (Para un crítica del movimiento de crecimiento en la iglesia contemporánea, véase John MacArthur, *Avergonzados del evangelio* [Grand Rapids: Portavoz, 2001]).

Si juzgáramos a la iglesia de Tesalónica según las normas superficiales mencionadas anteriormente, tendría muy poco de elogiable. No tenía edificios (el templo cristiano más antiguo que se conoce data del siglo III d.C.), programas, artistas o publicaciones. No era una iglesia grande o rica (la mayoría de los primeros cristianos eran de clase social baja; cp. 1 Co. 1:26); la congregación carecía de influencia política y social (a los cristianos se les denominaba parias despreciables en la sociedad romana); ni tenían un pastor famoso (los nombres de los ancianos ni se mencionan). No podían ofrecer a los posibles conversos el ambiente cómodo, entretenido y no amenazante de las iglesias modernas "fáciles de usar"; tan solo "persecuciones y tribulaciones" (1:4). Aun así, eran una iglesia a la que el apóstol Pablo podía escribir: "Debemos siempre dar gracias a Dios por vosotros, hermanos, como es digno... nosotros mismos nos gloriamos de vosotros en las iglesias de Dios" (2 Ts. 1:3-4). Los primeros versículos de esta epístola nos dan varias razones por las que Pablo se sentía tan contento y agradecido por esta iglesia.

Aunque **Pablo** mencionó en su saludo a sus colaboradores amados (**Silvano y Timoteo**), él fue el único autor de la epístola. Los tres estaban juntos en el momento de escribir la carta, como lo estuvieron cuando fundaron la iglesia (Hch. 17:4; cp. 16:1-3). (Para mayor información sobre la fundación de la iglesia de Tesalónica, véase la Introducción). Habían estado en Corinto por algún tiempo, pues estaban allí cuando se escribió 1 Tesalonicenses, varios meses antes (1 Ts. 1:1).

Solo en las epístolas a los tesalonicenses **Pablo** no añadió un título a su nombre (tal como "apóstol" o "siervo"). Evidentemente, estos creyentes no cuestionaban su autoridad apostólica. En la primera epístola, Pablo aludió a los ataques contra él que venían de fuera de la iglesia (2:14-16; cp. Hch. 17:5-10), pero al parecer nadie en la iglesia había cuestionado su autoridad o integridad. Esta ausencia del título formal usual da a la introducción un tono más entrañable e íntimo que encaja mejor con esta carta de ánimo.

Silvano, conocido en Hechos por el nombre de Silas, era el compañero fiel de Pablo en el ministerio. Igual que el apóstol, era judío con ciudadanía romana (Hch. 16:37); así que, también como Pablo, tenía un nombre judío (arameo), Silas, y uno romano **Silvano**. El hecho de que fuera escogido para tomar la decisión del concilio de Jerusalén sobre los creyentes de Antioquía (Hch. 15:27) confirma su posición como uno de los "principales entre los hermanos" (Hch. 15:22). Hechos 15:32 indica que era profeta, por lo tanto, era predicador del evangelio. Se hizo compañero misionero de Pablo después de que el apóstol se separó de Bernabé por motivo de Juan Marcos (Hch. 15:40) y estuvo con Pablo en la cárcel de Filipos, donde fue testigo de la conversión impresionante del carcelero tras el terremoto (Hch. 16:19-34). Ministró con Pablo en muchos otros lugares, inclusive Berea (Hch. 17:10) y Corinto (Hch. 18:5; 2 Co. 1:19). Después, se volvió amanuense de Pedro y probablemente llevó 1 Pedro a sus lectores (1 P. 5:12).

Timoteo era el protegido de Pablo y su hijo amado en la fe (2 Ti. 1:2; cp. 1 Ti. 1:18). Timoteo era oriundo de Listra, una ciudad de Asia Menor, y era hijo y nieto de mujeres judías creyentes (2 Ti. 1:5), pero de padre gentil (Hch. 16:1). Pablo conoció a Timoteo durante su segundo viaje misionero y le impresionó lo suficiente para agregarlo al equipo misionero (Hch. 16:1-3). Aunque Timoteo era más joven que Pablo o Silas (cp. 2 Ti. 4:12), pronto se convirtió en el colaborador más valioso de Pablo. La confianza de Pablo en Timoteo era tan grande que solía enviarlo a menudo como su emisario y representante (1 Ts. 3:2; Hch. 19:22; 1 Co.

4:17; 16:10; Fil. 2:19-24; 1 Ti. 1:3). Pablo le escribió dos epístolas inspiradas y lo mencionó en ocho más.

Como indicamos en la Introducción, Tesalónica era una ciudad con doscientas cincuenta mil personas y era la capital de Macedonia (la región norte de Grecia). Al ser un bullicioso puerto marítimo, ubicado junto a una carretera romana importante, conocida como la Vía Egnatia, la ciudad era un centro muy activo de comercio y negocios.

Pablo y sus compañeros fundaron la **iglesia** en el segundo viaje misionero del apóstol (Hch. 17:1-9). Su éxito en evangelizar la ciudad (Hch. 17:4) encolerizó a los judíos incrédulos y éstos provocaron una revuelta que forzó la salida del equipo misionero (Hch. 17:10, 14). Después de parar en Berea y en Atenas, Pablo logró llegar a Corinto, desde donde escribió su primera carta. Pocos meses después escribió esta carta, impulsado por un nuevo informe sobre la situación de Tesalónica.

Aunque se desconoce la fuente del informe, su contenido puede deducirse de los asuntos tratados en esta epístola. Primero, el informe debe haber indicado la intensificación de la persecución, lo cual llevó a Pablo a exhortarlos a perseverar (1:4-10). Segundo, a pesar de la enseñanza de Pablo en la primera carta (4:3—5:11), supo que los tesalonicenses aún estaban confundidos sobre el arrebatamiento y el día del Señor. Los falsos maestros habían causado la confusión cuando produjeron una carta falsa —supuestamente de Pablo— con la que reforzaron su afirmación según la cual el día del Señor ya había llegado (2:1-2). En respuesta, Pablo reiteró que el día del Señor no había llegado porque sus precursores no habían aparecido (2:3-12). Por último, había información sobre algunos que, creyendo que Jesús volvería muy pronto, habían dejado de trabajar y estaban viviendo a costa del resto de la congregación. Pablo los reprendió severamente por su inutilidad y les instruyó a trabajar y proveer para sus necesidades propias (3:6-15).

Aunque esos asuntos eran serios y debían tratarse apropiadamente, Pablo no los escribió en tono autoritativo. Por ejemplo, cuando concluía la carta, Pablo les dio la siguiente responsabilidad: "Si alguno no obedece a lo que decimos por medio de esta carta, a ése señaladlo, y no os juntéis con él, para que se avergüence" (3:14). Con todo, inmediatamente bajó el tono de esa exhortación instándolos: "Mas no lo tengáis por enemigo, sino amonestadle como a hermano" (3:15). El tono amable y amoroso de Pablo en esta epístola sugiere que los asuntos informados necesitaban clarificación y corrección, pero no amenazaban la vida y el testimonio de la iglesia.

Esos asuntos tampoco le privaban a Pablo de estar muy agradecido por el carácter espiritual fuerte de la iglesia. En realidad, era una iglesia por la cual sentirse orgulloso, por cinco razones: la conversión genuina, la fe creciente, el amor abundante, la esperanza que perseveraba y una actitud digna del reino.

CONVERSIÓN GENUINA

en Dios nuestro Padre y en el Señor Jesucristo: Gracia y paz a vosotros, de Dios nuestro Padre y del Señor Jesucristo. (1:1*b*-2)

La palabra clave **en** enfatiza la vida eterna de los creyentes con el **Padre y el Señor Jesucristo**. El saludo simple de Pablo identifica que la iglesia es regenerada. Es el mismo saludo que usó el apóstol en su primera carta, salvo la adición del pronombre posesivo **nuestro**, con el cual enfatiza que **Dios** es el **Padre** de los creyentes (cp. 1 Ts. 1:3; 3:11, 13; Ro. 1:7; 1 Co. 1:3; 2 Co. 1:2; Gá. 1:3-4; Ef. 1:2; Fil. 1:2; 4:20; Col. 1:2; 2 Ts. 2:16; Flm. 3). Pero aunque Pablo habla frecuentemente de los creyentes en Cristo, solo aquí y en el versículo 1 de la primera carta los describe **en Dios Padre**. Sin embargo, es un recordatorio apropiado del cuidado del Padre por una iglesia que sufre persecución severa.

La verdad según la cual los cristianos están **en** unión personal, espiritual y eterna con **Dios** es única al cristianismo; los adherentes de otras religiones no hablan de estar **en** su dios. Pero la Biblia enseña que quienes depositaron su fe en Cristo se hicieron "participantes de la naturaleza divina" (2 P. 1:4) y comparten la vida eterna con Dios a través de la identificación con su Hijo. Pablo escribió: "Con Cristo estoy juntamente crucificado, y ya no vivo yo, mas vive Cristo en mí; y lo que ahora vivo en la carne, lo vivo en la fe del Hijo de Dios, el cual me amó y se entregó a sí mismo por mí" (Gá. 2:20; cp. Jn. 14:23; Ro. 6:11; 8:1; 12:5; 16:7, 9-10; 1 Co. 1:2; 6:17; 15:22; 2 Co. 5:17; Ef. 1:1-3; 2:10; Fil. 1:1; Col. 1:2; 3:3; 2 P. 1:4). De esa unión fluyen la **gracia y** la **paz**. Esas dos palabras maravillosas resumen el evangelio; **gracia** es el favor inmerecido del Padre al pecador, y **paz** es el resultado de ese favor. No es de sorprenderse que aparezcan en los saludos de todas las epístolas paulinas.

El hecho de que Pablo pusiera al **Señor** Jesucristo junto a **Dios Padre** es una afirmación de su deidad y completa igualdad con Él. Si no fuera cierto, Pablo habría necesitado explicar cómo están unidos los creyentes tanto con Cristo como con el Padre. Además, si Jesús no es Dios, necesitaría explicar cómo el Padre y Él son la fuente de la **gracia** y la **paz**.

A diferencia de la iglesia muerta de Sardis (Ap. 3:1-6) o de la tibieza nauseabunda de la iglesia de Laodicea (Ap. 3:14-22), la iglesia de Tesalónica tenía una conversión genuina, como lo prueba 2:13-14:

> *Pero nosotros debemos dar siempre gracias a Dios respecto a vosotros, hermanos amados por el Señor, de que Dios os haya escogido desde el principio para salvación, mediante la santificación por el Espíritu y la fe en la verdad, a lo cual os llamó mediante nuestro evangelio, para alcanzar la gloria de nuestro Señor Jesucristo.*

FE CRECIENTE

Debemos siempre dar gracias a Dios por vosotros, hermanos, como es digno, por cuanto vuestra fe va creciendo, (1:3*a*)

Opheilō (**Debemos**) se refiere a una obligación, deuda o responsabilidad profundas. Pablo no tenía otra opción sino **siempre dar gracias a Dios por** los tesalonicenses; se sentía obligado a hacerlo. Dios recibía con todo derecho la gratitud del apóstol, pues solo por su gracia los tesalonicenses eran lo que eran.

La mayor razón de Pablo para agradecer no era el tamaño de la congregación, tampoco sus edificios, presupuesto o popularidad. El apóstol alabó a Dios más que todo porque la **fe** de los tesalonicenses estaba **creciendo**. *Huperauxanō* (**va creciendo**) es una palabra compuesta intensa y podría traducirse: "creció sin medida" o "creciendo más allá de lo esperado". La alegría de Pablo era profundamente satisfactoria porque, aunque confiaba en que la fe de ellos era auténtica y estaba en crecimiento (véase la explicación de 1 Ts. 1:3 en el capítulo 1 de *1 Tesalonicenses,* Comentario MacArthur del Nuevo Testamento [Grand Rapids: Portavoz, 2012]), él oraba por que Dios le permitiera completar lo que faltaba en la fe de ellos (1 Ts. 3:10). El informe de Timoteo (1 Ts. 3:2, 6) reveló que la oración de Pablo por los tesalonicenses había tenido respuesta.

No solo había crecido la fe de ellos a pesar de la persecución que estaban sufriendo, sino también por causa de ella. La persecución destruye la fe falsa. Jesús dijo: "Y el que fue sembrado en pedregales, éste es el que oye la palabra, y al momento la recibe con gozo; pero no tiene raíz en sí, sino que es de corta duración, pues al venir la aflicción o la persecución por causa de la palabra, luego tropieza" (Mt. 13:20-21). Por otra parte, la fe verdadera es indestructible porque el Señor Jesucristo no permitirá su destrucción. A Pedro advirtió: "Simón, Simón, he aquí Satanás os ha pedido para zarandearos como a trigo" (Lc. 22:31). Pero, aunque la fe de Pedro iba a ser sacudida con severidad (cp. Mt. 26:69-75), no sería destruida porque, como continuó diciendo Jesús: "Yo he rogado por ti, que tu fe no falte; y tú, una vez vuelto, confirma a tus hermanos" (Lc. 22:32; cp. Jn. 21:18-19). Pedro, reflexionando tal vez sobre su propia experiencia, escribió después:

> *En lo cual vosotros os alegráis, aunque ahora por un poco de tiempo, si es necesario, tengáis que ser afligidos en diversas pruebas, para que sometida a prueba vuestra fe, mucho más preciosa que el oro, el cual aunque perecedero se prueba con fuego, sea hallada en alabanza, gloria y honra cuando sea manifestado Jesucristo (1 P. 1:6-7).*

Después de que Job soportara sufrimientos inenarrables, él reafirmó su fe en Dios:

Job respondió entonces al Señor. *Le dijo: "Yo sé bien que tú lo puedes todo, que no es posible frustrar ninguno de tus planes. '¿Quién es éste —has preguntado—, que sin conocimiento oscurece mi consejo?'. Reconozco que he hablado de cosas que no alcanzo a comprender, de cosas demasiado maravillosas que me son desconocidas. 'Ahora escúchame, que voy a hablar —dijiste—; yo te cuestionaré, y tú me responderás'. De oídas había oído hablar de ti, pero ahora te veo con mis propios ojos. Por tanto, me retracto de lo que he dicho, y me arrepiento en polvo y ceniza" (Job 42:1-6,* nvi*).*

En Romanos 8:35-39, Pablo expresó la imposibilidad completa de que aun el sufrimiento más severo pudiera destruir la fe salvadora auténtica:

¿Quién nos separará del amor de Cristo? ¿Tribulación, o angustia, o persecución, o hambre, o desnudez, o peligro, o espada? Como está escrito: Por causa de ti somos muertos todo el tiempo; somos contados como ovejas de matadero. Antes, en todas estas cosas somos más que vencedores por medio de aquel que nos amó. Por lo cual estoy seguro de que ni la muerte, ni la vida, ni ángeles, ni principados, ni potestades, ni lo presente, ni lo por venir, ni lo alto, ni lo profundo, ni ninguna otra cosa creada nos podrá separar del amor de Dios, que es en Cristo Jesús Señor nuestro.

La persecución fortalece la fe de los creyentes porque los acerca a Dios. Al enfrentar una prueba difícil y dolorosa, Pablo le rogó tres veces al Señor que se la quitara (2 Co. 12:8). Los problemas, la angustia, el dolor y el sufrimiento llevan a quienes tienen fe a una dependencia mayor en el Señor. Esto incrementa su conocimiento de Él, lo cual, a su vez, incrementa la capacidad de confiar en Él. Por eso, el salmista podía declarar confiadamente: "Antes de sufrir anduve descarriado, pero ahora obedezco tu palabra... Me hizo bien haber sido afligido, porque así llegué a conocer tus decretos... Señor, yo sé que tus juicios son justos, y que con justa razón me afliges" (Sal. 119:67, 71, 75, nvi).

La idea blasfema sugerida por algunos de que los cristianos necesitan perdonar a Dios por permitirles sufrir no capta la idea. Según esa perspectiva, los creyentes sufren porque, aunque Dios es bien intencionado, es incapaz de superar todas las contingencias de la vida. Nada podría estar más alejado de la verdad. Por las razones antes citadas, el sufrimiento es parte del plan sabio, amoroso, perfecto y soberano de Dios para sus hijos; "padecen según la voluntad de Dios" (1 P. 4:19). Santiago escribió: "Tened por sumo gozo cuando os halléis en diversas pruebas, sabiendo que la prueba de vuestra fe produce paciencia. Mas tenga la paciencia su obra completa, para que seáis perfectos y cabales, sin que os falte cosa alguna" (Stg. 1:2-4). Pedro recordó a los creyentes sufrientes: "Mas el Dios de toda gracia, que nos llamó a su gloria eterna en Jesucristo, después que hayáis padecido un poco de tiempo, él mismo os perfeccione, afirme, fortalezca y establezca" (1 P. 5:10).

La fe creciente de los tesalonicenses frente a la persecución, afirmaba su conversión auténtica.

AMOR ABUNDANTE

y el amor de todos y cada uno de vosotros abunda para con los demás; (1:3*b*)

Como había ocurrido con la fe, Pablo elogió a la iglesia por su **amor** en la primera epístola (1 Ts. 1:3; 4:9-10). Aun así, eso no impidió que él orara pidiendo que "el Señor [los hiciera] crecer y abundar en amor unos para con otros y para con todos" (1 Ts. 3:12). Para gran alegría de Pablo, el informe de Timoteo indicaba que **el amor de todos** los creyentes **para con los demás** estaba ganando fuerza, como una planta saludable. El amor impregnaba a toda la congregación, a pesar de la persecución.

El amor, no como un sentimentalismo difuso o un sentimiento emocional, sino como servicio presto y en sacrificio, es una marca de los creyentes verdaderos. En Juan 13:34-35 Jesús dijo: "Un mandamiento nuevo os doy: Que os améis unos a otros; como yo os he amado, que también os améis unos a otros. En esto conocerán todos que sois mis discípulos, si tuviereis amor los unos con los otros". Pablo escribió a los romanos: "Y la esperanza no avergüenza; porque el amor de Dios ha sido derramado en nuestros corazones por el Espíritu Santo que nos fue dado" (Ro. 5:5). En 1 Tesalonicenses 4:9 Pablo recordó a los tesalonicenses: "Acerca del amor fraternal no tenéis necesidad de que os escriba, porque vosotros mismos habéis aprendido de Dios que os améis unos a otros". Juan afirmó: "El que ama a su hermano, permanece en la luz, y en él no hay tropiezo" (1 Jn. 2:10).

La fe creciente en Dios y el amor por el prójimo son elementos esenciales de la naturaleza redimida (2 Co. 8:7; Gá. 5:6; Ef. 1:15; 6:23). Para la inmensa alegría y satisfacción de Pablo, estas cosas eran evidentes en la iglesia de Tesalónica.

ESPERANZA QUE PERSEVERA

tanto, que nosotros mismos nos gloriamos de vosotros en las iglesias de Dios, por vuestra paciencia y fe en todas vuestras persecuciones y tribulaciones que soportáis. (1:4)

Pablo los elogió en 1 Tesalonicenses 1:3 por ser fuertes en la esperanza, cuando les escribió sobre su "constancia en la esperanza en [el] Señor Jesucristo". Aun así, como ocurría con la fe y el amor de ellos, Pablo deseaba que su esperanza aumentara. Por ello expresó su preocupación en la primera carta (3:3-5) porque las aflicciones pudieran provocar la pérdida de la esperanza en los tesalonicenses. El informe de Timoteo —que estaban firmes en medio de la persecución tormentosa— era otra oración respondida para Pablo.

La frase enfática **nosotros mismos** introduce un matiz sutil en el texto. Sin duda, los cristianos humildes estaban abrumados por los elogios de Pablo en la primera epístola (cp. 1 Ts. 1:8). Probablemente se sentían indignos del afecto de tan grande y noble apóstol y pueden haberse sentido incómodos por aceptar el papel de iglesia modelo. De modo que Pablo y sus compañeros, a sabiendas que los tesalonicenses nunca lo harían por sí mismos (cp. Pr. 27:2; 2 Co. 10:18), se hicieron cargo de gloriarse **de** ellos **en las iglesias de Dios**. Más aún, eran Pablo, Silas y Timoteo —tres líderes importantes en la naciente iglesia— quienes expresaban ese orgullo porque los animaba mucho el crecimiento espiritual de los tesalonicenses y la ausencia de problemas importantes en la congregación. Irónicamente, Pablo escribió con orgullo de los tesalonicenses desde Corinto, donde estaba la iglesia con más problemas y más inmadura espiritualmente entre todas las iglesias de Pablo.

Específicamente, Pablo, Silas y Timoteo estaban agradecidos por la **paciencia y fe en todas** las **persecuciones y tribulaciones que** los tesalonicenses soportaban. La **paciencia** (*hupomonē*) no es la aquiescencia estoica y resignada, sino la valiente y la que soporta las tribulaciones. La palabra literalmente habla de "permanecer" o mantener la esperanza bajo la dificultad. No es una espera parca sino una esperanza alegre. Como ocurre en Romanos 3:3, Gálatas 5:22 y Tito 2:10, *pistis* (**fe**) tiene el sentido de "fidelidad". Pablo estaba agradecido y orgulloso de la permanencia de la iglesia en fidelidad al Señor, a pesar de las **persecuciones** (la hostilidad de los enemigos del evangelio) y las **aflicciones** (sufrimiento resultante de la persecución) que soportaban. Se negaron a renunciar a su fe, a dejar enfriar su amor o a abandonar su esperanza.

ACTITUD DIGNA DEL REINO

Esto es demostración del justo juicio de Dios, para que seáis tenidos por dignos del reino de Dios, por el cual asimismo padecéis. (1:5)

En contraste con la atmósfera centrada en el hombre que inunda hoy día a las iglesias, esta iglesia joven solo tenía una perspectiva teocéntrica. En lugar de consumirse en felicidad personal, realización, comodidad, éxito o prosperidad, ellos vivían de acuerdo con el mandamiento de Jesús sobre buscar "primeramente el reino de Dios y su justicia" (Mt. 6:33). Tal perspectiva les permitía soportar con éxito la persecución inevitable y se convertía en fidelidad audaz.

La actitud digna del reino era **demostración del justo juicio de Dios**. *Endeigma* (**demostración**) se refiere a evidencia o prueba; el **justo juicio de Dios** a sus amonestados, **para que** se les considerara **dignos del reino de Dios, por el cual asimismo** padecían (cp. He. 12:10). La amonestación de Dios a los suyos probaba que eran sus hijos, porque Dios "trata [a los creyentes] como a hijos; porque ¿qué hijo es aquel a quien el padre no disciplina? Pero si [los] deja sin disciplina… entonces [son] bastardos, y no hijos" (He. 12:7-8). Por supuesto, los padecimientos no eran la base de la salvación de los tesalonicenses sino la evidencia de esta. Dios, a través de su purga, amonestación y purificación en las vidas de ellos, los preparó para ser **tenidos por dignos del reino de Dios**, porque "[era] necesario que a través de muchas tribulaciones [entraran] en el reino de Dios" (Hch. 14:22; cp. 1 Ts. 2:12; 1 P. 5:10).

Los creyentes pueden enfrentar las pruebas con alegría, sabiendo que Dios los está preparando para la gloria eterna. Leon Morris observa con mucha agudeza lo siguiente:

> El Nuevo Testamento no ve el sufrimiento de la misma manera que las personas modernas. Para nosotros es algo malo en esencia, algo a evitar a toda costa. Si bien el Nuevo Testamento no pasa por alto este aspecto del sufrimiento, tampoco pierde de vista que en la buena providencia de Dios el sufrimiento suele ser el medio para obrar su propósito eterno, que se desarrolla en las cualidades de carácter de los sufrientes. Enseña lecciones valiosas. No se piensa que el sufrimiento sea algo evitable para el cristiano. Para él es inevitable. Está predestinado a ello (1 Ts. 3:3). Debe vivir su vida y desarrollar su carácter en un mundo dominado por ideas no cristianas. Su fe no es algo frágil, para tenerla en una especie de lana o algodón espiritual, aislada de todos los golpes. Es robusta. Debe manifestarse en los fuegos de las tribulaciones y en el horno de la aflicción. Y no solo debe manifestarse allí; debe formarse en tales situaciones, en cualquier parte y a cualquier precio. El sufrimiento, una vez llegamos a considerarlo desde esta perspectiva, no debe verse como evidencia de que Dios nos ha olvidado, sino evidencia de que Dios está con nosotros. Pablo puede alegrarse porque cumplía en su carne lo que faltaba "de las aflicciones de Cristo por su cuerpo, que es la iglesia" (Col. 1:24). Ese sufrimiento es un prueba real de la presencia de Dios (*The First and Second Epistles to the Thessalonians* [Primera y segunda epístolas a los Tesalonicenses], The New International Commentary on the New Testament [Nuevo comentario internacional del Nuevo Testamento] [Grand Rapids: Eerdmans, 1989], pp. 197-198).

De nuevo, Dios nunca evalúa una iglesia basándose en sus características externas (cp. 1 S. 16:7). No le impresionan los nuevos empaquetamientos del evangelio para hacerlo más agradable a los incrédulos. Tampoco son razones para alardear delante de Dios las complejas puestas en escena de los servicios de adoración, la consciencia política, la prominencia social o el tamaño. La iglesia que nos hace sentir orgullosos es aquella donde los conversos auténticos ven crecer su fe y su amor, su esperanza permanece a pesar de la persecución y su enfoque sigue estando únicamente en el reino de Dios.

La venganza del Señor Jesús 2

Porque es justo delante de Dios pagar con tribulación a los que os atribulan, y a vosotros que sois atribulados, daros reposo con nosotros, cuando se manifieste el Señor Jesús desde el cielo con los ángeles de su poder, en llama de fuego, para dar retribución a los que no conocieron a Dios, ni obedecen al evangelio de nuestro Señor Jesucristo; los cuales sufrirán pena de eterna perdición, excluidos de la presencia del Señor y de la gloria de su poder, cuando venga en aquel día para ser glorificado en sus santos y ser admirado en todos los que creyeron (por cuanto nuestro testimonio ha sido creído entre vosotros). (1:6-10)

La segunda venida del Señor Jesucristo es el clímax de la historia. Aunque Él está ahora en el cielo, habiendo sido exaltado a la diestra de Dios desde su ascensión, desde allá oficia como el Sumo Sacerdote fiel por su pueblo y regresará un día a la tierra en gloria completa (cp. Mt. 24:30; 25:31; Hch. 1:11; 1 Ts. 1:10; Ap. 1:7; 19:11-21; 22:20).

El regreso del Señor Jesucristo para establecer su reino es un tema vital en las Escrituras:

> Este componente crucial de las Escrituras lleva la historia entera a la consumación ordenada por Dios. La historia redentora está controlada por Dios, de tal manera que culmine en su gloria eterna. La historia redentora terminará con la misma precisión y exactitud con la que comenzó. Las verdades de la escatología no son vagas ni confusas; como tampoco tienen poca importancia. Como en cualquier libro, la manera en que la historia termina es la parte más crucial y conmovedora; así también con la Biblia. Las Escrituras indican varias características específicas del fin planificado por Dios.
>
> En el Antiguo Testamento, hay una mención repetida de un reino terrenal gobernado por el Mesías, el Señor y Salvador, que vendrá a reinar. Este reino está asociado a la salvación de Israel, la salvación de los gentiles, la renovación de la tierra de los efectos de la maldición y la resurrección corporal del pueblo de Dios que ha muerto. Finalmente, el Antiguo Testamento predice que habrá una disolución del universo

> y la creación de un cielo nuevo y una tierra nueva, el cual será el estado eterno de los justos, y un infierno final para los impíos.
>
> En el Nuevo Testamento, estas características son aclaradas y ampliadas. El Rey fue rechazado y ejecutado, pero Él prometió regresar en gloria, trayendo juicio, resurrección y su reino para todos los que creen. Una cantidad enorme de gentiles de toda nación será incluida entre los redimidos. Israel será salvado injertado en la raíz de bendición de la cual había sido temporalmente cortado.
>
> El reino prometido a Israel será disfrutado, con el Señor Salvador reinando en el trono, en la tierra renovada. Él ejercerá su poder sobre el mundo entero, habiendo retomado su debida autoridad, y recibiendo el honor y adoración que le corresponde. Después de este reino vendrá la disolución de la creación renovada, pero aún manchada por el pecado, y la creación subsiguiente de un cielo nuevo y una tierra nueva; los cuales serán el estado eterno, separado para siempre de los impíos en el infierno (John MacArthur, *Biblia de estudio MacArthur* [Grand Rapids: Portavoz, 2004], p. xii).

Hay varios motivos más para el regreso de Cristo. La iglesia es su esposa y Él debe regresar para llevarla a la fiesta de bodas. El Rey verdadero tampoco permitirá que el usurpador, Satanás, gobierne el mundo para siempre; Cristo regresará a retomar lo que le pertenece por derecho. La humillación de Cristo en su primera venida también exige que regrese en gloria; la última vez que el mundo lo vea no puede ser como la víctima que muere en la cruz.

El regreso de Jesucristo es, por tanto, el clímax de la historia de la redención y lleva a su culminación el propósito de Dios. Pablo recordó a los tesalonicenses esta gran esperanza para animarlos a permanecer firmes, a pesar de la persecución severa que estaban afrontando. Su esperanza —como la de todos los cristianos en sufrimiento— era que Jesús regresara y les proporcionara alivio.

La gloria de nuestro Señor está oculta actualmente, y la mayoría de las personas cree que está muerto (cp. Hch. 25:19). Ni siquiera los creyentes experimentan la plenitud de su presencia gloriosa porque, como escribe Pedro: "A [Cristo] amáis sin haberle visto, en quien creyendo, aunque ahora no lo veáis, os alegráis con gozo inefable y glorioso" (1 P. 1:8). Pero viene el día en que Él se revelará, tanto a los creyentes como a los incrédulos.

Cuando Pablo se refirió a la Segunda Venida en relación con los creyentes, eligió la palabra *parousia* ("presencia"; "venida"). Para los creyentes, el regreso de Cristo es la presencia de Aquel a quien conocen y con quien tienen una relación eterna. Lo conocen como está revelado en las profecías del Antiguo Testamento, los registros en los Evangelios neotestamentarios y la explicación de su vida, muerte y resurrección en las epístolas. Pero en el versículo 7, donde Pablo escribió que **se** manifestará **el Señor Jesucristo**, usó una palabra diferente: *apokalupsis* ("revelación"; "manifestación"; "desvelamiento"). Tal palabra, que tiene la idea de manifestar lo que estaba secreto u oculto previamente (cp. Ro. 2:5; 16:25; 1 Co. 14:6; 2 Co. 12:1, 7; Gá. 1:12; Ef. 3:3), ve el regreso de Cristo en relación con los incrédulos. Quien ha estado oculto será revelado en toda su gloria soberana a un mundo que no le conoce ni le adora. Él se revelará como Juez (v. 8). Este será el día del Señor (véase la explicación en el capítulo 12 de *1 Tesalonicenses*, Comentario MacArthur del Nuevo Testamento [Grand Rapids: Portavoz, 2012]).

En su primera venida, la realidad de su deidad estaba oculta; aunque Jesús era Dios encarnado, estaba velado en la carne humana. Como resultado, "en el mundo estaba, y el mundo por Él fue hecho; pero el mundo no le conoció" (Jn. 1:10). Pero no habrá escape a la realidad de quién es Jesús en su segunda venida, porque todo el mundo verá "al Hijo del Hombre viniendo sobre las nubes del cielo, con poder y gran gloria" (Mt. 24:30). A lo largo de toda la historia ha habido (y continuará habiendo) falsos cristos (cp. Mt. 24:24). Pero nada pueden hacer que esté siquiera remotamente cercano a la gloria *shekinah* deslumbrante a manifestarse cuando Cristo regrese.

Pablo describe el *apokalupsis* del Señor Jesucristo usando tres frases preposicionales. Primero, **desde el cielo**. Tal como Jesús ascendió visible y corporalmente al cielo, regresará visiblemente y corporalmente del cielo a la tierra:

> *Y habiendo dicho estas cosas, viéndolo ellos, fue alzado, y le recibió una nube que le ocultó de sus ojos. Y estando ellos con los ojos puestos en el cielo, entre tanto que él se iba, he aquí se pusieron junto a ellos dos varones con vestiduras blancas, los cuales también les dijeron: Varones galileos, ¿por qué estáis mirando al cielo? Este mismo Jesús, que ha sido tomado de vosotros al cielo, así vendrá como le habéis visto ir al cielo (Hch. 1:9-11).*

Habiendo Jesús ascendido al cielo, ahora "se sentó a la diestra del trono de la Majestad en los cielos" (He. 8:1; cp. 1:3; 10:12; 12:2; Hch. 2:33; 7:55-56; Ro. 8:34; Ef. 1:20; Col. 3:1; 1 P. 3:22). Desde esa posición exaltada de poder y honor, Jesús intercede por su pueblo (Ro. 8:34; cp. Is. 53:12; He. 7:25; 9:24; 1 Jn. 2:1) y regresará un día desde su trono celestial para juzgar a sus enemigos (Mt. 16:27; Hch. 10:42; 17:31; Ro. 2:16; 2 Ti. 4:1).

Jesús no regresará solo en el día del Señor, lo hará **con los ángeles de su poder**. Los **ángeles** son instrumentos por medio de los cuales se delega el poder del Hijo para cumplir sus propósitos; juicio, en este caso.

Los ángeles solían aparecer con Dios en el Antiguo Testamento. En una referencia probable al momento de la entrega de la ley en el Monte Sinaí, Moisés declaró que el Señor "vino de Sinaí... de entre diez millares de santos, con la ley de fuego a su mano derecha" (Dt. 33:2; cp. Hch. 7:53; Gá. 3:19; He. 2:2). En el Salmo

68:17 David escribió: "Los carros de Dios se cuentan por veintenas de millares de millares [lenguaje poético para denotar una multitud grande e incontable]; el Señor viene del Sinaí a su santuario". En el Salmo 89:5-7 el salmista afirmó:

> *Los cielos,* Señor, *celebran tus maravillas, y tu fidelidad la asamblea de los santos. ¿Quién en los cielos es comparable al* Señor*? ¿Quién como él entre los seres celestiales? Dios es muy temido en la asamblea de los santos; grande y portentoso sobre cuantos lo rodean* (nvi).

El Nuevo Testamento revela que los ángeles acompañarán a Jesús cuando regrese, tal como se predijo en Mateo 16:27: "Porque el Hijo del hombre ha de venir en la gloria de su Padre con sus ángeles, y entonces recompensará a cada persona según lo que haya hecho". En otra descripción de la Segunda Venida, dijo Jesús: "El Hijo del Hombre [vendrá] en su gloria, y todos los santos ángeles con él" (Mt. 25:31; cp. Mr. 8:38). Cuando Jesús regrese, "enviará sus ángeles con gran voz de trompeta, y juntarán a sus escogidos, de los cuatro vientos, desde un extremo del cielo hasta el otro" (Mt. 24:31). Los ángeles no solo reunirán a los elegidos para bendición, sino a los incrédulos para juicio:

> *Enviará el Hijo del Hombre a sus ángeles, y recogerán de su reino a todos los que sirven de tropiezo, y a los que hacen iniquidad, y los echarán en el horno de fuego; allí será el lloro y el crujir de dientes... Así será al fin del siglo: saldrán los ángeles, y apartarán a los malos de entre los justos, y los echarán en el horno de fuego; allí será el lloro y el crujir de dientes (Mt. 13:41-42, 49-50).*

Por último, cuando el Señor Jesucristo regrese del cielo con los santos ángeles, lo hará **en llama de fuego**. El **fuego** descrito aquí es el fuego del juicio (como en Is. 66:16; Mt. 3:12; 13:30; He. 10:27; 2 P. 3:7, 10). Es el fuego que Moisés vio cuando "el ángel del Señor se le apareció entre las llamas de una zarza ardiente. Moisés notó que la zarza estaba envuelta en llamas, pero que no se consumía" (Éx. 3:2, nvi). Cuando Dios apareció para dar la ley a Israel, "el monte estaba cubierto de humo, porque el Señor había descendido sobre él en medio de fuego. Era tanto el humo que salía del monte, que parecía un horno; todo el monte se sacudía violentamente" (Éx. 19:18, nvi; cp. Dt. 4:33; 5:4, 24-26; 18:16). El **fuego** del juicio de Dios está tan asociado con la naturaleza de Dios que las Escrituras declaran: "El Señor su Dios es fuego consumidor" (Dt. 4:24, nvi; cp. 9:3; He. 12:29).

Estas tres frases modificadoras aportan una confirmación impresionante sobre la deidad de nuestro Señor Jesucristo. Él regresará **desde el cielo**, donde está sentado en el trono de Dios (Ap. 3:21). Regresará con los mismos **ángeles de su poder** que solo atienden y sirven a Dios; sus ángeles. Por último, Jesucristo regresará **en** la misma **llama de fuego** que marcó la presencia del juicio glorioso de Dios. Al asociar con el Hijo las realidades características del Padre, el apóstol afirma su deidad en cuanto a la segunda persona de la Trinidad.

La descripción paulina de la naturaleza doble del regreso de Cristo —alivio, descanso, renovación y paz para los creyentes; retribución, juicio, castigo y venganza para los incrédulos— no era una enseñanza nueva. Cristo, Dios, enseñó que su segunda venida impactaría a los creyentes e incrédulos de maneras diferentes. Él declaró: "De manera que como se arranca la cizaña, y se quema en el fuego, así será en el fin de este siglo. Enviará el Hijo del Hombre a sus ángeles, y recogerán de su reino a todos los que sirven de tropiezo, y a los que hacen iniquidad, y los echarán en el horno de fuego; allí será el lloro y el crujir de dientes" (Mt. 13:40-42). Por otro lado, cuando el Señor regrese, "enviará sus ángeles con gran voz de trompeta, y juntarán a sus escogidos, de los cuatro vientos, desde un extremo del cielo hasta el otro" (Mt. 24:31).

El regreso de Cristo producirá entonces dos resultados radicalmente diferentes. Como el librito descrito en Apocalipsis 10:9-10, los resultados serán dulces y amargos:

> *Y fui al ángel, diciéndole que me diese el librito. Y él me dijo: Toma, y cómelo; y te amargará el vientre, pero en tu boca será dulce como la miel. Entonces tomé el librito de la mano del ángel, y lo comí; y era dulce en mi boca como la miel, pero cuando lo hube comido, amargó mi vientre.*

Para los incrédulos, la Segunda Venida traerá retribución amarga; para los creyentes, reposo dulce.

RETRIBUCIÓN

Porque es justo delante de Dios pagar con tribulación a los que os atribulan... para dar retribución a los que no conocieron a Dios, ni obedecen al evangelio de nuestro Señor Jesucristo; los cuales sufrirán pena de eterna perdición, excluidos de la presencia del Señor y de la gloria de su poder, (1:6, 8-9)

Ekdikēsis (**retribución**), cuyo significado es "dar castigo completo", se traduce de diversas maneras como "justicia", "castigo", "retribución", "venganza" y "vindicación". Esteban dijo en su defensa ante el sanedrín: "Y al ver [Moisés] a uno que era maltratado, lo defendió, e hiriendo al egipcio, vengó [*ekdikēsis*] al oprimido" (Hch. 7:24). Tal como Moisés retribuyó al egipcio por maltratar a su conciudadano israelita, Dios también dará **retribución** a quienes lo rechazan y maltratan a su pueblo.

Sin embargo, la **retribución** de Dios no es como la pasión rebelde, hostil, egoísta y pecaminosa que provoca las represalias de unas personas contra otras, pues "¿será injusto Dios que da castigo?" (Ro. 3:5). Pero como los humanos pecadores no son santos ni justos perfectos, ni omniscientes, no pueden hacer juicios perfectos. Por eso, Dios se reserva la venganza para sí. En el Sermón del Monte, Jesús prohibió la venganza personal (Mt. 5:38-48), y en Romanos 12:19 Pablo escribió: "No os venguéis vosotros mismos, amados míos, sino dejad lugar a la ira de Dios; porque escrito está: Mía es la venganza, yo pagaré, dice el Señor" (cp. Dt. 32:35; Is. 66:15-16; He. 10:30).

La Biblia enseña repetidas veces que Dios llevará retribución a los pecadores. Los salmos imprecatorios (7; 35; 40; 55; 58—59; 69; 79; 109; 137; 139; 144), presuponen e incluso exaltan la retribución de Dios. Con lenguaje fuerte, incluso chocante, los salmistas claman a Dios por venganza sobre sus enemigos:

> *Se alegrará el justo cuando viere la venganza;*
> *sus pies lavará en la sangre del impío (Sal. 58:10).*
>
> *Ciertamente Dios herirá la cabeza de sus enemigos,*
> *la testa cabelluda del que camina en sus pecados (Sal. 68:21).*
>
> *Pon maldad sobre su maldad,*
> *y no entren en tu justicia (Sal. 69:27).*
>
> *SEÑOR, haz que sientan nuestros vecinos,*
> *siete veces y en carne propia,*
> *el oprobio que han lanzado contra ti (Sal. 79:12, NVI).*
>
> *No tenga quien le haga misericordia,*
> *ni haya quien tenga compasión de sus huérfanos (Sal. 109:12).*
>
> *Dichoso el que tomare y estrellare tus niños*
> *contra la peña (Sal. 137:9).*
>
> *¿Acaso no aborrezco, SEÑOR, a los que te odian,*
> *y abomino a los que te rechazan?*
> *El odio que les tengo es un odio implacable;*
> *¡los cuento entre mis enemigos! (Sal. 139:21-22, NVI)*

Esos llamados a la venganza justa de Dios sobre sus enemigos perturban a algunos, como señala John Wenham:

> Al comienzo de este año [1962], catorce grupos de estudio observaron los salmos del Antiguo Testamento y concluyeron que ochenta y cuatro

de ellos "no eran adecuados para que los cristianos los cantaran"; y J. C. Wansey, compilador de la colección útil de pasajes del Nuevo Testamento para cánticos en las congregaciones titulada *A New Testament Psalter* [Salterio del Nuevo Testamento], comentó: "Estos salmos y parte de muchos otros están llenos de celos tribales, amenazas y maldiciones sangrientas, gemidos y lamentos, que son chocantes y una pérdida de tiempo para Dios y el hombre. Los salmos del Nuevo Testamento son cristianos de principio a fin". Pero echar por la borda la mitad del Salterio es un recurso dudoso porque, como señala C. S. Lewis, los pasajes severos y los suaves están irremediablemente mezclados, y no es posible ignorar solamente las secciones desagradables (*The Goodness of God* [La bondad de Dios] [Downers Grove: InterVarsity, 1975], p. 149).

Pero el lenguaje imprecatorio no está restringido a los Salmos. Jeremías, cuando Dios le advirtió que los hombres de su pueblo lo buscaban para matarlo (Jer. 11:18, 21), oró: "Pero tú, SEÑOR Todopoderoso, que juzgas con justicia, que pruebas los sentimientos y la mente, ¡déjame ver cómo te vengas de ellos, porque en tus manos he puesto mi causa!" (11:20, NVI). En respuesta, Dios le prometió: "He aquí que yo los castigaré; los jóvenes morirán a espada, sus hijos y sus hijas morirán de hambre, y no quedará remanente de ellos, pues yo traeré mal sobre los varones de Anatot, el año de su castigo" (Jer. 11:22-23).

Después, en una oración con palabras más fuertes, Jeremías clamó:

> *¡SEÑOR, préstame atención! ¡Escucha a los que me acusan! ¿Acaso el bien se paga con el mal? ¡Pues ellos me han cavado una fosa! Recuerda que me presenté ante ti para interceder por ellos, para apartar de ellos tu ira. Por eso, entrega ahora sus hijos al hambre; abandónalos a merced de la espada. Que sus esposas se queden viudas y sin hijos; que sus maridos mueran asesinados, y que sus jóvenes caigan en combate a filo de espada. ¡Que se oigan los gritos desde sus casas, cuando de repente mandes contra ellos una banda de asaltantes! Han cavado una fosa para atraparme, y han puesto trampas a mi paso. Pero tú, SEÑOR, conoces todos sus planes para matarme. ¡No perdones su iniquidad, ni borres de tu presencia sus pecados! ¡Que caigan derribados ante ti! ¡Enfréntate a ellos en el momento de tu ira! (Jer. 18:19-23, NVI).*

En Jeremías 19:3-9 Dios respondió la oración del profeta:

> *Haré venir tal calamidad sobre este lugar, que a todo el que se entere le zumbarán los oídos. Porque ellos me han abandonado. Han profanado este lugar, quemando en él incienso a otros dioses que no conocían ni ellos ni sus antepasados ni los reyes de Judá. Además, han llenado de sangre inocente este lugar. Han construido*

> *santuarios paganos en honor de Baal, para quemar a sus hijos en el fuego como holocaustos a Baal, cosa que yo jamás les ordené ni mencioné, ni jamás me pasó por la mente. Por eso vendrán días en que este lugar ya no se llamará Tofet, ni Valle de Ben Hinón, sino Valle de la Matanza —afirma el Señor—. En este lugar anularé los planes de Judá y de Jerusalén, y los haré caer a filo de espada delante de sus enemigos, es decir, a manos de los que atentan contra su vida, y dejaré sus cadáveres a las aves del cielo y a las bestias de la tierra, para que les sirvan de comida. Convertiré a esta ciudad en un lugar desolado y en objeto de burla. Todo el que pase por ella quedará atónito y se burlará de todas sus heridas. Ante el angustioso asedio que les impondrán los enemigos que atentan contra ustedes, haré que se coman la carne de sus propios hijos e hijas, y que se devoren entre sí* (NVI).

Algunos, prestando oídos a la falsa dicotomía de la teología liberal entre el Dios supuestamente duro y cruel del Antiguo Testamento y el Jesús amoroso, amable y manso del Nuevo Testamento, pueden sentirse tentados a rechazar semejante lenguaje tan fuerte y decir que es poco característico de Jesús. Pero Jesús y los escritores del Nuevo Testamento usaron un lenguaje igual de fuerte. Pablo escribió a Timoteo: "Alejandro el calderero me ha causado muchos males; el Señor le pague conforme a sus hechos" (2 Ti. 4:14), mientras que en Apocalipsis 6:10 los mártires de la tribulación claman: "¿Hasta cuándo, Señor, santo y verdadero, no juzgas y vengas nuestra sangre en los que moran en la tierra?". En Mateo 3:12, Juan el Bautista dijo de Jesús: "Su aventador está en su mano, y limpiará su era; y recogerá su trigo en el granero, y quemará la paja en fuego que nunca se apagará". En contraste con el cliché popular evangélico, Jesús tiene un plan horrible para las vidas de quienes lo rechazan.

En la parábola de los labradores malvados (Lc. 20:9-19), donde se retrata el juicio de Dios sobre quienes rechazan a su Hijo, Jesús declaró:

> *¿Qué, pues, les hará el señor de la viña? Vendrá y destruirá a estos labradores, y dará su viña a otros. Cuando ellos oyeron esto, dijeron: ¡Dios nos libre! Pero él, mirándolos, dijo: ¿Qué, pues, es lo que está escrito: La piedra que desecharon los edificadores ha venido a ser cabeza del ángulo? Todo el que cayere sobre aquella piedra, será quebrantado; mas sobre quien ella cayere, le desmenuzará (Lc. 20:15-18).*

En Mateo 23:13-36, Jesús denunció a los escribas y fariseos y declaró que se condenarán en el infierno (v. 33). Prometió a Corazín y Betsaida un juicio más temible que el de Tiro y Sidón (Mt. 11:20-22), cuya destrucción decretó Dios en el Antiguo Testamento (cp. Ez. 26—28). Amenazó a Capernaúm con un juicio más estricto que la malvada ciudad de Sodoma (Mt. 11:24). Jesús declaró de quienes hacen pecar a los creyentes: "Cualquiera que haga tropezar a uno de estos pequeñitos que creen en mí, mejor le fuera si se le atase una piedra de molino al cuello, y se le arrojase en el mar" (Mr. 9:42). En Marcos 14:21 Jesús pronunció su propia maldición sobre Judas Iscariote: "A la verdad el Hijo del Hombre va, según está escrito de él, mas ¡ay de aquel hombre por quien el Hijo del Hombre es entregado! Bueno le fuera a ese hombre no haber nacido".

Jesús se refirió a los eventos que rodearán su segunda venida como "días de retribución" (Lc. 21:22), cuando dirá a quienes lo rechazaron: "Apartaos de mí, malditos, al fuego eterno preparado para el diablo y sus ángeles... E irán éstos al castigo eterno, y los justos a la vida eterna" (Mt. 25:41, 46). En Juan 5:29, enseñó que en algún momento habrá resurrección para juicio de los incrédulos. Ningún pasaje fuera de Apocalipsis retrata tan aguda y poderosamente la retribución que espera a los pecadores como lo hace este último libro del Nuevo Testamento.

Entonces, no hay contradicción entre Dios Padre y Jesús Hijo, o entre los dos Testamentos, con respecto a la venganza de Dios; Jesús y los apóstoles la reiteraron con fuerza. El asunto de la retribución divina lleva a tres preguntas: ¿Por qué dará Jesús retribución? ¿A quién retribuirá? ¿Cómo retribuirá?

¿POR QUÉ?

Porque es justo delante de Dios pagar (1:6*a*)

Toda cultura, no importa cuáles sean sus leyes, ética o moral, castiga a sus delincuentes. Las personas tienen un sentido de justicia, incluida la pena de muerte, porque están hechas a imagen de Dios. Lo que es verdad imperfecta en el reino humano es verdad perfecta en el reino de Dios. Cuando Pablo escribió que **es justo**, adecuado y apropiado que Dios pagara con retribución a quienes violan su ley (así como es justo que Dios recompense a los creyentes con el reino; v. 5), estaba declarando una verdad obvia. De hecho, la palabra que se traduce *retribución* en el versículo 8 está relacionada con una palabra que significa "justo" o "recto". La retribución de Dios no es una venganza nimia o un frenesí emocional; Dios no alcanza cierto nivel de exasperación o frustración, pierde el control o explota con rabia contra los malhechores. Su retribución es el castigo justo, controlado y calmado, impuesto por el Juez perfectamente justo, a quienes violaron por voluntad propia su ley perfecta. No es posible que Dios sea injusto, porque "el Juez de toda la tierra, ¿no ha de hacer lo que es justo?" (Gn. 18:25).

Isaías 45:20-25 ilustra cómo lidia Dios con quienes lo rechazan:

> *"Reúnanse, fugitivos de las naciones; congréguense y vengan. Ignorantes son los que cargan ídolos de madera y oran a dioses que no pueden salvar. Declaren y presenten sus pruebas, deliberen juntos. ¿Quién predijo esto hace tiempo, quién lo declaró desde tiempos antiguos? ¿Acaso no lo hice yo, el* SEÑOR*? Fuera de mí no hay otro Dios; Dios justo y Salvador, no hay ningún otro fuera de mí. Vuelvan a*

> *mí y sean salvos, todos los confines de la tierra, porque yo soy Dios, y no hay ningún otro. He jurado por mí mismo, con integridad he pronunciado una palabra irrevocable: Ante mí se doblará toda rodilla, y por mí jurará toda lengua. Ellos dirán de mí: 'Sólo en el SEÑOR están la justicia y el poder'". Todos los que contra él se enfurecieron ante él comparecerán y quedarán avergonzados. Pero toda la descendencia de Israel será vindicada y exaltada en el SEÑOR (NVI).*

De hecho, Dios convoca a las personas ante su trono y les exige saber por qué no deberían ser castigados por violar su ley y rechazar su mandato de arrepentirse y buscar el perdón de su gracia (Is. 55:6-7). Por supuesto, nadie puede ofrecer una razón viable para no haberlo hecho. Por eso, el juicio de Dios es justo y los pecadores reciben una condena justa por rechazarlo.

Ezequiel 33:17-20 también declara que Dios es justo cuando condena a los pecadores arrepentidos:

> *Luego dirán los hijos de tu pueblo: No es recto el camino del Señor; el camino de ellos es el que no es recto. Cuando el justo se apartare de su justicia, e hiciere iniquidad, morirá por ello. Y cuando el impío se apartare de su impiedad, e hiciere según el derecho y la justicia, vivirá por ello. Y dijisteis: No es recto el camino del Señor. Yo os juzgaré, oh casa de Israel, a cada uno conforme a sus caminos.*

Dios no puede ser injusto al retribuir a los pecadores, porque el Todopoderoso "en juicio y en multitud de justicia no afligirá" (Job 37:23); Él es "grande en consejo, y magnífico en hechos; [sus] ojos están abiertos sobre todos los caminos de los hijos de los hombres, para dar a cada uno según sus caminos, y según el fruto de sus obras" (Jer. 32:19).

Cuando el Señor Jesucristo se vengue de quienes lo rechazaron, actuará en armonía perfecta con la justicia pura de Dios, porque Él es "Fiel y Verdadero, y con justicia juzga y pelea" (Ap. 19:11). Quienes acusan al Dios santo de ser injusto son injustos ellos mismos. Él ha dado su ley a su pueblo para que la obedezca y juzgará a quienes no la cumplan. La verdad es que Dios no sería justo si no lo hiciera.

Antapodidōmi (**pagar**) quiere decir "devolver" o "recompensar". Es una palabra compuesta y fuerte que conlleva la idea de un pago completo, total. El Dios que dijo: "Mía es la venganza y la retribución" (Dt. 32:35), va a **pagar** justamente a los pecadores por violar su ley.

En Lucas 13 hay un incidente que ilustra ese principio. Algunas personas "le contaban acerca de los galileos cuya sangre Pilato había mezclado con los sacrificios de ellos" (v. 1). Al parecer, Pilato había decidido ejecutar algunos judíos rebeldes en un momento muy inoportuno (cuando estaban ofreciendo sacrificios). Naturalmente, ese acto provocó la ira de los judíos; por eso hacen el comentario a Jesús. Pero su respuesta los sorprendió. En lugar de compadecerse de ellos o de exponer por qué pasan cosas malas a las personas buenas, advirtió con solemnidad:

> *¿Pensáis que estos galileos, porque padecieron tales cosas, eran más pecadores que todos los galileos? Os digo: No; antes si no os arrepentís, todos pereceréis igualmente. O aquellos dieciocho sobre los cuales cayó la torre en Siloé, y los mató, ¿pensáis que eran más culpables que todos los hombres que habitan en Jerusalén? Os digo: No; antes si no os arrepentís, todos pereceréis igualmente (vv. 2-5).*

El destino de las víctimas era exactamente el que merecían los pecadores: el juicio divino. Todos los pecadores merecen la muerte y el infierno; por eso, Jesús advirtió dos veces a sus oyentes que sufrirían un destino semejante a menos que se arrepintieran. La amenaza de venganza, retribución y juicio no solamente es justa, también sirve para disuadir, es un obstáculo en el camino al infierno. Quienes ignoran el obstáculo se quedan sin excusas (Ro. 1:18-20).

¿A QUIÉN?

a los que os atribulan... a los que no conocieron a Dios, ni obedecen al evangelio de nuestro Señor Jesucristo; (1:6*c*, 8*b*)

Los que atribulan a los creyentes abarcan una categoría amplia e incluye a todos los que atacan al pueblo de Dios. En Génesis 12:3 Dios prometió a Abraham lo siguiente: "A los que te maldijeren maldeciré"; mientras en Zacarías 2:8 advierte: "El que [toca al pueblo de Dios], toca a la niña de su ojo". Quienes atribulan al pueblo de Dios, le ponen un dedo en su ojo. Jesús advirtió en Mateo 18:6-10:

> *Y cualquiera que haga tropezar a alguno de estos pequeños que creen en mí, mejor le fuera que se le colgase al cuello una piedra de molino de asno, y que se le hundiese en lo profundo del mar. ¡Ay del mundo por los tropiezos! porque es necesario que vengan tropiezos, pero ¡ay de aquel hombre por quien viene el tropiezo! Por tanto, si tu mano o tu pie te es ocasión de caer, córtalo y échalo de ti; mejor te es entrar en la vida cojo o manco, que teniendo dos manos o dos pies ser echado en el fuego eterno. Y si tu ojo te es ocasión de caer, sácalo y échalo de ti; mejor te es entrar con un solo ojo en la vida, que teniendo dos ojos ser echado en el infierno de fuego. Mirad que no menospreciéis a uno de estos pequeños; porque os digo que sus ángeles en los cielos ven siempre el rostro de mi Padre que está en los cielos.*

Pablo, por medio de dos frases, describe a quienes enfrentan la retribución de Dios. Primero los describe como aquellos **que no conocieron a Dios** (cp. Jue. 2:10;

1 S. 2:12; Job 18:21; Sal. 9:17; Jer. 2:8; 9:3, 6; 10:25; Os. 4:1, 6; 5:4; Jn. 7:28; 8:54-55; Gá. 4:8; 1 Ts. 4:5; 1 Jn. 4:8); esto es, no tienen relación personal con Él (cp. Jn. 17:3; Ef. 2:12; 4:17-18; Tit. 1:16). Pueden conocer los hechos sobre Él, incluso imaginar que le sirven al perseguir a su pueblo (cp. Jn. 16:2), pero en realidad están "sin Cristo... sin esperanza y sin Dios en el mundo" (Ef. 2:12).

La razón por la cual no conocen a Dios no es ignorancia, sino la maldad que les hace suprimir la verdad que conocen:

> *Porque la ira de Dios se revela desde el cielo contra toda impiedad e injusticia de los hombres que detienen con injusticia la verdad; porque lo que de Dios se conoce les es manifiesto, pues Dios se lo manifestó. Porque las cosas invisibles de él, su eterno poder y deidad, se hacen claramente visibles desde la creación del mundo, siendo entendidas por medio de las cosas hechas, de modo que no tienen excusa. Pues habiendo conocido a Dios, no le glorificaron como a Dios, ni le dieron gracias, sino que se envanecieron en sus razonamientos, y su necio corazón fue entenebrecido (Ro. 1:18-21).*

Dios ha colocado el conocimiento de Él alrededor de cada persona y dentro de ella, de modo que nadie tiene excusa (Ro. 1:20-21). Ha escrito su ley en cada corazón y en cada conciencia (Ro. 2:14-15). De hecho, como consecuencia de sus corazones entenebrecidos por el pecado, los incrédulos "Profesando ser sabios, se hicieron necios y cambiaron la gloria del Dios incorruptible en semejanza de imagen de hombre corruptible, de aves, de cuadrúpedos y de reptiles" (Ro. 1:22-23). A pesar de la evidencia abundante alrededor de ellos (y dentro de ellos) que debiera llevar a las personas al conocimiento verdadero de Dios, ellas se niegan a creer. El universo estará repleto de ignorantes voluntarios. Las últimas palabras que oirán quienes rechazan a Dios serán las del pronunciamiento aterrorizador y escalofriante del Señor Jesucristo: "Nunca os conocí; apartaos de mí, hacedores de maldad" (Mt. 7:23).

Pablo continúa definiendo a quienes enfrentarán la retribución de Dios como los que no **obedecen al evangelio de nuestro Señor Jesucristo**. Esta descripción intensifica su culpa. Rechazar el conocimiento innato de Dios es condenatorio; rechazar abiertamente **el evangelio** es incurrir en juicio severo. El infierno más caliente, el castigo más severo, está reservado para quienes no **obedecen al evangelio**. En Lucas 12:47-48 Jesús enseñó que hay variedad de grados en el castigo:

> *Aquel siervo que conociendo la voluntad de su señor, no se preparó, ni hizo conforme a su voluntad, recibirá muchos azotes. Mas el que sin conocerla hizo cosas dignas de azotes, será azotado poco; porque a todo aquel a quien se haya dado mucho, mucho se le demandará; y al que mucho se le haya confiado, más se le pedirá.*

El escritor de Hebreos declara con claridad que rechazar el evangelio intensifica la culpa de los incrédulos:

> *Porque si pecáremos voluntariamente después de haber recibido el conocimiento de la verdad, ya no queda más sacrificio por los pecados, sino una horrenda expectación de juicio, y de hervor de fuego que ha de devorar a los adversarios. El que viola la ley de Moisés, por el testimonio de dos o de tres testigos muere irremisiblemente. ¿Cuánto mayor castigo pensáis que merecerá el que pisoteare al Hijo de Dios, y tuviere por inmunda la sangre del pacto en la cual fue santificado, e hiciere afrenta al Espíritu de gracia? Pues conocemos al que dijo: Mía es la venganza, yo daré el pago, dice el Señor. Y otra vez: El Señor juzgará a su pueblo. ¡Horrenda cosa es caer en manos del Dios vivo! (He. 10:26-31).*

Mientras la salvación es un don para ser recibido, **el evangelio** es un mandato para obedecer. Pablo declaró: "Dios, habiendo pasado por alto los tiempos de esta ignorancia, ahora manda a todos los hombres en todo lugar, que se arrepientan" (Hch. 17:30; cp. 26:20). Por esa razón, Pablo escribió que su misión apostólica era "la obediencia a la fe en todas las naciones por amor [del nombre de Jesús]" (Ro. 1:5; cp. 15:18; 16:19, 26; 1 P. 1:22). Por lo tanto, quienes permanecen en desobediencia al mandato de Dios de creer en el evangelio enfrentarán su retribución.

Este juicio no lo hace Dios porque esté enojado con los incrédulos por haber herido a sus hijos, sino porque los perseguidores no reconocieron al Señor Jesucristo ni abrazaron el evangelio. Específicamente, este juicio del día del Señor llega en dos fases para los impíos: Primero, en el final de la tribulación de siete años (Ap. 19:11-21); segundo, al final del reino milenario (Ap. 20:7-10). Entonces, el destino de todos los impíos de todas las épocas será el juicio en el gran trono blanco y la sentencia eterna en el lago de fuego (Ap. 20:11-15).

¿CÓMO?

con tribulación... los cuales sufrirán pena de eterna perdición, excluidos de la presencia del Señor y de la gloria de su poder, (1:6*b*, 9)

Dios pagará como corresponde a los incrédulos desobedientes que **con tribulación** afligen a su pueblo. *Thlipsis* (**tribulación**) puede significar "aflicción", "angustia", "circunstancias difíciles" o "sufrimiento". En este pasaje, Pablo la definió específicamente como la **pena de eterna perdición**. *Aiōnios* (**eterna**), en la abrumadora mayoría de sus usos neotestamentarios, se refiere a las cosas de duración ilimitada, como Dios (Ro. 16:26), el Espíritu Santo (He. 9:14), el cielo (Lc. 16:9), la salvación (He. 5:9), la redención (He. 9:12), el pacto (He. 13:20), el evangelio (Ap. 14:6), el reino de Dios (2 P. 1:11) el infierno (Mt. 18:8; 25:41, 46;

He. 6:2; Jud. 7) y, con más frecuencia, la vida eterna (Mt. 19:16, 29; 25:46; Mr. 10:17, 30; Lc. 10:5; 18:18, 30; Jn. 3:15-16, 36; 4:14, 36; 5:24, 39; 6:27, 40, 47, 54, 68; 10:28; 12:25, 50; 17:2-3; Hch. 13:46, 48; Ro. 2:7; 5:21; 6:22-23; Gá. 6:8; 1 Ti. 1:16; 6:12; Tit. 1:2; 3:7; 1 Jn. 1:2; 2:25; 3:15; 5:11, 13, 20: Jud. 21). Como todas las cosas anteriormente mencionadas, la **perdición** de los impíos no tendrá fin, durará para siempre.

Olethros (**perdición**) no se refiere a la aniquilación sino a la ruina. No significa cesación de la existencia sino la pérdida de todo lo que hace valiosa la existencia (cp. 1 Ti. 6:9). Los perdidos no dejarán de existir, sino que experimentarán para siempre la inutilidad, desesperanza, vacuidad y falta de significado de la vida; la cual no tendrá valor, no será digna, no tendrá logros, propósitos, metas o esperanzas. Estarán arruinados para siempre; "pasarán a una noche en la que no amanezcan las mañanas" (Leon Morris, *The Epistles of Paul to the Thessalonians* [Las epístolas de Pablo a los tesalonicenses], Tyndale New Testament Commentaries [Comentarios Tyndale del Nuevo Testamento] [Grand Rapids: Eerdmans, 1976], p. 120).

Dos condiciones bajo las cuales los perdidos cumplirán su condena eterna refuerzan el horror de su castigo: Primera, estarán para siempre **excluidos de la presencia del Señor** (cp. Mt. 7:23; 25:41; Lc. 13:27; Ap. 22:15). Hay un gran abismo entre el reino eterno de los benditos y el de los malditos (cp. Lc. 16:26) que los separa de todo lo que representa la presencia de Dios. Y como "toda buena dádiva y todo don perfecto desciende de lo alto, del Padre de las luces" (Stg. 1:17), no habrá vestigio de bondad en el infierno.

Los perdidos también cumplirán la condena eterna **excluidos de la gloria de su poder**. Jesús describió el infierno como un lugar de oscuridad (Mt. 8:12; 22:13; 25:30; cp. 2 P. 2:4; Jud. 13), cortado de la muestra visible de la majestad y el esplendor de Dios. No habrá alivio de los horrores del infierno; nada de la presencia gloriosa de Dios para llevarles un asomo de belleza, deleite, alegría o paz. Los perdidos compartirán el infierno con el diablo y sus ángeles; "allí será el lloro y el crujir de dientes" (Mt. 8:12; 13:42, 50; 22:13; 24:51; 25:30; Lc. 13:28), donde "el humo de su tormento sube por los siglos de los siglos. Y no tienen reposo de día ni de noche" (Ap. 14:11). Aun así, las palabras no pueden expresar adecuadamente la miseria de esta realidad.

REPOSO

Porque es justo delante de Dios... a vosotros que sois atribulados, daros reposo con nosotros... cuando venga en aquel día para ser glorificado en sus santos y ser admirado en todos los que creyeron (por cuanto nuestro testimonio ha sido creído entre vosotros). (1:6*a*, 7*a-b*, 10)

Cristo no solamente regresará para retribuir a los incrédulos, sino también para dar **reposo** a los creyentes. *Anesis* (**reposo**) expresa la idea de relajación, soltura, calma, libertad, refresco, restauración y descanso. La Biblia promete tres clases de descanso para los creyentes. Primero, está el descanso que brinda la salvación. En Mateo 11:28-29, Jesús prometió: "Venid a mí todos los que estáis trabajados y cargados, y yo os haré descansar. Llevad mi yugo sobre vosotros, y aprended de mí, que soy manso y humilde de corazón; y hallaréis descanso para vuestras almas". La salvación ofrece descanso de la carga abrumadora del pecado. El escritor de Hebreos describió el descanso de la salvación:

> *Por tanto, queda un reposo para el pueblo de Dios. Porque el que ha entrado en su reposo, también ha reposado de sus obras, como Dios de las suyas. Procuremos, pues, entrar en aquel reposo, para que ninguno caiga en semejante ejemplo de desobediencia (He. 4:9-11).*

Pero el descanso de la salvación no es de lo que se habla en este pasaje. Pablo tenía en mente otras dos clases de descanso que se consideran en las Escrituras. Además del descanso de salvación, la Biblia promete el descanso milenario. Cuando Jesús regrese, al final de la tribulación de siete años (Ap. 19:11—20:7), establecerá su reino terrenal, donde sus súbditos disfrutarán descanso y paz. En Hechos 3:19-21, Pedro habla del descanso milenario:

> *Así que, arrepentíos y convertíos, para que sean borrados vuestros pecados; para que vengan de la presencia del Señor tiempos de refrigerio, y él envíe a Jesucristo, que os fue antes anunciado; a quien de cierto es necesario que el cielo reciba hasta los tiempos de la restauración de todas las cosas, de que habló Dios por boca de sus santos profetas que han sido desde tiempo antiguo.*

El paraíso será restaurado y, de alguna forma, el mundo será como Dios quería que fuera originalmente. La autoridad de Jesucristo será absoluta, y se ajustarán cuentas con los rebeldes instantáneamente y de manera devastadora (Sal. 2:8-9; Ap. 12:5; 19:15).

El descanso final prometido en las Escrituras es el descanso eterno al que entra el redimido cuando muere. En la presencia de Dios, los creyentes encontrarán descanso para siempre —del pecado, de la tentación, de las pruebas, de los dolores y de cualquier forma de sufrimiento— porque "enjugará Dios toda lágrima de los ojos de ellos; y ya no habrá muerte, ni habrá más llanto, ni clamor, ni dolor; porque las primeras cosas pasaron" (Ap. 21:4).

Como ocurrió con el asunto de la retribución, el asunto del descanso y el reposo plantea tres preguntas: ¿por qué?, ¿a quién?, ¿cómo?

¿POR QUÉ?

Porque es justo delante de Dios... daros reposo (1:6*a*, 7*b*)

Tal como la justicia de Dios exige que Él retribuya a los incrédulos, así también **es justo delante de Dios** dar **reposo** a los redimidos. Juan escribió: "Si confesamos nuestros pecados, él es fiel y justo para perdonar nuestros pecados, y limpiarnos de toda maldad" (1 Jn. 1:9). ¿Por qué? Porque Jesús pagó por nuestro pecados en la cruz, sufriendo el justo juicio de Dios en nuestro lugar (cp. Is. 53:4-6, 12; 2 Co. 5:21; 1 P. 2:24). Dios es "justo, y el que justifica al que es de la fe de Jesús" (Ro. 3:26). A. W. Tozer escribió lo siguiente sobre la pregunta de cómo un Dios justo puede ser misericordioso y perdonar a los pecadores:

> [La] solución al problema de cómo Dios puede ser justo y aun así justificar al injusto está en la doctrina cristiana de la redención: a través de la obra expiatoria de Cristo, la justicia no se viola, sino que se satisface cuando Dios perdona al pecador. La teología de la redención enseña que la misericordia no se hace efectiva para el hombre hasta que la justicia ha hecho su trabajo. La pena justa por el pecado se pagó cuando Cristo, nuestro sustituto, murió en la cruz. Sin embargo, aunque esto no puede sonar muy agradable a oídos del hombre natural, siempre ha sido dulce al oído de la fe (*El conocimiento del Dios santo* [Miami: Vida, 1996], p. 94 del original en inglés).

La pena debida por el pecado la ha pagado el Cordero de Dios; la justicia divina se ha satisfecho por su muerte en lugar de los pecadores; el descanso eterno de los creyentes está asegurado.

Aunque el descanso final de los creyentes sigue siendo futuro, no quiere ello decir que no vayan a disfrutar del alivio de la aflicción en esta vida. Pedro escribió: "El Dios de toda gracia, que nos llamó a su gloria eterna en Jesucristo, después que hayáis padecido un poco de tiempo, él mismo os perfeccione, afirme, fortalezca y establezca" (1 P. 5:10). Los creyentes pueden "[tener] por sumo gozo cuando [se hallen] en diversas pruebas, sabiendo que la prueba de [su] fe produce paciencia... para que [sean] perfectos y cabales, sin que [les] falte cosa alguna" (Stg. 1:2-4). Pablo podía decir con júbilo en medio de las pruebas más severas: "Por amor a Cristo me gozo en las debilidades, en afrentas, en necesidades, en persecuciones, en angustias; porque cuando soy débil, entonces soy fuerte" (2 Co. 12:10). En Romanos 8:18 escribió: "Tengo por cierto que las aflicciones del tiempo presente no son comparables con la gloria venidera que en nosotros ha de manifestarse"; y en 2 Corintios 4:17 añadió: "Esta leve tribulación momentánea produce en nosotros un cada vez más excelente y eterno peso de gloria".

¿A QUIÉN?

a vosotros que sois atribulados... con nosotros (1:7*a-b*)

Dios promete descanso eterno a todos los creyentes, porque todos los creyentes pueden esperar tribulaciones. Pablo escribió a Timoteo: "Todos los que quieren vivir piadosamente en Cristo Jesús padecerán persecución" (2 Ti. 3:12; cp. Hch. 14:22). Sufrir por Cristo es una marca del cristianismo verdadero; aquellos sin fe genuina, no sobrevivirán la persecución (Mt. 13:20-21). El descanso eterno viene de quienes calcularon el costo de seguir a Cristo y tomaron voluntariamente sus cruces para seguirlo (Lc. 9:23). Son el rebaño pequeño escogido por el Padre para darles el reino (Lc. 13:32).

¿CÓMO?

cuando venga en aquel día para ser glorificado en sus santos y ser admirado en todos los que creyeron (por cuanto nuestro testimonio ha sido creído entre vosotros). (1:10)

Cuando Él **venga** ocurrirán dos cosas que darán reposo a los creyentes. Primera, **en aquel día** Cristo será **glorificado en sus santos**. Viene un día en que Dios se glorificará a través de los creyentes de un modo nunca antes visto. Los creyentes en esta lista están llamados a hacer manifiesta la gloria de habitar en Cristo, haciendo "todo para la gloria de Dios" (1 Co. 10:31; cp. Fil. 1:11). Deben obedecer el mandato de Jesús: "Alumbre vuestra luz delante de los hombres, para que vean vuestras buenas obras, y glorifiquen a vuestro Padre que está en los cielos" (Mt. 5:16). En esta vida, los creyentes solo pueden hacer esto de manera imperfecta, pero cuando Cristo regrese, "transformará el cuerpo de la humillación [de los creyentes], para que sea semejante al cuerpo de la gloria suya, por el poder con el cual puede también sujetar a sí mismo todas las cosas" (Fil. 3:21; cp. 1 Jn. 3:2). Entonces serán vasos puros a través de los cuales brilla la gloria de Dios.

Esta es la manifestación gloriosa de los creyentes sobre la cual escribió Pablo en Romanos 8:18-19: "Pues tengo por cierto que las aflicciones del tiempo presente no son comparables con la gloria venidera que en nosotros ha de manifestarse. Porque el anhelo ardiente de la creación es el aguardar la manifestación de los hijos de Dios". Esta glorificación será la redención final y completa de todos los creyentes vivos cuando Jesucristo venga en gloria. Eso requiere una explicación. Algunos creyentes estarán en condición glorificada, habiendo sido arrebatados antes de la tribulación. Ellos habrán estado en el cielo desde entonces, en el lugar preparado para ellos (Jn. 14:1-3), en la gloria de la resurrección, disfrutando sus recompensas y la comunión con su Señor. Regresarán con Cristo (Ap. 19:14) a la tierra para el milenio, se unirán a los santos vivos en la tierra, quienes recibirán el reino terrenal del Salvador. Al parecer, en el momento del regreso de Cristo, los santos de la tribulación y los santos del Antiguo Testamento, cuyos espíritus han estado con el Señor, resucitarán y recibirán la glorificación completa para unirse a quienes descienden del cielo. Esta es la resurrección aludida por Daniel:

> *En aquel tiempo se levantará Miguel, el gran príncipe que está de parte de los hijos de tu pueblo; y será tiempo de angustia, cual nunca fue desde que hubo gente hasta entonces; pero en aquel tiempo será libertado tu pueblo, todos los que se hallen escritos en el libro. Y muchos de los que duermen en el polvo de la tierra serán despertados, unos para vida eterna, y otros para vergüenza y confusión perpetua. Los entendidos resplandecerán como el resplandor del firmamento; y los que enseñan la justicia a la multitud, como las estrellas a perpetua eternidad (Dn. 12:1-3).*

Todos los creyentes vivos que entren al reino verán a los santos glorificados.

Segunda, los creyentes serán **admirados en todos los que creyeron**. Puesto que solo los creyentes entran al reino, como el juicio de las ovejas y las cabras lo deja claro (cp. Mt. 25:31-46; Ap. 20:6), los redimidos se maravillarán con la gloria de Cristo, revelada completamente en los santos resucitados.

Para evitar el miedo de los tesalonicenses a haberse perdido el reposo que Cristo brindaría cuando regresara, Pablo les recordó que ellos estarían entre los santos glorificados **por cuanto** el **testimonio** de Pablo y sus colegas había **sido creído**. Como los tesalonicenses habían **creído** la predicación del evangelio de Pablo, Silas y Timoteo, nunca enfrentarán la retribución, pero sí experimentarán el reposo bendito de la gloria que espera a los redimidos.

Orar por lo correcto 3

Por lo cual asimismo oramos siempre por vosotros, para que nuestro Dios os tenga por dignos de su llamamiento, y cumpla todo propósito de bondad y toda obra de fe con su poder, para que el nombre de nuestro Señor Jesucristo sea glorificado en vosotros, y vosotros en él, por la gracia de nuestro Dios y del Señor Jesucristo. (1:11-12)

Entre los movimientos religiosos más inusuales del mundo están las "sectas del cargamento" del sur del Pacífico. Aunque sus orígenes datan del siglo XIX, experimentaron un resurgimiento en popularidad durante la Segunda Guerra Mundial. Como parte de la campaña de isla en isla contra las fuerzas japonesas, los estadounidenses solían usar islas remotas como depósitos de provisiones y bases aéreas. La variedad deslumbrante de aparatos modernos que llevaban con ellos, como aviones, "jeeps", armas modernas, refrigeradores, radios, herramientas poderosas e incluso encendedores de cigarrillos que producían fuego mágicamente, les parecía sobrenatural a los isleños. Como resultado, algunos de ellos concluyeron que los hombres blancos debían ser dioses que provenían del cielo con todas estas cosas maravillosas.

Con el tiempo, las bases en la isla fueron abandonadas cuando los combates se acercaron aún más a las islas de origen japonés. Pero para los miembros de la tribu, la vida cambió por completo por la relación con "los dioses del cargamento" y la abundancia materialista que llevaban. Edificaron santuarios para los dioses del cargamento, crearon réplicas perfectas de aviones, torres de control y hangares; veneraban además reliquias santas como encendedores de cigarrillos, cámaras, gafas, plumas de escribir, tuercas y tornillos. Con la esperanza vana de hacer volver a los dioses del cargamento, los caciques "pronunciaban frases mágicas como 'Roger… cambio y corto… la pista está libre, puedes aterrizar… adelante" (Ted Daniels, "John Frum: Cargo and Catastrophe" [John Frum: Cargamento y catástrofe] [http://www.channel.com/mpr/current/63-frum.html], vol. 3, no. 6, octubre de 1997). Las sectas del cargamento todavía prosperan hoy con fuerza, la más conocida es la secta de John Frum (posiblemente John "Frum" America [N.T.: Juego de palabra para John *de* Estados Unidos], cuya sede central está en la isla de Tanna en Vanuatu (antiguamente las Nuevas Hébridas). Los seguidores de las sectas del cargamento están tan intensamente consumidos por el materialismo que a los misioneros les resulta difícil evangelizarlos; están interesados en el cargamento, no en el evangelio.

Increíblemente, las sectas del cargamento tienen un paralelismo con algunos sectores del cristianismo contemporáneo: el movimiento conocido con varios nombres, como Palabra de Fe, Confesión Positiva, Nómbrelo y Pídalo, y el Evangelio de la Prosperidad o de la Salud y Riqueza. En efecto, el movimiento de la Palabra de Fe es una secta del cargamento occidental, en la cual se enseña que Dios entrega productos tangibles y consumibles bajo demanda. Sus proponentes, sin sonrojo alguno, enseñan que la oración es un medio para la gratificación personal; una herramienta para obtener casas, autos, ropa y otros cargamentos. El dios del movimiento de la Palabra de Fe es poco más que un genio de la lámpara utilitario que existe para conceder los deseos materiales de sus seguidores.

Aunque los cristianos tal vez no lleguen a los extremos de las sectas del cargamento o el movimiento de la Palabra de Fe, pueden orar por cosas equivocadas. Sus oraciones suelen ser superficiales, miopes, mal dirigidas y egoístas. Oran por salud, riqueza, felicidad, consuelo, éxito, casa, trabajo, esposo o esposa, un ascenso o un aumento salarial. Aunque tales cosas no son necesariamente malas, no estaban entre las prioridades en las listas de Jesús (Mt. 6:25-34) o Pablo (Fil. 4:11-12, 19). El problema de orar por las cosas erróneas se agrava cuando los creyentes oran por la razón equivocada. Santiago advirtió: "Pedís, y no recibís, porque pedís mal, para gastar en vuestros deleites" (Stg. 4:3).

La esencia de la oración no es exigir cosas a Dios, sino oír para discernir su voluntad. Cuanto más profunda se vuelve la vida de oración de los creyentes, más se alinean con la voluntad de Dios revelada en las Escrituras y menos se inclinan a pedir cosas triviales. Cuando aprenden a desear lo que Él desea, a amar lo que Él ama y a odiar lo que Él odia, oran así: "Padre nuestro que estás en los cielos, santificado sea tu nombre. Venga tu reino. Hágase tu voluntad, como en el cielo, así también en la tierra" (Mt. 6:9-10).

Los versículos 11-12 no registran una de las muchas oraciones encontradas en las epístolas paulinas; más bien, son una explicación general de cómo oraba él habitualmente. El pasaje muestra que él oraba por las cosas correctas con los motivos correctos. También revela que para Pablo la oración no era un ritual o una rutina, sino un estilo de vida. Bajo la superficie de su enseñanza, predicación, planificación, escritos, exhortación, disciplina, viajes y sufrimientos, estaba el nivel más profundo de la vida espiritual de Pablo. Tales actividades exigían su atención constante pero, al mismo tiempo, estaba en comunión ininterrumpida con Dios. El ejemplo de Pablo demuestra que la oración es la preocupación continua de quienes conocen a Dios íntimamente.

La vida espiritual del apóstol se podría asemejar a un volcán. Bajo la delgada corteza exterior de su vida, había un corazón que ardía apasionado por Dios.

Con frecuencia, el calor volcánico de su corazón hacía que brotaran erupciones de oración a través de la capa de las actividades rutinarias y superficiales. Este pasaje describe esas erupciones; estos dos versículos revelan el corazón encendido y apasionado de un hombre hacia Dios.

Esta breve sección sobre la oración sigue en secuencia lógica a la explicación de Pablo sobre el regreso de Cristo en los versículos 5-10. La Segunda Venida no solo es la esperanza futura del creyente, también tiene implicaciones prácticas en el presente. Pedro ilustró este principio en 2 Pedro 3, cuando después de una explicación escatológica (vv. 3-10), continuó con exhortaciones sobre la vida práctica: "Puesto que todas estas cosas han de ser deshechas, ¡cómo no debéis vosotros andar en santa y piadosa manera de vivir!... Por lo cual, oh amados, estando en espera de estas cosas, procurad con diligencia ser hallados por él sin mancha e irreprensibles, en paz" (vv. 11, 14). El apóstol Juan recordó a los creyentes en 1 Jn. 3:3 que "aquel que tiene esta esperanza en él, se purifica a sí mismo, así como él es puro". La esperanza en el regreso de Cristo no solo afecta nuestra comprensión del futuro, sino nuestra vida presente.

Hay tres características importantes en este breve informe sobre la oración de Pablo: el recurso de la oración, las peticiones de Pablo por los tesalonicenses y la razón o meta de sus oraciones por ellos.

EL RECURSO

Por lo cual asimismo oramos siempre por vosotros, (1:11*a*)

Pablo entendió que una de las responsabilidades principales de un pastor fiel es orar **siempre por** su rebaño y llegar con ello al recurso divino del poder y propósito de Dios (Hch. 6:4). Aunque el tiempo que puede pasar un pastor enseñando a su pueblo está limitado a las reuniones, él puede orar por ellos constantemente. **Por lo cual** las oraciones del apóstol por los creyentes eran para que crecieran espiritualmente. Por eso, sus oraciones no carecían de propósito, no se acomodaban a generalidades sin significado, eran directas y al grano. No es de sorprender que este tipo de oración inunde las epístolas paulinas (cp. Ro. 1:9-10; 2 Co. 13:7, 9; Ef. 1:15-17; 3:14-21; Fil. 1:4, 9-11; Col. 1:3, 9-11; 1 Ts. 1:2; 3:10-13; 5:23; 2 Ti. 1:3; Flm. 4, 6).

Pablo pidió al Señor por la madurez de su pueblo porque entendía que la santificación, como la justificación, solo llega por la gracia soberana de Dios, aunque no sin la obediencia humana. De modo que sus epístolas están llenas de mandamientos, prohibiciones y exhortaciones. Los propósitos soberanos de Dios, la oración y la obediencia, son elementos necesarios de la santificación. Esta paradoja aparente presenta el asunto más profundo de la relación entre la oración y la soberanía de Dios.

La pregunta básica es esta: Si Dios controla todo lo que ocurre, ¿por qué oramos? Esta pregunta es semejante a otras que surgen inevitablemente cuando la infinitud de Dios interactúa con la finitud de los seres humanos. Por ejemplo, Dios inspiró cada palabra de la Biblia (2 Ti. 3:16). Aun así, no la dictó (como supuestamente le fue dictado el Corán a Mahoma); usó las personalidades, experiencias de vida y vocabulario de los autores humanos de las Escrituras. La Biblia fue escrita por "los santos hombres de Dios [que] hablaron siendo inspirados por el Espíritu Santo" (2 P. 1:21). Para la mente humana finita, también es difícil entender que Jesucristo es completamente Dios y completamente humano; que es al tiempo "nuestro Dios y Salvador" (2 P. 1:1; cp. Tit. 2:13) y "Jesucristo hombre" (1 Ti. 2:5).

La perspectiva bíblica y confiada sobre la soberanía de Dios no excluye la oración. Cualquier perspectiva teológica que diga otra cosa es sencillamente mala teología. Y cualquier perspectiva que despoje a los creyentes de la pasión por la oración es cristianismo desobediente.

La Biblia afirma con fuerza la soberanía de Dios. Job, humillado por la reprensión de Dios, declaró: "Yo conozco que todo lo puedes, y que no hay pensamiento que se esconda de ti" (Job 42:2). En una de las declaraciones más claras y directas sobre la soberanía de Dios en las Escrituras, David escribió: "El SEÑOR ha establecido su trono en el cielo; su reinado domina sobre todos" (Sal. 103:19, NVI). Proverbios 16:33 señala que "las suertes se echan sobre la mesa, pero el veredicto proviene del SEÑOR". En Isaías 46:9-11, Dios declaró:

> *Acordaos de las cosas pasadas desde los tiempos antiguos; porque yo soy Dios, y no hay otro Dios, y nada hay semejante a mí, que anuncio lo por venir desde el principio, y desde la antigüedad lo que aún no era hecho; que digo: Mi consejo permanecerá, y haré todo lo que quiero; que llamo desde el oriente al ave, y de tierra lejana al varón de mi consejo. Yo hablé, y lo haré venir; lo he pensado, y también lo haré.*

El Señor Jesucristo, escribió Pablo a Timoteo, es "el bienaventurado y solo Soberano, Rey de reyes, y Señor de señores" (1 Ti. 6:15; cp. Sal. 22:28; 47:2, 7; 95:3; Dn. 7:13-14; Mal. 1:14; Mt. 28:18; Ap. 17:14; 19:16).

Pero la Biblia también enseña que la soberanía de Dios no niega la responsabilidad humana. Cuando el pueblo de Israel reconoció su pecado por haber pedido un rey, dijo a Samuel: "Ora al SEÑOR tu Dios por nosotros, tus siervos, para que no nos quite la vida. A todos nuestros pecados hemos añadido la maldad de pedirle un rey" (1 S. 12:19, NVI). Calmando sus miedos, "No teman —replicó Samuel—... Por amor a su gran nombre, el SEÑOR no rechazará a su pueblo; de hecho él se ha dignado hacerlos a ustedes su propio pueblo" (vv. 20, 22, NVI). Samuel tranquilizó al pueblo asustado diciéndole que Dios no lo olvidaría por causa de su plan soberano para la nación. Pero Samuel continuó diciendo: "En cuanto a mí, que el SEÑOR me libre de pecar contra él dejando de orar por ustedes. Yo seguiré enseñándoles el camino bueno y recto" (v. 23, NVI). Aunque Samuel entendía que la elección soberana y divina de Israel era irrevocable (cp. Ro. 11:29), también reconocía su responsabilidad de orar por el pueblo e instruirlo en la verdad divina. Las oraciones de Samuel no solo expresaban su afirmación de la voluntad de Dios, también se convertían en parte del medio por el cual Dios efectuaba su plan soberano.

Daniel entendió de la profecía de Jeremías que la cautividad en Babilonia duraría setenta años (Dn. 9:2). Sin embargo, eso no evitó que él orara con elocuencia a Dios para que restaurara a Israel de la cautividad (Dn. 9:3-19). La oración de Daniel expresaba el clamor de su corazón porque Dios hiciera su voluntad (cp. Mt. 6:10). Saber que Dios escogió soberanamente a quienes serían salvos (Ro. 9:16, 18, 24) no detuvo a Pablo de exclamar: "Hermanos, ciertamente el anhelo de mi corazón, y mi oración a Dios por Israel, es para salvación" (Ro. 10:1). En Lucas 22:31, Jesús advirtió a Pedro: "Simón, Simón, he aquí Satanás os ha pedido para zarandearos como a trigo". Aunque el Señor sabía que era imposible que Pedro perdiera la salvación, le dijo: "Pero yo he rogado por ti, que tu fe no falte" (v. 32). Si Jesús, el Dios soberano en carne humana, oró para que se cumpliera el plan soberano de Dios, ¿cómo pueden hacer menos los creyentes? La ilustración final viene del último capítulo de la Biblia. Aunque el regreso de Jesucristo es una promesa de Dios y es un asunto importante en Apocalipsis, Juan clamó: "Ven, Señor Jesús" (Ap. 22:20).

La oración no solo alinea el corazón con el plan soberano de Dios; además, Él también usa la oración para llevar a cabo su plan, como lo dijo Santiago: "La oración eficaz del justo puede mucho" (Stg. 5:16). Esto es paralelo con la elección de Dios para salvar a una persona, pero usando el testimonio de alguien fiel para obrar esa salvación. Una demostración sorprendente de la interacción entre la oración y la soberanía de Dios viene de la vida del piadoso rey Ezequías de Judá. Después de ser informado por Isaías el profeta de que moriría por una enfermedad (2 R. 20:1), Ezequías pidió a Dios que le perdonara la vida (vv. 2-3). En respuesta, Dios extendió la vida del rey por quince años (vv. 4-6). Aunque esto no era necesariamente beneficioso para el rey, Dios lo ajustó perfectamente a sus propósitos (vv. 12-17). Tal incidente demuestra que la comprensión apropiada de la soberanía de Dios no lleva a la resignación pasiva, sino a la petición activa; así, puede que Dios la oiga y altere el curso de los eventos, sin alterar su propósito soberano. De hecho, la realidad sorprendente e incomprensible de tal providencia es que siempre fue la voluntad de Dios.

LAS PETICIONES

para que nuestro Dios os tenga por dignos de su llamamiento, y cumpla todo propósito de bondad y toda obra de fe con su poder, (1:11*b-d*)

Sabiendo que la oración se ajusta armoniosamente con la voluntad soberana de Dios para hacer que se cumplan los fines espirituales que Él desea, Pablo enumeró tres peticiones específicas por los tesalonicenses: dignidad, cumplimiento y poder.

DIGNIDAD

para que nuestro Dios os tenga por dignos de su llamamiento, (1:11*b*)

Esta petición completa abarca todo el espectro del carácter cristiano. Pablo pedía que Dios permitiera que los tesalonicenses honraran el nombre de Cristo. La frase íntima **nuestro Dios** recuerda a sus lectores que Dios no es un tirano indiferente y distante, sino un Padre cariñoso y tierno. *Axioō* (tener **por dignos**) también puede traducirse "hacer dignos". Cualquier sentido es apropiado aquí, porque Dios hace dignos a quienes tiene por dignos. Como siempre ocurre en las epístolas del Nuevo Testamento, el **llamamiento** en perspectiva aquí es el llamado irresistible que resulta infaliblemente en la salvación (cp. 2:14; Ro. 1:6-7; 8:28, 30; 9:24; 11:29; 1 Co. 1:2, 9, 24, 26; 7:17-18, 20-22, 24; Gá. 1:6, 15; 5:8; Ef. 1:18; 4:1, 4; Col. 3:15; 1 Ts. 2:12; 4:7; 5:24; 1 Ti. 6:12; 2 Ti. 1:9; He. 3:1; 9:15; Stg. 2:7; 1 P. 1:15; 2:9, 21; 3:9; 5:10; 2 P. 1:3, 10; Jud. 1). Los teólogos se refieren a este llamado como el llamamiento eficaz o de salvación, en contraposición al llamado general, que es una invitación abierta a la salvación (cp. Mt. 22:14). Jesús se refirió a este cuando dijo: "Ninguno puede venir a mí, si el Padre que me envió no le trajere" (Jn. 6:44). El llamado eficaz de Dios activa en el tiempo su elección de los redimidos en la eternidad; Él nos "llamó con llamamiento santo... según el propósito suyo y la gracia que nos fue dada en Cristo Jesús antes de los tiempos de los siglos" (2 Ti. 1:9).

Dios toma a los pecadores, dignos solamente de la muerte (Ro. 1:32), y los hace **dignos** de su reino impartiéndoles la justicia de Cristo (2 Co. 5:21). Pero Pablo oró para que los tesalonicenses también demostraran ser **dignos** en la práctica, por medio de la santificación del Espíritu Santo; que anduvieran "como es digno de Dios, que [los] llamó a su reino y gloria" (1 Ts. 2:12; cp. Ef. 4:1; Col. 1:10). A medida que los cristianos se hacen más semejantes a Jesucristo, se hacen más merecedores de llevar su nombre. Una forma importante en que Dios hace a los creyentes más **dignos de su llamamiento** es a través del sufrimiento (1:5).

Tristemente, como es el caso en toda iglesia, algunos entre los tesalonicenses no caminaban como era digno. A éstos Pablo los reprendió en el capítulo 3 de esta epístola:

> *Pero os ordenamos, hermanos, en el nombre de nuestro Señor Jesucristo, que os apartéis de todo hermano que ande desordenadamente, y no según la enseñanza que recibisteis de nosotros.*

> *Porque oímos que algunos de entre vosotros andan desordenadamente, no trabajando en nada, sino entremetiéndose en lo ajeno (3:6, 11).*

Eran como los judíos, a quienes Pablo escribió: "El nombre de Dios es blasfemado entre los gentiles por causa de vosotros" (Ro. 2:24). Aunque fueron dignificados eternamente porque Cristo les impartió su justicia, sus vidas desobedientes los hacían indignos de ser llamados cristianos.

La Biblia menciona varios componentes de caminar con dignidad. Caminar con dignidad es caminar en el Espíritu Santo (Ro. 8:4; Gá. 5:16, 25), en humildad (Ef. 4:2), pureza (Ro. 13:13; Ef. 5:3), contentamiento (1 Co. 7:17), fe (2 Co. 5:7), justicia (Ef. 2:10), unidad (Ef. 4:3; Fil. 1:27), mansedumbre (Ef. 4:2), paciencia (Col. 1:11), amor (Ef. 5:2), gozo (Col. 1:11), agradecimiento (Col. 1:12), luz (Ef. 5:8-9), conocimiento (Col. 1:10), sabiduría (Ef. 5:15), verdad (3 Jn. 3-4) y llevar fruto (Col. 1:10). En resumen, "el que dice que permanece en él, debe andar como él anduvo" (1 Jn. 2:6), porque tal cosa agrada a Dios (1 Ts. 4:1). Pablo oró para que Dios les permitiera manifestar las virtudes espirituales que los harían dignos de ser llamados cristianos.

CUMPLIMIENTO

y cumpla todo propósito de bondad (1:11*c*)

Pablo también oró para que Dios cumpliera **todo propósito** noble y justo de sus corazones. *Plēroō* (**cumpla**) también podría traducirse "complete" o "alcance"; *eudokia* (**propósito**) podría traducirse "deseo" o "elección". Pablo pidió que el Señor cumpliera todos los anhelos **de bondad** de ellos (cp. Ro. 7:14-25; 15:14; Gá. 5:22; Ef. 5:9). El apóstol sabía que esta oración era consecuente con la voluntad de Dios, pues solo Dios es bueno (Mr. 10:18). Su definición de qué es bueno y bueno para su pueblo es la acción inevitable que Él toma en respuesta a esta oración.

En el Salmo 21:2-3, David escribió: "Le has concedido el deseo de su corazón, y no le negaste la petición de sus labios. Porque le has salido al encuentro con bendiciones de bien; corona de oro fino has puesto sobre su cabeza". Dios dio a David lo que él le pedía porque vio que lo que pedía era bueno. Para reforzar ese principio, David escribió en el Salmo 37:4: "Deléitate en el Señor, y él te concederá los deseos de tu corazón" (NVI). Como quienes se deleitan en Dios desean lo que Dios desea, Él les concederá sus peticiones. Quienes hacen suya la agenda de Dios pueden exclamar, junto con David, confiadamente: "El Señor cumplirá en mí su propósito" (Sal. 138:8, NVI). El Señor Jesucristo prometió: "Si permanecéis en mí, y mis palabras permanecen en vosotros, pedid todo lo que queréis, y os será hecho" (Jn. 15:7; cp. v. 16) y Juan escribió: "Y esta es la confianza que tenemos en él, que si pedimos alguna cosa conforme a su voluntad, él nos oye. Y si sabemos que él nos oye en cualquiera cosa que pidamos, sabemos que tenemos las peticiones que le hayamos hecho" (1 Jn. 5:14-15). En contraste, a quienes tienen agendas egoístas Santiago advierte lo siguiente: "Pedís, y no recibís, porque pedís mal, para gastar en vuestros deleites" (Stg. 4:3).

Dios, lejos de ser un aguafiestas, es generoso y misericordioso. En el Salmo 107:9 el salmista escribió que Dios "sacia al alma menesterosa, y llena de bien al alma hambrienta". De igual forma, dijo David con alegría: "Abres tu mano, y colmas de bendición a todo ser viviente" (Sal. 145:16; cp. 104:28), e Isaías añadió: "El SEÑOR los espera, para tenerles piedad" (Is. 30:18, NVI). Aquellos cuyos deseos están sintonizados con la voluntad de Dios pueden decir con Moisés: "De mañana sácianos de tu misericordia, y cantaremos y nos alegraremos todos nuestros días" (Sal. 90:14).

PODER

y toda obra de fe con su poder, (1:11*d*)

El verbo *cumplir* en la frase anterior también gobierna esta frase. La petición final de Pablo por los tesalonicenses era que Dios completara la **obra de fe** que había comenzado en ellos (1 Ts. 1:3) **con su poder**. Nadie enseñó con más claridad que Pablo que la salvación es por la sola fe, completamente aparte de las obras humanas (cp. Ro. 3:20-30; 4:4-5; 5:1; Gá. 2:16; 3:8, 11-14, 24; Fil. 3:9). Pero Pablo también sabía que la fe salvadora genuina obra de manera inevitable para producir fruto espiritual (cp. Ef. 2:10; Tit. 2:7, 14; 3:1, 8, 14); una verdad que Santiago declaró con fuerza:

> *Hermanos míos, ¿de qué aprovechará si alguno dice que tiene fe, y no tiene obras? ¿Podrá la fe salvarle? Y si un hermano o una hermana están desnudos, y tienen necesidad del mantenimiento de cada día, y alguno de vosotros les dice: Id en paz, calentaos y saciaos, pero no les dais las cosas que son necesarias para el cuerpo, ¿de qué aprovecha? Así también la fe, si no tiene obras, es muerta en sí misma. Pero alguno dirá: Tú tienes fe, y yo tengo obras. Muéstrame tu fe sin tus obras, y yo te mostraré mi fe por mis obras. Tú crees que Dios es uno; bien haces. También los demonios creen, y tiemblan. ¿Mas quieres saber, hombre vano, que la fe sin obras es muerta? ¿No fue justificado por las obras Abraham nuestro padre, cuando ofreció a su hijo Isaac sobre el altar? ¿No ves que la fe actuó juntamente con sus obras, y que la fe se perfeccionó por las obras? Y se cumplió la Escritura que dice: Abraham creyó a Dios, y le fue contado por justicia, y fue llamado amigo de Dios. Vosotros veis, pues, que el hombre es justificado por las obras, y no solamente por la fe. Asimismo también Rahab la ramera, ¿no fue justificada por obras, cuando recibió a los mensajeros y los envió por otro camino? Porque*

como el cuerpo sin espíritu está muerto, así también la fe sin obras está muerta (Stg. 2:14-26).

Pablo sabía que la fe de los tesalonicenses era auténtica porque producía tales obras (1 Ts. 1:3; véase la explicación de este versículo en el capítulo 1 de *1 Tesalonicenses,* Comentario MacArthur del Nuevo Testamento [Grand Rapids: Portavoz, 2012]). Sin embargo, él quería que la **obra de fe** de ellos incrementara en **poder**, para que hubiera más acciones justas. Él buscaba para ellos lo que quería para los filipenses: que estuvieran "llenos de frutos de justicia que son por medio de Jesucristo, para gloria y alabanza de Dios" (Fil. 1:11). Esto ocurre solamente a través de la llenura del Espíritu Santo (Ef. 3:16; cp. Zac. 4:6) y de la abundancia de la Palabra en las personas (Col. 3:16).

LA RAZÓN

para que el nombre de nuestro Señor Jesucristo sea glorificado en vosotros, y vosotros en él, por la gracia de nuestro Dios y del Señor Jesucristo. (1:12)

El propósito final de la oración de Pablo no era para ellos, sino para que **el nombre** del **Señor Jesucristo** fuera **glorificado** en sus vidas. La frase **el nombre de nuestro Señor**, recordatorio de la conocida frase del Antiguo Testamento *el nombre de Jehová* (cp. Gn. 4:26; Éx. 33:19; Dt. 511; Is. 42:8), identifica claramente y sin equívocos a Jesús como Yahvé (Jehová) del Antiguo Testamento. Glorificar el **nombre** del **Señor** quiere decir honrar y exaltar todo lo que Él es.

Hacerlo debe ser el deseo más profundo de su pueblo. Al final de la magnífica oración de Daniel por la restauración de Israel de la cautividad, él exclamó: "Oye, Señor; oh Señor, perdona; presta oído, Señor, y hazlo; no tardes, por amor de ti mismo, Dios mío; porque tu nombre es invocado sobre tu ciudad y sobre tu pueblo" (Dn. 9:19). La preocupación más grande de Daniel no era la miseria de su pueblo, sino la reputación de su Dios. La preocupación de Pablo era que quienes llevaran el nombre de Dios lo honraran; que lo hicieran "todo para la gloria de Dios" (1 Co. 10:31). Jesús instruyó a los creyentes: "Alumbre vuestra luz delante de los hombres, para que vean vuestras buenas obras, y glorifiquen a vuestro Padre que está en los cielos" (Mt. 5:16). Pablo describió a Tito y quienes le acompañaban como "gloria de Cristo" (2 Co. 8:23).

Cuando los creyentes glorifican al Señor Jesucristo, ellos a su vez son glorificados **en Él**. Pablo estaba considerando aquí la gloria eterna y la honra temporal. En 1 Samuel 2:30 se expresa este mismo principio espiritual: "Yo, el SEÑOR, Dios de Israel, lo afirmo. Yo honro a los que me honran" (NVI). En Juan 12:26 Jesús prometió: "Si alguno me sirviere, mi Padre le honrará". Cristo honrará a quienes lo honran con su vida.

Pablo cerró este pasaje recordando a sus lectores que la capacidad para glorificar a Jesucristo sólo viene a través de **la gracia de nuestro Dios y del Señor Jesucristo**. Como la salvación, todo en la vida cristiana viene por **gracia**: el favor inmerecido de Dios (cp. Gá. 3:3). Gramáticamente, es posible traducir esta frase final así: "nuestro Dios y Señor Jesucristo", lo cual indicaría que Pablo solo está considerando aquí a la segunda persona de la Trinidad. Las dos traducciones afirman la deidad de Cristo; o se le llama Dios o se le pone en pie de igualdad con el Padre.

Orar por las cosas correctas está inseparablemente ligado con llevar una vida santa. John Owen, el piadoso puritano, dijo: "Quien ora como debe se comportará en la vida como ora" (*The Grace and Duty of Being Spiritually Minded* [La gracia y el deber de tener mentalidad espiritual] [Reimpresión; Grand Rapids: Baker, 1977], p. 59). La dedicación que tal oración debe generar en la vida del creyente se ilustra con una de las organizaciones más legendarias en la historia de Estados Unidos: el Pony Express:

> El Pony Express era una compañía privada de servicio postal rápido que llevaba el correo por medio de un relevo organizado de jinetes a caballo. El punto de comienzo occidental era St. Joseph, Missouri, y la terminal occidental estaba en Sacramento, California. El costo de enviar una carta por el Pony Express era 2.50 dólares por onza. Si el clima y los caballos resistían y a los indios los mantenían a raya, la carta hacía todo el recorrido de dos mil millas en diez veloces días, como sucedió con el informe del discurso inaugural de Lincoln.
>
> Puede sorprendernos que el Pony Express solo estuviera funcionando desde el 3 de abril de 1860 hasta el 18 de noviembre de 1861, solo diecisiete meses. Cuando se completó la línea de telégrafo entre las dos ciudades, ese servicio ya no fue necesario.
>
> Ser jinete para el Pony Express era un trabajo duro. Se esperaba que el jinete recorriera entre setenta y cinco y cien millas diarias, y que cambiara de caballo cada quince o veinticinco millas. Aparte del correo, su único equipaje contenía unas pocas provisiones que incluían un poco de harina, sémola de maíz y tocino. En caso de peligro, también tenía un paquete médico con trementina, bórax y crémor tártaro. Para viajar más ligeros e incrementar la velocidad de movilidad durante los ataques de los indios, los hombres iban siempre en mangas de camisa, incluso durante el severo tiempo de invierno.
>
> ¿Cómo se encontraban los voluntarios para este trabajo tan peligroso? Un periódico de San Francisco en 1860 imprimió este anuncio para el Pony Express: "Se buscan: Hombres jóvenes, flacos, enjutos, no mayores de 18 años. Deben ser jinetes expertos, dispuestos a arriesgarse [a muerte] todos los días. Preferiblemente huérfanos".

Tales eran los hechos ciertos del servicio requerido, pero al Pony Express *nunca* le faltaron jinetes…

Como el Pony Express, servir a Dios no es un trabajo para quienes tienen interés casual. Es un servicio costoso. Él pide su vida. Pide que el servicio a Él se vuelva una prioridad, no un pasatiempo (Donald S. Whitney, *Disciplines for the Christian Life* [Disciplinas para la vida cristiana] [Colorado Springs: NavPress, 1991], pp. 109-110. Cursivas en el original).

¿Cómo estar preparado para los últimos tiempos?—Primera parte: Recuerde lo que ya sabe

4

Pero con respecto a la venida de nuestro Señor Jesucristo, y nuestra reunión con él, os rogamos, hermanos, que no os dejéis mover fácilmente de vuestro modo de pensar, ni os conturbéis, ni por espíritu, ni por palabra, ni por carta como si fuera nuestra, en el sentido de que el día del Señor está cerca. Nadie os engañe en ninguna manera; porque no vendrá sin que antes venga la apostasía, y se manifieste el hombre de pecado, el hijo de perdición, el cual se opone y se levanta contra todo lo que se llama Dios o es objeto de culto; tanto que se sienta en el templo de Dios como Dios, haciéndose pasar por Dios. ¿No os acordáis que cuando yo estaba todavía con vosotros, os decía esto? (2:1-5)

La historia humana ha tenido su buena porción de líderes malvados. El primer siglo vio emperadores romanos crueles, como el loco Nerón de los días paulinos o Domiciano, el emperador paranoico de los últimos años de Juan. El siglo XX fue testigo de una hueste de dictadores perversos, como los notorios Hitler y Stalin. La historia de la religión también ha estado plagada de falsos cristos, falsos maestros, líderes de sectas, swamis, gurús y otros numerosos charlatanes y lobos disfrazados de ovejas.

Pero viene uno que los superará a todos, tanto en el alcance de su poder como en su maldad. Será el hombre más diabólico, malvado y poderoso que jamás haya caminado sobre la faz de la tierra. En las Escrituras se le conoce por muchos nombres: "Gog en tierra de Magog, príncipe soberano de Mesec y Tubal" (Ez. 38:2); el cuerno pequeño de Daniel 7:8, 24; 8:9; el "príncipe que ha de venir" (Dn. 9:26); el rey que hace lo que le place (Dn. 11:36), el pastor necio y despreciable (Zac. 11:15-17); la bestia (Ap. 11:7; 13:1; 14:9; 19:20; etc.). En este capítulo, Pablo lo describe como "el hombre de pecado", "el hijo de perdición" (v. 3), "inicuo" (v. 8) y aquel "cuyo advenimiento es por obra de Satanás" (v. 9). Pero se le conoce mejor como el *anticristo* (1 Jn. 2:18). *Antichristos* ("anticristo") es una palabra griega compuesta, formada por la preposición *anti* y el sustantivo

Christos. Anti puede significar "contra" y "en lugar de". Los dos significados son apropiados para el anticristo, porque el anticristo se opondrá al Cristo verdadero y buscará usurpar su lugar.

Todo el que se oponga a Cristo y su obra manifiesta el espíritu del anticristo. Juan escribió: "Este es anticristo, el que niega al Padre y al Hijo" (1 Jn. 2:22; cp. 4:3; 2 Jn. 7). Por eso Juan podía escribir que "han surgido muchos anticristos" (1 Jn. 2:18). El anticristo final será la culminación de todos los anticristos anteriores a él (1 Jn. 2:18); será la consumación y manifestación última del espíritu del anticristo.

El espíritu del anticristo ha estado obrando desde la caída de la humanidad y la promesa divina de un hombre que heriría la cabeza de Satanás y redimiría al hombre del pecado y de la muerte (Gn. 3:14-15). Desde entonces, Satanás se ha opuesto al plan redentor de Dios y ha intentado malograr la obra del Redentor. Génesis 6 registra que el mundo estaba hasta tal punto bajo su control que cuando Dios vio la maldad sin atenuaciones, ahogó a todo el mundo y salvó solamente a Noé, junto con los siete miembros de su familia. Después, buscando destruir la línea de la promesa mesiánica, Satanás incitó a los egipcios para que intentaran matar a todos los niños hebreos (Éx. 1). Unos seiscientos años después, la familia del Mesías se redujo a un hijo único (cp. 2 Cr. 21—22), pero Satanás no pudo extinguirla. Amán, herramienta de Satanás, tampoco tuvo éxito en su intento de masacrar al pueblo judío, unos cuatrocientos años después (Est. 3). Dios los salvó por la valentía y la sabiduría de Ester y Mardoqueo (Est. 4—9). Estos son tan solo unos cuantos esfuerzos de Satanás por malograr la obra redentora de Cristo, el Mesías.

Después del nacimiento del Mesías, Satanás, habiendo fracasado en la destrucción de sus antepasados, redobló sus esfuerzos inútiles por eliminarlo. El intento bárbaro por parte de Herodes, para matar al Señor Jesús masacrando a los niños de Belén, falló cuando Él y sus padres escaparon a Egipto (Mt. 2:7-18). En un intento por matar a Jesús, por medio de sus propios conciudadanos, Satanás incitó a la multitud en la sinagoga para lanzarlo por una peña (Lc. 4:28-30), pero no tuvieron éxito porque Jesús desapareció. La tentación de Satanás a Cristo (Mt. 4:1-11) y su intento por usar a Pedro para mantener a Cristo alejado de la cruz (Mt. 16:21-23) también fracasaron. Incluso cuando judíos y romanos cooperaron (aunque los romanos lo hicieron con renuencia) para matar a Jesús, solo estaban haciendo la voluntad de Dios. La satisfacción de Satanás fue breve por causa de la resurrección (Hch 2:22-24).

Desde entonces, por toda la historia, Satanás ha inspirado el odio hacia el pueblo del Mesías, los judíos, por medio de quienes vendrá la salvación (Ap. 7:4-10; 14:1-5) y para quienes esta llegará (Ro. 11:25-27). La persecución, opresión y asesinato en masa que soportaron, culminaron con el Holocausto ejecutado por los nazis a mitad del siglo xx. La animosidad islámica y el deseo de obliterar a los judíos es la evidencia más reciente del odio de Satanás al propósito de Dios por redimir a los judíos y hacer de su Hijo el Rey de ellos. Pero el anticristo será el peor perseguidor de todos los judíos, en su intento por frustrar el cumplimiento de la promesa de Dios sobre dar salvación y un reino a Israel. Después de posar como el protector de ellos durante la primera mitad de la tribulación, el anticristo romperá su pacto con ellos (Dn. 9:27). Entonces desatará una persecución sin parangón en la historia; una en la que se verá la erradicación de dos tercios de los judíos (Zac. 13:8). Para los propósitos pastorales, este hombre de maldad inexpresable es el tema de Pablo en el segundo capítulo de esta carta.

El apóstol escribió esta sección para tratar la pérdida de esperanza y gozo en los tesalonicenses por la confusión sobre los últimos tiempos. Ya les había dado instrucciones explícitas sobre el arrebatamiento (1 Ts. 4:13-18) y el día del Señor (1 Ts. 5:1-11). Aun así, pocos meses después, estaban de nuevo confundidos, temiendo haberse perdido el arrebatamiento y estar en el día del Señor. Sabían que el día del Señor es el juicio final de Dios sobre el mundo pecaminoso (véase la explicación del día del Señor en el capítulo 12 de *1 Tesalonicenses,* Comentario MacArthur del Nuevo Testamento [Grand Rapids, Portavoz, 2012]). Al parecer, aun con la corrección del apóstol en la primera carta, la intensidad de la persecución que soportaban los hizo incapaces de descartar la posibilidad de que el día del Señor ya hubiera llegado. También fueron asaltados directamente por el engaño de algunos falsos maestros. Jugando con su confusión, engañaban a los creyentes haciéndoles creer que Pablo en realidad había enseñado que el día del Señor ya había venido y, para respaldar esa enseñanza, buscaron demostrarlo con una carta falsa que pretendían atribuir al apóstol. En la primera carta, Pablo les había explicado por qué no podían estar en el día del Señor (este es para los incrédulos; cp. 1 Ts. 5:4-9). Aquí, reconociendo que, debido a los esfuerzos de los falsos maestros, la verdad aún no prevalecía, añadió evidencia fuerte para demostrar que no estaban en el día del Señor: el anticristo no había aparecido y su venida se daría justo antes de la llegada de aquel día.

La llegada inminente del anticristo era de conocimiento común entre los primeros cristianos. Los lectores de Juan habían oído "que el anticristo viene" (1 Jn. 2:18) y, como ya se había dicho, Pablo también enseñó esto a los tesalonicenses (2:5). Los creyentes ya estaban experimentando la persecución de sus precursores, los que manifestaban el espíritu del anticristo.

Además de la enseñanza de Pablo, los tesalonicenses sabían que el anticristo final se había profetizado en el Antiguo Testamento (p. ej., Dn. 7, 9, 11) y predicho en las enseñanzas del Señor Jesús (Mt. 24:15-31).

El archienemigo final del Salvador aparece en Daniel 7:8, donde se le describe como "cuerno pequeño" que surge de la oscuridad a un lugar de prominencia. En el mismo versículo se dice que "tenía ojos como de hombre", para indicar su inteligencia, y "una boca que hablaba grandes cosas", una referencia a sus capacidades oratorias y a su orgullo arrogante. El versículo 21 revela su hostilidad incansable contra el pueblo de Dios; el profeta lo vio haciendo "guerra contra los santos" y venciéndolos. El versículo 23 anota que su reino "será diferente de todos los otros reinos, y a toda la tierra devorará, trillará y despedazará". El versículo 25 lo describe como un blasfemo que "hablará palabras contra el Altísimo". También "pensará en cambiar los tiempos y la ley", remplazando las ceremonias y observancias religiosas del mundo por unas nuevas en honor a sí mismo e introducirá una moralidad de inspiración satánica.

Pero la opresión del anticristo estará limitada a un "tiempo, y tiempos, y medio tiempo" (v. 25; cp. 9:27; Ap. 11:2-3; 12:14; 13:5), los últimos tres años y medio de la tribulación, cuando su reino de terror esté en todo su apogeo. Después de eso, "se sentará el Juez, y le quitarán su dominio para que sea destruido y arruinado hasta el fin" (v. 26) y "el reino, y el dominio y la majestad de los reinos debajo de todo el cielo, [será] dado al pueblo de los santos del Altísimo, cuyo reino es reino eterno, y todos los dominios le servirán y obedecerán" (v. 27).

Daniel 8:23 describe al anticristo como "altivo". La expresión hebrea significa literalmente que tiene cara feroz, indicando que intimidará a las personas para que se le sometan. Ese versículo también dice que será "entendido en enigmas" (cp. v. 25, donde también se habla de su sagacidad y engaños); el anticristo será un engañador, como Satanás, su maestro maligno (Gn. 3:13; 2 Co. 11:3; Ap. 12:9; 20:2-3, 8, 10). El versículo 24 indica que el anticristo derivará su poder de Satanás (cp. Ap. 13:2). El versículo 25 añade que "en su corazón se engrandecerá", lo que habla otra vez de su orgullo arrogante; que "sin aviso destruirá a muchos", para indicar que será despiadado; que incluso "se levantará contra el Príncipe de los príncipes", lo que revela que será un blasfemador del Señor Jesucristo (cp. Dn. 7:25); y que "será quebrantado, aunque no por mano humana", lo cual indica que Dios lo juzgará y destruirá (cp. Dn. 7:26).

En la profecía de las setenta semanas de Daniel (9:24-27), el anticristo es el "príncipe que ha de venir" (v. 26). "Por otra semana [él] confirmará el pacto con muchos [Israel]" (v. 27), la semana setenta de años en la profecía de Daniel; el período de siete años de tribulación. Él aparentará ser el benefactor y protector de Israel. Sin embargo, "a la mitad de la semana hará cesar el sacrificio y la ofrenda. Después con la muchedumbre de las abominaciones vendrá el desolador" (v. 27). A mitad de camino en la tribulación, el anticristo se mostrará como realmente es. Se volverá contra el pueblo judío y cometerá la profanación que Jesús llamó "la abominación desoladora" (Mt. 24:15). Este será el comienzo de la "gran tribulación" (Mt. 24:21). Pero su reino tendrá vida corta (tres años y medio), durará solo "hasta que venga la consumación, y lo que está determinado se derrame sobre el desolador" (v. 27). Como lo indica Daniel 7:26, Dios destruirá al anticristo y a su reino. Apocalipsis 19:11ss, describe esa destrucción con el regreso del Señor Jesucristo.

Daniel da más detalles de la carrera del anticristo en el capítulo 11. Lo describe como un rey despiadado, orgulloso y arrogante, que "hará su voluntad" (v. 36). Daniel lo describe como un blasfemo sin paralelo en la historia humana que se "engrandecerá sobre todo dios; y contra el Dios de los dioses hablará maravillas" (v. 36). Y "del Dios de sus padres no hará caso... porque sobre todo se engrandecerá" (v. 37); al final, se establecerá como objeto de adoración. El hecho de no mostrar interés en el "amor de las mujeres" podría significar que será homosexual; al menos será célibe en cuanto a las mujeres. Debido a esto, junto con muchas otras características, como su poder e influencia en el mundo, su poder ecuménico sin parangón, la afirmación de gobernar en lugar de Cristo y buscar la adoración, algunos creen que tiene que tratarse de un papa. Pero, una vez más, Daniel enfatiza que Dios lo juzgará; él "llegará a su fin, y no tendrá quien le ayude" (v. 45).

Este anticristo final, como las Escrituras lo describen, aún está por aparecer en el escenario mundial. Y como debe aparecer antes del inicio del día del Señor, el temor de los tesalonicenses de que ya estaban presentes en aquel tiempo de juicio horrible no tenía fundamento. Basándose en esa verdad, Pablo les ruega con urgencia que comprendan los eventos alrededor de la Segunda Venida. El apóstol se centra ahora en ese tema; la partícula *de* (**pero**) determina una transición del informe de la oración en 1:11-12 al asunto doctrinal de la epístola.

A diferencia de muchas enseñanzas contemporáneas sobre escatología, los motivos de Pablo no eran sensacionalistas, sino pastorales. Su meta no era gratificar la curiosidad sobre los últimos tiempos, sino consolar a los cristianos confundidos. Por eso, limitaba su instrucción a lo necesario para corregir el error que les estaba quitando el gozo, la esperanza y la paz. Y lo hizo con ternura, bondad y paciencia. Con humildad llamó a los tesalonicenses **hermanos** y usó el término amable *erōtaō* (**rogamos**), un verbo que significa "suplicar", "implorar" y "solicitar". Pablo, en vez de hablarles con intolerancia autoritaria o dominante, corrigió con amabilidad a quienes estaban luchando contra este error.

La lucha, como Pablo lo indica una vez más (cp. 1 Ts. 4:13—5:11), se dio porque estaban confundidos con respecto **a la venida** del **Señor Jesucristo** y la **reunión** de los creyentes **con Él**. Aunque Pablo usó las dos expresiones, en realidad tenía en mente un evento, no dos. La sintaxis griega usa solo un artículo para los dos sustantivos, dejando claro que se están considerando dos elementos complementarios de un solo acontecimiento. Esta es la sexta mención en las dos cartas a la venida de Cristo (cp. 1 Ts. 1:10; 2:19; 3:13; 4:15; 5:23). Entre los múltiples aspectos de la *parousia* (**venida**) **de nuestro Señor Jesucristo**, Pablo se centró específicamente en el primer acontecimiento: la **reunión** de los creyentes **con Él** en el arrebatamiento (1 Ts. 4:13-18). Se centró en ese suceso porque, como ya indicamos, los tesalonicenses confundidos esperaban alivio (1:7), pero en lugar de ello estaban sufriendo una persecución severa. Por eso creían haberse perdido el arrebatamiento y estar en el día del Señor.

En el versículo 2, Pablo expresó su preocupación de **que** los tesalonicenses **no** se dejaran **mover fácilmente de** su **modo de pensar, ni** se conturbaran**, ni por espíritu, ni por palabra, ni por carta como si fuera** de Pablo y sus compañeros, **en el sentido de que el día del Señor está cerca**. **Espíritu** probablemente se refiera a un falso profeta que supuestamente recibió revelación divina (cp. 1 Jn. 4:1-3). **Palabra** se refiere a un sermón o enseñanza, y **carta** a una autoridad escrita sobre esta doctrina. Tomadas en conjunto, estas palabras indican la forma extensiva y cuidadosa en que se presentaba esta enseñanza falsa; tenían todas las marcas de autenticidad: revelación divina, proclamación y la autoridad de los escritos apostólicos. Es importante resaltar que el miedo de los tesalonicenses indica que Pablo les había enseñado que el arrebatamiento de la iglesia precede la ira final de Dios, donde se incluyen la tribulación y el día del Señor (1 Ts. 5:2-5; cp. Ap. 3:10). Si les hubiera enseñado que iban a pasar por esos períodos de juicio, se estarían regocijando porque estar en medio de ellos significaba que la venida del Señor estaba cerca. Claramente, Pablo les había enseñado que serían llevados antes de la llegada de estos tiempos, por eso su confusión cuando sentían que estaban en ellos.

En realidad, los falsos maestros habían ido a Tesalónica con enseñanzas que aumentaban la confusión de la iglesia a fin de minimizar la gloria de la venida de Cristo por los creyentes, y destruir su esperanza y alegría, además de generar desconfianza en el amor, gracia y bondad de Dios para con sus santos. Lo que aumenta su confusión era que esta enseñanza parecía tener sanción apostólica. Parecía haberse recibido de modo sobrenatural, a través de la revelación de Dios, por medio de un **espíritu** (palabra profética), predicada como **palabra** de Dios, y lo más convincente de todo: escrito en una **carta** apostólica auténtica. Supuestamente, todo eso era de Pablo y autorizado por sus compañeros Silas y Timoteo (**nuestra**). Tales falsificaciones y suplantaciones de los documentos apostólicos (pseudoepigrafía) continuaron existiendo en la historia temprana de la iglesia cristiana, elaboradas y usadas para engañar a muchos en los siglos siguientes. Por eso, Pablo tuvo especial cuidado de verificar la autenticidad apostólica de esta carta, terminándola con su puño y letra propia y distintiva (3:17; cp. Gá. 6:11).

Esta enseñanza falsa sobre el arrebatamiento y el día del Señor tuvo un impacto devastador en los ya nerviosos tesalonicenses, como lo revela la terminología gráfica y fuerte de Pablo. Habiéndose convencido de que el día del Señor había llegado, se dejaron **mover fácilmente de** su **modo de pensar** y estaban conturbados. **Mover** traduce una forma del verbo *saleuō*, que describe una caña sacudida por el viento (Mt. 11:7), la conmoción de las potencias de los cielos en los tiempos finales (Mt. 24:29), el temblor del edificio cuando vino el Espíritu Santo (Hch. 4:31), el sacudón de los cimientos de la cárcel de Filipos durante el terremoto (Hch. 16:26) y el alboroto de las multitudes de Berea por parte de los judíos incrédulos (Hch. 17:13). *Nous* (**modo de pensar**) quiere decir literalmente "mente", mientras que *throeō* (**conturbéis**) se traduce *turbéis* en sus únicos usos en otras partes del Nuevo Testamento (Mt. 24:6; Mr. 13:7). Aquellos jóvenes creyentes habían soltado las amarras de su mente y estaban a la deriva en un mar agitado de ansiedad y miedo; su fe, esperanza y gozo estaban devastados por el engaño.

Para acabar con la confusión de los tesalonicenses, Pablo necesitaba refutar las mentiras de los falsos maestros. Y para disipar los miedos de los tesalonicenses, necesitaba corregir su mala comprensión del día del Señor. El apóstol logró los dos objetivos tan solo con probar que el día del Señor no había llegado. Su punto incontrovertible era que Dios ha fijado en el futuro un acontecimiento inequívoco que debe ocurrir previo a la llegada del día del Señor. Tal acontecimiento aún no ha ocurrido. Pablo elaboró esa verdad con una exhortación a los tesalonicenses sobre estar listos para el final de los tiempos, no dejándose engañar ni permitiéndose ser olvidadizos, ignorantes, incrédulos, inseguros o débiles.

NO DEJARSE ENGAÑAR

Nadie os engañe en ninguna manera; (2:3*a*)

El engaño lleva fácilmente a la ansiedad y al miedo, y sin duda ese era el caso con los tesalonicenses. Como ya dijimos, cuando los falsos maestros los engañaron haciéndoles creer que estaban en el día del Señor, se llenaron de pánico. Desdichadamente, el engaño en la iglesia es usual e incluye charlatanes incontables que han conturbado a muchos, a lo largo de los siglos, con predicciones falsas sobre el regreso del Señor. Jesús advirtió sobre tales engañadores: "Mirad que nadie os engañe" (Mt. 24:4; Mr. 13:5; cp. Lc. 21:8).

La iglesia enfrenta la amenaza constante del engaño porque "Satanás se disfraza como ángel de luz... también sus ministros se disfrazan como ministros de justicia" (2 Co. 11:14-15). Para evitar ser engañado por este aluvión constante de mentiras demoníacas, los creyentes "ya no [deben ser] niños fluctuantes, llevados por doquiera de todo viento de doctrina, por estratagema de hombres que para engañar emplean con astucia las artimañas del error" (Ef. 4:14). Deben estar alerta con aquellos que adulteran la Palabra de Dios (2 Co. 4:2), quienes "engañan los corazones de los ingenuos" (Ro. 16:18), sabiendo que a medida que se acerca el regreso de Cristo, "los malos hombres y los engañadores irán de mal en peor, engañando y siendo engañados" (2 Ti. 3:13) y que ya "muchos engañadores han salido por el mundo" (2 Jn. 7; cp. 1 Jn. 2:26; 3:7).

El mandato de Pablo es una prohibición fuerte. El verbo compuesto *exapataō* (**engañe**), una forma fortalecida del verbo *apataō*, significa "engañar completamente" o "hacer creer". El apóstol también usó una negación doble (*mē tis*; *mēdena*) para decir en efecto: "No permitan que nadie, por ningún medio o método, los lleve por algún mal camino". En realidad, no había excusa para que los tesalonicenses fueran tan crédulos, a pesar de la carta falsa aparentemente convincente. Debieron haberse dado cuenta de que Pablo, de repente, no contradiría por carta lo que hacía poco les había enseñado en persona y en su primera epístola. La credibilidad de los tesalonicenses era una reacción emocional al estrés de su situación. Sin embargo, la verdad no se determina solamente por las emociones o circunstancias sino por las Escrituras. Los creyentes deben permitir que la verdad y la teología bíblicas se eleven sobre todas las situaciones.

Caer en engaños sobre la Segunda Venida tiene serias consecuencias prácticas, por lo que es esencial entender la verdad sobre el regreso de Jesucristo. Tal conocimiento es importante porque produce responsabilidad. Habiendo descrito la destrucción cataclísmica de los cielos y la tierra, Pedro exhortó así a sus lectores: "Puesto que todas estas cosas han de ser deshechas, ¡cómo no debéis vosotros andar en santa y piadosa manera de vivir...! Por lo cual, oh amados, estando en espera de estas cosas, procurad con diligencia ser hallados por él sin mancha e irreprensibles, en paz" (2 P. 3:11, 14). El apóstol Juan también escribió sobre el efecto purificador de la perspectiva apropiada sobre el regreso de Cristo: "Sabemos que cuando él se manifieste, seremos semejantes a él, porque le veremos tal como él es. Y todo aquel que tiene esta esperanza en él, se purifica a sí mismo, así como él es puro" (1 Jn. 3:2-3).

La esperanza correcta en el regreso del Señor no solamente produce responsabilidad y pureza, sino también gozo. El temor de los tesalonicenses a estar experimentando los horrores del día del Señor les había robado la alegría. El mismo miedo también les había robado la esperanza en la promesa del Señor sobre guardarlos "de la hora de la prueba que ha de venir sobre el mundo entero, para probar a los que moran sobre la tierra" (Ap. 3:10). Para evitar perder la pureza y el gozo de la esperanza verdadera, ellos necesitaban recordar las verdades que Pablo les había enseñado.

NO SER OLVIDADIZOS

porque no vendrá sin que antes venga la apostasía, y se manifieste el hombre de pecado, el hijo de perdición, el cual se opone y se levanta contra todo lo que se llama Dios o es objeto de culto; tanto que se sienta en el templo de Dios como Dios, haciéndose pasar por Dios. ¿No os acordáis que cuando yo estaba todavía con vosotros, os decía esto? (2:3*b*-5)

Este punto está estrechamente ligado al primero, pues olvidar la verdad hace a los creyentes vulnerables al engaño. La clave para esta sección está en la última frase: "**¿No os acordáis que cuando yo estaba todavía con vosotros, os decía esto?**". El tiempo imperfecto del verbo griego (señalando la acción repetida en el tiempo pasado) traducido **decía** indica que la enseñanza sobre los acontecimientos de los últimos tiempos fue un tema continuo durante el ministerio de Pablo en Tesalónica. Por lo tanto, lo que el apóstol escribió en esta sección no era nuevo para la iglesia; tan solo reiteró lo que ya les había enseñado (cp. 2 P. 1:12-15). El hecho de que él enseñara la verdad profética en los pocos meses que estuvo con los nuevos creyentes de Tesalónica muestra que la escatología bíblica, incluyendo la sucesión de acontecimientos, no carece de importancia, según creen algunos, sino que es fundamental para la fe cristiana. Como ya indicamos antes, su propósito no era sensacionalista sino práctico; si los tesalonicenses hubieran recordado la enseñanza paulina, no habrían perdido su gozo y esperanza.

Los tesalonicenses habían olvidado lo que Pablo les dijo cuando estaba allí, que el día del Señor **no vendrá sin que antes venga la apostasía**. De todos los precursores del día del Señor (p. ej., Jl. 2:31; 3:14; Mal. 4:5), Pablo escogió **la apostasía**. Por supuesto, no estaba determinando una fecha postribulacional para el arrebatamiento (véase la explicación de 1 Ts. 4:13-18 en el capítulo 11 y 1 Ts. 5:1 en el capítulo 12 de *1 Tesalonicenses*, Comentario MacArthur del Nuevo Testamento [Grand Rapids: Portavoz, 2012]); no dijo a sus lectores que vivirían para experimentar **la apostasía** y la manifestación del hombre de pecado. La idea de Pablo era tan solo que **la apostasía** precedería el día del Señor; y como no había ocurrido todavía, el día del Señor no podía haber llegado.

El significado básico de **apostasía** es "revuelta" o "rebelión". Su único otro uso en el Nuevo Testamento se refiere a abandonar la ley de Moisés (Hch. 21:21). La Septuaginta, la traducción griega del Antiguo Testamento, usa tres veces la palabra para expresar la rebelión contra Dios (Jos. 22:22; 2 Cr. 29:19; Jer. 2:19). Así, pues, la palabra señala el abandono deliberado de una posición religiosa que tenían antes.

Pablo no se refería aquí a la apostasía en sentido general (abandono de la verdad del evangelio). Siempre ha habido iglesias apóstatas, como Laodicea (Ap. 3:14-22), e individuos apóstatas (He. 10:25-31; 2 P. 2:20-22). Como esta apostasía generalizada siempre está presente, no puede significar un período de tiempo particular. Por lo tanto, no puede ser el evento específico que Pablo tenía en mente.

La apostasía alcanzará su apogeo en los últimos tiempos:

> *También debes saber esto: que en los postreros días vendrán tiempos peligrosos. Porque habrá hombres amadores de sí mismos, avaros, vanagloriosos, soberbios, blasfemos, desobedientes a los padres, ingratos, impíos, sin afecto natural, implacables, calumniadores, intemperantes, crueles, aborrecedores de lo bueno, traidores, impetuosos, infatuados, amadores de los deleites más que de Dios, que tendrán apariencia de piedad, pero negarán la eficacia de ella; a éstos evita… mas los malos hombres y los engañadores irán de mal en peor, engañando y siendo engañados (2 Ti. 3:1-5, 13; cp. 1 Ti. 4:1; 2 P. 3:3-4; Jud. 17-18).*

Pero la apostasía aumentada del final de los tiempos, como la apostasía que ha plagado la iglesia a lo largo de toda su historia, no es el acontecimiento específico que Pablo tenía en mente.

El apóstol tampoco tenía en mente la apostasía durante la tribulación, de la cual advirtió Jesús: "Y muchos falsos profetas se levantarán, y engañarán a muchos; y por haberse multiplicado la maldad, el amor de muchos se enfriará... Porque se levantarán falsos Cristos, y falsos profetas, y harán grandes señales y prodigios, de tal manera que engañarán, si fuere posible, aun a los escogidos" (Mt. 24:11-12, 24).

El uso que Pablo hace del artículo definido revela que él no tenía en mente una tendencia o flujo general, sino un acto de apostasía identificable o específico. **La apostasía** será un hecho blasfemo de magnitud sin precedentes. El apóstol identificó la apostasía mencionando el personaje clave ligado a esta: **el hombre de pecado**. Entender quién es este personaje clave es prerrequisito para identificar **la apostasía**. *Anomia* (**de pecado**) significa literalmente "sin ley" (cp. 1 Jn. 3:4). Esa persona será un consumado fuera de la ley; un pecador blasfemo que vivirá en desafío constante a la ley de Dios. Su influencia será la mayor entre todos los miles de millones de pecadores sin ley, malos e impíos, de la historia humana. Incluso en los últimos tiempos, cuando "habrá tanta maldad" (Mt. 24:12), este líder estimulado por Satanás se erigirá como alguien cuyo liderazgo malvado, depravado y sin ley, se extenderá por todo el mundo con una influencia jamás vista.

El tiempo aoristo del verbo traducido **manifieste** señala un tiempo definido en que aparecerá este personaje. Implica que era conocido y estaba presente con anterioridad, pero su acto de apostasía revelará su identidad verdaderamente malvada; dejará todas las pretensiones, y su maldad antes oculta se revelará por completo. Dios y el Señor Jesús no habrán aparecido como sus enemigos hasta el tiempo en que él **se manifieste**.

El título **hombre de pecado** se ha identificado con diferentes individuos que incluyen a Antíoco Epífanes, Calígula, Nerón y, en el último siglo, Hitler, Stalin y otros. Pero la asociación cercana del **hombre de pecado** con el día del Señor descarta a personajes históricos; de otra forma, el día del Señor podría haber llegado hacía siglos. El **hombre de pecado** no puede ser Satanás, porque al primero se le distingue del segundo en el versículo 9. Tampoco puede ser la referencia a un principio del mal, porque el texto lo identifica específicamente como un **hombre**. No puede ser otro que el anticristo final.

Aún más, Pablo describió al **hombre de pecado** como el **hijo de perdición**. La expresión **hijo de** es un término hebraico para indicar asociación cercana o de alguna clase, tal como un hijo comparte la naturaleza de su padre. El anticristo estará tan entregado a la **perdición** de todo lo relacionado con el propósito y el plan de Dios que podría llamarse la personificación de la **perdición**. Sin embargo, él pertenece a la **perdición** (*apōleia*; "ruina", no "aniquilación"), como aquel que irá a ella. Su destino es el castigo y el juicio; es basura humana para el basurero del infierno.

Solo un individuo más en las Escrituras comparte la distinción dudosa de llamarse **hijo de perdición**: Judas (Jn. 17:12; la RVR-60 traduce la misma frase griega "aquel que nació para perderse"). Así, el título está reservado para las dos personas más viles de la historia humana, controladas por Satanás (Jn. 13:2; Ap. 13:2) y culpables de los actos de apostasía más abyectos. Judas vivió y ministró íntimamente con el Hijo de Dios encarnado por más de tres años; un privilegio concedido solo a once personas más. Sin embargo, después de observar la vida sin pecado de Jesús, de oír su sabiduría, experimentar su poder divino y amor misericordioso, Judas lo traicionó. De modo sorprendente, era tanto un **hijo de perdición** que la gloria de Cristo que suavizó a los otros once, endureció a Judas.

Por muy monstruosa que fuera esa apostasía, palidece en comparación con la futura que cometerá el anticristo. Judas traicionó al Hijo de Dios; el anticristo se proclamará a sí mismo Dios. Judas profanó el templo con el dinero recibido por traicionar a Cristo (Mt. 27:5); el anticristo profanará el templo cometiendo la abominación desoladora (Mt. 24:15). Al parecer, Judas, sin influenciar a otros, se desvió; fue un desastre solitario y trágico (Hch. 1:18-19); el anticristo desviará al mundo para perdición (Ap. 13:5-8).

Después de hacerse pasar inicialmente como amigo de la religión (cp. Ap. 17:13), el anticristo revelará de pronto su naturaleza verdadera cuando blasfema a Dios y **se** oponga **y se** levante **contra todo lo que se llama Dios o es objeto de culto** (cp. Ap. 13:15-16). El anticristo, impulsado por Satanás y ayudado por el falso profeta, tendrá un poder inmenso para exigir con éxito que el mundo le adore (cp. Ap. 13:1-17). Satanás, que siempre ha anhelado recibir adoración (cp. Is. 14:13-14), cumplirá indirectamente ese propósito por medio de la adoración dada al anticristo. El anticristo se exaltará sentándose **en el templo de Dios como Dios, haciéndose pasar por Dios**. **El templo**, el símbolo de la presencia de Dios, es el lugar más adecuado para que Satanás orqueste el acto último de blasfemia: un hombre impío **haciéndose pasar por Dios**. Esta apostasía, a la cual se refiere Pablo aquí y que Jesús llamó abominación desoladora (Mt. 24:15) haciendo referencia a la profecía de Daniel, ocurrirá en la mitad de la tribulación (Dn. 9:27). Esto iniciará el juicio de Dios sobre el mundo por medio del reino de terror del anticristo durante la segunda mitad de la tribulación. Al final de ese período de tres años y medio, Cristo regresará en gloria para destruir el reino del anticristo y toda impiedad. El Señor Jesús lo lanzará al lago de fuego con su falso profeta (Ap. 19:11-21).

La idea de Pablo es clara. **La apostasía**, la deificación blasfema del anticristo de sí mismo y su profanación del templo, es un evento único e inequívoco que precede el día del Señor. Como claramente esto no ha ocurrido, el día del Señor no puede haber llegado, pero nunca llegará para los creyentes.

No debemos temer el juicio de ese día. Los creyentes "no están en la oscuridad para que ese día los sorprenda como un ladrón" (1 Ts. 5:4). Estamos esperando que Cristo regrese del cielo (1 Ts. 1:10) y nos reúna con Él (2 Ts. 2:1; cp. Jn. 14:1-3). Buscamos al Cristo verdadero, no al anticristo. Solo quienes son olvidadizos o están engañados se arriesgan a perder la esperanza confiada y el gozo expectante del regreso de Cristo antes del día del Señor.

¿Cómo estar preparado para los últimos tiempos?— Segunda parte: Sea fuerte y valiente

5

Y ahora vosotros sabéis lo que lo detiene, a fin de que a su debido tiempo se manifieste. Porque ya está en acción el misterio de la iniquidad; sólo que hay quien al presente lo detiene, hasta que él a su vez sea quitado de en medio. Y entonces se manifestará aquel inicuo, a quien el Señor matará con el espíritu de su boca, y destruirá con el resplandor de su venida; inicuo cuyo advenimiento es por obra de Satanás, con gran poder y señales y prodigios mentirosos, y con todo engaño de iniquidad para los que se pierden, por cuanto no recibieron el amor de la verdad para ser salvos. Por esto Dios les envía un poder engañoso, para que crean la mentira, a fin de que sean condenados todos los que no creyeron a la verdad, sino que se complacieron en la injusticia. Pero nosotros debemos dar siempre gracias a Dios respecto a vosotros, hermanos amados por el Señor, de que Dios os haya escogido desde el principio para salvación, mediante la santificación por el Espíritu y la fe en la verdad, a lo cual os llamó mediante nuestro evangelio, para alcanzar la gloria de nuestro Señor Jesucristo. Así que, hermanos, estad firmes, y retened la doctrina que habéis aprendido, sea por palabra, o por carta nuestra. Y el mismo Jesucristo Señor nuestro, y Dios nuestro Padre, el cual nos amó y nos dio consolación eterna y buena esperanza por gracia, conforte vuestros corazones, y os confirme en toda buena palabra y obra. (2:6-17)

Una característica distintiva de la falsa doctrina es su ataque a la persona y obra del Señor Jesucristo. A lo largo de toda la historia, los místicos, racionalistas, legalistas, iniciadores de sectas y otros herejes han atacado la deidad de Cristo, su humanidad y la eficacia y la suficiencia singulares de su obra de salvación. La definición reformada de salvación por la sola gracia, por medio de la sola fe, solamente en Cristo, se afirmó contra el trasfondo de ataques a la soteriología bíblica. Al parecer, Satanás no dedica sus esfuerzos personales a tentar individuos cristianos, sino a concebir sistemas de religión falsos, en los cuales se enseñan mentiras sobre Cristo (1 Jn. 2:22; 4:3; 2 Jn. 7). "Se disfraza como ángel de luz" (2 Co. 11:14). Sus doctrinas de demonios engañan a millones y millones, manteniéndolos alejados del evangelio vivificador del Señor Jesucristo.

Está por venir una religión satánica falsa que dominará el mundo como no lo ha hecho otra en la historia (cp. Ap. 17). Su objeto de adoración será la persona más poderosa, malvada y engañadora que haya vivido alguna vez: el hombre de pecado, el anticristo. Él será la culminación de la guerra larga de Satanás contra Dios, la manifestación final y más malévola del espíritu del anticristo (1 Jn. 4:3). Igual que su maestro maligno, el anticristo se disfrazará "como ángel de luz" y engañará a todo el mundo perdido (Ap. 12:9; 13:14).

Como indicamos en el capítulo anterior, Pablo escribió acerca del anticristo, lo llamó "hombre de pecado" e "hijo de perdición", porque los tesalonicenses habían sido engañados por la mentira de que sus temores eran ciertos: que se habían perdido el arrebatamiento y estaban en el juicio del día del Señor. Buscando corregir este error, Pablo les insta a recordar lo que les había enseñado con anterioridad, dándoles la tranquilidad de que el día del Señor no había llegado. Su argumento era simple e irrefutable: el anticristo no había aparecido y su aparición es el precursor necesario para el día del Señor. Él debe aparecer y cometer el acto final de apostasía, la abominación desoladora, antes de la llegada del día del Señor.

Pablo dio seis exhortaciones específicas para no tener miedo a los últimos tiempos. Los creyentes no deben dejarse engañar, ni ser olvidadizos, ignorantes, incrédulos, inseguros o débiles. En el capítulo anterior hablamos sobre las dos primeras exhortaciones; en este capítulo trataremos las cuatro últimas.

NO SER IGNORANTES

Y ahora vosotros sabéis lo que lo detiene, a fin de que a su debido tiempo se manifieste. Porque ya está en acción el misterio de la iniquidad; sólo que hay quien al presente lo detiene, hasta que él a su vez sea quitado de en medio. Y entonces se manifestará aquel inicuo, a quien el Señor matará con el espíritu de su boca, y destruirá con el resplandor de su venida; inicuo cuyo advenimiento es por obra de Satanás, con gran poder y señales y prodigios mentirosos, y con todo engaño de iniquidad para los que se pierden, por cuanto no recibieron el amor de la verdad para ser salvos. Por esto Dios les envía un poder engañoso, para que crean la mentira, a fin de que sean condenados todos los que no creyeron (2:6-10*b*)

Habiendo explicado el acto de apostasía por el cual el anticristo mostrará quién es él en realidad, Pablo examina con detenimiento a este personaje. Menciona cuatro aspectos en la carrera del anticristo: su revelación, destrucción, poder e influencia.

SU REVELACIÓN

Y ahora vosotros sabéis lo que lo detiene, a fin de que a su debido tiempo se manifieste. Porque ya está en acción el misterio de la iniquidad; sólo que hay quien al presente lo detiene, hasta que él a su vez sea quitado de en medio. Y entonces se manifestará aquel inicuo, (2:6-8*a*)

Como lo indica la frase **Y ahora vosotros sabéis**, los tesalonicenses entendían la fuerza que **detiene** al anticristo en la actualidad porque Pablo se lo había dicho cuando estaba con ellos. Por lo tanto, no lo repitió aquí (situación que ha llevado a especulaciones interminables sobre a qué se refería). El verbo griego traducido **detiene** (*katechō*; "contener", "sujetar", "refrenar") aparece en el texto como participio neutro, llevando a los comentaristas a sugerir numerosas opciones para identificar esa fuerza retenedora.

Algunos creen que la predicación del evangelio mantiene controlado al anticristo. En algún momento, argumentan ellos, el evangelio será completamente proclamado (cp. Mt. 24:14) y la contención será quitada. Otras sugerencias incluyen que es retenido por la nación de Israel, por la supuesta atadura de los creyentes a Satanás, por la influencia de la iglesia como sal y luz del mundo (cp. Mt. 5:13-14), por el gobierno humano (cp. Ro. 13:1-4), por el principio general de la ley y la moralidad en el mundo, por el Imperio Romano, e incluso el arcángel Miguel (cp. Dn. 10:21).

Pero ninguna de estas opciones es satisfactoria. El problema más importante con todas ellas (excepto la última) es que son fuerzas humanas. Los humanos predican el evangelio, los humanos componen la nación de Israel, los humanos intentan atar a Satanás, los humanos forman parte la iglesia, los humanos dirigen los gobiernos humanos, los humanos concuerdan en los principios de la ley y la moralidad y los humanos componen el Imperio Romano. Pero el poder humano, el ingenio y las instituciones no pueden detener el poder sobrenatural de Satanás que busca liberar al anticristo. Y el único ser sobrenatural en la lista, Miguel, no tiene el poder para detener a Satanás (Jud. 9). La elección más lógica entre las opciones, la iglesia, ni siquiera ha sido capaz de controlar alguna vez el mal humano. Puede que así sea en algún grado en la vida de sus miembros, pero el mundo exterior continúa volviéndose cada vez peor; situación que caracterizará especialmente los últimos tiempos (2 Ti. 3:13). Si ningún poder humano o angélico puede detener el propósito de Satanás para su anticristo, solo queda el poder de Dios para contenerlo.

Y Dios lo detiene **a fin de que a su debido tiempo se manifieste**. Satanás, por supuesto, no quiere operar en el tiempo de Dios. Si pudiera, habría revelado al anticristo mucho antes que ahora. Anhela la aparición del falso mesías, por medio de quien gobernará la tierra. Pero nada —ni siquiera los propósitos del infierno— opera independiente del tiempo soberano de Dios. Job confesó: "Yo conozco que todo lo puedes, y que no hay pensamiento que se esconda de ti" (Job 42:2). En Isaías 46:10, Dios declara: "Mi consejo permanecerá, y haré todo lo que quiero". Por lo tanto, el hombre de pecado no aparecerá hasta el **tiempo** predeterminado por Dios.

Dios no permitirá que el anticristo **se manifieste** hasta que todos los redimidos, a quienes Él escogió para salvación en el pasado eterno (2:13; cp. Mt. 25:34; Ef. 1:4; 2 Ti. 1:9; Ap. 13:8; 17:8), se reúnan en el reino (cp. Ro. 11:25). El mal no sobrepasará los límites que tiene decretados divinamente. El Mesías verdadero se reveló "cuando vino el cumplimiento del tiempo [y] Dios envió a su Hijo" (Gá. 4:4); el último falso mesías también **se** manifestara en el tiempo perfecto de Dios.

Aunque el anticristo puede ser detenido, el mal no se detendrá; de hecho, **ya está en acción el misterio de la iniquidad**. *Mustērion* (**misterio**) describe algo "que se ha mantenido oculto desde tiempos eternos" (Ro. 16:25) y no puede conocerse a menos que Dios lo revele. El carácter verdadero de **la iniquidad** ya está en obra (cp. 1 Jn. 3:4); y "ahora han surgido muchos anticristos" (1 Jn. 2:18; cp. 4:3). El mal, las mentiras, la hipocresía, la inmoralidad, y la falsa religión impregnan el mundo y se hacen cada vez peores, de modo que cada generación es más perversa que la anterior (2 Ti. 3:13), pero la manifestación final del pecado aún está por venir. Cuando se quite la contención y el anticristo aparezca, el carácter verdadero del mal se manifestará. Debe notarse que no es solamente el hombre de pecado quien se revelará; Dios también liberará los demonios que han estado atados en el infierno para que inunden la tierra (Ap. 9:1-19).

Es importante el cambio en género del participio neutro, traducido "lo que lo detiene" en el versículo 6, al participio masculino traducido "**quien… lo detiene**". La fuerza divina y soberana que detiene en la actualidad al anticristo la ejerce una persona: el Espíritu Santo (cp. Jn. 14:26; 15:26; 16:13, donde Jesús usa el pronombre masculino con el sustantivo neutro traducido "Espíritu"). Solo Él tiene el poder sobrenatural para controlar a Satanás. El Espíritu Santo siempre ha luchado contra la maldad en el mundo. Cuando Dios se dirigió a la generación impía prediluviana, declaró: "No contenderá mi espíritu con el hombre para siempre" (Gn. 6:3). Esteban lanzó esta punzante reprensión a los líderes de Israel: "¡Duros de cerviz, e incircuncisos de corazón y de oídos! Vosotros resistís siempre al Espíritu Santo; como vuestros padres, así también vosotros" (Hch. 7:51). El Espíritu Santo también se opone al mal convenciendo "al mundo de pecado, de justicia y de juicio" (Jn. 16:8). Él continuará su obra de retención hasta la mitad de la tribulación. Por lo tanto, la cesación de la obra de retención del Espíritu Santo no se puede identificar con el arrebatamiento de la iglesia que ocurre tres años y medio antes, precediendo la tribulación.

La frase **quitado de en medio** no debe interpretarse en el sentido que el Espíritu será quitado del mundo. Eso es imposible, pues es omnipresente. Tampoco podría salvarse nadie en la tribulación (cp. Ap. 7:14) si no fuera por su obra regeneradora (Jn. 3:3-8; Tit. 3:5). La frase no se refiere a la remoción del Espíritu Santo en el mundo, sino a la cesación de su obra de retención.

William Hendriksen resume acertadamente la enseñanza de Pablo sobre este asunto:

> En consecuencia, el sentido de todo el pasaje (los versículos 6 y 7) parece ser este: Satanás, aunque es perfectamente consciente del hecho de que él no puede encarnarse, también quisiera imitar a la segunda persona de la Trinidad en este aspecto tanto como le sea posible. Anhela un hombre sobre el que tendrá el control completo, y quien hará su voluntad tan cabalmente como Jesús lo hizo con la voluntad del Padre. Tendrá que ser un hombre de talentos extraordinarios. Pero hasta ahora el diablo ha visto frustrado su intento de poner en marcha su plan. Siempre hay algo o alguien que "detiene" al hombre de pecado engañador. Por supuesto, esto ocurre bajo la dirección de Dios. Por tanto, por ahora, *lo peor* que puede hacer Satanás es promover el espíritu de pecado. Pero esto no lo satisface. Es como si él y su hombre de pecado aguardaran el tiempo oportuno. En el momento decretado divinamente ("a su debido tiempo"), cuando, en castigo por la decisión del ser humano de cooperar con este espíritu, el "quien" y el "lo que" que ahora detiene a Satanás será retirado, él comenzará a ejecutar sus planes (*New Testament Commentary: Exposition of Thessalonians, Timothy and Titus* [Comentario del Nuevo Testamento: Exposición de tesalonicenses, Timoteo y Tito] [Grand Rapids: Baker, 1981], pp. 182-183. Cursivas en el original).

Romanos 1:18-25 nos da un ejemplo histórico claro y repetido sobre la retirada de la contención para que el pecado se desate:

> *Porque la ira de Dios se revela desde el cielo contra toda impiedad e injusticia de los hombres que detienen con injusticia la verdad; porque lo que de Dios se conoce les es manifiesto, pues Dios se lo manifestó. Porque las cosas invisibles de él, su eterno poder y deidad, se hacen claramente visibles desde la creación del mundo, siendo entendidas por medio de las cosas hechas, de modo que no tienen excusa. Pues habiendo conocido a Dios, no le glorificaron como a Dios, ni le dieron gracias, sino que se envanecieron en sus razonamientos, y su necio corazón fue entenebrecido. Profesando ser sabios, se hicieron necios, y cambiaron la gloria del Dios incorruptible en semejanza de imagen de hombre corruptible, de aves, de cuadrúpedos y de reptiles. Por lo cual también Dios los entregó a la inmundicia, en*

> *las concupiscencias de sus corazones, de modo que deshonraron entre sí sus propios cuerpos, ya que cambiaron la verdad de Dios por la mentira, honrando y dando culto a las criaturas antes que al Creador, el cual es bendito por los siglos. Amén.*

Las tres declaraciones según las cuales "Dios los entregó" (vv. 24, 26, 28) describen la retirada de la contención divina y el diluvio de inmoralidad, homosexualidad y pensamiento y comportamiento pervertido que ahoga a quienes así son juzgados (cp. Sal. 81:11-12; Pr. 1:23-31; Os. 4:17).

Por tercera vez en este pasaje (cp. vv. 3, 6), Pablo indica que **se manifestará aquel inicuo** cuando el Espíritu cese de retener. El anticristo expondrá las profundidades de su naturaleza maligna profanando el templo y proclamando ser Dios. Los juicios de Dios, cuyo comienzo será en la primera mitad de la tribulación, se intensificarán dramáticamente cuando el día del Señor llegue con toda su furia de juicio (cp. Ap. 4—19). Pero el reino de terror del anticristo tendrá una vida corta.

SU DESTRUCCIÓN

a quien el Señor matará con el espíritu de su boca, y destruirá con el resplandor de su venida; (2:8*b*)

Tal como el anticristo se revelará en el tiempo señalado por Dios, el tiempo de su destrucción también está ordenado divinamente. En la cima de su poder, cuando parezca invencible, llegará a su fin. Daniel 7:26 dice: "Le quitarán su dominio para que sea destruido y arruinado hasta el fin". Daniel 11:45 dice que "llegará a su fin, y no tendrá quien le ayude". Apocalipsis 17:11 declara que el anticristo "va a la perdición" y esa perdición está descrita gráficamente en Apocalipsis 19:20: "Y la bestia fue apresada, y con ella el falso profeta que había hecho delante de ella las señales con las cuales había engañado a los que recibieron la marca de la bestia, y habían adorado su imagen. Estos dos fueron lanzados vivos dentro de un lago de fuego que arde con azufre".

El gobernante más poderoso e infernal en la historia humana será aplastado sin esfuerzo; **el Señor** lo **matará con el** mero **espíritu de su boca**. El término **matará** no quiere decir que el Señor dará muerte al anticristo (la NVI lo traduce "derrocará"), pues Apocalipsis 19:20 dice que aún estará vivo cuando sea arrojado al lago de fuego. Robert L. Thomas explica:

> Algunos creen que hay una discrepancia entre el destino de estos dos [la bestia (el anticristo) y el falso profeta] y el del hombre de pecado de 2 Ts. 2:8… pero la armonización de los dos relatos sobre el regreso de Cristo es muy fácil. El verbo *anelei*, "matará", usado por Pablo [en 2 Ts. 2:8] no significa necesariamente muerte física. También puede referirse a la

relegación al lago de fuego porque la fuerza literal de… *anaireō* [la raíz de *anelei*] es "terminaré con" (*Revelation 8—22: An Exgetical Commentary* [Apocalipsis 8—22: Un comentario exegético] [Chicago: Moody, 1995], p. 397).

El concepto según el cual el Señor destruirá a sus enemigos **con el espíritu de su boca** se deriva del Antiguo Testamento. Isaías 11:4 dice que el Señor "herirá la tierra con la vara de su boca, y con el espíritu de sus labios matará al impío". Isaías 30:33 añade: "Porque Tofet está preparada desde hace tiempo; está dispuesta incluso para el rey. Se ha hecho una pira de fuego profunda y ancha, con abundancia de fuego y leña; el soplo del Señor la encenderá como un torrente de azufre ardiente" (NVI; cp. Os. 6:5). Apocalipsis usa una imagen similar, de una espada saliendo de la boca del Señor para destruir a sus enemigos (1:16; 2:16; 19:15, 21).

La declaración paralela **y destruirá con el resplandor de su venida** añade una dimensión ligeramente diferente sobre la destrucción del anticristo. *Katargeō* (**destruirá**) significa literalmente "hacer inoperante", "abolir" o "hacer inefectivo". El Señor no solo **matará** (derrocará) al anticristo, también **destruirá** su imperio. Cristo aniquilará tanto al hombre como a su empresa **con el resplandor de su venida**, una referencia a la manifestación visible de Cristo en su segunda venida (Ap. 19:11-21).

De modo que el anticristo gobernará desde la mitad de la tribulación hasta el regreso de Cristo; 1260 días (Ap. 12:6) o 42 meses (Ap. 13:5), los dos son iguales a tres años y medio (cp. Dn. 9:27). Durante ese reino breve, que acabará tan repentinamente, ejercerá un poder sin paralelo en la historia humana.

SU PODER

inicuo cuyo advenimiento es por obra de Satanás, con gran poder y señales y prodigios mentirosos, y con todo engaño de iniquidad (2:9-10*a*)

El gran poder del anticristo no será suyo, sino **por obra de Satanás**. *Energeia* (**obra**), la raíz de la palabra española "energía", describe el poder en acción. Usualmente se refiere al poder de Dios (p. ej., Ef. 1:19; 3:7; Fil. 3:21; Col. 1:29; 2:12), pero aquí describe el poder de Satanás. El **poder y señales y prodigios mentirosos** del anticristo no serán solamente trucos engañosos, como falsificar su propia muerte y resurrección (Ap. 13:3, 12, 14; 17:8, 11), sino manifestaciones reales del poder sobrenatural de Satanás. **Poder** (milagros; cp. Mt. 7:22; 11:20-21, 23, etc.) se refiere a hechos sobrenaturales; las **señales** apuntan a quien las realiza; **prodigios** describe los resultados sorprendentes. Los milagros del anticristo revelarán su poder sobrenatural y crearán asombro, impacto y estupefacción. *Pseudos* (**mentirosos**) modifica los tres términos; los milagros, señales y prodigios del anticristo son **mentirosos**, no en el sentido de ser falsificaciones, sino en el de llevar a conclusiones falsas sobre quién es él. Harán que la gente crea la mentira que él es un ser divino y le adorarán. Juan vio que los seguidores engañados del anticristo "adoraron a la bestia, diciendo: ¿Quién como la bestia, y quién podrá luchar contra ella?" (Ap. 13:4; cp. vv. 12-15). El anticristo engañará al mundo **con todo engaño de iniquidad** a su disposición; él juntará todo el poder seductor, incontrolado y sin diluir del mal, para tentar al mundo a darle una influencia sobre este sin precedentes.

SU INFLUENCIA

para los que se pierden, (2:10*b*)

La influencia mortal, engañosa y malévola del anticristo se extenderá a **los que se pierden**. Solo los elegidos de Dios no serán parte de esto (Mt. 24:24). Los no regenerados, siendo hijos del gran mentiroso Satanás (Jn. 8:44), inevitablemente caerán en las mentiras de su emisario (cp. 1 Co. 2:14; 2 Co. 4:3-4). Satanás engañará a todo el mundo por medio de él, (Ap. 12:9); a todos los que "[recibirán] la marca de la bestia, y [adorarán] su imagen" (Ap. 19:20; cp. 2 Co. 4:4).

NO SER INCRÉDULOS

por cuanto no recibieron el amor de la verdad para ser salvos. Por esto Dios les envía un poder engañoso, para que crean la mentira, a fin de que sean condenados todos los que no creyeron a la verdad, sino que se complacieron en la injusticia. (2:10*c*-12)

Específicamente, los incrédulos serán engañados por el anticristo y perecerán porque **no recibieron el amor de la verdad para ser salvos**. La frase **el amor de la verdad** solo aparece aquí en el Nuevo Testamento y añade una idea persuasiva al argumento de Pablo. Los no regenerados no están perdidos eternamente por no haber oído o entendido la verdad, sino porque no la amaron. **La verdad** incluye "la palabra verdadera del evangelio" (Col. 1:5) y al Señor Jesucristo, quien es la verdad encarnada (Jn. 14:6; cp. 1:17; Ef. 4:21). Los incrédulos no reciben a Jesús ni al evangelio que Él proclamó. Su antipatía por la verdad no es intelectual sino moral, y su ceguera autoimpuesta deja a los irredentos bajo el nivel condenador del engaño satánico. Por lo tanto, no sorprende que el anticristo vaya a engañar a todo el mundo perdido.

La Biblia enseña claramente que quienes van al infierno lo hacen por haber rechazado la verdad. Jesús, hablando del rechazo de Jerusalén a la verdad, se lamentó así: "¡Jerusalén, Jerusalén, que matas a los profetas, y apedreas a los que te son enviados! ¡Cuántas veces quise juntar a tus hijos, como la gallina junta sus polluelos debajo de las alas, y no quisiste!" (Mt. 23:37). Juan 3:19-20 dice: "Y esta es la condenación: que la luz vino al mundo, y los hombres amaron más las tinieblas que la luz, porque sus obras eran malas. Porque todo aquel que hace lo malo, aborrece la luz y no viene a la luz, para que sus obras no sean reprendidas". Jesús declaró a los judíos incrédulos: "Ni tenéis su palabra morando en vosotros; porque a quien él envió, vosotros no creéis. Escudriñad las Escrituras; porque a vosotros os parece que en ellas tenéis la vida eterna; y ellas son las que dan testimonio de mí; y no queréis venir a mí para que tengáis vida (Jn. 5:38-40)". Después reiteró esa verdad en el Evangelio de Juan:

> *Por eso os dije que moriréis en vuestros pecados; porque si no creéis que yo soy, en vuestros pecados moriréis… Y a mí, porque digo la verdad, no me creéis. ¿Quién de vosotros me redarguye de pecado? Pues si digo la verdad, ¿por qué vosotros no me creéis? El que es de Dios, las palabras de Dios oye; por esto no las oís vosotros, porque no sois de Dios (Jn. 8:24, 45-47).*

Los no redimidos "no conocieron a Dios, ni obedecen al evangelio de nuestro Señor Jesucristo" (2 Ts. 1:8) porque **no recibieron el amor de la verdad**. Escogieron voluntariamente amar su pecado, creer las mentiras de Satanás y odiar el evangelio y al Señor Jesucristo. Eran como los líderes judíos descritos en Juan 12:42-43, quienes "creyeron en él; pero a causa de los fariseos no lo confesaban, para no ser expulsados de la sinagoga. Porque amaban más la gloria de los hombres que la gloria de Dios". En Mateo 10:37 Jesús enseñó que la salvación requiere amarlo sobre todas las cosas: "El que ama a padre o madre más que a mí, no es digno de mí; el que ama a hijo o hija más que a mí, no es digno de mí".

La realidad aterradora es que Dios decidirá el destino de quienes odian el evangelio enviando **un poder engañoso, para que crean la mentira**. Como ya se indicó arriba, aunque el anticristo engañará a las personas con falsos milagros, señales y prodigios de poder satánico, su engaño solo tendrá éxito porque se ajusta al propósito soberano de Dios. Sentenciará a los incrédulos a aceptar el mal como si fuera bueno y las mentiras como si fueran la verdad. Quienes escogen continuamente la falsedad, quedarán completamente atrapados en ella. En palabras de Proverbios 5:22, "prenderán al impío sus propias iniquidades, y retenido será con las cuerdas de su pecado". Serán abandonados por Dios a las consecuencias de su elección por haber rechazado el evangelio.

La historia del faraón es un recordatorio sombrío de que Dios endurece los corazones de quienes insisten en endurecer su corazón contra la verdad. Dios endureció el corazón del faraón porque él endureció su corazón (Éx. 8:15, 32; 9:34; 1 S. 6:6), y se quedó en un sendero del cual no pudo salir nunca (Éx. 4:21; 7:3; 9:12; 10:1, 20, 27; 11:10; 14:4, 8).

En Isaías 6:9-10, un pasaje que se suele citar en el Nuevo Testamento (Mt. 13:14-15; Mr. 4:12; Lc. 8:10; Jn. 12:40; Hch. 28:26-27; Ro. 11:8), Dios dijo a Isaías: "Anda, y di a este pueblo: Oíd bien, y no entendáis; ved por cierto, mas no comprendáis. Engruesa el corazón de este pueblo, y agrava sus oídos, y ciega sus ojos, para que no vea con sus ojos, ni oiga con sus oídos, ni su corazón entienda, ni se convierta, y haya para él sanidad". Dios dijo a Isaías que, en su soberanía, Él evitaría que quienes rechazan la verdad con el corazón endurecido respondan a la predicación. Igualmente, Jesús no solo habló en parábolas para revelar la verdad espiritual a los creyentes, sino para esconderla en juicio a los incrédulos (Mt. 13:11-13; Lc. 8:10). Viene un día en que quienes rechazan con persistencia la verdad serán incapaces de creerla; Dios endurecerá sus corazones y se quedarán en el sendero que escogieron.

El uso de Satanás y el anticristo como instrumentos del juicio divino tiene un paralelo en el Antiguo Testamento. Dios pronunció juicio sobre el malvado rey Acab por medio del profeta Micaías:

> *—Por lo tanto, oiga usted la palabra del Señor: Vi al Señor sentado en su trono con todo el ejército del cielo alrededor de él, a su derecha y a su izquierda. Y el Señor dijo: "¿Quién seducirá a Acab para que ataque a Ramot de Galaad y vaya a morir allí?". Uno sugería una cosa, y otro sugería otra. Por último, un espíritu se adelantó, se puso delante del Señor y dijo: "Yo lo seduciré". "¿Por qué medios?", preguntó el Señor. Y aquel espíritu respondió: "Saldré y seré un espíritu mentiroso en la boca de todos sus profetas". Entonces el Señor ordenó: "Ve y hazlo así, que tendrás éxito en seducirlo". Así que ahora el Señor ha puesto un espíritu mentiroso en la boca de todos esos profetas de Su Majestad. El Señor ha decretado para usted la calamidad (1 R. 22:19-23, nvi).*

Por la rebelión e infidelidad de Acab, Dios permitió que Satanás lo engañara por medio de falsos profetas. En el futuro, Dios usará de nuevo a Satanás como instrumento de su juicio, **para que crean la mentira, a fin de que sean condenados todos los que no creyeron a la verdad, sino que se complacieron en la injusticia**. Por medio del anticristo y el falso profeta, Satanás engañará al mundo haciéndole creer la mentira de que el anticristo es Dios. Los incrédulos sostendrán esa creencia porque eligieron no amar la verdad, **sino que se complacieron en la injusticia**.

Como indicamos antes, Romanos 1 también ilustra el abandono de Dios en juicio a los pecadores no arrepentidos: "Habiendo conocido a Dios [vv. 19-20], no le glorificaron como a Dios, ni le dieron gracias, sino que se envanecieron en sus razonamientos, y su necio corazón fue entenebrecido" (v. 21). Por esa causa, el pasaje declara tres veces que "Dios los entregó" (vv. 24, 26, 28) a las consecuencias de sus propias elecciones pecaminosas (vv. 24-28; cp. Gn. 6:3; Jue. 10:13; 2 Cr. 15:2; 24:20; Mt. 15:14; Hch. 7:38-42; 14:16).

NO SER INSEGUROS

Pero nosotros debemos dar siempre gracias a Dios respecto a vosotros, hermanos amados por el Señor, de que Dios os haya escogido desde el principio para salvación, mediante la santificación por el Espíritu y la fe en la verdad, a lo cual os llamó mediante nuestro evangelio, para alcanzar la gloria de nuestro Señor Jesucristo. (2:13-14)

La quinta exhortación de Pablo para eliminar el miedo al futuro es entender la gran doctrina de la salvación. Con pocas palabras, el apóstol lleva al lector a través de la inmensidad del plan redentor de Dios para afirmar la seguridad de los creyentes en ese plan. De nuevo, la intención de Pablo no es pedagógica sino pastoral. Los que rechazan la verdad de que los creyentes están eternamente seguros no pueden ver el futuro con la esperanza confiada en la venida de Cristo. Creer que los cristianos que tienen pecados no confesados cuando el Señor regrese irán al infierno solo puede generar temor y miedo; sobre todo porque la perfección sin pecado en esta vida no es alcanzable (1 R. 8:46; Sal. 143:2; Pr. 20:9; Ec. 7:20; 1 Jn. 1:8, 10).

Pero los tesalonicenses no necesitaban temer que habían perdido o podían perder la salvación, porque la elección de Dios por ellos era irrevocable. La salvación comenzó con la elección amorosa de Dios en el pasado eterno y continuará hasta la glorificación futura (Ro. 8:29-30). Jesús recalcó la imposibilidad completa de que alguno de los elegidos de Dios se perdiera alguna vez:

> *Todo lo que el Padre me da, vendrá a mí; y al que a mí viene, no le echo fuera… Y esta es la voluntad del Padre, el que me envió: Que de todo lo que me diere, no pierda yo nada, sino que lo resucite en el día postrero. Y esta es la voluntad del que me ha enviado: Que todo aquél que ve al Hijo, y cree en él, tenga vida eterna; y yo le resucitaré en el día postrero… Ninguno puede venir a mí, si el Padre que me envió no le trajere; y yo le resucitaré en el día postrero (Jn. 6:37, 39-40, 44).*

> *Mis ovejas oyen mi voz, y yo las conozco, y me siguen, y yo les doy vida eterna; y no perecerán jamás, ni nadie las arrebatará de mi mano. Mi Padre que me las dio, es mayor que todos, y nadie las puede arrebatar de la mano de mi Padre (Jn. 10:27-29).*

Tal verdad gloriosa hizo que Pablo diera **siempre gracias a Dios respecto a** los tesalonicenses, sabiendo que eran **hermanos amados por el Señor**. En contraste con los no redimidos, que rechazan el amor y la obediencia a la verdad, son quienes voluntariamente hacen estas dos cosas; en contraste con quienes Dios juzga, están los que Él redime; en contraste con los que creen las mentiras de

Satanás, están quienes creen la verdad de Dios; en contraste con quienes siguen al anticristo, están quienes siguen a Cristo.

La obra de salvación de Dios comenzó con su amor soberano, inmerecido y no influenciable. Tal amor fue la base para su elección de los creyentes (Ef. 1:4-5). Su amor en la elección no está condicionado a ningún mérito de sus receptores, como recordó Moisés a Israel: "El SEÑOR se encariñó contigo y te eligió, aunque no eras el pueblo más numeroso sino el más insignificante de todos" (Dt. 7:7, NVI).

La elección soberana de los creyentes fluye del amor predeterminado de Dios, a quien Él ha **escogido desde el principio para salvación**. "Nos escogió en él antes de la fundación del mundo" (Ef. 1:4); Él "nos salvó y llamó con llamamiento santo, no conforme a nuestras obras, sino según el propósito suyo y la gracia que nos fue dada en Cristo Jesús antes de los tiempos de los siglos" (2 Ti. 1:9). Los redimidos son aquellos cuyos nombres "estaban escritos en el libro de la vida del Cordero que fue inmolado" (Ap. 13:8; cp. 17:8). Por esa razón, el Nuevo Testamento se refiere comúnmente a los creyentes como los "escogidos" (Mt. 22:14; 24:22, 24, 31; Mr. 13:20, 22, 27; Lc. 18:7; Ro. 8:33; Ro. 11:7; Col. 3:12; 2 Ti. 2:10; Tit. 1:1; 1 P. 1:1).

La doctrina del amor soberano y elector de Dios tiene varios beneficios prácticos. Aplasta el orgullo humano (Tit. 3:5), pues Dios recibe todo el mérito por la salvación. Exalta a Dios (Sal. 115:1), por cuanto Él recibe alabanza por su amor. Produce gozo (1 P. 1:1-2, 6, 8), por cuanto los creyentes se regocijan en su salvación. Concede privilegios inimaginables (Ef. 1:3). Promueve la santidad en las vidas de los elegidos (Col. 3:12-13). Por último, lo más relevante para el propósito de Pablo, da seguridad (Fil. 1:6).

La elección soberana de Dios de los creyentes se hace vigente en sus vidas **mediante la santificación por el Espíritu y la fe en la verdad**. **Santificación** es la obra del **Espíritu** que separa a los creyentes del pecado y los une a la justicia (cp. Ro. 15:16; 1 Co. 6:11; 1 P. 1:2). Este milagro comienza con la salvación e incluye la transformación total, de forma tal que el creyente nace de nuevo (Jn. 3:3-8) y se convierte en una nueva criatura (2 Co. 5:17; Gá. 6:15). Por supuesto, **la santificación** que comienza en la regeneración no implica que los creyentes no pecan (véase la explicación anterior). Pero sí asegura que quienes fueron apartados del pecado para Dios llevarán vidas de santificación progresiva, de santidad creciente hacia la semejanza de Cristo (Jn. 17:17; Ro. 6:1-22; 2 Co. 3:18; Gá. 5:16-25; Fil. 3:12; Col. 3:9-20; 1 Ts. 4:3-4; 5:23; 1 P. 1:14-16; 1 Jn. 3:4-10).

El factor humano en la elección y la regeneración amorosas y soberanas de Dios es **la fe en la verdad**. La salvación es "por gracia... por medio de la fe" (Ef. 2:8). Quienes creen en el Señor Jesucristo serán salvos (Hch. 16:31). Pablo escribió a los romanos: "Si confesares con tu boca que Jesús es el Señor, y creyeres en tu corazón que Dios le levantó de los muertos, serás salvo. Porque con el corazón se cree para justicia, pero con la boca se confiesa para salvación" (Ro. 10:9-10). La verdad de la salvación por fe en el evangelio verdadero impregna todo el Nuevo

Testamento (p. ej., Mr. 1:15; Jn. 1:12; 3:15-16, 36; 5:24; 6:40, 47; Hch. 10:43; Ro. 1:16; 1 Ti. 1:16; 2 Ti. 3:15; 1 P. 9; 1 Jn. 5:1). El Espíritu regenera a quienes oyen y creen la verdad concediéndoles arrepentimiento (Hch. 11:18; 2 Ti. 2:25) y el don de la fe (Ef. 2:8-9).

El elemento siguiente en el plan redentor de Dios es cronológicamente anterior al tercero. La declaración del apóstol "**a lo cual os llamó mediante nuestro evangelio**" se refiere, como ocurre siempre con las epístolas neotestamentarias, al llamado eficaz de Dios para la salvación de los creyentes (p. ej., Ro. 1:6-7; 1 Co. 1:2, 9, 24, 26; Gá. 1:6; Ef. 4:1, 4). El llamado misericordioso del Espíritu Santo es irresistible (Ro. 8:30); el evangelio no son solo palabras, sino "poder de Dios para salvación a todo aquel que cree" (Ro. 1:16).

Todas esas realidades del evangelio llevan a la meta final del plan redentor de Dios: que los creyentes alcancen **la gloria de nuestro Señor Jesucristo** (cp. 1:10, 12). Esa declaración firme de la seguridad de la salvación revela que Dios amó, escogió, llamó y transformó a los creyentes con el propósito de reflejar eternamente la gloria de Cristo en ellos y por medio de ellos (cp. 1 Jn. 3:1-2; Ro. 8:29; 1 Co. 15:42-49; Fil. 3:21). Dado que ningún propósito de sus propósitos se puede frustrar (Job 42:2), nada puede separar a los creyentes de su amor salvador (Ro. 8:35-39).

Con base en este esquema soberano, no había necesidad de que los tesalonicenses estuvieran inseguros sobre la salvación, preocupados por el regreso del Señor o temerosos de estar en el día del juicio de los impíos. Ellos, como todos los creyentes, no estaban destinados al juicio, sino a la gloria, porque "no nos ha puesto Dios para ira, sino para alcanzar salvación por medio de nuestro Señor Jesucristo" (1 Ts. 5:9).

NO SER DÉBILES

Así que, hermanos, estad firmes, y retened la doctrina que habéis aprendido, sea por palabra, o por carta nuestra. Y el mismo Jesucristo Señor nuestro, y Dios nuestro Padre, el cual nos amó y nos dio consolación eterna y buena esperanza por gracia, conforte vuestros corazones, y os confirme en toda buena palabra y obra. (2:15-17)

Pablo concluyó su explicación con una sexta exhortación a los tesalonicenses: estar **firmes, y** retener **la doctrina que** habían **aprendido, sea por palabra, o por carta** de Pablo y sus compañeros (cp. 1 Ts. 3:8). Dio exhortaciones similares a los corintios (1 Co. 15:58; 16:13), a los efesios (Ef. 6:11, 13-14) y a los filipenses (Fil. 4:1). No quería que los tesalonicenses fueran débiles o vacilantes, sino que conservaran su firmeza espiritual y mantuvieran su control sobre la verdad. Específicamente, el apóstol los urgió a retener **la doctrina que** habían **aprendido**.

Con el paso de los siglos, el concepto de tradición se ha cargado con mucho bagaje cultural y eclesial. Pero Pablo no tenía en mente un cuerpo de tradición extra-bíblica que igualara la revelación de Dios en las Escrituras; de hecho, la Biblia condena esta tradición humana (Is. 29:13; Mt. 15:3, 6; Mr. 7:8-9, 13; Col. 2:8). La palabra griega traducida **tradiciones** significa literalmente "cosas heredadas" y aquí se refiere a la revelación divina (cp. 3:6; 1 Co. 11:2), **sea** dada **por palabra, o por carta nuestra**. Los tesalonicenses debían retener lo que Dios les había legado, oralmente y por escrito, a través de Pablo y los otros apóstoles. Los creyentes deben aferrarse a "la fe que ha sido una vez dada a los santos" (Jud. 3; cp. 1 Ti. 6:20; 2 Ti. 1:14).

Como hizo en su primera epístola (1 Ts. 3:11-13) y lo haría con frecuencia en sus epístolas posteriores a otras iglesias (p. ej., Ro. 16:25-27; 1 Co. 16:23), Pablo dio una bendición y oró pidiendo que Dios consolara y fortaleciera a la iglesia. Pablo entendía que ellos no podían obedecer su exhortación con sus propias fuerzas, sino que necesitaban depender del poder de Dios. Él expresó esa perspectiva equilibrada de la vida cristiana cuando escribió a los tesalonicenses: "Para lo cual también trabajo, luchando según la potencia de él, la cual actúa poderosamente en mí" (Col. 1:29; cp. 1 Co. 15:10).

El pronombre que se traduce **el mismo** está en posición enfática en el texto griego, que podría traducirse "Y que el mismísimo Señor Jesucristo nuestro y Dios nuestro Padre". El pronombre gobierna tanto al **Señor Jesucristo** como a **Dios nuestro Padre**, luego los dos se consideran fuente de consuelo. Eso proporciona evidencia poderosa de la deidad de Cristo; es completamente igual con el Padre en su persona, poder y respeto.

Jesús y el Padre amaron a los creyentes por toda la eternidad. Por causa de ese amor, que concedió a los creyentes de forma permanente e irrevocable **consolación eterna y buena esperanza por gracia** en la salvación, el apóstol oró para que **Jesucristo** y **Dios Padre** confortaran los **corazones** de los tesalonicenses y los confirmaran **en toda buena palabra y obra** por la promesa inconmovible de la gloria futura.

Cuando los creyentes anticipan el regreso de Jesucristo por los suyos, no deben dejarse engañar, ser olvidadizos, ignorantes, incrédulos, inseguros o débiles. Ellos no experimentarán el juicio terrible del día del Señor, porque su salvación está asegurada. Dios los amó, los escogió, los redimió y los glorificará. Por eso, ellos deben ser fuertes y valientes, "aguardando la esperanza bienaventurada y la manifestación gloriosa de nuestro gran Dios y Salvador Jesucristo" (Tit. 2:13).

¿Qué desea un pastor para su rebaño?

6

Por lo demás, hermanos, orad por nosotros, para que la palabra del Señor corra y sea glorificada, así como lo fue entre vosotros, y para que seamos librados de hombres perversos y malos; porque no es de todos la fe. Pero fiel es el Señor, que os afirmará y guardará del mal. Y tenemos confianza respecto a vosotros en el Señor, en que hacéis y haréis lo que os hemos mandado. Y el Señor encamine vuestros corazones al amor de Dios, y a la paciencia de Cristo. (3:1-5)

Ser un pastor es el llamamiento más alto para un hombre de Dios, no solo en privilegio, sino en obligación. Por eso, cualquiera que predique y enseñe la Palabra y se ofrezca para pastorear el rebaño de Dios debe satisfacer las más elevadas normas divinas. El deber de la iglesia es evaluar a sus pastores según esas normas, definidas con claridad y precisión en las Escrituras, y cuidar de que las cumplan. En un mandamiento que aplica a todos los pastores, Jesús dijo a Pedro: "Apacienta mis ovejas" (Jn. 21:17). En los primeros días de la iglesia, los doce apóstoles determinaron: "Nosotros persistiremos en la oración y en el ministerio de la palabra" (Hch. 6:4). Pablo, señalando su propio ejemplo, exhortó a los ancianos efesios con respecto a las serias y completas responsabilidades que tenían como pastores de la iglesia de Dios: "Porque no he rehuido anunciaros todo el consejo de Dios. Por tanto, mirad por vosotros, y por todo el rebaño en que el Espíritu Santo os ha puesto por obispos, para apacentar la iglesia del Señor, la cual él ganó por su propia sangre" (Hch. 20:27-28). Pablo y Pedro establecieron los requisitos de Dios para pastorear su rebaño (1 Ti. 3:1-7; 4:6-11; 2 Ti. 3:16—4:5; Tit. 1:5-9; 1 P. 5:1-4; cp. He. 13:7, 17).

Las Escrituras son igual de claras cuando determinan los deberes y responsabilidades de los cristianos para con sus pastores. En su primera carta a los tesalonicenses, Pablo los instruyó sobre estas cosas: "Os rogamos, hermanos, que reconozcáis a los que trabajan entre vosotros, y os presiden en el Señor, y os amonestan; y que los tengáis en mucha estima y amor por causa de su obra. Tened paz entre vosotros" (5:12-13; véase la explicación de estos versículos en el capítulo 14 de *1 Tesalonicenses,* Comentario MacArthur del Nuevo Testamento

[Grand Rapids: Portavoz, 2012]). Los creyentes deben obedecer esta admonición de modo que sus pastores puedan hacer su obra "con alegría, y no quejándose, porque esto no os es provechoso [para el rebaño]" (He. 13:17*b*). Cuando pastor e iglesia cumplen el uno con el otro las responsabilidades mandadas en las Escrituras, Dios bendice la iglesia y la hace fuerte, eficaz y gozosa.

Este texto proporciona ideas adicionales, directamente del corazón de Pablo, sobre lo que cualquier pastor dedicado y fiel espera de su iglesia. El apóstol estableció cuatro deseos fundamentales y obvios que pedía a los tesalonicenses: que ellos oraran por él, que confiaran en el Señor, que obedecieran las enseñanzas de Pablo reveladas divinamente, y que crecieran espiritualmente.

LOS PASTORES DESEAN LAS ORACIONES DE SU IGLESIA

Por lo demás, hermanos, orad por nosotros, para que la palabra del Señor corra y sea glorificada, así como lo fue entre vosotros, y para que seamos librados de hombres perversos y malos; porque no es de todos la fe. (3:1-2)

Pablo era inigualable como ministro de Dios eficaz y talentoso. Sus habilidades naturales eran inmensas: tenía la mejor educación rabínica; era un pensador y comunicador brillante, lógico y persuasivo; era perceptivo espiritualmente y poseía amplia experiencia en misiones y siembra de iglesias. Pero ninguna de esas cualidades era la razón de su eficacia. Pablo testificó a los colosenses: "Con este fin trabajo y lucho fortalecido por el poder de Cristo que obra en mí" (Col. 1:29, NVI). No se confiaba en la carne; sabía que cualquiera fuera el éxito del ministro, se debía al poder de Dios que obraba en su vida; poder que daba energía a su talento natural para tener impacto sobrenatural (cp. Gá. 2:20). Con frecuencia pedía a sus ovejas que oraran por él, pues dependía del Señor en cada aspecto de su ministerio (Ro. 15:20-32; Ef. 6:19-20; Col. 4:3; 1 Ts. 5:25; Flm. 22; cp. 2 Co. 1:11; Fil. 1:19).

Pablo oró fielmente por los tesalonicenses (1 Ts. 1:2; 2:13; 3:9-13; 5:23, 28; 2 Ts. 1:11; 2:16-17; 3:16, 18) y por todos los demás a los que ministró (Ro. 1:9-10; 10:1; 2 Co. 13:7, 9; Ef. 1:16, 18; Fil. 1:4, 9; Col. 1:3, 9; 2 Ti. 1:3; Flm. 4, 6), pero igualmente necesitaba sus oraciones. Con frecuencia enfrentaba dificultad, peligro y soledad en sus viajes (Hch. 9:23-25; 13:50; 14:4-6; 16:16-34; 17:1-9, 14; 19:13-41; 27:26-44; 28:1-10; 1 Co. 4:8-13; 2 Co. 4:8-12; 6:4-10; 11:22-33; 2 Ti. 3:11). Tenía que sostenerse solo (Hch. 20:33-35; 2 Co. 11:9; 2 Ts. 3:7-9) o bien dependía de la ayuda de otros (1 Co. 9:7-11; Gá. 6:6; cp. 1 Ti. 5:17-18). A menudo predicaba a audiencias que no querían oírlo y en lugares donde no lo habían invitado (Hch. 17:16-34; 26:24-32). Dependía del poder de Dios para fortalecerlo y sustentarlo (1 Co. 2:1-16; 2 Co. 4:1-15; 6:3-10; 10:7-18; 12:7-10; Fil. 3:7-14; Col. 1:24-29; 1 Ti. 1:12-17; cp. Hch. 16:6-10; 18:9-11; 23:11; 27:22-26), y sabía que las oraciones de los creyentes ante el trono de Dios abrían ese poder divino por medio de él.

Por lo demás (*loipos*) puede tener el sentido de finalidad, pero literalmente quiere decir "en cuanto al resto" o "además de eso" (p. ej., 1 Co. 1:16). Pablo usó el mismo término en Filipenses 3:1 y 1 Tesalonicenses 4:1 y en ninguno de los casos estaba listo para concluir la epístola; simplemente estaba haciendo una transición ("además de eso... esto"). En varios usos de la palabra, marca la transición del contenido doctrinal al contenido práctico, como lo hace aquí. Con esta, Pablo marcó su cambio de tema de la escatología a los asuntos de santificación práctica.

Primero, invitó a los **hermanos** tesalonicenses a orar **por** sus compañeros de trabajo y por él (**nosotros**). **Orad** está en tiempo presente (*proseuchesthe*), lo cual quiere decir que pedía a los tesalonicenses "orar continuamente" o "hacer de la oración un hábito constante" en las vidas de ellos (cp. 1 Ts. 5:17 y la explicación de ese versículo en el capítulo 16 de *1 Tesalonicenses,* Comentario MacArthur del Nuevo Testamento [Grand Rapids: Portavoz, 2012]). Su uso de la preposición **por** (*peri,* en la frase **orad por nosotros**) en realidad quiere decir "al respecto", "sobre", "con referencia a"; así, Pablo pidió que ellos recordaran las necesidades de él en sus oraciones e intercesiones continuas. Aun con su influencia, éxito, respeto y fama, esta petición demostró su mansedumbre y humildad. El que sin lugar a discusión era el más fuerte de los líderes espirituales pedía oración de creyentes nuevos (cp. 1 Co. 2:1-5; 2 Co. 10:12-17; 1 Ti. 1:12-17). También mostró esto su confianza en el poder inherente de la oración (Ef. 3:14, 20; Fil. 4:6; 1 Ti. 2:8). La petición de Pablo es un buen recordatorio de que incluso los creyentes más nuevos tienen el privilegio, en el Espíritu, por medio de la oración, de participar en la liberación del poder de Dios (cp. Ef. 2:18; He. 10:19) para los siervos de Dios más experimentados y fuertes.

La primera petición específica de Pablo fue por el éxito de su mensaje, que identificó como **la palabra del Señor**. Los escritores inspirados del Antiguo y Nuevo Testamentos usaron la frase una y otra vez para referirse a la revelación divina (p. ej., Gn. 15:1, 4; Nm. 3:16; 36:5; Dt. 5:5; Jos. 8:8; 1 S. 3:7, 21; 1 R. 6:11; 12:24; 2 R. 7:1; 1 Cr. 11:3; Esd. 1:1; Sal. 18:30; Is. 1:10; Jer. 1:4; Dn. 9:2; Os. 4:1; Mal. 1:1; Hch. 11:16; 1 P. 1:25). Los escritores del Nuevo Testamento la asociaron más frecuentemente con el evangelio (cp. Hch. 8:14, 25; 13:5, 44, 46, 48-49; 15:35-36; 16:32; 19:10, 20). **La palabra del Señor** viene primero como las buenas noticias de la salvación, las cuales, cuando se creen, ofrecen más comprensión de la revelación divina mediante las Escrituras. La pasión de Pablo era que el evangelio de la salvación corriera y fuera glorificado. Que él escribiera esto a los tesalonicenses desde Corinto, donde había gran hostilidad y oposición manifiesta a la predicación de Pablo (cp. Hch. 18:4-6), revelaba su gran pasión por el evangelio.

Corra (*trechō*) significa literalmente "avanzar" o "progresar" (cp. Sal. 147:15; Hch. 19:20). Pablo quería que ellos oraran por que la Palabra avanzara como un corredor fuerte, que se adelanta sin obstáculos ni dificultades para llegar a nuevos terrenos. Esa preocupación siempre estuvo en su corazón porque vivió para la predicación exitosa del evangelio (Hch. 20:24; 26:19; Ro. 1:15-17; 10:1; 15:20-21; 1 Co. 1:17; 2 Co. 2:17; 5:18-20; Fil. 1:15-18; 2 Ti. 1:8-12; Tit. 1:1-3; cp. Gá. 6:14). Después escribiría a los efesios: "[Oren] por mí, a fin de que al abrir mi boca me sea dada palabra para dar a conocer con denuedo el misterio del evangelio" (Ef. 6:19; cp. Col. 4:2-4).

Sea glorificada (*doxazō*), cuyo significado es "ser alabada, honrada y exaltada", expresa el deseo del apóstol de que el evangelio se reciba con el respeto apropiado, que el pueblo lo acepte y afirme como la verdad salvadora de Dios. La predicación de Pablo en Antioquía de Pisidia (Hch. 13:44-49) presenta una descripción de lo que él deseaba con respecto a la aceptación del evangelio:

> *El siguiente día de reposo se juntó casi toda la ciudad para oír la palabra de Dios. Pero viendo los judíos la muchedumbre, se llenaron de celos, y rebatían lo que Pablo decía, contradiciendo y blasfemando. Entonces Pablo y Bernabé, hablando con denuedo, dijeron: A vosotros a la verdad era necesario que se os hablase primero la palabra de Dios; mas puesto que la desecháis, y no os juzgáis dignos de la vida eterna, he aquí, nos volvemos a los gentiles. Porque así nos ha mandado el Señor, diciendo: Te he puesto para luz de los gentiles, a fin de que seas para salvación hasta lo último de la tierra. Los gentiles, oyendo esto, se regocijaban y glorificaban la palabra del Señor, y creyeron todos los que estaban ordenados para vida eterna. Y la palabra del Señor se difundía por toda aquella provincia (cp. 16:11-15, 28-34; 17:11-12; 19:18-20).*

Pablo sabía que algunos como los judíos de Antioquía de Pisidia repudiarían y blasfemarían del evangelio. Pero también sabía que mucho más aceptarían la fe, como lo hicieron los gentiles y como lo hicieron los tesalonicenses y algunos judíos en Tesalónica (Hch. 17:1-4). Pablo quería que los tesalonicenses oraran para que lo mismo ocurriera otra vez, y como si quisiera alentarlos a que tal recepción del evangelio era posible de nuevo, añadió: "**así como lo fue entre vosotros**". En la predicación inicial del evangelio en Tesalónica creyeron tanto los judíos como los gentiles. Solo fue poco después, cuando más y más gentiles creyeron, que algunos judíos incrédulos se opusieron violentamente a lo que estaba sucediendo (vv. 5-9). Pero en general, los tesalonicenses habían tenido una respuesta positiva al evangelio (1 Ts. 1:5-9) y Pablo anhelaba que esto ocurriera entre los otros pueblos de otros lugares (cp. 1 Ti. 2:3-4).

Segundo, Pablo pidió a los tesalonicenses orar por la seguridad de los mensajeros del evangelio (cp. Ro. 15:30-31). Como ya observamos en el libro de Hechos (véase también 18:12-17), él enfrentaba hostilidad constante en su ministerio. Por eso, les pidió orar por librarse **de hombres perversos y malos**. El apóstol no se preocupaba tan solo por su propia preservación o comodidad y seguridad personal (2 Co. 4:7-12; 11:22-33; Fil. 1:19-30; 3:7-14; Col. 1:24-29); sino que deseaba que Dios lo protegiera cuando ministraba (cp. 2 Co. 1:8-10); de otra forma, las personas no oirían su mensaje.

Pablo identificó a los **hombres perversos y malos** como la fuente del peligro. **Perversos** (*atopos*) significa literalmente "fuera de lugar" y denota aquello que se vuelve inapropiado (cp. Lc. 23:41; Hch. 25:5; 28:6). Aquí se refiere a hombres que eran inapropiados, que estaban injustificadamente fuera de lugar, que eran injustos o, como los describió un autor, "moralmente locos". Como si Pablo quisiera subrayar cuán peligrosos eran, continuó su descripción llamándolos **malos** (*ponēros*), cuyo significado es "malignos" o "agresivamente impíos". Él deseaba liberación de las amenazas y del poder de tales enemigos del evangelio, a quienes Satanás usaba para evitar que sus compañeros y él predicaran el mensaje de la salvación (cp. 1 Ts. 2:18).

Es probable que los santos pensaran que, como ellos habían recibido el evangelio con tanta avidez, tal respuesta positiva era normal en todos los que oían el mensaje. Pero su aceptación estaba lejos del patrón de muchos (Hch. 14:4-6; 16:16-24, 37-40; cp. Mt. 19:16-22; Lc. 4:28-30; Jn. 6:60-66; 7:1-5, 40-44; 8:48-59:10:22-39; Hch. 4:1-21; 5:17-41; 7:54—8:3; 12:1-4), de modo que Pablo los previno **porque no es de todos la fe**. Algunos insertan el artículo definido, "**porque no es de todos *la* fe**" para hacer que **fe** se refiera al contenido de la fe cristiana. Pero, más probablemente, la frase signifique que no todos *creen* el evangelio. Sin embargo, en cualquier caso la idea de Pablo es la misma: **no es de todos** creer y quienes rechazan pueden ser hostiles al evangelio. Por ello, Pablo llamó a la oración a los tesalonicenses para que cuando él y sus compañeros predicaran **la palabra** del evangelio, esta avanzara triunfante, sin dificultades y se le creyera.

LOS PASTORES DESEAN QUE SU IGLESIA CONFÍE EN EL SEÑOR

Pero fiel es el Señor, que os afirmará y guardará del mal. (3:3)

Cuando Pablo escribió esta carta estaba en Corinto, de modo que él no podía asegurar de primera mano cuán fuerte permanecería la confianza de los tesalonicenses en Dios en medio de todas las pruebas y persecuciones. Pero, sin importar las dificultades que enfrentaran, Pablo sabía que **el Señor** sería **fiel** para lograr su propósito en ellos. Hacia el final de la vida del apóstol, testificó sobre la fidelidad de Dios:

> *En mi primera defensa ninguno estuvo a mi lado, sino que todos me desampararon; no les sea tomado en cuenta. Pero el Señor estuvo a mi lado, y me dio fuerzas, para que por mí fuese cumplida la predicación, y que todos los gentiles oyesen. Así fui librado de la boca del león. Y el Señor me librará de toda obra mala, y me*

> *preservará para su reino celestial. A él sea gloria por los siglos de los siglos. Amén (2 Ti. 4:16-18).*

Dios es tan fiel que, en la medida que los creyentes confían en la provisión espiritual divina, siempre podrán manejar los asaltos del sistema maligno del mundo: "Fiel es Dios, que no os dejará ser tentados más de lo que podéis resistir, sino que dará también juntamente con la tentación la salida, para que podáis soportar" (1 Co. 10:13). Las Escrituras están llenas de afirmaciones adicionales sobre la fidelidad de Dios (p. ej., Dt. 7:9; Sal. 36:5; 40:10; 89:1-2, 8, 24, 33; 92:2; 119:75, 90; Is. 49:7; Lm. 3:23; 1 Co. 1:9; 1 Ts. 5:24; He. 10:23; 1 P. 4:19; 1 Jn. 1:9).

Pablo continuó diciendo a los tesalonicenses cómo expresaría Dios su amor por ellos. **Afirmará y guardará** es sinónimo de "establecerá y protegerá". Dios establecerá a los creyentes en cuanto a lo interior y los protegerá **del mal** en cuanto a lo exterior (probablemente sea una referencia a Satanás; cp. Mt. 13:19, 38; Jn. 17:15; 1 Jn. 2:13-14; 3:12; 5:18-19). El Señor llena a sus hijos con fortaleza espiritual interna (2 Co. 4:16; Ef. 3:16) mientras los protege de los ataques externos (Ef. 6:16). Judas resumió este concepto cuando escribió que Dios "es poderoso para guardaros sin caída, y presentaros sin mancha delante de su gloria con gran alegría" (Jud. 24).

LOS PASTORES DESEAN QUE SU IGLESIA OBEDEZCA LO QUE SE LE HA ENSEÑADO

Y tenemos confianza respecto a vosotros en el Señor, en que hacéis y haréis lo que os hemos mandado. (3:4)

El tercer deseo pastoral de Pablo para los tesalonicenses era que continuaran en su patrón de obediencia a Dios. Con base **en** lo **que** ya estaban haciendo (1 Ts. 1:3, 6-8; 3:12-13; 4:1), Pablo tenía confianza en que continuarían haciendo **lo que** él les había enseñado. Como su pastor, él había pasado mucho tiempo explicando la Palabra de Dios y por ello tenía la autoridad para mandarles obedecerla (cp. 1 Ti. 4:11).

Las Escrituras están repletas de tales mandatos de obediencia. De hecho, David describió la totalidad de la Palabra de Dios como una orden: "El mandamiento del Señor es claro: da luz a los ojos" (Sal. 19:8, NVI). En la Gran Comisión, Jesús definió como mandamientos muchas de las cosas que enseñó y esperaba que sus oyentes las obedecieran: "Enseñándoles que guarden todas las cosas que os he mandado" (Mt. 28:20). Incluso en el evangelio está el mandamiento doble de arrepentirse y creer (Mr. 1:15; cp. 6:12; Mt. 3:2; 4:17; Hch. 2:38; 3:19; 17:30; 26:20). Así las cosas, es deber de los creyentes, como lo fue para la iglesia de

Tesalónica, seguir con obediencia los mandamientos divinos (las Escrituras) que su pastor les da; esté o no esté él presente (cp. 2 Co. 10:1, 11; 13:2, 10; Fil. 2:12).

LOS PASTORES DESEAN QUE SU IGLESIA CREZCA ESPIRITUALMENTE

Y el Señor encamine vuestros corazones al amor de Dios, y a la paciencia de Cristo. (3:5)

Pablo esperaba lo mejor de los tesalonicenses por la confianza que tenían en la fidelidad de Dios para con sus elegidos y con base en el deleite de ellos por obedecerle a Dios (1 Ts. 1:3, 6-8; 2 Ts. 1:3-4). Pero deseaba que ellos continuaran en su crecimiento espiritual, de modo que pidió que **el Señor** encaminara sus **corazones** hacia ese objetivo. **Encamine**, "enderece", es la misma palabra (*kateuthunō*) usada en 1 Tesalonicenses 3:11 para indicar la eliminación de todos los obstáculos y estorbos cuando alguien abre un camino o carretera. Pablo no quería que el progreso espiritual se detuviera, sino que **el Señor** allanara el camino para que sus **corazones**, sus seres interiores, se dirigieran **al amor de Dios**.

La frase **de Dios** en el griego puede ser un genitivo objetivo o subjetivo: **al amor de Dios** por el creyente o el **amor** del creyente hacia Dios. La gramática griega le proporcionó a Pablo cierta ambigüedad en la expresión de modo que pudiera conllevar el sentido completo y cabal de la verdad a los tesalonicenses. Por lo tanto, en este contexto, la frase probablemente es objetiva y subjetiva. J. B. Lightfoot señaló: "Los apóstoles se permitían... vaguedad o más bien amplitud en el lenguaje, para expresar una gran verdad espiritual" (citado en Leon Morris, *The First and Second Epistles to the Thessalonians* [Primera y segunda epístolas a los Tesalonicenses], The New International Commentary on the New Testament [Nuevo comentario internacional del Nuevo Testamento] [Grand Rapids: Eerdmans, 1989], p. 249). Pablo deseaba que sus lectores penetraran cada vez con más profundidad en el amor de Dios por ellos, lo cual, a su vez, les haría amarlo cada vez más.

Segundo, el apóstol deseaba que Dios encaminara los **corazones** de los tesalonicenses para que se hicieran más fuertes en **la paciencia de Cristo**. Tal frase también contiene algo de ambigüedad en el significado. Pablo podría estar refiriéndose a **la paciencia de Cristo** (*hupomonē*, también traducido "perseverancia") hacia los creyentes o a la paciencia de los creyentes en el poder de Cristo, a través de la entereza de ellos. Pablo quería que los tesalonicenses entendieran cada vez más cuán paciente fue Cristo con sus pecados, problemas y luchas, y que entendieran mejor las luchas del Señor, así como su entereza en las pruebas (cp. Mt. 4:1-11; 26:59-68; Lc. 22:39-53; Jn. 18:33-38; 19:1-11), de modo que tuvieran mayor fortaleza espiritual (cp. He. 2:17-18; 4:15-16). Pablo deseaba que aprendieran del ejemplo de su Salvador y avanzaran en el amor y la paciencia bajo la persecución (cp. Mt. 5:10-12; Ro. 12:12; Gá. 6:9; Ef. 6:18; Col. 1:23; 2 Ti. 3:12; He. 3:6, 14; 6:10-11, 19; 12:2-3; 1 P. 4:13).

Por eso, en este pasaje, el apóstol Pablo aporta un ejemplo excelente de preocupación pastoral genuina para que su pueblo prospere espiritualmente y contribuya con ello a la edificación y glorificación de la iglesia de Cristo. Ningún pastor de una congregación local podría pedir más de su rebaño, que oren por él, confíen en el Señor, obedezcan lo que les enseñó en la Palabra y crezcan espiritualmente.

El trabajo: Un deber cristiano noble

7

Pero os ordenamos, hermanos, en el nombre de nuestro Señor Jesucristo, que os apartéis de todo hermano que ande desordenadamente, y no según la enseñanza que recibisteis de nosotros. Porque vosotros mismos sabéis de qué manera debéis imitarnos; pues nosotros no anduvimos desordenadamente entre vosotros, ni comimos de balde el pan de nadie, sino que trabajamos con afán y fatiga día y noche, para no ser gravosos a ninguno de vosotros; no porque no tuviésemos derecho, sino por daros nosotros mismos un ejemplo para que nos imitaseis. Porque también cuando estábamos con vosotros, os ordenábamos esto: Si alguno no quiere trabajar, tampoco coma. Porque oímos que algunos de entre vosotros andan desordenadamente, no trabajando en nada, sino entremetiéndose en lo ajeno. A los tales mandamos y exhortamos por nuestro Señor Jesucristo, que trabajando sosegadamente, coman su propio pan. Y vosotros, hermanos, no os canséis de hacer bien. Si alguno no obedece a lo que decimos por medio de esta carta, a ése señaladlo, y no os juntéis con él, para que se avergüence. Mas no lo tengáis por enemigo, sino amonestadle como a hermano. (3:6-15)

Como suele hacer Pablo en sus epístolas, regresa de las cumbres elevadas de la instrucción teológica (caps. 1 y 2) a la vida cristiana práctica y básica. Para Pablo, la teología no era un simple razonamiento abstracto, sino una verdad práctica para afectar la vida a diario. En este pasaje, él explica el asunto universalmente práctico del trabajo.

La humanidad, desde la época de Pablo hasta el presente, ha tenido una perspectiva errónea del trabajo. De hecho, nuestra sociedad muestra con orgullo su perspectiva sesgada del trabajo en la parte trasera de sus autos. "Como debo y debo, al trabajo voy", se lee en los adhesivos de los parachoques, reflejando la perspectiva de que el trabajo es un mal necesario; tan solo la forma de pagar las deudas y tener fondos para el estilo personal de vida. Otro, exaltando la virtud de la pereza, proclama: "El trabajo me fascina: puedo sentarme a mirarlo durante horas". Los marcos de las placas anuncian que las personas preferirían estar de pesca, volar en avión, jugar al golf, esquiar, navegar en velero, acampar, pasear en auto, cualquier cosa, excepto trabajar. En nuestra sociedad egoísta y materialista, muchas personas juegan en su trabajo y trabajan en su juego. Otros solamente trabajan para alcanzar prosperidad, éxito, fama y una jubilación temprana.

Tales perspectivas despojan al trabajo de cualquier valor intrínseco. Cuando las personas hacen un trabajo con poco valor esencial, ellas muestran desdén por el esfuerzo, solo hacen lo suficiente para que no las despidan, hacen todas las trampas que pueden, consideran que las jornadas largas y el trabajo duro son contraproducentes, mantienen su fidelidad a la oportunidad y al empleador sólo hasta que ven una oportunidad mejor, más lucrativa, y, en general, son muy indiferentes a la calidad de su trabajo.

A lo largo de toda la historia, las culturas han denigrado el valor del trabajo. Incluso en el pensamiento judío, hacer labores menores era inferior a estudiar la ley de Dios. Un rabí expresó esa perspectiva en la siguiente oración:

> Te agradezco, oh Señor, mi Dios, porque tú me has dado la suerte de poder sentarme en una casa de estudios, no con quienes se sientan en las esquinas de las calles; porque yo trabajo desde temprano y ellos trabajan desde temprano; trabajo desde temprano en las palabras de la Torá y ellos trabajan desde temprano en cosas sin trascendencia. Porque yo me canso y ellos se cansan; yo me canso y obtengo beneficio por ello, pero ellos se cansan sin beneficio alguno. Yo corro y ellos corren; corro hacia la vida de la era venidera y ellos corren hacia el pozo de la destrucción (Citado en Leland Ryken, *Work and Leisure in Christian Perspective* [Trabajo y descanso en la perspectiva cristiana] [Portland: Multnomah, 1987], pp. 65-66).

Muchos griegos y romanos cultos también consideraban de poca dignidad el trabajo manual, apropiado solo para esclavos o clases inferiores. Aristóteles declaró que ser artesano o comerciante "carece de nobleza y es hostil para la perfección del carácter" (citado en Ryken, p. 64). En este mismo sentido, Cicerón, el autor romano, escribió: "El trabajo duro del empleado contratado, a quien se le paga por su trabajo duro y no por sus habilidades artísticas, no es digno de un hombre libre y es sórdido en carácter... El comercio al por menor también es sórdido" (citado en Ryken, p. 65).

La baja perspectiva del trabajo también se abrió paso en la iglesia. Eusebio, padre de la iglesia, escribió:

> Entonces hay dos formas de vida dadas por la ley de Cristo a su iglesia. Una que está sobre la naturaleza y más allá de la vida humana común y corriente; separada total y completamente de la vida humana tradicional, dedicada solamente al servicio de Dios... Esa, pues, es la forma perfecta de la vida cristiana (*Demostratio evangelica*, I, 8).

Para Eusebio, los cristianos de primera clase solo sirven a Dios; los cristianos de segunda clase están en empleos seculares. Esa dicotomía entre las ocupaciones sagradas y seculares alcanzó su florecimiento máximo en el monaquismo de la Edad Media. No fue sino hasta la Reforma del siglo XVI que Lutero, Calvino y los otros reformadores restauraron el trabajo a su lugar de dignidad dado por Dios.

Como cualquier otro aspecto de la vida, el trabajo considerado sin la perspectiva divina parece tener poco valor. Salomón se preguntó en Eclesiastés:

> *¿Qué provecho tiene el hombre de todo su trabajo con que se afana debajo del sol? (1:3).*
>
> *Porque ¿qué tiene el hombre de todo su trabajo, y de la fatiga de su corazón, con que se afana debajo del sol? (2:22).*
>
> *¿Qué provecho tiene el que trabaja, de aquello en que se afana? (3:9).*
>
> *Este también es un gran mal, que como vino, así haya de volver. ¿Y de qué le aprovechó trabajar en vano? (5:16).*

Visto desde una perspectiva puramente humana, Salomón argumentó que el trabajo era vano:

> *Miré yo luego todas las obras que habían hecho mis manos, y el trabajo que tomé para hacerlas; y he aquí, todo era vanidad y aflicción de espíritu, y sin provecho debajo del sol… Asimismo aborrecí todo mi trabajo que había hecho debajo del sol, el cual tendré que dejar a otro que vendrá después de mí (2:11, 18).*
>
> *He visto asimismo que todo trabajo y toda excelencia de obras despierta la envidia del hombre contra su prójimo. También esto es vanidad y aflicción de espíritu… Está un hombre solo y sin sucesor, que no tiene hijo ni hermano; pero nunca cesa de trabajar, ni sus ojos se sacian de sus riquezas, ni se pregunta: ¿Para quién trabajo yo, y defraudo mi alma del bien? También esto es vanidad, y duro trabajo (4:4, 8).*
>
> *Como salió del vientre de su madre, desnudo, así vuelve, yéndose tal como vino; y nada tiene de su trabajo para llevar en su mano. Este también es un gran mal, que como vino, así haya de volver. ¿Y de qué le aprovechó trabajar en vano? (5:15-16).*
>
> *Todo el trabajo del hombre es para su boca, y con todo eso su deseo no se sacia (6:7).*

Solo cuando el trabajo se ve desde la perspectiva de Dios, puede verse su valor:

> *No hay cosa mejor para el hombre sino que coma y beba, y que su alma se alegre en su trabajo. También he visto que esto es de la mano de Dios (2:24).*

> *Y también que es don de Dios que todo hombre coma y beba, y goce el bien de toda su labor (3:13).*
>
> *Asimismo, a todo hombre a quien Dios da riquezas y bienes, y le da también facultad para que coma de ellas, y tome su parte, y goce de su trabajo, esto es don de Dios. Porque no se acordará mucho de los días de su vida; pues Dios le llenará de alegría el corazón (5:19-20).*

Sin embargo, la fe cristiana no acepta ninguna ética utilitaria del trabajo. No hay tal cosa como un trabajo secular para un cristiano; todo trabajo es un deber espiritual a hacerse para dar gloria a Dios (1 Co. 10:31). La perspectiva cristiana del trabajo afirma varias verdades.

Primera, Dios exaltó el trabajo al ponerlo como mandamiento. Suele ignorarse que el cuarto mandamiento no solo prescribe el cumplimiento del día de reposo en el séptimo día, sino el trabajo en los otros seis (Éx. 20:9). El trabajo es tan mandamiento divino como el día de reposo. La importancia está clara, dada su inclusión en el Decálogo.

Segunda, Dios nos da el ejemplo del trabajo para que todos lo sigan. Dios trabaja en la creación (Gn. 1:1), preservación (He. 1:3), providencia (1 Cr. 29:11), juicio (Hch. 17:31) y redención (Gá. 4:4-5). El Señor Jesucristo también está trabajando: en la redención de las personas (Gá. 3:13), edificando su iglesia (Mt. 16:18), intercediendo por su pueblo (Ro. 8:34) y preparando un lugar en el cielo para este (Jn. 14:1-3). De igual forma, el Espíritu Santo obra convenciendo a los pecadores (Jn. 16:8), regenerándolos (Tit. 3:5) y habitando en ellos (2 Ti. 1:14).

Tercera, el trabajo es una característica del mandato de la creación y, por tanto, es una parte normal de la existencia humana. El salmista expresó esa verdad en el Salmo 104:14: "Él hace producir el heno para las bestias, y la hierba para el servicio del hombre, sacando el pan de la tierra". El hecho de que el hombre deba trabajar para producir comida es parte del curso natural de los acontecimientos: "Sale el hombre a su labor, y a su labranza hasta la tarde" (v. 23). El trabajo no es resultado de la maldición, pues Dios le ordenó a Adán trabajar en el huerto antes de la caída (Gn. 2:15). La caída no es el comienzo del trabajo, sino su maldición (Gn. 3:17-19), haciéndolo laborioso y doloroso.

Cuarta, el trabajo es un regalo de Dios. La ocupación del hombre le permite desarrollar su habilidad y productividad, hacer contribuciones significativas, le da valor, significado y realización en la vida. También evita la ociosidad que, como se ve claramente en la indolencia de todas las sociedades, es debilitadora y destructiva. Bien dice el dicho: "Las manos ociosas son el taller del diablo". Dios también dio el trabajo al hombre como un medio para demostrar su imagen en él, quien por medio del trabajo provee para las necesidades de quienes están bajo su cuidado. El don divino del trabajo otorga la satisfacción de servir a las necesidades de otras personas.

Por último, la ética bíblica del trabajo afirma que toda obra puede elevarse de lo mundano y hacerse para el Señor. En Efesios 6:5-7 Pablo ordenó:

> *Siervos [empleados], obedeced a vuestros amos terrenales [empleadores] con temor y temblor, con sencillez de vuestro corazón, como a Cristo; no sirviendo al ojo, como los que quieren agradar a los hombres, sino como siervos de Cristo, de corazón haciendo la voluntad de Dios; sirviendo de buena voluntad, como al Señor y no a los hombres.*

Algunos de los creyentes tesalonicenses no estaban viviendo de acuerdo con esta perspectiva bíblica del trabajo. Estaban causando conflictos en la iglesia por negarse a trabajar y aprovecharse del resto de la congregación. Pablo no revela cuáles eran los motivos de esas personas. Podrían estar influenciados por las perspectivas griega y judía del trabajo, indicadas anteriormente, y sentir que este era poco digno para ellos. Tal vez creyeran que no tenía sentido puesto que Cristo podría regresar en cualquier momento. O quizás solo fuera pereza (la Biblia condena la pereza en pasajes como Pr. 10:26; 12:27; 15:19; 24:30-34). Pablo no mencionó los motivos para no trabajar porque ninguno de ellos era válido; no hay excusa para quien tiene la capacidad y la oportunidad de trabajar y no lo hace.

Puesto que esta era la tercera vez que Pablo tenía que referirse al asunto (3:10; 1 Ts. 4:11-12), él confrontó directa y tajantemente a quienes se negaban con terquedad a trabajar. Este pasaje contiene seis incentivos para motivar a los que pecan de esta forma a fin de que se arrepientan y se pongan a trabajar: separación, ejemplo, supervivencia, armonía, vergüenza y amor.

SEPARACIÓN

Pero os ordenamos, hermanos, en el nombre de nuestro Señor Jesucristo, que os apartéis de todo hermano que ande desordenadamente, y no según la enseñanza que recibisteis de nosotros. (3:6)

Puesto que quienes se negaban a trabajar habían despreciado obstinadamente la instrucción de Pablo cuando estuvo con ellos (3:10) y su exhortación en la primera carta (4:11-12; 5:14), el apóstol emitió un mandato severo con respecto a ellos. El verbo griego que se traduce **ordenamos** está en posición enfática en la frase; Pablo no estaba sugiriendo algo, sino dando una orden. Esta orden no tenía base en su autoridad, la de Silas o la de Timoteo; era **en el nombre** del **Señor**

Jesucristo y llevaba todo el peso de su autoridad. Por lo tanto, debía obedecerse instantáneamente y sin cuestionamientos.

Cuando Pablo ordenó a los tesalonicenses **que** se apartaran **de todo hermano** que se negara a trabajar, estaba instruyéndolos a evitarlos. Y no debía haber excepciones. Como ya dijimos, no hay excusa válida para que una persona capaz y con la oportunidad de trabajar esté ociosa. El verbo traducido **apartéis** es una forma del verbo *stellō* que, cuando se usa en voz media, significa "evitar", "rehuir" o "alejarse". Pablo mandó que el resto de la congregación se apartara y alejara de **todo hermano** ocioso.

En el contexto de Mateo 18, este es el tercer paso en el proceso de la disciplina eclesial. El primer paso es confrontar al creyente pecador en privado, el segundo es confrontarlo con dos o tres testigos presentes; el tercero es contarlo a la iglesia y sacar al culpable de la vida congregacional normal. Para quienes insistan en el pecado después de esas tres etapas, el paso cuatro es expulsarle de la comunidad (tratarlos como a incrédulos: Mt. 18:17). Puesto que un pecador disciplinado aún debía considerarse hermano (cp. 3:15), esta separación no era la excomunión total y final del paso cuatro (a menos que no hubiera arrepentimiento).

Quienes se negaban a trabajar quedaban en la categoría de quienes andaban **desordenadamente**. En sentido militar, *ataktōs* (**desordenadamente**) se refiere a "estar fuera de las filas", "desalineado", "sin orden". También se usaba en los escritos griegos extrabíblicos para referirse a aprendices que faltaban al trabajo (William Barclay, *Comentario al Nuevo Testamento* [Barcelona: Clie, 2005], p. 795). Pablo describe lo que significa andar **desordenadamente** en el versículo 11 (la única otra vez en que la palabra aparece en el Nuevo Testamento) como "no [estar] trabajando en nada, sino entremetiéndose en lo ajeno".

Tal comportamiento ocioso, perezoso y desalineado definitivamente **no** era **según la enseñanza que** los tesalonicenses habían recibido. Como indicamos en la explicación de 2:15 en el capítulo 5, **enseñanza** (lit. "algo legado") se refiere a la revelación divina a través de los apóstoles. El concepto de un cuerpo de tradición extrabíblico que tenga la misma autoridad que las Escrituras es ajeno al Nuevo Testamento (cp. 2 Ti. 3:16-17). La **enseñanza** inspirada que habían recibido de Pablo, tanto oralmente (3:10) como por escrito (1 Ts. 4:11-12), prohibía la ociosidad. Por lo tanto, quienes se negaban a trabajar eran culpables de rechazar la Palabra de Dios.

El hecho de que los creyentes indolentes enfrentaran la disciplina de la iglesia muestra la seriedad con que Dios ve no trabajar. Puesto que los creyentes verdaderos aprecian la comunión con los otros creyentes, quedar separados de esta debe ser lo suficientemente doloroso para efectuar un cambio en su comportamiento. El paso drástico de la disciplina eclesial también era necesario para proteger la reputación externa de la iglesia. El mundo también debía saber que Dios no tolera la indolencia y la pereza.

EJEMPLO

Porque vosotros mismos sabéis de qué manera debéis imitarnos; pues nosotros no anduvimos desordenadamente entre vosotros, ni comimos de balde el pan de nadie, sino que trabajamos con afán y fatiga día y noche, para no ser gravosos a ninguno de vosotros; no porque no tuviésemos derecho, sino por daros nosotros mismos un ejemplo para que nos imitaseis. (3:7-9)

El apóstol Pablo habría estado en completo acuerdo con la declaración del puritano Thomas Brooks: "El ejemplo es la retórica más poderosa" (citado en I. D. E. Thomas, *A Puritan Golden Treasury* [Carlisle: Banner of Truth, 1977], p. 96). Por eso, agrupó esta sección con la frase **Porque vosotros... que nos imitaseis.** El verbo griego usado en los dos casos para *imitar* es una forma del verbo *mimeomai*; el sustantivo relacionado es la fuente de la palabra española *mímica.* Pablo era un ejemplo a imitar por los tesalonicenses porque él imitaba al Señor Jesucristo (1 Co. 11:1). Era un modelo de predicación del evangelio (1 Ts. 1:6), de soportar el sufrimiento (2:2), de honestidad e integridad (2:3-5), humildad (2:6), amabilidad (2:7), afecto (2:8), sacrificio propio (2:8), santidad (2:10) y oración (3:10). Así como en esas áreas los tesalonicenses seguían el ejemplo de Pablo, necesitaban seguirlo en el trabajo duro (2:9).

La frase **vosotros mismos sabéis** apela al conocimiento de primera mano de los tesalonicenses sobre el comportamiento ejemplar de los misioneros (cp. 1 Ts. 2:1; 3:3; 5:2; Hch. 20:18, 34), los cuales no andaban **desordenadamente entre** la iglesia. El verbo griego traducido **ande desordenadamente** está relacionado con la palabra traducida "desordenadamente" en el versículo 6 y en el versículo 11. La laboriosidad de los misioneros estaba en contraste marcado con la indolencia perezosa de los miembros ociosos de la congregación. Para marcar ese contraste, Pablo declaró: "**Ni comimos de balde el pan de nadie**". La frase **comimos... el pan** se refiere, en sentido metafórico, a la comida y el sustento (Gn. 3 19; 43:32; Am. 7:12; Mt. 15:2; Lc. 14:15). Aunque al parecer los misioneros se quedaron en casa de Jasón (Hch. 17:7), no comieron a expensas de él. Insistieron en pagar su propia comida y quizá su hospedaje; trabajaron **con** grande **afán y fatiga día y noche, para no ser gravosos a ninguno de** los tesalonicenses; algo que el apóstol también les había recordado en su primera epístola (1 Ts. 2:9; cp. Hch. 20:34; 1 Co. 4:12).

Pablo dejó claro que su razón para hacer trabajos manuales no era **porque** Silas, Timoteo y él **no** tuvieran **derecho** a recibir compensación por su labor intensa de predicación y enseñanza. No siempre rechazó él la ayuda de las iglesias en las que ministró. De hecho, los filipenses le enviaron dos veces una ofrenda durante su estadía en Tesalónica (cp. Fil. 4:16), y también recibió respaldo de otras iglesias cuando estaba ministrando en Corinto (2 Co. 11:8-9). En Tesalónica particularmente, escogió trabajar para que quienes se negaban a hacerlo no pudieran justificar su ociosidad señalando que él no trabajaba. En su lugar, los misioneros dignificaron el trabajo ofreciéndose como **ejemplo para que** los creyentes los imitaran.

Pablo enseñó claramente que, como apóstol y predicador, tenía el derecho a apoyo financiero completo. En Gálatas 6:6 escribió: "El que es enseñado en la palabra, haga partícipe de toda cosa buena al que lo instruye". A Timoteo dio esta instrucción: "Los ancianos que gobiernan bien, sean tenidos por dignos de doble honor, mayormente los que trabajan en predicar y enseñar" (1 Ti. 5:17). Pero su exposición más detallada de ese principio está en 1 Corintios 9:3-14:

> *Contra los que me acusan, esta es mi defensa: ¿Acaso no tenemos derecho de comer y beber? ¿No tenemos derecho de traer con nosotros una hermana por mujer como también los otros apóstoles, y los hermanos del Señor, y Cefas? ¿O solo yo y Bernabé no tenemos derecho de no trabajar? ¿Quién fue jamás soldado a sus propias expensas? ¿Quién planta viña y no come de su fruto? ¿O quién apacienta el rebaño y no toma de la leche del rebaño? ¿Digo esto solo como hombre? ¿No dice esto también la ley? Porque en la ley de Moisés está escrito: No pondrás bozal al buey que trilla. ¿Tiene Dios cuidado de los bueyes, o lo dice enteramente por nosotros? Pues por nosotros se escribió; porque con esperanza debe arar el que ara, y el que trilla, con esperanza de recibir el fruto. Si nosotros sembramos entre vosotros lo espiritual, ¿es gran cosa si segáremos entre vosotros lo material? Si otros participan de este derecho sobre vosotros, ¿cuánto más nosotros? Pero no hemos usado de este derecho, sino que lo soportamos todo, por no poner ningún obstáculo al evangelio de Cristo. ¿No sabéis que los que trabajan en las cosas sagradas, comen del templo, y que los que sirven al altar, del altar participan? Así también ordenó el Señor a los que anuncian el evangelio, que vivan del evangelio.*

Pablo comenzó haciendo una serie de preguntas retóricas, cada una exigía una respuesta afirmativa. Tal como él tenía el derecho a comer y beber (v. 4), a casarse (v. 5), también tenía el derecho a abstenerse de labores físicas y entregarse de lleno a la tarea difícil del ministerio (v. 6). Entonces el apóstol presentó una serie de analogías para demostrar aun más este punto (v. 7). Los soldados tienen derecho a tener sus gastos pagados; quienes plantan viñas tienen el derecho a comer del fruto que producen; quienes cuidan rebaños tienen derecho a lo que estos producen. Usando la ilustración proverbial del buey que trilla, la ley enseña que debe atenderse a quienes ministran (vv. 8-10). Quienes entregan sus vidas al ministerio, enseñanza y crecimiento de los demás tienen derecho a esperar apoyo financiero (vv. 11-14).

Puesto que Pablo, además de su ministerio, trabajó humildemente para satisfacer sus necesidades, ¿cómo podrían los demás justificar no hacerlo? Pero a pesar de todo el trabajo duro de Pablo por ser un buen ejemplo para ellos, algunos aún se resistían a trabajar. Para ellos, hacían falta unas medidas extremas.

SUPERVIVENCIA

Porque también cuando estábamos con vosotros, os ordenábamos esto: Si alguno no quiere trabajar, tampoco coma. (3:10)

Además del ejemplo de los misioneros, Pablo añadió una orden directa. La verdad axiomática, autoritativa y revelada divinamente de que no comieran quienes **no** quisieran **trabajar** no era nueva para los santos. El problema de ellos no era la ignorancia, **porque también cuando** los misioneros estuvieron **con** ellos, así les ordenaron. Pablo también habló sobre esto en su primera epístola (4:11; 5:14). Su argumento era simple: si las personas tienen suficiente hambre, trabajarán por la comida. En palabras de Salomón: "El alma del que trabaja, trabaja para sí, porque su boca lo estimula" (Pr. 16:26). Los creyentes que tienen la oportunidad y la capacidad de trabajar por su propia comida deben hacerlo. Quienes no lo hacen son peores que los incrédulos (1 Ti. 5:8).

Es importante señalar que Pablo se dirigió aquí a quien **no quiere trabajar**, no a quien no puede. Los creyentes individuales y la iglesia como un todo tienen la responsabilidad de ocuparse de los pobres (Mt. 6:2-3; Gá. 2:10; 1 Ti. 5:4; He. 13:16; Stg. 2:15-16; 1 Jn. 3:17). Pero ni el mundo ni la iglesia deben nada a quienes son demasiado perezosos para trabajar. Estamos acostumbrados a las "ayudas" en nuestra sociedad. Es la idea de que quienes no quieren trabajar duro tienen derecho a recibir dinero tomado de quienes sí lo hacen. Los resultados de esta cultura de quienes no quieren trabajar, sino vivir de los subsidios son visibles para todos: rupturas de familias, inmoralidad, crimen, desesperanza, carencia de sentido y amargura.

ARMONÍA

Porque oímos que algunos de entre vosotros andan desordenadamente, no trabajando en nada, sino entremetiéndose en lo ajeno. A los tales mandamos y exhortamos por nuestro Señor Jesucristo, que trabajando sosegadamente, coman su propio pan. Y vosotros, hermanos, no os canséis de hacer bien. (3:11-13)

A Pablo le había llegado la noticia de que a pesar de sus exhortaciones, en persona (3:10) y por escrito (1 Ts. 4:11-12), algunos en la congregación no estaban dispuestos a trabajar. No se sabe cómo oyó que **algunos de entre** los tesalonicenses andaban **desordenadamente**, pero de alguna forma la noticia del problema continuo, llegó a Corinto desde Tesalónica. *Ataktōs* (**desordenadamente**) es la misma palabra del versículo 6. Quienes andaban **desordenadamente, no** estaban **trabajando en nada, sino entremetiéndose en lo ajeno**. Hay un juego de palabras en el griego; Pablo dice que no estaban *ergazomenous*, sino *periergazomenous*; "no ocupados, sino ocupados en la vida de los demás". No contentos con negarse a trabajar productivamente, usaban su tiempo desocupado para ir por ahí interfiriendo en las vidas de las demás personas de la iglesia (cp. 1 Ti. 5:13). Quienes no trabajaban eran irritantes, generando falta de unidad y discordia por ser una carga para quienes sí trabajaban. Tal cosa estaba comenzando a afectar la armonía amorosa y el testimonio eficaz de la asamblea de fe.

"**A los tales** —escribe Pablo— **mandamos** fuertemente **y exhortamos** amablemente **por nuestro Señor Jesucristo, que trabajando sosegadamente, coman su propio pan**". Un corolario del conocido concepto paulino de estar en el **Señor Jesucristo** (cp. Ro. 8:1; 16:3, 7; 1 Co. 1:30; 2 Co. 5:17) es la unidad de quienes están unidos a Él (Ro. 12:5; 1 Ts. 2:14). Para preservar esa unidad preciosa, a los miembros indolentes del rebaño se les ordenaba trabajar **sosegadamente** y comer **su propio pan**. Debían asentarse, dejar de interferir en los asuntos de los demás y comenzar a llevar vidas de trabajo constante y callado. Al hacerlo, dejarían de ser una carga y se volverían una bendición, promoviendo con ello la armonía en la iglesia.

Pablo alentó al resto de los **hermanos**, quienes estaban trabajando con fidelidad a **no** cansarse **de hacer bien** (cp. Gá. 6:9). El peligro era que se cansaran de los vagos y se volvieran indiferentes a las necesidades reales. Como indicamos arriba, el pueblo de Dios no debe ignorar su responsabilidad de cuidar a quienes están en necesidad. David escribió: "El justo tiene misericordia, y da... En todo tiempo tiene misericordia, y presta" (Sal. 37:21, 26). En el Salmo 41:1 añadió: "Bienaventurado el que piensa en el pobre" (cp. Sal. 112:9). Salomón también fue consciente de la necesidad de cuidar de los pobres: "El que da al pobre no tendrá pobreza; mas el que aparta sus ojos tendrá muchas maldiciones" (Pr. 28:27). En Isaías 58:7, Dios elogia a quienes parten su "pan con el hambriento, y a los pobres errantes [albergan] en casa". En Lucas 14:12-14 Jesús dijo:

> *Cuando hagas comida o cena, no llames a tus amigos, ni a tus hermanos, ni a tus parientes, ni a vecinos ricos; no sea que ellos a su vez te vuelvan a convidar, y seas recompensado. Mas cuando hagas banquete, llama a los pobres, los mancos, los cojos y los ciegos; y serás bienaventurado; porque ellos no te pueden recompensar, pero te será recompensado en la resurrección de los justos.*

Pablo recordó a los ancianos de Éfeso esto: "En todo os he enseñado que, trabajando así, se debe ayudar a los necesitados, y recordar las palabras del Señor Jesús, que dijo: Más bienaventurado es dar que recibir" (Hch. 20:35). La prescripción por la unidad de la iglesia era para que quienes no estaban trabajando, lo hicieran, y para que toda la congregación cuidara de quienes estaban en necesidad genuina. Obviamente, estaba dirigida a los hombres que tenían la responsabilidad de proveer para sus familias, mientras las mujeres estaban en la casa (cp. Tit. 2:3-5). Incluso las viudas jóvenes debían casarse con esposos que las rescataran de ser entrometidas (cp. 1 Ti. 5:11-14).

VERGÜENZA

Si alguno no obedece a lo que decimos por medio de esta carta, a ése señaladlo, y no os juntéis con él, para que se avergüence. (3:14)

Como esta era la tercera vez que Pablo hablaba del asunto, si alguien se negaba a obedecer **lo que** Pablo decía en **esta carta**, estaba siendo pecaminosamente obstinado. Por eso, ordenó al resto de la asamblea a señalar a tal persona especial. Debía separarse para atender su caso con seriedad: el resto de la congregación **no** debía juntarse **con él.** El verbo compuesto doble y fuerte *sunanamignumi* (**juntéis con**) significa literalmente "mezclar con". Individual y colectivamente la iglesia debía retirar la comunión a este tipo de personas y evitarlas. Probablemente, debía negárseles el privilegio de tomar parte en la Cena del Señor. Seguramente, no se les permitiría participar de la fiesta del amor, pues alimentarlos habría aprobado y perpetuado su comportamiento indolente. La presión del aislamiento debía llevarlos al arrepentimiento.

El propósito de este tercer paso en el proceso de la disciplina eclesial (véase arriba la explicación del versículo 6) es que quienes se niegan a trabajar, se avergüencen. El verbo traducido **avergüence** es una forma del verbo *entrepō*, que literalmente significa "dejar a alguien por su cuenta". La idea es que el aislamiento de la comunidad hará que el creyente pecador reflexione sobre su condición, que vea cuán pecador recalcitrante e inicuo fue, se avergüence y cambie su comportamiento. El arrepentimiento y la restauración del miembro pecador siempre es la función de la disciplina de la iglesia.

AMOR

Mas no lo tengáis por enemigo, sino amonestadle como a hermano. (3:15)

Puesto que esta no es aún la cuarta etapa (y la final) en el proceso de disciplina, los miembros fieles de la asamblea **no** deben tener al disciplinado **por enemigo** (cp. Mt. 18:17). Puesto que aún no se le había negado la comunión con los hermanos (1 Co. 5:2), ni se le había entregado a Satanás (1 Co. 5:5; 1 Ti. 1:20), la congregación no debía tratarlo aún cual "gentil y publicano" (Mt. 18:17), sino amonestarlo **como a hermano**.

Este paso añade un equilibrio muy necesario al proceso disciplinario, notando que el motivo para disciplinar a los creyentes es el amor. Gálatas 6:1 enseña la actitud apropiada para quienes están involucrados en el proceso de disciplinar: "Hermanos, si alguno fuere sorprendido en alguna falta, vosotros que sois espirituales, restauradle con espíritu de mansedumbre, considerándote a ti mismo, no sea que tú también seas tentado".

La ética de trabajo de nuestra cultura se ha erosionado, pero la ética bíblica del trabajo sigue siendo constante. Cuando los cristianos van diligentemente en pos de la vocación a la cual Dios los llamó, Él recibe honra. Por lo tanto, "todos los que están bajo el yugo de esclavitud, tengan a sus amos por dignos de todo honor, para que no sea blasfemado el nombre de Dios y la doctrina" (1 Ti. 6:1).

Oración por capacitación divina

8

Y el mismo Señor de paz os dé siempre paz en toda manera. El Señor sea con todos vosotros. La salutación es de mi propia mano, de Pablo, que es el signo en toda carta mía; así escribo. La gracia de nuestro Señor Jesucristo sea con todos vosotros. Amén. (3:16-18)

Esta carta corta ha estado llena de drama. Sus tres cortos capítulos han descrito la retribución de Dios sobre los inicuos que rechazan al Señor Jesucristo y su destrucción eterna en el infierno (1:6-10). Ha explicado el juicio de Dios al mundo pecador en el día del Señor (2:1-2). También ha predicho la llegada final del anticristo, la abominación desoladora y blasfema que él cometerá y su destrucción última en el regreso de Jesucristo (2:3-12). Ha advertido sobre el engaño de los lobos disfrazados de ovejas (2:2-3) y ha reprendido a los cristianos perezosos (3:6-15). En resumen, hasta este punto ha sido una carta tempestuosa. Pero este pasaje de conclusión es como el mar en calma después de una tormenta violenta.

La iglesia de Tesalónica, tan fuerte en muchos aspectos, había estado atormentada por la persecución, las falsas doctrinas, el miedo y el pecado. En la parte principal de esta carta, Pablo dio instrucciones detalladas para lidiar con estas situaciones. Pero sabía que sin importar cuán bien entendieran ellos la información que él les había dado, no podían implementarla en sus propias fuerzas. Por eso, puntuaba periódicamente las instrucciones en esta carta con peticiones para que Dios permitiera que los creyentes la aplicaran. Después de que Pablo los instruyó sobre la venida de Cristo en juicio para destruir eternamente a los malvados (1:5-10), escribió:

> *Por lo cual asimismo oramos siempre por vosotros, para que nuestro Dios os tenga por dignos de su llamamiento, y cumpla todo propósito de bondad y toda obra de fe con su poder, para que el nombre de nuestro Señor Jesucristo sea glorificado en vosotros, y vosotros en él, por la gracia de nuestro Dios y del Señor Jesucristo (1:11-12).*

Después de haber explicado el día del Señor y el auge y la caída del anticristo final (2:1-15), Pablo volvió a cerrar la sección de exhortación con una oración: "Y el mismo Jesucristo Señor nuestro, y Dios nuestro Padre, el cual nos amó y nos dio consolación eterna y buena esperanza por gracia, conforte vuestros corazones, y os confirme en toda buena palabra y obra" (2:16-17).

En el capítulo 3, Pablo pidió a los tesalonicenses que oraran por la eficacia de su ministerio y por protección de sus enemigos (vv. 1-2). Después los instruyó sobre la fidelidad de Dios y les urgió a continuar obedeciendo lo que les había enseñado (vv. 3-4). La sección cerró con una oración: "Y el Señor encamine vuestros corazones al amor de Dios, y a la paciencia de Cristo" (v. 5).

Los versículos 6-15 trataban el problema de quienes se negaban a trabajar y detallaban la responsabilidad de la iglesia para disciplinarlos. Luego, por cuarta vez en esta epístola, el apóstol expresó el deseo de su corazón en una oración a Dios por ellos (vv. 16-18) para que Dios fortalezca su madurez espiritual.

De (**Y**) marca la transición, en la cual Pablo pasa del mandato y la exhortación (vv. 6-15) a la bendición y la oración (vv. 16-18). Este pasaje no registra una oración, sino el deseo de su corazón que surge constantemente como un clamor por la bendición de Dios. Pide a Dios que conceda cuatro bendiciones esenciales para la madurez espiritual: paz, fortaleza, verdad y gracia.

PAZ

Y el mismo Señor de paz os dé siempre paz en toda manera. (3:16*a*)

La primera petición de Pablo aquí, como en sus otras cartas (cp. 2 Co. 13:11; Ef. 6:23), es por esa realidad altamente valorada, pero elusiva: la **paz**. El mundo define **paz** en el sentido de calma, tranquilidad, silencio, contentamiento y bienestar que se produce cuando todo está saliendo bien. Pero, francamente, esa definición es superficial. Un sentimiento de tranquilidad y calma se puede producir mediante mentiras, autoengaños, buena fortuna inesperada, ausencia de conflictos y problemas, biorretroalimentación, drogas y alcohol e incluso dormir bien en las noches. Tal paz es fugaz y se destruye fácilmente. Puede hacerse añicos con la llegada de los conflictos y problemas, así como por el fracaso, la duda, el miedo, la amargura, la ira, el orgullo, las dificultades, la culpa, los lamentos, los pesares, la ansiedad por las circunstancias fuera de control, la desilusión o el maltrato de otros, las malas decisiones; en resumen, por cualquier amenaza a la seguridad personal.

Pero la verdadera **paz** espiritual es completamente diferente de la paz humana frágil, efímera y superficial. Es la confianza profunda y asentada de que entre el alma y Dios todo está bien porque Él controla soberana y amorosamente nuestra vida en el tiempo y en la eternidad. La tranquilidad calmada está basada en el conocimiento de que los pecados son perdonados, la bendición está presente, el bien es abundante incluso en los problemas y el cielo nos espera. La paz que Dios da a sus hijos amados como posesión y privilegio nada tiene que ver con las circunstancias de la vida.

Esa clase de paz tiene varias características. Primera, es divina, se deriva del **mismo Señor de paz**. El pronombre *autos* (**el mismo**) está en la primera posición enfática del texto griego. El Dios que es paz concede paz a los creyentes. Es la esencia misma de su naturaleza, uno de sus atributos. En todas las ocasiones Dios es paz perfecta, sin ninguna discordancia dentro de Él. Nunca está estresado, preocupado, ansioso, temeroso, inseguro o amenazado. Siempre está perfectamente calmado, tranquilo y contento. Debido a su omnisciencia, no hay sorpresas; debido a su inmutabilidad, no cambia; nada amenaza su soberanía, no hay dudas que hagan sombra a su sabiduría, no hay pecados que manchen su santidad. Incluso su ira es clara, controlada, calmada y confiada.

Las Escrituras dejan claro que la paz caracteriza y fluye de cada miembro de la Trinidad. "Dios de paz" es un título común para el Padre (p. ej., Jue. 6:24; Ro. 15:33; 16:20; 1 Co. 14:33; 2 Co. 13:11; Fil. 4:9; 1 Ts. 5:23; He. 13:20). En 1 Tesalonicenses 5:23 se llama al Padre "Dios de paz"; Jesucristo se llama aquí **Señor de paz**. Tomados en conjunto, los dos pasajes revelan la deidad e igualdad de Cristo con el Padre, pues los dos son la fuente de la paz. Isaías 9:6 le da el título de "Príncipe de Paz"; hablando de Cristo, Efesios 2:14 dice: "Él es nuestra paz". El Espíritu Santo también es fuente de paz. La paz es uno de los frutos del Espíritu (Gá. 5:22); Pablo escribió en Romanos 14:17: "Porque el reino de Dios no es comida ni bebida, sino justicia, paz y gozo en el Espíritu Santo".

En la obra perfectamente armoniosa de la Trinidad, el Padre decretó la paz, el Hijo la compró (cp. Hch. 10:36; Ro. 5:1; Col. 1:20) y el Espíritu Santo la entrega.

Segunda, la paz divina es un don de Dios. Le place buenamente darla a quienes le pertenecen. La bendición sacerdotal de Israel dice en parte: "El Señor te muestre su favor y te conceda la paz" (Nm. 6:26, NVI). En el Salmo 29:11, David declaró: "El Señor bendice a su pueblo con la paz" (NVI), mientras que el Salmo 85:8 añade que Él "hablará paz a su pueblo y a sus santos". En Isaías 57:19 Dios promete: "Paz, paz al que está lejos y al cercano" (cp. Is. 26:3, 12). Pablo oró: "Y el Dios de esperanza os llene de todo gozo y paz en el creer" (Ro. 15:13). La paz también proviene del Señor Jesucristo, quien prometió: "La paz os dejo, mi paz os doy" (Jn. 14:27; cp. 16:33; 20:19, 21, 26). La paz es una parte tan integral del Nuevo Testamento que aparece en los saludos de todas las epístolas paulinas, así como en 1 Pedro, 2 Pedro, 2 Juan, 3 Juan, Judas y Apocalipsis.

Dios no da paz espiritual verdadera a los incrédulos, porque esta es una característica de la salvación (Ro. 15:13). Isaías 48:22 declara rotundamente: "'No hay paz para el malvado', dice el Señor" (cp. 57:21; Jer. 6:14; 8:11; Ez. 13:10, 16). La paz que experimentan los malvados es la paz falsa de un engaño. Thomas Watson, pastor puritano, escribió:

> La paz fluye de la santificación, pero al no estar ellos regenerados, no tienen nada que ver con la paz... Pueden tener una tregua, pero no paz. Dios puede mostrar paciencia con el malvado por un tiempo, y parar el sonido de sus cañones; pero aunque haya una tregua, aun así no hay paz. El malvado puede tener algo que se parezca a la paz, pero no lo es. Pueden ser osados y estúpidos; pero hay una diferencia grande entre la consciencia estupefacta y la consciencia pacificada... Esta es la paz del diablo; mece a los hombres en la cuna de la seguridad; clama "paz, paz" cuando los hombres están en el precipicio del infierno. La paz aparente del pecador no proviene del conocimiento de su felicidad, sino de la ignorancia de su peligro (*Body of Divinity* [El cuerpo de la divinidad] [Reimpresión; Grand Rapids: Baker, 1979], p. 182).

La paz falsa de quienes no están regenerados también tiene varios componentes. Es la paz de la presunción. Se basa en el orgullo, no en la verdad, y se deriva de pensar que se tiene algún valor ante Dios. Quienes la tienen están bajo la noción errada que Dios los aceptará porque son buenas personas. Adormila a quienes van camino al infierno en el sentido falso de que todo estará bien.

Además, la paz falsa de los enemigos de Dios separa la paz de la santidad, dos realidades que Dios ha unido. Salmo 85:10 afirma que la paz verdadera está inseparablemente ligada a la santidad cuando declara: "La justicia y la paz se besaron". Isaías 32:17 añade: "El efecto de la justicia será paz". Solo un tonto y engañado podría jactarse así: "Tendré paz, aunque ande en la dureza de mi corazón" (Dt. 29:19). Watson dice: "Se podría extraer tanta salud de un veneno como paz del pecado" (*Body of Divinity* [El cuerpo de la divinidad], p. 183).

Más aún, a diferencia de la paz verdadera, que se hace más fuerte con las pruebas, la paz falsa no puede sobrevivir las pruebas de la vida. Los problemas la agitan con severidad y la vuelven desespero. La paz falsa que disfrutan los incrédulos no los consolará cuando llegue el día del Señor: "Cuando digan: Paz y seguridad, entonces vendrá sobre ellos destrucción repentina, como los dolores a la mujer encinta, y no escaparán" (1 Ts. 5:3).

La tercera característica de la paz divina que Dios da a los creyentes es que **siempre** está disponible. Entonces, ¿por qué ora Pablo para que los creyentes la obtengan? Porque aunque la verdadera paz siempre está disponible, puede interrumpirse. Los cristianos desobedientes o débiles pueden encontrarse con que su paz se ha perturbado por los mismos pecados, dudas, miedos, y ansiedades que destruyen la paz falsa de los no redimidos.

¿Cómo puede restaurarse la paz interrumpida de un creyente? Primero, por la confianza en Dios. En el Salmo 42:11 el salmista se preguntó: "¿Por qué te abates, oh alma mía, y por qué te turbas dentro de mí? Espera en Dios; porque aún he de alabarle, salvación mía y Dios mío" (cp. v. 5; 43:5).

Segundo, la paz que se ha perdido por el pecado se puede restaurar por la obediencia arrepentida. Dios prometió a Israel: "Si anduviereis en mis decretos y guardareis mis mandamientos, y los pusiereis por obra... yo daré paz en la tierra" (Lv. 26:3, 6). Pablo escribió a los romanos que habrá "gloria y honra y paz a todo el que hace lo bueno" (Ro. 2:10). "Si usted tiene la paz —aconsejó Thomas Watson—, hágale la guerra al pecado" (*Body of Divinity* [El cuerpo de la divinidad], p. 185).

Tercero, la paz se puede restaurar aceptando el castigo de Dios:

> *He aquí, bienaventurado es el hombre a quien Dios castiga; por tanto, no menosprecies la corrección del Todopoderoso. Porque él es quien hace la llaga, y él la vendará; Él hiere, y sus manos curan. En seis tribulaciones te librará, y en la séptima no te tocará el mal. En el hambre te salvará de la muerte, y del poder de la espada en la guerra. Del azote de la lengua serás encubierto; no temerás la destrucción cuando viniere. De la destrucción y del hambre te reirás, y no temerás de las fieras del campo; Pues aun con las piedras del campo tendrás tu pacto, y las fieras del campo estarán en paz contigo. Sabrás que hay paz en tu tienda; visitarás tu morada, y nada te faltará (Job 5:17-24).*

Cuarto, la paz se puede restaurar al caminar en el Espíritu, pues la paz es un elemento del fruto del Espíritu (Gá. 5:22).

Quinto, la paz se puede restaurar con el amor de corazón a Dios y evitando el legalismo. En Gálatas 6:26 Pablo escribió: "Y a todos los que anden conforme a esta regla [por la fe en el poder del Espíritu], paz y misericordia sea a ellos, y al Israel de Dios".

Sexto, aquellos cuya paz se ha interrumpido necesitan orar para que el Dios de paz y el Príncipe de Paz la restaure.

Un cuarto elemento de la paz divina que Dios da continuamente a los redimidos es que existe **en toda manera**. Nada en la esfera del mundo la afecta porque tiene su base en la promesa de la salvación eterna (He. 5:9), hecha por el Dios que no puede mentir (Tit. 1:2). Está anclada en que "el que comenzó en vosotros la buena obra, la perfeccionará hasta el día de Jesucristo" (Fil. 1:6). Esta paz trascendente, irrompible e inexpugnable, tan completamente diferente a la paz del mundo (Jn. 14:27), estabiliza al cristiano en toda situación (cp. Fil. 4:7).

Pablo anhelaba que Dios le concediera la paz a los tesalonicenses de modo que, sin importar en qué circunstancias estuvieran, experimentaran confianza calmada y gozo inamovible en medio de las tormentas de la vida.

FORTALEZA

El Señor sea con todos vosotros. (3:16*b*)

A primera vista, esta declaración parece desconcertante: si Dios es omnipresente (cp. Sal. 139:7-12), ¿cómo no podría estar **con todos** ellos? Pero Pablo no tenía aquí en mente un sentido benigno de la presencia de Dios, sino la presencia de Dios que da el poder a los creyentes de vivir para su gloria. En el Salmo 46:1, el salmista se regocijó con esa presencia fortalecedora: "Dios es nuestro amparo y fortaleza, nuestro pronto auxilio en las tribulaciones". El Señor Jesucristo habló de esta presencia habilitadora en Mateo 28:20 cuando dijo: "Yo estoy con vosotros todos los días, hasta el fin del mundo". A los doce apóstoles, sorprendidos y entristecidos cuando les reveló que pronto los dejaría, les prometió:

> *Y yo rogaré al Padre, y os dará otro Consolador, para que esté con vosotros para siempre: el Espíritu de verdad, al cual el mundo no puede recibir, porque no le ve, ni le conoce; pero vosotros le conocéis, porque mora con vosotros, y estará en vosotros. No os dejaré huérfanos; vendré a vosotros (Jn. 14:16-18; cp. Hch. 1:8).*

Los creyentes necesitan la presencia fortalecedora de Dios por varias razones. Primera, les permite resistir la tentación. En 1 Corintios 10:13 leemos la promesa: "No os ha sobrevenido ninguna tentación que no sea humana; pero fiel es Dios, que no os dejará ser tentados más de lo que podéis resistir, sino que dará también juntamente con la tentación la salida, para que podáis soportar". La fuerza de Cristo despejará el camino para que los creyentes huyan de la tentación.

Segunda, los creyentes necesitan la fortaleza de Dios para enfrentar a Satanás y sus huestes demoníacas. En Efesios 6:10-13 Pablo instruyó a los cristianos a prepararse para la guerra espiritual:

> *Por lo demás, hermanos míos, fortaleceos en el Señor, y en el poder de su fuerza. Vestíos de toda la armadura de Dios, para que podáis estar firmes contra las asechanzas del diablo. Porque no tenemos lucha contra sangre y carne, sino contra principados, contra potestades, contra los gobernadores de las tinieblas de este siglo, contra huestes espirituales de maldad en las regiones celestes. Por tanto, tomad toda la armadura de Dios, para que podáis resistir en el día malo, y habiendo acabado todo, estar firmes.*

Tercera, los creyentes necesitan la fortaleza de Dios para servirle con eficacia. Pablo escribió: "Yo fui hecho ministro por el don de la gracia de Dios que me ha sido dado según la operación de su poder" (Ef. 3:7). A los colosenses añadió: "Para lo cual también trabajo, luchando según la potencia de él, la cual actúa poderosamente en mí" (Col. 1:29). Alabó a "Cristo Jesús nuestro Señor, porque [lo] tuvo por fiel, [poniéndole] en el ministerio". El escritor de Hebreos expresó a sus lectores el deseo de que "el Dios de paz… [los hiciera] aptos en toda obra buena para que [hicieran] su voluntad, haciendo él en [ellos] lo que es agradable delante de él" (He. 13:20-21).

Cuarta, los creyentes necesitan la fortaleza de Dios para perseverar. Pablo escribió confiadamente a Timoteo: "El Señor me librará de toda obra mala, y me preservará para su reino celestial. A él sea gloria por los siglos de los siglos. Amén" (2 Ti. 4:18). Judas recordó a sus lectores que Dios "es poderoso para guardaros sin caída, y presentaros sin mancha delante de su gloria con gran alegría" (Jud. 24).

Quinta, los creyentes necesitan la fortaleza de Dios para soportar las pruebas. Pablo escribió en 2 Corintios 12:9-10:

> *Y me ha dicho: Bástate mi gracia; porque mi poder se perfecciona en la debilidad. Por tanto, de buena gana me gloriaré más bien en mis debilidades, para que repose sobre mí el poder de Cristo. Por lo cual, por amor a Cristo me gozo en las debilidades, en afrentas, en necesidades, en persecuciones, en angustias; porque cuando soy débil, entonces soy fuerte.*

Sexta, los creyentes necesitan la fortaleza de Dios para evangelizar con eficiencia al mundo perdido. Jesús dijo en Hechos 1:8: "Recibiréis poder, cuando haya venido sobre vosotros el Espíritu Santo, y me seréis testigos en Jerusalén, en toda Judea, en Samaria, y hasta lo último de la tierra" (cp. Mt. 28:18-20). Después de su conversión, Pablo "más se esforzaba, y confundía a los judíos que moraban en Damasco, demostrando que Jesús era el Cristo" (Hch. 9:22; cp. 18:9-10; 2 Ti. 4:17).

La oración de Pablo en Efesios 3:16-19 resume la necesidad del poder de Dios en cada aspecto de la vida de los creyentes. Oró así:

> *Para que os dé, conforme a las riquezas de su gloria, el ser fortalecidos con poder en el hombre interior por su Espíritu; para que habite Cristo por la fe en vuestros corazones, a fin de que, arraigados y cimentados en amor, seáis plenamente capaces de comprender con todos los santos cuál sea la anchura, la longitud, la profundidad y la altura, y de conocer el amor de Cristo, que excede a todo conocimiento, para que seáis llenos de toda la plenitud de Dios.*

Filipenses 4:13 declara sucintamente: "Todo lo puedo en Cristo que me fortalece". Dios provee toda la fuerza necesaria para que todos los que confían en Él, le obedecen, aceptan su disciplina, caminan en el Espíritu, lo aman de corazón, viven por su Palabra y oran fielmente, le sirvan y le glorifiquen.

VERDAD

La salutación es de mi propia mano, de Pablo, que es el signo en toda carta mía; así escribo. (3:17)

Pablo interrumpe su bendición para la iglesia y la retoma en el versículo 18, para tratar otro asunto vital. Estaba profundamente preocupado con que ellos tuvieran la verdad de Dios. Puesto que él era el agente de esa verdad, no los quería confundidos con cuáles eran sus escritos auténticos; por lo tanto, decidió escribir esta **salutación** final **de** su **propia mano**.

Como indicamos en la explicación de 2:2 en el capítulo 4, los falsos maestros habían ido a Tesalónica afirmando que el día del Señor había llegado. Mostraron una carta falsa, supuestamente de Pablo, para respaldar sus mentiras. También podrían haber negado la autenticidad de su primera epístola, pues contradecía las enseñanzas falsas de ellos. Pablo dictaba normalmente sus cartas a un amanuense (cp. Ro. 16:22), de modo muy similar al que un supervisor moderno dicta una carta a su secretaria. Pero para evitar las falsificaciones y afirmar su autenticidad, al parecer firmaba personalmente cada una de ellas (1 Co. 16:21; Gá. 6:11; Col. 4:18; Flm. 19); su firma distintiva se volvió **el signo en toda carta** que él escribía.

Como ocurría con el apóstol Juan (2 Jn. 4; 3 Jn. 4), a Pablo le preocupaba profundamente la verdad. En 2 Corintios 4:2 escribió: "Antes bien renunciamos a lo oculto y vergonzoso, no andando con astucia, ni adulterando la palabra de Dios, sino por la manifestación de la verdad recomendándonos a toda conciencia humana delante de Dios" (cp. 7:14; 12:6; 13:8). Pablo afirmó repetidamente que decía la verdad, porque sus múltiples enemigos lo solían tachar de mentiroso: "Verdad digo en Cristo, no miento, y mi conciencia me da testimonio en el Espíritu Santo" (Ro. 9:1). "Por la verdad de Cristo que está en mí, que no se me impedirá esta mi gloria en las regiones de Acaya" (2 Co. 11:10). "Para esto yo fui constituido predicador y apóstol (digo verdad en Cristo, no miento), y maestro de los gentiles en fe y verdad" (1 Ti. 2:7).

Tal como Dios es el Dios de paz y de fortaleza, también es el Dios de la verdad (Sal. 31:5; Is. 65:16; cp. 2 Cr. 15:3; Jer. 10:10; Jn. 7:28; 17:3; 1 Ts. 1:9; 1 Jn. 5:20; Ap. 6:10). Sus palabras son verdad (2 S. 7:28), es abundante en verdad (Sal. 86:15), Él es veraz aun cuando todos los hombres sean mentirosos (Ro. 3:4) y no puede mentir (Nm. 23:19; 1 S. 15:29; Tit. 1:2; He. 6:18).

El Señor Jesucristo, siendo Dios, también es la verdad. Juan 1:14 lo describe así: "Lleno de gracia y de verdad"; el versículo 17 dice: "La gracia y la verdad vinieron por medio de Jesucristo"; en Juan 7:18 Él habló de sí mismo como "el que... es verdadero"; en las conocidas palabras de Juan 14:6, Él es "el camino, y la verdad, y la vida"; Efesios 4:21 declara que "la verdad... está en Jesús"; Apocalipsis 3:7 lo describe como "el Santo, el Verdadero"; el versículo 14 como "el Amén, el testigo fiel y verdadero, el principio de la creación de Dios"; y Apocalipsis 19:11 dice que Él es "Fiel y Verdadero".

El Espíritu Santo, el tercer miembro de la Trinidad, también es verdad. Juan lo llama tres veces "el Espíritu de verdad" (14:17; 15:26; 16:13), mientras que en 1 Juan 5:6 afirma que "el Espíritu es la verdad".

Pablo quería que la iglesia fuera la "columna y baluarte de la verdad" (1 Ti. 3:15). Pero para serlo debía ser capaz de diferenciar entre "el espíritu de verdad y el espíritu de error" (1 Jn. 4:6). El único punto de referencia para hacerlo es "la palabra verdadera" (Col. 1:5; 2 Ti. 2:15; Stg. 1:18), que es la razón por la cual a Pablo le preocupaba tanto guardar, proteger y asegurar la autenticidad de la revelación que Dios le dio.

GRACIA

La gracia de nuestro Señor Jesucristo sea con todos vosotros. Amén. (3:18)

Pablo concluye su deseo de oración y la epístola expresando su deseo por que **todos** los que han puesto su fe en el Señor Jesucristo continúen experimentando su **gracia. La gracia** es la bondad y benevolencia inmerecida concedida a quienes no la merecían de ninguna manera. La gracia salvadora fue decretada por Dios (Sal. 84:11) y entregada por medio de **nuestro Señor Jesucristo** (cp. Jn. 1:17; Ro. 5:15; 1 Co. 1:4; Tit. 2:11). **La gracia** es esencial, no solo para la salvación (Hch. 15:11; 18:27; 20:24; Ro. 3:24; Gá. 1:6, 15; Ef. 1:7; 2:5, 8; 2 Ti. 1:9; Tit. 3:7), sino para la permanencia (2 Co. 12:9; cp. Pr. 3:34), servicio (Ro. 12:6; Ef. 4:7; 1 Ti. 1:12-14; 1 P. 4:10), crecimiento (Hch. 20:32; He. 13:9; 2 P. 3:18) y para ofrendar (2 Co. 8:1). Los creyentes experimentan la gracia santificadora y capacitadora de Dios obedeciendo su Palabra, soportando la disciplina, haciendo el bien, caminando en el Espíritu y orando.

Hay un misterio maravilloso en vivir la vida cristiana para la gloria de Dios. Hacerlo requiere toda la comprensión, obediencia, compromiso, dedicación y esfuerzo que los redimidos puedan dar. Pero todo eso sería inútil si no fuera por la paz, fortaleza, verdad y gracia que solo Dios otorga. Pablo muestra este equilibrio cuando escribió: "Para lo cual también trabajo, luchando según la potencia de él, la cual actúa poderosamente en mí" (Col. 1:29).

Bibliografía

Arndt, William F. y F. Wilbur Gingrich, *A Greek-English Lexicon of the New Testament and Other Early Christian Literature* [Léxico griego-inglés del Nuevo Testamento y de otra literatura cristiana temprana]. Chicago: Univ. of Chicago, 1957.

Best Ernest, *The First and Second Epistles to the Thessalonians* [Primera y Segunda epístolas a los Tesalonicenses]. Black's New Testament Commentary [Comentario de Black al Nuevo Testamento]. Peabody: Hendrickson, 1988.

Bruce F. F. *1 & 2 Thessalonians* [1 y 2 Tesalonicenses]. Word Biblical Commentary [Comentario bíblico Word]; vol. 45. Waco, Word, 1982.

Carson, D. A., Douglas J. Moo y Morris, Leon. *Una introducción al Nuevo Testamento.* Barcelona: Clie, 2008.

Findlay, G. G. *The Epistles of Paul the Apostle to the Thessalonians* [Las epístolas del apóstol Pablo a los tesalonicenses] [Reimpresión; Grand Rapids: Baker, 1982].

Gromacki, Robert G. *New Testament Survey* [Revisión del Nuevo Testamento]. Grand Rapids: Baker, 1974.

Guthrie, Donald. *New Testament Introduction* [Introducción al Nuevo Testamento], edición revisada. Downers Grove: Intervarsity, 1990.

Harrison, Everett F. *Introducción al Nuevo Testamento.* Grand Rapids: Desafío, 1980.

Hendriksen, William. *New Testament Commentary: Exposition of Thessalonians, Timothy, and Titus* [Comentario al Nuevo Testamento: Exposición de Tesalonicenses, Timoteo y Tito]. Grand Rapids: Baker, 1981.

Hiebert, D. Edmond. *An Introduction to the New Testament Volume Two: The Pauline Epistles* [Introducción al Nuevo Testamento volumen dos: Las epístolas paulinas]. Chicago, Moody, 1977.

________. *The Thessalonian Epistles: A Call to Readiness* [Las epístolas a los tesalonicenses: Un llamado a estar listos]. Chicago, Moody, 1977.

Marshall, I. Howard. *1 and 2 Thessalonians* [1 y 2 Tesalonicenses]. The New Century Bible Commentary [Comentario bíblico del nuevo siglo]. Grand Rapids: Eerdmans, 1983.

Morris Leon. *The First and Second Epistles to the Thessalonians* [Primera y segunda epístolas a los tesalonicenses]. The New International Commentary on the New Testament [Nuevo comentario internacional al Nuevo Testamento]. Grand Rapids: Eerdmans, 1989.

Pfeiffer, Charles F. y Howard F. Vos *The Wycliffe Historical Geography of Bible Lands* [La geografía histórica Wycliffe de las tierra bíblicas]. Chicago: Moody, 1967.

Ramsay, Sir William M. *St. Paul the Traveler and Roman Citizen* [San Pablo el viajero y el ciudadano romano] Reimpresión; Grand Rapids: Baker, 1975.

Smith, T. W. *What the Bible Teaches: 2 Thessalonians* [Qué enseña la Biblia: 2 Tesalonicenses]. Kilmarnock: John Ritchie, 1983.

Thomas Robert L. "1, 2 Thessalonians" [1, 2 Tesalonicenses] en *The Expositor's Bible Commentary* [Comentario bíblico del expositor], vol. 11. Editado por Frank E. Gaebelein. Grand Rapids: Zondervan, 1979.

Wanamaker, Charles A. *The Epistles to the Thessalonians* [Las epístolas a los tesalonicenses]. The New International Greek New Testament Commentary [Nuevo comentario internacional del Nuevo Testamento griego]. Grand Rapids: Eerdmans, 1990.

Wilson, Geoffrey B. *1 & 2 Thessalonians* [1 y 2 Tesalonicenses]. Edimburgo: Banner of Truth, 1975.

Wilson, T. E. *What the Bible Teaches: 1 and 2 Thessalonians* [Qué enseña la Biblia: 1 y 2 Tesalonicenses]. Kilmarnock, Scotland: John Ritchie, 1983.

Índice de palabras griegas

Índice de temas

I TIMOTEO

Dedicatoria

A Jim Rickard, mi fiel amigo,
que siempre encuentra una manera de
impregnar de aventuras lo rutinario de la vida.
Gracias por incluirme.

Contenido

Prólogo

Sigue siendo para mí una provechosa experiencia espiritual el predicar de forma expositiva a través del Nuevo Testamento. Mi propósito es tener siempre una profunda comunión con el Señor en el conocimiento de su Palabra, y con esa experiencia explicarle a su pueblo lo que un pasaje significa. Como dice Nehemías 8:8, me esfuerzo por "[ponerle] el sentido" de modo que realmente puedan oír a Dios hablar y, al hacerlo, le respondan.

Es obvio que el pueblo de Dios necesita comprenderlo, lo que exige conocer su Palabra de verdad (2 Ti. 2:15) y el permitir que esa Palabra more en abundancia en nosotros (Col. 3:16). La fuerza propulsora dominante de mi ministerio, por lo tanto, es contribuir a que la Palabra viva de Dios se avive en su pueblo. Es una aventura placentera.

Esta serie de comentarios del Nuevo Testamento refleja ese objetivo de explicar y aplicar las Escrituras. Algunos comentarios son principalmente lingüísticos, otros son mayormente teológicos y algunos son principalmente homiléticos. Este es esencialmente explicativo o expositivo. No es técnico desde el punto de vista lingüístico, pero trata acerca de la lingüística cuando eso parece útil a la interpretación apropiada. No es teológicamente extensivo, sino que se concentra en las doctrinas principales en cada texto y en cómo se relacionan con toda la Biblia. No es primordialmente homilético, aunque cada unidad de pensamiento por lo general se trata como un capítulo, con un claro bosquejo y un flujo lógico de pensamiento. Casi todas las verdades se ilustran y aplican con otros pasajes. Después de establecer el contexto de un pasaje, he tratado de seguir fielmente el desarrollo y el razonamiento del escritor.

Mi oración es que cada lector comprenda plenamente lo que el Espíritu Santo dice a través de esta parte de su Palabra, de modo que su revelación pueda morar en la mente de los creyentes dando como resultado una mayor obediencia y fidelidad, para la gloria de nuestro gran Dios.

Introducción a las epístolas pastorales

Primera Timoteo, junto con 2 Timoteo y Tito, pertenece al grupo de los escritos de Pablo conocidos como las epístolas pastorales. Se les llama así porque estaban dirigidas a dos de los amados hijos de Pablo en la fe, Timoteo y Tito, que tenían tareas pastorales. Timoteo estaba a cargo de la iglesia de Éfeso, y Tito de los creyentes de la isla de Creta. Junto con Filemón, fueron las únicas cartas de Pablo dirigidas a una persona.

Las epístolas pastorales dan un valioso aporte para entender el corazón del querido apóstol. Revelan un aspecto diferente de él que lo que exponen sus otras epístolas, mostrando sus relaciones personales con sus amigos y compañeros más allegados. Como son las últimas cartas que se escribieron, ellas solo nos informan de los años finales de su ministerio, después de su liberación del primer encarcelamiento en Roma registrado en Hechos. Él persevera en la misión de su vida hasta su triunfante conclusión que declara en 2 Timoteo 4:7: "He peleado la buena batalla, he acabado la carrera, he guardado la fe".

Las epístolas pastorales también son importantes debido a la abundancia de información que tienen respecto a cuestiones prácticas de la vida y organización de la iglesia. En realidad, Pablo declara que su propósito al escribir 1 Timoteo era que Timoteo supiera "cómo [debía conducirse] en la casa de Dios, que es la iglesia del Dios viviente, columna y baluarte de la verdad" (1 Ti. 3:15). La adoración pública, la selección y los requisitos de los pastores, la vida y el ministerio público del pastor, cómo confrontar el pecado en la iglesia, la función de las mujeres, el cuidado de las viudas y cómo usar el dinero están entre los temas analizados. Además de la abundancia de información práctica que tienen, las epístolas pastorales, como analizaremos más adelante, también enseñan acerca de importantes verdades doctrinales con relación a las Escrituras, la salvación y el Salvador.

PATERNIDAD LITERARIA

Hasta que surgió la destructiva alta crítica en el siglo XIX, la paternidad literaria paulina de las epístolas pastorales no se puso en tela de juicio en la iglesia (salvo por obvios herejes como Marción). En realidad, el testimonio de la iglesia primitiva de que Pablo escribió las epístolas pastorales es tan fuerte como el de cualquiera de sus inspirados escritos, salvo en el caso de Romanos y 1 Corintios. Hay referencias a ellas en los escritos de varios de los padres de la iglesia del segundo siglo, entre ellos a Ignacio, Policarpo y Clemente de Roma. Las incluye el canon de Muratorio, una lista de libros canónicos de finales del siglo segundo. En el tercer siglo, escritores como Orígenes, Clemente de Alejandría y Tertuliano citan pasajes de esas epístolas y se las atribuyen a Pablo. Por último, el historiador de la iglesia Eusebio, escribiendo a principios del siglo IV, incluye las epístolas pastorales con las genuinas epístolas paulinas. (Para una relación detallada de la evidencia histórica de la autenticidad de las epístolas pastorales, vea William Hendricksen, *New Testament Commentary: Exposition of the Pastoral Epistles* [Comentario del Nuevo Testamento: Exposición de las epístolas pastorales] [Grand Rapids: Baker, 1981], 29-33; Homer A. Kent, hijo, *The Pastoral Epistles* [Las epístolas pastorales], edición revisada [Winona Lake, Ind.: BMH, 1982], 24-33.)

A pesar del claro testimonio de las epístolas mismas (cp. 1 Ti. 1:1; 2 Ti. 1:1; Tit. 1:1) y la prueba de la iglesia primitiva, muchos modernos eruditos de la crítica niegan que Pablo escribiera las epístolas pastorales. En vez de esto, ellos proponen que un devoto seguidor de Pablo las compuso en el segundo siglo, posiblemente utilizando algunos fragmentos genuinos de los escritos de Pablo. Como prueba ofrecen cinco evidencias.

En primer lugar, sostienen que las referencias históricas en las epístolas pastorales no se ajustan a la cronología de la vida de Pablo dada en Hechos. Eso es cierto, y está reconocido por quienes defienden la paternidad literaria paulina. Sin embargo, para que haya un válido argumento contra la autenticidad de las epístolas pastorales, los críticos tendrían que probar que a Pablo nunca se le permitió salir de la cárcel de Roma como se registra al final de Hechos. Como Hechos no registra la ejecución de Pablo, esto es obviamente un argumento del silencio. El punto de vista de que Pablo fue liberado de su primer encarcelamiento en Roma encuentra apoyo en el resto del Nuevo Testamento y en la tradición.

La narración de Hechos pone en claro que no hubo ninguna acusación válida presentada contra Pablo. Tanto el procónsul romano Festo (Hch. 25:14-21) como Herodes Agripa (Hch. 26:32) lo reconocieron. A la luz de esto "es correcto suponer que el curso normal de la justicia romana habría resultado en su liberación"' (Donald Guthrie, *New Testament Introduction* [Introducción al Nuevo Testamento], Downers Grove, Ill.: InterVarsity, 1990], 623). En las epístolas que escribió durante su primer encarcelamiento, Pablo expresó su segura esperanza de que sería puesto en libertad (Fil. 1:19, 25-26; 2:24; Flm. 22). Esto está en marcado contraste con la espera de su inminente ejecución en 2 Timoteo 4:6. Además de eso, muchos en la iglesia primitiva creían que Pablo estuvo en España (cp. Ro. 15:28). Por ejemplo, Clemente de Roma, escribiendo a los corintios unos treinta años después de la muerte del apóstol, observa que "luego de predicar en el este y en el oeste, [Pablo] ganó su ilustre fama gracias a su fe, después de enseñarle justicia al mundo entero, y llegó al límite extremo del oeste, y sufrió el martirio bajo los prefectos" (*The First Epistle of Clement to the Corintians* [La Primera Epístola de Clemente a los corintios] V, vol. 1 de *The Ante-Nicene Fathers* [Los padres prenicenos] [reimpresión; Grand Rapids: Eerdmans, 1973], 6). El "límite extremo del oeste" no era Roma, el centro del imperio, sino su frontera occidental en España (cp. Kent, *Pastoral Epistles* [Epístolas pastorales], 45-46). Tal visita no habría sido posible si Pablo no hubiera sido liberado.

Después de su liberación, Pablo predicó durante algunos años antes de que fuera arrestado otra vez (probablemente debido a la persecución desatada por Nerón) y finalmente ejecutado. Fue durante ese período de libertad entre sus dos encarcelamientos en Roma que sucedieron los hechos mencionados en las epístolas pastorales.

En segundo lugar, los críticos argumentan que la herejía mencionada en esas cartas era el muy conocido gnosticismo del segundo siglo. Aunque hay similitudes entre la herejía de la que hablan las epístolas pastorales y el gnosticismo, también hay diferencias importantes. A diferencia de los gnósticos del segundo siglo, los falsos maestros en las epístolas pastorales estaban todavía dentro de la iglesia. Y a diferencia del gnosticismo del segundo siglo, la herejía que enseñaban tenía elementos judíos (1 Ti. 1:7; Tit. 1:10, 14; 3:9). Es cierto que en 1 Timoteo 4:1-5 Pablo combate el ascetismo, y los gnósticos eran ascetas. Pero los gnósticos no inventaron el ascetismo, y Pablo también advierte sobre este en Colosenses 2:20-23. Los gnósticos negaban la resurrección del cuerpo, y Pablo menciona tal error en 2 Timoteo 2:18. Sin embargo, desde el principio hubo quienes negaron la resurrección física, y Pablo se opone a esta herejía en 1 Corintios 15. En resumen, no hay características de la herejía de la que hablan las epístolas pastorales que no existieran cuando Pablo vivía.

Otro argumento contra la paternidad literaria paulina es que la estructura organizativa de la iglesia en las epístolas pastorales está muy bien desarrollada para ser de la iglesia del primer siglo. Los críticos dicen que las epístolas pastorales adoptaron el modelo de organización de la iglesia del segundo siglo. Sostienen ellos que Timoteo y Tito corresponden a los obispos del segundo siglo, con ancianos y diáconos subordinados a ellos. En cambio, el liderazgo de la iglesia en el Nuevo Testamento tenía solo ancianos y diáconos. Esto, sostienen ellos, da a las epístolas pastorales una fecha después de la terminación del Nuevo Testamento. Tal argumento no da explicación a Tito 1:5 y 7, donde los términos *presbuteros* (anciano) y *episkopos* (obispo) se refieren a las mismas personas. Tampoco es cierto, como algunos sostienen, que Pablo no tenía interés alguno en la organización de la iglesia. Hechos 14:23 dice que en su primer viaje misionero él y Bernabé "constituyeron ancianos" (Fil. 1:1). Argumentar "contra una fecha del segundo siglo es el enfoque del escritor en las características que se esperaban de los ancianos y los diáconos. Para el segundo siglo estas habrían sido de seguro bien conocidas" (D. A. Carson, Douglas J. Moo y Leon Morris, *An Introduction to the New Testament* [Introducción al Nuevo Testamento] [Grand Rapids: Zondervan, 1992], 364).

Algunos sostienen que Pablo no pudo haber escrito las epístolas pastorales porque no tienen los grandes temas de su teología. Pero ese argumento no considera el carácter de esas cartas. Se les escribieron a dos de los más cercanos compañeros de Pablo que ya estaban profundamente impregnados de su teología. Además de eso, como se observó antes, estas epístolas tratan mayormente asuntos prácticos de la vida y organización de la iglesia.

Las epístolas pastorales *sí* tienen las características esenciales de la teología de Pablo. No hay presentación más clara de la inspiración de la Biblia en ningún otro pasaje de la Biblia que en 2 Timoteo 3:15-17. Y Tito 3:5-7 es una de las declaraciones más vívidas y contundentes de la doctrina de la salvación en todos los escritos de Pablo. Las epístolas pastorales enseñan la deidad del Señor Jesucristo (Tit. 2:13), su obra mediadora (1 Ti. 2:5) y su sacrificio expiatorio (1 Ti. 2:6). Debido a esa evidencia (y mucho más que pudiera citarse), el comentarista William Hendricksen acertadamente comenta: "Uno se queda maravillado de que este argumento se siga repitiendo" (*Pastoral Epistles* [Epístolas pastorales], 18).

El último y más convincente argumento (para quienes niegan que Pablo escribió las epístolas pastorales) contra la paternidad literaria paulina viene del vocabulario. Los críticos señalan que más de una tercera parte de las palabras griegas en las epístolas pastorales no aparecen en las otras diez epístolas de Pablo. De esa tercera parte, más de la mitad de las palabras no aparecen en ninguna otra parte en el Nuevo Testamento. Estas estadísticas, sostienen ellos, agrupan las epístolas pastorales y las ponen aparte del resto de los escritos de Pablo, que señalan a un autor que no es Pablo.

Tal argumento no considera las circunstancias en las que se escribieron las epístolas pastorales. A diferencia de otros escritos de Pablo, que (salvo Filemón) estaban dirigidos a las iglesias, estas cartas se escribieron a personas. Además de eso, su tema era diferente. La mayoría de los demás escritos inspirados de Pablo está consagrada a la enseñanza de la doctrina y a corregir errores. Es obvio que Timoteo y Tito no necesitaban ese tipo de instrucción. Diferentes circunstancias exigen un vocabulario diferente; por seguro un pastor hoy día utilizaría un vocabulario muy diferente cuando le escribe a un amigo cercano que cuando le predica a su congregación. Resumiendo este punto, Donald Guthrie observó las razones siguientes para el vocabulario diferente de las epístolas pastorales:

1. Lo diferente del tema sin duda da respuesta a tantas nuevas palabras. Asuntos que no se habían tratado anteriormente inevitablemente producen numerosas nuevas expresiones.
2. Se deben considerar las variaciones debido a los avances de la época, ya que el estilo y el vocabulario siempre se afectan producto de esto.
3. El aumento del vocabulario debido al cambio de ambiente pudiera dar respuesta al aumento en el empleo de palabras clásicas.
4. La diferencia en los destinatarios, cuando se compara con las anteriores epístolas dirigidas a las iglesias, son sin duda diferencias en estilo, de la misma manera que inevitablemente difieren la correspondencia pública y privada. (*The Pastoral Epistles* [Las epístolas pastorales], edición revisada [Grand Rapids: Eerdmans, 1990], 240).

Los críticos también plantean que dos tercios de las palabras que aparecen en las epístolas pastorales, pero no en el resto de las epístolas de Pablo, se encuentran en escritos de los cristianos del segundo siglo. De esto deducen que también las epístolas pastorales datan del segundo siglo. Sin embargo, "la mayoría de las palabras que tienen en común las epístolas pastorales y los escritores del segundo siglo también se encuentran en otros escritos anteriores al 50 d.C. No se puede argumentar que Pablo no las habría conocido" (Carson, Moo, y Morris, *Introduction,* [Introducción] 361).

Los riesgos de decidir la paternidad literaria basándose en el vocabulario llevó al lexicógrafo del siglo XIX Joseph Henry Thayer a advertir del "monumental juicio equivocado de algunos que han puesto en tela de juicio la paternidad literaria basándose solamente en el vocabulario" (*Greek-English Lexicon of the New Testament* [Léxico griego-inglés del Nuevo Testamento, reimpreso; Grand Rapids: Zondervan, 1970], 689). Como observa acertadamente Homer Kent: "El testimonio uniforme de la historia antigua debe tener más peso que la variedad de vocabulario". (*Pastoral Epistles* [Epístolas pastorales], 67; cp. Guthrie, *Pastoral Epistles* [Epístolas pastorales], 21.) (Para un análisis exhaustivo del argumento del vocabulario, vea Guthrie, *Introduction; Pastoral Epistles* [Introducción: Epístolas pastorales] (sobre todo el apéndice); Hendricksen, *Pastoral Epistles* [Epístolas pastorales]; y Kent, *Pastoral Epistles* [Epístolas pastorales]).

Ninguno de los cinco argumentos propuestos por los críticos es válido.

Además, hay serias dificultades con el punto de vista de que un autor seudónimo (un "falsificador piadoso") escribiera las epístolas pastorales. (Para un análisis del asunto de la seudonimia, vea Carson, Moo, y Morris, *Introduction,* [Introducción] 367ss.)

En primer lugar, a pesar de los reclamos de los críticos, la iglesia primitiva no aprobó los "falsificadores piadosos". Pablo advirtió del peligro de los falsos maestros que decían provenir de él (2 Ts. 2:2) y tomó medidas para autenticar sus cartas (cp. 2 Ts. 3:17). Tertuliano, el padre de la Iglesia escribió de un líder de la iglesia que fue expulsado de su cargo por falsificar un documento en nombre de Pablo, aunque lo hizo por amor a Pablo (*On Baptism XVII* [Sobre el bautismo en el siglo XVII], vol. 3 de *The Ante-Nicene Fathers* [Los padres prenicenos] [Grand Rapids: Eerdmans, 1973], 677).

La falsificación de las cartas personales no era una práctica común en la iglesia primitiva. Carson, Moo y Morris advierten que "no debemos acercarnos a las epístolas del Nuevo Testamento como si fuera algo común para los primeros cristianos escribir cartas en nombre de otra persona. Hasta donde alcanza nuestro conocimiento, no hay tal tipo de carta emanando de los cristianos de ningún lugar en el período cercano al Nuevo Testamento" (*Introduction,* [Introducción] 368). La hipótesis del falsificador piadoso levanta un gran número de problemáticas preguntas: ¿Por qué habría falsificado *tres* cartas que tienen tanto en común? ¿Por qué no inventó un itinerario para Pablo que encajara en lo que el libro de Hechos recoge acerca de su vida? ¿Y cómo engañó a la iglesia primitiva para que aceptara los detalles históricos de las epístolas pastorales si nunca sucedieron? ¿En cuál situación histórica específica en el segundo siglo encajan las epístolas pastorales? ¿Cuán probable es que un devoto seguidor de Pablo describiera a su maestro como "blasfemo, perseguidor e injuriador... el primero de [los pecadores]" (1 Ti. 1:13, 15)? ¿No habría sido el colmo de la hipocresía incluir advertencias con relación a los engañadores (cp. 2 Ti. 3:13; Tit. 1:10) cuando él mismo era uno?

La evidencia es clara. Pablo el apóstol escribió las epístolas pastorales, como siempre ha sostenido la iglesia (hasta hace poco). (Para más información acerca de Pablo, vea el capítulo 1 de este tomo.)

FECHA, LUGAR Y OCASIÓN DEL ESCRITO

Luego de su liberación del primer encarcelamiento, Pablo volvió a visitar algunas de las iglesias principales en las que había servido, entre ellas Éfeso. Entonces fue a Macedonia, dejando a Timoteo para que tratara algunas problemas en la iglesia de Éfeso (1 Ti. 1:3). Desde Macedonia, Pablo escribió esta carta, dando a Timoteo instrucciones adicionales que lo ayudaran a llevar a cabo su misión. Por este mismo tiempo (63-64 d.C.), le escribió a Tito, que estaba desarrollando su ministerio en la isla de Creta. Al ser arrestado otra vez debido a la persecución desatada por Nerón, Pablo escribió su última carta (2 Timoteo) mientras estaba en la cárcel esperando la ejecución (ca. 66 d.C.).

BOSQUEJO DE PRIMERA TIMOTEO

I. Saludos (1:1-2)
II. Instrucciones con relación a la falsa doctrina (1:3-20)
   A. La falsa doctrina en Éfeso (1:3-11)
   B. La verdadera doctrina de Pablo (1:12-17)
   C. La exhortación a Timoteo (1:18-20)
III. Instrucciones con relación a la iglesia (2:1—3:16)
   A. La importancia de la oración (2:1-8)
   B. La función de las mujeres (2:9-15)
   C. Los requisitos de los pastores (3:1-13)
   D. La razón de la carta de Pablo (3:14-16)
IV. Instrucciones respecto a los falsos maestros (4:1-16)
   A. La descripción de los falsos maestros (4:1-5)
   B. La descripción de los verdaderos maestros (4:6-16)
V. Instrucciones con relación a las responsabilidades pastorales (5:1—6:2)
   A. La responsabilidad con los miembros que pecan (5:1-2)
   B. La responsabilidad de las viudas (5:3-16)
   C. La responsabilidad de los ancianos (5:17-25)
   D. La responsabilidad de los esclavos (6:1-2)
VI. Instrucciones respecto al hombre de Dios (6:3-21)
   A. El peligro de la falsa enseñanza (6:3-5)
   B. El peligro del amor al dinero (6:6-10)
   C. El carácter y la motivación de un hombre de Dios (6:11-16)
   D. El uso apropiado de las riquezas (6:17-19)
   E. El empleo apropiado de la verdad (6:20-21)

Verdadero hijo en la fe 1

Pablo, apóstol de Jesucristo por mandato de Dios nuestro Salvador, y del Señor Jesucristo nuestra esperanza, a Timoteo, verdadero hijo en la fe: Gracia, misericordia y paz, de Dios nuestro Padre y de Cristo Jesús nuestro Señor. (1:1-2)

El gozo supremo de cualquier padre es ver crecer a su hijo hasta convertirse en una persona adulta. Para eso ora, trabaja y espera. Lo mismo es cierto en el reino espiritual. No hay gozo mayor para un padre espiritual que engendrar un verdadero hijo en la fe y guiarlo a la madurez.

Pablo deseaba, como debe desearlo todo cristiano, reproducir en sus hijos espirituales sus virtudes de semejanza a Cristo. Trataba de guiar a otros a Cristo, luego alimentarlos hasta la madurez, para que pudieran repetir el mismo proceso. Describe ese proceso a través de cuatro generaciones en 2 Timoteo 2:2: "Lo que has oído de mí ante muchos testigos, esto encarga a hombres fieles que sean idóneos para enseñar también a otros". Reproducirse a sí mismo era el objetivo principal en la vida del apóstol.

Es asombrosa la forma en la que Dios lo usaba para producir genuinos hijos espirituales. Aunque muchos de sus compañeros, como Bernabé, Silas, Juan Marcos, Apolos y Lucas no eran sus descendientes espirituales, muchos otros lo eran. Dionisio, Dámaris, Gayo, Sópater, Tíquico, Trófimo, Estéfanas, Clemente, Epafras, los corintios (1 Co. 4:15) y muchos otros, que probablemente incluyera a la mayoría de los que se mencionan en Romanos 16, fueron con toda probabilidad el fruto de los esfuerzos evangelizadores del apóstol. A algunos los alcanzó personalmente, otros fueron salvos a través de su predicación pública. Aun otros fueron alcanzados indirectamente a través de aquellos a quienes el propio Pablo había alcanzado.

De todos esos que fueron salvos antes de encontrarse con Pablo, y de los que fueron fruto de su trabajo, solo a dos les da el título de "verdadero hijo en la fe". Uno es Tito (Tit. 1:4), y el otro es Timoteo. Esa descripción excepcional estaba reservada para esos hombres importantes en la vida del apóstol. De los dos, Timoteo es quien más refleja a Pablo. Pablo escribió acerca de él:

Espero en el Señor Jesús enviaros pronto a Timoteo, para que yo también esté de buen ánimo al saber de vuestro estado; pues a ninguno tengo del mismo ánimo, y que tan sinceramente se interese por vosotros. Porque todos buscan lo suyo propio, no lo que es de Cristo Jesús. Pero ya conocéis los méritos de él, que como hijo a padre ha servido conmigo en el evangelio. (Fil. 2:19-22)

Por esto mismo os he enviado a Timoteo, que es mi hijo amado y fiel en el Señor, el cual os recordará mi proceder en Cristo, de la manera que enseño en todas partes y en todas las iglesias. (1 Co. 4:17)

Timoteo era el favorito de Pablo, su hijo espiritual, el reflejo más genuino del apóstol.

Esta carta a Timoteo (al igual que la segunda) es ante todo una carta de un hombre en el ministerio a otro, del amado mentor a su más querido discípulo. Por lo tanto, la debemos comprender primero desde el punto de vista de lo que estaba ocurriendo en la vida de Pablo y de Timoteo, y de la situación en Éfeso. Solo entonces podemos aplicar sus verdades a nuestra propia época.

EL AUTOR

Pablo, apóstol de Jesucristo por mandato de Dios nuestro Salvador, y del Señor Jesucristo nuestra esperanza, (1:1)

Pablo es sin duda un nombre conocido para cualquier estudiante del Nuevo Testamento. Pablo (*Pablous* en latín) era un nombre común y corriente en Cilicia, en la que estaba ubicada su ciudad natal de Tarso. Significa "pequeño" y pudiera indicar que fue pequeño desde que nació. No era un hombre de estatura sobresaliente o de señalada apariencia. Un escritor del siglo segundo lo describió como "un hombre pequeño de estatura, con cabeza calva y piernas encorvadas, con su cuerpo en buen estado, con cejas tupidas y nariz un poco en forma de gancho, lleno de cordialidad; por ahora parecía un hombre, y ahora tenía el rostro de un ángel" (citado por R. N. Longenecker, "Pablo, el apóstol", en Merrill C. Tenney, ed., *The Zondervan Pictorial Encyclopedia of the Bible* [La Enciclopedia Ilustrada de la Biblia de Zondervan] [Grand Rapids: Zondervan, 1977], 4:625). Sus adversarios en Corinto que querían humillarlo decían de él: "las cartas son duras y fuertes; mas la presencia corporal débil, y la palabra menospreciable". (2 Co. 10:10)

Cualquiera que haya sido su estatura física, su estatura espiritual es insuperable. Fue único en la historia de la redención, responsable de la difusión inicial del mensaje del evangelio por todo el mundo gentil.

Ese hombre excepcional nació en el seno de una familia judía (Fil. 3:5) y tenía ciudadanía romana (Hch. 22:25-28). Su nombre hebreo era Saulo, parecido al del más destacado miembro de su tribu de Benjamín, el rey Saúl. El Nuevo Testamento se refiere a él como "Saulo" hasta su primer viaje misionero (Hch. 13:9), a partir del cual se le llama "Pablo".

Tenía una educación tradicional y ortodoxa. Se describió a sí mismo como "circuncidado al octavo día, del linaje de Israel, de la tribu de Benjamín, hebreo de hebreos; en cuanto a la ley, fariseo" (Fil. 3:5). Estaba fanáticamente comprometido y era un devoto celoso del judaísmo. En Gálatas 1:14, se describió a sí mismo como que "en el judaísmo aventajaba a muchos de mis contemporáneos en mi nación, siendo mucho más celoso de las tradiciones de mis padres". Su ardiente celo se ve en su disposición a participar en el asesinato de Esteban (Hch. 8:1), y su ulterior persecución de la iglesia (Hch. 8:3; 9:1-2; 26:9-11).

Estaba en camino a Damasco para llevar a cabo sus persecuciones cuando su vida cambió de repente, de forma espectacular y para siempre. El Cristo resucitado y glorificado se le apareció a él y a sus aterrorizados acompañantes. Todo en poco tiempo: quedó ciego, recibió la salvación y el llamado al ministerio, y poco después fue bautizado (Hch. 9:1-18). Luego de un período de solitaria preparación en el desierto nabateo (Arabia) cerca de Damasco, regresó a esa ciudad y comenzó a proclamar el evangelio. Después de levantar hostilidad entre los líderes judíos y gentiles con su valiente predicación (Hch. 9:22-25; 2 Co. 11:32-33), escapó y fue a Jerusalén. La iglesia en aquella ciudad estaba naturalmente dudosa de si debía aceptar al que los había perseguido con tanta violencia. Con el tiempo, gracias a los esfuerzos de Bernabé, Pablo fue aceptado. Después llegó a ser uno de los pastores de la iglesia de Antioquía (Hch. 13:1ss). Mientras predicaba allí fue que el Espíritu Santo lo envió a la obra de su vida como el apóstol de los gentiles (Hch. 22:14-15; 26:16-18).

El verbo *apostellō*, del que se deriva el sustantivo *apostolos* **(apóstol)**, significa "enviar con la encomienda de hacer algo como el representante personal de alguien, preparado con credenciales" (Kenneth S. Wuest, *The Pastoral Epistles in the Greek New Testament* [Las Epístolas pastorales en el Nuevo Testamento griego], vol. 2 de *Word Studies in the Greek New Testament* [Estudios de la Palabra en el Nuevo Testamento griego] [Grand Rapids: Eerdmans, 1978], 22). Pudiéramos traducir *apostolos* como "enviado" o "embajador", alguien que va en una misión llevando las credenciales del que lo envió.

Un apóstol en el Nuevo Testamento era uno enviado a llevar el evangelio a los pecadores. En el más amplio sentido, muchas personas fueron llamadas apóstoles. Bernabé (Hch. 14:14), Epafrodito (Fil. 2:25), Andrónico y Junias (Ro. 16:7), y Jacobo el hermano del Señor (Gá. 1:19) llevaban el título, aunque no estaban entre los doce escogidos por el Señor. Son lo que 2 Corintios 8:23 llama "mensajeros [apóstoles] de las iglesias".

En su uso neotestamentario más restringido y común, "apóstol" se refiere a un apóstol **de Jesucristo.** Esos apóstoles incluían a los doce originales (suprimiendo a Judas y añadiendo a Matías después de la deserción de Judas) y Pablo. A diferencia de los apóstoles de las iglesias, estos hombres fueron comisionados por Cristo mismo. Fueron escogidos personalmente por Él (cp. Lc. 6:13; Hch. 9:15), y aprendieron el evangelio de Él, no de otros hombres (cp. Gá. 1:11-12). Los apóstoles de Cristo fueron testigos de sus palabras, de sus hechos, y en especial de su resurrección Hch. 1:21-22). Pablo podía ser contado entre ellos, ya que se encontró con el Cristo resucitado en el camino a Damasco, y en otras tres ocasiones (Hch. 18:9-10; 22:17-18; 23:11).

Los apóstoles de Cristo fueron también dotados por el Espíritu Santo para recibir e impartir la verdad divina. Fue a ellos a quienes Jesús dijo: "Mas el Consolador, el Espíritu Santo, a quien el Padre enviará en mi nombre, él os enseñará todas las cosas, y os recordará todo lo que yo os he dicho" (Jn. 14:26). Ellos también tenían el poder para echar fuera demonios y sanar a los enfermos, realizando esas señales, prodigios y milagros que constituían "las señales de apóstol" (2 Co. 12:12; cp. He. 2:3-4). Según Efesios 2:20, son el fundamento sobre el cual se edifica el resto de la iglesia. Desde su nacimiento la iglesia estudió "la doctrina de los apóstoles" (Hch. 2:42).

Aunque Pablo también emplea la palabra **Jesucristo**, los otros escritores apostólicos (Pedro, Santiago y Juan) usan esta palabra exclusivamente. Una explicación posible es que los demás apóstoles conocieran primero al hombre Jesús, y solo más tarde comprendieran que Él era el Cristo divino. Por otra parte, la primera vez que Pablo se encuentra con Él fue como el Cristo resucitado y glorificado.

Pudiera parecer innecesario que Pablo subrayara su autoridad apostólica a Timoteo, quien de seguro no se lo cuestionaba. Sin embargo, Timoteo afrontaba una situación difícil en Éfeso, y necesitaba todo el peso de la autoridad apostólica de Pablo respaldándolo. Esta carta, al ser leída y hecha cumplir en la iglesia, fortalecería la mano de Timoteo.

El empleo de *epitagē* (**mandato**) en vez del vocablo más acostumbrado *thelēma* ("voluntad") acentúa más aun la autoridad apostólica de Pablo. Pablo tenía un mandato directo de Dios el Padre y de Jesucristo de llevar a cabo su ministerio. Ese mandato incluía la redacción de esta carta, que pone sobre Timoteo y la iglesia una pesada carga de obedecer sus mandatos. *Epitagē* se refiere a un mandato real que no es negociable, sino obligatorio. Pablo, Timoteo y la congregación de Éfeso estaban todos bajo las órdenes del Soberano del universo. Pablo pudo también haber escogido este término más fuerte debido a los falsos maestros de Éfeso, que probablemente ponían en duda su autoridad.

Las órdenes de Pablo venían de **Dios nuestro Salvador** y **Jesucristo,** nuestra esperanza. Alguien ha dicho muy bien que el cristianismo es una religión de pronombres personales. No adoramos a una deidad remota e impersonal, sino a Dios nuestro Salvador y a Jesucristo nuestra esperanza. Al vincular a Dios el Padre y a Jesucristo como el origen de su encomienda divina, Pablo alude a la deidad de Cristo. Jesús se vinculó a sí mismo muchas veces con Dios el Padre en los Evangelios (cp. Mt. 11:27; Jn. 5:17-18; 10:30; 17:1-5, 11, 21-22). La deidad de Cristo pudiera haber estado bajo ataque en Éfeso (cp. 1 Ti. 3:16).

Dios nuestro Salvador es un título que aparece solo en las epístolas pastorales, aunque tiene raíces en el Antiguo Testamento (cp. Sal. 18:46; 25:5; 27:9; Mi. 7:7; Hab. 3:18). Dios es el libertador del pecado y de sus consecuencias; es la fuente de la salvación, y quien la planeó desde la eternidad (cp. 2 Ts. 2:13). La idea liberal de que el Dios del Antiguo Testamento es un Dios iracundo y vengador a quien el amable y amoroso Cristo aplacó, es tanto falsa como blasfema.

El plan de salvación de Dios el Padre fue ejecutado por **Jesucristo, nuestra esperanza.** Tenemos esperanza para el futuro gracias a lo que Cristo ha hecho en el pasado y está haciendo en el presente. En Colosenses 1:27 Pablo dice: "Cristo en vosotros, [es] la esperanza de gloria". El apóstol Juan escribió:

> *Amados, ahora somos hijos de Dios, y aún no se ha manifestado lo que hemos de ser; pero sabemos que cuando él se manifieste, seremos semejantes a él, porque le veremos tal como él es. Y todo aquel que tiene esta esperanza en él, se purifica a sí mismo, así como él es puro (1 Juan 3:2-3).*

No había duda de que había algunos en la iglesia de Éfeso que trataban de quitarles a los creyentes la esperanza de la salvación. Pablo responde subrayando ambos aspectos de la obra de Cristo (cp. 1:11, 14-17; 2:3; 4:10) en sus escritos a Timoteo, para que él pudiera hacer frente a estos ataques.

EL DESTINATARIO

a Timoteo, verdadero hijo en la fe (1:2*a*)

El nombre **Timoteo** significa "el que honra a Dios". Le pusieron el nombre su madre y su abuela, Eunice y Loida, que sin duda eran devotas judías antes de que fueran creyentes en el Señor Jesucristo. Le enseñaron a Timoteo las Escrituras desde niño (2 Ti. 3:15). Su padre era un griego pagano (Hch. 16:1), y pudiera haber muerto antes. Como el hijo de una madre judía y un padre griego, Timoteo tenía credenciales que le daban acceso a ambas culturas.

Timoteo era el discípulo, amigo, colaborador y querido hijo espiritual de Pablo. En la época en la que se escribió 1 Timoteo, había estado con Pablo por unos quince años como el compañero constante del apóstol. Se quedó detrás en Berea con Silas después que la persecución obligó a Pablo a irse para Atenas

(Hch. 17:13-15), pero luego se unió a Pablo allí (cp. Hch. 17:15). Estuvo con Pablo en Corinto (Hch. 18:5), Pablo lo envió a Macedonia (Hch. 19:22), y acompañó Pablo en su viaje de regreso a Jerusalén (Hch. 20:4). Él estaba con Pablo cuando este escribió Romanos (Ro. 16:21), 2 Corintios (2 Co. 1:1), Filipenses (Fil. 1:1), Colosenses (Col. 1:1), las epístolas a los tesalonicenses (1 Ts. 1:1; 2 Ts. 1:1), y Filemón (Flm. 1). Servía con frecuencia a Pablo en la solución de problemas en las iglesias. Pablo lo envió a Corinto (1 Co. 4:17), Tesalónica (1 Ts. 3:2), Filipos (Fil. 2:19), y ahora a Éfeso.

Gnēsios (**verdadero**) se refiere a un hijo legítimo, uno nacido de un matrimonio. Es lo opuesto de *nothos,* que significa "bastardo" o "hijo ilegítimo". Timoteo era un hijo *gnēsios* de Pablo, mientras Demas era un *nothos.* La fe de Timoteo era genuina. El empleo de *teknon* (**hijo**) en vez de *huios* nos dice que Pablo engendró espiritualmente a Timoteo. Como **en la fe** es *anarthrous* (sin el artículo definido) en griego, pudiera traducirse "en fe". En ese sentido, Pablo estaría diciendo que Timoteo es su hijo en la esfera de la fe. La traducción **en la fe** pudiera referirse al cuerpo objetivo de la fe cristiana. Ambos sentidos son posibles y consecuentes con el uso de Pablo en otras partes.

La frase **verdadero hijo en la fe** da una idea del carácter de Timoteo. Pablo pone a Timoteo como ejemplo de lo que es un verdadero hijo en la fe. Se comprueba así su autenticidad, y se llama a la iglesia de Éfeso a que siga su ejemplo. Hay implícitas en esta sección inicial cinco cualidades que caracterizaban a Timoteo como verdadero hijo en la fe. El examinarlas da una breve visión de conjunto de la epístola.

LA FE SALVADORA

Es obvia la imposibilidad de ser un verdadero hijo en la fe sin experimentar la salvación divina en Jesucristo. Pablo da testimonio en toda la epístola de la autenticidad de la conversión de Timoteo. En 1:1-2, sugiere por el empleo de los pronombres plurales que Timoteo tiene al mismo Dios y al mismo Cristo que tiene él (cp. 4:10). En 6:11, Pablo lo llama "hombre de Dios", y lo exhorta que pelee "la buena batalla de la fe, [a que eche] mano de la vida eterna, a la cual [fue] llamado, habiendo hecho la buena profesión delante de muchos testigos" (6:12). Timoteo no solo fue llamado por Dios a la vida eterna, sino también a dar testimonio público de su fe en Cristo. La confirmación inequívoca de la salvación de Timoteo está en 2 Timoteo 1:5, donde Pablo habla de su "fe no fingida".

Las circunstancias de la conversión de Timoteo no aparecen en las Escrituras. Sin embargo, es probable que esté relacionada con el ministerio de Pablo y Bernabé en Listra (la ciudad natal de Timoteo) en el primer viaje misionero (Hch. 14:6-23). Después de ver a Pablo sanar a un cojo, el pueblo decidió que él y Bernabé eran dioses y trataron de ofrecerles sacrificios. Sin embargo, poco después algunos de los opositores judíos de Pablo de las ciudades cercanas vinieron y volvieron a la multitud contra él. Apedrearon a Pablo, lo arrastraron fuera de la ciudad y lo dieron por muerto. Timoteo, Eunice y Loida debieron haber estado al tanto de estos sucesos y haberse convertido en ese tiempo. De esta manera, la presentación de Pablo a Timoteo fue muy conmovedora. Cuando Pablo volvió a visitar Listra en su segundo viaje misionero, escogió a Timoteo para que viajara y predicara con él.

Lamentablemente, no todos los que estaban en la iglesia en Éfeso pudieran haber sustentado una fe genuina. Algunos pudieran haber puesto en duda la deidad de Cristo, llevando a Pablo a escribir: "E indiscutiblemente, grande es el misterio de la piedad: Dios fue manifestado en carne, justificado en el Espíritu, visto de los ángeles, predicado a los gentiles, creído en el mundo, recibido arriba en gloria" (3:16). Nadie que rechace la deidad de Cristo puede ser salvo. Nuestro Señor dijo en Juan 8:24 que "si no creéis que yo soy, en vuestros pecados moriréis". La salvación, según Pablo, resulta de confesar a Jesús como Señor y creer que Dios lo resucitó de los muertos (Ro. 10:9). Había algunos en Éfeso que no estaban comprometidos con esas verdades fundamentales. Es probable que algunos incluso dentro del liderazgo estuvieran enseñando falsas doctrinas (1:3). Pablo ya había advertido de esto a los ancianos de Éfeso (Hch. 20:29-30). Tales hombres se habían apartado de la verdad y se habían vuelto a "vana palabrería" (1:6).

En el capítulo 4 Pablo advierte:

> *Pero el Espíritu dice claramente que en los postreros tiempos algunos apostatarán de la fe, escuchando a espíritus engañadores y a doctrinas de demonios; por la hipocresía de mentirosos que, teniendo cauterizada la conciencia, prohibirán casarse, y mandarán abstenerse de alimentos que Dios creó para que con acción de gracias participasen de ellos los creyentes y los que han conocido la verdad (4:1-3).*

Como los "postreros tiempos" comenzaron con la venida de Cristo (cp. 1 P. 1:20), algunos en Éfeso no hacían caso a la verdadera fe salvadora, creyendo más bien las mentiras demoníacas. Daban oído a los hipócritas, con conciencias marchitas e insensibles, enseñando un ascetismo falso.

Según 6:20-21, algunos en Éfeso habían sido víctimas de las "profanas pláticas sobre cosas vanas, y los argumentos de la falsamente llamada ciencia". Como resultado, ellos "se desviaron de la fe". No habían dado en el blanco respecto a la fe salvadora, y estaban perdidos.

La genuina fe de Timoteo sobresalía en marcado contraste con la falsa fe de muchos en Éfeso.

OBEDIENCIA CONSTANTE

El Nuevo Testamento enseña reiteradamente que el distintivo de un verdadero creyente es una norma viva de obediencia. Nuestro Señor dijo en Juan 14:15: "Si me amáis, guardad mis mandamientos" (cp. los vv. 21, 23). En Juan 8:31 les dijo a quienes decían tener fe en Él: "Si vosotros permaneciereis en mi palabra, seréis verdaderamente mis discípulos". Pablo escribió en Efesios 2:10: "somos hechura suya, creados en Cristo Jesús para buenas obras, las cuales Dios preparó de antemano para que anduviésemos en ellas". Las buenas obras no son el fundamento de la salvación, sino la evidencia de ella. Como lo dijera Martín Lutero: "Las buenas obras no hacen a un hombre bueno, pero un hombre bueno hace buenas obras" (*"The Freedom of a Christian",* [La libertad de un cristiano] en John Dillenberger, ed., *Martin Luther: Selections from His Writings* [Martín Lutero: Selecciones de sus escritos] [Garden City, N.Y.: Anchor Books, 1961], 69).

La norma de la vida de Timoteo era la obediencia. Cuando Pablo volvió a Listra en su segundo viaje misionero, conoció a Timoteo, y que "daban buen testimonio de él los hermanos que estaban en Listra y en Iconio" (Hch. 16:2). Pablo dio testimonio de la fiel devoción de Timoteo en 4:6: "Si esto enseñas a los hermanos, serás buen ministro de Jesucristo, nutrido con las palabras de la fe y de la buena doctrina que has seguido".

Otros en Éfeso no tenían esa norma de constante obediencia. En 1:19 Pablo escribe de los que, habiendo rechazado "la fe y buena conciencia", habían "[naufragado] en cuanto a la fe". Habían comenzado por el camino correcto, pero se habían perdido antes de llegar a puerto seguro.

En el capítulo 5, Pablo les aconseja a las viudas más jóvenes que se vuelvan a casar, ya que "somos hechura suya, creados en Cristo Jesús para buenas obras, las cuales Dios preparó de antemano para que anduviésemos en ellas" (5:15). Tales mujeres ejemplifican la verdad de 1 Juan 2:19: "Salieron de nosotros, pero no eran de nosotros; porque si hubiesen sido de nosotros, habrían permanecido con nosotros; pero salieron para que se manifestase que no todos son de nosotros".

En el capítulo 6, se le dijo a Timoteo que les advirtiera a quienes deseaban riquezas que:

> *los que quieren enriquecerse caen en tentación y lazo, y en muchas codicias necias y dañosas, que hunden a los hombres en destrucción y perdición; porque raíz de todos los males es el amor al dinero, el cual codiciando algunos, se extraviaron de la fe, y fueron traspasados de muchos dolores (6:9-10).*

La inquebrantable obediencia de Timoteo era verdaderamente "ejemplo de los creyentes" (4:12). Había sido un creyente perseverante en una iglesia plagada de desertores.

SERVICIO HUMILDE

Un verdadero hijo en la fe es un siervo. Pablo describió la conversión de los tesalonicenses con estas palabras: "os convertisteis de los ídolos a Dios" (1 Ts. 1:9). Debe llevarse la vida cristiana como una mayordomía de servicio al señorío soberano de Jesucristo. Los discípulos dejaron todo para seguir y servir a Jesús. La verdadera salvación se caracteriza por un corazón de siervo.

El servicio humilde caracterizó la vida de Timoteo. Ante la exhortación de Pablo, voluntariamente se quedó en el difícil puesto en Éfeso (1:3). Aunque tenía unos veinte años en aquel momento, fue circuncidado para servir mejor con Pablo (Hch. 16:3). Como se ha observado, sirvió a Pablo durante muchos años, en circunstancias difíciles. No es de extrañarse entonces que Pablo lo llamara "mi colaborador" (Ro. 16:21). No hay mayor elogio.

Había otros en Éfeso que no estaban interesados en el servicio humilde. Pablo advirtió en 3:6 que no se debía tomar a un recién convertido y convertirlo en anciano, debido al peligro del orgullo. Por lo visto, algunos en la iglesia de Éfeso buscaban lugares de liderazgo solo para enaltecerse (1:6-7). Se debía recompensar a los ancianos que se caracterizaban por la humildad y el servicio diligente (5:17). Se debía reprender públicamente a los que orgullosamente persistían en pecar (5:19-20). Los falsos maestros de Éfeso se caracterizaban por la vanidad, no por la humildad (6:4).

El humilde servicio de Timoteo lo hacía un heredero apropiado del propio apóstol desinteresado y sacrificado.

SANA DOCTRINA

Un verdadero hijo en la fe seguirá la sana doctrina. Jesús dijo a los fariseos: "El que es de Dios, las palabras de Dios oye; por esto no las oís vosotros, porque no sois de Dios" (Jn. 8:47). La iglesia primitiva se dedicó a la enseñanza de los apóstoles (Hch. 2:42).

Timoteo era estudiante y maestro de la sana doctrina. Estaba "nutrido con las palabras de la fe y de la buena doctrina" que había seguido (4:6). Pablo exhortó a Timoteo a que enseñara las verdades que había aprendido (4:11; 6:2), confiado en que Timoteo estaba doctrinalmente sano.

Éfeso estaba llena de falsos maestros. Algunos se habían desviado de la verdad y se dedicaban a la vana palabrería (1:6). Presumían de ser maestros de la ley, aunque no la entendían (1:7). Pablo disciplinó a dos de ellos, Himeneo y

Alejandro (1:20). Pablo describe la falsa enseñanza en Éfeso como "fábulas profanas y de viejas" (4:7), "cuestiones y contiendas de palabras, de las cuales nacen envidias, pleitos, blasfemias, malas sospechas" (6:4). Los que la sustentaban estaban envanecidos y no sabían nada (6:4).

A diferencia de los falsos maestros, Pablo confiaba en la ortodoxia de Timoteo. Él confiaba que Timoteo se "[ocuparía] en la lectura, la exhortación y la enseñanza" hasta que él llegara a Éfeso (4:13).

CONVICCIÓN VALEROSA

Los que logran ejercer influencia por la causa de Cristo deben tener el valor de sostener sus convicciones. Todo pescado muerto puede flotar río abajo; se requiere que el pez esté vivo para que pueda luchar con la corriente. Una convicción fuerte se logra por la madurez espiritual y el conocimiento de la Palabra, y es un elemento fundamental para todo ministerio eficiente.

Timoteo debía ser un luchador. Pablo lo puso en Éfeso "para que [mandara] a algunos que no enseñen diferente doctrina" (1:3). Él debía "[militar]a la buena milicia" (1:18), y guardar lo que se le había encomendado (6:20).

A muchos en la congregación de Éfeso les faltaban las convicciones de su pastor. Tales hombres no eran adecuados para ser ancianos (3:2), o diáconos (3:10), ya que no eran irreprensibles. Algunas de las viudas jóvenes estaban en peligro de volverse de su compromiso con Cristo (5:11-12). Aun otros en la congregación estaban codiciando el dinero y "fueron traspasados de muchos dolores" (6:10).

En cambio, Timoteo mantuvo sus convicciones, aun cuando le costara la vida. Según la tradición, sufrió el martirio en Éfeso unos treinta años después, por oponerse a la adoración de la diosa Diana. Él "retuvo] firme hasta el fin [su] confianza del principio" (He. 3:14).

EL SALUDO

Gracia, misericordia y paz, de Dios nuestro Padre y de Cristo Jesús nuestro Señor. (1:2*b*)

Gracia y **paz** es el conocido saludo paulino, que aparece en todas sus epístolas. Solo aquí y en 2 Timoteo 1:2 él añade **misericordia.** Timoteo necesitaría de las tres para afrontar la situación en Éfeso. **Gracia** se refiere al favor, amor y perdón inmerecidos de Dios que libera a los pecadores de las consecuencias del pecado. La **misericordia** no nos libra de las consecuencias del pecado, sino de la desdicha que lo acompaña; **paz** es resultado de la gracia y la misericordia. Se refiere no solo a la armonía con Dios, sino también a la tranquilidad del alma. Son necesarias la gracia, la misericordia y la paz a lo largo de la vida cristiana, no simplemente en la salvación.

Una vez más Pablo relaciona **Dios nuestro Padre y de Cristo Jesús nuestro Señor,** subrayando así la deidad de Cristo y su igualdad con el Padre. Como se ha observado, parte de la herejía en Éfeso incluía un rechazo de la deidad de Cristo.

En estos dos breves y al parecer superficiales versículos, Pablo muestra su pasión por la iglesia de Éfeso, una pasión que se avivó durante sus tres años de ministerio allí. Para ayudar a Timoteo a combatir la herejía que estaba amenazando la iglesia, lanzó todo el peso de su autoridad apostólica sobre él. También le pide a Dios que derrame sobre Timoteo, su verdadero hijo en la fe, la gracia, misericordia y paz que necesita para afrontar la situación. Estos versículos, por lo tanto, sirven de apropiada introducción a esta importante carta.

Cómo tratar a los falsos profetas

2

Como te rogué que te quedases en Éfeso, cuando fui a Macedonia, para que mandases a algunos que no enseñen diferente doctrina, ni presten atención a fábulas y genealogías interminables, que acarrean disputas más bien que edificación de Dios que es por fe, así te encargo ahora. Pues el propósito de este mandamiento es el amor nacido de corazón limpio, y de buena conciencia, y de fe no fingida, de las cuales cosas desviándose algunos, se apartaron a vana palabrería, queriendo ser doctores de la ley, sin entender ni lo que hablan ni lo que afirman. Pero sabemos que la ley es buena, si uno la usa legítimamente; conociendo esto, que la ley no fue dada para el justo, sino para los transgresores y desobedientes, para los impíos y pecadores, para los irreverentes y profanos, para los parricidas y matricidas, para los homicidas, para los fornicarios, para los sodomitas, para los secuestradores, para los mentirosos y perjuros, y para cuanto se oponga a la sana doctrina, según el glorioso evangelio del Dios bendito, que a mí me ha sido encomendado. (1:3-11)

En las categóricas palabras de Juan 8:44, Jesús nos informa que Satanás es un mentiroso. Dondequiera que Dios siembra la verdad, su archienemigo se esfuerza por sembrar falsedad y error. No es de sorprender, entonces, que uno de sus ataques más persistentes sobre la iglesia haya sido mediante las falsas doctrinas. Los falsos maestros y su doctrina demoníaca han estado en el centro mismo de la lucha que la iglesia ha tenido que librar a lo largo de su historia. Ni son exclusivos de la época de la iglesia. El Antiguo Testamento presenta repetidas condenaciones de los falsos profetas que plagaron a Israel (cp. Dt. 13:1-5; Jer. 14:14ss; 23:1ss; Lm. 2:14; Ez. 13:1ss; Zac. 10:2).

Nuestro Señor nos recordó a menudo el peligro de los falsos maestros. Advirtió en Mateo 7:15: "Guardaos de los falsos profetas, que vienen a vosotros con vestidos de ovejas, pero por dentro son lobos rapaces". En el discurso del Olivar, advirtió acerca de los falsos profetas que surgirían en el futuro: "Y muchos falsos profetas se levantarán, y engañarán a muchos;... Porque se levantarán falsos Cristos, y falsos profetas, y harán grandes señales y prodigios, de tal manera que engañarán, si fuere posible, aun a los escogidos" (Mt. 24:11, 24).

Los autores del Nuevo Testamento repitieron la advertencia de nuestro Señor. Pablo escribió a los corintios acerca de "falsos apóstoles, obreros fraudulentos, que se disfrazan como apóstoles de Cristo" (2 Co. 11:13). Segunda Pedro 2:1 dice: "Pero hubo también falsos profetas entre el pueblo, como habrá entre vosotros falsos maestros, que introducirán encubiertamente herejías destructoras". Escribiendo al final del Nuevo Testamento, el apóstol Juan observó que "muchos falsos profetas han salido por el mundo" (1 Jn. 4:1; cp. 2:18; 2 Jn. 7).

Los falsos maestros son peligrosos porque, al igual que su malvado señor, su apariencia es engañosa. Satanás "se disfraza como ángel de luz" (2 Co. 11:14). "Así que, no es extraño si también sus ministros se disfrazan como ministros de justicia; cuyo fin será conforme a sus obras" (v. 15). La sutileza y el peligro de los falsos maestros radican en su astuta tergiversación de la Biblia para sus propios fines. Son vendedores ambulantes, culpables de falsear y adulterar la Palabra de Dios (2 Co. 2:17; 4:2). Su enseñanza, que parece bíblica y espiritual, es mucho más peligrosa que un ataque abierto a las verdades bíblicas. Los falsos maestros primero confunden, luego cautivan y finalmente echan al infierno a las almas incautas.

A pesar de su espléndida historia, la iglesia de Éfeso no se había librado de la acometida de los falsos maestros, tal y como Pablo había predicho (Hch. 20:29-30). Pablo escribe esta carta a Timoteo para decirle que realice todo el esfuerzo posible para detener la influencia de los falsos maestros y arreglar las cosas en la iglesia. La acusación inicial en 1:3-11 prepara la escena para el resto de la epístola. Pablo comunica cuatro cosas que se cumplen en los falsos maestros: su error, su propósito, su motivo y su efecto.

EL ERROR DE LOS FALSOS MAESTROS

Como te rogué que te quedases en Éfeso, cuando fui a Macedonia, para que mandases a algunos que no enseñen diferente doctrina, ni presten atención a fábulas y genealogías interminables, que acarrean disputas más bien que edificación de Dios que es por fe, así te encargo ahora. (1:3-4)

Los versículos 3 y 4, aunque forman un pensamiento completo, no son una oración completa en el griego. Pablo comienza con una cláusula a partir de **Como,** pero nunca la termina. Esto se resuelve al añadir al final del versículo 4 "así te encargo ahora". El infinitivo *prosmeinai* se traduce como un imperativo (**te quedases**). La idea es que Timoteo debe permanecer en Éfeso para enfrentarse allí a los falsos maestros. La preocupación ardiente de Pablo por una iglesia muy querida absorbió su preocupación por la gramática correcta;

rogué viene de *parakaleō,* que puede significar "suplicar", "implorar", "demandar" o "requerir". Pablo le suplica a Timoteo que permanezca en Éfeso, lo que pudiera indicar que estaba considerando el marcharse de allí. Aunque era el "verdadero hijo en la fe" (1:2) de Pablo, Timoteo no era invulnerable a la timidez (2 Ti. 1:7). Estaba un poco intimidado por quienes lo despreciaban por motivo de su juventud (4:12). Pudiera sentirse insuficiente para enfrentarse a los argumentos de los falsos maestros. El que fueran líderes en la iglesia presentaba mayores dificultades para Timoteo. Además de todo esto estaba la amenaza de la persecución.

La comprensión más natural del versículo 3 es que Pablo y Timoteo habían estado juntos en **Éfeso** antes de que Pablo se fuera **a Macedonia**. En aquel tiempo Pablo comenzó la confrontación y la expulsión de los falsos maestros al enfrentarse a Himeneo y a Alejandro (1:20), tal vez los cabecillas. Exhortó a Timoteo a que llevara esta misión hasta el final. A fin de hacer eso, debía **[mandar]** a algunos a que no enseñaran **diferente doctrina. Mandar** viene de *parangellō*. Exige constante obediencia de un inferior a una orden de un superior. A los falsos maestros no se les debe tomar a la ligera, sino como dijo Pablo a Tito, "es preciso [taparles] la boca" (Tit. 1:11). Hay que mandarles que dejen de enseñar el error. Timoteo debía usar todo el peso de la autoridad apostólica de Pablo para enfrentarse a ellos.

El empleo de **algunos** implica que los falsos maestros no eran muchos. No obstante, tenían gran influencia, no solo en Éfeso, sino también en la región circundante. No eran forasteros, como en Corinto y Galacia, sino lo más probable es que fueran ancianos en la iglesia de Éfeso y en algunas de las iglesias vecinas. Pablo les había dicho que esto podría suceder cuando se reunieron en Mileto. Él dijo: "Y de vosotros mismos se levantarán hombres que hablen cosas perversas para arrastrar tras sí a los discípulos" (Hch. 20:30).

Hay al menos cuatro razones para llegar a la conclusión de que los falsos maestros eran ancianos. En primer lugar, presumían de ser maestros (1:7), una función reservada para los ancianos (3:2; 5:17). En segundo lugar, Pablo, no la iglesia, excomulgó a Himeneo y a Alejandro. Eso implica que estaban en posiciones de poder y que la congregación no podía enfrentarse a ellos. En tercer lugar, los requisitos de un anciano se presentan con muchos detalles en el capítulo 3. El ofrecerlos indicaba que hombres no aptos estaban sirviendo en ese oficio, y Timoteo debía sustituirlos. Por último, Pablo subraya que los ancianos que pecan deben recibir disciplina en público (5:19-22).

Timoteo debía mandar a esos ancianos descarriados que **[no enseñaran] diferente doctrina.** *Heterodidaskalein* (**enseñar diferente doctrina**) lo más probable es que sea una frase acuñada por Pablo. Es una palabra compuesta, formada de *heteros* ("de diferente clase") y *didaskalein* ("enseñar"). La enseñanza errónea era de un tipo diferente a la verdad revelada de la enseñanza apostólica (cp. Hch. 6:3-4). La enseñanza de los apóstoles era la norma por la que debía juzgarse toda otra enseñanza.

Después de describir a los falsos maestros, Pablo describió su error. Se trataba de **fábulas** y genealogías interminables, leyendas e historias fantasiosas creadas por hombres. Estaban haciendo creer que estas "doctrinas de demonios" (4:1) eran la verdad de Dios. Pablo las ridiculiza al llamarles "fábulas profanas y de viejas" (4:7).

Cuáles eran las **fábulas** específicas que se estaban enseñando o cómo exactamente los falsos maestros estaban usando las **genealogías,** no está claro. Cualquiera que fuera la forma, las enseñanzas erróneas eran contrarias a la verdad. Aunque se desconoce la herejía exacta en Éfeso, algunas de sus características generales pueden extraerse de 1 y 2 Timoteo. En 1:7 aprendemos que contenía elementos del judaísmo, ya que los falsos maestros deseaban ser maestros de la ley. El comentarista J. N. D. Kelly sugiere que las **fábulas** y las **genealogías interminables** debían haber estado relacionadas con interpretaciones alegóricas o legendarias del Antiguo Testamento, teniendo como centro la genealogía de los patriarcas. La mayor parte del Hagada rabínico consistía sencillamente en volver a escribir la Biblia de forma fantasiosa; el libro de Jubileo y el Pseudofilo *Liber antiquitatum biblicarum,* con su manía de árboles genealógicos, son ejemplos apropiados. Hay también evidencia de que en el judaísmo posterior al exilio había un vivo interés en los árboles genealógicos, y que esto tuvo su parte en las controversias entre los judíos y los cristianos judíos. (*The Pastoral Epistles* [Las epístolas pastorales] [Peabody, Mass.: Hendrickson, 1987], 44-45.)

En 4:3 nos enteramos de que la herejía incluía un falso ascetismo. Los falsos maestros estaban "[prohibiendo] casarse, y [mandando] abstenerse de alimentos". Esperaban obtener aceptación divina al dar atención legalista a la privación voluntaria. Su preocupación con las fábulas y las genealogías resultaba no en edificación sino en "cuestiones y contiendas de palabras, de las cuales nacen envidias, pleitos, blasfemias, malas sospechas" (6:4). Timoteo debía exhortarlos "delante del Señor a que no [contendieran] sobre palabras, lo cual para nada aprovecha, sino que es para perdición de los oyentes" (2 Ti. 2:14). La enseñanza de ellos no era más que "profanas y vanas palabrerías" que conducen "más y más a la impiedad" (2 Ti. 2:16). Tal palabrería "carcomerá como gangrena" (2 Ti. 2:17), desviándolos "de la verdad" (2 Ti. 2:18). Las "cuestiones necias e insensatas" de los falsos maestros solo engendrarían "contiendas" (2 Ti. 2:23). Todo esto era el resultado de un mal manejo de la palabra de verdad (cp. 2 Ti. 2:15), y de "[examinarlo] todo" (1 Ts. 5:21).

El efecto de las falsas enseñanzas es que **acarrean disputas.** Las interminables preguntas y especulaciones de los falsos maestros no contribuían en nada a la **edificación de Dios que es por fe.** Esta frase se refiere al plan salvador de Dios.

Su herejía era contraria al evangelio de fe salvadora. Por lo tanto, podemos llegar con seguridad a la conclusión de que, como toda otra religión falsa, era un sistema legalista de justicia por las obras.

Todos los miles de religiones del mundo caen en una de dos categorías. Hay la religión del logro divino, de que Dios en Cristo logró la salvación sin esfuerzos humanos. Ese es el evangelio cristiano. La otra categoría es las del logro humano, donde los hombres intentan ganar la salvación con sus propios esfuerzos mediante buenas obras, ceremonias o rituales. Los falsos maestros de Éfeso, como todos los demás falsos maestros, ofrecían un camino a Dios que requería esfuerzos humanos.

Como amenazan a las personas con la perdición eterna, no se deben tomar a la ligera los falsos maestros. Como les escribió Pablo a los gálatas:

> *Mas si aun nosotros, o un ángel del cielo, os anunciare otro evangelio diferente del que os hemos anunciado, sea anatema. Como antes hemos dicho, también ahora lo repito: Si alguno os predica diferente evangelio del que habéis recibido, sea anatema (Gá. 1:8-9).*

Creer erróneamente sobre el evangelio de salvación es estar eternamente perdido. Cualquiera que manipule el evangelio es mortal porque atrae a los incautos a la condenación a castigo eterno.

EL PROPÓSITO DE LOS FALSOS MAESTROS

Pues el propósito de este mandamiento es el amor nacido de corazón limpio, y de buena conciencia, y de fe no fingida, de las cuales cosas desviándose algunos, se apartaron a vana palabrería, (1:5-6)

Pablo compara **el propósito de este mandamiento** con el de los falsos maestros. Trata de producir en la iglesia lo que Dios requiere, **amor** hacia Él y hacia los que son de Él. Es indispensable que los creyentes "[amen] al Señor [su] Dios con todo [su] corazón, y con toda [su] alma, y con toda [su] mente", y a su "prójimo como a [sí] mismo" (Mt. 22:37, 39). El **amor,** en realidad, es el distintivo del cristiano. Jesús dijo en Juan 13:35: "En esto conocerán todos que sois mis discípulos, si tuviereis amor los unos con los otros". Juan añadió: "Amados, amémonos unos a otros; porque el amor es de Dios. Todo aquel que ama, es nacido de Dios, y conoce a Dios. El que no ama, no ha conocido a Dios; porque Dios es amor" (1 Juan 4:7-8). *Agapē* (**amor**) es el amor de la elección, de la voluntad. Requiere negación de sí mismo y abnegación el beneficiar a los demás. Esta clase de **amor** mana de tres fuentes.

El concepto de un **corazón limpio** es un magnífico tema veterotestamentario. El salmista pregunta: "¿Quién subirá al monte de Jehová? ¿Y quién estará en su lugar santo?" (Sal. 24:3). Luego responde a su pregunta: "El limpio de manos y puro de corazón" (Sal. 24:4). Después de pecar con Betsabé, David clamó en el Salmo 51:10: "Crea en mí, oh Dios, un corazón limpio". En el Salmo 73:1 exclama: "Ciertamente es bueno Dios para con Israel, para con los limpios de corazón". Un corazón que ha pasado por el lavamiento de la regeneración (Tit. 3:5), un corazón obediente (Ro. 6:17), es un corazón limpio.

Un segundo requisito previo para el amor es una **buena conciencia.** *Agathos* (**buena**) es lo perfecto, que produce placer, satisfacción y una sensación de bienestar. La *conciencia* es la facultad del hombre, creada por Dios, de juzgarse a sí mismo. Lo mismo defiende o acusa a una persona (Ro. 2:14-15). La mente conoce la norma de lo bueno y lo malo y cuando se viola esa norma, la conciencia reacciona para acusar, producir culpabilidad, vergüenza, duda, temor, remordimiento, o desesperación (cp. Tit. 1:15). Los de puro corazón (mente pura) no serán condenados por su conciencia. Mantener una **buena conciencia,** una que esté libre de ofensas contra Dios y contra los hombres, era el propósito de Pablo (Hch. 24:16). Paz, confianza, gozo, esperanza, valor y contentamiento son los resultados de una conciencia que no acusa, y de esta forma el amor fluye.

Por último, el amor nace de **fe no fingida,** una en la que no hay fingimiento. La fe fingida de los falsos maestros no lo producirá. La verdadera confianza y el genuino amor van de la mano. Como se observó en el capítulo 1 de este tomo, Timoteo se caracterizaba por esa fe sincera (2 Ti. 1:5).

Los falsos maestros tienen un corazón sucio, que el evangelio no ha limpiado. Tienen una conciencia que los acusa de culpables, producto de su corazón impuro. Por último, tienen una fe fingida, falsa. Ese tipo de vida nunca producirá amor a Dios. De modo que no es nada sorprendente que Pablo añada: **desviándose** de las cuales **se apartaron a vana palabrería.** Desviarse significa "no dar en el blanco", mientras que **se apartaron** significa "irse del rumbo". El propósito de los falsos maestros no era crear un ambiente de amor, sino satisfacer su egoísmo (cp. 1:7) y llenarse los bolsillos. Por consiguiente, su enseñanza no era más que **vana palabrería.** Sin duda no podía producir amor, que es el fruto del Espíritu (Gá. 5:22-23).

EL MOTIVO DE LOS FALSOS MAESTROS

queriendo ser doctores de la ley, (1:7*a*)

A los falsos maestros los impulsaba un deseo apasionado de **ser doctores de la ley.** No estaban preocupados por un verdadero aprendizaje de la ley, ni por conocer al Dios de la ley ni por servir a las personas por amor a la ley. Deseaban el tipo de prestigio que tenían los rabinos en el judaísmo, solo que buscaban eso dentro de la iglesia. Como los fariseos denunciados por nuestro Señor, "hacen todas sus obras para ser vistos por los hombres. Pues ensanchan sus filacterias, y extienden los flecos de sus mantos; y aman los primeros asientos en las cenas, y las primeras sillas en las sinagogas, y las salutaciones en las plazas, y que los hombres los llamen: Rabí, Rabí" (Mt. 23:5-7). Estaban envanecidos y buscaban el aplauso de los hombres (1 Ti. 6:4).

Sus motivos eran opuestos a los propios del ministerio. Jacobo advirtió en Santiago 3:1: "Hermanos míos, no os hagáis maestros muchos de vosotros, sabiendo que recibiremos mayor condenación". El que de veras entiende la función de un maestro comprende que no es lugar para los orgullosos.

Juan Knox, el reformador escocés, comprendía la seriedad de la predicación. Cuando recibió el llamamiento para predicar el evangelio, "se echó a llorar y se fue a su cuarto. Su semblante y su conducta, a partir de ese momento y hasta el día en el que tuvo que hacer su presentación en un lugar público de predicación, expresó su aflicción y la preocupación de su corazón" (William Barclay, *The Letters to Timothy, Titus, and Philemon* [Las cartas a Timoteo, Tito y Filemón], edición revisada [Filadelfia: Westminster, 1977], 50). La idea de predicar el evangelio era tan solemne que Knox estaba abrumado.

D. Martyn Lloyd-Jones, el gran predicador británico del siglo XX, escribió que la enseñanza de la Palabra es una tarea tan aterradora que un hombre santo "se empequeñece ante ella. Solo este sentimiento abrumador de ser llamado, y de compulsión, debe guiar a alguien a predicar" (*Preachers and Preaching* [Los predicadores y la predicación] [Grand Rapids: Zondervan, 1972], 107). John Stott añadió:

> No puedo ayudar a dar respuesta a la pregunta de si no será esto el por qué hay tan pocos predicadores a quienes Dios esté usando hoy. Hay muchos predicadores populares, pero no muchos poderosos, que prediquen en el poder del Espíritu. ¿Es porque el costo de tal predicación es muy grande? Parece que la única predicación que Dios honra, a través de la cual se expresan su sabiduría y su poder, es la predicación de un hombre que está dispuesto a ser tanto una persona débil como un tonto. Dios no solo escoge a personas débiles y tontas para salvarlas, sino también a débiles y tontos predicadores a través de los cuales salvarlas, o al menos predicadores que estén satisfechos al ser débiles y parecer tontos ante los ojos del mundo. No siempre estamos dispuestos a pagar este precio. Siempre estamos tentados a codiciar una reputación como hombres de saber u hombres de influencia; a buscar honra en los círculos académicos y comprometer nuestro anticuado mensaje a fin de lograrlo; y a cultivar encanto personal o dinamismo para influir en a las personas que están bajo nuestro cuidado. (*Preacher's Portrait* [Retrato del predicador], [Grand Rapids: Eerdmans, 1979], 122)

Se requiere humildad y el impulso del llamado de Dios para ser un siervo de Dios. Los falsos maestros de Éfeso no conocían ninguna de las dos cosas. Buscaban funciones de liderazgo para su propia satisfacción. Buscando el prestigio de una función rabínica, ellos impusieron sobre la congregación una herejía legalista, ofreciendo salvación por obras. En marcado contraste con líderes santos y humildes como Pablo y Timoteo, ellos, como Diótrefes (3 Jn. 9), buscaban la preeminencia, el poder personal y la prosperidad.

EL EFECTO DE LOS FALSOS MAESTROS

sin entender ni lo que hablan ni lo que afirman. Pero sabemos que la ley es buena, si uno la usa legítimamente; conociendo esto, que la ley no fue dada para el justo, sino para los transgresores y desobedientes, para los impíos y pecadores, para los irreverentes y profanos, para los parricidas y matricidas, para los homicidas, para los fornicarios, para los sodomitas, para los secuestradores, para los mentirosos y perjuros, y para cuanto se oponga a la sana doctrina, según el glorioso evangelio del Dios bendito, que a mí me ha sido encomendado. (1:7*b*-11)

Aunque los falsos maestros deseaban ser maestros de la ley, eso era imposible. Pablo dice que andaban **sin entender** lo que hablaban o lo que **[afirmaban].** El participio presente activo *noountes* (**sin entender**) indica que estaban en un estado continuo de no entender nada.

Eran como todas las personas no convertidas, quienes por la ausencia del Espíritu Santo, y su discernimiento y unción, no pueden conocer las cosas de Dios, ya que estas pertenecen a los espirituales, mientras que tales hombres están espiritualmente muertos (cp. 1 Co. 2:14). Peor aun, estaban haciendo *afirmaciones seguras,* como si lo que decían fuera absolutamente cierto. Es ya bastante malo ser ignorante, pero ellos eran dogmáticos con relación a su ignorancia. Lamentablemente, sus hijos espirituales llenan la iglesia hasta hoy día. La iglesia actual, como la de los efesios, se enfrenta a presentadores orgullosos, ignorantes y dogmáticos de falsas doctrinas.

Para que nadie se hiciera una idea equivocada, Pablo se apresura a añadir que **sabemos** que la ley es buena. Aunque condenó a los que deseaban ser maestros de la ley, Pablo no tenía el propósito de condenar a la ley misma. Tiene cuidado de no actuar con exceso de celo. *Kalos* (**buena**) pudiera traducirse "útil". La ley es **buena** o útil porque refleja la voluntad de Dios. Como dijera el salmista: "La ley de Jehová es perfecta" (Sal. 19:7). Pablo escribió en Romanos 7:12 que "la ley a la verdad es santa, y el mandamiento santo, justo y bueno".

La **ley** es buena cuando se usa **legítimamente.** Hay una comprensión y un uso apropiados de la ley, pero los falsos maestros la estaban usando mal. Engañados por su orgullo al pensar que podían agradar a Dios con sus propios esfuerzos, usaban la ley como un medio de salvación. Esto es algo que la ley nunca podrá lograr (cp. Ro. 3:20, 28; Gá. 2:16; 3:11). La **ley** en general, y la ley mosaica en particular, **no fue dada para el justo.** Los que piensan que son justos nunca serán salvos (cp. Lc. 5:32), ya que no comprenden el verdadero uso de la ley. La ley fue dada **para los transgresores y desobedientes, para los impíos y pecadores,** para los irreverentes y profanos. El propósito de la ley es mostrar a los pecadores su pecado (cp. Ro. 3:19) y su necesidad de un salvador (Gá. 3:24). La ley es moralmente recta y buena, pero la ley sola no es buena noticia. La ley obliga al hombre a reconocer la mala noticia de que es culpable de violar las normas de Dios. De esta manera condena a todos y los sentencia al infierno (Ro. 3:19-20).

Pablo luego describe al tipo de persona para quien se hizo la ley. Partiendo del Decálogo, relaciona los pecados contra Dios y los hombres. Los tres primeros pares son pecados de la primera parte de los Diez Mandamientos, los que tienen que ver con nuestra relación con Dios. Cada par contiene el elemento negativo y el efecto que este produce. *Anomia* (**transgresores**) describe a los que no tienen compromiso con ninguna ley o norma. Esto conduce al efecto de ser **desobedientes.** Los **impíos** son los que no tienen respeto por lo sagrado. Son **pecadores;** viven sin respetar la ley de Dios porque no respetan a Dios. Son **irreverentes** es decir, indiferentes a lo que es bueno. Son indiferentes a Dios y a su deber con Él. Esa indiferencia los lleva a ser **profanos,** a pisotear lo que es sagrado. La ausencia de ley produce rebelión, impiedad y blasfemia. Se hizo la ley precisamente para las personas, desobedientes, impuras e irreverentes. Si le prestaran atención, ella les mostraría su pecado y la necesidad de salvación.

El resto de los pecados en la lista de Pablo viene de la segunda parte de los Diez Mandamientos, los que tienen que ver con nuestra relación con otras personas. Es probable que escogiera los pecados específicos en esa lista porque caracterizaban a los falsos maestros de Éfeso; **los parricidas y matricidas** están violando el quinto mandamiento de "Honra a tu padre y a tu madre" (Éx. 20:12). Este mandamiento se amplía en Éxodo 21:15 y 17 para incluir al que golpea o maldice a los padres. Lo prohíbe todo desde la deshonra hasta el asesinato. Los **homicidas** violan el sexto mandamiento, "No matarás" (Éx. 20:13); **sodomitas** (*arsenokoitais,* literalmente significa "hombres en el lecho nupcial"), estos violan el séptimo mandamiento, que prohíbe la actividad sexual fuera del matrimonio. El octavo mandamiento prohíbe el robo. A la luz de esto, Pablo menciona a los **secuestradores,** ya que en su época el robo de niños era algo común. El secuestro era un pecado capital en el Antiguo Testamento (Éx. 21:16; Dt. 24:7). El noveno mandamiento, "No hablarás contra tu prójimo falso testimonio" (Éx. 20:16), condena a **los mentirosos y perjuros.**

Entonces, para asegurarse de que no omitía nada, Pablo añade: **cuanto** se oponga a la sana doctrina; **sana** viene de *hugiainō,* de la que se deriva nuestra palabra "higiene". Se refiere a lo que es sano y saludable. La enseñanza de Pablo produce vida espiritual, crecimiento y salud.

Usar legítimamente la ley es usarla **según el glorioso evangelio del Dios bendito.** La ley, como les muestra a los hombres su pecado, es parte indispensable del evangelio. Si no hubiera la mala noticia de que los hombres son pecadores perdidos, no habría la buena noticia de la redención de Cristo. El evangelio es **glorioso** porque revela la gloria de Dios, sus atributos. Uno de esos atributos es la santidad, que implica el aborrecimiento al pecado. Otro es la justicia, que exige castigo cuando se viola su ley. El evangelio que pase por alto la ley y el pecado no es el evangelio verdadero, ya que no refleja los atributos de Dios; **el Dios bendito** es tanto bendito en sí mismo (cp. 6:15), como la fuente de bendición para su pueblo (Ef. 1:3). Era el verdadero evangelio **que a** Pablo se le había **encomendado** (Gá. 2:7).

Todos los creyentes tienen la responsabilidad de estar alerta ante los falsos maestros. ¿Qué tenemos que vigilar? En primer lugar, observar su comprensión de la Biblia, y preguntarnos si su enseñanza es bíblicamente sana. ¿Ponen enseñanzas no bíblicas a la par con la Biblia? ¿Usan bien la palabra de verdad (2 Ti. 2:15)?

En segundo lugar, examine sus propósitos. ¿Buscan amar, honrar y glorificar a Dios? ¿O buscan el amor propio, la riqueza material o la felicidad personal? ¿Muestra su mensaje un corazón puro, una buena conciencia y una fe no fingida?

En tercer lugar, examine sus motivos. ¿Son humildes y desinteresados? ¿O buscan la preeminencia?

Por último, examine el efecto de su enseñanza. ¿Comprenden con claridad sus seguidores el evangelio de Jesucristo? ¿Definen debidamente el evangelio? ¿Usan la ley debidamente, como parte del mensaje del evangelio o fomentan la justicia por las obras?

Los que pasen con éxito estos exámenes pueden ser acogidos como hermanos en Cristo, aun cuando discrepemos de ellos en algunos puntos de la interpretación o de la doctrina. Los que no, deben ser rechazados, sin que importe qué experiencias puedan haber tenido o cualquier otra cosa que enseñen. La vigilancia constante es nuestra defensa contra los que quieren esclavizarnos con un falso evangelio.

Testimonio personal de la gracia salvadora de Dios

3

Doy gracias al que me fortaleció, a Cristo Jesús nuestro Señor, porque me tuvo por fiel, poniéndome en el ministerio, habiendo yo sido antes blasfemo, perseguidor e injuriador; mas fui recibido a misericordia porque lo hice por ignorancia, en incredulidad. Pero la gracia de nuestro Señor fue más abundante con la fe y el amor que es en Cristo Jesús. Palabra fiel y digna de ser recibida por todos: que Cristo Jesús vino al mundo para salvar a los pecadores, de los cuales yo soy el primero. Pero por esto fui recibido a misericordia, para que Jesucristo mostrase en mí el primero toda su clemencia, para ejemplo de los que habrían de creer en él para vida eterna. Por tanto, al Rey de los siglos, inmortal, invisible, al único y sabio Dios, sea honor y gloria por los siglos de los siglos. Amén. (1:12-17)

Las buenas nuevas del evangelio cristiano consisten en que Dios tiene el poder de transformar vidas. Abundan historias de conversiones conmovedoras que dan evidencia de esto.

Una de estas historias es la de un surafricano del siglo XIX llamado Afrikaner, jefe de la tribu hotentote. Era un guerrero aguerrido y cruel. Él y sus hombres eran el terror de África del Sur. Era tan peligroso que el gobernador de El Cabo ofreció una gran recompensa por él, vivo o muerto. En la escena aparece Robert Moffat, un joven misionero escocés. Creyendo que Dios lo había llamado a predicar el evangelio a los de la tribu hotentote, fue a su encuentro. La primera persona convertida bajo el ministerio de Moffat fue Afrikaner. El suyo fue un notable testimonio de la gracia salvadora de Dios.

Billy Sunday fue un jugador profesional de béisbol en los primeros tiempos del deporte, que gustaba mucho de tomar licor. Caminando por una de las calles de Chicago con algunos de sus compañeros de equipo, se encontró con un hombre que estaba predicando en una esquina. Se detuvieron para burlarse del predicador, pero algo que este dijo tocó una cuerda sensible en el corazón de Billy Sunday. Abrazó a Jesucristo como su Salvador y llegó a ser un célebre evangelista.

La lista es interminable. Incluye a Martín Lutero, un ex monje católico romano, Juan Newton, un ex traficante de esclavos y a Charles Colson, el ex ayudante del presidente Richard Nixon. Incluye incluso a quienes fueron escépticos como Lew Wallace, Frank Morison y C. S. Lewis. En mi propia iglesia he visto alcohólicos, drogadictos, asesinos, adúlteros, ladrones, fornicarios, homosexuales e incluso un ex líder de pandilleros de motocicletas, entregar su vida a Cristo.

La Biblia menciona las conversiones del endemoniado gadareno, el despreciable recaudador de impuestos y traidor de su pueblo Mateo, el ciego Bartimeo y su amigo, de la adúltera samaritana, de Zaqueo, el centurión romano en la crucifixión, Cornelio, el etíope eunuco, el carcelero de Filipos y Lidia entre otros. Pero de todas las conversiones que se hayan registrado ninguna es más notable que la de Saulo de Tarso. Este cruel enemigo de la causa de Cristo, con sus propias palabras el primero de los pecadores, llegó a ser el más grande evangelista y teólogo que jamás haya visto el mundo. Hechos 9, 22, 26, Gálatas 1 y 2, Filipenses 3, y 1 Timoteo 1 describen aspectos de su conversión. Pablo nunca dejó de estar maravillado ante el hecho de que Dios pudiera, y pudo, redimir a alguien como él. Se veía a sí mismo como el ejemplo supremo de la gracia salvadora de Dios.

Algunos comentaristas han asegurado que el testimonio de Pablo en este pasaje es una digresión de su línea de pensamiento en 1 Timoteo. Sin embargo, ese no es el caso. El propósito de Pablo al escribir esta carta era encargarle a Timoteo la tarea imponente de corregir a la iglesia en Éfeso. La mayor parte de esa tarea implicaba el enfrentamiento con los falsos maestros descrita en 1:3-10. Como estaban presentando un evangelio falso, Pablo ofrece su testimonio del verdadero, el que mencionó en 1:11. A diferencia del punto de vista equivocado de los falsos maestros de la ley como un medio de salvación (1:8-10), Pablo muestra que un uso debido de la ley trae convicción de pecado y la necesidad de la gracia. El testimonio del apóstol en 1:12-17 es así parte integral de la epístola. Contrasta la gloria del evangelio verdadero con la futilidad de la falsa doctrina.

Al dar su testimonio, Pablo celebró la trascendencia de la gracia de Dios. Al hacerlo así, exalta seis elementos de la gracia: "La fuente de la gracia, la necesidad de la gracia, el poder de la gracia, la medida de la gracia, el propósito de la gracia y la respuesta a la gracia".

LA FUENTE DE GRACIA

Doy gracias al que me fortaleció, a Cristo Jesús nuestro Señor, porque me tuvo por fiel, poniéndome en el ministerio, (1:12)

Pudiera definirse la gracia como el perdón amoroso de Dios, por el cual exonera de juicio, y la promesa de bendición temporal y eterna de forma gratuita para los pecadores culpables y condenados, sin que haya méritos de su parte y sin tener como fundamento algo que hayan hecho o dejado de hacer. Pablo da las gracias a **Cristo Jesús nuestro Señor** porque Él es la fuente de esa gracia (cp. 1:14). El orden de las palabras en el texto griego destaca la gratitud de Pablo. Literalmente dice "Agradecido estoy". Pablo estaba constantemente agradecido a **Cristo Jesús,** el Mesías, el Hijo terrenal de Dios con la gloria celestial; **nuestro** incluye a Timoteo también como súbdito del **Señor.**

La Biblia afirma de forma reiterada que Jesucristo, junto con Dios el Padre, es la única fuente de toda gracia. Juan escribió: "Pues la ley por medio de Moisés fue dada, pero la gracia y la verdad vinieron por medio de Jesucristo" (Jn. 1:17). Romanos 3:24 nos dice que fuimos "justificados gratuitamente por su gracia, mediante la redención que es en Cristo Jesús".

Pablo estaba consciente de la obra de gracia en su propia vida. En 1 Corintios 15:9-10 escribió:

> *Porque yo soy el más pequeño de los apóstoles, que no soy digno de ser llamado apóstol, porque perseguí a la iglesia de Dios. Pero por la gracia de Dios soy lo que soy; y su gracia no ha sido en vano para conmigo, antes he trabajado más que todos ellos; pero no yo, sino la gracia de Dios conmigo.*

Les escribió a los efesios: "A mí, que soy menos que el más pequeño de todos los santos, me fue dada esta gracia de anunciar entre los gentiles el evangelio de las inescrutables riquezas de Cristo" (Ef. 3:8).

Pablo expresa gratitud por cuatro aspectos de la gracia de Dios en su vida. En primer lugar, por la gracia que escoge. Pablo estaba siempre consciente de que Dios lo había escogido, tanto para salvación como para el apostolado. En Hechos 22:14 y 26:16 menciona esto cuando da su testimonio. En Romanos 1:5 se refiere a la gracia electiva de Dios con relación a sí mismo; en Tito 2:11 y en Efesios 2:8-9, con relación a todos los creyentes.

En segundo lugar, por la gracia que capacita. Mediante la gracia de Dios, Pablo fue **[fortalecido].** Dios no solamente lo escogió por gracia para salvación, sino que también por gracia le dio la fortaleza que no merecía, pero necesitaba, para vivir esa salvación (cp. 2 Co. 9:8). El Señor fortaleció a Pablo durante los momentos más oscuros de su vida. Fue encarcelado por segunda vez, se enfrentó a la ejecución y fue abandonado por sus compañeros (2 Ti. 4:16), pero pudo aun dar testimonio de que "el Señor estuvo a mi lado, y me dio fuerzas" (2 Ti. 4:17). Vivió toda su vida con la fortaleza que le dio el Señor. "Todo lo puedo", escribió en Filipenses 4:13, "en Cristo que me fortalece". Los creyentes no reciben simplemente gracia en la salvación, sino que viven de allí en adelante en la esfera de la gracia (cp. Ro. 5:2).

En tercer lugar, por la gracia que confía. Dios **[lo] tuvo por fiel** o digno de confianza y fue la gracia quien hizo a Pablo serlo. En 1 Corintios 7:25 se describió a sí mismo como "quien ha alcanzado misericordia del Señor para ser fiel". Por la gracia de Dios, Pablo fue fiel administrador del ministerio que se le confió (cp. 1 Co. 4:1-2).

En cuarto lugar, por la gracia que emplea y que lo puso **en el ministerio.** *Diakonia* (**ministerio**) se refiere a un servicio muy humilde (cp. Col. 1:23-25). Mediante el empleo de este término, Pablo muestra que no se está jactando de su fidelidad o su responsabilidad. William Barclay relata una historia que ilustra el servicio abnegado:

> [El escritor griego] Plutarco nos dice que, cuando un espartano ganaba una victoria en los juegos, su recompensa era que podía estar al lado de su rey en la competencia. A un luchador espartano en los juegos olímpicos se le ofrecía un soborno considerable para que abandonara la lucha; pero él lo rechazaba. Por último, luego de un tremendo esfuerzo, ganaba su victoria. Alguien le decía: "Bueno, espartano, ¿qué has obtenido con esta costosa victoria que has ganado?" Él respondía: "He ganado el privilegio de estar frente a mi rey en la competencia". (The Letters to Timothy, Titus, and Philemon [Las cartas a Timoteo, Tito y Filemón] [Filadelfia: Westminster, 1975], 42-43)

Al igual que el espartano, Pablo no buscaba honra para sí. Su espíritu humilde se mostró en su declaración de que "Yo traigo en mi cuerpo las marcas del Señor Jesús" (Gá. 6:17), y en su deseo de "conocerle, y el poder de su resurrección, y la participación de sus padecimientos, llegando a ser semejante a él en su muerte" (Fil. 3:10). Las palabras de Jesús en 2 Corintios 12:9, "Bástate mi gracia", se probaron una y otra vez en la vida de Pablo.

LA NECESIDAD DE LA GRACIA

habiendo yo sido antes blasfemo, perseguidor e injuriador; (1:13*a*)

La gracia de Dios estaba muy vívida en la mente de Pablo, producto de su pasado. Como un gran pecador, necesitaba una gran gracia. Antes de su espectacular encuentro con el Cristo resucitado en el camino de Damasco, Pablo fue **antes blasfemo, perseguidor e injuriador.** Un **blasfemo** es quien calumnia a Dios y abiertamente habla mal de Él. No solo Pablo había sido blasfemo, sino que había llevado a otros a blasfemar. Al dar su testimonio ante el rey Agripa en Hechos 26:11, Pablo narra cómo obligaba a los cristianos a blasfemar. Su ataque se dirigía al final no contra la iglesia, sino contra Jesucristo (cp. Hch. 9:4-5; 22:7-8; 26:14-15).

Pablo había destrozado el Decálogo, hecho pedazos sus mandamientos en la roca de su propio orgullo. Como **blasfemo,** Pablo quebrantó la primera mitad de los Diez Mandamientos, que hablan de la relación del hombre con Dios. Como **perseguidor e injuriador,** quebrantó la segunda parte, que tiene que ver con la relación del hombre con el hombre. Pablo era un implacable y fiero **perseguidor** de la iglesia. Hechos 8:3 y 9:1 describen el caos que creó, entrando incluso en las casas para arrestar a los creyentes. No solo aprobó la muerte de Esteban (Hch. 8:1), sino de muchos otros también (Hch. 26:10). Un **injuriador** es una persona sin la preocupación normal por la bondad humana. En nuestro lenguaje moderno pudiéramos llamar a tal persona un bravucón. *Hubristēs* (**injuriador**) denota que la persona es conducida por la violencia y el menosprecio por los demás para maltratarlos. Verlos humillados y sufriendo les produce placer. Pudiéramos incluso llamar sádico a un **injuriador.** *Hubristēs* aparece en la lista de pecados de Romanos 1:30, y nuestro Señor empleó la forma verbal para describir el maltrato que sufriría durante su arresto y juicio (Lc. 18:32).

Considerando el pasado violento de Pablo, no es de extrañar que Ananías (Hch. 9:13) y los discípulos (Hch. 9:26) fueran cautelosos para aceptarlo. Recordar de lo que había sido librado, ayudó a Pablo a mantener una actitud humilde y agradecida.

EL PODER DE LA GRACIA

mas fui recibido a misericordia porque lo hice por ignorancia, en incredulidad. (1:13*b*)

Aunque la necesidad de gracia de Pablo era grande, el poder de la gracia fue aun mayor. Pablo era una prueba viviente de la verdad qué expresó en Romanos 5:20: “cuando el pecado abundó, sobreabundó la gracia”. A pesar de su pecaminoso pasado, se le recibió con **misericordia.** El verbo aoristo pasivo *ēleēthēn* (**fui recibido a misericordia**) pudiera traducirse “Fui objeto de compasión”. La miseria de Pablo se enfrentó a la compasión de Dios.

La **misericordia** difiere de la gracia en que la gracia quita la culpa, mientras que la **misericordia** quita la miseria que causa el pecado. Pablo recibió, junto con la gracia salvadora, el inmerecido alivio de la miseria.

¿Cómo podía un pecador tan vil como Pablo recibir **misericordia**? **porque,** escribe él, **lo hice por ignorancia, en incredulidad.** No era un apóstata endurecido, rechazando la luz plena de la revelación de Dios. No era como los fariseos que entendieron la enseñanza y el poder de Cristo, pero lo rechazaron. Ni tampoco se le debe clasificar con aquellos que “los que una vez fueron iluminados y gustaron del don celestial, y fueron hechos partícipes del Espíritu

Santo, y asimismo gustaron de la buena palabra de Dios y los poderes del siglo venidero, y recayeron" (He. 6:4-6). Él no comprendía el alcance de sus acciones. Pecar voluntariamente después de tener la verdad, puede traer como resultado permanente juicio (He. 10:26-27).

Tanto el Antiguo como el Nuevo Testamento hablan de los pecados involuntarios o no intencionales. Números 15:22-29 dice:

> *Y cuando errareis, y no hiciereis todos estos mandamientos que Jehová ha dicho a Moisés, todas las cosas que Jehová os ha mandado por medio de Moisés, desde el día que Jehová lo mandó, y en adelante por vuestras edades, si el pecado fue hecho por yerro con ignorancia de la congregación, toda la congregación ofrecerá un novillo por holocausto en olor grato a Jehová, con su ofrenda y su libación conforme a la ley, y un macho cabrío en expiación. Y el sacerdote hará expiación por toda la congregación de los hijos de Israel; y les será perdonado, porque yerro es; y ellos traerán sus ofrendas, ofrenda encendida a Jehová, y sus expiaciones delante de Jehová por sus yerros. Y será perdonado a toda la congregación de los hijos de Israel, y al extranjero que mora entre ellos, por cuanto es yerro de todo el pueblo. Si una persona pecare por yerro, ofrecerá una cabra de un año para expiación. Y el sacerdote hará expiación por la persona que haya pecado por yerro; cuando pecare por yerro delante de Jehová, la reconciliará, y le será perdonado. El nacido entre los hijos de Israel, y el extranjero que habitare entre ellos, una misma ley tendréis para el que hiciere algo por yerro.*

Por otra parte,

> *la persona que hiciere algo con soberbia, así el natural como el extranjero, ultraja a Jehová; esa persona será cortada de en medio de su pueblo. Por cuanto tuvo en poco la palabra de Jehová, y menospreció su mandamiento, enteramente será cortada esa persona; su iniquidad caerá sobre ella (Nm. 15:30-31).*

Los que pecaron deliberada y voluntariamente, estaban más allá de la esperanza de expiación, ya que no estaban arrepentidos. Los que pecaron sin intención y se arrepintieron y tuvieron fe, fueron cubiertos por la expiación hecha en el día de Expiación.

En el Nuevo Testamento, Jesús oró por quienes lo habían crucificado: "Padre, perdónalos, porque no saben lo que hacen" (Lc. 23:34). Pedro afirmó esa verdad en Hechos 3:17: "Mas ahora, hermanos, sé que por ignorancia lo habéis hecho".

Pablo era responsable de su pecado. Él era el primero de los pecadores (1:15), pero recibió perdón porque no fue "rebelde a la visión celestial" (Hch.

26:19). Cuando se enfrentó a la verdad, la creyó (cp. Ro. 7:9; Fil. 3:7-9). La gracia de Dios es lo suficientemente poderosa para redimir al peor de los pecadores que esté dispuesto a arrepentirse.

LA MEDIDA DE LA GRACIA

Pero la gracia de nuestro Señor fue más abundante con la fe y el amor que es en Cristo Jesús. (1:14)

La **gracia** aparece solo aquí en el pasaje, pero impregna el pensamiento de Pablo en 1:12-17. Pecado abundante da paso a **gracia... más abundante** dada por **nuestro Señor; más abundante** viene de *huperpleonazō,* una palabra compuesta formada de la palabra regular para **abundante,** *pleonazō* con la preposición *huper* añadida. A Pablo le gustaba añadir *huper* a las palabras para darles intensidad. Nos da la idea de una medida desbordada de la gracia de Dios, que es más grande que el pecado del hombre (Ro. 5:20), y suficiente para suplir todas nuestras necesidades (2 Co. 9:8).

Con la gracia superabundante viene **la fe y el amor que es en Cristo Jesús.** La fe salvadora no es una obra meritoria por medio de la cual ganamos la gracia divina. Más bien, es un don de la gracia de Dios: "Porque por gracia sois salvos por medio de la fe; y esto no de vosotros, pues es don de Dios" (Ef. 2:8). La gracia que escoge nos otorga la posibilidad de creer en Jesucristo y confiar en Dios para salvación; **la fe y el amor** se vinculan a menudo con la salvación en el Nuevo Testamento (cp. Ef. 1:15; 3:17; Col. 1:4; 1 Ts. 1:3; 3:6; 5:8; 2 Ts. 1:3; Flm. 5), ya que forman un todo con la salvación. Un verdadero cristiano se caracteriza por una fe permanente (Col. 1:23) y amor (1 Juan 3:14). La gracia de Dios es tan abundante que incluye no solamente la salvación, sino también la fe y el amor que la acompañan.

EL PROPÓSITO DE LA GRACIA

Palabra fiel y digna de ser recibida por todos: que Cristo Jesús vino al mundo para salvar a los pecadores, de los cuales yo soy el primero. Pero por esto fui recibido a misericordia, para que Jesucristo mostrase en mí el primero toda su clemencia, para ejemplo de los que habrían de creer en él para vida eterna. (1:15-16)

La frase **Palabra fiel y digna** es exclusiva de las epístolas pastorales, y aparece cinco veces (cp. 3:1; 4:9; 2 Ti. 2:11; Tit. 3:8). Estas declaraciones eran resúmenes conocidos y reconocidos de doctrinas fundamentales. El que esto fuera común en la iglesia en el tiempo en el que se escribieron las epístolas pastorales indica que se había desarrollado una teología bien estructurada. Pablo las cita como si fueran de conocimiento general. Esta y la que está en 1 Timoteo 4:9 tienen además la frase **digna de ser recibida por todos** para añadir énfasis.

La **Palabra fiel y digna** en 1:15 actúa como una expresión condensada del evangelio. En solo ocho palabras griegas hay un maravilloso resumen del mensaje del evangelio. Se escoge con cuidado cada palabra. **Cristo Jesús** es el orden de las palabras preferido por Pablo en las epístolas pastorales. En el original griego, él lo emplea veinticinco veces comparado con las seis veces que emplea "Jesucristo". Vinculado a estas dos palabras está todo lo que Él es. **Cristo** es el Rey ungido que vino a redimir y llegó a ser el **Jesús** terrenal en la Encarnación. Que Él **vino al mundo** implica no solo su encarnación, sino su preexistencia. Observe cuidadosamente que no dice que Él vino a existir o que Él fue creado. Él existía en alguna otra parte antes de venir al mundo. Juan emplea con frecuencia esta fraseología, ya que a menudo habla de la venida de Cristo al mundo (cp. Juan 1:9; 3:19; 6:14; 11:27; 12:46; 16:28; 18:37).

El **mundo** se refiere al mundo de humanidad, ciego, perdido y condenado al infierno por su hostilidad hacia Dios (cp. 1 Jn. 5:19). Es a ese mundo de pecadores, de tinieblas e incredulidad, que vino Jesús. Juan 3:17 dice: "no envió Dios a su Hijo al mundo para condenar al mundo, sino para que el mundo sea salvo por él" (cp. Juan 12:46-47).

El propósito de la venida de Cristo a este mundo caído era **salvar a los pecadores.** Antes de su nacimiento el ángel le dijo a José: "él salvará a su pueblo de sus pecados" (Mt. 1:21). En Lucas 19:10 nuestro Señor declaró el propósito de su venida al mundo: "El Hijo del Hombre vino a buscar y a salvar lo que se había perdido"; **salvar** es librar de la muerte y las tinieblas, del pecado, el infierno y el juicio; **pecadores** era un término que empleaban los judíos para describir a los gentiles (cp. Gá. 2:15), pero nuestro Señor lo usó para referirse a toda la humanidad caída (cp. Mt. 9:13). Denota la constante violación de la ley de Dios por parte del hombre; los hombres son pecadores por naturaleza.

En el reino de los **pecadores,** Pablo se veía a sí mismo como **el primero** (cp. 1 Co. 15:9; Ef. 3:8). Muchos en nuestro tiempo se anticiparían a corregir la imagen que tenía Pablo de sí y restituir su buen concepto de sí mismo. Pero esa era una forma de verse muy saludable para Pablo, ya que era acertada. Es difícil imaginar a alguien peor que un blasfemo de Dios y perseguidor de su iglesia. Tal punto de vista de sí mismo también sirvió para que Pablo se mantuviera humilde y agradecido.

Fue **por esto** que **Pablo** halló misericordia. Dios no lo salvó simplemente para librarlo del infierno o llevarlo al cielo. Ni lo salvó para predicar el evangelio y escribir las epístolas; Dios pudiera haber usado a otros para hacerlo. El propósito de la salvación, ya sea con Pablo o con nosotros, es mostrar la gracia, el poder y la paciencia de Dios y producir un verdadero adorador de Dios (Jn. 4:21-24). Es para su gloria en primer lugar; nuestro beneficio es secundario.

Fue al salvar a Pablo que **Jesucristo** pudo mostrar con claridad **toda su clemencia.** *Makrothumia* (**clemencia**) significa ser paciente con las personas. La enseñanza de Pablo es que si el Señor fue paciente con el peor de los pecadores, nadie está fuera del alcance de su gracia; **para ejemplo de los que habrían de creer en él para vida eterna,** Pablo era prueba viva de que Dios puede salvar a cualquier pecador. Él era el *hupotupōsis,* el modelo, tipo o norma. Los que temen que Dios no puede salvarlos harían bien en considerar el caso de Pablo.

LA RESPUESTA DE LA GRACIA

Por tanto, al Rey de los siglos, inmortal, invisible, al único y sabio Dios, sea honor y gloria por los siglos de los siglos. Amén. (1:17)

Después de comenzar el pasaje con acción de gracias, ahora Pablo lo termina con una doxología; **de los siglos** literalmente significa "de las edades". Se refiere a las dos edades en el pensamiento judío, la edad presente y la por venir. Dios no tuvo comienzo y no tendrá fin. Él existe fuera del tiempo, aunque actúa en él. Es **inmortal,** imperecedero e incorruptible. Nunca conocerá la muerte, ni la decadencia ni la pérdida de fuerza. Como Dios es **invisible,** se le puede conocer solo por la revelación de sí mismo. Que Él es **el único y sabio Dios** es una verdad fundamental de la Biblia (cp. Dt. 4:35, 39; 6:4; Is. 43:10; 44:6; 45:5-6, 21-22; 46:9; 1 Co. 8:4, 6; 1 Ti. 2:5). Solo Él es digno de todo **honor y gloria por los siglos de los siglos.** La doxología termina con el enfático **Amén,** que significa "así sea".

A diferencia del falso evangelio de los falsos maestros, Pablo hace énfasis en el evangelio verdadero y en su participación en él por la gracia de Dios. Esa gracia está disponible para el peor pecador que viene al Señor Jesucristo en fe humilde y arrepentimiento.

Cómo pelear la buena batalla 4

Este mandamiento, hijo Timoteo, te encargo, para que conforme a las profecías que se hicieron antes en cuanto a ti, milites por ellas la buena milicia, manteniendo la fe y buena conciencia, (1:18-19*a*)

Nuestro Señor Jesucristo ha llamado a sus discípulos a una vida abundante de amor, paz, gozo y comunión con Él. Las presentaciones del evangelio y su extensión subrayan estas verdades en su apelación a los incrédulos. Sin embargo, hay otro aspecto de la vida cristiana, uno que no halla con frecuencia su lugar dentro de nuestro evangelismo. La vida cristiana es también una guerra, cuando los creyentes entran en una lucha de por vida contra el malvado sistema mundial, Satanás, y su propia naturaleza carnal y pecaminosa.

Lamentablemente, gran parte de la iglesia contemporánea parece desconocer esa realidad. Muchos solo han escuchado el evangelio de una fácil creencia y una gracia barata. Tienen un concepto deficiente de la lucha espiritual que implica el amor al Señor Jesucristo. Tales personas a menudo magnifican las molestias temporales e insignificantes de la vida diaria, hasta que parecen ser pruebas de proporciones épicas. Francamente, esto es tan absurdo como un soldado en medio de un violento tiroteo quejándose por tener sucio el uniforme.

Pablo estaba mucho más consciente de la realidad de la lucha espiritual. No solo luchaba con su carne (como lo muestra en Romanos 7:14-25), sino que también tenía que hacer participar continuamente al mundo en el conflicto (cp. Gá. 6:14). Y fue implacablemente atacado por Satanás, como lo indica su mención del "mensajero de Satanás" enviado para abofetearlo (2 Co. 12:7). También la oposición satánica le impidió visitar a los tesalonicenses (1 Ts. 2:17-18). Mientras resume la introducción de esta carta en 1:18-19, llama a Timoteo a que luche la buena o noble batalla de la fe contra Satanás. Como a todos los que están en el ministerio, a Timoteo se le llamó a una incesante lucha espiritual. Esa lucha requiere soldados preparados, adiestrados y dedicados. Pablo escribió esta carta a fin de ayudar a Timoteo a prepararse para las batallas reales.

Pablo lo había dejado en Éfeso para oponerse a los enemigos que se estaban entremetiendo en la iglesia de Éfeso. Los falsos líderes en posiciones de poder y autoridad estaban enseñando herejías sobre la persona y la obra de Jesucristo (cp. 1:4-7; 4:1-3). Esos falsos maestros estaban, además, llevando una vida impura (cp. 1:4-5, 19-20; 5:19-20). Timoteo fue colocado en la primera fila de la batalla, y Pablo quería que terminara con éxito.

Para comprender el alcance total de la lucha de Timoteo, necesitamos ir atrás y ver el panorama total. El conflicto espiritual es, a su más alto nivel, una guerra entre Dios y Satanás. Se lucha también en el nivel angelical, entre los malvados demonios de Satanás y los santos y elegidos ángeles de Dios. En el nivel humano, es la lucha entre hombres piadosos y hombres impíos.

Originalmente, no había tal guerra. La Biblia no habla de un dualismo eterno entre el bien y el mal, como en el zoroastrismo (la religión de la antigua Persia). Génesis 1:31 dice que al final del sexto día "vio Dios todo lo que había hecho, y he aquí que era bueno en gran manera". Todo en la creación de Dios estaba sometido a su gobierno soberano; no había conflicto o rebelión. No existía Satanás, ni adversario, ni rebelde, ni engañador. Luego ocurrió algo desastroso que dio inicio a la guerra cósmica. Ezequiel lo describe:

> *Vino a mí palabra de Jehová, diciendo: Hijo de hombre, levanta endechas sobre el rey de Tiro, y dile: Así ha dicho Jehová el Señor: Tú eras el sello de la perfección, lleno de sabiduría, y acabado de hermosura. En Edén, en el huerto de Dios estuviste; de toda piedra preciosa era tu vestidura; de cornerina, topacio, jaspe, crisólito, berilo y ónice; de zafiro, carbunclo, esmeralda y oro; los primores de tus tamboriles y flautas estuvieron preparados para ti en el día de tu creación. Tú, querubín grande, protector, yo te puse en el santo monte de Dios, allí estuviste; en medio de las piedras de fuego te paseabas. Perfecto eras en todos tus caminos desde el día que fuiste creado, hasta que se halló en ti maldad. A causa de la multitud de tus contrataciones fuiste lleno de iniquidad, y pecaste; por lo que yo te eché del monte de Dios, y te arrojé de entre las piedras del fuego, oh querubín protector. Se enalteció tu corazón a causa de tu hermosura, corrompiste tu sabiduría a causa de tu esplendor; yo te arrojaré por tierra; delante de los reyes te pondré para que miren en ti. Con la multitud de tus maldades y con la iniquidad de tus contrataciones profanaste tu santuario; yo, pues, saqué fuego de en medio de ti, el cual te consumió, y te puse en ceniza sobre la tierra a los ojos de todos los que te miran. Todos los que te conocieron de entre los pueblos se maravillarán sobre ti; espanto serás, y para siempre dejarás de ser (Ez. 28:11-19).*

Comenzando en el capítulo 26, Ezequiel ha estado pronunciando profecías contra la ciudad de Tiro. En Ezequiel 28:1-19, acusa al gobernante humano de Tiro. Entonces va más allá de él para hablar del poder sobrenatural que tiene un gobernante humano. Los versículos 1-10 se centran en el líder humano de Tiro, pero los versículos 11-19 tienen descripciones que no pueden aplicarse a ningún ser humano. El líder de Tiro no era "el sello de la perfección" (v. 12), ni estuvo "en Edén, en el huerto de Dios" (v. 13). Ningún simple ser humano podía llamarse "querubín grande, protector" (v. 14), y de ningún hombre, salvo de Adán, se podía decir: "Perfecto eras en todos tus caminos desde el día que fuiste creado, hasta que se halló en ti maldad" (v. 15). Los versículos 11-19, por lo tanto, describen a Lucifer.

Antes de su caída, que obviamente tuvo lugar después de la creación del Huerto del Edén, Satanás era el "querubín grande, protector" (v. 14). Era el ser angelical de más alto rango, interesado particularmente en la gloria de Dios. Él estaba "en el monte de Dios", y andaba "entre las piedras de fuego". Esto habla de su morada cercana a la presencia de Dios. Sigue siendo una incógnita el cómo ese ser, perfecto desde su creación, que existía en un ambiente perfectamente santo, pudiera pecar. Sin embargo, el que pecó es un hecho. Todo lo que Ezequiel dice es que "se halló en [él] maldad" (v. 15). Fue entonces lanzado de su lugar entre los santos en la presencia de Dios (v. 16), aunque sigue teniendo acceso a esa presencia (Job 1:6; Ap. 12:10). Fue entonces cuando se convirtió en Satanás, el adversario; Apolión, el destructor; diablo, el calumniador.

Como se ha observado, es difícil para nuestra mente finita comprender cómo un ser perfecto en un ambiente perfecto pudo caer en pecado. Ezequiel describe los motivos de Lucifer en el versículo 17: "Se enalteció tu corazón a causa de tu hermosura, corrompiste tu sabiduría a causa de tu esplendor". Satanás de alguna manera se enamoró de su hermosura y esplendor, y su respuesta fue el pecado de orgullo, que condujo a la rebelión.

Isaías 14:12-14 confirma que fue sin duda el orgullo lo que causó la caída de Satanás:

> *¡Cómo caíste del cielo, oh Lucero, hijo de la mañana! Cortado fuiste por tierra, tú que debilitabas a las naciones. Tú que decías en tu corazón: Subiré al cielo; en lo alto, junto a las estrellas de Dios, levantaré mi trono, y en el monte del testimonio me sentaré, a los lados del norte; sobre las alturas de las nubes subiré, y seré semejante al Altísimo.*

Como Ezequiel describió a Satanás como el gran poder que respaldaba al gobernante de Tiro, así Isaías lo muestra como el poder que respaldaba al rey de Babilonia. Lo llama "Lucero, hijo de la mañana", destacando la gloria que tenía Satanás antes de su caída (cp. Ap. 22:16 donde una frase parecida se emplea para describir a Cristo). La exclamación de Isaías "¡Cómo caíste del cielo!" nos recuerda las palabras de nuestro Señor en Lucas 10:18: "Yo veía a Satanás caer del cielo como un rayo".

El orgullo de Satanás se muestra en las cinco declaraciones de los versículos 13 y 14 que comienzan con verbos de primera persona en tiempo futuro. No estaba satisfecho con su condición de ser creado de más alto rango, de morar constantemente en la presencia de Dios. Sintió celos de Dios y trataba de igualarse a Él. Ese pecado, una proyección de su orgullo, fue el mismo con el que luego tentó a Eva (Gn. 3:5). Cuando Satanás, en su orgullo, trató de subir "sobre las alturas de las nubes", y hacerse "semejante al Altísimo", comenzó la vasta guerra con Dios.

Satanás no estaba solo en su rebelión. Apocalipsis 12:3-4 revela que huestes de otros ángeles se le unieron:

> *También apareció otra señal en el cielo: he aquí un gran dragón escarlata, que tenía siete cabezas y diez cuernos, y en sus cabezas siete diademas; y su cola arrastraba la tercera parte de las estrellas del cielo, y las arrojó sobre la tierra. Y el dragón se paró frente a la mujer que estaba para dar a luz, a fin de devorar a su hijo tan pronto como naciese.*

El dragón es nada menos que Satanás, y las estrellas del cielo simbolizan a los ángeles (cp. Job 38:7). Cuando Satanás cayó, arrastró con él a un tercio de los ángeles. Esos ángeles caídos, o demonios, ayudan a Satanás en su guerra contra Dios. Aunque a algunos Dios los ha atado permanentemente (Jud. 6), y a otros los ha atado temporalmente hasta la tribulación (cp. Ap. 9:3ss), los otros se mueven por el mundo para cumplir las órdenes de Satanás y su propia maldad.

El blanco específico de Satanás y sus demonios es Cristo y su obra redentora y gloria final. En Apocalipsis 12:5, leemos de la mujer, que simboliza a Israel, dando a luz al Mesías, quien iba a gobernar las naciones con vara de hierro. En el versículo 4, vemos a Satanás intentando destruir al hijo. A lo largo de la historia, este ha sido el centro específico de su ataque. En Génesis 6, aprendemos de su intento de producir una raza de mestizos demonios-hombres que no podría redimirse. Muchas veces trató de corromper a Israel con el pecado o con matrimonios mixtos para anular la posibilidad de una simiente santa. Hasta trató de llevar a cabo el genocidio de los judíos, pero Dios utilizó a Mardoqueo para salvarlos (vea Ester). Trató de matar a Jesús mediante la matanza de niños por parte de Herodes, y al tratar de arrojarlo desde un acantilado en Nazaret (Lc. 4:29). Trató de hacerlo caer con sus tentaciones. Por último, hizo su parte para llevarlo a la cruz, solo para tener su propia cabeza aplastada y su poder hecho pedazos por la resurrección de Cristo.

Satanás y sus ángeles, en su luchar contra Dios y sus propósitos, también declaran la guerra contra los ángeles elegidos de Dios, conducidos por Miguel.

Esa guerra tiene un aspecto pasado (Jud. 9; Dn. 9), presente y futuro (Ap. 12:7). Aunque oculta de nuestra vista, su batalla no es menos real (cp. Dn. 10:12-13).

Satanás también ataca al pueblo de Dios. En Apocalipsis 12:17, leemos de su futuro ataque sobre Israel en la tribulación. En este momento ataca a la Iglesia, tanto personalmente como por medio de los ángeles caídos y de hombres malvados (cp. Ef. 6:12). Tiene un interés limitado en los creyentes individuales; incluso sus ataques a ellos son, a fin de cuentas, ataques contra Dios e intentos de estorbar sus planes. Por lo tanto, lo que hagamos en la batalla tiene su reflejo en Dios. Si somos derrotados, Satanás en ese sentido ha sido eficiente. Cuando obtenemos la victoria, su ataque contra Dios es vencido. A la luz de esto, Pablo exhortó a Timoteo a que sufriera "penalidades como buen soldado de Jesucristo" (2 Ti. 2:3).

Si hemos de ser victoriosos, debemos comprender cómo Satanás ataca a la iglesia actual. Entonces, como Pablo, "no [ignoraremos] sus maquinaciones" (2 Co. 2:11). En primer lugar, Satanás ataca a la iglesia cegando la mente de los incrédulos al evangelio (2 Co. 4:3-4), alejándolos así de la verdad y de la iglesia. Logra eso gracias a la ignorancia, la religión falsa, el orgullo, la concupiscencia y la maldad que resulta de su dominio sobre el sistema del mundo.

En segundo lugar, Satanás intenta abrumar a los que ya creen para lesionar y destruir la credibilidad de su testimonio. Jesús le advirtió a Pedro: "Simón, Simón, he aquí Satanás os ha pedido para zarandearos como a trigo" (Lc. 22:31). Satanás deseaba destruir la fe de Pedro, para zarandearlo y lograr que lo que era genuino en él se fuera con el viento. Si tenía éxito, Pedro habría sido inservible para Dios. Pedro recordó la advertencia de nuestro Señor, y en 1 Pedro 5:8 nos exhortó a que seamos "sobrios, y [velemos]; porque [nuestro] adversario el diablo, como león rugiente, anda alrededor buscando a quien devorar". Satanás ataca a los creyentes, tratando de destruir su fe y su confianza en Dios, dejándolos de esta forma ineficientes para la batalla.

En tercer lugar, Satanás ataca a la iglesia al atacar al matrimonio y a la familia. Pablo ordenó a los maridos y a las esposas que no se privaran de las relaciones sexuales para que Satanás no tuviera oportunidad de tentarlos (1 Co. 7:5). Los matrimonios y las familias fuertes son un requisito previo para una iglesia y un testimonio saludables. Al atacar estas instituciones, Satanás debilita la iglesia. La subida vertiginosa de los divorcios y otros problemas conocidos entre los cristianos, que se ve en la actualidad, indica que está teniendo éxito en esta tarea.

En cuarto lugar, Satanás ataca a la iglesia a través de sus líderes. Pablo le dice a Timoteo en 1 Timoteo 3 que los líderes deben reunir las condiciones para ocupar esos lugares. De otra manera, pudieran caer "en descrédito y en lazo del diablo" (1 Ti. 3:7). No hay otros a quienes Satanás quiera más destruir que a los líderes. Esa también es una tarea en la que Satanás ha tenido mucho éxito en los últimos años. Líder tras líder han sido destruidos por los ataques de Satanás, ya sea por el pecado sexual, el orgullo, el materialismo o el autoritarismo. Los resultados para la iglesia son trágicos. Cuando se destruye a los pastores, se dispersan las ovejas.

Por último, Satanás ataca a la iglesia a través de los falsos sistemas religiosos. El cristianismo liberal, las sectas, las religiones del mundo y el humanismo son una constante amenaza. Los líderes de esos movimientos, como su malvado maestro, se pueden transformar en ángeles de luz (2 Co. 11:14-15). Las cosas que se enseñan en el nombre de la verdad bíblica asustan a veces (cp. Hch. 20:28-32; 1 Ti. 4:1-7; Tit. 1:10-11; 2 P. 2:1-3 y más). La iglesia afronta un constante bombardeo de errores, todos ellos, al final de cuentas, lanzados por Satanás, "doctrinas de demonios" (1 Ti. 4:1).

¿Cómo puede la iglesia defenderse de esos ataques del maligno? Pablo da la respuesta en 2 Corintios 10:4-5:

> *porque las armas de nuestra milicia no son carnales, sino poderosas en Dios para la destrucción de fortalezas, derribando argumentos y toda altivez que se levanta contra el conocimiento de Dios, y llevando cautivo todo pensamiento a la obediencia a Cristo.*

Efesios 6:13-18 nos muestra la armadura necesaria:

> *Por tanto, tomad toda la armadura de Dios, para que podáis resistir en el día malo, y habiendo acabado todo, estar firmes. Estad, pues, firmes, ceñidos vuestros lomos con la verdad, y vestidos con la coraza de justicia, y calzados los pies con el apresto del evangelio de la paz. Sobre todo, tomad el escudo de la fe, con que podáis apagar todos los dardos de fuego del maligno. Y tomad el yelmo de la salvación, y la espada del Espíritu, que es la palabra de Dios; orando en todo tiempo con toda oración y súplica en el Espíritu, y velando en ello con toda perseverancia y súplica por todos los santos.*

Nuestras armas para pelear la batalla espiritual son la Palabra de Dios y la oración "en todo tiempo". Aparte de eso, son inútiles el intelecto, el talento, la destreza y el ingenio humano. Como escribiera Martín Lutero en el himno "Castillo fuerte es nuestro Dios":

> Nuestro valor es nada aquí,
> con él todo es perdido.

Peleamos con éxito la buena batalla al vivir en obediencia a las Escrituras. Entonces podemos cantar triunfantes:

Aunque estén demonios mil
prontos a devorarnos,
no temeremos porque Dios
sabrá aun prosperarnos.
¡Qué muestre su vigor
Satán y su furor!
Dañarnos no podrá,
pues condenado es ya,
por la Palabra Santa.

(Martín Lutero,
"Castillo fuerte es nuestro Dios")

Para apropiarse de las Escrituras y librar la batalla espiritual eficientemente, Timoteo necesitaba comprender su responsabilidad más allá de sí mismo y dentro de sí mismo.

LA RESPONSABILIDAD MÁS ALLÁ DE SÍ MISMO

Este mandamiento, hijo Timoteo, te encargo, para que conforme a las profecías que se hicieron antes en cuanto a ti, milites por ellas la buena milicia, (1:18)

Timoteo no estaba solo en la lucha. Fue comisionado por Pablo y su llamado fue confirmado por revelación de Dios con relación a él. Su servicio como un soldado de Cristo estaba por lo tanto dispuesto en el contexto de la autoridad y confirmación de la iglesia. Era responsable ante la iglesia y ante la cabeza de la iglesia por su conducta en la lucha.

Para llevar a cabo su responsabilidad ante el Señor y la iglesia, Timoteo tenía primero que obedecer un **mandamiento.** *Parangelian* (**mandamiento**) se emplea para una orden militar. Como tal, no es una sugerencia, ni se puede discutir. Es un mandato a cumplir obedientemente. En 5:21 Pablo comisionó a Timoteo y lo hizo responsable delante de Dios el Padre y del Señor Jesucristo, y de los ángeles escogidos. En 6:13-14 vuelve a hacer responsable a Timoteo delante de Dios por su conducta. Esa asombrosa responsabilidad llevó a Pablo a "encarecerle" a Timoteo "delante de Dios y del Señor Jesucristo, que juzgará a los vivos y a los muertos en su manifestación y en su reino, que prediques la palabra; que instes a tiempo y fuera de tiempo; redarguye, reprende, exhorta con toda paciencia y doctrina" (2 Ti. 4:1-2). Él responderá ante Dios y ante Cristo por su ministerio (cp. He. 13:17; Stg. 3:1). Timoteo tenía un deber con Dios en la iglesia, algo de lo que nuestra tolerante cultura conoce muy poco. Hablamos mucho de libertad, éxito, gozo y paz, pero poco del deber. Sin embargo, estamos ligados por el deber para obedecer al Comandante (2 Ti. 2:4) y cumplir nuestros ministerios (2 Ti. 4:5). Estas cosas no son optativas.

Nuestro Señor subrayó la importancia del deber en Lucas 17:7-10:

> *¿Quién de vosotros, teniendo un siervo que ara o apacienta ganado, al volver él del campo, luego le dice: Pasa, siéntate a la mesa? ¿No le dice más bien: Prepárame la cena, cíñete, y sírveme hasta que haya comido y bebido; y después de esto, come y bebe tú? ¿Acaso da gracias al siervo porque hizo lo que se le había mandado? Pienso que no. Así también vosotros, cuando hayáis hecho todo lo que os ha sido ordenado, decid: Siervos inútiles somos, pues lo que debíamos hacer, hicimos.*

Pablo comprendía con toda claridad el concepto del deber. Al dar su testimonio delante del rey Agripa dijo: "No fui rebelde a la visión celestial" (Hch. 26:19). A los corintios les escribió: "Pues si anuncio el evangelio, no tengo por qué gloriarme; porque me es impuesta necesidad; y ¡ay de mí si no anunciare el evangelio! Por lo cual, si lo hago de buena voluntad, recompensa tendré; pero si de mala voluntad, la comisión me ha sido encomendada" (1 Co. 9:16-17). Pablo reconoció que estaba bajo una obligación divina de usar sus dones y de cumplir su llamamiento. En Hechos 20:24 les dijo a los ancianos de Éfeso: "Pero de ninguna cosa hago caso, ni estimo preciosa mi vida para mí mismo, con tal que acabe mi carrera con gozo, y el ministerio que recibí del Señor Jesús, para dar testimonio del evangelio de la gracia de Dios".

Cada siervo del Señor está ligado por el deber para llevar a cabo su ministerio. A Moisés (Éx. 4:10-16), Isaías (Is. 6:8-11), Jeremías (Jer. 20:9), Ezequiel (Ez. 2:7-8), y Jonás (Jon. 1:1-2) se les dio una responsabilidad a cumplir. En 2 Timoteo 4:1-2 Pablo ordenó a Timoteo que predicara la Palabra "a tiempo y fuera de tiempo". En nuestra sociedad, con su énfasis en el entretenimiento, la actitud de poco respeto a la autoridad, la mentalidad crítica y la orientación psicológica, nuestro mensaje será a menudo rechazado. Sin embargo, eso no nos exime de nuestro deber (cp. Jer. 7:27; Ez. 2:4-5; 3:7; 33:30-32).

En segundo lugar, a Timoteo se le había dado una encomienda a cumplir. *Paratithēmi* (**encargo**) se refiere a entregar algo de valor a otro. Se emplea, por ejemplo, para referirse a poner un depósito en un banco. Pablo le había dado a Timoteo un depósito valioso, la verdad de Dios (cp. 2 Ti. 2:2), que era el "depósito" que debía guardar diligentemente (6:20; 2 Ti. 1:14). A Pablo mismo se le había confiado tal depósito (cp. 1:11), y el mismo depósito de verdad se nos ha traspasado a nosotros a través de los siglos. Debemos preservarlo y traspasarlo intacto a las nuevas generaciones.

En tercer lugar, Timoteo tenía una confirmación por la que vivir. El llamado de Timoteo había sido confirmado por **profecías.** Los profetas en la época del Nuevo Testamento hablaron de revelación de la voluntad de Dios para la iglesia primitiva. La profecía es el don de proclamar la Palabra de Dios. En cierto sentido, cualquiera que predica o enseña la Palabra de Dios es un profeta. Sin embargo, a diferencia de los maestros y predicadores de la actualidad, los profetas del Nuevo Testamento a veces recibían revelación directa de Dios. Mientras que la doctrina era la esfera de los apóstoles (cp. Hch. 2:42), los profetas parecían ser instrumentos que Dios usó para hablar de cosas prácticas (cp. Hch. 21:10-11). (Para un análisis minucioso del don de profecía, vea mis libros *Charismatic Chaos* [Caos carismático] [Grand Rapids: Zondervan, 1992], 54-84 [en especial las pp. 69-70]; y *Reckless Faith* [Fe imprudente] [Wheaton, Ill.: Crossway, 1994], 177ss.)

Proagō (**que se hicieron antes**) literalmente significa "guiar el camino a". Da a entender que se habían hecho una serie de profecías **en cuanto a** que Timoteo había recibido su don espiritual (4:14). Entonces las **profecías** fueron las que específica y sobrenaturalmente llamaron a Timoteo al ministerio. La orden de Pablo a Timoteo no provenía de él mismo, sino que fue confirmada por Dios mediante el ministerio de algunos profetas.

Los pastores y los ancianos ya no son llamados de esa forma tan espectacular. Como veremos en 3:1, el llamado al ministerio surge del interior mediante un deseo, y no desde fuera por medio de revelación. La iglesia entonces confirma ese deseo. La iglesia, al observar la vida y el servicio de la persona, puede confirmar si da testimonio de ser llamado por Dios al ministerio. Esa confirmación por la iglesia nos debe mantener en la lucha, aun cuando el combate arrecie. Ya sea comisionado por Dios mediante revelación divina, o, como ahora, por la confirmación del pueblo de Dios, un líder no puede claudicar. El llamado de Dios en su vida debió alentar a Timoteo y a todos los demás predicadores a **milites... la buena milicia; buena** viene de *kalos*, que significa intrínsecamente bueno: noble, excelente o virtuoso. Hay el deber con Dios y con la iglesia de Jesucristo de motivar al predicador asediado, y el conocer que esta es la más noble guerra en todo el universo. ¿Qué otra cosa mejor hay por la que vivir y morir que la gran guerra entre Dios y Satanás, una guerra por el alma de hombres y mujeres y la gloria de Dios y de nuestro Salvador el Señor Jesucristo?

William Barclay relata la conmovedora historia del llamado al ministerio del gran reformador escocés Juan Knox:

> [Juan Knox] había estado enseñando en Saint Andrews. Se suponía que su enseñanza fuera privada, pero muchos iban, ya que obviamente era un hombre que tenía un mensaje. Así que las personas lo estimularon para "que se dedicara a la predicación. Pero rechazó esto por completo, alegando que él no estaría donde Dios no lo había llamado... Entonces se reunieron en privado, teniendo con ellos al señor David Lindsay of

> the Mount, y llegaron a la conclusión de que comisionarían a Juan, y esto en público por la boca de su predicador".
>
> Así que llegó el domingo y Knox estaba en la iglesia, y John Rough estaba predicando. "El predicador, John Rough, dirigió sus palabras a Juan Knox, diciéndole: 'Hermano, no debe ofenderse, a pesar de que le hablo a usted lo que tengo encargado, incluso de todos los que están aquí presentes, y que es lo siguiente: En el nombre de Dios, y de su Hijo Jesucristo, y en el nombre de estos que en este momento lo llaman por mi boca, le encargo que no rechace esta santa vocación, sino que tome la responsabilidad de la predicación, aun cuando usted parece evitar la desaprobación de Dios, y deseo que él multiplique su gracia en usted'. Y al final les dijo a los que estaban presentes: '¿No fue este el encargo que me dieron? Y ¿no aprueban ustedes esta vocación?' Ellos respondieron: 'Sí fue ese; y lo aprobamos'. Por lo tanto Juan se echó a llorar y se fue a su cuarto. Su semblante y su conducta, a partir de ese momento y hasta el día en el que tuvo que hacer su presentación en un lugar público de predicación, expresó su aflicción y la preocupación de su corazón; porque nadie vio ninguna señal de regocijo en él, ni siquiera tuvo el placer de acompañar a ningún hombre, durante muchos días".
>
> Juan Knox fue escogido; él no quería responder al llamado; pero tuvo que hacerlo, ya que la elección era de Dios. Años más tarde, el regente Morton pronunció su famoso discurso junto a la tumba de Knox: "En respeto a que llevó el mensaje de Dios, a quien debe dar cuenta por esto mismo, él (a pesar de que fue una criatura débil e indigna, y un hombre temeroso) no tuvo temor al rostro de los hombres". El conocimiento de haber sido escogido le dio valor. (*The Letters to Timothy, Titus, and Philemon* [Las cartas a Timoteo, Tito y Filemón] [Filadelfia: Westminster, 1975], 49-50)

Al igual que Timoteo y Juan Knox, los que son llamados por Dios deben aceptar la responsabilidad de cumplir con su ministerio.

LA RESPONSABILIDAD DENTRO DE SÍ MISMO

manteniendo la fe y buena conciencia (1:19*a*)

Pablo vincula la **fe** y una buena conciencia varias veces en esta carta (cp. 1:5; 3:9). La **fe** es una alusión a la fe cristiana, el evangelio, la Palabra de Dios; **manteniendo la fe** significa sostenerse firmemente de esa verdad revelada. La primera responsabilidad de Timoteo con el Señor era permanecer fiel al objetivo de las Escrituras reveladas. A diferencia de los que se apartaron de la fe (1:6; 6:10, 21), Timoteo debía permanecer firmemente dedicado a la Palabra de Dios.

En realidad, debía guardarla (6:20), nutrirse con ella (4:6) y predicarla (4:13; 2 Ti. 4:2).

La **buena conciencia** es resultado de una vida pura. Al igual que Pablo (cp. Hch. 24:16), Timoteo debía mantener una limpia conciencia. La conciencia es algo que Dios ha dado a la mente de cada ser humano, que reacciona ante la conducta de esa propia persona. Lo mismo acusa que defiende (Ro. 2:14-15). Produce sentimientos de bienestar, paz, contentamiento y calma cuando hay un buen comportamiento. Cuando es malo, activa la culpabilidad, la vergüenza, el remordimiento, el temor, la duda, la inseguridad y la desesperación. Su propósito es advertir a la persona del hecho de que está pecando. ¡Qué bendición es tener ese tipo de advertencia! Es para el alma como el dolor es para el cuerpo. El dolor advierte que algo amenaza el bienestar del cuerpo. La culpabilidad advierte que algo amenaza el bienestar del alma. Pablo siempre estaba deseoso de tener una conciencia limpia, pura y buena (cp. 2 Co. 1:12) y deseaba lo mismo para Timoteo. Él exige santidad en su encargo a Timoteo.

La pureza doctrinal debe estar acompañada de pureza de vida. Hay un vínculo inseparable entre verdad y moralidad, entre creencia correcta y conducta correcta. Por consiguiente, el error teológico tiene sus raíces en lo moral y no en el terreno intelectual (cp. Mt. 7:15-20). A veces las personas enseñan la doctrina equivocada que se acomode a su pecado. Esa verdad la sustenta la inmoralidad que tan a menudo caracteriza a los falsos maestros (cp. 2 Pedro 2). No es entonces sorprendente que también Pablo haga énfasis en la piedad en 1 Timoteo (cp. 2:10; 4:7-8; 6:6). La sana doctrina y la vida piadosa son las torres gemelas que guardan la pureza de la iglesia: "Ten cuidado de ti mismo y de la doctrina; persiste en ello, pues haciendo esto, te salvarás a ti mismo y a los que te oyeren" (4:16).

Al recordar su responsabilidad más allá de sí mismo al Señor y a la iglesia de guardarse puro, Timoteo sería capaz de pelear la batalla espiritual que afrontaba. Serviría con valor como "buen soldado de Jesucristo" (2 Ti. 2:3).

Entregados a Satanás

5

desechando la cual naufragaron en cuanto a la fe algunos, de los cuales son Himeneo y Alejandro, a quienes entregué a Satanás para que aprendan a no blasfemar. (1:19*b*-20)

Es parte del ministerio de la iglesia, como es un ministerio de Dios mismo, entregar ciertas personas a Satanás. Nuestro Señor enseñó en Mateo 18 que a quienes siguen pecando se les debe sacar de la iglesia. A tales personas que se les excomulga se les entrega a Satanás. Es esto precisamente lo que Pablo exigió en la iglesia de Corinto (1 Co. 5:4-5) y lo que les hizo a dos de los falsos maestros en el liderazgo en Éfeso, y lo que se implica es que nos invita a Timoteo y a nosotros a que sigamos haciéndolo.

Entregar a alguien a Satanás indica que ellos no habían estado antes completamente en su poder. En 1 Juan 5:19 aprendemos que "el mundo entero está bajo el maligno". Los incrédulos caminan "conforme al príncipe de la potestad del aire, el espíritu que ahora opera en los hijos de desobediencia" (Ef. 2:2). Por lo tanto, quienes son entregados a Satanás deben de haber estado de alguna manera bajo la protección que proporciona la iglesia. Incluso los incrédulos reciben alguna protección por su asociación con la comunidad de personas redimidas.

La historia de Israel da testimonio de esa verdad. Hubo en Israel quienes no fueron personalmente redimidos. Pablo nos recuerda en Romanos 9:6 que "porque no todos los que descienden de Israel son israelitas". A pesar de esto, los judíos no redimidos experimentaron las abundantes bendiciones que Dios derramó sobre la nación. Ellos recibieron una parte de la herencia en la Tierra Prometida, y la protección de Dios de sus enemigos. Los beneficios del sacerdocio y el sistema expiatorio eran suyos.

Lo mismo es cierto en la iglesia. Hay incrédulos que son bendecidos en virtud de su asociación con creyentes. En 1 Corintios 7:14 Pablo escribió: "Porque el marido incrédulo es santificado en la mujer, y la mujer incrédula en el marido; pues de otra manera vuestros hijos serían inmundos, mientras que ahora son santos". Los inconversos en una familia cristiana son beneficiarios de la bendición de Dios sobre los cristianos.

De manera tal que en el amparo del pueblo de Dios hay protección de las fuerzas en pleno de la furia de Satanás. Los judíos incrédulos estuvieron mejor que los gentiles incrédulos fuera de la comunidad del pacto. Los incrédulos que se asocian con la iglesia actual están mejor que los que están fuera de la iglesia. Ellos se benefician de la gracia y la bondad de Dios para sus hijos. Entregar a alguien a Satanás quita el refugio y la protección que ofrece la comunidad creyente. Están fuera de las bendiciones de la mano de Dios y están totalmente bajo el control de Satanás.

Hay veces en las que, en el soberano plan de Dios, los creyentes caen en manos de Satanás para propósitos positivos. Hay varios ejemplos de eso en las Sagradas Escrituras.

Job era un hombre que, al parecer, lo tenía todo: riqueza, familia, sabiduría, honor y santidad. Job 1:1-5 nos lo presenta:

> *Hubo en tierra de Uz un varón llamado Job; y era este hombre perfecto y recto, temeroso de Dios y apartado del mal. Y le nacieron siete hijos y tres hijas. Su hacienda era siete mil ovejas, tres mil camellos, quinientas yuntas de bueyes, quinientas asnas, y muchísimos criados; y era aquel varón más grande que todos los orientales. E iban sus hijos y hacían banquetes en sus casas, cada uno en su día; y enviaban a llamar a sus tres hermanas para que comiesen y bebiesen con ellos. Y acontecía que habiendo pasado en turno los días del convite, Job enviaba y los santificaba, y se levantaba de mañana y ofrecía holocaustos conforme al número de todos ellos. Porque decía Job: Quizá habrán pecado mis hijos, y habrán blasfemado contra Dios en sus corazones. De esta manera hacía todos los días.*

Luego ocurrió algo desconocido para Job que iba a trastornar su mundo:

> *Un día vinieron a presentarse delante de Jehová los hijos de Dios, entre los cuales vino también Satanás. Y dijo Jehová a Satanás: ¿De dónde vienes? Respondiendo Satanás a Jehová, dijo: De rodear la tierra y de andar por ella. Y Jehová dijo a Satanás: ¿No has considerado a mi siervo Job, que no hay otro como él en la tierra, varón perfecto y recto, temeroso de Dios y apartado del mal? Respondiendo Satanás a Jehová, dijo: ¿Acaso teme Job a Dios de balde? ¿No le has cercado alrededor a él y a su casa y a todo lo que tiene? Al trabajo de sus manos has dado bendición; por tanto, sus bienes han aumentado sobre la tierra. Pero extiende ahora tu mano y toca todo lo que tiene, y verás si no blasfema contra ti en tu misma presencia. Dijo Jehová a Satanás: He aquí,*

todo lo que tiene está en tu mano; solamente no pongas tu mano sobre él. Y salió Satanás de delante de Jehová (Job 1:6-12).

Satanás, como de costumbre, procuraba desbaratar la obra de Dios. Estaba dando por sentado que los hijos de Dios le sirven por motivos egoístas, por los beneficios que les concede. Para probar lo falso de tal acusación, Dios entregó a Job en las manos de Satanás:

Y un día aconteció que sus hijos e hijas comían y bebían vino en casa de su hermano el primogénito, y vino un mensajero a Job, y le dijo: Estaban arando los bueyes, y las asnas paciendo cerca de ellos, y acometieron los sabeos y los tomaron, y mataron a los criados a filo de espada; solamente escapé yo para darte la noticia. Aún estaba éste hablando, cuando vino otro que dijo: Fuego de Dios cayó del cielo, que quemó las ovejas y a los pastores, y los consumió; solamente escapé yo para darte la noticia. Todavía estaba éste hablando, y vino otro que dijo: Los caldeos hicieron tres escuadrones, y arremetieron contra los camellos y se los llevaron, y mataron a los criados a filo de espada; y solamente escapé yo para darte la noticia. Entre tanto que éste hablaba, vino otro que dijo: Tus hijos y tus hijas estaban comiendo y bebiendo vino en casa de su hermano el primogénito; y un gran viento vino del lado del desierto y azotó las cuatro esquinas de la casa, la cual cayó sobre los jóvenes, y murieron; y solamente escapé yo para darte la noticia. Entonces Job se levantó, y rasgó su manto, y rasuró su cabeza, y se postró en tierra y adoró, y dijo: Desnudo salí del vientre de mi madre, y desnudo volveré allá. Jehová dio, y Jehová quitó; sea el nombre de Jehová bendito. En todo esto no pecó Job, ni atribuyó a Dios despropósito alguno (Job 1:13-22).

La reacción de Job justificó a Dios, y probó que Satanás estaba equivocado. Mostró que la verdadera fe salvadora es permanente y no depende de circunstancias positivas. El amor de Job a Dios no era egoísta, basado en los beneficios que había recibido. Job amaba a Dios con un amor inquebrantable por lo que Él era, no por lo que Él le había dado. Dios usó a Job para demostrarle algo a Satanás. El propósito del libro de Job no es tanto enseñarnos cómo afrontar el sufrimiento, sino mostrar la fortaleza de la fe de un hombre santo. A través de todo su sufrimiento, sus dolencias físicas, su esposa y sus amigos cercanos en su contra, y su desconcierto al preguntarse por qué le estaba ocurriendo todo esto, Job nunca perdió su confianza en Dios y de esa manera mostró su piedad. Su actitud se resume muy bien en sus palabras en Job 13:15: "aunque él me matare, en él esperaré". Él nunca halló la razón de su sufrimiento, porque Dios nunca se lo dijo. Cuando, en respuesta a sus preguntas, Dios se le apareció y declaró su derecho soberano a hacer lo que Él quisiera (Job 38-39), Job humildemente aceptó que:

> *Respondió Job a Jehová, y dijo: Yo conozco que todo lo puedes, y que no hay pensamiento que se esconda de ti. ¿Quién es el que oscurece el consejo sin entendimiento? Por tanto, yo hablaba lo que no entendía; cosas demasiado maravillosas para mí, que yo no comprendía. Oye, te ruego, y hablaré; te preguntaré, y tú me enseñarás. De oídas te había oído; mas ahora mis ojos te ven. Por tanto me aborrezco, y me arrepiento en polvo y ceniza (Job 42:1-6).*

Job fue entregado a Satanás para que aprendiera a glorificar a Dios, y a dar honra a Dios. Un verdadero hijo de Dios puede ser entregado a Satanás para que dé mayor gloria a Dios.

En Mateo 4:1-11 leemos el relato de alguien que es mucho más justo que Job, el Señor Jesucristo.

> *Entonces Jesús fue llevado por el Espíritu al desierto, para ser tentado por el diablo. Y después de haber ayunado cuarenta días y cuarenta noches, tuvo hambre. Y vino a él el tentador, y le dijo: Si eres Hijo de Dios, di que estas piedras se conviertan en pan. Él respondió y dijo: Escrito está: No sólo de pan vivirá el hombre, sino de toda palabra que sale de la boca de Dios. Entonces el diablo le llevó a la santa ciudad, y le puso sobre el pináculo del templo, y le dijo: Si eres Hijo de Dios, échate abajo; porque escrito está: A sus ángeles mandará acerca de ti, y, en sus manos te sostendrán, para que no tropieces con tu pie en piedra. Jesús le dijo: Escrito está también: No tentarás al Señor tu Dios. Otra vez le llevó el diablo a un monte muy alto, y le mostró todos los reinos del mundo y la gloria de ellos, y le dijo: Todo esto te daré, si postrado me adorares. Entonces Jesús le dijo: Vete, Satanás, porque escrito está: Al Señor tu Dios adorarás, y a él sólo servirás. El diablo entonces le dejó; y he aquí vinieron ángeles y le servían.*

Como Dios puso a Job en las manos de Satanás, así también entregó a su Hijo a Satanás. Lo hizo para probar el carácter de Jesús, que seguiría siendo fiel como el perfecto y obediente Dios-hombre. A pesar de estar debilitado por cuarenta días de ayuno y aislamiento, Jesús resistió con éxito todas las tentaciones de Satanás de rebelarse contra su padre. Él, como Job, fue entregado a Satanás para dar gloria a Dios.

Segunda Corintios 12:1-10 muestra otro ejemplo de cómo el fiel pueblo de Dios es a veces entregado a Satanás:

> *Ciertamente no me conviene gloriarme; pero vendré a las visiones y a las revelaciones del Señor. Conozco a un hombre en Cristo, que hace catorce años (si en el cuerpo, no lo sé; si fuera del cuerpo, no lo sé; Dios lo sabe) fue arrebatado hasta el tercer cielo. Y conozco al tal hombre (si en el cuerpo, o fuera del cuerpo, no lo sé; Dios lo sabe), que fue arrebatado al paraíso, donde oyó palabras inefables que no le es dado al hombre expresar. De tal hombre me gloriaré; pero de mí mismo en nada me gloriaré, sino en mis debilidades. Sin embargo, si quisiera gloriarme, no sería insensato, porque diría la verdad; pero lo dejo, para que nadie piense de mí más de lo que en mí ve, u oye de mí. Y para que la grandeza de las revelaciones no me exaltase desmedidamente, me fue dado un aguijón en mi carne, un mensajero de Satanás que me abofetee, para que no me enaltezca sobremanera; respecto a lo cual tres veces he rogado al Señor, que lo quite de mí. Y me ha dicho: Bástate mi gracia; porque mi poder se perfecciona en la debilidad. Por tanto, de buena gana me gloriaré más bien en mis debilidades, para que repose sobre mí el poder de Cristo. Por lo cual, por amor a Cristo me gozo en las debilidades, en afrentas, en necesidades, en persecuciones, en angustias; porque cuando soy débil, entonces soy fuerte.*

Pocos hombres tienen tanto de qué gloriarse como el apóstol Pablo. Fue en gran medida gracias a sus esfuerzos que el cristianismo se esparció a través del mundo grecorromano. Tuvo el privilegio excepcional de ver al Cristo resucitado al menos en tres oportunidades. También fue inspirado por el Espíritu Santo para escribir gran parte del Nuevo Testamento. Incluso tuvo una experiencia tan conmovedora y asombrosa que no sabía exactamente lo que había sucedido, y se le prohibió decir lo que vio. Algunos hoy dicen falsamente haber ido al cielo y regresado, pero Pablo realmente lo hizo.

A fin de ayudar a Pablo a cumplir su decisión de no gloriarse, Dios permitió que fuera atormentado por un "mensajero de Satanás". El Señor permitió a Satanás usar esto para afligir a Pablo. El propósito de Dios era que Pablo permaneciera humilde y dependiente de su gracia, y permitir que su fortaleza divina se manifestara.

La historia de Pedro en Lucas 22:31-33 ofrece una evidencia adicional de que Dios a veces permite que los creyentes caigan en las manos de Satanás. Nuestro Señor le advirtió: "Simón, Simón, he aquí Satanás os ha pedido para zarandearos como a trigo; pero yo he rogado por ti, que tu fe no falte; y tú, una vez vuelto, confirma a tus hermanos". Satanás deseaba que Pedro, como desea de cualquier creyente, se apartara, para poder así ganar una victoria contra Dios. Si podía lograr que la fe de Pedro se disipara como el tamo con el viento, habría destruido a alguien importante en el plan de Dios. Pedro fue una figura principal en los primeros años de la iglesia, por lo tanto, fue un blanco de primera clase para Satanás. La oración de Jesús indica que había límites divinos sobre lo que Satanás pudiera hacerle a Pedro, como los hubo con Job y Pablo. El propósito de Dios al permitirle a Satanás que zarandeara a Pedro fue una vez más para probar la fortaleza de la fe salvadora y mostrar a Satanás que no podía quitar a ningún creyente de la mano del Señor. Luego de aprender lo inútil de confiar en sus propias fuerzas (v. 33), Pedro podría advertir a otros del peligro del orgullo.

Un último ejemplo positivo de personas que caen en las manos de Satanás se encuentra en el libro de Apocalipsis. Apocalipsis 7:9-15 describe a los creyentes en la tribulación:

> *Después de esto miré, y he aquí una gran multitud, la cual nadie podía contar, de todas naciones y tribus y pueblos y lenguas, que estaban delante del trono y en la presencia del Cordero, vestidos de ropas blancas, y con palmas en las manos; y clamaban a gran voz, diciendo: La salvación pertenece a nuestro Dios que está sentado en el trono, y al Cordero. Y todos los ángeles estaban en pie alrededor del trono, y de los ancianos y de los cuatro seres vivientes; y se postraron sobre sus rostros delante del trono, y adoraron a Dios, diciendo: Amén. La bendición y la gloria y la sabiduría y la acción de gracias y la honra y el poder y la fortaleza, sean a nuestro Dios por los siglos de los siglos. Amén. Entonces uno de los ancianos habló, diciéndome: Estos que están vestidos de ropas blancas, ¿quiénes son, y de dónde han venido? Yo le dije: Señor, tú lo sabes. Y él me dijo: Estos son los que han salido de la gran tribulación, y han lavado sus ropas, y las han emblanquecido en la sangre del Cordero. Por esto están delante del trono de Dios, y le sirven día y noche en su templo; y el que está sentado sobre el trono extenderá su tabernáculo sobre ellos.*

Toda una generación de creyentes, expuesta a la ira de Satanás durante la tribulación, aprenderá a alabar a Dios como no lo ha hecho ninguna otra generación. Dios llevará a esos creyentes a un nivel superior de alabanza, porque han sufrido y su liberación es grande. Dios los recompensará ampliamente (cp. 2 Co. 4:17; Ap. 2:8-10).

Como lo muestran los ejemplos anteriores, el pueblo de Dios puede estar en las manos de Satanás con propósitos positivos. Puede ser para probar la autenticidad de la fe salvadora, para mantenerlos humildes y dependientes de Dios, para capacitarlos a fin de que fortalezcan a otros o para que alaben a Dios. En cada caso Dios recibe la gloria.

Sin embargo, hay otra categoría de personas entregadas a Satanás. Estos son puestos en sus manos no con propósitos positivos, sino para juicio. También las Escrituras dan ejemplos de esas personas.

Saúl era al parecer la personificación de todo lo que cualquiera pudiera pedir en un rey. Tenía una imponente apariencia física (1 S. 9:2; 10:23), era un líder vigoroso (11:7), era humilde (10:22), y fue paciente con los que se le opusieron (10:27; 11:12-13). No obstante esas cualidades fueron engañosas (16:7). A pesar del privilegio de ser el rey ungido de Dios, con la ayuda del Espíritu Santo, el corazón de Saúl no estuvo plenamente dedicado al Señor. Usurpó la función de los sacerdotes y ofreció sacrificio (13:8-9). Después desobedeció la orden de Dios de destruir completamente a los amalecitas (15:2-28). Como resultado, el Señor lo rechazó a él y a sus herederos para que no fueran reyes sobre Israel, y ungió a David en su lugar (16:12). El Espíritu de Dios vino sobre David (16:13), y dejó a Saúl (16:14), significando esto la transferencia de la realeza. En su lugar vino un espíritu malo (16:14-16) para atormentar a Saúl.

Saúl, que había comenzado tan bien, ahora rodó rápidamente cuesta abajo. Llegó a tener un celo enfermizo por David. Trató de asesinarlo, lo obligó a huir para salvar su vida. Entonces Saúl persiguió de manera implacable a David a través de todo el desierto de Judea. Llegó incluso a asesinar a un grupo de sacerdotes que había ayudado a David (1 S. 22:9-19). Su apresurado y absurdo voto casi lo hace ejecutar a su hijo Jonatán (14:24-30, 37-45). Por último, privado del consejo de Dios y frente a una masiva invasión de los filisteos, buscó la ayuda de una médium (1 S. 28:4ss). Ese fue su último acto de rebeldía contra Dios; al día siguiente murió en la batalla.

La vida de Saúl muestra las trágicas consecuencias de estar en las manos de Satanás para juicio. Había sido parte del pueblo del pacto, el gobernante ungido por Dios. Había experimentado la presencia del Espíritu en su función como rey. El orgullo y la impaciencia lo llevaron a la desobediencia, y Dios lo abandonó a Satanás, no para su gloria, sino para juicio.

Judas Iscariote tuvo privilegios que Saúl nunca soñó. Anduvo con Jesús durante los tres años de su ministerio terrenal. Escuchó las enseñanzas del Señor y vio sus milagros. Considerando todos los privilegios de Judas, Juan 13:27 es uno de los versículos más trágicos de la Biblia. El escenario es la noche antes de la crucifixión de Cristo, mientras Él y sus discípulos participaban de la cena de la Pascua: "Y después del bocado, Satanás entró en [Judas]". Judas había formado parte de la comunidad de los apóstoles, y había sido bendecido y protegido por la presencia del Hijo de Dios. Ahora Dios lo entregó a Satanás, y él salió y vendió a Jesús a sus enemigos. Más adelante, vencido por el remordimiento, se suicidó. Judas, al igual que Saúl, fue lanzado fuera del lugar de protección y bendición, producto de su pecado, y pereció en el infierno.

La iglesia de Corinto tenía muchos problemas; no menor que esto era su tolerancia ante un caso de incesto (1 Co. 5:1-2). Como fallaron al no expulsar de la iglesia al que lo había cometido, Pablo lo hizo:

> *Ciertamente yo, como ausente en cuerpo, pero presente en espíritu, ya como presente he juzgado al que tal cosa ha hecho. En el nombre de nuestro Señor Jesucristo, reunidos vosotros y mi espíritu, con el poder de nuestro Señor Jesucristo,*

> *el tal sea entregado a Satanás para destrucción de la carne, a fin de que el espíritu sea salvo en el día del Señor Jesús (1 Co. 5:3-5).*

La frase "el tal sea entregado a Satanás" se emplea solamente aquí y en 1 Timoteo 1:20. Pablo expulsó de la iglesia al miembro pecador (cp. Mt. 18:15-17; 2 Ts. 3:6, 14). El propósito era "para destrucción de la carne". Eso pudiera referirse a enfermedad física, muerte, destrucción del matrimonio, la desintegración de la familia, la pérdida de un trabajo o muchísimas otras aflicciones. Sin embargo, el poder de Satanás sobre esta persona particular en Corinto estaba limitado como lo estaba en el caso de Job, Pablo, Pedro y Cristo. Aunque su carne pudiera destruirse, como él era un verdadero creyente, aunque pecador, su espíritu se salvaría. Satanás puede destruir la eficiencia de un cristiano, pero no su vida eterna.

Como se observa en el capítulo anterior, Pablo le recuerda a Timoteo su responsabilidad ante la iglesia y ante el Señor, mientras libra la guerra espiritual. Aquí Pablo habla de la responsabilidad de Timoteo de enfrentarse a esos maestros que han diseminado el error. Debe seguir el ejemplo de Pablo y entregarlos a Satanás; **algunos** de estos falsos maestros estaban molestando en Éfeso y en la región cercana. Eran los que estaban enseñando herejías (1:3, 6-7). También ellos habían dejado de buscar el aspecto práctico de la piedad; **desechando** viene de *apōtheō,* que significa "lanzar fuera" o "rechazar". Los falsos maestros no tenían disposición alguna por mantener una conciencia pura. Tenían muy poco interés por vivir en santidad. La mala teología tiene sus raíces en una mala moralidad. Quienes enseñan el error lo hacen a fin de adoptar un sistema que se acomode a su pecado.

Una buena conciencia es el timón que guía la vida cristiana. Como rechazaron el llamado de la conciencia y la verdad, no es de extrañar que se nos diga que los falsos maestros **naufragaron en cuanto a [su] fe.** Profesando ser cristianos y maestros de la ley de Dios (1:7), estaban carentes de la verdad. Es posible que un creyente tenga su fe "trastornada" (2 Ti. 2:18). Tal vez esta sea otra forma de expresar el desastre de una fe que naufraga. Es también común que los cristianos destruyan su utilidad, virtud y santificación al creer el error.

Pablo menciona por el nombre a dos de los falsos maestros. Nada más se sabe de **Himeneo** o **Alejandro.** A **Himeneo** se le vuelve a mencionar en 2 Timoteo 2:17 con otro falso maestro, Fileto. Se menciona a un hombre llamado **Alejandro** como opositor de la fe cristiana en 2 Timoteo 4:14-15. Sin embargo, como Alejandro era un nombre común, no hay razón para suponer que ambos pasajes se refieran a la misma persona. A ambos hombres Pablo **[entregó] a Satanás,** o sea, los expulsó de la iglesia. Fueron alejados de la protección y el refugio del pueblo de Dios y puestos en las manos de Satanás.

El propósito de Pablo al entregarlos a Satanás era que aprendieran **a no blasfemar; aprendan** viene de *paideuō,* una palabra que se refiere al adiestramiento mediante el castigo físico. Se emplea en Lucas 23:16, 22 para hablar de los azotes que Pilato ordenó dar a Cristo, y en 1 Corintios 11:32 de los que sufrían enfermedad o muerte por el mal uso de la celebración de la Santa Cena.

Las consecuencias físicas de su pecado era enseñarlos a no **blasfemar. Blasfemar** es calumniar a Dios (cp. Stg. 2:7). Una falsa impresión de la verdad divina, así como hablar mal de Dios, es la blasfemia. Aun los cristianos pueden ser hallados culpables de ella (cp. Col. 3:8). Cuando los creyentes o incrédulos son entregados a Satanás debido a la blasfemia, Dios quiere que aprendan las consecuencias de sus actos. Pero el castigo correctivo está reservado solo para los creyentes (cp. He. 12:5-11).

¿Cómo podemos evitar ser entregados a Satanás para castigo? Al recibir la verdad y la justicia de Dios en Cristo, y luego mantener la fe y una buena conciencia. Los creyentes también serán fortalecidos si sufren para la gloria de Dios. En cualquier caso, el antídoto para ser entregados a Satanás es la búsqueda de una vida santa.

La oración evangelística 6

Exhorto ante todo, a que se hagan rogativas, oraciones, peticiones y acciones de gracias, por todos los hombres; por los reyes y por todos los que están en eminencia, para que vivamos quieta y reposadamente en toda piedad y honestidad. Porque esto es bueno y agradable delante de Dios nuestro Salvador, el cual quiere que todos los hombres sean salvos y vengan al conocimiento de la verdad. Porque hay un solo Dios, y un solo mediador entre Dios y los hombres, Jesucristo hombre, el cual se dio a sí mismo en rescate por todos, de lo cual se dio testimonio a su debido tiempo. Para esto yo fui constituido predicador y apóstol (digo verdad en Cristo, no miento), y maestro de los gentiles en fe y verdad. Quiero, pues, que los hombres oren en todo lugar, levantando manos santas, sin ira ni contienda. (2:1-8)

Hace algunos años leí un libro acerca de la oración escrito por un respetable autor cristiano. En ese libro sostenía que en ningún pasaje de la Palabra de Dios se nos llama a orar por los perdidos. Mantenía que la única orden de orar con relación al evangelismo era la que estaba en Mateo 9:37-38: "A la verdad la mies es mucha, mas los obreros pocos. Rogad, pues, al Señor de la mies, que envíe obreros a su mies". Su tesis era que no debemos orar por la salvación de los perdidos, sino por los obreros que deben evangelizarlos.

Tal punto de vista revela un trágico descuido por los claros mandamientos de la Biblia. Aquí Pablo pide **ante todo** la oración evangelística, poniendo ese tipo de oración en los primeros lugares de sus prioridades al dar sus instrucciones a Timoteo. La ferviente oración evangelística no es solo nuestra tarea espiritual, sino también un ejercicio de compromiso espiritual que requiere mucho tiempo y energía. Por ser así es muy fácil que se deje a un lado. Carlos Spurgeon advertía:

> Algo más, *el ganador de almas* debe ser un experto en el arte de la oración. Usted no puede traer almas a Dios si usted mismo no va a Dios. Debe tomar su hacha para la batalla y sus armas de guerra del arsenal de la sagrada comunión con Cristo. Si usted está mucho tiempo

> con Jesucristo, se impregnará de su Espíritu; será encendido con la llama que ardió en su seno y consumió su vida. Llorará con las lágrimas que cayeron sobre Jerusalén cuando la vio pereciendo; y si no puede hablar tan elocuentemente como Él lo hizo, habrá, no obstante, algo en lo que usted dice del mismo poder con el que conmovió el corazón y despertó la conciencia de los hombres. Mis queridos oyentes, en especial ustedes, miembros de la iglesia, tengo siempre el vivo deseo de que ninguno de ustedes comience a tenderse sobre sus remos, y no tomar las cosas a pecho en lo que tiene que ver con el reino de Dios. Hay algunos de ustedes, los bendigo a ustedes y bendigo a Dios al acordarme de ustedes, que muestran fervor a tiempo y fuera de tiempo en la cosecha de almas, y son ustedes los verdaderamente sabios; pero temo que hay otros cuyas manos son negligentes, que se contentan con dejarme a mí predicar, pero ellos no predican; que se sientan en estos asientos, y ocupan estos bancos, y confían en que la obra marcha bien, pero eso es todo lo que hacen. (*El ganador de almas* [Grand Rapids: Eerdmans, 1989], 246-47; cursivas en el original)

¿Qué cristiano no ora por la salvación de los amigos y los seres queridos que no conocen al Señor? Sin embargo, el tema en este pasaje es más amplio que orar por los que nos son cercanos. Nos hace un llamado a orar por los perdidos en general; **por todos los hombres.** Esto presenta el tema de si Dios responde tales oraciones y qué función tienen las mismas en el propósito salvador de Dios.

La Biblia da varios ejemplos de oración por los que no tienen la salvación. En Números 14:19 Moisés oró: "Perdona ahora la iniquidad de este pueblo según la grandeza de tu misericordia, y como has perdonado a este pueblo desde Egipto hasta aquí". Clamó a Dios por perdón para los israelitas pecadores.

Samuel el profeta también oró por la salvación de Israel. En 1 Samuel 7:3-5 leemos:

> *Habló Samuel a toda la casa de Israel, diciendo: Si de todo vuestro corazón os volvéis a Jehová, quitad los dioses ajenos y a Astarot de entre vosotros, y preparad vuestro corazón a Jehová, y solo a él servid, y os librará de la mano de los filisteos. Entonces los hijos de Israel quitaron a los baales y a Astarot, y sirvieron solo a Jehová. Y Samuel dijo: Reunid a todo Israel en Mizpa, y yo oraré por vosotros a Jehová.*

Más adelante en 1 Samuel, luego de reprenderlos por su pecado al pedir rey, dijo: "Así que, lejos sea de mí que peque yo contra Jehová cesando de rogar por vosotros; antes os instruiré en el camino bueno y recto" (1 S. 12:23).

El libro de Jeremías presenta una perspectiva interesante acerca de la vida de oración de Jeremías. En Jeremías 7:12-16 leemos del juicio de Dios sobre el pecado de Israel, y sus instrucciones de que Jeremías *dejara de orar* por la salvación del pueblo:

> *Andad ahora a mi lugar en Silo, donde hice morar mi nombre al principio, y ved lo que le hice por la maldad de mi pueblo Israel. Ahora, pues, por cuanto vosotros habéis hecho todas estas obras, dice Jehová, y aunque os hablé desde temprano y sin cesar, no oísteis, y os llamé, y no respondisteis; haré también a esta casa sobre la cual es invocado mi nombre, en la que vosotros confiáis, y a este lugar que di a vosotros y a vuestros padres, como hice a Silo. Os echaré de mi presencia, como eché a todos vuestros hermanos, a toda la generación de Efraín. Tú, pues, no ores por este pueblo, ni levantes por ellos clamor ni oración, ni me ruegues; porque no te oiré.*

Jeremías había intercedido habitualmente por su pueblo, y solamente la orden del Señor pudo detenerlo (cp. Jer. 14:10-11).

Daniel pidió que Dios perdonara a su pueblo:

> *Ahora pues, Dios nuestro, oye la oración de tu siervo, y sus ruegos; y haz que tu rostro resplandezca sobre tu santuario asolado, por amor del Señor. Inclina, oh Dios mío, tu oído, y oye; abre tus ojos, y mira nuestras desolaciones, y la ciudad sobre la cual es invocado tu nombre; porque no elevamos nuestros ruegos ante ti confiados en nuestras justicias, sino en tus muchas misericordias. Oye, Señor; oh Señor, perdona; presta oído, Señor, y hazlo; no tardes, por amor de ti mismo, Dios mío; porque tu nombre es invocado sobre tu ciudad y sobre tu pueblo (Dn. 9:17-19).*

El Nuevo Testamento narra el testimonio de Esteban. Mientras lo mataban a pedradas, expresó lo que equivale a una oración por la salvación de quienes lo mataban: "Y apedreaban a Esteban, mientras él invocaba y decía: Señor Jesús, recibe mi espíritu. Y puesto de rodillas, clamó a gran voz: Señor, no les tomes en cuenta este pecado. Y habiendo dicho esto, durmió" (Hch. 7:59-60).

Pablo tenía un profundo deseo por la salvación de los israelitas. Él expresó ese deseo en Romanos 9:1-4:

> *Verdad digo en Cristo, no miento, y mi conciencia me da testimonio en el Espíritu Santo, que tengo gran tristeza y continuo dolor en mi corazón. Porque deseara yo mismo ser anatema, separado de Cristo, por amor a mis hermanos, los que son mis parientes según la carne; que son israelitas.*

Esa profunda preocupación no podía sino hallar expresión en su vida de oración: "Hermanos, ciertamente el anhelo de mi corazón, y mi oración a Dios por Israel, es para salvación" (Ro. 10:1).

Por lo tanto, la Biblia expresa con toda claridad lo apropiado y conveniente que es orar por los perdidos. Además de los ejemplos observados antes, la oración evangelística es la enseñanza expresa de 1 Timoteo 2:1-8. Esos versículos son polémicos en su naturaleza; encaran un problema en la iglesia de Éfeso. Como Pablo aquí manda orar por los perdidos, concluimos que tal oración no estaba teniendo la prioridad que debía tener en Éfeso. Había dos vertientes de falsas enseñanzas predominantes allí que pudieran explicar tal negligencia.

En primer lugar, 1:7-11 muestra que había elementos de judaísmo en Éfeso. Los judaizantes estaban diciendo que la salvación era exclusivamente para los judíos o gentiles prosélitos que cumplían las ceremonias mosaicas. El ejemplo clásico de tal forma estrecha de pensar es Jonás. Su fuga no fue por miedo a los ninivitas; él huyó porque no quería que las bendiciones de la salvación se extendieran a los gentiles (cp. Jonás 4:1-11). Es obvio que ese exclusivismo restringiría mucho la oración evangelística.

En segundo lugar, una forma de elitismo religioso intelectual, llamado después gnosticismo, se estaba enseñando en Éfeso. Sus defensores sostenían que la salvación era solo para la elite, que era capaz de ascender a niveles superiores de conocimiento secreto y místico. Ellos tampoco tendrían motivos para orar por los perdidos.

Un tema común en ambas enseñanzas heréticas era negar la universalidad del evangelio. Pablo se opone a esa enseñanza al mostrar la necesidad de orar por todos los hombres, ya que el alcance del llamado del evangelio es universal. El propósito de la iglesia, como el de Israel antes que ella, es llevar al mundo la verdad salvadora de Dios. Israel fracasó en su intento de ser una nación fiel por la que Dios pudiera evangelizar al mundo, y esa responsabilidad pasó a la Iglesia. (Romanos 11:1ss explica que el fracaso de Israel no es el fin. Los judíos serán restaurados otra vez a la lealtad, y Dios los usará como un evangelio para el mundo.) Pablo escribe con la preocupación de que tal exclusivismo, que hizo fracasar a Israel en su misión, no hiciera mella en la iglesia. La historia muestra que la iglesia, en realidad, se ha sentido bien consigo misma y muchas veces se ha descuidado de los pecadores.

Pablo había dejado a Timoteo en Éfeso para que pusiera en orden la iglesia de allí. Luego de sus observaciones introductorias en el capítulo 1, Pablo esboza las responsabilidades específicas con las que Timoteo necesitaba cumplir; **ante todo,** la iglesia debe comprender la importancia de su misión evangelística y la función de la oración en cumplirla. El que Pablo emplee **exhorto** en vez de "mando" muestra que habla por la pasión de su corazón. El primer paso que debía dar Timoteo al cumplir con las encomiendas de Pablo era enfrentarse al exclusivismo que dañaba el evangelismo en la iglesia de Éfeso.

El que Pablo comience sus enseñanzas sobre el orden en la iglesia con este asunto arroja luz sobre el punto primordial para la iglesia. Si la meta principal de la iglesia fuera el compañerismo, el conocimiento de la Palabra o la santidad de los fieles, todos esos objetivos pudieran alcanzarse perfectamente llevándonos al cielo. La función central de la iglesia en la tierra es evangelizar a los perdidos. Pablo sabía que los efesios nunca harían esto mientras mantuvieran su exclusivismo egoísta. Para que cumplieran su misión en el mundo había que hacerles entender la extensión del llamado del evangelio. Y lo primero que se necesita para comprenderlo es dedicarle tiempo a la oración evangelística. A fin de ayudarlos a hacer eso, Pablo presenta cinco elementos de la oración evangelística: su carácter, su alcance, sus beneficios, sus razones y su actitud.

EL CARÁCTER DE LA ORACIÓN EVANGELÍSTICA

Exhorto ante todo, a que se hagan rogativas, oraciones, peticiones y acciones de gracias, (2:1*a*)

Aunque los primeros tres términos que emplea Pablo son sinónimos, hay algunos matices sutiles que enriquecen nuestro concepto de la oración. La palabra **rogativas** viene de *deēsis,* la raíz de donde salen "carecer", "estar desprovisto" o "no tener algo". Esta clase de oración emana del sentido de necesidad. Al conocer lo que falta, le suplicamos a Dios que lo proporcione. Al mirar a las multitudes de la humanidad perdida, lo enorme de la necesidad debe arrojarnos de rodillas en oración evangelística.

El puritano inglés del siglo XVII Richard Baxter escribió:

> Oh, si tuvieran el corazón de cristianos o de hombres dentro de ustedes, permitirían que les hiciera sentir anhelo por sus pobres vecinos ignorantes e impíos. Solo hay un paso entre ellos y la muerte y el infierno. Centenares de enfermedades están esperando para apoderarse de ellos, y si mueren no regenerados, están perdidos para siempre. ¿Tienen ustedes corazón de piedra que no pueden compadecerse de los hombres en un caso como este? Si ustedes no creen la Palabra de Dios, ni el riesgo que corren los pecadores, ¿por qué son ustedes cristianos? Si ustedes la creen, ¿por qué no se mueven para ayudar a otros? ¿No les interesa quien es maldito, con tal que ustedes sean salvos? De ser así, tienen razón suficiente para compadecerse de ustedes mismos, porque esta es una forma de espíritu absolutamente inconsecuente con la gracia...

> ¿Viven ustedes cerca de ellos, se encuentran con ellos en las calles, trabajan con ellos, viajan con ellos, o se sientan y conversan con ellos, y no les dicen nada de su alma y de la vida venidera? Si la casa de cada uno de ellos estuviera ardiendo, ustedes correrían y los ayudarían; ¿y no los ayudarán cuando el alma de de ellos está casi en el fuego del infierno? (Citado en I. D. E. Thomas, *A Puritan Golden Treasury* [Un tesoro dorado puritano] [Edimburgo: Banner of Truth, 1977], 92-93)

Proseuchē (**oraciones**) es una palabra común para oración. A diferencia de **rogativas,** en las Escrituras se emplea solamente respecto a Dios. Así que implica un elemento único de adoración y reverencia. La oración por los perdidos es finalmente dirigida a Dios como un acto de adoración, porque la salvación de los pecadores hace que le den la gloria a Él. En 2 Corintios 4:15, Pablo revela que todo su esfuerzo por evangelizar a los impíos era para difundir la gracia salvadora a más y más personas a fin de que pudieran dar gracias a Dios, que abundarían para su gloria.

Enteuxis (**peticiones**) aparece solo aquí y en 4:5 en el Nuevo Testamento. Viene de una palabra que significa "estar de acuerdo con alguien" o estar comprometido con él. El verbo del que se deriva *enteuxis* se emplea para referirse a la intercesión de Cristo y del Espíritu por nosotros (Ro. 8:26; He. 7:25). Ellos se identifican con nuestras necesidades, y están comprometidos con nuestras luchas. *Enteuxis,* por lo tanto, es una palabra no solo de la abogacía, sino también de empatía, simpatía, compasión y colaboración. La oración evangelística no es fría, distanciada, o impersonal, como un defensor público a quien se le asigna representar a un acusado. Al comprender la profundidad de su miseria y dolor, y su venidera ruina, clamamos a Dios por la salvación de los pecadores.

Las **acciones de gracias** son un cuarto elemento en la oración evangelística. Ellas nos piden que oremos con un espíritu de gratitud a Dios porque el ofrecimiento del evangelio se ha extendido, porque tenemos el privilegio de llevarles a los perdidos ese evangelio, y porque algunos responden con fe y arrepentimiento. La acción de gracias es el único elemento de oración que continuará para siempre.

Estos cuatro matices enriquecen nuestras oraciones cuando oramos eficazmente por los perdidos. Si no están presentes, necesitamos examinar nuestro corazón. ¿Estamos de veras conscientes de la condición desesperada en la que están los perdidos? ¿Queremos de veras que Dios se glorifique por la salvación de las almas? ¿Nos compadecemos por la apremiante realidad de su condición de perdidos, tanto en este tiempo como en la eternidad? ¿Estamos agradecidos de que el mensaje del evangelio se extiende a todos y por nuestro privilegio de comunicarlo? Si hay falta de estos componentes en nuestro corazón seremos indiferentes. Si somos indiferentes, es porque no estamos obedeciendo a estos imperativos.

EL ALCANCE DE LA ORACIÓN EVANGELÍSTICA

por todos los hombres; por los reyes y por todos los que están en eminencia, (2:1*b*-2*a*)

Nuestras oraciones con mucha frecuencia se circunscriben a las necesidades y deseos personales y rara vez se extienden más allá de los que están en nuestro círculo inmediato de amigos y familiares. Sin embargo, en marcado contraste, Pablo pide oración evangelística **por todos los hombres.** No hay lugar para el egoísmo o la exclusividad. No debemos tratar de limitar el llamado del evangelio ni nuestras oraciones evangelísticas a los elegidos solamente. Después de todo, no tenemos cómo saber quiénes son los elegidos *hasta que ellos respondan al llamado del evangelio.* Además, se nos dice que Dios quiere que todos sean salvos (2:4). Para él no había placer en la muerte de los malvados, sino deleite cuando los pecadores se volvían de sus malos caminos y de su vida impía (Ez. 33:11). Así que la oración por la salvación de los perdidos es perfectamente consecuente con el corazón de Dios. Él ha dado mandamiento a todos los hombres que se arrepientan (Hch. 17:30). Debemos pedir que ellos lo hagan y abracen la salvación preparada para todos (Tit. 2:11).

Predicando a los judíos incrédulos, Pedro dijo en Hechos 3:26: "A vosotros primeramente, Dios, habiendo levantado a su Hijo, lo envió para que os bendijese, a fin de que *cada* uno se convierta de su maldad" (cursivas añadidas). El propósito de Dios al levantar a Jesús fue declarar que cualquier persona puede volverse de sus pecados. No hay exclusivismo; ninguno ha sido dejado fuera. El llamado del evangelio no era exclusivamente para los elegidos. Muchos son los llamados que no son escogidos (Mt. 22:14).

De entre el grupo universal de **todos los hombres,** Pablo entresaca específicamente algunos que de otra forma pudieran omitirse en la oración evangelística, **por los reyes y por todos los que están en eminencia.** Como los gobernantes antiguos (y los modernos) son tan a menudo tiránicos e incluso irrespetuosos con el Señor y su pueblo, son blancos de amargura y hostilidad. Ellos están distanciados y no forman parte de la vida cotidiana de los creyentes. Por lo tanto, hay una tendencia a ser indiferentes con relación a ellos.

Tal negligencia es un grave pecado debido a la autoridad y responsabilidad que los líderes tienen. Aquí se pide que la iglesia de Éfeso ore por el emperador, que en ese momento era el cruel e implacable blasfemo Nerón. Aunque era un vil y corrupto perseguidor de la fe, ellos debían orar por su redención. La petición **por los reyes y por todos los que están en eminencia,** no está limitada a solo una petición para que sean sabios y justos, sino para que se arrepientan de sus pecados y crean al evangelio por el bien de su alma eterna.

Pablo no nos manda a orar para que quiten de sus puestos a los malos gobernantes o a aquellos con los que no estamos de acuerdo en la política. Los creyentes deben ser leales y obedientes a su gobierno (Ro. 13:1-5; 1 P. 2:17). Si la iglesia actual tomara el tiempo y la energía que gasta en las maniobras políticas y en el cabildeo y lo vertiera en la oración intercesora, pudiéramos ver un gran efecto en nuestra nación. Con mucha frecuencia hemos olvidado que "las armas de nuestra milicia no son carnales, sino poderosas en Dios para la destrucción de fortalezas" (2 Co. 10:4). La clave para cambiar una nación es la salvación de los pecadores, y esto requiere una fiel oración.

Aunque la iglesia contemporánea pudiera haber olvidado esa lección, la iglesia primitiva la conocía bien. Tertuliano, el teólogo de finales del segundo siglo y principios del tercero, escribió:

> Sin cesar, por todos nuestros emperadores ofrecemos oración. Oramos por una vida prolongada; por seguridad para el imperio; por protección para la casa imperial; por ejércitos valientes, un senado fiel, un pueblo virtuoso, el mundo en paz, cualquier cosa, que como hombre o César, un emperador desearía. Estas cosas no las puedo pedir a nadie más que al Dios de quien yo sé que podré obtenerlas, tanto porque solo Él las concede y porque le he pedido por sus dones, como su siervo, rindiendo homenaje solo a Él...
>
> Así que ustedes, quienes piensan que no nos preocupamos por el bienestar de César, miren la revelación de Dios, examinen nuestros libros sagrados, que no mantenemos en un lugar oculto, y los cuales muchos acontecimientos han puesto en las manos de quienes no son de nosotros. Aprendan de ellos que una generosidad muy grande se disfruta en nosotros, tan grande incluso como para suplicar a Dios por nuestros enemigos, y para suplicar bendiciones sobre quienes nos persiguen. ¿Quiénes son entonces los mayores enemigos y perseguidores de los cristianos? Con toda claridad la Biblia dice: "Orad por los reyes, y gobernantes, y autoridades, para que tengan paz en todo".
>
> Sabemos que una poderosa conmoción inminente sobre toda la tierra, en realidad, el fin mismo de todas las cosas amenazando con horribles aflicciones, solo es retardada por la continua existencia del Imperio Romano. No tenemos deseo de experimentar esos horribles acontecimientos; y al orar para que se retarde su llegada, estamos prestando nuestra ayuda a la duración de Roma. (*Apology, XXX, XXXI, XXXII; The Ante-Nicene Fathers* [Apología XXX, XXXI, XXXII; Los padres prenicenos] [reimpreso; Grand Rapids: Eerdmans, 1973], 3:42-43)

Con ese mismo sentimiento el apologista del segundo siglo Teófilo de Antioquía convenía:

> Yo mejor honraré al rey [que a sus dioses], no, en realidad, adorándolo, sino orando por él. Pero a Dios, al Dios vivo y verdadero, yo lo adoro, sabiendo que el rey está hecho por Él... Honre al rey, esté sujeto a él, y ore por él con mente leal; porque si lo hace, hace la voluntad de Dios. (*Theophilus to Autolycus, I.xi; The Ante-Nicene Fathers* [Teófilo a los padres prenicenos] [reimpreso; Grand Rapids: Eerdmans, 1971], 2:92.)
>
> Además, con relación a la obediencia a los gobernantes y autoridades, y la oración por ellos, la Palabra divina nos da instrucciones, a fin de que "vivamos quieta y reposadamente". Y esto nos enseña a dar todas las cosas a todos, "honra a los que honra, respeto a los que respeto, tributo a los que tributo; para no deber nada a hombre alguno, sino amar a todos". (*Theophilus to Autolycus, III.xiv; The Ante-Nicene Fathers* [Teófilo a los padres prenicenos] [reimpreso; Grand Rapids: Eerdmans, 1971], 2:115)

De estos ejemplos aprendemos que la iglesia primitiva, muchas veces en los peores momentos de la persecución, oraba por los gobernantes no cristianos. Si queremos influir en nuestra sociedad de la forma en la que los cristianos primitivos lo hicieron en la suya, debemos seguir su ejemplo.

EL BENEFICIO DE LA ORACIÓN EVANGELÍSTICA

para que vivamos quieta y reposadamente en toda piedad y honestidad. (2:2*b*)

La oración por los que están en autoridad creará condiciones sociales favorables para los esfuerzos evangelísticos de la iglesia. Ante todo, cuando los creyentes están comprometidos a orar por todos sus líderes, esto quita cualquier pensamiento de rebelión o resistencia contra ellos. Convierte al pueblo de Cristo en pacificadores, no en reaccionarios. Como le escribió Pablo a Tito

> *Recuérdales que se sujeten a los gobernantes y autoridades, que obedezcan, que estén dispuestos a toda buena obra. Que a nadie difamen, que no sean pendencieros, sino amables, mostrando toda mansedumbre para con todos los hombres. Porque nosotros también éramos en otro tiempo insensatos, rebeldes, extraviados, esclavos de concupiscencias y deleites diversos, viviendo en malicia y envidia, aborrecibles, y aborreciéndonos unos a otros (Tit. 3:1-3).*

Pablo llama otra vez a los creyentes a la tranquilidad y la sumisión a los gobernantes paganos y apóstatas que estaban sobre ellos. Nos insta a estar sujetos, deseosos de hacer el bien, a nunca calumniar o contender, a ser mansos y considerados, porque entendemos que son pecadores como lo éramos nosotros, incapaces de actuar con justicia.

Además, cuando la iglesia ora sin cesar por los perdidos, en especial por sus líderes problemáticos, las personas comienzan a ver a la iglesia como virtuosa, amorosa de la paz, compasiva y trascendente. Al ver que la iglesia procura el bienestar de ellas, comprenderán que no representa amenaza para la sociedad, sino que es una amiga a quien se puede dar acogida. Y cuantos más vengan a la fe salvadora, gracias a las oraciones de los cristianos, tanto más aumentarán las condiciones favorables para la iglesia.

La iglesia que obedece a este mandato vivirá **quieta y reposadamente.** *ēremos* (**quieta**) y *hēsuchios* (reposada) son adjetivos raros. El primero aparece solo aquí en el Nuevo Testamento y se refiere a la ausencia de disturbios de afuera. El segundo, que aparece solo aquí y en 1 Pedro 3:4, se refiere a la ausencia de disturbios internos. Cuando la iglesia manifiesta su amor y bondad hacia todos y se derrama en una oración compasiva e interesada por los perdidos, reducirá la hostilidad que pueda existir y los santos podrán disfrutar de libertad, tanto de los disturbios internos como los externos. La iglesia, aunque inflexible en su compromiso con la verdad, no debe ser la agitadora y trastornadora de la vida de la nación. Esa es la enseñanza clara de la Biblia. Si somos perseguidos, debe ser por el nombre de Cristo, por vivir una vida recta (cp. 1 Pedro 2:13-23).

En 1 Tesalonicenses 4:11, Pablo ordenó a los creyentes de Tesalónica "que [procuraran] tener tranquilidad, y [ocuparse] en [sus] negocios, y trabajar con [sus] manos". Los cristianos deben caracterizarse por su conducta tranquila, no por crear disturbios. Los incrédulos deben vernos como personas tranquilas, leales, diligentes y virtuosas. En su segunda carta a los tesalonicenses, Pablo repite esa orden: "Porque oímos que algunos de entre vosotros andan desordenadamente, no trabajando en nada, sino entremetiéndose en lo ajeno. A los tales mandamos y exhortamos por nuestro Señor Jesucristo, que trabajando sosegadamente, coman su propio pan" (2 Ts. 3:11-12). Aunque pudiéramos aborrecer el malvado sistema mundial que es enemigo de Dios, no debemos ver a los que están en él como nuestros enemigos personales. Son prisioneros del verdadero enemigo (cp. 2 Ti. 2:24-26). No son nuestros enemigos, son nuestro campo de trabajo.

A fin de vivir **quieta y reposadamente,** los creyentes deben procurar **piedad y honestidad.** La palabra **piedad** traduce *eusebeia,* una palabra frecuente en las epístolas pastorales (cp. 3:16; 4:7, 8; 6:3, 5, 6, 11; 2 Ti. 3:5; Tit. 1:1). Denota el concepto de reverencia a Dios. Los creyentes deben vivir para la majestad, la santidad, el amor y la gloria de Dios.

Semnotēs (**honestidad**) se emplea solo aquí, en 3:4, y en Tito 2:7. Pudiera traducirse "seriedad moral"; **piedad** puede referirse a una actitud apropiada;

honestidad a una conducta apropiada. Así que los creyentes han de caracterizarse por un compromiso con la moralidad; motivos santos deben dar como resultado una conducta santa. Ambos contribuyen a la tranquilidad y quietud de nuestra vida.

Sin embargo, eso no quiere decir que la vida cristiana esté libre de problemas. "Y también", escribe Pablo en 2 Timoteo 3:12, "todos los que quieren vivir piadosamente en Cristo Jesús padecerán persecución". Como se observó en el capítulo 4 de este tomo, la vida cristiana es una guerra contra Satanás y las fuerzas del mal. Pablo mismo fue golpeado y encarcelado por su fe. Sin embargo, su enseñanza en este pasaje es que, si sufrimos enemistades y persecuciones, debe ser por nuestra buena actitud y conducta. No debemos provocar tales reacciones por ser una fuerza perturbadora en la sociedad.

Es cierto que Santiago 1:2-12 enseña que las pruebas proporcionan madurez espiritual. Aun cuando Él decida como parte de esas pruebas traer persecución a nuestra vida, debe ser por el nombre de Cristo, y por nuestra fidelidad a la Palabra de Dios (cp. Hch. 5:27-29. Cuando llegue la persecución, nuestra actitud debe ser la de nuestro Señor (Lc. 23:34), o la de Esteban (Hch. 7:60), quien oró por quienes lo estaban asesinando. Como lo resumió nuestro Señor en Mateo 5:43-44: "Oísteis que fue dicho: Amarás a tu prójimo, y aborrecerás a tu enemigo. Pero yo os digo: Amad a vuestros enemigos, bendecid a los que os maldicen, haced bien a los que os aborrecen, y orad por los que os ultrajan y os persiguen". ¿Para qué? "Para que seáis hijos de vuestro Padre que está en los cielos, que hace salir su sol sobre malos y buenos, y que hace llover sobre justos e injustos" (v. 45). Bondad y misericordia para nuestros enemigos refleja el corazón de Dios. Y esta verdad está en el corazón del mensaje de Pablo en 1 Timoteo 2.

LA RAZÓN DE LA ORACIÓN EVANGELÍSTICA

Porque esto es bueno y agradable delante de Dios nuestro Salvador, el cual quiere que todos los hombres sean salvos y vengan al conocimiento de la verdad. Porque hay un solo Dios, y un solo mediador entre Dios y los hombres, Jesucristo hombre, el cual se dio a sí mismo en rescate por todos, de lo cual se dio testimonio a su debido tiempo. Para esto yo fui constituido predicador y apóstol (digo verdad en Cristo, no miento), y maestro de los gentiles en fe y verdad. (2:3-7)

Este elocuente e impresionante pasaje responde a la pregunta "¿Por qué oramos por los perdidos?" Esta es una de las declaraciones más categóricas en toda la Biblia del propósito salvador de Dios. Contiene varias razones para la oración evangelística.

LA ORACIÓN EVANGELÍSTICA ES MORALMENTE CORRECTA

Al decir **esto** apunta atrás al mandamiento de orar por los perdidos en los versículos 1-2. *Kalon* (**bueno**) se refiere a lo que es en esencia moralmente bueno. Dios define la oración por los perdidos como algo noble y espiritualmente correcto, y nuestra conciencia está de acuerdo. Los perdidos sufren la agonía del pecado, la vergüenza y la falta de motivación en esta vida, y el infierno eterno de implacable agonía en la vida venidera. Sabiendo eso, es la tarea más excelente orar por su salvación.

Algunos pudieran argumentar que Jesús dijo en Juan 17:9: "No ruego por el mundo". Pero allí Cristo estaba orando como el Sumo Sacerdote de los escogidos de Dios. Como Él es deidad soberana y omnisciente, su oración fue específica de una forma que no puede ser la nuestra. Esa fue una oración exclusivamente por la salvación de los que Él amó y escogió antes de la fundación del mundo para ser participantes de toda bendición espiritual (Ef. 1:3-4). "El mundo" estaba específicamente excluido del propósito salvador de esta oración.

Sin embargo, nuestras oraciones no son las oraciones de un sumo sacerdote; oramos como embajadores de Cristo, cuya tarea es rogar a hombres y mujeres para que se reconcilien con Dios (2 Co. 5:20). Por lo tanto, se nos manda que hagamos nuestras **rogativas, oraciones, peticiones y acciones de gracias, por todos los hombres.** Nuestro ardiente deseo debe ser la salvación de todos los pecadores (cp. Ro. 9:3; 10:1). No debemos tratar de limitar el evangelismo solo para los escogidos.

Hay dos razones para esto. En primer lugar, el decreto de elección de Dios es secreto. No sabemos quiénes son los elegidos y no tenemos forma de saberlo *hasta que ellos respondan al evangelio.* En segundo lugar, el alcance de los propósitos evangelísticos de Dios es más amplio que la elección. "Muchos son llamados, y pocos escogidos" (Mt. 22:14). Aun la oración de Jesús como sumo sacerdote *abarca al mundo en este importante aspecto.* Nuestro Señor oró por la unidad entre los elegidos para que la verdad del evangelio fuera evidente al mundo: "para que el mundo crea que tú me enviaste... para que el mundo conozca que tú me enviaste" (Jn. 17:21, 23). El llamado de Dios a todos los pecadores es una invitación sincera y de buena fe a la salvación: "Vivo yo, dice Jehová el Señor, que no quiero la muerte del impío, sino que se vuelva el impío de su camino, y que viva. Volveos, volveos de vuestros malos caminos; ¿por qué moriréis, oh casa de Israel?" (Ez. 33:11).

LA ORACIÓN EVANGELÍSTICA CONCUERDA CON EL DESEO DE DIOS

Es obvio que en algún sentido inescrutable, *el deseo de Dios por la salvación del mundo* es diferente de su eterno *propósito* salvador. Podemos comprender esto hasta cierto punto desde una perspectiva humana; después de todo, a menudo nuestros propósitos difieren de nuestros deseos. Por ejemplo, podemos *desear* el pasar un día de ocio, pero un *propósito superior* nos obliga a ir al trabajo. De igual manera, el, propósito salvador de Dios trasciende sus deseos. (Hay una gran diferencia, por supuesto: "Podemos ser obligados por circunstancias ajenas a nuestra voluntad a escoger lo que no deseamos. Pero las elecciones de Dios están determinadas solamente por su propósito soberano y eterno".)

Dios de veras **quiere que todos los hombres sean salvos y vengan al conocimiento de la verdad.** Pero en el "propósito eterno que hizo en Cristo Jesús nuestro Señor" (Ef. 3:11), escogió solo a los elegidos, los dio a Cristo (Jn. 17:6), y pasó por alto al resto, dejándolos a las consecuencias mortales de su pecado (cp. Ro. 1:18-32). La culpabilidad por su condenación es totalmente de ellos por causa de su pecado y del rechazo a Dios. No se debe culpar a Dios por su incredulidad.

Como Dios **quiere que todos los hombres sean salvos,** no se nos pide que averigüemos si una persona es elegida antes de orar por su salvación. Solo Dios sabe quiénes son los escogidos (2 Ti. 2:19). Podemos orar por **todos los hombres** con la plena seguridad de que tales oraciones son **[buenas y agradables] delante de Dios nuestro Salvador.** Después de todo, "Clemente y misericordioso es Jehová, lento para la ira, y grande en misericordia. Bueno es Jehová para con todos, y sus misericordias sobre todas sus obras" (Sal. 145:8-9).

Apodektos (**agradable**), viene de *apodechomai,* que significa "recibir alegremente", "aceptar con satisfacción" o "dar la bienvenida de todo corazón". El Señor acepta las oraciones por los perdidos porque eso es consecuente con su deseo de que se salven.

Tal oración es también consecuente con su naturaleza como **Salvador.** La frase **Dios nuestro Salvador** aparece otras cinco veces en las epístolas pastorales (1:1; 4:10; Tit. 1:3; 2:10; 3:4), así como en Judas 25. Dios no solo es Creador, Sustentador, Rey y Juez, sino también salvador. Su carácter salvador se manifiesta por medio de su Hijo, Jesucristo (2:5-6; 2 Ti. 1:10; Tit. 1:4; 2:13; 3:6). Dios es el "Salvador de todos los hombres" en un sentido temporal, pero "especialmente de los creyentes" en un sentido eterno (1 Ti. 4:10b).

Esta verdad del carácter salvador de Dios se enseña también en el Antiguo Testamento (cp. 2 S. 22:3; Sal. 106:21; Is. 43:3, 11). La idea de que el Dios del Antiguo Testamento es un vengador y colérico apaciguado por el amable y amoroso Cristo del Nuevo Testamento es totalmente equivocada.

Cuando Dios **quiere que todos los hombres sean salvos,** es consecuente con quien Él es. En Isaías 45:22 Dios dijo: "Mirad a mí, y sed salvos, todos los términos de la tierra". Isaías 55:1 invita a "todos los sedientos" a "venir a las aguas" de la salvación. En Ezequiel 18:23, 32 Dios declara muy claramente que Él no desea que el impío perezca, sino que pueda arrepentirse (cp. Ez. 33:11).

En el Nuevo Testamento, Pedro escribe: "El Señor no retarda su promesa, según algunos la tienen por tardanza, sino que es paciente para con nosotros, no queriendo que ninguno perezca, sino que todos procedan al arrepentimiento" (2 P. 3:9).

Ninguna verdadera teología bíblica puede enseñar que Dios se complace en la condenación de los impíos. No obstante, aunque esto no lo complace, Dios recibirá gloria incluso en la condenación de los incrédulos (cp. Ro. 9:22-23). Es un misterio de la mente divina cómo su gracia que escoge y su propósito predestinado pueden permanecer al lado de su amor al mundo y el deseo de que el evangelio se predique a todas las personas, manteniéndolas aun responsables de su propio rechazo y condenación. Las Escrituras enseñan del amor de Dios al mundo, su desagrado ante el juicio de los pecadores y su deseo de que todos los que escuchen el evangelio alcancen la salvación. Enseñan además que cada pecador es incapaz, y sin embargo, responsable de creer y que será condenado si no lo hace. Coronando la enseñanza bíblica sobre este asunto está la gran verdad de que Dios ha escogido a quienes creerán y los ha salvado antes de que comenzara el mundo. ¡Qué gran misterio!

> *¡Oh profundidad de las riquezas de la sabiduría y de la ciencia de Dios! ¡Cuán insondables son sus juicios, e inescrutables sus caminos! Porque ¿quién entendió la mente del Señor? ¿O quién fue su consejero? ¿O quién le dio a él primero, para que le fuese recompensado? Porque de él, y por él, y para él, son todas las cosas. A él sea la gloria por los siglos. Amén (Ro. 11:33-36).*

Venir **al conocimiento de la verdad** es ser salvo. *Epignōsis* (conocimiento) se emplea otras tres veces en las epístolas pastorales (2 Ti. 2:25; 3:7; Tit. 1:1). En los cuatro pasajes se refiere al verdadero conocimiento que produce salvación. Lejos de desear su condenación, Dios desea que los perdidos vengan a un conocimiento salvador de la verdad.

Algunos han afirmado que este pasaje enseña el universalismo. Si Dios quiere la salvación de **todos los hombres,** sostienen ellos, entonces todos serán salvos o Dios no obtendrá lo que quiere. Otros sostienen que lo que Dios quiere ocurre, porque **todos los hombres** quiere decir toda clase de hombres, no cada persona. Sin embargo, ninguna de estas posiciones es necesaria. Debemos distinguir entre la voluntad de Dios de decreto (su propósito eterno), y su voluntad expresada como deseo; **quiere** no viene de *boulomai,* que sería más probable para expresar la voluntad de Dios de decreto, sino de *thelō,* que puede referirse a la voluntad de Dios de deseo. Esa es precisamente la distinción que a menudo hacen los teólogos entre la voluntad secreta de Dios y su voluntad revelada.

Dios desea muchas cosas que no decreta. Nunca fue el *deseo* de Dios que existiera el pecado. Sin embargo, la innegable existencia del pecado prueba que incluso el pecado cumple el propósito eterno de Dios (Is. 46:10), aunque de ninguna manera es el autor del pecado (Stg. 1:13).

Jesús se lamentó por Jerusalén: "¡Jerusalén, Jerusalén, que matas a los profetas, y apedreas a los que te son enviados! ¡Cuántas veces quise juntar a tus hijos, como la gallina junta sus polluelos debajo de las alas, y no quisiste!" (Mt. 23:37). John Murray y Ned B. Stonehouse escribieron: "Hemos encontrado que Dios mismo expresa un ardiente deseo por el cumplimiento de ciertas cosas que Él no ha decretado en su inescrutable consejo que sucedan". (*The Free Offer of Evangel* [La oferta gratuita del evangelio] [Phillipsburg, N.J.: Presb. & Ref., 1979], 26.) Dios quiere que todos los hombres sean salvos. Es el rechazo premeditado de Dios por parte de ellos lo que los envía al infierno. Las verdades bíblicas de la elección y la predestinación no eliminan la responsabilidad moral del hombre.

LA ORACIÓN EVANGELÍSTICA REFLEJA LA UNICIDAD DE DIOS

Una de las enseñanzas más fundamentales de la Biblia es que **hay un solo Dios** (cp. Dt. 4:35, 39; 6:4; Is. 43:10; 44:6; 45:5-6, 21-22; 46:9; 1 Co. 8:4, 6). Esto niega la religiosidad pluralista de nuestro mundo, que rechaza el concepto de cualquier verdad religiosa exclusiva. Recibimos la enseñanza por el espíritu de nuestra época que se deben considerar igualmente válidos los dioses de los cristianos, los judíos, los musulmanes, los budistas y los hindúes. Si eso fuera cierto, habría muchos medios de salvación, y por lo tanto, ninguna necesidad de evangelismo. Pero como solo hay un Dios verdadero, entonces Él es el único en quien todos deben creer para ser salvos. No hay otro nombre bajo el cielo por el que los pecadores puedan ser salvos (Hch. 4:12). La oración evangelística reconoce que todos deben acudir al único Dios verdadero.

LA ORACIÓN EVANGELÍSTICA CONCUERDA CON LA PERSONA DE CRISTO

No solamente hay un solo Dios, sino también **un solo mediador entre Dios y los hombres,** Jesucristo hombre. *Mesitēs* (**mediador**) se refiere a alguien que interviene entre dos personas para restaurar la paz o ratificar un pacto. El concepto de un mediador se ve en el lamento de Job: "No hay entre nosotros árbitro que ponga su mano sobre nosotros dos" (Job 9:33). Como Cristo es el único mediador, todos deben ir a Dios por medio de Él (Hch. 4:12). No hay una infinita serie de eones o subdioses, como enseñaban los gnósticos. No nos acercamos a Dios a través de la intercesión de los ángeles, santos o María. Solo por medio de **Jesucristo hombre** pueden los hombres acercarse a Dios. La ausencia del artículo antes de *anthrōpos* (**hombre**) sugiere la traducción

"Jesucristo, por sí mismo hombre". Como el perfecto Dios-hombre, une a Dios y al hombre. Hebreos 8:6 lo llama "mediador de un mejor pacto", mientras que Hebreos 9:15 y 12:24 lo describen como el mediador del nuevo pacto. Todos los hombres que vienen a Dios lo deben hacer a través de Él.

LA ORACIÓN EVANGELÍSTICA REFLEJA LA PLENITUD DE LA EXPIACIÓN DE CRISTO

Nuestro Señor **dio** su vida cuando murió por nuestros pecados. En Juan 10:17-18 dijo:

> *Por eso me ama el Padre, porque yo pongo mi vida, para volverla a tomar. Nadie me la quita, sino que yo de mí mismo la pongo. Tengo poder para ponerla, y tengo poder para volverla a tomar. Este mandamiento recibí de mi Padre.*

Él voluntariamente fue a la cruz y **se dio a sí mismo,** no simplemente algo que Él poseía; **rescate** es un valioso término teológico que describe la muerte expiatoria de Cristo por nosotros. No es la simple palabra para **rescate,** lutron, sino *antilutron,* la preposición añadida acentúa el sentido. Cristo no pagó simplemente un rescate para liberarnos; Él se convirtió en la víctima en nuestro lugar. Murió nuestra muerte y cargó nuestros pecados. Él **se dio a sí mismo.**

La frase **se dio a sí mismo en rescate por todos,** es un comentario de la *suficiencia* de la expiación, no su *intención.* Para decirlo de otra forma, el rescate que pagó Cristo a Dios por la satisfacción de su justicia es suficiente para todos, pero eficaz solo para los elegidos. La expiación de Cristo es por lo tanto ilimitada en cuanto a su suficiencia, pero limitada en cuando a su aplicación.

Verdaderos beneficios aumentan para **todos** gracias a la obra expiatoria y suficiente de Cristo. El evangelio puede predicarse indiscriminadamente a todos (Mr. 16:15); el agua de vida y el ofrecimiento de misericordia divina se extienden gratuitamente a todos (Ap. 22:17); a Cristo se le anuncia como Salvador para que todos lo acepten (1 Ti. 4:10; 1 Juan 4:14). Además, en un sentido temporal, toda la raza fue reservada para inmediata destrucción y juicio cuando Adán pecó (un privilegio no deparado para los ángeles que cayeron, He. 2:16), y los pecadores individuales experimentan el retraso del juicio de Dios sobre sus pecados. El teólogo del siglo XIX William G. T. Shedd escribió:

> La expiación es suficiente en valor para expiar el pecado de todos los hombres de forma indiscriminada; y este hecho debe ser declarado porque es un hecho. No hay reclamo de justicia que no esté aun satisfecho; no hay pecado de hombre para el cual no se haya provisto

> una expiación infinita... Por consiguiente el llamado a 'venir' es universal". (*Dogmatic Theology* [Teología dogmática] [reimpreso; Nashville: Thomas Nelson, 1980], 2:482)

Eso no quiere decir que todos serán salvos. Además, "muchos son llamados, y pocos escogidos" (Mt. 22:14). La muerte de Cristo fue *suficiente* para cubrir los pecados de todas las personas, pero se aplica a los elegidos. El precio que se pagó es infinito. Si se añadieran miles de millones al número de los elegidos, Cristo no tendría que sufrir una vez más los golpes de la ira divina para pagar el precio por el pecado de ellos. Por otra parte, "si hubiera existido un solo pecador, Set, elegido de Dios, se hubiera necesitado este completo sacrificio divino para su culpa" (R. L. Dabney, *The Five Points of Calvinism* [Los cinco puntos del calvinismo] [reimpreso; Harrisonburg, Va.: Sprinkle, 1992], 61).

Así que el infinito precio que pagó nuestro Salvador fue sin duda suficiente para todos. "La expiación de Cristo es un acto divino. Es indivisible, inagotable, suficiente en sí mismo para cubrir la culpa de todos los pecados que se han cometido y se cometerán en la tierra" (Dabney, 61). Por lo tanto, la salvación puede ofrecerse a todos sincera y legítimamente, aunque solamente los elegidos responderán. Shedd escribe: "El alcance para el que se ofrece una medicina no está limitada por el número de personas favorablemente propensas a comprarla y usarla. Su adaptación a la enfermedad es la única consideración para la venta y en consecuencia se ofrece a todo el mundo" (*Dogmatic Theology*, [Teología dogmática] 2:482).

Es de gran importancia comprender que la obra expiatoria de Cristo cumple plenamente todo lo que Dios declaró que cumpliría en la eternidad pasada respecto a la salvación de los pecadores. Los propósitos soberanos de Dios no se han frustrado en grado alguno por la incredulidad de los que desprecian a Cristo. "Yo soy Dios", Él declara "y no hay otro Dios, y nada hay semejante a mí, que anuncio lo por venir desde el principio, y desde la antigüedad lo que aún no era hecho; que digo: Mi consejo permanecerá, y haré todo lo que quiero" (Is. 46:9-10). La expiación de Cristo no representa un intento fracasado de salvar a los que no serán salvos. Todos aquellos a quienes Dios se propuso salvar desde la eternidad pasada serán salvos (cp. Jn. 17:12).

Sin embargo, se debe reiterar una vez más que, aunque el *propósito* salvador de Dios está limitado a los elegidos, su *deseo* por la salvación de los pecadores es tan amplio como el género humano. Él **quiere que todos los hombres sean salvos y vengan al conocimiento de la verdad.** Y por eso Cristo **se dio a sí mismo en rescate** suficiente **por todos.** ¡Cuán gráficamente la obra expiatoria de Cristo nos revela el corazón de Dios para la salvación de los pecadores!

Por eso Pablo se refiere a la expiación como el **testimonio** dado por Cristo **a su debido tiempo.** Este pensamiento es paralelo con Gálatas 4:4-5: "Pero cuando vino el cumplimiento del tiempo, Dios envió a su Hijo, nacido de mujer y nacido bajo la ley, para que redimiese a los que estaban bajo la ley, a fin de que recibiésemos la adopción de hijos". Cristo **se dio a sí mismo en rescate** exactamente en el **debido tiempo** del plan redentor de Dios. Su obra redentora es el más elocuente **testimonio** jamás dado del deseo salvador de Dios por todos los pecadores. Por lo tanto, la oración evangelística por todos los hombres refleja el corazón de Dios, y honra la obra de Cristo en la cruz.

LA ORACIÓN EVANGELÍSTICA ESTÁ DE ACUERDO CON EL LLAMADO DIVINO DE PABLO

Para esto, escribe Pablo en el versículo 7, **fui constituido predicador y apóstol.** Esto se refiere a las grandes verdades de que Dios es nuestro Salvador, Cristo es nuestro mediador, y Cristo se dio a sí mismo en rescate por todos, como se analizó en los versículos anteriores. La divina encomienda a Pablo se basaba en esas verdades. La palabra **predicador** se deriva del verbo *kērussō,* que significa anunciar, proclamar o hablar en público. El mundo antiguo no tenía medios informativos, de modo que los anuncios se hacían en la plaza de la ciudad. Pablo era un heraldo público al proclamar el evangelio de Jesucristo. Un apóstol era un mensajero, enviado en nombre de Cristo. Si el mensaje del evangelio fuera exclusivo, esto menoscabaría el llamamiento de Pablo.

Pablo reafirma la veracidad de su llamamiento como **maestro de los gentiles en fe y verdad** con la declaración explicativa en el versículo 7. Él afirma: **(digo verdad en Cristo, no miento);** en caso de que alguien dudara de su enseñanza en este pasaje, insiste en que está diciendo la verdad.

Nosotros también tenemos el llamado a proclamar el evangelio al mundo perdido. Ese llamamiento, como la divina encomienda a Pablo, se basa en el deseo de Dios de que todos sean salvos. La oración evangelística reconoce nuestra responsabilidad.

LA ACTITUD DE LA ORACIÓN EVANGELÍSTICA

Quiero, pues, que los hombres oren en todo lugar, levantando manos santas, sin ira ni contienda. (2:8)

La palabra **pues** indica que este versículo va con la sección precedente, no con la que sigue. El cambio de sujeto está en el versículo 9, como lo muestra la palabra "asimismo" (cp. 3:8, 11). Después de subrayar la importancia de la oración evangelística, ahora Pablo nos dice con qué actitud debemos orar. **Quiero** viene de *boulomai,* y pudiera traducirse "ordeno" o "tengo el propósito"; **hombres** viene de *anēr,* y significa hombres frente a mujeres. Los hombres son los líderes cuando la iglesia se reúne para la adoración colectiva. Cuando se hace oración por los perdidos en esos momentos, los hombres deben hacerla. En las sinagogas, solo se permitía orar a los hombres, y esto fue llevado a la iglesia. La frase **en todo lugar** aparece cuatro veces en los escritos de Pablo (cp. 1 Co. 1:2; 2 Co. 2:14; 1 Ts. 1:8). Las cuatro veces se refiere a la reunión oficial de la iglesia.

Algunos pudieran argumentar que esa enseñanza contradice 1 Corintios 11:5, donde Pablo permite a las mujeres orar y proclamar la Palabra. Sin embargo, ese pasaje debe interpretarse a la luz de 1 Corintios 14:34-35, que prohíbe que las mujeres hablen en la congregación. A las mujeres *se les permite* orar y proclamar la Palabra, pero no "en la congregación", es decir, cuando la iglesia se reúne para sus cultos de adoración colectiva. Eso de ninguna manera caracteriza a las mujeres como espiritualmente inferiores (cp. Gá. 3:28). Ni siquiera *todos los hombres* proclaman la Palabra en la congregación, solamente los que son llamados y tienen el don. (Para un análisis adicional de este asunto, vea mi libro *Distintos por diseño* [Grand Rapids, Michigan: Editorial Portavoz, 2004].)

Los santos del Antiguo Testamento a menudo oraban **levantando** las **manos** (cp. 1 R. 8:22; Neh. 8:6; Sal. 63:4; 134:2; 141:2; Is. 1:15). Pero aquí el énfasis de Pablo no es en una postura particular para la oración. Las **manos** simbolizan las actividades de la vida, de modo que **manos santas** representan una vida santa. Esto es un requisito previo para la oración eficaz (cp. Sal. 66:18). Santas traduce *hosios,* que significa "no contaminado" o "sin las manchas del mal". Los que oran por los perdidos no deben distinguirse por la **ira** y la **contienda.** Deben ser santos en su corazón y en su conducta.

El mejor ejemplo de oración evangelística es nuestro Señor mismo. Isaías 53:12 nos dice que Él intercedió "por los transgresores". En la cruz Él oró: "Padre, perdónalos, porque no saben lo que hacen" (Lc. 23:34). Dios respondió esas oraciones con los tres mil convertidos el día de Pentecostés, y los miles y miles más a través de los siglos.

¿Oramos por los perdidos de esta manera? ¿Tenemos la pasión que inspiró a Juan Knox a clamar: "Dame a Escocia o me muero"? ¿Es nuestra actitud la de George Whitefield, que oró: "Oh Señor, dame almas y quítame el alma"? ¿Podemos decir como Henry Martyn: "No puedo soportar la existencia si se va a deshonrar a Jesucristo"?

Dios considera la oración evangelística. Entre los que mataron a Esteban se encontraba un joven llamado Saulo de Tarso. ¿Pudiera ser que la gran salvación del apóstol fuera una respuesta a la oración de Esteban: "Señor, no les tomes en cuenta este pecado"? La evangelización comienza con la oración evangelística.

El plan de Dios para las mujeres en la iglesia 7

Asimismo que las mujeres se atavíen de ropa decorosa, con pudor y modestia; no con peinado ostentoso, ni oro, ni perlas, ni vestidos costosos, sino con buenas obras, como corresponde a mujeres que profesan piedad. La mujer aprenda en silencio, con toda sujeción. Porque no permito a la mujer enseñar, ni ejercer dominio sobre el hombre, sino estar en silencio. Porque Adán fue formado primero, después Eva; y Adán no fue engañado, sino que la mujer, siendo engañada, incurrió en transgresión. Pero se salvará engendrando hijos, si permaneciere en fe, amor y santificación, con modestia. (2:9-15)

La función de las mujeres en la iglesia es un tema que se debate acaloradamente en la actualidad. Lamentablemente, el debate ha dejado las páginas de la Biblia para hallar su definición. Las doctrinas tradicionales están siendo arrasadas por la aplastante marea de feminismo evangélico. Iglesias, escuelas y seminarios están abandonando las verdades que han sostenido desde sus comienzos. Se han escrito docenas de libros defendiendo la nueva "verdad" respecto a la función de las mujeres. Irónicamente, algunos de los autores de estos libros antiguamente sostenían el punto de vista tradicional y bíblico. Pero bajo la presión del feminismo han abandonado el apego a la verdad bíblica a favor de la cultura. Los pasajes bíblicos sobre las funciones de las mujeres se están interpretando otra vez a la luz de la cultura, ignorados por el alegado prejuicio antifeminista de los autores bíblicos o desechados como las añadiduras de redactores posteriores.

La fuente final de esos ataques es el archienemigo de Dios, Satanás. Su propósito, como siempre, es desbaratar el plan de Dios y pervertir su designio. Está detrás del esfuerzo de apartar con engaños a las mujeres de las funciones que Dios creó para ellas en la sociedad, en la familia y en la iglesia. Tal ocupación satánica no es nueva, de hecho este era un tema a considerar en la iglesia en Éfeso, porque lo era en el mundo romano de aquel tiempo.

En una iglesia donde había falsas doctrinas y falsos líderes, no es sorprendente hallarlos luchando sobre las funciones de ambos géneros. Algunas mujeres estaban llevando una vida impura (cp. 5:6, 11-15; 2 Ti. 3:6), y su indecencia la llevaban al culto de adoración. Bajo el pretexto de reunirse para adorar a Dios, las mujeres estaban siendo ostentosas y se convertían en una considerable distracción para la adoración. Su conducta revelaba que la intención de su corazón era malvada. Como la adoración es fundamental para la vida de la iglesia, esto estaba entre las primeras prioridades en la lista de asuntos que Timoteo tenía que resolver.

Después de su análisis de la función de los hombres cuando se llama a la iglesia a la oración evangelística (2:1-8), Pablo se vuelve al asunto de las mujeres en la adoración. Trata los temas de su apariencia, actitud, testimonio, función, intención y contribución.

LA APARIENCIA DE LAS MUJERES

Asimismo que las mujeres se atavíen de ropa decorosa... no con peinado ostentoso, ni oro, ni perlas, ni vestidos costosos, (2:9*a, c*)

Asimismo se refiere al versículo 8 e indica la transición a un nuevo aspecto dentro del mismo asunto general (cp. 3:8, 11). Después de analizar la conducta de los hombres en la reunión de la iglesia, ahora trata la de las mujeres.

El verbo principal de esta oración está elíptico y es el mismo del versículo 8. Como se observó en el análisis de ese versículo, quiero viene de *boulomai,* y pudiera traducirse "Yo ordeno" o "Yo propongo". Pablo no está expresando su opinión o dando un consejo. Sus palabras portan autoridad divina. A los hombres se les manda a orar y asimismo a las mujeres se les manda a adornarse de forma tal que se corresponda con la adoración de Dios.

La palabra **atavíen** viene de *kosmeō,* de la que se deriva la palabra "cosmético". Significa "arreglar", "poner en orden" o "alistar". Una mujer debe arreglarse como es debido para unirse al pueblo de Dios cuando ora. Parte de esa importante preparación implica lo exterior, el uso de **ropa decorosa.** Decorosa traduce *kosmiō,* que, como *kosmeō,* se deriva del nombre *kosmos. Kosmos* a menudo se traduce "mundo", pero en realidad significa "orden" o "sistema". Es el antónimo de "caos". *Katastolē* (ropa) comprende no solamente la ropa como tal, sino también la apariencia, el comportamiento total. Las mujeres han de ir a la adoración colectiva listas para encontrarse con el Señor. No deben ir desaliñadas debido a un impropio guardarropa o una conducta indecorosa. Hay un lugar para ropas hermosas que reflejan la humilde gracia de una mujer, como se prueba en Proverbios 31:22: "De lino fino y púrpura es su vestido". Los adornos exteriores apropiados reflejan un corazón correctamente adornado.

Del principio general en la primera parte del versículo 9, Pablo va a lo específico en la última parte del versículo. Al hacerlo así, alude a algunas prácticas que estaban causando confusión en la asamblea. Comienza con el comentario acerca del **peinado ostentoso,** un término que puede significar en sentido general "estilos de peinados". Lo que quiere decir no es que la mujer debe ser indiferente a lo que su cabello se refiere. Eso sería contradictorio con lo que ya hemos dicho sobre la cuidadosa preparación para estar uno mismo en orden. La intención de Pablo no es prohibir ciertos estilos de peinados, como si algunos reflejaran una actitud más propia de adoración que otros. Se refiere a cualquier peinado llamativo, ostentoso que pudiera distraer la atención del Señor y de los propósitos santos. Las mujeres en esa cultura a menudo tejían **oro, perlas** u otras joyas en sus peinados para llamar la atención a los mismos y su riqueza o belleza.

No hay nada malo en poseer joyas. La novia de Salomón en Cantar de los Cantares llevaba joyas de oro y plata (Cnt. 1:10-11; 4:9), como las llevaba Rebeca (Gn. 24:53). Hay un momento y un lugar apropiado para eso, como se afirma en las palabras de Isaías 61:10: "En gran manera me gozaré en Jehová, mi alma se alegrará en mi Dios; porque me vistió con vestiduras de salvación, me rodeó de manto de justicia, como a novio me atavió, y como a novia adornada con sus joyas". Pero las joyas eran (y son) utilizadas a menudo como un medio de ostentar la riqueza de una mujer o llamar la atención hacia ella en una forma malsana. Es esa preocupación la que Pablo prohíbe en el lugar de adoración.

Cuando una mujer se viste para el culto de adoración a fin de atraer la atención sobre sí, ha violado el propósito de la adoración (cp. 1 Pedro 3:3-4). El padre de la iglesia del siglo IV Juan Crisóstomo escribió:

> Y entonces, ¿cuál es un atavío modesto? Lo que las cubra completa y decentemente, y sin adornos superfluos; porque este es decente y el otro no. ¿Qué? ¿Se acerca usted a Dios para orar con el cabello entretejido y adornos de oro? ¿Va a una fiesta de baile? ¿A una fiesta de matrimonio? ¿A un carnaval? Estas cosas costosas tienen sus momentos: aquí no se desea ninguna de ellas. Usted viene a orar, a pedir perdón por sus pecados, a rogar por sus ofensas, implorando al Señor y esperando que Él le sea propicio. ¡Fuera con esa hipocresía! (Citado en Alfred Plummer, "Las epístolas pastorales", en *The Expositor's Bible* [La Biblia del expositor], ed. W. Robertson Nicoll [Nueva York: A. C. Armstrong & Son, 1903], 101)

Otra forma en la que la mujer, en la época de Pablo, hacía alarde de su riqueza y llamaba la atención, era usando **vestidos costosos.** Los vestidos costosos que usaban las mujeres ricas podían llegar hasta 7,000 denarios. Plinio el Mayor, un historiador romano del primer siglo, describió un vestido de Lollia Paulina, esposa del Emperador Calígula, que valía varios cientos de miles de dólares, según los patrones actuales (*Historia Natural* 9.58). Los vestidos de las mujeres comunes podían costar tanto como quinientos u ochocientos denarios. Para entender esto, el sueldo diario de un obrero promedio era un denario. Debido a que eran extremadamente costosos, la mayoría de las mujeres solo podían tener dos o tres vestidos hermosos en su vida. Si una mujer rica entraba al culto de adoración usando un vestido caro, captaba la atención de todos los presentes. También esto podía fomentar envidias en las mujeres más pobres (o en el esposo de cada una de ellas).

Aun los escritores no cristianos criticaron esas demostraciones ostentosas. En su sátira sexta, el poeta romano del primer siglo Juvenal escribió:

> No hay nada que una mujer no se permita hacer, nada que le parezca vergonzoso, y cuando rodea su cuello con verdes esmeraldas y coloca grandes perlas en sus estiradas orejas, cuán importante es el asunto del embellecimiento; ¡cuán numerosas son las filas y gradas amontonadas una sobre otra en su cabeza! ¡Mientras tanto ella no presta atención a su esposo!

En su obra *The Sacrifices of Cain and Abel* [Los sacrificios de Caín y de Abel], el filósofo judío del primer siglo, Filo, describió a una prostituta. La describía usando muchas cadenas y brazaletes de oro, con sus cabellos formando elaboradas y llamativas trenzas. Sus ojos delineados, sus cejas rebosantes de pintura. Usaba ropas costosas bordadas esplendorosamente con flores.

El uso de vestidos costosos y joyas que apartaban la atención del Señor era impropio para las mujeres en la iglesia. Se esperaba de ellas que mostraran piedad y humildad, no que parecieran prostitutas o mujeres paganas ostentosas. El venir a la iglesia vestidas así, en el mejor de los casos, desviaba la atención y no se daba honor a Dios; y en el peor, era un intento de seducir a los hombres de la iglesia.

¿Cómo distingue una mujer la línea a veces estrecha entre el vestido apropiado y el vestir para ser el centro de atención? La respuesta comienza en el propósito del corazón. Una mujer debe examinar sus motivos y metas que tiene al vestirse. ¿Es su propósito mostrar la gracia y la belleza de la femineidad? ¿Es mostrar su amor y devoción por su esposo y la bondad que le prodiga? ¿Es revelar un corazón humilde dedicado a la adoración a Dios? ¿O es llamar la atención sobre sí, y hacer alarde de su riqueza y belleza? O peor, ¿es tratar de tentar sexualmente a los hombres? Una mujer que se centra en la adoración a Dios, considerará cuidadosamente cómo se viste, porque su corazón mandará sobre su guardarropa y sobre su apariencia.

LA ACTITUD DE LAS MUJERES

con pudor y modestia, (2:9*a*)

Estas dos actitudes deben caracterizar la apariencia de la mujer en la adoración. *Aidōs* (**pudor**) aparece solo aquí en el Nuevo Testamento. Se refiere a la modestia mezclada con humildad. La idea central que encierra es la de vergüenza. Una mujer piadosa se sentiría avergonzada y culpable si provocaba que alguien se distrajera y no adorara a Dios, o contribuía a que alguien tuviera algún pensamiento lujurioso. Una mujer que se distinga por esa actitud, vestirá de forma tal que no sea fuente de ninguna tentación. La palabra también tiene la connotación de rechazar todo lo que deshonre a Dios. Algunos incluso sugerirían el significado del término como aflicción por un sentido de pecado. Una mujer piadosa aborrece el pecado, tanto que evitará cualquier cosa que pueda engendrar pecado en otro. Esto sin duda es compatible con las palabras de nuestro Señor, que dijo:

> *Y cualquiera que haga tropezar a alguno de estos pequeños que creen en mí, mejor le fuera que se le colgase al cuello una piedra de molino de asno, y que se le hundiese en lo profundo del mar. ¡Ay del mundo por los tropiezos! porque es necesario que vengan tropiezos, pero ¡ay de aquel hombre por quien viene el tropiezo! (Mt. 18:6-7, 10).*

¡Mejor es morirse que llevar a otro creyente a pecar!

El sentido fundamental de *sōphrosunēs* (**modestia**) es el dominio propio, en especial sobre las pasiones sexuales. Es una palabra poco empleada que aparece aquí dos veces en este pasaje (cp. 2:15), y en Hechos 26:25. Los griegos valoraban mucho esta virtud. Eurípides la llamó "el más hermoso regalo de los dioses" (Marvin R. Vincent, *Word Studies in the New Testament* [Estudios de la Palabra en el Nuevo Testamento] [Grand Rapids: Eerdmans, 1946], 4:224). Platón, en *La República,* la llamó una de las cuatro virtudes cardinales. Las mujeres deben ejercer control para no enardecer sus pasiones ni las de ninguna otra persona.

EL TESTIMONIO DE LAS MUJERES

sino con buenas obras, como corresponde a mujeres que profesan piedad. (2:10)

Esas mujeres que profesan piedad deben sustentar ese testimonio con su comportamiento y apariencia. Más allá de estos aspectos deben sustentarlo adornándose **con buenas obras.** *Agathōn* (**buenas**) se refiere a las **obras** que son genuinamente buenas, no simplemente buenas en apariencia. Eso **corresponde a mujeres que profesan piedad.** Que profesan piedad viene de *epangellō,* que significa "hacer un anuncio público". Las **buenas obras** deben caracterizar a las mujeres cristianas, que en virtud de su profesión de amor a Jesucristo se han comprometido públicamente a seguir la **piedad.** Piedad traduce *theosebeia,* que se refiere a la reverencia a Dios. Declarar que usted es cristiano es pretender amar, adorar, honrar y temer al Señor. Una mujer no puede pretender temer a Dios y hacer caso omiso a lo que su Palabra dice con relación a su conducta. Ella no puede contradecir el plan de Dios para ella en la iglesia, y a pesar de eso pretender amarlo.

LA FUNCIÓN DE LAS MUJERES

La mujer aprenda en silencio, con toda sujeción. Porque no permito a la mujer enseñar, ni ejercer dominio sobre el hombre, sino estar en silencio. (2:11-12)

Pablo continúa su análisis de los deberes de las mujeres, al definir su función como quienes aprenden y no como maestras durante la adoración pública. Aunque no deben ser maestras públicas en ese contexto, tampoco deben dejarse fuera del proceso de aprendizaje, como sucedía por lo general en los tiempos antiguos. El verbo en el versículo 11 es una forma imperativa de *manthanō* ("aprender", "ser informado"), de la que se deriva la palabra griega traducida "discípulo" o "aprendiz". Cuando Pablo dice: **La mujer aprenda en silencio,** no lo está solicitando, más bien ordenando que la mujer debe recibir enseñanza. Que Pablo esté analizando aquí el orden de la iglesia (cp. 3:15), muestra que el aprendizaje del que él habla, debía tener lugar en ese contexto (cp. Hch. 2:42). Debe notarse que a pesar de los reclamos de algunos de lo contrario, la enseñanza y la adoración no se excluyen entre sí. Más bien, el conocimiento de Dios y su Palabra estimula la adoración. La adoración debe ser en espíritu y en verdad (cp. Juan 4:20-24).

Parece ser obvio para nosotros que a las mujeres debía enseñárseles la Palabra de Dios, ya que ellas son espiritualmente iguales en Cristo y los mandamientos del Nuevo Testamento son para todos (1 P. 2:1-2). Sin embargo, no era del todo tan obvio para los que tenían antecedentes judíos. El judaísmo del primer siglo no tenía a la mujer en mucha estima. Aunque no estaban excluidas de la asistencia a la sinagoga, no se les animaba a aprender. En realidad, la mayoría de los rabinos se negaban a enseñar a las mujeres, y algunos lo comparaban con echar perlas a los cerdos.

Tampoco era mucho mejor la condición de las mujeres en la sociedad griega. William Barclay escribe:

> La mujer griega decente tenía una vida muy confinada. Vivía en sus propias habitaciones, en las que no entraba otro que no fuera su esposo.

> Ni siquiera se mostraba en las comidas. En ningún momento aparecía sola en la calle; nunca iba a ninguna reunión pública. (*The Letters to Timothy, Titus, and Philemon* [Las cartas a Timoteo, Tito y Filemón] [Filadelfia: Westminster, 1975], 67)

La existencia de tal actitud mental en Éfeso pudiera haber contribuido a la reacción de las mujeres contra tal denigración. Lamentablemente, algunas fueron demasiado lejos, reaccionando muy fuertemente ante su represión, buscando una posición dominante. Sin embargo, antes que Pablo afrontara esa reacción, él declara el derecho que tienen de aprender.

La predominante tradición judía acerca de las mujeres no venía del Antiguo Testamento. El Antiguo Testamento afirmaba que las mujeres tienen una condición espiritual igual a la de los hombres. La ley mosaica fue dada a todo Israel, las mujeres así como los hombres (Dt. 1:1). Ambos debían enseñar a sus hijos (Dt. 6:4-7; Pr. 6:20). La protección de la ley se aplicaba igualmente a las mujeres (cp. Éx. 21:28-32). Las mujeres tenían derechos de herencia (Nm. 36:1-12). Hombres y mujeres igualmente participaban en las fiestas solemnes judías (cp. Éx. 12:3; Dt. 16:9-15). El más grande voto espiritual, el voto nazareo, estaba disponible para hombres y para mujeres (Nm. 6:2). Las mujeres participaban en el servicio espiritual (Éx. 38:8; Neh. 7:67). Ni Dios vaciló en tratar directamente con mujeres (Gn. 3:13: 16:7-13; Jue. 13:3).

Sin embargo, la igualdad espiritual entre los sexos no elimina la diferencia en sus funciones. No hubo reinas ni en Israel ni en Judá (Atalía fue una usurpadora). Es cierto que Débora sirvió como jueza (Jue. 4:4-5:31). Sin embargo, su caso es excepcional. El doctor Robert L. Saucy comenta:

> Pudiera haber ocasiones cuando el patrón normal del orden de Dios se eche a un lado debido a circunstancias extraordinarias. Cuando, por ejemplo, el esposo y padre está ausente, la mujer de la casa asume la dirección de la familia. Así que, al parecer, pudieran haber circunstancias extraordinarias cuando el liderazgo del hombre no esté disponible por una u otra razón. En tales momentos Dios pudiera usar mujeres para cumplir sus propósitos como usó a Débora. (*"The Negative Case Against the Ordination of Women"*) [El caso negativo contra la ordenación de las mujeres], en Kenneth S. Kantzer y Stanley N. Gundry, eds., *Perspectives on Evangelical Theology* [Perspectivas sobre Teología Evangélica] [Grand Rapids: Baker, 1979], 285)

Es significativo que Débora rechazó dirigir la campaña militar contra los cananeos, dejando esa responsabilidad a un hombre, Barac. Ninguna mujer sirvió como sacerdotisa. Ninguno de los autores del Antiguo Testamento fueron mujeres. Ninguna mujer tuvo un ministerio profético continuado (hablando ante el pueblo) como el de Elías, Eliseo o los demás profetas. Aunque a María (Éx. 15:20), a Débora (Jue. 4:4), a Hulda (2 R. 22:14), y a la esposa de Isaías (Is. 8:3) se les llama profetisas, ninguna tuvo un llamamiento permanente para tal oficio. María, Débora y Hulda solo tienen registrada una profecía, y la esposa de Isaías ninguna. Se le llama profetisa porque dio a luz a un hijo cuyo nombre tenía un significado profético. Una quinta mujer mencionada como profetisa, Noadías, era una falsa profetisa (Neh. 6:14). Aunque Dios habló a través de mujeres en algunas ocasiones, ninguna mujer tuvo una función continua de predicación y enseñanza.

El Nuevo Testamento, como el Antiguo, enseña la igualdad espiritual y las diferentes funciones de los sexos. Gálatas 3:28 enseña la igualdad espiritual absoluta de hombres y mujeres en Cristo. Aunque muchos usan este versículo para justificar que las mujeres asuman funciones de liderazgo en la iglesia, el contexto muestra que Pablo está hablando de la salvación (cp. Gá. 3:22, 24, 26, 27). De nuevo Saucy escribe:

> La pregunta interpretativa [en Gá. 3:28] es: ¿Cuál es la diferencia entre hombre y mujer que se elimina en Cristo? Para expresarlo de otra manera, a la luz de la declaración del apóstol de que "porque todos vosotros sois uno en Cristo Jesús", ¿cuál es la "unidad" qué hombres y mujeres tienen en Cristo? Nos gustaría sugerir que las respuestas a estas preguntas no atañen para nada al orden funcional entre el hombre y la mujer. Más bien el asunto, como en los otros dos pares mencionados [judío y griego, esclavo y libre], está relacionado con la condición espiritual delante de Dios__. Otorgar el asunto de los órdenes funcionales de la sociedad humana a este pasaje es atribuir un significado no justificado por una válida exégesis contextual. No hay por lo tanto más fundamentos para suprimir el orden entre hombre y mujer en la iglesia, partiendo de Gálatas 3:28, que para suprimir un orden entre padres e hijos creyentes o ciudadanos creyentes y gobernadores. Porque todos son uno en Cristo dentro o fuera de la organización de la iglesia. (Saucy, 281-82)

Esta interpretación es por otro lado fortalecida por el empleo de los términos generales "varón" y "mujer". En cada uno de los escritos de Pablo en los que se trata el tema de las funciones, aparecen los términos "hombre" y "mujer" o "maridos" y "mujeres". "¿Por qué, si el apóstol está hablando de las relaciones funcionales en Gálatas 3:28, no emplea el lenguaje que emplea en los demás pasajes? ¿Por qué no dice: 'no hay hombre ni mujer' en Cristo en vez de 'varón' y 'mujer'?" (Saucy, 283). La unidad en Cristo no eliminó las distinciones entre judíos y gentiles. Ni quitó las diferencias funcionales entre siervos y amos (cp. 1 Co. 7:20-24). ¿Por qué entonces debemos suponer que sí sucedió en el caso de los hombres y las mujeres?

De ninguna manera el Nuevo Testamento trata a las mujeres como inferiores espiritualmente. La primera persona a quien Jesús reveló su mesiazgo fue una mujer (Jn. 4:25-26). Jesús sanó a mujeres (Mr. 5:25-34; Lc. 13:11-13). A diferencia de la práctica imperante entre los rabinos, Él enseñó a mujeres (Lc. 10:38-42). Las mujeres sirvieron a Jesús y a los discípulos (Lc. 8:2-3). Después de su resurrección, Jesús apareció primero a una mujer (Mr. 16:9; Jn. 20:11-18). Las mujeres y los hombres participaban en los cultos de oración de la iglesia primitiva (Hch. 1:13-14). Pedro recuerda a los hombres que a las mujeres se les debía "[dar] honor... como a coherederas de la gracia de la vida" (1 P. 3:7). El fruto del Espíritu (Gá. 5:21-22) es tanto para hombres como para mujeres. En resumen, todas las promesas, mandamientos y bendiciones del Nuevo Testamento se aplican igualmente a mujeres que a hombres.

Como en el Antiguo Testamento, la igualdad espiritual no excluye las diferentes funciones. No hay mujeres en las funciones de pastor y maestro, de evangelistas o de ancianos en el Nuevo Testamento. Ninguno de los autores del Nuevo Testamento fueron mujeres. El Nuevo Testamento no recoge en ninguna parte un sermón o enseñanza de una mujer. Aunque se dice que las hijas de Felipe profetizaban (Hch. 21:9), no está definido ni la ocasión ni el mensaje. No hay razón para suponer que tuvieran un ministerio continuo de predicación o que enseñaran durante la adoración pública. Ellas, como María la madre de Jesús (Lc. 1:46ss), o Ana (Lc. 2:36-39), dieron un mensaje de verdad en algún lugar. Como se observó en el capítulo 6 de este tomo, una comparación de 1 Corintios 11:5 y 14:34 indica que a las mujeres se les permitía orar y predicar la Palabra, pero aquí Pablo pone en claro que tal concesión no es en la reunión de la iglesia.

Sin embargo, cuando la iglesia se reúne, las mujeres deben escuchar a los hombres **en silencio, con toda sujeción.** *Hēsuchia* aparece al principio del versículo 11 (**en silencio**), y al final del versículo 12 (**en silencio**), agrupando de esta manera la enseñanza de Pablo sobre la función de las mujeres con el principio de silencio. La palabra **sujeción** traduce *hupotagē,* que significa "alinear bajo"; **con toda** subraya la absoluta sujeción que se pide. En el contexto de la adoración, entonces, las mujeres deben estar en silencio y contentas en su función de aprender.

Algunos han tratado de evadir el significado evidente del texto argumentando que *hēsuchia* significa un espíritu afable y apacible. Las mujeres, sostienen ellos, pueden predicar o enseñar mientras lo hagan con la debida actitud. Algunos van al extremo opuesto y emplean este texto como una prohibición contra cualquier conversación de las mujeres mientras están en la iglesia. Sin embargo, ninguna de estas interpretaciones revisionistas es válida. El contexto hace el significado inequívoco para un lector sincero.

En el versículo 12, Pablo interpreta el significado del versículo 11. Él define exactamente lo que quiso decir al expresar que las mujeres estuvieran en silencio en la adoración: **Porque no** (como el apóstol de Jesucristo, que habla por medio de mí) **permito a la mujer enseñar, ni ejercer dominio sobre el hombre.** Las mujeres deben permanecer en silencio en el sentido de no enseñar. Deben mostrar sujeción al no usurpar la autoridad del anciano o predicador. Esto es verdad no porque las mujeres sean en ningún sentido inferiores a los hombres, sino porque la ley de Dios lo ordena (1 Co. 14:34), en conformidad con su propósito para los vasos más frágiles. Los que insisten en que la subordinación y la igualdad se excluyen mutuamente harían bien en considerar la relación de Cristo con el Padre. Mientras estuvo en la tierra, Jesús asumió una función de subordinación. Sin embargo, Él no era de ninguna manera inferior. Primera a los Corintios 11:3 afirma, "Pero quiero que sepáis que Cristo es la cabeza de todo varón, y el varón es la cabeza de la mujer, y Dios la cabeza de Cristo".

Epitrepō (**permito**) se emplea siempre en el Nuevo Testamento para referirse a permitir que se haga lo que desean hacer. El que Pablo haya escogido usar esta palabra pudiera implicar que algunas mujeres en Éfeso deseaban predicar en público, y de esta manera tener autoridad sobre la congregación, como en la iglesia actual. Sin embargo, Pablo, hablando como el apóstol oficial de Jesucristo, **no [permite]** eso. La función del anciano como evangelista y maestro pastor es solo para los hombres.

El infinitivo presente *didaskein* (**enseñar**) se traduciría mejor "que sea maestra". Los especialistas en gramática griega H. E. Dana y Julius R. Mantey escribieron lo siguiente acerca de la diferencia entre el infinitivo aoristo y el infinitivo presente:

> Es bueno destacar particularmente la diferencia entre el infinitivo aoristo y el presente. El infinitivo aoristo denota lo que es ocasional o particular, mientras que el infinitivo presente indica una condición o proceso. De esa manera *pisteusai* [aoristo] es obrar con fe en una determinada ocasión, mientras que *pisteuein* [presente] es ser un creyente. (*A Manual Grammar of the Greek New Testament* [Manual de Gramática del Nuevo Testamento griego] [Toronto: MacMillian, 1957], 199)

Al emplear el infinitivo presente en vez del aoristo, Pablo no prohíbe a las mujeres enseñar bajo condiciones y circunstancias apropiadas, sino ocupar el puesto y la función de pastor o maestro en la vida de la iglesia.

Pablo además añade la prohibición a las mujeres de **ejercer dominio sobre el hombre.** *Authentein* (**ejercer dominio sobre**), otro infinitivo presente, aparece solo aquí en el Nuevo Testamento. Algunos han intentado evadir la fuerza de la prohibición de Pablo al suponer arbitrariamente que *authentein* debiera traducirse "autoridad injuriosa". Las mujeres, según esa opinión, pueden ejercer autoridad sobre los hombres siempre que no sea autoridad injuriosa. Sin embargo, un estudio de los empleos extrabíblicos de *authentein* pone en claro que la palabra significa simplemente autoridad. No tienen connotación negativa, como autoridad injuriosa o dominante. Pablo, entonces, prohíbe a las mujeres el ejercer cualquier tipo de autoridad sobre los hombres en la iglesia. Son "los ancianos [evidentemente hombres, ya que 1 Ti. 3:2 establece que el anciano debe ser 'marido de una sola mujer'] [los] que gobiernan" (1 Ti. 5:17).

Esto no imposibilita completamente la enseñanza de la mujer. Priscila y Aquila instruyeron ambos a Apolos (Hch. 18:26), pero en privado y no en la adoración de la iglesia. Y las mujeres pueden y deben enseñar a otras mujeres (cp. Tit. 2:3-4). Ni tampoco significa que las mujeres no puedan orar, simplemente que no deben guiar las oraciones durante la adoración pública en la iglesia. No quiere decir que las mujeres no tengan los dones espirituales en la oratoria y el liderazgo. El asunto es dónde ejercen ellas esos dones.

Algunos preguntan si las mujeres pueden ocupar posiciones de liderazgo en el campo misionero a falta de hombres. Es significativo que Pablo, que escribió este pasaje, fue el más grande misionero que el mundo haya visto. Pero no hizo excepciones para el campo misionero. Dios no viola sus principios por conveniencia.

A través de los años hemos tenido muchos ejemplos de cómo hacer frente a una escasez de hombres en el campo misionero. Conozco personalmente a misioneras que se encontraron en una situación en la que no estaba presente ningún hombre y a ellas se les había preparado solamente para predicar la Palabra. En vez de quebrantar las Escrituras, ellas prepararían el mensaje o lección y la enseñarían a un hombre nacido en el lugar, quien sería el predicador cuando la iglesia se reuniera.

Las mujeres deben dejar de creer la mentira de Satanás de que la única función importante es la del liderazgo. Las personas por lo general desean lugares de preeminencia, no servir humildemente a otros, sino estimular su egoísmo y ganar poder y control. Sin embargo, los líderes llevan una pesada carga y responsabilidad, y la función de subordinarse muchas veces es una de las de mayor paz y felicidad. La subordinación no es un castigo, sino un privilegio.

EL PROPÓSITO DE LAS MUJERES

Porque Adán fue formado primero, después Eva; y Adán no fue engañado, sino que la mujer, siendo engañada, incurrió en transgresión. (2:13-14)

Un punto de vista popular hoy es que la función de subordinación de las mujeres es una degradación del plan perfecto de Dios, que fue el resultado de la caída. Como Cristo vino a poner en su lugar los efectos de la maldición, se argumenta que deben abolirse las diferencias en funciones entre hombres y mujeres. Sin embargo, Pablo no establece la función subordinada de la mujer en la caída, sino en el orden divino de la creación original. **Porque Adán fue formado primero,** escribe él, **después Eva.** Dios hizo a la mujer después que al hombre para ser su ayuda idónea (Gn. 2:18). La prioridad de la función del hombre es obvia.

Tampoco la enseñanza de Pablo estaba instigada por alguna situación cultural en Éfeso y por tanto no puede aplicarse hoy, como algunos sostienen. Él no solo apela aquí al relato de la creación en Génesis 2, sino que también enseñó esa misma verdad a los corintios (1 Co. 11:8-9).

Pablo no presenta la función de las mujeres como resultado de la caída, sino que usa ese acontecimiento como una comprobación más del propósito de Dios. Él señala que **Adán no fue engañado, sino que la mujer, siendo engañada, incurrió en transgresión.** Génesis 3:1-7 nos muestra la historia de lo que sucedió cuando Eva usurpó la función de liderazgo:

> *Pero la serpiente era astuta, más que todos los animales del campo que Jehová Dios había hecho; la cual dijo a la mujer: ¿Conque Dios os ha dicho: No comáis de todo árbol del huerto? Y la mujer respondió a la serpiente: Del fruto de los árboles del huerto podemos comer; pero del fruto del árbol que está en medio del huerto dijo Dios: No comeréis de él, ni le tocaréis, para que no muráis. Entonces la serpiente dijo a la mujer: No moriréis; sino que sabe Dios que el día que comáis de él, serán abiertos vuestros ojos, y seréis como Dios, sabiendo el bien y el mal. Y vio la mujer que el árbol era bueno para comer, y que era agradable a los ojos, y árbol codiciable para alcanzar la sabiduría; y tomó de su fruto, y comió; y dio también a su marido, el cual comió así como ella. Entonces fueron abiertos los ojos de ambos, y conocieron que estaban desnudos; entonces cosieron hojas de higuera, y se hicieron delantales.*

De modo que todo el género humano cayó en la depravación y la condenación. Eva no estaba apta por naturaleza para asumir la posición de la responsabilidad final. Cuando salió de la protección y liderazgo de Adán, se hizo extremadamente vulnerable y cayó. Y, por supuesto, cuando Adán violó su función de liderazgo y siguió a Eva (aunque **no fue** él quien fue **engañado**), la perversión del orden divino fue completa. Entonces ocurrió la caída no simplemente por la desobediencia al mandato de Dios, sino por la violación de las funciones que Dios había señalado para cada uno de los sexos. Esto no es decir que Adán es menos culpable que Eva o que ella era más imperfecta. Aunque él no fue engañado por Satanás, como lo fue Eva, Adán no obstante decidió desobedecer a Dios. Como cabeza de su relación, él lleva la responsabilidad final. Por eso el Nuevo Testamento relaciona la caída con el pecado de Adán, no con el de Eva (Ro. 5:12-21; 1 Co. 15:21-22). La dirección por el hombre, entonces, era parte del plan de Dios desde el principio, y es el hombre el que tiene la responsabilidad por su éxito o fracaso. La trágica experiencia del encuentro con la serpiente en el huerto confirmó la sabiduría de ese plan.

LA CONTRIBUCIÓN DE LAS MUJERES

Pero se salvará engendrando hijos, si permaneciere en fe, amor y santificación, con modestia. (2:15)

Se salvará viene de *sōzō,* un término neotestamentario común para salvación. La palabra también puede significar "rescatar", "preservar seguro y sin daño", "sanar" o "liberar de". Aparece varias veces en el Nuevo Testamento sin referirse a la salvación espiritual (cp. Mt. 8:25; 9:21-22; 10:22; 24:22; 27:40, 42, 49; 2 Ti. 4:18). Es obvio que Pablo no tiene el propósito de enseñar que las mujeres se salvan eternamente de la paga del pecado **engendrando hijos**. Eso sería contradictorio con la enseñanza neotestamentaria de que la salvación es por gracia mediante la fe solamente (cp. Ro. 3:19-20). El tiempo futuro y el empleo del plural indican que incluso no se está refiriendo a Eva. El plural y la ausencia de relación con el contexto muestran que Pablo no se estaba refiriendo a María, la madre de Jesús, como algunos sugieren.

Aquí Pablo enseña que, aunque una mujer precipitó la caída y las mujeres tienen esa responsabilidad, todavía pueden **salvarse** de ese estigma al tener hijos. El rescate, la liberación de las mujeres del estigma de haber guiado al género humano al pecado, sucede cuando ellas traen una semilla justa. ¡Qué perfecta respuesta! Las mujeres están muy distantes de ser ciudadanas de segunda clase, porque ellas tienen la responsabilidad fundamental de educar hijos piadosos. Las madres dedican mucho más tiempo a sus hijos que los padres, y por eso tienen una mayor influencia. Los padres no pueden conocer la estrecha relación que establecen las madres con sus hijos desde el embarazo, el nacimiento, la infancia y los primeros años de la niñez. El punto de Pablo es que aunque la mujer condujo al género humano al pecado, las mujeres tienen el privilegio de llevar al género humano del pecado a la piedad. Eso no quiere decir que Dios quiere que todas las mujeres tengan hijos; algunas Él no quiere incluso que se casen (1 Co. 7:25-40). Pablo habla en términos generales. El dolor asociado con el alumbramiento fue el castigo por el pecado de la mujer (Gn. 3:16), pero el gozo y el privilegio de educar a los hijos libra a las mujeres del estigma de ese pecado.

Para que las mujeres reviertan el daño que recayó sobre ellas en la caída y cumplir su llamado, ellas necesitan criar simiente santa. Para hacerlo, deben permanecer **en fe, amor,** de lo que depende en realidad su salvación. Y deben permanecer en **santificación** (santidad) **con modestia** (la misma palabra traducida "con pudor y modestia" en el versículo 9). Es la misma apariencia, conducta, y comportamiento que se exige de las mujeres creyentes en la iglesia, que se convierte en su liberación de cualquier estado inferior, al vivir piadosamente y criar hijos piadosos.

En este pasaje vemos cómo Dios ha balanceado perfectamente las funciones de los sexos. (Para un amplio análisis del propósito de Dios para los hombres y las mujeres en la iglesia, vea mi libro *Distintos por diseño* [Grand Rapids, Michigan: Editorial Portavoz, 2004].) Los hombres deben ser líderes en la iglesia y en la familia. Las mujeres están libres de cualquier acusación de inferioridad por la piadosa influencia que tienen en la vida de sus hijos. Para la iglesia alejarse de este orden divino es perpetuar el desastre de la caída.

Llamados a guiar a la iglesia

8

Palabra fiel: Si alguno anhela obispado, buena obra desea. (3:1)

Pablo pasa del análisis sobre la congregación (2:1-15) al tema de los pastores. El ministerio, la eficiencia y el testimonio de cualquier iglesia es en gran parte un reflejo de sus pastores. El principio de Oseas 4:9: "Y será el pueblo como el sacerdote", sigue siendo cierto. Por lo regular las personas no van más allá del nivel de sus líderes. Tan importante es que los que dirigen la iglesia tengan un alto nivel espiritual, que la relación de sus requisitos específicos se presenta dos veces en las cartas de Pablo, aquí y en Tito 1. El liderazgo en la iglesia está en el centro de la enseñanza del Nuevo Testamento, ya que el Señor vino a este mundo a edificar la iglesia (Mt. 16:18).

Hay un vínculo inseparable entre el carácter de una iglesia y la calidad de su liderazgo. Los líderes deben establecer un ejemplo santo que la iglesia pueda seguir. Nuestro Señor dijo en Lucas 6:40: "Todo el que fuere perfeccionado, será como su maestro". Pablo les rogó a los corintios que lo imitaran (1 Co. 4:16; cp. 1 Co. 11:1). A los filipenses escribió: "Lo que aprendisteis y recibisteis y oísteis y visteis en mí, esto haced" (Fil. 4:9).

La iglesia de Éfeso había sido bendecida con liderazgo del más alto calibre. Fue fundada por Pablo, quien predicó allí durante tres años (Hch. 20:31). Durante ese tiempo adiestró a un grupo de guías espirituales (Hch. 20:17ss) para que dirigieran la iglesia después que él se fuera. Sin embargo, como él previó, surgieron falsos líderes después de su partida de Éfeso (Hch. 20:29-30). Luego de ser liberado de su primer encarcelamiento en Roma, Pablo volvió a Éfeso y se enfrentó a dos de los principales (1:20). Dejando a Timoteo para que tratara con el resto y con otros asuntos en la iglesia, salió para Macedonia (1:3). Poco después, escribió esta carta a Timoteo, orientándole una estrategia para corregir y edificar la iglesia de Éfeso. En el corazón de esa tarea estaba la necesidad imperiosa de restaurar un liderazgo espiritual. Debían escogerse los ancianos adecuados comparando a los hombres contra la relación de requisitos divinamente inspirados.

Los requisitos que Pablo presenta en 3:2-7 se establecen en medio de las circunstancias de líderes no calificados en Éfeso. Él pone la norma de Dios contra lo que los efesios habían permitido que se degenerara el liderazgo. Algunos de los líderes estaban enseñando falsas doctrinas (1:3; 4:1-3, 7; 6:3-5), desviándose a "vana palabrería" (1:6). Abusaban de la ley y no entendían el evangelio (1:7-11). Algunas eran mujeres (2:12), aunque esto estaba prohibido por la Palabra de Dios. Otros habían cometido pecados y necesitaban amonestación pública (5:20).

Todos los requisitos que enumera son virtudes espirituales, rasgos del carácter que distinguen a los maestros y líderes espirituales. No dice nada acerca de los deberes de los líderes, sino que la preocupación está solo en su espiritualidad, moral y virtud como el fundamento necesario para el deber. Los deberes estaban claros; los requisitos eran necesarios para aclarar. Todos los que sirven de obispos o de ancianos en la iglesia deben cumplir con estas normas o afrontar la disciplina pública (5:20-24).

Sin embargo, antes de analizar los requisitos individuales contra los que se deben medir todos los pastores, Pablo ofrece algunas ideas útiles sobre el llamado al liderazgo espiritual. Este versículo inicial sugiere seis aspectos relacionados con el llamado al ministerio: Es un llamamiento importante, un llamamiento limitado, un llamamiento apremiante, un llamamiento responsable, un llamamiento digno y un llamamiento exigente.

UN LLAMAMIENTO IMPORTANTE

Palabra fiel: (3:1*a*)

Como se observó en el capítulo 3 de este tomo, la frase **palabra fiel** es exclusiva de las epístolas pastorales, y aparece cinco veces (cp. 1:15; 4:9; 2 Ti. 2:11; Tit. 3:8). En cada ocasión presenta una verdad fundamental de gran importancia y conocida entre los creyentes. **Palabra fiel** es una verdad obvia, muy evidente que no necesita prueba. Como la frase aparece tarde en el ministerio de Pablo, es probable que indique axiomas que se habían convertido en credos. Aunque **Palabra fiel** en este pasaje es con relación al tema del llamado al ministerio, las otras veces que aparece esta frase se refieren a asuntos doctrinales. El incluir esta verdad con esos elementos esenciales de la doctrina cristiana muestra la importancia que se le da a la función del liderazgo en la iglesia primitiva. Era y es una responsabilidad seria y sagrada.

En la época de Pablo al pastorado no se entraba con facilidad. Hoy día las personas entran al ministerio por diversas razones, no todas ellas dignas de encomio. Algunos entran por dinero, otros por seguridad de trabajo, prestigio y respeto, el privilegio de trabajar con cristianos u otros por motivaciones inadmisibles. Sin embargo, en la iglesia primitiva las condiciones eran muy diferentes. Había poco dinero que hacer, ya que las iglesias eran pobres y pocos cristianos eran ricos. El ministerio no era una posición de prestigio en la sociedad, ya que los cristianos, y en especial los predicadores, eran rechazados y despreciados (cp. 1 Co. 1:26). Y como la iglesia era a menudo blanco de persecución, los que estaban en funciones de liderazgo arriesgaban su vida.

El registro de la iglesia en desarrollo declara constantemente la importancia del liderazgo espiritual. En su primer viaje misionero, Pablo y Bernabé "constituyeron ancianos en cada iglesia" (Hch. 14:23). Los ancianos, junto con los apóstoles, presidieron el concilio de Jerusalén (Hch. 15:2, 4, 6, 22, 23). Como se ha observado, Pablo había designado ancianos en Éfeso (Hch. 20:17, 28). Pablo dirige la Epístola a los Filipenses "a todos los santos en Cristo Jesús que están en Filipos, con los obispos y diáconos" (Fil. 1:1). Les escribió a los tesalonicenses: "Os rogamos, hermanos, que reconozcáis a los que trabajan entre vosotros, y os presiden en el Señor, y os amonestan; y que los tengáis en mucha estima y amor por causa de su obra" (1 Ts. 5:12-13). De la misma manera el escritor de Hebreos exhortó a sus lectores: "Obedeced a vuestros pastores, y sujetaos a ellos; porque ellos velan por vuestras almas, como quienes han de dar cuenta; para que lo hagan con alegría, y no quejándose, porque esto no os es provechoso" (He. 13:17). Pedro escribió:

> *Ruego a los ancianos que están entre vosotros, yo anciano también con ellos, y testigo de los padecimientos de Cristo, que soy también participante de la gloria que será revelada: Apacentad la grey de Dios que está entre vosotros, cuidando de ella, no por fuerza, sino voluntariamente; no por ganancia deshonesta, sino con ánimo pronto; no como teniendo señorío sobre los que están a vuestro cuidado, sino siendo ejemplos de la grey (1 P. 5:1-3).*

Como los guías espirituales siempre han sido la columna vertebral de la iglesia, es necesario que sean competentes. En una iglesia con malos resultados, el asunto es en la mayoría de los casos no los pobres programas o las personas no comprometidas, sino un liderazgo de bajo nivel. Los guías espirituales no se producen en los institutos bíblicos o los seminarios. Ellos simplemente les ofrecen herramientas para trabajar. Ni los comités de púlpitos ni los concilios de ordenación hacen a los hombres adecuados para el ministerio; ellos simplemente tienen la responsabilidad de reconocer los que ya lo son. Solamente el Espíritu Santo puede producir un verdadero guía espiritual.

Cuando Saúl fracasó en su reinado sobre Israel, Dios buscó a David, "un varón conforme a su corazón" (1 S. 13:14). En Ezequiel 22:30 Dios dice: "Y busqué entre ellos hombre que hiciese vallado y que se pusiese en la brecha delante de mí, a favor de la tierra, para que yo no la destruyese; y no lo hallé". George Liddell escribió:

Dadme un hombre de Dios, tan solo uno,
cuya fe se apodere de su mente,
y tornaré en justicia cada agravio
y cantará la humanidad sufriente.

Dadme un hombre de Dios, tan solo uno,
cuya lengua inflamó el fuego divino,
y avivaré a las almas más sombrías
con altas metas e ideal genuino.

Dadme un hombre de Dios, tan solo uno,
profeta del Señor, de fe probada,
y os aseguraré paz en la tierra,
fruto de la oración, no de la espada.

Dadme un hombre de Dios, tan solo uno,
fiel a su llamamiento y a su visión,
y restauraré altares rotos,
y naciones traeré a su conversión.

(Citado en J. Oswald Sanders,
Liderazgo espiritual, publicado por Editorial Portavoz.)

Este es el tipo de hombre que Dios busca para dirigir a su pueblo redimido. Tales hombres "los que están dispuestos a sufrir por objetivos suficientemente grandes como para exigir su obediencia de todo corazón" (Sanders, *Liderazgo espiritual,* 20).

Un hombre así fue Samuel Logan Brengle, uno de los primeros líderes del Ejército de Salvación. Él escribió:

> [El liderazgo espiritual] no se gana por promoción, sino con muchas oraciones y lágrimas. Se alcanza por confesiones de pecado, y mucha búsqueda de Dios humilde y de todo corazón; por la rendición de uno mismo, por el sacrificio valiente de cada ídolo, por abrazar la cruz con denuedo y de forma imperecedera, inflexible y resignada, y por una eterna y resuelta mirada al Jesús crucificado. No se gana por la búsqueda de grandes cosas para uno mismo, sino más bien, como Pablo, teniendo esas cosas que son ganancias para nosotros como pérdida por Cristo. Este es un gran precio, pero debe pagarse sin temor por el que quiera

> ser no simplemente un guía nominal, sino un verdadero guía espiritual de hombres, un líder cuyo poder se reconoce y se siente en el cielo, en la tierra y en el infierno. (*The Soul-Winner's Secret* [El secreto del ganador de almas] [Londres: El Ejército de Salvación, 1918], 22)

El llamado a guiar a la iglesia es tan importante que solamente los más nobles deben aspirar.

UN LLAMAMIENTO LIMITADO

Si alguno (3:1*b*)

El liderazgo de la iglesia no es para todo el mundo. Un requisito esencial para un pastor de iglesia es que sea hombre. El pronombre indefinido *tis* (**alguno**) debe considerarse aquí como masculino, de acuerdo con la forma masculina de los adjetivos en los versículos 2-6. Además, una mujer difícilmente pudiera ser "marido de una sola mujer" (v. 2), ni tampoco las mujeres en aquel tiempo gobernaban en su hogar (v. 5). Pablo aplica aquí la verdad que enseñó en 2:11-15: las mujeres no deben ser líderes en la iglesia. Como ya se observó en el capítulo 7 de este tomo, ellas tienen una función esencial e importante en la iglesia, el hogar y la sociedad. Sin embargo, esa función no incluye el liderazgo sobre el pueblo de Dios.

UN LLAMAMIENTO APREMIANTE

anhela... desea (3:1*c, g*)

Quienes anhelan el obispado deben tener un apremiante deseo, dado por el Espíritu, de ejercerlo. La palabra **anhela** viene de *oregō,* una palabra rara, que solo aparece aquí, en 1 Timoteo 6:10 y en Hebreos 11:16 en el Nuevo Testamento. Significa "extenderse tras" o "estirarse para asir algo". El término no se refiere a motivos internos, sino que describe solamente la acción externa. Aquí describe a alguien que está dando pasos para llegar a ser obispo; **desea** viene de *epithumeō,* que significa "un apasionado impulso", en este contexto para bien y no para mal. A diferencia de *oregō,* este verbo se refiere al sentimiento o deseo interior. Tomados en conjunto, los dos términos describen al hombre que externamente aspira al ministerio debido a que en su interior hay una pasión que lo conduce.

Algunos hombres buscan tener autoridad en la iglesia, porque las personas que ellos estiman los han animado a hacerlo. Otros lo anhelan porque han decidido que el ministerio es la mejor opción. Ellos aman al Señor y a su Iglesia, así que asisten a un instituto bíblico o seminario para prepararse para el servicio. Sin embargo, como no son impulsados por una pasión interior por el ministerio, esto puede convertirse simplemente en un ejercicio académico para ellos.

Por otra parte, algunos tienen una gran pasión por el ministerio, pero les falta dominio propio y dedicación para las prioridades de la preparación. No pueden someter su vida a una disciplina que les permita entrar en el camino para lograr su deseo.

El hombre que ha sido de veras llamado al ministerio se caracteriza, tanto por una pasión interna que lo consume, como por una búsqueda de disciplina exterior. Para él el ministerio no es la mejor opción, es la única opción. No hay otra cosa que pueda hacer con su vida que lo pueda satisfacer. Por consiguiente, trabaja con diligencia a fin de prepararse para ser competente para el servicio. Aunque algunos pueden recibir el llamado tardíamente en la vida, desde ese momento en adelante no harán otra cosa.

Como se ha observado, algunos buscan el obispado por motivos equivocados, como dinero, poder o prestigio. La verdadera motivación para anhelar el ministerio la describió Patrick Fairbairn: "La búsqueda que aquí se pretende debe ser la correcta, no la incitación de una ambición carnal, sino la aspiración de un corazón que ha experimentado la gracia de Dios, y que anhela ver a otros llegando a participar del regalo celestial". (*Pastoral Epistles* [Epístolas pastorales] [Minneápolis: James & Klock, 1976], 136.) No es el puesto lo que busca el que verdaderamente es llamado, sino el trabajo en sí. Samuel Brengle escribió que "la estimación final de los hombres muestra que la historia no se preocupa por el rango o título que tiene un hombre, o el cargo que ha ocupado, sino solo por la calidad de sus hechos y el carácter de su mente y corazón" (C. W. Hall, *Samuel Logan Brengle* [Nueva York: El Ejército de Salvación, 1933], 274).

Digámoslo de una manera sencilla: la ambición por el cargo corrompe, el deseo por el servicio purifica. Nuestro Señor describió el verdadero carácter del servicio espiritual en Marcos 10:42-44:

> *Mas Jesús, llamándolos, les dijo: Sabéis que los que son tenidos por gobernantes de las naciones se enseñorean de ellas, y sus grandes ejercen sobre ellas potestad. Pero no será así entre vosotros, sino que el que quiera hacerse grande entre vosotros será vuestro servidor, y el que de vosotros quiera ser el primero, será siervo de todos.*

En un impresionante sermón conocido como "El sermón del arado", el célebre reformador inglés Hugh Latimer atacó al clero desapasionado y buscador de ascensos de su época:

> Y ahora les haré una extraña pregunta: ¿Cuál es el obispo y prelado más diligente en toda Inglaterra; que pasa con todo lo que resta cumpliendo con sus funciones? Yo les puedo decir, porque conozco quién es; lo conozco bien. Pero ahora pienso, al verlos escuchando y

> atentos, que debo decir su nombre. Hay uno que sobrepasa a todos los demás, y es el más diligente prelado y predicador en toda Inglaterra. ¿Y sabrán ustedes quién es? Se los voy a decir; es el diablo. Es el más diligente predicador de todos; nunca está fuera de su diócesis; nunca está lejos de su cura; nunca lo encontrarán desocupado; siempre está en su parroquia; se mantiene en la residencia en todo tiempo; nunca lo verán fuera del camino; llámenlo cuando lo deseen, él siempre está en la casa. Es el más diligente predicador en toda la zona; siempre está en el arado; ningún señor o siervo pueden detenerlo; siempre está poniendo en práctica su negocio; nunca lo encontrarán ocioso, se los garantizo. Donde reside el diablo, y tiene en marcha su arado, allí fuera con los libros y arriba con las velas; fuera con las Biblias y arriba con los rosarios; fuera con la luz del evangelio y arriba con la luz de las velas, sí al mediodía; arriba con las tradiciones humanas y sus leyes, abajo con las tradiciones de Dios y su santísima Palabra. ¡Oh, si nuestros prelados fueran tan diligentes para sembrar el grano de la buena doctrina como Satanás lo es para sembrar berberecho y cizaña!... Nunca hubo un predicador en Inglaterra como él.
>
> Los prelados son señores y no obreros; pero el diablo es diligente con su arado. Él no es un prelado que no predica; no es un merodeador autoritario de su cura; sino un activo labrador con su arado_ Por lo tanto, ustedes prelados que no predican, aprendan del diablo: sean diligentes en cumplir con sus funciones. Si ustedes no van a aprender de Dios, ni ser buenos hombres, para ser diligentes en sus funciones, aprendan del diablo. (Citado en John R. W. Stott, *Between Two Worlds* [Entre dos mundos][Grand Rapids: Eerdmans, 1982], 27-28)

La iglesia debe tener la dirección de hombres apasionados para quienes sea apremiante el ministerio.

UN LLAMAMIENTO RESPONSABLE

obispado (3:1*d*)

Tener autoridad sobre la iglesia no es tarea insignificante, sino más bien una seria responsabilidad. Hebreos 13:17 advierte que los líderes deben dar cuenta a Dios por cuán fielmente han guiado, mientras que Santiago añade que, como enseñan, afrontan un juicio más severo (Stg. 3:1). Obispo traduce *episkopos*. En nuestro tiempo "obispo" está cargado de adornos eclesiásticos. Sin embargo, en el Nuevo Testamento, el término "obispo" se refería a la misma función que pastor y anciano (cp. Hch. 20:28; Tit. 1:5-9; 1 P. 5:1-2).

Algunos han sugerido que *episkopos* deriva su sentido del administrador, inspector o director económico de la ciudad en la cultura griega. Sin embargo, su uso en el Nuevo Testamento se compara mejor con el de los judíos esenios de la comunidad de Qumran. Los obispos entre los esenios predicaban, enseñaban, presidían, ejercían autoridad y cuidado e imponían disciplina. Estas funciones reflejan mejor la de los obispos del Nuevo Testamento que el empleo más limitado del término en la cultura griega.

¿Cuáles son las responsabilidades del obispo? Gobernar, predicar y enseñar (1 Ti. 5:17), orar por los enfermos (Stg. 5:14), cuidar de la iglesia, ser ejemplos para otros (1 P. 5:1-2), establecer el plan de acción de la iglesia (Hch. 15:22ss), y ordenar a otros líderes (1 Ti. 4:14).

UN LLAMAMIENTO DIGNO

buena obra (3:1*e*)

El ministerio es una **buena** (*kalos*), noble, honorable y excelente **obra.** Es el llamamiento más digno y glorioso, como lo han reconocido siempre los hombres santos. El reformador inglés del siglo XIV Juan Wycliffe escribió:

> El servicio más alto que los hombres puedan jamás alcanzar en la tierra es predicar la Palabra de Dios. Este servicio recae particularmente en los sacerdotes, y por tanto, las más severas exigencias de Dios recaen sobre ellos. Y por esta causa, Jesucristo dejó otros trabajos y se ocupó mayormente en la predicación, y así hicieron sus apóstoles, y por esto, Dios los amó...
>
> En realidad, la iglesia recibe mayor honra por la predicación de la Palabra de Dios, y por lo tanto este es el mejor servicio que los sacerdotes puedan dar a Dios. Y así, si nuestros obispos no predican e impiden predicar a los verdaderos sacerdotes, están en los pecados de los obispos que mataron al Señor Jesucristo. (Citado en Clyde E. Fant, hijo, y William M. Pinson, hijo, eds., *20 Centuries of Great Preaching* [Siglos de grandes predicaciones] [Waco, Tex.: Word, 1971], 1:234)

El puritano norteamericano del siglo XVII Cotton Mather concuerda:

> El oficio del ministro cristiano, correctamente comprendido, es el más honorable e importante que cualquier hombre en todo el mundo pueda alguna vez tener; ¡y será uno de los asombros y empleos de la eternidad considerar las razones por las cuales la sabiduría y la bondad de Dios asignaron tal función al hombre imperfecto y culpable!... El gran designio e intención del oficio de un predicador cristiano es restaurar el trono y

> el dominio de Dios en las almas de los hombres; mostrar en los más vívidos colores, y proclamar en el lenguaje más claro, las maravillosas perfecciones, oficios y gracia del Hijo de Dios; y atraer las almas de los hombres al estado de eterna amistad con Él. Esta es una obra que un ángel quisiera, como un honor para su carácter; sí, un oficio en el que cada ángel en el cielo pudiera desear estar por los venideros mil años. Es un oficio tan honorable, importante y útil, que si Dios pone en él a un hombre, y lo cumple con fidelidad y éxito durante su vida, pudiera mirar con desdén a una corona, y derramar una lágrima de lástima sobre el más deslumbrante monarca de la tierra. (Citado en Stott, *Between Two Worlds,* [Entre dos mundos] 31)

El predicador inglés del siglo XX Will Sangster escribió de su ministerio:

> ¡Llamado a predicar!... ¡Comisionado por Dios para enseñar la Palabra! ¡Un heraldo del gran Rey! ¡Un testigo de su evangelio eterno! ¿Puede alguna labor ser más elevada y santa? A esta suprema tarea Dios envió a su Hijo Unigénito. En toda la frustración y confusión de las edades, ¿es posible imaginar una labor comparable en importancia con la de proclamar la voluntad de Dios a los hombres descarriados?...
>
> Ni por accidente, ni aun por el egoísmo de los hombres, le fue dado al púlpito el lugar principal en las iglesias reformadas. Ahí está el designio y la dedicación. Ahí está por la lógica de las cosas. Ahí está como "*el trono de la Palabra de Dios*". (W. E. Sangster, *The Craft of the Sermon* [El arte del sermón] [Filadelfia: Westminster, 1951], 24, 17; cursivas en el original)

La obra de predicar y dirigir la iglesia, que el Señor compró con su sangre, es el llamamiento más elevado, mayor y más glorioso al que alguna persona haya sido llamada jamás.

UN LLAMAMIENTO EXIGENTE

obra (3:1*f*)

Los que no quieren pasar trabajo no podrán hallar tal cosa en el ministerio. El ministerio es **obra,** una obra exigente y de por vida. Pablo ordenó a Timoteo: "*haz obra de evangelista*" (2 Ti. 4:5). Les recordó a los tesalonicenses que reconocieran "a los que *trabajan* [de *kopiaō,* "trabajar hasta el punto del agotamiento"] entre vosotros, y os presiden en el Señor" (1 Ts. 5:12). Pablo les dijo a los colosenses: "A quien anunciamos, amonestando a todo hombre, y enseñando a todo hombre en toda sabiduría, a fin de presentar perfecto en

Cristo Jesús a todo hombre; para lo cual también trabajo, luchando según la potencia de él, la cual actúa poderosamente en mí" (Col. 1:28-29). El ministerio no es una ocupación de nueve a cinco en la que uno puede terminar y olvidarse de ella cada noche. Su trabajo es perpetuo y dependiente de un esfuerzo máximo y del poder de Cristo obrando en el hombre.

La obra del ministerio es una empresa tan seria que ningún hombre entra en ella basado solamente en su propio deseo. El que va a dirigir la iglesia debe ser apartado para esa responsabilidad por la iglesia, cuando la misma reconozca claramente sus dones, virtudes y servicio, al compararlos con la norma que se ofrece en los versículos 2-7. La señal de que había este reconocimiento y que la persona había sido apartada para el ministerio, en la iglesia primitiva, era la imposición de manos (cp. 1 Ti. 4:14). El simbolismo viene del Antiguo Testamento, donde el que ofrecía el sacrificio se identificaba con él al poner sus manos sobre el mismo. Al imponer las manos sobre un candidato para el ministerio, los líderes de la iglesia muestran su unidad y solidaridad con él. También le dan su recomendación, apoyo y consentimiento.

Pablo le advirtió a Timoteo que no impusiera "con ligereza las manos a ninguno, ni [participara] en pecados ajenos" (1 Ti. 5:22). Los que ordenan a un hombre indigno al ministerio, comparten el pecado por su pecado. La iglesia primitiva tomaba muy en serio la ordenación. En Hechos 13:2 y 14:23 leemos que la oración y ayuno acompañaban al acto de apartar a los hombres para el ministerio. Se hizo en los primeros años por los apóstoles (Hch. 14:23) y luego por los ancianos de cada congregación.

Así que la autoridad espiritual comienza con un llamamiento divino. Hombres, impulsados por una pasión interior, buscan activamente servir en la iglesia. La congregación o confirma o rechaza ese llamamiento, basándose en si la persona cumple o no con la norma que ha delineado el Espíritu en 3:2-7.

Cualidades de un guía espiritual: Primera parte Cualidades morales

9

Pero es necesario que el obispo sea irreprensible, marido de una sola mujer, sobrio, prudente, decoroso, hospedador, apto para enseñar; no dado al vino, no pendenciero, no codicioso de ganancias deshonestas, sino amable, apacible, no avaro. (3:2-3)

El mariscal de campo Sir Bernard Law Montgomery fue tal vez el mayor líder militar británico durante la Segunda Guerra Mundial. Por consiguiente, él estaba notablemente calificado para relacionar las características necesarias para un líder en la guerra. Según Montgomery, tal líder debía ver el panorama total y no enredarse en detalles. No debía ser mezquino. Debía escoger bien a los hombres. Debía confiar en los que estaban a su alrededor y dejarlos proseguir con sus respectivos trabajos sin interferir. Debía tener el poder para decisiones claras. Debía inspirar confianza. Por último, debía tener un sentido correcto de la verdad religiosa y reconocerlo ante sus tropas (Bernard L. Montgomery, *Memoirs of Field-Marshal Montgomery* [Las memorias del mariscal de campo Montgomery] [Cleveland: World, 1958], 74- 83).

Desde una perspectiva diferente, John R. Mott, un líder mundial en círculos estudiantiles de la primera parte del siglo XX, dio la lista siguiente: ¿Hace las cosas pequeñas bien? ¿Ha aprendido el significado de las prioridades? ¿Cómo usa el tiempo libre? ¿Tiene vehemencia? ¿Ha aprendido a sacar provecho del momento? ¿Tiene el poder del crecimiento? ¿Cuál es su actitud ante el desaliento? ¿Cómo afronta las situaciones intolerables? ¿Cuáles son sus puntos débiles? (Basil Matthews, *John R. Mott: World Citizen* [John R. Mott: Ciudadano del mundo] [Nueva York: Harper & Brothers, 1934], 332-98).

EL REQUISITO FUNDAMENTAL DE UN GUÍA ESPIRITUAL

Pero es necesario que el obispo sea irreprensible, (3:2*a*)

Estas listas y muchas otras como ellas presentan características que debe tener toda persona que dirija la iglesia. Pero pastorear al pueblo de Dios requiere mucho más, ya que el asunto no es solo el liderazgo, sino el ejemplo moral y espiritual. Resumiendo este tipo de requisitos, Pablo exige que **el obispo** en la iglesia de Jesucristo **sea irreprensible.** La partícula griega *de* (**es necesario**) subraya que este es un requisito indispensable. Una vida irreprensible es el requisito fundamental para el liderazgo en la iglesia.

Pocos han enunciado esta verdad más elocuentemente que el piadoso Richard Baxter, un pastor del movimiento puritano de la Inglaterra del siglo XVII:

> Tenga cuidado de usted mismo, para que su ejemplo no contradiga su doctrina, y para que no sea como piedra de tropiezo delante de los ciegos, y pueda ser esa una ocasión para su ruina; para que no diga algo con su vida diferente de lo que dice con su lengua; y sea el mayor estorbo para su propia obra. Una palabra orgullosa, poco amable, autoritaria, una disputa innecesaria, una acción codiciosa, puede cortar la garganta de algún sermón, y hacer que se pierda el fruto de todo lo que ha estado haciendo.
>
> Tenga cuidado de usted mismo, para que no viva en esos pecados contra los que predica en otros, y para que no sea culpable de aquellos que a diario condena. ¿Hará usted de su trabajo engrandecer a Dios, y cuando ha terminado, deshonrarlo tanto como los demás? ¿Proclamará el poder de Cristo para gobernar, y a pesar de eso lo menospreciará y se rebelará? ¿Predicará sus leyes y las violará deliberadamente? Si el pecado es malo, ¿por qué vive en él? Si no lo es, ¿por qué disuade a las personas para que lo abandonen? Si es peligroso, ¿cómo se atreve a aventurarse en él? Si no lo es, ¿por qué les dice a los hombres que sí? Si las amenazas de Dios son verdaderas, ¿por qué no las teme? Si son falsas, ¿por qué aflige innecesariamente a los hombres con ellas, y los asusta sin razón? ¿Conocen 'el juicio de Dios, que los que practican tales cosas son dignos de muerte;' y a pesar de eso las hará? 'Tú, pues, que enseñas a otro, ¿no te enseñas a ti mismo? Tú que dices que no se ha de adulterar', ser borracho o codicioso, ¿haces tales cosas tú mismo? 'Tú que te jactas de la ley, ¿con infracción de la ley deshonras a Dios?' ¡Qué! ¿La misma lengua que habla contra el mal hablará cosas malas? ¿Censurarán, y calumniarán, y difamarán a su vecino estos labios que se lamentan ante estas y otras cosas por el estilo que hacen otros? Tenga cuidado de usted mismo, para que no sea que se lamente por el pecado,

> y sin embargo, no lo pueda vencer; para que, aunque usted busque que otros lo aparten de su vida, usted se incline ante él y llegue a ser su esclavo: 'Porque el que es vencido por alguno es hecho esclavo del que lo venció'; 'si os sometéis a alguien como esclavos para obedecerle, sois esclavos de aquel a quien obedecéis, sea del pecado para muerte, o sea de la obediencia para justicia'. ¡Oh hermanos! Es más fácil reprender el pecado que vencerlo. (*The Reformed Pastor* [El pastor reformado] [Edimburgo: Banner of Truth, 1979], 63, 67-68)

Anepilēmptos (**irreprensible**) significa "que no se puede sujetar". El hombre irreprensible no puede ser arrestado o sujeto como si fuera un delincuente; no hay nada de qué acusarlo. En Tito 1:6, se habla también de ser irreprensible, pero se emplea un vocablo diferente (*anengklētos*). El participio presente *einai* (**sea**) indica que está en un estado presente de ser irreprensible. Es obvio que esto no quiere decir que no haya cometido pecados en su vida. Lo que quiere decir es que su vida no ha sido arruinada por algunos vicios evidentes y pecaminosos que lo excluirían de ser la norma más elevada de una conducta piadosa. Debe ser un modelo a seguir por la congregación (cp. Fil. 3:17; 2 Ts. 3:9; He. 13:7; 1 P. 5:3). Tampoco debe darles a los enemigos de la iglesia razón alguna para que ataquen su testimonio.

Los pastores deben ser cuidadosos de permanecer irreprensibles por varias razones. En primer lugar, son el blanco especial de Satanás, y él los atacará con tentaciones más severas que a otros. Los que están en la línea delantera de la batalla espiritual, sufrirán el embate principal de la oposición satánica.

En segundo lugar, su caída tiene mayor potencialidad para hacer daño. Satanás sabe que cuando un pastor cae, el efecto en las ovejas es devastador.

En tercer lugar, el mayor conocimiento de la verdad de los líderes, y la responsabilidad de vivirla, traen un castigo mayor cuando pecan.

En cuarto lugar, hay más hipocresía en los pecados de los ancianos que en los de los demás, porque predican contra los mismos pecados que cometen.

Los líderes necesitan de la gracia y del poder de Dios en forma abundante, debido a su mayor responsabilidad y notoriedad.

Para protegerse a sí mismos, los líderes deben dedicar tiempo a un estudio profundo de la Palabra de Dios. Deben estar "[nutridos] con las palabras de fe [las Escrituras] y de la buena doctrina" (1 Ti. 4:6). El salmista escribió: "En mi corazón he guardado tus dichos, para no pecar contra ti" (Sal. 119:11). Un líder debe exponer continuamente su vida ante la luz de la Palabra de Dios. Debe también ser un hombre de oración, y ser responsable ante otros en confraternidad espiritual.

La iglesia tiene un llamamiento a estar comprometida con la conservación del liderazgo que es piadoso. La iglesia es responsable de medir a los hombres por la norma de **irreprensible.** La práctica común de todos hoy es perdonar al líder que peca y de inmediato restaurarlo a su ministerio. La iglesia, como Dios, no debe vacilar en perdonar a los que se arrepienten sinceramente. Sin embargo, restaurarlo de inmediato al ministerio baja la norma que Dios espera que sigan los líderes. Y como los líderes sirven de norma de santidad y virtud para la congregación, baja la norma de toda la iglesia.

En 3:2-7, Pablo enumera cuatro aspectos en los que puede evaluarse a un hombre que aspira al liderazgo de la iglesia en cuanto a si es **irreprensible.** Estos tienen que ver con su carácter moral, su vida hogareña, su madurez espiritual y su testimonio público.

EL CARÁCTER MORAL DE UN GUÍA ESPIRITUAL

marido de una sola mujer, sobrio, prudente, decoroso, hospedador, apto para enseñar; no dado al vino, no pendenciero, no codicioso de ganancias deshonestas, sino amable, apacible, no avaro; (3:2*b*-3)

Al hablar específicamente de lo que significa ser irreprensible, Pablo relaciona los rasgos del carácter del obispo.

El obispo o anciano primero debe ser irreprensible con relación a las mujeres. Debe ser **marido de una sola mujer.** El texto griego literalmente dice "hombre de una mujer". Pablo no se está refiriendo al estado civil del líder, como lo indica la ausencia del artículo definido en el original. Más bien, el asunto es su comportamiento moral y sexual. Muchos hombres que se han casado una sola vez no son hombres de una mujer. Muchos con una esposa son infieles. Aunque permanecer casado con una mujer es encomiable, esto no es una indicación o garantía de pureza moral.

Algunos pudieran preguntarse por qué Pablo comienza su lista con esta característica. Lo hace así porque es en este aspecto, sobre todos los demás, donde los líderes parecen estar más propensos a caer. El dejar de ser hombres de una mujer ha sacado del ministerio a más hombres que cualquier otro pecado. Así que este es un asunto de mucha preocupación.

Se han ofrecido varias interpretaciones que evaden el significado de esta norma. Algunos han afirmado que su propósito es prohibir la poligamia. Un hombre, sin embargo, no podía ni siquiera ser miembro de la iglesia si era un polígamo, menos aun un líder. Si esto era todo lo que Pablo quería decir, esto sería una prohibición innecesaria. Además de eso, la poligamia no era algo que había en Éfeso. No era algo común en la sociedad romana, en parte porque los encuentros sexuales fuera del matrimonio, así como los divorcios, se obtenían fácilmente. Tampoco fue la poligamia una característica de la sociedad judía del primer siglo.

Otros aseguran que Pablo aquí prohíbe volverse a casar después de la muerte de la esposa. Sin embargo, como se ha observado, esta norma, como todo el resto, se refiere al carácter moral, no al estado civil. Además de eso, las Escrituras permiten y honran las segundas nupcias bajo las circunstancias apropiadas. Pablo quería que las viudas jóvenes se volvieran a casar y formaran una familia (1 Ti. 5:14), y las viudas podían describirse como mujeres de un hombre (5:9). En 1 Corintios 7:39 escribió: "La mujer casada está ligada por la ley mientras su marido vive; pero si su marido muriere, libre es para casarse con quien quiera, con tal que sea en el Señor".

Aun otros sostienen que este requisito excluye a los hombres divorciados del liderazgo espiritual. Una vez más esto pasa por alto el hecho de que Pablo no se está refiriendo aquí al estado civil. Ni tampoco la Biblia prohíbe todas las segundas nupcias después del divorcio. En Mateo 5:31-32 y 19:9, nuestro Señor permitió las segundas nupcias cuando el divorcio era producto de adulterio. Pablo dio una segunda oportunidad en la que las segundas nupcias se permiten, cuando el esposo incrédulo inicia el divorcio (1 Co. 7:15). Aunque Dios aborrece todo divorcio (Mal. 2:16), Él extiende su gracia sobre la parte inocente en estas dos situaciones. (Para una exposición completa de los pasajes pertinentes acerca del divorcio, vea *Mateo 1-7, MacArthur New Testament Commentary* [Comentario MacArthur del Nuevo Testamento] [Chicago: Moody, 1985], y *1 Corintios, MacArthur New Testament Commentary* [Comentario MacArthur del Nuevo Testamento] [Chicago: Moody, 1984.) Como las segundas nupcias en sí no es un pecado, no necesariamente dañaría el carácter de un hombre. Sin embargo, si el divorcio era el resultado de la imposibilidad del hombre de gobernar a su familia (v. 5), entonces si lo descalificaba.

Tampoco Pablo pretende excluir a los hombres solteros del ministerio. Si este fuera el asunto aquí, se habría eliminado a sí mismo, ya que él era soltero (1 Co. 7:8).

Un hombre de una mujer es un hombre dedicado en su corazón y en su mente a la mujer que es su esposa. A ella solamente ama y desea, y su pensamiento está en ella. Mantiene la pureza sexual tanto en sus pensamientos como en su conducta. Ese requisito era muy importante en Éfeso, donde la impureza sexual era incontrolada. Muchos, si no la mayoría, de la congregación habían una que otra vez caído presa de la impureza sexual. Si esto había sido antes de que el hombre viniera a Cristo, no era un problema (cp. 2 Co. 5:17). Si ocurrió después de su conversión, incluso antes de asumir la función de líder, era un problema. Si sucedió después que asumió su liderazgo, lo descalificaba definitivamente. Las mismas normas se aplican a los hombres que están en posiciones de liderazgo espiritual en la actualidad. Las Escrituras ponen en claro que el pecado sexual es una deshonra que nunca se va. Proverbios 6:32-33 dice del adúltero: "Mas el que comete adulterio es falto de entendimiento; corrompe su alma el que tal hace. Heridas y vergüenza hallará, y su afrenta nunca será borrada". Pablo también indica que no mantener el cuerpo puro y controlado trae como resultado no ser apto para la predicación (1 Co. 9:27).

Un líder en la iglesia de Dios debe ser también moderado. *Nēphalios* (**sobrio**) literalmente significa "sin vino" o "no mezclado con vino". Aunque es cierto que el vino "alegra el corazón del hombre" (Sal. 104:15), también tiene la potencialidad para hacer gran daño. Por eso, por lo general, se diluía con agua en los tiempos bíblicos. No obstante, retiene su potencialidad para dañar a quienes lo beben sin mezclar o en exceso. Proverbios 20:1 advierte: "El vino es escarnecedor, la sidra alborotadora, y cualquiera que por ellos yerra no es sabio". Proverbios 23:29-35 describe de forma gráfica a uno atrapado por el vino:

> *¿Para quién será el ay? ¿Para quién el dolor? ¿Para quién las rencillas? ¿Para quién las quejas? ¿Para quién las heridas en balde? ¿Para quién lo amoratado de los ojos? Para los que se detienen mucho en el vino, para los que van buscando la mistura. No mires al vino cuando rojea, cuando resplandece su color en la copa. Se entra suavemente; mas al fin como serpiente morderá, y como áspid dará dolor. Tus ojos mirarán cosas extrañas, y tu corazón hablará perversidades. Serás como el que yace en medio del mar, o como el que está en la punta de un mastelero. Y dirás: Me hirieron, mas no me dolió; me azotaron, mas no lo sentí; cuando despertare, aún lo volveré a buscar.*

Noé (Gn. 9:20-27) y Amnón (2 S. 13:28-29) son ejemplos de quienes han sido afectados por el vino.

Levítico 10:9 prohíbe que los sacerdotes beban vino cuando desempeñan sus tareas sacerdotales. Los que tomaban un voto nazareo tampoco podían tomar vino (Nm. 6:3). Los reyes y los demás gobernantes debían abstenerse de beber (Pr. 31:4), porque podía entorpecer sus sentidos y afectar su juicio.

En un sentido metafórico, *nēphalios* significa "alerta", "observador", "vigilante" o "con la cabeza clara". Este pudiera ser su sentido fundamental en este pasaje. Un líder debe ser uno que piensa claramente. Debe poseer la fuerza interior para abstenerse de cualquier exceso que entorpezca sus sentidos. William Hendriksen escribe: "Sus placeres no son fundamentalmente los de los sentidos, sino los del alma" (*New Testament Commentary: The pastoral epistles* [Comentario del Nuevo Testamento: Las epístolas pastorales] [Grand Rapids: Baker, 1981], 122). Se necesitan con urgencia hombres sobrios en la iglesia actual. Ellos serán para ella lo que los hijos de Isacar en 1 Crónicas 12:32 fueron para Israel, hombres "entendidos en los tiempos, y que sabían lo que Israel debía hacer".

En tercer lugar, un pastor de la iglesia debe ser **prudente.** Esta característica es resultado de ser moderado. El hombre **prudente** es disciplinado y conoce cómo ordenar correctamente sus prioridades. Es una persona seria en cuanto a las cosas espirituales. Eso no quiere decir que sea frío y que carezca de buen humor, sino que ve el mundo a través de los ojos de Dios. La realidad de que el mundo está perdido, desobediente a Dios y con destino al infierno, deja poco lugar para la frivolidad en su ministerio. Tal hombre tiene una mente segura y estable. No se precipita en el juicio, sino que piensa bien las cosas, es serio y cuidadoso. Sigue el consejo de Pablo en Filipenses 4:8: "Por lo demás, hermanos, todo lo que es verdadero, todo lo honesto, todo lo justo, todo lo puro, todo lo amable, todo lo que es de buen nombre; si hay virtud alguna, si algo digno de alabanza, en esto pensad". Su mente estará controlada por la verdad de Dios, no por los deseos de la carne. Jesucristo reinará soberano sobre cada aspecto de su vida.

En cuarto lugar, un obispo debe ser decoroso. *Kosmios* (**decoroso**) denota el concepto de "ordenado". Un hombre **prudente** en la mente tendrá una vida decorosa u ordenada. Su mente disciplinada lo conduce a una vida disciplinada. "El ministerio no es una ocupación para el hombre cuya vida es una continua confusión de planes sin realizar y actividades no organizadas" (Homer A. Kent, Jr., *The Pastoral Epistles* [Las epístolas pastorales] [Winona Lake, Ind.: BMH Books, 1982], 127). Como se observó en el capítulo 7 de este tomo, la palabra *kosmos,* de la que se deriva *kosmios,* es lo opuesto de "caos". Un guía espiritual no debe tener una manera de vivir caótica, sino ordenada. Si no puede ordenar su propia vida, ¿cómo podrá traer orden a la iglesia (v. 5)?

En quinto lugar, el pastor debe ser **hospedador.** Esa palabra traduce *philoxenos,* a su vez compuesta de las palabras griegas para "amar" y "forasteros". Por lo tanto, significa literalmente "amar a los forasteros". Es una virtud cristiana que se exige con frecuencia (cp. Ro. 12:13; He. 13:2; 1 Pedro 4:9). No se refiere a entretener a los amigos, sino mostrar hospitalidad a los forasteros. Nuestro Señor dijo en Lucas 14:12-14:

> *Cuando hagas comida o cena, no llames a tus amigos, ni a tus hermanos, ni a tus parientes, ni a vecinos ricos; no sea que ellos a su vez te vuelvan a convidar, y seas recompensado. Mas cuando hagas banquete, llama a los pobres, los mancos, los cojos y los ciegos; y serás bienaventurado; porque ellos no te pueden recompensar, pero te será recompensado en la resurrección de los justos.*

La persecución, la pobreza, los huérfanos, las viudas y los cristianos que viajaban, hicieron de la hospitalidad algo esencial en la época del Nuevo Testamento. Ellos no tenían hoteles o moteles, y las posadas eran notoriamente pecaminosas. A menudo eran burdeles, lugares donde robaban o golpeaban a los viajeros. William Barclay escribió de ellas:

> En el mundo antiguo, las posadas eran notoriamente malas. En una de las comedias de Aristófanes, Heracles pregunta a su compañero dónde se alojarán esa noche; y la respuesta es: "Donde haya menos moscas". Platón habla del responsable de la posada como de un pirata que retiene a sus huéspedes para pedir rescate. Las posadas por lo general estaban sucias y eran muy caras y, sobre todo, inmorales. El mundo antiguo tenía un sistema de lo que se llamaba *Amistad con los huéspedes.* Por generaciones las familias hacían arreglos para poder brindarse unos a otros, alojamiento y hospitalidad. A menudo los miembros de las familias llegaban al fin y al cabo a conocerse de vista y se identifican a ellos mismos mediante lo que se llamaban *cuentas.* El forastero que buscaba alojamiento mostraría la mitad de algún objeto; el que hospedaba tendría la otra mitad de la cuenta; y cuando las dos mitades se correspondían, el anfitrión sabía que había encontrado a su huésped, y el huésped sabía que el anfitrión era realmente el amigo ancestral de su familia.
>
> En la iglesia cristiana había maestros y predicadores ambulantes que necesitaban hospitalidad. Había también muchos esclavos sin hogar para quienes era un gran privilegio tener el derecho de entrar en un hogar cristiano. Era una de las mayores bendiciones que los cristianos pudieran tener hogares cristianos siempre abiertos para ellos, en los que pudieran conocer personas con sus mismas opiniones. (*The Letters to Timothy, Titus, and Philemon* [Las cartas a Timoteo, Tito y Filemón] [Filadelfia: Westminster, 1975], 82; cursivas en el original)

La puerta de un hogar cristiano, así como el corazón de la familia cristiana, deben estar abiertos para todo el que llega con necesidad. Esto es muy cierto para el obispo. Los ancianos no están en lugar tan elevado que no puedan ser alcanzados. Deben estar disponibles. La vida y el hogar de un pastor deben estar abiertos para que su verdadero carácter sea manifiesto a todos los que llegan, amigos o forasteros.

El obispo de la iglesia debe estar **apto para enseñar.** Aquí está el único requisito que se relaciona específicamente con sus dones y funciones. *Didaktikos* (**apto para enseñar**) aparece solo aquí y en 2 Timoteo 2:24 en el Nuevo Testamento. Un anciano debe ser un maestro capaz, que se esfuerce en sus estudios y en su exposición (cp. 5:17). Este es el requisito que lo pone aparte de los diáconos. De modo que, como se observa a continuación, la primera tarea del obispo es predicar y enseñar la Palabra de Dios, tener el don para esto es importante.

Algunos pudieran preguntarse por qué Pablo incluye este requisito en medio de una lista de cualidades morales. Lo hace porque la enseñanza eficaz se teje en el carácter moral del maestro. Lo que el hombre es no puede estar divorciado de lo que dice. "El que siente como habla", escribe Richard Baxter, "seguramente obrará como habla" (*The Reformed Pastor* [El pastor reformado], 63).

Predicar y enseñar la Palabra de Dios es la tarea principal de los ancianos (1 Ti. 4:6, 11, 13, 16; 5:17; 2 Ti. 2:15, 24; Tit. 2:1). Es por ese propósito que fueron dados a la iglesia (Ef. 4:11-14). Aunque todos los creyentes son responsables de trasmitir las verdades que han aprendido en la Palabra de Dios, no todos tiene el don de predicar o enseñar (1 Co. 12:29). Sin embargo, los que anhelan el trabajo pastoral deben tener tal don.

¿Qué criterios seguir para identificar a un hombre como un maestro capaz? En primer lugar, como se observó antes, un maestro capaz debe tener el don de la enseñanza. No es la habilidad natural que hace de alguno un buen maestro; el don de enseñar es la capacidad que da el Espíritu Santo para enseñar con eficiencia las verdades de la Palabra de Dios. Timoteo tenía el don de la enseñanza (1 Ti. 4:14; 2 Ti. 1:6).

En segundo lugar, un maestro capaz debe tener una profunda comprensión de la doctrina. "Un buen ministro de Jesucristo", escribió Pablo a Timoteo en 1 Timoteo 4:6, "[está] nutrido con las palabras de la fe y de la buena doctrina". Richard Baxter escribe:

> No debe ser un bebé en cuanto a conocimiento, el que enseñará a los hombres todas esas cosas misteriosas que deben conocerse para la salvación. ¡Oh, qué requisitos se necesitan para un hombre que tiene sobre sí una responsabilidad como la que nosotros tenemos! ¡Cuántas dificultades sobre la divinidad para resolver! ¡Y estas también sobre los principios fundamentales de la religión! ¡Cuántos textos oscuros de la Biblia que explicar! ¡Cuántas tareas a realizar en las que nosotros y otros pudieran zozobrar, si en la materia, en el método y en el propósito, no estamos bien informados! ¡Cuántos pecados a evitar, lo cual, sin comprensión y previsión, no se puede lograr! ¡Cuántas tentaciones sutiles y engañosas deben quedar descubiertas ante los ojos de nuestro pueblo, para que puedan escapar de ellas! ¡Cuántos casos de conciencia graves y hasta intrincados tenemos que resolver casi a diario! ¿Y puede un hombre inexperto e incompetente realizar tanto trabajo, y un trabajo como este? (*The Reformed Pastor* [El pastor reformado], 68-69)

Cuanto más profunda sea la reserva de conocimiento doctrinal que tiene un hombre, tanto más calificada y pertinente será su enseñanza.

En tercer lugar, un maestro capaz debe tener una actitud de humildad. Enseñar la verdad con una actitud arrogante solo serviría para socavar la misma verdad que se enseña. Pablo le recordó a Timoteo que "el siervo del Señor no debe ser contencioso, sino amable para con todos, apto para enseñar, sufrido; que con mansedumbre corrija a los que se oponen, por si quizá Dios les conceda que se arrepientan para conocer la verdad" (2 Ti. 2:24-25).

En cuarto lugar, un maestro capaz se caracteriza por una vida de santidad. Pablo exhortó a Timoteo: "Ejercítate para la piedad" (1 Ti. 4:7), y a "[seguir] la justicia, la piedad, la fe, el amor, la paciencia, la mansedumbre" (1 Ti. 6:11). Debe ser creíble y vivir lo que enseña. Pablo exhortó a Timoteo a que fuera "ejemplo de los creyentes en palabra, conducta, amor, espíritu, fe y pureza" (1 Ti. 4:12). El maestro debe ser el prototipo de lo que les pide a las personas que sean.

En quinto lugar, un maestro capaz debe ser un estudiante diligente de la Biblia. En el conocido pasaje de 2 Timoteo 2:15, Pablo escribe: "Procura con diligencia presentarte a Dios aprobado, como obrero que no tiene de qué avergonzarse, que usa bien la palabra de verdad".

En sexto lugar, un maestro capaz debe evitar el error. Este criterio está estrechamente relacionado con el número tres y el número cinco mencionados anteriormente. Es algo trágico cuando los hombres, buscando preparación para el ministerio, asisten a una escuela que no honra la Palabra de Dios. Aunque puedan sobrevivir con el fundamento de su fe intacto, perderán casi invariablemente sus convicciones. Pablo repetidamente advierte a Timoteo que evite las falsas doctrinas (1 Ti. 4:7; 6:20; 2 Ti. 2:16), un consejo sabio para nosotros también.

Por último, un maestro capaz debe tener valentía y convicciones firmes. No debe abandonar la verdad y naufragar en su fe (cp. 1 Ti. 1:18-19; 4:11, 13). Al final de su ministerio, debe poder decir como Pablo: "He peleado la buena batalla, he acabado la carrera, he guardado la fe" (2 Ti. 4:7).

Otro requisito para el que desea ser un anciano es **no** debe ser **dado al vino.** Esta característica no está relacionada con el hecho de emborracharse. Es obvio que alguien dado a la embriaguez de ninguna manera sería competente para el ministerio. Un anciano que **no [es] dado al vino** es un hombre que no tiene fama de bebedor. No frecuenta los bares ni participa en escenas asociadas con la bebida.

La Biblia señala las trágicas consecuencias cuando los pastores son borrachos. Isaías acusa a los guías espirituales de Israel por este mismo pecado: "Pero también éstos erraron con el vino, y con sidra se entontecieron; el sacerdote y el profeta erraron con sidra, fueron trastornados por el vino; se aturdieron con la sidra, erraron en la visión, tropezaron en el juicio" (Is. 28:7). Isaías 56:9-12 añade:

> *Todas las bestias del campo, todas las fieras del bosque, venid a devorar. Sus atalayas son ciegos, todos ellos ignorantes; todos ellos perros mudos, no pueden ladrar; soñolientos, echados, aman el dormir. Y esos perros comilones son*

> *insaciables; y los pastores mismos no saben entender; todos ellos siguen sus propios caminos, cada uno busca su propio provecho, cada uno por su lado. Venid, dicen, tomemos vino, embriaguémonos de sidra; y será el día de mañana como este, o mucho más excelente.*

El borracho no tiene lugar alguno en el ministerio. Es un ejemplo muy pobre, y de seguro será la causa de serio pecado y desastre en la vida de los demás que sigan su ejemplo como bebedores, justificando su indulgencia por la actitud de su líder. Un líder debe ser un hombre cuyas compañías son radicalmente diferentes de las del mundo, y cuyo ejemplo guíe a otros a una conducta recta, no al pecado.

En los tiempos antiguos la mayoría de las personas tomaban vino, ya que este era el líquido básico para beber. El agua era impura, y mezclar el vino con agua no solo suavizaba significativamente el contenido de alcohol, sino que purificaba el agua. Una mezcla de ocho partes de agua y una de vino era algo común, para evitar cualquier efecto de disolución. Timoteo estaba incluso renuente a tomar el vino mezclado, para no ser un ejemplo que hiciera tropezar a alguno. Así que, él estaba comprometido con la abstinencia, y Pablo tuvo que decirle: "Ya no bebas agua, sino usa de un poco de vino por causa de tu estómago y de tus frecuentes enfermedades" (5:23). Tomar solamente agua estaba contribuyendo a su pobre salud.

Tampoco un anciano puede ser **pendenciero.** *Mē plēktēs* (**no pendenciero**) literalmente significa "que no da golpes" o "que no es un pegador". Un líder en la iglesia no debe ser uno que reacciona ante las dificultades con violencia física. No debe arreglar las disputas con golpes. Debe reaccionar ante las situaciones con calma y serenidad (cp. 2 Ti. 2:24-25).

En vez de ser **pendenciero,** un pastor debe ser **amable.** *Epieikēs* (**amable**) describe a la persona que es considerada, cordial, paciente y cortés, que perdona fácilmente las fallas humanas. Tal persona recuerda lo bueno, no lo malo. No guarda una lista de todas las cosas malas que le han hecho, ni guarda rencor. Muchos hombres dejan el ministerio porque no pueden aceptar críticas. Un líder, cuando se le agravia, no debe pensar en la venganza.

La palabra **apacible** traduce *amachos,* que significa "pacífico" o "no dispuesto a pelear". No se refiere tanto a la violencia física como a la persona camorrista. Tener a una persona contenciosa en el liderazgo traerá como resultado la desunión y la falta de armonía, entorpeciendo seriamente la eficiencia de tal equipo de liderazgo.

Por último, un pastor no puede ser **avaro.** Es una perversa corrupción del ministerio estar en él por dinero. El amor al dinero es lo que está en el centro de las motivaciones de los falsos maestros (cp. 1 Ts. 2:5; 1 P. 5:2; 2 P. 2:1-3, 14; Jud. 16 y más). Pablo le recordó a Timoteo que:

> *gran ganancia es la piedad acompañada de contentamiento; porque nada hemos traído a este mundo, y sin duda nada podremos sacar. Así que, teniendo sustento y abrigo, estemos contentos con esto. Porque los que quieren enriquecerse caen en tentación y lazo, y en muchas codicias necias y dañosas, que hunden a los hombres en destrucción y perdición; porque raíz de todos los males es el amor al dinero, el cual codiciando algunos, se extraviaron de la fe, y fueron traspasados de muchos dolores. (1 Ti. 6:6-10)*

Pablo no era **avaro.** Les aseguró a los ancianos de Éfeso que durante sus tres años de ministerio en su ciudad: "Ni plata ni oro ni vestido de nadie he codiciado" (Hch. 20:33; cp. 1 Co. 9:1-16; 2 Co. 11:9; 12:15-16; 1 Ts. 2:5). Un líder no debe ser avaro, mezquino o tener ambiciones económicas. "Los deseos terrenales de un espíritu codicioso siempre cortan las alas de la fe y el amor" (Geoffery B. Wilson, *The Pastoral Epistles* [Las epístolas pastorales] [Edimburgo: Banner of Truth, 1982], 50).

Los que aspiran a tener una función de liderazgo en la iglesia, deben compararse con estas características morales, antes de que los ordenen al servicio. Que Dios nos dé hombres moralmente competentes para dirigir la iglesia a través de estos tiempos tenebrosos.

Cualidades de un guía espiritual: Segunda parte Vida hogareña, madurez espiritual, testimonio público

10

que gobierne bien su casa, que tenga a sus hijos en sujeción con toda honestidad (pues el que no sabe gobernar su propia casa, ¿cómo cuidará de la iglesia de Dios?); no un neófito, no sea que envaneciéndose caiga en la condenación del diablo. También es necesario que tenga buen testimonio de los de afuera, para que no caiga en descrédito y en lazo del diablo. (3:4-7)

Las cualidades más importantes que pueden mostrar los líderes no son inteligencia, una personalidad vigorosa, elocuencia, diligencia, visión, habilidades administrativas, decisión, valor, humor, discreción u otro atributo natural similar. Todos estos tienen su parte, pero la característica más deseable para cualquier líder es la integridad.

Aunque la integridad es algo más atractivo en el liderazgo secular, su ausencia es fatal para el liderazgo espiritual. Subrayando esto, John Stott escribe:

> La comunicación es por símbolos, igual que el hablar. Porque "un hombre no puede solo predicar, debe también vivir. Y la vida que vive, con todas sus pequeñas peculiaridades, es una de dos cosas: o mutila su predicación o le da carne y sangre" [J. H. Bavinck, *An Introduction to the Science of Missions* [Una introducción a la ciencia de las misiones] (Phillipsburg, N.J.: Presb. & Ref., 1960), 93]. No podemos ocultar lo que somos. En realidad, lo que somos habla tan claramente como lo que decimos. Cuando estas dos voces se fusionan, es doble el efecto del mensaje. Pero cuando se contradicen, incluso el testimonio positivo de una es negado por la otra. Este era el caso con el hombre que Spurgeon

> describe como un buen predicador pero un mal cristiano: él "predicaba tan bien y vivía tan mal, que cuando estaba en el púlpito, todos decían que nunca debía salir más, y cuando salía de él, todos ellos declaraban que nunca más debía volver a él" [*Discursos a mis estudiantes* (Grand Rapids: Zondervan, 1980), 1:12-13]. Es en este punto que se nos presenta un problema práctico. Se dice que los pastores han de ser modelos de la perfección cristiana. (*Between Two Worlds* [Entre Dos mundos] [Grand Rapids: Eerdmans, 1982], 264)

Todo liderazgo procura alcanzar una meta: "La influencia". Los líderes tratan de influir en las personas a fin de alcanzar sus objetivos. La influencia es resultado directo de la enseñanza y del ejemplo. Lo que un hombre es influirá en sus seguidores, para que se comprometan totalmente con lo que dice. La enseñanza coloca los clavos en la mente, pero el ejemplo es el martillo que los clava con profundidad. No es de sorprender que las Escrituras tengan mucho que decir del poder del ejemplo para influir en la conducta, tanto para bien como para mal. En Levítico 18:3 Dios advirtió a Israel que no siguieran el ejemplo de sus vecinos paganos: "No haréis como hacen en la tierra de Egipto, en la cual morasteis; ni haréis como hacen en la tierra de Canaán, a la cual yo os conduzco, ni andaréis en sus estatutos". Deuteronomio 18:9 repite la advertencia: "Cuando entres a la tierra que Jehová tu Dios te da, no aprenderás a hacer según las abominaciones de aquellas naciones". Proverbios 22:24-25 advierte: "No te entremetas con el iracundo, ni te acompañes con el hombre de enojos, no sea que aprendas sus maneras, y tomes lazo para tu alma". El poder de un mal gobernante para influir en sus subordinados se ve en Proverbios 29:12: "Si un gobernante atiende la palabra mentirosa, todos sus servidores serán impíos". Oseas repitió esa advertencia: "Y será el pueblo como el sacerdote; le castigaré por su conducta, y le pagaré conforme a sus obras" (Os. 4:9). Nuestro Señor presentó esta acusación de los escribas y los fariseos en Mateo 23:1-3:

> *Entonces habló Jesús a la gente y a sus discípulos, diciendo: En la cátedra de Moisés se sientan los escribas y los fariseos. Así que, todo lo que os digan que guardéis, guardadlo y hacedlo; mas no hagáis conforme a sus obras, porque dicen, y no hacen.*

También la Biblia nos exhorta a que sigamos los ejemplos piadosos. Pablo elogió a los tesalonicenses por llegar a ser "imitadores de nosotros y del Señor" (1 Ts. 1:6). A los filipenses les escribió: "Lo que aprendisteis y recibisteis y oísteis y visteis en mí, esto haced" (Fil. 4:9). Exhortó a Timoteo (1 Ti. 4:12) y a Tito (Tit. 2:7) a que fueran buenos ejemplos que siguiera su pueblo. Hebreos 13:7 nos exhorta a que sigamos el ejemplo de los guías espirituales, mientras que Santiago 5:10 nos señala el ejemplo de los profetas. Pedro exhorta a los ancianos a que sean ejemplos para su rebaño (1 P. 5:3).

El poder del ejemplo puede verse en la influencia de dos de los reyes de Israel. Reiteradas veces, de los reyes piadosos del reino del sur se dice que siguieron el ejemplo de David (cp. 1 R. 3:3; 15:11; 2 R. 18:1-3; 22:1-2; 2 Cr. 29:1-2; 34:1-2), mientras que de los reyes malvados del reino del norte se dice que caminaron en los pecados de Jeroboam (cp. 1 R. 16:1-2, 18-19, 25-26, 30-31; 2 R. 3:1-3; 10:29, 31; 13:1-2, 6, 10-11; 14:23-24; 15:8-9, 17-18, 23-24, 27-28; 17:22).

No es suficiente que un líder en la iglesia enseñe la verdad, debe también ser un modelo de ella. Richard Baxter escribe:

> No es probable que las personas estimen mucho la doctrina de tal hombre, cuando vean que no vive lo que predica. Pensarán que no le importa lo que dice, si no vive lo que dice. Difícilmente creerán en un hombre que parece no creer en sí mismo. (*The Reformed Pastor* [El pastor reformado] [Edimburgo: Banner of Truth, 1979], 84)

La integridad es vivir lo que usted enseña y predica. Por eso todos los requisitos para pastores presentados en este pasaje describen su carácter moral. No es la típica lista que un analista empresarial pueda traer a colación, porque lo que interesa no son las habilidades del liderazgo, sino el ejemplo espiritual. El que va a guiar a las personas a la semejanza a Cristo debe ser un modelo de conducta piadosa que las personas puedan seguir. Debe ser irreprensible en su vida moral (vea el capítulo 9 de este tomo), la vida hogareña, la madurez espiritual y el testimonio público.

LA VIDA HOGAREÑA DE UN GUÍA ESPIRITUAL

que gobierne bien su casa, que tenga a sus hijos en sujeción con toda honestidad (pues el que no sabe gobernar su propia casa, ¿cómo cuidará de la iglesia de Dios?); (3:4-5)

No es suficiente que el obispo tenga una vida privada ejemplar, debe tener también una vida hogareña ejemplar. No debe ser, como Locuacidad en *El progreso del peregrino,* "un santo afuera y un demonio en casa" (Juan Bunyan, *El progreso del peregrino* [Terrassa, España: Editorial Clie, 1980). La familia es el terreno de pruebas de las habilidades del liderazgo.

A lo largo de la historia, ha habido quienes enseñan el celibato para los guías espirituales. Tal facción existía en Éfeso (cp. 4:3). En cambio la Palabra de Dios da por sentado que un líder debe estar casado y tener una familia. Aunque esto no elimina al hombre soltero, no obstante es la norma. Los guías espirituales deben ser líderes de éxito en la familia.

Que **gobierne** significa "que presida" o "tenga autoridad sobre". Esta misma palabra se usa en 5:17, mostrando el vínculo entre la dirección en el hogar y en la iglesia. En el hogar, como en la iglesia, es el plan de Dios que los hombres asuman la función de liderazgo (cp. 2:9-15).

La palabra **bien** viene de *kalos,* una palabra de amplio sentido que también pudiera traducirse "de manera excelente". Su significado puede entenderse mejor al compararla con *agathos*. *Agathos* significa "intrínsecamente", "moralmente" o "prácticamente bueno".

Kalos toma esto y va un poco más allá, añadiendo la idea de bueno estéticamente, hermoso y atractivo a los ojos. Un anciano debe ser alguien cuyo liderazgo en el hogar no solo es intrínsecamente bueno, sino también visiblemente bueno.

Es posible que un hombre satisfaga los requisitos morales de un pastor, y sin embargo, no esté apto por su evidente falta de liderazgo en el hogar. Un hombre que llegó a Cristo después que su esposa e hijos habían establecido normas de conducta, y tenga un hogar en caos, puede servir al Señor, pero no como anciano a diácono (3:12); **casa** incluye a la familia del anciano y más, porque alcanza todo lo que está relacionado con el hogar. Debe ser un buen administrador de su casa y de su economía; todas las personas y los recursos sobre los que tiene responsabilidad. Alguien, por ejemplo, que gobierne bien su familia, pero no lo haga así con el dinero y las posesiones, quedaría descalificado. El hombre que sirve como pastor debe demostrar que puede guiar a las personas a la salvación y la santificación porque lo ha hecho en su propio hogar, que es un modelo, una norma a seguir por el resto de los hogares.

Un pastor de la iglesia debe tener **a sus hijos en sujeción con toda honestidad.** Ese requisito no es para excluir a los hombres que no tienen hijos, sino que sencillamente supone que estarán presentes. *Hupotagē* (**en sujeción**) es un término militar. Habla de formar fila ante alguien en autoridad. Los hijos del anciano deben ser respetuosos, disciplinados y creyentes (Tit. 1:6). La **honestidad** incluye cortesía, humildad y aptitud. Pudiera traducirse "respeto" o "señorío". Los hijos de un anciano deben dar honor a sus padres. La consecuencia obvia es que su familia está en orden y en disciplina, no en rebelión, como añade Pablo en Tito 1:6, "que no estén acusados de disolución ni de rebeldía". También exige en el mismo versículo que el anciano "tenga hijos creyentes". El caso es que alguien a quien se le haya dado la tarea de dirigir a los hombres y a las mujeres a la justificación, a la santificación y al servicio en la iglesia, debe haber mostrado en el hogar que es capaz de desempeñar tal liderazgo.

Hay cuatro claves para producir hijos que den honor a sus padres. En primer lugar, un padre debe ejercer la autoridad que hace que los hijos sepan que es aconsejable obedecer. La desobediencia debe afrontar de inmediato las consecuencias negativas. Proverbios 13:24 dice: "El que detiene el castigo, a su hijo aborrece; mas el que lo ama, desde temprano lo corrige" (cp. Pr. 22:15; 23:13-14; 29:15).

En segundo lugar, un padre debe tener suficiente sabiduría para lograr que la obediencia sea para sus hijos algo natural y lógico. La autoridad no debe ser arbitraria, sino moderada con sensatez. Los hijos no deben desafiar la autoridad del padre. Sin embargo, deben entender por qué se espera de ellos que se comporten de determinada forma.

En tercer lugar, un padre debe mostrar un amor que logre que haya deleite en la obediencia. Los hijos deben ser motivados a obedecer, porque ellos no quieren que el íntimo amor de su relación con él sea estorbado.

En cuarto lugar, un padre debe ser capaz de convencer a sus hijos de la urgencia, prioridad y privilegios de la salvación y la obediencia a la Palabra de Dios.

La razón por la que un líder de la iglesia debe gobernar bien su casa es obvio: el que no sabe gobernar su propia casa, ¿cómo cuidará de la iglesia de Dios? La frase **iglesia de Dios** debe considerarse una alusión a una asamblea local (cp. 1 Co. 1:2; 2 Co. 1:1); **cuidará de** viene de *epimelomai,* un amplio término que se emplea en la parábola del Señor del buen samaritano (Lc. 10:34-35). Un anciano es responsable de dirigir personas a Dios, a la santidad, a la obediencia y al testimonio; asuntos cruciales que deben probarse en su propio hogar. Resolver conflictos, edificar la unidad, mantener el amor, y servirse unos a otros son cosas imprescindibles en la vida de la iglesia y que son retos también en el hogar. Si tiene éxito en su familia, es probable que tenga éxito en la familia de Dios. De lo contrario, no está apto.

LA MADUREZ DE UN GUÍA ESPIRITUAL

no un neófito, no sea que envaneciéndose caiga en la condenación del diablo. (3:6)

Como uno de los grandes peligros que afronta el obispo es el orgullo, la humildad es un requisito esencial. *Neophutos* (**neófito**) aparece solo aquí en el Nuevo Testamento. Se emplea en el griego no bíblico para referirse a un árbol recién plantado, por lo tanto, su uso aquí es metafórico. Un anciano no debe ser un recién bautizado como cristiano, **no sea que** [se envanezca]. Ubicarlo en una función de liderazgo lo expondría a la tentación del orgullo. Esto será muy cierto si se hace en una iglesia respetada y establecida como lo era la de Éfeso. El que ese requisito no esté en la lista de Tito 1 pudiera reflejar el hecho de que las iglesias de Creta eran relativamente nuevas, formadas por nuevos creyentes. En tal caso, poner a recién convertidos en el liderazgo no llevaría tan fácilmente al orgullo, ya que sus compañeros ancianos serían relativamente nuevos también. Un anciano, entonces, debe extraerse de los más espiritualmente maduros en la congregación, pero esa madurez debe verse con relación a cada congregación individual. La medida relativa de madurez espiritual en una iglesia establecida en los Estados Unidos es diferente a la de una iglesia de primera generación en una nación del tercer mundo.

La palabra **envaneciéndose** viene de *tuphoō,* que resulta de una palabra que significa "humo". El verbo significa "inflarse como una nube de humo". El poner a un nuevo convertido en un puesto de liderazgo espiritual es bueno para inflarlo, para poner su cabeza en las nubes. Eso pudiera ponerlo en serio peligro de caer **en la condenación del diablo.** Eso no quiere decir que una persona sea condenada por Satanás, ya que la Biblia nunca lo presenta como juez. Es mejor tomarlo como un genitivo objetivo; él cae en el mismo tipo de juicio pronunciado por Dios sobre Satanás. El contexto, que trata del peligro del orgullo, también apoya esta interpretación. El juicio o condenación del diablo era una degradación de una alta posición, debido a su arrogancia pecaminosa. Ese es el peligro que acecha al hombre puesto en una posición de liderazgo espiritual antes de estar listo. Como advierte Proverbios 16:18: "Antes del quebrantamiento es la soberbia, y antes de la caída la altivez de espíritu".

Fue el orgullo lo que hizo caer a Satanás. No contento con ser el ángel de más alto rango, buscó exaltarse a sí mismo por encima de Dios (cp. Ez. 28:11-19; Is. 14:12-14). Las cinco expresiones en tiempo futuro de Isaías 14:12-14 muestran claramente su orgullo. Como resultado, Satanás, que había sido "el sello de la perfección" y estaba "lleno de sabiduría, y acabado de hermosura" (Ez. 28:12), que había estado en el "santo monte de Dios" y había servido como "el querubín grande, protector" (Ez. 28:14), fue echado "del monte de Dios" (Ez. 28:16; cp. Ap. 12:9).

Lo que le ocurrió a Satanás pudiera fácilmente ocurrirle a un cristiano inmaduro que ocupe el oficio de anciano. Es contra ese peligro que Pablo advierte a Timoteo. El antídoto del orgullo es la humildad, que es la característica de un líder espiritualmente maduro (Mt. 23:11-12). La iglesia no debe elevar a los que el Señor más tarde tendrá que separar.

EL TESTIMONIO PÚBLICO DE UN GUÍA ESPIRITUAL

También es necesario que tenga buen testimonio de los de afuera, para que no caiga en descrédito y en lazo del diablo. (3:7)

El carácter cristiano de un anciano no debe manifestarse solo en su vida privada, en la iglesia y en su hogar. También debe tener **buen testimonio de los de afuera.** Testimonio traduce *marturia,* de la que se deriva la palabra "mártir". La palabra habla de un testimonio avalado. El carácter de un anciano debe estar avalado por el testimonio de los que están fuera de la iglesia. Un hombre escogido para dirigir la iglesia debe mantener un testimonio en la comunidad, de justicia, moral, amor, amabilidad, generosidad y bondad. De seguro todos no estarán de acuerdo con su teología, y sin duda tendrá que afrontar antagonismo cuando asume una posición por la verdad de Dios. No obstante, los que están fuera de la iglesia deben reconocerlo como hombre de testimonio impecable. ¿Cómo puede un hombre lograr un efecto espiritual en su comunidad si la comunidad no lo respeta? Tal persona nada más puede causar **descrédito** o afrenta a la causa de Cristo.

En Romanos 2:23-24, Pablo presentó una severa acusación contra Israel: "Tú que te jactas de la ley, ¿con infracción de la ley deshonras a Dios? Porque, como está escrito, el nombre de Dios es blasfemado entre los gentiles por causa de vosotros". Israel, debía haber sido luz para las naciones; sin embargo, fue motivo para que estas blasfemaran.

La Biblia espera que la vida de todo creyente sea un testimonio positivo para el mundo que está mirando, y esto es muy cierto en quienes se desempeñan como pastores. Pablo exhortó a los filipenses a que fueran "irreprensibles y sencillos, hijos de Dios sin mancha en medio de una generación maligna y perversa, en medio de la cual resplandecéis como luminares en el mundo" (Fil. 2:15). Colosenses 4:5 exhorta a los creyentes a que anden "sabiamente para con los de afuera". Pedro escribió: "manteniendo buena vuestra manera de vivir entre los gentiles; para que en lo que murmuran de vosotros como de malhechores, glorifiquen a Dios en el día de la visitación, al considerar vuestras buenas obras" (1 P. 2:12).

Al tener un buen testimonio en la comunidad, un anciano no caerá **en lazo del diablo.** En el texto bíblico el genitivo es subjuntivo (**no caiga**), y se refiere a las trampas tendidas por Satanás. Dios no le pone trampas a su pueblo (cp. Stg. 1:13). Sin embargo, para Satanás no hay otra cosa mejor que poner trampas para desacreditar a un líder en la iglesia. D. Edmond Hiebert escribe:

> Poner en la iglesia en un lugar destacado de autoridad al que tiene una reputación insípida en la comunidad, sería atraer sobre sí y la iglesia el reproche del mundo. La sospecha y la censura que de esta forma se amonta contra él y la iglesia, pudieran fácilmente debilitar y desalentar al anciano. Así debilitado y desalentado pudiera caer como fácil presa en alguna diestramente dispuesta trampa del diablo, quien se describe gráficamente aquí como un cazador de almas. Tal caída causaría gran perjuicio a su alma y traería un terrible daño a la iglesia. La meta del enemigo siempre ha sido destruir a los líderes de la iglesia. Así que hay que tener mucho cuidado en la selección de sus líderes. (*First Timothy* [Primera a Timoteo] [Chicago: Moody, 1957], 68)

Los líderes afrontan muchas tentaciones por el carácter mismo de su posición, sin añadir innecesariamente otras. En primer lugar, la tentación del desaliento. El no vivir según las elevadas normas que establecen para sí mismos, puede traer desaliento. Las personas que no crecen o no responden, que se apartan o no viven según lo que espera el líder, pueden ser también fuentes de desaliento.

En segundo lugar, los líderes afrontan la tentación de la indiferencia. Esta tentación es resultado de la primera. Algunos líderes responden al desaliento distanciándose de las personas que podrían herirlos con desaires.

En tercer lugar, los líderes afrontan la tentación de lo que pudiera llamarse "pereza ocupada". Toman el camino más fácil y hacen lo que quieren hacer, no lo que deben hacer. Aunque parecen estar ocupados, en realidad están ociosos, ya que no se disciplinan a sí mismos para hacer lo que se debe hacer.

En cuarto lugar, los líderes son tentados a hacer concesiones. Evitan decir lo que deben decir para agradar a los hombres.

Por último, los líderes afrontan todas las tentaciones propias de los otros cristianos. Ellos, más que nadie, deben tener puesta la armadura de Dios en todo tiempo (cp. Ef. 6:11).

Elevar a alguien prematuramente al liderazgo es exponerlo a la tentación adicional que afrontan los líderes. Un hombre en tal posición es muy probable que caiga en la trampa de Satanás.

Éfeso necesitaba escoger cuidadosamente a sus líderes, y también nosotros. Tenemos que pedirle a Dios que levante los hombres que ha escogido. El futuro de la iglesia depende de esto.

Un poeta anónimo capta el proceso que Dios emplea para edificar a sus líderes:

> Cuando Dios quiere transformar a un hombre,
> penetrarlo tal vez hasta muy dentro;
> cuando quiere vaciarlo en recio molde
> con miras a crear un gran modelo;
> Cuando de todo corazón anhela
> hacer de su escogido un hombre intrépido,
> de tal manera que se asombre el mundo,
> ¡observa entonces sus procedimientos,
> sus métodos y las vías que emplea!
> ¡Cuán rigurosamente hace perfecto
> a quien elige majestuosamente!
> Su martillo lastima en golpes recios,
> y esos golpes divinos lo convierten
> en la plástica arcilla sin derecho
> que al sabio Dios debe someterse.
> ¡Y cuánto gime su alma en el proceso

levantando las manos suplicantes!
Sí, Dios tuerce y doblega, pero es cierto
que no destruye cuando el bien realiza.
Él usa a quien ha escogido para esto,
volviendo su alma tierna e impresionable,
inclinándola al bien en cada intento
para que su esplendor se manifieste.
¡Dios sabe muy bien lo que está haciendo!

Llamados a servir a la iglesia

11

Los diáconos asimismo deben ser honestos, sin doblez, no dados a mucho vino, no codiciosos de ganancias deshonestas; que guarden el misterio de la fe con limpia conciencia. Y éstos también sean sometidos a prueba primero, y entonces ejerzan el diaconado, si son irreprensibles. Las mujeres asimismo sean honestas, no calumniadoras, sino sobrias, fieles en todo. Los diáconos sean maridos de una sola mujer, y que gobiernen bien sus hijos y sus casas. Porque los que ejerzan bien el diaconado, ganan para sí un grado honroso, y mucha confianza en la fe que es en Cristo Jesús. (3:8-13)

Cuando Dios levanta personas para servir en su Iglesia, busca a aquellos cuyo corazón es recto para con Él. Su preocupación no está en sus talentos o habilidades, sino en su integridad espiritual.

Los hombres que Dios ha escogido para servir a su pueblo siempre han tenido un corazón dedicado a Él. Nehemías 9:8 dice de Abraham: "hallaste fiel su corazón delante de ti". Cuando Samuel buscaba al sucesor para Saúl, el Señor le recordó que "Jehová mira el corazón" (1 S. 16:7). Saúl, escogido más que todo porque era "joven y hermoso. Entre los hijos de Israel no había otro más hermoso que él" (1 S. 9:2), se había vuelto un desastre. Para sustituirlo, Dios "les levantó por rey a David, de quien dio también testimonio diciendo: He hallado a David hijo de Isaí, varón conforme a mi corazón, quien hará todo lo que yo quiero" (Hch. 13:22; cp. 1 S. 13:14). Cuando le entregó el reino a su hijo Salomón, David le aconsejó: "Reconoce al Dios de tu padre, y sírvele con corazón perfecto y con ánimo voluntario" (1 Cr. 28:9). El piadoso rey Josafat de Judá fue bendecido por Dios porque él "[había] dispuesto [su] corazón para buscar a Dios" (2 Cr. 19:3). Dios usó al rey Josías para que dirigiera un avivamiento espiritual, gracias a que su corazón era tierno y se humilló delante del Señor (2 R. 22:19). Dios usó a Esdras porque él había "preparado su corazón para inquirir la ley de Jehová y para cumplirla, y para enseñar en Israel sus estatutos y decretos"

(Esd. 7:10). El apóstol Pablo describió su conducta entre los tesalonicenses como santa, justa e irreprensible (1 Ts. 2:10). Son tales hombres, hombres de integridad, pureza y virtud, que Dios escoge para dirigir a su pueblo.

Después de analizar tales requisitos espirituales para los ancianos en 3:1-7, ahora Pablo se vuelve a los diáconos en 3:8-13. La norma para los diáconos no es de ninguna manera inferior a la que se requiere para los ancianos. Los ancianos que guían y los diáconos que sirven realizan diferentes funciones, pero los requisitos espirituales exigidos para ambos son idénticos. No hay disminución en la calidad o madurez espiritual de los que dirigen a los diáconos. La única diferencia es que el obispo debe ser "apto para enseñar" (3:2).

Diakonos (diácono) y los términos relacionados *diakoneō* ("servir"), y *diakonia* ("servicio") aparecen unas cien veces en el Nuevo Testamento. Solo aquí y en Filipenses 1:1 se translitera "diácono" o "diáconos". Las demás veces se traducen con varias palabras castellanas. Solo en estos dos pasajes se eleva a los **diáconos** a una condición oficial. El resto de las veces los términos se emplean en un sentido general, no específico.

El sentido original de este grupo de palabras tiene que ver con realizar tareas de sirviente, como servir las mesas. Esta definición gradualmente se extendió hasta que llegó a incluir todo tipo de servicio en la iglesia. La versatilidad de este grupo de palabras puede verse en su desigual uso en el Nuevo Testamento. *Diakonos, diakoneō,* y *diakonia* se traducen como "distribución", "administramos", "ministración", "ministros", "sirvientes", "servidor", "siervo", "servir", "expedida", "ayudaban", "socorro", y "diácono", entre otras.

La idea inicial de servir alimentos viene desde Juan 2:5, donde se emplea *diakonos* para referirse a quienes sirven en una boda. Se emplea *diakoneō* en el mismo sentido en Lucas 4:39, donde la suegra de Pedro sirvió una comida. Lucas 10:40; 17:8; y Juan 12:2 también emplean estas palabras para referirse a servir comida.

Diakonos se emplea para referirse a soldados y policías que hacen cumplir la justicia (Ro. 13:4). En Juan 12:26, Jesús igualó el seguirlo con el servirle. Cualquier cosa que se haga en obediencia a Él es servicio espiritual. En el sentido general del término, todos los cristianos son diáconos, porque todos deben servir activamente a Cristo y a su Iglesia.

Es a esto a lo que se refiere Pablo en 1 Corintios 12:5, donde escribe que "hay diversidad de ministerios" (*diakoniōn*). Cada cristiano debe participar en alguna forma de servicio espiritual. Los líderes, mediante la enseñanza y el ejemplo, deben preparar a los creyentes para que realicen tal servicio (Ef. 4:12).

Pero *diakonos, diakonia* y *diakoneō* también se emplean en un segundo sentido más específico. La lista de los dones espirituales en Romanos 12:6-8 incluye un don de servicio. Los que tienen ese don están preparados para el servicio, aunque quizá no estén dentro del diaconado. Estéfanas y su familia tenían ese don. Pablo escribió acerca de ellos, "ellos se han dedicado al servicio (*diakonia*) de los santos" (1 Co. 16:15).

El tercer uso de este grupo de palabras se refiere a la oficialmente reconocida responsabilidad de diáconos. Todos somos diáconos en el sentido general, algunos dotados por el Espíritu Santo para el servicio, pero aun otros están en el diaconado. Ellos son un ejemplo de servicio espiritual para todos los demás. Trabajan al lado de los ancianos, poniendo en práctica su predicación, enseñanza y control en la vida de la iglesia.

El único análisis del diaconado está en 1 Timoteo 3:8-13, aunque hay una posible referencia a él en Filipenses 1:1. Algunos sostienen que Pablo era oficialmente identificado como un diácono. Aunque Pablo era un siervo en el sentido general de la palabra, él tenía el oficio de apóstol (Ro. 11:13; cp. 2 Co. 10-12). Otros han planteado, basándose en 1 Timoteo 4:6, que Timoteo era diácono. Sin embargo, en 2 Timoteo 4:5 Pablo parece identificar a Timoteo como evangelista. Otros han propuesto a Tíquico (cp. Ef. 6:21), pero el uso de Pablo de *diakonos* (Ef. 3:7) y *diakonia* (Ef. 4:12) en un sentido general y sin restricción hace dudoso el empleo de *diakonos* en Efesios 6:21 como una estricta referencia al oficio. Asimismo no hay razón para suponer que el empleo de la palabra *diakonos* respecto a Epafras (Col. 1:7) esté limitado al oficio específico.

Muchos sostienen que los siete hombres escogidos para encargarse de la distribución de comida en Hechos 6 fueron los primeros diáconos oficiales. El texto, sin embargo, no los llama diáconos en ninguna parte. En realidad, el único empleo de *diakonia* en Hechos 6 es respecto a los apóstoles (v. 4), y a los que servían la comida (v. 1). Esto subraya una vez más su uso general. Tampoco se les llama a ninguno de ellos diácono en ninguna otra parte de las Escrituras. El libro de Hechos en ningún lugar emplea el término (*diakonos*), lo cual parece extraño si se hubiera iniciado un orden de diáconos en Hechos 6. Se mencionan varias veces los ancianos en Hechos (cp. 11:30; 14:23; 15:2, 4, 6, 22-23; 16:4; 20:17), lo que hace que la omisión a toda referencia a los diáconos sea aun más significativa. Al parecer los siete hombres eran judíos helénicos, ya que todos tienen nombres griegos. Es improbable que un orden de diáconos en la iglesia de Jerusalén no hubiera incluido a ningún judío palestino. Por último, ellos eran en muchos aspectos más como ancianos que como diáconos. Esteban y Felipe, los únicos dos que se mencionan en otra parte de Hechos, eran evangelistas (cp. Hch. 6:8; 8:5ss; 21:8). Estos siete hombres fueron escogidos para una tarea específica. Ellos no formaban parte del diaconado, aunque su función de servir sin duda vislumbraba la de los posteriores diáconos.

Pablo escribió 1 Timoteo unos treinta años después del nacimiento de la iglesia el día de Pentecostés. La iglesia había crecido y se había desarrollado hasta el punto de que había necesidad de diáconos oficiales. Ellos actuarían como modelos de integridad y servicio espiritual. Para asegurar que a los que se les daba esta responsabilidad fueran dignos, Pablo da una relación de varios requisitos por los que se deben medir. Al igual que con los ancianos, estas características se relacionan con su carácter espiritual, no con su función. En realidad, no se dan detalles en las Escrituras con relación a las tareas de los diáconos. Ellos debían llevar a cabo cualquier tarea que se les asignara por parte de los ancianos o que necesitara la congregación. En 3:8-13, Pablo relaciona estas características tanto para diáconos como para diaconisas. Luego termina mencionando la recompensa para los que sirvan fielmente.

REQUISITOS PARA SER DIÁCONOS

Los diáconos asimismo deben ser honestos, sin doblez, no dados a mucho vino, no codiciosos de ganancias deshonestas; que guarden el misterio de la fe con limpia conciencia. Y éstos también sean sometidos a prueba primero, y entonces ejerzan el diaconado, si son irreprensibles. Los diáconos sean maridos de una sola mujer, y que gobiernen bien sus hijos y sus casas. (3:8-10, 12)

La palabra **asimismo** es una palabra clave de transición que sirve para introducir una nueva categoría dentro del asunto global de los líderes de la iglesia. Después de analizar el tema acerca de los ancianos en 3:1-7, ahora Pablo presenta cinco aspectos en los que un diácono debe ser competente.

CARÁCTER PERSONAL

Los diáconos asimismo deben ser honestos, sin doblez, no dados a mucho vino, no codiciosos de ganancias deshonestas; (3:8)

La palabra **honestos** traduce *semnos,* que se puede traducir también como "serio" o "majestuoso". *Semnos* abarca el concepto de ser serio en mente y en carácter. Viene de la palabra (*sebomai*) que significa "venerar" o "adorar". Los que se caracterizan por esto tienen un rasgo majestuoso de carácter que hace que las personas se sobrecojan ante ellos. Un sinónimo de *semnos, hieroprepēs,* "expresa lo que se ajusta a una persona, cosa o acto sagrado" (Richard C. Trench, *Synonyms of the New Testament* [Sinónimos del Nuevo Testamento] [Grand Rapids: Eerdmans, 1983], 348). Un diácono no debe ser una persona tonta y ligera, una que le da poco peso a los asuntos serios. Aunque no es una persona fría y sin gozo, un diácono comprende la seriedad de la vida.

Después de este rasgo positivo vienen tres negativos. Un diácono debe ser **sin doblez.** *Dilogos* (**sin doblez**) aparece solo aquí en el Nuevo Testamento. Algunos piensan que se refiere a un chismoso, una persona que tiene, por decirlo así, no una sino dos lenguas funcionando. Sin embargo, parece mejor interpretarlo como una prohibición contra el decir una cosa a una persona y algo diferente a otra. El hablar de un diácono no debe ser hipócrita, sino que debe caracterizarse por la integridad, la constancia y la sinceridad. Un hombre que cuenta historias diferentes a diferentes personas, pronto perderá la confianza de ellas y manifestará motivaciones engañosas y de manipulación.

Una segunda prohibición indica que los diáconos **no** deben ser **dados a mucho vino.** *Prosechō* (**dados a**) significa "volver la mente a" u "ocuparse con". El participio activo presente indica que esto debe ser la práctica habitual de los diáconos. No debe estar preocupado por la bebida, ni permitir que esta influya en su vida. Algunos pudieran preguntarse por qué el Señor no hizo un llamado a la abstinencia total. Sin embargo, como señala Homer Kent:

> Es muy difícil para los estadounidenses del siglo XX comprender y apreciar la sociedad de la época de Pablo. El hecho de que a los diáconos no se les dijera que fueran totalmente abstemios, sino que fueran moderados, no significa que los cristianos hoy puedan usar el licor en cantidades moderadas. El vino que se empleaba como bebida común era mayormente agua. El estigma social y la tremenda maldad social que acompañan a la bebida hoy día no están asociados con el uso del vino como bebida común, que se usaba en los hogares de la época de Pablo. No obstante, en la medida en la que la iglesia creció y se desarrollaron el conocimiento y la conciencia de los cristianos, los peligros de la bebida comenzaron a verse más claramente. El principio que estableció Pablo en otra parte, que los cristianos no deben hacer nada que haga tropezar a un hermano, vino a aplicarse al uso del vino. Raymond la declara de esta manera:
>
> Si una persona, al tomar vino, hacía que otros erraran por su ejemplo o apoyara una maldad social que hiciera que otros sucumbieran a sus tentaciones, entonces, en el interés del amor cristiano, debía privarse de los placeres temporales de la bebida, en el interés de los tesoros celestiales. (Irwin Woodworth Raymond, *The Teaching of the Early Church on the Use of Wine and Strong Drink* [La enseñanza de la iglesia primitiva sobre el uso del vino y las bebidas fuertes] [Nueva York: Columbia Univ., 1927], 88)
>
> En los Estados Unidos de hoy, el uso del vino por parte de un cristiano apoyaría un reconocido mal social, y establecería un peligroso ejemplo para los jóvenes y los débiles. Para nosotros, Pablo diría sin duda, "Ningún vino". (Homer A. Kent, Jr., *The Pastoral Epistles* [Las epístolas pastorales] [Winona Lake, Ind.: BMH Books, 1982], 133)

Los diáconos no deben ser **codiciosos de ganancias deshonestas.** No deben usar su cargo como un medio para hacer dinero. Esta era una importante cualidad en la iglesia primitiva, ya que los diáconos habitualmente manejarían dinero como parte de sus responsabilidades. Ellos distribuirían dinero a las viudas, los huérfanos y a otros necesitados. La tentación sería siempre la de robar de estos fondos, como hizo Judas (Jn. 12:4-6). De modo que era esencial que los diáconos no fueran avaros, para que eso no pusiera en peligro su honradez.

VIDA ESPIRITUAL

que guarden el misterio de la fe con limpia conciencia. (3:9)

Pablo emplea la palabra **misterio** a menudo en sus escritos. Se refiere a la verdad revelada, previamente oculta, pero ahora manifestada (cp. Ro. 16:25; 1 Co. 15:51; Ef. 3:3-6; 6:19; Col. 1:26); **el misterio de la fe** es la revelación del Nuevo Testamento. Tal verdad no fue revelada en el Antiguo Testamento. Abarca el misterio de la encarnación de Cristo (1 Ti. 3:16), de la presencia interior de Cristo en los creyentes (Col. 1:26-27), de la unidad de judíos y gentiles en Cristo (Ef. 1:9; 3:4-6), del evangelio de la salvación (Col. 4:3), de la iniquidad (2 Ts. 2:7), y del arrebatamiento de la Iglesia (1 Co. 15:51-52); **la fe** es el contenido de la verdad revelada del Nuevo Testamento. Un diácono debe serlo **con limpia conciencia,** es decir, una conciencia que no lo acuse. No es suficiente simplemente creer la verdad (cp. Stg. 2:19), los diáconos deben también vivirla. Y cuantos más fuertes sean el conocimiento bíblico y teológico y la obediencia, tanto más fuerte será la confirmación de la conciencia. Cada diácono (y cada cristiano) debe esforzarse por poder decir con Pablo: "Porque nuestra gloria es esta: el testimonio de nuestra conciencia, que con sencillez y sinceridad de Dios, no con sabiduría humana, sino con la gracia de Dios, nos hemos conducido en el mundo, y mucho más con vosotros" (2 Co. 1:12).

La conciencia es una facultad humana dada por Dios a cada persona, que tiene como objetivo advertir a cada persona cuando ha violado la ley moral (cp. Ro. 2:14-15). Lo mismo acusa que justifica. Lo mismo produce culpabilidad, vergüenza, temor, remordimiento, y desesperación por el pecado, que seguridad, paz, y gozo debido a la justicia. El diácono que tiene una limpia conciencia disfruta de las últimas tres.

EL SERVICIO CRISTIANO

Y éstos también sean sometidos a prueba primero, y entonces ejerzan el diaconado, (3:10*a*)

Dokimazō (**sean sometidos a prueba**) significa "aprobar después de ser probados".

El tiempo presente del verbo indica una prueba continua, no una prueba de un momento o un período comprobatorio. Los diáconos deben ser continuamente probados antes de que oficialmente **ejerzan el diaconado.** La prueba de que se habla aquí es la evaluación general que hace la iglesia del servicio de un creyente. Una vez que tengan el reconocimiento oficial como diáconos, esta evaluación continúa; **también** se refiere al análisis sobre los ancianos en 3:1-7. Ellos, igualmente, deben ser evaluados por la iglesia continuamente.

LA PUREZA MORAL

si son irreprensibles... Los diáconos sean maridos de una sola mujer, (3:10*b*, 12*a*)

Los diáconos no deben ser menos que los ancianos. *Anegklētos* (**irreprensibles**) significa "no incriminado" (como en un tribunal) o "intachable". Ellos difieren en funciones de los ancianos en que los ancianos son los principales maestros de la iglesia, mientras que los diáconos contribuyen a la aplicación de su enseñanza. No obstante, los requisitos espirituales para ambos son los mismos. Los diáconos no deben tener mancha alguna en su vida, nada por lo que puedan ser acusados, incriminados y descalificados.

Pablo reitera otro elemento clave de los requisitos de los ancianos. También los diáconos deben ser **maridos de una sola mujer.** El texto griego literalmente dice "hombres de una sola mujer" (cp. 3:2). No deben ser infieles a sus respectivas esposas, ni en su conducta con otras mujeres ni en su mente. Al igual que con los ancianos, lo que importa es el carácter moral, no el estado civil. Scn modelos de pureza sexual.

VIDA HOGAREÑA

y que gobiernen bien sus hijos y sus casas. (3:12*b*)

Los diáconos, como los ancianos, deben probar su carácter espiritual en el hogar. Deben [gobernar] **bien,** no solo **sus hijos,** sino también su dinero, sus bienes y todo lo que esté asociado con **sus casas.** Al igual que con los hijos de los ancianos, los hijos de los diáconos deben ser creyentes.

REQUISITOS PARA LAS DIACONISAS

Las mujeres asimismo sean honestas, no calumniadoras, sino sobrias, fieles en todo. (3:11)

Se ha debatido mucho acerca de si las **mujeres** de las que se habla aquí son las esposas de los diáconos o un orden separado de diaconisas. Los puntos siguientes muestran que aquí se habla de mujeres en general, no necesariamente de las esposas de los diáconos. En primer lugar, el empleo de **asimismo** (cp. 1 Ti. 2:9; 3:8; Tit. 2:3, 6) da fuertes argumentos para ver aquí a un tercer y distinto grupo además de ancianos y diáconos. En segundo lugar, no hay pronombre posesivo o artículo definido que relacione a esas **mujeres** con los diáconos. En tercer lugar, Pablo no da requisitos para las esposas de los ancianos. ¿Por qué habría de hacerlo con las esposas de los diáconos? En cuarto lugar, Pablo no empleó la palabra "diaconisas" porque no había tal palabra en el idioma griego; la forma masculina de *diakonos* se utilizaba tanto para hombres como para mujeres (cp. Ro. 16:1). Un término diferente, *diakonissa,* se empleó para "diaconisa" en el griego posbíblico (Marvin R. Vincent, *Word Studies in the New Testament* [Estudio de palabras en el Nuevo Testamento] [Grand Rapids: Eerdmans, 1946], 3:176). Emplear el término **mujeres** era la única forma en la que Pablo podía distinguirlas de los diáconos. Por último, sus requisitos se comparan a los de los diáconos.

Las mujeres que sirven en la iglesia deben ser en primer lugar **honestas.** Pablo emplea la misma palabra aquí que en el versículo 8 para describir a los diáconos. Las diaconisas, al igual que los diáconos, deben llevar una vida seria. Las personas deben estar ante ellos con sobrecogimiento debido a su devoción espiritual. No deben ser **calumniadoras.** *Diabolos* (**calumniadoras**) se emplea a menudo para describir a Satanás, y se traduce "diablo" (cp. Mt. 4:1). Las diaconisas deben controlar su lengua. Al igual que los ancianos (v. 2) y los diáconos (v. 8), las mujeres deben ser **sobrias.** No deben ser bebedoras, sino sobrias en el juicio. Por último, deben ser **fieles en todo.** Deben ser absolutamente fieles. Esta característica pudiera incluir la idea de no ser "[codiciosas] de ganancias deshonestas" (cp. v. 8). Al igual que los diáconos, las diaconisas tendrían oportunidad de manejar dinero en la realización de sus deberes. Las mujeres que no fueran **fieles** en cada dimensión de responsabilidad, no serían dignas de confianza para un servicio privilegiado como este.

LAS RECOMPENSAS DEL SERVICIO FIEL

Porque los que ejerzan bien el diaconado, ganan para sí un grado honroso, y mucha confianza en la fe que es en Cristo Jesús. (3:13)

Dos recompensas aguardan a hombres y mujeres **que ejerzan bien el diaconado.** En primer lugar, **ganan para sí un grado honroso.** *Bathmos* (**grado**) literalmente se refiere a un puesto elevado. Aquí se usa metafóricamente para hablar de los que están un paso por encima de los demás. En nuestro lenguaje pudiéramos decir que están puestos en un pedestal. Esto no es la arrogancia pecaminosa, porque los diáconos no la buscan; sin embargo, son dignos de ella. A los que sirven en humildad, Dios los exaltará (Stg. 4:10; 1 P. 5:6), y también la iglesia (1

Ts. 5:12-13). Los diáconos fieles recibirán respeto y honra de aquellos a quienes sirven.

En segundo lugar, ganarán **mucha confianza en la fe que es en Cristo Jesús.** *Parrēsia* (**mucha confianza**) se usa a menudo para el denuedo en el hablar (cp. Hch. 4:13); **la fe que es en Cristo Jesús** se refiere a la esfera de la verdad cristiana, la familia de los creyentes. El servicio exitoso engendra confianza y seguridad entre el pueblo a quien se sirve. Los que sirven a Dios bien y ven su poder y gracia obrando en su vida, tendrán denuedo para servicios aun mayores.

La conducta en la iglesia

12

Esto te escribo, aunque tengo la esperanza de ir pronto a verte, para que si tardo, sepas cómo debes conducirte en la casa de Dios, que es la iglesia del Dios viviente, columna y baluarte de la verdad. E indiscutiblemente, grande es el misterio de la piedad: Dios fue manifestado en carne, Justificado en el Espíritu, Visto de los ángeles, Predicado a los gentiles, Creído en el mundo, Recibido arriba en gloria. (3:14-16)

Vince Lombardi, el entrenador del equipo de fútbol Green Bay Packers, y cuyo nombre se halla en el Salón de la Fama, se destacó por su énfasis en los fundamentos. Su equipo ganó campeonatos porque podían bloquear, entrar y ejecutar mejor que ningún otro equipo. Se dice que una vez, frustrado por el pobre desempeño de su equipo, tomó una pelota de fútbol y dijo: "¡Señores, esto es una pelota de fútbol!"

Como el entrenador Lombardi, el apóstol Pablo conocía bien la importancia de ir a los fundamentos. Él escribió esta carta a Timoteo porque la iglesia en Éfeso estaba comenzando a desviarse de las verdades fundamentales de la fe cristiana. Como los efesios, nosotros necesitamos regularmente que se nos recuerden las verdades fundamentales de nuestra fe. La iglesia actual patrocina una desconcertante variedad de ministerios altamente especializados, todo desde evangelismo en los hipódromos hasta ligas de bolos para jugadores ciegos. Las personas pueden perderse en lo superficial. La Biblia tiene un tan inagotable tesoro de conocimiento, que algunos parecen perderse en sus profundidades. Es fácil para la iglesia y los creyentes participar tanto en asuntos de la periferia o en las minucias teológicas, que pierden de vista los asuntos fundamentales. Pablo escribe este pasaje como un recordatorio de que la iglesia debe prestar atención a las verdades fundamentales.

Estos versículos también marcan un momento crucial en 1 Timoteo. Están al final de los primeros tres capítulos, que tienen instrucción positiva, y antes de los últimos tres capítulos, que tienen advertencias negativas. El versículo 15 presenta el corazón de la misión de la iglesia, el versículo 16 el corazón de su mensaje. Sin embargo, antes de llevarnos a esas realidades de suma importancia, Pablo ofrece alguna información en los versículos 14 y 15.

EL TEMA DE 1 TIMOTEO

Esto te escribo, aunque tengo la esperanza de ir pronto a verte, para que si tardo, sepas cómo debes conducirte (3:14-15*a*)

Cuando Pablo dice **te escribo** está presentando el propósito de la epístola, la razón general de su preocupación. Él está escribiendo para instruir acerca de cómo deben comportarse los creyentes en la iglesia. El antecedente de **Esto** se ha interpretado de varias formas. Algunos sugieren lo escrito en el capítulo 3 acerca de los pastores. Otros incluyen las observaciones de Pablo acerca de los hombres y de las mujeres en el capítulo 2, o su enseñanza acerca de la falsa doctrina en el capítulo 1. Pero como nada en el contexto pone límites a la frase, y como parece obvio que está enunciando su tema en una forma muy general, es mejor interpretarlo tan ampliamente como sea posible, para incluir toda la epístola. El tema es la conducta en la iglesia.

El adverbio *tachion* (**pronto**) pudiera traducirse mejor "cuanto antes" o "muy pronto". Pablo entonces estaría diciendo que tenía **la esperanza de ir** a ver a Timoteo más rápidamente de lo que había pensado o planificado antes. La última mitad del versículo 14 podría, sin embargo, interpretarse como una cláusula concesiva. En tal caso, Pablo estaba diciendo: "Estoy escribiendo estas cosas, aunque esperaba ir a verte antes". La cláusula condicional **para que si tardo** apoya esta última interpretación. Como ahora parece que Pablo no podría ir tan pronto como había deseado, y quizá no podría del todo, escribió esta carta para fortalecer a Timoteo en la dirección de la iglesia. No se sabe si Pablo volvió a Éfeso. En su epístola a Tito, probablemente escrita más o menos al mismo tiempo que 1 Timoteo, expresó su intención de pasar el invierno en Nicópolis. Nicópolis estaba al oeste de Macedonia, Éfeso al este; **sepas** está en singular, lo que indica que este pasaje, al igual que 1:18-20, es un mensaje personal a Timoteo. Debe saber cómo conducirse en la iglesia. Sepas viene de *oida,* una palabra empleada para describir "la posesión de conocimiento o habilidad necesaria para alcanzar una meta deseada" (Fritz Rienecker y Cleon L. Rodgers, hijo, *A Linguistic Key to the Greek New Testament* [Una clave lingüística para el griego del Nuevo Testamento] [Grand Rapids: Zondervan, 1982], 624). No es simple conocimiento intelectual lo que Pablo tenía en mente, sino el conocimiento práctico de **cómo debe [uno conducirse].** Aquí Pablo ensancha su instrucción para incluir no solo a Timoteo, sino también a todos los demás.

La forma infinitivo presente de *anastrephō* (**conducirte**) indica una norma de vida constante. El comportarse en la iglesia como Dios desea, sin duda exige comprensión de varias verdades fundamentales.

EL SEÑOR DE LA IGLESIA

en la casa de Dios, que es la iglesia del Dios viviente, (3:15*b*)

Es esencial comprender que la iglesia pertenece a Dios. De ninguna manera es una institución humana. Es la iglesia de Dios, su familia.

Aunque *oikos* (**casa**) pudiera referirse a un edificio, es preferible la idea de familia. *Oikos* se emplea así en 3:4, 5, 12; 2 Timoteo 1:16; y Tito 1:11. Aquí la metáfora de Pablo no es la de un edificio, sino la de una familia. Los creyentes son miembros de la familia de Dios, y la responsabilidad de conducirse como corresponde es una orden del cielo para ellos. En Efesios 2:19, Pablo subraya la misma verdad: "Así que ya no sois extranjeros ni advenedizos, sino conciudadanos de los santos, y miembros de la familia de Dios". La idea de la iglesia como la familia de Dios también aparece en Gálatas 6:10; Hebreos 3:6; y 1 Pedro 4:17.

Pablo, por otro lado, define la asamblea de creyentes como **la iglesia del Dios viviente** o "la iglesia del Dios vivo". La ausencia del artículo definido en el griego con **iglesia** subraya su carácter. La iglesia, por su naturaleza misma, pertenece al Dios vivo. En realidad, Pablo les dijo a los ancianos de Éfeso reunidos en Mileto que la iglesia de Dios era verdaderamente suya porque la había "[ganado] por su propia sangre" (Hch. 20:28). En su carta a los efesios, él había llamado a la iglesia "posesión adquirida, para alabanza de su gloria" (Ef. 1:14; cp. Tit. 2:14; 1 P. 2:9; Ap. 5:9). La identificación del Creador como **el Dios viviente** tiene una magnífica herencia veterotestamentaria. Josué les dijo a los israelitas: "En esto conoceréis que el Dios viviente está en medio de vosotros, y que él echará de delante de vosotros al cananeo, al heteo, al heveo, al ferezeo, al gergeseo, al amorreo y al jebuseo" (Jos. 3:10). David estaba indignado porque Goliat "[provocaba] a los escuadrones del Dios viviente" (1 S. 17:26). El salmista escribió: "Mi alma tiene sed de Dios, del Dios vivo; ¿cuándo vendré, y me presentaré delante de Dios?" (Sal. 42:2), y "Anhela mi alma y aun ardientemente desea los atrios de Jehová; mi corazón y mi carne cantan al Dios vivo" (Sal. 84:2). Jeremías escribió: "Jehová es el Dios verdadero; él es Dios vivo y Rey eterno" (Jer. 10:10). La descripción de la iglesia de Éfeso como la asamblea del Dios vivo fue muy oportuna. Era la isla de luz en un mar de tinieblas de la adoración pagana. Decisivo para una conducta adecuada es el conocimiento de que la asamblea de los santos es la iglesia del Dios vivo en el mundo de ídolos muertos, y que esto es ordenado y autorizado por una misión y mensaje divinos.

LA MISIÓN DE LA IGLESIA

columna y baluarte de la verdad. (3:15*c*)

El simbolismo de estos términos para la iglesia no era algo ajeno para los efesios. El impresionante templo de la diosa Diana (Artemisa), una de las siete maravillas del mundo antiguo, estaba en la ciudad. William Barclay da la siguiente descripción del mismo: "Una de sus características eran su columnas. Contenía ciento veintisiete columnas, cada una de ellas el regalo de un rey. Todas estaban hechas de mármol, y algunas estaban adornadas con joyas y cubiertas con oro" (*The Letters to Timothy, Titus, and Philemon* [Las cartas a Timoteo, Tito y Filemón] [Filadelfia: Westminster, 1975], 89). Cada **columna** representaba un tributo del rey que la donaba. Sin embargo, el significado honorario de las columnas era secundario ante su función de sostener la inmensa estructura del techo.

Hedraiōma (**baluarte**) aparece solo aquí en el Nuevo Testamento y se refiere al cimiento sobre el que descansa la estructura. De modo que en la metáfora de Pablo la iglesia es el cimiento y la columna, lo que sostiene la verdad. Como el cimiento y las columnas del templo de Diana eran un testimonio del error de la falsa religión pagana, así la iglesia debe ser testimonio de la verdad de Dios. Esta es su misión en el mundo; su razón para existir aquí. Por no hacerlo así, Israel ha sido apartado temporalmente; **la verdad** es la revelación divina, que incluye la verdad del evangelio, el contenido de la fe cristiana. La solemne responsabilidad de cada iglesia es sostener sólida, firme e inquebrantablemente la verdad de la Palabra de Dios. La iglesia no inventa la verdad, y la altera solo a costa de juicio. Debe apoyarla y protegerla. Es el tesoro sagrado y salvador dado a los pecadores para su perdón, y a los creyentes para su santificación y edificación, que los pueden vivir para la gloria de Dios. La iglesia tiene la mayordomía de la Biblia, el deber de guardarla como la más preciosa posesión en la tierra. Las iglesias que usan mal, tergiversan, desprecian, relegan a un papel secundario o abandonan la verdad bíblica, destruyen su única razón de existir y experimentan ineficacia y juicio.

Aunque es responsabilidad colectiva de los cristianos reunidos respaldar la Palabra, esto no puede ocurrir a menos que cada creyente se comprometa con esa tarea. ¿Cómo los creyentes defienden la verdad? En primer lugar, creyéndola. Pablo dio testimonio ante Félix diciendo: "[yo] sirvo al Dios de mis padres, creyendo todas las cosas que en la ley y en los profetas están escritas" (Hch. 24:14). Su creencia en la Palabra de Dios se extendió a la revelación del nuevo pacto, como Pablo ponía en claro cuando les hablaba a los corintios: "nosotros también creemos, por lo cual también hablamos" (2 Co. 4:13). Las muchas exhortaciones a oír la Palabra también se refieren a oír con fe. Jesús dijo en Mateo 13:9: "El que tiene oídos para oír, oiga" (cp. Ap. 2:7, 11, 17, 29; 3:6, 13, 22). Los cristianos no pueden defender la Palabra si no la oyen y la creen.

En segundo lugar, memorizándola. El salmista escribió: "En mi corazón he guardado tus dichos, para no pecar contra ti" (Sal. 119:11). No basta con oír la Palabra, ella debe estar escondida en la memoria. Solo entonces pueden los creyentes "[estar] siempre preparados para presentar defensa con mansedumbre y reverencia ante todo el que [les] demande razón de la esperanza que hay en [ellos]" (1 P. 3:15).

En tercer lugar, meditando en ella. Josué 1:8 dice: "Nunca se apartará de tu boca este libro de la ley, sino que de día y de noche meditarás en él, para que guardes y hagas conforme a todo lo que en él está escrito; porque entonces harás prosperar tu camino, y todo te saldrá bien". Además de oír y memorizar la Palabra, los creyentes deben meditar en ella.

En cuarto lugar, estudiándola. En su segunda carta a Timoteo, Pablo lo exhorta a que "con diligencia [se presente] a Dios aprobado, como obrero que no tiene de qué avergonzarse, que usa bien la palabra de verdad" (2 Ti. 2:15).

En quinto lugar, obedeciéndola. Jesús dijo en Lucas 11:28: "Bienaventurados los que oyen la palabra de Dios, y la guardan". No hace mucho bien oír la Palabra, memorizarla, meditar en ella, y estudiarla si no la obedecemos.

En sexto lugar, defendiéndola. Pablo les dijo a los filipenses que él "[estaba] puesto para la defensa del evangelio" (Fil. 1:17). La verdad siempre recibirá ataques, y la iglesia debe estar lista para defenderla.

En séptimo lugar, viviéndola. Pablo le recordó a Tito que los creyentes debían "en todo [adornar] la doctrina de Dios nuestro Salvador" (Tit. 2:10). Tener una mente controlada por la Palabra de Dios produce una conducta piadosa (Col. 3:16ss).

Por último, proclamándola. En obediencia al mandato de nuestro Señor, los creyentes han de "[ir], y [hacer] discípulos a todas las naciones, bautizándolos en el nombre del Padre, y del Hijo, y del Espíritu Santo; enseñándoles que guarden todas las cosas que os he mandado; y he aquí yo estoy con vosotros todos los días, hasta el fin del mundo" (Mt. 28:19-20).

La suprema misión de la iglesia es defender el valioso legado de la Palabra de Dios. Qué privilegio sustentar la verdad dada a nosotros por nuestro Salvador (cp. Jn. 17:14).

EL MENSAJE DE LA IGLESIA

E indiscutiblemente, grande es el misterio de la piedad: Dios fue manifestado en carne, Justificado en el Espíritu, Visto de los ángeles, Predicado a los gentiles, Creído en el mundo, Recibido arriba en gloria. (3:16)

La Palabra de Dios es un vasto e inagotable almacén de verdad espiritual. De entre toda esa verdad, ¿cuál es la más esencial que la iglesia debe defender y proclamar? Pablo da la respuesta en el versículo 16: El mensaje de Jesucristo.

Este es el corazón de lo que enseñamos y predicamos. En Lucas 24:46-47, Jesús les dijo a los discípulos: "Así está escrito, y así fue necesario que el Cristo padeciese, y resucitase de los muertos al tercer día; y que se predicase en su nombre el arrepentimiento y el perdón de pecados en todas las naciones, comenzando desde Jerusalén". Eso se convirtió en el tema de la predicación apostólica. En Hechos 10:37-43 Pedro dijo:

> *Vosotros sabéis lo que se divulgó por toda Judea, comenzando desde Galilea, después del bautismo que predicó Juan: cómo Dios ungió con el Espíritu Santo y con poder a Jesús de Nazaret, y cómo éste anduvo haciendo bienes y sanando a todos los oprimidos por el diablo, porque Dios estaba con él. Y nosotros somos testigos de todas las cosas que Jesús hizo en la tierra de Judea y en Jerusalén; a quien mataron colgándole en un madero. A éste levantó Dios al tercer día, e hizo que se manifestase; no a todo el pueblo, sino a los testigos que Dios había ordenado de antemano, a nosotros que comimos y bebimos con él después que resucitó de los muertos. Y nos mandó que predicásemos al pueblo, y testificásemos que él es el que Dios ha puesto por Juez de vivos y muertos. De éste dan testimonio todos los profetas, que todos los que en él creyeren, recibirán perdón de pecados por su nombre.*

También Pablo hizo de Jesucristo el tema central de su predicación. A los corintios les escribió: "predicamos a Cristo crucificado" (1 Co. 1:23); y: "Pues me propuse no saber entre vosotros cosa alguna sino a Jesucristo, y a éste crucificado" (1 Co. 2:2). En la segunda epístola que les escribió añadió: "Porque el Hijo de Dios, Jesucristo, que entre vosotros ha sido predicado por nosotros, por mí, Silvano y Timoteo, no ha sido Sí y No; mas ha sido Sí en él" (2 Co. 1:19); y: "No nos predicamos a nosotros mismos, sino a Jesucristo como Señor, y a nosotros como vuestros siervos por amor de Jesús" (2 Co. 4:5). En Gálatas 6:14 dijo: "Lejos esté de mí gloriarme, sino en la cruz de nuestro Señor Jesucristo, por quien el mundo me es crucificado a mí, y yo al mundo". Aun cuando se predicara a Cristo con motivos equivocados, él se regocijaba (Fil. 1:18).

Como Pablo destaca la persona y la obra de Cristo en 1 Timoteo (cp. 1:1; 2:5-6; 6:15-16), esta verdad pudo muy bien estar siendo atacada en Éfeso. En este glorioso himno de seis versos, Pablo repasa en términos conocidos las verdades centrales acerca de Jesucristo; **indiscutiblemente** viene de *homologeō,* que significa "decir la misma cosa". Esta es una verdad en la que todos están de acuerdo; es la convicción unánime de todos los creyentes que **grande es el misterio de la piedad.** Esa frase pudiera ser un paralelo con la confesión de los adoradores paganos de Éfeso: "Grande es Diana [Artemisa] de los efesios" (Hch. 19:28).

Como se ha observado, un **misterio** era una verdad sagrada oculta que se revela en el Nuevo Testamento. El **misterio de la piedad** es una frase paralela al "misterio de la fe" (v. 9). Se refiere a la gran verdad de salvación y justicia por medio de Cristo, que produce **piedad** (*eusebeia*) en quienes creen. También es posible entender **el misterio de la piedad** como una alusión a Jesucristo, quien era la misma revelación de la verdadera y perfecta semejanza a Dios, ya que era Dios. De modo que **piedad** primero alude a la encarnación y después a los que son salvos y llegan a ser los santos en Cristo.

Como se ha observado, los versos que siguen son sin duda de un antiguo himno de la iglesia primitiva. Esto es evidente por su uniformidad (los seis verbos están todos en tiempo aoristo, tercera persona singular), ritmo y paralelismo. El primer paralelo es entre la carne y el espíritu, el segundo entre los ángeles y los gentiles (hombres), y el tercero entre el mundo y la gloria, o tierra y cielo.

La Reina-Valera comienza el himno con "Dios". Sin embargo, los manuscritos más antiguos y mejores dicen *hos* ("El que"), no *theos* ("Dios"). (Para un análisis de la cuestión textual, vea Bruce M. Metzger, *A Textual Commentary on the Greek New Testament* [Un comentario textual sobre el griego del Nuevo Testamento] [Nueva York: Sociedades Bíblicas Unidas, 1975], 641.) Aunque no se da ningún antecedente para *hos,* el himno solo puede estar describiendo a Jesucristo, que es el más puro **misterio de la piedad,** el Dios oculto perfectamente revelado. Este himno maravilloso nos da seis verdades acerca de nuestro Señor.

En primer lugar, Jesucristo fue **manifestado en carne.** Dios se hizo hombre en la persona de Jesús de Nazaret. *Phaneroō* (**manifestado**) no significa "traer a la existencia" o "crear", sino "hacer visible". De esta manera confirma la preexistencia de Cristo (cp. Jn. 8:58; 17:5). En la Encarnación, Jesús "siendo en forma de Dios... se despojó a sí mismo, tomando forma de siervo, hecho semejante a los hombres" (Fil. 2:6-7). Nuestro Señor Jesucristo hizo al Dios invisible visible a los ojos humanos (cp. 1:17; 6:16; Jn. 14:9; Col. 1:15; He. 1:3); **carne** no se refiere aquí a la naturaleza humana pecadora y caída, como sí es el caso en Romanos 7. Más bien se refiere simplemente a la humanidad (cp. Jn. 1:14; Ro. 1:3; Gá. 4:4). Jesús tomó "forma de siervo... y asumió... la condición de hombre" (Fil. 2:7-8). "Así que, por cuanto los hijos participaron de carne y sangre, él también participó de lo mismo" (He. 2:14), y por tanto, "no se avergüenza de llamarlos hermanos" (He. 2:11). Eso no quiere decir que fuera pecador, sino que era totalmente humano. "Porque no tenemos un sumo sacerdote que no pueda compadecerse de nuestras debilidades, sino uno que fue tentado en todo según nuestra semejanza, pero sin pecado" (He. 4:15).

Es precisamente en este punto en el que radica el engaño de las sectas y religiones falsas del mundo. Satanás invariablemente ataca la persona de Cristo, negando que es el Dios viviente y eterno hecho carne humana.

En segundo lugar, Jesucristo fue **Justificado en el Espíritu.** *Dikaioō* (**justificado**) significa "justificar" o "declarar justo". Aunque los traductores decidieron comenzar con mayúscula **Espíritu,** para referirse a la tercera persona de la Trinidad, también pudiera referirse a Jesús. Esto significaría que Jesucristo fue **justificado,** declarado justo, con respecto a su naturaleza espiritual. Es por esto que el Padre dijo: "Este es mi Hijo amado, en quien tengo complacencia" (Mt. 3:17). Primera de Juan 2:1 lo llama "Jesucristo el justo". Él fue "tentado en todo según nuestra semejanza, pero sin pecado" (He. 4:15). Hebreos 5:9 dice que "habiendo sido perfeccionado, vino a ser autor de eterna salvación para todos los que le obedecen", mientras que Hebreos 7:26 lo describe como "santo, inocente, sin mancha, apartado de los pecadores, y hecho más sublime que los cielos".

Jesucristo fue un sacrificio sin pecado en nuestro favor: "Al que no conoció pecado, por nosotros lo hizo pecado, para que nosotros fuésemos hechos justicia de Dios en él" (2 Co. 5:21). "¿Cuánto más la sangre de Cristo, el cual mediante el Espíritu eterno se ofreció a sí mismo sin mancha a Dios, limpiará vuestras conciencias de obras muertas para que sirváis al Dios vivo?" (He. 9:14). "Pues para esto fuisteis llamados; porque también Cristo padeció por nosotros, dejándonos ejemplo, para que sigáis sus pisadas; el cual no hizo pecado, ni se halló engaño en su boca" (1 P. 2:21-22).

Nuestro Señor era el Dios-hombre. En su naturaleza humana, era plenamente hombre; en su naturaleza divina, era plenamente Dios.

También es posible que la traducción de **Espíritu** con mayúscula inicial sea correcta y se refiera a la justificación de Cristo por el Espíritu Santo. En Romanos 1:4 Pablo nos dice que Jesucristo "fue declarado Hijo de Dios con poder, según el Espíritu de santidad, por la resurrección de entre los muertos". Su resurrección por el Espíritu probó que no había pecado en Él. Si hubiera tenido algún pecado, habría permanecido muerto, como el castigo por ese pecado. La confirmación de su justicia perfecta vino cuando el Espíritu Santo lo resucitó de los muertos.

También es posible que Pablo aquí incluya ambas verdades. Jesucristo fue **justificado** tanto por su vida de obediencia a Dios y sin pecado que declaró su justicia, como por el testimonio del Espíritu Santo, que confirmó su justicia una vez más al resucitarlo de los muertos.

En tercer lugar, Jesucristo fue **Visto de los ángeles.** *Horaō* (**visto**) significa "ver", "visitar", "observar" o "estar atento a". A lo largo del ministerio terrenal de nuestro Señor Jesucristo, los **ángeles** lo observaron y lo atendieron. Estuvieron presentes en su nacimiento, anunciándolo a José y a los pastores. Lo ayudaron en su tentación, y lo fortalecieron en el Getsemaní. En su muerte y su resurrección, que es el punto central de este pasaje, los **ángeles** lo observaron. Los ángeles caídos lo vieron. Primera Pedro 3:18-20 describe ese acontecimiento:

Porque también Cristo padeció una sola vez por los pecados, el justo por los injustos, para llevarnos a Dios, siendo a la verdad muerto en la carne, pero vivificado en espíritu; en el cual también fue y predicó a los espíritus encarcelados, los que en otro tiempo desobedecieron, cuando una vez esperaba la paciencia de Dios en los días de Noé.

Después de su muerte en la cruz, nuestro Señor visitó el lugar donde están presos ciertos demonios, y proclamó su triunfo sobre ellos (cp. Col. 2:15).

Los santos ángeles también participaban. Un ángel quitó la piedra a la entrada del sepulcro (Mt. 28:2). Los ángeles aparecieron a las mujeres, afirmando que Jesucristo había resucitado (Lc. 24:4-7). Por último, había dos ángeles cuando Cristo ascendió (Hch. 1:10-11). Los ángeles participaron en la vida terrenal de nuestro Señor de principio a fin. Esto también significó la aprobación divina del Mesías encarnado.

En cuarto lugar, Jesucristo fue **Predicado a los gentiles.** Antes de su ascensión, les ordenó a los discípulos que "[fueran e hicieran] discípulos a todas las naciones, bautizándolos en el nombre del Padre, y del Hijo, y del Espíritu Santo; enseñándoles que guarden todas las cosas que os he mandado; y he aquí yo estoy con vosotros todos los días, hasta el fin del mundo" (Mt. 28:19-20). En Hechos 1:8 les dijo: "Me seréis testigos en Jerusalén, en toda Judea, en Samaria, y hasta lo último de la tierra". No iba a haber nación alguna que se quedara sin el mensaje del evangelio. Jesucristo es el Salvador del mundo entero (cp. Jn. 3:16; 4:42; 2 Co. 5:19-20; 1 Jn. 2:2; 4:14).

En quinto lugar, Jesucristo fue **Creído en el mundo.** El plan de Dios se cumplió cuando la proclamación de los apóstoles resultó en la fe salvadora de muchas vidas. En la primera predicación pública del evangelio, después de la resurrección de Cristo, se convirtieron 3,000 personas (Hch. 2:41). En los días siguientes, miles más creyeron en Él. Se predicó el evangelio por toda Judea, luego a los samaritanos, a un etíope eunuco, a Cornelio el gentil, y finalmente por todo el mundo gentil, por Pablo y sus compañeros.

Por último, Jesucristo fue **Recibido arriba en gloria.** Hechos 1:9-11 describe el acontecimiento:

Y habiendo dicho estas cosas, viéndolo ellos, fue alzado, y le recibió una nube que le ocultó de sus ojos. Y estando ellos con los ojos puestos en el cielo, entre tanto que él se iba, he aquí se pusieron junto a ellos dos varones con vestiduras blancas, los cuales también les dijeron: Varones galileos, ¿por qué estáis mirando al cielo? Este mismo Jesús, que ha sido tomado de vosotros al cielo, así vendrá como le habéis visto ir al cielo.

"Habiendo efectuado la purificación de nuestros pecados", dice Hebreos 1:3, "se sentó a la diestra de la Majestad en las alturas". A los filipenses Pablo les escribió:

> *y estando en la condición de hombre, se humilló a sí mismo, haciéndose obediente hasta la muerte, y muerte de cruz. Por lo cual Dios también le exaltó hasta lo sumo, y le dio un nombre que es sobre todo nombre, para que en el nombre de Jesús se doble toda rodilla de los que están en los cielos, y en la tierra, y debajo de la tierra; y toda lengua confiese que Jesucristo es el Señor, para gloria de Dios Padre (Fil. 2:8-11).*

La ascensión de Jesús mostró que el Padre estaba complacido con Él y aceptó su obra.

En seis cortas estrofas, este himno resume el evangelio. Dios se hizo hombre, murió por nuestros pecados, triunfó sobre la muerte, fue honrado por ángeles y temido por los demonios, y ascendió al cielo. Se predicó este mensaje en todo el mundo y muchos creyeron y fueron salvos. Ese es el meollo del mensaje; es nuestra misión predicarlo al mundo.

Hubo una vez una antigua iglesia en Inglaterra. Un letrero frente al edificio decía "Predicamos a Cristo crucificado". Después de algún tiempo, la hiedra creció y ocultó la última palabra. El lema ahora decía: "Predicamos a Cristo". La hiedra creció un poco más, y el lema decía: "Predicamos". Por último, la hiedra cubrió todo el letrero, y la iglesia murió. Tal es el destino de toda iglesia que deje de cumplir su misión en el mundo.

La apostasía de la fe 13

Pero el Espíritu dice claramente que en los postreros tiempos algunos apostatarán de la fe, escuchando a espíritus engañadores y a doctrinas de demonios; por la hipocresía de mentirosos que, teniendo cauterizada la conciencia, prohibirán casarse, y mandarán abstenerse de alimentos que Dios creó para que con acción de gracias participasen de ellos los creyentes y los que han conocido la verdad. Porque todo lo que Dios creó es bueno, y nada es de desecharse, si se toma con acción de gracias; porque por la palabra de Dios y por la oración es santificado. (4:1-5)

Desde la creación, la tierra ha sido el campo de batalla entre Dios y Satanás. Dios llama a la humanidad a responder a su Palabra, y Satanás trata de atraerla para que siga sus mentiras. Algunos dicen que las perversiones satánicas son la verdad de Dios. Lamentablemente, incluso algunos que profesan seguir la verdad de Dios, se apartan de ella.

Tales descarríos de la verdadera fe no son nada nuevo. Entre los muchos ejemplos de apostasía en el Antiguo Testamento está el rey Amasías de Judá. Segundo Crónicas 25:2 dice de él: "Hizo él lo recto ante los ojos de Jehová, aunque no de perfecto corazón". Su religión era simple conducta externa; en su corazón no conocía a Dios. Pronto se apartó a la idolatría. Segundo Crónicas 25:14 cuenta la trágica historia: "Volviendo luego Amasías de la matanza de los edomitas, trajo también consigo los dioses de los hijos de Seir, y los puso ante sí por dioses, y los adoró, y les quemó incienso". Al final de su vida, su epitafio decía: "Amasías se apartó de Jehová" (2 Cr. 25:27).

El Nuevo Testamento tiene también su cuota de apóstatas en hombres como Judas Iscariote (Jn. 6:70-71) y Demas (2 Ti. 4:10). La iglesia en Éfeso había visto a Himeneo y a Alejandro apartarse de la fe (1:18-20). La historia de la Iglesia desde la época del Nuevo Testamento hasta nuestra propia época está repleta con ejemplos de apóstatas. Ellos se han apartado para seguir **a espíritus engañadores y a doctrinas de demonios.** Esto es ángeles caídos, esos seres diabólicos, que dan vida a toda religión falsa. Al igual que su malvado amo, Satanás, su engaño es eficaz porque se disfrazan como ángeles de luz (2 Co. 11:14).

Cuando los hombres adoran ídolos, están en realidad adorando a los demonios detrás de esos ídolos. Levítico 17:7 dice: "Y nunca más sacrificarán sus sacrificios a los demonios, tras de los cuales han fornicado". Deuteronomio 32:17 se lamenta de que en Israel "sacrificaron a los demonios, y no a Dios", mientras que el Salmo 106:36-37 muestra lo corrupto de tal adoración. En Israel "sirvieron a sus ídolos, los cuales fueron causa de su ruina. Sacrificaron sus hijos y sus hijas a los demonios". "Lo que los gentiles sacrifican", escribió Pablo a los corintios, "a los demonios lo sacrifican" (1 Co. 10:20).

La presencia de falsos maestros apóstatas en Éfeso se indica en 1:3-7, 18-20. En los capítulos 2 y 3, Pablo trata sobre algunas de las ramificaciones de su falsa enseñanza y de la corrupción de la iglesia. Él contrapone sus engaños con el propósito divino para los hombres y las mujeres en la iglesia, y los requisitos espirituales para los verdaderos líderes de la iglesia. El capítulo 3 concluye con una declaración que confirma lo que los apóstatas niegan más directamente y que es la verdad central de la fe cristiana: la persona y la obra de Jesucristo. En el capítulo 4, Pablo vuelve a su análisis de los propios falsos maestros. De esta manera la línea de batalla es tajantemente trazada. Aunque no siempre es popular en nuestro tiempo de tolerancia y "amor", hay un mandato bíblico para tratar directa y firmemente con las falsas enseñanzas. Toda tolerancia al error que tenga que ver con la revelación de Dios, es una forma directa de deshonrarlo. "Porque has engrandecido tu nombre, y tu palabra sobre todas las cosas" (Sal. 138:2). Creyentes que no dirían ni una palabra blasfema o degradante contra Dios mismo por reverencia a su nombre, pueden no obstante desvirtuar y pervertir fácilmente su Palabra, que debe ser igualmente exaltada.

LA CERTIDUMBRE DE LA APOSTASÍA

algunos apostatarán de la fe, (4:1*c*)

La clave para la interpretación de este pasaje es la frase del versículo 1, **algunos apostatarán de la fe.** Habrá aquellos, como Judas, Demas y los falsos discípulos de Juan 6:66, y aquellos a menudo advertidos en Hebreos, que abandonen la fe; **apostatarán** viene de *aphistēmi,* que significa "irse de" o "quitarse de la posición que originalmente se ocupaba a otro lugar". Es un término más enérgico que la palabra traducida "desviándose" en 1:6, y que la traducida "naufragaron" en 1:19, y se refiere a una salida intencionada y deliberada desde una posición anterior. Este término puede referirse a una simple partida desde el punto de vista geográfico (cp. Lc. 2:37; 4:13; Hch. 5:37; 12:10). Pero en el sentido espiritual, se refiere a quienes llegan muy cerca de la verdad que salva, solo para irse. Jesús usó este verbo cuando se refirió a algunos que oyen el evangelio, como semilla que cae en un suelo pedregoso: "Los de sobre la piedra son los que habiendo oído, reciben la palabra con gozo; pero éstos no tienen raíces; creen por algún tiempo, y en el tiempo de la prueba se apartan (*aphistēmi*)" (Lc. 8:13). Aquí se emplea para describir apostasía, para identificar la trágica realidad de que algunos actuarán como Judas y volverán su rostro del gozo eterno para escoger el infierno.

Un apóstata no es alguien a quien le es difícil creer, sino uno que deliberadamente abandona la fe bíblica que había una vez profesado. Como se ha observado, **la fe** se refiere al contenido de la revelación divina que constituye lo que creen los cristianos (cp. Jud. 3). Esta frase, pues, describe a un apóstata, uno que rechaza a Cristo desde las filas de la iglesia.

En este pasaje, Pablo nos da seis características de la apostasía: su carácter previsible, su cronología, su fuente sobrenatural, sus presentadores humanos, su contenido, y su error.

EL CARÁCTER PREVISIBLE DE LA APOSTASÍA

Pero el Espíritu dice claramente (4:1*a*)

Aunque la apostasía debe entristecer y afrentar a los creyentes, no debe sobrecogerlos ni sorprenderlos, ya que **el Espíritu dice claramente** que eso ocurrirá. Esta predicción es parte de su continua revelación en las Escrituras sobre el tema de la apostasía. En el Antiguo Testamento, Él advirtió de las consecuencias de la apostasía (Dt. 28:15ss; Ez. 20:38), y dio numerosos ejemplos de apóstatas (Éx. 32; 1 S. 15:11; Neh. 9:26; Sal. 78). El Nuevo Testamento también advierte de la apostasía, particularmente en el tiempo del fin, justo antes de la venida del Señor. Nuestro Señor advirtió de falsos cristos que engañarían a muchos (Mt. 24:4-12). Pablo escribió a los tesalonicenses sobre la salida masiva de la fe que tendrá lugar durante el futuro tiempo de tribulación (2 Ts. 2:3-12). Pedro y Judas advirtieron de burladores que, en los postreros tiempos, se apartarían de la fe (2 P. 3:3; Jud. 18). El apóstol Juan advirtió que "ya es el último tiempo; y según vosotros oísteis que el anticristo viene, así ahora han surgido muchos anticristos; por esto conocemos que es el último tiempo" (1 Jn. 2:18; cp. 4:1-6). Pero la apostasía, aunque aumentada en los postreros tiempos, no está limitada a esa época. El escritor de Hebreos exhortó a sus lectores: "Mirad, hermanos, que no haya en ninguno de vosotros corazón malo de incredulidad para apartarse del Dios vivo" (He. 3:12; cp. 5:11-6:8; 10:26-31).

Pablo sabía que Éfeso no escatimaría esfuerzos para engañar a las personas y hacerlas abandonar la verdad. En su discurso de despedida a los ancianos de Éfeso en Hechos 20:29-30 dijo: "Sé que después de mi partida entrarán en medio de vosotros lobos rapaces, que no perdonarán al rebaño. Y de vosotros mismos se levantarán hombres que hablen cosas perversas para arrastrar tras sí a los discípulos".

Como muestra la revelación del Espíritu en las Escrituras, la apostasía es previsible e inevitable. Siempre habrá quienes respondan temporalmente al evangelio, pero que no tienen genuina fe en Dios. No debiéramos asombrarnos cuando se apartan, y debemos recordar las palabras de Juan: "Salieron de nosotros, pero no eran de nosotros; porque si hubiesen sido de nosotros, habrían permanecido con nosotros; pero salieron para que se manifestase que no todos son de nosotros" (1 Jn. 2:19).

LA CRONOLOGÍA DE LA APOSTASÍA

que en los postreros tiempos (4:1*b*)

Pablo define el marco de tiempo en que tendrá lugar la apostasía como **los postreros tiempos.** Los **postreros tiempos** incluyen, pero no están limitados a, el futuro escatológico. La primera venida de Cristo dio inicio a los **postreros** o últimos **tiempos,** que fue la era mesiánica. Primera Juan 2:18 apoya este hecho cuando sencillamente dice: "Hijitos, ya es el último tiempo". Primera Pedro 1:20 afirma que Cristo se ha "manifestado en los postreros tiempos por amor de vosotros". El escritor de Hebreos nos informa que Dios "en estos postreros días nos ha hablado por el Hijo" (He. 1:2), y "ahora, en la consumación de los siglos, [Cristo] se presentó una vez para siempre por el sacrificio de sí mismo para quitar de en medio el pecado" (He. 9:26). Desde la primera venida de nuestro Señor hasta su Segunda Venida, en toda esta época de la iglesia, habrá apostasía y aumentará hacia el final, cuando "el amor de muchos se enfriará" (Mt. 24:12).

EL ORIGEN DE LA APOSTASÍA

escuchando a espíritus engañadores y a doctrinas de demonios (4:1*d*)

Como se ha observado, son los seres demoníacos los que generan la apostasía. Efesios 6:12 dice que la batalla por la verdad y el reino de los cielos no es una lucha "contra sangre y carne, sino contra principados, contra potestades, contra los gobernadores de las tinieblas de este siglo, contra huestes espirituales de maldad en las regiones celestes"; **escuchando** viene de *prosechō*. El verbo expresa más que simplemente escuchar algo. Significa "asentir a", "dedicarse a" o "aferrarse a algo". El tiempo presente del participio muestra que los apóstatas se aferran continuamente a la enseñanza demoníaca. Ellos comprenden los hechos del evangelio intelectualmente, y se identifican exteriormente con la fe cristiana. Como su corazón no es recto para con Dios y no tienen el Espíritu para que los enseñe y los proteja (cp. Jud. 19), son atraídos por **espíritus engañadores.** *Planos* (**engañadores**) viene de la raíz de donde se deriva la palabra "planeta". Denota el concepto de errantes, y así vino a significar "seducir" o "engañar". A los demonios se les llama **engañadores** porque hacen que los hombres anden errantes fuera de la órbita de la verdad. El Espíritu Santo conduce a las personas a la verdad salvadora (cp. Jn. 16:13), mientras que esos espíritus malvados las conducen a un perverso error.

Los apóstatas no son en realidad las víctimas de cultos profesores universitarios, falsos guías religiosos o inicuos y astutos escritores u oradores. Son las víctimas de espíritus demoníacos, presentadores de mentiras de las profundidades del infierno por medio de tales seres humanos. Así que las falsas enseñanzas son algo mucho más que aberraciones humanas, son nada menos que **doctrinas de demonios.** El genitivo subjetivo indica que no es enseñanza acerca de los demonios, sino enseñanza hecha por ellos. Satanás y sus agentes han elaborado toda clase de teologías engañosas para confundir y engañar. Recibir falsa enseñanza que contradice la verdad de la Biblia es ser enseñado por demonios, y poner la mente y el alma en peligro. No es de extrañar, por tanto, que la Biblia advierta contra el que se expone a la falsa doctrina.

En su segunda epístola, el apóstol Juan escribió:

> *Muchos engañadores han salido por el mundo, que no confiesan que Jesucristo ha venido en carne. Quien esto hace es el engañador y el anticristo. Mirad por vosotros mismos, para que no perdáis el fruto de vuestro trabajo, sino que recibáis galardón completo. Cualquiera que se extravía, y no persevera en la doctrina de Cristo, no tiene a Dios; el que persevera en la doctrina de Cristo, ése sí tiene al Padre y al Hijo. Si alguno viene a vosotros, y no trae esta doctrina, no lo recibáis en casa, ni le digáis: ¡Bienvenido! Porque el que le dice: ¡Bienvenido! participa en sus malas obras (vv. 7-11).*

Tenemos que rescatar a quienes están bajo la influencia de la falsa enseñanza como arrebataríamos un pedazo de madera del fuego, teniendo cuidado de no quemarnos nosotros mismos (Jud. 23).

Deuteronomio 13:12-18 nos da una advertencia muy sencilla sobre la apostasía:

> *Si oyeres que se dice de alguna de tus ciudades que Jehová tu Dios te da para vivir en ellas, que han salido de en medio de ti hombres impíos que han instigado a los moradores de su ciudad, diciendo: Vamos y sirvamos a dioses ajenos, que vosotros no conocisteis; tú inquirirás, y buscarás y preguntarás con diligencia; y si pareciere verdad, cosa cierta, que tal abominación se hizo en medio de ti, irremisiblemente herirás a filo de espada a los moradores de aquella ciudad, destruyéndola con todo lo que en ella hubiere, y también matarás sus ganados a filo de espada. Y juntarás todo su botín en medio de la plaza, y consumirás con fuego la ciudad y todo su botín, todo ello, como holocausto a Jehová tu Dios, y llegará a ser un montón de ruinas para siempre; nunca más será edificada. Y no se pegará a tu mano nada del anatema, para que Jehová se*

aparte del ardor de su ira, y tenga de ti misericordia, y tenga compasión de ti, y te multiplique, como lo juró a tus padres, cuando obedecieres a la voz de Jehová tu Dios, guardando todos sus mandamientos que yo te mando hoy, para hacer lo recto ante los ojos de Jehová tu Dios.

Esa seria advertencia muestra con cuánta seriedad quiere Dios que consideremos la apostasía. Debía cortarse de la nación de Israel como el cáncer de un cuerpo humano.

La historia de seducción demoníaca tiene su origen en la tentación exitosa de Eva por parte de Satanás en el Huerto del Edén. A lo largo de la historia humana, culminando en la terrible influencia de los demonios en la tribulación (Ap. 9:2-11; 13:14; 16:14; 18:2, 23; 19:20; 20:2, 3, 8, 10), los **espíritus engañadores** emplearán **doctrinas de demonios.** Sin embargo, por la misericordia de Dios, los verdaderos creyentes no sucumbirán (Sal. 44:18; He. 6:9; 10:39; Jud. 24-25).

LOS PRESENTADORES DE LA APOSTASÍA

por la hipocresía de mentirosos que, teniendo cauterizada la conciencia (4:2)

Las falsas enseñanzas demoníacas son presentadas por agentes humanos. Aunque la fuente es sobrenatural, los agentes son naturales. La frase **la hipocresía de mentirosos** traduce dos sustantivos en el texto griego y pudiera traducirse "hipócrita o engañoso hablador de mentiras". Para presentar sus infernales enseñanzas, los demonios usan engañadores humanos que dicen sus mentiras. Pudieran ser guías religiosos, y parecer exteriormente buenos y devotos. Pudieran enseñar en un prestigioso seminario cristiano o en una notable universidad cristiana. Pudieran pastorear una iglesia o escribir libros y comentarios teológicos. Aunque tengan una máscara de religión (o incluso de cristianismo) y usen una máscara de piedad, no sirven a Dios, sino a Satanás. Ellos blasfeman de Dios. Recibir la enseñanza de tales hombres no tiene valor redentor, y trae como resultado estar expuestos a la gangrena espiritual (2 Ti. 2:17-18).

Los falsos maestros son capaces de ocuparse de sus diabólicos negocios sin restricción, porque tienen **cauterizada la conciencia.** Algunos sostienen que aquí la metáfora de Pablo es la de un esclavo señalado con la marca del dueño. Los falsos maestros, de acuerdo con este punto de vista, llevan la marca de Satanás en su conciencia. Sin embargo, parece mejor entender esto como una alusión a la quemadura o insensibilidad de sus conciencias. *Kautēriazō* (**cauterizada**) fue usada por el escritor médico griego Hipócrates para hablar de la cauterización. Los falsos maestros pueden llevar a cabo su hipocresía porque sus conciencias han sido destruidas; **conciencia** es la facultad que confirma o condena una acción (cp. Ro. 2:14-15). Es la sensibilidad a lo bueno y a lo malo que controla la conducta. Pablo miraba a su conciencia como un testigo divino de la condición de su alma (cp. Hch. 23:1; 24:16; Ro. 9:1; 2 Co. 1:12; 2 Ti. 1:3). El apóstol ya ha afirmado que los falsos maestros rechazan "una buena conciencia" (1:19), que era la meta que Pablo perseguía (1:5). La conciencia de cada uno de los falsos maestros había sido tan ignorada y desorientada que se habían vuelto como cicatrices, con el tejido quemado e insensible, que ya no cumplía su función. Con una conciencia cicatrizada, no sentían culpabilidad ni remordimiento al presentar sus falsas doctrinas.

EL CONTENIDO DE LA APOSTASÍA

prohibirán casarse, y mandarán abstenerse de alimentos (4:3*a*)

Cualquier cosa que se oponga a las Escrituras puede ser el punto de partida de la enseñanza demoníaca. Pudiera esperarse que el apóstol siguiera sus fuertes comentarios sobre la doctrina de demonios con ejemplos como el rechazar la Trinidad o la deidad del Salvador o el rechazo de la salvación por gracia. Pero Satanás es muy sutil y busca ganar un punto de apoyo en un terreno que produzca más fácilmente. Pablo da un ejemplo de lo que se estaba enseñando en Éfeso. Los engañadores se estaban centrando en lo que parecían dos enseñanzas de menor importancia: esa espiritualidad exigía no **casarse** y **abstenerse de alimentos.** Como es típico del engaño satánico, ambas enseñanzas tenían elementos de verdad. No hay nada malo en permanecer soltero, y tal estado pudiera ayudar al servicio espiritual. Primera Corintios 7:25-35 honra a los que Dios destina para ser solteros. Ni tampoco ayunar es malo; es algo muy bueno que debe acompañar a la oración (cp. Mt. 6:16-17; 9:14-15). El engaño está en ver esas cosas como esenciales para la salvación. La idea de medios humanos para la salvación es un distintivo de toda religión falsa.

La enseñanza de que el negarse a sí mismo en lo físico era esencial para la genuina espiritualidad, caracterizó a los esenios. Eran una secta judía que apareció en Palestina ya a principios del segundo siglo A.C. Formaban la comunidad de Qunram, cerca del Mar Muerto, donde se encontraron los rollos del Mar Muerto. Practicaban el ascetismo, negaban el matrimonio y se imponían regulaciones dietéticas especiales. Es posible que su influencia se estuviera sintiendo en Éfeso.

Otra influencia posible era el dualismo filosófico que caracterizaba mucho a la filosofía griega. Tal punto de vista sostenía que la materia era mala y el espíritu bueno. El matrimonio y la comida, al ser aspectos del mundo material y malvado, debían evitarse. Tal enseñanza pudiera haber tenido influencia en los efesios, como lo hizo con los corintios (cp. 1 Co. 7:1-7, 28-38; 15:12). En el segundo siglo, esa falsa enseñanza se convirtió en la peligrosa herejía conocida como gnosticismo. Los gnósticos alardeaban de un conocimiento secreto y oculto. Ellos creían que eran los iniciados, que habían trascendido la mundanalidad y alcanzado la realidad de Dios. Rechazaban el cuerpo por ser parte del mundo físico y malvado. El gnosticismo iba a presentar una seria amenaza para la fe ortodoxa durante varios siglos.

El énfasis en el externalismo que caracterizaba a los apóstatas de Éfeso es típico de toda religión falsa satánica. Desde el animismo de las tribus primitivas a la complejidad de las mayores religiones del mundo, los hombres confían en buenas obras, ritos externos y la negación de sí mismos. William Barclay comenta:

> Esta era una herejía siempre recurrente en la Iglesia; en cada generación se levantaban hombres que trataban de ser más estrictos que Dios. Cuando se escribió el *Canon Apostólico,* fue necesario dejar establecido por escrito: "Si algún anciano, sacerdote o diácono, o alguno de la lista sacerdotal, se abstiene del matrimonio, la carne y el vino, no por razón de ascetismo (es decir, por motivos de disciplina), sino por aborrecimiento a tales cosas como malas en sí mismas, olvidando que todas las cosas son muy buenas, y que Dios hizo al hombre varón y hembra, blasfemando y calumniando de esta forma la hechura de Dios, o se enmienda, o es quitado del cargo y echado de la iglesia. Del mismo modo también con los laicos" (*Apostolic Canons* [Canon apostólico] *51*). Ireneo, escribiendo hacia el final del segundo siglo, cuenta cómo ciertos seguidores de Saturnino "declaran que el matrimonio y la reproducción son de Satanás. Muchos, de igual manera, se abstienen de comida animal, y arrastran multitudes con una fingida abstinencia de este tipo" (Ireneo, *Against Heresies,* [Contra la herejía] *1, 24, 2*). Esas cosas llegaron a un punto crítico en los monjes y ermitaños del siglo IV. Se alejaron y vivieron en el desierto de Egipto, apartados por completo de los hombres. Pasaban su vida mortificando la carne. Uno nunca comió comida cocinada y fue famoso por no comer carne. Otro estuvo toda la noche en un elevado despeñadero, de modo que le fuera imposible dormir. Otro fue famoso porque permitió que su cuerpo estuviera tan sucio y descuidado, que caían animalejos de él mientras caminaba. Otro deliberadamente comió sal en pleno verano y luego se abstuvo de tomar agua potable. "Un cuerpo limpio", decía él, "denota necesariamente un alma sucia". (*The Letters to Timothy, Titus, and Philemon* [Las cartas a Timoteo, Tito y Filemón] [Filadelfia: Westminster, 1975], 93-94)

Tal enseñanza es falsa y peligrosa. Pablo la rechaza en Colosenses 2:16-23:

> *Por tanto, nadie os juzgue en comida o en bebida, o en cuanto a días de fiesta, luna nueva o días de reposo, todo lo cual es sombra de lo que ha de venir; pero el cuerpo es de Cristo. Nadie os prive de vuestro premio, afectando humildad y*

culto a los ángeles, entremetiéndose en lo que no ha visto, vanamente hinchado por su propia mente carnal, y no asiéndose de la Cabeza, en virtud de quien todo el cuerpo, nutriéndose y uniéndose por las coyunturas y ligamentos, crece con el crecimiento que da Dios. Pues si habéis muerto con Cristo en cuanto a los rudimentos del mundo, ¿por qué, como si vivieseis en el mundo, os sometéis a preceptos tales como: No manejes, ni gustes, ni aun toques (en conformidad a mandamientos y doctrinas de hombres), cosas que todas se destruyen con el uso? Tales cosas tienen a la verdad cierta reputación de sabiduría en culto voluntario, en humildad y en duro trato del cuerpo; pero no tienen valor alguno contra los apetitos de la carne.

Los creyentes están completos en Cristo y no necesitan practicar la negación de sí mismos en lo físico para obtener la salvación del pecado y la justicia ante Dios.

EL ERROR DE LA APOSTASÍA

que Dios creó para que con acción de gracias participasen de ellos los creyentes y los que han conocido la verdad. Porque todo lo que Dios creó es bueno, y nada es de desecharse, si se toma con acción de gracias; porque por la palabra de Dios y por la oración es santificado. (4:3*b*-5)

El error fundamental de tal enseñanza apóstata es que rechaza la revelación divina. *Toda* falsa enseñanza es un rechazo de la Palabra de Dios. En todas las epístolas pastorales, Pablo confronta a los falsos maestros por la forma en la que manipulan las Sagradas Escrituras (cp. 1 Ti. 1:3-11; 6:3-5, 20-21; 2 Ti. 2:14-18; 23-26; 3:13-17; 4:1-4; Tit. 1:9-16; 3:9-11). En contra de las falsas enseñanzas que estaban haciendo daño en Éfeso, Dios creó tanto el matrimonio como la comida y dijo que ambos eran buenos (cp. Gn. 1:28-31; 2:18-24; 9:3). Dios creó el matrimonio y los alimentos para que **con acción de gracias participasen de ellos los creyentes y los que han conocido la verdad.** ¿Cómo entonces puede ser correcto negarlos a los hombres? Dios hizo el matrimonio y la comida por la misma razón que hizo todo lo demás, traer gozo al hombre y gloria a sí mismo, (cp. 1 Co. 10:31). Los incrédulos, aunque disfrutan del matrimonio ("la gracia de la vida", 1 Pedro 3:7) y la comida, no cumplen ese propósito supremo y no dan alabanza a Dios por ellos. Así que en el más genuino sentido, Dios hizo el matrimonio y los alimentos para **los creyentes y los que han conocido la verdad,** ya que son los que le glorificarán por estas bondades de su gracia. ¡Qué tonto es privarse de su benignidad y de esta forma negar a Dios el derecho de recibir gloria al disfrutar de tales cosas!

Los engañadores efesios se negaban a reconocer que **todo lo que Dios creó es bueno.** Ellos negaban rotundamente la excelencia de la creación de Dios, que les habría conducido a entender que **nada es de desecharse, si se toma**

con acción de gracias. Una vez más Pablo subraya que el propósito de Dios al dar buenas cosas a los hombres es que, en el disfrute de estos regalos, ellos lo alaben. Al recibir con agradecimiento los dones misericordiosos de Dios, los creyentes cumplen este noble propósito para el cual se crearon estas cosas. La doxología de Romanos 11:36 resume esta perspectiva: *"Porque de él, y por él, y para él, son todas las cosas. A él sea la gloria por los siglos. Amén"*.

Al final de la semana de la creación, Dios dijo que todo lo que había creado era "bueno" (Gn. 1:31). Todo lo bueno de Dios que reciben con gratitud los creyentes es **por la palabra de Dios y por la oración santificado.** Ser **santificado** es ser apartado para uso santo. Eso se logra **por la palabra de Dios y por la oración.** Es obvio que **oración** se refiere a la acción que expresa gratitud; **la palabra** parece referirse a la misma palabra en Génesis 1:31, que todo lo que Dios hizo era bueno. Hay una doble santificación o separación de todo lo que es pecaminoso. Pero también es posible que Pablo tenga en mente más que Génesis 1:31, es decir, el evangelio del Nuevo Testamento.

En las epístolas pastorales, la **palabra de Dios** se refiere al mensaje de salvación (cp. 2 Ti. 2:9; Tit. 2:5). Mediante ese mensaje, los creyentes han llegado a conocer la verdad en Cristo. Parte de esta verdad es que Cristo ha quitado las leyes dietéticas. Según Marcos 7:19, nuestro Señor "[hizo] limpios todos los alimentos" (cp. Hch. 10:9-15; Ro. 14:1-12; Col. 2:16-17). Las regulaciones dietéticas fueron temporales, con la intención de enseñar a Israel la importancia del discernimiento, y para aislar a la nación de las sociedades paganas que la rodeaban. Reimponerlas ahora sería elaborar un sistema de justicia por las obras, que niega la obra de Cristo y deshonra a Dios. Si los creyentes comprenden que el evangelio ha quitado las leyes dietéticas, y en **oración** dan gracias a Dios, pueden recibir todos sus buenos ofrecimientos, y Él será glorificado.

El celibato obligatorio y la abstinencia de alimentos, en general o particular, es enseñanza de demonios. Esto niega la bondad de la creación de Dios, y le roba la gloria y la alabanza que Él merece por tal bondad. Es también una negación de la verdad de Dios, como se revela en su Palabra. El simple externalismo no agrada a Dios ni fomenta la genuina espiritualidad.

La apostasía es un peligro siempre presente en la iglesia. Los creyentes solo pueden evitar la falsa enseñanza que la alimenta prestando atención a la Palabra de Dios. Harán bien en prestar atención a la advertencia del escritor de Hebreos: "No os dejéis llevar de doctrinas diversas y extrañas; porque buena cosa es afirmar el corazón con la gracia, no con viandas, que nunca aprovecharon a los que se han ocupado de ellas" (He. 13:9).

Cualidades de un ministro excelente: Primera parte

14

Si esto enseñas a los hermanos, serás buen ministro de Jesucristo, nutrido con las palabras de la fe y de la buena doctrina que has seguido. Desecha las fábulas profanas y de viejas. Ejercítate para la piedad; porque el ejercicio corporal para poco es provechoso, pero la piedad para todo aprovecha, pues tiene promesa de esta vida presente, y de la venidera. Palabra fiel es esta, y digna de ser recibida por todos. Que por esto mismo trabajamos y sufrimos oprobios, porque esperamos en el Dios viviente, que es el Salvador de todos los hombres, mayormente de los que creen. Esto manda y enseña. (4:6-11)

A menudo se evalúa a los pastores basándose en el criterio equivocado. A menudo su eficiencia se mide por el tamaño de su iglesia, su programa de construcción, su popularidad, sus estudios, el número de libros que ha escrito, o su programa de radio o televisión.

Aunque estas cosas pudieran tener cierta importancia, ninguna de ellas son criterios bíblicos válidos para valorar a un hombre de Dios. El genio puritano John Owen escribió: "Un ministro pudiera llenar los bancos de su iglesia, la boca del público, pero lo que ese ministro es de rodillas, en secreto ante el Dios Todopoderoso, esto es lo que es y nada más" (citado en I. D. E. Thomas, *A Puritan Golden Treasury* [Un tesoro dorado puritano] [Edimburgo: Banner of Truth, 1977], 192). El criterio verdadero por el que se debe evaluar a un hombre de Dios se halla en el Nuevo Testamento. En 4:6-16, Pablo lo resume. Estas características son la norma por la que debe medirse cada ministro.

UN BUEN MINISTRO ES, SOBRE TODO, UN SERVIDOR

serás buen ministro de Jesucristo, (4:6*b*)

Es útil utilizar como apoyo para este pasaje la frase del versículo 6, serás **buen**

ministro de Jesucristo. Esta frase sustenta el resto de la enseñanza en 4:6-16, así como uno de los temas subyacentes de toda la epístola. *Kalos* (**buen**) también pudiera traducirse como "noble", "admirable" o "excelente". Se usa en 3:1 para describir el ministerio, y aquí para identificar al hombre en ese ministerio. Se toma a un hombre noble para una obra noble. *Diakonos* (**ministro**) no se emplea aquí en el sentido técnico del diaconado, sino en su uso más general (cp. 1 Co. 4:1-2; 2 Co. 3:6; 6:4) de cualquiera que sirve en algún ministerio a favor de Cristo.

Diakonos puede contrastarse con otra palabra empleada a menudo para describir a los que sirven a Cristo, *doulos*. Muchas veces esa última palabra se traduce "esclavo", y tiene la idea de sumisión y sujeción. *Diakonos* tiene la idea de "operabilidad" o "utilidad". Los que sirven a Cristo son llamados a la excelencia en su utilidad para su causa.

Después de analizar lo inevitable de los falsos maestros en 4:1-5, Pablo ahora instruye a Timoteo en cuanto a cómo ser y cómo evaluar al que sea apropiado para ser, un ministro eficiente del Señor frente a la oposición demoníaca. Al hacerlo así, Pablo se centra más en los rasgos positivos que deben caracterizar a un ministerio excelente. La forma de derrotar la falsa doctrina no es solo denunciándola y refutándola, sino también enseñando y viviendo positivamente la verdad. El punto primordial del ministerio es ser positivo, edificar el pueblo de Dios, porque la santificación es más que evitar el error, es ser edificados con la verdad.

Así que Pablo llama a Timoteo a que sea un siervo excelente de Jesucristo, y a establecer un ejemplo de virtud en fe, devoción y conducta que otros puedan seguir. Al hacerlo, las personas se librarán de la herejía y se centrarán en la verdad positiva que las hace espiritualmente fuertes. En 4:6-16, Pablo orienta a Timoteo que considere sus responsabilidades al mostrar once características que deben distinguir el ministerio de un siervo excelente de Jesucristo.

UN MINISTRO EXCELENTE ADVIERTE A SU PUEBLO DEL ERROR

Si esto enseñas a los hermanos, (4:6*a*)

Aunque el ministerio no debe estar dominado por una actitud negativa, eso no quiere decir que no haya lugar para la advertencia. Esta es un elemento esencial del ministerio. *Hupotithēmi* (**enseñas**) es un verbo que significa "recordar" o "sugerir". Pudiera traducirse literalmente, "colocar ante". El verbo no tiene la idea de ordenar a las personas u obligarlas a la obediencia. Más bien se refiere a la persuasión amable y humilde. El tiempo presente del participio indica que Timoteo debía constantemente advertir a su pueblo.

Este fue un tema recurrente en el ministerio de Pablo. En Hechos 20:29-32, les advirtió a los ancianos de Éfeso:

> *Sé que después de mi partida entrarán en medio de vosotros lobos rapaces, que no perdonarán al rebaño. Y de vosotros mismos se levantarán hombres que hablen cosas perversas para arrastrar tras sí a los discípulos. Por tanto, velad, acordándoos que por tres años, de noche y de día, no he cesado de amonestar con lágrimas a cada uno. Y ahora, hermanos, os encomiendo a Dios, y a la palabra de su gracia, que tiene poder para sobreedificaros y daros herencia con todos los santificados (cp. Ro. 15:15; 1 Co. 4:14; Col. 1:28; 2:8).*

Pablo los advirtió de los errores que vendrían. Sin embargo, no hizo una exposición exhaustiva de esos errores, sino que se centró en los aspectos positivos de la edificación de su fe mediante la Palabra de Dios. Teniendo un fuerte cimiento, serían capaces de enfrentarse a cualquier tipo de error cuando este llegara; **esto** es aquello acerca de lo que Pablo advirtió en 4:1-5. Timoteo debía advertir del peligro de todos los aspectos de la doctrina demoníaca y no bíblica presentada por los falsos maestros. Las personas a quienes debe advertir son **los hermanos,** el pueblo de Dios. Los creyentes no deben ser "niños fluctuantes, llevados por doquiera de todo viento de doctrina, por estratagema de hombres que para engañar emplean con astucia las artimañas del error" (Ef. 4:14). Él debe recordarles que el camino para enfrentarse a la enseñanza falsa y satánica es estar fuertes en la Palabra (1 Jn. 2:14).

El no pensar bíblica y teológicamente ha costado mucho a la Iglesia. Ha permitido la entrada de todo tipo de errores. Esto, a su vez, ha hecho que la Iglesia se debilite y esté confundida. Predicaciones sin convicción, de enseñanzas diluidas, simplezas y una débil teología, han sustituido las predicaciones doctrinalmente fuertes y expositivas. La herencia resultante ha sido la confusión carismática, la invasión psicológica, el misticismo, incluso la obra de psíquicos y de influencia oculta. Gran parte de este caos puede atribuirse directamente a que los pastores han dejado de pensar críticamente y predicar con convicción. Muchos pastores han dejado de trazar claramente la línea entre la verdad y el error y de edificar a su pueblo en la magnífica y sana doctrina de la Palabra de Dios. De estos débiles predicadores se dice a menudo que compensan tal debilidad al tener lo que algunos llaman "un corazón de pastor". Un corazón de pastor, sin embargo, no se mide por lo bueno que es un hombre mimando a sus ovejas, sino por cuán bien las protege de los lobos y las alimenta para que puedan crecer y llegar a ser maduras y fuertes.

Dios hace responsables a los que están en posiciones de liderazgo espiritual de advertir a su pueblo. Ezequiel 3:17-21 presenta la advertencia de Dios a Ezequiel:

> *Hijo de hombre, yo te he puesto por atalaya a la casa de Israel; oirás, pues, tú la palabra de mi boca, y los amonestarás de mi parte. Cuando yo dijere al*

impío: De cierto morirás; y tú no le amonestares ni le hablares, para que el impío sea apercibido de su mal camino a fin de que viva, el impío morirá por su maldad, pero su sangre demandaré de tu mano. Pero si tú amonestares al impío, y él no se convirtiere de su impiedad y de su mal camino, él morirá por su maldad, pero tú habrás librado tu alma. Si el justo se apartare de su justicia e hiciere maldad, y pusiere yo tropiezo delante de él, él morirá, porque tú no le amonestaste; en su pecado morirá, y sus justicias que había hecho no vendrán en memoria; pero su sangre demandaré de tu mano. Pero si al justo amonestares para que no peque, y no pecare, de cierto vivirá, porque fue amonestado; y tú habrás librado tu alma.

En 2 Timoteo 4:1-5, Pablo le hizo la exhortación siguiente a Timoteo:

Te encarezco delante de Dios y del Señor Jesucristo, que juzgará a los vivos y a los muertos en su manifestación y en su reino, que prediques la palabra; que instes a tiempo y fuera de tiempo; redarguye, reprende, exhorta con toda paciencia y doctrina. Porque vendrá tiempo cuando no sufrirán la sana doctrina, sino que teniendo comezón de oír, se amontonarán maestros conforme a sus propias concupiscencias, y apartarán de la verdad el oído y se volverán a las fábulas. Pero tú sé sobrio en todo, soporta las aflicciones, haz obra de evangelista, cumple tu ministerio.

Un hombre de Dios debe adquirir y predicar convicciones fuertes. Debe continuamente advertir a su pueblo de los errores según se presenta la necesidad. Él es el protector de su rebaño.

UN MINISTRO EXCELENTE ES UN ESTUDIANTE EXPERTO EN LA BIBLIA

nutrido con las palabras de la fe y de la buena doctrina que has seguido. (4:6*c*)

Esta característica es fundamental para la excelencia en el ministerio, pero es lamentable que la iglesia actual carezca de ella. Buena parte de la predicación actual es débil y produce iglesias débiles, porque refleja la falta de conocimiento bíblico, y un compromiso escaso para estudiar la Biblia. Para muchos pastores, el estudio es una intrusión mal recibida en su programación. Interrumpe la rutina de tareas administrativas y reuniones con las que ellos mismos se ocupan. Estudian solamente lo necesario para el sermón, no para alimentar el corazón de cada uno de ellos y pensar profunda y cuidadosamente en la verdad divina. El resultado es sermones impotentes que caen en corazones duros y tienen muy poco efecto.

Sin embargo, esto no siempre ha sido el caso. A lo largo de la historia de la iglesia, la mayoría de los grandes teólogos han sido pastores. Por ejemplo, además de su trabajo de reformar la iglesia, los reformadores tenían responsabilidades pastorales habituales. Los líderes del movimiento puritano inglés del siglo XVII, hombres como John Owen, Richard Baxter, Thomas Goodwin, y Thomas Brooks, fueron pastores. Como pastores, ellos fueron sobre todo estudiantes de la Biblia, no simplemente comunicadores, administradores o consejeros. Su conocimiento e interpretación de la Biblia estuvo caracterizada por la precisión. Ellos trabajaron duro enseñando y predicando (cp. 5:17).

Guillermo Tyndale, el reformador del siglo XVII y traductor de la Biblia al inglés, es un ejemplo de un hombre con un ardiente deseo de estudiar y comprender la Palabra de Dios. En la cárcel, poco antes de que fuera martirizado, escribió una carta al gobernador en jefe pidiéndole una gorra que abrigara más, una vela, un pedazo de tela para remendar sus polainas. "Pero sobre todo, imploro y ruego su clemencia para que de forma apremiante pida al Procurador que amablemente me permita tener mi Biblia hebrea, mi Gramática hebrea y mi Diccionario hebreo, para poder dedicar tiempo al estudio con ellos". (Citada en J. Oswald Sanders, *El liderazgo espiritual,* edición revisada [Chicago: Moody, 1980], 148.)

Es a este profundo estudio de la Biblia al que Pablo llamó a Timoteo. La traducción **nutrido** refleja el tiempo presente del participio. Es esencial la continua experiencia de ser **nutrido** con las verdades de la Palabra de Dios. Un ministro excelente debe leer la Palabra, estudiarla, meditar en ella y dominar su contenido. Solo entonces puede estar ante Dios "aprobado, como obrero que no tiene de qué avergonzarse, que usa bien la palabra de verdad" (2 Ti. 2:15).

La frase **las palabras de la fe** refleja el conjunto de la verdad cristiana que se presenta en las Escrituras. Si la Palabra es "inspirada por Dios, y útil para enseñar, para redargüir, para corregir, para instruir en justicia, a fin de que el hombre de Dios sea perfecto, enteramente preparado para toda buena obra" (2 Ti. 3:16-17), un ministro debe conocerla. No hay premio alguno para la ignorancia bíblica. El asunto no es cuán buen comunicador es un hombre, o cuán bien conoce la cultura y los asuntos contemporáneos, ni siquiera cuán bien conoce los problemas particulares de su rebaño. El asunto es cuán bien conoce la Palabra de Dios, ya que la revelación de Dios evalúa perfectamente todas las cosas en todo tiempo y toda la vida, y las orienta hacia la voluntad divina. Es a través del conocimiento de la Palabra que el pastor cumple con su llamamiento para dirigir a sus ovejas mediante el crecimiento espiritual a la semejanza a Cristo (cp. 1 P. 2:2); **la buena doctrina** es esa enseñanza que está firmemente arraigada y da fruto desde una correcta interpretación de la Biblia, no desde sistemas humanos de especulaciones teológicas o filosóficas. La teología exegética debe ser el fundamento de la teología bíblica y sistemática. Un ministro excelente debe tener conocimiento de la verdad bíblica, tanto en su profundidad como en su amplitud.

Pablo rápidamente añade que él sabía que esa era **la buena doctrina** que Timoteo había **seguido.** La fe no fingida de la abuela de Timoteo, Loida, y de la madre, Eunice, había pasado a él, haciendo que Pablo escribiera: "desde la niñez has sabido las Sagradas Escrituras, las cuales te pueden hacer sabio para la salvación por la fe que es en Cristo Jesús" (2 Ti. 3:15). Pablo también le había enseñado a Timoteo **la buena doctrina** (cp. 2 Ti. 1:13; 2:1-2). Pablo lo exhortó a continuar las verdades de la Palabra de Dios que había seguido toda su vida. Es necesaria tal exhortación, porque cualquier hombre de Dios puede sentirse tentado a desanimarse ante el trabajo que implica el estudio de la Palabra. Esto está implícito en la misma preocupación personal de Pablo por la lealtad de Timoteo en 6:20 y en su segunda carta a él (cp. 2 Ti. 1:6-8, 13, 14; 2:15-23; 3:16-4:4).

Un ministro excelente debe ser un excelente estudiante de la Biblia. No puede dar lo que no tiene.

UN MINISTRO EXCELENTE EVITA LA INFLUENCIA DE LA ENSEÑANZA IMPÍA

Desecha las fábulas profanas y de viejas. (4:7*a*)

La otra cara de ser fuerte en la Palabra es evitar las falsas enseñanzas. Un ministro excelente que está comprometido con el estudio de la Biblia, no tiene interés alguno en que su fortaleza se malgaste en enseñanzas impías. *Paraiteomai* (**desecha**) es una palabra fuerte, que significa "rechazar" o "separar" (cp. 2 Ti. 2:23; Tit. 3:10); **profanas** traduce *bebēlos,* una palabra que describe lo que se separa radicalmente de lo que es santo. Pudiera traducirse "no consagrado", y se refiere a cualquier cosa que contradiga la Palabra de Dios. La palabra **fábulas** traduce *muthos,* de la que se deriva la palabra "mito". Tales **fábulas** son lo opuesto de la verdad bíblica (cp. 2 Ti. 4:4). Pablo las describe sarcásticamente como **de viejas.** A las mujeres, por lo general, no se les permitían las oportunidades educativas que tenían los hombres, así que esta frase viene de tal situación. Se empleaba por lo general el epíteto en los círculos filosóficos como en término de desdén por un punto de vista falto de credibilidad, apelando así solo a las matronas incultas, ingenuas, y tal vez seniles. Ningún hombre inteligente daría oído a algo de eso. Los efesios habrían entendido el uso por Pablo de esa frase.

La mente es algo precioso, y Dios espera que los que están en posiciones de liderazgo tengan una mente pura, saturada con su Palabra. No hay lugar para mitos necios y ridículos que en realidad son doctrinas de demonios. El ministro excelente mantiene sus convicciones y la claridad de su mente al exponerlas ante la Palabra de Dios (cp. Fil. 4:8; 2 Ti. 2:16), no ante mentiras de demonio que se oponen a la Biblia. Bajo el pretexto de educación teológica avanzada y erudición académica, se ha destruido gran parte del amor de los hombres por la verdad, y la mente, que una vez estuvo clara, ha sido confundida sin esperanza.

UN MINISTRO EXCELENTE SE EJERCITA PARA LA PIEDAD

Ejercítate para la piedad; porque el ejercicio corporal para poco es provechoso, pero la piedad para todo aprovecha, pues tiene promesa de esta vida presente, y de la venidera. Palabra fiel es esta, y digna de ser recibida por todos. (4:7*b*-9)

No hay ministerio espiritual eficaz sin piedad personal, ya que el ministerio es el desbordamiento de una vida piadosa. J. Oswald Sanders escribió: "Solo se pueden lograr fines espirituales con hombres espirituales que empleen métodos espirituales" (*El liderazgo espiritual,* 40).

Spurgeon describió en las palabras siguientes al ministro que, carente de piedad en su propia vida, busca conducir a otros a ella:

> Un pastor sin gracia es un hombre ciego, elegido para un profesorado de óptica, filosofando sobre la luz y la visión, disertando sobre los lindos matices y las delicadas mezclas de los colores prismáticos y distinguiéndolos ante otros, ¡a pesar de que él mismo está absolutamente en tinieblas! ¡Es un mudo a quien han puesto en una cátedra de música; un sordo que diserta sobre sinfonías y armonías! Es un topo tratando de educar águilas; un molusco elegido para presidir sobre ángeles. (*Discursos a mis estudiantes,* primera serie [reimpreso; Grand Rapids: Baker, 1980], 4)

Ejercítate viene de *gumnazō,* de la que se derivan las palabras "gimnasio" y "gimnástica". Significa "entrenar" o "practicar". La palabra habla del entrenamiento riguroso, extenuante, de mucho sacrificio que experimenta un deportista.

Cada ciudad griega tenía un gimnasio, y Éfeso no era la excepción. Los jóvenes entre dieciséis y dieciocho dedicaban habitualmente mucho de su tiempo al entrenamiento físico. Esto era esencial, ya que la vida en esos días implicaba mucha actividad física. Había mucho énfasis en el entrenamiento físico y en la gloria de los que ganaban los eventos deportivos.

Al usar *gumnazō,* Pablo toma este fenómeno cultural y lo aplica al mundo espiritual. Como la cultura griega hacía énfasis en el entrenamiento dedicado del cuerpo, Pablo exhortó a Timoteo a que se ejercitara **para la piedad.** El tiempo presente del verbo indica que debía ser algo que Timoteo buscara constantemente. Timoteo debía entrenar a su hombre interior para la **piedad.**

Eusebeia (**piedad**) expresa la realidad de la reverencia, la piedad y la genuina virtud espiritual. Era una palabra que usaban mucho los filósofos de la época de Pablo. Los seguidores de Platón la definían como "conducta correcta con relación a los dioses". La definición de los estoicos era "conocimiento de cómo debe adorarse a Dios". Luciano dijo que describía a uno que era "amante de los dioses", mientras que Jenofonte dijo que caracterizaba a alguien que era "sabio con relación a los dioses" (cp. Richard C. Trench, *Synonyms of the New Testament* [Sinónimos del Nuevo Testamento] [Grand Rapids: Eerdmans, 1976], 172-73). Así que hasta para los paganos *eusebeia* significaba una preocupación por la deidad y reverencia por las cosas santas.

Este concepto se trasladó a la fe cristiana. La **piedad** es una actitud y respuesta correctas hacia el verdadero Creador Dios; una preocupación del corazón con verdades sagradas y santas. Es respeto por lo que Dios merece, y es por consiguiente la más alta de todas las virtudes. En 1 Timoteo 6:3 se dice que está en el corazón de la verdad. Segunda Pedro 1:3 dice que viene de Cristo, mientras 1 Timoteo 6:11 compensa esto al enseñar que los creyentes deben desearla. Según Hechos 3:12 trae poder, mientras que 2 Timoteo 3:12 indica que trae dificultades. Primera Timoteo 6:5-6 dice que trae bendiciones eternas. La **piedad** es el alma y corazón del carácter cristiano, y el propósito de la vida cristiana (cp. 1 Ti. 2:2; 2 P. 3:11).

La autodisciplina espiritual es la clave para una vida piadosa. En 1 Corintios 9:24-27 Pablo escribió:

> *¿No sabéis que los que corren en el estadio, todos a la verdad corren, pero uno solo se lleva el premio? Corred de tal manera que lo obtengáis. Todo aquel que lucha, de todo se abstiene; ellos, a la verdad, para recibir una corona corruptible, pero nosotros, una incorruptible. Así que, yo de esta manera corro, no como a la ventura; de esta manera peleo, no como quien golpea el aire, sino que golpeo mi cuerpo, y lo pongo en servidumbre, no sea que habiendo sido heraldo para otros, yo mismo venga a ser eliminado.*

En 2 Corintios 7:1 nos exhortó a que nos "[limpiemos] de toda contaminación de carne y de espíritu, perfeccionando la santidad en el temor de Dios". En 2 Timoteo 2:3-5 Pablo le ordenó a Timoteo que:

> *[sufriera] penalidades como buen soldado de Jesucristo. Ninguno que milita se enreda en los negocios de la vida, a fin de agradar a aquel que lo tomó por soldado. Y también el que lucha como atleta, no es coronado si no lucha legítimamente.*

Aquí Pablo compara la disciplina espiritual con la que requería un soldado y un deportista. Tal disciplina se necesita para la victoria en la guerra o en los juegos. La falta de disciplina espiritual es la razón principal de que tantos guías espirituales caigan en pecado. Ellos dejan de dedicar tiempo para cultivar los medios de gracia, en la Palabra, en oración y en un servicio abnegado. Un ministro excelente ha de buscar la piedad, no el éxito (cp. 1 Ti. 1:5; 2:8; 3:2, 10; 6:11; 2 Ti. 2:1, 21-22). Un día oirá del Señor: "Bien, buen siervo y fiel" (Mt. 25:21).

En la época de Pablo, como en la nuestra, se le daba mucha importancia al **ejercicio corporal.** Aunque bueno, tal **ejercicio corporal para poco es provechoso.** Pablo está mostrando que está limitado en alcance y en duración; **el ejercicio corporal** solo afecta el cuerpo físico durante esta vida terrenal. Por otra parte, **la piedad para todo aprovecha, pues tiene promesa de esta vida presente, y de la venidera.** A diferencia del **ejercicio corporal,** la **piedad** es provechosa para el alma y para el cuerpo. Sus efectos positivos tampoco están limitados a esta vida, ya que **tiene promesa de esta vida presente, y de la venidera.** Cultivar la piedad traerá beneficios en la vida presente (cp. Pr. 3:7-8), pero principalmente traerá bendiciones por toda la eternidad.

Tan evidente es la verdad del versículo 8 que Pablo la llama **digna de ser recibida por todos.** Como se observó en el capítulo 3 de este tomo, el **ser digna de ser recibida por todos** es una declaración evidente, obvia. Es algo tan manifiesto que todo el mundo lo reconoce. Esta afirmación se refiere al versículo 8, no al comentario del versículo 10. El versículo 8 es mucho más de una declaración proverbial y axiomática que el versículo 10. Una declaración proverbial no comenzaría con una alusión a trabajar y sufrir, como lo hace el versículo 10. Por último, la frase griega *eis touto gar* que comienza el versículo 10 muestra que ese versículo no es la palabra fiel, sino que la apoya. Así que el versículo 10 reitera la verdad del versículo 8.

Es evidente que los creyentes deben disciplinarse a sí mismos para la piedad, porque es un valor eterno. La piedad, no la fama, la popularidad o el prestigio, es lo que debe buscar el ministro excelente, que debe dar un ejemplo de virtud espiritual a su rebaño. Debe aplicar todos los medios de gracia mientras se esfuerza en poder decir, como dijo Pablo: "Sed imitadores de mí, así como yo de Cristo" (1 Co. 11:1).

UN MINISTRO EXCELENTE ESTA COMPROMETIDO CON EL TRABAJO ARDUO

que por esto mismo trabajamos y sufrimos oprobios, porque esperamos en el Dios viviente, que es el Salvador de todos los hombres, mayormente de los que creen. (4:10)

El ministerio de excelencia no es solamente una búsqueda celestial para hallar poder divino, sino también una tarea terrenal, que exige trabajo arduo. Como se ha observado, **por esto** relaciona el versículo 10 con el versículo 8. La meta de trabajar y sufrir es la piedad, con sus consecuencias eternas. *Kopiaō* (**trabajamos**) significa "trabajar hasta el punto de la fatiga y la extenuación". *Agōnizomai* (**sufrimos**) es el origen de nuestra palabra "agonía". Significa "ocuparse en una batalla". En 2 Corintios 5:9-11, Pablo da dos razones por las que el trabajo arduo es necesario: los creyentes comparecerán ante el tribunal de Cristo (v. 10), y los incrédulos afrontarán la condenación eterna de parte de Dios (v. 11; cp. Col. 1:28-29).

El conocimiento de esta exigencia de un trabajo diligente insta al ministro excelente para serios esfuerzos. No es extraño que Henry Martyn, misionero en la India, exclamara: "Ahora permítanme consumirme por Dios". Debido a su trabajo arduo y constante como misionero entre los indios norteamericanos, David Brainerd murió antes de cumplir los treinta años. Los ministros de Dios están comprometidos en un trabajo eterno, con el destino del alma de los hombres en juego. La urgencia de este trabajo los impulsa a seguir, a través de fatigas, soledad y luchas. J. Oswald Sanders escribió: "Si no está dispuesto a pagar el precio de la fatiga por su liderazgo, siempre será un mediocre. El verdadero liderazgo siempre exige una carga pesada sobre todo hombre, y cuando más eficiente es el liderazgo, tanto más alto es el precio a pagar" (*El liderazgo espiritual,* 175, 169). Pablo les afirmó a los gálatas que mediante la cruz de Cristo "el mundo me es crucificado a mí, y yo al mundo" (Gá. 6:14). A los corintios les escribió:

> *Pues si anuncio el evangelio, no tengo por qué gloriarme; porque me es impuesta necesidad; y ¡ay de mí si no anunciare el evangelio! Por lo cual, si lo hago de buena voluntad, recompensa tendré; pero si de mala voluntad, la comisión me ha sido encomendada... Así que, yo de esta manera corro, no como a la ventura; de esta manera peleo, no como quien golpea el aire, sino que golpeo mi cuerpo, y lo pongo en servidumbre, no sea que habiendo sido heraldo para otros, yo mismo venga a ser eliminado (1 Co. 9:16-17, 26-27).*

Ambos pasajes hablan del compromiso de Pablo ante el trabajo arduo y las privaciones, un compromiso evidenciado por su sufrimiento registrado en 2 Corintios 11.

Un ministro excelente vive con esperanza y no está motivado por la satisfacción inmediata o el cumplimiento inmediato. Él [espera] **en el Dios viviente.** El tiempo perfecto del verbo indica algo hecho en el pasado con resultados continuos en el presente. Él trabaja constantemente teniendo en cuenta la eternidad. Como fue salvo en esperanza (Ro. 8:24), él vive y ministra en esa esperanza. Sus preocupaciones no se relacionan con el mundo temporal o con el cumplimiento terrenal, sino con el reino eterno e invisible.

Como se observó en el capítulo 12 de este tomo, la frase **el Dios viviente** se emplea a menudo en el Antiguo Testamento en contraste con los ídolos muertos (cp. 1 S. 17:26; 2 R. 19:4, 16; Sal. 42:2; 84:2). Los ministros excelentes no sirven a los ídolos muertos por recompensas terrenales, sino al eternamente vivo y verdadero Dios, por resultados y recompensas que solo se conocerán en el cielo.

Se ha debatido mucho en qué sentido Dios **es el Salvador de todos los hombres, mayormente de los que creen.** Algunos, queriendo eliminar la enseñanza bíblica de un infierno eterno, sostienen que aquí Pablo enseña el universalismo, es decir, que todos los hombres serán salvos. Este punto de vista viola un principio fundamental de la hermenéutica conocido como *analogia Scriptura.* Según ese principio, la Biblia nunca se contradice. Nunca enseñará algo en un pasaje que contradiga lo que ha enseñado en otra parte.

La Biblia enseña con toda claridad que quienes rechazan a Dios serán sentenciados al infierno (Ap. 20:11-15). Mateo 25:41 y 46 afirman que la duración de ese castigo será eterna. Segunda Tesalonicenses 1:8-9 dice que quienes no conocen a Dios y se niegan a obedecer el evangelio sufrirán el castigo eterno lejos de la presencia de Dios. Jesús repetidas veces habló del peligro del infierno (Mt. 8:12; 13:41-42, 49-50; 22:13; 24:51; 25:30; Lc. 13:28). Advirtió solemnemente que los que lo rechacen morirán en sus pecados (Jn. 8:24). El universalismo es sin duda contrario a las Escrituras, ya que las mismas palabras en el original que describen el infierno como eterno también describen a Dios y el cielo como eternos.

Un segundo punto de vista pudiera apodarse el punto de vista potencial/real. Según esta opinión, Cristo es potencialmente el salvador de todos los hombres, pero realmente solo de los que creen. Es cierto que la muerte de Cristo fue lo suficientemente poderosa para haber redimido a todo el género humano, satisfacer la demanda de justicia de Dios y quitar la barrera entre Dios y todos los hombres. Por lo tanto, todos pueden ser llamados a salvación y justamente condenados si rechazan este llamado. Mediante la muerte de Cristo, Dios hizo provisión por los pecados del mundo (cp. el análisis de 1 Ti. 2:6 en el capítulo 6 de este tomo).

Sin embargo, esa no es la enseñanza de este versículo, como se muestra por el empleo del adverbio *malista* (**mayormente**), lo que significa que todos los hombres disfrutarán en cierto modo de la misma clase de salvación de que disfrutan los creyentes. El adverbio no es adversativo u opuesto, no se puede decir que **todos los hombres** son salvos en cierto sentido, pero **los que creen** en otro sentido. La diferencia es de grado, no de tipo.

Parece mejor comprender este versículo como que enseña que Dios realmente es el Salvador de todos los hombres, quien realmente los salva; pero solo en el sentido temporal, mientras que a los creyentes Él los salva en el sentido eterno.

En ambos casos, Él es su Salvador y hay salvación que Él hace a favor de ellos. En esta vida, todos los hombres experimentan hasta cierto punto el poder protector, liberador y sustentador de Dios. Los creyentes lo experimentarán en su grado pleno en este tiempo y por toda la eternidad.

La palabra **Salvador** no siempre está en las Escrituras limitada a la salvación del pecado. En la Septuaginta, la traducción griega del Antiguo Testamento, *sotēr* (**Salvador**) a veces se emplea en el sentido de "libertador" (cp. Jue. 3:9; 6:14; 2 S. 3:18; 2 R. 13:5; Neh. 9:27; Abd 1:21). De la misma forma, palabras en el mismo grupo de palabras tienen ocasionalmente este sentido en el Nuevo Testamento (cp. Lc. 1:71; Hch. 7:25; 27:34; Fil. 1:19; He. 11:7). Una palabra relacionada, *sōzō* ("salvar") se emplea en los Evangelios para referirse a la sanidad física (Mt. 9:21-22; Mr. 5:23; Lc. 8:36, 50; Jn. 11:12; cp. Hch. 4:9). Dios **es el Salvador de todos los hombres** en que refrena la muerte y el juicio que todos los pecadores deben recibir por causa del pecado (cp. Ez. 18:4, 32; Ro. 6:23). La realidad que Dios libra a los hombres de la condenación instantánea y "[hace el] bien, [dándoles] lluvias del cielo y tiempos fructíferos, llenando de sustento y de alegría [sus] corazones" (Hch. 14:17), muestra que Él es el Salvador de todos. Él por gracia "es quien da a todos vida y aliento y todas las cosas" (Hch. 17:25), y "hace salir su sol sobre malos y buenos, y que hace llover sobre justos e injustos" (Mt. 5:45). Él da gracia a todos los hombres. Los incrédulos experimentan la bondad y misericordia de Dios, ya que no son aniquilados al instante por sus pecados. Ni tampoco les da Él constante dolor y privación absoluta. Ellos experimentan sus bendiciones temporales en esta vida.

Este principio se ilustra en Isaías 63:8-10:

> *Porque dijo: Ciertamente mi pueblo son, hijos que no mienten; y fue su Salvador. En toda angustia de ellos él fue angustiado, y el ángel de su faz los salvó; en su amor y en su clemencia los redimió, y los trajo, y los levantó todos los días de la antigüedad. Mas ellos fueron rebeldes, e hicieron enojar su santo espíritu; por lo cual se les volvió enemigo, y él mismo peleó contra ellos.*

El versículo 8 dice que Dios fue el Salvador de Israel. Él sacó a la nación de Egipto y los cuidó. Él proveyó alimento, agua y liberación de sus enemigos. Que no fue el Salvador, en un sentido espiritual, de todos los israelitas, está claro en el versículo 10, que dice que Él se convirtió en su enemigo y peleó contra ellos. Ese pasaje es análogo al pensamiento de Pablo en 4:10. Dios **es el Salvador de todos los hombres** en un sentido temporal, ¡y **mayormente de los que creen** en el sentido espiritual de que ellos son librados de la penalidad del pecado para siempre!

De modo que para el ministro excelente no es un problema trabajar duro proclamando la gloria y la obra salvadora de Dios en Cristo, sabiendo que sirve al Dios vivo, quien es por naturaleza el Salvador, tanto en este tiempo como en la eternidad. Este aspecto eterno de la salvación de Dios fue lo que motivó a Pablo para soportar lo que sufrió durante su ministerio evangélico.

Se dice que a un ministro llamado Tomás Cochrane se le preguntó durante una entrevista para el campo misionero: "¿A qué parte del campo se siente usted especialmente llamado?" Él respondió: "Lo único que sé es que me gustaría que fuera el más difícil que ustedes pudieran ofrecerme".

Richard Baxter, el piadoso puritano inglés del siglo XVII, escribió:

> El trabajo del ministro debe llevarse a cabo con diligencia y laboriosidad, como de una indecible consecuencia para nosotros mismos y para otros. Estamos buscando sostener al mundo, salvarlo de la maldición de Dios, perfeccionar la creación, alcanzar la finalidad de la muerte de Cristo, salvarnos a nosotros y a otros de la condenación, vencer al diablo, y destruir su reino, establecer el reino de Cristo, y alcanzar y ayudar a otros para el reino de gloria. ¿Y se deben hacer estas obras con una mente descuidada, o con manos perezosas? ¡Vean, pues, que este trabajo sea hecho con toda su fuerza! Estudien duro, porque el pozo es profundo, y nuestro cerebro es superficial. (*The Reformed Pastor* [El pastor reformado] [Edimburgo: Banner of Truth, 1979], 112)

La tarea del ministro excelente no debe hacerse en el poder de la carne, sino en el del Espíritu. Pablo habla de ese equilibrio en Colosenses 1:28-29: "A quien anunciamos, amonestando a todo hombre, y enseñando a todo hombre en toda sabiduría, a fin de presentar perfecto en Cristo Jesús a todo hombre; para lo cual también trabajo, luchando según la potencia de él, la cual actúa poderosamente en mí". El trabajo arduo en el ministerio debe tener como fuente el poder de Dios obrando en el ministro.

UN MINISTRO EXCELENTE ENSEÑA CON AUTORIDAD

Esto manda y enseña. (4:11)

La orden de Pablo a Timoteo contrasta tajantemente con mucha predicación contemporánea. La predicación en nuestro tiempo muchas veces es intrigante, pero rara vez imperativa; muchas veces entretenida, pero rara vez apela a las convicciones; muchas veces es popular, pero rara vez poderosa; muchas veces interesante, pero no tantas veces transformadora. Pablo no le pide a Timoteo que le haga sugerencias a su congregación. Más bien, él debe mandar que ellos obedezcan la verdad. *Parangellō* (**manda**), significa "ordenar", como en un mandato, un llamado a la obediencia por alguien en autoridad; **enseña** tiene la idea de pasar la verdad. **Esto** es la enseñanza de Pablo en 4:6-10, y mucho más.

Todo lo que Dios le ordenó a Timoteo que fuera, él debía ordenar a otros que lo fueran también. La predicación del ministro excelente ha de ser con autoridad, hecha como si se ordenara. Tal predicación imita al mismo Dios de quien Pablo escribió en Hechos 17:30, "ahora manda a todos los hombres en todo lugar, que se arrepientan". Jesús ordenó a quienes le escuchaban que se arrepintieran y creyeran, como había hecho Juan el Bautista. El Padre ordenó a todos que escucharan a su Hijo y obedecieran. Cada llamamiento a creer al evangelio con arrepentimiento es una orden. Cada llamado a los santos a obedecer la Palabra es una orden que debe venir con autoridad. A Tito le escribió Pablo: "Esto habla, y exhorta y reprende con toda autoridad. Nadie te menosprecie" (Tit. 2:15).

Un fiel siervo de nuestro Señor es valeroso. Afronta el pecado, la incredulidad y la desobediencia sin titubear. Pablo instruyó a Timoteo varias veces que hiciera esto. En 1 Timoteo 1:3, Timoteo debía "[mandar] a algunos que no [enseñaran] diferente doctrina". Pablo le dijo que "[mandara] también estas cosas, para que [fueran] irreprensibles" (1 Ti. 5:7). En 1 Timoteo 6:17 él debía dar instrucciones a los ricos. El valor del ministro excelente está moderado con la mansedumbre, y nunca hace que sea insultante o descortés. No obstante, cada sermón debe tener un inconfundible tono de autoridad. Debe, según dice Richard Baxter: "atornillar la verdad en la mente de los hombres" (citado en Thomas, *A Puritan Golden Treasury* [Un tesoro dorado puritano], 222).

Tal autoridad se edifica sobre un fundamento cuádruple. En primer lugar, un fuerte compromiso con la autoridad de la Palabra de Dios. Un hombre que no está seguro si la Biblia es la Palabra de Dios, no tendrá autoridad en su predicación. En segundo lugar, una adecuada interpretación de la Biblia. El hombre que no está seguro de lo que quiere decir la Biblia, tampoco tendrá autoridad en su predicación. En tercer lugar, un interés por que se respalde la verdad de la Palabra de Dios y se ponga en práctica por la disciplina de la iglesia (cp. Mt. 18:15ss; 1 Co. 5:1-13; 2 Ts. 3:14-15). En cuarto lugar, el conocimiento de que el predicador no necesita decir lo que pudiera agradar a los hombres para no ofenderlos, sino debe decir lo que agrada a Dios, o ser culpable de prostituir el ministerio.

Un ministro excelente enseña con autoridad. Su predicación se caracteriza por órdenes fundamentadas en la autoridad de la Biblia, no simples súplicas sentimentales. No tiene miedo de proclamar con denuedo la Palabra de Dios y dejar que haga su perfecto trabajo.

Cualidades de un ministro excelente: Segunda parte

15

Ninguno tenga en poco tu juventud, sino sé ejemplo de los creyentes en palabra, conducta, amor, espíritu, fe y pureza. Entre tanto que voy, ocúpate en la lectura, la exhortación y la enseñanza. No descuides el don que hay en ti, que te fue dado mediante profecía con la imposición de las manos del presbiterio. Ocúpate en estas cosas; permanece en ellas, para que tu aprovechamiento sea manifiesto a todos. Ten cuidado de ti mismo y de la doctrina; persiste en ello, pues haciendo esto, te salvarás a ti mismo y a los que te oyeren. (4:12-16)

Después de analizar en el capítulo 3 las características personales de los que están en el ministerio, Pablo vuelve en 4:6-16 a las normas de excelencia relacionadas con el propio ministerio. Él da once reglas por las que un ministro excelente debe medirse. Estas se basan, no en su vida personal, sino en cómo él actúa en el ministerio. Como se observó en el capítulo 14, las primeras seis nos dicen que un ministro excelente advierte a su pueblo del error, es un profundo estudioso de la Biblia, evita la influencia de enseñanzas profanas, se ejercita para la piedad, está comprometido con el trabajo arduo, y enseña con autoridad.

UN MINISTRO EXCELENTE ES MODELO DE VIRTUD ESPIRITUAL

Ninguno tenga en poco tu juventud, sino sé ejemplo de los creyentes en palabra, conducta, amor, espíritu, fe y pureza. (4:12)

La herramienta más grande y sencilla del liderazgo es el poder de una vida ejemplar. El puritano Thomas Brooks dijo: “El ejemplo es la retórica más elocuente” (citado en I. D. E. Thomas, *A Puritan Golden Treasury* [Un tesoro dorado puritano] [Edimburgo: Banner of Truth, 1977], 96). Establecer un ejemplo de piedad que otros puedan seguir es el *sine qua non* de excelencia en el ministerio. Cuando falta una norma manifiesta de piedad, se reduce drásticamente el poder de la predicación, dejándola como una concha vacía. La vida de un ministro es su más poderoso mensaje, y debe respaldar lo que dice, o es mejor que no lo diga. La predicación con autoridad se daña mucho si no hay una vida virtuosa que la respalde.

El Nuevo Testamento tiene mucho que decir sobre la importante función del ejemplo. A los corintios Pablo les escribió: "Por tanto, os ruego que me imitéis" (1 Co. 4:16; cp. 11:1). En Filipenses 3:17 él dijo: "Hermanos, sed imitadores de mí, y mirad a los que así se conducen según el ejemplo que tenéis en nosotros", mientras que Filipenses 4:9 dice: "Lo que aprendisteis y recibisteis y oísteis y visteis en mí, esto haced; y el Dios de paz estará con vosotros". Les recordó a los tesalonicenses que:

> *nuestro evangelio no llegó a vosotros en palabras solamente, sino también en poder, en el Espíritu Santo y en plena certidumbre, como bien sabéis cuáles fuimos entre vosotros por amor de vosotros. Y vosotros vinisteis a ser imitadores de nosotros y del Señor, recibiendo la palabra en medio de gran tribulación, con gozo del Espíritu Santo (1 Ts. 1:5-6; cp. 2 Ts. 3:7-9).*

El escritor de Hebreos exhortó a sus lectores: "Acordaos de vuestros pastores, que os hablaron la palabra de Dios; considerad cuál haya sido el resultado de su conducta, e imitad su fe" (He. 13:7).

Pablo le advirtió a Timoteo que ninguno tuviera **en poco** [su] **juventud,** porque él no tenía un largo historial para establecer credibilidad, él tendría que ganarse el respeto de los suyos. Los griegos, como casi todas las culturas, subordinaban la juventud a la edad. Si un hombre no tenía edad, tendría que ganarse el respeto.

Pablo se refiere a Timoteo como joven, aunque ya habían pasado unos quince años desde que se conocieron en el segundo viaje misionero del apóstol. Es probable que Timoteo tuviera algo más de veinte años en aquel tiempo. Aunque ahora tenía casi cuarenta años, tenía treinta años menos que el anciano apóstol (Flm. 9) y aun se le consideraba joven según las normas de la cultura griega. Lucas describe a Pablo como un joven en Hechos 7:58, aunque debe de haber tenido más de treinta años. *Neotēs* (**juventud**) se usaba para describir a todo el que tuviera menos de cuarenta años. Para contrarrestar esa **juventud,** Pablo exhortó a Timoteo a que fuera **ejemplo de los creyentes.** *Tupos* (**ejemplo**) significa "norma" o "modelo". Al hacer así, ganaría el respeto de los suyos. Pablo enumera cinco aspectos en los cuales Timoteo debía esforzarse por ser ejemplo para la iglesia.

En primer lugar, Timoteo debía ser ejemplo en **palabra.** La conversación de un ministro excelente debe ser ejemplar. En Mateo 12:34-37, Jesús advirtió:

> *Porque de la abundancia del corazón habla la boca. El hombre bueno, del buen tesoro del corazón saca buenas cosas; y el hombre malo, del mal tesoro saca malas cosas. Mas yo os digo que de toda palabra ociosa que hablen los hombres, de ella darán cuenta en el día del juicio. Porque por tus palabras serás justificado, y por tus palabras serás condenado.*

Las palabras de un hombre reflejan lo que hay en su corazón.

Un hombre de Dios debe evitar todo tipo de conversación pecaminosa. Esto incluye cualquier desviación de la verdad, como Pablo pone en claro en Efesios 4:25 cuando dice: "Por lo cual, desechando la mentira, hablad verdad cada uno con su prójimo". Nada revela con más seguridad un alma pecaminosa ni destruye más rápidamente a un líder que las mentiras. La honestidad absoluta es esencial para el que habla en nombre de "Dios, que no miente" (Tit. 1:2; cp. He. 6:18), y que aborrece la mentira (Pr. 6:16-17; 12:22). Efesios 4:26 prohíbe la conversación iracunda, el versículo 29 la palabra corrompida, y el versículo 31 las maledicencias. Tal forma de hablar refleja un corazón impuro. Para ser llamado un ministro excelente, la forma de hablar debe ser "buena para la necesaria edificación, a fin de dar gracia a los oyentes" (Ef. 4:29).

En segundo lugar, Timoteo debía ser ejemplo en **conducta.** Se exige de un ministro excelente que sea un modelo de vida justa, que manifieste sus convicciones bíblicas en todos los aspectos de su vida. Un mensaje bíblico aparejado con un impío estilo de vida es solo patente hipocresía. Peor aun, las personas tenderán a seguir la forma en la que vive, no lo que enseña. Por otra parte, una vida de santidad da poder y autoridad al mensaje de una persona.

Las Escrituras están repletas de exhortaciones a una vida santa. Santiago escribe: "¿Quién es sabio y entendido entre vosotros? Muestre por la buena conducta sus obras en sabia mansedumbre" (Stg. 3:13). Pedro tenía mucho que decir acerca del asunto: "Como aquel que os llamó es santo, sed también vosotros santos en toda vuestra manera de vivir" (1 P. 1:15); "Manteniendo buena vuestra manera de vivir entre los gentiles; para que en lo que murmuran de vosotros como de malhechores, glorifiquen a Dios en el día de la visitación, al considerar vuestras buenas obras" (1 P. 2:12); "Teniendo buena conciencia, para que en lo que murmuran de vosotros como de malhechores, sean avergonzados los que calumnian vuestra buena conducta en Cristo" (1 P. 3:16).

En tercer lugar, Timoteo debía ser ejemplo en **amor.** El **amor** bíblico es muy diferente de la emoción que nuestra cultura llama amor. Implica sacrificio en el servicio a favor de otros, sin importar cómo uno se siente. En Juan 15:13 nuestro Señor dijo: "Nadie tiene mayor amor que este, que uno ponga su vida por sus amigos". Este versículo resume la esencia del ministerio como amor sacrificado. El ministro excelente da su tiempo y energía a las personas a quienes está llamado a servir, dedicando toda su vida a verlos fortalecidos y edificados en el Señor.

Ningún sacrificio personal es demasiado grande, como observa Pablo en Filipenses 2:17: "Y aunque sea derramado en libación sobre el sacrificio y servicio de vuestra fe, me gozo y regocijo con todos vosotros". Él podía decir con facilidad: "Ahora me gozo en lo que padezco por vosotros, y cumplo en mi carne lo que falta de las aflicciones de Cristo por su cuerpo, que es la iglesia" (Col. 1:24). Su amor era tan grande a aquellos a quienes servía, que estuvo dispuesto a amar aun cuando su amor no fuera correspondido. Les recuerda a los corintios cuánto los ama (2 Co. 2:4; 11:11) e incluso añade: "Y yo con el mayor placer gastaré lo mío, y aun yo mismo me gastaré del todo por amor de vuestras almas, aunque amándoos más, sea amado menos" (2 Co. 12:15) Su amor a la iglesia le hizo sentir los dolores del sufrimiento todo el tiempo (cp. 2 Co. 1:5-11; 6:4-10; 11:23-29; 12:7-10).

Pablo les recordó a los tesalonicenses que:

> *fuimos tiernos entre vosotros, como la nodriza que cuida con ternura a sus propios hijos. Tan grande es nuestro afecto por vosotros, que hubiéramos querido entregaros no sólo el evangelio de Dios, sino también nuestras propias vidas; porque habéis llegado a sernos muy queridos. Porque os acordáis, hermanos, de nuestro trabajo y fatiga; cómo trabajando de noche y de día, para no ser gravosos a ninguno de vosotros, os predicamos el evangelio de Dios. Vosotros sois testigos, y Dios también, de cuán santa, justa e irreprensiblemente nos comportamos con vosotros los creyentes; así como también sabéis de qué modo, como el padre a sus hijos, exhortábamos y consolábamos a cada uno de vosotros, y os encargábamos que anduvieseis como es digno de Dios, que os llamó a su reino y gloria (1 Ts. 2:7-12).*

En Filipenses 2:25-30, Pablo elogia a Epafrodito, quien, como el apóstol mismo, estuvo a punto de morir por su extenuante servicio a la causa de Cristo. Y como un ministro excelente trabaja con la perspectiva de la eternidad, ve los sacrificios del amor como algo insignificante.

En cuarto lugar, Timoteo debía ser ejemplo en **fe.** Aquí la fe no se refiere a la creencia, sino a la fidelidad o a la inquebrantable devoción. Un ministro excelente es siempre fiel. No se desvía de su pista; no se aparta de su rumbo. "Se requiere de los administradores", escribió Pablo en 1 Corintios 4:2, "que cada uno sea hallado fiel". Esta virtud esencial de lealtad separa a los que tienen éxito, al ser una poderosa influencia de los que no lo tienen.

Por último, Timoteo debía ser ejemplo en **pureza.** *Hagneia* (**pureza**) se refiere primordialmente a la pureza en cuanto a la sexualidad, tanto en la conducta como en las intenciones del corazón. Nada socava tanto un ministerio como la impureza sexual. Esto se hace muy evidente en la relación de los requisitos para que un obispo sea "irreprensible". Encabezando esa lista está el requisito de que sea "hombre de una sola mujer" (1 Ti. 3:2). Los líderes son muy vulnerables en ese aspecto, ya que es un requisito prioritario, y por consiguiente una vía frecuente de ataque de Satanás. Un ministro excelente debe prestar atención a la exhortación de Pablo a Timoteo de que "[huya] también de las pasiones juveniles" (2 Ti. 2:22).

Todo el que no sea capaz de establecer una norma de piadosa virtud en estos aspectos, no pertenece al liderazgo de la iglesia. Como la vida del líder establece la norma que otros deben seguir, un líder incompetente inevitablemente baja esa norma de santidad en la iglesia.

UN MINISTRO EXCELENTE TIENE UN MINISTERIO COMPLETAMENTE BÍBLICO

Entre tanto que voy, ocúpate en la lectura, la exhortación y la enseñanza. (4:13)

Las Escrituras es el material con el que un ministro excelente edifica su ministerio. La frase **Entre tanto que voy** muestra que Pablo tenía la intención de volver a Éfeso (cp. 3:14). En lo que Pablo llegaba, Timoteo debía continuar edificándose con la revelación de Dios. Su tarea era [ocuparse] **en la lectura, la exhortación y la enseñanza; ocúpate en** es el presente indicativo activo de *prosechō*. Timoteo debía continuamente dar atención a esas cosas; ese debía ser su estilo de vida. Donald Guthrie escribe que el verbo "implica preparación previa en privado" (*The Pastoral Epistles* [Las epístolas pastorales], edición revisada. [Grand Rapids: Eerdmans, 1990], 109). Abarca no solo el acto de enseñar, sino todo el empeño, estudio y preparación asociado con él.

Un ministro excelente debe concentrarse en **la lectura, la exhortación y la enseñanza.** La **lectura** se hacía en el culto de adoración pública de la iglesia. Debido en parte a la falta de manuscritos, la práctica de la sinagoga se había trasladado a la iglesia primitiva. Parte de cada culto de adoración en una sinagoga era la lectura y explicación de los pasajes del Antiguo Testamento (cp. Lc. 4:16ss; Hch. 15:21). Esa costumbre tiene su origen en la práctica de los exiliados cuando regresaron del cautiverio babilónico (cp. Neh. 8:1-8). A la lectura del Antiguo Testamento, la iglesia primitiva añadió la lectura y explicación de la doctrina de los apóstoles (cp. Hch. 2:42; Col. 4:16; 1 Ts. 5:27). En la medida que las cartas del Nuevo Testamento se escribieron y circularon durante los primeros años, ocuparon su lugar en la lectura pública.

La lectura de las Escrituras estaba acompañada de una exposición del pasaje leído para que los que escuchaban pudieran comprenderlo (cp. Neh. 8:1-8; Lc. 4:16ss). Se explicaba todo lo que necesitaba ser clarificado. En nuestro tiempo, aun cuando estamos cultural, geográfica, lingüística, filosófica e históricamente muy lejos de los tiempos bíblicos, es esencial la exposición.

La **exhortación** llama al pueblo a aplicar las verdades que se le han enseñado. Advierte a las personas que deben obedecer, a la luz de la bendición que recibirán si lo hacen, y el juicio si no. La **exhortación** puede tomar la forma de amonestación, advertencia, consejo, o consolación, pero siempre implica un llamado a la conciencia.

Didaskalia (**enseñanza**) aparece quince veces en las epístolas pastorales. Implica la explicación sistemática de la Palabra de Dios. Podría incluir el desarrollo de métodos de enseñar a las personas de modo individual o en grupos pequeños reunidos en casas. El caso es que un ministro excelente ha de llevar la sana doctrina a todas las personas, en todo tiempo, por todos los medios. Esto es el corazón y alma del ministerio, ya que la Palabra es la única fuente de vida y verdad. No es de sorprender, entonces, que se requería que un anciano fuera capaz de enseñar (1 Ti. 3:2; cp. Tit. 1:9).

Desde sus primeros años, la iglesia ha estado comprometida con la enseñanza de la Palabra de Dios. Escribiendo a mediados del segundo siglo, el apologista Justino Mártir describió un típico culto de adoración de su época:

> El día llamado domingo hay una reunión en un local de los que viven en las ciudades o en el campo, y se leen las memorias de los apóstoles o los escritos de los profetas mientras haya tiempo. Cuando el que lee ha terminado, el presidente en un discurso nos insta e invita a imitar esas nobles cosas. Entonces todos nos levantamos y ofrecemos oraciones. Y, como se dijo antes, cuando hemos terminado la oración, se trae pan, y vino y agua, y el presidente de igual manera eleva oraciones y acciones de gracias, lo mejor de su capacidad, y la congregación asiente, diciendo el Amén. (Citado en Cyril C. Richardson, ed., *Early Christian Fathers* [Los padres de la iglesia primitiva] [Nueva York: MacMillan, 1978], 287)

La lectura y explicación de la Palabra era fundamental para el culto de adoración.

Al obispo de Constantinopla del siglo IV Juan Crisóstomo se le apodaba "boca de oro". De él John R. W. Stott escribe:

> Él es por lo general estimado precisamente como el más grande orador de púlpito de la iglesia griega. No ha tenido a otro superior o igual entre los padres latinos. Él sigue siendo hasta el día de hoy un modelo para los predicadores de las grandes ciudades.
>
> Pueden mencionarse cuatro características principales. En primer lugar, era bíblico. No solo predicaba de forma sistemática a través de varios libros, sino que sus sermones estaban llenos de citas y alusiones bíblicas. En segundo lugar, su interpretación de las Escrituras era sencilla

y directa. Él seguía la escuela de Antioquía de exégesis "literal", a diferencia de las fantasiosas alegorizaciones alejandrinas. En tercer lugar, sus aplicaciones morales eran sensatas. Leyendo sus sermones hoy, uno puede imaginar sin dificultad la fastuosidad de la corte imperial, los lujos de la aristocracia, las carreras salvajes en los hipódromos, en resumen, toda la vida de una ciudad oriental a fines del siglo IV. En cuarto lugar, no tenía temor en sus censuras. En realidad, "él era un mártir del púlpito, porque fue principalmente su fiel predicación la que provocó su exilio". (Citado en John R. W. Stott, *Between Two Worlds* [Entre dos mundos] [Grand Rapids: Eerdmans, 1982], 21)

Su forma sencilla y directa de explicar la Biblia, unido a la aplicación moral, es un modelo a imitar por todos los predicadores.

Los reformadores estaban profundamente comprometidos con la exposición de la Biblia. Lutero a menudo predicaba cuatro veces los domingos. Cada trimestre del año enseñaba una serie sobre doctrina de dos semanas, usando un catequismo. Hay más de dos mil de sus sermones. Calvino ministró en Ginebra desde 1541 hasta su muerte en 1564. Predicaba dos veces cada domingo, y cada dos semanas predicaba cada noche. Sus sermones del domingo cubrían el Nuevo Testamento, sus sermones de por la noche, el Antiguo Testamento. Esos sermones fueron registrados por un taquígrafo, y fueron el fundamento de sus comentarios. Produjo comentarios sobre Génesis, Deuteronomio, Jueces, Job, Salmos, 1 y 2 Samuel, 1 Reyes, todos los profetas mayores y menores, una armonía de los Evangelios, Hechos, 1 y 2 Corintios, Gálatas, Efesios, 1 y 2 Tesalonicenses y las epístolas pastorales.

El siglo XIX vio a grandes predicadores como Joseph Parker y Alexander Maclaren, que produjeron exposiciones de toda la Biblia. Ellos dedicaron toda una vida al estudio de la Palabra de Dios. Ellos conocían la verdad que expresó John Huxtable, que un hombre "no llena los requisitos para ser un predicador de la Palabra haciendo incursiones semanales en el buen libro para descubrir alguna clavija en la que colgar varias observaciones diseminadas sobre los hombres y los acontecimientos" (citado en Stott, *Between Two Worlds,* 182). Cuanto más duro trabaje un hombre en la enseñanza de la Palabra, tanto más honorable es (cp. 1 Ti. 5:17). Tal diligencia es necesaria porque, como apunta John Flavel: "No sucede con nosotros [los predicadores], como ocurre con otros trabajadores: ellos encuentran su trabajo tal y como lo dejaron, nosotros no. El pecado y Satanás enredan casi todo lo que hacemos, las impresiones que logramos en las almas de las personas en un sermón, desaparecen antes del próximo" (citado en Thomas, *A Puritan Golden Treasury,* [Un tesoro dorado puritano] 193).

Predicar y enseñar es la más alta vocación de un pastor. Es trágico que tantos en nuestro tiempo se hayan desviado de esto. Gastan su tiempo en cosas no esenciales, y los suyos finalizan espiritualmente empobrecidos.

UN MINISTRO EXCELENTE CUMPLE SU LLAMADO

No descuides el don que hay en ti, que te fue dado mediante profecía con la imposición de las manos del presbiterio. (4:14)

No todos los que entran en el ministerio siguen el rumbo. Algunos lo abandonan porque no pertenecen al ministerio con el que comenzaron. Otros, sin embargo, desertan del lugar en el que Dios quiere que estén.

Timoteo no estaba exento de la tentación de hacer esto. La forma imperativa del verbo *ameleō* (**No descuides**) indica que Timoteo pudiera estar en peligro de abandonar el ministerio. En realidad, él pudiera haber estado sintiendo esa tentación.

En 2 Timoteo 1:3-8, 12-15, Pablo nos da ideas sobre las presiones que Timoteo afrontó en Éfeso:

> *Doy gracias a Dios, al cual sirvo desde mis mayores con limpia conciencia, de que sin cesar me acuerdo de ti en mis oraciones noche y día; deseando verte, al acordarme de tus lágrimas, para llenarme de gozo; trayendo a la memoria la fe no fingida que hay en ti, la cual habitó primero en tu abuela Loida, y en tu madre Eunice, y estoy seguro que en ti también. Por lo cual te aconsejo que avives el fuego del don de Dios que está en ti por la imposición de mis manos. Porque no nos ha dado Dios espíritu de cobardía, sino de poder, de amor y de dominio propio. Por tanto, no te avergüences de dar testimonio de nuestro Señor, ni de mí, preso suyo, sino participa de las aflicciones por el evangelio según el poder de Dios... Por lo cual asimismo padezco esto; pero no me avergüenzo, porque yo sé a quién he creído, y estoy seguro que es poderoso para guardar mi depósito para aquel día. Retén la forma de las sanas palabras que de mí oíste, en la fe y amor que es en Cristo Jesús. Guarda el buen depósito por el Espíritu Santo que mora en nosotros. Ya sabes esto, que me abandonaron todos los que están en Asia, de los cuales son Figelo y Hermógenes.*

Como se ha observado, Timoteo era un joven según el punto de vista de su cultura. Se enfrentaba a algunos temibles adversarios en los falsos maestros de Éfeso. Pablo le recordó a Timoteo de sus constantes oraciones en su favor, mientras recordaba las lágrimas de Timoteo. Unos tres años después de escribir esta primera epístola a Timoteo, Pablo tuvo que exhortarlo a que avivara su don espiritual. Él le recordó que lo que provenía de Dios era poder, no miedo. Incluso es posible que Timoteo hubiera sentido la tentación de avergonzarse de

Pablo, o hasta del Señor mismo. Pablo lo insta a no sucumbir ante esas malvadas lisonjas y apartarse, como habían hecho tantos otros.

Además de esas presiones externas había tentaciones internas de falta de diligencia y lujuria. Por consiguiente, Pablo le hizo las exhortaciones siguientes en 2 Timoteo 2:1, 3-6, 22:

> *Tú, pues, hijo mío, esfuérzate en la gracia que es en Cristo Jesús... Tú, pues, sufre penalidades como buen soldado de Jesucristo. Ninguno que milita se enreda en los negocios de la vida, a fin de agradar a aquel que lo tomó por soldado. Y también el que lucha como atleta, no es coronado si no lucha legítimamente. El labrador, para participar de los frutos, debe trabajar primero... Huye también de las pasiones juveniles, y sigue la justicia, la fe, el amor y la paz, con los que de corazón limpio invocan al Señor.*

Para animar a Timoteo a que permaneciera fiel, Pablo le dio tres motivos para no abandonar el ministerio. En primer lugar, le recordó **el don espiritual** que había en él. *Charisma* (**don espiritual**) se refiere al don dado a todos los creyentes en la salvación (Ro. 12:4-8; 1 Co. 12:1-31; 1 P. 4:10-11). El don de cada creyente es una mezcla de capacidades espirituales diseñada por Dios, que actúa como canal a través del cual el Espíritu de Dios ministra a otros. El don de Timoteo incluía el evangelismo, la predicación, la enseñanza y el liderazgo (cp. 4:6, 11, 13, 16; 6:2; 2 Ti. 2:24-25; 4:2, 5).

En segundo lugar, el don subjetivo de Timoteo fue confirmado objetivamente. Pablo le recordó a Timoteo que su don **[le] fue dado mediante profecía.** Hubo una confirmación pública de su don mediante la revelación directa de Dios (cp. 1:18), aunque las circunstancias de esa **profecía** no se mencionan en las Escrituras. Sin embargo, es probable que tuviera lugar poco después de que Timoteo conociera a Pablo en el segundo viaje misionero del apóstol (Hch. 16:1-3). El llamado profético de Timoteo recordaba al del propio Pablo (cp. Hch. 13:2).

En nuestro tiempo, el llamado de Dios no viene a través de una revelación especial, sino por providencia. Si Dios quiere a un hombre en el ministerio, Él le dará ese deseo y abrirá una puerta de oportunidad para él.

Por último, el don de Timoteo fue confirmado con **la imposición de las manos del presbiterio.** Es probable que esto ocurriera en el mismo tiempo en el que se hizo la profecía sobre Timoteo. El llamamiento de Timoteo al ministerio fue de esta manera confirmado subjetivamente, mediante su don espiritual, objetivamente, a través de su llamamiento profético, y colectivamente, mediante la confirmación de la iglesia. Para Timoteo escapar del ministerio sería negar abiertamente este evidente consenso. Pablo lo insta a permanecer fiel a su llamamiento.

UN MINISTRO EXCELENTE ESTÁ TOTALMENTE DEDICADO A SU TRABAJO

Ocúpate en estas cosas; permanece en ellas, (4:15*a*)

Un hombre de Dios debe tener una firme dedicación a su llamamiento. No debe ser como el hombre de doble ánimo a quien Santiago caracterizó como "inconstante en todos sus caminos" (Stg. 1:8). *Meletaō* (**Ocúpate en**) denota el concepto de considerar muy bien de antemano, planificar, trazar estrategias o premeditar. Cuando no participa en el ministerio, el ministro excelente se está preparando, orando o planificando para él; **permanece** no está en el texto griego, que literalmente dice **estate en ellas,** una frase que subraya el estar totalmente inmerso. Un ministro excelente es consumido por su trabajo.

En 2 Timoteo 4:2, Pablo ordenó a Timoteo "que [predicara] la palabra; que [instara] a tiempo y fuera de tiempo", cuando es conveniente y cuando no lo es. El siervo de Jesucristo nunca está fuera de servicio.

UN MINISTRO EXCELENTE PROGRESA EN EL CRECIMIENTO ESPIRITUAL

para que tu aprovechamiento sea manifiesto a todos. (4:15*b*)

A fin de que nadie piense que un hombre debe ser perfecto para ser un siervo de Dios, Pablo menciona la necesidad de **aprovechamiento** espiritual. Ningún ministro es todo lo que debiera ser. Es irreprochable, pero también una persona que está creciendo. Un guía espiritual no debe tratar de ocultar sus defectos de su pueblo, sino más bien permitir que se observe su progreso en el conocimiento espiritual, la sabiduría y la madurez. Aun el apóstol Pablo admitía su necesidad de crecer en la gracia:

> *No que lo haya alcanzado ya, ni que ya sea perfecto; sino que prosigo, por ver si logro asir aquello para lo cual fui también asido por Cristo Jesús. Hermanos, yo mismo no pretendo haberlo ya alcanzado; pero una cosa hago: olvidando ciertamente lo que queda atrás, y extendiéndome a lo que está delante, prosigo a la meta, al premio del supremo llamamiento de Dios en Cristo Jesús (Fil. 3:12-14).*

Prokopē (**aprovechamiento**) se empleaba en términos militares para referirse a una fuerza de avanzada. Los estoicos empleaban la palabra para referirse a ser aventajado en el aprendizaje, la comprensión o el conocimiento. También pudiera referirse a los esfuerzos agotadores de un pionero abriendo un camino hacia un nuevo lugar. Un ministro excelente debe estar avanzando hacia la semejanza a Cristo, y su pueblo debe ser capaz de notar su progreso.

LA EXHORTACIÓN FINAL

Ten cuidado de ti mismo y de la doctrina; persiste en ello, pues haciendo esto, te salvarás a ti mismo y a los que te oyeren. (4:16)

Pablo resume su comisión a Timoteo con respecto a las cualidades de un noble siervo ordenándole que [tuviera] **cuidado de sí mismo y** de su **doctrina.** Cada una de las once características de un ministro excelente que aparecen en los versículos 6-16 se ajustan a una de estas dos categorías. Un verdadero hombre de Dios se concentrará de forma total en la santidad personal y en la instrucción pública. Es doble el beneficio de hacer eso: [se salvará] el ministro mismo y **los que** [lo] **oyeren.** Esto producirá salvación para él en el sentido de que la salvación final, la liberación del pecado y la entrada en la gloria eterna, exige perseverancia. Es la inequívoca enseñanza de la Biblia que el perseverar en la fe es una característica de la salvación genuina. Jesús dijo en Juan 8:31: "Si vosotros permaneciereis en mi palabra, seréis verdaderamente mis discípulos" (cp. Mt. 10:22; 24:13; Hch. 13:43; 14:22; Ro. 2:7; Col. 1:23; He. 3:14). Tal perseverancia es resultado de poner mucha atención en la dedicación personal por la virtud espiritual. Aunque la perseverancia de los santos solo puede lograrse por el poder de Dios, no obstante es la responsabilidad de cada creyente.

La perseverancia de un ministro excelente también salvará **a los que oyeren** su mensaje. Él, por supuesto, no es la fuente de su salvación, pero es simplemente el agente de ellas. La gloria de Dios no se empequeñece ni disminuye en ninguna manera porque Él utilice instrumentos humanos en la obra divina de salvar almas. Más bien, se realza porque Él hace útiles a los que son tan débiles, y ennoblece a los que son tan viles. Su vida piadosa y enseñanza fiel de la Palabra tendrá un efecto salvador en los que lo oyen. El resultado, que es la verdadera meta de todas estas once características de un ministro piadoso, es que algunos sean salvos. Este es el llamado más grande de la iglesia, y la única razón por la que permanece en el mundo. Es la meta de todos los nobles servidores en el ministerio.

Confrontación del pecado en la familia espiritual 16

No reprendas al anciano, sino exhórtale como a padre; a los más jóvenes, como a hermanos; a las ancianas, como a madres; a las jovencitas, como a hermanas, con toda pureza. (5:1-2)

Se describe a la iglesia en el Nuevo Testamento con muchas metáforas y analogías. Primera Pedro 2:9 la llama nación santa, subrayando la común ciudadanía de los creyentes en el reino celestial. Apocalipsis 5:10 llama a la iglesia un reino, subrayando la común sumisión de los creyentes al Rey de reyes y Señor de señores. Pedro llama a la iglesia un sacerdocio (1 P. 2:5, 9), subrayando el privilegio que tienen todos los creyentes de un acceso directo a Dios. Nuestro Señor llama a la iglesia una vid (Jn. 15:5), subrayando la conexión común de los creyentes con la vida de Dios que nos posibilita llevar fruto. El apóstol Pablo llama a la iglesia un templo (Ef. 2:20-22), edificado sobre el sólido fundamento de la doctrina de los apóstoles, con Jesucristo como la principal piedra del ángulo. Primera Corintios 12:12 llama a la iglesia un cuerpo, subrayando la vida común de los creyentes y su dependencia de la Cabeza, el Señor Jesucristo. Hebreos 12:23 llama a la iglesia una asamblea, subrayando el llamado común de los creyentes de reunirnos en la eterna presencia de Dios. Primera Pedro 5:2-3 llama a la iglesia un rebaño (grey), subrayando la necesidad común de los creyentes de ser guiados y alimentados por el Gran Pastor.

Hay una metáfora más de la iglesia, una que se ajusta al contexto de este pasaje. Es la metáfora de la iglesia como familia (cp. Ef. 2:19; 3:15; Gá. 6:10). La palabra "familia" habla de intimidad, cuidado, franqueza y amor. Jesús dijo en Juan 13:34-35: "Un mandamiento nuevo os doy: Que os améis unos a otros; como yo os he amado, que también os améis unos a otros. En esto conocerán todos que sois mis discípulos, si tuviereis amor los unos con los otros". El amor es la columna vertebral de la familia, y de la iglesia.

Dentro del marco del amor de los creyentes entre sí, hay un elemento muy necesario y a menudo pasado por alto: la confrontación del pecado. En la iglesia, como en la familia, se debe tener en cuenta la desobediencia. Esa es la característica de una familia amorosa. El verdadero amor se interesa en que los otros disfruten de las bendiciones de Dios y prosperen espiritualmente. Debido a esto, no vacila en confrontar el pecado. En este breve pasaje, Pablo abarca el importante asunto de cómo debe hacerse esto en la familia del Señor.

Timoteo era parte de la familia espiritual ubicada en Éfeso. Algunos miembros pecadores de esa iglesia habían abandonado la verdad y la piedad (1:5-6; 2:8). Otros habían naufragado en cuanto la fe (1:19). Algunas mujeres habían abandonado su función y estaban tratando de usurpar la función de los hombres (2:9-15). Algunos de los hombres que aspiraban al liderazgo no eran aptos, así que Pablo dio los requisitos necesarios para los ancianos y diáconos (3:1-13; cp. 5:19-22). Otros estaban enseñando doctrinas falsas de demonios (4:1-5; 6:3-5). Algunas de las viudas más viejas estaban llevando una vida impura (5:6-7), al igual que algunas de las más jóvenes (5:11-13).

Es obvio que la condición de la familia espiritual en Éfeso exigía alguna corrección. Había que afrontar el pecado, ya que perturbaba la intimidad de la familia. Además de eso, esa intimidad permite que el pecado se disemine por todos los miembros de la familia como una enfermedad que es. Como les advirtió Pablo a los corintios, al enfrentarse a sus miembros pecadores:

> *¿No sabéis que un poco de levadura leuda toda la masa? Limpiaos, pues, de la vieja levadura, para que seáis nueva masa... Os he escrito por carta, que no os juntéis con los fornicarios; no absolutamente con los fornicarios de este mundo más bien con ninguno que, llamándose hermano, fuere fornicario, o avaro, o idólatra, o maldiciente, o borracho, o ladrón... Quitad, pues, a ese perverso de entre vosotros (1 Co. 5:6-7, 9-10, 11, 13).*

Ya Timoteo conocía la importancia de la disciplina, así que Pablo no hace énfasis en ella en este pasaje. En 2 Samuel 7:14 Dios dijo del descendiente de David: "Yo le seré a él padre, y él me será a mí hijo. Y si él hiciere mal, yo le castigaré con vara de hombres, y con azotes de hijos de hombres". Job 5:17 dice de la disciplina de Dios: "He aquí, bienaventurado es el hombre a quien Dios castiga; por tanto, no menosprecies la corrección del Todopoderoso". Proverbios dice mucho acerca del castigo. Lleva al entendimiento (Pr. 15:32), al conocimiento (19:25), a la sabiduría (15:31; 29:15), a la honra (13:18) y a una vida feliz (6:23). Dios se lamenta por Israel en Jeremías 44:4-5: "Y envié a vosotros todos mis siervos los profetas, desde temprano y sin cesar, para deciros: No hagáis esta cosa abominable que yo aborrezco. Pero no oyeron ni inclinaron su oído para convertirse de su maldad, para dejar de ofrecer incienso a dioses ajenos".

Quizás el pasaje más categórico sobre la importancia de la disciplina en la familia de la iglesia se encuentra en Mateo 18:15-17:

Por tanto, si tu hermano peca contra ti, ve y repréndele estando tú y él solos; si te oyere, has ganado a tu hermano. Mas si no te oyere, toma aún contigo a uno o dos, para que en boca de dos o tres testigos conste toda palabra. Si no los oyere a ellos, dilo a la iglesia; y si no oyere a la iglesia, tenle por gentil y publicano.

Era parte de la función de Timoteo como pastor de la iglesia confrontar el pecado.

Se debe confrontar el pecado sin temor alguno. Ezequiel 2:3-6 dice:

Y me dijo: Hijo de hombre, yo te envío a los hijos de Israel, a gentes rebeldes que se rebelaron contra mí; ellos y sus padres se han rebelado contra mí hasta este mismo día. Yo, pues, te envío a hijos de duro rostro y de empedernido corazón; y les dirás: Así ha dicho Jehová el Señor. Acaso ellos escuchen; pero si no escucharen, porque son una casa rebelde, siempre conocerán que hubo profeta entre ellos. Y tú, hijo de hombre, no les temas, ni tengas miedo de sus palabras, aunque te hallas entre zarzas y espinos, y moras con escorpiones; no tengas miedo de sus palabras, ni temas delante de ellos, porque son casa rebelde.

El pecado debe confrontarse con autoridad. En Tito 2:15 Pablo le ordenó a Tito: "Esto habla, y exhorta y reprende con toda autoridad. Nadie te menosprecie". Tal reprensión debe ser severa (Tit. 1:13). Por último, la reprensión del pecado debe hacerse con "toda paciencia" (2 Ti. 4:2).

CONFRONTAR EN AMOR

No reprendas... sino exhórtale (5:1*a*)

Dos verbos rigen este pasaje. El primero, *epiplēssō* (**reprendas**), es un término fuerte. Se refiere a una reprensión áspera o violenta. Aparece solo aquí en el Nuevo Testamento, aunque una palabra relacionada aparece en 3:3, donde describe a un anciano como alguien que no es dado a la violencia física. Aquí se prohíbe la violencia verbal más que la física. A un cristiano pecador no se le debe acribillar con palabras duras. Esto no es parte del amor de la familia. *Parakaleō* (**exhórtale**) puede significar "animar, exhortar, demandar o apelar". Quizá pudiera traducirse mejor como "fortalecer", y tiene la idea de ir al lado para sostener al que está débil. La palabra relacionada *paraklētos* es un título del Espíritu Santo (cp. Jn. 14:16, 26; 15:26; 16:7). Las Escrituras son también una fuente de fortaleza (cp. Ro. 15:4). Como la Palabra de Dios y el Espíritu de Dios fortalecen a los creyentes, así debemos ir en su ayuda cuando pecan. Gálatas 6:1-2 habla sobre esta responsabilidad al decir: "Hermanos, si alguno fuere sorprendido en alguna falta, vosotros que sois espirituales, restauradle con espíritu de mansedumbre, considerándote a ti mismo, no sea que tú también seas tentado. Sobrellevad los unos las cargas de los otros, y cumplid así la ley de Cristo".

La confrontación del pecado en la iglesia no se debe hacer con ataques violentos a los hermanos y hermanas que han caído. Más bien, los santos que pecan deben confrontarse con amor, fortalecerse y animarse para que vivan vidas santas. Debe ser una confrontación que restaure, redima y remedie, y debe hacerse con una actitud de mansedumbre (cp. 2 Ti. 2:24-25).

Habiendo enunciado en general el principio para afrontar el pecado en la familia, Pablo lo aplica a cuatro grupos: ancianos, jóvenes, ancianas y jovencitas.

CONFRONTAR A LOS ANCIANOS

al anciano... como a padre, (5:1*b*)

...al anciano se le debe tratar con respeto al exhortarle **como a padre.** *Presbuteros* (**anciano**) no se usa aquí para hablar del oficio del anciano (como en 5:17 y 19). El contexto indica que Pablo tiene en mente la categoría general de hombres mayores. Como un hombre joven, Timoteo debía confrontar a los ancianos que pecaban con el mismo respeto y deferencia que mostraría a su propio padre.

La Biblia pone muy en claro que a los ancianos se les debe tratar con respeto. Levítico 19:32 ordena: "Delante de las canas te levantarás, y honrarás el rostro del anciano". Proverbios 16:31 dice que "corona de honra es la vejez" (cp. Pr. 20:29; Job 32:4, 6). También se ordena en las Escrituras el respeto al padre de uno. Proverbios 4:1-4 dice:

> *Oíd, hijos, la enseñanza de un padre, y estad atentos, para que conozcáis cordura. Porque os doy buena enseñanza; no desamparéis mi ley. Porque yo también fui hijo de mi padre, delicado y único delante de mi madre. Y él me enseñaba, y me decía: Retenga tu corazón mis razones, guarda mis mandamientos, y vivirás.*

Proverbios 30:17 advierte en términos gráficos de las consecuencias de no mostrar ese respeto: "El ojo que escarnece a su padre y menosprecia la enseñanza de la madre, los cuervos de la cañada lo saquen, y lo devoren los hijos del águila". La desobediencia al padre en el Antiguo Testamento podía incluso resultar en la muerte: "El que maldijere a su padre o a su madre, morirá" (Éx. 21:17). El mismo respeto mostrado al **padre** de uno se debe mostrar cuando se reprende a cualquier **anciano.**

Aunque no está dentro de una situación conocida, la reprensión de Daniel a Nabucodonosor es un modelo de cómo hacerlo con un anciano. En Daniel 4:27, Daniel mostró gran respeto cuando confrontó el pecado de Nabucodonosor: "Por tanto, oh rey, acepta mi consejo: tus pecados redime con justicia, y tus iniquidades haciendo misericordias para con los oprimidos, pues tal vez será eso una prolongación de tu tranquilidad".

Otro ejemplo se encuentra en la reprensión de Pablo a Pedro en Gálatas 2:11-14:

> *Pero cuando Pedro vino a Antioquía, le resistí cara a cara, porque era de condenar. Pues antes que viniesen algunos de parte de Jacobo, comía con los gentiles; pero después que vinieron, se retraía y se apartaba, porque tenía miedo de los de la circuncisión. Y en su simulación participaban también los otros judíos, de tal manera que aun Bernabé fue también arrastrado por la hipocresía de ellos. Pero cuando vi que no andaban rectamente conforme a la verdad del evangelio, dije a Pedro delante de todos: Si tú, siendo judío, vives como los gentiles y no como judío, ¿por qué obligas a los gentiles a judaizar?*

Aunque confrontó a Pedro por su equivocación, Pablo no obstante lo hizo con respeto y deferencia. No hizo una declaración acusatoria, sino que con gentileza le hizo una pregunta.

Confrontar a alguien que está en pecado con mansedumbre es la responsabilidad de todos los creyentes. Sin embargo, cuando el hermano que peca es un anciano, debe hacerse con especial respeto.

CÓMO CONFRONTAR A LOS JÓVENES

a los más jóvenes, como a hermanos; (5:1*c*)

La palabra clave para confrontar **a los más jóvenes** es tratarlos **como a hermanos.** El verlos como **hermanos** supone que no hay un aire de superioridad; este término implica la ausencia de cualquier jerarquía. En el Antiguo Testamento, se les prohibía a los israelitas odiar a sus hermanos. Levítico 19:17 dice: "No aborrecerás a tu hermano en tu corazón; razonarás con tu prójimo, para que no participes de su pecado". Tal amor y humildad se mostró en la actitud de José con sus hermanos, a pesar de lo mal que lo habían tratado (cp. Gn. 45:4ss 50:15ss).

El Nuevo Testamento ordena también a los creyentes que se amen unos a otros como hermanos. El apóstol Juan escribió:

> *El que dice que está en la luz, y aborrece a su hermano, está todavía en tinieblas. El que ama a su hermano, permanece en la luz, y en él no hay tropiezo. Pero el que aborrece a su hermano está en tinieblas, y anda en tinieblas, y no sabe a dónde va, porque las tinieblas le han cegado los ojos (1 Jn. 2:9-11; cp. 3:11-15).*

Pedro exhortó a los creyentes: "Amad a los hermanos" (1 P. 2:17), como hizo Pablo: "Amaos los unos a los otros con amor fraternal" (Ro. 12:10). El escritor de Hebreos también ordena a los creyentes que se amen unos a otros: "Permanezca el amor fraternal" (He. 13:1).

Tal amor no excluye la confrontación al pecado. Como se ha observado, nuestro Señor ordenó tales reprensiones en Mateo 18:15: "si tu hermano peca contra ti, ve y repréndele". En Lucas 17:3 dijo: "Si tu hermano pecare contra ti, repréndele; y si se arrepintiere, perdónale". Como se observó antes, Pablo escribió en Gálatas 6:1 con relación a los hermanos cristianos sorprendidos en alguna falta. A los tesalonicenses les escribió:

> *Pero os ordenamos, hermanos, en el nombre de nuestro Señor Jesucristo, que os apartéis de todo hermano que ande desordenadamente, y no según la enseñanza que recibisteis de nosotros... Si alguno no obedece a lo que decimos por medio de esta carta, a ése señaladlo, y no os juntéis con él, para que se avergüence. Mas no lo tengáis por enemigo, sino amonestadle como a hermano (2 Ts. 3:6, 14-15).*

Como indican los versículos anteriores, las confrontaciones entre hermanos deben ser con humildad y amor. Tal es el espíritu que debe estar presente cuando se confronta a un joven.

CÓMO CONFRONTAR A LAS ANCIANAS

a las ancianas, como a madres; (5:2*a*)

a las ancianas se les debe tratar amablemente, **como a madres.** La Biblia ordena el respeto de las madres. Éxodo 20:12 dice: "Honra a tu padre y a tu madre, para que tus días se alarguen en la tierra que Jehová tu Dios te da" (cp. Dt. 5:16). También Proverbios subraya la importancia de honrar a las madres: "Oye, hijo mío, la instrucción de tu padre, y no desprecies la dirección de tu madre" (1:8); "Guarda, hijo mío, el mandamiento de tu padre, y no dejes la enseñanza de tu madre" (6:20); "Oye a tu padre, a aquel que te engendró; y cuando tu madre envejeciere, no la menosprecies" (23:22).

El apóstol Pablo nos da un ejemplo de cómo tratar a **las ancianas.** En Filipenses 4:1-3, ofreció un consejo de cómo afrontó el caso de dos mujeres que estaban causando problemas en Filipos:

> *Así que, hermanos míos amados y deseados, gozo y corona mía, estad así firmes en el Señor, amados. Ruego a Evodia y a Síntique, que sean de un mismo sentir en el Señor. Asimismo te ruego también a ti, compañero fiel, que ayudes a éstas que combatieron juntamente conmigo en el evangelio, con Clemente también y los demás colaboradores míos, cuyos nombres están en el libro de la vida.*

Aunque esas dos mujeres estaban haciendo daño a la causa de Cristo en Filipos, Pablo, no obstante, respondió ante el daño de forma amable y cordial. Aunque las reprendió, las incluyó entre los hermanos que él amaba. También destacó el servicio que ellas le habían brindado por causa del evangelio. Pablo las trató amorosamente como lo hubiera hecho con su madre.

CÓMO CONFRONTAR A LAS JOVENCITAS

a las jovencitas, como a hermanas, con toda pureza. (5:2*b*)

Las Escrituras son claras en que se debe proteger la **pureza** de **las jovencitas.** El incesto estaba estrictamente prohibido por la ley del Antiguo Testamento (cp. Lv. 18:9-18; 20:17-19; Dt. 27:22). Al ordenarle a Timoteo que tratara **a las jovencitas, como a hermanas,** Pablo subraya que él debe mostrarse desinteresado en ellas desde el punto de vista de la lujuria. Hay pocas cosas tan malas como un pastor que peca mental o físicamente con una joven que ha estado ayudando espiritualmente. Esto es nada menos que incesto en la familia espiritual. Por eso Pablo añade la frase **con toda pureza.**

No hay otra cosa que más fácilmente haga o destruya a un joven pastor que su conducta con una mujer. La desconsideración o indiscreción, así como la inmoralidad categórica, violan su llamamiento a guiar el rebaño a la pureza. A las jovencitas se les debe confrontar con su pecado y exhortar a la santidad. Sin embargo, nunca deben ser conducidas al pecado, sino tratadas como amadas hermanas espirituales cuya pureza es la más alta consideración.

El libro de Proverbios da algunos consejos muy prácticos en cuanto a cómo mantener la **pureza** en las relaciones con **las jovencitas.**

En primer lugar, evite la mirada. Proverbios 6:25 dice: “Ni ella te prenda con sus ojos”. Nuestro compromiso debe ser el de Job: “Hice pacto con mis ojos; ¿Cómo, pues, había yo de mirar a una virgen?” (Job 31:1).

En segundo lugar, evite la zalamería. Proverbios 5:3 advierte: “Porque los labios de la mujer extraña destilan miel, y su paladar es más blando que el aceite” (cp. 2:16; 6:24; 22:14).

En tercer lugar, evite los pensamientos. Proverbios 6:25 dice: “No codicies su hermosura en tu corazón”.

En cuarto lugar, evite las citas. Proverbios 7 nos da el siguiente relato de un joven ingenuo:

> *Vi entre los simples, consideré entre los jóvenes, a un joven falto de entendimiento, el cual pasaba por la calle, junto a la esquina, e iba camino a la casa de ella, a la tarde del día, cuando ya oscurecía, en la oscuridad y tinieblas de la noche. Cuando he aquí, una mujer le sale al encuentro, con atavío de ramera y astuta de corazón. Alborotadora y rencillosa, sus pies no pueden estar en casa; unas*

> *veces está en la calle, otras veces en las plazas, acechando por todas las esquinas (vv. 7-12).*

Se debe tener mucho cuidado cuando uno se encuentra con una mujer joven.

En quinto lugar, evitar la casa. Proverbios 7:25-27 advierte: "No se aparte tu corazón a sus caminos; no yerres en sus veredas. Porque a muchos ha hecho caer heridos, y aun los más fuertes han sido muertos por ella. Camino al Seol es su casa, que conduce a las cámaras de la muerte" (cp. Pr. 5:8).

Por último, evitar el tocar. Proverbios 7:13 registra el resultado del fracaso de un joven ingenuo en evitar la cita: "Se asió de él, y le besó". Este fue el siguiente paso en un proceso que culminó en la inmoralidad.

Es parte indispensable del ministerio afrontar los pecados de ancianos, jóvenes, ancianas y jovencitas. En el proceso de corrección, a cada uno de estos grupos se debe tratar en la forma apropiada. Las instrucciones de Pablo a Timoteo son un claro mensaje a todos los creyentes en cuanto a cómo confrontar el pecado en la familia espiritual.

El cuidado de las viudas en la iglesia: Primera parte El ministerio de la iglesia para las viudas

17

Honra a las viudas que en verdad lo son. Pero si alguna viuda tiene hijos, o nietos, aprendan éstos primero a ser piadosos para con su propia familia, y a recompensar a sus padres; porque esto es lo bueno y agradable delante de Dios. Mas la que en verdad es viuda y ha quedado sola, espera en Dios, y es diligente en súplicas y oraciones noche y día. Pero la que se entrega a los placeres, viviendo está muerta. Manda también estas cosas, para que sean irreprensibles; porque si alguno no provee para los suyos, y mayormente para los de su casa, ha negado la fe, y es peor que un incrédulo. (5:3-8)

El propósito de Dios siempre ha sido que la mujer sea objeto de especial cuidado. Deben estar bajo la sombra de la protección, provisión, autoridad y dirección del hombre. Todo el que crea que las mujeres, como los hombres, deben sostenerse a sí mismas, necesita reconocer el hecho evidente de que toda esta sección trata solamente de la ayuda a las mujeres necesitadas. En ella se da por sentado el propósito divino que llama a los hombres a sustentarse a sí mismos y a la esposa de cada uno de ellos y a una mujer a amar y servir al que la sustenta. Cuando termina ese sustento, se debe seguir cuidando de ella. Eso es obvio a lo largo de todo el texto. Debido a esto, Dios toma especial interés en la situación difícil de las mujeres que han perdido a su esposo. El Salmo 68:5 describe a Dios como "Padre de huérfanos y defensor de viudas". Éxodo 22:22-24 ofrece la siguiente advertencia severa acerca del trato a las viudas: "A ninguna viuda ni huérfano afligiréis. Porque si tú llegas a afligirles, y ellos clamaren a mí, ciertamente oiré yo su clamor; y mi furor se encenderá, y os mataré a espada, y vuestras mujeres serán viudas, y huérfanos vuestros hijos".

Deuteronomio 27:19 añade: "Maldito el que pervirtiere el derecho del extranjero, del huérfano y de la viuda". En Isaías 1:17 Dios dice: "aprended a hacer el bien; buscad el juicio, restituid al agraviado, haced justicia al huérfano, amparad a la viuda". El Salmo 146:9 dice: "Jehová guarda a los extranjeros; al huérfano y a la viuda sostiene". El pueblo de Dios debe tratar a las viudas con el mismo cuidado especial con el que lo hace Él.

Idealmente, el Antiguo Testamento indica, las viudas debían volverse a casar. Cuando esto se demoraba o era imposible, debían permanecer en la casa de su padre (Gn. 38:11), o incluso en la casa de su suegra (Rut 1:16). Además de eso, según estipulaba la ley del levirato, el cuñado soltero de la viuda debía casarse con ella. Si ya estaba casado, la responsabilidad pasaba al pariente más cercano (cp. Dt. 25:5-10). Un ejemplo de ese principio en acción fue el matrimonio de Booz con Rut (Rut 3:12; 4:1-10).

En el Nuevo Testamento, nuestro Señor Jesucristo revela el corazón compasivo de Dios hacia las viudas. En Marcos 12:41-44, Él elogió a la viuda que dio de su pobreza:

> *Estando Jesús sentado delante del arca de la ofrenda, miraba cómo el pueblo echaba dinero en el arca; y muchos ricos echaban mucho. Y vino una viuda pobre, y echó dos blancas, o sea un cuadrante. Entonces llamando a sus discípulos, les dijo: De cierto os digo que esta viuda pobre echó más que todos los que han echado en el arca; porque todos han echado de lo que les sobra; pero ésta, de su pobreza echó todo lo que tenía, todo su sustento.*

Ese pasaje da una idea de la condición de las viudas en la cultura judía del primer siglo. Ellas por lo general eran pobres, y muchas veces desamparadas, sin ningún medio de ganarse la vida, ya que las mujeres estaban excluidas de algún empleo fuera de la casa. Las dificultades que afrontaban las viudas las ilustra nuestro Señor en la parábola de la viuda y el juez injusto (Lc. 18:1ss; cp. Lc. 20:47).

Recaía sobre la sinagoga local aliviar la difícil situación de las viudas. Según la costumbre, un grupo de cada sinagoga haría rondas los viernes por la mañana, recolectando bienes y dinero para distribuirlo a las viudas necesitadas luego por la tarde. Sin embargo, a pesar de esos esfuerzos, muchas viudas seguían en mucha pobreza como lo indica el pasaje citado anteriormente.

Lucas 7:11-17 es otro texto que muestra el interés amoroso de Dios por las viudas:

> *Aconteció después, que él iba a la ciudad que se llama Naín, e iban con él muchos de sus discípulos, y una gran multitud. Cuando llegó cerca de la puerta de la ciudad, he aquí que llevaban a enterrar a un difunto, hijo único*

de su madre, la cual era viuda; y había con ella mucha gente de la ciudad. Y cuando el Señor la vio, se compadeció de ella, y le dijo: No llores. Y acercándose, tocó el féretro; y los que lo llevaban se detuvieron. Y dijo: Joven, a ti te digo, levántate. Entonces se incorporó el que había muerto, y comenzó a hablar. Y lo dio a su madre. Y todos tuvieron miedo, y glorificaban a Dios, diciendo: Un gran profeta se ha levantado entre nosotros; y: Dios ha visitado a su pueblo. Y se extendió la fama de él por toda Judea, y por toda la región de alrededor.

La situación de esta viuda era desesperada, ya que el muerto era su propio hijo. Sin él, ella no tenía ningún medio de sustento. Nuestro Señor se conmovió de tal modo ante su situación, que levantó a su hijo de entre los muertos.

No es sorprendente que el primer ministerio que desarrolló la iglesia primitiva incluyera el cuidado de las viudas. Los primeros cristianos continuaron la tradición de la sinagoga judía, motivados en sus esfuerzos por el amor de Cristo. Un conflicto sobre el trato injusto a las viudas de los judíos helenistas, hizo que los apóstoles organizaran lo que había sido un ministerio espontáneo. Por consiguiente, escogieron a siete hombres santos para que lo atendieran.

Hechos 9:36-41 nos ofrece detalles adicionales sobre el ministerio de la iglesia primitiva para las viudas:

Había entonces en Jope una discípula llamada Tabita, que traducido quiere decir, Dorcas. Esta abundaba en buenas obras y en limosnas que hacía. Y aconteció que en aquellos días enfermó y murió. Después de lavada, la pusieron en una sala. Y como Lida estaba cerca de Jope, los discípulos, oyendo que Pedro estaba allí, le enviaron dos hombres, a rogarle: No tardes en venir a nosotros. Levantándose entonces Pedro, fue con ellos; y cuando llegó, le llevaron a la sala, donde le rodearon todas las viudas, llorando y mostrando las túnicas y los vestidos que Dorcas hacía cuando estaba con ellas. Entonces, sacando a todos, Pedro se puso de rodillas y oró; y volviéndose al cuerpo, dijo: Tabita, levántate. Y ella abrió los ojos, y al ver a Pedro, se incorporó. Y él, dándole la mano, la levantó; entonces, llamando a los santos y a las viudas, la presentó viva.

Dorcas era una piadosa cristiana que dio de su tiempo y sus recursos para sostener a las viudas. Esto muestra una vez más el desamparo de las viudas en esa cultura, y el corazón compasivo de los creyentes para con ellas. Esta es la segunda resurrección en el Nuevo Testamento específicamente para beneficiar a las viudas.

La iglesia aun tiene la responsabilidad de cuidar de las viudas. Santiago 1:27 define la verdadera religión como "Visitar a los huérfanos y a las viudas en sus tribulaciones". Para ayudar a Timoteo a guiar a la iglesia en Éfeso a comprender su responsabilidad con las viudas, Pablo da cinco principios para orientar ese servicio. Este fue un pasaje para corregir a la iglesia de Éfeso, que sin duda no estaba manejando este importante deber como era debido. Así que el Espíritu Santo impulsó a Pablo a escribir instrucciones sobre todo el rango de asuntos relacionados con las viudas.

LA OBLIGACIÓN DE LA IGLESIA DE SOSTENER A LAS VIUDAS

Honra a las viudas que en verdad lo son. (5:3)

La palabra **viuda** describe a una mujer cuyo esposo ha muerto. La palabra griega *chēra* ("viuda") incluye este significado, pero no está limitada a él. Es un adjetivo empleado como sustantivo, y significa "despojado", "robado", "que ha sufrido pérdida" o "dejado solo". La palabra no habla de cómo fue dejada sola una mujer, simplemente describe la situación. Es lo bastante amplia como para abarcar a las que han perdido sus esposos por muerte, abandono, divorcio o cárcel. Podrían incluso abarcar los casos en los que un polígamo viniera a Cristo y se quedara con una sola esposa (William Barclay, *The Letters to Timothy, Titus, and Philemon* [Las cartas a Timoteo, Tito y Filemón] [Filadelfia: Westminster, 1975], 105).

La responsabilidad de la iglesia se extiende de esta forma a todas las mujeres que han perdido a su esposo. Con el incontrolado número de abandonos y divorcios en nuestra sociedad, afrontamos un problema aun mayor que el de la iglesia de Éfeso.

El trato a las viudas prueba el carácter espiritual de la comunidad cristiana. La devoción de los creyentes a Cristo puede verse en cómo tratan a los que no tienen recursos. Mediante el cuidado que proporciona, la iglesia manifiesta el amor de Cristo a los necesitados y da testimonio de un amor como el de Cristo ante el mundo que está observando. Tal cuidado ha sido parte importante de la vida de la iglesia a través de su historia. El programa de asistencia pública de las naciones occidentales es un legado directo de la influencia de la iglesia.

Honra viene de *timaō* y significa "mostrar respeto o cuidado", "apoyar" o "tratar amablemente". Abarca el suplir las necesidades, entre ellas las económicas (cp. Mt. 27:9, donde se utiliza poner precio a algo; y 1 Ti. 5:17).

Mateo 15:1-6 apoya también el uso de *timaō* respecto al apoyo económico:

> *Entonces se acercaron a Jesús ciertos escribas y fariseos de Jerusalén, diciendo: ¿Por qué tus discípulos quebrantan la tradición de los ancianos? Porque no se lavan las manos cuando comen pan. Respondiendo él, les dijo: ¿Por qué también vosotros quebrantáis el mandamiento de Dios por vuestra tradición? Porque Dios mandó diciendo: Honra a tu padre y a tu madre; y: El que maldiga al padre o a la madre, muera irremisiblemente. Pero vosotros decís: Cualquiera*

> *que diga a su padre o a su madre: Es mi ofrenda a Dios todo aquello con que pudiera ayudarte, ya no ha de honrar a su padre o a su madre. Así habéis invalidado el mandamiento de Dios por vuestra tradición.*

El judaísmo del primer siglo había desarrollado un complicado sistema de regulaciones extrabíblicas, algunas de las cuales contradecían las Escrituras. Jesús los reprendió por una de estas malvadas tradiciones. Ellos pensaban que una persona podía librarse de la responsabilidad de sustentar a sus padres si habían dedicado ese dinero a Dios. Sin embargo, como señala nuestro Señor, esa tradición egoísta e hipócrita contradice directamente el mandato del Antiguo Testamento de honrar a los padres de uno. Al decir así, Jesús iguala el honrar a los padres con el darles el apoyo económico. Pablo usa la idea de Éxodo 20:12, como la interpretó nuestro Señor. Él tiene en mente aquí no simplemente respeto, sino también dinero.

La iglesia no está obligada a sustentar a todas las viudas, solo a las **viudas que en verdad lo son.** No todas las viudas están realmente solas y sin medios. Algunas tienen recursos que le dejó el esposo o por la familia y amigos que le quedan. Sin embargo, ellas sí necesitan el apoyo espiritual y el cuidado de la iglesia. El apoyo económico debe ser para las que están completamente solas y sin los recursos necesarios para la vida diaria.

Es un triste comentario sobre nuestra sociedad que el número de mujeres necesitadas de sustento está aumentando. La desintegración de la familia no solo hace que el número de ellas aumente, sino que destruye la red de donde depende el sustento de la familia. La pérdida de tal sustento aumentará la carga sobre la iglesia en los años venideros. Sin embargo, esto no modifica la responsabilidad de la iglesia. Las iglesias tienen que observar honesta y cuidadosamente cuánto dinero están empleando en actividades que no ordena la Biblia. Tales actividades usan dinero que ya no está disponible para las viudas.

LA OBLIGACIÓN DE LA IGLESIA DE EVALUAR LAS NECESIDADES DE LAS VIUDAS

Pero si alguna viuda tiene hijos, o nietos, aprendan éstos primero a ser piadosos para con su propia familia, y a recompensar a sus padres; porque esto es lo bueno y agradable delante de Dios. Mas la que en verdad es viuda y ha quedado sola, espera en Dios, y es diligente en súplicas y oraciones noche y día. Pero la que se entrega a los placeres, viviendo está muerta. Manda también estas cosas, para que sean irreprensibles; porque si alguno no provee para los suyos, y mayormente para los de su casa, ha negado la fe, y es peor que un incrédulo. (5:4-8)

La iglesia no puede sostener de forma indiscriminada a todas las viudas que piden ayuda (cp. el v. 3). Pablo relaciona en los versículos 4-8 los criterios para determinar cuáles viudas de la iglesia se deben sostener. Estos versículos definen a **la que en verdad es viuda.**

Viudas con **hijos, o nietos** deben recibir ayuda de ellos, no de la iglesia. La familia tiene la responsabilidad principal con sus propias viudas. Los familiares de una viuda deben aprender **primero a ser piadosos para con su propia familia.** El adverbio *prōton* (**primero**) significa primero en tiempo o prioridad. El **ser piadosos** comienza con la **propia familia** de uno, ya que la familia es el contexto en el que se manifiesta la verdadera piedad (cp. 3:4, 5, 12; 5:8).

El ayudar a las viudas no es solo una muestra de piedad, sino también de obediencia. A los creyentes se les manda **a recompensar a sus padres.** Ellos tienen una deuda con aquellos que los trajeron al mundo, los vistieron, los alimentaron, les dieron un hogar, los sustentaron, los amaron y los criaron. Cuidar de una madre en el momento que ella lo necesite es solo devolver en grado mínimo todo lo que ella ha hecho; **esto,** dice Pablo, **es lo bueno y agradable delante de Dios** (cp. Éx. 20:12). La frase implica una pesada responsabilidad, ya que hace evidente que este es un asunto de prioridad para cada hijo de Dios. Nadie puede siquiera preguntarse lo que Dios requiere en esta tarea.

El principio de que los hijos deben sostener a sus padres se aceptaba por lo general incluso en el mundo pagano. William Barclay escribe una sección muy interesante sobre esta perspectiva histórica:

> Era ley griega desde la época de Solón que los hijos e hijas fueran, no solo moralmente, sino también legalmente obligados a sostener a sus padres. Cualquiera que rechazara esta responsabilidad perdía sus derechos civiles. *Aeschines*, el orador ateniense, dice en uno de sus discursos: "¿Y a quién condenó al silencio nuestro dador de la ley (Solón) en la Asamblea del pueblo? ¿Y dónde aclara él esto? 'Que haya, dice él, 'un escrutinio de oradores públicos, en el caso de que haya algún orador en la Asamblea del pueblo que golpee a su padre o a su madre, o que descuide el mantenerlos o darles un hogar'". Demóstenes dice: "Yo estimo al hombre que abandona a sus padres tan incrédulo de los dioses y tan aborrecible por ellos como por los hombres". Filo, escribiendo del mandamiento de honrar a los padres, dice: "Cuando las viejas cigüeñas ya no pueden volar, se quedan en los nidos y sus hijos las alimentan. Ellos van con interminables esfuerzos para proveer la comida de ellas por su devoción". Para Filo era evidente que hasta la creación animal reconocía su obligación con los padres ya envejecidos, y ¿cuánto más deben hacerlo así los hombres? Aristóteles, en el *Nichomachean Ethics* deja establecido: "Se pensaría que en asuntos de comida debemos

ayudar a nuestros padres antes que en todos los otros, ya que les debemos nuestra nutrición a ellos, y es más honorable ayudar en cuanto a esto a los autores de nuestro ser, incluso antes que a nosotros mismos". Como lo vio Aristóteles, un hombre debe primero morir él de hambre antes de ver a sus padres morir de hambre. Platón en *Las leyes* tiene la misma convicción de la deuda que se debe a los padres: "Luego viene el honor de amar a los padres, a quienes, como debe ser, tenemos que pagar la primera y más grande y antigua de las deudas, considerando que todo lo que un hombre tiene pertenece a quienes le dieron la vida, y que él debe hacer todo lo que pueda por servirles; en primer lugar, en su propiedad; en segundo lugar, en su persona; y en tercer lugar, en su alma; pagando las deudas que les debe por su cuidado y afán que le obsequiaron en los remotos tiempos de su infancia, y que ahora él es capaz de pagarles, cuando ellos son viejos y en el extremo de su necesidad". (*The Letters to Timothy, Titus, and Philemon* [Las cartas a Timoteo, Tito y Filemón] [Filadelfia: Westminster, 1975], 106-7)

José es un ejemplo de un hombre que honró a sus padres en obediencia a la ley de Dios. En Génesis 45:9-11 él dijo:

Daos prisa, id a mi padre y decidle: Así dice tu hijo José: Dios me ha puesto por señor de todo Egipto; ven a mí, no te detengas. Habitarás en la tierra de Gosén, y estarás cerca de mí, tú y tus hijos, y los hijos de tus hijos, tus ganados y tus vacas, y todo lo que tienes. Y allí te alimentaré, pues aún quedan cinco años de hambre, para que no perezcas de pobreza tú y tu casa, y todo lo que tienes.

Jacob vino a Egipto como se le invitó y José cuidó de él y de todos los que estaban con él (Gn. 46:26ss). Tal honor y cuidado es lo que Dios espera de todo creyente.

Pablo vuelve a la frase **la que en verdad es viuda** para además definir **la que** en verdad lo es. Hay varias características a considerar. El primer criterio para determinar la verdadera viudez es si tiene familia. Una viuda que **ha quedado sola** satisface ese requisito; **ha quedado sola** viene de *monoō*. Nuestro prefijo "mono", que significa "solo", se deriva de ella. El tiempo perfecto del participio indica un estado o condición permanente de estar abandonado o sin recursos. Obviamente es una que no tiene sustento familiar y la iglesia tiene la obligación de brindárselo.

Un segundo criterio es que la viuda debe ser creyente. Debe ser una que **espera en Dios.** El tiempo perfecto del verbo *elpizō* (**espera**) indica una situación o condición continua. Su actitud es la de esperar en Dios. Eso muestra la autenticidad de su fe.

El contenido específico de su **espera** incluye las promesas de Dios de cuidar de las viudas. Ella mira a Dios en busca de ayuda y así obedece el mandamiento de Jeremías 49:11: "en mí confiarán tus viudas". Ella confía en que Dios proveerá para sus necesidades como lo hizo con la viuda de Sarepta en 1 Reyes 17:8-16:

> *Vino luego a él palabra de Jehová, diciendo: Levántate, vete a Sarepta de Sidón, y mora allí; he aquí yo he dado orden allí a una mujer viuda que te sustente. Entonces él se levantó y se fue a Sarepta. Y cuando llegó a la puerta de la ciudad, he aquí una mujer viuda que estaba allí recogiendo leña; y él la llamó, y le dijo: Te ruego que me traigas un poco de agua en un vaso, para que beba. Y yendo ella para traérsela, él la volvió a llamar, y le dijo: Te ruego que me traigas también un bocado de pan en tu mano. Y ella respondió: Vive Jehová tu Dios, que no tengo pan cocido; solamente un puñado de harina tengo en la tinaja, y un poco de aceite en una vasija; y ahora recogía dos leños, para entrar y prepararlo para mí y para mi hijo, para que lo comamos, y nos dejemos morir. Elías le dijo: No tengas temor; ve, haz como has dicho; pero hazme a mí primero de ello una pequeña torta cocida debajo de la ceniza, y tráemela; y después harás para ti y para tu hijo. Porque Jehová Dios de Israel ha dicho así: La harina de la tinaja no escaseará, ni el aceite de la vasija disminuirá, hasta el día en que Jehová haga llover sobre la faz de la tierra. Entonces ella fue e hizo como le dijo Elías; y comió él, y ella, y su casa, muchos días. Y la harina de la tinaja no escaseó, ni el aceite de la vasija menguó, conforme a la palabra que Jehová había dicho por Elías.*

Solamente con estas mujeres es que la iglesia tiene responsabilidad. Los creyentes pudieran decidir el no ayudar a viudas que no sean cristianas (cp. Gá. 6:10), pero la iglesia está obligada, por orden celestial, a ayudar a las que sí lo son.

Un tercer criterio es que la viuda sea una creyente piadosa. Debe ser una que **es diligente en súplicas y oraciones noche y día.** Tal dedicación a la comunión con el Señor es la característica de un cristiano comprometido. *Deēsis* (**súplicas**) se refiere a cualquier manera o tipo de solicitud, y puede incluir las peticiones por necesidades personales. Tal oración muestra su total dependencia de Dios para que supla sus necesidades. *Proseuchē* (**oraciones**) es un término más general. Se refiere a la comunión con Dios, que incluye adoración y alabanza. Ella no solo pide a Dios, sino que también lo adora y tiene comunión con Él; **noche y día** es una expresión idiomática judía que significa "constantemente" o "todo el tiempo" (cp. Hch. 20:31; 1 Ts. 2:9; 3:10; 2 Ts. 3:8). Día y noche ella eleva su corazón a Dios en oración y alabanza (cp. 1 Ts. 5:17; Ef. 6:18).

Una viuda así fue la profetisa Ana:

> *Estaba también allí Ana, profetisa, hija de Fanuel, de la tribu de Aser, de edad muy avanzada, pues había vivido con su marido siete años desde su virginidad, y era viuda hacía ochenta y cuatro años; y no se apartaba del templo, sirviendo de noche y de día con ayunos y oraciones (Lc. 2:36-37).*

Estaba dedicada al servicio del Señor, y no se volvió a casar. A ella se le dio el privilegio de ver al Mesías. Ella es un modelo de una viuda piadosa que recibe atención de la iglesia.

Por otra parte, una viuda **que se entrega a los placeres** no tiene derecho. *Spatalaō* (**que se entrega a los placeres**) aparece solo una vez más en el Nuevo Testamento (cp. Stg. 5:5). La Septuaginta, la traducción griega del Antiguo Testamento, emplea el término en Ezequiel 16:49. Allí se traduce "abundancia de ociosidad". La palabra describe a la persona que lleva una vida de placer sin pensar en lo que es bueno o malo. Tal viuda, dice Pablo, **viviendo está muerta.** Aunque pudiera estar físicamente viva, espiritualmente está muerta. Aunque sin duda participaba en la iglesia cuando su esposo vivía, ella no está regenerada (**muerta;** cp. Ef. 2:1). Lejos de ser sostenidas por la iglesia, tales mujeres necesitan ser abandonadas a las consecuencias de su pecado. Su situación desesperada pudiera llevarlas al arrepentimiento. Mientras tanto, los recursos del reino no se utilizan para sostener un estilo de vida pecaminoso. La verdad de que tales viudas no deben ser sustentadas es tan obvia, que Pablo no se preocupa por ordenarlo.

Pablo luego instruye a Timoteo que **Manda** (ordene) **también estas cosas,** para que sean sin reproche. Estas cosas recogen todo lo que el apóstol ha dicho desde el versículo 3. La meta de la enseñanza de Pablo es que todos los implicados, viudas, familias e iglesias, **sean irreprensibles** para que nadie pueda hallar faltas en la conducta de ellos en este asunto. El testimonio de la iglesia, y el de su Señor, están en peligro. Al sustentar a las viudas que lo merecen, y rechazar el sustento a las que no, la iglesia, así como sus pastores (cp. 3:2), se librarán de la crítica y se honrará a Dios.

El versículo 8 establece negativamente la verdad que se expresó en forma positiva en el versículo 4. En el versículo 4, Pablo ordenó que los hijos cuidaran de sus padres. Aquí declara que los que no lo hagan son peores que los incrédulos, quienes naturalmente lo hacen. La repetición del principio implica que había muchas violaciones del mismo en la iglesia en Éfeso. La frase **porque si alguno no provee para los suyos, y mayormente para los de su casa,** es una oración condicional en el original. Pudiera traducirse: "Cuando alguno de ustedes no provee", o, "Como alguno de ustedes no está proveyendo"; **provee** viene de *pronoeō,* que significa "planear antes". Describe la previsión necesaria para proveer cuidado para las viudas de la familia de uno.

La frase **para los suyos** es deliberadamente ambigua. Se refiere a cualquiera dentro del círculo de las relaciones familiares, seguramente hasta siervos y amigos cercanos. Un hombre creyente que es cabeza de una casa tiene por obligación la responsabilidad de proveer **para los de su casa.** El último grupo es más reducido que la frase **los suyos.** Esta se centra en aquellos en la familia inmediata, donde comienzan sus responsabilidades.

El no proveer para los que están, ya sea en el círculo más reducido o en el más amplio, hace a un creyente culpable de dos cosas. En primer lugar, **ha negado la fe.** Eso no se refiere a la pérdida de su salvación personal. Pablo no está aquí juzgando el alma, sino las acciones. Más bien, significa que tal persona ha negado el principio de amor compasivo que está en el corazón de **la fe** cristiana (cp. Jn. 13:35; Ro. 5:5; 1 Ts. 4:9). No debe haber dicotomía entre fe y conducta.

En segundo lugar, su falta lo hace en la práctica **peor que un incrédulo.** Como se ha observado, aun los paganos sabían de la importancia y sentían el deber de proveer para sus padres. Para los creyentes, el no cumplir con esa norma es inexcusable. Ellos están bajo peor condenación porque tienen el mandamiento de Dios de amar y el poder de Dios que los capacita para hacerlo.

El ejemplo supremo de cuidado amoroso para las viudas en la propia familia se puede ver en nuestro Señor Jesucristo. En la cruz, a punto de morir, hizo los arreglos para el cuidado de su madre viuda. Juan 19:26-27 cuenta la historia: "Cuando vio Jesús a su madre, y al discípulo a quien él amaba, que estaba presente, dijo a su madre: Mujer, he ahí tu hijo. Después dijo al discípulo: He ahí tu madre. Y desde aquella hora el discípulo la recibió en su casa". Eso muestra la importancia del asunto de cuidar de las viudas. Jesús habló desde la cruz solamente a dos personas. Perdonó al ladrón moribundo, e hizo los arreglos para el cuidado de su madre viuda. Nada como eso revela tan claramente el corazón de Dios. Aunque estaba llevando la carga del pecado del mundo, la mente de Jesús estaba preocupada por la salvación de un pecador y el cuidado de una viuda.

El cuidado de las viudas comienza con cada creyente. La iglesia no puede hacer colectivamente lo que él no haga de modo individual. Es una responsabilidad que no puede evitar.

El cuidado de las viudas en la iglesia: Segunda parte El ministerio de las viudas para la iglesia

18

Sea puesta en la lista sólo la viuda no menor de sesenta años, que haya sido esposa de un solo marido, que tenga testimonio de buenas obras; si ha criado hijos; si ha practicado la hospitalidad; si ha lavado los pies de los santos; si ha socorrido a los afligidos; si ha practicado toda buena obra. Pero viudas más jóvenes no admitas; porque cuando, impulsadas por sus deseos, se rebelan contra Cristo, quieren casarse, incurriendo así en condenación, por haber quebrantado su primera fe. Y también aprenden a ser ociosas, andando de casa en casa; y no solamente ociosas, sino también chismosas y entremetidas, hablando lo que no debieran. Quiero, pues, que las viudas jóvenes se casen, críen hijos, gobiernen su casa; que no den al adversario ninguna ocasión de maledicencia. Porque ya algunas se han apartado en pos de Satanás. Si algún creyente o alguna creyente tiene viudas, que las mantenga, y no sea gravada la iglesia, a fin de que haya lo suficiente para las que en verdad son viudas. (5:9-16)

Las iglesias tienen la obligación de mantener a esas viudas que tienen necesidad. El hacerlo refleja el corazón compasivo de Dios hacia esas mujeres privadas de su esposo.

Sin embargo, lejos de ser una carga para la iglesia, las viudas ancianas son muy valiosas. Tienen la riqueza de la sabiduría y la experiencia que pueden comunicar a las mujeres jóvenes. Tienen también el tiempo para participar en muchos tipos de ministerios. Después de analizar el ministerio de la iglesia hacia las que en verdad son viudas, en los versículos 3-8, Pablo ofrece directivas en los versículos 9-16 para el ministerio de las viudas para la iglesia.

LA OBLIGACIÓN DE LA IGLESIA DE MANTENER ELEVADAS NORMAS PARA LAS VIUDAS QUE SIRVEN EN LA IGLESIA

Sea puesta en la lista sólo la viuda no menor de sesenta años, que haya sido esposa de un solo marido, que tenga testimonio de buenas obras; si ha criado hijos; si ha practicado la hospitalidad; si ha lavado los pies de los santos; si ha socorrido a los afligidos; si ha practicado toda buena obra. (5:9-10)

En la iglesia primitiva había grupos de viudas que servían en algunas funciones oficialmente reconocidas. Los requisitos para que fuera **puesta en la lista,** que nos recuerdan los de los líderes de la iglesia que se mencionaron en el capítulo 3, evidencia esto. Este grupo piadoso de mujeres tenían un ministerio espiritual y práctico directamente con las mujeres y los niños de la iglesia. Ellas también ministraban indirectamente a los hombres en virtud de su influencia en las mujeres. Cumplían el mandato de Pablo en Tito 2:3-5 de que:

> *Las ancianas asimismo sean reverentes en su porte; no calumniadoras, no esclavas del vino, maestras del bien; que enseñen a las mujeres jóvenes a amar a sus maridos y a sus hijos, a ser prudentes, castas, cuidadosas de su casa, buenas, sujetas a sus maridos, para que la palabra de Dios no sea blasfemada.*

Sus deberes incluían seguramente ayudar con el bautismo de las mujeres, visitar a los enfermos, visitar a los presos, enseñar y disciplinar a las mujeres más jóvenes, ayudar a las mujeres más jóvenes a criar y alimentar a sus hijos y proveer hospitalidad a los visitantes y extranjeros. Tal vez ayudaban a ubicar a los huérfanos en hogares cristianos apropiados. Este era un ministerio muy importante en el mundo romano, ya que los niños huérfanos o abandonados terminaban como esclavos y muchas veces como prostitutas o gladiadores. Como habían perdido a su marido y sus hijos ya habían crecido, estas viudas tenían tiempo para dedicarse a estos importantes ministerios.

Se sabe por fuentes no bíblicas de la existencia de este grupo de viudas en la iglesia primitiva. A fines del primer siglo y a principios del segundo, Ignacio y Policarpo escribieron de él. Tertuliano, que vivió a fines del siglo segundo y a principios del tercero, también lo mencionó. El documento del tercer siglo conocido como la *Didascalia,* y el del siglo IV *Constituciones Apostólicas* también hacen referencia a esta orden de viudas.

No hay evidencia alguna de que todas las viudas **en la lista** fueran sustentadas por la iglesia. Algunas sin duda lo estaban, aunque otras tendrían recursos propios. El asunto del sustento termina en el versículo 8, y Pablo comienza un nuevo tema en el versículo 9; **la lista** a la que Pablo se refiere no era, como algunos han afirmado, la lista de las viudas que deseaban obtener el sustento.

Más bien, era una lista de las que aplicaban para el ministerio. En los versículos 9-10 Pablo da los requisitos para estar **en la lista.**

En primer lugar, una viuda tenía que ser **no menor de sesenta años.** Ese requisito ofrece pruebas adicionales de que la lista de las viudas no era una lista de las que iban a recibir sustento. Pablo acababa de afirmar en los versículos 3-8 que la iglesia debe socorrer a todas sus viudas que no tienen recursos para mantenerse. No hay requisitos de edad en ese caso.

Sesenta era la edad, en esa cultura, para que las personas se retiraran de sus actividades a una vida de contemplación. Era a esa edad que los hombres y las mujeres podían convertirse en sacerdotes y sacerdotisas, de acuerdo con Platón (William Barclay, *The Letters to Timothy, Titus, and Philemon* [Las cartas a Timoteo, Tito y Filemón] [Filadelfia: Westminster, 1975], 109). Se admitía que la pasión sexual comenzaba a menguar a los sesenta. Así que, el requisito de la edad asegura que esas viudas no se dejarían llevar por las pasiones. Una mujer anciana tendría el tiempo, la madurez, el carácter, el testimonio y la compasión para servir al Señor y a la iglesia. A diferencia de las mujeres más jóvenes, ella no estaría tentada a abandonar su compromiso con el Señor y volverse a casar.

En segundo lugar, una viuda debe haber **sido esposa de un solo marido.** El texto griego literalmente dice "mujer de un hombre", una construcción paralela con la de 3:2 y 12. Eso no excluye a las mujeres que se hayan casado más de una vez. Pablo mismo les dice a las viudas más jóvenes que vuelvan a casarse (v. 14; cp. 1 Co. 7:39), así que esa no puede ser su idea aquí. Una "mujer de un hombre" es una mujer que se ha dedicado totalmente a su esposo. Habla de pureza en acción y actitud, como en el caso del obispo en 3:2, que debe ser "hombre de una mujer"; no se refiere a estado civil. Tal mujer vivió en completa fidelidad a su esposo en una relación marital decente, pura y sin mancha. Una viuda que no cumpliera con esta norma, no sería un modelo apropiado de conducta que pudieran imitar las mujeres más jóvenes.

En tercer lugar, una viuda debía tener **testimonio de buenas obras.** Su excelente carácter debía ser del conocimiento de todos. Como los ancianos (3:2) y los diáconos (3:10), ella tenía que ser sin reproche. Sus buenas obras atestiguarían el tipo de mujer que era. Ellas manifestarían exteriormente la calidad de su carácter espiritual.

Pablo define el carácter del **testimonio de buenas obras.** Las cinco cualidades que enumera muestran el tipo de **buenas obras** requeridas de cualquier mujer. Todas las mujeres deben buscar tal virtud espiritual para ser **puestas en la lista** y servir a la iglesia, si llegan a ser viudas.

En primer lugar, debe ser una que **ha criado hijos.** *Teknotropheō* (**criado hijos**) aparece solo aquí en el Nuevo Testamento. Significa alimentar a los niños. Esta característica ve a las viudas piadosas como madres cristianas, criando hijos en un hogar cristiano para que sigan al Señor. Hacerlo es uno de los más grandes privilegios y responsabilidades de una mujer (cp. 2:15).

Pablo no desprecia aquí a las mujeres que no pudieron tener hijos o que tenían el don de la soltería. Tales cumplen diferentes funciones en la vida de la familia de Dios. Sin embargo, como tener hijos era la norma, él da esto como un principio general. Una mujer sin hijos biológicos manifiesta esta característica criando huérfanos. Solo una mujer con tal experiencia podría instruir a las mujeres más jóvenes sobre cómo criar hijos piadosos (cp. Tit. 2:3-5).

En segundo lugar, debe ser una que **ha practicado la hospitalidad.** Al igual que los ancianos, debe dedicarse a la hospitalidad (cp. 3:2). Su hogar debe estar abierto para los forasteros, así como para amigos y familiares. Debe mostrar devoción y sacrificio para las necesidades de las personas que ella no conoce. No había hoteles ni moteles en el mundo antiguo, y las posadas muchas veces eran sucias y peligrosas. Los cristianos que estaban lejos de casa dependían de la hospitalidad de otros creyentes. Pablo elogió a Febe "porque ella [había] ayudado a muchos, y a [él] mismo" (Ro. 16:2). Sin dudas una de las formas en las que ella ayudaba a otros era abriendo su casa a los que tenían necesidad de abrigo y comida.

Esto ofrece evidencia adicional de que la lista de que Pablo habla no era de las viudas desamparadas necesitadas de sustento. Tales mujeres difícilmente podrían abrir su casa para proveer para otros.

En tercer lugar, debe de haber sido una que **ha lavado los pies de los santos.** Esa tarea humilde era el deber de los esclavos. Como los caminos estaban polvorientos o llenos de lodo, los invitados, al entrar a la casa, tenían que lavarse los pies. Pablo no quiere decir que necesariamente ella misma lo hiciera cada vez. La tarea humilde de lavar los pies habla metafóricamente de humildad (cp. Jn. 13:5-17). El requisito, entonces, subraya que una viuda tenga un humilde corazón de sierva. Ella da su vida en humilde servicio a los necesitados y nunca busca su propia exaltación.

En cuarto lugar, debe de haber sido una que **ha socorrido a los afligidos.** Los afligidos viene de *thlibō,* y pudiera traducirse "los que están bajo presión". Ella dedica su vida a ayudar a los que están bajo cualquier tipo de presión, ya sea física, mental o emocional. *Eparkeō* (**ha socorrido**) aparece solo aquí y en el versículo 16. En el último versículo, se refiere claramente a ayuda económica. Una viuda piadosa también ayuda a otros con sus recursos económicos.

En quinto lugar, ella debe de haber sido una que **ha practicado toda buena obra.** *Epakoloutheō* (**ha practicado**) es un verbo fuerte. Describe a la viuda que se ha dedicado enérgica y diligentemente a la búsqueda de buenas obras (cp. Hch. 9:36).

Debido a que todas estas características describen el carácter de una viuda que reúne los requisitos para servir en la iglesia, deben reconocerse también como la norma a seguir en su vida por cualquier mujer cristiana. Cuando llegue el día en el que sea considerada para el servicio en la iglesia, entonces ella será competente. Mientras tanto, ella ganará un buen testimonio como una mujer de excelencia (cp. Pr. 31:10-31).

Las características que ofrece Pablo ilustran el plan de Dios para las mujeres. Son las más altas prioridades de una mujer. Siguiéndolas, ellas pueden lograr un profundo efecto en el mundo. Esta verdad se ilustra en una historia que contó el predicador escocés Ian MacClaren de una mujer en su iglesia.

> Mientras hablaban, ella comenzó a limpiar sus ojos con la punta de su delantal, de modo que el doctor MacClaren dijo: "¿Qué le perturba?"
>
> "Oh", dijo ella, "A veces siento que he hecho muy poco, y cuando pienso en eso siento mi corazón agobiado, porque realmente he hecho muy poco por Jesucristo".
>
> "Cuando era una niña pequeñita el Señor habló a mi corazón y yo me sometí a Él. Y yo quiero vivir por Él, lo deseo mucho. Pero siento que no he hecho nada".
>
> "¿Qué ha hecho con su vida?", preguntó él.
>
> "Oh nada", dijo ella, "simplemente nada. He lavado los platos, cocinado tres comidas al día, cuidado de mis hijos, limpiado el piso, remendado las ropas, usted sabe, todo lo que una madre hace, eso es todo lo que he hecho".
>
> MacClaren se sentó en su silla y preguntó: "¿Dónde están sus hijos?"
>
> "Oh, dijo ella: "Usted sabe que les he puesto los nombres de los evangelios, Mateo, Marcos, Lucas y Juan. Usted los conoce a todos y sabe dónde está Marcos. Usted lo ordenó. Él fue a China. Ha aprendido el idioma y ahora puede ministrar a las personas en el nombre del Señor".
>
> "¿Dónde está Lucas?", dijo MacClaren.
>
> "Usted sabe bien dónde está él, porque usted fue quien lo envió y recibió una carta de él el otro día. Está en África y dice que ha comenzado un avivamiento en su centro misionero".
>
> "¿Y Mateo?", requirió él.
>
> "Él está con su hermano en China y están trabajando juntos. Y Juan, que tiene diecinueve, vino a mí anoche para decirme que Dios ha puesto a África en su corazón. Él dijo: 'Voy a África, pero no se preocupe por eso, madre, porque el Señor me ha mostrado que debo estar con usted hasta que parta para su morada en la gloria, y luego yo iré Hasta entonces tengo que cuidar de usted'".
>
> MacClaren miró a la santa anciana y le dijo: "¿Usted dijo que su vida ha sido desperdiciada?"
>
> "Sí, ha sido desperdiciada".

"¡Usted ha estado cocinando y limpiando y lavando, pero me gustaría ver la recompensa cuando se le llame al hogar celestial!"

LA OBLIGACIÓN DE LA IGLESIA DE PEDIRLES A LAS VIUDAS JÓVENES QUE SE CASEN

Pero viudas más jóvenes no admitas; porque cuando, impulsadas por sus deseos, se rebelan contra Cristo, quieren casarse, incurriendo así en condenación, por haber quebrantado su primera fe. Y también aprenden a ser ociosas, andando de casa en casa; y no solamente ociosas, sino también chismosas y entremetidas, hablando lo que no debieran. Quiero, pues, que las viudas jóvenes se casen, críen hijos, gobiernen su casa; que no den al adversario ninguna ocasión de maledicencia. Porque ya algunas se han apartado en pos de Satanás. (5:11-15)

Aunque las viudas ancianas que aspiran recibir el sustento deben dedicarse de forma permanente al servicio de la iglesia, el plan para las viudas jóvenes es muy diferente. Es mejor que **se casen,** y la iglesia tiene la obligación de pedirles que lo hagan. Aunque se les debe ayudar si lo necesitan, hasta que se vuelvan a casar, Pablo le ordena a Timoteo que no admita en la lista de quienes sirven en la iglesia **a las viudas más jóvenes.** No se deben admitir a la orden de viudas que Pablo menciona en los versículos 9-10.

Paraiteomai (**no admitas**) es una palabra fuerte, que expresa firmeza. Se usó en 4:7 para hablar de rechazo a las falsas enseñanzas. Pablo da dos razones para su prohibición de poner a las viudas jóvenes en la lista:

En primer lugar, el servicio que brindan a la iglesia no sería firme y su lealtad pudiera vacilar, **porque cuando, impulsadas por sus deseos, se rebelan contra Cristo, quieren casarse.** La preocupación de Pablo es que una viuda joven, por la tristeza de haber perdido a su esposo y agradecida a la iglesia por su sustento, haga un voto que no pueda cumplir. Ella se consagrará a permanecer soltera y servir al Señor. Según Números 30:9, ella estaría obligada a cumplir con ese voto. Sin embargo, a diferencia de las ancianas, ella pudiera con el tiempo comenzar a sentirse **impulsada por sus deseos.** Le sería entonces difícil cumplir el voto que había hecho durante el trauma emocional de la pérdida de su esposo. En armonía con esos **deseos,** que incluyen no solamente la pasión sexual, sino todo lo que implica la relación conyugal, ella **quiere casarse.**

La ruptura de su voto haría que no prestara atención a Cristo. *Katastrēniaō* (**impulsadas por sus deseos, se rebelan contra Cristo**) aparece solo aquí en el Nuevo Testamento. En la literatura no bíblica, se emplea para describir un buey que trata de zafarse de su yugo. Hay peligro de que una viuda joven pudiera desear escapar de su voto de devoción particular para servir solo al Señor.

Las desastrosas consecuencias de que una mujer en la lista de las viudas estuviera en tal posición, son fácilmente apreciables. Aunque al parecer es un modelo de virtud espiritual, ella realmente podía resentirse, incluso asumir una actitud hostil hacia Dios. En el mejor de los casos, ella quedaría insatisfecha, infeliz, desdichada e imposibilitada de enseñar a otras mujeres virtudes piadosas. Aun peor, su fuerte deseo de un marido la podría hacer vulnerable. Tal vulnerabilidad se haría aun mayor solo porque ministra a las familias de la iglesia, y pudiera incluso ser tentada a ir tras el marido de otra. Para Pablo era inconcebible que a una situación tan peligrosa se le diera la posibilidad de ocurrir.

Tal infidelidad a un voto tiene graves repercusiones. Las viudas más jóvenes corren el riesgo de incurrir **en condenación.** Dios las castigaría **por haber quebrantado su primera fe.** *Pistis* (**fe**) es la palabra neotestamentaria regular para fe. Sin embargo, en el griego clásico puede significar promesa. Si se entiende en el sentido de fe, Pablo estaría diciendo que ellas habían abandonado su compromiso original con Cristo. Tal compromiso, hecho en la salvación, era amar, obedecer y servirlo. Si se traduce promesa, estaría refiriéndose al pacto específico que hicieron cuando fueron puestas en la lista de las viudas. Esa promesa habría sido dedicar su vida al servicio del Señor.

Una segunda razón por la cual las viudas jóvenes no deben estar en la lista es su falta de madurez: **también aprenden a ser ociosas.** La expresión griega significa "cumplen los requisitos de holgazanas". Las visitas que una vez realizaron con el objetivo de ministrar, son ahora ocasión para la ociosidad, ya que van **andando de casa en casa.** No sucede nada que edifique y, en el mejor de los casos, se ocupan de actividades triviales.

Aun peor, está presente la potencialidad para que ocurra un comportamiento destructivo. Esas mujeres pudieran volverse **no solamente ociosas, sino también chismosas y entremetidas, hablando de lo que no debieran.** Chismosas habla de tonterías, hablar ociosamente, hacer falsas acusaciones, o acusar con palabras maliciosas. Entremetidas viene de *periergos,* que literalmente significa "que se mueve alrededor". Lo que se denota es uno que se inmiscuye en los asuntos de otras personas. Tales personas se entremeten en lo que no les corresponde. En la otra única oportunidad en la que se usa en el Nuevo Testamento la palabra *periergos,* se refiere a la práctica de la magia. Las personas que hacen esto son también culpables de entremeterse en las cosas que no les corresponden.

El fondo de la espiral descendente es **hablando de lo que no debieran.** Proverbios advierte contra el hacer eso: "El que anda en chismes descubre el secreto; mas el de espíritu fiel lo guarda todo" (Pr. 11:13). "Sin leña se apaga el fuego, y donde no hay chismoso, cesa la contienda" (Pr. 26:20). "El hombre perverso levanta contienda, y el chismoso aparta a los mejores amigos" (Pr. 16:28). "El que anda en chismes descubre el secreto; no te entremetas, pues, con el suelto de lengua" (Pr. 20:19). Esas viudas haciendo esto eran culpables de esparcir calumnias en vez del evangelio de Jesucristo. Algunas pudieran estar esparciendo falsas doctrinas (cp. 2:11-13).

Se necesitan mujeres piadosas, dispuestas con seriedad, maduras para ministrar en las casas a las mujeres y a las familias. Los secretos y los problemas de esas familias estarían seguros con ellas. Por estas razones, así como por el peligro de que abandonen su compromiso con Cristo, Pablo prohíbe que pongan a las mujeres jóvenes en la lista.

Quiero, pues, escribe Pablo, **que las viudas jóvenes se casen.** *Boulomai* (**Quiero**) es la determinación de que emane el deseo de la razón, no de la emoción. En este pasaje, tiene la fuerza de una orden. La costumbre judía animaba a las mujeres que habían perdido legítimamente a su esposo a que se volvieran a casar. Las Escrituras también enseñan que una cuyo esposo ha muerto, o que es la parte inocente en un divorcio, tiene el derecho de volver a casarse. Pablo escribió en Romanos 7:3: "Así que, si en vida del marido se uniere a otro varón, será llamada adúltera; pero si su marido muriere, es libre de esa ley, de tal manera que si se uniere a otro marido, no será adúltera". A los corintios escribió: "Si el incrédulo se separa, sepárese; pues no está el hermano o la hermana sujeto a servidumbre en semejante caso, sino que a paz nos llamó Dios" (1 Co. 7:15); y: "La mujer casada está ligada por la ley mientras su marido vive; pero si su marido muriere, libre es para casarse con quien quiera, con tal que sea en el Señor" (1 Co. 7:39).

En Mateo 5:31-32 nuestro Señor dijo: "También fue dicho: Cualquiera que repudie a su mujer, dele carta de divorcio. Pero yo os digo que el que repudia a su mujer, a no ser por causa de fornicación, hace que ella adultere; y el que se casa con la repudiada, comete adulterio" (cp. Mt. 19:7-9). Pablo no está haciendo una concesión, sino dando una orden. Los que argumentan contra las segundas nupcias no encontrarán apoyo en este pasaje. Es el plan de Dios para las mujeres jóvenes que perdieron a su marido que se vuelvan a casar. Esto las protege de tener una vida de soltería, que es incompatible con sus fuertes deseos de casarse y sus anhelos de criar hijos. Esto también las protege de buscar consuelo en una relación inapropiada. Pero mucho más importante es que reconoce que el más alto llamado a una mujer es el hogar. Sostener que la Biblia permite el divorcio, pero no las segundas nupcias, genera algunas difíciles preguntas. ¿Qué harán esas mujeres, si se les ha excluido de la función que Dios les dio como esposas y madres? Ciertamente todas ellas no tendrán el don de la soltería. ¿Cómo podría la iglesia cuidar de todas ellas? Esto sería una carga que Dios nunca pretendió que la iglesia se echara encima. ¿Cómo cumplirán los requisitos para ser incluidas en la lista? ¿Cómo probarían ser mujeres de un hombre si no tenían marido? Las viudas jóvenes, pues, deben casarse.

Pablo describe las responsabilidades de una vida que vuelve a casarse como que **críen hijos [y] gobiernen su casa.** *Teknogoneō* (**críen hijos**) significa tener bebés (cp. 2:15), indicando que las viudas a las que Pablo se refiere estaban por lo general en la edad de criar hijos. El punto de vista contemporáneo que dice que los hijos son un inconveniente que restringe nuestro estilo de vida es repulsivo para el Señor. Por el contrario, la Biblia llama a los hijos "herencia de Jehová" (Sal. 127:3) y declara "Bienaventurado el hombre que llenó su aljaba de ellos" (Sal. 127:5). Aunque una viuda joven pueda haber perdido a su esposo, ella aun tiene el alto llamado y bendito privilegio de criar hijos. Para hacerlo necesita volverse a casar.

La expresión **gobiernen su casa** viene de *oikodespoteō*. Esto va más allá de criar hijos, para incluir todos los aspectos de la administración de la familia. El hombre provee los recursos mediante su trabajo, y la mujer los administra para el cuidado de su esposo y de sus hijos.

Al casarse otra vez y al reanudar su función en el hogar, no le daría **al adversario ninguna ocasión de maledicencia.** El enemigo no es específicamente Satanás, sino abarca todo el que se oponga a la Palabra de Dios. Satanás, si bien es el postrer enemigo, ataca por medio de agentes humanos. *Aphormē* (**ocasión**) se refiere a un punto de lanzamiento de un ataque, o una base de operaciones. Al casarse otra vez y criar una familia, una viuda joven evitará traer **maledicencia** sobre la causa de Cristo. Consecuente con su llamado, como se describe en el versículo 10, evitará caer en algún pecado sexual o en alguna corrupción de la función que Dios quiso para las mujeres. Por otra parte, las que violan los propósitos de Dios, dan municiones a los enemigos de la iglesia.

La advertencia de Pablo a la iglesia de Éfeso era oportuna, ya que, trágicamente, **ya algunas se [habían] apartado en pos de Satanás.** Algunas de las viudas jóvenes habían abandonado sus votos a Cristo. Al abandonar su verdadero llamado de tener hijos y administrar el hogar, se habían dado a diferentes pecados (cp. 2 Ti. 3:6). Sin duda algunas estaban siguiendo a los falsos maestros, e incluso ayudando a esparcir las falsas doctrinas. Algunas se habrían casado con incrédulos, trayendo de esta manera vergüenza a la iglesia. Ya no están sirviendo a Cristo, sino a **Satanás.** Por eso la orden de Pablo de que las viudas jóvenes se vuelvan a casar, era aun más urgente.

LA OBLIGACIÓN DE LA IGLESIA DE ASEGURARSE QUE MUJERES CAPACES SUSTENTEN A SUS VIUDAS

Si algún creyente o alguna creyente tiene viudas, que las mantenga, y no sea gravada la iglesia, a fin de que haya lo suficiente para las que en verdad son viudas. (5:16)

Pablo retoma su idea y vuelve a exponer la verdad que ya ha enseñado en los versículos 4 y 8. Cuando no hay hombres disponibles, **alguna creyente** debe cuidar de sus **viudas.** Ella no debe pasar por alto sus necesidades, sino que debe **[mantenerlas]** si puede. Los hijos y los nietos de una viuda tienen la principal responsabilidad de su cuidado. Luego vienen sus familiares hombres, y después sus familiares mujeres. Solo cuando no haya esas personas para ayudar, recae la tarea en la iglesia.

Las familias deben cuidar de sus viudas necesitadas, para que **no sea gravada la iglesia.** Entonces ella puede ayudar a **las que en verdad son viudas.** Una vez más, Pablo retoma su idea (cp. v. 3). Solo estas viudas que no tienen ningún otro medio de ayuda, deben ser atendidas por la iglesia.

Ayudar a las viudas trae la promesa de bendición de Dios. Deuteronomio 14:29 dice: "Vendrá... el extranjero, el huérfano y la viuda que hubiere en tus poblaciones, y comerán y serán saciados; para que Jehová tu Dios te bendiga en toda obra que tus manos hicieren". Por otra parte, el no hacerlo trae juicio: "Maldito el que pervirtiere el derecho del extranjero, del huérfano y de la viuda" (Dt. 27:19). El amor y cuidado especial de Dios por las viudas debe reflejarse en las acciones de su pueblo.

Restauración del oficio bíblico de anciano

19

Los ancianos que gobiernan bien, sean tenidos por dignos de doble honor, mayormente los que trabajan en predicar y enseñar. Pues la Escritura dice: No pondrás bozal al buey que trilla; y: Digno es el obrero de su salario. Contra un anciano no admitas acusación sino con dos o tres testigos. A los que persisten en pecar, repréndelos delante de todos, para que los demás también teman. Te encarezco delante de Dios y del Señor Jesucristo, y de sus ángeles escogidos, que guardes estas cosas sin prejuicios, no haciendo nada con parcialidad. No impongas con ligereza las manos a ninguno, ni participes en pecados ajenos. Consérvate puro. Ya no bebas agua, sino usa de un poco de vino por causa de tu estómago y de tus frecuentes enfermedades. Los pecados de algunos hombres se hacen patentes antes que ellos vengan a juicio, mas a otros se les descubren después. Asimismo se hacen manifiestas las buenas obras; y las que son de otra manera, no pueden permanecer ocultas. (5:17-25)

Durante su vida en la tierra, nuestro Señor Jesucristo fundó una sola organización: su iglesia. Esta es también la única institución que Él específicamente prometió bendecir (Mt. 16:18). La iglesia fue diseñada y escogida por el Padre en la eternidad pasada, redimida por la obra del Hijo en la cruz, y engendrada por el poder del Espíritu. La iglesia es el canal escogido por donde fluye al mundo la verdad salvadora de Dios. Ella ha sustituido temporalmente a Israel en esa función debido a la apostasía de esta nación (cp. Ro. 11:1-24).

La iglesia debe mantener una pureza y poder que pueda penetrar el reino de las tinieblas con la gloriosa luz del evangelio. Al hacerlo, rescatará a hombres y mujeres del control de Satanás y los llevará al reino de la luz. La iglesia es el cuerpo de Cristo, la forma visible de Cristo en el mundo. Su propósito es revelar su gloria y de esta manera atraer a los hombres a la salvación en Él. La iglesia es también el modelo de piadosa virtud en un mundo impío, al vivir conforme a los mandamientos de Dios.

Pedro resumió todo esto cuando escribió: "Vosotros sois linaje escogido, real sacerdocio, nación santa, pueblo adquirido por Dios, para que anunciéis las virtudes de aquel que os llamó de las tinieblas a su luz admirable" (1 P. 2:9).

La habilidad de la iglesia para cumplir su llamado depende humanamente de un importante factor: la cualidad de sus líderes. La declaración de Oseas: "el pueblo como el sacerdote" (Os. 4:9) sigue vigente hoy. Las iglesias no se elevan más allá del nivel de su liderazgo.

El plan de nuestro Señor para asegurar que la iglesia sea todo lo que Él desea que sea, fue el mismo que utilizó cuando Israel era el pueblo que le servía de testigo. Dios llamó a Israel a proclamar su carácter y sus mandamientos. Para guiar la nación, Él levantó reyes, sacerdotes, profetas y ancianos. La tarea de ellos era ser un modelo de piedad y virtud, al dar la vida de cada uno de ellos en el servicio del soberano Jehová. Al hacerlo, ellos conducirían a Israel hacia la santidad que la capacitaría para alcanzar de modo eficiente al mundo, con la verdad del perdón del pecado por la misericordia de Dios.

Trágicamente, la historia de Israel es en gran parte la historia del fracaso del liderazgo. La historia de los líderes de Israel es de decadencia, apostasía y deserción, que condujo a la deserción del pueblo. Esto a su vez hizo que Dios los apartara temporalmente y estableciera un nuevo canal para su verdad, la iglesia, que nació en el día de Pentecostés.

Lamentablemente, la historia de la iglesia a menudo ha sido semejante a la de Israel. La misma norma de deserción de la verdad bíblica que arruinó el liderazgo de Israel ha caracterizado con mucha frecuencia el liderazgo de la iglesia. El llamado de Pablo en este texto a una restauración del oficio bíblico de anciano, es uno al que la iglesia contemporánea necesita con urgencia prestar atención, ya que muchos, si no la mayoría, de los problemas que afronta la iglesia, se deben a las fallas de su liderazgo.

Las Escrituras apoyan el liderazgo compartido. Varios hombres santos deben compartir la responsabilidad del liderazgo, aunque sean diferentes en sus funciones específicas y sus dones. La Biblia no registra nada sobre un solo hombre que gobierna como el soberano de todos. Ni tampoco se vislumbra alguna autoridad fuera de ella a la que deba someterse el liderazgo de una congregación local. El plan de Dios para escoger a los líderes en su iglesia es sencillo. En cada congregación el Espíritu Santo da dones e identifica a través de su fidelidad a un grupo de hombres santos. Luego de ser confirmados por las personas, comparten la carga de las responsabilidades del liderazgo.

La iglesia de Éfeso, en los días de Timoteo, podía culpar de la mayoría de sus problemas a un ineficiente liderazgo. En este pasaje Pablo enseña a Timoteo, a los efesios y a nosotros cómo restaurar un verdadero oficio bíblico de anciano. No repite los requisitos que dio en el capítulo 3; él no está preocupado con el carácter y las características del obispo, sino por cómo la iglesia lo ve. Al expresar sus ideas sobre estos aspectos, Pablo nos muestra la obligación de la iglesia con sus pastores. Al hacerlo así, destaca cuatro principios que definen el liderazgo bíblico: honrar a los ancianos, proteger a los ancianos, reprender a los ancianos y seleccionar a los ancianos. Donde se ha abandonado el liderazgo bíblico, seguir la enseñanza de este importante texto puede ayudar a restaurarlo.

HONRAR A LOS ANCIANOS

Los ancianos que gobiernan bien, sean tenidos por dignos de doble honor, mayormente los que trabajan en predicar y enseñar. Pues la Escritura dice: No pondrás bozal al buey que trilla; y: Digno es el obrero de su salario. (5:17-18)

El primer principio y el primer paso hacia la restauración del liderazgo bíblico, implican dar el adecuado honor a esos ancianos que sirven fielmente en la iglesia, un concepto no exclusivo de este pasaje. Primera Tesalonicenses 5:12-13 exhorta a hacer lo mismo, "Os rogamos, hermanos, que reconozcáis a los que trabajan entre vosotros, y os presiden en el Señor, y os amonestan; y que los tengáis en mucha estima y amor por causa de su obra". El escritor de Hebreos exhorta a sus lectores a que se acuerden "de vuestros pastores, que os hablaron la palabra de Dios; y considerad el resultado de su conducta, e imitad su fe. Obedeced a vuestros pastores, y sujetaos a ellos; porque ellos velan por vuestras almas, como quienes han de dar cuenta; para que lo hagan con alegría, y no quejándose, porque esto no os es provechoso" (He. 13:7, 17).

La palabra **ancianos** es un término general que se refiere a los que también son llamados "obispos" en 3:1. Que los títulos anciano, pastor y obispo describen a la misma persona, se hace evidente por el empleo de las tres palabras para describir a los mismos hombres en Hechos 20:17, 28. El término "pastor" subraya su función de alimentar; "obispo", su autoridad y función de guía, y "anciano", la madurez espiritual de ellos. Este pasaje supone que tales ancianos son competentes (cp. 3:2ss); **honor** traduce *timē,* que por lo general se refiere a "respeto" o "consideración" (cp. 6:1). Como se ha observado en el análisis de 5:3, también puede referirse a apoyo económico (cp. Mt. 27:6, 9; Hch. 4:34; 1 Co. 6:20, donde se traduce "precio"; Pr. 3:9 [LXX], que habla de dar una ofrenda a Dios). Ese empleo es parecido al de la palabra "honorario", que se refiere al dinero dado a alguien para honrarlo.

Pablo, como era su costumbre, no se refiere directamente al dinero (cp. 2 Co. 8:6-7; 9:1, 12-13; Gá. 6:6; Flm. 4:18). Él prefiere tratar con la actitud del corazón que resultará en remuneración. Los que honran a los ancianos, no darán de mala gana para pagar su sustento. Todos los ancianos tienen derecho al apoyo económico y al respeto. Aunque Pablo decidió sustentarse a sí mismo en sus esfuerzos evangelísticos en las ciudades paganas, los que no lo hacen no son de ninguna manera inferiores, y deben ser sustentados por la iglesia. El obrero es digno de su pago, y los que viven para predicar, deben recibir pago por esto. Pablo defendió esa verdad en el importante texto de 1 Corintios 9:1-14:

> *¿No soy apóstol? ¿No soy libre? ¿No he visto a Jesús el Señor nuestro? ¿No sois vosotros mi obra en el Señor? Si para otros no soy apóstol, para vosotros ciertamente lo soy; porque el sello de mi apostolado sois vosotros en el Señor. Contra los que me acusan, esta es mi defensa: ¿Acaso no tenemos derecho de comer y beber? ¿No tenemos derecho de traer con nosotros una hermana por mujer como también los otros apóstoles, y los hermanos del Señor, y Cefas? ¿O sólo yo y Bernabé no tenemos derecho de no trabajar? ¿Quién fue jamás soldado a sus propias expensas? ¿Quién planta viña y no come de su fruto? ¿O quién apacienta el rebaño y no toma de la leche del rebaño? ¿Digo esto sólo como hombre? ¿No dice esto también la ley? Porque en la ley de Moisés está escrito: No pondrás bozal al buey que trilla. ¿Tiene Dios cuidado de los bueyes, o lo dice enteramente por nosotros? Pues por nosotros se escribió; porque con esperanza debe arar el que ara, y el que trilla, con esperanza de recibir del fruto. Si nosotros sembramos entre vosotros lo espiritual, ¿es gran cosa si segáremos de vosotros lo material? Si otros participan de este derecho sobre vosotros, ¿cuánto más nosotros? Pero no hemos usado de este derecho, sino que lo soportamos todo, por no poner ningún obstáculo al evangelio de Cristo. ¿No sabéis que los que trabajan en las cosas sagradas, comen del templo, y que los que sirven al altar, del altar participan? Así también ordenó el Señor a los que anuncian el evangelio, que vivan del evangelio.*

A veces el apóstol mismo recibía con gozo algún sustento. En respuesta a la generosidad de los filipenses escribió:

> *En gran manera me gocé en el Señor de que ya al fin habéis revivido vuestro cuidado de mí; de lo cual también estabais solícitos, pero os faltaba la oportunidad. No lo digo porque tenga escasez, pues he aprendido a contentarme, cualquiera que sea mi situación. Sé vivir humildemente, y sé tener abundancia; en todo y por todo estoy enseñado, así para estar saciado como para tener hambre, así para tener abundancia como para padecer necesidad. Todo lo puedo en Cristo que me fortalece. Sin embargo, bien hicisteis en participar conmigo en mi tribulación. Y sabéis también vosotros, oh filipenses, que al principio de la predicación del evangelio, cuando partí de Macedonia, ninguna iglesia participó conmigo en razón de dar y recibir, sino vosotros solos; pues aun a Tesalónica me enviasteis una y otra vez para mis necesidades. No es que busque dádivas, sino que busco fruto que abunde en vuestra cuenta. Pero todo lo he recibido, y tengo abundancia; estoy lleno, habiendo recibido de Epafrodito lo que enviasteis; olor fragante, sacrificio acepto, agradable a Dios. Mi Dios,*

pues, suplirá todo lo que os falta conforme a sus riquezas en gloria en Cristo Jesús. Al Dios y Padre nuestro sea gloria por los siglos de los siglos. Amén (Fil. 4:10-20).

Aunque se debe honrar a todos los **ancianos,** Pablo señala a algunos como **dignos de doble honor.** Él hace diferencia entre la categoría general de ancianos y los que sirven con mayor empeño, esfuerzo y excelencia. Son **dignos** de mayor reconocimiento de las congregaciones a las que sirven. Pablo no está diciendo aquí que ellos deben recibir exactamente dos veces el pago de un anciano normal. Más bien, ellos deben recibir amplia y generosa remuneración y respeto, más allá del que reciben los otros ancianos que no trabajan con la misma diligencia.

Pablo presenta dos requisitos que caracterizan a **los ancianos** que son **dignos de doble honor.** En primer lugar, **gobiernan bien.** Gobiernan viene de *proistēmi,* que significa "estar de primero". Los ancianos son los primeros desde el punto de vista del liderazgo. Ellos tienen la dirección de la iglesia (cp. 3:1; cp. 1 P. 5:2), y deben cuidar de ella (3:5). Como son los que dirigen (1 Ts. 5:12), tienen una gran responsabilidad (He. 13:17). Cuando este privilegiado deber se realiza con excelencia extraordinaria, deben ser compensados en la debida forma. Sin embargo, el énfasis de Pablo no está en el verbo, sino en el adverbio **bien.** *Kalos* (**bien**) pudiera traducirse "con excelencia". Excelencia en el ministerio puede ilustrarse al repasar los requisitos en 4:6-16.

Pablo no está estableciendo aquí dos categorías de ancianos, los que gobiernan y los que predican y enseñan. Ni está contrastando a ancianos santos y pecadores, ya que estos últimos no serían competentes, y no serían de ninguna manera ancianos. El contraste de Pablo es entre los ancianos fieles y dotados, para señalar a los que aventajan a los otros en la excelencia de su ministerio.

El verbo *axioō* (**sean tenidos por dignos**) refleja una estimación que se alcanza por el proceso del pensamiento. Es evaluar a algunos ancianos y considerarlos **dignos de doble honor.** La idea es que el **doble honor** no es un regalo, sino algo que ellos merecen.

Pablo describe, además, a tales hombres como **mayormente los que trabajan en predicar y enseñar.** *Malista* (**mayormente**) significa "principalmente" o "particularmente". Lo que se supone es que algunos ancianos no trabajaban tan duro en el **predicar y enseñar** como otros. Su función pudiera ser menos destacada en esos aspectos; **trabajan** viene de *kopiaō,* que significa "trabajar hasta el punto de la fatiga o el agotamiento". No pone énfasis en la cantidad de trabajo, sino más bien en el esfuerzo. La recompensa de un hombre por parte de Dios es proporcional a la excelencia de su ministerio y del esfuerzo que pone en él. La excelencia combinada con diligencia caracteriza a un hombre digno del más alto honor.

La mediocridad viene de la poca voluntad para hacer el esfuerzo requerido. J. Oswald Sanders comenta: "La disposición a renunciar a las preferencias personales, a sacrificar los deseos legítimos y naturales por causa de su reino, caracterizará a los que Dios ha señalado para posiciones de influencia en su obra" (*El liderazgo espiritual,* edición revisada [Chicago: Moody, 1980], 170-71); **predicar** viene de *logos* y literalmente significa "discurso". Mira a la proclamación pública de la verdad que incluye exhortación y amonestación; **enseñar** traduce *didaskalia*. Subraya la idea de instrucción más que de proclamación; **predicar** exige una respuesta del corazón a Dios, mientras que **enseñar** es un baluarte necesario contra la herejía. No todos los ancianos tendrán la misma carga de predicación y enseñanza. Algunos pudieran enseñar o predicar ocasionalmente, algunos constantemente. Aquellos cuyo ministerio demanda toda su atención deben ser librados de cualquier necesidad de ganarse la vida, y hasta deben ser recompensados por su especial devoción.

Pablo apoya esta idea citando tanto el Antiguo como el Nuevo Testamento. **Pues la Escritura dice** es su modo habitual de presentar un pasaje bíblico. **No pondrás bozal al buey que trilla** es una cita de Deuteronomio 25:4 (cp. 1 Co. 9:9). La ley del Antiguo Testamento estipulaba que los bueyes que trillaban el grano, tenían derecho a comer de él. No debían ser amordazados para evitar que lo hicieran. La idea de Pablo es obvia. Dios estableció que los animales que trabajan para proporcionar alimento físico para otros, deben ser alimentados. ¿Cuánto más querrá Él que los fieles pastores, que proporcionan alimento espiritual a sus necesitadas ovejas, sean provistos?

La segunda cita, **Digno es el obrero de su salario,** es de Lucas 10:7. Es muy notable que Pablo se refiera a lo escrito por Lucas como **Escritura.** He aquí un caso en que un escritor del Nuevo Testamento confirma la inspiración de otro (cp. 2 P. 3:15-16). La iglesia primitiva reconoció la autoridad de los pasajes del Nuevo Testamento, incluso antes de que sus escritores murieran. Este versículo y 1 Corintios 11:24 son las únicas oportunidades en las que Pablo cita de los Evangelios. Ambas citas son de Lucas, reflejando la cercana relación de Pablo con él.

Con la segunda cita, Pablo sube el nivel de un animal a un siervo. La Biblia insiste en que los siervos deben recibir pago (Dt. 24:14-15; cp. Stg. 5:4). Rechazar el sustento a los que proveen alimento espiritual no es justo, y es algo despiadado como amordazar a un animal o negarse a pagar a un hombre contratado.

PROTECCIÓN DE LOS ANCIANOS

Contra un anciano no admitas acusación sino con dos o tres testigos. (5:19)

Siempre hay personas ansiosas por acusar falsamente a un hombre de Dios. Pudieran hacerlo porque están resentidos por su llamamiento, rechazan su enseñanza, resisten la autoridad bíblica, están resentidos por la virtud o celosos de las bendiciones del Señor sobre la vida de cada uno de esos hombres. Sin embargo, al final ellos muestran, al hacer tales acusaciones, que se han convertido en mensajeros de Satanás. Tales falsas acusaciones son una de sus armas más poderosas. José, Moisés, David, Jeremías, Nehemías y nuestro Señor Jesucristo, sufrieron falsas acusaciones. También Pablo, y él particularmente, habla de este asunto en su segunda carta a los corintios. Como el escritor puritano John Trapp lo expresó: "La verdad siempre tiene un rostro rasguñado" (citado en Geoffery B. Wilson, *The Pastoral Epistles* [Las epístolas pastorales] [Edimburgo: Banner of Truth, 1982], 78).

Estar en el ministerio es una sagrada confianza. Esta confianza se basa en la integridad y credibilidad de un hombre y en la consecuente pureza de su vida. Si se le puede atacar con éxito y desacreditar en ese momento, se destruirá su ministerio. Es imprescindible que su pueblo sea capaz de distinguir el chisme y las mentiras de la realidad.

Como las falsas acusaciones son un peligro real, Pablo da instrucciones a Timoteo sobre cómo afrontar los reproches contra los ancianos. En primer lugar, debe rechazar los no confirmados; **admitas** viene de *paradechomai*. Significa "entretener" o "considerar en su mente". Tales reproches no deben investigarse, sino pasarse por alto. El simple hecho de cerrar los oídos ante ellos es una de las mejores formas de proteger a los ancianos. La palabra **acusación** traduce *katēgoria,* una palabra compuesta de *kata* ("contra") y *agora* ("lugar de reunión pública"). No se debe considerar tal acusación pública.

En segundo lugar, Pablo da las condiciones sobre las que se debe tomar con seriedad una acusación contra un anciano. La iglesia no debe hacerlo **sino** basándose en el testimonio de **dos o tres testigos.** La acusación, no obstante, podía probarse que es falsa, pero al menos debe investigarse. El propósito de tener **dos o tres testigos** es para que haya confirmación (cp. Dt. 19:15; Mt. 18:16). Esto no significa poner a los ancianos fuera de una exitosa acusación, sino más allá de una ilegítima acusación. Ellos no deben estar a merced de acusadores malvados y frívolos.

Atacar a alguien que está en una posición de autoridad es un asunto muy serio. Después de cortar la orilla del manto de Saúl, "se turbó el corazón de David, porque había cortado la orilla del manto de Saúl" (1 S. 24:5). El amalecita que pensaba congraciarse con David al afirmar que había matado a Saúl, fue ejecutado (2 S. 1:1-16). El Salmo 105:15 advierte: "No toquéis, dijo, a mis ungidos, ni hagáis mal a mis profetas". Los que se proponen acusar falsamente a los siervos de Dios andan por terreno muy peligroso.

REPRENDER A LOS ANCIANOS

A los que persisten en pecar, repréndelos delante de todos, para que los demás también teman. Te encarezco delante de Dios y del Señor Jesucristo, y de sus ángeles escogidos, que guardes estas cosas sin prejuicios, no haciendo nada con parcialidad. (5:20-21)

Se debe proteger a los ancianos de las falsas acusaciones, pero no deben recibir inmunidad ante las verdaderas; **los** ancianos **que persisten en pecar** deben afrontar las consecuencias. Pablo no menciona aquí ningún tipo específico de pecado. Cualquier pecado que haga que un anciano quebrante los requisitos que se relacionan en 3:2-7, sería causa para reprenderlo **delante de todos.** No hay pasos complicados de disciplina a seguir. Se hace la acusación y se confirma, entonces se investiga. Si se halla que es verdad, el anciano es reprendido públicamente. *Elenchō* (**repréndelos**) significa "exponer", "traer a un franco convencimiento", "corregir" o "reprobar". No hay causas exegéticas para limitar el **todos** a los demás ancianos. Significa todo el mundo, ancianos y congregación. Un anciano que ha pecado no tiene lugar donde ocultarse.

Los pecados de un hombre en función de liderazgo son más serios, y deben castigarse con más severidad (cp. Stg. 3:1). El asunto no es si se arrepiente o no. Como ha perdido credibilidad, no está apto para el ministerio en cualquier caso. Debe reprenderse públicamente para que las personas entiendan por qué no puede continuar en el liderazgo. Tratar de esconder las cosas y permitir al anciano que pecó irse tranquilamente, crea muchas veces el caos de la incomprensión de una congregación.

Así que el ministerio es una espada de dos filos. Los que sirven fielmente, deben recibir honra y protección, pero los que pecan, deben ser eliminados del ministerio y públicamente reprendidos. Uno de los propósitos para esta reprensión en público es **para que los demás** puedan también temer al pecado. *Loipos* (**los demás**) se refiere a los otros en la misma categoría. La categoría de la que se habla aquí es la de los ancianos. Cuando un anciano cae en deshonra públicamente por causa del pecado, esto pone un temor saludable en el corazón de los demás. También pone el mismo temor en el corazón de la congregación (cp. Mt. 18:17). El temor, junto con el amor, es la correcta motivación para evitar el pecado y obedecer a Dios (Dt. 13:6-11; 17:12- 13; 19:16-20; Hch. 5:5-11). Proverbios 9:10 dice: "El principio de la sabiduría es el temor de Jehová". Segunda Corintios 7:1 amonesta a los creyentes a "[limpiarse] de toda contaminación de carne y de espíritu, perfeccionando la santidad en el temor de Dios" (cp. Hch. 9:31; Ef. 5:21; He. 12:28; 1 P. 2:17). Tal temor no es simplemente terror, sino un sentimiento de la amenazadora realidad de que Dios aborrece la maldad.

Si las iglesias en todas partes mantenían esa elevada norma para los ancianos, los hombres que no cumplían los requisitos quedarían excluidos del pastorado. Como la norma ha ido descendiendo en nuestro tiempo, es cierto con mucha frecuencia que cuando a un pastor que ha pecado se le deshonra en una iglesia, encuentra una posición de honor en otra. La iglesia necesita decidir si protege la reputación del hombre o la de Dios. Permitir que los ancianos que pecan vuelvan al ministerio antes de eliminar todo vestigio de deshonra y desconfianza (no siempre es posible; el pecado sexual es una deshonra que nunca desaparece según Pr. 6:33) desafía las Escrituras y da a entender que Dios tolera el pecado. Los que se arrepienten deben recibir perdón y la congregación debe aceptarlos. Sin embargo, eso no quiere decir que deben ser automáticamente restaurados al ministerio. En dependencia de la gravedad del pecado, pudieran quedar permanentemente descalificados.

Reprender públicamente a un anciano exige gran valor. Para que no se sintiera tentado a evadir esa responsabilidad, Pablo le ordena a Timoteo en el versículo 21: **Te encarezco delante de Dios y del Señor Jesucristo, y de sus ángeles escogidos, que guardes estas cosas sin prejuicios, no haciendo nada con parcialidad.** Pablo le recuerda a Timoteo que **Dios y [el] Señor Jesucristo, y sus ángeles escogidos** están observando. A ellos es a quienes hay que temer, no a las reacciones de los hombres. Todo el cielo está interesado en la pureza de la iglesia. La iglesia que tolera a los ancianos que pecan, para proteger su reputación en la tierra, perderá su reputación en el cielo.

Nuestro Señor en Mateo 18 animó también a los creyentes a confrontar el pecado. Él les aseguró que cuando afronten el pecado en la tierra están actuando de acuerdo con el cielo. Dios el Padre y el Señor Jesucristo mismo están en medio de ellos, dando su aprobación a tal corrección (vv. 18-20).

La iglesia debe [guardar] **estas cosas** respecto a los ancianos que pecan **sin prejuicios, no haciendo nada con parcialidad.** Nadie debe recibir un trato preferencial. La reprensión de los ancianos que pecan debe hacerse con precisión e integridad. No debe haber esfuerzos para proteger a los que son famosos, muy dotados o populares, ni para exponer a los que no lo son. La actitud de los implicados debe ser de tristeza, no de justificación.

Reprender a los líderes en pecado no es fácil. Sin embargo, Dios lo requiere porque la santidad en la iglesia debe mantenerse. La cuestión que afronta cada iglesia es si está más interesada en su reputación o en la santidad de Dios.

ELECCIÓN DE ANCIANOS

No impongas con ligereza las manos a ninguno, ni participes en pecados ajenos. Consérvate puro. Ya no bebas agua, sino usa de un poco de vino por causa de tu estómago y de tus frecuentes enfermedades. Los pecados de

algunos hombres se hacen patentes antes que ellos vengan a juicio, mas a otros se les descubren después. Asimismo se hacen manifiestas las buenas obras; y las que son de otra manera, no pueden permanecer ocultas. (5:22-25)

La mejor forma para prevenir que haya ancianos no competentes sirviendo en el ministerio, es **no** [imponer] **con ligereza las manos a ninguno.** Algunos han afirmado que esta frase refleja una costumbre de la iglesia primitiva de restaurar a los ancianos pecadores a la comunión de la iglesia. Sin embargo, es improbable esa interpretación por varias razones. En primer lugar, no hay evidencia alguna de que tal costumbre existía en la iglesia neotestamentaria. En segundo lugar, la imposición de manos en el Nuevo Testamento por lo general está relacionada con la ordenación (cp. Hch. 6:6; 13:3; 1 Ti. 4:14; 2 Ti. 1:6). Por último, esta interpretación se ajusta más bien a la enseñanza del Nuevo Testamento acerca del perdón. En ninguna parte del Nuevo Testamento se exhorta a tener cuidado de restaurar a un pecador arrepentido. Más bien, enseña lo opuesto (cp. Mt. 18:21-22; Gá. 6:1-2).

El imponer **las manos** sobre alguien en este contexto era confirmar su idoneidad y su aceptación para el ministerio público. Expresaba solidaridad, unión, e identificación con ellos. La práctica tiene sus raíces en el Antiguo Testamento (cp. Nm. 8:10; 27:18-23; Dt. 34:9). Se derivó de la práctica de imponer las manos sobre el animal que se sacrificaba para identificarse con él (cp. Éx. 29:10, 15, 19; Lv. 4:15). Imponer las manos también simboliza identificación en el Nuevo Testamento (cp. Mt. 19:15; Hch. 8:17-18; 9:17; He. 6:2).

La ordenación en el Nuevo Testamento se hizo por tres grupos. En primer lugar, los apóstoles ordenaron ancianos (Hch. 14:23). Asimismo hicieron los más cercanos colaboradores de los apóstoles, como Timoteo y Tito (Tit. 1:5). En la tercera fase, los ancianos existentes en una iglesia ordenaban a otros ancianos (1 Ti. 4:14). En la actualidad, como los primeros dos grupos han pasado, la responsabilidad cae sobre los ancianos de la iglesia.

Por lo tanto, el [imponer] **las manos** sobre alguien es apartarle para el ministerio. No debe hacerse **con ligereza** (cp. 3:10). A la ordenación debe preceder una profunda investigación. No hacerlo, deja a la iglesia propensa a [participar] **en pecados ajenos.** La palabra **participes** traduce *koinōneō,* la forma verbal de la palabra corriente del Nuevo Testamento para compañerismo. La ordenación apresurada, sin el examen debido, hace de los responsables culpables del pecado del hombre. El castigo de Dios pudiera venir sobre la iglesia no solo por los pecados del líder, sino también por los pecados de los que no hicieron una evaluación correcta de él.

Al tener la debida precaución respecto a escoger a los pastores, Timoteo se [conservaría] **puro. Consérvate** viene de *tēreō,* que significa "tener sumo cuidado" y **puro** traduce *hagnos* (cp. 2 Co. 7:11; Fil. 4:8; Stg. 3:17). Al no elevar a posiciones de liderazgo a quienes no están calificados, y evitar así la participación en sus pecados, Timoteo permanecería puro.

El versículo 23 es una nota personal, una explicación aparte para Timoteo en la que Pablo aclara su exhortación a la pureza del versículo 22. Al pedir a Timoteo que permaneciera puro, Pablo no estaba abogando por un rígido ascetismo. Él no quería que Timoteo descuidara su salud, y le aconsejó que **ya no** [bebiera] **agua, sino que** [usara] **de un poco de vino por causa de** [su] **estómago y de** [sus] **frecuentes enfermedades.** Timoteo obviamente se había comprometido con una abstinencia total del vino. Él deseaba ser un modelo de virtud espiritual y nunca establecer una norma que pudiera hacer que alguien asumiera una libertad que pudiera destruirlos (cp. Ro. 14:13-23; 1 Co. 8:12-13). Pablo le instruyó que no permitiera que ese compromiso dañara su salud. El **agua** era impura en el mundo antiguo y portadora de enfermedades como la disentería. El consejo de Pablo de que usara **un poco de vino** ayudaría a conservar la salud de Timoteo de los efectos provocadores de enfermedades del agua contaminada. Estaba también en armonía con el uso medicinal del vino en el mundo antiguo. El Talmud, Hipócrates, Plinio y Plutarco hablaron del valor del vino para contrarrestar enfermedades del estómago causadas por el agua contaminada (Gordon D. Fee, *New International Biblical Commentary: 1 and 2 Timothy, Titus* [Nuevo comentario bíblico internacional: 1 y 2 Timoteo, Tito] [Peabody, Mass.: Hendrickson, 1988], 135). Al abogar por un uso temporal y curativo del vino, Pablo no le pide a Timoteo que altere su compromiso de tener una norma muy elevada para los líderes (cp. Nm. 6:1-4; Pr. 31:4).

Luego del aparte, Pablo regresa a su énfasis principal en la selección de los ancianos. Ofrece cuatro principios con relación a este proceso de selección.

En primer lugar, **Los pecados de algunos hombres se hacen patentes antes que ellos vengan a juicio.** Algunos son claramente no aptos para servir como ancianos y pueden rechazarse sin prácticamente necesitar investigación alguna. Sus **pecados... se hacen patentes** a todos, y **antes que ellos vengan a juicio.** Saltan ante ellos como heraldos anunciando su culpabilidad de antemano. El **juicio** de que se habla aquí no es el juicio final, ni el juicio de los creyentes. Más bien se refiere a la evaluación de la iglesia de la idoneidad de un hombre para servir.

En segundo lugar, **a otros se les descubren después.** Sus pecados no son evidentes de antemano, sino que salen a la luz durante el proceso de evaluación de la iglesia. Como dice R. C. H. Lenski: "Sus pecados marchan justo hacia la reunión detrás de ellos y se niegan a quedarse fuera" (*The Interpretation of St. Paul's Epistles to the Colossians, to the Thessalonians, to Timothy, to Titus, and to Philemon* [La interpretación de las epístolas de San Pablo a los Colosenses, Tesalonisences, Timoteo, Tito y Filemón] [Minneápolis: Augsburg, 1964], 692).

En tercer lugar, **se hacen manifiestas las buenas obras.** Es evidente, por la calidad del carácter de algunos hombres, que están aptos para servir. Así que es innecesario un largo análisis de cómo cumplen con los requisitos.

Por último, **las que son de otra manera no pueden permanecer ocultas.** Las buenas obras de algunos no se aprecian fácilmente. Sin embargo, **no pueden permanecer ocultas,** y vendrán a la luz durante el proceso de examen. Tales hombres también serán hallados aptos para servir como ancianos.

La iglesia necesita con urgencia hombres competentes que sirvan como pastores y ancianos. Su vida debe cumplir con las normas de 3:2-7, y su ministerio las de 4:6-16. La responsabilidad de la iglesia con ellos es honrarlos y protegerlos, reprender a los que pecan, y, sobre todo, ser muy cuidadosos en su selección. Si se ponen en práctica estos cuatro principios, la iglesia estará bien en su camino hacia la restauración del liderazgo bíblico.

El empleado cristiano concienzudo 20

Todos los que están bajo el yugo de esclavitud, tengan a sus amos por dignos de todo honor, para que no sea blasfemado el nombre de Dios y la doctrina. Y los que tienen amos creyentes, no los tengan en menos por ser hermanos, sino sírvanles mejor, por cuanto son creyentes y amados los que se benefician de su buen servicio. Esto enseña y exhorta. (6:1-2)

La nuestra es una sociedad que no le da gran valor al trabajo. Según una encuesta, al setenta por ciento de los trabajadores estadounidenses no le agradan sus trabajos. De ese setenta por ciento, el noventa por ciento dijo que no les gusta levantarse por la mañana para ir a trabajar. Al trabajador promedio lo consumen los bienes materiales, el ocio y el materialismo. Él ve su trabajo como un mal necesario para financiar sus placeres.

Lamentablemente, algunos de esos trabajadores infelices son cristianos, a quienes es necesario recordar sus responsabilidades como empleados. La iglesia actual necesita redescubrir una teología bíblica del trabajo.

La teología comienza en Génesis 2:15: "Tomó, pues, Jehová Dios al hombre, y lo puso en el huerto de Edén, para que lo labrara y lo guardase". En el huerto, antes de la caída, al hombre se le había asignado trabajo. Por lo tanto, el trabajo no es resultado de la maldición, sino del plan creador de Dios para la satisfacción del hombre. Sin embargo, el trabajo sí llegó a ser más doloroso y difícil después de la caída.

Para el creyente, el trabajo es un deber sagrado. Un cristiano ve todo lo que hace respecto a su relación con Dios. Los reformadores subrayaron ese punto. No hay ningún aspecto de la vida ni del comportamiento, por insignificante que parezca, que no deba realizarse para la gloria de Dios. Nadie subrayó el carácter sagrado de todo trabajo más que Martín Lutero:

> Llamar a los papas, obispos, sacerdotes, monjes y monjas, la clase religiosa, y a los príncipes, señores, lores, artesanos y campesinos, la clase secular, es un engañoso recurso. Porque todos los cristianos, no importa quiénes sean, real y verdaderamente pertenecen a la clase religiosa, y no hay diferencia alguna entre ellos excepto en que realizan diferente trabajo. Por lo tanto deducimos que no hay esencialmente ninguna otra diferencia entre laicos, sacerdotes, príncipes, obispos, o, en la terminología romanista, entre religioso y secular, que la del oficio u ocupación, y no la de la condición de cristianos. Todos tienen condición espiritual, y todos son verdaderamente sacerdotes, obispos y papas. Pero los cristianos no todos tienen la misma ocupación. Un zapatero, un herrero, un campesino, cada uno tiene su ocupación y trabajo manual; y sin embargo, al mismo tiempo, todos son elegibles para actuar como sacerdotes y obispos. Cada uno de ellos, en su ocupación u oficio manual, debe ser útil a sus compañeros, y servirles de tal manera que los diferentes oficios sean todos dirigidos al beneficio de la comunidad, y a fomentar el bienestar del cuerpo y del alma, al igual que todos los órganos del cuerpo se sirven unos a otros. ("An Appeal to the Ruling Class" [Un llamado a la clase gobernante], en John Dillenberger, ed. *Martin Luther: Selections from His Writings* [Martín Lutero. Selecciones de sus escritos] [Garden City, N.Y.: Anchor Books, 1961], 407, 409, 410)

Cada trabajo legítimo tiene un valor intrínseco, porque es el medio donde el creyente vive su vida cristiana. El cristianismo no es una religión de invernadero, sino una que sobrevive y triunfa en la realidad. Por lo general, los creyentes interactúan con ese mundo en su lugar de trabajo, al vivir su fe en sus trabajos. Ellos deben ser una "ciudad asentada sobre un monte" (Mt. 5:14). Los cristianos deben estar interesados en que su conducta en el trabajo muestre a otros el poder de Jesucristo para transformar una vida. El rendimiento del trabajo de los creyentes traerá alabanza o blasfemia al nombre de Dios. Todo trabajo, ya sea directa o indirectamente, es para adelantar el reino de Dios. Incluso los cristianos primitivos que eran esclavos, podían glorificar a Dios al cumplir fielmente sus tareas.

Al parecer, la congregación que dirigía Timoteo tenía problemas para sustentar una ética del trabajo bíblica en el mundo de esclavitud. Pablo escribe este pasaje como algo correctivo para ellos en este aspecto fundamental. Para hacerlo, él habla de dos aspectos sencillos: el servicio a un amo no cristiano, y el servicio a un amo cristiano. La instrucción que ofrece es fundamental para cualquier empleado cristiano en cualquier sistema social.

EL SERVICIO A UN AMO NO CRISTIANO

Todos los que están bajo el yugo de esclavitud, tengan a sus amos por dignos de todo honor, para que no sea blasfemado el nombre de Dios y la doctrina. (6:1)

La esclavitud era un componente social integral del mundo grecorromano del primer siglo. Los esclavos eran los empleados que hacían el trabajo para sus amos adinerados. Era un extendido esquema de empleo. En realidad, toda la estructura económica del Imperio Romano dependía de ella. Para comprender la esclavitud, los creyentes hoy día deben privarse de sus ideas preconcebidas acerca de ella. Esas ideas salen mayormente de la esclavitud racial antes de la guerra civil en los Estados Unidos, la cual alberga solo algún parecido con la esclavitud en el Imperio Romano del primer siglo.

En el antiguo Cercano Oriente, la mayor parte del trabajo de temporada en el campo y el trabajo de proyectos de tiempo parcial, lo realizaban los jornaleros contratados (cp. Mt. 20:1ss). Los esclavos domésticos permanentemente empleados servían como administradores (cp. Lc. 16:1ss), cocineros, artesanos, y maestros, siendo parte del grupo familiar, casi como de la familia. En muchos aspectos ellos se parecían a los siervos obligados por contrato, de la era de la América colonial.

Se adquirían esclavos de diversas formas. Muchos eran prisioneros de guerra (Nm. 31:7-35; Dt. 20:10-14). También se les podía comprar (Éx. 21:7; Lv. 25:44-46). Algunos se vendían a sí mismos como esclavos (Lv. 25:39ss; Dt. 15:12-17), a otros se les vendía para pagar deudas (2 R. 4:1; Neh. 5:1-8). Se podían recibir esclavos como regalos (Gn. 29:24), o como herencia (Lv. 25:46). Aun otros nacían para ser esclavos y quedaban en esa función.

El sistema no era perfecto, pero funcionaba. La mayoría de los maltratos venían del malvado corazón de los hombres, de la propia institución. Tales maltratos pueden hallarse en todo sistema de empleo, ya sea esclavitud, feudalismo, comunismo o capitalismo.

El Antiguo Testamento nunca prohibió la esclavitud, pero defendía cuidadosamente los derechos de los esclavos. No se podían tener esclavos judíos por más de seis años (Éx. 21:2), a menos que voluntariamente decidieran quedarse (Éx. 21:5-6). Los que venían al cautiverio con una esposa e hijos, podían llevarlos cuando se marchaban. Sin embargo, a los que el amo les daba esposa, no se la podían llevar hasta que se cumpliera el tiempo de ellas. Esto era necesario para proteger los derechos de los amos. Se debía poner en libertad a los esclavos que eran maltratados por sus amos (Éx. 21:26-27). Sus derechos religiosos, como disfrutar del descanso del día de reposo, también se protegían (Éx. 20:10). Los esclavos también disfrutaban de derechos civiles. El asesinato de un esclavo traía consigo castigo (Éx. 21:20). Los esclavos extranjeros que buscaban asilo en Israel debían ser protegidos (Dt. 23:15-16). Los esclavos tenían derechos económicos, entre ellos el derecho de poseer otros esclavos (cp. 2 S. 9:9-10). La nación de Israel incluso tenía esclavos del estado, similar a los empleados de servicio civil (Jos. 16:10; Jue. 1:28; Esd. 8:20).

Los esclavos judíos en la época del Nuevo Testamento eran de igual manera protegidos. Se les debía tratar igual que al hijo mayor en una familia. Tanta protección tenían, que había una vieja frase judía que rezaba: "Quienquiera que compre un esclavo judío se está comprando un amo".

A los esclavos gentiles no siempre se les trataba bien, pero en general tenían más dinero que los jornaleros. Los esclavos tenían asegurado el alimento, vestido y alojamiento, junto con un pequeño salario. Al sacar los costos de alimentación, vestido y alojamiento, los jornaleros por lo general quedaban con menos dinero que un esclavo. De manera que la esclavitud era un sistema, si no ideal, que funcionaba. Como en el Antiguo, en el Nuevo Testamento no hay mención alguna de que se exigiera su abolición. En la época del Nuevo Testamento, la esclavitud estaba decreciendo en el Imperio Romano, aunque aun quedaban muchos esclavos. Para Jesús y los apóstoles haber demandado la abolición de la esclavitud hubiera sido fomentar el desempleo y el caos social. Además de eso, el mensaje salvador del evangelio hubiera quedado eclipsado por la demanda de reformas sociales. Con el tiempo, la influencia del cristianismo ayudó a poner fin a formas injuriosas de esclavitud en el Imperio Romano. (Para un análisis posterior de la esclavitud, vea *Colosenses y Filemón, MacArthur New Testament Commentary* [Comentario MacArthur del Nuevo Testamento] [Chicago: Moody, 1992], 152-53, 201-35.)

La frase **bajo el yugo** no necesariamente designa una relación injuriosa (cp. Mt. 11:28-30). Era una expresión coloquial de servicio sumiso bajo la autoridad de otra persona; **esclavitud** es en el griego la forma plural de la conocida palabra neotestamentaria *doulos,* que designa a una persona en sumisión a otra persona. No tiene connotación negativa inmanente; en realidad, puede ser una designación noble, como cuando describe a nuestro Señor sirviendo al Padre (Fil. 2:7), o los creyentes sirviendo a Dios (1 P. 2:16). La palabra, en sus formas sustantivas y verbales, se emplea unas 150 veces en el Nuevo Testamento. Se refiere a la esclavitud de un creyente a su Señor (cp. Ro. 1:1; Gá. 1:10; 2 Ti. 2:24; Stg. 1:1; 2 P. 1:1; Jud. 1; Ap. 1:1), a los inconversos (1 Co. 9:19) y a otros creyentes (Gá. 5:13).

Dos pasajes del Nuevo Testamento ilustran el significado de *doulos*. En Mateo 8:9, el centurión le dijo a Jesús: "Porque también yo soy hombre bajo autoridad, y tengo bajo mis órdenes soldados; y digo a éste: Ve, y va; y al otro: Ven, y viene; y a mi siervo: Haz esto, y lo hace". Un *doulos* era alguien que tenia que obedecer órdenes. Lucas 17:7-10 nos da una idea adicional del significado de la palabra:

¿Quién de vosotros, teniendo un siervo que ara o apacienta ganado, al volver él del campo, luego le dice: Pasa, siéntate a la mesa? ¿No le dice más bien: Prepárame la cena, cíñete, y sírveme hasta que haya comido y bebido; y después de esto, come y bebe tú? ¿Acaso da gracias al siervo porque hizo lo que se le había mandado? Pienso que no. Así también vosotros, cuando hayáis hecho todo lo que os ha sido ordenado, decid: Siervos inútiles somos, pues lo que debíamos hacer, hicimos.

Un siervo debía realizar tareas asignadas a él por otro que estaba por encima de él en autoridad.

La palabra **amos** viene de *despotēs,* de la que se deriva la palabra "déspota". Sin embargo, a diferencia de la palabra castellana, el término griego no tiene la connotación de aspereza, crueldad e injuria. Simplemente se refiere a alguien con autoridad absoluta e irrestricta, y se usaba incluso para referirse a nuestro Señor Jesucristo (2 Ti. 2:21; 2 P. 2:1; Jud. 4). En la cultura y terminología griega, *doulos* y *despotēs* iban juntos.

El adjetivo *idios* (**sus**) implica cierta forma de atadura personal (cp. Ef. 5:22). Sin duda, estos son empleadores no cristianos, como se indica en el comentario calificador en el versículo 2: "Y los que tienen amos creyentes". Esto se aplica a cualquiera que está en autoridad en el trabajo sobre un creyente. No hay atadura espiritual, pero hay atadura del deber. Los creyentes debían [tener] a esos amos no cristianos **por dignos de todo honor.** *Hēgeomai* (**tengan**) se refiere a una estimación basada en criterios objetivos, no en sentimientos internos. Los creyentes deben mostrar respeto y una correcta valoración de la autoridad de sus empleadores, sin importar qué piensan de ellos.

Una valoración correcta hallará a los empleadores de uno **dignos de todo honor.** Junto con las viudas (5:3) y los ancianos (5:17), los empleadores deben recibir **honor.** Aquí no incluye apoyo económico, sino respeto y obediente servicio. Hasta los empleadores que son ásperos e injustos deben ser honrados, debido a su función como superiores en el lugar de trabajo. Pedro escribió:

Criados, estad sujetos con todo respeto a vuestros amos; no solamente a los buenos y afables, sino también a los difíciles de soportar. Porque esto merece aprobación, si alguno a causa de la conciencia delante de Dios, sufre molestias padeciendo injustamente. Pues ¿qué gloria es, si pecando sois abofeteados, y lo soportáis? Mas si haciendo lo bueno sufrís, y lo soportáis, esto ciertamente es aprobado delante de Dios (1 P. 2:18-20).

La razón de que los amos sean tan honrados es **para que no sea blasfemado el nombre de Dios y la doctrina.** La actitud y la conducta de los creyentes en sus relaciones diarias de trabajo influyen en cómo las personas perciben a **Dios**

y la doctrina, esta última indudablemente se refiere al evangelio. Los que no honran a sus empleadores, harán que Dios y la verdad cristiana sean blasfemados. Sus empleadores se preguntarán a qué clase de Dios ellos sirven, que los conduce a la holgazanería, la insubordinación o la hostilidad. También se preguntarán sobre el poder del evangelio para transformar una vida. R. C. H. Lenski escribe:

> Si un esclavo cristiano deshonra a su amo de cualquier forma, por desobediencia, por una conducta irrespetuosa, por hablar mal de su amo, la peor consecuencia no sería la paliza que recibiría, sino la maldición que, por su causa, el amo lanzaría contra el Dios de este desdichado esclavo, su religión y la enseñanza que él ha abrazado: "¡Así que esto es lo que enseña esta nueva religión a sus convertidos!" En vez de dar honor al Dios verdadero y al evangelio de su alto y santo nombre, como cada cristiano debe estar anhelante de hacer, este esclavo produciría todo lo opuesto, para disfrute del diablo. (*The Interpretation of St. Paul's Epistles to the Colossians, to the Thessalonians, to Timothy, to Titus, and to Philemon* [La interpretación de las epístolas de San Pablo a los Colosenses, Tesalonisences, Timoteo, Tito y Filemón] [Minneápolis: Augsburg, 1964], 694-95)

El apóstata Israel trajo deshonra al nombre de Dios por su insubordinación y poca disposición para obedecer a su Señor y Amo. Pablo escribe de ellos en Romanos 2:23-24: "Tú que te jactas de la ley, ¿con infracción de la ley deshonras a Dios? Porque como está escrito, el nombre de Dios es blasfemado entre los gentiles por causa de vosotros" (cp. Is. 52:5).

Este era un asunto recurrente que necesitaba ser confrontado por Pablo, así que repite estas instrucciones en su carta a Tito: "Exhorta a los siervos a que se sujeten a sus amos, que agraden en todo, que no sean respondones; no defraudando, sino mostrándose fieles en todo, para que en todo adornen la doctrina de Dios nuestro Salvador" (Tit. 2:9-10). Es evidente la relación de la vida piadosa con el evangelismo en los versículos 11-14:

> Porque la gracia de Dios se ha manifestado para salvación a todos los hombres, enseñándonos que, renunciando a la impiedad y a los deseos mundanos, vivamos en este siglo sobria, justa y piadosamente, aguardando la esperanza bienaventurada y la manifestación gloriosa de nuestro gran Dios y Salvador Jesucristo, quien se dio a sí mismo por nosotros para redimirnos de toda iniquidad y purificar para sí un pueblo propio, celoso de buenas obras.

Los cristianos tienen la responsabilidad dada por orden divina de vivir su fe en el lugar en el que trabajan. Tener una adecuada actitud de sumisión y respeto, y realizar un trabajo de calidad, son requisitos necesarios para proclamar un evangelio creíble.

EL SERVICIO A UN AMO CRISTIANO

Y los que tienen amos creyentes, no los tengan en menos por ser hermanos, sino sírvanles mejor, por cuanto son creyentes y amados los que se benefician de su buen servicio. Esto enseña y exhorta. (6:2)

La tentación para los que tenían amos cristianos era esperar privilegios especiales debido a que eran iguales en Cristo. Y sin duda no era poco frecuente que un cristiano maduro recibiera empleo de uno inmaduro, o incluso que un anciano de la iglesia trabajara para uno que no estuviera en el liderazgo de la iglesia. Esto conduciría a un conflicto si el empleado no seguía el plan de Dios para él en su lugar de trabajo. Gálatas 3:28 dice: "Ya no hay judío ni griego; no hay esclavo ni libre; no hay varón ni mujer; porque todos vosotros sois uno en Cristo Jesús". Sin embargo, ese versículo no elimina las distinciones raciales, sociales o sexuales. Judíos y griegos, esclavos y libres, y hombres y mujeres retienen sus peculiaridades a pesar de su igualdad espiritual. Lo mismo es verdad para esclavos y amos. Este versículo no da ninguna licencia a **los que tienen amos creyentes** para dejar de honrarlos. Los que son líderes en la iglesia deben ser seguidos por todos en la iglesia (He. 13:17), pero eso no se traslada al lugar de trabajo.

Los cristianos que trabajan para otros cristianos no deben tenerlos a **menos por ser hermanos, sino** [servirles] **mejor, por cuanto son creyentes.** *Kataphroneō* (**tengan en menos**) literalmente significa "pensar bajo". Los creyentes no deben subestimar la autoridad de sus empleadores cristianos tratándolos como a iguales en el trabajo. Se debe mantener una actitud y conducta sumisas en el trabajo. El que los empleadores sean **creyentes** no justifica una actitud de presunción o asumir privilegios especiales. Ni tampoco pueden, basándose en la relación espiritual, insubordinarse o dar menos que lo justo en el día de trabajo.

Los que tienen empleadores cristianos deben servirles **mejor, por cuanto son creyentes y amados los que se benefician de su buen servicio.** Los que tienen amos no creyentes, deben hacer las cosas lo mejor que puedan al servirles. ¿Cuánto **mejor** deben hacerlo quienes tienen amos creyentes? En tal caso, **son creyentes y amados los que se benefician de su buen servicio.** Los creyentes deben "hacer bien a todos, y mayormente a los de la familia de la fe" (Gá. 6:10). La frase **creyentes y amados** describe acertadamente a los cristianos. Ellos son **creyentes** en Dios, y **amados** por Él.

Otros dos pasajes en los escritos paulinos tratan acerca de los empleados cristianos:

Siervos, obedeced a vuestros amos terrenales con temor y temblor, con sencillez de vuestro corazón, como a Cristo; no sirviendo al ojo, como los que quieren agradar a los hombres, sino como siervos de Cristo, de corazón haciendo la voluntad de Dios; sirviendo de buena voluntad, como al Señor y no a los hombres, sabiendo que el bien que cada uno hiciere, ése recibirá del Señor, sea siervo o sea libre (Ef. 6:5-8).

Siervos, obedeced en todo a vuestros amos terrenales, no sirviendo al ojo, como los que quieren agradar a los hombres, sino con corazón sincero, temiendo a Dios. Y todo lo que hagáis, hacedlo de corazón, como para el Señor y no para los hombres; sabiendo que del Señor recibiréis la recompensa de la herencia, porque a Cristo el Señor servís. Mas el que hace injusticia, recibirá la injusticia que hiciere, porque no hay acepción de personas (Col. 3:22-25).

De estos dos pasajes podemos resumir varios principios de conducta para los creyentes en el trabajo. (Para una completa explicación de estos pasajes, vea *Efesios, MacArthur New Testament Commentary* [Comentario MacArthur del Nuevo Testamento] [Chicago: Moody, 1986], y *Colosenses y Filemón, MacArthur New Testament Commentary* [Comentario MacArthur del Nuevo Testamento] [Chicago: Moody, 1992].)

En primer lugar, los creyentes deben servir obedientemente a sus empleadores (Ef. 6:5; Col. 3:22). Ellos deben responder respetuosa y sumisamente a las órdenes de sus empleadores.

En segundo lugar, los creyentes deben servir a sus empleadores en todo (Ef. 6:5; Col. 3:22). Deben realizar cualquier tarea que se les asigne, a menos que el hacerlo viole la ley de Dios (cp. Hch. 5:29).

En tercer lugar, los creyentes deben servir a sus empleadores con respeto (Ef. 6:5). Deben honrar a quienes Dios ha puesto en autoridad sobre ellos.

En cuarto lugar, los creyentes deben servir a sus empleadores con entusiasmo, con "sencillez" de corazón (Ef. 6:5; Col. 3:22). Ellos deben servir voluntariamente, no de mala gana.

En quinto lugar, los creyentes deben servir a sus empleadores con excelencia, "como a Cristo" (Ef. 6:5; cp. Col. 3:23). Deben realizar su trabajo mostrando lo mejor de sus habilidades.

En sexto lugar, los creyentes deben servir a sus empleadores diligentemente, "no sirviendo al ojo" (Ef. 6:6; cp. Col. 3:22). No deben simular que están trabajando fuerte solo cuando él está observando.

En séptimo lugar, los creyentes deben servir a sus empleadores con humildad, no "como los que quieren agradar a los hombres" (Ef. 6:6; cp. Col. 3:23). No deben alardear para congraciarse con los demás.

En octavo lugar, los creyentes deben servir a sus empleadores espiritualmente, "de corazón haciendo la voluntad de Dios" (Ef. 6:6). Como se ha observado, todo trabajo es sagrado y finalmente es para la gloria de Dios.

Por último, los creyentes deben servir a sus empleadores escatológicamente, "sabiendo que del Señor recibiréis la recompensa de la herencia... Mas el que hace injusticia, recibirá la injusticia que hiciere, porque no hay acepción de personas" (Col. 3:24-25). Su desempeño en el trabajo repercutirá en la recompensa eterna de los creyentes.

Pablo termina exhortando a Timoteo a que **esto** [enseñe] **y** [exhorte] (cp. 4:11). Los verbos en tiempo presente indican que debía ser la práctica constante de Timoteo, reflejando que esto es fundamental para la vida cristiana y el evangelismo, y que no se practicaba muy ampliamente. Tanto en el centro laboral, como en toda la vida, los creyentes deben buscar glorificar a su Señor (1 Co. 10:31).

La condición social y económica de los cristianos como esclavos, amos, libres, empleadores o empleados no tiene trascendencia eterna. Todas estas funciones pasan con el mundo, así que debemos centrarnos en lo eterno, no en el sistema social o en nuestro lugar dentro de él. Pablo escribe:

> *¿Fuiste llamado siendo esclavo? No te dé cuidado; pero también, si puedes hacerte libre, procúralo más. Porque el que en el Señor fue llamado siendo esclavo, liberto es del Señor; asimismo el que fue llamado siendo libre, esclavo es de Cristo... la apariencia de este mundo se pasa (1 Co. 7:21-22, 31b).*

No es función de la iglesia socavar los fundamentos del orden social, fomentando una rebelión. Más bien, los creyentes deben acatar y ser obedientes en sus trabajos, y de esta manera dar testimonio de que la gracia de Jesucristo ha transformado su vida.

La patología de los falsos maestros

21

Si alguno enseña otra cosa, y no se conforma a las sanas palabras de nuestro Señor Jesucristo, y a la doctrina que es conforme a la piedad, está envanecido, nada sabe, y delira acerca de cuestiones y contiendas de palabras, de las cuales nacen envidias, pleitos, blasfemias, malas sospechas, disputas necias de hombres corruptos de entendimiento y privados de la verdad, que toman la piedad como fuente de ganancia. (6:3-5)

A lo largo de la historia, epidemias mortales han arrasado con la humanidad. En el siglo XIV, la infame "peste negra" (la peste bubónica) mató a millones en Europa. El cólera, la difteria, la malaria y otras enfermedades han desolado aldeas y ciudades. Nuestra generación ha sido testigo de la rápida diseminación de la enfermedad mortal del Síndrome de Inmuno Deficiencia Adquirida (SIDA). Sin embargo, más mortal que cualquiera de esas enfermedades, es la plaga de las falsas enseñanzas que ha hecho daño a la iglesia a través de su historia. Mientras que la enfermedad puede matar el cuerpo, la falsa enseñanza condena el alma.

Al igual que el SIDA y la plaga, la falsa enseñanza tiene una patología definida y observable. (Patología es el estudio de los elementos de anormalidad que caracterizan una enfermedad.) Los científicos estudian la patología de una enfermedad para estar mejor preparados para reconocerla y combatirla.

Cada líder en la iglesia debe ser un patólogo espiritual, capaz de discernir los problemas de la salud espiritual. Solo entonces estará preparado para diagnosticar la enfermedad mortal de la falsa enseñanza, y para hacer lo que es necesario a fin de impedir su propagación entre su pueblo. Pablo advirtió del sutil peligro de las mentiras satánicas, describiendo a sus presentadores como:

> *falsos apóstoles, obreros fraudulentos, que se disfrazan como apóstoles de Cristo. Y no es maravilla, porque el mismo Satanás se disfraza como ángel de luz. Así*

> *que, no es extraño si también sus ministros se disfrazan como ministros de justicia; cuyo fin será conforme a sus obras (2 Co. 11:13-15).*

Se requiere de un cuidadoso discernimiento para ver que la luz es en realidad tinieblas.

Pablo escribe estos versículos a fin de enseñarle a Timoteo cómo diagnosticar la oscuridad satánica disfrazada de luz divina. Presenta siete síntomas que identifican a los que están infectados con la enfermedad espiritual de la falsa enseñanza: su característica, actitud, mentalidad, efectos, causa, condición y motivo.

LA CARACTERÍSTICA DE LOS FALSOS MAESTROS

Si alguno enseña otra cosa, y no se conforma a las sanas palabras de nuestro Señor Jesucristo, y a la doctrina que es conforme a la piedad, (6:3)

Las enfermedades físicas tienen síntomas, o características, por las que pueden diagnosticarse. Lo mismo puede decirse de la falsa enseñanza. Los infectados con ella mostrarán ciertas características. **Si** introduce una cláusula condicional y supone realidad. Ya había algunos en Éfeso que eran portadores de la enfermedad de la falsa enseñanza (cp. 1:3-4, 6-7, 20; 4:1-5); **alguno** indica que Pablo no quería limitar su advertencia a ninguna enseñanza o a maestros específicos. Da una advertencia general que abarca toda falsa enseñanza. Incluye todo lo que Timoteo afrontaba, así como la falsa enseñanza que la iglesia posteriormente encontraría.

La primera característica, o síntoma, de los falsos maestros es lo que afirman. Un falso maestro **enseña otra cosa.** La expresión **enseña otra cosa** viene de *heterodidaskaleō,* una palabra compuesta de *heteros* ("otra") y *didaskaleō* ("enseñar"). Describe cualquier enseñanza que contradice la revelación de Dios en las Escrituras. Tal enseñanza es heterodoxia y no ortodoxia.

Las falsas enseñanzas pueden tomar diversas formas. Pueden negar la existencia de Dios, o enseñar cosas falsas de su naturaleza y atributos. Pudieran negar la Trinidad. También son muy frecuentes las falsedades acerca de la persona y obra de Cristo en los falsos sistemas. Los que niegan su nacimiento virginal, su perfección impecable, su muerte expiatoria, su resurrección corporal o su futura venida, muestran síntomas de una infección peligrosa. Los falsos maestros también enseñan cosas erróneas acerca de la naturaleza, persona y obra del Espíritu Santo. Sin embargo, otra tendencia de la enfermedad de la falsa enseñanza niega la autenticidad, inspiración, autoridad o la infalibilidad de la Biblia. Esta tendencia es particularmente virulenta en la iglesia actual.

Para localizar a los portadores de enfermedad espiritual, los creyentes deben estar bien fundados en las Escrituras. Los que conocen la Palabra, fácilmente detectarán las enseñanzas contrarias a ella. Serán jóvenes espirituales, que han vencido al diablo porque son fuertes en el conocimiento de la Palabra de Dios (1 Jn. 2:14). Como Satanás principalmente opera en los falsos sistemas de religión, esto indica un nivel de madurez donde la sana doctrina ha sido puesta como un fundamento sólido. Los jóvenes espirituales, al conocer la Palabra que mora en ellos, vencen las mentiras de Satanás. Los que han dejado de ser niños espirituales mediante el conocimiento de la sana doctrina, pueden ver el error por lo que él es.

En su discurso de despedida a los ancianos de Éfeso, Pablo les recordó su responsabilidad para diagnosticar y afrontar el error:

> *No he rehuido anunciaros todo el consejo de Dios. Por tanto, mirad por vosotros, y por todo el rebaño en que el Espíritu Santo os ha puesto por obispos, para apacentar la iglesia del Señor, la cual él ganó por su propia sangre. Porque yo sé que después de mi partida entrarán en medio de vosotros lobos rapaces, que no perdonarán al rebaño. Y de vosotros mismos se levantarán hombres que hablen cosas perversas para arrastrar tras sí a los discípulos. Por tanto, velad, acordándoos que por tres años, de noche y de día, no he cesado de amonestar con lágrimas a cada uno. Y ahora, hermanos, os encomiendo a Dios, y a la palabra de su gracia, que tiene poder para sobreedificaros y daros herencia con todos los santificados (Hch. 20:27-32).*

Después de advertirles de la amenaza de los falsos maestros, Pablo indicó el único antídoto, la "palabra de su gracia". Según Efesios 6:17, el arma ofensiva del cristiano contra las falsas enseñanzas es "la espada del Espíritu, que es la palabra de Dios". Pablo define a un verdadero guía espiritual como alguien "nutrido con las palabras de la fe y de la buena doctrina" (1 Ti. 4:6; cp. el v. 16; 2 Ti. 1:13-14; 2:2). La función principal de un guía espiritual es alimentar a su pueblo con la Palabra. Entonces evitarán las dañinas malas hierbas de la falsa doctrina y crecerán hacia la madurez (cp. Ef. 4:11-15).

Otra característica de los falsos maestros es que lo rechazan. Su enseñanza no solo afirma el error, sino que tampoco **se conforma a las sanas palabras de nuestro Señor Jesucristo.** *Proserchomai* (**se conforma**) está en el tiempo presente, lo que indica que los falsos maestros están en constante desacuerdo con las **sanas palabras.** Sana viene de *hugiainō*, de la que se deriva la palabra "higiene". Los falsos maestros no están de acuerdo con la integridad espiritual y las palabras provechosas. Que los creyentes necesitan prestar atención a la enseñanza sana y saludable, se enfatiza repetidamente en las epístolas pastorales (cp. 1 Ti. 1:10; 2 Ti. 1:13; Tit. 1:9; 2:1).

Pablo describe además **las sanas palabras** como las **de nuestro Señor Jesucristo.** Esa frase se refiere a más que las citas de nuestro Señor dadas en el evangelio. Abarca su mensaje como se revela en las Escrituras, "la palabra de

Cristo" (Col. 3:16; cp. 1 Ts. 1:8; 2 Ts. 3:1). Es esa Palabra que provee la enseñanza saludable por medio de la cual los creyentes crecen. Pedro escribió: "Desead, como niños recién nacidos, la leche espiritual no adulterada, para que por ella crezcáis para salvación" (1 P. 2:2).

Los falsos maestros no están comprometidos con las Escrituras. Ellos pueden hablar de Jesucristo y del Padre, pero el corazón de su ministerio no será la Palabra de Dios. Lo mismo le añaden que le quitan, que la interpretan de forma herética, le añaden otras "revelaciones" o la niegan del todo.

Un tercer síntoma de los falsos maestros es su rechazo de **la doctrina que es conforme a la piedad.** La prueba final de cualquier enseñanza es si produce **piedad.** La enseñanza que no está basada en las Escrituras, traerá como resultado una vida impía. Piedad traduce *eusebeia,* que significa "devoción", "reverencia" o "semejanza a Dios". Tal conducta es el fruto de la verdad. En Mateo 7:15-20, Jesús advirtió:

> *Guardaos de los falsos profetas, que vienen a vosotros con vestidos de ovejas, pero por dentro son lobos rapaces. Por sus frutos los conoceréis. ¿Acaso se recogen uvas de los espinos, o higos de los abrojos? Así, todo buen árbol da buenos frutos, pero el árbol malo da frutos malos. No puede el buen árbol dar malos frutos, ni el árbol malo dar frutos buenos. Todo árbol que no da buen fruto, es cortado y echado en el fuego. Así que, por sus frutos los conoceréis.*

En vez de **piedad,** la vida de los falsos maestros se caracterizará por el pecado. Pedro los describe gráficamente como:

> *aquellos que, siguiendo la carne, andan en concupiscencia e inmundicia, y desprecian el señorío. Atrevidos y contumaces, no temen decir mal de las potestades superiores, mientras que los ángeles, que son mayores en fuerza y en potencia, no pronuncian juicio de maldición contra ellas delante del Señor. Pero éstos, hablando mal de cosas que no entienden, como animales irracionales, nacidos para presa y destrucción, perecerán en su propia perdición, recibiendo el galardón de su injusticia, ya que tienen por delicia el gozar de deleites cada día. Estos son inmundicias y manchas, quienes aun mientras comen con vosotros, se recrean en sus errores. Tienen los ojos llenos de adulterio, no se sacian de pecar, seducen a las almas inconstantes, tienen el corazón habituado a la codicia, y son hijos de maldición. Han dejado el camino recto, y se han extraviado siguiendo el camino de Balaam hijo de Beor, el cual amó el premio de la maldad, y fue reprendido por su iniquidad; pues una muda bestia de carga, hablando con voz de hombre, refrenó la locura del profeta. Estos son fuentes sin agua, y nubes empujadas por la tormenta; para los cuales la más densa oscuridad está reservada para siempre. Pues hablando palabras infladas y vanas, seducen*

con concupiscencias de la carne y disoluciones a los que verdaderamente habían huido de los que viven en error. Les prometen libertad, y son ellos mismos esclavos de corrupción. Porque el que es vencido por alguno es hecho esclavo del que lo venció. Ciertamente, si habiéndose ellos escapado de las contaminaciones del mundo, por el conocimiento del Señor y Salvador Jesucristo, enredándose otra vez en ellas son vencidos, su postrer estado viene a ser peor que el primero. Porque mejor les hubiera sido no haber conocido el camino de la justicia, que después de haberlo conocido, volverse atrás del santo mandamiento que les fue dado. Pero les ha acontecido lo del verdadero proverbio: El perro vuelve a su vómito, y la puerca lavada a revolcarse en el cieno (2 P. 2:10-22; cp. Jud. 4, 8-16).

La herejía no tiene poder alguno para producir **piedad** genuina.

LA ACTITUD DE LOS FALSOS MAESTROS

está envanecido (6:4*a*)

La actitud de los falsos maestros puede resumirse en una palabra: vanidad. Se requiere de mucho ego para colocarse a uno mismo como juez de la Biblia. Tal egoísmo de modo flagrante usurpa el lugar de Dios. La palabra **envanecido** viene de *tuphoō,* la misma palabra usada en 3:6. Como se observa en el análisis de ese pasaje en el capítulo 10 de este tomo, se deriva de una palabra que significa "humo". El verbo significa "inflarse como una nube de humo".

La palabra también denota arrogancia, un rasgo inevitable de los falsos maestros. Establecer nuestra enseñanza como algo superior a la Palabra de Dios es el colmo de la arrogancia. Los falsos maestros hablan "palabras infladas y vanas" (2 P. 2:18), conversación inútil que simplemente revela su actitud arrogante. Tal hombre fue Simón el mago, que "[se hacía] pasar por algún grande" (Hch. 8:9). Pablo describe a ese hombre como "vanamente hinchado por su propia mente carnal" (Col. 2:18).

Los falsos maestros tienen una percepción en extremo inflada de su propia importancia, no vacilando en revelarse contra Dios y su Palabra. Sin embargo, eso simplemente confirma que están infectados con una mortal enfermedad espiritual.

LA MENTALIDAD DE LOS FALSOS MAESTROS

nada sabe, y delira acerca de cuestiones y contiendas de palabras, (6:4*b*)

Aunque un falso maestro pudiera estar lleno de orgullo por su presunto conocimiento, en realidad **nada sabe.** Toda su imaginada inteligencia, su pretendida erudición y presunto profundo entendimiento, cuenta como simple necedad ante Dios (Ro. 1:22; 1 Co. 2:9-16). Faltos de entendimiento de la verdad espiritual, su "sabiduría no es la que desciende de lo alto, sino terrenal, animal, diabólica" (Stg. 3:15). Los que conocen y creen la Palabra de Dios tienen mucho más entendimiento de la realidad espiritual que los más educados herejes.

En vez de centrarse en la verdad, los falsos maestros deliran **acerca de cuestiones y contiendas de palabras.** Su enfermedad implica una preocupación por preguntas inútiles y por discutir acerca de palabras; **cuestiones** traduce *zētēsis,* que se refiere a especulaciones sin valor. *Logomachia* (**contiendas de palabras**) literalmente significa "batalla de palabras". Los falsos maestros hacen poco más que sutilezas sobre la terminología. Se entregan a teorizar con un disfraz de intelectualidad, en vez de entregarse a un productivo estudio y a la sumisión a la Palabra de Dios.

Hay muchos ejemplos de este teorizar engañoso. La Biblia enseña que Dios creó el universo en seis días literales de veinticuatro horas (Gn. 1:5, 8, 13, 19, 23, 31; cp. Éx. 20:11). Algunos, intimidados por la científicamente arruinada teoría de la evolución, rechazan lo que claramente establece la verdad bíblica. En cambio, optan por posiciones transigentes, como la evolución teísta o el creacionismo progresivo. Al hacerlo, esperan aplacar a los defensores militantes de la evolución.

Otros, atemorizados por los "resultados seguros de la alta crítica", son discípulos de la totalmente desacreditada Hipótesis Documental. Este punto de vista corta en pedazos el Pentateuco, les asigna su paternidad literaria a cuatro (o más) fuentes imaginarias, la Y (Yahvista), E (Elohista), D (Deuteronomista) y la P (el Código Sacerdotal). Esta teoría carece absolutamente de apoyo de manuscritos, y es contraria a las palabras de nuestro Señor, que confirmó la paternidad literaria mosaica del Pentateuco (cp. Marcos 7:10; 12:26; Lc. 24:44). No obstante, sus devotos marchan bajo la bandera de la erudición "objetiva" e imaginan que tal negación de la Biblia les da categoría de intelectuales. En vez de ser humildes y temerosos de tales perversiones, se sienten orgullosos de su ignorancia.

El Nuevo Testamento también ha estado sujeto a su parte de la batalla de palabras. Prácticamente cada libro del Nuevo Testamento ha recibido ataque de los críticos que rechazan la opinión tradicional de su paternidad literaria. Muchos se niegan a aceptar los Evangelios como simples relatos históricos. Ellos prefieren verlos como una colección de mitos inventada por los confundidos seguidores de Cristo después de su muerte.

Tales infructuosas especulaciones son finalmente doctrinas de demonios. Quedar atrapado en ellas es una señal de debilidad espiritual.

LOS EFECTOS DE LOS FALSOS MAESTROS

de las cuales nacen envidias, pleitos, blasfemias, malas sospechas, disputas necias (6:4*c*-5*a*)

Como se observó antes, las falsas enseñanzas no pasan la prueba de la verdad, porque no producen piedad. Una segunda forma en la que fracasa es en su incapacidad de producir unidad. La batalla de palabras de los falsos maestros, trae como resultado caos y confusión. Envidia es el descontento interno con las ventajas o la popularidad de que disfrutan otros. Trae como resultados **pleitos,** que muchas veces se manifiestan en las **blasfemias** de calumnias e insultos. Esas **blasfemias** consisten en **malas sospechas,** que significa atribuir móviles malvados a alguien. El resultado neto de las falsas enseñanzas son las **disputas necias.** Los falsos maestros constantemente intercambian entre sí sus falsos caminos. Eso contribuye a propagar su enfermedad espiritual, tanto como las ovejas se infectan unas a otras al rozarse. Nunca puede la falsa enseñanza producir unidad. Solamente la verdad unifica.

LA CAUSA DE LOS FALSOS MAESTROS

de hombres corruptos de entendimiento (6:5*b*)

La causa externa de la falsa enseñanza es el engaño satánico (cp. 4:1). Sin embargo, la causa interna es el entendimiento corrupto del falso maestro. "Los designios de la carne", escribe Pablo, "son enemistad contra Dios" (Ro. 8:7). Por lo regular, tal entendimiento no funciona en el reino espiritual; no reacciona normalmente a la verdad. Siendo hombres naturales, los falsos maestros no pueden entender las cosas de Dios, que les parecen locura (1 Co. 2:14). Como resultado, "Dios los entregó a una mente reprobada" (Ro. 1:28; cp. Ef. 2:1-3; 4:17-19).

Al no tener "la mente de Cristo" (1 Co. 2:16), los falsos maestros solo pueden producir error.

LA CONDICIÓN DE LOS FALSOS MAESTROS

y privados de la verdad, (6:5*c*)

La condición de los falsos maestros es crítica; están en apostasía. La palabra **privados** viene de *apostereō,* que significa "robar" o "privar". La voz pasiva del participio indica a alguien o algo que los saca de la verdad. Esto no implica que eran salvos, sino que estaban en contacto con la verdad. Como los que describe Hebreos 6:4-6, estaban completamente expuestos a ella, pero la rechazaron. Como resultado, ellos "se desviaron de la verdad" (2 Ti. 2:18), y "siempre están aprendiendo, y nunca pueden llegar al conocimiento de la verdad" (2 Ti. 3:7). En 2 Timoteo 3:8 Pablo escribe de ellos: "también éstos resisten a la verdad; hombres corruptos de entendimiento, réprobos en cuanto a la fe".

Lamentablemente, el pronóstico para ellos no es muy esperanzador. Su condición espiritual es grave. Los que están **privados** de la verdad van camino al juicio. Hebreos 6:6 solemnemente advierte sobre tales hombres que es imposible que "sean otra vez renovados para arrepentimiento, crucificando de nuevo para sí mismos al Hijo de Dios y exponiéndole a vituperio". Pedro dice que atraen "sobre sí mismos destrucción repentina" (2 P. 2:1). Luego ilustra esa verdad en los versículos 4 al 9:

> *Porque si Dios no perdonó a los ángeles que pecaron, sino que arrojándolos al infierno los entregó a prisiones de oscuridad, para ser reservados al juicio; y si no perdonó al mundo antiguo, sino que guardó a Noé, pregonero de justicia, con otras siete personas, trayendo el diluvio sobre el mundo de los impíos; y si condenó por destrucción a las ciudades de Sodoma y de Gomorra, reduciéndolas a ceniza y poniéndolas de ejemplo a los que habían de vivir impíamente, y libró al justo Lot, abrumado por la nefanda conducta de los malvados (porque este justo, que moraba entre ellos, afligía cada día su alma justa, viendo y oyendo los hechos inicuos de ellos), sabe el Señor librar de tentación a los piadosos, y reservar a los injustos para ser castigados en el día del juicio.*

Judas también advierte de su juicio inminente:

> *Porque algunos hombres han entrado encubiertamente, los que desde antes habían sido destinados para esta condenación, hombres impíos, que convierten en libertinaje la gracia de nuestro Dios, y niegan a Dios el único soberano, y a nuestro Señor Jesucristo... [Él volverá] para hacer juicio contra todos, y dejar convictos a todos los impíos de todas sus obras impías que han hecho impíamente, y de todas las cosas duras que los pecadores impíos han hablado contra él (Jud. 4, 15).*

El infierno más severo está reservado para quienes, habiendo estado en contacto con la verdad, se apartaron de ella (cp. He. 10:26-31).

EL MOTIVO DE LOS FALSOS MAESTROS

que toman la piedad como fuente de ganancia. (6:5*d*)

Los falsos maestros tienen una sola motivación: el dinero; **toman la piedad** (empleada sarcásticamente para referirse a su falsa piedad) para obtener **ganancia.** A diferencia de Pablo, no pueden decir: "Ni plata ni oro ni vestido de nadie he codiciado" (Hch. 20:33). Son "avaros" (3:3). Como dice Pedro: "Han dejado el camino recto, y se han extraviado siguiendo el camino de Balaam hijo de Beor, el cual amó el premio de la maldad" (2 P. 2:15). Simón el mago fue ejemplo de un falso maestro avaro. Su necio intento de comprar el poder del Espíritu lo hizo merecedor de una fuerte reprensión de Pedro:

> *Cuando vio Simón que por la imposición de las manos de los apóstoles se daba el Espíritu Santo, les ofreció dinero, diciendo: Dadme también a mí este poder, para que cualquiera a quien yo impusiere las manos reciba el Espíritu Santo. Entonces Pedro le dijo: Tu dinero perezca contigo, porque has pensado que el don de Dios se obtiene con dinero. No tienes tú parte ni suerte en este asunto, porque tu corazón no es recto delante de Dios. Arrepiéntete, pues, de esta tu maldad, y ruega a Dios, si quizá te sea perdonado el pensamiento de tu corazón; porque en hiel de amargura y en prisión de maldad veo que estás (Hch. 8:18-23).*

En nuestra época también hay más de esos tipos de Simón. Su avaricia deja ver sus impuros motivos y los señala como falsos maestros.

Es evidente la patología de los falsos maestros. Rechazan la verdad, y su enseñanza no produce una vida piadosa. Son arrogantes e ignorantes de la verdad espiritual. Pasan el tiempo en necias especulaciones que conducen al caos y a la división. Habiendo abandonado la verdad, afrontan eterna destrucción. Y sirven al dinero, no a Dios. La iglesia debe tener extremo cuidado de no permitir a esos hombres diseminar su mortal enfermedad. La epidemia resultante sería trágica.

El peligro del amor al dinero 22

Pero gran ganancia es la piedad acompañada de contentamiento; porque nada hemos traído a este mundo, y sin duda nada podremos sacar. Así que, teniendo sustento y abrigo, estemos contentos con esto. Porque los que quieren enriquecerse caen en tentación y lazo, y en muchas codicias necias y dañosas, que hunden a los hombres en destrucción y perdición; porque raíz de todos los males es el amor al dinero, el cual codiciando algunos, se extraviaron de la fe, y fueron traspasados de muchos dolores. (6:6-10)

La Biblia está llena de advertencias contra el amor al dinero. Tal vez ninguna sea más tajante que la que dio nuestro Señor en Mateo 6:21: "Porque donde esté vuestro tesoro, allí estará también vuestro corazón". Lo que los creyentes hacen con su dinero se convierte en una de las mejores formas de medir su madurez espiritual.

¿Cómo deben ver los creyentes el dinero? En primer lugar, deben darse cuenta de que tener dinero no es malo en sí. Primero Samuel 2:7 dice: "Jehová empobrece, y él enriquece" (cp. 1 Cr. 29:12). La Biblia no enseña que ser rico sea pecado. Algunos de los grandes hombres del Antiguo Testamento, como Abraham, Job y Salomón fueron muy ricos.

En segundo lugar, ellos deben reconocer que el dinero es un don de Dios. Moisés les advirtió a los israelitas que no olvidaran esa verdad:

> *Cuídate de no olvidarte de Jehová tu Dios, para cumplir sus mandamientos, sus decretos y sus estatutos que yo te ordeno hoy; no suceda que comas y te sacies, y edifiques buenas casas en que habites, y tus vacas y tus ovejas se aumenten, y la plata y el oro se te multipliquen, y todo lo que tuvieres se aumente; y se enorgullezca tu corazón, y te olvides de Jehová tu Dios, que te sacó de tierra de Egipto, de casa de servidumbre; que te hizo caminar por un desierto grande y espantoso, lleno de serpientes ardientes, y de escorpiones, y de sed, donde no había agua, y él te sacó agua de la roca del pedernal; que te sustentó con maná en el desierto, comida que tus padres no habían conocido, afligiéndote y probándote, para a la postre hacerte bien; y digas en tu corazón:*

> *Mi poder y la fuerza de mi mano me han traído esta riqueza. Sino acuérdate de Jehová tu Dios, porque él te da el poder para hacer las riquezas, a fin de confirmar su pacto que juró a tus padres, como en este día (Dt. 8:11-18).*

Todo lo que tienen los creyentes les ha llegado a través de la providencia de Dios.

En tercer lugar, los creyentes deben estar dispuestos a renunciar a su dinero si Dios así lo requiere (cp. Mt. 19:27). Job comprendió ese principio. En Job 1:21 él dijo: "Jehová dio, y Jehová quitó; sea el nombre de Jehová bendito".

En cuarto lugar, a los que tienen dinero no se les debe dar un tratamiento preferencial. Santiago advirtió:

> *Hermanos míos, que vuestra fe en nuestro glorioso Señor Jesucristo sea sin acepción de personas. Porque si en vuestra congregación entra un hombre con anillo de oro y con ropa espléndida, y también entra un pobre con vestido andrajoso, y miráis con agrado al que trae la ropa espléndida y le decís: Siéntate tú aquí en buen lugar; y decís al pobre: Estate tú allí en pie, o siéntate aquí bajo mi estrado; ¿no hacéis distinciones entre vosotros mismos, y venís a ser jueces con malos pensamientos? Hermanos míos amados, oíd: ¿No ha elegido Dios a los pobres de este mundo, para que sean ricos en fe y herederos del reino que ha prometido a los que le aman? Pero vosotros habéis afrentado al pobre. ¿No os oprimen los ricos, y no son ellos los mismos que os arrastran a los tribunales? ¿No blasfeman ellos el buen nombre que fue invocado sobre vosotros? Si en verdad cumplís la ley real, conforme a la Escritura: Amarás a tu prójimo como a ti mismo, bien hacéis; pero si hacéis acepción de personas, cometéis pecado, y quedáis convictos por la ley como transgresores. Porque cualquiera que guardare toda la ley, pero ofendiere en un punto, se hace culpable de todos (Stg. 2:1-10).*

En quinto lugar, los que tienen dinero no deben sentirse orgullosos, ni procurar seguridad a partir de él. En 1 Timoteo 6:17 Pablo mandó que los ricos "no sean altivos, ni pongan la esperanza en las riquezas, sino en el Dios vivo, que nos da todas las cosas en abundancia para que las disfrutemos". Proverbios 11:28 advierte que "El que confía en sus riquezas caerá; mas los justos reverdecerán como ramas".

En sexto lugar, los creyentes nunca deben hacer de la búsqueda de dinero la más alta meta de su vida. En Mateo 6:33 el Señor Jesucristo ordenó: "Buscad primeramente el reino de Dios y su justicia, y todas estas cosas os serán añadidas".

En séptimo lugar, el dinero debe emplearse para propósitos eternos. Jesús dijo que debemos usar nuestro dinero para hacer amigos eternos, es decir, para guiar almas al Señor (Lc. 16:9).

Por último, no se debe amar el dinero, ni amontonarlo egoístamente o gastarlo indulgentemente. Proverbios 11:24-25 dice: "Hay quienes reparten, y les es añadido más; y hay quienes retienen más de lo que es justo, pero vienen a pobreza. El alma generosa será prosperada; y el que saciare, él también será saciado". Nuestro Señor repitió esa idea en Lucas 6:38: "Dad, y se os dará; medida buena, apretada, remecida y rebosando darán en vuestro regazo; porque con la misma medida con que medís, os volverán a medir". Pablo les dijo a los corintios que "el que siembra escasamente, también segará escasamente; y el que siembra generosamente, generosamente también segará. Cada uno dé como propuso en su corazón: no con tristeza, ni por necesidad, porque Dios ama al dador alegre" (2 Co. 9:6-7). La generosidad en sacrificio debe caracterizar a cada creyente, y la ausencia de tal perspectiva revela que se ama el dinero.

El principio en cuanto al amor al dinero se encuentra en el versículo 10: **raíz de todos los males es el amor al dinero.** Esto se aplica directamente en este contexto a los maestros, pero también se aplica a cada creyente por regla general. Los verdaderos predicadores deben evitar el amor al dinero de los falsos maestros, al igual que todos los cristianos. Como en una pistola, no hay nada malo en sí en el dinero. Pero como una pistola, el dinero puede usarse para buenos y malos propósitos. Así que, el asunto no es el dinero, sino nuestra actitud hacia él. El pecado del que se trata aquí es el de la avaricia.

¿Cuáles son las señales de peligro del amor al dinero? En primer lugar, los que aman el dinero están más preocupados en hacer riquezas que en la honradez o en el hacer un esfuerzo de calidad. Los creyentes deben procurar la verdad y la excelencia, para los cuales el dinero pudiera ser la recompensa.

En segundo lugar, los que aman el dinero nunca tienen suficiente. Como las hijas de la sanguijuela de Proverbios 30:15, todo lo que dicen es: "¡Dame! ¡dame!" Tales personas se alzan en marcado contraste con Pablo, quien escribió a los filipenses: "he aprendido a contentarme, cualquiera que sea mi situación" (Fil. 4:11).

En tercer lugar, los que aman el dinero tienden a ostentar de él. Ellos encuentran un placer desmesurado en el vestir, manejar o vivir con lo que el dinero compra.

En cuarto lugar, a los que aman el dinero les cuesta trabajo darlo. Solo quieren usarlo para su propia satisfacción.

Por último, los que aman el dinero muchas veces pecarán para obtenerlo. Harán trampas con los impuestos, con sus cuentas de gastos o hurtarán de su trabajo. Los que transigen en sus principios por causa del dinero, dejar ver un corazón que lo ama más que a Dios, a la justicia y a la verdad.

En el pasaje anterior, el apóstol analizó a los falsos maestros (6:3-5) y su amor desenfrenado al dinero. Ese asunto conduce a su análisis en los versículos 6-10. Él escribió para contrarrestar la distorsionada idea de que la devoción religiosa era un medio de ganancia material (v. 5). Pablo mira a la naturaleza, efectos y ejemplos de amor al dinero.

EL CARÁCTER DEL AMOR AL DINERO

Pero gran ganancia es la piedad acompañada de contentamiento; porque nada hemos traído a este mundo, y sin duda nada podremos sacar. Así que, teniendo sustento y abrigo, estemos contentos con esto. (6:6-8)

El amor al dinero es peligroso por su carácter mismo. Pablo relaciona tres características del amor al dinero que resaltan ese peligro.

EL AMOR AL DINERO PASA POR ALTO LA VERDADERA GANANCIA

Pero gran ganancia es la piedad acompañada de contentamiento; (6:6)

Este versículo está muy relacionado con el versículo 5. *De* (**Pero**) también podía traducirse "ciertamente". En tal caso, Pablo estaría diciendo en respuesta a los falsos maestros que vieron su actividad religiosa como una forma de hacerse rico: "Ciertamente, la piedad proporciona gran ganancia". Lo que Pablo quiere entonces decir es que frente a la falsa comprensión de la verdadera piedad, mostrada por los falsos maestros, la verdadera piedad trae como resultado gran ganancia". El punto del apóstol es que la verdadera piedad es provechosa, pero no como piensan algunos.

La palabra **piedad** traduce *eusebeia,* un término conocido en las epístolas pastorales. Significa "devoción", "reverencia" o "semejanza a Dios", y aquí incluso "religión", en el verdadero sentido. Como tal, describe la verdadera santidad, espiritualidad y virtud; **acompañada de contentamiento,** tal religión o piedad es **gran ganancia.** *Autarkēia* (**contentamiento**) significa "sentirse suficiente", y la emplearon los filósofos cínicos y estoicos para describir a la persona que era imperturbable, firme ante las circunstancias exteriores, y quien reacciona adecuadamente ante su medio (cp. Geoffrey B. Wilson, *The Pastoral Epistles* [Las epístolas pastorales] [Edimburgo: Banner of Truth, 1982], 85). Estar contento significa estar satisfecho y suficiente, y no buscar otra cosa más que lo que uno tiene.

Para el cristiano, a diferencia de los filósofos griegos, el contentamiento viene de Dios. Pablo escribe en 2 Corintios 3:5: "no que seamos competentes por nosotros mismos para pensar algo como de nosotros mismos, sino que nuestra competencia proviene de Dios". En 2 Corintios 9:8 añade: "Y poderoso es Dios para hacer que abunde en vosotros toda gracia, a fin de que, teniendo siempre en todas las cosas todo lo suficiente, abundéis para toda buena obra". El apóstol dio testimonio de su propio contentamiento en Filipenses 4:11-13:

He aprendido a contentarme, cualquiera que sea mi situación. Sé vivir humildemente, y sé tener abundancia; en todo y por todo estoy enseñado, así para estar saciado como para tener hambre, así para tener abundancia como para padecer necesidad. Todo lo puedo en Cristo que me fortalece.

En el versículo 19 del mismo capítulo añade: "Mi Dios, pues, suplirá todo lo que os falta conforme a sus riquezas en gloria en Cristo Jesús". Para el creyente, pues, el contentamiento es más que una simple y noble virtud humana. Se basa en la suficiencia provista por Dios el Padre y Jesucristo. El amor al dinero lo priva a uno de ese contentamiento, desconociendo así la verdadera ganancia que proporciona la verdadera piedad.

La verdadera **piedad** produce **contentamiento** y riquezas espirituales. Las personas son realmente ricas cuando están contentas con lo que tienen. La persona más rica es la que no necesita nada más. Cuando se le preguntó por el secreto del contentamiento, el filósofo griego Epicúreo respondió: "No añadir más a las posesiones del hombre, sino quitar de sus deseos" (citado en William Barclay, *The Letters to Timothy, Titus, and Philemon* [Las cartas a Timoteo, Tito y Filemón] [Filadelfia: Westminster, 1975], 129). Él más rico es el que desea menos. Proverbios 30:8-9 lo expresa de esta forma: "No me des pobreza ni riquezas; manténme del pan necesario; no sea que me sacie, y te niegue, y diga: ¿Quién es Jehová? o que siendo pobre, hurte, y blasfeme el nombre de mi Dios".

Una persona piadosa no está motivada por el amor al dinero, sino por el amor a Dios. Busca la verdadera riqueza del contentamiento espiritual, que viene de una total confianza en un Dios todo suficiente. David dijo en el Salmo 63:1-5:

Dios, Dios mío eres tú; de madrugada te buscaré; mi alma tiene sed de ti, mi carne te anhela, en tierra seca y árida donde no hay aguas, para ver tu poder y tu gloria, así como te he mirado en el santuario. Porque mejor es tu misericordia que la vida; mis labios te alabarán. Así te bendeciré en mi vida; en tu nombre alzaré mis manos. Como de meollo y de grosura será saciada mi alma, y con labios de júbilo te alabará mi boca (cp. Sal. 107:9; Is. 55:2; 58:11).

Ninguna cantidad de dinero compensará la falta de contentamiento. John D. Rockefeller dijo una vez: "He hecho millones, pero no me han traído felicidad alguna". Cornelio Vanderbilt añadió: "El ocuparse de millones es una carga muy grande no hay placer alguno en eso". El millonario John Jacob Astor se describió como "el hombre más desdichado de la tierra". A pesar de su riqueza, una vez Henry Ford comentó: "Era más feliz haciendo el trabajo mecánico". Y John D. Rockefeller comentó: "El hombre más pobre que conozco es el que nada más tiene dinero".

El amor al dinero y el contentamiento se excluyen mutuamente. Como lo expresa un proverbio romano, el dinero es como el agua del mar, cuanto más se toma, tanto más sed se tiene (Barclay, *The Letters to Timothy, Titus, and Philemon* [Las cartas a Timoteo, Tito y Filemón], 132). Eclesiastés 5:10 lo resume así: "El que ama el dinero, no se saciará de dinero".

EL AMOR AL DINERO SE CONCENTRA EN LO TEMPORAL

porque nada hemos traído a este mundo, y sin duda nada podremos sacar. (6:7)

En el texto griego, la palabra **nada** se pone primero en la oración por razones de énfasis; **nada hemos traído a este mundo** cuando nacimos, y **...nada podremos sacar** cuando muramos. En Job 1:21 Job dijo: "Desnudo salí del vientre de mi madre, y desnudo volveré allá". Eclesiastés 5:15 añade: "Como salió del vientre de su madre, desnudo, así vuelve, yéndose tal como vino; y nada tiene de su trabajo para llevar en su mano". Las personas cuya vida está dominada por el amor al dinero, dedican su tiempo a buscar lo que está encerrado en tiempo y espacio. Desconocen las cosas que tienen valor eterno. Proverbios 27:24 advierte que "las riquezas no duran para siempre". Como expresa un antiguo proverbio español, no hay bolsillos en una mortaja. El equivalente moderno a este dicho es que los carros fúnebres no transportan remolques.

Nuestro Señor tuvo mucho que decir sobre la necedad de buscar las riquezas temporales. En Mateo 6:19-20 Él dijo: "No os hagáis tesoros en la tierra, donde la polilla y el orín corrompen, y donde ladrones minan y hurtan; sino haceos tesoros en el cielo, donde ni la polilla ni el orín corrompen, y donde ladrones no minan ni hurtan". Marcos 8:36 añade: "Porque ¿qué aprovechará al hombre si ganare todo el mundo, y perdiere su alma?" En Lucas 12:15-21, Jesús usó una parábola para ilustrar esta verdad:

> *Y les dijo: Mirad, y guardaos de toda avaricia; porque la vida del hombre no consiste en la abundancia de los bienes que posee. También les refirió una parábola, diciendo: La heredad de un hombre rico había producido mucho. Y él pensaba dentro de sí, diciendo: ¿Qué haré, porque no tengo dónde guardar mis frutos? Y dijo: Esto haré: derribaré mis graneros, y los edificaré mayores, y allí guardaré todos mis frutos y mis bienes; y diré a mi alma: Alma, muchos bienes tienes guardados para muchos años; repósate, come, bebe, regocíjate. Pero Dios le dijo: Necio, esta noche vienen a pedirte tu alma; y lo que has provisto, ¿de quién será? Así es el que hace para sí tesoro, y no es rico para con Dios.*

Estar centrado así en las posesiones temporales como para perder las riquezas eternas, es el colmo de la necedad.

EL AMOR AL DINERO CONFUNDE LA SENCILLEZ DE LA VIDA

Así que, teniendo sustento y abrigo, estemos contentos con esto. (6:8)

Cuanto más dinero y bienes se tienen, tanto más compleja se vuelve la vida. El predicador en Eclesiastés 5:11 dijo en tono meditativo: "Cuando aumentan los bienes, también aumentan los que los consumen. ¿Qué bien, pues, tendrá su dueño, sino verlos con sus ojos?" Las cosas materiales exigen tiempo y energía que pudieran emplearse mejor en realidades eternas; **sustento y abrigo** (las cosas indispensables de la vida) deben ser suficientes para poner **contentos** a los cristianos. Pablo no condena el tener bienes, si Dios las provee en su gracia. No se exige ningún voto de pobreza. Lo que él sí condena es un deseo inmoderado de dinero, que surge de la insatisfacción. La meta suprema de la vida de un creyente debe ser amar y glorificar a Dios, no acumular bienes materiales. Al amar y glorificar a Dios, Él pudiera decidir bendecirnos con riquezas. En tal caso, debemos usarlas con el mismo objetivo de amarlo y glorificarlo.

Nuestra sociedad sustituye a las personas con cosas, la conversación con el entretenimiento. Al hacerlo así, hemos perdido los simples goces de la vida, que se centran en las relaciones, la esencia del compañerismo cristiano. Las cosas materiales pueden apartar a los creyentes de estas importantes relaciones con Dios y con los demás.

La declaración más notoria sobre vivir una vida sencilla sin amor a las cosas materiales, nos llega de nuestro Señor. En Mateo 6:24-33 dijo:

> *Ninguno puede servir a dos señores; porque o aborrecerá al uno y amará al otro, o estimará al uno y menospreciará al otro. No podéis servir a Dios y a las riquezas. Por tanto os digo: No os afanéis por vuestra vida, qué habéis de comer o qué habéis de beber; ni por vuestro cuerpo, qué habéis de vestir. ¿No es la vida más que el alimento, y el cuerpo más que el vestido? Mirad las aves del cielo, que no siembran, ni siegan, ni recogen en graneros; y vuestro Padre celestial las alimenta. ¿No valéis vosotros mucho más que ellas? ¿Y quién de vosotros podrá, por mucho que se afane, añadir a su estatura un codo? Y por el vestido, ¿por qué os afanáis? Considerad los lirios del campo, cómo crecen: no trabajan ni hilan; pero os digo, que ni aun Salomón con toda su gloria se vistió así como uno de ellos. Y si la hierba del campo que hoy es, y mañana se echa en el horno, Dios la viste así, ¿no hará mucho más a vosotros, hombres de poca fe? No os afanéis, pues, diciendo: ¿Qué comeremos, o qué beberemos, o qué vestiremos? Porque los gentiles buscan todas estas cosas; pero vuestro Padre*

celestial sabe que tenéis necesidad de todas estas cosas. Mas buscad primeramente el reino de Dios y su justicia, y todas estas cosas os serán añadidas.

La vida sencilla incluye la aceptación de lo que Dios provee y el evitar la codicia.

Los siguientes principios prácticos permitirán a nuestra vida estar libre de desear más bienes materiales.

En primer lugar, los creyentes deben reconocer conscientemente que el Señor es dueño de todo lo que tienen. Son simples administradores de sus bienes. Lo que se adquiere debe evaluarse en cuanto a su beneficio para la causa del reino o el hacer más eficiente el ministerio de uno.

En segundo lugar, los creyentes deben cultivar un corazón agradecido. Como Dios no les debe nada, todo lo que reciben de Él debe hacerlos sentir gratitud.

En tercer lugar, los creyentes deben aprender a distinguir los deseos de las necesidades. Este principio, si se sigue, aumentará mucho la cantidad de dinero disponible para la obra del Señor.

En cuarto lugar, los creyentes deben disciplinarse para gastar menos de lo que ganan. La facilidad de comprar cosas a crédito se ha convertido en una seria tentación. Como resultado, muchas personas están tan desesperadamente hundidas en las deudas, que nunca podrán salir.

Por último, los creyentes deben dar con sacrificio al Señor. Buscar el tesoro en el cielo por la obra del reino debe ser su más grande gozo y la fuente de la mayor recompensa.

LOS EFECTOS DEL AMOR AL DINERO

Porque los que quieren enriquecerse caen en tentación y lazo, y en muchas codicias necias y dañosas, que hunden a los hombres en destrucción y perdición; (6:9)

El pecado del amor al dinero es peligroso, no solo debido a su carácter mismo, sino también debido a sus efectos.

EL AMOR AL DINERO RESULTA EN UNA TRAMPA PECAMINOSA

Porque los que quieren enriquecerse caen en tentación y lazo, (6:9*a*)

...los que quieren enriquecerse afrontan fuertes tentaciones y muchas veces caen en dolorosos y debilitadores pecados, como lo hace un animal en un **lazo.** *Boulomai* (**quieren**) se refiere a un deseo concreto, uno nacido de la razón, no de la emoción, y describe claramente a los culpables del pecado de avaricia. El tiempo presente del verbo *empiptō* (**caen**) indica que están cayendo continuamente en **tentación y lazo.** Las personas avariciosas están continuamente atrapadas por su deseo de cada vez consumir más. La persecución de lo que desean es su pasión. Su conducta pecaminosa llega a ser compulsiva y controla su vida.

La Biblia advierte contra el dejarse atrapar por las cosas materiales. En Deuteronomio 7:25 Moisés advirtió a los israelitas: "Las esculturas de sus dioses quemarás en el fuego; no codiciarás plata ni oro de ellas para tomarlo para ti, para que no tropieces en ello, pues es abominación a Jehová tu Dios". El amor al dinero es una trampa que es necesario evitar.

EL AMOR AL DINERO RESULTA EN CAÍDA ANTE LOS DESEOS PERJUDICIALES

y en muchas codicias necias y dañosas, (6:9*b*)

El amor al dinero conduce a la trampa del pecado que inhabilita, que trae como resultado el ser controlado por **codicias necias y dañosas.** *Epithumia* (**codicias**) por lo general se refiere a malos deseos. Son **necias** porque son irracionales, sin sentido, ilógicas. Los que se dejan controlar por ellas quedan como un animal en una trampa, víctimas de su propia lujuria. Cuando no pueden satisfacer sus **codicias,** pueden incluso recurrir a la violencia (Stg. 4:1-2). Sus **codicias** son **dañosas** para ellos. Esos deseos conducen a lo opuesto de la verdadera felicidad, porque no tienen nada en lo absoluto que ver con el mundo espiritual de servicio a Dios. Solo esto es la fuente del verdadero gozo.

EL AMOR AL DINERO RESULTA EN LA CONDENACIÓN ETERNA

que hunden a los hombres en destrucción y perdición; (6:9*c*)

La búsqueda incondicional de riqueza material finalmente arruina la vida espiritual de uno. La palabra **hunden** viene de *buthizō,* que significa "naufragar", "sumergir" o "arrastrar hasta el fondo". La búsqueda de riquezas al final arrastra a los hombres. *Olethros* (**destrucción**) se emplea a menudo para referirse al cuerpo, aunque puede tener un sentido más general (cp. 1 Ts. 5:3). *Apōleia* (**perdición**) por lo general se refiere a la eterna perdición del alma (cp. Ro. 9:22; 2 Ts. 2:3; He. 10:39; Ap. 17:8). Los tres términos juntos nos dan una panorámica de la total devastación de tanto el cuerpo como el alma. El amor al dinero destruye a las personas.

Las Escrituras presentan muchos trágicos ejemplos de quienes sufrieron destrucción a causa del dinero. El amor de Acán al dinero trajo derrota a Israel, y muerte para sí y su familia (Jos. 7:1-26). Judas traicionó al Señor Jesucristo por una despreciable suma de dinero (Mt. 27:3-5). En Hechos 8:20-23, Pedro reprendió a Simón, que trataba de comprar el poder del Espíritu:

> *Entonces Pedro le dijo: Tu dinero perezca contigo, porque has pensado que el don de Dios se obtiene con dinero. No tienes tú parte ni suerte en este asunto, porque tu corazón no es recto delante de Dios. Arrepiéntete, pues, de esta tu maldad, y ruega a Dios, si quizá te sea perdonado el pensamiento de tu corazón; porque en hiel de amargura y en prisión de maldad veo que estás.*

Santiago condenó con toda claridad a quienes aman el dinero:

> *¡Vamos ahora, ricos! Llorad y aullad por las miserias que os vendrán. Vuestras riquezas están podridas, y vuestras ropas están comidas de polilla. Vuestro oro y plata están enmohecidos; y su moho testificará contra vosotros, y devorará del todo vuestras carnes como fuego. Habéis acumulado tesoros para los días postreros. He aquí, clama el jornal de los obreros que han cosechado vuestras tierras, el cual por engaño no les ha sido pagado por vosotros; y los clamores de los que habían segado han entrado en los oídos del Señor de los ejércitos. Habéis vivido en deleites sobre la tierra, y sido disolutos; habéis engordado vuestros corazones como en día de matanza (Stg. 5:1-5).*

"Ni su plata ni su oro", concluye Sofonías 1:18, "podrá librarlos en el día de la ira de Jehová".

LOS EJEMPLOS DEL AMOR AL DINERO

porque raíz de todos los males es el amor al dinero, el cual codiciando algunos, se extraviaron de la fe, y fueron traspasados de muchos dolores. (6:10)

La frase **raíz de todos los males es el amor al dinero,** es el tema de esta sección. Todo lo demás es una explicación de la importancia de esa declaración; **amor al dinero** traduce *philarguria,* una palabra compuesta que literalmente significa "afecto por la plata". Como se ha observado, el dinero no es intrínsecamente malo. Pablo condena **el amor al dinero,** no al dinero mismo. El amor se vuelve la **raíz** del que salen **todos los males.** Resulta difícil imaginarse un pecado que no se haya cometido por **amor al dinero.** Tal amor hace que las personas se complazcan, presuman, distorsionen la justicia, se aprovechen de los pobres, mientan, engañen, roben y asesinen.

Pablo termina este pasaje ilustrando el peligro del amor al dinero; **el cual codiciando algunos,** advierte, **se extraviaron de la fe, y fueron traspasados de muchos dolores.** Pablo no menciona nombres, pero podría haber usado un ejemplo de los que le eran cercanos. Demas se apartó para buscar las cosas de este mundo (cp. 2 Ti. 4:10). Él, y otros como él, **se extraviaron de la fe.** Aquí, como en Judas 3, **la fe** se refiere al conjunto de la verdad cristiana. Para esos apóstatas, el oro sustituyó a Dios.

No solo se volvieron apóstatas, sino que también **fueron traspasados de muchos dolores.** Como un animal en el asador, ellos han ensartado sus propias almas y han traído sobre sí aflicción. Una conciencia que los condena, deseos no cumplidos, insatisfacción y desilusión son su porción. Como dice el Salmo 32:10: "Muchos dolores habrá para el impío". Los **dolores** supremos que sufrirán pudiera ser el tormento eterno en el infierno.

Los creyentes deben buscar a Dios, no el dinero. Como David, debieran decir: "En cuanto a mí, veré tu rostro en justicia; estaré satisfecho cuando despierte a tu semejanza" (Sal. 17:15).

C. T. Studd fue una de las grandes estrellas del críquet en Inglaterra en el siglo XIX. Después de su conversión a Cristo, se decidió por una carrera misionera. Antes de salir para el campo misionero, decidió regalar su herencia. Su biógrafo recoge la historia:

> Hasta donde él podía juzgar, su herencia era de 29.000 libras esterlinas. Pero con tal de dejar un margen de error, decidió comenzar dando 25.000. Un día memorable, 13 de enero de 1887, emitió cuatro cheques de 5.000 cada uno, y cinco de 1.000. Esto no fue algo tonto de su parte.
>
> Fue su testimonio público delante de Dios y de los hombres de que él creía en la Palabra de Dios como la cosa más segura sobre la tierra, y que el interés de cien veces que Dios ha prometido en esta vida, para no hablar de la siguiente, es una realidad literal para los que la creen y actúan de acuerdo con ella.
>
> Envió 5.000 libras esterlinas al señor D. L. Moody, expresando su esperanza de que él pudiera comenzar algún trabajo evangélico en Tirhoot en el norte de la India, donde su padre había hecho su fortuna. Moody tuvo la esperanza de poderlo hacer, pero le fue imposible, entonces usó el dinero para iniciar el famoso Instituto Bíblico Moody en Chicago.
>
> Envió 5.000 al señor Jorge Müller, 4.000 para que se usara en la obra misionera, y 1.000 entre los huérfanos; 5.000 para George Holland, en Whitechapel, "para usarse para el Señor entre su pobres en Londres", y 5.000 al comisionado Booth Tucker para el Ejército de Salvación en India. (Norman P. Grubb, *C. T. Studd: Cricketer and Pioneer* [C. T. Studd: Jugador de críquet y pionero] [Londres: Lutterworth Press, 1953], 65-66)

Otras organizaciones recibieron el resto de las 25,000 libras esterlinas. Su herencia real resultó ser unos miles de libras más de lo que originalmente pensaba. Dio parte de este dinero a otras organizaciones y el resto a su novia como presente de bodas. Para no hacer menos, ella dio también ese dinero. La pareja entonces fue a África como misioneros sin nada (Grubb, *C. T. Studd*, 66-67).

El hombre de Dios: Primera parte Las características de un guía espiritual

23

Mas tú, oh hombre de Dios, huye de estas cosas, y sigue la justicia, la piedad, la fe, el amor, la paciencia, la mansedumbre. Pelea la buena batalla de la fe, echa mano de la vida eterna, a la cual asimismo fuiste llamado, habiendo hecho la buena profesión delante de muchos testigos. Te mando delante de Dios, que da vida a todas las cosas, y de Jesucristo, que dio testimonio de la buena profesión delante de Poncio Pilato, que guardes el mandamiento sin mácula ni reprensión, hasta la aparición de nuestro Señor Jesucristo, (6:11-14)

El título **hombre de Dios** es sencillo pero inmensurablemente valioso. Es un privilegio sagrado poder ser identificados como posesión personal de Dios, un privilegio que implica una gran responsabilidad. Aunque la frase **hombre de Dios** se emplea por lo general en el Antiguo Testamento, describe solamente a Timoteo en el Nuevo. Pablo empleó ese título para aumentar el sentido de responsabilidad de Timoteo en el desempeño de su ministerio. ¿Cómo podría un hombre que pertenece personalmente a Dios hacer menos?

La frase **hombre de Dios** aparece primero en Deuteronomio 33:1 donde describe a Moisés (cp. 1 Cr. 23:14; 2 Cr. 30:16; Esd. 3:2; Sal. 90:1), el gran libertador de su pueblo y autor del Pentateuco. Al ángel del Señor, (el Cristo preencarnado) que apareció a los padres de Sansón, también se le llama "un hombre de Dios" (Jue. 13:6, 8). En 1 Samuel 2:27, el término describe al profeta enviado a pronunciar juicio sobre la casa de Elí, mientras que en 1 Samuel 9:6ss describe al sucesor de Elí, Samuel. El profeta Semaías, que reprendió al rey Roboam, también lleva el título "varón de Dios" en 1 Reyes 12:22, como lo llevan los profetas que reprendieron a los reyes Jeroboam (1 R. 13:1ss) y Amasías (2 Cr. 25:7), y el profeta Igdalías, contemporáneo de Jeremías (Jer. 35:4). Además, a grandes figuras como Elías (1 R. 17:18, 24), Eliseo (2 R. 4:7ss) y David (Neh. 12:24, 36) también se les llamaron hombres de Dios. Pedro emplea la frase plural "hombres de Dios" para referirse a quienes escribieron los pasajes del Antiguo Testamento (2 P. 1:21).

Todos los usos del Antiguo Testamento apuntan a un individuo que representa a Dios al proclamar su Palabra. Al llamar a su joven protegido **hombre de Dios,** Pablo pone a Timoteo en esa rica tradición veterotestamentaria. A él, al igual que aquellos antes que él, se le llamó, se le ordenó y se le dio la responsabilidad de predicar la Palabra de Dios.

El otro uso de esta frase está en 2 Timoteo 3:16- 17. Aunque Timoteo es el destinatario de esos versículos (cp. los vv. 14-15), el término puede aplicarse a todo el que esté en el ministerio de proclamación. En su forma más amplia de interpretación, puede abarcar a todo creyente, ya que la Palabra prepara a todos los cristianos para buenas obras. Pero el énfasis primordial está en cómo la Palabra prepara al predicador para ser "perfecto, enteramente preparado para toda buena obra". Como hizo Timoteo, todos los hombres de Dios se hallan en la larga línea de históricos voceros que viene desde Moisés. Son, como dice Juan Bunyan, los campeones del Rey (*El progreso del peregrino*) [reimpresión; Grand Rapids: Zondervan, 1976], 120). Habiendo sido elevados por encima de metas mundanas, están completamente dedicados a proclamar la Palabra de Dios.

Todo esto era importante que Timoteo lo considerara. Tenía una tarea monumental en Éfeso, en su intento de restaurar la verdad y el orden en una iglesia que había perdido su rumbo. Pablo menciona el peligro de los falsos maestros tres veces en esta epístola (1:3-7; 4:1-5; 6:3-10). El apóstol continúa luego de cada advertencia con una orientación para que Timoteo los resistiera a la luz de su llamamiento al ministerio (1:18-20; 4:14-16; 6:11-12). Él era un hombre de Dios, su campeón en la guerra contra una enseñanza falsa, su voz.

¿Cómo debe comportarse un hombre de Dios? En este pasaje Pablo enumera cuatro características que distinguen al fiel hombre de Dios: de lo que huye, lo que sigue, por lo que lucha, y a lo que es fiel.

A UN HOMBRE DE DIOS SE LE CONOCE POR LAS COSAS DE LAS CUALES HUYE

Mas tú, oh hombre de Dios, huye de estas cosas, (6:11*a*)

El sentido adversativo de *de* (**mas**), unido al empleo del pronombre personal *su* (**tú**), contrasta tajantemente a Timoteo con los falsos maestros. Ellos son hombres de dinero, él es hombre de Dios; ellos son hombres de pecado, él es hombre de justicia; ellos son hombres del mundo, él es hombre del cielo. El uso de la interjección *ō* (**oh**) con el caso vocativo es poco frecuente en el Nuevo Testamento, indicando la intensidad del ruego de Pablo.

Un **hombre de Dios** comprende que hay ciertas cosas que deben evitarse a toda costa; **huye** viene de *pheugō,* de la que se deriva la palabra "fugitivo". El hombre de Dios debe huir del pecado sexual (1 Co. 6:18), la idolatría (1 Co. 10:14) y las "pasiones juveniles" (2 Ti. 2:22). El tiempo presente del verbo indica que el **hombre de Dios, huye de estas cosas** constantemente. El antecedente directo de **estas cosas** es la maldad asociada con el amor al dinero en los versículos 9-10.

Ese es el pecado capital de los falsos maestros, quienes pervierten la verdad para provecho personal. Desde Balaam, que se vendió al mejor postor, pasando por los codiciosos falsos profetas de Israel, hasta Judas y Demas en el Nuevo Testamento, el distintivo de los falsos maestros es la avaricia.

Pablo evitó mucho cualquier apariencia de amor al dinero. En su discurso de despedida a los ancianos de Éfeso, les recordó:

> *Ni plata ni oro ni vestido de nadie he codiciado. Antes vosotros sabéis que para lo que me ha sido necesario a mí y a los que están conmigo, estas manos me han servido. En todo os he enseñado que, trabajando así, se debe ayudar a los necesitados, y recordar las palabras del Señor Jesús, que dijo: Más bienaventurado es dar que recibir (Hch. 20:33-35).*

A los tesalonicenses les escribió: "Porque os acordáis, hermanos, de nuestro trabajo y fatiga; cómo trabajando de noche y de día, para no ser gravosos a ninguno de vosotros, os predicamos el evangelio de Dios" (1 Ts. 2:9). Les recordó a los corintios su derecho al apoyo económico, pero luego renunció a él para que nadie pudiera cuestionar sus motivaciones (1 Co. 9:1-15).

Aunque puedan llamarse a sí mismos ministros del evangelio, los que están en él por dinero no son hombres de Dios. Ellos han prostituido el llamado de Dios para provecho personal. Los que le ponen precio a su ministerio lo devalúan a cero ante los ojos de Dios.

A UN HOMBRE DE DIOS SE LE CONOCE POR LO QUE ÉL SIGUE

y sigue la justicia, la piedad, la fe, el amor, la paciencia, la mansedumbre. (6:11*b*)

Cuando el hombre de Dios se aleja del dañino amor al dinero, marcha hacia la virtud espiritual. Un hombre de Dios no solo huye del pecado, sino que también está continuamente buscando la santidad. La forma aquí es paralela con 2

Timoteo 2:22, donde Pablo le ordena a Timoteo no solo que "[huya] de las pasiones juveniles", sino también que "[siga] la justicia, la fe, el amor y la paz".

Si se detiene, lo que está detrás de él (el pecado) lo capturará, y no alcanzará su meta de santidad. En el versículo 11, Pablo relaciona seis virtudes que cada hombre de Dios debe seguir para merecer este privilegiado título.

Las dos primeras son virtudes generales, una tiene que ver con la conducta externa, la otra con la actitud y motivación interna. **Justicia** traduce el conocido término neotestamentario *dikaiosunē*. Significa hacer lo que es correcto, con relación a Dios y al hombre. La **justicia** que Pablo describe aquí no es la justicia de Cristo que se nos atribuye en la salvación, sino la santidad de la vida. Se debe conocer al hombre de Dios por hacer lo que es correcto. Su estilo de vida debe estar caracterizado por la obediencia a los mandamientos de Dios.

La contraparte interna de la **justicia** es la **piedad.** Mientras que la **justicia** mira a la conducta externa, la **piedad** tiene que ver con las actitudes y los motivos. La conducta correcta fluye de motivos correctos. *Eusebeia* (**piedad**), un conocido término en las pastorales (que aparece diez veces), se refiere a la reverencia hacia Dios que fluye de un corazón que lo adora. Pudiera traducirse "semejante a Dios". Las personas piadosas "[sirven] a Dios agradándole con temor y reverencia" (He. 12:28). Un día recibirán alabanza del Señor mismo (1 Co. 4:1-5).

Esas dos virtudes son fundamentales para el poder y la utilidad de un ministro piadoso. Forman parte esencial de lo que Spurgeon llamó "el vigilante del ministro" (C. H. Spurgeon, *Discursos a mis estudiantes, vol. 1* [Grand Rapids: Baker, 1980]). El puritano Richard Baxter tenía mucho que decir sobre este asunto, dedicándole toda una sección de su obra clásica *The Reformed Pastor* [El pastor reformado]. Él advirtió: "Algunos sastres usan harapos, y hacen los más costosos vestidos para otros; y algunos cocineros apenas pueden chuparse los dedos, y han provisto para otros los más costosos platos" (*The Reformed Pastor* [El pastor reformado] [Edimburgo: Banner of Truth, 1979], 54).

Pablo conocía bien la importancia de que el ministro se vigilara a sí mismo. En Hechos 20:28 exhortó a los líderes de la iglesia de Éfeso diciéndoles: "mirad por vosotros". En 1 Timoteo 4:16, ordenó a Timoteo que tuviera "cuidado de [sí] mismo". Conociendo su propio carácter pecaminoso (cp. Ro. 7:14-25; 1 Ti. 1:12-15), Pablo se disciplinaba fuertemente a sí mismo. A los corintios les escribió:

> *¿No sabéis que los que corren en el estadio, todos a la verdad corren, pero uno solo se lleva el premio? Corred de tal manera que lo obtengáis. Todo aquel que lucha, de todo se abstiene; ellos, a la verdad, para recibir una corona corruptible, pero nosotros, una incorruptible. Así que, yo de esta manera corro, no como a la ventura; de esta manera peleo, no como quien golpea el aire, sino que golpeo*

> *mi cuerpo, y lo pongo en servidumbre, no sea que habiendo sido heraldo para otros, yo mismo venga a ser eliminado (1 Co. 9:24-27).*

El puritano John Flavel dijo: "Hermanos, es más fácil hablar de miles de pecados de otros, que hacer morir un pecado de los nuestros" (citado en I. D. E. Thomas, *A Puritan Golden Treasury* [Un tesoro dorado puritano] [Edimburgo: Banner of Truth, 1977], 191).

John Owen añadió: "Un ministro pudiera llenar los bancos de su iglesia, la boca del público, pero lo que ese ministro es de rodillas, en secreto ante el Dios Todopoderoso, esto es lo que es y nada más" (citado en Thomas, *A Puritan Golden Treasury* [Un tesoro dorado puritano], 192).

El pastor inglés del siglo XIX Charles Bridges escribió:

> Porque si debemos estudiar más la Biblia como ministros que como cristianos, más para encontrar materia para la instrucción de nuestro pueblo, que alimento para nutrir nuestra propia alma, entonces somos negligentes en ponernos a los pies de nuestro divino Maestro, se corta nuestra comunión con Él, y llegamos a ser simples formalistas en nuestra sagrada profesión. No podemos vivir para alimentar a otros; o sanarnos por el simple empleo de sanar a nuestro pueblo; y por lo tanto, en este curso de servicio oficial, nuestro conocimiento de las temibles realidades de la muerte y la eternidad pueden ser más como las del que cava tumbas, el médico o el soldado, que como las de un hombre de Dios, viendo la eternidad con profunda seriedad y preocupación, y llevando a su pueblo el fruto provechosos de sus observaciones. Se ha destacado bien que "una vez que un hombre comienza a ver la religión no como algo personal, sino simplemente de importancia profesional, tiene un obstáculo en su camino que no conoce un cristiano en particular". Sin duda es difícil determinar si nuestra relación con las cosas de Dios es más nuestra tentación o nuestro beneficio. (*The Christian Ministry* [El ministerio cristiano] [Edimburgo: Banner of Truth, 1980], 163)

Acto seguido el apóstol menciona las dominantes virtudes internas: la **fe** y el **amor.** La **fe** es simplemente una confianza en Dios para todas las cosas. Implica lealtad al Señor y constante confianza en su poder, propósito, plan, provisión y promesa. La fe es el ambiente en el que existe el hombre de Dios. Él confía en que Dios mantiene y cumple su Palabra.

Como a menudo hace en sus escritos, Pablo vincula el **amor** con la **fe** (cp. 1 Ts. 3:6; 5:8; 1 Ti. 1:14; 2 Ti. 1:13). *Agapē* (**amor**) es el amor de la voluntad y la elección. Es irrestricto e incontenible, abarcando el amor a Dios, a otros creyentes y a los que no son cristianos. El hombre de Dios comprende la importancia de las palabras de nuestro Señor en Mateo 22:37-39: "Amarás al Señor tu Dios con todo tu corazón, y con toda tu alma, y con toda tu mente. Este es el primero y grande mandamiento. Y el segundo es semejante: Amarás a tu prójimo como a ti mismo". Como ama a Dios, el hombre de Dios ama a quienes Él ama (cp. 1 Juan 4:7-21). El amor de Dios "ha sido derramado en nuestros corazones por el Espíritu Santo" (Ro. 5:5) y fluye hacia otros (cp. 2 Co. 6:11-13; 12:15; Fil. 2:25ss.; Col. 1:27-28; 4:12).

Luego Pablo menciona dos virtudes externas, **paciencia** y **mansedumbre.** La palabra **paciencia** traduce *hupomonē,* que significa "permanecer debajo". No describe una resignación pasiva y fatalista, sino una victoriosa e inquebrantable lealtad al Señor en medio de las pruebas (cp. Stg. 1:2-4). Es la **paciencia** del mártir, que dará la vida, si es necesario, por la causa de Cristo. Pablo y casi todos los demás apóstoles mostraron esa medida suprema de **paciencia.** La **paciencia** capacita al hombre de Dios para adherirse a la tarea, cueste lo que cueste; **mansedumbre** traduce *praupathia,* que significa bondad o mansedumbre, y aparece solo aquí en el Nuevo Testamento. Aunque consumido por la más grande de las causas, el hombre de Dios reconoce que en sí mismo no hace contribución para su éxito, y se caracteriza por una considerada humildad. Esa actitud la expresa Juan Bunyan en *El progreso del peregrino:*

> Caer no teme quien en tierra yace;
> El que no tiene orgullo no se eleva;
> Cristo en el humilde se complace
> Y, como Guía, a su mansión lo lleva.
>
> (Bunyan, 90)

A UN HOMBRE DE DIOS SE LE CONOCE POR LO QUE ÉL PELEA

Pelea la buena batalla de la fe, echa mano de la vida eterna, a la cual asimismo fuiste llamado, habiendo hecho la buena profesión delante de muchos testigos. (6:12)

El ser un vocero de Dios llama a un hombre a la guerra. Es una batalla constante contra la carne, Satanás y la oposición del mundo caído que ama el pecado y el error y aborrece la verdad y la santidad. Es también una lucha contra los cristianos adormecidos y las iglesias apáticas. Pablo encargó a Timoteo que "[sufriera] penalidades como buen soldado de Jesucristo" (2 Ti. 2:3). El propio epitafio triunfal del apóstol dice: "He peleado la buena batalla, he acabado la carrera, he guardado la fe" (2 Ti. 4:7).

Lamentablemente, algunos no se dan cuenta de que están en una batalla. Otros buscan posiciones de comodidad y bienestar, y están ausentes sin haberse retirado de la batalla espiritual. Sin embargo, no fue así con Pablo. Él le dijo a los creyentes en Listra, Iconio y Antioquia: "es necesario que a través de muchas tribulaciones entremos en el reino de Dios" (Hch. 14:22). En su segunda carta a Timoteo escribió: "Y también todos los que quieren vivir piadosamente en Cristo Jesús padecerán persecución" (2 Ti. 3:12). Nuestro Señor advirtió: "El que no toma su cruz y sigue en pos de mí, no es digno de mí" (Mt. 10:38).

El verbo **pelea** viene de *agōnizomai,* de la que viene la palabra "agonizar". Se empleó en los contextos militares y deportivos para describir la concentración, disciplina, convicción y esfuerzo que se necesitaban para ganar. El tiempo presente imperativo del verbo una vez más indica la naturaleza continua de la batalla; **buena** traduce *kalos,* que pudiera traducirse "noble" o "excelente". El sustantivo **batalla** traduce *agōn,* de la misma raíz que el verbo. Se refiere al conflicto espiritual con el reino de Satanás, en el que el hombre de Dios debe hacer su parte; **fe** se refiere al conjunto de la verdad cristiana, el contenido de la Palabra de Dios, "la fe que ha sido una vez dada a los santos" (Jud. 3). La **fe** es la realidad suprema por la que todos podemos luchar.

Al mandar a Timoteo que echara **mano de la vida eterna,** es obvio que Pablo no quiso decir que Timoteo necesitaba la salvación, sino que amonestaba a Timoteo a comprender la realidad de la vida eterna, para que viviera y ministrara teniendo en cuenta la eternidad. Los que sirven por lo que pueden obtener en este mundo, tienen una perspectiva equivocada. El hombre de Dios "[pone] la mira en las cosas de arriba, no en las de la tierra" (Col. 3:2), sabiendo que su "ciudadanía está en los cielos" (Fil. 3:20).

La palabra **llamado** se refiere al eficaz y soberano llamado de Dios para salvación (cp. Ro. 8:30; 2 Ti. 1:9). Timoteo había sido llamado por Dios para salvación, para gloria eterna; ahora debía predicar teniendo en cuenta la realidad de que lo que es eterno es lo que importa. Él confirmó su llamamiento para predicar inicialmente, cuando hizo **la buena profesión delante de muchos testigos.** Eso se refiere a su confesión pública de fe en nuestro Señor Jesucristo. Timoteo "[confesó] con [su] boca que Jesús es el Señor, y [creyó] en [su] corazón que Dios le levantó de los muertos" (Ro. 10:9; cp. Fil. 2:11). Es probable que Timoteo hiciera tal confesión en el momento de su bautismo, y otra vez en su ordenación al ministerio (4:14; 2 Ti. 1:6).

El hombre de Dios, consciente del eficaz llamado de Dios para salvación eterna y de su pública profesión de fe en respuesta a ese llamado, mantiene una perspectiva eterna. No participa en las batallas insignificantes y sin sentido de este mundo, sino que se concentra en las cosas eternas. Él vive por encima de los asuntos triviales y mundanos de este mundo pasajero. Se consume en lo que nunca pasará, la Palabra de Dios y el alma de cada uno de los hombres.

A UN HOMBRE DE DIOS SE LE CONOCE POR LAS COSAS A LAS CUALES ES FIEL

Te mando delante de Dios, que da vida a todas las cosas, y de Jesucristo, que dio testimonio de la buena profesión delante de Poncio Pilato, que guardes el mandamiento sin mácula ni reprensión, hasta la aparición de nuestro Señor Jesucristo, (6:13-14)

La clave para esta sección está en el versículo 14, donde Pablo manda a Timoteo que [guarde] **el mandamiento.** El resto de los versículos 13 y 14 explican esa frase. El versículo 13 le dice a Timoteo por qué debe [guardar] **el mandamiento,** y el resto del versículo 14 le dice cómo debe guardarlo.

En el contexto no hay un rasgo que limite la definición del **mandamiento.** Por lo tanto debe entenderse en el más amplio sentido como toda la Palabra de Dios revelada, la cual Timoteo tiene el encargo de predicar (cp. Hch. 20:20, 27; 2 Ti. 4:2). [Guardar] **el mandamiento** no solo proclamándolo, sino también protegiéndolo. No es sorprendente que Pablo animara repetidamente a Timoteo a guardar la verdad que le había confiado (cp. 1 Ti. 1:18-19; 4:6, 16; 6:20; 2 Ti. 1:13-14; 2:15-18). Debía hacerlo "por medio del Espíritu Santo" (2 Ti. 1:14). Solo mediante su poder puede el hombre de Dios permanecer en la verdad y proclamarla fielmente.

Para animar a Timoteo a perseverar, cueste lo que cueste, Pablo acude a dos personas soberanas y supremas. **Dios, que da vida a todas las cosas,** es el primero. Es **delante** del Padre que el hombre de Dios vive y ministra. Él no debe agradar a los hombres, sino a Dios (cp. Gá. 1:8-10). El conocimiento de su atenta, omnisciente y omnipresente mirada, y su norma perfecta, deben motivar al hombre de Dios a ser diligente. *Zōogoneō* (**da vida a**) se refiere ciertamente a Dios como aquel que ha creado toda vida y puede preservarla, hasta que se cumplan sus soberanos propósitos. También puede referirse al poder de Dios para levantar a los muertos (cp. He. 11:19). Lo que Pablo quiere decir es que Dios es el responsable de toda vida, incluso la de Timoteo. Por lo tanto, el predicador no debe estar preocupado por el precio de su fiel proclamación, porque el Señor lo sostendrá hasta que haya terminado su obra. Aun cuando el hombre de Dios sea muerto por su fidelidad al Señor, Dios tiene el poder y lo resucitará en gloria.

El segundo testigo es **Jesucristo, que dio testimonio de la buena profesión delante de Poncio Pilato.** Nuestro Señor es el ejemplo terrenal supremo de uno que se mantuvo firme a su confesión, que permaneció fiel a la Palabra de Dios, costara lo que costara. Lo hizo porque confió en que Dios lo libraría en vida y en muerte (cp. 1 P. 2:21-23). Cuando **Poncio Pilato** le preguntó: "¿Eres tú el Rey de los judíos?", le respondió sin temor alguno: "Tú lo dices" (Mt. 27:11).

Nuestro Señor valientemente habló la verdad y confió su vida a Dios. Timoteo debía hacer lo mismo, al igual que cualquier hombre de Dios.

Luego el apóstol le dijo a Timoteo de qué manera un hombre de Dios debe guardar el mandamiento. En primer lugar, debía hacerlo **sin mácula ni reprensión.** Ninguna mancha o legítima acusación debe arruinar su testimonio (cp. Stg. 1:27). Debe ser totalmente irreprochable. También debía ser permanentemente fiel, **hasta la aparición de nuestro Señor Jesucristo.** *Epiphaneia* (**aparición**) es una alusión a la venida del Señor. Timoteo debía permanecer fiel toda su vida, hasta su muerte o hasta la llegada de su Salvador. La espera del inminente regreso de su Señor, da motivación adicional al hombre de Dios (cp. Hch. 1:8-11; 1 Co. 4:5; Ap. 22:12).

Proclamar la Palabra de Dios como un hombre de Él, es privilegio inmensurable. Ese privilegio, sin embargo, implica una seria advertencia. Santiago advirtió: "Hermanos míos, no os hagáis maestros muchos de vosotros, sabiendo que recibiremos mayor condenación" (Stg. 3:1). "Porque a todo aquel a quien se haya dado mucho", advirtió Jesús, "mucho se le demandará" (Lc. 12:48).

Uno de los ejemplos más graves de un hombre de Dios que falló, se encuentra en 1 Reyes 13:1-26:

> *He aquí que un varón de Dios por palabra de Jehová vino de Judá a Bet-el; y estando Jeroboam junto al altar para quemar incienso, aquél clamó contra el altar por palabra de Jehová y dijo: Altar, altar, así ha dicho Jehová: He aquí que a la casa de David nacerá un hijo llamado Josías, el cual sacrificará sobre ti a los sacerdotes de los lugares altos que queman sobre ti incienso, y sobre ti quemarán huesos de hombres. Y aquel mismo día dio una señal, diciendo: Esta es la señal de que Jehová ha hablado: he aquí que el altar se quebrará, y la ceniza que sobre él está se derramará. Cuando el rey Jeroboam oyó la palabra del varón de Dios, que había clamado contra el altar de Bet-el, extendiendo su mano desde el altar, dijo: ¡Prendedle! Mas la mano que había extendido contra él, se le secó, y no la pudo enderezar. Y el altar se rompió, y se derramó la ceniza del altar, conforme a la señal que el varón de Dios había dado por palabra de Jehová. Entonces respondiendo el rey, dijo al varón de Dios: Te pido que ruegues ante la presencia de Jehová tu Dios, y ores por mí, para que mi mano me sea restaurada. Y el varón de Dios oró a Jehová, y la mano del rey se le restauró, y quedó como era antes. Y el rey dijo al varón de Dios: Ven conmigo a casa, y comerás, y yo te daré un presente. Pero el varón de Dios dijo al rey: Aunque me dieras la mitad de tu casa, no iría contigo, ni comería pan ni bebería agua en este lugar. Porque así me está ordenado por palabra de Jehová, diciendo: No comas pan, ni bebas agua, ni regreses por el camino que fueres. Regresó, pues, por otro camino, y no volvió por el camino por donde había venido a Bet-el. Moraba entonces en Bet-el un viejo profeta, al cual vino su hijo y le contó todo*

lo que el varón de Dios había hecho aquel día en Bet-el; le contaron también a su padre las palabras que había hablado al rey. Y su padre les dijo: ¿Por qué camino se fue? Y sus hijos le mostraron el camino por donde había regresado el varón de Dios que había venido de Judá. Y él dijo a sus hijos: Ensilladme el asno. Y ellos le ensillaron el asno, y él lo montó. Y yendo tras el varón de Dios, le halló sentado debajo de una encina, y le dijo: ¿Eres tú el varón de Dios que vino de Judá? Él dijo: Yo soy. Entonces le dijo: Ven conmigo a casa, y come pan. Mas él respondió: No podré volver contigo, ni iré contigo, ni tampoco comeré pan ni beberé agua contigo en este lugar. Porque por palabra de Dios me ha sido dicho: No comas pan ni bebas agua allí, ni regreses por el camino por donde fueres. Y el otro le dijo, mintiéndole: Yo también soy profeta como tú, y un ángel me ha hablado por palabra de Jehová, diciendo: Tráele contigo a tu casa, para que coma pan y beba agua. Entonces volvió con él, y comió pan en su casa, y bebió agua. Y aconteció que estando ellos en la mesa, vino palabra de Jehová al profeta que le había hecho volver. Y clamó al varón de Dios que había venido de Judá, diciendo: Así dijo Jehová: Por cuanto has sido rebelde al mandato de Jehová, y no guardaste el mandamiento que Jehová tu Dios te había prescrito, sino que volviste, y comiste pan y bebiste agua en el lugar donde Jehová te había dicho que no comieses pan ni bebieses agua, no entrará tu cuerpo en el sepulcro de tus padres. Cuando había comido pan y bebido, el que le había hecho volver le ensilló el asno. Y yéndose, le topó un león en el camino, y le mató; y su cuerpo estaba echado en el camino, y el asno junto a él, y el león también junto al cuerpo. Y he aquí unos que pasaban, y vieron el cuerpo que estaba echado en el camino, y el león que estaba junto al cuerpo; y vinieron y lo dijeron en la ciudad donde el viejo profeta habitaba. Oyéndolo el profeta que le había hecho volver del camino, dijo: El varón de Dios es, que fue rebelde al mandato de Jehová; por tanto, Jehová le ha entregado al león, que le ha quebrantado y matado, conforme a la palabra de Jehová que él le dijo.

El profeta anónimo tuvo el privilegio de ser usado por Dios para reprender al rey Jeroboam. Sin embargo, al violar la Palabra de Dios, trajo sobre él un juicio terrible. Esta es una advertencia que debe escuchar todo hombre de Dios. Ser un hombre de Dios es un privilegio terrenal muy alto que se corresponde con una alta responsabilidad celestial.

El hombre de Dios: Segunda parte: La motivación de un guía espiritual

24

Te mando delante de Dios, que da vida a todas las cosas, y de Jesucristo, que dio testimonio de la buena profesión delante de Poncio Pilato, que guardes el mandamiento sin mácula ni reprensión, hasta la aparición de nuestro Señor Jesucristo, la cual a su tiempo mostrará el bienaventurado y solo Soberano, Rey de reyes, y Señor de señores, el único que tiene inmortalidad, que habita en luz inaccesible; a quien ninguno de los hombres ha visto ni puede ver, al cual sea la honra y el imperio sempiterno. Amén. (6:13-16)

Primera a Timoteo comienza y termina con una doxología, un himno de alabanza al Señor (cp. 1:17). En ella yace el único y gran agente motivador de un hombre de Dios: el carácter del Dios a quien sirve. El apóstol sabía que la teología propia (la doctrina de Dios) domina la conducta. Dicho de otra manera, la forma en que una persona vive refleja lo que realmente cree acerca de Dios. J. B. Phillips condenó abiertamente la ineficacia de los cristianos en su queja, *Your God Is Too Small* [Su Dios es muy pequeño] (Nueva York: Macmillan, 1961). A. W. Tozer declaró el asunto con mucha fuerza y claridad en su obra clásica *The Knowledge of the Holy:* [El conocimiento del Santo] "Lo que viene a nuestra mente cuando reflexionamos sobre Dios es lo más importante acerca de nosotros" ([1961; reimpreso, Nueva York: Harper & Row, 1975], 9). Él prosigue diciendo:

> Es probable que la historia de la humanidad muestre que ningún pueblo se ha elevado por encima de su religión, y que la historia espiritual del hombre demuestre positivamente que ninguna religión ha sido más grande que su idea de Dios...

> Por eso la cuestión más seria ante la Iglesia es siempre Dios mismo, y el hecho más portentoso acerca de cualquier hombre no es lo que él pueda decir o hacer en un momento determinado, sino en la forma en que, en lo profundo de su corazón, él concibe a Dios... Si fuéramos capaces de extraer de cualquier hombre una respuesta completa a la pregunta, "¿Qué viene a su mente cuando piensa en Dios?" podríamos predecir con certeza el futuro espiritual de ese hombre. (Tozer, 9)

Pablo le pide a Timoteo que cumpla su deber basándose en lo que Dios es. Él mismo fue ejemplo de alguien que "no [fue] rebelde a la visión celestial" (Hch. 26:19).

A la luz de la confirmación del llamamiento profético de Timoteo al ministerio (cp. 1:18; 4:14; 6:12), surge la pregunta de por qué necesitaba una motivación adicional. La respuesta está en entender la oposición que afrontaba en Éfeso. Era un forastero que afrontaba no solamente la oposición de los falsos maestros y los pecados de su pueblo. Lo despreciaban por ser joven (4:12), y su batalla con los deseos de la juventud (2 Ti. 2:22) era sin dudas muy desalentadora. Su ardor juvenil tendía a hacerlo combativo y a discutir demasiado (2 Ti. 2:24-26). Su falta de experiencia era otra desventaja en su enfrentamiento a las falsas doctrinas.

Timoteo estuvo seguramente tentado a abandonar del todo su ministerio allí. Pablo tuvo que recordarle que "no nos ha dado Dios espíritu de cobardía, sino de poder, de amor y de dominio propio" (2 Ti. 1:7), y lo instó a "[avivar] el fuego del don de Dios que [estaba en él] por la imposición de [sus] manos" (2 Ti. 1:6). Timoteo estaba recibiendo presión para que se avergonzara de Cristo y de Pablo (2 Ti. 1:8), debido a la creciente hostilidad hacia la fe. Por lo tanto, necesitaba la exhortación para mantenerse firme en la sana doctrina (2 Ti. 1:13-14). Necesitaba mucho el aliento, la fortaleza de ánimo y la fuerza para llevar a cabo su predicación y enseñanza.

Solo había y hay una fuente de fortaleza para los que están en el ministerio: Dios. En la confianza en Él, y en la comprensión de su carácter, radica el fundamento de donde sale el valor y la fuerza para afrontar toda prueba. Ese conocimiento del Todopoderoso, más que ninguna otra cosa, sirve también para motivar al hombre de Dios a cumplir su llamamiento. Así que para animar y estimular a su joven compañero, Pablo ofrece una de las más brillantes presentaciones del carácter de Dios que se encuentran en la Biblia. Aunque la doxología no llega hasta los versículos 15-16, se debe incluir un repaso a los versículos 13-14, ya que dan también un destello de nuestro magnífico Dios. En estos cuatro versículos, se pueden apreciar seis atributos de Dios: el poder de Dios, la invencibilidad de Dios, la bienaventuranza de Dios, la soberanía de Dios, la eternidad de Dios y la santidad de Dios.

EL PODER DE DIOS

Te mando delante de Dios, que da vida a todas las cosas, y de Jesucristo, que dio testimonio de la buena profesión delante de Poncio Pilato, (6:13)

Se ve el poder de Dios en su capacitad de dar **vida a todas las cosas.** Hay cuatro aspectos de esa capacidad.

En primer lugar, la frase se refiere a Dios como Creador de todo. El primer versículo de la Biblia afirma que "en el principio creó Dios los cielos y la tierra" (Gn. 1:1). "Creador" es un título frecuente de Dios (cp. Ec. 12:1; Is. 27:11; 40:28; 43:1, 15; Ro. 1:25; 1 P. 4:19).

En segundo lugar, Dios sostiene toda vida. En Hechos 17:28, Pablo les dijo a los paganos atenienses: "en él vivimos, y nos movemos, y somos". "Oh Jehová", exclamó el salmista, "al hombre y al animal conservas" (Sal. 36:6; cp. Neh. 9:6; Sal. 66:8-9; He. 1:3).

En tercer lugar, Dios protege a los suyos. David dijo en el Salmo 37:28 que "Jehová" no desampara a sus santos. Para siempre serán guardados" (cp. Sal. 91:11-14; 140:7). Nuestro Señor dijo en Mateo 10:29-31: "¿No se venden dos pajarillos por un cuarto? Con todo, ni uno de ellos cae a tierra sin vuestro Padre. Pues aun vuestros cabellos están todos contados. Así que, no temáis; más valéis vosotros que muchos pajarillos". El grito triunfante del creyente es "En Dios he confiado; no temeré; ¿Qué puede hacerme el hombre?" (Sal. 56:4; cp. 56:11; 118:6)

El cuarto principio es el rasgo más glorioso en cuanto a esto. El poder de Dios para dar vida a todo se ve en su poder para levantar de la muerte a vida eterna. Pablo le recuerda a Timoteo que lo peor que un hombre puede hacerle es matarlo. Aun cuando lo hiciera, esto simplemente llevaría a Timoteo a la presencia del Señor. Pablo lo expresa así a los filipenses: "Porque para mí el vivir es Cristo, y el morir es ganancia" (Fil. 1:21), ya que él tenía el "deseo de partir y estar con Cristo, lo cual [era] muchísimo mejor" (Fil. 1:23). Advertido de que lo esperaba persecución y encarcelamiento al volver a Jerusalén, el apóstol respondió:

> *Ahora, he aquí, ligado yo en espíritu, voy a Jerusalén, sin saber lo que allá me ha de acontecer; salvo que el Espíritu Santo por todas las ciudades me da testimonio, diciendo que me esperan prisiones y tribulaciones. Pero de ninguna cosa hago caso, ni estimo preciosa mi vida para mí mismo, con tal que acabe mi carrera con gozo, y el ministerio que recibí del Señor Jesús, para dar testimonio del evangelio de la gracia de Dios (Hch. 20:22-24).*

Pablo comprendió la verdad de que "estar ausentes del cuerpo" era estar "presentes al Señor" (2 Co. 5:8), como hizo Abraham (He. 11:17-19), Job (Job

19:26), David (Sal. 16:10), los hijos de Coré (Sal. 49:15), Isaías (Is. 26:19), Daniel (Dn. 12:2) y Oseas (Os. 13:14).

La indicación más clara del poder de Dios para resucitar que se incluye en este pasaje, resulta de la mención de **Jesucristo, que dio testimonio de la buena profesión de fe delante de Poncio Pilato.** La historia de esa profesión se cuenta en Juan 18:33-37:

> *Entonces Pilato volvió a entrar en el pretorio, y llamó a Jesús y le dijo: ¿Eres tú el Rey de los judíos? Jesús le respondió: ¿Dices tú esto por ti mismo, o te lo han dicho otros de mí? Pilato le respondió: ¿Soy yo acaso judío? Tu nación, y los principales sacerdotes, te han entregado a mí. ¿Qué has hecho? Respondió Jesús: Mi reino no es de este mundo; si mi reino fuera de este mundo, mis servidores pelearían para que yo no fuera entregado a los judíos; pero mi reino no es de aquí. Le dijo entonces Pilato: ¿Luego, eres tú rey? Respondió Jesús: Tú dices que yo soy rey. Yo para esto he nacido, y para esto he venido al mundo, para dar testimonio a la verdad. Todo aquel que es de la verdad, oye mi voz.*

Sabiendo que eso le costaría la vida, Jesús confesó que era el Rey y Mesías. Él nunca se expresó de forma equívoca ante el peligro, ya que se había entregado al Dios que levanta de los muertos (cp. Col. 2:12). Por eso no es sorprendente que Apocalipsis lo llame "el testigo fiel" (Ap. 1:5; cp. 3:14).

Comprender el poder de Dios para levantar a los muertos, permite al hombre de Dios dar con toda confianza su vida en servicio abnegado. Según las palabras de nuestro Señor Jesucristo, "Porque todo el que quiera salvar su vida, la perderá; y todo el que pierda su vida por causa de mí, éste la salvará" (Lc. 9:24). Ver su ministerio a la luz de esto quita los obstáculos del hombre ante Dios, para proseguir en él intrépidamente hasta lo sumo.

LA INVENCIBILIDAD DE DIOS

que guardes el mandamiento sin mácula ni reprensión, hasta la aparición de nuestro Señor Jesucristo, la cual a su tiempo mostrará (6:14-15*a*)

El hombre de Dios comprende que el plan de Dios en la historia culmina en la **aparición de nuestro Señor Jesucristo.** Como se ha observado, esta es una referencia general al suceso visible y glorioso cuando venga Cristo a la tierra a juzgar y a establecer su reino. En Hechos 1:11, los ángeles les dijeron a los discípulos que "Este mismo Jesús, que ha sido tomado de vosotros al cielo, así vendrá como le habéis visto ir al cielo". Nuestro Señor describió su venida en términos muy vívidos:

> *Porque como el relámpago que sale del oriente y se muestra hasta el occidente,*

> *así será también la venida del Hijo del Hombre... E inmediatamente después de la tribulación de aquellos días, el sol se oscurecerá, y la luna no dará su resplandor, y las estrellas caerán del cielo, y las potencias de los cielos serán conmovidas. Entonces aparecerá la señal del Hijo del Hombre en el cielo; y entonces lamentarán todas las tribus de la tierra, y verán al Hijo del Hombre viniendo sobre las nubes del cielo, con poder y gran gloria... Cuando el Hijo del Hombre venga en su gloria, y todos los santos ángeles con él, entonces se sentará en su trono de gloria (Mt. 24:27, 29-30; 25:31).*

Ese acontecimiento es la culminación de la historia humana y la reivindicación de Cristo y los suyos. Antes de ese juicio y el establecimiento del reino en la tierra, el Señor llevará a sus santos al cielo (cp. Jn. 14:1-4; 1 Ts. 4:13-18).

El hombre de Dios debe mantener una perspectiva apropiada de esta venidera realidad. Esta vida "es neblina que se aparece por un poco de tiempo, y luego se desvanece" (Stg. 4:14). Es el reino eterno en el que entrará y por el cual trabaja. Lo que mantuvo a Pablo sufriendo momentos difíciles en su ministerio fue la certeza que expresó así: "me está guardada la corona de justicia, la cual me dará el Señor, juez justo, en aquel día" (2 Ti. 4:8). Esa corona de justicia eterna no solo está disponible para Pablo, "sino también a todos los que aman su venida" (2 Ti. 4:8).

Como se ha observado, la venida de Cristo lo reivindica al trastrocar el absurdo juicio que le hiciera este mundo. Su venida también proporciona reivindicación para los creyentes. "Cuando Cristo, vuestra vida, se manifieste", escribió Pablo, "entonces vosotros también seréis manifestados con él en gloria" (Col. 3:4). Romanos 8:19 dice: "Porque el anhelo ardiente de la creación es el aguardar la manifestación de los hijos de Dios", mientras que en 1 Juan 3:2 añade: "Amados, ahora somos hijos de Dios, y aún no se ha manifestado lo que hemos de ser; pero sabemos que cuando él se manifieste, seremos semejantes a él, porque le veremos tal como él es". El mundo puede ser que desconozca ahora quiénes son los creyentes, pero un día su verdadero carácter y posición como hijos de Dios se manifestará. Entonces no debemos asombrarnos de que Pablo pudiera decir: "tengo por cierto que las aflicciones del tiempo presente no son comparables con la gloria venidera que en nosotros ha de manifestarse" (Ro. 8:18).

Dios ha provisto un futuro glorioso e increíble para los creyentes. El hombre de Dios mantiene el centro de su atención en esa verdad, mientras soporta las pruebas de vivir y ministrar en este mundo actual. Él está seguro de que el Señor logrará una gloriosa victoria en el día de la venida de Cristo. Con entusiasmo espera la revelación de su Señor, **la cual a su tiempo mostrará.** Se refiere a Dios el Padre, ya que la doxología que sigue se refiere a Él. A pesar de muchos intentos inútiles de establecer una fecha para la Segunda Venida, solo el Padre sabe cuándo será (Mr. 13:32; Hch. 1:7). Podemos confiar en que Él a su tiempo **la** mostrará.

La inminencia de la venida de Cristo sirve también para motivar a los creyentes al servicio. La iglesia debe comprender que:

> *el tiempo es corto; resta, pues, que los que tienen esposa sean como si no la tuviesen; y los que lloran, como si no llorasen; y los que se alegran, como si no se alegrasen; y los que compran, como si no poseyesen; y los que disfrutan de este mundo, como si no lo disfrutasen; porque la apariencia de este mundo se pasa (1 Co. 7:29-31).*

Por eso los creyentes deben concentrarse en realidades eternas. A los corintios Pablo les escribió: "Conociendo, pues, el temor del Señor, persuadimos a los hombres" (2 Co. 5:11). La realidad de que el maligno estaría un día ante el Señor para ser juzgado, incentivó los esfuerzos evangelísticos del apóstol. La realidad de que un día sería él quien tendría que comparecer ante el Señor, daba un incentivo adicional a su fidelidad como mayordomo de los misterios de la revelación divina (1 Co. 4:1-5).

LA BIENAVENTURANZA DE DIOS

el bienaventurado (6:15*b*)

Al comenzar con esta frase, Pablo comienza una de las magníficas doxologías de la Biblia. Cada frase de ella expresa la trascendente e incomparable grandeza de Dios. La primera frase de la doxología refleja un tercer atributo de Dios, su bienaventuranza. *Makarios* (**bienaventurado**) significa "feliz", "contento" o "satisfecho". Cuando se emplea con respecto a Dios, describe la ausencia de infelicidad, frustración y ansiedad. Él está contento, satisfecho, en paz, dichoso y con perfecto gozo. Aunque algunas cosas le agradan y otras no, nada altera su contentamiento celestial. Él lo controla todo para sus propios fines de gozo.

Los que entran en una relación con Dios, entran en su calma. No pueden ser perturbados porque a Él no hay quien lo perturbe. El salmista escribió: "Bienaventurados todos los que en él confían" (Sal. 2:12; cp. 34:8; 40:4; 84:12; 112:1; 128:1) Las Escrituras describen a los bienaventurados como aquellos a quienes Dios escoge (Sal. 65:4), los que conocen a Cristo (Mt. 16:16-17), los que creen en el evangelio (Gá. 3:9), aquellos cuyos pecados son perdonados (Ro. 4:7), aquellos a quienes Dios les concede justicia sin tener en cuenta sus obras (Ro. 4:6-9), y los que obedecen la Palabra (Stg. 1:25).

A pesar de la oposición, sin que importe qué pruebas o persecuciones afronte, el hombre de Dios puede estar en paz. Esa paz no se basa en circunstancias externas, sino en el conocimiento de que Dios lo domina todo. Los creyentes son benditos porque están unidos al Dios que es **bienaventurado.**

LA SOBERANÍA DE DIOS

y solo Soberano, Rey de reyes, y Señor de señores; (6:15*c*)

Dios es el **solo Soberano** porque solamente Él es Dios (Dt. 4:35, 39; 6:4; 32:39; 1 S. 2:2; 2 S. 7:22; 22:32; 1 R. 8:23, 60; 2 R. 19:15, 19; 2 Cr. 6:14; Neh. 9:6; Sal. 18:31; 86:10; Is. 37:16, 20; 43:10; 44:6, 8; 45:5-6, 21-22; 46:9; Jl. 2:27; 1 Co. 8:4, 6). No hay nadie que pueda competir con Él para controlar el universo. "Lo que hago yo", dice el Señor, "¿quién lo estorbará?" (Is. 43:13)

Isaías comprendía que Dios es excepcionalmente soberano. Él escribió:

> *¿A qué, pues, me haréis semejante o me compararéis? dice el Santo. Levantad en alto vuestros ojos, y mirad quién creó estas cosas; él saca y cuenta su ejército; a todas llama por sus nombres; ninguna faltará; tal es la grandeza de su fuerza, y el poder de su dominio. ¿Por qué dices, oh Jacob, y hablas tú, Israel: Mi camino está escondido de Jehová, y de mi Dios pasó mi juicio? ¿No has sabido, no has oído que el Dios eterno es Jehová, el cual creó los confines de la tierra? No desfallece, ni se fatiga con cansancio, y su entendimiento no hay quien lo alcance. Él da esfuerzo al cansado, y multiplica las fuerzas al que no tiene ningunas. Los muchachos se fatigan y se cansan, los jóvenes flaquean y caen; pero los que esperan a Jehová tendrán nuevas fuerzas; levantarán alas como las águilas; correrán, y no se cansarán; caminarán, y no se fatigarán (Is. 40:25-31).*

Dunastēs (**Soberano**) viene de un grupo de palabras cuyo significado principal es "poder". El adjetivo **solo** muestra que el poder de Dios para gobernar le es inmanente, no delegado de una fuente exterior. Dios es absolutamente soberano y reina omnipotente sobre todo y en todo lugar. No tiene rivales, ciertamente ni Satanás, a quien Él creó, echó del cielo y sentenció al fuego eterno.

La soberanía de Dios se intensifica más por el título **Rey de reyes, y Señor de señores.** Tales títulos se le dieron a Dios en el Antiguo Testamento (cp. Dt. 10:17; Sal. 136:2-3; Dn. 2:47). Aunque este título describe al Señor Jesucristo en Apocalipsis 17:14 y 19:16, aquí se emplea respecto al Padre. La frase "a quien ninguno de los hombres ha visto ni puede ver" no aplica en el caso de Cristo, que "fue manifestado en carne" (3:16).

Es probable que Pablo quisiera usar este título como una refutación consciente al culto al emperador. La deificación del emperador data del tiempo de Augusto. Gradualmente asumió una posición principal en el imperio, y llegó a ser "la causa suprema de la persecución de Roma contra los cristianos" (Bruce L. Shelley,

Church History in Plain Language [La historia de la iglesia en un lenguaje sencillo] [Waco, Tex.: Word, 1982], 58). Los romanos veían la adoración al emperador como el factor unificador que sería propicio al heterogéneo imperio. El negarse a adorar al César se consideraba como un acto de traición. Para contrarrestar esto, Pablo insiste en que solo Dios es el **Soberano,** y solo Él debe recibir adoración.

La soberanía de Dios es la doctrina más alentadora y reconfortante en toda la Biblia. El comprenderla hace desaparecer la ansiedad de la vida. También le da al hombre de Dios valor y responsabilidad y disposición espirituales para afrontar cualquier peligro. A Dios nunca se le sorprende, ni tampoco su voluntad es frustrada. Él dice en Isaías 46:11: "Yo hablé, y lo haré venir; lo he pensado, y también lo haré". Como Él lo tiene todo bajo total control, no hay necesidad de preocuparse, de transigir, de usar respuestas equívocas o de forzar las cosas para lograr una meta.

El hombre de Dios sabe que el éxito de su ministerio no depende de su ingeniosidad, sabiduría o talento. Él está libre de la intolerable carga de imaginar que el destino eterno de las personas descansa en lo persuasiva que sea su predicación o en la ingeniosidad de su invitación. Él comprende que nadie viene a la fe en Cristo sin la elección soberana y por gracia de Dios. Y él también está obrando bajo la constante vigilancia y dentro del plan de Dios, quien tiene perfecto control de todo. Esto lo libera para poderse centrar en la fiel exposición de la Palabra y en el cumplimiento de su llamamiento con alegría.

LA ETERNIDAD DE DIOS

el único que tiene inmortalidad (6:16*a*)

Una vez más el apóstol se opone al culto al emperador. Aunque los romanos pensaban que los emperadores eran inmortales, Pablo subraya que Dios es **el único que tiene inmortalidad.** Esa frase describe la eternidad de Dios. Solo Él **tiene inmortalidad** en el sentido de que es inmanentemente inmortal. Los ángeles y los hombres, quienes fueron creados, existirán para siempre. Sin embargo, su inmortalidad proviene de Dios. Inmortalidad no traduce *aphtharsia,* que significa "incorruptible", sino *athanasia,* que significa "sin muerte". Dios tiene una característica imperecedera de vida, y no puede morir. El salmista escribió: "Porque contigo está el manantial de la vida" (Sal. 36:9). Jesús dijo que "el Padre tiene vida en sí mismo" (Jn. 5:26). Isaías lo llamó "el Dios eterno" (Is. 40:28), mientras que Moisés escribió en el Salmo 90:2: "Antes que naciesen los montes y formases la tierra y el mundo, desde el siglo y hasta el siglo, tú eres Dios" (cp. Hab. 1:12). Miqueas 5:2 describe al Señor Jesucristo como eterno, ofreciendo más pruebas de su deidad.

El hombre de Dios recibe consuelo del conocimiento de que Dios está por encima de la historia y más allá del tiempo. Pase lo que pase durante su breve paso por esta tierra, el Inmortal y Eterno está disponible para apoyarlo. Tiene la misma perspectiva de Pablo, quien dijo a los romanos, "Pues tengo por cierto que las aflicciones del tiempo presente no son comparables con la gloria venidera que en nosotros ha de manifestarse" (Ro. 8:18; cp. 2 Co. 4:17).

LA SANTIDAD DE DIOS

que habita en luz inaccesible; a quien ninguno de los hombres ha visto ni puede ver. (6:16*b*)

En esta época de extraordinario conocimiento de Dios, es provechoso recordar su total santidad. Aunque Dios es nuestro Padre amoroso y misericordioso, no obstante Él **habita en luz inaccesible.** Él es trascendente, completamente más allá de nosotros. Él es, según Martín Lutero, *Deus absconditus,* el Dios oculto. Si no se hubiera revelado a sí mismo y salido de su santa morada, el hombre no habría tenido conocimiento de Él.

El salmista escribió de Él: "Jehová Dios mío, mucho te has engrandecido; te has vestido de gloria y de magnificencia. El que se cubre de luz como de vestidura" (Sal. 104:1-2). Cuando Moisés le pidió a Dios que revelara su gloria, el Señor respondió:

> *Yo haré pasar todo mi bien delante de tu rostro, y proclamaré el nombre de Jehová delante de ti; y tendré misericordia del que tendré misericordia, y seré clemente para con el que seré clemente. Dijo más: No podrás ver mi rostro; porque no me verá hombre, y vivirá (Éx. 33:19-20).*

El escritor de Hebreos dijo sencillamente: "nuestro Dios es fuego consumidor" (He. 12:29).

Las imágenes de Dios como luz resplandeciente expresan acertadamente su santidad. Él está separado por completo del pecado. El Salmo 5:4 dice: "Porque tú no eres un Dios que se complace en la maldad; el malo no habitará junto a ti". Él es "magnífico en santidad" (Éx. 15:11). "No hay santo como Jehová" (1 S. 2:2).

Debido a esa santidad, Dios es inaccesible al hombre. Él vive en un ambiente de absoluta pureza, en una santidad tal que los mortales no pueden entrar. Pasajes como Mateo 5:8, "Bienaventurados los de limpio corazón, porque ellos verán a Dios", y 1 Corintios 13:12: "Ahora vemos por espejo, oscuramente; mas entonces veremos cara a cara", se refieren solo a una parte de la visión de Dios que la humanidad glorificada puede percibir.

¿Cómo vemos la absoluta santidad de Dios en esta doxología? Pablo subraya la imposibilidad de Dios de cometer errores. Él siempre hace lo que es correcto y justo. Esto proporciona un gran consuelo al hombre de Dios al proseguir en su ministerio. Dios no solo tiene total control, sino que nunca emite un juicio erróneo. Además de eso, los que se le oponen y persiguen un día serán juzgados por el santo Dios. Tal conocimiento prepara al hombre de Dios para servir fielmente a su Señor.

Es apropiado que la doxología finalice con un estribillo de alabanza, **al cual sea la honra y el imperio sempiterno. Amén.** Pablo exclama: "que Dios siempre sea respetado, y que su reino nunca termine". Este estribillo ocupa su lugar junto a los otros grandes himnos de alabanza a Dios en las Escrituras (cp. 1 P. 4:11; 5:11; Jud. 24-25).

Nada motiva más a un hombre de Dios que la verdadera comprensión de la grandeza de su Dios. Los que conocen a su Dios pueden decir con el escritor de Hebreos: "El Señor es mi ayudador; no temeré lo que me pueda hacer el hombre" (He. 13:6).

El uso de las riquezas

25

A los ricos de este siglo manda que no sean altivos, ni pongan la esperanza en las riquezas, las cuales son inciertas, sino en el Dios vivo, que nos da todas las cosas en abundancia para que las disfrutemos. Que hagan bien, que sean ricos en buenas obras, dadivosos, generosos; atesorando para sí buen fundamento para lo por venir, que echen mano de la vida eterna. (6:17-19)

Cuando el apóstol termina su primera epístola a su amado hijo en la fe, dos asuntos permanecen en su mente que se relacionan con el uso de las riquezas. La forma en la que los creyentes usen estos dos, es una medida de la madurez espiritual de ellos y de su devoción a Cristo. Todos los creyentes son mayordomos, a quienes se les ha dado la responsabilidad de proteger y administrar lo que el Señor les ha confiado. En este pasaje Pablo menciona la primera de esas esferas esenciales en la que los creyentes deben ser mayordomos: los bienes materiales.

La maravillosa doxología de los versículos 15 y 16 fue en realidad un paréntesis de adoración, del cual Pablo regresa ahora a su tema de los deberes. Al hacerlo así, trae de regreso a Timoteo a la tierra desde las gloriosas alturas de la naturaleza exaltada de Dios. La vida cristiana consiste tanto en adoración como en responsabilidades. La más elevada forma de adoración es hacer la voluntad de Dios (Ro. 12:1-2), aunque el servicio que no brota de un corazón que adora, no es más que legalismo. El Señor Jesucristo unió la adoración y el deber en Mateo 4:10: "Al Señor tu Dios adorarás, y a él sólo servirás". Lo que Él unió, el hombre no debe atreverse a separarlo.

Pablo ya había analizado el asunto de las riquezas terrenales en su relación con los falsos maestros (6:5, 9-10). Señaló las devastadoras consecuencias de amar y anhelar el dinero. En los versículos 17-19 cubre el mismo tema desde una perspectiva diferente. En los versículos 5, 9-10, el apóstol se refirió a quienes deseaban ser ricos. En los versículos 17-19, aconseja a los que ya son ricos. Es obvio que en la próspera ciudad de Éfeso había algunos miembros de la iglesia que eran ricos, así que este pasaje proporciona un importante balance a la anterior enseñanza de Pablo en el capítulo. Si el apóstol no hubiera añadido esta otra enseñanza, los que eran ricos en la congregación habrían quedado fuera de la denuncia por amar y anhelar las riquezas.

Pablo no condena a los que Dios les ha dado riquezas materiales, sino que los llama a llevar a cabo una adecuada mayordomía de los recursos que Dios les ha dado (cp. Dt. 8:18; 1 S. 2:7; 1 Cr. 29:12). No es pecado ser rico. Hombres santos del Antiguo Testamento como Abraham, Job, y Salomón fueron ricos, al igual que lo fueron en el Nuevo Testamento personajes como Lidia, Dorcas y Filemón. Sin embargo, sí es pecado amar las riquezas y no ser un buen mayordomo de las posesiones que uno tiene.

Aunque tener dinero no es pecado, tampoco indica necesariamente la bendición de Dios sobre una vida. Muchas personas piadosas son pobres; incluso algunos fieles pastores apenas pueden comprar una Biblia nueva cuando la de ellos se ha deteriorado. Por otra parte, muchos hombres malvados son muy ricos (cp. Sal. 73:3-12).

Como delegado de Pablo y representante del Señor en la próspera Éfeso, Timoteo debía mandar **a los ricos de este siglo.** Los ricos no solo son aquellos que tienen las casas más costosas y las más extensas tierras. Ser rico es tener más que lo simplemente esencial para sustento, ropa y abrigo. En la terminología actual, significa tener dólares discrecionales. Hoy la mayoría de los cristianos occidentales caen dentro de esta categoría. La expresión **este siglo** (literalmente, "la era actual") se identifica para indicar que se trata de riquezas terrenales, no riquezas espirituales.

Pablo no ordena a los ricos que se despojen de sus posesiones y hagan un voto de pobreza, sino que tengan una perspectiva apropiada en el uso de su riqueza. Esto incluye el comprender que hay un peligro a evitar, un deber a cumplir, y un suceso a considerar.

EL PELIGRO A EVITAR

A los ricos de este siglo manda que no sean altivos, ni pongan la esperanza en las riquezas, las cuales son inciertas, sino en el Dios vivo, que nos da todas las cosas en abundancia para que las disfrutemos. (6:17)

El peligro que corren **los ricos** es que se vuelvan **altivos.** Altivo viene de *hupsēlophroneō,* un verbo compuesto que significa "pensar alto", "ser altanero" o "tener una elevada opinión de uno mismo". Despreciar a los que están abajo en la escala económica, es un penoso trato de la naturaleza humana caída. Las personas ricas afrontan constantemente la tentación de darse aires de superioridad. Las riquezas y el orgullo muchas veces se hallan juntos, y cuanto más grande sea la riqueza, tanto mayor será la tentación. Es muy difícil ser rico y tener un espíritu humilde. La tentación es ver a los demás como simples siervos, ya que las personas ricas tienden a contratar a otros para que les hagan todas las cosas. Proverbios 18:23 describe lo que sucede a menudo: "El pobre habla con ruegos, mas el rico responde durezas". Esto sucede porque "el hombre rico es sabio en su propia opinión" (Pr. 28:11).

Lo opuesto a ser altivo es ser humilde. La arrogante cultura griega despreciaba esa virtud, con su glorificación del orgullo. Pablo quiere que los ricos en la iglesia de Éfeso eviten ese delito cultural y sean humildes.

Ezequiel 28:1-5 ilustra el caso de uno que cayó presa del orgullo debido a sus riquezas:

> *Vino a mí palabra de Jehová, diciendo: Hijo de hombre, di al príncipe de Tiro: Así ha dicho Jehová el Señor: Por cuanto se enalteció tu corazón, y dijiste: Yo soy un dios, en el trono de Dios estoy sentado en medio de los mares (siendo tú hombre y no Dios), y has puesto tu corazón como corazón de Dios; he aquí que tú eres más sabio que Daniel; no hay secreto que te sea oculto. Con tu sabiduría y con tu prudencia has acumulado riquezas, y has adquirido oro y plata en tus tesoros. Con la grandeza de tu sabiduría en tus contrataciones has multiplicado tus riquezas; y a causa de tus riquezas se ha enaltecido tu corazón.*

Santiago advierte contra tal actitud en la iglesia:

> *Hermanos míos, que vuestra fe en nuestro glorioso Señor Jesucristo sea sin acepción de personas. Porque si en vuestra congregación entra un hombre con anillo de oro y con ropa espléndida, y también entra un pobre con vestido andrajoso, y miráis con agrado al que trae la ropa espléndida y le decís: Siéntate tú aquí en buen lugar; y decís al pobre: Estate tú allí en pie, o siéntate aquí bajo mi estrado; ¿no hacéis distinciones entre vosotros mismos, y venís a ser jueces con malos pensamientos? (2:1-4).*

Un segundo peligro que corren los ricos es la tentación de poner **la esperanza en las riquezas.** Basar **la esperanza en las riquezas,** en vez de en Dios, es tonto. Proverbios 11:28 advierte que "el que confía en sus riquezas caerá". Proverbios 23:4-5 añade: "No te afanes por hacerte rico; sé prudente, y desiste. ¿Has de poner tus ojos en las riquezas, siendo ningunas? Porque se harán alas como alas de águila, y volarán al cielo". Una vez más, esto es tentación en especial para los ricos. Los que tienen mucho, tienden a confiar en lo que tienen, mientras que los que tienen poco, no pueden confiar en lo que tienen, y son más propensos a volverse a Dios con la esperanza de que Él supla.

En la parábola del rico insensato, el Señor Jesucristo advirtió de lo necio que es confiar en las riquezas (Lc. 12:16-21):

También les refirió una parábola, diciendo: La heredad de un hombre rico había producido mucho. Y él pensaba dentro de sí, diciendo: ¿Qué haré, porque no tengo dónde guardar mis frutos? Y dijo: Esto haré: derribaré mis graneros, y los edificaré mayores, y allí guardaré todos mis frutos y mis bienes; y diré a mi alma: Alma, muchos bienes tienes guardados para muchos años; repósate, come, bebe, regocíjate. Pero Dios le dijo: Necio, esta noche vienen a pedirte tu alma; y lo que has provisto, ¿de quién será? Así es el que hace para sí tesoro, y no es rico para con Dios.

En vez de confiar en las riquezas, los creyentes deben fijar su esperanza **en Dios,** que suple abundantemente todas las cosas para que las disfrutemos. Dios provee con mucha más seguridad que cualquier inversión terrenal. El Salmo 50:10-12 describe su incalculable riqueza: "Porque mía es toda bestia del bosque, y los millares de animales en los collados. Conozco a todas las aves de los montes, y todo lo que se mueve en los campos me pertenece. Si yo tuviese hambre, no te lo diría a ti; porque mío es el mundo y su plenitud". Dios no es mezquino; Él **nos da todas las cosas en abundancia para que las disfrutemos.** En Eclesiastés 5:18-20 leemos:

He aquí, pues, el bien que yo he visto: que lo bueno es comer y beber, y gozar uno del bien de todo su trabajo con que se fatiga debajo del sol, todos los días de su vida que Dios le ha dado; porque esta es su parte. Asimismo, a todo hombre a quien Dios da riquezas y bienes, y le da también facultad para que coma de ellas, y tome su parte, y goce de su trabajo, esto es don de Dios. Porque no se acordará mucho de los días de su vida; pues Dios le llenará de alegría el corazón.

La forma más elevada de gozo para el creyente es llevar gloria al Señor. Así pues, la verdadera felicidad viene cuando los creyentes prestan atención a las palabras de Jesús en Mateo 6:19-21:

No os hagáis tesoros en la tierra, donde la polilla y el orín corrompen, y donde ladrones minan y hurtan; sino haceos tesoros en el cielo, donde ni la polilla ni el orín corrompen, y donde ladrones no minan ni hurtan. Porque donde esté vuestro tesoro, allí estará también vuestro corazón.

EL DEBER A CUMPLIR

Que hagan bien, que sean ricos en buenas obras, dadivosos, generosos; (6:18)

El deber de todos los creyentes ricos es usar sus recursos para suplir las necesidades de los demás. El apóstol presenta cuatro frases que definen esa tarea.

En primer lugar, Timoteo debe enseñarles a que **hagan el bien.** *Agathoergeō* (hacer bien) aparece solo aquí en el Nuevo Testamento. Significa "hacer lo que es inmanente, intrínseca y cualitativamente bueno". El verbo se refiere a hacer lo que es noble y excelente, no solamente lo que es superficialmente bueno. Describe el aspecto más general del deber; los ricos deben usar su vida y su dinero para hacer cosas genuinamente nobles y buenas.

El segundo aspecto estrecha un poco más el deber de los ricos. Que **sean ricos en buenas obras.** El propósito de Dios no es que las riquezas materiales se acaparen o se repartan a cuenta gotas. La palabra clave es **ricos,** que significa "abundantes". La riqueza material debe usarse para hacer **buenas obras** a favor de otros. Los recursos de los creyentes deben usarse para sustentar a la propia familia de cada uno de ellos (5:8), sobre todo a las viudas necesitadas (5:4). Los líderes de la iglesia (5:17), y cualquier creyente necesitado (Hch. 4:34-35), deben ser también provistos. Y todo este compartir no debe ser algo ínfimo, sino para que cubra totalmente la necesidad y aun más.

Una tercera frase agudiza el enfoque del apóstol aun más. Al suplir las necesidades de los demás, los que tienen dinero deben ser **generosos.** *Eumetadotos* (**generosos**) significa "liberal" o "bondadoso". El deber de los ricos incluye suplir las necesidades de los demás más allá del mínimo, y esto requiere un corazón generoso y desinteresado. Los creyentes deben actuar con los demás con el mismo amor generoso que movió a Dios a actuar con tanta riqueza hacia ellos. Como los macedonios a quienes elogió Pablo en 2 Corintios 8:1-4, ellos deben dar con sacrificio desde un corazón abierto y sin restricciones

Tal actitud de dar con generosidad se ilustra en el pueblo de Israel. Primero Crónicas 29:1-17 narra la historia de su generosa ofrenda para preparar la construcción del templo de Salomón:

> *Después dijo el rey David a toda la asamblea: Solamente a Salomón mi hijo ha elegido Dios; él es joven y tierno de edad, y la obra grande; porque la casa no es para hombre, sino para Jehová Dios. Yo con todas mis fuerzas he preparado para la casa de mi Dios, oro para las cosas de oro, plata para las cosas de plata, bronce para las de bronce, hierro para las de hierro, y madera para las de madera; y piedras de ónice, piedras preciosas, piedras negras, piedras de diversos colores, y toda clase de piedras preciosas, y piedras de mármol en abundancia. Además de esto, por cuanto tengo mi afecto en la casa de mi Dios, yo guardo en mi tesoro particular oro y plata que, además de todas las cosas que he preparado para la casa del santuario, he dado para la casa de mi Dios: tres mil talentos de oro, de oro de Ofir, y siete mil talentos de plata refinada*

para cubrir las paredes de las casas; oro, pues, para las cosas de oro, y plata para las cosas de plata, y para toda la obra de las manos de los artífices. ¿Y quién quiere hacer hoy ofrenda voluntaria a Jehová? Entonces los jefes de familia, y los príncipes de las tribus de Israel, jefes de millares y de centenas, con los administradores de la hacienda del rey, ofrecieron voluntariamente. Y dieron para el servicio de la casa de Dios cinco mil talentos y diez mil dracmas de oro, diez mil talentos de plata, dieciocho mil talentos de bronce, y cinco mil talentos de hierro. Y todo el que tenía piedras preciosas las dio para el tesoro de la casa de Jehová, en mano de Jehiel gersonita. Y se alegró el pueblo por haber contribuido voluntariamente; porque de todo corazón ofrecieron a Jehová voluntariamente. Asimismo se alegró mucho el rey David, y bendijo a Jehová delante de toda la congregación; y dijo David: Bendito seas tú, oh Jehová, Dios de Israel nuestro padre, desde el siglo y hasta el siglo. Tuya es, oh Jehová, la magnificencia y el poder, la gloria, la victoria y el honor; porque todas las cosas que están en los cielos y en la tierra son tuyas. Tuyo, oh Jehová, es el reino, y tú eres excelso sobre todos. Las riquezas y la gloria proceden de ti, y tú dominas sobre todo; en tu mano está la fuerza y el poder, y en tu mano el hacer grande y el dar poder a todos. Ahora pues, Dios nuestro, nosotros alabamos y loamos tu glorioso nombre. Porque ¿quién soy yo, y quién es mi pueblo, para que pudiésemos ofrecer voluntariamente cosas semejantes? Pues todo es tuyo, y de lo recibido de tu mano te damos. Porque nosotros, extranjeros y advenedizos somos delante de ti, como todos nuestros padres; y nuestros días sobre la tierra, cual sombra que no dura. Oh Jehová Dios nuestro, toda esta abundancia que hemos preparado para edificar casa a tu santo nombre, de tu mano es, y todo es tuyo. Yo sé, Dios mío, que tú escudriñas los corazones, y que la rectitud te agrada; por eso yo con rectitud de mi corazón voluntariamente te he ofrecido todo esto, y ahora he visto con alegría que tu pueblo, reunido aquí ahora, ha dado para ti espontáneamente.

En el original aparece al final del versículo la palabra *koinōnikos* que se deriva de la palabra habitual que se emplea en el Nuevo Testamento para compañerismo, *koinōnia,* y significa "benefactor". No se debe dar a otros de forma fría y distanciada. Más bien, debe haber cuidado y preocupación mutuos que emane de la vida común que comparten los creyentes.

EL SUCESO A CONSIDERAR

atesorando para sí buen fundamento para lo por venir, que echen mano de la vida eterna. (6:19)

Pablo exhorta a los ricos a que consideren el resultado final del uso apropiado de las riquezas. Al compartir sus riquezas terrenales con otros, están **atesorando**

para sí buen fundamento para lo por venir. *Apothēsaurizō* (**atesorando**) pudiera traducirse "acumular un tesoro", mientras que *themelios* (**fundamento**) puede referirse a fondos. Los ricos no deben preocuparse por lograr que se les devuelva algo por su inversión en esta vida. Los que ponen el tesoro en el cielo, estarán felices al esperar para recibir sus beneficios en el **por venir,** cuando lleguen al cielo.

Los que invierten en la eternidad muestran que han echado **mano de la vida eterna.** Los creyentes deben vivir a la luz de la eternidad. Por eso el Señor Jesucristo dijo en Lucas 16:9: "Ganad amigos por medio de las riquezas injustas, para que cuando éstas falten, os reciban en las moradas eternas". Los cristianos deben invertir su dinero en el alma de hombres y mujeres, que estarán allá para saludarlos y darles las gracias cuando ellos lleguen al cielo.

El empleo de la verdad 26

Oh Timoteo, guarda lo que se te ha encomendado, evitando las profanas pláticas sobre cosas vanas, y los argumentos de la falsamente llamada ciencia, la cual profesando algunos, se desviaron de la fe. La gracia sea contigo. Amén. (6:20-21)

En 1 Timoteo 3:15, Pablo describe a la iglesia como "columna y baluarte de la verdad". A lo largo de la historia la verdadera iglesia se ha aferrado a la verdad en medio de impetuosas tormentas de persecución desde afuera, y los ataques insidiosos de las falsas enseñanzas desde adentro. Muchos miles de mártires han pagado el precio supremo, en vez de abandonar la preciosa verdad de la Palabra de Dios, o hacer concesiones con relación a ella. La iglesia actual ha recibido este legado de verdad de los que ya han pasado. Es nuestra responsabilidad guardar la verdad, proclamarla y pasarla no adulterada a los que vendrán después de nosotros. Este es un reto extraordinario en nuestro tiempo. El cínico desprecio de Pilato, qué preguntó: "¿Qué es la verdad?" (Jn. 18:38) impregna nuestra cultura. El doctor Mark M. Hanna observa que:

> estamos afrontando las suposiciones siguientes, perniciosas, pero ampliamente sostenidas hoy:
>
> (1) Es improbable que exista eso a lo que le llaman verdad; pero si existiera, no se puede conocer.
>
> (2) Si existiera eso a lo que llaman verdad, es muy poco probable que exista alguna *verdad religiosa.* (*Crucial Questions in Apologetics* [Asuntos decisivos en apologética] [Grand Rapids: Baker, 1981], 21; cursivas en el original)

Lamentablemente, este es un reto para el cual la iglesia actual no está a menudo preparada para aceptar. Llamada para ser sal y luz en el mundo, la iglesia en cambio con facilidad hace concesiones en esto. Muchos que se dicen creyentes evangélicos abrazan afectuosamente la psicología secular, que tiene como fundamento los puntos de vista paganos de los hombres, y la concepción atea de los orígenes (evolución). Entonces prosiguen a reinterpretar las Escrituras para que se ajusten a estos puntos de vista que están en contra de la Biblia. El pragmatismo está de moda; el compromiso con la verdad bíblica se denigra como pobre estrategia de mercado. (Para un análisis adicional de esos puntos, vea mi libro *Avergonzados del evangelio,* publicado por Editorial Portavoz.)

La más importante vara de medir que se puede usar con la iglesia no es cuán grande es, cuán bueno es su compañerismo, o cuán atrayente es su pastor. No es cuán buena es la música, cuán bien se conservan sus terrenos, o cuánto se respeta en la comunidad. La forma más importante de medir cualquier iglesia es cómo usa la Palabra de Dios. El asunto clave es si enseña y vive la verdad divina, porque la responsabilidad de la iglesia ante Dios es guardar y proclamar las verdades bíblicas. Por consiguiente, el delito más grave contra Dios es dar un mal uso a su revelación, representando de esta manera una imagen falsa e idolátrica de Él ante el mundo.

A las Escrituras se les *debe* tratar con reverencia y cuidado porque son la revelación misma de Dios. El salmista escribe: "Porque has engrandecido tu nombre, y tu palabra sobre todas las cosas" (Sal. 138:2). El Salmo 119:161 añade: "Mi corazón tuvo temor de tus palabras", mientras que en Isaías 66:2 Dios declara: "Miraré a aquel que es pobre y humilde de espíritu, y que tiembla a mi palabra". Dejar de tomar en serio la Palabra de Dios, sea por una interpretación descuidada o por vivirla de forma descuidada, es dejar de tomar en serio a Dios. Y si la iglesia no toma en serio a Dios, ¿por qué ha de hacerlo el mundo?

Las Escrituras están llenas de advertencias contra la tergiversación de las Escrituras, así como exhortaciones a guardarla. Deuteronomio 4:2 advierte: "No añadiréis a la palabra que yo os mando, ni disminuiréis de ella, para que guardéis los mandamientos de Jehová vuestro Dios que yo os ordeno". Es una advertencia repetida por el apóstol Juan en Apocalipsis 22:18-19:

> *Yo testifico a todo aquel que oye las palabras de la profecía de este libro: Si alguno añadiere a estas cosas, Dios traerá sobre él las plagas que están escritas en este libro. Y si alguno quitare de las palabras del libro de esta profecía, Dios quitará su parte del libro de la vida, y de la santa ciudad y de las cosas que están escritas en este libro.*

Pablo, defendiendo su ministerio ante los corintios, escribió: "Pues no somos como muchos, que medran falsificando la palabra de Dios, sino que con sinceridad, como de parte de Dios, y delante de Dios, hablamos en Cristo" (2 Co. 2:17). El apóstol se distanció de los vendedores ambulantes que torcían las

Escrituras para sus propios fines malvados. Judas exhortó a sus lectores a contender "por la fe que ha sido una vez dada a los santos" (Jud. 3), mientras que Pablo exhortaba a su amado hijo en la fe Timoteo: "Retén la forma de las sanas palabras que de mí oíste, en la fe y amor que es en Cristo Jesús. Guarda el buen depósito por el Espíritu Santo que mora en nosotros" (2 Ti. 1:13-14).

Al igual que la iglesia de hoy, los creyentes en el primer siglo en Éfeso también afrontaron la tentación de hacer concesiones con relación a la verdad de la Palabra de Dios. Éfeso era una ciudad fervientemente pagana, sitio del templo de la diosa Diana (Artemisa), una de las siete maravillas del mundo antiguo. Habiendo él mismo ministrado allí durante tres años (Hch. 20:31), Pablo conocía bien de las presiones y las tentaciones para transigir o abandonar la verdad que afrontaba la iglesia de Éfeso. No es de sorprender, entonces, que sus dos cartas a su pastor (Timoteo) estén llenas de exhortaciones a vivir, proclamar y guardar la verdad. En realidad, estas exhortaciones forman un apropiado resumen de las dos epístolas:

> *Como te rogué que te quedases en Éfeso, cuando fui a Macedonia, para que mandases a algunos que no enseñen diferente doctrina, ni presten atención a fábulas y genealogías interminables, que acarrean disputas más bien que edificación de Dios que es por fe, así te encargo ahora. Pues el propósito de este mandamiento es el amor nacido de corazón limpio, y de buena conciencia, y de fe no fingida, de las cuales cosas desviándose algunos, se apartaron a vana palabrería, queriendo ser doctores de la ley, sin entender ni lo que hablan ni lo que afirman (1 Ti. 1:3-7).*
>
> *Este mandamiento, hijo Timoteo, te encargo, para que conforme a las profecías que se hicieron antes en cuanto a ti, milites por ellas la buena milicia, manteniendo la fe y buena conciencia, desechando la cual naufragaron en cuanto a la fe algunos (1:18-19).*
>
> *...es necesario que el obispo sea apto para enseñar (3:2).*
>
> *Pero el Espíritu dice claramente que en los postreros tiempos algunos apostatarán de la fe, escuchando a espíritus engañadores y a doctrinas de demonios; por la hipocresía de mentirosos que, teniendo cauterizada la conciencia, prohibirán casarse, y mandarán abstenerse de alimentos que Dios creó para que con acción de gracias participasen de ellos los creyentes y los que han conocido la verdad. Porque todo lo que Dios creó es bueno, y nada es de desecharse, si se toma con acción de gracias; porque por la palabra de Dios y por la oración es santificado. Si esto enseñas a los hermanos, serás buen ministro de Jesucristo, nutrido con*

las palabras de la fe y de la buena doctrina que has seguido. Desecha las fábulas profanas y de viejas. Ejercítate para la piedad. (4:1-7).

Entre tanto que voy, ocúpate en la lectura, la exhortación y la enseñanza (4:13).

Ten cuidado de ti mismo y de la doctrina; persiste en ello, pues haciendo esto, te salvarás a ti mismo y a los que te oyeren (4:16).

Los ancianos que gobiernan bien, sean tenidos por dignos de doble honor, mayormente los que trabajan en predicar y enseñar (5:17).

Esto enseña y exhorta. Si alguno enseña otra cosa, y no se conforma a las sanas palabras de nuestro Señor Jesucristo, y a la doctrina que es conforme a la piedad, está envanecido, nada sabe, y delira acerca de cuestiones y contiendas de palabras, de las cuales nacen envidias, pleitos, blasfemias, malas sospechas, disputas necias de hombres corruptos de entendimiento y privados de la verdad, que toman la piedad como fuente de ganancia (6:2b-5).

Pelea la buena batalla de la fe, echa mano de la vida eterna, a la cual asimismo fuiste llamado, habiendo hecho la buena profesión delante de muchos testigos. Te mando delante de Dios, que da vida a todas las cosas, y de Jesucristo, que dio testimonio de la buena profesión delante de Poncio Pilato, que guardes el mandamiento sin mácula ni reprensión, hasta la aparición de nuestro Señor Jesucristo (6:12-14).

Retén la forma de las sanas palabras que de mí oíste, en la fe y amor que es en Cristo Jesús. Guarda el buen depósito por el Espíritu Santo que mora en nosotros (2 Ti. 1:13-14).

Lo que has oído de mí ante muchos testigos, esto encarga a hombres fieles que sean idóneos para enseñar también a otros (2:2).

Procura con diligencia presentarte a Dios aprobado, como obrero que no tiene de qué avergonzarse, que usa bien la palabra de verdad. Mas evita profanas y vanas palabrerías, porque conducirán más y más a la impiedad (2:15-16).

...los malos hombres y los engañadores irán de mal en peor, engañando y siendo engañados. Pero persiste tú en lo que has aprendido y te persuadiste, sabiendo de quién has aprendido; y que desde la niñez has sabido las Sagradas Escrituras, las cuales te pueden hacer sabio para la salvación por la fe que es en Cristo Jesús. Toda la Escritura es inspirada por Dios, y útil para enseñar,

> *para redargüir, para corregir, para instruir en justicia, a fin de que el hombre de Dios sea perfecto, enteramente preparado para toda buena obra (3:13-17).*
>
> *Te encarezco delante de Dios y del Señor Jesucristo, que juzgará a los vivos y a los muertos en su manifestación y en su reino, que prediques la palabra; que instes a tiempo y fuera de tiempo; redarguye, reprende, exhorta con toda paciencia y doctrina. Porque vendrá tiempo cuando no sufrirán la sana doctrina, sino que teniendo comezón de oír, se amontonarán maestros conforme a sus propias concupiscencias, y apartarán de la verdad el oído y se volverán a las fábulas. Pero tú sé sobrio en todo, soporta las aflicciones, haz obra de evangelista, cumple tu ministerio. Porque yo ya estoy para ser sacrificado, y el tiempo de mi partida está cercano. He peleado la buena batalla, he acabado la carrera, he guardado la fe (4:1-7).*

El noble y triunfante epitafio del apóstol (2 Ti. 4:7) expresa el corazón mismo del ministerio. A pesar de toda la oposición y persecución que soportó, Pablo guardó con éxito la verdad que le había sido confiada hasta el fin de su vida. Y por su enseñanza y ejemplo, él convida a todos los cristianos a hacer lo mismo.

Como en su encargo a los ricos (1 Ti. 6:17-19), Pablo da a Timoteo tres principios sobre el empleo de la verdad: un deber a cumplir, un peligro a evitar, un suceso a considerar.

EL DEBER A CUMPLIR

Oh Timoteo, guarda lo que se te ha encomendado, (6:20*a*)

Oh refleja el emocionado ruego de Pablo a su amado hijo en la fe. **Timoteo** significa "el que honra a Dios", y el apóstol lo llama a vivir de acuerdo con su nombre; **guarda** viene de *phulassō,* una palabra que se usaba para guardar los objetos de valor en un lugar seguro; **lo que se te ha encomendado** traduce una palabra del griego, *parathēkē,* que significa "depósito". El depósito que Timoteo debía guardar es la verdad. J. N. D. Kelly escribe:

> Lo que se sugiere es que el mensaje cristiano no es algo que el ministro de la iglesia desarrolla para sí o que está facultado a añadirle; es una revelación divina que se le ha encomendado cuidar, y que es su deber ineludible pasarla intacta a otros. (*The Pastoral Epistles* [Las epístolas pastorales] [Peabody, Mass.: Hendrickson, 1987], 150)

Pablo les dijo a los tesalonicenses: "Porque nuestra exhortación no procedió de error ni de impureza, ni fue por engaño, sino que según fuimos aprobados por Dios para que se nos confiase el evangelio, así hablamos; no como para agradar a los hombres, sino a Dios, que prueba nuestros corazones" (1 Ts. 2:3-4). A los corintios les escribió: "Así, pues, ténganos los hombres por servidores de Cristo, y administradores de los misterios de Dios" (1 Co. 4:1). Cada cristiano, sobre todo los que están en el ministerio, tienen que guardar esa sagrada verdad.

EL PELIGRO A EVITAR

evitando las profanas pláticas sobre cosas vanas, y los argumentos de la falsamente llamada ciencia, (6:20*b*)

Ektrepō (**evitando**) significa "alejarse de". Se deben evitar las falsas doctrinas como plaga mortal que es. La palabra **profanas** traduce *bebēlos*, una palabra que originalmente se refería a todo lo que estaba fuera del terreno sagrado de un templo griego. Describe lo que está fuera del reino de la verdad, y por lo tanto, impío y profano. Tales **cosas vanas** son discusiones inútiles e infructuosas que solo conducen a la impiedad (2 Ti. 2:16); **argumentos** traduce *antithesis*, un término técnico empleado en la retórica para una propuesta contraria en un debate. Timoteo debía evitar los **argumentos** pseudointelectuales de los que simplemente querían atacar las Escrituras. Tal forma de hablar "carcomerá como gangrena" (2 Ti. 2:17).

EL DESARROLLO A CONSIDERAR

la cual profesando algunos, se desviaron de la fe. (6:21)

Es obvio el peligro de la falsa enseñanza; **algunos** la han profesado y **se desviaron de la fe.** El suceso a considerar es la apostasía, el abandono de la verdad que, lamentablemente, es tan común. Pedro advierte de los falsos maestros que caen en el peligro del error y descarrían a muchos:

> *Pero hubo también falsos profetas entre el pueblo, como habrá entre vosotros falsos maestros, que introducirán encubiertamente herejías destructoras, y aun negarán al Señor que los rescató, atrayendo sobre sí mismos destrucción repentina. Y muchos seguirán sus disoluciones, por causa de los cuales el camino de la verdad será blasfemado (2 P. 2:1-2).*

Pablo suplica a Timoteo que no llegue a ser como los falsos maestros, sino que guarde el depósito de la verdad que se le ha confiado para que lo proteja. ¿Qué implica tal protección? ¿Cómo puede guardarse el tesoro de la verdad?

En primer lugar, creyendo la Palabra de Dios. En Juan 5:24, Jesús dijo: "De cierto, de cierto os digo: El que oye mi palabra, y cree al que me envió, tiene vida eterna; y no vendrá a condenación, mas ha pasado de muerte a vida". Juan escribió en su primera epístola: "Os he escrito a vosotros, padres, porque habéis conocido al que es desde el principio. Os he escrito a vosotros, jóvenes, porque sois fuertes, y la palabra de Dios permanece en vosotros, y habéis vencido al maligno" (1 Juan 2:14).

En segundo lugar, aceptando la Palabra. Job dijo: "Del mandamiento de sus labios nunca me separé; guardé las palabras de su boca más que mi comida" (Job 23:12).

En tercer lugar, amando la Palabra. En el Salmo 119:97, el salmista confiesa: "¡Oh, cuánto amo yo tu ley! Todo el día es ella mi meditación".

En cuarto lugar, obedeciendo la Palabra. En Juan 8:31, Jesús les dijo a quienes habían dicho que creían en Él: "Si vosotros permaneciereis en mi palabra, seréis verdaderamente mis discípulos".

En quinto lugar, proclamando la Palabra. Pablo encarga a Timoteo "que prediques la palabra; que instes a tiempo y fuera de tiempo; redarguye, reprende, exhorta con toda paciencia y doctrina" (2 Ti. 4:2).

En sexto lugar, defendiendo la Palabra. Judas 3 dice: "Amados, por la gran solicitud que tenía de escribiros acerca de nuestra común salvación, me ha sido necesario escribiros exhortándoos que contendáis ardientemente por la fe que ha sido una vez dada a los santos".

En séptimo lugar, estudiando la Palabra. Pablo ordenó a Timoteo: "Procura con diligencia presentarte a Dios aprobado, como obrero que no tiene de qué avergonzarse, que usa bien la palabra de verdad" (2 Ti. 2:15).

La despedida de Pablo, **La gracia sea contigo.** En algunos manuscritos antiguos dice con vosotros, indicando entonces que su despedida va más allá de Timoteo y abarca a toda la congregación en Éfeso. Todos los cristianos son responsables de preservar y pasar a la próxima generación la preciosa herencia de verdad que han recibido.

Bibliografía

Barclay, William. *The Letters to Timothy, Titus and Philemon.* [Las cartas a Timoteo, Tito y Filemón] Filadelfia: Westminster, 1977.

Carson, D. A., Douglas J. Moo, y Leon Morris. *An Introduction to the New Testament* [Introducción al Nuevo Testamento]. Grand Rapids: Zondervan, 1992.

Dana, H. E., y Julius R. Mantey. *A Manual Grammar of the Greek New Testament* [Manual de Gramática del Nuevo Testamento griego]. Toronto: Macmillan, 1957.

Fairbairn, Patrick. *Pastoral Epistles* [Epístolas pastorales]. Minneápolis: James & Klock, 1976.

Fee, Gordon D. *New International Biblical Commentary: 1 and 2 Timothy, Titus* [Nuevo comentario bíblico internacional: 1 y 2 Timoteo, Tito]. Peabody, Mass.: Hendrickson, 1988.

Gundry, Robert H. *A Survey of the New Testament* [Una reseña del Nuevo Testamento]. Grand Rapids: Zondervan, 1970.

Guthrie Donald. *New Testament Introduction* [Introducción al Nuevo Testamento]. Downers Grove, Ill.: InterVarsity, 1990.

_________. *The Pastoral Epistles* [Las epístolas pastorales]. Grand Rapids: Eerdmans, 1990.

Hendriksen, William. *New Testament Commentary: Exposition of the Pastoral Epistles* [Comentario del Nuevo Testamento: Exposición de las epístolas pastorales]. Grand Rapids: Baker, 1981.

Hiebert, D. Edmond. *The Pauline Epistles* [Las epístolas paulinas]. Vol. 2 de *An Introduction to the New Testament* [Una introducción al Nuevo Testamento]. Chicago: Moody, 1981.

_________. *First Timothy* [Primera a Timoteo]. Chicago: Moody, 1957.

Kelly, J. N. D. *The Pastoral Epistles* [Las epístolas pastorales]. Peabody, Mass.: Hendrickson, 1987.

Kent, Homer A., Jr., *The Pastoral Epistles* [Las epístolas pastorales]. Edición revisada. Winona Lake, Ind.: BMH, 1982.

Lenski, R. C. H. *The Interpretation of St. Paul's Epistles to the Colossians, to the Thessalonians, to Timothy, to Titus, and to Philemon* [La interpretación de las epístolas de San Pablo a los colosenses, a los tesalonisences, a Timoteo, a Tito y a Filemón]. Miniápolis: Augsburg, 1964.

Longenecker, R. N. *"Paul, The Apostle"*. [Pablo, el apóstol] En Merrill C. Tenney, ed., *Zondervan Pictorial Encyclopedia of the Bible* [Enciclopedia gráfica de la Biblia de Zondervan], *vol. 4.* Grand Rapids: Zondervan, 1977.

Plummer, Alfred. *The Pastoral Epistles* [Las epístolas pastorales]. En W. Robertson Nicoll, ed., *The Expositor's Bible* [La Biblia del expositor]. Nueva York: A. C. Armstrong & Son, 1903.

Rienecker, Fritz, and Cleon L. Rodgers, Jr. *A Linguistic Key to the Greek New Testament* [Una clave lingüística al griego del Nuevo Testamento]. Grand Rapids: Zondervan, 1982.

Robertson, A. T. *The Epistles of Paul. Vol. 4 of Word Pictures in the New Testament.* [Las epístolas de Pablo. Vol. 4 de Ilustraciones verbales en el Nuevo Testamento] Nashville: Broadman, 1931.

Thayer, Joseph Henry. *Greek-English Lexicon of the New Testament* [Léxico griego-inglés del Nuevo Testamento]. Grand Rapids: Zondervan, 1970.

Trench, Richard C. *Synonyms of the New Testament* [Sinónimos del Nuevo Testamento]. Grand Rapids: Eerdmans, 1983.

Turner, Nigel. *Style* [Estilo]. *Vol. 4 de James Hope Moulton,* ed., *A Grammar of New Testament Greek* [Una gramática del griego del Nuevo Testamento]. Edimburgo: T. & T. Clark, 1980.

Vincent, Marvin R. *Word Studies in the New Testament* [Estudios de palabras en el Nuevo Testamento]. *Vol. 4.* Grand Rapids: Eerdmans, 1946.

Wilson, Geoffery B. *The Pastoral Epistles* [Las epístolas pastorales]. Edimburgo: Banner of Truth, 1982.

Wuest, Kenneth S. *The Pastoral Epistles in the Greek New Testament* [Las Epístolas pastorales en el Nuevo Testamento griego. Vol. 2 de *Word Studies from the Greek New Testament* [Estudios de palabras del Nuevo Testamento griego]. Grand Rapids: Eerdmans, 1978.

Índice de palabras griegas

Índice temático

2 TIMOTEO

A Steve Camp,
cuyo celo por lo revelado divinamente
une nuestras almas y nos otorga
una amistad profunda que pertenece
a quienes comparten tal pasión.

Contenido

Prólogo

La predicación expositiva de todo el Nuevo Testamento sigue siendo para mí una experiencia de comunión y gratificación divinas. Mi meta siempre es tener una comunión más profunda con el Señor para entender su Palabra y, a partir de esa experiencia, explicar a su pueblo el significado del pasaje. Usando las palabras de Nehemías 8:8, me esfuerzo por "[ponerle] el sentido" al texto de modo que las personas puedan oír de verdad cómo Dios les habla y, al escucharle, puedan responderle.

Obviamente, el pueblo de Dios necesita entender a Dios y para ello necesitan conocer su Palabra de verdad (2 Ti. 2:15) y permitir que esa Palabra more abundantemente en ellos (Col. 3:16). Por tanto, el impulso dominante de mi ministerio es ayudar a que la Palabra viva de Dios se avive en su pueblo. Es una aventura estimulante.

La serie de comentarios del Nuevo Testamento refleja este objetivo de explicar y aplicar las Escrituras. Algunos comentarios son principalmente lingüísticos, otros son sobre todo teológicos y algunos tienen un enfoque más homilético. Este es básicamente explicativo o expositivo. No es técnico en lo lingüístico pero usa la lingüística cuando parece útil para una interpretación apropiada. No es teológicamente amplio, pero se enfoca en las doctrinas principales de cada texto y su relación con todas las Escrituras. No es primariamente homilético aunque cada unidad de pensamiento se trata en general como un capítulo, con un delineamiento y flujo lógico de pensamiento. La mayoría de las verdades se ilustran y aplican con otras Escrituras. Después de establecer el contexto de un pasaje, he procurado seguir de cerca el desarrollo y razonamiento del escritor.

Mi oración es que cada lector pueda entender lo que el Espíritu Santo está diciendo por medio de esa parte de la Palabra de Dios, de forma que esa revelación pueda alojarse en la mente de los creyentes y llevarles a una mayor obediencia y fidelidad, todo para la gloria de nuestro gran Dios.

Introducción

AUTORÍA

Algunos críticos cuestionan la autoría paulina de esta segunda carta argumentando que, en tan íntimo mensaje, no se habría preocupado por enfatizar su apostolado, algo que Timoteo nunca habría cuestionado. Pero Pablo menciona muchas verdades aquí que Timoteo ya sabía y creía firmemente. Él confirmó su apostolado al escribir para fortalecer y animar a su acosado y a veces tímido joven amigo, y para respaldar la autoridad de Timoteo en su liderazgo y enseñanza.

Se ha dicho que esta carta es la última voluntad y testamento de Pablo. Sabía que el tiempo de su partida estaba cerca (4:6), que su vida y su ministerio terrenales terminarían pronto.

TRASFONDO

Pocos años antes (64 d.C.), Nerón había ordenado incendiar Roma, su propia ciudad capital, que ardió sin control durante seis días y seis noches. No solo quedaron destruidas las chozas de madera de los pobres, lo mismo ocurrió con las mansiones de piedra de los ricos, los sólidos edificios públicos y los magníficos templos o altares paganos. Tácito, historiador romano, escribió: "Pero todos los esfuerzos humanos, los regalos suntuosos del emperador y las propiciaciones de los dioses no acabaron con la creencia siniestra según la cual la conflagración resultó de una orden de Nerón. En consecuencia, para zafarse de ese reporte, Nerón culpó e infligió severas torturas en una clase odiada por sus abominaciones, llamada cristianos por el populacho".

Durante el primer encarcelamiento de Pablo en Roma, estuvo bajo arresto domiciliario. Dentro de esos confines, al parecer era libre de recibir visitas, predicar y enseñar (Hch. 28:30-31). Pero en el momento de esta epístola, unos cinco o seis años después (66 d.C.), estaba encadenado (2 Ti. 1:16), languideciendo en una prisión romana y lo trataban como a un delincuente (2:9): con poca luz para leer o escribir, sin salubridad y sin perspectivas de alivio, excepto por la muerte. Mientras que en su primer encarcelamiento tuvo alguna medida de comodidad y le concedieron algo de libertad, ahora estaba confinado en un calabozo frío, húmedo y posiblemente abarrotado de gente. Es notable que, además de dar testimonio a los demás presos, estuviera en capacidad de escribir cartas.

Sin embargo, lo peor es que todos los de Asia Menor lo abandonaron (1:15; 4:16), excepto Onesíforo (1:16), y solo Lucas estaba con él (4:11). El apóstol perdonó generosamente a los desertores, pues dijo: "No les sea tomado en cuenta" (4:16), pero la cobardía e ingratitud de estos debieron haberle producido gran dolor y desilusión. Como su Señor, fue olvidado por aquellos a quienes había servido y amado más. Había llevado a muchos de ellos al Señor y los había edificado no solo como apóstol sino como padre espiritual y amigo.

La iglesia de Éfeso había caído en mayor corrupción teológica y comportamiento impío. Los líderes de la iglesia, incluido Timoteo hasta cierto punto, estaban aún más débiles y eran menos eficaces que cuando se escribió 1 Timoteo. La herejía, la apostasía e incluso la persecución se habían vuelto más destructivas.

Esa situación, además del abandono de la mayoría de sus amigos, hacía que el anhelo de Pablo de ver a Timoteo fuera particularmente doloroso y le implora dos veces que procurara ir pronto a verle (2 Ti. 4:9, 21).

MENSAJE

Pablo estaba pasando el manto del ministerio a su hijo en la fe y le instaba a perseverar en la fuerza y la fidelidad (2:1). También entendía que, a pesar de que Timoteo era sano en doctrina y en su piedad personal, era propenso a flaquear. Por tanto, le recordó que "no nos ha dado Dios espíritu de cobardía, sino de poder, de amor y de dominio propio" y le ordenó amorosamente no avergonzarse "de dar testimonio [del] Señor", que retuviera "la forma de las sanas palabras que de [él oyó], en la fe y amor que es en Cristo Jesús", que guardara "el buen depósito por el Espíritu Santo que mora en [ellos]", que procurara "con diligencia [presentarse] a Dios aprobado, como obrero que no tiene de qué avergonzarse, que usa bien la palabra de verdad", que huyera "también de las pasiones juveniles, y [siguiera] la justicia, la fe, el amor y la paz" y que evitara ser atrapado en "cuestiones necias e insensatas" (2 Ti. 2:7-8, 13-14; 4:15, 22-23).

Pablo quería que Timoteo entendiera completamente que él (Timoteo), como el apóstol, estaba bajo compulsión divina como ministro de Jesucristo (cp. 1 Co. 9:16). Sus palabras finales a Timoteo incluyen unos cuantos elogios pero muchas admoniciones, incluyendo alrededor de veinticinco imperativos de órdenes; varias de ellas fueron las citadas anteriormente. Nueve de los imperativos están en el capítulo 4 que es, con mucho, la sección más personal de la epístola. Pablo quería que Timoteo entendiera que estas no eran solamente sugerencias de un amigo y consejero querido, sino que eran mandamientos inspirados divinamente de parte de un apóstol del Señor Jesucristo.

En su propósito más amplio, la epístola es un llamado a todos los creyentes para que procuren fortalecerse e ir en pos de la fidelidad en el servicio espiritual.

Motivación a un hijo espiritual

1

Pablo, apóstol de Jesucristo por la voluntad de Dios, según la promesa de la vida que es en Cristo Jesús, a Timoteo, amado hijo: Gracia, misericordia y paz, de Dios Padre y de Jesucristo nuestro Señor. Doy gracias a Dios, al cual sirvo desde mis mayores con limpia conciencia, de que sin cesar me acuerdo de ti en mis oraciones noche y día; deseando verte, al acordarme de tus lágrimas, para llenarme de gozo; trayendo a la memoria la fe no fingida que hay en ti, la cual habitó primero en tu abuela Loida, y en tu madre Eunice, y estoy seguro que en ti también. (1:1-5)

Como se mencionó en la Introducción, la instrucción principal de Pablo a Timoteo comienza en el versículo 6 del capítulo 1. Los primeros cinco versículos son de motivación y constituyen un saludo hermoso y conmovedor al **amado hijo** en la fe del apóstol. Aun así, estos comentarios tan personales reflejan principios pertinentes no solo para el discipulado de Pablo a Timoteo, sino también para los padres cristianos, maestros de escuela dominical, líderes de jóvenes, pastores, consejeros, vecinos y amigos... para cualquier creyente que esté ayudando a otro a crecer hacia la madurez en Jesucristo y la eficacia en el ministerio.

Estos seis principios de motivación, implícitos pero fácilmente discernibles, son: autoridad (1:1-2*a*), altruismo (v. 2*b*), aprecio (v. 3*a*), intercesión (v. 3*b*), afecto (v. 4) y afirmación (v. 5).

AUTORIDAD

Pablo, apóstol de Jesucristo por la voluntad de Dios, según la promesa de la vida que es en Cristo Jesús, a Timoteo, amado hijo. (1:1-2*a*)

El primer principio de la motivación espiritual exitosa es el de autoridad, como se ha visto en la declaración inicial de **Pablo**, según la cual era **apóstol de Jesucristo**. Como se explicó en la Introducción, Timoteo entendía bien el apostolado de Pablo. Aquí se menciona para recordar que, a pesar de su relación cercana y amorosa, Pablo estaba por encima de Timoteo en autoridad espiritual porque él llevaba la Palabra del Señor y escribía en esa capacidad.

La intimidad no excluye la autoridad. La relación de amor que tienen los padres con los hijos no excluye su autoridad sobre ellos. Una relación de amor entre padre e hijo y sin autoridad está condenada a la tragedia para toda la familia. Sin importar cuán cordial sea una relación laboral, ningún negocio puede tener éxito si los empleados no reconocen ni se someten a la autoridad del empleador por encima de ellos.

Aunque Pablo y Timoteo compartían una amistad profunda, el saludo del primero al segundo llevaba todo el peso de su apostolado. *Apostolos* (**apóstol**) significa literalmente "enviado", "mensajero", como se traduce algunas veces (p. ej., 2 Co. 8:23; Fil. 2:25). Pero en el Nuevo Testamento lleva usualmente la connotación de embajador, un representante que lleva consigo la autoridad de quien representa. En ese sentido se usó cuando Jesús llamó a los doce discípulos durante su ministerio terrenal (Lc. 6:13; 9:10) y a Pablo, a quien Cristo llamó desde el cielo después de su ascensión (cp. Hch. 9:3-15; 22:6-14; 26:13-18). El Señor usó la forma verbal para referirse a Él: "Y a Jesucristo, a quien [el Padre ha] enviado [*apostellō*]" (Jn. 17:3) y en el libro de Hebreos Jesús es llamado "el apóstol y sumo sacerdote de nuestra profesión" (3:1).

Como **apóstol de Jesucristo**, Pablo estaba en el lugar de Cristo, hablaba la Palabra de Cristo y lo hacía **por la voluntad de Dios**, el Padre Todopoderoso. Pablo no solo escribe a Timoteo como a un amigo querido, sino como un embajador divinamente comisionado por Dios Padre y por Dios Hijo. No está ofreciendo un consejo fraterno sino declarando la verdad divina con autoridad firme.

Pablo lo hace de acuerdo con el evangelio, lo cual significa "de conformidad" con el evangelio, aquí llamado **la promesa de la vida que es en Cristo Jesús**. El llamado de Pablo a servir la voluntad de Dios como mensajero del Salvador había que llevarla a cabo mediante la proclamación de las buenas noticias de salvación de que quienes estaban muertos en el pecado pueden encontrar vida en Cristo Jesús. Esa frase, **en Cristo Jesús**, era favorita de Pablo, la usaba para hablar de su propia unión —y la de cada creyente— con nuestro Señor y Salvador a través de la participación en su muerte, resurrección y vida eterna. Jesús es "el camino, y la verdad, y la vida" (Jn. 14:6), e hizo **la promesa** divina de que "todo aquel que en él cree, no se [pierde], mas [tiene] vida eterna" (Jn. 3:16) y la tiene "en abundancia" (10:10). Quienes afirman esa promesa en fe pueden afirmar con Pablo que Cristo es su vida (cp. Col. 3:4).

Todo buen padre desea profundamente una relación rica e inquebrantable con sus hijos. De la misma forma, Pablo no solo la deseaba, sino que experimentaba y expresaba la intimidad del lazo de amor que compartía con **Timoteo**, su **amado hijo**. Y así como esa intimidad no excluye la autoridad, tampoco la autoridad excluye la intimidad. Como padre espiritual amoroso, Pablo habló con autoridad apostólica a su hijo en la fe. Esa autoridad le daba a Timoteo un incentivo fuerte para la obediencia.

ALTRUISMO

Gracia, misericordia y paz, de Dios Padre y de Jesucristo nuestro Señor. (1:2*b*)

Aunque solía expresarse como un saludo, estas no eran simples palabras, sino la expresión de un deseo genuino para que lo mejor de Dios fuera realidad en la vida del joven predicador. Timoteo debía sentirse motivado por el altruismo de Pablo, su interés generoso y devoción por el bienestar de los demás. Como todos los creyentes, su joven *protegé* era salvo por la **gracia** divina, el favor inmerecido de Dios que proveía perdón y justificación. El apóstol quería que su hijo en la fe continuara viviendo en la **misericordia** divina, la bendición inexpresable de liberarse de la miseria que el pecado conlleva y crea. También quería que Timoteo continuara en completa **paz** en su mente y corazón, la tranquilidad interna producida por la gracia y la misericordia divinas. Quería que Timoteo tuviera lo mejor a ofrecer **de Dios Padre y de Jesucristo nuestro Señor** a los pecadores redimidos: gracia para cubrir el pecado, misericordia para rechazar el pecado y paz para dominar la vida.

Si de verdad queremos motivar a otros creyentes, como Pablo, debemos tener preocupación genuina, amorosa y sin condiciones por su bendición espiritual. Además de que reconozcan nuestra autoridad dada por Dios, queremos que nuestros hermanos y hermanas en Cristo sepan que los amamos sin reservas. Esto también produce respuestas.

APRECIO

Doy gracias a Dios, al cual sirvo desde mis mayores con limpia conciencia, (1:3*a*)

El tercer principio de la motivación espiritual exitosa es el aprecio. No solamente era Pablo una bendición para la vida de Timoteo, sino que Timoteo era una bendición para Pablo. "**Doy gracias a Dios** por ti", le aseguró el apóstol, queriendo decir: "Estoy agradecido por lo que **Dios** ha hecho por mí a través de ti". Aunque Pablo estaba en un calabozo romano oscuro, húmedo, peligroso, sucio y apestoso, se regocijaba porque el Señor le había dado el privilegio de conocer y discipular a Timoteo. Él no era amargado ni resentido. No sentía rabia u odio por quienes lo habían puesto en prisión ni por los delincuentes brutales y duros que estaban a su lado. No lamentó la ejecución cruel e injusta que sabía que le esperaba. Su pensamiento estaba en el **Dios** soberano y en los recuerdos de su amado hijo en el espíritu, con quien había pasado tantas horas benditas de servicio mutuo a **Dios** y a quien probablemente nunca volvería a ver en la carne. ¡Solo el Señor podía dar una perspectiva tan increíblemente bella!

Los jóvenes que sirven al Señor se motivan cuando se sienten apreciados, animados, y cuando se les dice que Dios tiene planes maravillosos para ellos, y la declaración de aprecio de Pablo a Timoteo debe haber dado gran confianza a aquel siervo joven del Señor. Timoteo sabía que las palabras de Pablo no eran vacías. Primero de todo, sabía que la integridad de Pablo no le permitiría flaquear. Timoteo también era muy consciente de que Pablo y él se habían conocido íntimamente durante los muchos años que pasaron juntos. Habían viajado juntos, comido juntos, ministrado juntos y, sin duda, habían sufrido juntos por causa del evangelio. En el momento en que escribió esta carta, Pablo, sin duda alguna, conocía a Timoteo mejor que cualquier otra persona.

Por tanto, el aprecio de Pablo, que brotaba de su corazón, debe haber conmovido profundamente a Timoteo y debe haberle dado un sentido grande de responsabilidad para vivir de acuerdo a las altas expectativas de su mentor espiritual. El joven discípulo sabía que su querido amigo y santo sin par en la causa de Cristo se enfrentaba a la muerte inminente. Aun así, durante sus horas últimas, inciertas y dolorosas, le agradecía a Dios y dejaba ante Él a un pastor joven que, aunque bien capacitado en el evangelio, aún debía demostrar quién era en las áreas difíciles del servicio a Dios.

En medio de miseria física inimaginable, Pablo no solo continuó alabando a Dios, sino que lo hacía con la profunda gratitud de una mente y un corazón libres de culpa. Con plena convicción y confianza él podía testificar: "**Sirvo** al Señor y continuamente estoy ante Él, **desde mis mayores con limpia conciencia**". *Latreuō* (servir) se usaba en ocasiones para la adoración piadosa e incluso para el servicio sacerdotal. Cuando Pablo estuvo ante Félix, el gobernador romano de Cesarea, acusado falsamente por los líderes judíos, dijo: "Según el Camino que ellos llaman herejía, así sirvo [*latreuō*] al Dios de mis padres" (Hch. 24:14). Hablando de los verdaderos hijos de Dios, fueran ellos judíos o gentiles, Pablo aseguró a los creyentes filipenses: "Nosotros somos la circuncisión, los que en espíritu servimos [*latreuō*] a Dios y nos gloriamos en Cristo Jesús, no teniendo confianza en la carne" (Fil. 3:3).

Cuando el apóstol ya anciano estaba cerca de morir, podía dar testimonio de que su **conciencia** no lo acusaba ni lo condenaba. Su culpa estaba perdonada y su devoción era completa. En efecto, dijo: "Después de un autoexamen cuidadoso, puedo decir con sinceridad que, aunque no soy perfecto, vivo en santidad ante el Señor". Quería que Timoteo no tuviera dudas en cuanto a que él (Pablo) había soportado las aflicciones físicas presentes —y otras más incontables— por su fidelidad inquebrantable a Dios y no como consecuencia de una vida infiel e impía.

Aunque ni siquiera el creyente más espiritual puede conocer su propio corazón con completa certeza o entendimiento, no solo es posible sino que se espera que, al igual que Pablo, todo cristiano tenga una **limpia conciencia**. Esto era algo vital para Pablo, quien solía referirse a su conciencia. Cuando se defendió contra los ataques mentirosos que experimentó en Corinto, respondió apelando al tribunal humano más alto: la conciencia. Su defensa fue: "Porque nuestra gloria es esta: el testimonio de nuestra conciencia, que con sencillez y sinceridad de Dios, no con sabiduría humana, sino con la gracia de Dios, nos hemos conducido en el mundo, y mucho más con vosotros" (2 Co. 1:12; cp. Hch. 23:1).

En su primera carta a Timoteo, escribió: "El propósito de este mandamiento es el amor nacido de corazón limpio, y de buena conciencia, y de fe no fingida" (1 Ti. 1:5) y que debemos aferrarnos al "misterio de la fe con limpia conciencia" (3:9). En la misma epístola dijo: "El Espíritu dice claramente que en los postreros tiempos algunos apostatarán de la fe, escuchando a espíritus engañadores y a doctrinas de demonios; por la hipocresía de mentirosos que, [tendrán] cauterizada la conciencia" (4:1-2). Rechazar continuamente la verdad de Dios produce que la conciencia se vuelva cada vez menos sensible al pecado, como si estuviera cubierta por capas de cicatrices no espirituales. La conciencia de Pablo era muy limpia y muy sensible, y él respondía con prontitud a su voz interna.

Pablo no explica a quién se refería con sus **mayores**, pero obviamente estaba hablando de hombres piadosos que habían vivido en tiempos pasados. A diferencia de Timoteo, Pablo no tenía una herencia piadosa en su familia inmediata. Tenía un legado *religioso* impresionante, pero él lo consideraba como completa basura (Fil. 3:4-8). Por tanto, parece más probable que se estuviera refiriendo a los patriarcas, los profetas y los demás santos del Antiguo Testamento. También es posible que tuviera en mente a otros apóstoles y a muchos otros creyentes piadosos de la naciente iglesia que le precedieron en la fe.

INTERCESIÓN

de que sin cesar me acuerdo de ti en mis oraciones noche y día; (1:3*b*)

Un cuarto elemento de motivación era la intercesión constante de Pablo al Señor a favor de Timoteo. Es difícil imaginar la fortaleza y el valor que la intercesión de Pablo daba a su joven amigo cuando este ministraba en Éfeso y otras partes de Asia Menor sin la compañía de Pablo.

El adverbio *adialeiptōs* (**sin cesar**) se refiere a lo que es incesante, sin interrupción. Podemos estar seguros de que cuando Pablo dijo: "**sin cesar me acuerdo de ti**", no estaba exagerando. El apóstol había usado la misma palabra cuando exhortó a los creyentes tesalonicenses a orar "*sin cesar*" (1 Ts. 5:17, cursivas añadidas) y él no estaba acostumbrado a menos. Ya había asegurado a estos creyentes que oraba y se interesaba constantemente por ellos (1:2-3). Usando la misma palabra, aseguró a la iglesia de Roma: "Testigo me es Dios, a quien sirvo en mi espíritu en el evangelio de su Hijo, de que *sin cesar* hago mención de vosotros siempre en mis oraciones" (Ro. 1:9, cursivas añadidas). Afirmó algo similar a los creyentes de Corinto (1 Co. 1:4), Filipos (Fil. 1:3-4), Colosas (Col. 1:3) y a su querido amigo Filemón (Flm. 4).

La palabra **oraciones** viene de *deēsis*, que en el Nuevo Testamento siempre conlleva la idea de súplicas genuinas delante de Dios. La usó el ángel que dijo al padre de Juan el Bautista: "Zacarías, no temas; porque tu oración [*deēsis*] ha sido oída, y tu mujer Elisabet te dará a luz un hijo, y llamarás su nombre Juan" (Lc. 1:13). Más adelante, en ese mismo evangelio, la palabra se usó para los discípulos de Juan el Bautista, de quienes se dice que "[ayunaban] muchas veces y [hacían] oraciones" (5:33). Pablo la usó en su "oración a Dios" (Ro. 1:10) por la salvación de sus compatriotas israelitas (Ro. 10:1) y también Santiago cuando dijo: "La oración eficaz del justo puede mucho" (Stg. 5:16).

A primera vista, la referencia a **noche y día** parece redundante y de alguna manera inapropiada. Parece redundante porque, por definición, **sin cesar** quiere decir todo el tiempo, e inapropiada porque es probable que Pablo y los demás prisioneros no pudieran distinguir entre unas horas y otras al estar en el calabozo. Pero, sin duda, usó la frase **noche y día** en el sentido en que se usa hoy: como figura del lenguaje para expresar continuidad. Él quería simplemente reforzar su devoción a Timoteo.

No hay mejor forma de motivar a otros creyentes para que consideren su responsabilidad de ser fieles y para que acerquen su corazón al servicio de Cristo que mantenerlos continuamente delante del Señor en oración y decirles que así se está haciendo.

AFECTO

deseando verte, al acordarme de tus lágrimas, para llenarme de gozo; (1:4)

El quinto principio para motivar a otros creyentes, especialmente a quienes estemos discipulando, es amarlos y expresar nuestro afecto genuino por ellos. Pablo echaba mucho de menos la compañía de Timoteo y estaba **deseando** verle. **Deseando** proviene de *epipotheō*, un verbo que denota deseo intenso o anhelo. Más adelante, en esta carta, refleja el mismo deseo agudo e implora a Timoteo que procurara ir pronto a verle (4:9) y le dice: "Trae, cuando vengas, el capote que dejé en Troas en casa de Carpo… Procura venir antes del invierno" (vv. 13, 21).

El apóstol dice: "**Al acordarme de tus lágrimas**", refiriéndose tal vez al tiempo en que se despidieron por última vez, tras una visita breve a Éfeso, poco después de escribir su primera carta a Timoteo y antes de que lo arrestaran en Nicópolis y lo llevaran prisionero a Roma. Pablo tenía un vínculo similar con los ancianos de Éfeso. Cuando fueron a encontrarle en la playa, cerca de Mileto: "Se puso de rodillas, y oró con todos ellos. Entonces hubo gran llanto de todos; y echándose al cuello de Pablo, le besaban, doliéndose en gran manera por la palabra que dijo, de que no verían más su rostro. Y le acompañaron al barco" (Hch. 20:36-38).

Aunque sin duda se daba cuenta de que nunca podría volver a ver a Timoteo, la posibilidad remota de reunirse con él lo llenaba **de gozo**. Al saber del amor profundo del apóstol y su anhelo por verlo de nuevo, Timoteo se alegró seguramente y sintió un compromiso mayor para seguir los pasos de su amado maestro y amigo.

AFIRMACIÓN

trayendo a la memoria la fe no fingida que hay en ti, la cual habitó primero en tu abuela Loida, y en tu madre Eunice, y estoy seguro que en ti también. (1:5)

El último principio de motivación al que Pablo alude es la afirmación. En los dos versículos anteriores, Pablo mencionó que recordaba a Timoteo en sus oraciones y se acordaba de sus lágrimas. Ahora vuelve a reflexionar sobre su asociación íntima, esta vez **trayendo a la memoria la fe no fingida que** había en Timoteo.

Anupokritos (**no fingida**) es una palabra compuesta por un prefijo negativo adjunto a *hupokritēs*, de donde se obtiene la palabra española obviamente relacionada *hipócrita*. La fe de Timoteo era completamente genuina, sin hipocresías, sin pretensiones o engaños. En su carta previa a Timoteo, Pablo había escrito: "El propósito de este mandamiento es el amor nacido de corazón limpio, y de buena conciencia, y de fe no fingida [*anupokritos*]" (1 Ti. 1:5). En la segunda carta a la iglesia de Corinto, Pablo usó el término para describir su "amor *sincero*" (2 Co. 6:6, cursivas añadidas). Pedro lo usó en su amonestación a todos los creyentes en la dispersión, a lo largo de todo el imperio romano: "Habiendo purificado vuestras almas por la obediencia a la verdad, mediante el Espíritu, para el amor fraternal *no fingido*, amaos unos a otros entrañablemente, de corazón puro" (1 P. 1:22, cursivas añadidas). Santiago lo usó para dar calificación final a la "sabiduría que es de lo alto [que] es primeramente pura, después pacífica, amable, benigna, llena de misericordia y de buenos frutos, sin incertidumbre *ni hipocresía*" (Stg. 3:17, cursivas añadidas).

Timoteo tenía un legado de **fe no fingida** en él, **la cual habitó primero en** su **abuela Loida, y en** su **madre Eunice**. La referencia a **Loida** y **Eunice** sugiere que Pablo las conocía personalmente, tal vez él jugó un papel decisivo, junto con Bernabé, en ganarlas para Cristo durante su primer viaje misionero, que lo llevó cerca de la casa de Timoteo, en el área de Galacia (cp. Hch. 13:13—14:21). Probablemente fueran judías creyentes del viejo pacto que recibieron de inmediato a Jesús como su Mesías, Salvador y Señor, cuando oyeron por primera vez el evangelio por boca de Pablo. Para el tiempo del segundo viaje misionero de Pablo, las mujeres entregaron su nieto e hijo al Señor, "y daban buen testimonio de él los hermanos que estaban en Listra y en Iconio" (Hch. 16:2). Timoteo era hijo indirecto de Pablo en la fe, él se había vuelto creyente por medio del testimonio de su **abuela Loida** y su **madre Eunice**, quienes habían sido llevadas a la fe directamente por el apóstol. Por medio de ellas, él "desde la niñez [había] sabido las Sagradas Escrituras, las cuales [lo podían] hacer sabio para la salvación por la fe que es en Cristo Jesús" (2 Ti. 3:15).

Hace unos años, yo participé en un debate sobre la elección de un hombre para que asumiera el liderazgo de una organización cristiana reconocida. Al ver la lista de candidatos, comenté cuán interesante era que cada uno de estos hombres tenía un pastor fiel por padre. Por supuesto, el Señor ha levantado muchos líderes fieles, incluyendo a Pablo, entre familias impías o pecaminosas. Pero un porcentaje alto de los grandes hombres en toda la historia de la iglesia ha venido de familias piadosas. El padre de Timoteo era un gentil incrédulo (Hch. 16:3), pero su madre y su abuela eran creyentes de gran piedad. Pablo las elogia por su inmensa influencia para bien en Timoteo y por la **fe no fingida** que el apóstol, estaba **seguro**, había **también** en Timoteo.

No avergonzarse de Cristo 2

Por lo cual te aconsejo que avives el fuego del don de Dios que está en ti por la imposición de mis manos. Porque no nos ha dado Dios espíritu de cobardía, sino de poder, de amor y de dominio propio. Por tanto, no te avergüences de dar testimonio de nuestro Señor, ni de mí, preso suyo, sino participa de las aflicciones por el evangelio según el poder de Dios, quien nos salvó y llamó con llamamiento santo, no conforme a nuestras obras, sino según el propósito suyo y la gracia que nos fue dada en Cristo Jesús antes de los tiempos de los siglos, pero que ahora ha sido manifestada por la aparición de nuestro Salvador Jesucristo, el cual quitó la muerte y sacó a luz la vida y la inmortalidad por el evangelio, del cual yo fui constituido predicador, apóstol y maestro de los gentiles. Por lo cual asimismo padezco esto; pero no me avergüenzo, porque yo sé a quién he creído, y estoy seguro que es poderoso para guardar mi depósito para aquel día. Retén la forma de las sanas palabras que de mí oíste, en la fe y amor que es en Cristo Jesús. Guarda el buen depósito por el Espíritu Santo que mora en nosotros. Ya sabes esto, que me abandonaron todos los que están en Asia, de los cuales son Figelo y Hermógenes. Tenga el Señor misericordia de la casa de Onesíforo, porque muchas veces me confortó, y no se avergonzó de mis cadenas, sino que cuando estuvo en Roma, me buscó solícitamente y me halló. Concédale el Señor que halle misericordia cerca del Señor en aquel día. Y cuánto nos ayudó en Éfeso, tú lo sabes mejor. (1:6-18)

Durante el levantamiento de los bóxers (1899-1900), los chinos nacionalistas extremistas fomentaron un campaña de terror contra los funcionarios de gobiernos extranjeros, los misioneros cristianos e incluso los cristianos chinos. Después de que rodearon cierta estación misionera, sellaron todas las salidas excepto una. Pusieron una cruz en la tierra, frente a una puerta abierta y dijeron a los misioneros y a los estudiantes que se perdonaría a quien saliera y pisoteara la cruz. De acuerdo con los informes, los primeros siete estudiantes que salieron pisotearon la cruz y los dejaron ir. La octava estudiante, una mujer joven, se acercó a la cruz, se arrodilló, oró pidiendo fuerza, caminó con cuidado alrededor de la cruz e inmediatamente le dispararon hasta matarla. Los otros noventa y dos estudiantes, fortalecidos por el ejemplo valiente de la joven, también caminaron alrededor de la cruz a su muerte.

La segunda sección de 2 Timoteo 1:6-18 se centra en que los creyentes no se avergüencen de Jesucristo. Pablo fundamenta este argumento en las motivaciones que presentó en los versículos 1-5 para servir a Cristo. Esas seis motivaciones debían generar en Timoteo la actitud dominante de no avergonzarse del Señor Jesucristo, la actitud subyacente e indispensable para el ministerio eficaz en el reino. La expresión positiva de esa actitud es el testimonio valiente y sin complejos de Cristo y la obediencia a Él, sin importar el costo o las consecuencias. Es una actitud que rechaza hablar con evasivas, vacilaciones o arreglos y no duda en ser confrontadora cuando sea necesario.

David expresó la actitud del testigo valiente en estas palabras: "En medio de la gran asamblea he dado a conocer tu justicia. Tú bien sabes, SEÑOR, que no he sellado mis labios. No escondo tu justicia en mi corazón, sino que proclamo tu fidelidad y tu salvación. No oculto en la gran asamblea tu gran amor y tu verdad" (Sal. 40:9-10, NVI). Siempre hablaría él en nombre del Señor sin restricciones o reservas. Otro salmista declaró: "Todo el día proclamará mi boca tu justicia y tu salvación, aunque es algo que no alcanzo a descifrar. Soberano SEÑOR, relataré tus obras poderosas, y haré memoria de tu justicia, de tu justicia solamente" (Sal. 71:15-16, NVI). Otro salmista más testificó así: "Hablaré de tus testimonios delante de los reyes, y no me avergonzaré" (Sal. 119:46). Nada puede resistir el compromiso de estos santos por hablar de la gracia y la justicia de Dios.

No importa cuán talentosa pueda ser una persona, o cuán capacitada, instruida en la Biblia, sagaz o hábil pueda ser, y no importa qué oportunidades o privilegios haya tenido; si carece de valentía y compromiso espirituales, no hablará ni actuará con eficacia para el Señor.

Pablo exige un nivel de compromiso que dice: "No me importa qué piense o haga el mundo. Sé lo que Dios me ha mandado ser y hacer, y eso es lo que decido ser y hacer por su poder. Cualesquiera que sean las consecuencias, viviré firmemente para Cristo". Tres veces menciona el apóstol específicamente ese asunto en este pasaje (vv. 8, 12, 16), porque es el eje de su mensaje al joven pastor Timoteo. Es un llamado a tener un compromiso incondicional y decidido para proclamar a Jesucristo, sin importar el peligro o la dificultad.

Como cristianos, la mayoría de nosotros debe confesar haberse avergonzado del Señor en un momento u otro, haber temido sobre qué pudieran pensar las personas y cómo sus opiniones podrían afectar nuestra popularidad en el colegio, nuestra posición social o nuestro éxito en los negocios. Tal vez hemos temido que se preguntaran por qué nuestro estilo de vida es a menudo inconsecuente con nuestra fe. Con todo, también debemos confesar que los riesgos que enfrentamos son mucho menos serios que los de Timoteo; pues los suyos incluían persecución física, encarcelamiento y posiblemente la muerte.

En las Escrituras, el ejemplo más conocido de avergonzarse de Cristo es la negación de Pedro durante el juicio de Jesús ante Caifás y el sanedrín, el concilio judío. Todos los discípulos huyeron cuando Jesús fue arrestado en el huerto de Getsemaní (Mt. 26:56), pero Pedro regresó y "le seguía de lejos hasta el patio del sumo sacerdote" (v. 58). Mientras esperaba allí, negó tres veces ser discípulo de Jesús e incluso negó haberlo conocido (vv. 70-74). Tan pronto como cantó el gallo, "Pedro se acordó de las palabras de Jesús, que le había dicho: Antes que cante el gallo, me negarás tres veces. Y saliendo fuera, lloró amargamente" (v. 75).

Este relato vívido hace que la negación de Pedro sea un blanco fácil de reproche. Pero, como se mencionó arriba, todo cristiano sabe que también ha sido culpable de negar al Señor, aunque quizás no tan pública o dramáticamente. La verdad alentadora que obtenemos de la experiencia de Pedro es esta: como Pedro, nosotros también podemos obtener el perdón y la restauración del Señor. Después de la resurrección, cuando Pedro afirmó tres veces su amor por Jesús, tres veces reconoció Él que el amor del apóstol era auténtico, aunque débil, y le entregó la responsabilidad de cuidar su rebaño: la iglesia (Jn. 21:15-17). Pocas semanas después, durante la fiesta de Pentecostés, Pedro proclamó con valor, ante una gran multitud de Jerusalén, lo siguiente:

> *Varones israelitas, oíd estas palabras: Jesús nazareno, varón aprobado por Dios entre vosotros con las maravillas, prodigios y señales que Dios hizo entre vosotros por medio de él, como vosotros mismos sabéis; a éste, entregado por el determinado consejo y anticipado conocimiento de Dios, prendisteis y matasteis por manos de inicuos, crucificándole; al cual Dios levantó, sueltos los dolores de la muerte, por cuanto era imposible que fuese retenido por ella… Y con otras muchas palabras testificaba y les exhortaba, diciendo: Sed salvos de esta perversa generación. Así que, los que recibieron su palabra fueron bautizados; y se añadieron aquel día como tres mil personas (Hch. 2:22-24, 40-41).*

Pedro continuó predicando el evangelio en Jerusalén sin miedo y sin transigencias. Le llevaron ante el mismo concilio que acusó falsamente al Señor, y a las afueras del cual Pedro le había negado. Pero esta vez Pedro era diferente. Cuando le ordenaron que no predicara más, declaró junto con Juan: "Juzgad si es justo delante de Dios obedecer a vosotros antes que a Dios; porque no podemos dejar de decir lo que hemos visto y oído" (Hch. 4:19-20).

Como ocurrió con Pedro, nos volvemos útiles para el servicio del Señor solamente cuando pasamos de la vergüenza y el miedo a la convicción y la audacia ardientes.

Puede ser que Timoteo se hubiera vuelto temeroso o apático en su ministerio. Las dificultades y la oposición que encontró en Éfeso, tanto dentro como fuera de esa iglesia local, pueden haberle restado valentía. Su fuego espiritual pudo haberse enfriado. En esta segunda carta a Timoteo, Pablo le hace solo un reconocimiento —"[Traigo] a la memoria la fe no fingida que hay en ti" (1:5)—. El resto de la carta está dedicada a exhortar. Aunque no acusa a Timoteo de pecado, le amonesta varias veces (cp. 1:8; 1:13; 2:1, 15, 22; 4:1-2, 5).

Jesús dejó claro, durante su ministerio terrenal, el costo del discipulado para quienes son fieles y no se sienten avergonzados; dijo: "A cualquiera, pues, que me confiese delante de los hombres, yo también le confesaré delante de mi Padre que está en los cielos" (Mt. 10:32). Entonces pasa al lado opuesto de la promesa: "Y a cualquiera que me niegue delante de los hombres, yo también le negaré delante de mi Padre que está en los cielos" (v. 33). En el relato de Marcos, Jesús es incluso más enfático: "El que se avergonzare de mí y de mis palabras en esta generación adúltera y pecadora, el Hijo del Hombre se avergonzará también de él, cuando venga en la gloria de su Padre con los santos ángeles" (Mr. 8:38).

Quien se niega a proclamar abiertamente a Jesucristo como Señor y Salvador da evidencia de que no pertenece a Cristo, sin importar sus afirmaciones de ser cristiano. El discipulado verdadero es costoso. Un cristiano nominal que ni siquiera "confiese [a Jesús] delante de los hombres", con seguridad no pagará el precio en el cual puede incurrir el discipulado fiel constante. Jesús dijo: "El que ama a padre o madre más que a mí, no es digno de mí; el que ama a hijo o hija más que a mí, no es digno de mí; y el que no toma su cruz y sigue en pos de mí, no es digno de mí. El que halla su vida, la perderá; y el que pierde su vida por causa de mí, la hallará" (Mt. 10:37-39). La marca de un verdadero seguidor de Cristo es su voluntad a poner su vida en juego. Sin embargo, desde el punto de vista de la eternidad, este es un precio bajo. Jesús preguntó retóricamente: "¿Qué aprovechará al hombre si ganare todo el mundo, y perdiere su alma? ¿O qué recompensa dará el hombre por su alma?" (Mr. 8:36-37).

La palabra española *mártir* es traducción del griego *martur*, que simplemente significa "testimonio". Pero debido a que muchos cristianos pagaron por ese testimonio con sus vidas, *mártir* adquirió su significado especial con el tiempo.

El costo del discipulado no comenzó en el Nuevo Testamento. Innumerables santos del antiguo pacto, e incluso anteriores al antiguo pacto, sufrieron gozosa y voluntariamente por causa de su fe inamovible en el Señor. En consecuencia, "Dios no se avergüenza de llamarse Dios de ellos" (He. 11:16). Algunos "fueron atormentados, no aceptando el rescate, a fin de obtener mejor resurrección. Otros experimentaron vituperios y azotes, y a más de esto prisiones y cárceles. Fueron apedreados, aserrados, puestos a prueba, muertos a filo de espada; anduvieron de acá para allá cubiertos de pieles de ovejas y de cabras, pobres, angustiados, maltratados; de los cuales el mundo no era digno; errando por los desiertos, por los montes, por las cuevas y por las cavernas de la tierra" (11:35-38).

Al igual que aquellos santos, Juan Hus, el gran reformador, no se avergonzó de su Señor y pagó por ello el precio físico final. En 1415, cuando era pastor en

Praga, este "lucero de la mañana de la reforma", como se le suele llamar, fue arrestado, condenado y sentenciado a la hoguera por predicar el evangelio verdadero. Mientras las llamas consumían su cuerpo, citó el Salmo 25:2 en oración: "Dios mío, en ti confío; no sea yo avergonzado, no se alegren de mí mis enemigos". No le daba miedo morir, solo le daba miedo avergonzarse de su Maestro.

Todos los hombres son responsables ante Dios, incluso si no han oído el evangelio: "Porque lo que de Dios se conoce les es manifiesto, pues Dios se lo manifestó. Porque las cosas invisibles de él, su eterno poder y deidad, se hacen claramente visibles desde la creación del mundo, siendo entendidas por medio de las cosas hechas, de modo que no tienen excusa" (Ro. 1:19-20). Para quienes han tenido la bendición inconmensurable de oír sobre el camino de la salvación, de conocer acerca del Señor y Salvador Jesucristo, pero se niegan a confiar en Él: "Su postrer estado viene a ser peor que el primero. Porque mejor les hubiera sido no haber conocido el camino de la justicia, que después de haberlo conocido, volverse atrás del santo mandamiento que les fue dado" (2 P. 2:21).

En las personas no salvas es característico avergonzarse de Cristo, "por cuanto los designios de la carne son enemistad contra Dios; porque no se sujetan a la ley de Dios, ni tampoco pueden" (Ro. 8:7; cp. 5:10; Col. 2:21). Por consiguiente, cuando un creyente se avergüenza de Cristo, actúa como un incrédulo. La vergüenza que marca al alma incrédula no debe marcar al cristiano, pero trágicamente ocurre a veces. La vergüenza puede ser obvia y pública o puede ser sutil y privada, pero el Señor siempre la conoce y se duele.

El escritor de Hebreos nos recuerda: "Convenía a aquel por cuya causa son todas las cosas, y por quien todas las cosas subsisten, que habiendo de llevar muchos hijos a la gloria, perfeccionase por aflicciones al autor de la salvación de ellos. Porque el que santifica y los que son santificados, de uno son todos; por lo cual no se avergüenza de llamarlos hermanos" (He. 2:10-11). Y cita el Salmo 22, mesiánico y magnífico para reforzar esa verdad: "Anunciaré a mis hermanos tu nombre, en medio de la congregación te alabaré" (v. 12). El Señor nos redimió por medio de su sufrimiento, por el cual se "hizo pecado, para que nosotros fuésemos hechos justicia de Dios en él" (2 Co. 5:21). Él "se dio a sí mismo por nuestros pecados para librarnos del presente siglo malo, conforme a la voluntad de nuestro Dios y Padre" (Gá. 1:4).

La vergüenza de un cristiano por el Señor se produce debido al interés propio desvergonzado que no está dispuesto a pagar el precio del discipulado fiel. A través de toda la historia de la iglesia, el nombre del Señor ha sufrido reproches por el pecado de su pueblo. Aun así, a pesar de nuestros muchos pecados, nuestra vergüenza de Él inclusive, ¡el Señor justo y sin pecado no se avergüenza de nosotros! Él no duda en llamarnos hermanos (cp. He. 2:11) incluso cuando nosotros nos avergonzamos de llamarlo Señor.

Pablo, hablando directamente a Timoteo e indirectamente a todos los creyentes, establece ocho formas mediante las cuales un cristiano puede protegerse de avergonzarse de Cristo. Estas son: renueve su don (1:6), considere sus recursos (v. 7), acepte su sufrimiento (v. 8*a*), recuerde su llamado (vv. 8*b*-10), dese cuenta de su deber (vv. 11-12*a*), confíe en su seguridad (v. 12*b*), afirme su doctrina (vv. 13-14) y escoja a sus compañeros (vv. 15-18).

RENUEVE SU DON

Por lo cual te aconsejo que avives el fuego del don de Dios que está en ti por la imposición de mis manos. (1:6)

Como ya se mencionó, es probable que el fervor y la devoción de Timoteo se hubieran enfriado en algún grado. Por tanto, la primera amonestación de Pablo a este joven pastor fue avivar el compromiso divino inspirado para proclamar y defender el evangelio y para pastorear fielmente a los creyentes que Dios había confiado a su cuidado.

Por lo cual se refiere a "la fe no fingida" que había en Timoteo, elogiada en el versículo previo. El producto de la fe sincera es el servicio fiel, y el corazón del servicio fiel es usar nuestro don sin reservas para el Señor, los dones que Él distribuye "a cada uno en particular como él quiere" (1 Co. 12:11). Si no usamos nuestro don en el servicio del Señor, nuestra vida en la tierra pierde valor. Nuestro propósito único como cristianos es obedecer y servir al Señor por medio del don con el cual nos bendice de forma única a cada uno de nosotros, de modo que la iglesia pueda edificarse para ser eficaz en el evangelismo.

Pablo quería aconsejar a Timoteo sobre algo que este ya sabía. *Anazpureō* (**avives el fuego**) significa atizar las brasas para que ardan y no mueran. Lleva la misma idea de constancia que la declaración del apóstol "cada día muero" (1 Co. 15:31). Necesitamos enterrar cada día nuestra propia voluntad para permitir continuamente que el Espíritu Santo de Cristo obre su voluntad a través de nosotros. Así como cada creyente necesita, como Pablo, despertar cada día para enterrar su yo, así también cada creyente necesita avivar a diario **el fuego del don de Dios** que ha recibido. La expresión negativa de esta orden es "No apaguéis al Espíritu" (1 Ts. 5:19). Bajo la guía del Espíritu y en su poder, debemos usar regularmente **el don** que hemos recibido de Dios, no sea que se atrofie por la negligencia y el desuso.

Don traduce *charisma*, que denota una expresión específica de *charis* ("gracia") y, por tanto, conlleva la idea de un don de gracia. Se refiere a las categorías generales de los dones espirituales que Pablo explica en Romanos 12 y 1 Corintios 12. Dios, soberanamente, otorga estas capacidades a los creyentes, de acuerdo con su voluntad divina, sin que importe algún mérito, calificación o búsqueda personal. Por tanto, Pablo amonestó así a los romanos: "Teniendo diferentes dones [*charismata*, plural de *charisma*], según la gracia [*charis*] que nos es dada... úsese conforme a la medida de la fe"(Ro. 12:6).

En este pasaje, Pablo usa el singular *charisma* de la misma manera en que Pedro lo hace en su primera carta: "Cada uno según el don que ha recibido, minístrelo a los otros, como buenos administradores de la multiforme gracia de Dios... para que en todo sea Dios glorificado por Jesucristo, a quien pertenecen la gloria y el imperio por los siglos de los siglos. Amén" (1 P. 4:10-11). En ambos casos, los apóstoles hablan de los dones espirituales únicos de cada creyente, los cuales pueden comprender varios dones específicos.

Los dones divinos en el creyente son inseparables de su llamamiento divino. En la salvación, se entregan dones de gracia a cada cristiano para capacitarlo de modo único para servir a Dios en las áreas específicas del ministerio a las que ha sido llamado. Los dones de gracia son facultades divinas para el servicio eficaz al Señor. Los dones de Timoteo lo prepararon no solo para predicar y enseñar, sino para hacer obra de evangelista y así cumplir su ministerio (2 Ti. 4:5).

Pablo recordó a Timoteo que el **don de Dios** para predicar la Palabra ya estaba en él. Lo había recibido en el momento de la salvación pero aún no había fructificado del todo; no se había empleado en toda la capacidad del llamado de Timoteo y del poder del Espíritu. En el capítulo 4, explica explícitamente qué quiere decir con la frase **que avives el fuego del don de Dios que está en ti**. Amonesta así a Timoteo: "[Predica] la palabra; [insta] a tiempo y fuera de tiempo; redarguye, reprende, exhorta con toda paciencia y doctrina" (2 Ti. 4:2).

Por la imposición de mis manos puede significar que Pablo impuso sus manos sobre Timoteo en el momento de su conversión, que correspondía al momento de recibir su don espiritual único. O podría significar que la dote espiritual de Timoteo fue extraordinaria, que la recibió o quizás le fue mejorada en algún momento posterior, **por** las **manos** del apóstol, así como por "la imposición de las manos del presbiterio" (1 Ti. 4:14) y "conforme a las profecías que se hicieron antes en cuanto a [él]" (1 Ti. 1:18).

Pero la amonestación básica de Pablo a Timoteo, y a todos los creyentes, sigue incólume. Los dones divinos deben avivarse continuamente, atizar el fuego para que Cristo pueda obrar completamente su voluntad en nosotros y a través de nosotros. El hecho mismo de que tengamos dones de Dios nos exige su uso constante y completo. Y el hecho de que todo creyente tenga un don otorgado por la divinidad significa que todo creyente está equipado por Dios para el ministerio.

Cualesquiera que sean nuestros dones específicos, deben ejercitarse continuamente en el poder de Dios para la extensión de su reino, para la edificación de su iglesia y para la gloria de su nombre. Si un creyente tiene el don de profecía, debe ejercitarlo "conforme a la medida de la fe; o si de servicio, en servir; o el que enseña, en la enseñanza; el que exhorta, en la exhortación; el que reparte, con liberalidad; el que preside, con solicitud; el que hace misericordia, con alegría"

(Ro. 12:6-8). Y en todos los casos, no debemos ser "perezosos; [sino] fervientes en espíritu, sirviendo al Señor" (v. 11).

Aunque el don de Timoteo se lo dio Dios a través del Espíritu Santo y lo puso en él, no pudo manifestarse ni empezar a funcionar hasta que lo comisionaron para el ministerio. De forma similar, aunque no única, todo creyente debe entregarse genuinamente y sin reservas a servir al Señor en la energía del Espíritu, antes de que su don resulte verdaderamente evidente o eficaz. Cuando el deseo de nuestro corazón es agradar al Señor, Él nos guiará hacia ese deseo en las áreas específicas del servicio para las cuales nos ha llamado. El Señor no se burla de sus hijos. Con amor les entrega deseos que correspondan a sus dones.

Cuando comenzamos a funcionar en el área en la cual Dios nos ha dado dones, nuestra audacia para su servicio aumentará, porque sabemos que estamos haciendo lo que nos ha mandado y para lo cual nos ha capacitado. Nada da más valentía y más protección al creyente para no avergonzarse de Cristo que saberse en la voluntad del Señor y operar su don en el poder del Espíritu Santo.

CONSIDERE SUS RECURSOS

Porque no nos ha dado Dios espíritu de cobardía, sino de poder, de amor y de dominio propio. (1:7)

El segundo medio para evitar avergonzarse de Cristo es considerar nuestros recursos divinos. El verbo griego (*didōmi*) que aparece en la frase **no nos ha dado** está en tiempo indicativo activo aoristo, lo cual muestra una acción pasada completada. **Dios** ya nos ha provisto los recursos.

El Señor puede retener la ayuda especial hasta que tengamos una necesidad especial. Jesús dijo a los doce apóstoles: "Cuando os entreguen, no os preocupéis por cómo o qué hablaréis; porque en aquella hora os será dado lo que habéis de hablar. Porque no sois vosotros los que habláis, sino el Espíritu de vuestro Padre que habla en vosotros" (Mt. 10:19-20). Pero Dios proveyó todo lo que necesitamos para la vida y el servicio fieles a diario cuando empezamos a creer en Él.

Desde una perspectiva negativa, podemos estar seguros de que cualquier **espíritu de cobardía** que pudiéramos tener no viene de Dios. Los dos Testamentos hablan del temor apropiado y adecuado a Dios, en el sentido de sobrecogimiento y reverencia. Pero *deilia* es un miedo tímido, cobarde y que se avergüenza, generado por un carácter débil y egoísta. El Señor nunca es responsable por nuestra cobardía, nuestra falta de confianza o por avergonzarnos de Él. El sustantivo *deilia* (**cobardía**) solo se usa aquí en el Nuevo Testamento y, a diferencia del término más usual para miedo (*phobos*), en general conlleva un significado negativo.

Dunamis (**poder**) denota gran fuerza o energía y es el término del cual provienen *dinámico* y *dinamita*. También tiene la connotación de energía productiva y eficaz, en lugar de aquella que no se ha usado y se está desperdiciando. Dios nos provee su **poder** para que nosotros seamos eficaces en su servicio. Pablo no oró para que a los creyentes de Éfeso se les pudiera dar poder, sino para que fueran conscientes del poder divino que ya poseían. Escribió: Oro "para que sepáis cuál es la esperanza a que él os ha llamado, y cuáles las riquezas de la gloria de su herencia en los santos, y cuál la supereminente grandeza de su poder para con nosotros los que creemos, según la operación del poder de su fuerza, la cual operó en Cristo, resucitándole de los muertos y sentándole a su diestra en los lugares celestiales" (Ef. 1:18-20). Por medio de Cristo, tenemos el recurso del **poder** sobrenatural de Dios, el mismo poder que usó para resucitar a Cristo de los muertos.

Aunque el Espíritu Santo no moraba en los santos del Antiguo Testamento en el mismo grado de plenitud que en los creyentes del Nuevo Testamento (cp. Jn. 14:17), tenían el recurso del Espíritu de Dios que les aportaba ayuda divina cuando vivían para Él y le servían. Entendieron, como declaró Zacarías a Zorobabel, que su fuerza no provenía de poder o ejércitos humanos, sino del Espíritu del Señor (Zac. 4:6).

Es sumamente importante entender que Dios no provee su **poder** para que lo usemos de manera inapropiada en nuestros propios propósitos. Él nos da su **poder** para lograr sus propósitos por medio de nosotros. Cuando nuestra confianza está solo en Él y nuestro único deseo es servirle, Él está dispuesto y "es poderoso para hacer todas las cosas mucho más abundantemente de lo que pedimos o entendemos, según el poder que actúa en nosotros" (Ef. 3:20).

Dios también ha dado a cada creyente el recurso de su **amor** divino que, como su poder, se recibe al momento de nacer de nuevo. Pablo, en su carta a la iglesia de Roma, se regocijaba en que "El amor de Dios ha sido derramado en nuestros corazones por el Espíritu Santo que nos fue dado" (Ro. 5:5).

El amor que tenemos de Dios es *agapē*, el amor volitivo y desinteresado que desea y actúa buscando el bien de la persona a quien se ama. No es emocional y condicional, como suele serlo el amor *philos*, y no tiene nada en común con el amor *erōs*, que es sensual y egoísta. El amor que de Dios tenemos es constante. No comparte el flujo y reflujo o el carácter impredecible de los otros amores. Es una gracia que se niega a sí misma, que en efecto dice a otros: "Me entregaré por ti". De vuelta a Dios, de quien proviene, dice: "Daré mi vida para servirte". Es el "amor en el Espíritu" del creyente (Col. 1:8); el amor, entregado por Dios, de quien pone "su vida por sus amigos" (Jn. 15:13). Es "el amor fraternal no fingido" por el cual nos amamos "unos a otros entrañablemente, de corazón puro" (1 P. 1:22), "el perfecto amor [que] echa fuera el temor" (1 Jn. 4:18). Es el amor que afirma sin reservas ni dudas: "Si vivimos, para el Señor vivimos; y si morimos, para el Señor morimos. Así pues, sea que vivamos, o que muramos, del Señor somos" (Ro. 14:8). Sobre todas las cosas, es "el amor de Cristo, que excede a todo conocimiento" (Ef. 3:19).

Nuestra vida espiritual se mide con precisión por nuestro amor. Si nuestro primer amor es por nosotros, nuestra vida se centrará en buscar nuestro propio bienestar. No nos sacrificaremos por otros ni serviremos al Señor. Pero si amamos con el amor que Dios provee, nuestra vida se centrará en agradarle y en buscar el bienestar de los demás, sobre todo el de otros cristianos. Este amor es el primer fruto del Espíritu y se manifiesta cuando "vivimos por el Espíritu [y andamos] también por el Espíritu" (Gá. 5:22, 25).

Sōphronismos (**dominio propio**) tiene el significado literal de una mente segura y sana, pero también conlleva la idea adicional de una mente, con las prioridades apropiadas, disciplinada y controlada. El **dominio propio** que Dios da permite que los creyentes controlen todo elemento en sus vidas, ya sea positivo o negativo. Les permite experimentar éxitos sin volverse orgullosos y sufrir fracasos sin volverse amargados o perder la esperanza. La vida disciplinada es la vida ordenada divinamente, en la cual la sabiduría divina se aplica a toda situación.

Pablo usó la forma verbal del término en su carta a la iglesia de Roma y la amonestó así: "Digo, pues, por la gracia que me es dada, a cada cual que está entre vosotros, que no tenga más alto concepto de sí que el que debe tener, sino que piense de sí con cordura [*sōphrone*], conforme a la medida de fe que Dios repartió a cada uno" (Ro. 12:3). En su primera carta a Timoteo (3:2) y en su carta a Tito (1:8; cp. 2:2), usó la forma adjetivada para describir una cualidad clave que debe caracterizar a los supervisores, es decir: ser prudente y sensible.

Cuando vivimos de acuerdo al **dominio propio** que nuestro Señor provee en su gracia, nuestras prioridades quedan en el orden correcto y todo aspecto de nuestras vidas se dedica a promover la causa de Cristo. Por el dominio propio que el Espíritu daba a Pablo, él podía decir: "Así que, yo de esta manera corro, no como a la ventura; de esta manera peleo, no como quien golpea el aire, sino que golpeo mi cuerpo, y lo pongo en servidumbre, no sea que habiendo sido heraldo para otros, yo mismo venga a ser eliminado" (1 Co. 9:26-27).

El gran triunvirato espiritual del poder, amor y dominio propio pertenece a cada creyente. Estos no son dones naturales. No nacemos con ellos y no se pueden obtener en un aula o desarrollarse a partir de la experiencia. No son resultado de la herencia, el ambiente o la instrucción. Pero todos los creyentes poseen estos atributos maravillosos, dados por Dios: **poder** para ser eficaces en su servicio, **amor** para tener la actitud correcta hacia Él y los demás, y **dominio propio** para enfocar y aplicar cada parte de nuestra vida de acuerdo a su voluntad.

Cuando todos estos atributos están presentes, ocurren resultados maravillosos. No hay mejor declaración para afirmar esta realidad que la encontrada en la carta de Pablo a la iglesia de Éfeso, a la cual le dijo:

> *Por esta causa doblo mis rodillas ante el Padre de nuestro Señor Jesucristo, de quien toma nombre toda familia en los cielos y en la tierra, para que os dé, conforme a*

> *las riquezas de su gloria, el ser fortalecidos con poder en el hombre interior por su Espíritu; para que habite Cristo por la fe en vuestros corazones, a fin de que, arraigados y cimentados en amor, seáis plenamente capaces de comprender con todos los santos cuál sea la anchura, la longitud, la profundidad y la altura, y de conocer el amor de Cristo, que excede a todo conocimiento, para que seáis llenos de toda la plenitud de Dios. Y a Aquel que es poderoso para hacer todas las cosas mucho más abundantemente de lo que pedimos o entendemos, según el poder que actúa en nosotros, a él sea gloria en la iglesia en Cristo Jesús por todas las edades, por los siglos de los siglos. Amén (Ef. 3:14-21).*

ACEPTE SU SUFRIMIENTO

Por tanto, no te avergüences de dar testimonio de nuestro Señor, ni de mí, preso suyo, sino participa de las aflicciones por el evangelio (1:8*a*)

Una tercera forma de evitar avergonzarse de Cristo es aceptar las consecuencias de ser fiel. Por consiguiente, Pablo aconsejó a Timoteo prepararse para malentendidos, animosidades y rechazos.

Por tanto se refiere al don dado por Dios y a los recursos que Pablo acababa de mencionar en los dos versículos previos. "A la luz de estas bendiciones inconmensurables —decía el apóstol—, no tienes razones para que **te avergüences de dar testimonio de nuestro Señor, ni de** Pablo, **preso suyo**. No te avergüences de mencionar el nombre de Cristo o de ser conocido como mi amigo y compañero de ministerio".

Para cuando se escribió esta carta, probablemente en el año 66 d.C., ser cristiano no solo llevaba a la crítica casi general, sino a la persecución frecuente (como la estaba experimentando Pablo en ese momento) e incluso la muerte. Estar asociado con el **Señor** o con Pablo, **preso suyo**, podía tener un costo muy alto. Es interesante e importante que el apóstol no se considerara en principio **preso** de Roma sino del **Señor** Jesucristo, el cual tenía el control soberano de su vida. Él podía decir: "Traigo en mi cuerpo las marcas del Señor Jesús" (Gá. 6:17).

Pero ser **preso** no solo era resultado *de* su fidelidad a Cristo, sino que resultaba *en* la promoción de la causa de Cristo. A la iglesia de Éfeso le dijo: "Por esta causa yo Pablo [soy] prisionero de Cristo Jesús por vosotros los gentiles" (Ef. 3:1). A los creyentes de Filipos dijo: "Quiero que sepáis, hermanos, que las cosas que me han sucedido, han redundado más bien para el progreso del evangelio, de tal manera que mis prisiones se han hecho patentes en Cristo en todo el pretorio, y a todos los demás. Y la mayoría de los hermanos, cobrando ánimo en el Señor con mis prisiones, se atreven mucho más a hablar la palabra sin temor" (Fil. 1:12-14).

Pablo no pedía a Timoteo hacer lo que él no haría. Le dijo: "**Participa de las aflicciones del evangelio**" (cp. 2:3). **Participa de las aflicciones** traduce la palabra griega compuesta *sunkakopatheō*, que es aquí un imperativo activo. Pablo llamó a Timoteo a compartir su propio deseo grande, su propósito supremo en la vida: "[Conocer a Cristo], y el poder de su resurrección, y la participación de sus padecimientos, llegando a ser semejante a él en su muerte" (Fil. 3:10).

Es importante notar que Pablo está hablando de **las aflicciones del evangelio**, no sobre las aflicciones del castigo por nuestros pecados. No debemos dar a nadie "ninguna ocasión de tropiezo, para que nuestro ministerio no sea vituperado" (2 Co. 6:3). Pedro explica: "Si sois vituperados por el nombre de Cristo, sois bienaventurados, porque el glorioso Espíritu de Dios reposa sobre vosotros... Así que, ninguno de vosotros padezca como homicida, o ladrón, o malhechor, o por entremeterse en lo ajeno" (1 P. 4:14-15). Más bien, continuó diciendo Pedro, "los que padecen según la voluntad de Dios, encomienden sus almas al fiel Creador, y hagan el bien" (v. 19).

Pero cuando vivimos una vida moral y digna delante de nuestra familia, nuestros compañeros de estudio, de trabajo o nuestros vecinos, podemos esperar hostilidad en una u otra forma, porque su inmoralidad e impiedad se harán más aparentes por el contraste. Cuando confrontemos su pecado y demos testimonio de su necesidad de arrepentimiento y salvación, se sentirán ofendidos.

En esta misma carta, más adelante, Pablo se hace eco de la promesa de Jesús según la cual en el mundo los creyentes tendrán aflicciones (Jn. 16:33), asegurándole a Timoteo que "todos los que quieren vivir piadosamente en Cristo Jesús padecerán persecución" (2 Ti. 3:12). **Las aflicciones** son el costo inevitable de la vida cristiana auténtica.

Pero **las aflicciones** por Cristo son más un privilegio que un sacrificio, más una bendición que una prueba. Pablo dijo a los creyentes: "Y aunque sea derramado en libación sobre el sacrificio y servicio de vuestra fe, me gozo y regocijo con todos vosotros" (Fil. 2:17). Podía decir con honestidad humilde: "Nos recomendamos en todo como ministros de Dios, en mucha paciencia, en tribulaciones, en necesidades, en angustias; en azotes, en cárceles, en tumultos, en trabajos, en desvelos, en ayunos; en pureza, en ciencia, en longanimidad, en bondad, en el Espíritu Santo, en amor sincero, en palabra de verdad, en poder de Dios, con armas de justicia a diestra y a siniestra" (2 Co. 6:4-7).

Debemos compartir esa actitud desinteresada con Pablo y con los apóstoles de Jerusalén, quienes "salieron de la presencia del concilio [judío], gozosos de haber sido tenidos por dignos de padecer afrenta por causa del Nombre" (Hch. 5:41).

RECUERDE SU LLAMADO

según el poder de Dios, quien nos salvó y llamó con llamamiento santo, no conforme a nuestras obras, sino según el propósito suyo y la gracia que nos fue dada en Cristo Jesús antes de los tiempos de los siglos, pero que ahora ha sido

manifestada por la aparición de nuestro Salvador Jesucristo, el cual quitó la muerte y sacó a luz la vida y la inmortalidad por el evangelio (1:8*b*-10)

La cuarta manera de evitar avergonzarse de Cristo es sencillamente recordar el llamado santo que nos hizo el Padre celestial, quien, como Pablo acababa de declarar, comparte su poder divino con sus hijos.

Estos pocos versículos son un estudio en miniatura de la soteriología, la doctrina de la salvación. Por supuesto, el apóstol no estaba enseñando verdades nuevas a Timoteo, tan solo le recordaba las bien conocidas verdades cardinales del evangelio, verdades que deberían motivar a todos los creyentes a la fidelidad, al testimonio valiente y a vivir para Jesucristo.

Recordar estas verdades y depositar nuestra confianza en el Dios que las ha dado nos permite: andar "como es digno del Señor, agradándole en todo, llevando fruto en toda buena obra, y creciendo en el conocimiento de Dios; fortalecidos con todo poder, conforme a la potencia de su gloria, para toda paciencia y longanimidad" (Col. 1:10-11)

Por causa del **poder de Dios**, podemos decir con Pablo: "Todo lo puedo en Cristo que me fortalece" (Fil. 4:13). Podemos testificar con Pedro que estamos "guardados por el poder de Dios mediante la fe, para alcanzar la salvación que está preparada para ser manifestada en el tiempo postrero" (1 P. 1:5). El todopoderoso **Dios, quien nos salvó**, también tiene **poder** suficiente para guardarnos. Si "fuimos reconciliados con Dios por la muerte de su Hijo, mucho más, estando reconciliados, seremos salvos por su vida" (Ro. 5:10).

El poder de Dios no siempre se manifiesta en nuestras vidas de maneras obvias. Cuando Pablo oró tres veces para que Dios le quitara cierta aflicción, "un aguijón en [su] carne, un mensajero de Satanás que [lo abofeteaba]", Dios le respondió: "Bástate mi gracia; porque mi poder se perfecciona en la debilidad" (2 Co. 12:7-8). Sin titubeo ni desilusión, Pablo respondió: "Por tanto, de buena gana me gloriaré más bien en mis debilidades, para que repose sobre mí el poder de Cristo. Por lo cual, por amor a Cristo me gozo en las debilidades, en afrentas, en necesidades, en persecuciones, en angustias; porque cuando soy débil, entonces soy fuerte" (vv. 9-10).

Nuestro amoroso Padre celestial está dispuesto y "es poderoso para guardaros sin caída, y presentaros sin mancha delante de su gloria con gran alegría" (Jud. 24). A la luz de esa verdad, Pablo oró por los creyentes de Éfeso, donde había ministrado fielmente durante varios años: "Para que [Dios] os dé, conforme a las riquezas de su gloria, el ser fortalecidos con poder en el hombre interior por su Espíritu; para que habite Cristo por la fe en vuestros corazones, a fin de que, arraigados y cimentados en amor, seáis plenamente capaces de comprender con todos los santos cuál sea la anchura, la longitud, la profundidad y la altura, y de conocer el amor de Cristo, que excede a todo conocimiento, para que seáis llenos de toda la plenitud de Dios" (Ef. 3:16-19).

Dios diseñó soberanamente la salvación; la inicia, sostiene y completa soberanamente. Él nos ha perdonado, justificado y librado del pecado y de Satanás, de la muerte y del infierno. En todo sentido y en todo tiempo —pasado, presente y futuro— Dios es nuestro Salvador.

Ese es el tema principal de las cartas pastorales. Al Todopoderoso se le suele llamar tanto Salvador (1 Ti. 1:1; 2:3; 4:10; Tit. 1:3; 2:10; 3:4) como Jesús (2 Ti. 1:10; Tit. 1:4; 2:13; 3:6). De igual forma, la obra de salvación de Dios en Cristo se presenta conjuntamente en varios lugares (1 Ti. 2:3-6; 4:10; 2 Ti. 2:8-10; Tit. 2:11-14; 3:4-7).

El Dios que nos ha salvado también nos **llamó con llamamiento santo**, o a un llamamiento santo. Pablo no habla del llamado al arrepentimiento y salvación de Dios a los incrédulos, sino de su llamado eficaz y salvador a los creyentes, quienes han sido salvos para ser santos y, en última instancia, para la santidad perfecta y eterna (cp. 1 Jn. 3:2).

Así como el Señor no nos salvó de acuerdo a nuestras obras sino por su gracia, tampoco nos llamó a vivir **conforme a nuestras obras, sino según el propósito suyo** (el plan) **y la gracia** (los medios para operar ese plan). Tal como esa verdad inexplicable es el fundamento del evangelio de salvación, así también es el fundamento del sustento de Dios a quienes ha salvado. Él guardará a los elegidos hasta que alcancen la gloria. Jesús dejó claro que el propósito divino, obrando mediante la gracia divina, alcanzaría su cumplimiento completo. Prometió:

> *Todo lo que el Padre me da, vendrá a mí; y al que a mí viene, no le echo fuera. Porque he descendido del cielo, no para hacer mi voluntad, sino la voluntad del que me envió. Y esta es la voluntad del Padre, el que me envió: Que de todo lo que me diere, no pierda yo nada, sino que lo resucite en el día postrero. Y esta es la voluntad del que me ha enviado: Que todo aquél que ve al Hijo, y cree en él, tenga vida eterna; y yo le resucitaré en el día postrero… Ninguno puede venir a mí, si el Padre que me envió no le trajere; y yo le resucitaré en el día postrero (Jn. 6:37-40, 44; cp. Fil. 1:6; Jud. 24-25).*

Dios "nos escogió en [Cristo] antes de la fundación del mundo, para que fuésemos santos y sin mancha delante de él" (Ef. 1:4; cp. 1 P. 1:2); esto es, debemos vivir **según el propósito suyo y la gracia que nos fue dada en Cristo Jesús antes de los tiempos de los siglos**. Nuestro destino está determinado y sellado desde antes de que el mundo comenzara. Podemos alabar y agradecer a nuestro Padre celestial porque nos ha amado, tal como amó a su Hijo único "antes de la fundación del mundo" (Jn. 17:24). Él nos escogió y nos amó "conforme al propósito eterno que hizo en Cristo Jesús nuestro Señor" (Ef. 3:11).

Pero este plan divino de los siglos se ha manifestado solo ahora por la aparición de nuestro Salvador Jesucristo, **el cual quitó la muerte y sacó a luz la vida**

y la inmortalidad por el evangelio. A menudo, en el Nuevo Testamento (véase p. ej., 1 Ti. 6:14; 2 Ti. 4:1, 8; Tit. 2:13), *epiphaneia* (aparición) suele referirse a la segunda venida de Cristo. Pero, obviamente, aquí se refiere a su primera venida, cuando **quitó la muerte**.

Katargeō (**quitó**) significa literalmente volver inoperante. No es que la **muerte** no exista más o que a los creyentes se les haya prometido escapar de ella, a menos que sean arrebatados. Pero, para los creyentes la **muerte** no es ya una amenaza, un enemigo o el fin. Pablo dijo lleno de alegría, citando a Isaías 25:8 y después a Oseas 13:14: "Y cuando esto corruptible se haya vestido de incorrupción, y esto mortal se haya vestido de inmortalidad, entonces se cumplirá la palabra que está escrita: Sorbida es la muerte en victoria. ¿Dónde está, oh muerte, tu aguijón? ¿Dónde, oh sepulcro, tu victoria?" (1 Co. 15:54-55). El escritor de Hebreos explica: "Él también participó de lo mismo, para destruir por medio de la muerte al que tenía el imperio de la muerte, esto es, al diablo" (He. 2:14).

Más que tan solo abolir la muerte, en la primera aparición de Cristo, Él **sacó a luz la vida y la inmortalidad por el evangelio**. No fue hasta que el Hijo de Dios se encarnó en Jesucristo que Dios eligió revelar toda la verdad sobre **la vida y la inmortalidad** eternas. Sacarlas a la luz significa darlas a conocer. Esa es nuestra área de experiencia. Conocemos la realidad inconmensurable de la existencia inmortal y eterna. Esa también es nuestro gozo y nuestra esperanza en Cristo.

DESE CUENTA DE SU DEBER

del cual yo fui constituido predicador, apóstol y maestro de los gentiles. Por lo cual asimismo padezco esto; (1:11-12*a*)

Para ilustrar las siguientes dos formas de evitar avergonzarse de Cristo, Pablo recurre a su propio ministerio. La primera es darse cuenta del deber personal, sobre el cual Pablo tenía la más fuerte convicción personal. Usando las mismas palabras (en el texto griego) que en la primera carta (1 Ti. 2:7), Pablo le recordó a Timoteo: "**Yo fui constituido predicador, apóstol**".

El griego *egō* (**yo**) está en posición enfática, reafirmando el significado de "yo mismo". **Fui constituido** se refiere, por supuesto, a la comisión divina de Pablo, que recibió de manera dramática en el camino a Damasco, después de la cual el Señor le informó a Ananías, un discípulo fiel en Damasco, que Pablo era un instrumento escogido de Dios para "llevar [su] nombre en presencia de los gentiles, y de reyes, y de los hijos de Israel" (Hch. 9:15). Al menos dos veces testificó Pablo públicamente de ese llamado, primero en las gradas de las barracas del ejército romano ante una multitud grande de Jerusalén (Hch. 22:3-21) y, unos años después, ante el gobernador romano Festo, el rey Agripa y su esposa Berenice en Cesarea (Hch. 26:2-23).

Saulo, como se conocía a Pablo antes de la conversión, no planeaba volverse cristiano. Cuando se encontró por primera vez con Cristo, era el perseguidor principal de la naciente iglesia (cp. Hch. 8:1—9:2). Después de su conversión, tampoco era su plan —ni ningún plan humano— ser un embajador especial de Jesucristo. En la playa cercana a Mileto recordó a los ancianos de Éfeso que había recibido su ministerio solamente "del Señor Jesús, para dar testimonio del evangelio de la gracia de Dios" (Hch. 20:24; cp. Col. 1:25). En la primera carta a la iglesia de Corinto declaró esta verdad en términos aún más fuertes: "Pues si anuncio el evangelio, no tengo por qué gloriarme; porque me es impuesta necesidad; y ¡ay de mí si no anunciare el evangelio!" (1 Co. 9:16).

Pablo menciona primero su misión de **predicador**, de proclamador o heraldo que anuncia pública y oficialmente un mensaje de un gobernante; el Señor Jesucristo, en el caso de Pablo. También fue comisionado **apóstol** "de Jesucristo por la voluntad de Dios" (2 Ti. 1:1; cp. 1 Ti. 1:1) **y maestro**. **Predicador** enfatiza su función en el ministerio, **apóstol** enfatiza su autoridad y **maestro** enfatiza su interpretación del mensaje que proclamaba con autoridad.

Por ello (por su llamado divino triple), **asimismo** padecía **esto**, una referencia, en general, a sus "aflicciones por el evangelio según el poder de Dios" (v. 8) y, en particular, a su santidad (1:4) y a sus "prisiones a modo de malhechor" (2:9; cp. 1:8). Él sufría porque predicaba fielmente el evangelio de la salvación, porque proclamaba esa verdad con autoridad divina y porque proclamaba esa Palabra con revelación divina. Es bastante común que el precio de la devoción al deber divino sea aflicción por cuenta del mundo.

Esto también se aplica a la lista larga de aflicciones que Pablo menciona en su segunda carta a la iglesia de Corinto, en las cuales "como en locura [se jactaba] según la carne" (2 Co. 11:17-18). Hablando sarcásticamente sobre "falsos apóstoles, obreros fraudulentos, que se disfrazan como apóstoles de Cristo [quienes] se disfrazan como ministros de justicia" (vv. 13, 15), preguntó retóricamente:

> *¿Son ministros de Cristo? (Como si estuviera loco hablo). Yo más; en trabajos más abundante; en azotes sin número; en cárceles más; en peligros de muerte muchas veces. De los judíos cinco veces he recibido cuarenta azotes menos uno. Tres veces he sido azotado con varas; una vez apedreado; tres veces he padecido naufragio; una noche y un día he estado como náufrago en alta mar; en caminos muchas veces; en peligros de ríos, peligros de ladrones, peligros de los de mi nación, peligros de los gentiles, peligros en la ciudad, peligros en el desierto, peligros en el mar, peligros entre falsos hermanos; en trabajo y fatiga, en muchos desvelos, en hambre y sed, en muchos ayunos, en frío y en desnudez (vv. 23-27; cp. 6:4-10).*

El ministerio fiel en el servicio al Señor siempre es agridulce. Trae sufrimientos y alegrías, desilusiones y gratitud. Es como el librito que representaba el juicio que tomó Juan "de la mano del ángel, y lo [comió]; y era dulce en [su] boca como la miel, pero cuando lo [hubo] comido, amargó [su] vientre" (Ap. 10:10).

Pero para Pablo, como debe serlo para cada creyente, el sufrimiento era un precio pequeño a pagar, porque su alegría siempre sobrepasaba su sufrimiento y su satisfacción siempre sobrepasaba sus desilusiones. Él decía con regocijo: "Para mí el vivir es Cristo, y el morir es ganancia" (Fil. 1:21). En esa misma carta, dice más adelante: "Aunque sea derramado en libación sobre el sacrificio y servicio de vuestra fe, me gozo y regocijo con todos vosotros" (2:17). A los creyentes de Colosas dio un testimonio similar: "Ahora me gozo en lo que padezco por vosotros, y cumplo en mi carne lo que falta de las aflicciones de Cristo por su cuerpo, que es la iglesia" (Col. 1:24). El peor sufrimiento que soportemos no es comparable a nuestra gloria futura (Ro. 8:18).

Carlos Spurgeon dio una ilustración vívida de la gran satisfacción que viene del servicio cristiano desinteresado:

> Cuando un hombre lleva un balde de agua en su cabeza, se cansa mucho con su carga; pero cuando el mismo hombre está en el mar, ha de tener miles de baldes sobre su cabeza y no percibe su peso porque está inmerso y rodeado de toda esa agua. Los deberes de la santidad son muy irritantes para los hombres que no están sumergidos en ella; pero una vez tales hombres se sumergen en la gracia, soportan diez veces más peso y no lo sienten; más bien, se renuevan con gran gozo.

El deber puede producir el dolor más profundo o el gozo más sublime. El deber espiritual no cumplido trae insatisfacción, lamento y angustia incalculable, sin importar cuán fácil pueda resultar la infidelidad. Por otra parte, el deber espiritual cumplido produce satisfacción incalculable, sea cual sea el costo de la fidelidad. El cristiano obediente a su deber ante el Señor puede decir con Pedro: "Si alguno padece como cristiano, no se avergüence, sino glorifique a Dios por ello" (1 P. 4:16).

CONFÍE EN SU SEGURIDAD

pero no me avergüenzo, porque yo sé a quién he creído, y estoy seguro que es poderoso para guardar mi depósito para aquel día. (1:12*b*)

Para resumir el testimonio anterior y volver a usar como ejemplo su propia experiencia, Pablo da la sexta forma de evitar avergonzarse de Cristo: confiar en la seguridad espiritual.

Pablo **no** se avergonzaba de su Señor, **porque**, decía él, estaba seguro de **a quién** había **creído**. *Oida* (saber) conlleva la idea de conocer con certeza. Se usa con frecuencia en el Nuevo Testamento para el conocimiento que tiene Dios y para el conocimiento del hombre por la revelación directa de Dios o por la experiencia natural. En el Sermón del Monte, Jesús usó este verbo para tranquilizar a sus oyentes: "Vuestro Padre sabe de qué cosas tenéis necesidad, antes que vosotros le pidáis" (Mt. 6:8). Juan lo usó repetidas veces para el conocimiento de Jesús: dice que Él "sabía lo que había de hacer" (Jn. 6:6) y que "sabía desde el principio quiénes eran los que no creían, y quién le había de entregar" (v. 64; cp. 8:14; 11:42; 13:11).

Quién se refiere a Dios Padre (v. 8) o a Jesucristo (vv. 9-10). En cualquier caso, el significado básico es el mismo: Pablo tenía el conocimiento salvador, de primera mano e íntimo sobre Dios.

Pisteuō (**he creído**) está en presente perfecto, e indica algo que comenzó en el pasado y tiene resultados continuos. Como ya señalamos, el objeto del conocimiento cierto de Pablo no era una cosa, ni siquiera la verdad de Dios, tan importante como esta pueda ser, sino Dios mismo. No era la teología de Pablo, revelada divinamente, sino Aquel que la revelaba, **a quién** había **creído**. En palabras de Juan, era un padre espiritual que había llegado a conocer al Eterno (1 Jn. 2:14).

Pablo testifica: "**Estoy seguro que** [Dios] **es poderoso** [*dunatos*, lit., tiene el poder suficiente] **para guardar mi depósito**". *Phulassō* (**guardar**) era un término militar usado para un soldado de guardia que era responsable de proteger con su propia vida lo que habían dejado a su cuidado. Pablo estaba **seguro**, no solo por las promesas divinas, sino por la fidelidad constante de Dios, que ya le había mostrado en tal medida que podía dar testimonio por los encuentros y experiencias personales. Preguntó retóricamente:

> *¿Quién nos separará del amor de Cristo? ¿Tribulación, o angustia, o persecución, o hambre, o desnudez, o peligro, o espada? Como está escrito: Por causa de ti somos muertos todo el tiempo; somos contados como ovejas de matadero. Antes, en todas estas cosas somos más que vencedores por medio de aquel que nos amó. Por lo cual estoy seguro de que ni la muerte, ni la vida, ni ángeles, ni principados, ni potestades, ni lo presente, ni lo por venir, ni lo alto, ni lo profundo, ni ninguna otra cosa creada nos podrá separar del amor de Dios, que es en Cristo Jesús Señor nuestro (Ro. 8:35-39).*

Pablo confió en su seguridad absoluta en Dios. Había pasado por años de tentaciones, oportunidades, dificultades, tribulaciones y pruebas implacables. Había visto el poder de Dios una y otra vez, en él y alrededor de él. Había visto al Señor sanar, proteger, guiar y animar (cp. 2 Ti. 4:14-18). Se había encontrado personalmente con Cristo en el camino a Damasco había sido "arrebatado al paraíso, donde oyó palabras inefables que no le es dado al hombre expresar… Y para que la grandeza de las revelaciones no [lo] exaltase desmedidamente, [le] fue dado un aguijón en [su] carne, un mensajero de Satanás que [lo abofeteara], para que no [se enalteciera] sobremanera" (2 Co. 12:4, 7).

Su confianza no provenía de un credo, sistema teológico, denominación u orden. Tan solo provenía de su relación cercana y continua con Dios, a quien le había entregado su vida sin reservas al ir tras su misión divina sin preocuparse por su vida, bienestar personal o seguridad. Sin reserva alguna, le confió todo su **depósito para aquel día**. Su única ambición era, ausente o presente, serle agradable (2 Co. 5:9).

Más adelante Pablo identifica **ese día**, diciendo: "Por lo demás, me está guardada la corona de justicia, la cual me dará el Señor, juez justo, en aquel día; y no sólo a mí, sino también a todos los que aman su venida" (2 Ti. 4:8). Es el día en que los creyentes estarán ante el *bēma*, "el tribunal de Cristo" (Ro. 14:10), donde "la obra de cada uno se hará manifiesta; porque el día la declarará, pues por el fuego será revelada; y la obra de cada uno cuál sea, el fuego la probará (1 Co. 3:13)", de forma tal "que cada uno reciba según lo que haya hecho mientras estaba en el cuerpo, sea bueno o sea malo" (2 Co. 5:10).

Al igual que Pedro, Pablo sabía con certeza perfecta que estaba guardado "por el poder de Dios mediante la fe, para alcanzar la salvación que está preparada para ser manifestada en el tiempo postrero" (1 P. 1:5). Tenía confianza plena en la promesa de Jesús al respecto de su rebaño: "Yo les doy vida eterna; y no perecerán jamás, ni nadie las arrebatará de mi mano. Mi Padre que me las dio, es mayor que todos, y nadie las puede arrebatar de la mano de mi Padre" (Jn. 10:28-29). Cuando nuestra vida le pertenece a Jesucristo, ¡nada, ni siquiera todos los demonios del infierno o el mismo Satanás, puede tocarnos!

AFIRME SU DOCTRINA

Retén la forma de las sanas palabras que de mí oíste, en la fe y amor que es en Cristo Jesús. Guarda el buen depósito por el Espíritu Santo que mora en nosotros. (1:13-14)

La séptima forma de evitar sentirse avergonzado de Cristo es afirmar y asirse a la sana doctrina. Aunque nuestra confianza última es en Cristo, su verdad también es de gran importancia. De hecho, es un requisito absoluto para la vida fiel, además de serlo para la certeza de nuestra seguridad. Si pertenecemos a Cristo, *estaremos* seguros; pero si rechazamos su seguridad, nuestra confianza en esa seguridad se desvanece. Muchos cristianos, tal vez la mayoría, no tienen la valentía de las convicciones, simplemente porque no están del todo convencidos. Antes de entregar su vida por lo que usted cree, usted debe creerlo.

En una entrevista de radio, hace unos años, dije: "Lo particularmente trágico en la cantidad de escándalos que plagan el cristianismo evangélico actual es que tantas iglesias e individuos que se dicen cristianos se preocupen muy poco por la verdad bíblica y las normas bíblicas para la vida. En nombre del amor, el entendimiento y la paz en la iglesia y con la sociedad, se acepta casi cualquier teología, o al menos no se le cuestiona, sin importar cuán contraria sea a las Escrituras".

Gran parte de la iglesia profesante carece de convicción teológica esencial. Como sucede con el mundo alrededor de ellas, muchas personas que andan en el nombre de Cristo creen que afirmar y enseñar doctrinas absolutas no es amoroso, es antagónico y ni siquiera es cristiano. Se ajustan a la descripción de Pablo sobre aquellos que en los últimos días "no sufrirán la sana doctrina, sino que teniendo comezón de oír, se amontonarán maestros conforme a sus propias concupiscencias, y apartarán de la verdad el oído y se volverán a las fábulas" (2 Ti. 4:3-4). Cuando usted examina a quienes hoy día ridiculizan la doctrina, se da cuenta de que son como aquellos de los últimos días descritos por Pablo: "Amadores de sí mismos, avaros, vanagloriosos, soberbios, blasfemos, desobedientes a los padres, ingratos, impíos, sin afecto natural, implacables, calumniadores, intemperantes, crueles, aborrecedores de lo bueno, traidores, impetuosos, infatuados, amadores de los deleites más que de Dios, que tendrán apariencia de piedad, pero negarán la eficacia de ella... [Estos] siempre están aprendiendo, y nunca pueden llegar al conocimiento de la verdad" (2 Ti. 3:2-5, 7). La sana doctrina lleva a la vida santa, y su ausencia lleva a una vida no santa.

La forma traduce *hupotupōsis,* que se usaba para el esbozo de un artista o escritor con el cual determinaba la guía y la forma del trabajo terminado. **La forma** cristiana es la Palabras de Dios, que comprende **las sanas palabras que** se oyeron de Pablo, apóstol de Jesucristo. En las Escrituras tenemos la verdad y la forma de Dios, todo lo que deberíamos querer tener. Es la verdad sola, inspirada divinamente, revelada divinamente, absoluta, única, perfecta y suficiente. En ella se encuentra todo lo necesario para la salvación y para la vida de acuerdo a la salvación. Más adelante en esta carta, Pablo elogia a Timoteo diciéndole: "Desde la niñez has sabido las Sagradas Escrituras, las cuales te pueden hacer sabio para la salvación por la fe que es en Cristo Jesús. Toda la Escritura es inspirada por Dios, y útil para enseñar, para redargüir, para corregir, para instruir en justicia, a fin de que el hombre de Dios sea perfecto, enteramente preparado para toda buena obra" (2 Ti. 3:15-17).

La valentía en el ministerio cristiano, además de la vida cristiana en general, no es posible sin convicciones bíblicas fuertes. Pero Pablo le da el equilibrio necesario a su consejo. Las convicciones bíblicas fuertes deben asirse y enseñarse **en la fe y amor que es en Cristo Jesús**. Cuando defendemos la Palabra de Dios en un espíritu de santurronería y sin amor, la controversia y la oposición resultantes no son causadas completamente por lo ofensivo de la verdad, sino por la forma ofensiva y poco espiritual con la que se proclama la verdad. Debemos defender la Palabra de Dios **en la fe**, esto es, con la actitud correcta de confianza hacia Dios; y debemos defenderla en amor, con la actitud correcta de bondad y compasión por los incrédulos, por los creyentes inmaduros y por aquellos a quienes se les enseñó mal. "Siguiendo la verdad en amor, crezcamos en todo en aquel que es la cabeza, esto es, Cristo" (Ef. 4:15). Aunque no debemos tener una ortodoxia dubitativa o muerta, tampoco debemos tener una ortodoxia carente de amor, fría e insensible.

La morada del Espíritu Santo en los creyentes es una doctrina cardinal del Nuevo Testamento. Poco antes de la crucifixión de Jesús, Él prometió a sus discípulos: "Y yo rogaré al Padre, y os dará otro Consolador, para que esté con vosotros para siempre: el Espíritu de verdad" (Jn. 14:16-17). Inmediatamente antes de su ascensión, les prometió también: "Recibiréis poder, cuando haya venido sobre vosotros el Espíritu Santo, y me seréis testigos en Jerusalén, en toda Judea, en Samaria, y hasta lo último de la tierra" (Hch. 1:8). En la carta a los romanos, Pablo declaró: "Vosotros no vivís según la carne, sino según el Espíritu, si es que el Espíritu de Dios mora en vosotros. Y si alguno no tiene el Espíritu de Cristo, no es de él" (Ro. 8:9). Y preguntó retóricamente a los creyentes de Corinto: "¿No sabéis que sois templo de Dios, y que el Espíritu de Dios mora en vosotros?" (1 Co. 3:16; cp. 6:19).

Por tanto, tal como Dios tiene el poder para guardar lo que se le ha confiado (v. 12), también *nos* da poder para guardar **el buen depósito** que nos ha confiado **por el Espíritu Santo que mora en nosotros**. Los teólogos dirían que esto describe los dos lados de nuestra seguridad: el poder de Dios que guarda y la perseverancia de los santos, fortalecida por el Espíritu. Pablo, al final de la carta anterior, dio una orden similar: "Oh Timoteo, guarda lo que se te ha encomendado, evitando [específicamente] las profanas pláticas sobre cosas vanas, y los argumentos de la falsamente llamada ciencia" (1 Ti. 6:20).

El depósito de nuestras vidas está seguro con Dios. La pregunta es: ¿cuán seguro está el depósito de la verdad divina con nosotros? Las universidades, seminarios, pastores y otros líderes espirituales que se desvían de las Escrituras hacia "un evangelio diferente", queriendo "pervertir el evangelio de Cristo" (Gá. 1:6-7), enfrentarán un día espantoso de juicio ante Dios. La responsabilidad más solemne de cada creyente, especialmente de aquellos a quienes el Señor ha llamado a ser predicadores y maestros, es mantener y defender la integridad de su Palabra.

ESCOJA A SUS COMPAÑEROS

Ya sabes esto, que me abandonaron todos los que están en Asia, de los cuales son Figelo y Hermógenes. Tenga el Señor misericordia de la casa de Onesíforo, porque muchas veces me confortó, y no se avergonzó de mis cadenas, sino que cuando estuvo en Roma, me buscó solícitamente y me halló. Concédale el Señor que halle misericordia cerca del Señor en aquel día. Y cuánto nos ayudó en Éfeso, tú lo sabes mejor. (1:15-18)

La octava manera de evitar avergonzarse de Cristo es escoger cuidadosamente las personas cercanas, algo que aquí implica Pablo. En estos cuatro versículos contrasta los obreros que se avergonzaban del evangelio con los que no.

Él advirtió a la iglesia de Corinto: "No se dejen engañar: 'Las malas compañías corrompen las buenas costumbres'" (1 Co. 15:33, NVI). Si nos relacionamos con cristianos valientes espiritualmente, nuestra propia valentía se verá fortalecida; pero si nos asociamos con quienes se avergüenzan de Cristo y su evangelio, pronto nos contagiarán la vergüenza.

El primer grupo que menciona Pablo incluía **todos los que están en Asia**, los **que** le **abandonaron**. Se avergonzaron de Pablo porque se avergonzaban del evangelio que él predicaba y defendía, y se volvieron hasta más avergonzados y temerosos cuando él fue encarcelado por causa de la fe (cp. v. 8). Timoteo **ya** sabía **esto**, porque él había sido pastor por algunos años en Éfeso, una ciudad en la provincia romana de **Asia**. Una vez Pablo fue hecho prisionero, muchos de los hombres que habían estado con él, inclusive **los que** estaban **en Asia**, estaban temerosos de ser hallados culpables por asociación. Decidieron no tener nada más que ver con el apóstol, el cual no solo había ministrado con ellos sino para ellos, porque la prioridad que tenían era la preservación personal.

Ser rechazado por el mundo no es agradable, pero ser abandonado por los colaboradores en el servicio de Cristo es particularmente doloroso. Ver que aquellos por quienes usted ha invertido su vida para edificarlos espiritualmente se alejan, y a veces se tornan contra usted, es algo que rompe el corazón hasta el extremo.

Pablo se había entregado desinteresadamente por esos hombres de Asia. Como los creyentes de Galacia, eran hijos espirituales de Pablo, con los cuales él volvería "a sufrir dolores de parto", hasta que Cristo se formara en ellos (Gá. 4:19). No es de sorprender que haya expresado al comienzo de esta segunda epístola su anhelo profundo de ver a Timoteo, uno de los pocos que no le había abandonado (2 Ti. 1:4).

Entre los desertores estaban **Figelo y Hermógenes**, sobre quienes no conocemos nada, excepto su cobardía. Podemos asumir que Timoteo los conocía porque Pablo no dice nada más para identificarlos. Y es probable que fueran bien conocidos en Asia, que fueran cercanos a Pablo y que fueran líderes prometedores porque él se toma la molestia de nombrarlos específicamente entre muchos otros. Quizás ellos serían los últimos de los que se sospechara la cobardía, la ingratitud y el avergonzarse de Cristo y de Pablo.

Aunque, sin duda, Pablo continuaba amando a aquellos hombres, que demostraron no amarlo, su amor por ellos no le permitía ocultar su deserción. "El Señor al que ama, disciplina, y azota a todo el que recibe por hijo" (He. 12:6); de igual forma, el pueblo de Dios debe disciplinar a quienes sean inmorales e infieles entre ellos. Aun los ancianos "que persisten en pecar, [deben reprenderse] delante de todos, para que los demás también teman" (1 Ti. 5:20).

El segundo grupo que menciona Pablo se erige en marcado contraste con el grupo de Asia. Pablo terminó su reprensión de estos dando nombres, y comienza los elogios de aquellos dando un nombre. Ora por que **el Señor** tenga **misericordia de la casa de Onesíforo**, quien, como Figelo y Hermógenes, era conocido deTimoteo. Obviamente, esta familia vivía en Éfeso o cerca porque Pablo le pide a Timoteo que los salude (4:19).

Onesíforo se había hecho amigo de Pablo mientras estaba en la prisión. **Muchas veces confortó** a Pablo**, y no se** avergonzaba **de** sus **cadenas**; esto es, de que estuviera prisionero. Visitaba regularmente al apóstol anciano y ministraba a sus necesidades, sin miedo ni vergüenza. Cuando este amigo fue por primera vez a **Roma**, **buscó** a Pablo **solícitamente y** lo **halló**, sugiriendo que la búsqueda requirió tiempo considerable, esfuerzo y quizás peligro.

En gratitud profunda, Pablo volvió a orar por que **el Señor** le concediera **que** hallara **misericordia cerca del Señor en aquel día**, el mismo día del juicio de las obras de los creyentes mencionado en el versículo 12 y referido una vez más en 4:8. La devoción de Onesíforo por Pablo había comenzado muchos años antes. Había demostrado su valentía y fidelidad por su ayuda **en Éfeso**, cuando el apóstol ministró allí.

Como Onesíforo, Martín Lutero, el instrumento principal de Dios en la Reforma del siglo XVI, poseía esa valentía cristiana en gran abundancia. Roland Bainton, un biógrafo suyo, escribe de él: “Lutero puso su mirada en el camino a Jerusalén y no se volvió atrás. Entró a Worms, aunque allí había tantos demonios como tejas en los tejados… Pasó por alto todas las consideraciones y se puso completamente en las manos de Dios” (*Here I Stand: A Life of Martin Luther* [Aquí estoy: La vida de Martín Lutero] [Nueva York: Abingdon, 1950], p. 181).

Los elementos de la vida espiritual fuerte

3

Tú, pues, hijo mío, esfuérzate en la gracia que es en Cristo Jesús. Lo que has oído de mí ante muchos testigos, esto encarga a hombres fieles que sean idóneos para enseñar también a otros. Tú, pues, sufre penalidades como buen soldado de Jesucristo. Ninguno que milita se enreda en los negocios de la vida, a fin de agradar a aquel que lo tomó por soldado. Y también el que lucha como atleta, no es coronado si no lucha legítimamente. El labrador, para participar de los frutos, debe trabajar primero. Considera lo que digo, y el Señor te dé entendimiento en todo. (2:1-7)

Hace unos años, se descubrió a dos adolescentes en un ático encadenados a sus camas, donde habían estado confinados desde su niñez. Estaban totalmente desorientados y tenían un comportamiento casi animal. Estaban desnutridos y habían vivido sin amor, y, como cabría esperar, no se habían desarrollado bien en todo sentido (físico, emocional, social y mental). Eran producto del abuso infantil en su expresión más maligna.

Hoy día, es igualmente trágica la condición de muchos hijos de Dios que están desnutridos espiritualmente y, en consecuencia, experimentan poco desarrollo, están confundidos, desorientados y son inmaduros en las cosas del Señor. En la actualidad hay más predicadores populares que en cualquier otro momento de la historia, pero pocos son poderosos. Hay mucha actividad, pero poco fruto espiritual; se habla mucho del cristianismo, pero hay poca convicción; se hacen elevadas proclamas morales, pero hay poca responsabilidad; hay muchos credos doctrinales, pero mucha componenda.

En la gran mayoría de casos, las iglesias débiles resultan de liderazgos débiles, especialmente de liderazgos pastorales débiles. La debilidad espiritual hace que los líderes y las congregaciones se sometan a casi toda moda pasajera, sin importar cuán frívola sea. Como un cuerpo físico desnutrido y anémico, tienen poca resistencia a los desórdenes y males que los debilitan aún más. Y la dificultad más pequeña es angustiosa porque solo cuentan con sus recursos propios. Buscan vendajes psicológicos y soluciones mundanas porque tienen poca confianza y comprensión de la Palabra de Dios. Tienen pocas defensas contra Satanás y son presa fácil de los falsos maestros. Son "niños [espirituales] fluctuantes, llevados por doquiera de todo viento de doctrina, por estratagema de hombres que para engañar emplean con astucia las artimañas del error" (Ef. 4:14; cp. He. 13:9). Incluso, escuchan "a espíritus engañadores y a doctrinas de demonios" (1 Ti. 4:1) porque dejaron "los rudimentos de la doctrina de Cristo" (He. 6:1).

La debilidad espiritual también puede provenir de la fatiga, la frustración y los obstáculos en apariencia infranqueables de la obra del Señor. Después de la muerte de Moisés, Josué tenía la tarea formidable de liderar a Israel en la conquista de Canaán. Por tanto, el Señor animó a Josué diciéndole: "Esfuérzate y sé valiente; porque tú repartirás a este pueblo por heredad la tierra de la cual juré a sus padres que la daría a ellos. Solamente esfuérzate y sé muy valiente, para cuidar de hacer conforme a toda la ley que mi siervo Moisés te mandó; no te apartes de ella ni a diestra ni a siniestra, para que seas prosperado en todas las cosas que emprendas" (Jos. 1:6-7). Pablo dijo a los creyentes titubeantes de Corinto: "Velad, estad firmes en la fe; portaos varonilmente, y esforzaos" (1 Co. 16:13). Incluso consideró necesario decirle a la iglesia fiel de Éfeso esto: "Fortaleceos en el Señor, y en el poder de su fuerza" (Ef. 6:10).

Hace varios años, los ingenieros de New Jersey estaban construyendo un puente sobre la desembocadura de un río en la costa atlántica. Cuando estaban echando los pilotes, llegaron al casco de un barco viejo que estaba enterrado en la arena. Para mantener el puente sobre la ruta planeada debían sacar el barco. Después de probar con todos los medios mecánicos posibles, el barco seguía en su lugar. Un ingeniero joven sugirió ubicar varias barcazas sobre el casco, a cada lado, pasar cables por debajo del casco y atarlos con fuerza a las barcazas cuando la marea estuviera baja. Cuando la marea subiera, el casco se habría aflojado un poco. En la siguiente marea baja, los cables se apretarían otra vez, y en la marea alta el barco se soltaría otro poco más. Después de continuar el proceso durante varios ciclos de mareas, el barco terminó por liberarse. Lo que la fuerza mecánica desarrollada por medios humanos no pudo lograr, las fuerzas inmensamente mayores de la naturaleza sí lo hicieron con facilidad.

Muchos cristianos e iglesias son como ese casco, inmersos en la inmovilidad espiritual. Reconocen el problema y prueban todos los medios humanos para soltarse, pero sin provecho alguno. Pero el Padre celestial puede lograr con el poder de su Espíritu lo que ninguno de sus hijos puede.

EL MANDATO DE SER FUERTES

Tú, pues, hijo mío, esfuérzate en la gracia que es en Cristo Jesús. (2:1)

Como mencionamos en la Introducción y en los capítulos anteriores de este comentario, Timoteo estaba pasando por un tiempo de vacilación y debilidad espirituales. Podría estar cuestionando su llamado, sus dones o la suficiencia de la provisión divina. Estaba enterrado en alguna clase de dificultades, y no podía quitárselas de encima. Fueran cuales fueran los particulares, Pablo se dio cuenta de que su hijo en la fe necesitaba avivar "el fuego del don de Dios" que estaba en él (2 Ti. 1:6). Como indicamos en el último capítulo, él no necesitaba más de Dios, sino que necesitaba usar, con entrega y confianza, las provisiones divinas que ya poseía. Necesitaba recordar y ejercer el poder, el amor y el dominio propio (v. 7) que el Espíritu Santo había provisto para él y provee para todo creyente. Necesitaba descartar su vergüenza del "testimonio de nuestro Señor" y estar dispuesto a unirse a Pablo en "las aflicciones por el evangelio según el poder de Dios" (v. 8). Como el apóstol, Timoteo necesitaba estar convencido de que Él "es poderoso para guardar [su] depósito para aquel día" (v. 12); necesitaba retener "la forma de las sanas palabras que [oyó de Pablo], en la fe y amor que es en Cristo Jesús" (v. 13); necesitaba evitar los miembros infieles de la iglesia, como Figelo y Hermógenes; y necesitaba identificarse con los creyentes fieles como Onesíforo y los de su casa (vv. 15-16).

Resumiendo ese consejo, Pablo dijo: "**Tú, pues, hijo mío, esfuérzate en la gracia que es en Cristo Jesús**". El verbo **esfuérzate** es imperativo, cosa que lo convierte en orden. Aun así, es una orden atemperada por el profundo amor de Pablo a Timoteo, su **hijo**. Había ternura en el corazón de Pablo porque hay ternura en el corazón de Dios. Hasta los más fuertes mandatos del Señor se dan con amor. Él amonesta a su hijos con firmeza pero con amor, y de esa forma amonestó Pablo a su **hijo** espiritual Timoteo, el cual no tenía razones para no esforzarse porque tenía "fe no fingida" en la cual lo habían criado su madre y su abuela (1:5), porque Dios le había dado dones especiales y lo había ordenado por la imposición de manos de Pablo (v. 6) y de los ancianos de Éfeso (1 Ti. 4:14) y por los recursos abundante mencionados en el resto del capítulo 1. Pablo le estaba diciendo a Timoteo: "Hijo mío, la obra del Señor en Éfeso depende de ti, este ministerio te fue asignado y ordenado por Dios". La eficacia de su ministerio no solo dependía de *tener* el llamado y los recursos, sino de *usarlos* fielmente en el poder y la gloria de Dios.

Aunque completamente bíblico, es una paradoja asombrosa que a pesar de la soberanía de Dios y de ser Él todopoderoso, confíe a sus hijos adoptivos la propagación del evangelio de salvación de su Hijo verdadero, Jesucristo.

Sin embargo, el verbo **esfuérzate** también es pasivo, lo cual indica que la fuente de la fuerza de Timoteo no estaba en él mismo, sino **en la gracia que es en Cristo Jesús**. Una traducción algo mejor sería: "por *medio* de **la gracia que es en Cristo Jesús**". Tal como somos salvos solamente "por medio de la fe; y esto no de [nosotros], pues es don de Dios" (Ef. 2:8), también mantenemos la salvación por la gracia de Dios, el cual "es fiel y justo para perdonar [continuamente] nuestros pecados, y limpiarnos de toda maldad" (1 Jn. 1:9). Nuestra única fuerza espiritual eficaz está "en el Señor, y en el poder de su fuerza" (Ef. 6:10). Nos edificamos en la "santísima fe", al orar "en el Espíritu Santo" y conservarnos "en el amor de Dios" (Jud. 20-21).

La gracia continua de Dios en las vidas de los creyentes actúa en la justificación y la santificación, en el perdón y la santidad y en su gracia aplicada a nuestro servicio. La misma gracia que nos perdona y nos hace santos es la gracia que nos da poder. Estamos continuamente en la esfera de la gracia porque pertenecemos a Cristo. Pero para disfrutar la esfera de la bendición debemos vivir en la esfera de la obediencia.

En 2 Timoteo 2:2-6 Pablo presenta cuatro elementos clave de la vida espiritual fuerte y obediente; usa las analogías vívidas de un maestro (v. 2), un soldado (vv. 3-4), un atleta (v. 5) y un labrador (v. 6).

EL MAESTRO

Lo que has oído de mí ante muchos testigos, esto encarga a hombres fieles que sean idóneos para enseñar también a otros. (2:2)

La primera metáfora es la de un maestro que enseña a otro, quien a su vez enseña a otros maestros, quienes luego enseñarán a otros más. Aunque Pablo solo menciona cuatro generaciones de maestros, la idea es un proceso continuo.

El Nuevo Testamento ni enseña ni respalda la idea de la sucesión apostólica. Pero claramente enseña, en este y otros pasajes que el evangelio ha de promulgarse de generación en generación. Por supuesto, Jesús era el Maestro de maestros. Él enseñó a los apóstoles, quienes después enseñaron a otros, quienes enseñaron a otros, que aún están enseñando a otros, y así por toda la historia de la iglesia. William Barclay comenta: "El maestro es un eslabón de la cadena viviente que se extiende ininterrumpidamente desde este presente momento hacia atrás hasta Jesucristo mismo" (*Comentario al Nuevo Testamento* [Barcelona: Clie, 2005], p. 840). En todas las generaciones, Dios ha levantado nuevos eslabones en esta cadena viviente de **hombres fieles**, para pasar las buenas noticias de Jesucristo a las personas de los tiempos de cada uno.

Juan termina su evangelio con esta declaración: "Hay también otras muchas cosas que hizo Jesús, las cuales si se escribieran una por una, pienso que ni aun en el mundo cabrían los libros que se habrían de escribir" (Jn. 21:25). Lucas no era un apóstol, pero era cercano a los apóstoles hasta tal punto que mucho de lo que conocemos sobre el ministerio terrenal del Señor y del ministerio de los apóstoles en la iglesia primitiva, lo sabemos por la mano de Lucas, guiada por el Espíritu. En el libro de Hechos, Lucas comienza diciendo: "En el primer tratado [el Evangelio de Lucas], oh Teófilo, hablé acerca de todas las cosas que

Jesús comenzó a hacer y a enseñar, hasta el día en que fue recibido arriba" (Hch. 1:1-2). Como Juan, informa que lo registrado recuenta solo las cosas que "Jesús *comenzó* a hacer y a enseñar" (cursivas añadidas) hasta la ascensión. Justo antes de ascender, Jesús dijo a los discípulos que esperaban en el Monte de los Olivos: "Pero recibiréis poder, cuando haya venido sobre vosotros el Espíritu Santo, y me seréis testigos en Jerusalén, en toda Judea, en Samaria, y hasta lo último de la tierra" (Hch. 1:8).

Esa noche los once regresaron al aposento alto, donde solían quedarse y, bajo la guía del Señor, escogieron a Matías para remplazar a Judas (vv. 21-26). Unos años después, Cristo personal y directamente llamó a Pablo para ser el apóstol número trece (cp. Hch. 9:3-20), "un abortivo", quien se consideraba "el más pequeño de los apóstoles, que no [se consideraba] digno de ser llamado apóstol, porque [persiguió] a la iglesia de Dios" (1 Co. 15:8-9). Pero, por la gracia y la elección soberana de Dios, era tan apóstol como los otros (cp., p. ej., Ro. 1:1; 11:13; 1 Co. 9:1).

Los apóstoles, algunos por solo un breve tiempo antes de que fueran martirizados, proclamaron el evangelio que habían recibido de Cristo a otros hombres fieles —profetas, ancianos, diáconos y muchos otros—, entre los cuales estaba Timoteo. Ahora era el turno de Timoteo de encargar a otros el evangelio y otras verdades reveladas.

En una competencia de atletismo estatal por invitación, durante mis años de universidad, representé a mi equipo como el segundo hombre en la carrera de relevos de una milla. El primero recorrió su trecho rápidamente y yo lo hice bien en el segundo. Pero poco después de haberle pasado el testigo al tercero, uno de nuestros mejores corredores, él se detuvo, caminó hacia el interior y se sentó. Nuestro primer pensamiento de horror fue que había tenido un desgarro en un tendón o se torció un tobillo. Corrí por el campo y pregunté:

—¿Qué pasó?

—No sé —respondió—. Ya no quería seguir corriendo.

De manera comprensible, los compañeros de equipo, el técnico y todos los demás de la universidad estaban fastidiados y disgustados.

—¿Cómo pudiste hacer eso? —preguntamos—. ¿No sabes que no te representas solamente a ti, sino a tu equipo y a tu escuela? ¿Se te olvidó el tiempo que invirtieron el técnico y los otros miembros del equipo para llegar adonde estamos? ¿Cómo pudiste destruir todo eso en un segundo corto y egoísta?

En un nivel infinitamente más importante, hay incontables líderes de la iglesia que han abandonado el servicio del Señor, algunos sin mejor razón que la apatía de aquel corredor universitario.

Timoteo no había llegado a ese punto de deserción, pero está claro que Pablo sabía que su joven amigo, su hijo en la fe, se sentía tentado en esa dirección. Por tanto, antes de que ocurriera esa crisis seria, estaba queriendo decir: "Ni se te ocurra abandonar o cortar tu trabajo para satisfacer tus propios deseos. Este no es tu ministerio sino el del Señor y tú no tienes derecho a salirte o a aflojar hasta que Él 'te saque del juego' por el arrebatamiento o la muerte. No puedo permitir que seas un eslabón roto en la cadena de testigos fieles de Dios. No solo tienes que seguir, también debes ayudar a otros a andar y a continuar".

La primera etapa del "relevo" espiritual fue la verdad que pasó de Pablo a Timoteo, descrita aquí por el apóstol como el recibo y estudio cuidadoso por parte de Timoteo de **lo que** había **oído de** Pablo durante los años que viajó junto a él y ministró con él en Éfeso.

Ante muchos testigos conlleva la idea completa de respaldo por el testimonio confirmador de otros maestros, inclusive la enseñanza de otros apóstoles. Pedro autenticó en su segunda carta (escrita casi al tiempo que 2 Timoteo) que Pablo predicaba con autoridad la Palabra de Dios (cp. 2 P. 3:14-16). Ciertamente, tales **testigos** debían incluir a quienes eran, junto con Pablo, predicadores y maestros, como Bernabé y Silas (cp. Hch. 14:1-3, 21-22; 15:35; 20:4). Otros líderes bien educados en la iglesia, como Lucas, compañero de muchos viajes de Pablo, también estaría calificado para confirmar a Timoteo la autenticidad divina de la enseñanza paulina. Desde cuando Timoteo conoció a Pablo y lo empezó a acompañar (Hch. 16:1-3), estuvo expuesto a la enseñanza y al consejo privado de **muchos testigos** piadosos, además de Pablo.

Paratithēmi (**encarga**) aquí es un imperativo y conlleva la idea de depositar algo valioso para salvaguardarlo. Es una forma verbal del sustantivo *parathēkē*, usado dos veces en el capítulo anterior para referirse al tesoro que Pablo le había confiado al Señor (1:12) y que Pablo le había confiado a Timoteo (v. 14); a saber, el tesoro "de las sanas palabras que de [Pablo oyó]" (v. 13). Ahora era tiempo de que el tesoro confiado a Timoteo fuera confiado a otros.

La tarea de Timoteo era correr la segunda etapa, como si fuera el relevo espiritual en el cual tendría que encargar **lo que** había oído de Pablo; esto es, pasar la enseñanza profunda de la Palabra de Dios **a hombres fieles** bajo su cuidado. Aquello que debía guardar cuidadosamente (1:14; cp. 1 Ti. 6:20), también debía enseñarlo cuidadosamente.

La verdad de la cual habla aquí Pablo está más allá del mensaje básico de salvación, el cual debe predicarse a todos los que lo oigan. Se refiere más a la capacitación sistemática y cuidadosa de los líderes de la iglesia que enseñarán y discipularán a otros creyentes en la plenitud de la Palabra de Dios. Este ministerio particular ha de ser selectivo. Está reservado para los **hombres fieles que sean idóneos para enseñar también a otros**. Está indicando a Timoteo que invierta en las vidas de hombres devotos espiritualmente, con el don de enseñar a evangelistas y pastores potenciales. Tales hombres deben haber demostrado su amor por el Señor y su talento para servirle. Deben estar precalificados por la capacidad y el carácter espiritual demostrados, además de una labor fructífera.

Pistos (**fieles**) se usa más adelante, en este mismo capítulo, para la confiabilidad de la promesa de Dios según la cual "si somos muertos con él, también viviremos con él", y pocos versículos más adelante para Cristo, quien, "si fuéremos infieles... permanece fiel; [porque] Él no puede negarse a sí mismo". En otras palabras, este encargo especial está reservado para **hombres** cuyo carácter refleja fidelidad de la Palabra de Dios y del Hijo de Dios. En este contexto, **fieles** no se refiere solamente al carácter espiritual sino a los dones espirituales. Dios no llama a todos los creyentes a ser maestros y maestros de maestros. Pablo sabía que Timoteo tenía estos dones (cp. 1:6) y aquí le instruye para encontrar a otros con los mismos dones y enseñarles.

Como Timoteo, todo predicador y maestro debe guardar la pureza e integridad de la Palabra de Dios. Algunos de ellos están llamados a enseñar con exactitud y completamente a otros líderes fieles de la iglesia. Como ya se mencionó, si la iglesia es débil es porque los líderes son débiles. De manera opuesta, si la iglesia es fuerte, sus líderes deben ser fuertes. Y los líderes se pueden volver fuertes solo si son fortalecidos cuidadosamente en la Palabra de Dios. Todos hemos recibido la verdad de hombres fieles anteriores a nosotros y debemos preservarla para que pase con precisión y completa a la siguiente generación (cp. 1 Ti. 6:20; 2 Ti. 2:14).

Ese es el propósito principal por el cual se crean escuelas bíblicas, universidades cristianas y seminarios, también el propósito por el cual se escriben libros y comentarios: para preparar a cristianos dedicados para el servicio eficaz a la iglesia y al mundo. Y, dentro de ese propósito amplio, hay uno más específico de dar atención especial a levantar nuevas generaciones de líderes espirituales maduros, especialmente formados y dedicados a guardar con cuidado y expresar con fidelidad la verdad de Dios.

Antes y después del antiguo pacto, Dios levantó muchos hombres y mujeres fieles para que fueran testigos suyos. También llamó a Israel como nación para que le fueran "un reino de sacerdotes y gente santa". Y no solo a sacerdotes y profetas, sino a todo el pueblo le fue "confiada la palabra de Dios" (Ro. 3:2). Debían ser una *nación* de intermediarios y testigos de Dios al mundo gentil y pagano. Siglos antes de que Cristo diera la Gran Comisión a los discípulos de ir y hacer discípulos en todas las naciones (Mt. 28:19), Dios había dado una comisión similar a su pueblo Israel. Tristemente, ellos no prestaron atención ni cumplieron esa misión y, para los tiempos de nuestro Señor, el liderazgo de Israel era apóstata y satánico (cp. Jn. 8:44).

La tercera etapa en el relevo es a líderes espirituales maduros, u **hombres fieles**, cuidadosamente capacitados, para enseñar a otros que sean prometedores. Ese es tan solo el comienzo de un proceso continuo de reproducción espiritual, de recibir enseñanza y enseñar, y debe continuar hasta el regreso de nuestro Señor.

En un nivel más general, un proceso similar debe involucrar a todos los creyentes, cualesquiera que sean sus dones espirituales. Esta responsabilidad se aplica sobre todo a los ancianos, "los que trabajan en predicar y enseñar" (1 Ti. 5:17). Pero los padres, los maestros de escuela dominical y los líderes de jóvenes también son responsables de pasar la Palabra de Dios a quienes están bajo su cuidado. Todo cristiano tiene esa responsabilidad con cualquier hermano en Cristo a quien tenga la oportunidad de discipular, aunque sea por poco tiempo.

En un sentido aun más amplio, todo creyente tiene la responsabilidad de enseñar la verdad de Dios a cualquier otro creyente, incluso a quienes son más antiguos y maduros en la fe. Los pastores pueden aprender de otros miembros de la iglesia, los padres pueden aprender de sus hijos, los maestros pueden aprender de sus alumnos, las esposas pueden aprender de sus esposos, los esposos pueden aprender de sus esposas y los amigos pueden aprender de los amigos.

EL SOLDADO

Tú, pues, sufre penalidades como buen soldado de Jesucristo. Ninguno que milita se enreda en los negocios de la vida, a fin de agradar a aquel que lo tomó por soldado. (2:3-4)

La segunda figura que usa Pablo para ilustrar las características de una vida espiritual fuerte es la de un soldado. En la carta a la iglesia de Éfeso, Pablo expande esta figura. Después del consejo ya citado de fortalecerse "en el Señor, y en el poder de su fuerza" (6:10), él dice: "Vestíos de toda la armadura de Dios, para que podáis estar firmes contra las asechanzas del diablo. Porque no tenemos lucha contra sangre y carne, sino contra principados, contra potestades, contra los gobernadores de las tinieblas de este siglo, contra huestes espirituales de maldad en las regiones celestes. Por tanto, tomad toda la armadura de Dios, para que podáis resistir en el día malo, y habiendo acabado todo, estar firmes" (vv. 11-13). A los creyentes de Corinto les amonestó con respecto al lado ofensivo de esa batalla, diciendo: "Pues aunque andamos en la carne, no militamos según la carne; porque las armas de nuestra milicia no son carnales, sino poderosas en Dios para la destrucción de fortalezas" (2 Co. 10:3-4).

Pablo no solo llama a Timoteo a servir al Señor como soldado, sino **como buen soldado de Jesucristo**. Un cristiano espiritual no cumple solamente al mínimo con su deber por su Señor, **Jesucristo**; le sirve además con todo lo que es y lo que tiene.

La primera marca de un **buen soldado** que menciona Pablo es la voluntad de sufrir **penalidades**. Otras versiones de la Biblia en español añaden la idea de "sufrir penalidades conmigo" (NVI, DHH, NTV), lo que daría tranquilidad a Timoteo de que no le pediría nada que él mismo no vaya a hacer o esté dispuesto a hacer. *Sunkakopatheō* (**sufre penalidades** con) es un verbo compuesto que significa sufrir males o dolores junto con alguien más. Un erudito traduce la frase así: "soportar parte del maltrato". *Con* no representa una preposición separada en griego, es parte del verbo (*sun*). *Conmigo* solo está implicado en el griego, el contexto indica que Pablo está hablando de sí mismo.

En la mayoría del mundo occidental, a los cristianos les es difícil entender qué significa la guerra espiritual seria y el sufrimiento por Cristo. El ambiente secular de nuestra sociedad se está haciendo cada vez más hostil hacia el cristianismo y hacia la religión en general. Pero no nos enfrentamos a perder nuestros trabajos, a encarcelamiento o ejecuciones por causa de nuestra fe. Con pocas excepciones, ser cristiano no provocará que un estudiante no sea aceptado en la universidad o que un empleado no consiga trabajo. Pero cuanto más fiel se haga un cristiano y cuanto más bendiga el Señor su trabajo, Satanás pondrá más obstáculos, dificultades y rechazos en el camino, y más evidente se hará la guerra espiritual y más frecuentes y obvias se harán las **penalidades.**

Un soldado **que milita** no tiene un trabajo de 9 a 5, ni siquiera un trabajo de 60-70 horas por semana. Es soldado las 24 horas del día, cada día del año. Su cuerpo, su salud, sus habilidades, su tiempo —todo lo que él es— pertenece al ejército al cual sirve. Aun cuando este de licencia, está sujeto a volver a ser llamado en cualquier momento, sin aviso y por cualquier razón. Y cuando se le ordena ir en una misión peligrosa, se espera que arriesgue su vida hasta el límite sin cuestionarlo o dudar.

En consecuencia, está separado de su ambiente natural, de modo que no **se enreda en los negocios de la vida**. **Se enreda** traduce una forma pasiva de *emplekō*, que significa literalmente "entrelazar". Pablo no habla necesariamente de cosas que estén mal en sí mismas. No se trata de que un soldado no tenga ningún tipo de contacto con sus antiguos amigos y entorno, sino que no debe quedarse atrapado y enredado en ellos. Tales cosas son irrelevantes para su labor de soldado y siempre están sujetas a dejarse de lado. De la misma manera, un buen soldado de Cristo Jesús se niega a permitir que los asuntos terrenales interfieran con el cumplimiento de su deber para su Señor. Muchos cristianos, pastores, ministerios especiales e iglesias de sana doctrina se han debilitado por preocupaciones y actividades que son inocentes en sí mismas, pero han permitido que desplacen el propósito principal de servir a Jesucristo en promover su reino contra las fuerzas de las tinieblas.

Jesús reconoció que esa separación y llamado al deber requerido a su discípulo fiel, un soldado en servicio activo, no es fácil.

> *Yendo [Jesús y sus discípulos], uno le dijo en el camino: Señor, te seguiré adondequiera que vayas. Y le dijo Jesús: Las zorras tienen guaridas, y las aves de los cielos nidos; mas el Hijo del Hombre no tiene dónde recostar la cabeza. Y dijo a otro: Sígueme. Él le dijo: Señor, déjame que primero vaya y entierre a mi padre. Jesús le dijo: Deja que los muertos entierren a sus muertos; y tú ve, y anuncia el reino de Dios. Entonces también dijo otro: Te seguiré, Señor; pero déjame que*

> *me despida primero de los que están en mi casa. Y Jesús le dijo: Ninguno que poniendo su mano en el arado mira hacia atrás, es apto para el reino de Dios (Lc. 9:57-62).*

En la parábola del sembrador, Jesús identifica a los falsos creyentes, cuya fe no salvadora es de corta vida, con "el que fue sembrado entre espinos, éste es el que oye la palabra, pero el afán de este siglo y el engaño de las riquezas ahogan la palabra, y se hace infructuosa" (Mt. 13:22). Esta es la clase de cristianos profesantes temporales de la cual habló Pedro: "Si habiéndose ellos escapado de las contaminaciones del mundo, por el conocimiento del Señor y Salvador Jesucristo, enredándose otra vez en ellas son vencidos, su postrer estado viene a ser peor que el primero" (2 P. 2:20).

"Los afanes de este siglo, y el engaño de las riquezas" de los cuales habló Jesús están entre **los negocios de la vida** que pueden evitar que los creyentes le sirvan fielmente. Tal como el soldado que cumple con su deber arriesga su vida voluntariamente en el servicio de su país, así también el cristiano se negará a sí mismo, tomará su cruz y seguirá a Cristo (Mt. 16:24); dirá con Pablo: "[No] estimo preciosa mi vida para mí mismo, con tal que acabe mi carrera con gozo, y el ministerio que recibí del Señor Jesús, para dar testimonio del evangelio de la gracia de Dios" (Hch. 20:24).

La tercera marca de un buen soldado es el deseo genuino **de agradar a aquel que lo tomó por soldado**. De la misma forma, pero de mucha mayor importancia, el deseo más profundo de todo cristiano es agradar al Señor Jesucristo, su jefe supremo, **aquel que lo tomó por soldado**. Es imposible servir a dos jefes, tal como es imposible servir a dos señores (Mt. 6:24). La esperanza más deseada de todo cristiano es recibir recompensa por el servicio fiel y oír decir a su Señor: "Bien, buen siervo y fiel; sobre poco has sido fiel, sobre mucho te pondré; entra en el gozo de tu señor" (Mt. 25:21).

El deseo fuerte de agradar a otras personas es característica integral del hombre caído. E incluso los cristianos, por la influencia continua del hombre caído (Ef. 4:22), son tentados con agradar a los hombres. Muchos cristianos sucumben a esa tentación y se preocupan más por agradar a sus compañeros de trabajo, vecinos y amigos que por agradar al Señor. Y por esa misma razón, muchos pastores caen en la trampa de querer agradar a sus congregaciones o comunidades más que al Señor. Ese deseo lleva inevitablemente al declive espiritual y moral, porque agradar al mundo, inclusive a los cristianos mundanos, exige comprometer la verdad de Dios, las normas divinas y la santidad personal. Exige olvidar que Cristo es nuestro primer amor. Por la situación de la iglesia de Éfeso pocos años después de que Pablo escribiera esta carta a Timoteo (el cual era pastor en Éfeso), sabemos que olvidar a Cristo como nuestro primer amor es posible incluso cuando nuestra doctrina sea sana y nos esforcemos y perseveremos en ella (cp. Ap. 2:2-4).

Cuando eso ocurre, debemos recordar de dónde hemos caído y arrepentirnos (v. 5). Debemos recordar el testimonio aleccionador de Pablo: "Si todavía agradara a los hombres, no sería siervo de Cristo" (Gá. 1:10). Cuando Cristo es nuestro primer amor, procuraremos, "ausentes o presentes, serle agradables" (2 Co. 5:9; 1 Ts. 2:4).

EL ATLETA

Y también el que lucha como atleta, no es coronado si no lucha legítimamente. (2:5)

La tercera figura usada por Pablo para ilustrar las características de la vida espiritual fuerte es la de un **atleta**, una metáfora recurrente en sus cartas.

La frase **lucha como atleta** traduce el verbo *athleō*, que quiere decir competir, contender, luchar contra, oponerse. La idea es una lucha que requiere de una gran determinación para ganar. Los atletas luchan, contienden, compiten y se esfuerzan por ganar.

La diferencia entre el primero y el segundo lugar en un evento atlético no siempre es asunto de talento. Como ocurre en la fábula de la liebre y la tortuga, un atleta con menos capacidades suele sobrepasar a alguno superior físicamente y más experimentado, simplemente por tener más determinación y persistencia.

Una vez, mientras veía una competición de decatlón entre Estados Unidos, Polonia y la Unión Soviética, le pedí a un amigo que estaba entrenando al equipo estadounidense que me dijera cuál era el mejor atleta entre los competidores. Él me señaló un joven ágil y delgado, a lo cual pregunté: "¿Crees que él va a ganar hoy?". Para mi sorpresa, contestó: "No". Cuando le pregunté por qué, señaló a otro atleta y dijo: "Él es el que va a ganar porque tiene más determinación, una voluntad más férrea. Es el competidor mentalmente más fuerte que haya visto". Efectivamente, él ganó aquel día. Su nombre era Bruce Jenner y dos años más adelante ganó la medalla de oro de los Juegos Olímpicos en decatlón, cosa que lo ubicó como el mejor atleta del planeta.

Por supuesto, nuestra competencia espiritual no es contra otros cristianos. Tratar de ganarle a otro creyente está lejos de ser espiritual. En su lugar, nuestra competición es contra nuestro ego antiguo y carnal, contra el mundo y contra Satanás y sus servidores. Nuestra meta es proseguir a la meta, "al premio del supremo llamamiento de Dios en Cristo Jesús" (Fil. 3:14).

Sin embargo, hasta el **atleta** más capaz y determinado, el que más se esfuerza por ganar, **no es coronado si no lucha legítimamente**.

En los juegos griegos, que continuaron durante siglos bajo el gobierno romano y aún estaban vigentes en el tiempo de Pablo, cada participante debía satisfacer tres calificaciones: de nacimiento, de entrenamiento y de competición. Primero, debía ser alguien que de verdad nació griego. Segundo, debía prepararse al menos diez meses para los juegos y jurarlo ante una estatua de Zeus. Tercero, debía competir dentro de unas reglas específicas de un evento dado. No cumplir alguno de estos requisitos significaba la descalificación automática.

Reglas comparables a estas se aplican a los cristianos espirituales. Debemos ser verdaderamente nacidos de nuevo; debemos ser fieles en el estudio y la obediencia a la Palabra de Dios, en la negación propia y en la oración; y debemos vivir de acuerdo con las normas divinas de Cristo sobre el discipulado.

El solo hecho de que seamos cristianos significa que debemos satisfacer el requisito de ser nacido de nuevo. Pero los otros dos están lejos de ser automáticos y requieren dedicación y esfuerzo constantes. Juntos constituyen la disciplina espiritual, que viene de la misma raíz que "discípulo" y el fundamento de la madurez espiritual. El discípulo disciplinado tiene el control de sus afectos, emociones, prioridades y objetivos.

Sobra decir que todos los atletas serios deben emplear esfuerzos especiales no solo durante el juego o competencia, sino durante los meses, e incluso años, de antemano. Cuando Pablo escribió a los creyentes de Corinto, los cuales conocían muy bien los juegos ístmicos, que se jugaban en las cercanías, preguntó retóricamente: "¿No sabéis que los que corren en el estadio, todos a la verdad corren, pero uno solo se lleva el premio? Corred de tal manera que lo obtengáis. Todo aquel que lucha, de todo se abstiene; ellos, a la verdad, para recibir una corona corruptible, pero nosotros, una incorruptible. Así que, yo de esta manera corro, no como a la ventura; de esta manera peleo, no como quien golpea el aire, sino que golpeo mi cuerpo, y lo pongo en servidumbre, no sea que habiendo sido heraldo para otros, yo mismo venga a ser eliminado" (1 Co. 9:24-27). La victoria de Pablo en el reino del ministerio dependía de su cuerpo, con deseos e impulsos que no lo controlaban, sino todo lo contrario.

Como enfatiza Pablo en este pasaje, la corona (*stephanos*) por la cual competían los atletas griegos era perecedera; pero la espiritual, por la cual compite el cristiano, es imperecedera. Es "la corona [*stephanos*] de justicia, [que a Pablo dará el Señor], juez justo, en aquel día; y no sólo a [Pablo], sino también a todos los que aman su venida" (2 Ti. 4:8); "la corona incorruptible de gloria" que recibiremos "cuando aparezca el Príncipe de los pastores" (1 P. 5:4); "la corona de vida, que Dios ha prometido a los que le aman" (Stg. 1:12; Ap. 2:10). Un día, como los veinticuatro ancianos, nosotros "[nos postraremos] delante del que está sentado en el trono, y [adoraremos] al que vive por los siglos de los siglos, y [echaremos nuestras] coronas delante del trono" (Ap. 4:10).

EL LABRADOR

El labrador, para participar de los frutos, debe trabajar primero. (2:6)

La cuarta y última imagen familiar de Pablo para ilustrar las características de la vida espiritual fuerte es la de un **labrador**. El labrador trabaja para conseguir la cosecha. De esa manera vive. En los tiempos del Nuevo Testamento, se solía pagar a quienes trabajaban en la labranza con una porción del cultivo que ayudaban a plantar, cultivar y cosechar. **El labrador** debía **trabajar primero** para poder **participar de los frutos**. El maestro obtiene recompensa al saber que ha enriquecido las vidas de sus estudiantes, el soldado tiene la recompensa de agradar a su comandante en jefe, el atleta tiene la recompensa del trofeo, y el labrador tiene la recompensa de participar de los frutos.

Debe trabajar es una forma de participio del verbo *kopiaō*, que significa literalmente esforzarse intensamente, sudar y esmerarse hasta el punto de quedar exhausto, si es necesario. El labrador diligente comienza su trabajo duro y exigente temprano, y termina tarde. Soporta el calor, la lluvia y la sequía. Ara el suelo tanto si está duro o blando. No espera según su criterio porque las estaciones no lo esperan a él. Cuando llega el tiempo de plantar, debe plantar; cuando aparece la cizaña, debe arrancarla; y cuando el cultivo está maduro, debe cosecharlo. Lo que lleva a que el labrador se esfuerce tanto es la cosecha.

El maestro suele encontrar euforia en las mentes en ciernes de sus estudiantes, el soldado suele encontrar emoción en la batalla, y el atleta por la emoción de la competencia. Pero la mayoría de horas de trabajo de un labrador son tediosas, rutinarias y poco emocionantes. Y, a diferencia del maestro, el soldado y el atleta, el labrador suele trabajar solo. No tiene estudiantes que lo estimulen, no tiene otros soldados que batallen junto a él, no tiene compañeros de equipo o multitudes que lo animen.

Las vidas de muchos cristianos son como la de un labrador. Aunque pueden existir momentos ocasionales de emoción y de satisfacción especial, la rutina suele ser poco atractiva y poco compensadora. Pero, sean cuales sean las responsabilidades en juego, a todos los creyentes fieles Dios les promete bendición y recompensa. Podemos tener un mal salario, recibir trato injusto de nuestro jefe o de los otros empleados y no ser entendidos o apreciados por otros cristianos; pero la recompensa de Cristo a sus discípulos fieles nunca es deficiente, nunca es injusta, nunca es tardía y nunca se omite.

Nuestras buenas obras no tienen nada que ver con mantener nuestra salvación, de la misma manera en que no tienen que ver con obtenerla. Pero tienen todo que ver con obrar nuestra salvación (Fil. 2:12). Pablo nos recuerda que no solo somos "hechura de Dios", sino que fuimos "creados en Cristo Jesús para buenas obras, las cuales Dios preparó de antemano para que anduviésemos en ellas" (Ef. 2:10). Cuando los creyentes estén ante el tribunal de Cristo, su *bēma*, "la obra de cada uno se hará manifiesta; porque el día la declarará, pues por el fuego será revelada; y la obra de cada uno cuál sea, el fuego la probará. Si permaneciere la obra de alguno que sobreedificó, recibirá recompensa" (1 Co. 3:13-14).

CONCLUSIÓN

Considera lo que digo, y el Señor te dé entendimiento en todo. (2:7)

Hay ciertas cosas que el cristiano espiritual debe soportar, como sufrir por la fe. Hay determinadas cosas que debe evitar, como dejarse enredar por los asuntos del mundo. Hay ciertos mandamientos que debe obedecer; a saber, los mandamientos del Señor. Hay ciertas cosas que debe hacer, inclusive tareas que parecen mundanas y corrientes. Y, con toda seguridad, hay cosas que se le darán para disfrutar, como la victoria y las recompensas de una vida disciplinada, desinteresada y dedicada. El Señor nos dice por medio de su apóstol: "Estad firmes y constantes, creciendo en la obra del Señor siempre, sabiendo que vuestro trabajo en el Señor no es en vano" (1 Co. 15:58).

"**Considera lo que digo**", continúa Pablo. El verbo *noeō* (**considera**) solo se usa aquí en el Nuevo Testamento. Denota percibir con claridad de mente, con comprensión total, con consideración cuidadosa, con ponderación y reflexión. Aquí la forma es imperativa, y nos indica que Pablo estaba dando una amonestación fuerte, no un simple consejo.

El apóstol decía a Timoteo, y también a los creyentes de hoy: "Ante el Señor, piensa y considera cuidadosamente lo que he dicho. Contempla tu vida y pregúntate si eres un cristiano fuerte, un cristiano espiritual y maduro. ¿Te estás dedicando a guardar y enseñar la Palabra de Dios? ¿Te niegas a ti mismo, y consideras que tu vida no tiene importancia a fin de servir fielmente al Señor? ¿Te mantienes alejado de los asuntos del mundo? ¿Te preparas continuamente para servir a tu Señor? ¿Entiendes la negación y el sacrificio personal? ¿Estás dispuesto a pagar el precio que Él pide?".

Si podemos responder afirmativamente a esas preguntas, tenemos la promesa de que **el Señor** nos dará **entendimiento en todo**. A través de los desafíos, andaremos con sabiduría y visión, hasta la victoria.

Los motivos para el ministerio sacrificial

4

Acuérdate de Jesucristo, del linaje de David, resucitado de los muertos conforme a mi evangelio, en el cual sufro penalidades, hasta prisiones a modo de malhechor; mas la palabra de Dios no está presa. Por tanto, todo lo soporto por amor de los escogidos, para que ellos también obtengan la salvación que es en Cristo Jesús con gloria eterna. Palabra fiel es esta: Si somos muertos con él, también viviremos con él; si sufrimos, también reinaremos con él; si le negáremos, él también nos negará. Si fuéremos infieles, él permanece fiel; Él no puede negarse a sí mismo. (2:8-13)

Jeremías fue, con mucho, el hombre de Dios más fiel de su época. Pero su vida es mala publicidad para el evangelio de la prosperidad contemporáneo. Durante la mayor parte de su vida terrenal, su fidelidad lo llevó a más y mayor ridículo y persecución que terminaron, según nos dice la tradición, en su lapidación. Nació en una familia sacerdotal pero se le llamó a ser profeta, el más perseguido de todo el Antiguo Testamento. Se negó a comprometer la verdad de Dios y por esa fidelidad sufrió lo que podría llamarse un martirio de toda la vida. Aun así, continuó anhelando la salvación de su pueblo y oraba: "¡Oh, si mi cabeza se hiciese aguas, y mis ojos fuentes de lágrimas, para que llore día y noche los muertos de la hija de mi pueblo!" (Jer. 9:1).

Después de años de oposición y tormento, Jeremías clamó desconcertado a Dios: "Tú, Señor, eres justo cuando argumento contigo. Sin embargo, quisiera exponerte algunas cuestiones de justicia. ¿Por qué prosperan los malvados? ¿Por qué viven tranquilos los traidores?" (Jer. 12:1, NVI). La paciencia con sus conciudadanos se estaba acabando, y ahora clamaba a Dios de esta manera: "Arrebátalos como a ovejas para el degolladero, y señálalos para el día de la matanza" (v. 3). También perdió la paciencia con Dios y le preguntó: "¿Hasta cuándo estará desierta la tierra, y marchita la hierba de todo el campo? Por la maldad de los que en ella moran, faltaron los ganados y las aves; porque dijeron: No verá Dios nuestro fin" (Jer. 12:4).

La respuesta de Dios no fue la que Jeremías —o cualquiera de nosotros— habría esperado. El Señor le preguntó a su profeta: "Si corriste con los de a pie, y te cansaron, ¿cómo contenderás con los caballos?" (v. 5). En otras palabras, Dios dijo a Jeremías: "Tu sufrimiento por mí acaba de comenzar. Apenas estás aprendiendo a soportar". En lugar de recibir simpatía, se le llamó a tener fortaleza y valentía.

Esencialmente, esa es la exhortación de Pablo a Timoteo, el cual en esta ocasión enfrentaba oposición creciente en el seno de la iglesia y también del exterior. Timoteo no debía retroceder o deleitarse en la autocompasión. En su lugar, debía esforzarse "en la gracia que es en Cristo Jesús... [y sufrir] penalidades como buen soldado de Jesucristo (2 Ti. 2:1, 3).

Cualquier estudiante cuidadoso del Nuevo Testamento sabe que una confesión verdadera de Jesús como Salvador y Señor lleva implícito un sometimiento voluntario e incondicional a Él y a la obra de su reino, cualquiera que sea el costo, incluso la muerte.

Cerca del final del Sermón del Monte, Jesús dijo: "No todo el que me dice: Señor, Señor, entrará en el reino de los cielos, sino el que hace la voluntad de mi Padre que está en los cielos" (Mt. 7:21; cp. Lc. 6:46). Poco después, dijo a los doce apóstoles: "El que no toma su cruz y sigue en pos de mí, no es digno de mí. El que halla su vida, la perderá; y el que pierde su vida por causa de mí, la hallará" (Mt. 10:38-39). Cerca del final del ministerio de Cristo, cuando comenzó "a declarar a sus discípulos que le era necesario ir a Jerusalén y padecer mucho de los ancianos, de los principales sacerdotes y de los escribas; y ser muerto, y resucitar al tercer día", repitió la verdad anterior con palabras ligeramente diferentes: "Si alguno quiere venir en pos de mí, niéguese a sí mismo, y tome su cruz, y sígame. Porque todo el que quiera salvar su vida, la perderá; y todo el que pierda su vida por causa de mí, la hallará" (Mt. 16:21, 24-25). En el que se conoce como su segundo discurso de despedida, Jesús dijo: "Acordaos de la palabra que yo os he dicho: El siervo no es mayor que su señor. Si a mí me han perseguido, también a vosotros os perseguirán; si han guardado mi palabra, también guardarán la vuestra" (Jn. 15:20).

El servicio fiel al Señor siempre ha sido costoso. Hablando sobre los santos del Antiguo Testamento, el escritor de Hebreos dijo: Algunos "fueron atormentados, no aceptando el rescate, a fin de obtener mejor resurrección. Otros experimentaron vituperios y azotes, y a más de esto prisiones y cárceles. Fueron apedreados, aserrados, puestos a prueba, muertos a filo de espada; anduvieron de acá para allá cubiertos de pieles de ovejas y de cabras, pobres, angustiados, maltratados; de los cuales el mundo no era digno; errando por los desiertos, por los montes, por las cuevas y por las cavernas de la tierra" (He. 11:·5-38). Aquellos hombres y mujeres fieles podrían haberse hecho eco a las palabras de Pablo: "[No] estimo preciosa mi vida para mí mismo, con tal que acabe mi carrera con gozo, y el ministerio que recibí del Señor Jesús, para dar testimonio del evangelio de la gracia de Dios" (Hch. 20:24).

A través de toda la historia de la iglesia, el costo del discipulado ha seguido siendo alto. Millones de millones han sufrido severamente por la causa de Cristo, incluyendo a quienes han entregado sus vidas. Muchos creyentes han sido vilipendiados y abandonados por cónyuges incrédulos, un abandono especialmente difícil para las esposas que se quedaban al cuidado de sus hijos. A menudo hay rechazo y exclusión por parte de amigos, familiares o socios de negocios que se ofenden por el evangelio. Incluso en la iglesia, "los que quieren agradar en la carne" se molestan con la santidad verdadera. Sustituyen las normas espirituales divinas con normas humanamente alcanzables, como hacían los judaizantes con respecto a la circuncisión, "para no padecer persecución a causa de la cruz de Cristo" (Gá. 6:12). Las normas divinas son onerosas para los creyentes egocéntricos y obstinados, y estos suelen dificultar la vida de los creyentes que buscan vivir de acuerdo con esas normas en el poder del Espíritu.

Durante la segunda guerra mundial, en la isla de Panay, Filipinas, once misioneros fueron martirizados. Uno de ellos era el doctor Francis Rose, el cual escribió estas palabras retadoras y punzantes en el comúnmente llamado "Himno de los mártires":

> Todo progreso humano hacia Dios
> ha manchado los peldaños del tiempo con sangre;
> porque para el cristianismo todo avance logrado,
> con el martirio de alguien fue comprado.
>
> Derramó por nosotros la copa carmesí,
> y nos invitó a tomarla y beberla.
> Para hacernos libres se entregó a sí mismo.
> Ayúdanos, oh Cristo, a beberla contigo.
>
> Multitud de santos vienen juntos al hogar,
> desde las catacumbas y la cueva del león.
> Desafiaron el fuego, la espada y las bestias;
> por Cristo, su Rey, murieron cantando.
>
> Con ojos de fe vemos hoy
> que la columna guiada por la cruz se abre camino
> a lo largo del Calvario repetido de la vida.
> ¡Nos levantamos, oh Cristo, para seguirte!

La proclamación valiente del evangelio continuará provocando animosidad y oposición de los ciegos espirituales que rechazan a Cristo hasta que Él regrese. En el discurso de despedida citado anteriormente, Jesús dijo a los discípulos: "En el mundo tendréis aflicción; pero confiad, yo he vencido al mundo" (Jn. 16:33). Más adelante, en esta carta, Pablo le recordaría a Timoteo que "los que quieren vivir piadosamente en Cristo Jesús padecerán persecución" (2 Ti. 3:12). Satanás procura que la persecución acompañe la fidelidad a Cristo.

En 2 Timoteo 2:8-13 Pablo asegura a este joven pastor que, no obstante, hay razones más que suficientes para que él y todos los cristianos sufran voluntariamente por Cristo, para que pongan todo en esta vida en juego por Él. Ningún sacrificio —burlas, alienación, rechazo, deserción, prisiones o incluso la muerte— es demasiado para sufrirlo. La importancia y la recompensa de un ministerio y vida fiel, sin mencionar el honor y la gloria del Señor en quien confiamos y a quien servimos, sobrepasan con mucho cualquier sacrificio personal que puedan incitar nuestra confianza y servicio.

Menos de diez años antes, Pablo había escrito a la iglesia de Roma:

> *¿Quién nos separará del amor de Cristo? ¿Tribulación, o angustia, o persecución, o hambre, o desnudez, o peligro, o espada? Como está escrito: Por causa de ti somos muertos todo el tiempo; somos contados como ovejas de matadero. Antes, en todas estas cosas somos más que vencedores por medio de aquel que nos amó. Por lo cual estoy seguro de que ni la muerte, ni la vida, ni ángeles, ni principados, ni potestades, ni lo presente, ni lo por venir, ni lo alto, ni lo profundo, ni ninguna otra cosa creada nos podrá separar del amor de Dios, que es en Cristo Jesús Señor nuestro (Ro. 8:35-39).*

Por causa de esa confianza, el apóstol también podía decir: "Por lo cual, por amor a Cristo me gozo en las debilidades, en afrentas, en necesidades, en persecuciones, en angustias; porque cuando soy débil, entonces soy fuerte" (2 Co. 12:10).

Mientras escribía la última carta inspirada de su vida, Pablo sabía que estaba cerca del final. Dijo: "Porque yo ya estoy para ser sacrificado, y el tiempo de mi partida está cercano. He peleado la buena batalla, he acabado la carrera, he guardado la fe" (2 Ti. 4:6-7). Timoteo entendía muy bien que si él ministraba con la valentía y la fidelidad de Pablo, podría sufrir tanto como Pablo. Por eso, el apóstol suplica a Timoteo que tenga la misma clase de confianza inquebrantable en Cristo y la misma voluntad incondicional para sufrir por amor a Él, que había sustentado a Pablo a través de todos sus años fructíferos —aunque dolorosos— y que le permitió haber "peleado la buena batalla", haber "guardado la fe", incluso frente a los enemigos más amenazantes.

Pablo podría haber anticipado las preguntas que vendrían a la mente de Timoteo después de las exhortaciones de 2:1-6. "*¿Por qué* debo ser un maestro fiel de los maestros?", podría haberse preguntado. "*¿Por qué* debo sufrir dificultades como soldado, competir para ganar como un atleta y trabajar duro como un labrador?".

Independiente de qué estuviera pensando Timoteo, el apóstol le da cuatro motivos poderosos para ser fiel. Le llama a recordar la preeminencia del Señor (v. 8), el poder de la Palabra (v. 9), el propósito de la obra (v. 10) y la promesa de bendición eterna (vv. 11-13).

LA PREEMINENCIA DEL SEÑOR

Acuérdate de Jesucristo, del linaje de David, resucitado de los muertos conforme a mi evangelio, (2:8)

Pablo está diciendo: "Timoteo, tu servicio será más agresivo, tendrás más valentía, más audacia, soportarás más el tratamiento malvado y el sufrimiento por el Señor si te acuerdas de su preeminencia, de quién es Él en realidad: Jesús el Cristo, Dios encarnado".

Como ocurre con los verbos precedentes —"esfuérzate" (v. 1), "encarga" (v. 2) y "considera" (v. 7)—, el verbo griego traducido **acuérdate** es imperativo como también lo son los siguientes: "recuérdales" (v. 14), "procura con diligencia" (v. 15), "evita" (v. 16), "apártese" (v. 19), "huye", "sigue" (v. 22) y "desecha" (v. 23). Son mandatos amables, pero aun así son mandatos. Para una vida espiritual productiva, no son opciones sino imperativos, porque caracterizan la vida sin pecado de nuestro ejemplo supremo: **Jesucristo**. Como nos recuerda Juan: "El que dice que permanece en él, debe andar como él anduvo" (1 Jn. 2:6). Pedro pregunta: "Pues ¿qué gloria es, si pecando sois abofeteados, y lo soportáis? Mas si haciendo lo bueno sufrís, y lo soportáis, esto ciertamente es aprobado delante de Dios. Pues para esto fuisteis llamados; porque también Cristo padeció por nosotros, dejándonos ejemplo, para que sigáis sus pisadas; el cual no hizo pecado, ni se halló engaño en su boca" (1 P. 2:20-22). Debemos poner "los ojos en Jesús, el autor y consumador de la fe, el cual por el gozo puesto delante de él sufrió la cruz, menospreciando el oprobio, y se sentó a la diestra del trono de Dios" (He. 12:2).

Como el verbo detrás de **acuérdate** está en voz activa, este conlleva la idea de "sigue recordando" o "continúa recordando". La preeminencia de nuestro Señor **Jesucristo** siempre debe estar al frente de nuestras mentes. Él es el maestro de maestros último y supremo. Fue el soldado más grande, el atleta más grande y el labrador más grande. Peleó la batalla más grande y obtuvo la victoria más grande. Corrió la carrera más grande y ganó el premio más grande. Sembró la semilla perfecta y recogió la cosecha perfecta.

Debemos tener en mente que el camino de Jesús a la gloria estuvo marcado por el dolor antes que el placer, las penas más que la alegría, la humillación antes que la glorificación, la persecución antes que la exaltación, la muerte antes que la resurrección, el odio terrenal antes que la adoración celestial. Recordar estas verdades sobre la vida terrenal de nuestros Señor nos protegerá de las promesas necias e impías del llamado evangelio de la prosperidad y la salud, el cual vicia la orden de Cristo de tomar nuestras cruces así como Él tomó la suya. Si la obediencia perfecta y sin pecado de Jesús a su Padre celestial no le dio prosperidad y bienestar terrenales, ¿cuánto menos podemos esperar recibir esas cosas con nuestro servicio imperfecto a Él? Si el Señor Jesucristo, "aunque era Hijo [de Dios], por lo que padeció aprendió la obediencia" (He. 5:8), ¿cuánto más deberíamos padecer nosotros?

Debemos recordar a **Jesucristo**, sobre todo porque Él ha **resucitado de los muertos**, más literalmente, "habiéndose levantado de los muertos". Pablo se centra en esa gran verdad en 1 Corintios 15: "Porque primeramente os he enseñado lo que asimismo recibí: Que Cristo murió por nuestros pecados, conforme a las Escrituras; y que fue sepultado, y que resucitó al tercer día, conforme a las Escrituras" (1 Co. 15:3-4). Esa verdad es de suma importancia, porque "si Cristo no resucitó, [nuestra] fe es vana; [aún estamos en nuestros] pecados... Si en esta vida solamente esperamos en Cristo, somos los más dignos de conmiseración de todos los hombres" (vv. 17, 19).

Siendo tan importante como es, Pablo no habla de recordar la resurrección, sino de recordar a **Jesucristo**, el cual está vivo por haber **resucitado de los muertos**. No servimos a un acontecimiento pasado o a una simple persona histórica. En efecto, Jesús llevó una vida humana y padeció una muerte humana. Pero nosotros le adoramos porque no está muerto sino vivo. Recordamos, adoramos y servimos al **Jesucristo** vivo.

Por medio de la resurrección, Cristo llegó a ser "el primogénito de entre los muertos, para que en todo tenga la preeminencia" (Col. 1:18). Sin embargo, no es solo eso; por causa de nosotros, también se hizo "el primogénito entre muchos hermanos" (Ro. 8:29), de modo que pudiéramos resucitar y vivir con Él por toda la eternidad, como "la congregación de los primogénitos que están inscritos en los cielos" (He. 12:23).

Cuando recordamos a Cristo como nuestro Señor resucitado, nos centramos en su naturaleza como Dios y en su papel como Salvador. Cristo, por medio de su muerte y resurrección, rompió los grilletes del pecado y de la paga del pecado, la muerte, que es el arma más grande de Satanás. Cuando confiamos en Él, se convierte en *nuestro* Salvador y en *nuestro* Señor, rompiendo el poder del pecado, de la muerte y de Satanás en *nuestras propias* vidas. ¡Qué mayor motivación podría haber para el servicio a Él que servir a quien ha conquistado la muerte y lo hizo por nosotros! (Jn. 14:19).

También debemos recordar a Jesucristo en su humanidad, en su identificación con la humanidad caída por el **linaje de David**, "según la carne" (Ro. 1:3). Descender humanamente de David no solo habla de su humanidad como nuestro sumo sacerdote, compasivo y misericordioso, que conoce todo nuestro sufrimiento y ha sentido todo nuestro dolor (He. 2:14, 18); también habla de su realeza y majestad.

Antes de la concepción de Jesús, el ángel proclamó a María: "Este será grande, y será llamado Hijo del Altísimo; y el Señor Dios le dará el trono de David su padre; y reinará sobre la casa de Jacob para siempre, y su reino no tendrá fin" (Lc. 1:32-33). Jesús, en sus últimas palabras directas al apóstol Juan en Patmos se refirió a sí mismo como "la raíz y el linaje de David, la estrella resplandeciente de la mañana" (Ap. 22:16).

Por tanto, si Jesucristo es nuestro Salvador divino y Señor soberano, ¿por qué deberíamos preocuparnos sobre lo que nos pase en la vida? Él, como nuestro perfecto sumo sacerdote, puede "compadecerse de nuestras debilidades [porque] fue tentado en todo según nuestra semejanza, pero sin pecado" (He. 4:15).

Como nuestro Señor soberano, Jesucristo controla todo lo que somos y todo lo que nos ocurre. Debemos resistir la tentación, pero no debemos temerla, porque nuestro Señor no nos dejará ser tentados más de lo que podamos resistir "sino que dará también juntamente con la tentación la salida, para que [podamos] soportar" (1 Co. 10:13). No debemos preocuparnos por la magnitud de nuestros problemas o nuestros dolores. Isaías consuela a todos los que pertenecen al Mesías, Jesucristo: "Como pastor apacentará su rebaño; en su brazo llevará los corderos, y en su seno los llevará" (Is. 40:11). "Ciertamente llevó él nuestras enfermedades, y sufrió nuestros dolores" (53:4), escribe más adelante el profeta.

No debemos temer a perder la salvación, porque nuestro Señor nos da seguridad perfecta y absoluta en Él. "Mis ovejas oyen mi voz, y yo las conozco, y me siguen, y yo les doy vida eterna; y no perecerán jamás, ni nadie las arrebatará de mi mano" (Jn. 10:27-28). "Puede también salvar perpetuamente a los que por él se acercan a Dios, viviendo siempre para interceder por ellos" (He. 7:25). No tenemos necesidad de temer a la muerte; Jesús dijo: "Porque yo vivo, vosotros también viviréis" (Jn. 14:19). Todo creyente puede decir con Pablo: 'Para mí el vivir es Cristo, y el morir es ganancia" (Fil. 1:21).

Conforme a mi evangelio no se refiere a la opinión personal de Pablo sobre el evangelio, sino al mensaje de Jesucristo, revelado divinamente, confiado a él y proclamado por él como "apóstol de Jesucristo por la voluntad de Dios" (2 Ti. 1:1). El apóstol se estaba refiriendo a Aquel que era el tema del evangelio cuando dijo: "Timoteo, mantén tu mirada en el preeminente Jesucristo, quien es Hijo de Dios, Hijo del Hombre y Salvador y Señor".

EL PODER DE LA PALABRA

en el cual sufro penalidades, hasta prisiones a modo de malhechor; mas la palabra de Dios no está presa. (2:9)

La segunda gran motivación para la fidelidad es el poder de la Palabra de Dios. Pablo contrasta sus **prisiones** con la libertad de **la palabra de Dios**, que **no está**

presa. Como se sugiere en esta traducción, el sustantivo griego detrás de **prisiones** es del verbo que aquí se traduce **está presa**. Aunque Pablo era un hombre bajo la autoridad de Jesucristo, estaba sujeto a **prisiones** por hombres impíos, tal como Jesús durante su encarnación estuvo sujeto al tratamiento malvado de hombres malignos. Aunque Pablo no era una persona sin pecado, como su Señor, era semejante a Él, pues no era culpable de las acusaciones por las cuales estaba preso. Pablo no era ladrón, asesino o traidor, ni siquiera para la ley romana. Sin embargo, lo encarcelaron como a un delincuente, probablemente en la infame Cárcel Mamertina de Roma, y le aguardaba una muerte segura.

Sin embargo, Pablo no lamentaba la injusticia de su encarcelamiento. Ya había exhortado a Timoteo sobre no avergonzarse de "dar testimonio de nuestro Señor, ni de [Pablo], preso suyo, sino [participar] de las aflicciones por el evangelio según el poder de Dios" (2 Ti. 1:8). Independiente de si conocía la primera carta de Pedro (escrita varios años antes que 2 Timoteo), con seguridad habría estado de acuerdo con la actitud del otro apóstol, quien, como ya se citó, escribió: "¿Qué gloria es, si pecando sois abofeteados, y lo soportáis? Mas si haciendo lo bueno sufrís, y lo soportáis, esto ciertamente es aprobado delante de Dios. Pues para esto fuisteis llamados; porque también Cristo padeció por nosotros, dejándonos ejemplo, para que sigáis sus pisadas" (1 P. 2:20-21). Pablo se gozaba "en las debilidades, en afrentas, en necesidades, en persecuciones, en angustias; porque cuando [era] débil, entonces [era] fuerte" (2 Co. 12:10).

Por tanto, la idea de Pablo en este versículo no es quejarse de su condición lamentable sino señalar, en contraste, **la palabra de Dios** sin cadenas y soberana. El apóstol habría estado de acuerdo con el escritor de Hebreos, quien declaró: "La palabra de Dios es viva y eficaz, y más cortante que toda espada de dos filos; y penetra hasta partir el alma y el espíritu, las coyunturas y los tuétanos, y discierne los pensamientos y las intenciones del corazón" (He. 4:12). Como había escrito Pablo a la iglesia de Éfeso: "La espada del Espíritu... es la palabra de Dios" (Ef. 6:17) y esta "espada" divina no puede quitarse de la mano del Espíritu; no lo pueden hacer ni los hombres ni los demonios, ni siquiera Satanás.

En la iglesia siempre ha habido personas —y nunca más que en nuestros días— que creen que el poder del evangelio está restringido por la oposición social o política. En consecuencia, argumentan, arriesgarse a la censura pública, sin mencionar arrestos y prisiones por predicar con audacia el pecado, el arrepentimiento y el evangelio, deberían evitarse. Aconsejan ser discretos y a veces ceder para que el mensaje sea más aceptable y, supuestamente, más eficaz.

Muchos cristianos están bajo la ilusión de que la Palabra de Dios ha sido influyente en el mundo occidental, especialmente en democracias como la estadounidense, sobre todo por las garantías legales de la libertada religiosa y porque la lucha por mantener esa libertad es una batalla para preservar el poder del evangelio. De hecho, muchos cristianos que nunca pensarían en confrontar la sociedad con el evangelio audaz y demandante, y ser censurados por ello, pelearán fuertemente con la sociedad por algún asunto político o social de maneras que podrían causarles un arresto. Ciertamente, la libertad religiosa es encomiable; los cristianos que la disfrutan deben ser agradecidos y aprovechar las oportunidades que permite en la adoración, la testificación y el servicio. Pero el poder de la Palabra de Dios nunca ha sido dependiente de la protección humana ni sujeta a las restricciones humanas. Esa es la idea de Pablo, precisamente. **La palabra de Dios no está** —y no puede estar— **presa**.

Durante un tiempo, hubo cerca de 1.000 kilómetros de catacumbas bajo la ciudad de Roma, casi todas ellas excavadas y usadas por diez generaciones de cristianos a lo largo de 300 años. En los primeros siglos de la iglesia, las catacumbas funcionaron como lugares de reunión y entierro para cuatro millones de cristianos. Una inscripción común hallada en las paredes es: "La Palabra de Dios no está presa". Martín Lutero declaró en su famoso himno "Castillo fuerte es nuestro Dios": "El cuerpo destruir, mas siempre ha de existir de Dios el reino eterno".

Juan Bunyan escribió su famosa obra *El progreso del peregrino* mientras estuvo encarcelado en Bedford, Inglaterra, por predicar el evangelio. Aun así, durante siglos, ese libro ha sido el segundo en ventas, solo después de la Biblia. La ventana de la celda de Bunyan daba de frente a una pared alta de piedra que rodeaba la prisión, imposibilitando ver desde dentro hacia afuera y viceversa. Sin embargo, durante muchos días predicó con una voz suficiente alta para que pudiera oírse al otro lado del muro, donde cientos de oyentes, creyentes e incrédulos, esperaban ávidamente su proclamación de la Palabra de Dios, que no estuvo confinada por las paredes de piedra o las barras de hierro.

Antes de la conquista comunista al final de la década de 1940 y a principios de la de 1950, había más de 700.000 cristianos en China. Durante la "revolución cultural" posterior, al menos 30 millones de chinos, entre ellos casi todos los cristianos, fueron masacrados. Aun así, después de más de cuarenta años de opresiones, prisiones y ejecuciones brutales, la iglesia de Jesucristo en este país enorme tiene una membresía estimada actual de entre 30 y 100 millones. Aunque las copias escritas de las Escrituras siguen siendo escasas, la verdad de la Palabra de Dios continúa en sus corazones. Su poder no puede atarse. Cuanto más se le ataca, más prevalece.

Andrew Melville fue sucesor de John Knox en la reforma escocesa. En un ocasión, cierto oficial lo arrestó y le dijo: "Nunca habrá tranquilidad en este país hasta que media docena de ustedes sean colgados o expulsados [del] país". Con toda compostura Melville le respondió sin temor: "Igual me da podrirme en el aire o en el suelo. La tierra es del Señor; mi madre patria está dondequiera que se obre bien. He estado dispuesto a entregar mi vida, desde cuando no estaba ni siquiera la mitad de gastada, a criterio de mi Dios. He vivido diez años fuera de su país, y los mismos años en su país. Con todo, Dios sea glorificado, ¡no está en su poder colgar o exiliar la verdad divina!".

EL PROPÓSITO DE LA OBRA

Por tanto, todo lo soporto por amor de los escogidos, para que ellos también obtengan la salvación que es en Cristo Jesús con gloria eterna. (2:10)

La tercera motivación para la fidelidad es el propósito divino de la obra del Señor en la tierra, antes de que regrese.

Por tanto se refiere a lo que Pablo ha dicho en el versículo anterior sobre recordar la preeminencia de Cristo y el poder de la Palabra de Dios. Tales motivaciones divinas daban al apóstol la voluntad para soportar **todo por amor de los escogidos**. No habla aquí de otros creyentes, sino de todos **los escogidos** que aún debían obtener **la salvación que es en Cristo Jesús**.

Eso traduce *hina* que, cuando se usa con un subjuntivo, como aquí con *tunchanō* (**obtengan**), indica cláusula de propósito. Por tanto, es correcto usar "para que", ***para que*** los incrédulos a quienes él dio testimonio **obtengan la salvación que es en Cristo Jesús con gloria eterna.** Pablo no solo sufría porque su fidelidad a Cristo le provocara sufrimientos, también sufría porque no quería que ninguno pereciera, sino que todos procedieran al arrepentimiento (2 P. 3:9). Su corazón reflejaba el corazón de Dios, porque, como Pedro, tenía certeza de que "no hay otro nombre bajo el cielo, dado a los hombres, en que podamos ser salvos" (Hch. 4:12).

La Palabra de Dios revela claramente que Dios nos escogió en [Cristo] antes de la fundación del mundo… para ser adoptados hijos suyos por medio de Jesucristo, según el puro afecto de su voluntad" (Ef. 1:4-5); que "a los que antes conoció, también los predestinó para que fuesen hechos conformes a la imagen de su Hijo" (Ro. 8:29). Pasando por alto otras Escrituras, algunos intérpretes fatalistas usan textos como los citados para argumentar que el evangelismo no solo es innecesario sino presuntuoso, afirmando que Dios salvará soberanamente a quienes predestinó, sin importar si oyeron o no el evangelio. Pero la Palabra de Dios enseña con tanta claridad la necesidad de la fe para la salvación como que la salvación es por la gracia libre y soberana de Dios. Jesús dijo: "Ninguno puede venir a mí, si no le fuere dado del Padre" (Jn. 6:65); pero también dijo: "Porque de tal manera amó Dios al mundo, que ha dado a su Hijo unigénito, para que todo aquel que en él *cree*, no se pierda, mas tenga vida eterna… El que en él *cree*, no es condenado; pero el que no cree, ya ha sido condenado, porque *no ha creído* en el nombre del unigénito Hijo de Dios" (Jn. 3:16, 18, cursivas añadidas; cp. v. 36). Pablo declara sucintamente esas verdades compañeras en las conocidas e inapreciables palabras: "Porque por gracia sois salvos por medio de la fe; y esto no de vosotros, pues es don de Dios" (Ef. 2:8).

Las Escrituras también son claras en que, a pesar del llamado soberano del Señor a los hombres, Él llama a quienes le pertenecen a extender su llamado a quienes no lo han oído o no le han prestado atención. Jesús dijo: "Id, y haced discípulos a todas las naciones, bautizándolos en el nombre del Padre, y del Hijo, y del Espíritu Santo" (Mt. 28:19). Estamos llamados a testificar de Cristo "en Jerusalén, en toda Judea, en Samaria, y hasta lo último de la tierra" (Hch. 1:8).

En la carta de Pablo a la iglesia de Roma, inmediatamente después de declarar que "todo aquel que invocare el nombre del Señor, será salvo" (Ro. 10:13), pregunta retóricamente: "¿Cómo, pues, invocarán a aquel en el cual no han creído? ¿Y cómo creerán en aquel de quien no han oído? ¿Y cómo oirán sin haber quien les predique?" (v. 14).

El hecho de que nuestras mentes finitas no puedan conocer o reconciliar completamente esas verdades no afecta su validez de modo alguno. Dios, en su gracia, llama soberanamente a cada creyente, exige soberanamente la fe de ellos para hacer eficaz el llamado de su gracia y llama soberanamente a quienes fueron salvos para ser sus testigos ante quienes no lo son.

Juan Wesley viajó a pie o a caballo alrededor de 400.000 kilómetros, predicó más de 40.000 sermones y escribió o tradujo más de 200 libros. Vivió de manera sencilla y regaló la mayoría de los ingresos que recibía. Aun así, fue ridiculizado continuamente y apedreado por turbas impías y sus colegas del clero lo aislaron de la iglesia de Inglaterra. Cuando lo difamaban, respondía: "Dejo mi reputación donde dejé mi alma, en las manos de Dios". Nunca perdió la alegría en el servicio ni su amor por el Señor y los hombres, tanto los salvos como los incrédulos. Un biógrafo comentó: "A Wesley se le concedió una tarea que hasta un arcángel podría haber envidiado".

George Whitefield, un amigo íntimo y compañero de Juan y Carlos Wesley durante su ministerio terrenal, pasó treinta y cuatro años predicando el evangelio en las islas británicas y en América del Norte. Hizo trece viajes transatlánticos —todavía peligrosos en aquellos días— y predicó 18.000 sermones en los dos continentes. William Cowper, reconocido poeta y autor de himnos entre ellos "Hay un precioso manantial", escribió el siguiente tributo a Whitefield:

> Amó el mundo que le odió.
> Eran sinceras las lágrimas que caían sobre su Biblia.
> Cuando le asediaban el escándalo y las lenguas contenciosas,
> su única respuesta fue una vida intachable.

Aquel hombre resoluto atendió el consejo petrino: "Teniendo buena conciencia, para que en lo que murmuran de vosotros como de malhechores, sean avergonzados los que calumnian vuestra buena conducta en Cristo. Porque mejor es que padezcáis haciendo el bien, si la voluntad de Dios así lo quiere, que haciendo el mal" (1 P. 3:16-17).

Y Pablo continúa diciendo que **con** esta (esto es, con "la salvación que es en Cristo Jesús") viene la **gloria eterna**. En su carta a la iglesia de Roma, Pablo presenta más claramente esta verdad: "El Espíritu mismo da testimonio a nuestro espíritu, de que somos hijos de Dios. Y si hijos, también herederos; herederos de Dios y coherederos con Cristo, si es que padecemos juntamente con él, para que juntamente con él seamos glorificados" (8:16-17).

LA PROMESA DE LA BENDICIÓN ETERNA

Palabra fiel es esta: Si somos muertos con él, también viviremos con él; si sufrimos, también reinaremos con él; si le negáremos, él también nos negará. Si fuéremos infieles, él permanece fiel; Él no puede negarse a sí mismo. (2:11-13)

La cuarta motivación de la fidelidad a Cristo es la promesa de la bendición eterna.

Pablo usa la frase **Palabra fiel es esta** cinco veces en las epístolas pastorales (1, 2 Timoteo y Tito), pero no se encuentra en ninguna otra parte del Nuevo Testamento. Parece haberla usado aquí para presentar una verdad axiomática, una obviedad comúnmente creída y conocida en la naciente iglesia. La frase larga que comienza con **Si somos muertos con él** y que continúa por todo el versículo 13 puede haberse usado como credo de la iglesia primitiva. Su paralelismo y rima sugiere que estos dos versículos (como 1 Timoteo 3:16) podrían ser la letra de un himno, y por esa razón algunos textos y varias traducciones modernas así los consideran.

Si somos muertos con él puede referirse a la muerte espiritual de la cual habló Pablo en Romanos. Allí explica: "Porque somos sepultados juntamente con él para muerte por el bautismo, a fin de que como Cristo resucitó de los muertos por la gloria del Padre, así también nosotros andemos en vida nueva. Porque si fuimos plantados juntamente con él en la semejanza de su muerte, así también lo seremos en la de su resurrección… Porque el que ha muerto, ha sido justificado del pecado. Y si morimos con Cristo, creemos que también viviremos con él" (Ro. 6:4-5, 7-8).

Pero el contexto de 2 Timoteo 2:11 parece sugerir que Pablo estaba pensando en el martirio. En ese caso, si alguien ha sacrificado su vida para Cristo, esto es, si ha muerto **con Él**, el martirio da evidencia de que ha tenido vida espiritual en Él y vivirá **con Él** por toda la eternidad. La esperanza del mártir es la vida eterna después de la muerte.

De igual forma, **si sufrimos** persecución y hostilidades sin morir por ellas, damos evidencia de que pertenecemos verdaderamente a Cristo y, por lo tanto, **también reinaremos con él**. Esa también es la esperanza de los creyentes en dificultades: el reino eterno. *Basileuō* significa literalmente "gobernar como un rey" (*basileus*). Aquí el verbo es compuesto, *sumbasileuō*, cuyo significado es "reinar con". El otro lado de esa verdad es que quienes *no* sufren dan una evidencia igualmente cierta de no pertenecer a Cristo y *no* reinarán **con Él**.

Pablo explicó lo siguiente a los creyentes colosenses: "Y a vosotros también, que erais en otro tiempo extraños y enemigos en vuestra mente, haciendo malas obras, ahora os ha reconciliado en su cuerpo de carne, por medio de la muerte, para presentaros santos y sin mancha e irreprensibles delante de él; si en verdad permanecéis fundados y firmes en la fe, y sin moveros de la esperanza del evangelio que habéis oído, el cual se predica en toda la creación que está debajo del cielo; del cual yo Pablo fui hecho ministro" (Col. 1:21-23). Solo si Cristo es Señor de la vida, puede presentar esa vida ante su Padre santo, sin mancha e irreprensible. La única vida que puede perdurar es la vida obediente. La vida que no le preste servicio nunca reinará **con Él**.

Jesús prometió a los doce apóstoles: "De cierto os digo que en la regeneración, cuando el Hijo del Hombre se siente en el trono de su gloria, vosotros que me habéis seguido también os sentaréis sobre doce tronos, para juzgar a las doce tribus de Israel" (Mt. 19:28; cp. Lc. 22:29-30). Los creyentes también tienen posición de autoridad en el reino milenario, como lo indica 1 Corintios 6:2-3: "¿O no sabéis que los santos han de juzgar al mundo? Y si el mundo ha de ser juzgado por vosotros, ¿sois indignos de juzgar cosas muy pequeñas? ¿O no sabéis que hemos de juzgar a los ángeles? ¿Cuánto más las cosas de esta vida?". Hablando de todos los cristianos en la gloria final, Pablo declaró: "Pues si por la transgresión de uno solo reinó la muerte, mucho más reinarán en vida por uno solo, Jesucristo, los que reciben la abundancia de la gracia y del don de la justicia" (Ro. 5:17).

Sufrir, o perseverar, con Cristo no protege la salvación, que está asegurada eternamente cuando alguien confía en Él como Salvador y Señor. No podemos asegurar la salvación por nuestros esfuerzos o poder, así como tampoco la obtuvimos por nuestros esfuerzos o poder.

Las siguientes dos condiciones y promesas son negativas y paralelas, al menos en forma, a las dos positivas anteriores.

Primera, Pablo dice, **si le negáremos** (a Jesucristo), él también nos negará. El verbo griego traducido **negáremos** está en futuro, por lo que la cláusula se podría traducir mejor: "Si alguna vez le negáramos" o "Si en el futuro le negáramos". Apunta a alguna confrontación que haga muy costosa la confesión de Cristo y pruebe con ello la verdadera fe. Quien no sufra ni se aferre a su confesión de Cristo, le negará porque nunca perteneció a Cristo. "Cualquiera que se extravía, y no persevera en la doctrina de Cristo, no tiene a Dios; el que persevera en la doctrina de Cristo, ése sí tiene al Padre y al Hijo" (2 Jn. 9). Quienes permanecen fieles a la verdad que profesan dan evidencia verdadera de pertenecer a Dios.

Podemos preguntarnos qué pasa entonces con la negación de Pedro, ¿un creyente verdadero puede negar al Señor? (cp. Mt. 26:69-75; Mr. 14:66-72; Lc. 22:54-62; Jn. 18:16, 25-27). Obviamente, los creyentes como Pedro pueden caer en cobardías temporales y no permanecer firmes para el Señor. Todos lo hacemos de varias maneras cuando no estamos dispuestos a declarar abiertamente nuestro amor por Cristo en una situación dada.

Pedro, frente al costo del discipulado, estaba enfrentando una prueba semejante a la que Pablo tenía en mente. Por tanto, ¿evidenció falta de verdadera fe salvadora? Su respuesta a la negación —salir a llorar amargamente con lágrimas de penitencia (Mt. 26:75) y su restauración por parte del Señor en Galilea (Jn. 21:15-17)— llevan a concluir que Pedro quedó en verdad justificado, aunque obviamente no del todo santificado. Hasta Pentecostés, Pedro no tenía la plenitud del Espíritu Santo; pero después de que el Espíritu pasó a morar en él en la plenitud del nuevo pacto, su valentía, audacia y voluntad para enfrentar las hostilidades se hizo legendaria (cp. Hch. 1:5, 8; 2:4, 14-36; 3:1-6, 12-26; 4:1-4, 8-13, 19, 21, 31). Pedro murió como mártir, tal como Jesús había predicho que sería; fiel frente a la ejecución a causa de su Señor (Jn. 21:18-19). La tradición sostiene que, por su propia petición, fue crucificado cabeza abajo porque no se sentía digno de morir igual que su Señor.

De modo que tal vez la respuesta al asunto de la negación de Pedro es que su fallo fue temporal, seguido del arrepentimiento. Aún no tenía la plenitud del Espíritu, pero durante el resto de su vida, después de Pentecostés, confesó con audacia a Cristo, incluso cuando le costó la vida.

Jesús hizo una advertencia aleccionadora: "A cualquiera que me niegue delante de los hombres, yo también le negaré delante de mi Padre que está en los cielos" (Mt. 10:33). Hay una clase determinada y final de negación que no se arrepiente y evidencia con ello un corazón no regenerado. Después de haber sanado al hombre lisiado cerca de la puerta La Hermosa en el templo, Pedro testificó sobre la seriedad de negar a Cristo. Dijo él: "El Dios de Abraham, de Isaac y de Jacob, el Dios de nuestros padres, ha glorificado a su Hijo Jesús, a quien vosotros entregasteis y negasteis delante de Pilato, cuando éste había resuelto ponerle en libertad. Mas vosotros negasteis al Santo y al Justo, y pedisteis que se os diese un homicida, y matasteis al Autor de la vida, a quien Dios ha resucitado de los muertos, de lo cual nosotros somos testigos" (Hch. 3:13-15).

Los más peligrosos de quienes niegan a Cristo son los "falsos maestros, que introducirán encubiertamente herejías destructoras, y hasta negarán al Señor que los rescató" (2 P. 2:1). De hecho, no son menos que anticristos. Juan dice sin equívocos a quienes afirman pertenecer a Dios Padre sin pertenecer a Cristo, su Hijo: "¿Quién es el mentiroso, sino el que niega que Jesús es el Cristo? Este es anticristo, el que niega al Padre y al Hijo. Todo aquel que niega al Hijo, tampoco tiene al Padre. El que confiesa al Hijo, tiene también al Padre" (1 Jn. 2:22-23).

Sin embargo, en el texto presente, la advertencia de Pablo podría incluir a quienes una vez proclamaron a Cristo pero después le negaron, cuando el costo del discipulado se hizo demasiado alto. Tales fueron los "discípulos [que] volvieron atrás, y ya no andaban con [Jesús]" (Jn. 6:66). El escritor de Hebreos dice acerca de tales cristianos falsos: "Porque es imposible que los que una vez fueron iluminados y gustaron del don celestial, y fueron hechos partícipes del Espíritu

Santo, y asimismo gustaron de la buena palabra de Dios y los poderes del siglo venidero, y recayeron, sean otra vez renovados para arrepentimiento, crucificando de nuevo para sí mismos al Hijo de Dios y exponiéndole a vituperio" (He. 6:4-6).

Más adelante en 2 Timoteo, Pablo describe a estos cristianos falsos así: "Hombres amadores de sí mismos, avaros, vanagloriosos, soberbios, blasfemos, desobedientes a los padres, ingratos, impíos, sin afecto natural, implacables, calumniadores, intemperantes, crueles, aborrecedores de lo bueno, traidores, impetuosos, infatuados, amadores de los deleites más que de Dios, que tendrán apariencia de piedad, pero negarán la eficacia de ella; a éstos evita" (3:2-5). En su carta a Tito, dice que tales personas "profesan conocer a Dios, pero con los hechos lo niegan, siendo abominables y rebeldes, reprobados en cuanto a toda buena obra" (Tit. 1:16). La desobediencia continua confirma inevitablemente la falta de fe y termina en negación.

La segunda condición negativa y promesa son: **Si fuéremos infieles,** Cristo **permanece fiel.** En este contexto, *apisteō* (**fuéremos infieles**) significa ausencia de fe salvadora, no solamente fe débil o no confiable. Quienes no son salvos, a la larga niegan a Cristo, porque nunca tuvieron fe en Él para salvación. Pero **Él permanece fiel** no solo con quienes creen en Él, sino con quienes no lo hacen, como aquí. A la seguridad divina de salvar "a todo aquel que en Él crea" (Jn. 3:16) le sigue casi inmediatamente la otra seguridad divina: "El que no cree, ya ha sido condenado, porque no ha creído en el nombre del unigénito Hijo de Dios" (Jn. 3:18). Tal como Cristo nunca incumple su promesa de salvar a quienes creen en Él, tampoco incumple su promesa de condenar a quienes no lo hacen. De otra forma, se negaría **a sí mismo**, algo que su naturaleza justa **no puede** permitirle.

Basándose en la fidelidad absoluta a Cristo, Pablo declaró antes en esta carta: "Yo sé a quién he creído, y estoy seguro que es poderoso para guardar mi depósito para aquel día" (2 Ti. 1:12). Sobre esa base, el escritor de Hebreos amonestó: "Mantengamos firme, sin fluctuar, la profesión de nuestra esperanza", y luego, lleno de alegría, dijo: "porque fiel es el que prometió" (He. 10:23).

El peligro de las enseñanzas falsas

5

Recuérdales esto, exhortándoles delante del Señor a que no contiendan sobre palabras, lo cual para nada aprovecha, sino que es para perdición de los oyentes. Procura con diligencia presentarte a Dios aprobado, como obrero que no tiene de qué avergonzarse, que usa bien la palabra de verdad. Mas evita profanas y vanas palabrerías, porque conducirán más y más a la impiedad. Y su palabra carcomerá como gangrena; de los cuales son Himeneo y Fileto, que se desviaron de la verdad, diciendo que la resurrección ya se efectuó, y trastornan la fe de algunos. Pero el fundamento de Dios está firme, teniendo este sello: Conoce el Señor a los que son suyos; y: Apártese de iniquidad todo aquel que invoca el nombre de Cristo. (2:14-19)

Las Escrituras afirman claramente que Dios es la verdad, solo habla la verdad y no puede mentir. Jesús testificó así de su Padre: "Tu palabra es verdad" (Jn. 17:17), de Él dijo: "Yo soy el camino, y la verdad, y la vida; nadie viene al Padre, sino por mí" (Jn. 14:6) y del Espíritu Santo, que Él es "el Espíritu de verdad" (v. 17).

Las Escrituras afirman también que Satanás es mentiroso y padre de mentira (Jn. 8:44). Su naturaleza es mentir y engañar. Desde que cayó de su posición exaltada en el cielo, él y los ángeles que se rebelaron con él contra Dios y se volvieron demonios han estado en enemistad completa e irredimible con Dios y separados de Él. Tal enemistad ha producido conflicto ininterrumpido entre Dios y Satanás. Sus ángeles malvados han estado en conflicto continuo con los ángeles santos de Dios, en la tierra ha habido conflicto implacable entre la verdad de Dios y las mentiras de Satanás.

El propio pueblo de Dios no ha escapado a la plaga de la falsedad. Los falsos profetas eran la pesadilla del antiguo Israel. De igual forma, los falsos maestros, predicadores e incluso falsos Cristos han sido la pesadilla de la iglesia, y continuarán siéndolo hasta el regreso del Señor. Jesús predijo que, en los últimos días, "se levantarán falsos Cristos, y falsos profetas, y harán grandes señales y prodigios, de tal manera que engañarán, si fuere posible, aun a los escogidos" (Mt. 24:24).

Satanás intenta destruir la verdad de Dios con su propia falsedad. Intenta mantener al mundo caído en oscuridad espiritual y confundir y desalentar al pueblo de Dios. El engaño de Satanás atrajo a Eva y después a Adán a no confiar en Dios, lo cual produjo pecado y muerte en su creación santa y separó a la ahora humanidad pecadora del Dios santo. Desde aquel momento, la humanidad ha existido en el estiércol y la ciénaga del pecado y el engaño. A través de los siglos, la corriente continua de falsedad se ha hecho un mar de impiedad más falso, amplio y destructivo. Las enseñanzas falsas sobre Dios, Cristo, la Biblia, y la realidad espiritual son pandémicas. El padre de la mentira está obrando sin cesar para pervertir y corromper la verdad salvadora y santificadora de la Palabra escrita de Dios: la Biblia; y de la Palabra viva: su Hijo, Jesucristo.

Hoy día abundan las sectas "cristianas" como nunca antes al igual que todo tipo de religiones falsas. Muchas denominaciones protestantes que una vez defendieron la Palabra de Dios infalible y el evangelio salvador de Jesucristo han dado un giro hacia la filosofía humanista y la sabiduría secular. Al hacerlo, han abandonado las verdades centrales del cristianismo bíblico —incluso la Trinidad, la deidad de Cristo, su expiación sustitutiva y la salvación por la sola gracia—. Al rechazar la verdad de Dios han terminado condonando y abrazando males incontables: universalismo, hedonismo, psicología, salvación personal, fornicación y adulterio, homosexualidad, aborto y toda una hueste de pecados adicionales. Los efectos de las enseñanzas impías han sido devastadores y condenatorios, no solo para los miembros de esas iglesias, sino para un número incontable de personas no salvas que han sido confirmadas en su impiedad por la religión falsa.

Pedro recordó a los creyentes de su época lo siguiente: "Pero hubo también falsos profetas entre el pueblo [de Israel], como habrá entre vosotros falsos maestros, que introducirán encubiertamente herejías destructoras, y aun negarán al Señor que los rescató, atrayendo sobre sí mismos destrucción repentina. Y muchos seguirán sus disoluciones, por causa de los cuales el camino de la verdad será blasfemado" (2 P. 2:1-2).

Pablo advirtió a los ancianos de Éfeso: "Mirad por vosotros, y por todo el rebaño en que el Espíritu Santo os ha puesto por obispos, para apacentar la iglesia del Señor, la cual él ganó por su propia sangre. Porque yo sé que después de mi partida entrarán en medio de vosotros lobos rapaces, que no perdonarán al rebaño. Y de vosotros mismos se levantarán hombres que hablen cosas perversas para arrastrar tras sí a los discípulos" (Hch. 20:28-30). Fue este peligro de engaño lo que llevó al Espíritu Santo a inspirar a Pablo para escribir: "Examinadlo todo; retened lo bueno. Absteneos de toda especie de mal" (1 Ts. 5:21-22).

Timoteo, como hombre joven, probablemente un poco mayor de 35 años, había sido asignado por Pablo para ministrar la iglesia de Éfeso y corregir algunos problemas mencionados en la referencia anterior. Los "lobos rapaces" ya habían comenzado su obra destructiva y perjudicial, y la congregación sufría un declive espiritual y moral serio. Como siempre ocurre, las enseñanzas impías llevan a vidas impías.

Pablo dijo en su primera carta a Timoteo:

> *Como te rogué que te quedases en Éfeso, cuando fui a Macedonia, para que mandases a algunos que no enseñen diferente doctrina, ni presten atención a fábulas y genealogías interminables, que acarrean disputas más bien que edificación de Dios que es por fe, así te encargo ahora... Este mandamiento, hijo Timoteo, te encargo, para que conforme a las profecías que se hicieron antes en cuanto a ti, milites por ellas la buena milicia, manteniendo la fe y buena conciencia, desechando la cual naufragaron en cuanto a la fe algunos (1 Ti. 1:3-4, 18-19).*

Y continuó informando al joven pastor: "Pero el Espíritu dice claramente que en los postreros tiempos algunos apostatarán de la fe, escuchando a espíritus engañadores y a doctrinas de demonios; por la hipocresía de mentirosos que, [tienen] cauterizada la conciencia... Si esto enseñas a los hermanos, serás buen ministro de Jesucristo, nutrido con las palabras de la fe y de la buena doctrina que has seguido" (4:1-2, 6; cp. 6:3-4, 20-21).

En la segunda carta, Pablo ya había exhortado a Timoteo: "Retén la forma de las sanas palabras que de mí oíste, en la fe y amor que es en Cristo Jesús. Guarda el buen depósito por el Espíritu Santo que mora en nosotros" (2 Ti. 1:13-14). En un pasaje posterior, previene:

> *También debes saber esto: que en los postreros días vendrán tiempos peligrosos. Porque habrá hombres amadores de sí mismos, avaros, vanagloriosos, soberbios, blasfemos, desobedientes a los padres, ingratos, impíos, sin afecto natural, implacables, calumniadores, intemperantes, crueles, aborrecedores de lo bueno, traidores, impetuosos, infatuados, amadores de los deleites más que de Dios, que tendrán apariencia de piedad, pero negarán la eficacia de ella; a éstos evita. Porque de éstos son los que se meten en las casas y llevan cautivas a las mujercillas cargadas de pecados, arrastradas por diversas concupiscencias. Estas siempre están aprendiendo, y nunca pueden llegar al conocimiento de la verdad (3:1-7; cp. 4:1-3).*

ADVERTENCIA SOBRE LAS ENSEÑANZAS FALSAS

Recuérdales esto, exhortándoles delante del Señor a que no contiendan sobre palabras, lo cual para nada aprovecha, (2:14*a*)

El propósito de Pablo era motivar y alentar a Timoteo a mantener asida con firmeza la verdad del evangelio y transmitirla a otros para que hicieran lo mismo

(2:2). Solo por medio de un conocimiento cabal de la verdad de Dios pueden oponerse, reconocerse y resistirse a la falsedad y el engaño.

Por esa razón Pablo presenta este pasaje con la frase **Recuérdales esto**. Como ya dijimos en el capítulo anterior, **recuérdales** traduce un imperativo, al igual que muchos otros verbos en 2 Timoteo 2; p. ej., "esfuérzate" (v. 1), "encarga" (v. 2), "considera" (v. 7), "procura" (v. 15), "evita" (v. 16) y "apártese" (v. 19). **Recuérdales** conlleva la idea adicional de persistencia porque está en presente.

Recuérdales se refiere a toda la congregación de Éfeso y a los "hombres fieles" en 2:2. **Esto** se refiere a lo que ha hablado en este capítulo, a saber, la responsabilidad *positiva* de comunicar la verdad de Dios a otros que, a su vez, la transmitirán a otros más; a trabajar diligentemente en la obra del Señor, como un soldado, atleta y labrador; acordarse de que Jesús está vivo, resucitó de los muertos; y recordarles la preeminencia de Cristo, el poder de la Palabra de Dios y el propósito de su obra. El llamado es a predicar continuamente la verdad, la sana doctrina, de modo que no pueda olvidarse (cp. Tit. 2:1, 15).

Pedro estaba comprometido con este deber, como lo expresa en su segunda carta:

> *Por esto, yo no dejaré de recordaros siempre estas cosas, aunque vosotros las sepáis, y estéis confirmados en la verdad presente. Pues tengo por justo, en tanto que estoy en este cuerpo, el despertaros con amonestación; sabiendo que en breve debo abandonar el cuerpo, como nuestro Señor Jesucristo me ha declarado. También yo procuraré con diligencia que después de mi partida vosotros podáis en todo momento tener memoria de estas cosas (2 P. 1:12-15).*

Comenzando con el versículo 14, el apóstol se centra en la responsabilidad *negativa* de Timoteo de oponerse y corregir las enseñanzas falsas en la iglesia. Timoteo debía exhortarles **delante del Señor a que no contiendan sobre palabras, lo cual para nada aprovecha**.

Diamarturomai (**exhortándoles**) es un verbo fuerte, usado aquí como participio imperativo, lo cual conlleva la idea de una advertencia severa. La seriedad de la amonestación se hace clara, primero, porque intensifica aún más el mandato de Pablo al comienzo del versículo sobre recordar y, segundo, porque la advertencia debe darse **delante del Señor**. Pero por causa del peligro profundo de las enseñanzas falsas, Pablo quería asegurarse de que Timoteo y aquellos a quienes él amonestara fueran conscientes permanentemente de que estaban **delante del Señor**. Tener conciencia especial de la presencia de Dios añade una medida de temor saludable al Señor y, por lo tanto, de determinación creciente a servirle con fidelidad.

Pablo usó la frase "delante de Dios" dos veces en la primera carta a Timoteo (5:21; 6:13). En esta la vuelve a usar diciendo: "Te encarezco delante de Dios" y luego fortalece la exhortación diciendo: "Y del Señor Jesucristo, que juzgará a los vivos y a los muertos en su manifestación y en su reino" (2 Ti. 4:1).

En ocasiones, la frase "delante de Dios" se usa en las Escrituras para consolar a los creyentes. Cuando estaba cerca de la muerte, Isaac imploró a Esaú: "Tráeme caza y hazme un guisado, para que coma, y te bendiga en presencia de Jehová antes que yo muera" (Gn. 27:7). David se regocijó así en su gran salmo de victoria: "Oh Dios, cuando tú saliste delante de tu pueblo, cuando anduviste por el desierto, la tierra tembló; también destilaron los cielos ante la presencia de Dios; aquel Sinaí tembló delante de Dios, el Dios de Israel" (Sal. 68:7-8). El ángel dijo esto a Zacarías, tranquilizándolo sobre el nacimiento de Juan el Bautista: "Yo soy Gabriel, que estoy delante de Dios; y he sido enviado a hablarte, y darte estas buenas nuevas" (Lc. 1:19). Pedro imploró a una multitud de judíos a las afueras del templo, poco después de Pentecostés: "Arrepentíos y convertíos, para que sean borrados vuestros pecados; para que vengan de la presencia del Señor tiempos de refrigerio" (Hch. 3:19). El escritor de Hebreos nos asegura que Cristo está en el cielo "ante Dios" por nosotros (He. 9:24).

Pero, en la mayoría de los casos, "delante del Señor" tiene que ver con la soberanía divina, usualmente en juicio. Casi al comienzo del salmo citado arriba, David exclama: "Como es lanzado el humo, los lanzarás; como se derrite la cera delante del fuego, así perecerán los impíos delante de Dios" (Sal. 68:2; cp. 97:5; 114:7). Cuando Cristo regrese en juicio, los incrédulos "sufrirán pena de eterna perdición, excluidos de la presencia del Señor y de la gloria de su poder" (2 Ts. 1:9).

En vista de la presencia del Dios eterno, Pablo exhorta a la iglesia en Éfeso **a que no contiendan sobre palabras, lo cual para nada aprovecha**. Como se verá claro en los versículos siguientes, Pablo no estaba hablando sobre riñas inmaduras de asuntos secundarios, aunque puedan ser muy perjudiciales. *Logomacheō* (**contiendan sobre palabras**) conlleva la idea de desatar una guerra de palabras, en este caso con falsos maestros, de los cuales dice más adelante que "están aprendiendo, y nunca pueden llegar al conocimiento de la verdad" (2 Ti. 3:7). Tales engañadores usan la sabiduría humana y razonan para minar la Palabra de Dios; los creyentes no deben debatir con ellos, especialmente dentro de la iglesia.

Incluso desde una perspectiva humana, es obvio que no puede haber un debate eficaz cuando los dos partes argumentan desde presuposiciones contradictorias y opuestas. Los incrédulos no depositan su confianza en la autoridad divina de la Palabra de Dios y los creyentes no deben poner la suya en la supuesta autoridad de las palabras humanas. No importa cuán bíblicamente sanos puedan ser los argumentos, los cristianos que debaten con los incrédulos permiten, sin darse cuenta, que las Escrituras sean consideradas al mismo nivel que la sabiduría humana.

Discutir las interpretaciones de las Escrituras y la doctrina con otros creyentes que reconocen la infalibilidad y autoridad divina de la Biblia es importante cuando se hace con espíritu de humildad, cortesía y en un intento sincero de descubrir la verdad. En los primeros días de la iglesia, el Concilio de Jerusalén se reunió para resolver una disputa sobre la circuncisión de los creyentes (cp. Hch. 15). A lo largo de la historia eclesial, también los creyentes sinceros han diferido en ciertos puntos de la doctrina, como ocurre hoy día. Pero argumentar doctrina con quien desecha las Escrituras es inútil y necio.

En *Cartas del diablo a su sobrino* de C. S. Lewis, una obra ficticia pero espiritualmente reveladora, hay un demonio experimentado que da el siguiente consejo a un demonio novato llamado Orugario sobre cómo tentar a cierto humano que le ha sido asignado: "Tu hombre, desde que era niño, ha estado acostumbrado a tener una docena de filosofías incompatibles dándole vueltas en la cabeza. Él no piensa en las doctrinas primariamente como "verdaderas" o "falsas", sino "académicas" o "prácticas"... La jerga, no los argumentos, son tu mejor aliado para mantenerlo alejado de la iglesia" ([Nueva York: Rayo, 2006], p. 8 del original en inglés).

En efecto, Satanás sabe que la mayoría de las personas, incluyendo muchos bien educados e inteligentes, son más aptos a dejarse persuadir por la jerga popular que por los argumentos bíblicos o las pruebas reales; a pesar de que puedan afirmar lo contrario. Durante los últimos siglos, las filosofías más destructivas, humanistas y menos bíblicas se han abierto paso en la educación superior, incluso en muchas universidades y seminarios que se dicen cristianos y que alguna vez lo fueron. La inteligencia humana nunca ha sido rival para las artimañas de Satanás. El orgullo pecaminoso del hombre en ninguna parte es más claro que en la exaltación de su propio intelecto sobre las Escrituras y en considerar que tal necedad es erudición. Muchos estudiantes sin discernimiento se apuntan para aprender de estos eruditos falsos y la fuerza de cualquier convicción restante se convierte en debilidad.

La descarga de ideas y verborrea impías que asalta a la sociedad actual en general —incluso a la iglesia evangélica— es preocupante. Sin embargo, más espantosas que estas, son la indiferencia y a menudo la aceptación de las ideas falsas por personas que mencionan el nombre de Cristo y afirman haber nacido de nuevo. El aborto, la evolución teísta, la homosexualidad, el divorcio sin culpa, el feminismo y muchos otros conceptos y actitudes no bíblicos han invadido la iglesia a velocidades y grados alarmantes. Una de las enseñanzas falsas más populares y seductoras es la promoción de la autoestima como virtud cristiana, cuando en realidad es el fundamento mismo del pecado. Tales nociones destructivas son inevitables cuando los cristianos escuchan al mundo por encima de la Palabra y se dejan persuadir más por la sabiduría humana que por la divina. Muy pocos líderes de la iglesia actual pueden decir sinceramente con Pablo que su "exhortación no procedió de error ni de impureza, ni fue por engaño" (1 Ts. 2:3).

Cuando los cristianos empiezan a saber menos directa y regularmente de las Escrituras y la sana doctrina, se hacen presa fácil de la jerga que suena a cristianismo pero que milita fuertemente contra la verdad de Dios. Ideas arbitrarias y poco bíblicas como "caerse al piso por el Espíritu" y "atar a Satanás" reemplazan con frecuencia —o se les da mayor valor— la enseñanza clara de las Escrituras y la sumisión a ellas.

Cualesquiera que sean los errores doctrinales específicos que amenazaran a la iglesia de Éfeso, obviamente eran serios. Pablo advirtió en su primera carta a Timoteo que "el Espíritu dice claramente que en los postreros tiempos algunos apostatarán de la fe, escuchando a espíritus engañadores y a doctrinas de demonios" (1 Ti. 4:1). Sin duda, algunas de esas doctrinas de demonios ya corrompían la iglesia en aquel lugar.

En cualquier caso, Pablo da seis razones específicas para evitar *todas* las enseñanzas falsas y oponerse a ellas: llevan a los oyentes a la perdición (2:14*b*), avergüenzan a los maestros (v. 15), llevan a la impiedad (v. 16), se esparcen rápidamente (v. 17*a*), trastornan la fe de algunos (vv. 17*b*-18) y caracterizan a quienes no pertenecen al Señor (v. 19).

LAS ENSEÑANZAS FALSAS LLEVAN A LOS OYENTES A LA PERDICIÓN

sino que es para perdición de los oyentes. (2:14*b*)

El primer daño —y el más obvio— de las enseñanzas falsas se hace a quienes las oyen. Obstaculiza el camino de los incrédulos, los cuales pueden extraviarse del camino verdadero de la salvación. También afecta a los creyentes, causándoles confusión, duda, desánimo y desobediencia.

Como podría suponerse, *katastrophē* (**perdición**) es la palabra de la cual obtenemos *catástrofe*. Las enseñanzas falsas tienen efectos catastróficos. La palabra griega tiene la idea básica de arruinar, derrocar; en este contexto lleva la connotación más explícita de quedar arruinado espiritualmente. Pablo está hablando sobre enseñanzas que subvierten intencionalmente la verdad y la reemplazan con falsedad. En consecuencia, en lugar de edificar a los oyentes, los derriba; en lugar de enriquecerlos, los lleva al desastre.

El único otro uso de esta palabra griega en el Nuevo Testamento se encuentra en la segunda epístola de Pedro, donde su seriedad extrema es aún más clara: "[Dios] condenó por destrucción a las ciudades de Sodoma y de Gomorra, reduciéndolas a ceniza y poniéndolas de ejemplo a los que habían de vivir impíamente" (2 P. 2:6). En esa epístola, Pedro confronta las enseñanzas falsas que, en aquel momento, tal como ocurrió con el resto de las Escrituras, estaban pervirtiendo la verdad de Dios y llevando a la perdición a sus oyentes en todo el mundo. Esos "indoctos e inconstantes" distorsionaban la enseñanza de Pablo, tal como lo hacían con "las otras Escrituras, para su propia perdición" (2 P. 3:15-16). Sin embargo, incluso más peligrosos eran los "falsos maestros, que [introducirían en la iglesia] encubiertamente herejías destructoras, y aun negarán al Señor que los rescató, atrayendo sobre sí mismos destrucción repentina" (2 P. 2:1).

LAS ENSEÑANZAS FALSAS AVERGÜENZAN A LOS MAESTROS

Procura con diligencia presentarte a Dios aprobado, como obrero que no tiene de qué avergonzarse, que usa bien la palabra de verdad. (2:15)

La segunda advertencia de Pablo sobre las enseñanzas falsas es por contraste. A diferencia de quienes menciona Pedro, los que pervierten así la verdad de Dios, Timoteo debía procurar **con diligencia** presentarse **a Dios aprobado.**

Spoudazō (tener **diligencia**) conlleva la idea de tener persistencia insistente para lograr un objetivo particular. El creyente diligente —en este contexto, el maestro diligente— se esfuerza al máximo por impartir completamente la verdad de Dios, tan claramente y sin ambigüedades como sea posible. Se compromete sin reservas a examinar, interpretar, explicar y aplicar la Palabra de Dios. Por esa razón, "los ancianos que gobiernan bien, sean tenidos por dignos de doble honor, mayormente los que trabajan en predicar y enseñar" (1 Ti. 5:17).

El propósito de esa diligencia no es agradar a otros y desde luego tampoco es agradarse a uno mismo, sino presentarse **a Dios aprobado**. *Paristēmi* (**presentarse**) significa literalmente "pararse junto a". En este pasaje la idea es pararse junto a Dios o delante de Él, presentarse como si estuviera en inspección para ser aprobado por Él. *Dokimos* (**aprobado**) se refiere a pasar favorablemente el escrutinio cuidadoso, y así ser declarado valioso.

El propósito supremo del maestro diligente y desinteresado es agradar a Dios. Pablo preguntó a los creyentes gálatas: "¿Busco ahora el favor de los hombres, o el de Dios? ¿O trato de agradar a los hombres? Pues si todavía agradara a los hombres, no sería siervo de Cristo" (Gá. 1:10). Todo maestro y predicador cristiano debe estar en capacidad de decir: "Según fuimos aprobados por Dios para que se nos confiase el evangelio, así hablamos; no como para agradar a los hombres, sino a Dios, que prueba nuestros corazones" (1 Ts. 2:4). El mayor deseo de Pablo era oír decir a su Maestro: "Bien, buen siervo y fiel" (Mt. 25:21). Tal maestro o predicador es un **obrero que no tiene de qué avergonzarse.**

La implicación clara, especialmente a la luz de los siguientes tres versículos, es que, por otra parte, los falsos maestros tienen grandes motivos para **avergonzarse**. Un diccionario define *vergüenza* como "una emoción dolorosa provocada por tener conciencia de culpa, deficiencia o indecencia". Otro declara que es "el sentimiento doloroso que surge por ser consciente de haber hecho algo deshonroso". Por tanto, a diferencia del maestro que se presenta **como obrero que no tiene de qué avergonzarse**, el maestro que propaga la falsedad —especialmente en nombre de Dios y bajo el disfraz del cristianismo— *debe* avergonzarse (cp. 1 Jn. 2:28).

Sin embargo, es obvio que quienes tienen más razones para avergonzarse son los más desvergonzados. Están entre aquellos a los que se refiere Pablo en su carta a la iglesia de Filipos: "Porque por ahí andan muchos, de los cuales os dije muchas veces, y aun ahora lo digo llorando, que son enemigos de la cruz de Cristo; el fin de los cuales será perdición, cuyo dios es el vientre, y *cuya gloria es su vergüenza*; que sólo piensan en lo terrenal" (Fil. 3:18-19, cursivas añadidas). Quienes insisten en pervertir el evangelio no son menos que "enemigos de Cristo". La acusación más condenatoria contra ellos proviene de la pluma de Judas, quien los llama así: "Manchas en vuestros ágapes, que comiendo impúdicamente con vosotros se apacientan a sí mismos; nubes sin agua, llevadas de acá para allá por los vientos; árboles otoñales, sin fruto, dos veces muertos y desarraigados; fieras ondas del mar, que espuman su propia vergüenza; estrellas errantes, para las cuales está reservada eternamente la oscuridad de las tinieblas" (Jud. 1:12-13).

Queda claro en los dos Testamentos, así como en la historia y el presente de la iglesia, que muchos de los peores falsos maestros afirman ser siervos de Dios. La mayoría de los escribas, fariseos y otros líderes judíos de la época de Jesús, se consideraban piadosos y devotos, además de los únicos intérpretes confiables de las Escrituras. Con todo, Jesús les dijo: "Vosotros sois de vuestro padre el diablo, y los deseos de vuestro padre queréis hacer. Él ha sido homicida desde el principio, y no ha permanecido en la verdad, porque no hay verdad en él. Cuando habla mentira, de suyo habla; porque es mentiroso, y padre de mentira" (Jn. 8:44).

Pero sin llegar a esos extremos, *cualquiera* que ignore, deforme, malinterprete o le reste méritos a la verdad de Dios, ya sea por adición o sustracción (Ap. 22:18-19), tiene razones para avergonzarse y para temer. Conscientemente o no, quienes corrompen o denigran la verdad de Dios son hijos espirituales de Satanás. Son proveedores de sus mentiras abominables y están bajo el juicio soberano y seguro de Dios.

La marca del pastor o predicador fiel es **que usa bien la palabra de verdad**. **Usa bien** es traducción del participio *orthotomeō*, cuyo significado literal es "cortar derecho". Se usaba para un artesano que cortara en línea recta, para un labrador que cavara un surco, para un albañil que alineara los ladrillos, o para un obrero que construyera un camino derecho. Metafóricamente, se usaba para realizar cualquier tarea con cuidado. Como Pablo hacía tiendas (Hch. 18:3), podría haber pensado en cortar y coser cuidadosamente las múltiples piezas de cuero o paño que se necesitaban para hacer una tienda.

En ocasiones, en el Nuevo Testamento, la frase **palabra de verdad** o *mensaje de verdad* se refiere específicamente al evangelio. Pablo recordó a los creyentes en Éfeso esto: "En él también vosotros, habiendo oído la palabra de verdad, el evangelio de vuestra salvación, y habiendo creído en él, fuisteis sellados con el Espíritu Santo de la promesa" (Ef. 1:13; Col. 1:5). Santiago habla del Padre en ejercicio de su voluntad cuando "nos hizo nacer por la palabra de verdad, para que seamos primicias de sus criatura" (Stg. 1:18). Muchas otras referencias a la **verdad** de Dios hablan sobre la revelación total de su Palabra en las Escrituras. Sin duda, Jesús tenía en mente este significado amplio cuando oró por nosotros al Padre: "Santifícalos en tu verdad; tu palabra es verdad" (Jn. 17:17). Cualquiera que sea el caso, la idea de Pablo aquí es la misma. Todo aspecto de la **verdad** divina debe usarse **bien**, como un depósito sagrado a quienes lo enseñan y a quienes lo reciben.

El exégeta y expositor cuidadoso de la palabra de verdad divina debe ser meticuloso en la forma de interpretar y unir las múltiples verdades individuales de las Escrituras. El primero y más importante de los principios es basar la doctrina y las normas de vida solo en las Escrituras (*sola scriptura*) como una de las salvaguardas clave de la Reforma Protestante del siglo XVI.

Por cuanto la Biblia es infalible, autoritativa, suficiente y la única fuente de **la palabra de verdad** de Dios, cualquier otra verdad se apoya en esa **verdad**. No es que la infalibilidad de las Escrituras sea una verdad más importante que la deidad de Cristo o la Trinidad, que digamos. Pero solo a partir de la **verdad** en las Escrituras podemos conocer todas las demás verdades. La **palabra de verdad** divina en las Escrituras no solo es la única fuente y medida de toda verdad espiritual y moral, también lo es de toda verdad *de cualquier tipo* sobre la cual trate.

Un líder evangélico prominente intentó explicar —y evidentemente justificar— la concepción de su primer hijo fuera del matrimonio sosteniendo que el verdadero matrimonio con su esposa comenzó en esa oportunidad. Por supuesto, esa afirmación contradice completamente la enseñanza de las Escrituras con respecto al carácter pecaminoso incondicional de la fornicación. Cuando se le preguntó a la esposa cómo se sentía al haberse hecho pública esa "indiscreción", agregó esto al retorcimiento de las Escrituras hecho por su esposo: "Bueno, ahora entiendo el significado de Juan 8:32, "la verdad os hará libres". La mirada más superficial a ese pasaje revela que Jesús no estaba hablando del sentimiento de alivio que suele venir con la justificación del pecado. Estaba hablando sobre la verdad de su divinidad y su papel mesiánico. Estaba hablando a "a los judíos que habían creído en él", les explicaba que conocerlo y ser libres por ello estaba condicionado a cumplir su Palabra, lo cual los marcaría como verdaderamente sus discípulos (v. 31).

Igualmente blasfema fue una joven que posó desnuda para una revista pornográfica y dijo que la experiencia la había acercado más a Dios. Incluso afirmó una promesa bíblica: "Acercaos a Dios, y él se acercará a vosotros" (Stg. 4:8). La locura arrogante de la declaración se hace clara en la segunda parte de ese versículo que manda: "Limpiad las manos; y vosotros los de doble ánimo, purificad vuestros corazones".

Una cosa es arrepentirse genuinamente del pecado y tener la certeza del perdón divino. Otra cosa muy diferente es torcer la Palabra de Dios en un esfuerzo por justificar el pecado. Una cosa es que un incrédulo —que no afirma piedad— se avergüence del pecado. Otra cosa completamente diferente —e inconmensurablemente peor— es que alguien que afirma la salvación no se avergüence del pecado, sobre todo cuando se usa la Palabra de Dios para defenderlo.

LAS ENSEÑANZAS FALSAS LLEVAN A LA IMPIEDAD

Mas evita profanas y vanas palabrerías, porque conducirán más y más a la impiedad. (2:16)

El tercer peligro de las enseñanzas falsas es que conducen a una vida mundana. **Mas** indica el contraste entre "usa bien la palabra de verdad" y la advertencia "**evita profanas y vanas palabrerías**". Esa conversación no se debe usar en absoluto.

Pablo dio un consejo semejante a Tito: "Evita las cuestiones necias, y genealogías, y contenciones, y discusiones acerca de la ley; porque son vanas y sin provecho" (Tit. 3:9). El apóstol ya había dado a Timoteo ese consejo anteriormente, añadiendo la advertencia de evitar también "los argumentos de la falsamente llamada ciencia" (1 Ti. 6:20). Esa clase de charla es pérdida de tiempo y confusión en el mejor de los casos; en el peor caso es dañina espiritualmente, cosa que Pablo obviamente tiene en mente aquí. Las palabras de la opinión humana profana no son más que **palabrerías** malignas.

Pablo no está hablando de cháchara o chismes, que pueden hacer un daño considerable en la iglesia. Está hablando de la herejía destructiva que pervierte la verdad divina y conducirá **más y más a la impiedad**. La palabrería es ya de por sí mala, pero cuando infecta a los creyentes, el daño es doble.

Este peligro no se restringe a incrédulos o incluso a creyentes inmaduros. Pablo estaba hablando directamente a Timoteo, que, a pesar de su timidez y falta de ánimo temporal, era un líder espiritual talentoso en el cual el apóstol tenía mucha confianza. Se le había nombrado líder, representante oficial de Pablo en la iglesia de Éfeso. Nadie está exento de la influencia corruptora de la falsedad. Igual que un médico no puede evitar la exposición a una enfermedad peligrosa que esté tratando, un predicador o maestro piadoso no puede evitar la exposición a las malas ideas. Pero tal como el médico mantiene al mínimo la exposición y se concentra en destruir la enfermedad, el predicador o maestro piadoso debe mantener la exposición a la falsedad al mínimo, mientras se opone a esta y busca exterminarla con la verdad.

Si no hay oposición ni denuncia de los falsos maestros, "muchos seguirán sus disoluciones, por causa de los cuales el camino de la verdad será blasfemado" (2 P. 2:2). La difícil situación de muchas denominaciones e instituciones cristianas que una vez fueron bíblicamente sólidas es prueba abundante de la capacidad destructora, perniciosa y penetrante, de las doctrinas falsas. El legado de las doctrinas falsas es **más y más** impiedad de la vida falsa. El error no puede detener la carne, no puede parar al diablo y no puede proteger del mundo. Las enseñanzas falsas no proveen defensa alguna contra la iniquidad, ni fuerza alguna para hacer lo correcto y lo que honra a Dios.

LAS ENSEÑANZAS FALSAS SE ESPARCEN RÁPIDAMENTE

Y su palabra carcomerá como gangrena; (2:17*a*)

No solo eso, las falsas doctrinas propagadas por la **palabra** de los falsos maestros **carcomerá como gangrena**. **Gangrena** es transliteración de *gangraina*, la palabra griega de la cual se deriva. Antiguamente, se usaba para el cáncer y la gangrena, dos enfermedades que carcomen rápidamente y son mortales. Aun hoy en la guerra, la **gangrena** es uno de los peores peligros para los heridos en batalla. Si no se trata con cuidado y prontitud, puede llevar rápidamente a la amputación o la muerte. La religión falsa y las mentiras satánicas se esparcen más rápido que la verdad, porque el corazón humano pecaminoso es más receptivo a ellas.

Los engaños religiosos son tan infecciosos, maliciosos e insidiosos que deben tratarse solo con máscara y guantes. Usando otra imagen, dice Judas que quienes están en peligro espiritual grave deben arrebatarse del fuego (Jud. 23), como un ascua ardiente. Con el sumo sacerdote Josué se usó una imagen semejante; él estaba corrompido como todo el resto del sacerdocio, pero fue rescatado y librado por Dios, como "un tizón arrebatado del incendio" (Zac. 3:2).

"El mundo entero está bajo el maligno", dice Juan en su primera carta (1 Jn. 5:19). Ya en esa epístola había dicho: "No améis al mundo, ni las cosas que están en el mundo. Si alguno ama al mundo, el amor del Padre no está en él. Porque todo lo que hay en el mundo, los deseos de la carne, los deseos de los ojos, y la vanagloria de la vida, no proviene del Padre, sino del mundo" (2:15-16). Santiago también advierte: "¿No sabéis que la amistad del mundo es enemistad contra Dios? Cualquiera, pues, que quiera ser amigo del mundo, se constituye enemigo de Dios" (Stg. 4:4). El mundo se asocia con los demonios para desarrollar y extender la epidemia de gangrena espiritual mortal.

Los falsos maestros son tan peligrosos porque son del mundo y sirven al príncipe de este mundo. La tecnología rápidamente creciente ha ayudado a que lo mundano y todas las demás formas de impiedad crezcan más rápidamente, exponiendo más personas a más enseñanzas malignas de lo que pudieron imaginarse quienes vivieron en generaciones anteriores. En consecuencia, hoy día los cristianos tienen más razones que nunca para probar "los espíritus si son de Dios; porque muchos falsos profetas han salido por el mundo" (1 Jn. 4:1). "Ellos son del mundo; por eso hablan del mundo, y el mundo los oye" (v. 5). Por tanto, los cristianos no tienen excusa ni siquiera para oírlos, mucho menos para aceptar sus creencias y caminos impíos.

LAS FALSAS ENSEÑANZAS TRASTORNAN LA FE DE ALGUNOS

de los cuales son Himeneo y Fileto, que se desviaron de la verdad, diciendo que la resurrección ya se efectuó, y trastornan la fe de algunos. (2:17*b*-18)

Pablo identifica a **Himeneo** como uno de los falsos maestros, quien obviamente había sido una amenaza para la iglesia de Éfeso durante un tiempo porque también se le denunció en la carta anterior. Aunque Pablo había expulsado a **Himeneo** de la iglesia cuando todavía estaba en Éfeso, habiéndolo entregado a Satanás, este obviamente insistía en sus esfuerzos por desviar a los creyentes de allí, **y Fileto** había remplazado a Alejandro como conspirador (véase 1 Ti. 1:20).

Esos hombres eran apóstatas, como aquellos de quien escribió el autor de Hebreos: "Porque es imposible que los que una vez fueron iluminados y gustaron del don celestial, y fueron hechos partícipes del Espíritu Santo, y asimismo gustaron de la buena palabra de Dios y los poderes del siglo venidero, y recayeron, sean otra vez renovados para arrepentimiento, crucificando de nuevo para sí mismos al Hijo de Dios y exponiéndole a vituperio" (He. 6:4-6). Han pisoteado "al Hijo de Dios, y [tuvieron] por inmunda la sangre del pacto en la cual fue santificado, e [hicieron] afrenta al Espíritu de gracia" (He. 10:29). Como dijo Jesús de Judas (Mt. 26:24), sería mejor si tales hombres no hubieran nacido.

La herejía particular de **Himeneo y Fileto** era afirmar **que la resurrección ya se efectuó** (cp. 1 Co. 15:12). Pablo no explica qué resurrección tenían en mente. Ni la resurrección de Jesús (que ya había ocurrido) ni la resurrección física de los creyentes (que no había ocurrido aún) tienen sentido en este contexto. Por tanto, parece probable que estos hombres propusieran alguna forma de resurrección espiritual como la única resurrección. Tal vez enseñaban que la única resurrección era la unión espiritual con Cristo en su muerte y resurrección (cp. Ro. 6:1-11). Tal perspectiva habría tomado su base de la filosofía griega pagana, tal vez el gnosticismo incipiente, cuyos adherentes creían que el cuerpo y otras cosas materiales eran intrínsecamente malas. Sin duda, algunos de los griegos atenienses que se burlaban "cuando oyeron [de Pablo] lo de la resurrección de los muertos" (Hch. 17:32) estaban en ese dualismo filosófico y les horrorizaba la idea de la restauración del cuerpo en la otra vida. **Himeneo y Fileto** posiblemente sostenían la creencia de muchos paganos según la cual la única inmortalidad se da en la vida por medio de la descendencia. Al negar la resurrección corporal, destruían el mismo fundamento de la fe cristiana; negaban la realidad y las implicaciones de la resurrección de Cristo.

En la primera carta a la iglesia de Corinto, Pablo deja claro la importancia monumental de la resurrección de Cristo y los creyentes, así como la comprensión correcta de estas verdades. Pablo dice: "Porque si no hay resurrección de muertos, tampoco Cristo resucitó. Y si Cristo no resucitó, vana es entonces nuestra predicación, vana es también vuestra fe. Y somos hallados falsos testigos de Dios;

porque hemos testificado de Dios que él resucitó a Cristo, al cual no resucitó, si en verdad los muertos no resucitan… y si Cristo no resucitó, vuestra fe es vana; aún estáis en vuestros pecados" (1 Co. 15:13-15, 17).

Negar o distorsionar la verdad sobre la **resurrección** es negar y distorsionar el corazón del evangelio. Por tanto, es trágico y condenable enseñar falsedades sobre esa doctrina. No solo blasfema a Dios y denigra su Palabra, sino que inevitablemente también trastorna **la fe de algunos**.

Anatrepō (trastornar) conlleva la idea de derrocar y derrumbar, indica que **la fe de algunos** de los que oyeron a los falsos maestros no era fe salvadora, pues esta no puede derribarse o destruirse. Al parecer, tales oyentes habían oído el evangelio y habían sentido atracción por el cristianismo como la respuesta posible a su búsqueda religiosa. Pero fueron presa de las enseñanzas corruptas y siguieron perdidos porque no habían puesto su **fe** en Cristo como Señor y Salvador, y estaban expuestos al engaño.

De nuevo, esa verdad triste revela uno de los grandes peligros del evangelio falso: Mantiene a **algunos** —han sido millones incontables en todos los siglos— fuera del reino.

LAS ENSEÑANZAS FALSAS CARACTERIZAN A QUIENES NO PERTENECEN AL SEÑOR

Pero el fundamento de Dios está firme, teniendo este sello: Conoce el Señor a los que son suyos; y: Apártese de iniquidad todo aquel que invoca el nombre de Cristo. (2:19)

El último peligro de las enseñanzas falsas mencionado aquí es que se ajusta a los impíos y a quienes no son salvos.

De nuevo, Pablo desarrolla su idea por contraste. Continúa él: "**Pero el fundamento de Dios está firme**". A diferencia de quienes confían en los esquemas satánicos de la religión, quienes son salvos de verdad, quienes son hijos espirituales de Dios y discípulos genuinos de Jesucristo, son parte del **fundamento de Dios** que **está firme**.

En este contexto, **el fundamento firme de Dios** se refiere probablemente a la iglesia. En la carta previa a Timoteo, Pablo habla de "la casa de Dios, que es la iglesia del Dios viviente, *columna y baluarte* de la verdad" (1 Ti. 3:15, cursivas añadidas). **El fundamento** de la iglesia de Cristo **está** en la verdad, "y las puertas del Hades no prevalecerán contra ella" (Mt. 16:18).

En esa promesa tenemos el sello de Dios. Un *sphargis* (**sello**) era una señal de propiedad; **Dios** ha puesto su **sello** divino de propiedad sobre la iglesia. En los últimos tiempos, "los hombres que no tuviesen el sello de Dios en sus frentes" serán atormentados por langostas (Ap. 9:4) También, sin duda, el sello de Dios en la frente de los creyentes los protegerá de tomar la marca de la bestia (cp. Ap. 13:16).

El **sello** de propiedad de Dios está sobre la iglesia en dos formas. Primera, todo miembro del cuerpo de Cristo —la iglesia—, tiene la seguridad divina de la elección en el sentido de que "**conoce el Señor a los que son suyos**". La fuente de esta cita no es clara, pero posiblemente sea del libro de Números. Cuando algunos israelitas estaban a punto de rebelarse contra el Señor y sus líderes designados —Moisés y Aarón—, Moisés declaró a Coré y otros rebeldes esto: "Mañana el SEÑOR dirá quién es quién. Será él quien declare quién es su escogido, y hará que se le acerque" (Nm. 16:5, NVI).

Jesús nos aseguró lo siguiente: "Mis ovejas oyen mi voz, y yo las conozco, y me siguen, y yo les doy vida eterna; y no perecerán jamás, ni nadie las arrebatará de mi mano" (Jn. 10:27-28). Como Satanás, los falsos maestros pueden causar gran confusión y temor entre el pueblo de Dios, pero no pueden corromper ni destruir a su pueblo, porque "Dios [nos ha] escogido desde el principio para salvación" (2 Ts. 2:13*a*).

El Nuevo Testamento está lleno de tales garantías. Jesús promete: "Todo lo que el Padre me da, vendrá a mí; y al que a mí viene, no le echo fuera. Porque he descendido del cielo, no para hacer mi voluntad, sino la voluntad del que me envió. Y esta es la voluntad del Padre, el que me envió: Que de todo lo que me diere, no pierda yo nada, sino que lo resucite en el día postrero. Y esta es la voluntad del que me ha enviado: Que todo aquél que ve al Hijo, y cree en él, tenga vida eterna; y yo le resucitaré en el día postrero" (Jn. 6:37-40). Dios nos escogió para la salvación en Cristo "antes de la fundación del mundo" (Ef. 1:4). "A los que antes conoció, también los predestinó para que fuesen hechos conformes a la imagen de su Hijo, para que él sea el primogénito entre muchos hermanos. Y a los que predestinó, a éstos también llamó; y a los que llamó, a éstos también justificó; y a los que justificó, a éstos también glorificó" (Ro. 8:29-30).

La segunda forma en la cual Dios ha puesto su **sello** sobre la iglesia es por medio de la santificación personal, la santidad personal. Por tanto, dice Pablo: "**Apártese de iniquidad todo aquel que invoca el nombre de Cristo**". Esta cita puede adaptarse del mismo pasaje en el libro de Números, donde Moisés después advirtió a los piadosos: "Apartaos ahora de las tiendas de estos hombres impíos, y no toquéis ninguna cosa suya, para que no perezcáis en todos sus pecados" (Nm. 16:26). Quienes no se separaron de los impíos rebeldes fueron destruidos junto con ellos cuando "abrió la tierra su boca, y los tragó" (v. 32).

Este segundo aspecto de la santificación es una exhortación y una afirmación. La exhortación es: "¿O ignoráis que vuestro cuerpo es templo del Espíritu Santo, el cual está en vosotros, el cual tenéis de Dios, y que no sois vuestros? Porque habéis sido comprados por precio; glorificad, pues, a Dios en vuestro cuerpo"

(1 Co. 6:19-20). Igualmente, Pedro exhorta: "Como aquel que os llamó es santo, sed también vosotros santos en toda vuestra manera de vivir" (1 P. 1:15).

Pero nuestra santificación también se afirma divinamente. En el versículo de 2 Tesalonicenses citado anteriormente, en el cual Pablo asegura a los creyentes que Dios los ha escogido para salvación, añade: "Mediante la santificación por el Espíritu y la fe en la verdad" (2:13*b*). A pesar de nuestros múltiples fracasos y nuestra frecuente infidelidad, Dios en su gracia completará nuestra santificación. Pablo testificó así: "Estando persuadido de esto, que el que comenzó en vosotros la buena obra, la perfeccionará hasta el día de Jesucristo" (Fil. 1:6).

Un instrumento para honra 6

Pero en una casa grande, no solamente hay utensilios de oro y de plata, sino también de madera y de barro; y unos son para usos honrosos, y otros para usos viles. Así que, si alguno se limpia de estas cosas, será instrumento para honra, santificado, útil al Señor, y dispuesto para toda buena obra. Huye también de las pasiones juveniles, y sigue la justicia, la fe, el amor y la paz, con los que de corazón limpio invocan al Señor. Pero desecha las cuestiones necias e insensatas, sabiendo que engendran contiendas. Porque el siervo del Señor no debe ser contencioso, sino amable para con todos, apto para enseñar, sufrido; que con mansedumbre corrija a los que se oponen, por si quizá Dios les conceda que se arrepientan para conocer la verdad, y escapen del lazo del diablo, en que están cautivos a voluntad de él. (2:20-26)

Un coro de Audrey Mieir expresa con gran belleza el espíritu de la dedicación aludido por Pablo en este pasaje.

> Ser usado por Dios
> para cantar, para hablar, para orar.
> Ser usado por Dios
> para mostrarle a alguien el camino.
> ¡Cuánto anhelo sentir
> el toque de su fuego consumidor,
> ser usado por Dios es mi deseo!

Todo creyente debería tener el deseo irresistible de ser usado por Dios en la forma que Él elija. El flujo de 2 Timoteo 2 pasa del llamado a esforzarse "en la gracia que es en Cristo Jesús" (2:1) a ser "obrero que no tiene de qué avergonzarse" (v. 15) para ser "útil al Señor, y dispuesto para toda buena obra" (v. 21).

LA ILUSTRACIÓN

Pero en una casa grande, no solamente hay utensilios de oro y de plata, sino también de madera y de barro; y unos son para usos honrosos, y otros para usos viles. (2:20)

Como en otras varias cartas, Pablo usa la imagen de utensilios para describir a los cristianos. Por ejemplo, al defender la soberanía de Dios para salvar y condenar según su voluntad divina y perfecta, el apóstol pregunta retóricamente: "¿O no tiene potestad el alfarero sobre el barro, para hacer de la misma masa un vaso para honra y otro para deshonra?" (Ro. 9:21). Señalando nuestra completa dependencia en el poder y la gracia de Dios para ministrar, recordó a los creyentes corintios que "tenemos este tesoro en vasos de barro, para que la excelencia del poder sea de Dios, y no de nosotros" (2 Co. 4:7).

Usando la ilustración de una casa grande con propietarios acomodados y muchos ocupantes, cuartos y mobiliario, dice que **no solamente hay utensilios de oro y de plata, sino también de madera y de barro; y unos son para usos honrosos, y otros para usos viles**.

Como se mencionó en el capítulo anterior, el contexto sugiere fuertemente que el fundamento firme de Dios (v. 19) hace referencia a la iglesia, el custodio terrenal de la verdad divina (v. 18). La propiedad o el "sello" de Dios sobre la iglesia viene en dos partes. Desde la perspectiva divina, está su elección soberana de "los que son suyos"; desde la perspectiva humana, está la justicia del creyente fiel, "aquel que invoca el nombre de Cristo" y se abstiene "de iniquidad".

Por tanto, la **casa grande** representa a toda la iglesia de Dios, el cuerpo de Cristo, compuesto por todos los creyentes, los **utensilios** en esta representan a cada uno de los creyentes: los honrosos **de oro y de plata** y los **viles de madera y de barro.**

Skeuos (**utensilios**) se usaba para una amplia variedad de utensilios, instrumentos y equipo doméstico que incluían mobiliarios y herramientas. Es probable que Pablo tuviera en mente vasijas de comida y quizás **utensilios**, dados los materiales de los cuales estaban hechas las piezas aquí mencionadas. Pero fueran cuales fueran los artículos, la idea de Pablo es la misma. Los utensilios de **oro** o de **plata** son más valiosos y presentables que los de **madera** o de **barro**. Los primeros se mostrarían con prominencia como decoración o se usarían para servir a invitados importantes como gesto honroso. De otra parte, los artículos inferiores eran estrictamente utilitarios. Eran comunes y corrientes, simples, reemplazables, poco atractivos y con frecuencia sucios y viles, porque algunos se usaban para la basura y los desperdicios humanos de la casa. Se usaban para las tareas que nunca se ven, que se mantienen tan alejadas de verse como sea posible. Mostrarlas a los invitados habría sido un acto de vileza innombrable. (Debe observarse que, en este contexto, los utensilios de madera y barro son despreciados desde la perspectiva del Señor, mientras en 2 Corintios 4:7, Pablo está feliz de ser vaso de barro, porque usa la analogía para expresar su humildad y consideración de sí mismo).

Los **usos honrosos** y los **usos viles** no se refieren a cristianos verdaderos y falsos, respectivamente. Jesús deja claro en la parábola del trigo y la cizaña (Mt. 13:24-30) y en su enseñanza sobre las ovejas y las cabras en el juicio de las naciones

(Mt. 25:31-46) que en la iglesia visible en la tierra habrá creyentes e incrédulos hasta que Él regrese y ordene la separación final. Pero Pablo no está hablando de esa distinción.

Tampoco habla aquí de las diferencias dadas por Dios entre los creyentes. En la carta a Roma dice: "Dios repartió a cada uno [una medida de fe]. Porque de la manera que en un cuerpo tenemos muchos miembros, pero no todos los miembros tienen la misma función, así nosotros, siendo muchos, somos un cuerpo en Cristo, y todos miembros los unos de los otros. De manera que, teniendo diferentes dones, según la gracia que nos es dada, si el de profecía, úsese conforme a la medida de la fe" (Ro. 12:3-6). En la primera carta a los corintios enfatiza la misma verdad: "Si todo el cuerpo fuese ojo, ¿dónde estaría el oído? Si todo fuese oído, ¿dónde estaría el olfato? Mas ahora Dios ha colocado los miembros cada uno de ellos en el cuerpo, como él quiso" (1 Co. 12:17-18).

Los **utensilios** honrosos representan a los creyentes fieles y útiles para el Señor. Son los buenos soldados, atletas competitivos y labradores esforzados mencionados en los versículos 3-6. En contraste, los **utensilios** viles son los soldados cobardes, los atletas perezosos y los labradores flojos, gente deshonrada que solo se ajusta a los propósitos más bajos y menos distinguidos. Por tanto, la honra y la vileza se refieren a las formas en las cuales los creyentes genuinos son útiles para el Señor en el cumplimiento de la obra a la cual los ha llamado. En este sentido, todos los creyentes *deberían ser*—aunque no siempre lo son— **utensilios para usos honrosos**.

Algunos líderes efesios, Timoteo inclusive, estaban perdiendo el ánimo y se estaban volviendo apáticos. Al parecer, parte del problema era que los intimidaban los falsos maestros como Himeneo, Alejandro y Fileto, a quienes denuncia Pablo específicamente (1 Ti. 1:20; 2 Ti. 2:17). Los problemas serios que Pablo buscaba corregir debían ser continuos y recurrentes porque él repite muchas de sus amonestaciones fuertes a Timoteo y a otros líderes en Éfeso.

Y dado que esta carta está dirigida a Timoteo, el principal obispo, anciano y legado apostólico en la iglesia de Éfeso, las amonestaciones de Pablo en 2:20-26 parecen dirigidas sobre todo a los líderes de aquella iglesia. La interpretación se apoya por la referencia al "siervo del Señor" (v. 24) que probablemente se usó en este contexto como término oficial para referirse a los obispos. Además, las características mencionadas en los versículos 24-25 corresponden a varios requisitos de ese oficio mencionadas en 1 Timoteo 3:2-3 y Tito 1:5-9.

En los versículos 21-26, Pablo determina nueve características que marcan al creyente piadoso y fiel, el cual es un instrumento para honra. Ha de tener una vida limpia (v. 21*a*), un alma santificada (v. 21*b*), ser útil para Dios (v. 21*c*), estar preparado para buenas obras (v. 21*d*), tener un corazón limpio (v. 22), una mente que discierne (v. 23), modales amables (v. 24), un espíritu humilde (v. 25*a*) y una actitud compasiva (vv. 25*b*-26).

UNA VIDA LIMPIA

Así que, si alguno se limpia de estas cosas, será instrumento para honra, (2:21*a*)

Limpia proviene de *ekkathairo*, una forma intensificada de *kathairō* (de la cual obtenemos "catarsis"), cuyo significado es limpiar por completo, purgar totalmente. **Estas cosas** se refiere a los utensilios para usos viles mencionados en el versículo anterior, **de** los cuales **se limpia** quien es fiel. Como ya se indicó, los utensilios para usos viles son las personas profanas de la iglesia; por tanto, la exhortación de Pablo es que los creyentes piadosos se alejen de los creyentes impuros, aquellos que no están limpios, no son obedientes, no se someten al Señor y no están dispuestos a servir.

El pecado es contagioso y la asociación con personas desvergonzadas es peligrosa moral y espiritualmente. "El que anda con sabios, sabio será; mas el que se junta con necios será quebrantado" (Pr. 13:20). La exhortación del Señor a los exiliados judíos en la Babilonia pagana se aplica a todo creyente que busca servirle con fidelidad; Isaías proclamó: "Apartaos, apartaos, salid de ahí, no toquéis cosa inmunda; salid de en medio de ella; purificaos" (Is. 52:11).

El creyente inmoral o de doctrina corrupta —sobre todo si es un líder influyente— es más peligroso que un pagano o un ateo, pues los hermanos débiles y descuidados pueden suponer —o racionalizar— que ciertas prácticas e ideas son permisibles solo porque las practican y enseñan algunos líderes eclesiales.

Pablo explicó a los creyentes de Corinto:

> *Os he escrito por carta, que no os juntéis con los fornicarios; no absolutamente con los fornicarios de este mundo, o con los avaros, o con los ladrones, o con los idólatras; pues en tal caso os sería necesario salir del mundo. Más bien os escribí que no os juntéis con ninguno que, llamándose hermano, fuere fornicario, o avaro, o idólatra, o maldiciente, o borracho, o ladrón; con el tal ni aun comáis. Porque ¿qué razón tendría yo para juzgar a los que están fuera? ¿No juzgáis vosotros a los que están dentro? Porque a los que están fuera, Dios juzgará. Quitad, pues, a ese perverso de entre vosotros (1 Co. 5:9-13).*

Usted no espera que los incrédulos piensen, hablen y se comporten como cristianos; es más, usted tiende a protegerse contra su influencia. Pero, al igual que las "profanas y vanas palabrerías" que "conducirán más y más a la impiedad" y se esparcen "como gangrena" (2 Ti. 2:16-17), la asociación voluntaria con los creyentes impíos —utensilios para usos viles— provocará que algunos de sus pecados inevitablemente le infecten, se dé usted cuenta o no. Por tanto, advierte Pablo: "No erréis; las malas conversaciones corrompen las buenas costumbres" (1 Co. 15:33). La comunión con los miembros profanos de la iglesia desarrolla tolerancia a su contaminación.

El servicio fiel al Señor requiere separación de quienes puedan contaminarlo. Dios dijo a Jeremías, advirtiéndolo sobre asociarse con los israelitas impíos: "Si entresacares lo precioso de lo vil, serás como mi boca. Conviértanse ellos a ti, y tú no te conviertas a ellos" (Jer. 15:19). En otras palabras, la influencia debe ser en una única vía. Si aquellos israelitas infieles eran llevados al arrepentimiento por la predicación y el ejemplo de Jeremías, el Señor se complacería. Pero el profeta no debía permitir nunca que la corrupción de ellos lo infectara.

El escritor de Hebreos da esta advertencia aleccionadora: "Mirad bien, no sea que alguno deje de alcanzar la gracia de Dios; que brotando alguna raíz de amargura, os estorbe, y por ella muchos sean contaminados" (He. 12:15). La amargura sin freno, incluso en un creyente que por lo demás es recto, no es un pecado puramente personal y trivial. Es completamente destructiva y puede desmoralizar y debilitar seriamente a toda una congregación.

Negarse a asociarse con los creyentes pecadores es también para beneficio de ellos. Si no se les disciplina y se aceptan sin problemas en la iglesia, se volverán más cómodos con su pecado. Por otra parte, aislarlos de la iglesia puede ayudar a que se avergüencen y arrepientan. Pablo instruyó así a la iglesia tesalonicense: "Si alguno no obedece a lo que decimos por medio de esta carta, a ése señaladlo, y no os juntéis con él, para que se avergüence" (2 Ts. 3:14).

Ningún cristiano debe asociarse con cristianos profesantes que estén contaminados moral o espiritualmente. No debemos anhelar estar cerca de aquellos cuyo lenguaje y estilo de vida no honran a Cristo. No debemos anhelar asociarnos con quienes tienen una lengua dada a la crítica, toleran el mal en sus vidas y en las vidas de otros creyentes, y cuyo compromiso con el Señor es superficial y artificial. Un **instrumento para honra** no puede seguir siendo honroso y útil si se contamina constantemente con instrumentos viles. No puede permanecer puro alejado de la comunión pura.

UN ALMA SANTIFICADA

santificado, (2:21*b*)

La segunda característica de un instrumento para honra es tener el alma santificada. **Santificado** proviene de *hagiazō*, que tiene el significado básico de estar apartado. Un cristiano está **santificado**, apartado, en dos formas. Negativamente, está apartado *del* pecado. Positivamente, está apartado *para* Dios y su justicia. Tal como los utensilios del templo se apartaban de todo uso mundano y se dedicaban solamente a Dios y su servicio, así también ocurre con los creyentes que son instrumentos para honra en la iglesia. Su propósito supremo como cristianos, el propósito del cual se derivan todos los deberes, es servir a Dios. Para eso se mantienen puros. Sería inconcebible que un utensilio pudiera alternar entre usarse para los desperdicios viles y para la comida de los invitados. Un instrumento para honra se mantiene puro.

Santificado traduce un participio pasivo perfecto, con lo cual indica una condición que ya existe. Cuando confiamos en Jesucristo como Señor y Salvador, Él inmediatamente "nos ha sido hecho por Dios sabiduría, justificación, santificación y redención" (1 Co. 1:30). Todo creyente ha sido escogido por Dios "desde el principio para salvación, mediante la santificación por el Espíritu y la fe en la verdad" (2 Ts. 2:13; cp. 1 P. 1:2). La salvación en sí es una santificación; nos separa para Dios. Pero también es el comienzo de un proceso de toda la vida. Es una realidad y una experiencia progresiva.

Los cristianos no se santifican solamente por tener una relación correcta con Dios, sino porque crecen en el cumplimiento de los propósitos divinos de una vida justa. Ese es el significado del término usado aquí. Pablo declara: "La voluntad de Dios es vuestra santificación; que os apartéis de fornicación... Pues no nos ha llamado Dios a inmundicia, sino a santificación" (1 Ts. 4:3, 7). La vida santificada es de pureza, santidad y piedad. Es un instrumento para honra, digno de uso por el Señor.

Por el lado negativo, el creyente está siendo santificado o apartado *de* la injusticia. Nuestra nueva vida en Cristo, redimida, está en contraste agudo con nuestra vida pasada sin la salvación. "Así como para iniquidad presentasteis vuestros miembros para servir a la inmundicia y a la iniquidad, así ahora para santificación presentad vuestros miembros para servir a la justicia" (Ro. 6:19; cp. v. 22). Los utensilios honrosos están separados del pecado, del mundo, de la carne, de Satanás y de la voluntad propia del viejo hombre.

ÚTIL PARA DIOS

útil al Señor, (2:21*c*)

Un instrumento para honra es útil al Señor. Más adelante, con la misma palabra griega (*euchrēstos*), Pablo dice que Marcos es "útil para el ministerio" (4:11). El apóstol quería que Timoteo fuera **útil** a Jesucristo, el **Señor**, tal como Marcos era útil para su trabajo apostólico.

El deseo más profundo del corazón de Pablo era ser **útil al Señor**. Él testificó así: "¿No sabéis que los que corren en el estadio, todos a la verdad corren, pero uno solo se lleva el premio? Corred de tal manera que lo obtengáis. Todo aquel que lucha, de todo se abstiene; ellos, a la verdad, para recibir una corona corruptible, pero nosotros, una incorruptible" (1 Co. 9:24-25). Por otra parte, el temor más grande del apóstol era dejar de ser **útil al Señor**, por causa del pecado. Continuó diciendo: "Así que, yo de esta manera corro, no como a la ventura; de esta manera peleo, no como quien golpea el aire, sino que golpeo mi cuerpo, y lo pongo en servidumbre, no sea que habiendo sido heraldo para otros, yo mismo venga a ser eliminado" (vv. 26-27).

Señor es traducción de *despotēs*, del que nos viene "déspota". Los cristianos no están tan solo relacionados con Dios; *pertenecen* a Dios en su totalidad. Él es su Señor soberano, amoroso y benevolente, quien tiene propiedad sobre nosotros. Pablo pregunta retóricamente: "¿O ignoráis que vuestro cuerpo es templo del Espíritu Santo, el cual está en vosotros, el cual tenéis de Dios, y que no sois vuestros? Porque habéis sido comprados por precio" (1 Co. 6:19-20).

PREPARADO PARA BUENAS OBRAS

y dispuesto para toda buena obra. (2:21*d*)

Un instrumento para honra del Señor está **dispuesto para toda buena obra.** *Hetoimazō* (**dispuesto**) conlleva la idea de voluntad y entusiasmo, además de estar preparado. Al igual que "santificado", **dispuesto** traduce un pasivo perfecto, con lo cual indica una condición que ya existe. Cuando fuimos salvos, el Señor nos dejó divinamente dispuestos, recibimos su Espíritu Santo para habitar en nosotros y darnos poder. También tenemos su Palabra en las Escrituras para enseñarnos su verdad y su voluntad. Pero a diferencia de un utensilio metálico, de barro o de madera, el utensilio humano tiene voluntad. Por tanto, nuestra disposición exige más que *tener* su Espíritu en nosotros, *poseer* los talentos y dones particulares que nos ha dado y *conocer* la verdad que Él ha revelado. También exige nuestra voluntad genuina y sin reservas para *sometenos* a su Espíritu, *usar* esos talentos y dones y *obedecer* su verdad revelada en su servicio y poder. En palabras del himno citado al principio de este capítulo, el cristiano verdaderamente **dispuesto** puede decir con sinceridad "ser usado por Dios es mi deseo".

UN CORAZÓN LIMPIO

Huye también de las pasiones juveniles, y sigue la justicia, la fe, el amor y la paz, con los que de corazón limpio invocan al Señor. (2:22)

Este versículo presenta cinco características de un **corazón limpio**, que es a su vez la quinta característica de un instrumento para honra del Señor. Este versículo es casi idéntico a la amonestación del apóstol en su carta anterior a Timoteo: "Tú, oh hombre de Dios, huye de estas cosas, y sigue la justicia, la piedad, la fe, el amor, la paciencia, la mansedumbre" (1 Ti. 6:11).

El primer atributo de un **corazón limpio** es negativo, se expresa aquí como el mandamiento de huir **de las pasiones juveniles**. **Huye** proviene de *phuegō*, de donde se deriva "fugitivo". El verbo griego es aquí el imperativo presente de una orden, lo cual indica que huir no es opcional, sino que debe ser constante. Ese significado se refleja en el término "fugitivo", que hace referencia a una persona que corre continuamente para evitar su captura. De la misma forma, el cristiano fiel está corriendo continuamente de las pasiones pecaminosas que comenzaron cuando éramos jóvenes.

Timoteo tenía unos treinta años menos que Pablo cuando se escribió esta carta. Por tanto, era relativamente joven y aún lo tentaban muchas **pasiones** características de la juventud. Tales pasiones iban más allá del deseo sexual pecaminoso. También incluían orgullo, anhelo de riqueza y poder, ambición exorbitante, celos, envidias, un espíritu argumentativo y dominante y muchas otras **pasiones** pecaminosas.

Timoteo era tímido y al parecer en ocasiones sentía vergüenza por su asociación cercana con el apóstol Pablo y el evangelio sin ambages que él proclamaba. Quizá temía la persecución y podía no haber confrontado con audacia a quienes comprometían y malinterpretaban la verdad revelada de Dios. Especialmente, parecía intimidado por hombres mayores en la iglesia que estaban incómodos con su liderazgo (1 Ti. 4:12). Perder la batalla con **las pasiones juveniles** no le habría ayudado a resolver el problema del liderazgo o a corregir eficazmente las doctrinas y prácticas morales erradas; más bien, habría agravado el conflicto. Por su propio bien y el de la iglesia, debía huir de tales tentaciones e inclinaciones.

Los siguientes cuatro atributos de un **corazón limpio** son positivos y completos: **la justicia, la fe, el amor y la paz**. Seguir esas virtudes es el otro lado de huir de **las pasiones juveniles**. Como ocurre con **huye**, el verbo griego que se traduce **sigue** es imperativo. Pablo no está dando una sugerencia.

El creyente que no huye *del* pecado y va *hacia* **la justicia** será sorprendido por el pecado. Jesús dijo: "Cuando [un] espíritu inmundo sale del hombre, anda por lugares secos, buscando reposo; y no hallándolo, dice: Volveré a mi casa de donde salí. Y cuando llega, la halla barrida y adornada. Entonces va, y toma otros siete espíritus peores que él; y entrados, moran allí; y el postrer estado de aquel hombre viene a ser peor que el primero" (Lc. 11:24-26). La única forma de no ser "vencido de lo malo" es vencer "con el bien el mal" (Ro. 12:21). Cuando el salmista entendió esa verdad, escribió: "¿Con qué limpiará el joven su camino? Con guardar tu palabra" (Sal. 119:9). Sin importa cuál sea la época en que viva el creyente, la única guía infalible y efectiva para **la justicia** es la Palabra de Dios. Llevar una vida pura no requiere seguir un sistema esotérico de rituales, tener una experiencia mística, alcanzar un nivel especial de sabiduría humana o tomar la decisión de llevar esa vida. Pero hasta el hijo de Dios menos sofisticado está capacitado para seguir **la justicia** del Señor, al seguir y obedecer la verdad de las Escrituras.

El creyente fiel también seguirá **la fe**. En este contexto, *pistis* (fe) se podría traducir mejor como "fidelidad", al igual que en Romanos 3:3 y en el fruto del Espíritu en Gálatas 5:22 [NVI]. El propósito supremo de un creyente con el **corazón limpio** es agradar y glorificar a Dios, al seguir la integridad, la lealtad y la confiabilidad. Por la ausencia de estas provisiones más importantes de la ley —"la justicia, la misericordia y la fe"—, Jesús criticó duramente a los escribas y fariseos hipócritas (Mt. 23:23). El cristiano verdaderamente fiel será leal a Dios, a la Palabra de Dios, a la obra de Dios y al pueblo de Dios.

También seguirá **el amor**, el primer fruto del Espíritu y el más importante (Gá. 5:22). Entre todas las palabras del griego que se traducen **amor**, *agapē* es la más noble, porque es la palabra de elección, no de sentimiento o emociones, aunque esos estén bien en algunos momentos. Es el amor de la mente y la voluntad, no de emociones o afectos aunque sean de la clase más alta. Es el amor de la determinación consciente, no del impulso. Es el amor que se enfoca en el bienestar del amado, no en la gratificación o realización personal. El amor *agapē* no tiene su base en el atractivo o valor de la persona amada, sino en sus necesidades, aun cuando la persona sea la menos atractiva y digna. No tiene egoísmos y se entrega todo.

El amor *agapē* se usa innumerables veces en relación con Dios. Es el **amor** que Dios Padre tiene hacia su propio Hijo, Jesucristo (Jn. 17:26) y hacia quienes pertenecen al Hijo por la fe (Jn. 14:21). Es el amor que nuestro Señor misericordioso tiene hacia la humanidad caída y pecaminosa (Jn. 3:16; Ro. 5:8). **El amor** *agapē* es tan característico de Dios que Juan nos dice dos veces que Él *es* amor (1 Jn. 4:8, 16).

El creyente fiel también seguirá **la paz**. *Eirenē* (**paz**) es la palabra de la cual obtenemos "sereno" y "serenidad". En este contexto no se refiere a la ausencia de guerras, sino a las relaciones armoniosas, entre Dios y los hombres y entre unos hombres con otros, especialmente entre cristianos. Pablo ordena esto: "Si es posible, en cuanto dependa de vosotros, estad en paz con todos los hombres" (Ro. 12:18).

Aunque la iglesia de Éfeso era una de las más maduras y fieles mencionadas en el Nuevo Testamento, para el momento en que Pablo escribió sus cartas a Timoteo estaba experimentando un conflicto interno serio. La predicción de Pablo a los ancianos de la iglesia cuando se reunieron en una playa cerca de Mileto se estaba cumpliendo. Les había advertido: "Yo sé que después de mi partida entrarán en medio de vosotros lobos rapaces, que no perdonarán al rebaño. Y de vosotros mismos se levantarán hombres que hablen cosas perversas para arrastrar tras sí a los discípulos" (Hch. 20:29-30). Confrontar todo esto y mantener la paz requiere un equilibrio delicado.

Los que... invocan al Señor describe a los cristianos auténticos, se refiere especialmente a su llamado **al Señor** para salvación por su gracia, misericordia y perdón. Invocar **al Señor** es el equivalente de poner la fe salvadora en Él. Pablo asegura esto a los creyentes romanos: "Porque no hay diferencia entre judío y griego, pues el mismo que es Señor de todos, es rico para con todos los que le invocan". Luego, citando a Joel 2:32, añade: "Porque todo aquel que invocare el nombre del Señor, será salvo" (Ro. 10:12-13). El apóstol abre su primera carta a la iglesia de Corinto con estas palabras: "Pablo, llamado a ser apóstol de Jesucristo por la voluntad de Dios, y el hermano Sóstenes, a la iglesia de Dios que está en Corinto, a los santificados en Cristo Jesús, llamados a ser santos *con todos los que en cualquier lugar invocan el nombre de nuestro Señor Jesucristo,* Señor de ellos y nuestro" (1 Co. 1:1-2, cursivas añadidas).

Mas no todo el que invoca al Señor para salvación continúa sirviéndole y obedeciéndole fielmente. Por tanto, un **corazón limpio** identifica aún más a los creyentes fieles que califican como instrumentos para honra. El término **limpio** proviene de la misma raíz griega que *limpia* en el versículo 21 y nos lleva de vuelta adonde comenzó el pensamiento de Pablo: a que un utensilio limpio es útil. Ellos continúan invocando **al Señor** por guía, fuerza y sabiduría en vivir para Él. El cristiano de **corazón limpio** sigue con diligencia la justicia, la fe, el amor y la paz mencionados en la primera mitad de este versículo. Es el "instrumento para honra, santificado, útil al Señor, y dispuesto para toda buena obra", mencionado en el versículo anterior.

UNA MENTE QUE DISCIERNE

Pero desecha las cuestiones necias e insensatas, sabiendo que engendran contiendas. (2:23)

Un instrumento para honra de Dios debe desarrollar una mente que discierne. La mente que no esté en guardia, incluso en un creyente, está sujeta a engaños, a entender mal y a confusiones; cosas que inevitablemente producen falsas doctrinas y vidas pecaminosas. La mente que no discierne es fluctuante, llevada "por doquiera de todo viento de doctrina, por estratagema de hombres que para engañar emplean con astucia las artimañas del error" (Ef. 4:14).

Ese peligro es lo que llevó a Pablo a establecer la salvaguarda básica del discernimiento con el mandato de examinarlo todo y retener lo bueno, de abstenerse de toda especie de mal (1 Ts. 5:21-22).

Pablo también enfatizó la importancia del discernimiento en su primera carta a Timoteo:

> *Como te rogué que te quedases en Éfeso, cuando fui a Macedonia, para que mandases a algunos que no enseñen diferente doctrina, ni presten atención a fábulas y genealogías interminables, que acarrean disputas más bien que edificación de Dios que es por fe, así te encargo ahora. Pues el propósito de este mandamiento es el amor nacido de corazón limpio, y de buena conciencia, y de fe no fingida, de las cuales cosas desviándose algunos, se apartaron a vana palabrería (1 Ti. 1:3-6; cp. 4:7).*

En esa misma epístola advierte más adelante: "Si alguno enseña otra cosa, y no se conforma a las sanas palabras de nuestro Señor Jesucristo, y a la doctrina que es conforme a la piedad, está envanecido, nada sabe, y delira acerca de cuestiones y contiendas de palabras, de las cuales nacen envidias, pleitos, blasfemias, malas sospechas, disputas necias de hombres corruptos de entendimiento y privados de la verdad, que toman la piedad como fuente de ganancia" (1 Ti. 6:3-5). Y cuando está por terminar la carta, implora: "Oh Timoteo, guarda lo que se te ha encomendado, evitando las profanas pláticas sobre cosas vanas, y los argumentos de la falsamente llamada ciencia, la cual profesando algunos, se desviaron de la fe" (6:20-21).

Como vimos en el segundo capítulo de la segunda carta, Pablo amonesta al joven pastor a advertir a quienes están bajo su cuidado "que no contiendan sobre palabras, lo cual para nada aprovecha, sino que es para perdición de los oyentes" y que eviten las "profanas y vanas palabrerías, porque conducirán más y más a la impiedad. Y su palabra carcomerá como gangrena" (2 Ti. 2:14-17).

La verdad y la pureza de las ideas que entran en la mente es de suma importancia. Un automóvil necesita filtros para atrapar los objetos dañinos en la gasolina, el aceite y el aire. Si no se filtran, hasta las partículas pequeñas de polvo o mugre pueden provocar pérdida de poder en el motor, que deje de andar y que sufra daños permanentes. De la misma forma, la acumulación de contaminación moral y espiritual insignificante en apariencia puede corromper la mente y el corazón de un cristiano, haciéndolo menos eficaz y útil para la obra del Señor. Las cosas que permitimos entrar en nuestra mente afectan nuestro pensamiento, creencias, valores, motivos y prioridades. Y cuanto más dispuestos estamos a dejarlas entrar, más poderosamente nos afectarán. El escritor de Proverbios observó con sabiduría que "no toma placer el necio en la inteligencia, sino en que su corazón se descubra" y que "los labios del necio traen contienda; y su boca los azotes llama" (Pr. 18:2, 6).

De las diez mil millones de células en el cerebro humano, la gran mayoría se usan para la memoria. Y aunque la facilidad para olvidar lo hace difícil de creer, los científicos han determinado que el cerebro retiene todo lo que registra. El paso del tiempo y la falta de uso, hacen que la información sea más difícil y a menudo imposible de recuperar, pero toda la información recibida está ahí todavía, sin importar cuánto se haya alejado de la conciencia. Las células de la memoria están interconectadas por fibras igualmente microscópicas que permiten el almacenamiento de hechos, ideas, imágenes visuales, sentimientos y experiencias que se asocien entre sí para producir patrones de pensamiento que almacenan aún más información permanente en el cerebro.

Pablo no podría ser consciente de estos hechos fisiológicos, pero entendía bien el poder de las ideas en la mente cristiana y sabía que la única protección contra las nociones malignas y falsas es la verdad y la justicia de Dios. Por tanto, aconsejó: "Por lo demás, hermanos, todo lo que es verdadero, todo lo honesto, todo lo justo, todo lo puro, todo lo amable, todo lo que es de buen nombre; si hay virtud alguna, si algo digno de alabanza, en esto pensad" (Fil. 4:8). Nuestra mente debe ser la casa de un tesoro, no un vertedero de basura.

Desde los primeros días de la iglesia y casi sin aplacarse hasta hoy, muchos creyentes han olvidado con descuido el estudio personal de las Escrituras y han sido presa de toda clase de ideas y prácticas falsas. No se preocupan de verificar lo que leen y oyen con la Palabra de Dios (como hicieron los judíos de Berea temerosos de Dios y de mente noble [Hch. 17:11]) y los corrompen **las cuestiones necias e insensatas** que los hacen tropezar y caer, a menudo sin darse cuenta.

Mōros (**necias**) tiene el significado básico de ser torpe de mente, tonto o estúpido. *Apaideutos* (**insensatas**) significa ignorante y sin formación, a menudo conlleva la idea adicional de indisciplinado. *Zētēsis* (**cuestiones**) se refiere a lo que es controversial y seriamente cuestionado, sin base cierta en la verdad.

Por supuesto, Pablo no está aconsejando a los creyentes a evitar toda controversia y debate sobre la fe. Debemos santificar "a Dios el Señor en [nuestros] corazones, y [estar] siempre preparados para presentar defensa con mansedumbre y reverencia ante todo el que [nos] demande razón de la esperanza que hay en [nosotros]" (1 P. 3:15). Pablo pasó mucho tiempo presentando y defendiendo el evangelio, mientras iba de ciudad en ciudad. Lucas informa: "Pablo, como acostumbraba, fue a [los judíos en la sinagoga de Tesalónica], y por tres días de reposo discutió con ellos" (Hch. 17:2). "Y discutía en la sinagoga [de Corinto] todos los días de reposo, y persuadía a judíos y a griegos" (Hch. 18:4). De la misma manera comenzó su ministerio en Éfeso (18:19). Cuando Pablo defendió el evangelio y él mismo se defendió ante Félix, gobernador romano en Cesarea, disertó "acerca de la justicia, del dominio propio y del juicio venidero" (Hch. 24:25). En los pasajes anteriores, "discutió" y "disertar" son traducciones de *dialegomai,* del cual obtenemos la palabra "diálogo".

En este pasaje de Timoteo, Pablo deja claro que no está hablando sobre la discusión responsable de las Escrituras y la teología, ya sea entre creyentes o no salvos. Más bien, prohíbe las **cuestiones necias e insensatas**, los debates improductivos y sin fruto **que engendran contiendas**. Tales **cuestiones** no solo carecen de valor, sino que son impías. Cuestionan las Escrituras, distorsionan la verdad, generan duda, debilitan la fe, minan la confianza en el Señor, suelen llevar a comprometer las convicciones y producen contiendas. Ya había dado instrucciones el apóstol a Timoteo en este capítulo así: "[Exhorta a los creyentes] delante del Señor a que no contiendan sobre palabras, lo cual para nada aprovecha, sino que es para perdición de los oyentes" (v. 14).

Pablo da un consejo casi idéntico a Tito, le advierte que evite "las cuestiones necias, y genealogías, y contenciones, y discusiones acerca de la ley; porque son vanas y sin provecho" (Tit. 3:9). Cualquier miembro de la iglesia que insista en tal comportamiento vano y sin provecho debe ser disciplinado con seriedad. El apóstol continúa: "Al hombre que cause divisiones, después de una y otra amonestación deséchalo, sabiendo que el tal se ha pervertido, y peca y está condenado por su propio juicio" (vv. 10-11).

MODALES AMABLES

Porque el siervo del Señor no debe ser contencioso, sino amable para con todos, apto para enseñar, sufrido; (2:24)

Doulos (**siervo**) es una descripción que Pablo usa con frecuencia para sí. En varias epístolas se refiere a su servicio para el Señor —alineándose junto a los demás creyentes— antes de declarar su llamado divino al apostolado (cp. Ro. 1:1; Fil. 1:1; Tit. 1:1). Aquí usa la descripción de **siervo del Señor** para referirse a Timoteo y a otros predicadores de la verdad divina.

Todo **siervo del Señor** debe cuidar de **no ser contencioso, sino amable para con todos, apto para enseñar, sufrido**. De manera similar, en la primera carta señala: "Es necesario que [el pastor] sea irreprensible, marido de una sola mujer, sobrio, prudente, decoroso, hospedador, apto para enseñar; no dado al vino, no pendenciero, no codicioso de ganancias deshonestas, sino amable, apacible, no avaro" (1 Ti. 3:2-3). El apóstol da una lista ampliada de requisitos en su carta a Tito: "Es necesario que el obispo sea irreprensible, como administrador de Dios; no soberbio, no iracundo, no dado al vino, no pendenciero, no codicioso de ganancias deshonestas, sino hospedador, amante de lo bueno, sobrio, justo, santo, dueño de sí mismo, retenedor de la palabra fiel tal como ha sido enseñada, para que también pueda exhortar con sana enseñanza y convencer a los que contradicen" (Tit. 1:7-9).

El líder de la iglesia **no debe ser contencioso, sino amable para con todos**. Tales cualidades caracterizaron a Jesús en su encarnación. Él dijo de sí mismo: "Llevad mi yugo sobre vosotros, y aprended de mí, que soy manso y humilde de corazón" (Mt. 11:29). Cuando Mateo registra la entrada triunfal de Jesús a Jerusalén, cita a Zacarías: "Decid a la hija de Sion: he aquí, tu Rey viene a ti, manso, y sentado sobre una asna, sobre un pollino, hijo de animal de carga" (Mt. 21:5). En la segunda carta de Pablo a los creyentes corintios, les recordó "la mansedumbre y ternura de Cristo" y su propia mansedumbre como apóstol: "Yo que estando presente ciertamente soy humilde entre vosotros" (2 Co. 10:1).

Si bien debemos hablar con audacia para el Señor sin ceder, debemos hacerlo con actitud mansa, amable, y humilde. Nunca debemos ser duros, abusivos, autoritarios, malos, desconsiderados o agresivos. Debe haber suavidad en la autoridad de un líder cristiano, tal como la había en Pablo y en el Señor cuando estuvo en la tierra. Pablo recordó a los creyentes de Tesalónica: "Antes fuimos tiernos entre vosotros, como la nodriza que cuida con ternura a sus propios hijos" (1 Ts. 2:7).

El predicador responsable y fiel también debe ser **apto para enseñar**. Esa frase traduce el adjetivo griego singular *didaktikos*, que conlleva la idea de ser muy hábil en la enseñanza. La única otra vez que se usa en el Nuevo Testamento está en la primera carta de Pablo a Timoteo, donde se aplica también a los ancianos (1 Ti. 3:2). El término no se refiere tanto a *poseer* un conocimiento o comprensión amplios, sino a tener una capacidad notoria para *comunicar eficazmente* cualquier conocimiento y comprensión que pueda tenerse, en este caso el conocimiento y la comprensión de la Palabra de Dios.

El líder fiel que es instrumento para honra debe ser **sufrido**, que es tal vez el requisito más duro mencionado aquí. Si no nos resistimos firmemente al viejo yo, es probable que nos ofendamos más cuando nos ataquen a nosotros mismos que cuando nuestro Señor y su verdad sean atacados. Cuando somos testigos fieles del Señor y vivimos para Él, no es fácil aceptar con gentileza las críticas injustas. Pero Jesús es, una vez más, nuestro ejemplo; Pedro nos recuerda: "También Cristo padeció por nosotros, dejándonos ejemplo, para que sigáis sus pisadas; el cual no hizo pecado, ni se halló engaño en su boca; quien cuando le maldecían, no respondía con maldición; cuando padecía, no amenazaba, sino encomendaba la causa al que juzga justamente" (1 P. 2:21-23). Además de ser nuestro ejemplo, Jesús también es nuestro recurso para ser sufridos. La paciencia es un fruto del Espíritu Santo (cp. Gá. 5:22), el cual aporta la fuerza que necesitamos para llevar el fruto del Señor.

El **siervo** eficaz del Señor no se preocupa por justificarse o vindicarse, sino por servir al Señor sin amargura, venganza o rabias, y con misericordia, bondad y paciencia.

UN ESPÍRITU HUMILDE

que con mansedumbre (2:25*a*)

Prautēs (**mansedumbre**) también puede traducirse "docilidad". En el mundo griego antiguo la palabra se usó para potros que se amansaban para correr. En ese entrenamiento debe tenerse cuidado de someter la voluntad del animal al jinete sin romper su espíritu vivo y enérgico. En oposición a la connotación que hoy día tiene "docilidad", *prautēs* no tiene relación con la debilidad, sino que denota el poder que está bajo el control de la voluntad.

De nuevo Jesús es el ejemplo supremo. En dos pasajes ya citados con respecto a sus modales, el adjetivo *praus* lo describe como gentil o dócil (Mt. 11:29; 21:5). Aunque Él era Dios encarnado y en cualquier momento podía haber destruido a sus enemigos con una palabra o tener a su disposición "más de doce legiones de ángeles" (Mt. 26:53), escogió someterse a toda indignidad porque esa era la voluntad del Padre para Él en su encarnación.

De la misma manera, aunque en un grado mucho más limitado, el siervo fiel de Jesucristo con gran fuerza de convicción y con autoridad de liderazgo en la iglesia expresa y defiende voluntariamente sus convicciones y ejercita su autoridad en un espíritu de amabilidad. La persona de verdad dócil es sumisa por elección, porque *quiere* obedecer a su Señor y ser como Él.

En mi libro *Kingdom Living Here and Now* [La vida del reino, aquí y ahora], comenté:

> Jesús nunca se defendió, pero cuando profanaron el templo de su Padre, hizo un látigo y los golpeó. La mansedumbre dice: "Nunca me defenderé, pero moriré defendiendo a Dios". Jesús purificó dos veces el templo. Arremetió contra los hipócritas. Condenó a los líderes falsos de Israel. Pronunció sin temor el juicio divino sobre el pueblo. Y aun así la Biblia dice que era manso. [Por lo tanto, para el cristiano] la mansedumbre es poder usado solo para la defensa de Dios ([Chicago: Moody, 1980], p. 79).

La clase de **mansedumbre** *prautēs* refleja un espíritu de humildad que no se centra en sí mismo, sino en el Señor y en otros a nombre de Él. No tiene nada que ver con impotencia, timidez, debilidad o cobardía. Es poder puesto bajo el control del Espíritu Santo y suplido por Él, en sumisión fiel a la Palabra y la voluntad de Dios. Cuando alguien es verdaderamente manso, no habla de sí mismo, sino de su Señor.

UNA ACTITUD COMPASIVA

corrija a los que se oponen, por si quizá Dios les conceda que se arrepientan para conocer la verdad, y escapen del lazo del diablo, en que están cautivos a voluntad de él. (2:25*b*-26)

Por último, un instrumento para honra y siervo fiel del Señor tendrá una actitud compasiva. Aquí Pablo se centra en la expresión de la compasión y la mansedumbre para corregir **a los que se oponen**.

Corrija es traducción de *paideuō*, cuyo significado es instruir, educar o guiar. Esta instrucción particular toma la forma de corrección porque los objetos de ella son quienes enseñan falsas doctrinas y llevan vidas impías.

Gran parte de la santurronería de los escribas y fariseos se basaba en seguir cuidadosamente la tradición humana que no tenía base en las Escrituras y solía contradecirlas. Invalidaban "el mandamiento de Dios por vuestra tradición", dijo Jesús (Mt. 15:6). Pero el cristiano fiel no tiene razones para ser un santurrón, ni siquiera cuando obedece humildemente las Escrituras, porque sabe que su obediencia es producto del Espíritu Santo y no de su propia bondad. En consecuencia, cuando se confronta a los creyentes que enseñan falsedad y viven en pecado, no se debe hacer con actitud de superioridad personal. Los cristianos deben tener compasión por ellos en su pecado, tal como el Señor tiene compasión.

Pablo no está hablando de las diferencias personales de opinión, sino de la oposición de los creyentes desobedientes. La oposición puede pertenecer a "cuestiones necias e insensatas" (v. 23), o asuntos más serios de doctrina o moralidad a los que puedan llevar. Todo ministro encuentra situaciones en la iglesia que exigen corrección y, a veces, reprensión. Pablo recordó a Tito esto: "Porque la gracia de Dios se ha manifestado para salvación a *todos* los hombres, enseñándonos que, renunciando a la impiedad y a los deseos mundanos, vivamos en este siglo sobria, justa y piadosamente, aguardando la esperanza bienaventurada y la manifestación gloriosa de nuestro gran Dios y Salvador Jesucristo" (Tit. 2:11-13). El siervo fiel de Cristo debe ser instrumento de Dios para corregir a los creyentes que persistan en "la impiedad y a los deseos mundanos" y amonestarlos a vivir "en este siglo sobria, justa y piadosamente", sin importar su posición en la iglesia.

La motivación de esa corrección debe ser el deseo sincero de que **quizá Dios les conceda que se arrepientan**. Esa es siempre la motivación de un corazón humilde y compasivo. Pablo dijo esto a los creyentes mundanos e inmaduros de Corinto: "Ahora me gozo, no porque hayáis sido contristados, sino porque fuisteis contristados para arrepentimiento; porque habéis sido contristados según Dios, para que ninguna pérdida padecieseis por nuestra parte" (2 Co. 7:9). Aun cuando los corregidos se resientan con nosotros o no se arrepientan, como sucedió con algunos de Corinto con relación a Pablo, nunca hay lugar en la corrección piadosa para animosidad o juicios de santurronería personales.

La esperanza para que **Dios les conceda que se arrepientan** no es el último recurso. La idea no es que intentemos persuadirlos de arrepentirse por sus propios esfuerzos y en su propio poder y que, si fallan, *esperemos* que **quizá Dios les conceda** el arrepentimiento del cual fueron incapaces por sí mismos. *Metanoia* (**arrepientan**) no significa tan solo sentir dolor por lo que hemos hecho. Significa un cambio genuino de mente, de corazón y de dirección. Por esa razón, *todo* arrepentimiento genuino debe ser producto de la gracia soberana de Dios, tal como lo es *todo* aspecto de la salvación, "para mostrar en los siglos venideros las abundantes riquezas de su gracia en su bondad para con nosotros en Cristo Jesús" (Ef. 2:7). Ninguna persona, sin importar cuán sincera y determinada sea, puede cambiar y arrepentirse verdaderamente sus propios pensamientos e ideas pecaminosas ni corregir su vida pecaminosa. Solamente Dios puede obrar ese milagro en el corazón. De la misma forma, podemos amar solo "porque él nos amó primero" (1 Jn. 4:19), "porque el amor de Dios ha sido derramado en nuestros corazones por el Espíritu Santo que nos fue dado" (Ro. 5:5). Dios obra arrepentimiento en el corazón dispuesto de quien desea verdaderamente la santidad.

El arrepentimiento aleja a los creyentes de sus pecados y falsedad para llevarlos a **conocer la verdad**. *Epignōsis* representa más que la sola información factual. Es *conocimiento* espiritual total de la verdad divina que solo Él puede suplir, como ocurre con el arrepentimiento.

Es solo a través de la provisión misericordiosa de Dios para arrepentimiento y conocimiento de su verdad que alguien, inclusive los creyentes pecadores, puede entrar en razón espiritual. *Ananēphō* (entrar en razón) significa literalmente regresar a la sobriedad, lo cual indica que la falsedad y el pecado producen algo que podría llamarse embriaguez espiritual, un estupor que resulta en la pérdida de juicio y del control apropiado de las facultades. El efecto destructivo de las enseñanzas falsas y del pecado es que nublan la conciencia, confunden la mente, erosionan la convicción y paralizan la voluntad.

La provisión divina de conocimiento de su verdad y arrepentimiento genuino permite que el creyente escape **del lazo del diablo**, después de estar cautivo **a voluntad de él**. Como Pablo informó a Timoteo en la carta anterior, incluso un obispo puede caer "en descrédito y en lazo del diablo" (1 Ti. 3:7). Es preocupante que el **diablo,** debido al pecado y la infidelidad de los creyentes, pueda de verdad atrapar y sujetarlos **cautivos a voluntad de él**. Los utensilios viles se vuelven peones de Satanás para obrar su **voluntad** maligna dentro del mismo cuerpo de Cristo. Tal es el poder trágico y terrible del pecado.

Pero nuestro Dios misericordioso es fiel, nos asegura Pablo. "No [nos] dejará ser tentados más de lo que [podamos] resistir, sino que dará también juntamente con la tentación la salida, para que [podamos] soportar" (1 Co. 10:13). No solo "sabe el Señor librar de tentación a los piadosos" (2 P. 2:9), Él también promete a sus utensilios infieles y viles que "si [confiesan sus] pecados, él es fiel y justo para perdonar [sus] pecados, y [limpiarlos] de toda maldad" (1 Jn. 1:9).

Peligro en la iglesia 7

También debes saber esto: que en los postreros días vendrán tiempos peligrosos. Porque habrá hombres amadores de sí mismos, avaros, vanagloriosos, soberbios, blasfemos, desobedientes a los padres, ingratos, impíos, sin afecto natural, implacables, calumniadores, intemperantes, crueles, aborrecedores de lo bueno, traidores, impetuosos, infatuados, amadores de los deleites más que de Dios, que tendrán apariencia de piedad, pero negarán la eficacia de ella; a éstos evita. Porque de éstos son los que se meten en las casas y llevan cautivas a las mujercillas cargadas de pecados, arrastradas por diversas concupiscencias. Estas siempre están aprendiendo, y nunca pueden llegar al conocimiento de la verdad. Y de la manera que Janes y Jambres resistieron a Moisés, así también éstos resisten a la verdad; hombres corruptos de entendimiento, réprobos en cuanto a la fe. Mas no irán más adelante; porque su insensatez será manifiesta a todos, como también lo fue la de aquéllos. (3:1-9)

El consejo completo de Dios ha sido desagradable, inaceptable e incluso repugnante para la humanidad egocéntrica y mundana de todas las épocas. Pero hoy más que nunca, en la iglesia profesante hay confusión, apostasía, decadencia moral y tolerancia a cosas que claramente no son bíblicas. Los sermones sobre los asuntos actuales usan selectivamente los pasajes de la Biblia que son *relevantes* y *positivos*, atractivos para muchos oyentes; incluso oyentes que son creyentes genuinos pero descaminados y mundanos. Pablo escribe después en esta epístola: "Porque vendrá tiempo cuando [muchos en la iglesia] no sufrirán la sana doctrina, sino que teniendo comezón de oír, se amontonarán maestros conforme a sus propias concupiscencias" (2 Ti. 4:3).

TIEMPOS DIFÍCILES

También debes saber esto: que en los postreros días vendrán tiempos peligrosos. (3:1)

En estos dos mil años, la predicción divinamente revelada del apóstol sobre los **tiempos peligrosos** se ha vuelto cierta en tanto que, progresivamente, las herejías se han vuelto más características del cristianismo nominal. En este pasaje él da el mandato más serio posible de evitar, exponer y oponerse a los impostores espirituales en la iglesia.

A lo largo de la historia de la iglesia, el consejo de Dios ha sido desagradable para muchos que han afirmado el nombre de Cristo. John Warwick Montgomery trata en su libro *Damned Through the Church* [Condenados gracias a la iglesia] (Minneapolis: Bethany, 1970) los **tiempos peligrosos** y ofrece una lista que él llama "épocas condenables de la historia eclesial". Identifica y explica siete movimientos específicos u orientaciones teológicas —desde el sacramentalismo de la edad media (también llamada *oscurantismo*) hasta el subjetivismo rampante de nuestros días— que claramente no son bíblicos ni piadosos y destruyen el cuerpo de Cristo. Como lo implica el título del libro, estos evangelios falsos son maldición para sus adherentes.

En cada uno de estos **tiempos peligrosos**, las ideas de los hombres sustituyeron la verdad de Dios y, por lo tanto, a Dios. Bajo el sacramentalismo, la iglesia remplazó a Dios; bajo el racionalismo, la razón fue dios; bajo el ortodoxismo, dios era ortodoxia impersonal y estéril; bajo el politicismo, dios era el estado; bajo el ecumenismo, dios era la comunión sin crítica y la cooperación entre cristianos nominales; bajo el experiencialismo, dios se volvió una experiencia personal; y bajo el subjetivismo, que aún reina en gran parte del cristianismo, el yo se convirtió en dios.

Sería apropiado añadir a la lista de Montgomery el énfasis actual en el misticismo, que buscar determinar la verdad sobre Dios por medio de la intuición y los sentimientos; y del pragmatismo, que intenta determinar qué es verdad por medio de qué produce los efectos deseados. Estos movimientos no vienen y van, vinieron para quedarse, de modo que con el paso de los años, la iglesia los acumula y la batalla continúa.

Aparte de nuestro texto presente, la única predicción adicional de Pablo a Timoteo se encontró en la primera carta, donde hace una advertencia semejante: "El Espíritu dice claramente que en los postreros tiempos algunos apostatarán de la fe, escuchando a espíritus engañadores y a doctrinas de demonios; por la hipocresía de mentirosos que, teniendo cauterizada la conciencia" (1 Ti. 4:1-2).

Ese problema no era nuevo para el pueblo de Dios. Jeremías escribió: "El SEÑOR me contestó: 'Mentira es lo que están profetizando en mi nombre esos profetas. Yo no los he enviado, ni les he dado ninguna orden, y ni siquiera les he hablado. Lo que les están profetizando son visiones engañosas, adivinaciones vanas y delirios de su propia imaginación'" (Jer. 14:14, NVI). Después relata: "Y en los profetas de Jerusalén [el SEÑOR ha] visto torpezas; cometían adulterios, y andaban en mentiras, y fortalecían las manos de los malos, para que ninguno se convirtiese de su maldad; [le] fueron todos ellos como Sodoma, y sus moradores como Gomorra" (Jer. 23:14). Entonces el profeta advirtió: "Así dice el SEÑOR Todopoderoso: 'No hagan caso de lo que dicen los profetas, pues alientan en ustedes falsas esperanzas; cuentan visiones que se han imaginado y que no proceden de la boca del SEÑOR'" (v. 16, NVI).

El aspecto más serio y lamentable de tal rechazo de Dios y su Palabra es que el peligro viene de *dentro* de la iglesia. Como se indicó en varias ocasiones, al final del tercer viaje misionero de Pablo, envió a los ancianos de Éfeso a encontrarse con él en Mileto. Abriendo su corazón, les advirtió: "Porque yo sé que después de mi partida entrarán *en medio de vosotros* lobos rapaces, que no perdonarán al rebaño. Y *de vosotros mismos* se levantarán hombres que hablen cosas perversas para arrastrar tras sí a los discípulos" (Hch. 20:29-30, cursivas añadidas).

Aunque el Señor nos asegura lo siguiente: "Edificaré mi iglesia; y las puertas del Hades no prevalecerán contra ella" (Mt. 16:18), no prometió que su pueblo estaría libre de todo peligro y daño espiritual. Al contrario. Cerca del comienzo de su ministerio, advirtió en el Sermón del Monte: "Guardaos de los falsos profetas, que vienen a vosotros con vestidos de ovejas, pero por dentro son lobos rapaces" (Mt. 7:15). Con disfraz de pastores y profetas espirituales, notorios por vestir con lana, devoran y destruyen a quienes profesan amar y proteger. Zacarías habló de tales hombres como aquellos que "vestirán el manto velloso para mentir" (Zac. 13:4). El Señor había declarado en una revelación anterior al profeta: "Porque he aquí, yo levanto en la tierra a un pastor que no visitará las perdidas, ni buscará la pequeña, ni curará la perniquebrada, ni llevará la cansada a cuestas, sino que comerá la carne de la gorda, y romperá sus pezuñas. ¡Ay del pastor inútil que abandona el ganado! Hiera la espada su brazo, y su ojo derecho; del todo se secará su brazo, y su ojo derecho será enteramente oscurecido" (11:16-17).

Jesús expandió la advertencia anterior de Mateo 7 al final de su ministerio: "Y muchos falsos profetas se levantarán, y engañarán a muchos; y por haberse multiplicado la maldad, el amor de muchos se enfriará... Porque se levantarán falsos Cristos, y falsos profetas, y harán grandes señales y prodigios, de tal manera que engañarán, si fuere posible, aun a los escogidos" (Mt. 24:11-12, 24).

En las epístolas hay advertencias similares. Pedro lo advirtió así: "Hubo también falsos profetas entre el pueblo, como habrá entre vosotros falsos maestros, que introducirán encubiertamente herejías destructoras, y aun negarán al Señor que los rescató, atrayendo sobre sí mismos destrucción repentina. Y muchos seguirán sus disoluciones, por causa de los cuales el camino de la verdad será blasfemado" (2 P. 2:1-2). Juan lo advirtió también: "Hijitos, ya es el último tiempo; y según vosotros oísteis que el anticristo viene, así ahora han surgido muchos anticristos; por esto conocemos que es el último tiempo. Salieron de nosotros, pero no eran de nosotros; porque si hubiesen sido de nosotros, habrían permanecido con nosotros; pero salieron para que se manifestase que no todos son de nosotros" (1 Jn. 2:18-19). Y Judas lo advirtió así: "Porque algunos hombres han entrado encubiertamente, los que desde antes habían sido destinados para esta condenación, hombres impíos, que convierten en libertinaje la gracia de nuestro Dios, y niegan a Dios el único soberano, y a nuestro Señor Jesucristo" (Jud. 4).

Esas advertencias eran acerca de la condición contemporánea y futura de la iglesia. Los peligros que plagaban la iglesia del Nuevo Testamento continuarían y se harían peores a lo largo de la era de la iglesia, cuando "los malos hombres y los engañadores irán de mal en peor, engañando y siendo engañados" (2 Ti. 3:13).

El doble peligro son los males estrechamente relacionados de las enseñanzas impías y la vida impía, de la falsa doctrina y la vida pecaminosa. Como señaló Jesús en la cita anterior de Mateo 24:11-12, cuando los falsos profetas se levanten, se incrementará la maldad; y como predijo Jeremías, cometer adulterios y andar en mentiras son malos compañeros (Jer. 23:14). Esos enemigos de Dios y su pueblo se originaron en la caída y continuarán prosperando hasta que el Señor regrese y recupere el mundo para sí. Mientras tanto, la alianza de las enseñanzas falsas y la vida impía continuará afligiendo a la iglesia.

La conjunción **también** indica un cambio de dirección, de la amonestación a ser un "instrumento para honra", caracterizado por la bondad, la paciencia y la amabilidad (2:21-25), a la amonestación de ser un guardián valiente y responsable del pueblo de Dios, protegiéndolo de la falsa doctrina y de la vida inmoral.

Debes saber esto traduce un tiempo presente griego que, como ya se indicó antes, conlleva las ideas de constancia y continuidad. En tanto Timoteo tuviera aliento y energía para servir al Señor y a su pueblo, debía acatar la advertencia de Pablo.

En las Escrituras, la frase **los postreros días** pueden tener significados diversos. Daniel, en sus profecías sobre "los postreros días" se refirió a toda la historia desde el rey Nabucodonosor en la Babilonia antigua, hasta el tiempo en que "el Dios del cielo levantará un reino que no será jamás destruido" (véase Dn. 2:28-45). En la profecía de Isaías, la frase se refiere al tiempo inmediatamente anterior a la segunda venida de Cristo, inclusive, cuando "el monte de la casa del SEÑOR [sea] establecido como el más alto de los montes; se [alce] por encima de las colinas, y hacia él [confluyan] todas las naciones" (Is. 2:2, NVI; cp. Mi. 4:1).

El escritor de Hebreos declaró: "Dios, habiendo hablado muchas veces y de muchas maneras en otro tiempo a los padres por los profetas, *en estos postreros días* nos ha hablado por el Hijo, a quien constituyó heredero de todo, y por quien asimismo hizo el universo" (He. 1:1-2, cursivas añadidas; cp. Stg. 5:3). Parece claro que estos **postreros días**, cuyo inició estuvo en el ministerio terrenal de Jesucristo, son de los que está hablando Pablo aquí. Cuando Pedro explicó el descenso milagroso del Espíritu Sato en Pentecostés, dejó claro que "esto [era] lo dicho por el profeta Joel: Y en *los postreros días*, dice Dios, derramaré de mi Espíritu sobre toda carne" (Hch. 2:16-17; cp. Jl. 2:28, cursivas añadidas). El Mesías, Jesucristo, inició estos postreros días, la continuación de los cuales quedó certificada con el descenso del Espíritu Santo en Pentecostés y el nacimiento de la iglesia.

En la primera epístola de Juan, él advirtió a sus lectores de la naciente iglesia que era "el último tiempo"; el cual, en este contexto, es equivalente a **los postreros días**. Continúa él: "Y según vosotros oísteis que el anticristo viene, así ahora han surgido muchos anticristos; por esto conocemos que es el último tiempo" (1 Jn. 2:18). Aún estamos viviendo en el tiempo mesiánico entre las dos venidas de Cristo y todo este puede llamarse apropiadamente **los postreros días**.

En esos **días**, dice Pablo, **vendrán tiempos peligrosos**. *Chelepos* (**peligrosos**) conlleva la idea de arriesgado o doloroso, como traducen la palabra algunas versiones de la Biblia. En Mateo 8:28, refiriéndose a los endemoniados gadarenos, se traduce "feroces". Plutarco, famoso escritor griego, usó el término para describir una herida fea, infectada y peligrosa.

Tiempos no traduce *chronos*, que, como sugeriría alguien, indica tiempo cronológico, sino *kairos*, que se refiere a períodos de tiempo, temporadas, épocas o eras. El plural **tiempos** puede indicar las épocas con grados variables de peligro y dificultad que experimentaría la iglesia a lo largo de su historia. Como deja claro Pablo unos versículos más adelante, estos **tiempos** arriesgados se volverán cada vez más frecuentes e intensos, mientras que los períodos intermedios de tranquilidad relativa se volverán menos frecuentes y pacíficos, a medida que se acerque el regreso de Cristo.

AMANTES DE SÍ MISMOS

Porque habrá hombres amadores de sí mismos, avaros, vanagloriosos, soberbios, blasfemos, desobedientes a los padres, ingratos, impíos, sin afecto natural, implacables, calumniadores, intemperantes, crueles, aborrecedores de lo bueno, traidores, impetuosos, infatuados, amadores de los deleites más que de Dios, (3:2-4)

La descripción de Pablo de estos tiempos de peligro es específica. En este contexto, **hombres** no se refiere a la humanidad en general o al mundo no salvo, sino a los miembros de la iglesia de Cristo —especialmente ancianos—; **hombres** que no solo afirman el nombre de Cristo, sino que afirman ser sus ministros, sus profetas, pastores, maestros y evangelistas. Estos **hombres** son líderes apóstatas de iglesias apóstatas. Como Pablo lo señalaría en pocas palabras: "Tendrán apariencia de piedad, pero negarán la eficacia de ella" (v. 5) y plantean una amenaza inconmensurable para la salud, seguridad y poder espirituales de todo el cuerpo de Cristo. En estos tres versículos, Pablo cita dieciocho características de los **hombres** —y sin duda mujeres— impíos y apóstatas que se han corrompido y continuarán corrompiendo la iglesia de Cristo hasta que Él regrese.

La primera característica es que estos **hombres** serán **amadores de sí mismos**. El orgullo del amor propio es el pecado dominante que atrae al alma humana y es fundamento de todos los demás. Podría llamarse la cloaca de la cual se desprenden el resto de estos pecados horribles.

Amadores de sí mismos traduce la palabra griega singular *philautos*, un compuesto del verbo *phileō* (tener gran afecto por) y del pronombre *autos* (ego). *Phileō* no es una clase de amor mala y el verbo se usa con frecuencia en sentido positivo en el Nuevo Testamento. En Juan 16:27, se usó para el amor del Padre por los creyentes y el amor de los creyentes por el Hijo. Se usó para el amor de Jesús por Juan (Jn. 20:2) e incluso se usa una vez para el amor del Padre hacia el Hijo (Jn. 5:20). En este pasaje, lo malo no es la *clase* de amor, sino el *objeto* equivocadamente elevado de ese amor, el ego. Siempre que surge el amor al yo, el amor por Dios y por sus cosas disminuye. Por esa razón, el amor mal dirigido siempre engendra vicio. Del amor de Lucifer y del de Adán y Eva (y sus descendientes) a sí mismos, por encima del Señor, se han desprendido todos los demás pecados.

Debido a esto, el desarrollo más asustador dentro de la iglesia contemporánea es la aceptación amplia y la proclamación entusiasta del amor a sí mismo; no solo por hacerlo permisible, sino por hacerlo virtud básica. Dando toda la vuelta a la verdad de Dios, la fuente de todo mal se vende como la fuente de todo bien. Y por otra parte, la falta de amor propio y sus múltiples derivados —como la autoestima, la valía propia, la satisfacción personal y la autoimagen positiva— se han importado a la iglesia sin cuestionarlo, desde la psicología secular antibíblica.

Se ha afirmado que una persona no puede amar a Dios y a otras personas correctamente hasta que se ame ella correctamente, tergiversando por completo lo que enseñan los dos Testamentos. Como ya se indicó antes, Jesús dijo: "Amarás al Señor tu Dios con todo tu corazón, y con toda tu alma, y con toda tu mente. Este es el primero y grande mandamiento. Y el segundo es semejante: Amarás a tu prójimo como a ti mismo" (Mt. 22:37-39). En lugar de tomar las palabras "como a ti mismo" como una suposición de amor propio natural al hombre pecador, muchos intérpretes además de tomar estas palabras como un mandamiento, ¡lo hacen *el primero y grande mandamiento*!

A lo largo de toda la historia de la iglesia, muchos cristianos, verdaderos y nominales, han sido culpables de un amor propio pervertido. El amor propio siempre está asociado con lo mundano, pero hasta este momento nunca se enseñó como principio doctrinal en la iglesia, ni siquiera en los períodos más corruptos. Se le reconocía universalmente por el pecado que es. Incluso los teólogos más neoortodoxos han reconocido que el amor propio u orgullo es el pecado raíz de todos los demás. Pero psicólogos como Carl Rogers, Erich Fromm y otros denunciaron fuertemente esa perspectiva teocéntrica y afirmaron audazmente que la *falta* de amor propio y autoestima es el problema raíz del hombre. La tergiversación falsa y condenable ha calado en la iglesia en un grado alarmante.

Agustín escribió en *La ciudad de Dios*: "Dos amores fundaron, pues, dos ciudades, a saber: el amor propio, hasta el desprecio de Dios, la terrena, y el amor a Dios, hasta el desprecio de sí propio, la celestial. La primera puso su gloria en sí misma, y la segunda, en el Señor". Juan Calvino, el reformador suizo, dijo en su gran obra teológica *Institución de la religión cristiana*: "Porque todos nos apresuramos tan ciegamente en dirección del amor propio, todos creemos que tenemos buenas razones para exaltarnos. No hay otro remedio que arrancar de raíz esa peste tan nociva del amor propio".

El concepto de amor propio en cuanto a característica positiva no se pudo abrir paso en la iglesia sino hasta finales del siglo XX y, lamentablemente, se ha esparcido con rapidez a amplios sectores del mundo evangélico. Contrario a la enseñanza sin ambigüedades de las Escrituras y a sus consecuencias claramente destructivas, la herejía del amor propio continúa siendo aceptada entre quienes dicen ser de Cristo.

Las raíces de este encaprichamiento moderno con el amor propio se pueden remontar al humanismo del siglo XIX, especialmente al desarrollo del evolucionismo. Si el hombre se ve como producto del azar impersonal, Dios se desecha, haciendo la elevación del yo perfectamente aceptable. Como no hay bases para lo correcto y lo errado, se refuerza la inclinación natural del individuo al egocentrismo y este encuentra la justificación consumada para ser su propio dios y hacer su propia voluntad. Todo hombre es capitán de su propio barco, amo de su propio destino y no puede permitir que su voluntad propia sea menoscabada o afectaría su bienestar.

La filosofía y la teología del existencialismo también han contribuido al egoísmo. Aunque algunos existencialistas creen genuinamente que hay un Dios e incluso que Jesucristo es su Hijo y el Salvador del mundo, rechazan la autoridad de las Escrituras, excepto en un sentido místico, y afirman que Dios está tan lejos del hombre que no se le puede entender, mucho menos conocer personalmente. El hombre tiene que hacer lo que pueda con Dios y con la vida. En consecuencia, y sin importar cualquier protesta en sentido contrario, el hombre se vuelve su propio intérprete de Dios. Como no se reconocen los absolutos externos, las creencias personales y las acciones personales deben tener su base solamente en lo que parece mejor en el momento. En vez de someterse incondicionalmente a Dios, hay una sumisión incondicional al ego.

Afortunadamente, algunos psicólogos y psiquiatras están refutando la premisa que el problema básico del hombre es la baja autoestima. David Meyers y Malcolm Jeeves, en un libro escrito bajo el auspicio de la *Christian College Coalition* llamado *Psychology Through the Eyes of Faith* [Psicología a través de los ojos de la fe] dan evidencia abundante en contra de ese mito. En un capítulo titulado "Una nueva mirada al orgullo", escriben:

> Una vez tras otra los experimentadores han encontrado que las personas aceptan rápidamente el mérito cuando les dicen que han tenido éxito

> (atribuyéndolo a su capacidad o esfuerzo), sin embargo, atribuyen el fracaso a factores externos como la mala suerte o la "imposibilidad" inherente del problema. Estas atribuciones complacientes no solo se han observado en situaciones de laboratorio, sino en atletas (después de la victoria o la derrota), estudiantes (después de calificaciones altas o bajas), conductores (después de accidentes) y personas casadas (entre quienes el conflicto suele derivarse por la percepción propia de contribuir más y beneficiarse menos de lo justo). Anthony Greenwald, investigador de concepciones personales, los resume así: "Las personas experimentan la vida a través de un filtro egocéntrico"...
>
> Casi en toda área que sea subjetiva y deseable socialmente, la mayoría de las personas se ven mejor que el promedio. La mayoría de los empresarios se consideran más éticos que la persona de negocios promedio. La mayoría de residentes en comunidad se ven menos prejuiciosos que sus vecinos. La mayoría de personas se considera más inteligente y saludable que los demás ([Nueva York: Harper, 1987], p. 130).

Posteriormente dicen los autores en el libro: "El error más común en la percepción personal no es la baja autoestima poco realista, sino el orgullo complaciente; no el complejo de inferioridad, sino el complejo de superioridad". Incluso el menosprecio de uno mismo, ponerse por debajo, no es sino un intento disfrazado de hacer que los demás lo eleven.

Samuel Johnson, predicador del siglo XVIII, dijo: "Quien se sobrevalora, menosprecia a los demás. Y quien menosprecia a los demás, se opondrá a ellos". El amor propio aleja a los hombres de Dios y del prójimo. El amor propio es el enemigo supremo de la piedad y de la amistad y comunión genuinas.

¡Qué contraste entre el amor que busca lo suyo y el amor dador que Dios exige! Pablo declara así: "Nada hagáis por contienda o por vanagloria; antes bien con humildad, estimando cada uno a los demás como superiores a él mismo; no mirando cada uno por lo suyo propio, sino cada cual también por lo de los otros" (Fil. 2:3-4). Tal como el segundo gran mandamiento supone amor propio, la amonestación de Pablo supone que las personas miran "cada [una] por lo suyo propio". Como siempre, el Señor es nuestro ejemplo perfecto; el apóstol continúa: "Haya, pues, en vosotros este sentir que hubo también en Cristo Jesús, el cual, siendo en forma de Dios, no estimó el ser igual a Dios como cosa a que aferrarse, sino que se despojó a sí mismo, tomando forma de siervo, hecho semejante a los hombres; y estando en la condición de hombre, se humilló a sí mismo, haciéndose obediente hasta la muerte, y muerte de cruz" (vv. 5-8). Si el Señor celestial tuvo esta actitud en su encarnación, ¡cuánto más debemos humillarnos nosotros, vaciarnos y llegar a ser sumisos a Dios hasta el punto de la muerte y sin egoísmos!

Asociado con ser amadores de sí mismos es ser **avaros**, un término que representa el materialismo, el anhelo de posesiones terrenales de cualquier tipo. Es ser codicioso o amante del dinero, como traducen otras versiones la palabra griega (DHH).

Pablo no habla de la obtención justa del dinero y su uso para alimentarse, vestirse y proveer para las necesidades básicas nuestras y de nuestras familias. En otra carta dijo el apóstol: "Si alguno no quiere trabajar, tampoco coma" (2 Ts. 3:10). Pero como explica en la primera carta a Timoteo: "Teniendo sustento y abrigo, estemos contentos con esto" (1 Ti. 6:8). Quienes *no* están contentos con esas cosas esenciales y quieren enriquecerse "caen en tentación y lazo, y en muchas codicias necias y dañosas, que hunden a los hombres en destrucción y perdición; porque raíz de todos los males es el amor al dinero, el cual codiciando algunos, se extraviaron de la fe, y fueron traspasados de muchos dolores" (vv. 9-10). Como Éfeso era una ciudad rica, es probable que Pablo tuviera en mente a algunos miembros específicos de la iglesia del lugar que "se extraviaron de la fe" por su amor al dinero.

No sorprende que muchos falsos maestros, como los que promueven el llamado evangelio de la salud y la riqueza, supongan que "la piedad [es] fuente de ganancia" (1 Ti. 6:5), pues las enseñanzas falsas siempre llevan a vidas equivocadas. Es el deseo exorbitante de dinero y de las cosas que el dinero representa lo que ha hecho tan popular este evangelio pervertido en la iglesia actual. Se sigue lógicamente que un cristiano que piensa primero en él, que no tiene problemas para esperar que Dios no solo supla sus necesidades, sino sus lujos, crea también que por ser hijo del Rey debe vivir como un príncipe. "*Pero* de gran ganancia *es* la piedad", sigue diciendo Pablo, solamente cuando está "acompañada de contentamiento" (v. 6, cursivas añadidas).

Pablo declara que es preciso tapar la boca a tales falsos maestros porque trastornan casas enteras, enseñando por ganancia deshonesta lo que no conviene (Tit. 1:11). Están consumidos por el ego, que inevitablemente lleva a la avaricia, "y por avaricia harán mercadería de [los creyentes] con palabras fingidas" (2 P. 2:3). Es un ciclo de pecado. La avaricia lleva a las enseñanzas falsas y las falsas enseñanzas llevan a más avaricia. Los evangelios falsos del amor propio y la prosperidad van de la mano; se promueven y se alimentan entre ellos.

Ser **vanagloriosos** es la manifestación interna del amor propio. **Vanagloriosos** es traducción de *alazōn,* un sustantivo cuyo significado es "fanfarrón", definido por Platón como una persona que afirma una grandeza que no posee. Los **vanagloriosos** se jactan de sus logros, exageran la verdad hasta el grado de hacerla perder su base en la realidad. Son como "sabelotodos" que intentan engañar a las personas haciéndolas creer que son brillantes. Aman ver su nombre en la prensa y la televisión. Exageran sus habilidades, sus logros, sus talentos, sus reputaciones y su valor para la sociedad y la iglesia. Siempre son los héroes de sus relatos.

Como sucede con el amor propio y la avaricia, la vanagloria está estrechamente ligada a las enseñanzas falsas. Quienes se vanaglorian quieren ser "doctores de la ley, sin entender ni lo que hablan ni lo que afirman" (1 Ti. 1:7). Quien se vanagloria "está envanecido, nada sabe, y delira acerca de cuestiones y contiendas de palabras, de las cuales nacen envidias, pleitos, blasfemias, malas sospechas" (6:4).

Quienes se vanaglorian son invariablemente **soberbios**. Los que se caracterizan por estos dos males asociados se están exaltando perpetuamente y están determinados a ir por su propio camino. *Huperēphanos* (**soberbios**) tiene el significado literal de ubicarse por encima, por lo que tiene ideas de superioridad.

Los **soberbios** están bien ilustrados en el Nuevo Testamento con los líderes religiosos mencionados por Jesús, "unos que confiaban en sí mismos como justos, y menospreciaban a los otros" (Lc. 18:9). Luego procedió a contarles la conocida parábola del fariseo y el recaudador de impuestos o publicano, quienes fueron a orar al templo:

> *El fariseo, puesto en pie, oraba consigo mismo de esta manera: Dios, te doy gracias porque no soy como los otros hombres, ladrones, injustos, adúlteros, ni aun como este publicano; ayuno dos veces a la semana, doy diezmos de todo lo que gano. Mas el publicano, estando lejos, no quería ni aun alzar los ojos al cielo, sino que se golpeaba el pecho, diciendo: Dios, sé propicio a mí, pecador. Os digo que éste descendió a su casa justificado antes que el otro; porque cualquiera que se enaltece, será humillado; y el que se humilla será enaltecido (vv. 11-14).*

Citando Proverbios 3:34, Santiago y Pedro declaran que "Dios resiste a los soberbios, y da gracia a los humildes" (Stg. 4:6; 1 P. 5:5; cp. Sal. 138:6).

William Barclay hace una comparación útil de los vanagloriosos y los soberbios:

> [El fanfarrón] es una criatura vacilante, que trata de arrollar en su camino hacia el poder y la eminencia. Es un tipo inconfundible. Pero el pecado de la persona *arrogante* está en su corazón. Podría hasta parecer humilde; pero en lo íntimo de su corazón desprecia todo lo demás. Alimenta un orgullo que todo lo invade y todo lo consume; y en su corazón hay un altarcillo en el que se rinde homenaje a sí mismo (*Comentario al Nuevo Testamento* [Barcelona: Clie, 2005], p. 847).

Los vanagloriosos y los **soberbios** tienen mucho más en común que diferencias. Es raro que una persona sea una cosa y no la otra. Incluso en la iglesia moderna es cada vez más difícil encontrar a quienes son mansos y humildes e igualmente es difícil evitar a quienes son orgullosos y engreídos.

Blasfemos es traducción de *blasphēmos* y conlleva la idea básica de ser injurioso y calumniador. Es inevitable que quien es contencioso con los demás termine denigrándolos en algún momento. Cuando usted se exalta, automáticamente menosprecia y denigra a los demás. El desdén interno encontrará su expresión en la calumnia externa en algún punto, porque la lengua siempre sigue al corazón. Jesús lo dejó claro: "Porque de dentro, del corazón de los hombres, salen los malos pensamientos, los adulterios, las fornicaciones, los homicidios, los hurtos, las avaricias, las maldades, el engaño, la lascivia, la envidia, la maledicencia, la soberbia, la insensatez" (Mr. 7:21-22).

Ser **desobedientes a los padres** es el próximo mal en la lista de Pablo y se explica solo. La desobediencia de los hijos a los padres, en nuestros días, se ha vuelto endémica y no es difícil encontrar la causa. No es solo que los hijos nazcan con inclinación a hacer su voluntad y a la desobediencia, sino la desaparición de las madres por haber ingresado al mercado laboral y el fracaso espiritual de los padres, características exacerbadas en la filosofía reinante de amor propio propuesta por la sociedad moderna, inclusive en muchos salones de clase e iglesias, lo que hace que la desobediencia **a los padres** sea todo menos obligatoria. Los hijos que se rebelan contra sus padres no tendrán reparo en rebelarse contra alguien más. No es de sorprender que una generación cuyo amor propio natural y pecaminoso se ha reforzado y justificado por la sociedad esté ahora menoscabando la familia, la iglesia y la sociedad permisiva que la ha desviado.

Como sucede con el pecado anterior, el de los **ingratos** se explica solo. La persona que se exalta sobre los demás sentirá que merece todo el bien que recibe, por tanto, no siente la necesidad ser agradecida por ello. Aunque pueden no decirlo, los **ingratos** desprecian la idea misma de la gracia, que denota la bondad recibida e inmerecida. Este pecado es particularmente nocivo para Dios, cuya ira se revela contra los pecadores por no ser agradecidos (cp. Ro. 1:18, 21).

Impíos es traducción de *anosias*, que no conlleva tanto la idea de falta de religión como de indecencia grosera. Se usaba para las personas que se negaban a enterrar un cadáver o para quienes cometían incesto. El amor propio lleva a la persona impía a gratificar su lujuria y pasiones de cualquier clase, tan plenamente como sea posible, sin pensamientos de propiedad, decencia o reputación personal.

Sin afecto natural es traducción de *astorgos*, una forma adjetivada negativa del verbo *storgē*, usado comúnmente para el amor familiar, social y patriótico. Benjamin Warfield, reconocido teólogo, lo describió así: "Ese sentimiento callado y acatado en nuestro interior que, apoyándose en un objeto cercano a nosotros, reconoce que estamos ligados a ese objeto y se satisface en reconocerlo". No es natural que las personas amen a Dios o al pueblo de Dios y sus cosas, pero *es* natural que amen a sus familias. Por tanto, ser *astorgos* es estar **sin afecto natural**. Tal como la persona que se ama a sí misma carece de decencia común, también carece de afecto común. No le preocupa nada el bienestar de quienes debieran ser los más queridos para ella. Su único interés por ellos es por lo que cree que deben hacer por ella. Estar **sin afecto natural** es no tener corazón.

El comportamiento de las personas **sin afecto natural** aparece a diario en periódicos y noticieros. Los esposos y las esposas que abusan unos de otros, los padres y los hijos que abusan unos de otros —con frecuencia hasta el punto de matarse— son tan comunes que solo son titulares cuando son particularmente brutales o sensacionalistas. Trágicamente, la iglesia evangélica tiene su porción de personas **sin afecto natural** y sin corazón.

Los **implacables** son quienes se niegan a cambiar, sin importar cuán desesperada llegue a ser su propia situación, mucho menos la situación de quienes ellos quieren. Están determinados a ir por su propio camino sin importar las consecuencias, hasta el punto de destruir conscientemente sus propias vidas y las vidas de sus familias. No perdonan y no quieren ser perdonados. Son irreconciliables, más allá de la razón, e inevitablemente se destruyen solos. En cuanto a ellos, no hay compromiso, no hay reconciliación, no hay tribunal de apelación. Su amor propio es tan extremo y su egoísmo tan masivo que nada importa en absoluto, excepto hacer lo que les place.

Suele creerse que los chismes son relativamente inofensivos, pero en el mejor de los casos son crueles, dañinos e impíos. El chisme **calumniador** es un pecado muy dañino y destructivo. Mientras las personas implacables tienden a pasar por alto e ignorar a los demás, los **maliciosos** tienen la idea de dañar a otros. Sea para promover su propio interés, para expresar celos, odio, o simplemente para ventilar su ira, sienten un placer perverso al dañar las reputaciones de los demás y destruir sus vidas.

Calumniadores es traducción de *diabolos* que, incluso para una persona sin conocimiento del griego, sugiere la severidad de este mal, con su derivado en español "diabólico". *Diabolos* significa "acusador" y se usa treinta y cuatro veces en el Nuevo Testamento como título de Satanás. Los **calumniadores** envueltos y cegados por el amor propio, hacen la obra misma de Satanás.

Akratēs ("**intemperantes**") denota incontinencia, en este contexto se refiere a la moral y la espiritual. Cuando Jesús criticó a los escribas y fariseos hipócritas, les dijo que limpiaban "lo de fuera del vaso y del plato, pero por dentro [estaban] llenos de robo y de injusticia [*akratēs*]" (Mt. 23:25).

Intemperantes describe a las personas que han desechado las inhibiciones y la vergüenza, que no se preocupan por lo que la gente piense o por lo que les pueda ocurrir a raíz de sus acciones. Son como automóviles sin conductor: van a toda velocidad caprichosamente y se estrellan con cualquier cosa que les pase por el camino. A la larga, quien se ama a sí mismo pierde el control de su propia vida y se vuelve esclavo de sus pasiones y ambiciones.

Crueles se refiere a fiereza, como los animales salvajes, cuya naturaleza es atacar a los enemigos y despedazarlos. El amor propio que no se controla hace a las personas insensibles, calumniadoras y, en un momento u otro, crueles.

A continuación en esta espiral descendente, los amantes de sí mismos se convierten en **aborrecedores de lo bueno** que odian lo que debería amarse y aman lo que debería odiarse. Se hunden en algo equivalente a un nivel animal; pero, a diferencia de los animales, saben qué es bueno y aun así eligen oponerse. El Señor advirtió a los malvados: "¡Ay de los que a lo malo dicen bueno, y a lo bueno malo; que hacen de la luz tinieblas, y de las tinieblas luz; que ponen lo amargo por dulce, y lo dulce por amargo!" (Is. 5:20). Los **aborrecedores de lo bueno** siguen bajo el juicio de Dios.

Quienes se aman a sí mismos terminan volviéndose **traidores**, se vuelven contra su propia familia y amigos. La traición se vuelve natural para el que es avaro, soberbio, vanaglorioso, ingrato, y no lleva una vida santa, aquel que no tiene afecto natural, que es implacable, calumniador, intemperante y es cruel y odia lo bueno.

Jesús advirtió a los doce apóstoles: "El hermano entregará a la muerte al hermano, y el padre al hijo; y los hijos se levantarán contra los padres, y los harán morir. Y [serán] aborrecidos de todos por causa de mi nombre; mas el que persevere hasta el fin, éste será salvo" (Mt. 10:21-22; cp. 24:9-10). Con frecuencia, cuando la iglesia ha sufrido persecución, los mismos miembros de las familias, los cuales valoran más la seguridad y la prosperidad que la devoción y la fidelidad, han traicionado y entregado a los creyentes verdaderos a sus opresores. El amor y la amistad fingidos se vuelven medios para la traición. Ese es también el momento en que se demuestra la lealtad genuina, a menudo a un precio alto.

Los **impetuosos** son negligentes, descuidados y precipitados. Esta característica no es tan seria como la mayoría de las otras y suele manifestarse inconscientemente. La persona egocéntrica está tan preocupada con sus intereses que no nota a las personas y cosas a su alrededor que no están relacionadas con sus preocupaciones egoístas.

Esto, por no mencionar que quienes se aman a sí mismos son personajes **infatuados**, tienen una visión mucho más alta de ellos que la justificada. *Tuphōo* (**infatuados**) tiene el significado raíz de estar envuelto en humo, nublados, de forma tal que no puede verse lo externo al mundo propio.

En la primera carta a Timoteo, Pablo le aconsejó que "un neófito [no debe ser anciano u obispo], no sea que envaneciéndose caiga en la condenación del diablo" (1 Ti. 3:6). Más adelante en esa misma carta, el apóstol declara que infatuarse es una marca segura de los falsos maestros, certificando de nuevo la conexión inevitable entre las falsas doctrinas y la vida equivocada. El falso maestro que "enseña otra cosa, y no se conforma a las sanas palabras de nuestro Señor Jesucristo, y a la doctrina que es conforme a la piedad, está envanecido, nada sabe, y delira acerca de cuestiones y contiendas de palabras, de las cuales nacen envidias, pleitos, blasfemias, malas sospechas" (1 Ti. 6:3-4).

La característica pecaminosa final de los falsos maestros en esta lista extensa pero no exhaustiva es que serán **amadores de los deleites más que de Dios**. **Amadores de los deleites** es traducción de la palabra griega *philēdonos*, compuesta por *philos* (amoroso) y *hēdonē* (**deleites**), de la cual obtenemos "hedonista" y "hedonismo". Además de los otros pecados, el falso maestro se ama a sí mismo y es un hedonista enfermo por los deleites.

Debe observarse que **deleites**, especialmente en este contexto, no se limita al deseo de comodidad, buena comida, satisfacción sexual y otras indulgencias asociadas comúnmente con el hedonismo. Como ya se mencionó, la persona egocéntrica también obtiene deleite perverso en cosas como la calumnia, la crueldad y la traición. En parte, su satisfacción viene del dolor y la miseria que inflige en otros de manera sádica, inclusive en sus padres y supuestos amigos.

No es que *amen* estos **deleites** depravados *más que a* Dios, sino que **más que de Dios** son amantes de los deleites. En otras palabras, el Dios verdadero no tiene lugar en el pensamiento y en la vida del falso maestro o de quien es egocéntrico. Jesús dijo a Nicodemo: "Esta es la condenación: que la luz vino al mundo, y los hombres amaron *más* las tinieblas *que* la luz, porque sus obras eran malas" (Jn. 3:19, cursivas añadidas).

Quienes son **amadores de los deleites más que de Dios** no tienen posibilidad de obedecer ninguno de los dos mandamientos más importantes. No pueden amar a Dios ni al prójimo y no tienen el deseo genuino de hacerlo. Jesús dejó claro que una persona solo puede tener un dios, y para quien se ama a sí mismo, su dios es su yo. Satanás nunca ha sufrido por falta de dioses falsos para tentar al hombre y el más útil para su causa es, de lejos, el dios del ego. Lucifer cayó de su posición exaltada y magnífica en el cielo porque se convirtió en su propio dios, y desde ese momento se ha esforzado por atraer a la humanidad caída usando la misma forma de idolatría.

CHARLATANES DE LA RELIGIÓN

que tendrán apariencia de piedad, pero negarán la eficacia de ella; a éstos evita. (3:5)

Los líderes de la iglesia que promueven los sistemas falsos de creencia y corrompen las normas de vida no solo se aman a sí mismos, también son charlatanes de la religión.

Apariencia viene de *morphōsis*, que se refiere a la forma externa y a la apariencia; como una silueta, que es un delineamiento no detallado o la sombra de algo. Al igual que los escribas y fariseos incrédulos, a los amantes de sí mismos solo les preocupa la **apariencia** externa, "lo de fuera del vaso y del plato", mientras por dentro están "llenos de robo y de injusticia" (Mt. 23:25). Son impostores y farsantes religiosos que se enmascaran como líderes cristianos. Afirman ser siervos de Dios y maestros de su Palabra, pero en realidad son siervos de Satanás y proveedores de sus mentiras. De nuevo, como con los escribas y fariseos que se oponían a

Jesús, son de su padre el diablo y quieren hacer los deseos de su padre, "él ha sido homicida desde el principio, y no ha permanecido en la verdad, porque no hay verdad en él. Cuando habla mentira, de suyo habla; porque es mentiroso, y padre de mentira" (Jn. 8:44).

El hecho de que los falsos maestros tengan **apariencia de piedad** —esto es, un delineamiento de cristianismo sin sustancia— los hace mucho más peligrosos, porque los miembros inmaduros de la iglesia aceptarán su cristianismo pagano como si fuera la fe verdadera. Al igual que la mayoría de las otras características viles que Pablo acaba de mencionar, esta no era nueva en el pueblo de Dios, sino recurrente en el antiguo Israel. Ezequiel advirtió sobre estos impostores que "hacen halagos con sus bocas, y el corazón de ellos anda en pos de su avaricia" (Ez. 33:31). Pablo advirtió a Tito que tales hombres "profesan conocer a Dios, pero con los hechos lo niegan, siendo abominables y rebeldes, reprobados en cuanto a toda buena obra" (Tit. 1:16).

Satanás es engañoso y sutil. Nunca dice la verdad sobre nada, aunque intenta usar con frecuencia una verdad parcial o una verdad fuera de contexto para su provecho, como cuando citó las Escrituras a Jesús durante las tentaciones en el desierto (Mt. 4:6). Y los ataques más peligrosos de Satanás contra el pueblo de Dios vienen de dentro de la iglesia por medio de predicadores y maestros falsos que pretenden hablar en nombre de Dios.

El engaño de tales líderes falsos se ve en su negación de **la eficacia** del evangelio verdadero. Aunque se presenta de muchas formas persuasivas, hay un mensaje vacío, sin valor, y condenador que mantiene a sus seguidores alejados del reino. Los líderes impíos no aman a Dios y no aman su Palabra o a su pueblo, solo se aman a ellos mismos.

Los verdaderos creyentes tienen el mandato vigente de evitar **a éstos** y rechazar las falsas doctrinas que enseñan, además de los criterios falsos por los que viven. Como el verbo *apotreō* (**evita**) está en voz media aquí, la idea es *obligarse* a alejarse. Sin importar cuán convincente pueda aparecer una idea falsa o cuán sincero pueda parecer un falso maestro, debemos agarrarnos del pescuezo, por así decirlo, y obligarnos a evitar **a éstos**. Debemos evitarlos y seguir evitándolos, en todo momento, en todas partes y en toda circunstancia en que puedan confrontarnos. Independiente de si su herejía es sacramentalismo, racionalismo, ecumenismo, subjetivismo, experiencialismo, misticismo, pragmatismo o cualquiera de las incontables existentes, tanto ellos como sus ideas impías han de rechazarse. Como ocurre con el dinero falsificado, no es necesario entender cada detalle falso de una enseñanza, sino reconocer que no se ajusta a lo real: la Palabra de Dios. Sea un fraude bien hecho o una falsificación chapucera, carece de valor.

Hay tres guías para juzgar si un maestro o predicador viene de Dios. Lo primero es medir su credo, las creencias específicas e ideas que presenta. ¿Las Escrituras, en su totalidad, son la base para todo lo que cree o hace, o usa ciertos pasajes de la Biblia para reforzar ideas que no son bíblicas? Si su credo no se ajusta a las Escrituras, o si reduce la importancia de una doctrina, nada de lo suyo importa porque, obviamente, no habla en nombre de Dios y Él no lo ha enviado.

La segunda guía a examinar es el carácter personal y si se refleja en su estilo de vida. Aun si la doctrina profesada por una persona es ortodoxa, la vida impía traiciona a los corazones pecaminosos. La creencia piadosa siempre produce vida piadosa.

La tercera medida de un líder piadoso son sus conversos, sus seguidores más ardientes. Si sus devotos son débiles, están confundidos y no les preocupa la doctrina, y si sus vidas no reflejan las normas bíblicas, casi ciertamente el líder no es piadoso porque los líderes piadosos no estarían satisfechos con los conversos impíos, ni los reclamarían como suyos. Los maestros y predicadores que honran a Cristo y aman las Escrituras producirán en sus conversos honra a Cristo y amor a las Escrituras. Por otra parte, los charlatanes religiosos producirán conversos a su propia imagen.

CAPTORES DE LOS DÉBILES

Porque de éstos son los que se meten en las casas y llevan cautivas a las mujercillas cargadas de pecados, arrastradas por diversas concupiscencias. Estas siempre están aprendiendo, y nunca pueden llegar al conocimiento de la verdad. (3:6-7)

La tercera marca para identificar a los falsos maestros es que capturan a los débiles. Esa característica particular no aplica a todos los falsos maestros, pero se encuentra entre éstos. *Endunō* (**se meten**) conlleva la idea de furtividad y, por tanto, de entrar a hurtadillas sin ser detectado. Como todos los líderes impíos que provienen del interior de la iglesia, simulan ser de este bando. Judas escribió: "Algunos hombres [que] han entrado encubiertamente, los que desde antes habían sido destinados para esta condenación, hombres impíos, que convierten en libertinaje la gracia de nuestro Dios, y niegan a Dios el único soberano, y a nuestro Señor Jesucristo" (Jud. 4).

Uno de los blancos favoritos de estos falsos maestros particulares son **las mujercillas cargadas de pecados, arrastradas por diversas concupiscencias**. Las mujeres débiles que Pablo describe aquí son especialmente vulnerables a que los falsos maestros las seduzcan en lo religioso, porque están inmersas en **pecados** y **concupiscencias** impías que las han arrastrado emocional y espiritualmente. Son débiles en la verdad y en la virtud, sienten el peso que conllevan sus pecados y su culpa. Y tal como la doctrina errada lleva a vidas erradas, la vida errada de ellas también las puede llevar a aceptar fácilmente las falsas doctrinas. Al igual que Eva, la cual fue el primer blanco por ser el sexo más débil (1 P. 3:7), así Satanás continúa apuntando a las mujeres para que sean sus primeras cautivas. Las sectas no solo se reproducen por las mujeres, sino que las mujeres son sus seguidoras más numerosas y devotas.

Como pasan de un falso maestro o grupo a otro, estas mujeres **siempre están aprendiendo, y nunca pueden llegar al conocimiento de la verdad**. Si han sido criadas en la iglesia, son especialmente susceptibles a ideas que pretenden ser cristianas. Pero su ignorancia de las Escrituras y su vida pecaminosa las hace indefensas y sin discernimiento contra los preceptos impíos y no bíblicos. Siempre están aprendiendo de todo, excepto del **conocimiento de la verdad**. El legalismo es atractivo porque solo se fija en el desempeño externo. Así también, muchas de estas mujeres —y hombres— se alegran por haber encontrado algo que promete justificarlas ante Dios tan solo por adherir a ciertas formas externas y conformarse a ciertas normas de comportamiento.

Epignōsis (**conocimiento**) se refiere al entendimiento, comprensión y discernimiento profundos, no solamente ser consciente de las verdades objetivas. Dios quiere que todos sus hijos tengan **conocimiento de la verdad** y nuestro Señor intercedió por nosotros en ese sentido: "Santifícalos en tu verdad; tu palabra es verdad" (Jn. 17:17). De hecho, Dios "quiere que *todos los hombres* sean salvos y vengan al conocimiento de la verdad" (1 Ti. 2:4, cursivas añadidas; cp. 2 Ti. 2:25; 2 P. 3:9). Al reflexionar sobre el amor divino, Pablo buscó la salvación hasta de quienes se oponían al evangelio, "por si quizá Dios les [concedía] que se [arrepintieran] para conocer la verdad" (2 Ti. 2:25).

OPOSITORES DE LA VERDAD

Y de la manera que Janes y Jambres resistieron a Moisés, así también éstos resisten a la verdad; hombres corruptos de entendimiento, réprobos en cuanto a la fe. Mas no irán más adelante; porque su insensatez será manifiesta a todos, como también lo fue la de aquéllos. (3:8-9)

Aunque **Janes y Jambres** no se mencionan en Éxodo ni en ninguna otra parte del Antiguo Testamento, deben haber estado entre los magos que duplicaron muchos de los milagros del Señor, realizados por medio de Moisés en la corte del faraón. Quizás fueran nombres simbólicos para estos hombres, dados posteriormente, porque **Janes** significa "quien seduce" y **Jambres** "quien se rebela". La tradición judía afirma que ellos pretendieron convertirse al judaísmo para socavar la tarea asignada por Dios a Moisés de liberar a Israel de Egipto, que ellos lideraron la hechura y adoración del becerro de oro mientras Moisés estaba en el Monte Sinaí recibiendo la Ley de Dios, y que los levitas los asesinaron junto con los otros idólatras (véase Éx. 32). Esa posibilidad es consecuente con la advertencia de Pablo sobre los líderes falsos que corrompen la iglesia desde adentro. **De la manera que** esos dos hombres **resistieron a Moisés** en su enseñanza y liderazgo del Israel antiguo, **así también éstos** personajes de Éfeso resistían **a la verdad** del evangelio.

Si **Janes y Jambres** estaban de verdad entre los magos egipcios, Pablo puede estar advirtiendo que éstos de Éfeso en la naciente iglesia también podrían realizar proezas mágicas. Podían ser como los "falsos Cristos, y falsos profetas" que se levantarán en los últimos días "y harán grandes señales y prodigios, de tal manera que engañarán, si fuere posible, aun a los escogidos" (Mt. 24:24; cp. 2 Ts. 2:9).

Estos falsos maestros eran **hombres corruptos**. La palabra griega para **hombres corruptos** es un participio pasivo perfecto, lo cual indica una condición inalterable, continua y establecida. De tales personas rechazadas declaró Pablo: "Y como ellos no aprobaron tener en cuenta a Dios, Dios los entregó a una mente reprobada, para hacer cosas que no convienen… habiendo entendido el juicio de Dios, que los que practican tales cosas son dignos de muerte, no sólo las hacen, sino que también se complacen con los que las practican" (Ro. 1:28, 32).

Fueron **réprobos** por Dios **en cuanto a la fe** por haberla rechazado. *Adokimos* (**réprobos**) se usaba para los metales que no pasaban la evaluación de pureza y que se descartaban. La palabra también se usaba para falsificaciones de muchos tipos. El hecho de que se rechazara a los hombres en cuanto a la fe deja claro que Pablo estaba hablando de individuos en la iglesia que afirmaban ser cristianos pero no lo eran.

El apóstol amonestó así a los miembros de la iglesia de Corinto: "Examinaos a vosotros mismos si estáis en la fe; probaos a vosotros mismos. ¿O no os conocéis a vosotros mismos, que Jesucristo está en vosotros, a menos que estéis reprobados [*adokimos*]?" (2 Co. 13:5; cp. vv. 6-7). Pablo usó la palabra en su carta previa a esa iglesia, expresando miedo a que "habiendo sido heraldo para otros, [él] mismo venga a ser eliminado [*adokimos*]" (1 Co. 9:27). Por supuesto, no hablaba de la eliminación de la salvación, como en el caso de quienes eran **réprobos en cuanto a la fe**, sino de quedar eliminado como instrumento para honra, como utensilio útil, del Señor en su ministerio.

Pablo aseguró a Timoteo que, a pesar de la gran agitación y daño que estos hombres causaban en la iglesia, **no** irían más adelante. En otras palabras, pueden herir seriamente a la iglesia y pueden evitar que muchas personas lleguen a la salvación, pero no pueden despojar de la salvación a los redimidos por el Señor. Jesús nos asegura que "las puertas del Hades no prevalecerán contra" su iglesia (Mt. 16:18); que todo lo que el Padre le da, irá a Él, y al que va a Él, no le echa fuera (Jn. 6:37). Hasta cuando Cristo regrese, "se levantarán falsos Cristos y falsos profetas, y harán señales y prodigios, para engañar, si fuese posible, aun a los escogidos" (Mr. 13:22). Pero **no irán más adelante** en sus confabulaciones malvadas.

A lo largo de la historia, la iglesia ha sido perseguida con tanta fiereza en tantas ocasiones que los creyentes no solo han temido por sus vidas, sino por la existencia misma de esta. Pero Dios tiene un límite que proscribe la obra de

Satanás, no solo en la iglesia, sino en el mundo. Satanás está atado con una soga divina y no puede romperla ni estirarla.

Tarde o temprano la **insensatez** de los falsos maestros y predicadores se hará obvia a todo el pueblo de Dios, **como también** ocurrió con **la de** Janes y Jambres en el antiguo Israel. Aunque estos "malos hombres y… engañadores irán de mal en peor, engañando y siendo engañados" (v. 13), su inmersión en la profundidad del error y el pecado —que los engaña a ellos y a otros impíos— dejará de engañar al pueblo de Dios, que verá su error claramente.

Este pasaje contiene varias lecciones implícitas o explícitas para los creyentes de hoy día. Primera, debemos darnos cuenta de que la iglesia está en una guerra espiritual que se intensificará a medida que se acerque la segunda venida de Cristo. Segunda, debemos tener discernimiento de la doctrina, evaluar con la Palabra de Dios cada mensaje que afirme ser cristiano, como ocurrió con los judíos temerosos de Dios en Berea, que "recibieron la palabra con toda solicitud", pero examinaban cuidadosamente "las Escrituras para ver si estas cosas [que predicaban Pablo y Silas] eran así" (Hch. 17:11).

Tercera, debemos ser puros y santos, instrumentos para honra para el uso del Señor. La justicia de Cristo es nuestra protección contra los falsos maestros, la falsa doctrina y la vida impía. Cuarta, debemos ser pacientes, una tarea difícil para muchos cristianos en la actualidad, pues quieren respuestas instantáneas a sus preguntas y soluciones inmediatas a sus problemas. Sabemos que el resultado final es seguro: la victoria ya le pertenece a Cristo y a su iglesia, pero el tiempo real de la victoria puede estar mucho más allá de lo que nos gustaría pensar. Mientras tanto, nuestra responsabilidad es permanecer fieles (cp. 1 Co. 4:2).

La iglesia de hoy día enfrenta tiempos de dificultad y peligros sin parangón. A medida que surgen oportunidades extraordinarias para esparcir el evangelio con rapidez, después de la caída de gran parte del antiguo mundo comunista, los ataques a la iglesia también crecen con gran velocidad. La herejía, la apostasía, la voluntad personal y la decadencia moral que acompaña estas cosas están envolviendo a la iglesia evangélica. Estos males, como células cancerosas que se rebelan contra el cuerpo, están en rebelión contra Dios, corrompiendo y debilitando a la iglesia, el cuerpo de Cristo. También como las células cancerosas, los males se multiplican rápidamente, mientras contrarrestan y destruyen las células normales. De manera muy semejante a los glóbulos blancos en la sangre, que no atacan las células cancerosas porque están identificadas con el cuerpo, muchos líderes eclesiales descuidados e ingenuos no actúan contra la corrupción eclesial tan solo porque la corrupción se esconde tras el disfraz de la ortodoxia. En pocas palabras, gran parte de la iglesia está en rebelión hacia el Señor.

En los días que vendrán, se intensificará la escalada de violencia contra el reino de Dios por parte del reino de las tinieblas. Como en cualquier guerra, habrá tiempos de calma relativa, pero la Palabra de Dios nos asegura que la maldad se incrementará y culminará con la aparición del anticristo, el engañador y enemigo final de Dios, excepto por Satanás. Como los lobos que surgirían desde el interior del rebaño de Éfeso e intentarían destruirlo desde adentro (Hch. 20:29-30), el anticristo, junto con otros falsos cristos, falsos apóstoles y falsos profetas, saldrá del interior del cristianismo.

Pablo nos informa que antes de la aparición del anticristo, vendrá primero la gran apostasía que, por definición, es abandonar o desertar de Dios y su verdad. En la cima de su poder, el anticristo, "el hombre de pecado, el hijo de perdición, el cual se opone y se levanta contra todo lo que se llama Dios o es objeto [de culto, se sentará] en el templo de Dios como Dios, haciéndose pasar por Dios... inicuo cuyo advenimiento es por obra de Satanás, con gran poder y señales y prodigios mentirosos" (2 Ts. 2:3-4, 9). Sabemos que su derrota es segura, porque "el Señor [lo] matará con el espíritu de su boca, y [lo] destruirá con el resplandor de su venida" (v. 8). Pero antes de alcanzar la derrota final —antes y durante la gran apostasía y antes de que el Señor se lleve a los suyos en el arrebatamiento—, la iglesia continuará sufriendo los asaltos crecientes del adversario.

Ahora mismo, los ataques contra Dios, su verdad y su justicia provienen de muchos lados y vienen en tantas formas que es difícil para su pueblo saber qué frente defender. Los cristianos con discernimiento tienen dificultad para saber qué falsedad refutar o a qué transigencia moral oponerse. Ningún creyente puede pelear en todos los frentes, sin importar sus talentos y disposición, pero no estamos llamados a ganar las batallas de Dios a solas; sería presuntuoso y necio intentarlo. Sin embargo, Él espera que le ofrezcamos todo lo que somos y tenemos, y que estemos dispuestos para que nos use donde Él quiera y como quiera.

Firmes contra la apostasía

8

Pero tú has seguido mi doctrina, conducta, propósito, fe, longanimidad, amor, paciencia, persecuciones, padecimientos, como los que me sobrevinieron en Antioquía, en Iconio, en Listra; persecuciones que he sufrido, y de todas me ha librado el Señor. Y también todos los que quieren vivir piadosamente en Cristo Jesús padecerán persecución; mas los malos hombres y los engañadores irán de mal en peor, engañando y siendo engañados. Pero persiste tú en lo que has aprendido y te persuadiste, sabiendo de quién has aprendido; (3:10-14)

Como se mencionó en la Introducción, Pablo tenía tres grandes prioridades en su vida: conocer a Cristo, defender la verdad de Cristo (las Escrituras) y ministrar en el nombre de Cristo. La mayor parte de sus cartas a Timoteo se enfoca en la segunda prioridad: defender la verdad revelada de Dios.

Hoy día, hay mucha predicación sobre las relaciones para intentar hacer que las personas se sientan bien consigo mismas y sobre cómo se siente Dios con ellas, pero hay poca defensa fuerte de la verdad total. Como en la mayoría de períodos en la historia de la iglesia, se requieren defensores fuertes y eficaces de la fe. No hay muchos pastores y maestros que clamen por la pureza doctrinal y moral, por la creencia correcta y por la vida justa.

La iglesia del Nuevo Testamento enfrentaba la misma deficiencia. Judas amonestó así: “Amados, por la gran solicitud que tenía de escribiros acerca de nuestra común salvación, me ha sido necesario escribiros exhortándoos que contendáis ardientemente por la fe que ha sido una vez dada a los santos. Porque algunos hombres han entrado encubiertamente, los que desde antes habían sido destinados para esta condenación, hombres impíos, que convierten en libertinaje la gracia de nuestro Dios, y niegan a Dios el único soberano, y a nuestro Señor Jesucristo” (Jud. 3-4).

Pablo continúa enfocándose aquí en el servicio de Timoteo como un defensor fiel y leal de la fe, señalando dos requisitos necesarios en tal defensor: dar un buen ejemplo como su mentor espiritual (vv. 10-13) y tener convicciones fuertes construidas en un fundamento espiritual (v. 14). El tercer requisito —adherencia fuerte a la autoridad y suficiencia de las Escrituras— se explicará en el siguiente capítulo del comentario. La mención de Pablo aquí es más un recordatorio y un resumen porque Timoteo ya había observado esas cualidades, y no debía tener excusas para no ser fuerte y triunfante en la batalla contra la apostasía, porque había tenido el privilegio de observar al soldado más noble en la batalla: Pablo.

UN EJEMPLO FUERTE COMO MENTOR ESPIRITUAL

Pero tú has seguido mi doctrina, conducta, propósito, fe, longanimidad, amor, paciencia, persecuciones, padecimientos, como los que me sobrevinieron en Antioquía, en Iconio, en Listra; persecuciones que he sufrido, y de todas me ha librado el Señor. Y también todos los que quieren vivir piadosamente en Cristo Jesús padecerán persecución; mas los malos hombres y los engañadores irán de mal en peor, engañando y siendo engañados. (3:10-13)

La conjunción **pero** marca un contraste y un cambio de énfasis. El carácter y el ministerio fieles de Pablo se contrastan con el carácter y ministerio impíos de los falsos predicadores y maestros (los "hombres" del v. 2) mencionados en los versículos 1-9. El apóstol dice a su hijo en la fe que, a diferencia de los herejes, él ha **seguido** la vida y ministerio de Pablo. Le recuerda que ese ministerio lleva al mandato en el versículo 14 de persistir en lo que ha aprendido y de lo cual se persuadió. Ese es el mandato clave de esta sección. Timoteo tenía la mejor formación porque pasó varias décadas con Pablo. Sabía de primera mano qué se requería para combatir el error y preservar la verdad. No era este el momento de fallar bajo la presión de la dificultad.

A excepción de los doce apóstoles y los otros discípulos, que fueron enseñados por Jesús durante su encarnación, ningún cristiano ha tenido un ejemplo y mentor más grande que Timoteo con Pablo.

Más a menudo de lo que nos damos cuenta, recibimos influencia de aquellos con los que vivimos, trabajamos y servimos. En ocasiones, la influencia es buena, otras es mala. A veces es consciente y directa, otras es inconsciente e indirecta. Por esa razón es de importancia inestimable que, tanto como alcancemos a determinarlo, tengamos gran cuidado al escoger con quién nos asociamos, especialmente en posiciones para influenciarnos espiritualmente.

En contraste con los maestros falsos (vv. 1-9), Timoteo había observado de cerca el poder de la verdad. *Parakoloutheō* (**seguido**) significa literalmente "acompañar" y se usaba metafóricamente para conformarse a algo por convicción. En la Grecia antigua los filósofos usaban la palabra para describir la relación cercana entre un maestro y su discípulo o estudiante. Significaba "estudiar con alguien de cerca" o "tener un ejemplo a seguir". William Barclay dice de este término:

> Quiere decir seguir a una persona *físicamente*, vincularse a ella a las duras y a las maduras. También quiere decir seguir a una persona *intelectualmente*, atender con diligencia su enseñanza y comprender plenamente el

> significado de lo que dice. También quiere decir seguir a una persona *espiritualmente*, no solo entender lo que dice, sino también poner en práctica sus ideas y ser la clase de persona que quiere que seamos (*Comentario al Nuevo Testamento* [Barcelona: Clie, 2005], p. 849).

Ciertamente, ese significado amplio representa lo que Pablo tenía en mente. Quería que Timoteo tuviera como patrón las creencias, pensamiento y estilo de vida de Pablo. Estaba diciendo con más detalle a su discípulo, amigo amado e hijo espiritual, lo que ya había dicho a los creyentes de Corinto unos diez años atrás: "Por tanto, os ruego que me imitéis" (1 Co. 4:16). Y continúa: "Por esto mismo os he enviado a Timoteo, que es mi hijo amado y fiel en el Señor, el cual os recordará mi proceder en Cristo, de la manera que enseño en todas partes y en todas las iglesias" (v. 17). Hasta en aquella fecha anterior, tenía gran confianza en Timoteo. Tal como le había confiado ministrar fielmente en Corinto, ahora le confiaba ministrar fielmente en Éfeso.

Como todos nosotros, Timoteo tenía tentaciones hacia la debilidad y la vacilación, y debía estar lidiando con eso cuando Pablo le escribió esta segunda carta. Aun así, el apóstol tenía la certeza de que, con al aliento apropiado y la confianza en el Señor, Timoteo volvería a recuperar su antiguo compromiso y fervor.

En el texto griego, el artículo definido precede a cada uno de los sustantivos descriptivos en los versículos 10-11, conectando gramáticamente cada uno al pronombre posesivo **mi** y dándole con ello un énfasis repetido. La idea es: "**Pero tú has seguido mi doctrina,** mi **conducta,** mi **propósito**...".

Toda iglesia, universidad cristiana, escuela bíblica, seminario y otras organizaciones cristianas deben estar guiadas por líderes —y a su vez producirlos— que sean ortodoxos en la doctrina y morales en el estilo de vida, además de valientes y comprometidos en la defensa de la fe. Deben estar dispuestos a seguir al Señor y guiar a su iglesia en tiempos y circunstancias peligrosos, a sostener a cualquier costo el estandarte de la revelación divina en las Escrituras. Las nueve características o cualidades del liderazgo mencionadas en 3:10-13 se pueden dividir en tres categorías: deberes ministeriales (**doctrina, conducta, propósito**, v. 10*a*), virtudes personales (**fe, longanimidad, amor, paciencia**, v. 10*b*) y experiencias difíciles, resumidas por las **persecuciones** y los **padecimientos** (vv. 11-13).

DEBERES MINISTERIALES

mi doctrina, conducta, propósito, (3:10*a*)

Didaskalia (enseñanza) es un término general para referirse a la instrucción o "**doctrina**", como se traduce algunas veces. Aquí la referencia es a la **doctrina** específica, inspirada divinamente y apostólica, que Timoteo había oído exponer tan a menudo y tan cuidadosamente a Pablo (**mi**), su amado mentor. Unos versículos más adelante le recuerda a Timoteo que "toda la Escritura es inspirada por Dios, y útil para enseñar [*didaskalia*], para redargüir, para corregir, para instruir en justicia" (v. 16). Esta **doctrina** incluía todo "lo que [Timoteo había] oído de [Pablo] ante muchos testigos", verdades que a su vez él debía encargar "a hombres fieles que sean idóneos para enseñar también a otros" (2:2).

La **doctrina** de Pablo era apostólica porque él era "apóstol de Jesucristo por la voluntad de Dios" (1:1), por tanto, era enseñanza divina. Pronto llegaría el momento en que los oyentes de Timoteo no sufrirían "la sana doctrina, sino que teniendo comezón de oír, se [amontonarían] maestros conforme a sus propias concupiscencias" (4:3). Por esa razón, Pablo acababa de encomendarle: "Te encarezco delante de Dios y del Señor Jesucristo, que juzgará a los vivos y a los muertos en su manifestación y en su reino, que prediques la palabra; que instes a tiempo y fuera de tiempo; redarguye, reprende, exhorta con toda paciencia y doctrina" (vv. 1-2).

Timoteo había observado y debía seguir observando la **conducta** de Pablo, su estilo de vida, su patrón diario. Como con Pablo, la vida de Timoteo había sido consecuente con su enseñanza. Había vivido lo que predicaba.

Esa combinación es imperativa en cualquier ministerio eficaz. Dios puede darnos algo bueno de cualquier predicación y enseñanza de su Palabra auténtica. Aunque algunos predicadores y maestros "anuncian a Cristo por contención, no sinceramente", Pablo se gozaba porque se proclamaba a Cristo "por pretexto o por verdad" (Fil. 1:16, 18). Con todo, la obra de Cristo queda sujeta al ridículo y se dificulta seriamente cuando la vida impía contradice el mensaje piadoso. Solo el Señor sabe cuánto daño se causa a su reino y a su nombre por el fracaso moral de aquellos a quienes confía la proclamación y demostración del evangelio.

El tercer deber ministerial que Timoteo había observado en Pablo era tener un **propósito** divino. El **propósito** de un líder está relacionado con su motivación personal para servir, la pasión directriz de su corazón. Pablo se sintió compelido a confesar: "¡Ay de mí si no anunciare el evangelio!" (1 Co. 9:16). Sin embargo, lo suyo era compulsión interna, una entrega voluntaria de todo lo que tenía para el Señor, para la adoración del Señor, el servicio del Señor y el pueblo del Señor. Dios no lo obligó al ministerio, él servía feliz y voluntariamente en todas partes, tal como lo había hecho en Éfeso. A los ancianos de esta iglesia les recordó: "Vosotros sabéis cómo me he comportado entre vosotros todo el tiempo, desde el primer día que entré en Asia, sirviendo al Señor con toda humildad, y con muchas lágrimas... y cómo nada que fuese útil he rehuido de anunciaros y enseñaros, públicamente y por las casas, testificando a judíos y a gentiles acerca del arrepentimiento para con Dios, y de la fe en nuestro Señor Jesucristo" (Hch. 20:18-21). Donde fuera que Pablo ministrara, podía decir lo que les dijo a ellos: "Yo os protesto en el día de hoy, que estoy limpio de la sangre de todos; porque no he rehuido anunciaros todo el consejo de Dios" (vv. 26-27). Continuamente cumplía con su responsabilidad de proclamar el evangelio de Jesucristo y todo el consejo de la Palabra de Dios, sin comprometerlos o desviarlos.

Esa fuerza impulsora interior crea una vida de integridad y fidelidad en la cual la verdad profesada es la verdad vivida. Cosas como las comodidades, el amor propio, el éxito personal, la promoción y la preservación personales no tenían trascendencia para Pablo y no debían tenerla en Timoteo. El único gran motivo en sus vidas era la pasión sin reservas por cumplir el **propósito** de su llamado divino para la gloria de Dios.

VIRTUDES PERSONALES

fe, longanimidad, amor, paciencia, (3:10*b*)

Pablo también quería que Timoteo continuara en la **fe**. Como dijimos en la explicación de 2:22, *pistis* (**fe**) se traduciría mejor aquí "fidelidad", como ocurre en Romanos 3:3 para referirse a Dios, y en Gálatas 5:22 para el fruto del Espíritu (cp. 1 Ti. 2:15; 4:12). El apóstol no se está refiriendo a la fe salvadora, sino a la fidelidad y confiabilidad de quienes ya fueron salvos. La idea es vivir con fidelidad la verdad que se profesa.

Una segunda virtud personal que Timoteo le conocía a Pablo era la **longanimidad**, que es traducción de *makrothumia*, en lugar de *hupomonē*, el término más usual para "paciencia" en el Nuevo Testamento. *Makrothumia* conlleva las ideas adicionales de ser inquebrantable y de soportar el sufrimiento. Pablo está hablando del espíritu resoluto y persistente del siervo de Cristo, que nunca se rinde ni se da por vencido, sin importar el costo. Esta clase de paciencia es más que una actitud; es una forma de vida determinada y es una marca segura del cristiano que vive sin comprometer su devoción al Señor y a la obra de su reino.

Ningún siervo devoto de Dios puede carecer de amor porque Él es un Dios amoroso. Este es el **amor** (*agapē*) de la voluntad, intencional y desinteresado que es superior a la fe y la esperanza (1 Co. 13:13) y es el primer fruto del Espíritu (Gá. 5:22). Debemos andar "en amor, como también Cristo nos amó, y se entregó a sí mismo por nosotros, ofrenda y sacrificio a Dios en olor fragante" (Ef. 5:2). Debemos amarnos "unos a otros; porque el amor es de Dios. Todo aquel que ama, es nacido de Dios, y conoce a Dios" (1 Jn. 4:7). De hecho, el **amor** es tan crucial para la vida cristiana que "el que no ama, no ha conocido a Dios; porque Dios es amor" (v. 8); y, por otra parte, "el que permanece en amor, permanece en Dios, y Dios en él" (v. 16). La petición final de Jesús por nosotros al Padre fue: "Que el amor con que me has amado, esté en ellos, y yo en ellos" (Jn. 17:26).

Como se indicó antes, *hupomonē* usualmente se traduce "**paciencia**", pero en este contexto la idea es más de perseverancia, no en lo relativo a personas difíciles (como en la parte anterior de este versículo, "longanimidad", *makrothumia*), sino a circunstancias difíciles.

Hupomonē conlleva la idea de permanecer, a veces se traduce "soportar". En 2 Corintios 6:4, Pablo recuerda a sus lectores su "paciencia [*hupomonē*], en tribulaciones, en necesidades, en angustias". El escritor de Hebreos recuerda a todo creyente la necesidad de "la paciencia [*hupomonē*], para que habiendo hecho la voluntad de Dios, [se obtenga] la promesa" (He. 10:36), refiriéndose al "grande galardón" del Señor (v. 35).

EXPERIENCIAS DIFÍCILES

persecuciones, padecimientos, como los que me sobrevinieron en Antioquía, en Iconio, en Listra; persecuciones que he sufrido, y de todas me ha librado el Señor. Y también todos los que quieren vivir piadosamente en Cristo Jesús padecerán persecución; mas los malos hombres y los engañadores irán de mal en peor, engañando y siendo engañados. (3:11-13)

Timoteo, como Pablo, terminaría siendo más fuerte y su predicación resultaría más eficaz gracias a sus **persecuciones** y **padecimientos** por la causa de Cristo.

Diōgmos (**persecuciones**) proviene del verbo *diōkō*, que tiene el significado literal de hacer huir. Pablo y Timoteo debieron huir como fugitivos de las **persecuciones** de judíos y paganos porque se negaron a comprometer el evangelio o a dejar de predicarlo.

Pablo había sido el mayor perseguidor de los cristianos antes de su conversión. Entonces era conocido como Saulo y "respirando aún amenazas y muerte contra los discípulos del Señor, [fue] al sumo sacerdote, y le pidió cartas para las sinagogas de Damasco, a fin de que si hallase algunos hombres o mujeres de este Camino, los [llevase] presos a Jerusalén" (Hch. 9:1-2). Después confesó ante una multitud de judíos en Jerusalén que persiguió "este Camino hasta la muerte, prendiendo y entregando en cárceles a hombres y mujeres" (Hch. 22:4).

Pero el perseguidor terminó siendo el perseguido. Poco después de su conversión, mientras predicaba el evangelio en Damasco, probablemente después de tres años en Arabia (Gá. 1:17), "los judíos resolvieron en consejo matarle" (Hch. 9:23). Desde aquel día, la persecución fue una compañera casi constante. En Antioquía de Pisidia, donde muchos judíos creyeron el evangelio, otros judíos "se llenaron de celos, y rebatían lo que Pablo decía, contradiciendo y blasfemando" (Hch. 13:45). Muchos años antes de escribir la segunda carta a Timoteo, Pablo, al comparar sus sufrimientos con los de otros líderes cristianos que se jactaban "según la carne", dijo esto:

> *¿Son ministros de Cristo? (Como si estuviera loco hablo.) Yo más; en trabajos más*

> *abundante; en azotes sin número; en cárceles más; en peligros de muerte muchas veces. De los judíos cinco veces he recibido cuarenta azotes menos uno. Tres veces he sido azotado con varas; una vez apedreado; tres veces he padecido naufragio; una noche y un día he estado como náufrago en alta mar; en caminos muchas veces; en peligros de ríos, peligros de ladrones, peligros de los de mi nación, peligros de los gentiles, peligros en la ciudad, peligros en el desierto, peligros en el mar, peligros entre falsos hermanos; en trabajo y fatiga, en muchos desvelos, en hambre y sed, en muchos ayunos, en frío y en desnudez (2 Co. 11:23-27).*

Además de sufrir estas "otras cosas", "lo que sobre [él] se [agolpaba] cada día, la preocupación por todas las iglesias" (v. 28).

Timoteo compartió con frecuencia los **padecimientos** con Pablo. Estaba con el apóstol "cuando los judíos de Tesalónica supieron que también en Berea era anunciada la palabra de Dios por Pablo, [y] fueron allá, y también alborotaron a las multitudes" contra él (Hch. 17:13; cp. vv. 14-15). Estaba con Pablo en Corinto cuando los judíos incrédulos se opusieron y blasfemaron al evangelio (18:6).

Él también estuvo con Pablo en todos o casi todos los **padecimientos** que le **sobrevinieron en Antioquía, en Iconio** y **en Listra**. Esas tres ciudades estaban en la provincia de la que Timoteo era oriundo, el primer lugar en los viajes misioneros de Pablo en el cual Lucas menciona hostilidad contra él (cp. Hch. 13:45, 50). **Listra** era la ciudad natal de Timoteo, donde sin duda vio cuando Pablo curó al paralítico de nacimiento y vio cuando apedrearon al apóstol y lo dieron por muerto (Hch. 14:8-10, 19). Durante su primer encuentro con Pablo y en las décadas posteriores, Timoteo tuvo el privilegio incomparable de vivir y trabajar con este hombre de gran valentía, resolución y carácter.

Cuando se escribió esta carta, Timoteo estaba enfrentándose a la oposición y al ridículo, los preludios normales de los **padecimientos**. Hasta donde sabemos, él no sufrió en la misma medida que su mentor, pero junto con el apóstol podía decir esto a quienes ministraba: "Si somos atribulados, es para vuestra consolación y salvación; o si somos consolados, es para vuestra consolación y salvación, la cual se opera en el sufrir las mismas aflicciones que nosotros también padecemos" (2 Co. 1:6). También podía decir esto con Pablo: "Las aflicciones del tiempo presente no son comparables con la gloria venidera que en nosotros ha de manifestarse" (Ro. 8:18) y "Me gozo en las debilidades, en afrentas, en necesidades, en persecuciones, en angustias; porque cuando soy débil, entonces soy fuerte" (2 Co. 12:10).

Cuando Pablo estaba en Atenas, envió a Timoteo, su "hermano, servidor de Dios y colaborador [suyo] en el evangelio de Cristo" de regreso a Tesalónica para confirmar y exhortar a los creyentes del lugar de modo que "nadie se [inquietara] por estas tribulaciones"; porque los tesalonicenses sabían que para esto estaban puestos el apóstol y sus compañeros. "Porque también estando con [los tesalonicenses, les predijeron que iban] a pasar tribulaciones, como [había] acontecido y [sabían estos]" (1 Ts. 3:2-4).

A pesar de las **persecuciones que** Pablo había **sufrido**, podía decir: "**De todas me ha librado el Señor**". Podía proclamar con David, "muchas son las angustias del justo, pero el SEÑOR lo librará de todas ellas" (Sal. 34:19, NVI). Podía decir con Sadrac, Mesac y Abednego, "he aquí nuestro Dios a quien servimos puede librarnos del horno de fuego ardiendo; y… nos librará" (Dn. 3:17). Timoteo sabía que Dios había librado a Pablo y eso debía haberle dado más valentía para enfrentar a los maestros apóstatas y a los perseguidores.

Pablo y Timoteo no eran excepciones, pues **todos los que quieren vivir piadosamente en Cristo Jesús padecerán persecución**. Esa también fue una promesa de Jesús. Él dijo:

> *Si el mundo os aborrece, sabed que a mí me ha aborrecido antes que a vosotros. Si fuerais del mundo, el mundo amaría lo suyo; pero porque no sois del mundo, antes yo os elegí del mundo, por eso el mundo os aborrece. Acordaos de la palabra que yo os he dicho: El siervo no es mayor que su señor. Si a mí me han perseguido, también a vosotros os perseguirán; si han guardado mi palabra, también guardarán la vuestra. Mas todo esto os harán por causa de mi nombre, porque no conocen al que me ha enviado (Jn. 15:18-21).*

Los cristianos egocéntricos que no sirven al Señor con todo el corazón rara vez tienen que pagar el precio por su fe. Son poca amenaza para la obra de Satanás porque son de poco beneficio para la de Cristo.

Los que quieren vivir piadosamente en Cristo Jesús son los que **padecerán persecución**. El creyente fiel debe esperar persecución y sufrimientos por la causa de Cristo. No todo creyente fiel sufrirá difamación, prisiones, torturas o martirios por su fe. Ni siquiera Pablo enfrentó ultrajes absolutos. Pero todos los creyentes fieles deberían esperar oposición del mundo y darse cuenta de que, cuando la oposición se hace lo suficientemente severa, sufrirán por su fe, tal como Pablo y Timoteo.

La persecución de los fieles continuará hasta el regreso del Señor, porque **los malos hombres y los engañadores irán de mal en peor, engañando y siendo engañados**. Estos son **los malos hombres y los engañadores** descritos tan vívidamente por Pablo en los primeros nueve versículos de este capítulo.

Ponēros (**malos**) se refiere al carácter o actividad malignos. En la parábola del sembrador, Jesús usó la palabra para describir a Satanás: "Viene el malo, y arrebata" la buena semilla de la Palabra que se sembró en el corazón del oyente (Mt. 13:19). **Engañadores** es traducción de *goēs*, que se refiere literalmente a alguien que llora o da alaridos. El término se usaba en ocasiones para describir a los hechiceros, los brujos y los magos porque era usual que dieran alaridos en sus encantamientos, y por tanto, se usaba para cualquier engañador o impostor. Si Janes y Jambres, mencionados en el versículo 8, estaban entre los magos de la corte del faraón, obviamente aquí **engañadores** conllevaría el significado de hechicero. Pero la advertencia de Pablo a Timoteo aplica para los impostores de cualquier clase que pervierten la Palabra de Dios.

Tales enemigos de Cristo **irán de mal en peor**. Pablo no declara específicamente si esa involución es interna o externa, es probable que se refiera a las dos; pero como **irán de mal en peor**, así sucederá con su influencia sobre los demás.

Pablo ya había dicho que hay límites a la posible eficacia de estos enemigos de la fe. "No irán más adelante" porque en uno u otro momento su estupidez se hará evidente a quienes conocen la verdad; "su insensatez [como la de Janes y Jambres] será manifiesta a todos" (v. 9*b*). Aunque estén **engañando** a otros y sean **engañados** por su propia insensatez malvada, a la larga, el pueblo de Dios los sacará a la luz por lo que son.

CONVICCIONES FUERTES CONSTRUIDAS EN FUNDAMENTO ESPIRITUAL

Pero persiste tú en lo que has aprendido y te persuadiste, sabiendo de quién has aprendido; (3:14)

La segunda característica de los defensores eficaces de la fe es que las convicciones fuertes son edificadas en un fundamento espiritual sólido. En gran parte de estos casos, tales líderes se han criado en familias donde la Palabra de Dios se amaba y exaltaba en la práctica y por principio.

Esa era la herencia de Timoteo. Al inicio de esta carta, Pablo le recuerda "la fe no fingida que [había] en [él], la cual habitó primero en [su] abuela Loida, y en [su] madre Eunice, y [Pablo estaba] seguro que en [Timoteo] también", así que le exhortó a avivar "el fuego del don de Dios" que había en él (1:5-6). Ahora repite esa exhortación diciéndole: "A diferencia de los malos hombres y los engañadores, **tú** eres fundamentalmente diferente. Mientras que ellos son incrédulos, caracterizados por el amor propio y sus pecados relacionados (vv. 1-9), tú perteneces al Señor y has emulado mis virtudes piadosas por medio de la gracia de Dios (vv. 10-11)".

Como muchos otros verbos en esta epístola (véase p. ej., "apártese", 2:19; "huye", "sigue", v. 22; "desecha", v. 23), **persiste** es traducción de un imperativo activo presente, que tiene la fuerza de una orden. **Has aprendido** proviene de *mantanō*, que está relacionado con *mathētēs* ("discípulo") y tiene la connotación de aprendizaje intencional por indagación y observación. Timoteo no había **aprendido** de las Escrituras y de Pablo de manera incidental, sino por su decisión. Había ido tras las verdades de las Escrituras y estas lo persuadieron; verdades fijas y no negociables que no están sujetas a alteraciones ni dilución. Por estas convicciones fuertes de Timoteo que guardaba con la misma fortaleza, él era un candidato digno de seguir las huellas de Pablo.

Conocer y recordar a las personas fieles **de** quienes él había **aprendido** esas verdades era en sí mismo una fuente de gran fortaleza y aliento. **De quién** es traducción de un pronombre plural, lo cual indica la obligación que Timoteo tenía hacia varios maestros y ejemplos. Para aprender bien de otras personas las convicciones espirituales y aferrarse a ellas como propias, no solamente es necesario oírlas enseñadas claramente, sino verlas vividas constantemente.

La obra del mundo

9

y que desde la niñez has sabido las Sagradas Escrituras, las cuales te pueden hacer sabio para la salvación por la fe que es en Cristo Jesús. Toda la Escritura es inspirada por Dios, y útil para enseñar, para redargüir, para corregir, para instruir en justicia, a fin de que el hombre de Dios sea perfecto, enteramente preparado para toda buena obra. (3:15-17)

Ningún otro pasaje del Nuevo Testamento habla tan sucintamente de la naturaleza y la obra de la Palabra de Dios en la salvación y la santificación. En este texto se delinea el poder espiritual transformador de la revelación divina.

LAS ESCRITURAS PROVEEN INSTRUCCIÓN PARA LA SALVACIÓN

y que desde la niñez has sabido las Sagradas Escrituras, las cuales te pueden hacer sabio para la salvación por la fe que es en Cristo Jesús. (3:15)

Las Escrituras son la fuente de la fe salvadora (cp. Sal. 19:7; Mr. 4:14-20; Jn. 5:24, 39; Stg. 1:18). La Palabra de Dios, cuando se combina con la fe en Jesucristo y el poder del Espíritu Santo, lleva a la vida espiritual. Pablo pregunta retóricamente en su carta a la iglesia de Roma: "¿Y cómo oirán sin haber quien les predique?" (Ro. 10:14), y después explica que "la fe es por el oír, y el oír, por la palabra de Dios" (v. 17). La Palabra presentada por los testigos humanos es el plan de Dios para alcanzar a las personas con el evangelio.

Las mujeres que oyeron a Pablo predicar la Palabra de Dios en un lugar de oración judío a las afueras de Filipos ilustran ese patrón. Lucas nos lo cuenta así: "Una mujer llamada Lidia, vendedora de púrpura, de la ciudad de Tiatira, que adoraba a Dios, estaba oyendo; y el Señor abrió el corazón de ella para que estuviese atenta a lo que Pablo decía" (Hch. 16:14). Dios ha escogido a los creyentes para que sean sus portavoces y llevar la verdad salvadora a los demás.

Timoteo tuvo el privilegio de oír la Palabra de la manera más maravillosa, por medio de su familia, porque **desde la niñez** —o más literalmente "desde su infancia"— aprendió y conoció **las Sagradas Escrituras**. Desde las rodillas de su "abuela Loida, y de [su] madre Eunice" (1:5) fue llevado a la fe salvadora y vio en sus vidas por primera vez la piedad genuina.

Los judíos que hablaban griego, de los cuales había muchos en los tiempos de la naciente iglesia, solían llamar *hieros grammata* (**Sagradas Escrituras**) a las Escrituras judías (nuestro Antiguo Testamento). En esas **Sagradas Escrituras** se edificó la fe de Loida y Eunice, y también la de Timoteo. Cuando llegaron a conocer la verdad del Nuevo Testamento, la realidad de la anticipación en el Antiguo se hizo clara para ellos.

Puede que Timoteo no tuviera la fuerza constitutiva de Pablo, que se intimidara y desanimara más fácilmente. Pero no carecía de fundamento para la fortaleza de la fe o del carácter. Pablo lo exhortó a aferrarse y estar firme, pero nunca lo corrigió por doctrina errada o vida pecaminosa, porque en su niñez (con su madre y su abuela) y en su juventud (bajo Pablo) se le había enseñado bien y había aprendido bien. Estaba calificado para tomar la revelación que había oído de Pablo "ante muchos testigos [y encargarla] a hombres fieles que [fueran] idóneos para enseñar también a otros" (2:2).

La fe de Loida y Eunice, la abuela y la madre de Timoteo (1:5) estaba edificada en las Escrituras judías, el Antiguo Testamento; en esas **Sagradas Escrituras** (*hieros grammata*) aquellas mujeres ayudaron a edificar la fe y la devoción de Timoteo.

Este texto muestra claramente que las Escrituras del Antiguo Testamento **pueden hacer sabio para la salvación**. Desde Génesis hasta Malaquías, esa sabiduría revela la santidad, majestad y bondad amorosa de Dios, así como su ofrecimiento misericordioso de perdón y redención para quienes confían en Él —no en sí mismos—, y buscan su gracia y misericordia.

La ley moral pretendía establecer una norma de justicia que nadie pudiera cumplir, confirmando así que cada persona es pecadora bajo el juicio de Dios. Puesto que nadie puede hacerse justo por la ley, esta hacía a todo el mundo culpable. Por tanto, los hombres tenían la necesidad desesperada de la gracia y el perdón, cosas que Dios estaba listo para dar a quienes se arrepintieran y lo pidieran. Los sacrificios no salvaron a los judíos, pero mostraron que reconocían que el pecado exige la muerte. Todo sacrificio bajo el antiguo pacto prefiguraba el sacrificio último, perfecto y completo del Salvador prometido, Jesucristo.

> *[Él] no tiene necesidad cada día, como aquellos sumos sacerdotes, de ofrecer primero sacrificios por sus propios pecados, y luego por los del pueblo; porque esto lo hizo una vez para siempre, ofreciéndose a sí mismo. Pero estando ya presente Cristo, sumo sacerdote de los bienes venideros, por el más amplio y más perfecto tabernáculo, no hecho de manos, es decir, no de esta creación, y no por sangre de machos cabríos ni de becerros, sino por su propia sangre, entró una vez para siempre en el Lugar Santísimo, habiendo obtenido eterna redención (He. 7:27; 9:11-12).*

Incluso antes de que ocurriera la muerte de Jesucristo, esta proveyó la satisfacción de la justicia divina por medio de la cual Dios pudo perdonar al penitente. Y antes de que ocurriera la muerte de Jesús, la salvación estaba disponible por la gracia por medio de la sola fe, con base en el sacrificio perfecto que debía hacerse en la cruz.

En tiempos de Nehemías, comenzó un avivamiento espiritual en Israel cuando el pueblo se volvió a la Palabra de Dios para sabiduría y renovación espiritual. Enfrentados con la nueva conciencia de su pecado y de la santidad del Señor, confesaron sus pecados y buscaron el perdón de Dios. Por la misericordia de Dios, ellos comenzaron a adorar con corazones limpios, y con reverencia y alabanza genuinas.

> *Entonces todo el pueblo, como un solo hombre, se reunió en la plaza que está frente a la puerta del Agua y le pidió al maestro Esdras* traer el libro de la ley que el Señor *le había dado a Israel por medio de Moisés. Así que el día primero del mes séptimo, el sacerdote Esdras llevó la ley ante la asamblea, que estaba compuesta de hombres y mujeres y de todos los que podían comprender la lectura, y la leyó en presencia de ellos en la plaza que está frente a la puerta del Agua. Todo* el pueblo estaba muy atento a la lectura del libro de la ley...
>
> *Habiéndose separado de los extranjeros, confesaron públicamente sus propios pecados y la maldad de sus antepasados, y asumieron así su responsabilidad. Durante tres horas* leyeron el libro de la ley del Señor su Dios, *y en las tres horas siguientes le confesaron sus pecados y lo adoraron...*
>
> *El resto del pueblo —sacerdotes, levitas, porteros, cantores, servidores del templo, todos los que se habían separado de los pueblos de aquella tierra para cumplir con la ley de Dios, más sus mujeres, hijos e hijas, y todos los que tenían uso de razón— se unió a sus parientes que ocupaban cargos importantes y se comprometió, bajo juramento,* a vivir de acuerdo con la ley que Dios *les había dado por medio de su servidor Moisés, y a obedecer todos los mandamientos, normas y estatutos de nuestro Señor (Neh. 8:1-3; 9:2-3; 10:28-29, NVI, énfasis añadido).*

En la parábola del sembrador, dada antes de que se escribiera el Nuevo Testamento, Jesús explicó que "la semilla es la palabra de Dios" y que los varios tipos de suelo representan las formas diferentes en que la gente responde a la Palabra de Dios (Lc. 8:4-15). El poder de la Palabra siempre ha llevado salvación, pero su eficacia también depende de la condición de cada corazón. Los únicos en oír y entender la sabiduría de la Palabra son "los que con corazón bueno y recto retienen la palabra oída, y dan fruto con perseverancia" (v. 15). Para ellos, esta lleva a **la salvación**.

Por tanto, el corazón y el alma del evangelismo eficaz son la predicación, la enseñanza y el testimonio fieles de la verdad, como está revelada en las Escrituras.

Esa es la única "semilla" que el Señor bendecirá con fruto. Cuando "un intérprete de la ley [es decir, un escriba] se levantó y dijo, para probarle: Maestro, ¿haciendo qué cosa heredaré la vida eterna? Él le dijo: ¿Qué está escrito en la ley? ¿Cómo lees?" (Lc. 10:25-26). En otras palabras, la fuente de la verdad con respecto a la vida eterna son las Escrituras y *solamente* las Escrituras. La verdad de las Escrituras invariablemente lleva a **la salvación** a quien la busca con sinceridad, impulsado por el Espíritu. Esta **salvación** no es por obras, sino **por la fe** puesta **en Cristo Jesús** (cp. Ro. 3:19-28; 10:9-10; Ef. 2:8-9).

El Señor declaró ese hecho sin equívocos cuando dijo a los judíos incrédulos de Jerusalén: "El Padre que me envió ha dado testimonio de mí. Nunca habéis oído su voz, ni habéis visto su aspecto, ni tenéis su palabra morando en vosotros; porque a quien él envió, vosotros no creéis. Escudriñad las Escrituras; porque a vosotros os parece que en ellas tenéis la vida eterna; y ellas son las que dan testimonio de mí" (Jn. 5:37-39). En otras palabras, cualquier judío o gentil que tenga fe en Dios Padre, tendrá fe también en Dios Hijo. De la misma forma, cualquiera que cree verdaderamente las Escrituras del Antiguo Testamento tendrá fe en el Hijo, porque estas dan testimonio de Él. Jesús continuó diciendo: "Porque si creyeseis a Moisés [es decir, los cinco libros de la ley], me creeríais a mí, porque de mí escribió él" (v. 46). Pablo lo explica: "La ley ha sido nuestro ayo, para llevarnos a Cristo, a fin de que fuésemos justificados por la fe" (Gá. 3:24).

Pedro usó también la imagen de una semilla para representar las Escrituras de los dos Testamentos. Después de recordar a los creyentes que no nacieron de semilla "corruptible, sino de incorruptible, por la palabra de Dios que vive y permanece para siempre", cita a Isaías para decir: "Toda carne es como hierba, y toda la gloria del hombre como flor de la hierba. La hierba se seca, y la flor se cae. Mas la palabra del Señor permanece para siempre". Luego les dice que esa fue la misma verdad, la misma "palabra que por el evangelio [les había] sido anunciada" (1 P. 1:23-25; cp. Is. 40:6-8).

Como José y María confiaban genuinamente en Dios por su revelación en el Antiguo Testamento, creyeron —desde antes del nacimiento de Jesús— que el Mesías y el Salvador, el mismo Hijo de Dios, nacería milagrosamente de María, tal como los ángeles les habían dicho (Mt. 1:18-25; Lc. 1:26-38). Simeón y Ana reconocieron y confiaron en Jesús como el Cristo, el Redentor de Israel y el Salvador del mundo profetizado, mientras Él era un niño aún, porque confiaban genuinamente en Dios por medio de su revelación en el Antiguo Testamento (Lc. 2:21-38).

El eunuco etíope creyó el testimonio de Felipe, depositó su fe en Cristo y recibió la salvación porque confió en Dios y buscaba entender su revelación por medio del profeta Isaías (Hch. 8: 26-39). Algunos judíos de Berea "recibieron la palabra con toda solicitud, escudriñando cada día las Escrituras para ver si estas cosas eran así. Así que creyeron muchos de ellos, y mujeres griegas de distinción, y no pocos hombres" (Hch. 17:11-12), porque confiaban con sinceridad en Dios y buscaban entender su voluntad.

Para evitar la confianza falsa contra la cual advirtió Jesús —de confiar en el conocimiento de las Escrituras para dar vida eterna (Jn. 5:39)—, Pablo, como su Señor, deja claro que las palabras en los escritos sagrados no tienen poder para salvar, sino que la sabiduría que imparten lleva a **la salvación por la fe que es en Cristo Jesús**.

Como muchos cristianos de la naciente iglesia, Timoteo, su madre y su abuela creyeron bajo los dos pactos. Se habían arrepentido y buscado la gracia y la misericordia del perdón del Dios de Abraham, Isaac, Jacob, Moisés, David y Elías. Y cuando oyeron el evangelio de Jesucristo —como José, María, Simeón y Ana—, supieron que la gran promesa de Dios del Mesías redentor se había cumplido y creyeron inmediatamente en Él como su Salvador y Señor.

Tal como los hombres y mujeres mencionados en Hebreos 11, cada santo del Antiguo Testamento recibió la salvación **por la fe que es en Cristo Jesús**. Aunque su comprensión espiritual era limitada, eran como "Abraham [su] padre [quien] se gozó de que había de ver [el día de Cristo] y lo vio, y se gozó" (Jn. 8:56), y como Moisés, el cual consideró "mayores riquezas el vituperio de Cristo que los tesoros de los egipcios" (He. 11:26). Sin importar qué conocieran sobre la venida del Mesías (cp. 1 P. 1:10-12), entendían que vendría a sufrir por los pecados de ellos, como sacrificio que satisfaría a Dios. Juan resumió la anticipación de los judíos piadosos cuando exclamó después de ver a Jesús por primera vez: "He aquí el Cordero de Dios, que quita el pecado del mundo" (Jn. 1:29).

LAS ESCRITURAS PROVEEN INSTRUCCIÓN PARA LA SANTIFICACIÓN

Toda la Escritura es inspirada por Dios, y útil para enseñar, para redargüir, para corregir, para instruir en justicia, a fin de que el hombre de Dios sea perfecto, enteramente preparado para toda buena obra. (3:16-17)

Antes de examinar el poder santificador de las Escrituras, debe considerarse esta declaración crucial de Pablo. Algunos eruditos sugieren que **Toda la Escritura es inspirada** debería traducirse "Toda Escritura inspirada por Dios es…", lo cual dejaría abierta la posibilidad de que *alguna parte* de **la Escritura** *no* está inspirada por Él. Pero esa traducción haría que la Biblia careciera de valor como guía confiable para la verdad divina, porque no tendríamos forma de determinar qué parte está inspirada por Dios y qué parte no. Los hombres quedarían a merced de sus mecanismos finitos y pecaminosos para descubrir qué parte de la Biblia puede ser cierta y qué parte puede no serlo; qué parte es Palabra de Dios y qué parte es conjetura humana. Por tanto, el pensamiento de Pablo es que las Escrituras que dan salvación deben ser inspiradas por Dios. Las palabras de los hombres nunca podrían transformar el interior de la persona (Sal. 19:7).

Además de muchas otras referencias bíblicas específicas a la inspiración y autoridad de **la Escritura** —algunas de las cuales se mencionan más adelante— es importante notar que las construcciones griegas semejantes en otras partes del Nuevo Testamento (cp. p. ej., Ro. 7:12; 2 Co. 10:10; 1 Ti. 1:15; 2:3; 4:4; He. 4:17) argumentan fuertemente que la perspectiva gramatical **toda la Escritura es inspirada** es la traducción apropiada. Las Escrituras son la transmisión de la revelación, la inspiración es el medio por el cual se transmite. En las palabras reveladas y registradas originalmente, **toda la Escritura** es la Palabra infalible de Dios.

El primer adjetivo predicativo que describe **la Escritura**, a saber, que **es inspirada por Dios**, se enfoca en la autoridad de su Palabra escrita. *Theopneustos* (**inspirada por Dios**) significa literalmente "respirado por Dios" o "respirado de Dios". En algunas ocasiones, Dios respiró sus palabras a escritores humanos, para que ellos las registraran como si fuera un dictado. Dijo a Jeremías: "He aquí he puesto mis palabras en tu boca" (Jer. 1:9). Pero como se ve claramente en las Escrituras, era más usual que la verdad de Dios fluyera en las mentes, almas, corazones y emociones de sus instrumentos humanos escogidos. Aun así, cualquiera fuera el medio, hubo supervisión divina del registro preciso de la verdad divinamente respirada a hombres escogidos por Dios. De manera sobrenatural, Dios proveyó su Palabra divina en palabras humanas de modo que cualquier persona —incluso un niño— pueda recibir guía del Espíritu Santo para entenderla lo suficiente para ser salvo.

Es de extrema importancia entender que es **la Escritura** la que está **inspirada por Dios**, no los hombres escogidos divinamente para registrarla. Cuando ellos hablaban o escribían sin la revelación de Dios, sus pensamientos, sabiduría y entendimiento eran humanos y falibles. No eran inspirados en el sentido que usualmente se usa para personas con capacidades artísticas, literarias o musicales extraordinarias. Tampoco eran inspirados en el sentido de ser depósitos personales de la verdad divina de modo que pudieran dispensarla a voluntad. Muchos autores de las Escrituras escribieron otros documentos, pero ninguno de esos escritos existe hoy e incluso si se descubrieran no tendrían el peso de las Escrituras. Por ejemplo, sabemos que Pablo escribió al menos dos cartas más a la iglesia de Corinto (1 Co. 5:9; 2 Co. 2:4), pero no se han encontrado copias de esas cartas. Sin duda, las cartas eran piadosas, formadoras en lo espiritual y bendecidas por el Señor, pero no formaban parte de las Escrituras.

Muchos de los que escribieron **la Escritura**, como Moisés y Pablo, eran hombres altamente adiestrados en el conocimiento y la sabiduría humana, pero ese aprendizaje no fue la fuente de la verdad divina que registraron. David tenía altas dotes de poeta y, en verdad, ese talento se refleja en la belleza de sus salmos, pero no era este la fuente de las verdades divinas reveladas en sus escritos.

Primero de todo y por encima de todo, **la Escritura** proviene de Dios y es sobre

Dios, es su revelación a la humanidad caída. Desde Génesis hasta Apocalipsis, Dios revela su verdad, su carácter, sus atributos y su plan divino para la redención del hombre, al cual hizo a su propia imagen. Incluso predice la redención futura del resto de su creación, que "será libertada de la esclavitud de corrupción, a la libertad gloriosa de los hijos de Dios. Porque sabemos que toda la creación gime a una, y a una está con dolores de parto hasta ahora" (Ro. 8:21-22).

La Biblia no es una colección de la sabiduría e ideas de los hombres, ni siquiera de los hombres piadosos. Es la verdad de Dios, su propia Palabra en sus propias palabras. El salmista declaró: "Tu palabra, Señor, es eterna, y está firme en los cielos" (Sal. 119:89, NVI). La Palabra de Dios fue revelada a los hombres en la tierra y autenticada directamente desde el cielo. Pedro declara sin equívocos: "Entendiendo primero esto, que ninguna profecía de la Escritura es de interpretación privada, porque nunca la profecía fue traída por voluntad humana, sino que los santos hombres de Dios hablaron siendo inspirados por el Espíritu Santo" (2 P. 1:20-21). Esas palabras dadas por Dios y registradas por humanos se convirtieron en la Palabra escrita de Dios, infalible y autoritativa en la manera en que se dio originalmente. *Prophēteia* (profecía) no se usa aquí en el sentido de predicción, sino en el significado básico y más amplio de hablar el mensaje, de proclamarlo. Conlleva la misma idea inclusiva de "las palabras mismas de Dios" que, en un privilegio maravilloso, se confiaron al antiguo Israel (Ro. 3:2, NVI). "Interpretación" (2 P. 1:20*b*) traduce *epilusis,* que se refiere a algo lanzado, emitido, enviado. En este versículo, el sustantivo griego es un genitivo de fuente, con lo cual indica origen. En otras palabras, ningún mensaje de la Escritura tuvo su origen y fue emitido por la sabiduría y voluntad de los hombres. En su lugar, los hombres fieles a través de los cuales se reveló y registró la Escritura recibieron instrucción divina y la ejecutaron por obra del Espíritu Santo.

Dentro de la Biblia, "Dios" y "Escritura" se usan a veces casi de manera intercambiable. En referencia a las Palabras que Dios le habló directamente a Abraham (Gn. 12:3), Pablo escribió: "La Escritura, previendo que Dios había de justificar por la fe a los gentiles, dio de antemano la buena nueva a Abraham, diciendo: En ti serán benditas todas las naciones". Más adelante, en el mismo capítulo, el apóstol vuelve a personificar las Escrituras con Dios, declarando: "La Escritura lo encerró todo bajo pecado, para que la promesa que es por la fe en Jesucristo fuese dada a los creyentes" (v. 22). Pablo escribió en su carta a la iglesia de Roma: "Porque la Escritura dice a Faraón: Para esto mismo te he levantado, para mostrar en ti mi poder, y para que mi nombre sea anunciado por toda la tierra" (Ro. 9:17).

Cuando el apóstol predicó por primera vez en Galacia, muchos años antes de escribir su carta a las iglesias del lugar, declaró:

> *Y nosotros también os anunciamos el evangelio de aquella promesa hecha a nuestros padres, la cual Dios ha cumplido a los hijos de ellos, a nosotros, resucitando*

a Jesús; como está escrito también en el salmo segundo: Mi hijo eres tú, yo te he engendrado hoy. Y en cuanto a que le levantó de los muertos para nunca más volver a corrupción, lo dijo así: Os daré las misericordias fieles de David. Por eso dice también en otro salmo: No permitirás que tu Santo vea corrupción (Hch. 13:32-35).

LAS ESCRITURAS INFALIBLES E INSPIRADAS

La Escritura *es inspirada e infalible en los dos Testamentos.* **Toda la Escritura** se refiere a los Testamentos Nuevo y Antiguo. Como se anotó anteriormente, los *hieros grammata* (escritos sagrados) eran las Escrituras hebreas (el Antiguo Testamento) que Timoteo había aprendido desde la niñez (v. 15). Por otra parte, *Graphē* (Escritura) se solía usar en la naciente iglesia no solamente para el Antiguo Testamento sino para la nueva Palabra revelada por Dios, en lo que llegó a llamarse *Nuevo Testamento.*

Durante el ministerio terrenal de Jesús, Él dio testimonio poderoso y sin ambigüedades sobre la autoridad divina de los dos Testamentos. Los cuatro Evangelios contienen la primera revelación divina desde la de los profetas del Antiguo Testamento, que había cesado unos cuatrocientos años antes. La declaración de Jesús según la cual "la Escritura (*graphē*) no puede ser quebrantada" (Jn. 10:35) se aplica específicamente a las Escrituras hebreas pero, como se verá, se aplica también a la totalidad de las Escrituras: los dos Testamentos que componen la Palabra escrita de Dios.

Al comienzo del ministerio de Jesús, Él dijo del Antiguo Testamento: "No penséis que he venido para abrogar la ley o los profetas; no he venido para abrogar, sino para cumplir. Porque de cierto os digo que hasta que pasen el cielo y la tierra, ni una jota ni una tilde pasará de la ley, hasta que todo se haya cumplido" (Mt. 5:17-18). Después dijo: "Más fácil es que pasen el cielo y la tierra, que se frustre una tilde de la ley" (Lc. 16:17).

Jesús usó en repetidas ocasiones verdades reveladas divinamente en el Antiguo Testamento para afirmar su papel mesiánico. Declaró: "El que cree en mí, como dice la Escritura, de su interior correrán ríos de agua viva" (Jn. 7:38) y "¿No dice la Escritura que del linaje de David, y de la aldea de Belén, de donde era David, ha de venir el Cristo?" (Jn. 7:42). Cuando Jesús iba con los dos discípulos en el camino a Emaús, después de su resurrección, "comenzando desde Moisés, y siguiendo por todos los profetas, les declaraba en todas las Escrituras lo que de él decían" (Lc. 24:27).

Además de enseñar que "la Escritura no puede ser quebrantada" (Jn. 10:35), Jesús declaró: "El que me rechaza, y no recibe mis palabras, tiene quien le juzgue; la palabra que he hablado, ella le juzgará en el día postrero. Porque yo no he hablado por mi propia cuenta; el Padre que me envió, él me dio mandamiento de lo que he de decir, y de lo que he de hablar. Y sé que su mandamiento es vida eterna. Así pues, lo que yo hablo, lo hablo como el Padre me lo ha dicho" (Jn. 12:48-50). Las palabras del Cristo encarnado son las palabras de Dios Padre; por tanto, rechazar las palabras de Jesús es rechazar la Palabra de Dios.

Los hombres a quienes Dios asignó la escritura de los Evangelios no habrían podido recordar con precisión todo lo que Jesús hizo o dijo por su mera humanidad. Por esa razón Jesús prometió: "El Consolador, el Espíritu Santo, a quien el Padre enviará en mi nombre, él os enseñará todas las cosas, y os recordará todo lo que yo os he dicho" (Jn. 14:26; cp. 15:26-27).

El Señor revelaría verdades adicionales cuando regresara al cielo. Él dijo: "Aún tengo muchas cosas que deciros, pero ahora no las podéis sobrellevar. Pero cuando venga el Espíritu de verdad, él os guiará a toda la verdad; porque no hablará por su propia cuenta, sino que hablará todo lo que oyere, y os hará saber las cosas que habrán de venir. El me glorificará; porque tomará de lo mío, y os lo hará saber" (Jn. 16:12-14).

En 1 Timoteo, Pablo escribió: "Pues la Escritura dice: No pondrás bozal al buey que trilla; y: Digno es el obrero de su salario" (1 Ti. 5:18). Es importante notar que la primera cita es del Antiguo Testamento (Dt. 25:4) y la segunda es de los labios de Jesús (Lc. 10:7), es decir, del Nuevo Testamento.

El Pentateuco (los primeros cinco libros del Antiguo Testamento) contiene al menos 680 afirmaciones de inspiración divina. Tales afirmaciones se encuentran 418 veces en los libros históricos, 195 veces en los libros poéticos y 1307 veces en los libros proféticos. El Nuevo Testamento contiene más de 300 citas directas y al menos 1000 referencias indirectas del Antiguo Testamento, y casi todas declaran o implican que son Palabra de Dios. El libro de Hebreos abre con esta declaración: "Dios, habiendo hablado muchas veces y de muchas maneras en otro tiempo a los padres por los profetas, en estos postreros días nos ha hablado por el Hijo" (He. 1:1-2). El escritor estaba hablando de los dos Testamentos; que Dios hablara "por los profetas" representa el Antiguo, que hablara "por el Hijo" representa el Nuevo.

Muchos escritores del Nuevo Testamento testificaron directamente que sabían que escribían Palabra de Dios. Pablo recordó a los creyentes de Corinto una verdad que sin duda les había enseñado muchas veces en persona cuando estuvo ministrando allí; les dijo: "lo cual también hablamos, no con palabras enseñadas por sabiduría humana, sino con las que enseña el Espíritu, acomodando lo espiritual a lo espiritual" (1 Co. 2:13; cp. 16). En su segunda carta defendió su seriedad y su autoridad diciendo: "Pues no somos como muchos, que medran falsificando la palabra de Dios, sino que con sinceridad, como de parte de Dios, y delante de Dios, hablamos en Cristo" (2 Co. 2:17).

Pablo aseguró esto a las iglesias de Galacia: "Mas os hago saber, hermanos, que el evangelio anunciado por mí, no es según hombre; pues yo ni lo recibí ni lo aprendí de hombre alguno, sino por revelación de Jesucristo… Pero cuando agradó a Dios, que me apartó desde el vientre de mi madre, y me llamó por su gracia, revelar a su Hijo en mí, para que yo le predicase entre los gentiles, no consulté en seguida con carne y sangre" (Gá. 1:11-12, 15-16). Dijo a la iglesia de Colosas: "De [esta iglesia] fui hecho ministro, según la administración de Dios que me fue dada para con vosotros, para que anuncie cumplidamente la palabra de Dios, el misterio que había estado oculto desde los siglos y edades, pero que ahora ha sido manifestado a sus santos, a quienes Dios quiso dar a conocer las riquezas de la gloria de este misterio entre los gentiles; que es Cristo en vosotros, la esperanza de gloria" (Col. 1:25-27). Y escribió a la iglesia de Tesalónica: "Por lo cual también nosotros sin cesar damos gracias a Dios, de que cuando recibisteis la palabra de Dios que oísteis de nosotros, la recibisteis no como palabra de hombres, sino según es en verdad, la palabra de Dios, la cual actúa en vosotros los creyentes" (1 Ts. 2:13).

Pedro reconoció que el Señor había usado a Pablo, compañero en el apostolado, para escribir su Palabra. Refiriéndose a las cartas de Pablo, Pedro escribió que en ellas "hay algunas difíciles de entender, las cuales los indoctos e inconstantes tuercen, como también *las otras Escrituras,* para su propia perdición" (2 P. 3:16, cursivas añadidas). Judas da fe de que "las palabras que antes fueron dichas por los apóstoles de nuestro Señor Jesucristo" llevaban el peso de las Escrituras advirtiendo divinamente que "en el postrer tiempo habrá burladores, que andarán según sus malvados deseos" (Jud. 17-18).

Ningún escritor del Nuevo Testamento tuvo mayor conciencia de estar registrando la Palabra de Dios que el apóstol Juan. Tal conciencia se afirmó con certidumbre particular en el libro de Apocalipsis, que comienza: "La revelación de Jesucristo, que Dios le dio, para manifestar a sus siervos las cosas que deben suceder pronto; y la declaró enviándola por medio de su ángel a su siervo Juan, que ha dado testimonio de la palabra de Dios, y del testimonio de Jesucristo, y de todas las cosas que ha visto" (Ap. 1:1-2). Unos pocos versículos más adelante, el apóstol dice: "Yo estaba en el Espíritu en el día del Señor, y oí detrás de mí una gran voz como de trompeta, que decía: Yo soy el Alfa y la Omega, el primero y el último. Escribe en un libro lo que ves, y envíalo a las siete iglesias" (vv. 10-11). Al final de cada uno de los mensajes a estas iglesias, o cerca del final, está la amonestación "El que tiene oído, oiga lo que el Espíritu dice a las iglesias" (2:7, 11, 17, 29; 3:6, 13, 22). El apóstol también deja claro en muchas otras partes de ese libro que está escribiendo la verdad de Dios explícitamente revelada (cp. p. ej., 19:9; 21:5; 22:6).

Es notable y significativo que, aunque casi todos —si no todos— los escritores humanos eran conscientes de estar registrando **la Escritura**, y a veces quedaban abrumados por las verdades que Dios les revelaba, exhiben total carencia de conciencia personal y no se excusan. En conjunto, los escritores bíblicos hacen unas 4000 afirmaciones de estar escribiendo la Palabra de Dios, no obstante, ellos no ofrecen defensa alguna por el hecho de que Dios los emplee en tan elevada función. A pesar de darse cuenta de su falibilidad y pecaminosidad, escribieron con la completa confianza en que la misma revelación de Dios es la mejor respuesta y es irrefutable. Isaías proclamó de parte de Dios: "Porque como desciende de los cielos la lluvia y la nieve, y no vuelve allá, sino que riega la tierra, y la hace germinar y producir, y da semilla al que siembra, y pan al que come, así será mi palabra que sale de mi boca; no volverá a mí vacía, sino que hará lo que yo quiero, y será prosperada en aquello para que la envié" (Is. 55:10-11).

La escritura *es inspirada e infalible en sus palabras.* Negar que toda la Biblia está **inspirada** equivale obviamente a negar que todas las *palabras* de **la Escritura** son inspiradas. E igualmente obvio, tal negación hace al hombre juez de la Palabra de Dios, reconociendo la autenticidad y aceptando solo aquellas porciones que corresponden a predisposiciones personales. Independientemente de si el juicio humano sobre la inspiración se da por concilio eclesial, tradición eclesial o preferencia individual, este tiene su base en la comprensión y conocimiento imperfectos, además de subjetivos y mancillados por el pecado. Cuando los hombres deciden por sí mismos qué reconocer como verdadero y valioso, como importante y relevante, vician toda la autoridad de las Escrituras. Aunque estén de acuerdo con ellas, el acuerdo tiene su base en su propia sabiduría humana.

A menos que las *palabras* de **la Escritura** sean inspiradas y autoritativas, el hombre queda a sus propios recursos para descubrir los que *parecen ser* conceptos y principios divinos subyacentes. Pero en lugar de descubrir lo que se ha llamado "la Palabra detrás de las palabras" (es decir, la verdad divina detrás de las palabras humanas), ese enfoque lleva a todo lo contrario. Presuntuosamente y engañándose a sí mismo, el enfoque "descubre" *palabras* de hombre, por así decirlo, detrás de las palabras de Dios, juzgando la verdad divina bajo los criterios de las inclinaciones pecaminosas y las percepciones distorsionadas del hombre. Como Pablo dijo a Tito, los mandamientos de los hombres alejan a la gente de la verdad de Dios (Tit. 1:14).

Incluso desde una perspectiva puramente lógica, descartar las *palabras* de **la Escritura** es descartar todo el significado de la Escritura. No solo es imposible escribir sin usar palabras, también es imposible pensar sin ellas, excepto en el sentido más nebuloso. No tiene sentido hablar de pensamientos e ideas sin palabras, como no lo tendría hablar de música sin notas o de matemáticas sin números. Repudiar las *palabras* de **la Escritura** es repudiar las *verdades* de **la Escritura**.

Por supuesto, es cierto que los dos Testamentos contienen revelaciones cuyas solas palabras Dios hizo enigmáticas intencionalmente. En algunos casos, como con las parábolas de Jesús, el propósito era ocultar el significado a los incrédulos obstinados. Cuando los discípulos preguntaron a Jesús por qué hablaba en parábolas para las multitudes, "Él respondiendo, les dijo: Porque a vosotros os es dado saber los misterios del reino de los cielos; mas a ellos no les es dado" (Mt. 13:10-11). En otros casos, como en las profecías predictivas, ni siquiera los hombres a quienes Dios reveló las profecías pudieron discernir el significado completo. Pedro, por ejemplo, explica: "Los profetas que profetizaron de la gracia destinada a vosotros, inquirieron y diligentemente indagaron acerca de esta salvación, escudriñando qué persona y qué tiempo indicaba el Espíritu de Cristo que estaba en ellos, el cual anunciaba de antemano los sufrimientos de Cristo, y las glorias que vendrían tras ellos. A éstos se les reveló que no para sí mismos, sino para nosotros, administraban las cosas que ahora os son anunciadas por los que os han predicado el evangelio por el Espíritu Santo enviado del cielo; cosas en las cuales anhelan mirar los ángeles" (1 P. 1:10-12).

En otras palabras, aunque **la Escritura** nunca revela las verdades sin las palabras, en algunas ocasiones revela las palabras sin revelar las verdades enteras. El punto es este: Las *palabras* de **la Escritura** siempre son infalibles, independientemente de si transmiten el significado completo a quienes las leen o si pueden ser comprendidas por nuestra comprensión limitada.

Cuando Moisés protestó a Dios que no estaba calificado para liderar a Israel, diciéndole: "Yo nunca me he distinguido por mi facilidad de palabra", y añadiendo: "Francamente, me cuesta mucho trabajo hablar", el Señor le dijo: "¿Y quién le puso la boca al hombre?... ¿Acaso no soy yo, el SEÑOR, quien lo hace sordo o mudo, quien le da la vista o se la quita? Anda, ponte en marcha, que yo te ayudaré a hablar y te diré lo que debas decir" (Éx. 4:10-12, NVI). Cuando Moisés volvió a objetar, el Señor se enojó con él y le dijo: "¿Y qué hay de tu hermano Aarón, el levita? Yo sé que él es muy elocuente... Tú hablarás con él y le pondrás las *palabras* en la boca; yo los ayudaré a hablar, a ti y a él, y les enseñaré lo que tienen que hacer. Él hablará por ti al pueblo, como si tú mismo le hablaras, y tú le hablarás a él por mí, como si le hablara yo mismo" (Éx. 4:14-16, NVI, cursivas añadidas).

En el Salmo 147 es clara la relación inseparable entre la Palabra de Dios y sus palabras: El Señor "envía su palabra a la tierra; velozmente corre su *palabra*. Da la nieve como lana, y derrama la escarcha como ceniza. Echa su hielo como pedazos; ante su frío, ¿quién resistirá? Enviará su *palabra*, y los derretirá; soplará su viento, y fluirán las aguas. Ha manifestado sus *palabras* a Jacob, sus estatutos y sus juicios a Israel" (Sal. 147:15-19; cursivas añadidas). Dios reveló su Palabra solo por medio de palabras.

Jeremías testificó: "Luego extendió el SEÑOR la mano y, tocándome la boca, me dijo: 'He puesto en tu boca mis *palabras*... Haré que sirvas a tus enemigos en una tierra que no conoces, porque en mi ira un fuego se ha encendido, y arde contra ustedes'... Por eso, así dice el SEÑOR, el Dios Todopoderoso: 'Por cuanto el pueblo ha hablado así, mis palabras serán como fuego en tu boca, y este pueblo, como un montón de leña. Ese fuego los consumirá'" (Jer. 1:9; 5:14, cursivas añadidas). Y el profeta respondió: "Al encontrarme con tus *palabras*, yo las devoraba; ellas eran mi gozo y la alegría de mi corazón, porque yo llevo tu nombre, SEÑOR, Dios Todopoderoso" (15:16, NVI, cursivas añadidas). Ezequiel hizo una afirmación semejante cuando dijo: "Y [el Señor] me dijo: Hijo de hombre, yo te envío a los hijos de Israel, a gentes rebeldes que se rebelaron contra mí... Les hablarás, pues, mis *palabras*, escuchen o dejen de escuchar; porque son muy rebeldes... Y me dijo: Hijo de hombre, toma en tu corazón todas mis palabras que yo te hablaré, y oye con tus oídos" (Ez. 2:3, 7; 3:10, cursivas añadidas).

Jesús, en respuesta a la tentación de Satanás para hacer panes de las piedras y satisfacer así su hambre física, citó Deuteronomio 8:3: "Escrito está: No sólo de pan vivirá el hombre, sino de *toda palabra* que sale de la boca de Dios" (Mt. 4:4, cursivas añadidas). El hombre se alimenta espiritualmente con "toda palabra" de Dios, y toda palabra de Dios se encuentra en su Palabra escrita, la Biblia. Jesús dijo en su último gran discurso público lo siguiente: "El cielo y la tierra pasarán, pero mis palabras no pasarán" (Mt. 24:35; cursivas añadidas).

Jesús proclamó al principio de su ministerio la esencia del evangelio: "De cierto, de cierto os digo: El que oye mi *palabra*, y cree al que me envió, tiene vida eterna; y no vendrá a condenación, mas ha pasado de muerte a vida" (Jn. 5:24, cursivas añadidas). En otra ocasión dijo: "El espíritu es el que da vida; la carne para nada aprovecha; las *palabras* que yo os he hablado son espíritu y son vida" (Jn. 6:63, cursivas añadidas). De nuevo, nuestro Señor lo vuelve a dejar claro: "Porque yo no he hablado por mi propia cuenta; el Padre que me envió, él me dio mandamiento de lo que he de decir, y de lo que he de hablar. Y sé que su mandamiento es vida eterna. Así pues, lo que yo hablo, lo hablo como el Padre me lo ha dicho" (Jn. 12:49-50; cp. 14:24). Creer en el Padre es creer en el Hijo y las palabras del Hijo son las palabras del Padre.

La Escritura *es inspirada e infalible en todo lo que enseña e informa.* Algunos eruditos sostienen que como la Biblia no es un texto de temas como historia, geografía y ciencia, solo es infalible cuando habla de asuntos morales y espirituales. Pero, al igual que quienes afirman aceptar los conceptos y los principios divinos subyacentes de las Escrituras mas no sus palabras, estos intérpretes también determinan por sus propios recursos qué es divino e infalible y qué es humano y falible. De nuevo, el hombre se vuelve el juez de las Escrituras.

A través de los siglos, algunos eruditos han señalado "errores" en la Biblia, declaraciones sobre personas, lugares y cosas que no encajan con los "hechos" aceptados de la historia, la arqueología o la ciencia moderna.

Hasta el descubrimiento de Copérnico en el siglo XVI, los hombres suponían que el sol giraba alrededor de la tierra, porque así parece desde nuestra perspectiva terrenal. Como ahora sabemos que la tierra gira alrededor del sol, muchos eruditos acusan a la Biblia de error por informar que Josué ordenó con éxito al sol y a la luna que se detuvieran (Jos. 10:12-13), cuando debió ser la tierra la que parara. Pero los meteorólogos mejor formados hablan aún hoy de la salida y la puesta del sol, especialmente cuando se están comunicando con el público general. Esas frases son figuras del lenguaje establecidas firmemente en todo el mundo y ninguna persona sensata acusa a alguien de impreciso o poco científico por usarlas. No solo eso; si Dios creó el universo, detener la rotación de la tierra, el sol o la luna (o las tres) habría sido igual de simple. Es significativo que la mayoría de personas que cuestionan la realidad de tales acontecimientos milagrosos también cuestionan muchas de las claras enseñanzas teológicas y morales de las Escrituras.

Durante muchos años, algunos académicos acusaron de error el libro de 2 Reyes por afirmar que "el rey de Asiria impuso a Ezequías rey de Judá trescientos talentos de plata, y treinta talentos de oro" (2 R. 18:14). El juicio tenía base en un antiguo registro asirio de la transacción que da la cantidad de plata en 800 talentos. Pero hallazgos arqueológicos posteriores han revelado que, aunque la medida asiria de un talento de oro era la misma que se usaba en Judá y Siria, la medida de plata era considerablemente diferente. Cuando se ajustó por esa diferencia, la cifra bíblica resultó ser precisa.

La Biblia no solo *narra* la historia sin errores, también lo hace así con su *predicción* de la historia. Ezequiel predijo con sorprendente detalle la destrucción de Tiro, primero a manos de Nabucodonosor, después de Alejandro Magno (Ez. 26:1-21; 29:18) y luego de Egipto (30:10-26). En similar detalle, Nahum predijo la devastación de Nínive (Nah. 1:15—3:19; cp. Sof. 2:13, 15), cuya conquista y destrucción se dio en el 612 a.C., a manos de los medos y los caldeos. Isaías (Is. 13—14; 21:1-10) y Jeremías (Jer. 50—51) describieron con exactitud la destrucción final de Babilonia, que "nunca más [sería] habitada, ni se [moraría] en ella de generación en generación" (Is. 13:20). Ciro fue el primero en conquistar aquella gran ciudad, él fue el fundador del imperio persa y el hombre del cual Dios profetizó que liberaría a su pueblo de la cautividad en Babilonia (Is. 44:28; 45:1-14). Aquel rey no solo permitió que los judíos volvieran a Jerusalén sino que, con sorprendente conciencia de su misión divina bajo el Dios verdadero, les ordenó reconstruir allí el templo y les devolvió todos los objetos del templo sagrados y valiosos que Nabucodonosor había robado (Esd. 1). Otros reyes asirios y persas conquistaron sucesivamente Babilonia y la saquearon. Su conquista final fue a manos de Alejandro Magno, quien pretendía reconstruir la ciudad pero su muerte prematura a los treintaidós años evitó que lo hiciera. Cuando la capital del imperio sirio pasó de Babilonia a Seleucia, por Seleuco Nicátor en el 312 a.C., Babilonia murió gradualmente. Para la época de Jesús, la ciudad estuvo principalmente habitada por un pequeño grupo de eruditos y se transportaron ladrillos de sus escombros para construir casas y muros en los pueblos vecinos. Hoy el lugar casi árido de la antigua Babilonia, localizado en el sur de Irak, solo tiene valor por su importancia arqueológica.

Como se indicó en el primer punto, la Palabra de Dios, revelada por medio de sus palabras divinas, no es el medio o el poder de la salvación, pero es el agente de esta. Cerca del final del Evangelio de Juan, el apóstol dice: "Éstas se han escrito para que creáis que Jesús es el Cristo, el Hijo de Dios, y para que creyendo, tengáis vida en su nombre" (Jn. 20:31).

Como Pedro declaró a los líderes judíos de Jerusalén, poco después de Pentecostés: "Sea notorio a todos vosotros, y a todo el pueblo de Israel... el nombre de Jesucristo de Nazaret, a quien vosotros crucificasteis... Este Jesús es la piedra reprobada por vosotros los edificadores, la cual ha venido a ser cabeza del ángulo. Y en ningún otro hay salvación; porque no hay otro nombre bajo el cielo, dado a los hombres, en que podamos ser salvos" (Hch. 4:10-12).

En la carta a la iglesia de Roma, Pablo se hace eco de las palabras de Jesús: "Si confesares con tu boca que Jesús es el Señor, y creyeres en tu corazón que Dios le levantó de los muertos, serás salvo. Porque con el corazón se cree para justicia, pero con la boca se confiesa para salvación... Así que la fe es por el oír, y el oír, por *la palabra de Dios*" (Ro. 10:9-10, 17, cursivas añadidas; cp. Stg. 1:18).

Cristo también usó su Palabra para santificar y limpiar a su iglesia del pecado. En la carta a la iglesia de Éfeso, Pablo dijo: "Cristo amó a la iglesia, y se entregó a sí mismo por ella, para santificarla, habiéndola purificado en el lavamiento del agua *por la palabra*" (Ef. 5:25-26, cursivas añadidas). En la primera carta a los creyentes de Tesalónica dijo: "Por lo cual también nosotros sin cesar damos gracias a Dios, de que cuando recibisteis *la palabra de Dios* que oísteis de nosotros, la recibisteis no como palabra de hombres, sino según es en verdad, *la palabra de Dios*, la cual actúa en vosotros los creyentes" (1 Ts. 2:13, cursivas añadidas; cp. Fil. 2:16).

El segundo adjetivo predicativo que Pablo usa para describir la Escritura es útil, cuyo enfoque está en la suficiencia de la Palabra escrita de Dios. Útil es traducción de *ōphelimos*, que incluye las ideas de benéfico, productivo y suficiente.

La Escritura es suficiente en su carácter exhaustivo. Estos versículos, cuyo único paralelo en el Antiguo Testamento es el Salmo 119 y se confirman con Josué 1:8, afirman la suficiencia suprema y absoluta de la Escritura para satisfacer todas las necesidades espirituales del pueblo de Dios. David entendió la suficiencia de la Palabra de Dios y en uno de sus salmos que más suben el ánimo, dijo exultante:

> *La ley del SEÑOR es perfecta: infunde nuevo aliento. El mandato del SEÑOR es digno de confianza: da sabiduría al sencillo. Los preceptos del SEÑOR son rectos: traen alegría al corazón. El mandamiento del SEÑOR es claro: da luz a los ojos. El temor del SEÑOR es puro: permanece para siempre. Las sentencias del SEÑOR son verdaderas: todas ellas son justas. Son más deseables que el oro, más que mucho oro refinado; son más dulces que la miel, la miel que destila del panal. Por ellas queda advertido tu siervo; quien las obedece recibe una gran recompensa. ¿Quién está consciente de sus propios errores? ¡Perdóname aquellos de los que no estoy consciente! Libra, además, a tu siervo de pecar a sabiendas; no permitas que tales pecados me dominen. Así estaré libre de culpa y de multiplicar mis pecados (Sal. 19:7-13,* NVI*).*

En los versículos 7-9, David se refiere a la Palabra de Dios mediante seis títulos diferentes: la ley, el mandato, los preceptos, el mandamiento, el temor (en referencia a la adoración) y las sentencias del Señor. En esos mismos versículos, menciona seis características de esa Palabra divina: es perfecta, digna de confianza, recta, clara, pura y verdadera. También incluyó seis bendiciones que da la Palabra a la vida del creyente: infunde nuevo aliento, da sabiduría al sencillo, trae alegría al corazón, da luz a los ojos, permanece para siempre y produce justicia completa. Los versículos restantes (10-13) ensalzan los beneficios de la obra de la Palabra: enriquece, deleita, recompensa, genera conciencia y protege. Es una marca maravillosa de la gracia amorosa de Dios que Él nos dé toda verdad, todo principio, todo criterio y toda advertencia que vayamos a necesitar para vivir nuestra salvación de acuerdo con su voluntad.

Las Escrituras también son completas. Judas amonestó a sus lectores a contender "ardientemente por la fe que ha sido una vez dada a los santos" (Jud. 3). Juan cierra el libro de Apocalipsis, así como los dos Testamentos, con esta advertencia aleccionadora de parte del Señor: "Yo testifico a todo aquel que oye las palabras de la profecía de este libro: Si alguno añadiere a estas cosas, Dios traerá sobre él las plagas que están escritas en este libro. Y si alguno quitare de las palabras del libro de esta profecía, Dios quitará su parte del libro de la vida, y de la santa ciudad y de las cosas que están escritas en este libro" (Ap. 22:18-19).

Los sistemas religiosos falsos que afirman ser cristianos exponen invariablemente su falsedad en su perspectiva de las Escrituras. El mormonismo considera que *El libro del mormón* es tan inspirado y autoritativo divinamente como la Biblia, de hecho más que eso, porque consideran que aquel libro es una revelación de Dios actualizada en los últimos días. La ciencia cristiana considera lo mismo de *Ciencia y salud con clave de las Escrituras.* Algunos carismáticos afirman haber recibido revelaciones especiales de Dios que, si fueran genuinas, tendrían la misma autoridad divina de la Biblia. Durante casi todo el siglo XX, un porcentaje grande de miembros —y una cantidad incluso mayor de líderes— en la mayoría de las denominaciones protestantes no ha reconocido la Biblia como la revelación completa e infalible de Dios. Esas y muchas otras perspectivas semejantes comparten la herejía usual de considerar que las Escrituras son incompletas e inadecuadas.

Debido a esas perspectivas de las Escrituras distorsionadas y destructivas en el seno del cristianismo profesante, los creyentes bíblicos deben, más que nunca antes, contender "ardientemente por la fe que ha sido una vez dada a los santos" (Jud. 3). Como ocurría en la naciente iglesia, el peligro más grande para la iglesia siempre ha venido de adentro. Pablo advirtió lo siguiente a la iglesia madura de Éfeso, pastoreada primero por él, después por Timoteo y por otros ancianos piadosos: "Porque yo sé que después de mi partida entrarán *en medio de vosotros* lobos rapaces, que no perdonarán al rebaño. Y *de vosotros mismos se levantarán hombres* que hablen cosas perversas para arrastrar tras sí a los discípulos" (Hch. 20:29-30, cursivas añadidas).

En el resto del versículo 16, Pablo declara que la Escritura es **útil** en cuatro maneras importantes: **para enseñar, para redargüir, para corregir,** y **para instruir en justicia.**

LA ENSEÑANZA DE LAS ESCRITURAS

para enseñar, (3:16*b*)

Como se mencionó en el capítulo 8 de este comentario, con respecto al versículo 10, *didaskalia* no se refiere al proceso o método de **enseñar**, sino a su contenido. En este contexto, como en la mayoría de las otras partes del Nuevo Testamento, *didaskalia* se refiere específica y exclusivamente a la instrucción divina o doctrina, dada a los creyentes a través de la Palabra de Dios, que no solo incluía las Escrituras hebreas (el Antiguo Testamento) y las enseñanzas de Jesús durante su encarnación, sino también la enseñanza inspirada de los apóstoles y los autores del Nuevo Testamento.

Pablo explica: "El hombre natural no percibe las cosas que son del Espíritu de Dios, porque para él son locura, y no las puede entender". No es que la persona no salva sea inferior en lo intelectual, sino que tales verdades "se han de discernir espiritualmente". Y continúa el apóstol: "En cambio el espiritual juzga todas las cosas; pero él no es juzgado de nadie. Porque ¿quién conoció la mente del Señor? ¿Quién le instruirá? Mas nosotros tenemos la mente de Cristo" (1 Co. 2:14-16).

Cuando Juan advertía a los creyentes sobre la obra y las enseñanzas peligrosas de los anticristos, aseguró a sus lectores: "Pero vosotros tenéis la unción del Santo, y conocéis todas las cosas… Lo que habéis oído desde el principio, permanezca en vosotros. Si lo que habéis oído desde el principio permanece en vosotros, también vosotros permaneceréis en el Hijo y en el Padre… Pero la unción que vosotros recibisteis de él permanece en vosotros, y no tenéis necesidad de que nadie os enseñe; así como la unción misma os enseña todas las cosas, y es verdadera, y no es mentira, según ella os ha enseñado, permaneced en él" (1 Jn. 2:20, 24, 27).

Cuando se trata de la vida y el servicio piadosos, de crecer en "disciplina y amonestación del Señor" (Ef. 6:4), las Escrituras respiradas por Dios nos proveen el conjunto básico y completo de la verdad divina necesario para vivir como nuestro Padre celestial lo desea. La sabiduría y guía para cumplir todo lo que Él nos ordena creer, pensar, decir y hacer se encuentra en su Palabra inerrante, autoritativa, exhaustiva y completada.

Incluso después de la conversión, la confianza en la sabiduría propia es un gran estorbo a la comprensión correcta de las Escrituras y a la utilidad completa en el servicio al Señor. "Confía en el Señor de todo corazón, y no en tu propia inteligencia" (Pr. 3:5, NVI) sigue siendo tan totalmente válido para los cristianos como lo era para los santos del Antiguo Testamento.

A lo largo de toda la historia de la iglesia, el Señor ha sostenido y bendecido de manera única y maravillosa las vidas espirituales y la influencia de los creyentes que no podían estudiar la Palabra por causa de prisiones, analfabetismo, aislamiento u otras restricciones más allá de su control. Pero la enseñanza de las Escrituras es el conjunto divino de la verdad sin el cual ningún creyente con acceso a esta puede vivir, ministrar o dar testimonio eficaz. Trágicamente, algunos de los creyentes más iletrados bíblicamente de nuestros días viven en tierras donde la Palabra de Dios está fácilmente disponible y donde la predicación, la enseñanza y la literatura bíblicas son abundantes.

Sobra decir que es imposible, creer, entender y seguir lo que ni siquiera se conoce. Es completamente fútil, además de necio, esperar llevar una vida espiritual sin conocer la verdad espiritual. Los creyentes sin instrucción bíblica, especialmente aquellos en iglesias sin instrucción bíblica, son presa fácil de los falsos maestros. Son "niños [espirituales] fluctuantes, llevados por doquiera de todo viento de doctrina, por estratagema de hombres que para engañar emplean con astucia las artimañas del error" (Ef. 4:14). Durante la mayor parte de la historia de la redención, Dios pudo haber dicho lo que dijo en tiempos de Oseas: "Mi pueblo fue destruido, porque le faltó conocimiento" (Os. 4:6). Por esa razón, además de la razón aun mayor de honrar al Señor, el estudio regular, sistemático y cabal de la doctrina en la Palabra de Dios es imperativo para su pueblo.

No solo debemos guardar lo que conocemos, debemos buscar sinceramente aprender más de la verdad inagotable de Dios. Debemos orar con Job, "Enséñame tú lo que yo no veo" (Job 34:32). Ese hombre de Dios tenaz había perdido a sus hijos, sus siervos, sus rebaños, su salud e incluso su reputación. Era incapaz de ver por qué había permitido Dios que esas calamidades hubieran caído sobre él y, por tanto, quería que el Señor le enseñara lo que necesitaba aprender para soportar su existencia dolorosa y sacar provecho espiritual.

Antes de que el pacto del Señor con Israel se ratificara cerca del Sinaí, Moisés "tomó el libro del pacto y lo leyó ante el pueblo, y ellos respondieron: 'Haremos todo lo que el Señor ha dicho, y le obedeceremos'" (Éx. 24:7, NVI). Desafortunadamente, el pueblo de Israel rara vez demostró esa reverencia por la Palabra de Dios. Poco antes de entrar y poseer la tierra prometida, Moisés les volvió a recordar: "Miren, yo les he enseñado los preceptos y las normas que me ordenó el Señor mi Dios, para que ustedes los pongan en práctica en la tierra de la que ahora van a tomar posesión... El Señor me ordenó que les enseñara los preceptos y las normas que ustedes deberán poner en práctica en la tierra que van a poseer al cruzar el Jordán" (Dt. 4:5, 14, NVI). La orden de Dios a Josué, sucesor de Moisés, se aplica a todo creyente: "Solamente esfuérzate y sé muy valiente, para cuidar de hacer conforme a toda la ley que mi siervo Moisés te mandó; no te apartes de ella ni a diestra ni a siniestra, para que seas prosperado en todas las cosas que emprendas... Nunca se apartará de tu boca este libro de la ley, sino que de día y de noche meditarás en él, para que guardes y hagas conforme a todo lo que en él está escrito; porque entonces harás prosperar tu camino, y todo te saldrá bien" (Jos. 1:7-8).

Cuando Josías, rey joven y piadoso, oyó "las palabras del libro de la ley" que se había descubierto cuando el templo estuvo en reparación, hizo esto:

> *Se rasgó las vestiduras y dio esta orden a Jilquías el sacerdote, a Ajicán hijo de Safán, a Acbor hijo de Micaías, a Safán el cronista, y a Asaías, su ministro personal:*
>
> *—Vayan a consultar al Señor por mí, por el pueblo y por todo Judá con respecto a lo que dice este libro que se ha encontrado. Sin duda que la gran ira del Señor arde contra nosotros, porque nuestros antepasados no obedecieron lo que dice este libro ni actuaron según lo que está prescrito para nosotros (2 R. 22:11-13, NVI).*

Aunque los fariseos hipócritas no creían sus propias palabras, estas eran completamente correctas cuando dijeron a Jesús: "Sabemos que eres amante de la verdad, y que enseñas con verdad el camino de Dios, y que no te cuidas de nadie, porque no miras la apariencia de los hombres" (Mt. 22:16). Lo que llevó a Jesús a la muerte fue su completa veracidad y justicia, además de su negación a deferir con cualquiera de estos hombres y otros como ellos. A diferencia de Josías, ancestro de ellos, no aceptarían la enseñanza de Dios.

Pablo, en un viaje de regreso de Grecia a Jerusalén, recordó esto a los ancianos efesios, muchos de los cuales habían ministrado con él y con Timoteo: "Vosotros sabéis cómo me he comportado entre vosotros todo el tiempo, desde el primer día que entré en Asia… y cómo nada que fuese útil he rehuido de anunciaros y enseñaros, públicamente y por las casas, testificando a judíos y a gentiles acerca del arrepentimiento para con Dios, y de la fe en nuestro Señor Jesucristo… porque no he rehuido anunciaros todo el consejo de Dios" (Hch. 20:18, 20-21, 27).

La primera y la última de las piezas de la armadura espiritual que Pablo cita en su carta a los creyentes de Éfeso pertenecen a las Escrituras. Dice él: "Estad, pues, firmes, ceñidos vuestros lomos con la verdad". Entonces, después de ponerse "la coraza de justicia", de calzarse los pies "con el apresto del evangelio de la paz", de tomar "el escudo de la fe" y "el yelmo de la salvación", deben equiparse con el único implemento ofensivo aquí mencionado: "la espada del Espíritu, que es la palabra de Dios" (Ef. 6:14-17). *Machaira* ("espada") se refiere a una espada corta o daga, un arma usada en combate cuerpo a cuerpo que requería maestría en su uso para que fuera efectiva. "Palabra" es traducción de *rhēma,* que se refiere a una declaración específica o formulación, no a la verdad general, como sí lo hace el término más usual *logos.*

Cuando "empuñamos" las Escrituras, por decirlo así, debemos ser tan precisos, exactos y apropiados como sea posible. No importa cuán buenas sean nuestras intenciones, interpretar o aplicar un pasaje con descuido —o citarlo fuera de contexto— crea confusión e incertidumbre. No le presta esto ningún servicio al Señor ni a quienes intentamos instruir. Para presentarnos a Dios aprobados "como obrero que no tiene de qué avergonzarse", debemos saber manejar "bien la palabra de verdad" (2 Ti. 2:15). El uso descuidado de las Escrituras, incluso por parte del propio pueblo del Señor, puede hacer un daño grande a la causa de Cristo, como ha ocurrido a menudo en la historia de la Iglesia.

Durante la prueba de Jesús en el desierto, Él respondió a cada una de las tentaciones de Satanás con citas exactas y escogidas de las Escrituras (cp. Mt. 4:3-10). Como era el Hijo de Dios encarnado, lo que hubiera dicho tendría el mismo peso que las Escrituras. Pero como ejemplo a sus seguidores, escogió citar la verdad divina ya registrada en las Escrituras hebreas. Siguiendo el patrón de nuestro Señor misericordioso, nuestra arma contra las tentaciones y engaños del diablo debería ser siempre el uso cuidadoso y preciso de la Palabra de Dios revelada. Sin dejar de mencionar que para usar las Escrituras de manera eficaz, debemos conocerlas y entenderlas completamente. Con el poder del Espíritu Santo, debemos permitir que "la palabra de Cristo more en abundancia en [nosotros, enseñándonos y exhortándonos] unos a otros en toda sabiduría" (Col. 3:16).

Las verdades de la Palabra de Dios son riqueza espiritual que debemos depositar continuamente en nuestras mentes y nuestros corazones. Como los depósitos de dinero en nuestra cuenta del banco, estos depósitos de la verdad divina se vuelven verdaderos activos espirituales que podemos extraer fácilmente cuando la tentación nos confronta, cuando tomamos decisiones morales y cuando buscamos la voluntad y la guía específica de Dios para nuestras vidas.

LAS ESCRITURAS QUE REDARGUYEN

para redargüir, (3:16*c*)

La segunda obra de la Palabra en la vida de los creyentes es la de redargüirlos. *Elegmos* (**redargüir**) conlleva la idea de reprender para convencer de mal comportamiento o de falsa doctrina. Como ocurre con la enseñanza, la obra de las Escrituras al **redargüir** tiene que ver con el contenido, capacitar a los creyentes con el conocimiento y el entendimiento de la verdad divina, que en este contexto expone la falsedad, el pecado, la creencia errada y la conducta impía.

Richard Trench, reconocido teólogo británico del siglo XIX, comenta que *elegmos* se refiere a reprender "a otro con tal empuñadura efectiva del arma victoriosa de la verdad, que si no lleva a la persona siempre a la confesión, al menos la lleve a la convicción de su pecado".

El estudio cuidadoso y regular de las Escrituras es la construcción del cimiento de la verdad que, entre otras cosas, expone el pecado en la vida del creyente para producir corrección, confesión, renuncia y obediencia.

El escritor de Hebreos habla de la Biblia como la espada divina que expone el pecado en la vida del creyente, usando la misma palabra griega que Pablo en Efesios 6:17: "La palabra de Dios es viva y eficaz, y más cortante que toda espada [*machaira*] de dos filos; y penetra hasta partir el alma y el espíritu, las coyunturas y los tuétanos, y discierne los pensamientos y las intenciones del corazón. Y no hay cosa creada que no sea manifiesta en su presencia; antes bien todas las cosas están desnudas y abiertas a los ojos de aquel a quien tenemos que dar cuenta" (He. 4:12-13). Las Escrituras penetran precisa y completamente la mente, el alma y el corazón del creyente.

Todo cristiano que ya hace tiempo que se ha salvado ha experimentado ocasiones de convicción aguda y profunda cuando leyó un pasaje particular de la Biblia o cuando lo oyó en una predicación o enseñanza. Todo cristiano experimentado sabe también que durante los tiempos de desobediencia se siente fuertemente tentado a abandonar el estudio de la Biblia y la adoración, y le parece que la comunión con los creyentes fieles es menos atractiva o cómoda. Al mirar la situación desde el otro lado, el deseo decreciente de estudiar la Palabra de Dios, de adorarlo y de estar con su pueblo es evidencia confiable de pecados presentes no confesados. Por esa razón, la iglesia donde se enseña la Biblia, se cree en la Biblia y se obedece la Biblia nunca es refugio para los pecadores obstinados. Como explicó Jesús el principio a Nicodemo, "todo aquel que hace lo malo, aborrece la luz y no viene a la luz, para que sus obras no sean reprendidas" (Jn. 3:20).

Las Escrituras tienen el ministerio negativo de derrumbar y destruir lo que es pecaminoso y falso, además de edificar y mejorar lo que es justo y verdadero. Como en la medicina, la infección y la contaminación deben tratarse antes de que pueda empezar la curación. Pablo dijo a los ancianos efesios: "Por tanto, yo os protesto en el día de hoy, que estoy limpio de la sangre de todos... Por tanto, velad, acordándoos que por tres años, de noche y de día, no he cesado de amonestar con lágrimas a cada uno" (Hch. 20:26, 31).

Un pastor tiene tanto la responsabilidad de reprobar las malas acciones de su pueblo como de ayudarlos a edificarse en justicia. Al comienzo del siguiente capítulo de esta carta, Pablo escribió: "Te encarezco delante de Dios y del Señor Jesucristo, que juzgará a los vivos y a los muertos en su manifestación y en su reino, que prediques la palabra; que instes a tiempo y fuera de tiempo; redarguye, reprende, exhorta con toda paciencia y doctrina" (2 Ti. 4:1-2). Las primeras dos de las tres amonestaciones son negativas, la primera es una forma verbal de *elegmos* (**redargüir**). El ministerio de Dios, como su Palabra, debe reprobar el pecado y la falsedad.

Las Escrituras son la plomada divina mediante la cual se verifica todo pensamiento, principio, acto y creencia. Pablo recordó a los corintios lo que, sin duda, debió haberles enseñado muchas veces; les dijo: "Pues no somos como muchos, que medran falsificando la palabra de Dios, sino que con sinceridad, como de parte de Dios, y delante de Dios, hablamos en Cristo... Antes bien renunciamos a lo oculto y vergonzoso, no andando con astucia, ni adulterando la palabra de

Dios, sino por la manifestación de la verdad recomendándonos a toda conciencia humana delante de Dios" (2 Co. 2:17; 4:2). Lucas elogió a los judíos temerosos de Dios en Berea porque "eran más nobles que los que estaban en Tesalónica, pues recibieron la palabra con toda solicitud, escudriñando cada día las Escrituras para ver si estas cosas eran así" (Hch. 17:11). Como debiera ser con cada predicador y maestro, Pablo y Silas no se ofendían porque se midiera todo lo que decían con la Palabra de Dios, más bien les agradaba en gran manera.

El salmista testificó ante el Señor: "Más que todos mis enseñadores he entendido, porque tus testimonios son mi meditación. Más que los viejos he entendido, porque he guardado tus mandamientos" (Sal. 119:99-100). Pocos versículos más adelante, continúa: "De tus mandamientos he adquirido inteligencia; por tanto, he aborrecido todo camino de mentira. Lámpara es a mis pies tu palabra, y lumbrera a mi camino" (vv. 104-105). La Palabra de Dios nos aleja del pecado y nos acerca a la justicia.

Isaías advirtió al pueblo de Israel con respecto a aborrecer "todo camino de mentira": "Y si os dijeren: Preguntad a los encantadores y a los adivinos, que susurran hablando, responded: ¿No consultará el pueblo a su Dios? ¿Consultará a los muertos por los vivos? ¡A la ley y al testimonio! Si no dijeren conforme a esto, es porque no les ha amanecido" (Is. 8:19-20).

Cuando nos sentimos constreñidos por la Palabra de Dios a reprobar a un hermano pecador, debemos hacerlo en humildad y amor. Esa siempre fue la práctica de Pablo. Él dijo a los creyentes desobedientes e inmaduros de Corinto: "No escribo esto para avergonzaros, sino para amonestaros como a hijos míos amados" (1 Co. 4:14). Si el Señor santo se obliga a reprobar y disciplinar a sus hijos desobedientes en amor (He. 12:5-11), ¡cuánto más sus hijos están obligados a reprobarse unos a otros en amor!

Igualmente importante, aunque más difícil, es ser misericordiosos cuando la Palabra de Dios u otros creyentes nos redarguyen, llamándonos a un ajuste de cuentas bíblico. Un santo del Antiguo Testamento profesó: "Porque el mandamiento es lámpara, y la enseñanza es luz, y camino de vida las reprensiones que te instruyen" (Pr. 6:23). Al igual que él, todo creyente debe estar tan agradecido cuando la Palabra lo redarguya como cuando lo aliente. Es imposible buscar genuinamente la justicia y la verdad si no odiamos y renunciamos al pecado y la falsedad.

LAS ESCRITURAS CORRECTORAS

para corregir, (3:16*d*)

Epanorthōsis (**corregir**) solo se usa aquí en el Nuevo Testamento y se refiere a la restauración de algo hasta su estado original y condición apropiada. En la literatura griega secular se usaba para arreglar un objeto que había caído y ayudar a una persona a ponerse en pie cuando se había caído. Después de exponer y condenar la creencia falsa y la conducta pecaminosa de los creyentes, las Escrituras los edifican por medio de la corrección divina.

La corrección es la provisión positiva de las Escrituras para quienes aceptan el lado negativo: que estas los redarguyan. Pedro dio esta exhortación: "Desechando, pues, toda malicia, todo engaño, hipocresía, envidias, y todas las detracciones, desead, como niños recién nacidos, la leche espiritual no adulterada, para que por ella crezcáis para salvación" (1 P. 2:1-2).

Tal vez la alabanza más extensa de la Palabra de Dios en todas las Escrituras sea el Salmo 119. Entre tantos versículos conocidos de aquel hermoso tributo a Dios y su Palabra, el salmista desconocido escribió: "¿Con qué limpiará el joven su camino? Con guardar tu palabra. Con todo mi corazón te he buscado; no me dejes desviarme de tus mandamientos. En mi corazón he guardado tus dichos, para no pecar contra ti" (Sal. 119:9-11).

Por medio del apóstol Juan, el Señor nos asegura esto: "Si confesamos nuestros pecados, él es fiel y justo para perdonar nuestros pecados, y limpiarnos de toda maldad" (1 Jn. 1:9). Pablo dijo a los ancianos de Éfeso: "Y ahora, hermanos, os encomiendo a Dios, y a la palabra de su gracia, que tiene poder para sobreedificaros y daros herencia con todos los santificados" (Hch. 20:32). Cuando nuestras áreas de mayor debilidad se someten a la gracia maravillosa del Señor, pueden convertirse en nuestras áreas de mayor fortaleza a través de la corrección divina.

Poco antes del arresto y la crucifixión de Jesús, Él dijo a sus discípulos: "Yo soy la vid verdadera, y mi Padre es el labrador. Todo pámpano que en mí no lleva fruto, lo quitará; y todo aquel que lleva fruto, lo limpiará, para que lleve más fruto" (Jn. 15:1-2). El Señor, para hacer a su pueblo obediente, útil y eficaz en su servicio, no solo debe quitar las cosas pecaminosas, sino las inútiles. Puede quitar cosas que son perfectamente buenas en sí mismas, incluso cosas necesarias en apariencia pero que, Él lo sabe, menoscaban nuestro crecimiento y servicio espirituales. Pueden minar el tiempo, la atención y el esfuerzo de la obra que Él tiene para nosotros. Como su disciplina, este proceso "al presente [no] parece ser causa de gozo"; pero también como su disciplina, "da fruto apacible de justicia" después de que el Señor sabio y misericordioso ha arrancado las ramas superfluas "a los que en [este] han sido ejercitados" (He. 12:11).

Como ocurre al **redargüir**, los creyentes fieles, especialmente los pastores y los maestros, suelen ser el canal por medio del cual la Palabra corrige. Pablo ya había recordado lo siguiente a Timoteo en esta carta: "El siervo del Señor no debe ser contencioso, sino amable para con todos, apto para enseñar, sufrido; que con mansedumbre *corrija* a los que se oponen, por si quizá Dios les conceda que se arrepientan para conocer la verdad" (2 Ti. 2:24-25, cursivas añadidas). El apóstol dio un consejo similar en la carta a los creyentes de Galacia: "Hermanos, si alguno fuere sorprendido en alguna falta, vosotros que sois espirituales, restauradle con espíritu de mansedumbre, considerándote a ti mismo, no sea que tú también seas tentado"

(Gá. 6:1). A pesar de las calamidades espantosas que Dios permitió sobre Job, este afirmó a su amigo Elifaz que "el limpio de manos aumentará la fuerza" (Job 17:9).

LAS ESCRITURAS INSTRUYEN EN JUSTICIA

para instruir en justicia, (3:16*e*)

Instruir es traducción de *paideia*, que tenía el significado original de criar y formar a un niño (*paidion*), pero terminó usándose para cualquier clase de capacitación. También se traduce "corregir" (2 Ti. 2:25) y "disciplinar" (Ef. 6:4; He. 12:5, 7, 11). En el contexto de los versículos 16-17, se refiere claramente a **instruir** en el sentido más amplio y probablemente el más positivo, pues lo negativo está cubierto por *redargüir*. Está dirigido a las ideas de instrucción y edificación. Hasta que el Señor nos lleve con Él, su Palabra continuará instruyéndonos **en justicia**.

Como ocurre al enseñar, al redargüir y al corregir, los creyentes fieles —especialmente los líderes de las iglesias— son instrumentos a través de los cuales las Escrituras proveen instrucción para el pueblo de Dios. Después de que Pablo recordó a Timoteo que "todo lo que Dios creó es bueno, y nada es de desecharse, si se toma con acción de gracias; porque por la palabra de Dios y por la oración es santificado" (1 Ti. 4:4-5), Pablo le aseguró que "Si esto [enseñaba] a los hermanos, [sería] buen ministro de Jesucristo, nutrido *con las palabras de la fe y de la buena doctrina* que [Timoteo había] seguido" (v. 6, cursivas añadidas).

Pedro da un consejo similar a los creyentes: "Pues ustedes han nacido de nuevo, no de simiente perecedera, sino de simiente imperecedera, mediante la palabra de Dios que vive y permanece. "Porque todo mortal es como la hierba, y toda su gloria como la flor del campo; la hierba se seca y la flor se cae, pero la palabra del Señor permanece para siempre". Y ésta es la palabra del evangelio que se les ha anunciado a ustedes" (1 P. 1:23-25, NVI).

Tal como la leche nutre a un bebé de maneras que él no entiende, así también la Palabra de Dios nos nutre en formas que a menudo no entendemos. No importa cuán profunda pueda ser nuestra comprensión de las Escrituras, aún debemos poder afirmar con el salmista esto: "Como el ciervo brama por las corrientes de las aguas, así clama por ti, oh Dios, el alma mía" (Sal. 42:1). Debemos regocijarnos con Pablo porque "nosotros todos, mirando a cara descubierta como en un espejo la gloria del Señor, somos transformados de gloria en gloria en la misma imagen, como por el Espíritu del Señor" (2 Co. 3:18).

LAS ESCRITURAS CAPACITAN

a fin de que el hombre de Dios sea perfecto, enteramente preparado para toda buena obra. (3:17)

La Biblia puede ser de gran valor para el incrédulo. Más importante aun, como se explicó en el capítulo anterior, lleva a la salvación a quienes confían en el Salvador y Señor que esta proclama. Pero Pablo habla aquí de un valor especial de las Escrituras para los predicadores, quienes con la guía del Espíritu Santo pueden entender y proclamar las verdades de la Palabra de Dios.

El apóstol se dirige aquí al **hombre de Dios**, una frase técnica usada solo para Timoteo en el Nuevo Testamento. En el Antiguo, se usaba a menudo como título para quien proclamaba la Palabra de Dios. En este contexto, **hombre de Dios** se refiere más directamente a Timoteo y, por extensión, a todos los predicadores.

Artios (**perfecto**) se refiere a personas completas, capaces y muy competentes en todo lo que están llamados a ser o hacer. Pablo dice a los creyentes colosenses: "Vosotros estáis completos en [Cristo]" (Col. 2:10). El predicador que estudia con diligencia las verdades de las Escrituras, que las cree sinceramente y las obedece, estará fuerte en la vida y la defensa de la fe.

Preparado para toda buena obra podría parafrasearse como "capacitado para satisfacer todas las exigencias de la justicia". Este líder afirmará con su vida el poder de la Palabra para llevar la salvación a los hombres y equiparlos para vivir con justicia y servir con fidelidad al Señor. Cuando **el hombre de Dios** está **preparado** con la Palabra, puede equipar a los creyentes bajo su cuidado. Pablo explica que tal como "somos hechura [de Dios]", también debemos estar haciendo su obra: somos "creados en Cristo Jesús para buenas obras, las cuales Dios preparó de antemano para que anduviésemos en ellas" (Ef. 2:10). Cristo dice a todos los que pertenecen a Él lo que dijo a los doce apóstoles: "Mientras sea de día, tenemos que llevar a cabo la obra del que me envió. Viene la noche cuando nadie puede trabajar" (Jn. 9:4, NVI).

Independiente de si nuestro propósito es llevar a las personas a la salvación en Jesucristo, enseñar la verdad de Dios a los creyentes, refutar el error en la iglesia, corregir y reedificar a los creyentes equivocados, o instruir a los creyentes para que vivan en justicia, nuestro recurso supremo y suficiente es la Palabra de Dios. Esta no solo nos da la información para enseñar, también nos moldea para ser ejemplos vivos de esa verdad.

No se puede evitar preguntar por qué tantos pastores evangélicos de hoy día, como muchos cristianos a lo largo de la historia, han perdido de vista esta verdad fundamental. Toda iglesia, en todo lugar y en todo tiempo, debe estar totalmente comprometida con la predicación, enseñanza e implementación de la Palabra, agradando y exaltando con ello al Dios soberano y misericordioso que la ha revelado.

Por medio de la convicción y del poder de convencimiento del Espíritu Santo, las Escrituras son *la provisión de Dios* para toda verdad espiritual y principio moral que los hombres necesitan para ser salvos, para estar equipados a vivir con justicia en esta vida presente y para oír decir un día en la vida futura: "Bien, buen siervo y fiel... entra en el gozo de tu señor" (Mt. 25:21).

Marcas del predicador fiel 10

Te encarezco delante de Dios y del Señor Jesucristo, que juzgará a los vivos y a los muertos en su manifestación y en su reino, que prediques la palabra; que instes a tiempo y fuera de tiempo; redarguye, reprende, exhorta con toda paciencia y doctrina. Porque vendrá tiempo cuando no sufrirán la sana doctrina, sino que teniendo comezón de oír, se amontonarán maestros conforme a sus propias concupiscencias, y apartarán de la verdad el oído y se volverán a las fábulas. Pero tú sé sobrio en todo, soporta las aflicciones, haz obra de evangelista, cumple tu ministerio. (4:1-5)

La sección final de 2 Timoteo, que comienza con este pasaje, contiene las últimas palabras inspiradas escritas por Pablo, el cual sabía que su vida terrenal estaba a punto de terminar. Escribió: "Yo ya estoy para ser sacrificado, y el tiempo de mi partida está cercano" (v. 6). Con esa perspectiva agridulce en mente (cp. Fil. 1:23), en su instrucción final encomienda a su amado Timoteo a ser fiel en el ministerio para el Señor Jesucristo.

En la iglesia de Éfeso, que había sido ejemplar, algunos creyentes, incluidos algunos líderes, habían comenzado a desertar, tal como lo predijo Pablo (Hch. 20:28-31). El apóstol había puesto allí a Timoteo como defensor de la fe en aquella congregación, donde la sana doctrina y la piedad habían perdido su primacía.

La persecución de la iglesia por todo el imperio ya estaba en plena marcha y sin duda causó gran parte de la deserción. Quienes eran leales en los tiempos fáciles desertaban cuando el discipulado se volvía costoso.

En esta segunda carta, Pablo ya había exhortado a Timoteo a avivar "el fuego del don de Dios que [estaba en él] por la imposición de [sus] manos" (1:6). Como todo predicador auténtico del evangelio, Timoteo no escogió su ministerio, sino que Dios se lo asignó. El Señor lo había separado para predicar y enseñar su Palabra. Ministraba bajo la autoridad y la obligación divinas. Tal como Dios lo había llamado soberanamente a la salvación, también lo había puesto para la predicación del evangelio. Timoteo podía decir con su mentor "me es impuesta necesidad; y ¡ay de mí si no anunciare el evangelio!" (1 Co 9:16).

Pablo no se enfocó en el éxito visible del ministerio de Timoteo, sino en la excelencia de su servicio. No se centró en las oportunidades de Timoteo, sino en su compromiso; no enfatizó su prominencia personal, sino su carácter. No le preocupaba la aceptación o la reputación del joven pastor, pero le preocupaba en gran manera su fidelidad y piedad. No enfatizaba el tamaño, riqueza o influencia de la iglesia de Éfeso, sino su salud y vida espiritual bajo el cuidado de Timoteo. Ni siquiera se concentraba en los dones espirituales de Timoteo, tan importantes como fueran, sino en su vida y su servicio espirituales. Su consejo a Timoteo podría haberse resumido en su mandato a los creyentes de Corinto: "Si, pues, coméis o bebéis, o hacéis otra cosa, hacedlo todo para la gloria de Dios" (1 Co. 10:31).

Sin importar cómo puedan parecer las cosas para el mundo, el resto de la iglesia o incluso para nosotros mismos, la Palabra de Dios nos asegura que lo mejor de la vida pertenece a quienes conocen a Cristo como Salvador y Señor y a quienes se entregan a su servicio y gloria. La verdad central de las bienaventuranzas podría condensarse en "Bienaventurados, dichosos y satisfechos aquellos que aman y sirven al Señor".

Lamentablemente, muchos cristianos, inclusive pastores y otros líderes, buscan el éxito en lugar de la excelencia. Pero el éxito se centra en lo externo en lugar de lo interno, en lo temporal en lugar de lo eterno y se mide bajo criterios humanos en lugar de hacerlo con criterios divinos. Desear el éxito viene del orgullo, mientras que desear la excelencia viene de la humildad.

John Johnstone afirma con razón en su libro *Christian Excellence* [Excelencia cristiana] que el éxito y la excelencia son ideas en competencia y que todo creyente, consciente de ello o no, en efecto está dedicado a una de las dos. No es que la excelencia del creyente excluya toda forma de éxito externo, sino que todo éxito que viene de la búsqueda de la excelencia es adicional. El éxito no debe buscarse, ni es para gloriarse cuando se consigue.

El éxito es obtener metas culturales que elevan la importancia de uno a ojos de la sociedad y generalmente está marcado por poder, prestigio, riqueza y privilegio, según Johnstone. Por otro lado, la excelencia es la búsqueda de la calidad más alta en el trabajo y esfuerzo personales, independiente de si otros lo reconocen o lo aprueban. El éxito se mide con relación a otros, mientras la excelencia se mide por el potencial y el llamado que Dios nos dio. El éxito busca agradar a los hombres, la excelencia busca agradar a Dios. El éxito sólo recompensa a unos pocos, mientras la excelencia está disponible para todo creyente dispuesto a pagar el precio. El éxito pertenece a las posesiones y a la reputación, mientras la excelencia pertenece al carácter. El éxito puede ser barato, logrado a través de atajos, mentiras y robos; el precio de la excelencia nunca tiene descuento, nunca está disponible por menos del valor total (Este párrafo es adaptado de Johnstone).

Aunque la comisión de Pablo iba dirigida a Timoteo, primero que todo, 2 Timoteo 4:1-5 aplica a todo ministro del evangelio, en todas las épocas, todos los lugares y toda circunstancia. En un sentido más amplio puede aplicarse a todo creyente fiel, porque es esencial que toda congregación conozca y entienda este mandato. Las iglesias son responsables ante Dios de hacer responsables a sus pastores por estos preceptos divinos.

El papel del predicador en la iglesia de Cristo es vital, y Dios ha establecido que a su iglesia la instruyan y pastoreen hombres capacitados por el Espíritu, guiados por el Espíritu y con poder del Espíritu. La vida y la fidelidad espirituales de la congregación están siempre estrechamente relacionadas con la vida y la fidelidad espirituales de su pastor.

Las Escrituras no son confusas en lo que espera el Señor de quienes llama a predicar, enseñar y pastorear a su pueblo. Entre muchos otros requisitos y normas que hay para tales hombres en el Nuevo Testamento, Pablo menciona ocho en el presente texto: la seriedad (v. 1), el contenido (v. 2*a*), el alcance (v. 2*b*), la urgencia (vv. 3-4), la actitud (v. 5*a*), el costo (v. 5*b*), la extensión (v. 5*c*) y la meta (v. 5*d*).

LA SERIEDAD DE SU COMISIÓN

Te encarezco delante de Dios y del Señor Jesucristo, que juzgará a los vivos y a los muertos en su manifestación y en su reino, (4:1)

Pablo señala primero la seriedad de la comisión divina de Timoteo. **Te encarezco** es traducción de una forma del verbo *diamarturomai*, que aquí conlleva la idea de un mandato o directriz forzoso. El apóstol había usado el verbo ya dos veces para amonestar a Timoteo (1 Ti. 5:21; 2 Ti. 2:14; cp. 1 Ti. 6:13). El anciano guerrero de la fe, cuya vida estuvo totalmente entregada al servicio de Cristo, vuelve a buscar captar la atención total de Timoteo para lo que le iba a decir. La devoción de Pablo no era diferente a la de John Knox, el cual oró "Dame a Escocia o moriré" y, sin embargo, después, cuando se sintió obligado a predicar, se encerró durante días en un cuarto a llorar por la seriedad atemorizante de ese llamado. El deseo más profundo del apóstol para Timoteo era que compartiera esa seriedad y devoción.

La solemnidad del encarecimiento de Pablo proviene de estar vinculada directamente con la majestad formidable de quien comisiona a los hombres al servicio divino. Quienes están llamados a proclamar e interpretar la Palabra de Dios tienen la responsabilidad más profunda que el Señor dé a un hombre. Por esta razón Santiago advierte: "Hermanos míos, no os hagáis maestros muchos de vosotros, sabiendo que recibiremos mayor condenación. Porque todos ofendemos muchas veces. Si alguno no ofende en palabra, éste es varón perfecto, capaz también de refrenar todo el cuerpo" (Stg. 3:1-2). Excepto Jesucristo, ningún ser humano ha hablado perfectamente, ni siquiera los profetas o los apóstoles, excepto cuando registraban la Palabra de Dios revelada. Santiago se incluye con prontitud entre quienes hablan con imperfección ("Porque todos ofendemos") y, por tanto, entre quienes deben prestar atención especial a evitar que sus imperfecciones oscurezcan su testimonio y ensucien el nombre del Señor.

Esa responsabilidad es especialmente temible porque es **delante de Dios y del Señor Jesucristo**. La construcción griega también permite la traducción "en presencia de Dios, *incluso* de Jesucristo". Tal forma de decirlo parece muy apropiada en este contexto por la referencia siguiente de Pablo a Cristo como Juez. Jesús dijo: "Porque el Padre a nadie juzga, sino que todo el juicio dio al Hijo" (Jn. 5:22; cp. vv. 26-27). Por supuesto, no es que un creyente viva o ministre siempre sin la presencia del Padre y el Espíritu Santo. Pero Pablo enfatiza aquí la responsabilidad única del creyente ante el Hijo; no como Salvador y Señor, sino como Juez. El punto de la primera mitad de la frase es que todo ministro llamado por **Jesucristo**, el Hijo, ministra constantemente bajo el escrutinio omnisciente de su presencia divina.

La frase **delante de** es paralela con un formato común usado en los tribunales y documentos legales romanos, así que debe haber sido conocida para Timoteo y las demás personas de su época. Una citación típica podría haber comenzado así: "Se levantará un caso contra usted en la corte de Hierápolis, en presencia del honorable juez Festo, magistrado principal".

El servicio a **Jesucristo** no solo se presta ante su mirada constante, además también será sujeto del juicio de este Magistrado infinitamente superior, **que juzgará a los vivos y a los muertos** (cp. Mt. 25:34-41; Hch. 10:42; 17:30-31).

En el Nuevo Testamento, *krinō* (**juzgar**) tiene múltiples matices de significado, que van desde el sentido amplio y positivo de formarse una opinión o de resolver un problema (como en Lc. 7:43; Hch. 4:19) hasta el sentido muchísimo más serio y negativo de condenar o maldecir (como en Jn. 12:48; Hch. 13:27; 2 Ts. 2:12).

El Nuevo Testamento revela tres juicios diferentes que Cristo conducirá sobre los seres humanos: el tribunal de Cristo, solamente para los creyentes (1 Co. 3:12-15; 2 Co. 5:10); el juicio de las ovejas y las cabras, sobre las naciones, en el cual se separará a los creyentes de los incrédulos (Mt. 25:31-33); y el juicio del gran trono blanco, solo para los incrédulos (Ap. 20:11-15).

En el texto presente, el enfoque de Pablo está en el juicio del Señor a los creyentes, quienes un día comparecerán "ante el tribunal de Cristo, para que cada uno reciba según lo que haya hecho mientras estaba en el cuerpo, sea bueno o sea malo" (2 Co. 5:10; cp. 1 Co. 3:12-15). Y el énfasis no es tanto en la proclamación de la verdad a otros por parte del predicador, aunque la idea está implícita, sino en la excelencia de su ministerio a la luz de ese juicio.

En marcado contraste con los tribunales humanos, en el banquillo del juicio divino —sea para recompensa, separación o condenación— no habrá argumento, nueva evidencia que revelar, examen cruzado, testigos a invocar, excusas, jurado o apelación. En el sentido más absoluto, la decisión del Juez será final.

Cuando estemos ante el Señor omnisciente, Él sabrá exactamente y de antemano, mucho mejor que nosotros incluso en nuestros momentos más sinceros, cuán fiel y piadosa ha sido nuestra vida. Ningún año, mes, hora, minuto o segundo escapa de su atención o su juicio. Pablo podía decir con total honestidad: "De nada tengo mala conciencia". No obstante, continuó: "No por eso soy justificado; pero el que me juzga es el Señor. Así que, no juzguéis nada antes de tiempo, hasta que venga el Señor, el cual aclarará también lo oculto de las tinieblas, y manifestará las intenciones de los corazones; y entonces cada uno recibirá su alabanza de Dios" (1 Co. 4:4-5).

La construcción gramatical de 2 Timoteo 4:1 sugiere la idea de inminencia, que **Jesucristo** *está a punto* de juzgar, de un momento a otro, y da una segunda razón para la orden solemne de Pablo a Timoteo.

Como ya se indicó, este juicio particular será el juicio del tribunal de Cristo para todos los creyentes, **a los vivos y a los muertos**, desde que **Jesucristo** los tome para sí en el arrebatamiento (1 Ts. 4:13-18). Unos versículos más adelante, el apóstol dice con plena alegría lo siguiente: "Por lo demás, me está guardada la corona de justicia, la cual me dará el Señor, juez justo, en aquel día; y no sólo a mí, sino también a todos los que aman su venida" (2 Ti. 4:8). Fue teniendo en cuenta ese mismo juicio y recompensa que en la carta anterior Pablo exhortó a Timoteo a guardar "el mandamiento sin mácula ni reprensión, hasta la aparición de nuestro Señor Jesucristo" (1 Ti. 6:14). En la carta a Tito, escrita probablemente un año antes que 2 Timoteo, el apóstol dijo: "Porque la gracia de Dios se ha manifestado para salvación a todos los hombres, enseñándonos que, renunciando a la impiedad y a los deseos mundanos, vivamos en este siglo sobria, justa y piadosamente, aguardando la esperanza bienaventurada y la manifestación gloriosa de nuestro gran Dios y Salvador Jesucristo" (Tit. 2:11-13).

La responsabilidad final de un predicador no es con una junta, una iglesia local, una denominación o cualquier otra institución humana, sin importar cuán sana y piadosa pueda ser su doctrina; la responsabilidad final es ante el Señor que lo llamó, le dio poder y un día lo juzgará. Pablo predicó y vivió a la luz de esa verdad. Por tanto, podía preguntar retóricamente a los creyentes gálatas: "¿Busco ahora el favor de los hombres, o el de Dios? ¿O trato de agradar a los hombres? Pues si todavía agradara a los hombres, no sería siervo de Cristo" (Gá. 1:10). A manera de ejemplo, un ministro fiel se preocupa con las cosas de su vida y ministerio que otros pueden ver; pero se preocupa en grado sumo con las cosas que solo el Señor puede ver. Y, a menudo, la calidad de las cosas que solo Dios puede ver se termina haciendo evidente en la calidad de las cosas que los hombres pueden ver.

Cuando un escultor francés creó la magnífica estatua de la libertad como regalo de su país a Estados Unidos, no había aviones ni helicópteros. Sin embargo, hizo la estatua con tan completo detalle que incluso la parte superior de la cabeza estaba perfectamente esculpida. El artista no tenía ni idea de que un día decenas de miles de personas al año volarían sobre la estatua y podrían apreciar la excelencia completa de su trabajo. Esa era la preocupación por la excelencia que motivaba el ministerio de Pablo, una preocupación que deseaba que su amado Timoteo compartiera.

Epiphaneia (**manifestación**) significa literalmente "brillo", los antiguos griegos la usaban para la supuesta aparición repentina de un dios pagano a los hombres. William Barclay dice que también se usaba para los emperadores romanos. "Su entronización era su *epiphaneia*; y en particular —y éste es el trasfondo del pensamiento de Pablo aquí— se usaba de su visita a cualquier provincia o ciudad. Está claro que cuando el emperador iba a visitar algún lugar, todo se ponía en perfecto orden" (*Comentario al Nuevo Testamento* [Barcelona: Clie, 2005], pp. 850-851).

En el Nuevo Testamento, el sustantivo *epiphaneia* sólo se encuentra en las cartas de Pablo. Lo usa una vez para la encarnación de Cristo (2 Ti. 1:10) y otra para su venida a destruir al anticristo, al final de la gran tribulación (2 Ts. 2:8). En las cuatro instancias restantes, lo usa para cuando Cristo toma a sus santos con Él en el arrebatamiento (aquí; en 1 Ti. 6:14; 2 Ti. 4:8 y Tit. 2:13).

Este juicio particular también tendrá relación especial con el **reino** terrenal de Cristo, su reino de mil años, que comenzará después de la gran tribulación y la batalla de Armagedón, y se fundirá al final con el estado eterno. En aquella oportunidad, los santos del Señor resucitados, arrebatados y recompensados regresarán con Él y establecerán su **reino** milenario. Él promete: "Al que venciere, le daré que se siente conmigo en mi trono, así como yo he vencido, y me he sentado con mi Padre en su trono" (Ap. 3:21). Cuando estemos delante del Cordero en su trono celestial, las cuatro criaturas y los veinticuatro ancianos cantarán: "Nos has hecho para nuestro Dios reyes y sacerdotes, y reinaremos sobre la tierra" (Ap. 5:10).

EL CONTENIDO DE SU COMISIÓN

que prediques la palabra; (4:2*a*)

El ministro fiel de Jesucristo tiene el mandato de predicar **la palabra**, lo cual se enfoca en el contenido de lo que se proclama. **Prediques** es traducción del primero de nueve imperativos. Pablo usa en este pasaje cinco de ellos en el versículo 2 (predicar, estar listo, redargüir, reprender y exhortar) y cuatro en el versículo 5 (ser sobrio, soportar, hacer y cumplir).

Prediques proviene de *kērussō*, que significa ser heraldo, proclamar públicamente. En tiempos del Nuevo Testamento, el heraldo, como mensajero del imperio, iba por las calles de la ciudad anunciando los acontecimientos especiales, como la aparición del emperador. Sus deberes incluían el anuncio público de nuevas leyes o políticas y acciones de gobierno.

A Pablo no solo se le asignó el apostolado, sino que, al igual que a Timoteo, se le asignó también ser predicador (1 Ti. 2:7; cp. 2 Ti. 1:11). Pero por causa del espíritu tímido de Timoteo, esa tarea era especialmente desafiante para él. No tenía la personalidad natural fuerte y agresiva, o la constitución, de su mentor. Quizá tampoco tenía la educación formal o la capacidad intelectual para argumentar con éxito en niveles humanos con quienes propagaban el error dentro y fuera de la iglesia. Sin duda, se sentía inadecuado e intimidado cuando presentaban argumentos para los cuales no había desarrollado aún una apologética o polémica exitosa. Y a los ojos de algunos creyentes de Éfeso, también estaba impedido por su juventud, aunque Pablo ya le había aconsejado antes pasar por alto esa crítica (1 Ti. 4:12). Además de la resistencia dentro de la iglesia, Timoteo enfrentaba hostilidad creciente por parte de los judíos incrédulos y del gobierno romano. Fue por la persecución de esos enemigos que Pablo estaba en prisión.

Había otras razones, que Pablo menciona en el versículo 5, por las que Timoteo podría haberse sentido tentado a silenciar su proclamación, especialmente la del evangelio. Timoteo se dio cuenta de que la idea de la salvación solo por medio de la gracia de Dios iba totalmente en contra del pensamiento del hombre natural y solía recibirse con enojo o indiferencia. Pero cuando Timoteo predicaba a los incrédulos, fueran judíos o gentiles, debía ser como Noé, quien "era perfecto en sus generaciones [y] con Dios caminó" (Gn. 6:9; cp. He. 11:7). Timoteo también debía ser como Noé en cuanto a "pregonero de justicia" (2 P. 2:5). Mucho antes de que Dios hiciera su pacto con Abraham, antes de que hiciera su pacto con Israel y les diera la ley en el Monte Sinaí, y muchísimo antes de que hiciera el pacto final y perfecto por medio de su Hijo, Jesucristo, Noé predicó la justicia de Dios a las personas antediluvianas, que eran más impías. Hasta donde sabemos, a Noé no le persiguieron, pero sabemos que su predicación durante cien años, mientras construía el arca, cayó en oídos sordos, porque ni una familia, excepto la suya, confió en Dios y recibió la salvación.

Como todo predicador de la verdad de Dios a los creyentes, Timoteo también debía ser como Jonás, quien declaró a la ciudad pagana e impía de Nínive: "De aquí a cuarenta días Nínive será destruida" (Jon. 3:4). Sin embargo, en marcado contraste con Noé, la predicación de Jonás produjo una respuesta sorprendente de arrepentimiento y fe en el Dios verdadero. Jesús declaró: "Los hombres de Nínive se levantarán en el juicio con esta generación, y la condenarán; porque ellos se arrepintieron a la predicación de Jonás" (Mt. 12:41).

Timoteo debía ser como "Juan el Bautista [el cual predicaba] en el desierto de Judea, y [decía]: Arrepentíos, porque el reino de los cielos se ha acercado" (Mt. 3:1-2) y luego proclamó al "Cordero de Dios, que quita el pecado del mundo" (Jn. 1:29).

Por **la palabra** Pablo se refiere sin duda a toda la Palabra de Dios escrita, su verdad completa revelada, que el apóstol también llama "el consejo de Dios" (Hch. 20:27) y a la que ya se había referido como "las Sagradas Escrituras" y "la Escritura" (2 Ti. 3:15-16).

Un predicador no puede continuar predicando y enseñando fielmente la

Palabra de Dios si no protege cuidadosamente su verdad. Pablo había advertido esto en su carta anterior: "Oh Timoteo, guarda lo que se te ha encomendado, evitando las profanas pláticas sobre cosas vanas, y los argumentos de la falsamente llamada ciencia" (1 Ti. 6:20). Al inicio de esta segunda carta, exhortó: "Retén la forma de las sanas palabras que de mí oíste, en la fe y amor que es en Cristo Jesús. Guarda el buen depósito por el Espíritu Santo que mora en nosotros" (2 Ti. 1:13-14). También imploró a Timoteo que usara "bien la palabra de verdad" (2 Ti. 2:15), porque la verdad que se conserva, guarda y usa mal, inevitablemente se enseñará mal.

Pablo, tras declarar la verdad proclamada primero por el profeta Joel (2:32) según la cual "todo aquel que invocare el nombre del Señor, será salvo", pregunta retóricamente en su carta a la iglesia de Roma: "¿Cómo, pues, invocarán a aquel en el cual no han creído? ¿Y cómo creerán en aquel de quien no han oído? ¿Y cómo oirán sin haber quien les predique? ¿Y cómo predicarán si no fueren enviados?". De nuevo, citando el Antiguo Testamento, esta vez Isaías 52:7, el apóstol dice con regocijo: "¡Cuán hermosos son los pies de los que anuncian la paz, de los que anuncian buenas nuevas!" (Ro. 10:13-15).

Pablo dijo lo siguiente de su propia predicación:

> *Fui hecho ministro, según la administración de Dios que me fue dada para con vosotros, para que anuncie cumplidamente la palabra de Dios, el misterio que había estado oculto desde los siglos y edades, pero que ahora ha sido manifestado a sus santos, a quienes Dios quiso dar a conocer las riquezas de la gloria de este misterio entre los gentiles; que es Cristo en vosotros, la esperanza de gloria, a quien anunciamos, amonestando a todo hombre, y enseñando a todo hombre en toda sabiduría, a fin de presentar perfecto en Cristo Jesús a todo hombre; para lo cual también trabajo, luchando según la potencia de él, la cual actúa poderosamente en mí (Col. 1:25-29).*

Hay oradores talentosos que pueden dominar a la audiencia con el poder de su retórica persuasiva. Hay hombres eruditos, cultos, bien formados y sabios para el mundo que pueden hacer que otros hombres cambien su forma de pensar en ciertos asuntos. Hay hombres que pueden narrar historias conmovedoras que arrastren el corazón del oyente y lo muevan emocionalmente. En la historia de la iglesia, incluyendo nuestros tiempos, Dios ha escogido dar estas habilidades a algunos ministros, pero Dios también ha escogido no bendecir a todo pastor fiel con estas características particulares. No obstante, les asigna la misma tarea de predicar su Palabra, porque el poder y la eficacia espiritual de predicar no se apoyan en la habilidad del orador, sino en la verdad.

El apóstol, tan brillante intelectualmente como lo era, testificó a los creyentes de Corinto: "Así que, hermanos, cuando fui a vosotros para anunciaros el testimonio de Dios, no fui con excelencia de palabras o de sabiduría. Pues me propuse no saber entre vosotros cosa alguna sino a Jesucristo, y a éste crucificado. Y estuve entre vosotros con debilidad, y mucho temor y temblor; y ni mi palabra ni mi predicación fue con palabras persuasivas de humana sabiduría, sino con demostración del Espíritu y de poder, para que vuestra fe no esté fundada en la sabiduría de los hombres, sino en el poder de Dios" (1 Co. 2:1-5). En la siguiente carta a esa iglesia, dijo: "No nos predicamos a nosotros mismos, sino a Jesucristo como Señor, y a nosotros como vuestros siervos por amor de Jesús" (2 Co. 4:5).

Con mucho, la forma más confiable y eficaz de proclamar toda la Palabra de Dios es con la predicación expositiva. William Taylor, escocés del siglo XIX, dice lo siguiente en su libro *The Ministry of the World* [El ministerio del mundo]:

> Por predicación expositiva quiero decir aquel método de discurso en el púlpito que consta de la interpretación consecutiva y el refuerzo práctico de un libro en el canon sagrado... La exposición es la presentación a las personas, de manera inteligible y contundente, de lo que quería decir el escritor sagrado... Es la respuesta sincera del predicador, después del estudio cuidadoso, a estas preguntas: "¿Cuál era la idea del Espíritu Santo en este pasaje?" y "¿Cuál es su peso sobre otras verdades cristianas relacionadas, o sobre la vida y conversación del cristiano?" ([Grand Rapids: Baker, 1975], pp. 155, 157, 159).

Como lo hicieron muchos hombres antes y después de Taylor, él predicaba expositivamente porque quería conocer la mente del Espíritu, porque quería conocer una tras otra las verdades de las Escrituras y debía entender cuidadosamente lo que deseaba Dios para su pueblo.

Por muchas razones, la proclamación fiel y completa de **la Palabra** es la única forma correcta de predicar. Primero de todo, tal predicación permite que sea Dios quien hable y no los hombres, porque esta declara la Palabra de Dios. ¡Y es un privilegio increíblemente emocionante ser vocero de Dios!

Segundo, predicar **la Palabra** es la única forma correcta de hacerlo porque lleva al predicador a tener contacto directo con la mente del Espíritu Santo, el autor de las Escrituras. Por esta razón, el predicador de la Palabra encuentra que el proceso de estudio y descubrimiento recompensa aún más que la predicación resultante, tan gratificante como esta pueda resultar.

Es trágico y desconcertante que muchos predicadores para quienes las Escrituras son la Palabra de Dios pasen más tiempo investigando e interactuando con las mentes limitadas e imperfectas de otros hombres que ahondando en la mente infinita y santa de Dios. Por supuesto, parte de la razón es que muchos oyentes no quieren ahondar en las profundidades de la justicia y la verdad de Dios, porque expone su propia superficialidad y pecado. Pablo ya había advertido a Timoteo sobre el peligro de quienes tienen "apariencia de piedad, pero [niegan] la eficacia de ella" (2 Ti. 3:5). Más adelante, en este mismo pasaje, él advertirá otra vez que "no sufrirán la sana doctrina... y apartarán de la verdad el oído y se volverán a las fábulas" (2 Ti. 4:3-4; cp. Hch. 20:29-30).

Tercero, predicar **la Palabra** es la única forma correcta de hacerlo porque obliga al predicador a proclamar toda la revelación de Dios, incluso aquellas verdades que hasta a muchos creyentes les parecen difíciles de aprender o aceptar.

Cuarto, predicar **la Palabra** es la única forma correcta de hacerlo porque promueve el conocimiento bíblico en la congregación, no solo mediante lo que se aprende del sermón, sino a partir del deseo creciente de estudiar las Escrituras de manera más cuidadosa y consecuente con estas. El pastor fiel y todos los demás creyentes fieles aman aprender la Palabra de Dios porque aman al Dios de la Palabra.

Quinto, predicar **la Palabra** es la única forma correcta de hacerlo porque esta tiene la autoridad final. Es la revelación de Dios completa y perfecta de Dios y de su voluntad divina para la humanidad que creó a su imagen.

Sexto, predicar **la Palabra** es la única forma correcta de hacerlo porque solo esa clase de predicación puede transformar al predicador y a la congregación.

La razón última y más persuasiva por la que predicar **la Palabra** es la única forma correcta de hacerlo es, simplemente, porque esta es la sola y única Palabra de Dios que el Señor llama y comisiona a proclamar.

En el libro mencionado anteriormente, William Taylor escribe: "Nunca se olvide, pues, que quien se erige en eminencia y utilidad en el púlpito, y se hace 'sabio en ganar almas' debe decir de la obra en el ministerio 'una cosa hago'. Debe enfocar todo su corazón y vida en el púlpito. Debe dedicar días y noches a la producción de esos discursos mediante los cuales busca convencer los juicios, conmover los corazones y elevar las vidas de sus oyentes" (p. 7).

EL ALCANCE DE SU COMISIÓN

que instes a tiempo y fuera de tiempo; redarguye, reprende, exhorta con toda paciencia y doctrina. (4:2*b*)

Para ser eficaz, el predicador fiel debe entender el alcance de su comisión, resumido aquí por Pablo.

Como cualquier otro obrero eficaz, Timoteo debía estar listo y preparado en todo momento. Este es el segundo mandato de Pablo en el versículo 2 y es traducción de *ephistēmi*, que tiene un rango amplio de significados que están determinados por el tiempo, el modo y la voz. Suele connotar lo repentino, como en Lucas 2:9 ("se les apareció", NVI) y Hechos 12:7 ("De repente apareció", NVI; cp. 1 Ts. 5:3) o contundencia, como en Lucas 20:1 ("llegaron") y Hechos 4:1; 6:12; 23:27 ("vinieron sobre ellos"). En el imperativo activo aoristo, como aquí, la palabra conlleva las ideas complementarias de urgencia, preparación y estar listo. Podía usarse para un soldado que estaba listo para ir a la guerra al momento de notificarlo o para un vigía que está continuamente alerta ante cualquier amenaza, infiltración o ataque del enemigo.

Para el predicador fiel, *estar preparado y listo* tiene el significado similar de gravedad y vigilancia. Debe sentirse como Jeremías, el cual se sintió impulsado por Dios a profetizar: "Y dije: No me acordaré más de él, ni hablaré más en su nombre; no obstante, había en mi corazón como un fuego ardiente metido en mis huesos; traté de sufrirlo, y no pude" (Jer. 20:9; cp. 5:14).

Cuando Pablo pasó por Cesarea por unos pocos días en su regreso a Jerusalén después de su tercer viaje misionero, el profeta Agabo hizo lo siguiente: "Tomó el cinto de Pablo, y atándose los pies y las manos, dijo: Esto dice el Espíritu Santo: Así atarán los judíos en Jerusalén al varón de quien es este cinto, y le entregarán en manos de los gentiles. Al oír esto, [le rogaron] los de aquel lugar, que no subiese a Jerusalén. Entonces Pablo respondió: ¿Qué hacéis llorando y quebrantándome el corazón? Porque yo estoy dispuesto no sólo a ser atado, mas aun a morir en Jerusalén por el nombre del Señor Jesús" (Hch. 21:11-13).

Ese sentido de disposición y voluntad para servir al Señor a cualquier costo y en cualquier momento no debe caracterizar solo a todo predicador fiel, sino a todo cristiano fiel. Pedro exhortó así a sus lectores, la mayoría de los cuales sufría persecución severa por parte de Roma: "Santificad a Dios el Señor en vuestros corazones, y estad siempre preparados para presentar defensa con mansedumbre y reverencia ante todo el que os demande razón de la esperanza que hay en vosotros" (1 P. 3:15). Pablo imploró a los creyentes de la iglesia donde Timoteo ahora ministraba: "Mirad, pues, con diligencia cómo andéis, no como necios sino como sabios, aprovechando bien el tiempo, porque los días son malos" (Ef. 5:15-16).

Carlos Spurgeon escribió en su clásico *Discursos a mis estudiantes*: "¿Cuál es la cualidad más esencial en un ministro cristiano para asegurar el éxito en ganar almas para Cristo?... Ser concienzudo. Y si me lo volvieran a preguntar por segunda o tercera vez, no cambiaría mi respuesta... El éxito es proporcional a cuán concienzudo sea el predicador" ([El Paso: Casa Bautista de Publicaciones, 2003], p. 305 del original en inglés).

Solo el estudio continuo de la Palabra de Dios, la comunión con Él en oración y la sumisión al Espíritu Santo pueden mantener vivo el estimulante sentido de ser concienzudo al predicar. Sin la Palabra o la oración, la predicación más ortodoxa y hábil se echará a perder, para el predicador y para los oyentes. En el libro recién citado, Spurgeon dijo: "Quien después de veinte años de ministerio entre las mismas personas esté más vivo que nunca, es un deudor grande del Espíritu que da vida" (*Discursos*, p. 309 del original en inglés).

El predicador fiel debe estar preparado y listo **a tiempo y fuera de tiempo**, cuando sea conveniente y cuando no lo sea, cuando parezca apropiado desde la perspectiva humana y cuando no lo parezca. Su proclamación de la Palabra de Dios no debe estar dictada por la cultura popular, las convenciones populares, la tradición, el aprecio a la comunidad (ni siquiera a la iglesia), sino solamente por el mandato del Señor.

De los siguientes tres mandamientos —**redarguye**, **reprende** y **exhorta**— los primeros dos son negativos y el tercero es positivo.

Redargüir y reprender están relacionados cercanamente en significado y son los imperativos tercero y cuarto de este pasaje. Pablo acaba de declarar que toda la Escritura es "útil… para redargüir" (3:16). Como se indicó en el capítulo anterior del comentario, *elegmos* (redargüir) conlleva la idea de corregir el mal comportamiento o la falsa doctrina. Redargüir puede tener más que ver con influir en la mente, con ayudar a una persona a entender que sus creencias o actos están mal. Por otra parte, reprender puede tener que ver con el corazón, con convencer a una persona de su culpa. Redargüir es refutar el error y la mala conducta con un argumento bíblico cuidadoso; reprender es hacer que la persona que está en el error se arrepienta. La primera revela por qué algo es pecado, la segunda revela cuál es el pecado en la persona.

El primer llamado del evangelio refleja este acto de redargüir, pues es un llamado a que los hombres se arrepientan del pecado. Cuando Juan el Bautista preparaba el camino para el Mesías, declaró: "Arrepentíos, porque el reino de los cielos se ha acercado" (Mt. 3:2). No solo predicó en contra del pecado en general, sino en contra de los pecados particulares en personas particulares: "Entonces Herodes el tetrarca, siendo reprendido por Juan a causa de Herodías, mujer de Felipe su hermano, y de todas las maldades que Herodes había hecho, sobre todas ellas, añadió además esta: encerró a Juan en la cárcel" (Lc. 3:19-20).

Al igual que Juan el Bautista, Jesús comenzó su ministerio público llamando a los pecadores al arrepentimiento. Después de que Juan lo bautizara y pasara Él cuarenta días y noches en el desierto tentado por Satanás, "comenzó Jesús a predicar, y a decir: Arrepentíos, porque el reino de los cielos se ha acercado" (Mt. 4:17). Aunque Jesús mencionó el amor de Dios en varias ocasiones, Él nunca predicó un mensaje al respecto. Pero predicó innumerables mensajes sobre la condenación del pecado por Dios, sobre el juicio a los pecadores y sobre la necesidad de arrepentimiento de los pecadores. El pecador no arrepentido no tiene esperanza en el amor de Dios, porque el amor de Dios es inseparable de su santidad y justicia. Quien se niega a ser limpiado del pecado por la gracia de Dios no tiene posibilidad de ser aceptado en el cielo por el amor divino.

Inmediatamente después del sermón de Pedro en Pentecostés, sus oyentes "se compungieron de corazón, y dijeron a Pedro y a los otros apóstoles: Varones hermanos, ¿qué haremos? Pedro les dijo: Arrepentíos, y bautícese cada uno de vosotros en el nombre de Jesucristo para perdón de los pecados; y recibiréis el don del Espíritu Santo" (Hch. 2:37-38).

La responsabilidad continua del predicador es exponer, redargüir y reprender el pecado. El pecado es lo que separa completamente a los pecadores de Dios y lo que separa temporalmente a los creyentes de su comunión con el Señor. Por tanto, Pablo aconsejó a los creyentes de Éfeso: "No participéis en las obras infructuosas de las tinieblas, sino más bien reprendedlas" (Ef. 5:11).

Él advirtió a Tito sobre los pecadores que se infiltran en la iglesia: "Porque hay aún muchos contumaces, habladores de vanidades y engañadores, mayormente los de la circuncisión, a los cuales es preciso tapar la boca; que trastornan casas enteras, enseñando por ganancia deshonesta lo que no conviene... por tanto, repréndelos duramente, para que sean sanos en la fe" (Tit. 1:10-11, 13).

Del pecado también debe hablarse entre los creyentes. En la primera carta de Pablo a Timoteo, le ordenó: "A los que persisten en pecar, repréndelos delante de todos, para que los demás también teman" (1 Ti. 5:20).

Luego Pablo da a Timoteo el imperativo positivo de exhortar, que es traducción de *parakaleō*, una palabra común del Nuevo Testamento cuyo significado puede variar desde hacer un llamado a alguien hasta amonestar, que es claramente el significado en este contexto. También conlleva la idea de animar. Después de haber redargüido y reprendido a los creyentes desobedientes bajo el cuidado del pastor fiel, este debe entonces caminar junto a ellos en amor y animarlos al cambio espiritual.

Ese es el espíritu con el cual Pablo pastoreó a quienes estaban bajo su cuidado. A los creyentes de Tesalónica recordó: "Sabéis de qué modo, como el padre a sus hijos, exhortábamos y consolábamos a cada uno de vosotros, y os encargábamos que anduvieseis como es digno de Dios, que os llamó a su reino y gloria" (1 Ts. 2:11-12; cp. Col. 1:28). Más adelante, en esa carta, aconsejó a los creyentes a hacer como él había hecho, diciéndoles: "Os rogamos, hermanos, que amonestéis a los ociosos, que alentéis a los de poco ánimo, que sostengáis a los débiles, que seáis pacientes para con todos" (5:14).

No solo son importantes las cosas que el predicador dice y hace, sino la forma en que las dice y las hace. Él debe redargüir, reprender y exhortar **con toda paciencia**. *Makrothumē* (**paciencia**), significa literalmente "atenerse" y por lo tanto suele traducirse "mantenerse" (cp., p. ej., Lc. 21:19, NVI; 2 Co. 6:4, NVI; Stg. 1:3, NVI) o "soportar" (cp., p. ej., Stg. 1:12; 2 Co. 12:12). Pero aquí Pablo estaba hablando específicamente de la **paciencia** con las personas, con los miembros de un rebaño que pudieran ser con frecuencia tercos y resistirse a las amonestaciones del pastor. Sin embargo, el pastor no debe exasperarse o airarse, sino recordar que él es firme pero amorosa y pacientemente responsable ante el Gran Pastor, nuestro ejemplo supremo de **paciencia**. Pablo advirtió así a los creyentes en Roma: "¿Y piensas esto, oh hombre, tú que juzgas a los que tal hacen, y haces lo mismo, que tú escaparás del juicio de Dios? ¿O menosprecias las riquezas de su benignidad, paciencia y longanimidad, ignorando que su benignidad te guía al arrepentimiento?" (Ro. 2:3-4). Si el perfecto Hijo de Dios es tan bueno, tolerante y paciente con los pecadores, ¿cuánto más está obligado su pueblo a tener estas actitudes?

Aunque se menciona al final del versículo, la *didachē* (**doctrina**) es fundamental para predicar, redargüir, reprender y exhortar. Un pastor solo puede llevar a cabo bien esas tareas por la enseñanza de la Palabra. Un incrédulo no se convertirá de su pecado ni llegará a la salvación sin la **doctrina** de la Palabra de Dios sobre su condición perdida y su necesidad de la fe salvadora en Jesucristo. El creyente tampoco se convencerá de su pecado ni llegará al arrepentimiento y la restauración sin la obra de la Palabra en su corazón.

No es por la autoridad o la persuasión personales de un predicador, no importa cuán bueno sea su conocimiento de las Escrituras o cuáles sean sus habilidades, sino solamente por la autoridad y el poder de las Escrituras, iluminadas y aplicadas por el Espíritu Santo, que cualquier ministerio o servicio cristiano puede ser eficaz espiritualmente y agradable para el Señor. En 4:2 Pablo reitera en esencia lo que acaba de declarar: que "toda la Escritura es inspirada por Dios, y útil para enseñar, para redargüir, para corregir, para instruir en justicia, a fin de que el hombre de Dios sea perfecto, enteramente preparado para toda buena obra" (3:16-17).

LA URGENCIA DE SU COMISIÓN

Porque vendrá tiempo cuando no sufrirán la sana doctrina, sino que teniendo comezón de oír, se amontonarán maestros conforme a sus propias concupiscencias, y apartarán de la verdad el oído y se volverán a las fábulas. (4:3-4)

Después de motivar a Timoteo a esforzarse en la predicación y la enseñanza, Pablo le informa ahora sobre la oposición que enfrentará en algún momento por causa de hacerlo con fidelidad. Por segunda vez en esta carta el apóstol profetiza sobre el final de los tiempos (véase 3:1-5; cp. 1 Ti. 4:1-3), diciendo que **vendrá tiempo cuando no sufrirán la sana doctrina**.

Por cuanto no hay antecedente para [*ellos*] **no sufrirán**, el pronombre podría referirse posiblemente al mundo incrédulo que, por supuesto, se opone por naturaleza a la verdad de Dios (cp. 1 Co. 2:14; 2 Co. 4:4). Pero la referencia de Pablo al **tiempo** que **vendrá** implica un cambio de mente, en cuyo caso **no sufrirán** se refiere a los incrédulos que llegaron a ser creyentes nominales en la iglesia, cuya profesión de fe era solo superficial. Quienes **no sufrirán la sana doctrina** son hombres y mujeres cuyo corazón es inestable y en quienes la Palabra de Dios no produce fruto. En las palabras de la parábola de Jesús, la semilla brota inmediatamente en sus vidas, pero como no hay profundidad de creencias, no hay raíz espiritual. Por tanto, cuando el calor del mundo impío los prueba, su profesión espiritual se quema y se seca rápidamente (Mt. 13:5-6). Eso describe la urgencia de la tarea de Timoteo: muchos creyentes nominales (quienes **no sufrirán la sana doctrina**) de la iglesia de Éfeso terminarán por rechazar la predicación fiel de la Palabra, un patrón repetido durante siglos.

Kairos no se refiere al **tiempo** cronológico, sino al tiempo por épocas, un período o era de **tiempo**. Es la misma palabra que Pablo usó en el capítulo anterior con respecto a los "tiempos peligrosos" que vendrían en "los postreros días" y, sin duda, se refiere al mismo período de tiempo que aquí.

Jesús dio una advertencia similar en su ministerio:

> *He aquí, yo os envío como a ovejas en medio de lobos; sed, pues, prudentes como serpientes, y sencillos como palomas. Y guardaos de los hombres, porque os entregarán a los concilios, y en sus sinagogas os azotarán; y aun ante gobernadores y reyes seréis llevados por causa de mí, para testimonio a ellos y a los gentiles... El hermano entregará a la muerte al hermano, y el padre al hijo; y los hijos se levantarán contra los padres, y los harán morir. Y seréis aborrecidos de todos por causa de mi nombre; mas el que persevere hasta el fin, éste será salvo (Mt. 10:16-18, 21-22).*

Cerca del final del ministerio de Jesús, cuando compartió la Santa Cena con sus discípulos, Jesús volvió a advertir: "Si el mundo os aborrece, sabed que a mí me ha aborrecido antes que a vosotros. Si fuerais del mundo, el mundo amaría lo suyo; pero porque no sois del mundo, antes yo os elegí del mundo, por eso el mundo os aborrece. Acordaos de la palabra que yo os he dicho: El siervo no es mayor que su señor. Si a mí me han perseguido, también a vosotros os perseguirán; si han guardado mi palabra, también guardarán la vuestra. Mas todo esto os harán por causa de mi nombre, porque no conocen al que me ha enviado... Estas cosas os he hablado, para que no tengáis tropiezo. Os expulsarán de las sinagogas; y aun viene la hora cuando cualquiera que os mate, pensará que rinde servicio a Dios" (Jn. 15:18-21; 16:1-2).

Por causa de lo que estaba delante de Timoteo, la necesidad de su predicación audaz e inflexible de la Palabra se hacía más imperiosa. Llegaría el tiempo, quizá no muy lejano, en que tendría cada vez menos oportunidad de predicar, y cada vez menos respuesta a la verdad que él proclamaba.

La palabra *anechō* (**sufrirán**) tiene la idea básica de sostener o retener, especialmente frente a la dificultad, y también se puede traducir "tolerar". Muchas personas en la iglesia de Éfeso se habían vuelto intolerantes a la palabra no adulterada, de **sana doctrina**, y a su predicación por parte de Timoteo. **Sana** traduce una forma del verbo *hugiainō*, que quiere decir estar saludable y es el término del cual se deriva "higiene". Se traduce "bueno y sano" en la historia del hijo pródigo (Lc. 15:27). Timoteo enfrentaría resistencia creciente a la **doctrina** que era saludable y alimentaba espiritualmente, que era fiel a la Palabra de Dios, a "las Sagradas Escrituras" (3:15), a "la Escritura" respirada por Dios (v. 16).

En su primera carta, Pablo recordó a Timoteo que los hombres y las mujeres "transgresores y desobedientes... impíos y pecadores... irreverentes y profanos... parricidas y matricidas... homicidas... fornicarios... sodomitas... secuestradores... mentirosos y perjuros" llevan vidas opuestas a "la sana doctrina" (1 Ti. 1:9-10). Debido a que **la sana doctrina** es una reprensión punzante a la vida impía, es inaceptable e intolerable a quienes persisten en el pecado. Quienes viven en oposición a **la sana doctrina** resienten y resisten su enseñanza.

Más adelante en esa carta, el apóstol mandó: "Si alguno enseña otra cosa, y no se conforma a las sanas palabras de nuestro Señor Jesucristo, y a la doctrina que es conforme a la piedad, está envanecido, nada sabe, y delira acerca de cuestiones y contiendas de palabras, de las cuales nacen envidias, pleitos, blasfemias, malas sospechas, disputas necias de hombres corruptos de entendimiento y privados de la verdad, que toman la piedad como fuente de ganancia; apártate de los tales" (1 Ti. 6:3-5). Poco después del inicio de esta segunda carta, Pablo amonesta así a Timoteo debido a ese peligro: "Retén la forma de las sanas palabras que de mí oíste, en la fe y amor que es en Cristo Jesús. Guarda el buen depósito por el Espíritu Santo que mora en nosotros" (2 Ti. 1:13-14; cp. Tit. 1:9, 13; 2:8).

Después de que el Señor preguntó a Isaías "¿A quién enviaré, y quién irá por nosotros?", el profeta respondió: "Heme aquí, envíame a mí" (Is. 6:8). Pero Dios advirtió a su mensajero dispuesto que el pueblo —su propio pueblo escogido— oiría bien y no entendería, vería por cierto mas no comprendería, que el corazón de ese pueblo se engrosaría, sus oídos se agravarían, sus ojos se cegarían, sus oídos no oirían y su corazón no entendería, no se convertiría y no se sanaría (Is. 6:8-10).

Timoteo enfrentaría pronto una situación semejante. Cuanto más fielmente proclamara la Palabra de Dios, más infieles demostrarían ser algunas personas de la iglesia.

Esa también es la situación en gran parte de la iglesia de hoy. Incluso en iglesias que alguna vez fueron genuinamente evangélicas, donde la Biblia era la norma divina para creer y vivir, la Palabra de Dios se ha puesto en posición comprometedora. A veces se le despoja de su significado claro o se le relega a un lugar de autoridad secundaria, detrás de "revelaciones" personales que afirman ser de Dios. En muchas iglesias que una vez predicaron **la sana doctrina**, se consideran aceptables los males que la Palabra de Dios condena repetida y claramente. Se ordena a mujeres en ministerios que la Biblia restringe a hombres, y los feministas radicales hasta rechazan la idea de que Dios sea el Padre celestial. No solo se recibe a los homosexuales sin reprensión ni arrepentimiento en la comunidad eclesial, sino que se les acepta en el púlpito.

En lugar de recibir **la sana doctrina**, tales iglesias la rechazan con fiereza, **teniendo** más bien **comezón de oír**, por ideas no bíblicas que les hacen sentirse bien, que justifican sus pecados y los pasan por alto. También rechazan por poco amoroso a quien presuma de hacerlos responsables por las creencias doctrinales y preceptos morales que tachan de anticuados e irrelevantes. En consecuencia, el predicador al que menos les gusta oír lleva el mensaje que más necesitan oír.

Por tanto, no sorprende que tales cristianos falsos amontonen **maestros** impíos **conforme a sus propias concupiscencias**. Marvin R. Vincent, reconocido erudito bíblico, escribió inteligentemente que "si el pueblo desea un becerro para adorar, se puede encontrar rápidamente a alguien en el ministerio que lo fabrique" (*Word Studies in the New Testament* [Estudios de la Palabra en el Nuevo Testamento], vol. 4 [Nueva York, Scribner's, 1904], p. 321).

Esa triste verdad se verificó repetidamente a lo largo de toda la historia de Israel. El Señor lamentó por medio de Jeremías lo siguiente: "Cosa espantosa y fea es hecha en la tierra; los profetas profetizaron mentira, y los sacerdotes dirigían por manos de ellos; y *mi pueblo así lo quiso*" (Jer. 5:30-31, cursivas añadidas). Pocos años después, el Señor dijo a Ezequiel: "Y vendrán a ti como viene el pueblo, y estarán delante de ti como pueblo mío, y oirán tus palabras, y no las pondrán por obra; antes *hacen halagos* con sus bocas, y el corazón de ellos anda en pos de su avaricia. Y he aquí que tú eres a ellos como cantor de amores, hermoso de voz y que canta bien; y oirán tus palabras, pero no las pondrán por obra" (Ez. 33:31-32, cursivas añadidas). Al parecer, este profeta era un orador cautivador que a las personas les gustaba oír, puramente por su capacidad oratoria. Pero ellos rechazaron completamente lo que él tenía por decir, más bien estaban determinados a cumplir sus "halagos" y a ir en pos de su "avaricia". No estaban interesados en aprender la verdad, sino que eran semejantes a "los atenienses y los extranjeros" que Pablo confrontó con el evangelio en Atenas, los cuales "se pasaban el tiempo sin hacer otra cosa más que escuchar y comentar las últimas novedades" (Hch. 17:21).

Fue la imposición de la voluntad personal de Adán y Eva, **sus propias concupiscencias**, lo que llevó a la caída; esa voluntad personal transmitida naturalmente ha dirigido desde entonces a sus descendientes. Muchas personas se agolpan hoy día ante pastores que ofrecen las bendiciones de Dios sin su perdón; la salvación de Él sin el arrepentimiento de ellos; le quieren como Salvador pero no le aceptan como Señor. Quienes no son salvos, "con su maldad obstruyen la verdad" porque aman "toda impiedad e injusticia" (Ro. 1:18), manifiesta en **sus propias concupiscencias**. Así, **apartarán de la verdad el oído**.

El verbo **apartarán** proviene de *apostrephō*, cuyo significado es "causar que se aparten" y es activo. La expresión **se volverán** proviene de la palabra estrechamente relacionada *ektrepō*, cuyo significado es "causar que se vuelvan" pero es pasivo. Por tanto, el versículo se puede traducir literalmente así: "Y *se causarán a sí mismos* que su oído se aparte de la verdad, y *les será causado* volverse a los mitos". *Ektrepō* se usaba a veces en medicina para referirse a una articulación dislocada. La mente y el corazón de quienes rechazan la verdad de Dios se dislocan espiritualmente, se zafan de la articulación, por así decirlo. Pablo usó el mismo verbo en la primera carta a Timoteo para quienes "ya *se han descarriado* para seguir a Satanás" (1 Ti. 5:15, cursivas añadidas).

Pablo explicó a la iglesia de Corinto: "El dios de este siglo cegó el entendimiento de los incrédulos, para que no les resplandezca la luz del evangelio de la gloria de Cristo, el cual es la imagen de Dios" (2 Co. 4:4). Cuando **la verdad** de Dios se rechaza conscientemente, la falsedad de Satanás se acepta inevitablemente, aunque suele ocurrir de manera inconsciente. En otras palabras, el rechazo deliberado de **la verdad** de Dios hace a una persona vulnerable a **las fábulas** de Satanás.

Hoy día, muchos templos se llenan hasta desbordarse con personas cuya comezón en los oídos quiere **fábulas** fáciles de creer, además de variaciones múltiples del egoísmo y del llamado pensamiento positivo. Van a que alimenten sus egos y a que aprueben sus pecados, no para limpiar sus corazones ni para salvar sus almas. Solo quieren sentirse bien, no hacerse buenos. Lamentablemente, tales **fábulas** sirven para aislar religiosamente a las personas del evangelio verdadero y alejarlas más del Señor.

LA ACTITUD DE SU COMISIÓN

Pero tú sé sobrio en todo, (4:5*a*)

El predicador fiel debe ser **sobrio en todo**. La expresión **sé sobrio**, el sexto imperativo de este pasaje, es la traducción de *nephō*, que literalmente significa liberarse de bebidas alcohólicas. Sin embargo, aquí se usa metafóricamente como la contraparte española de sensato, templado y en control de las facultades personales. Por extensión, incluye las ideas de ser estable, inquebrantable y categórico.

El predicador **sobrio** es como el atleta diligente, el cual "de todo se abstiene" y, al igual que Pablo, corre "no como a la ventura", boxea "no como quien golpea el aire" y zarandea su cuerpo para hacerlo su esclavo, no sea que "habiendo sido heraldo para otros, [él] venga a ser eliminado" (1 Co. 9:25-27). En medio de un mundo cambiante, una iglesia cambiante y hasta un evangelio cambiante —que ni siquiera es en realidad el evangelio, sino una perversión del "evangelio de Cristo" (Gá. 1:7; cp. 2 Co. 11:4)—, él permanece comprometido con la verdad incambiable de la Palabra de Dios.

El predicador fiel se niega a estar a la moda o a ser transigente, a ser quien satisfaga la comezón de oír y a agradar a los hombres en lugar de a Dios. Puede declarar con Pablo: "Porque nuestra exhortación no procedió de error ni de impureza, ni fue por engaño, sino que según fuimos aprobados por Dios para que se nos confiase el evangelio, así hablamos; no como para agradar a los hombres, sino a Dios, que prueba nuestros corazones. Porque nunca usamos de palabras lisonjeras, como sabéis, ni encubrimos avaricia" (1 Ts. 2:3-5). También podría decir con el apóstol: "Pues, ¿busco ahora el favor de los hombres, o el de Dios? ¿O trato de agradar a los hombres? Pues si todavía agradara a los hombres, no sería siervo de Cristo. Mas os hago saber, hermanos, que el evangelio anunciado por mí, no es según hombre" (Gá. 1:10-11), "porque no [me predico a mí mismo], sino a Jesucristo como Señor" (2 Co. 4:5).

EL COSTO DE SU COMISIÓN

soporta las aflicciones, (4:5*b*)

El séptimo mandato de Pablo a Timoteo fue soportar **las aflicciones**. El verbo *kakopatheō* (soportar **las aflicciones**) significa literalmente "sufrir el mal" y Pablo lo usó antes en esta carta para describir su propio sufrimiento por el Señor (2:9). Pocos versículos antes, el apóstol había usado un verbo estrechamente relacionado para pedirle a Timoteo que sufriera "penalidades como buen soldado de Jesucristo" (v. 3). En el tiempo en que había escrito estas palabras, "ya [estaba] para ser sacrificado" (4:6); durante muchos años había sufrido dificultades incontables. Él dijo:

> *Yo... en azotes sin número... en peligros de muerte muchas veces. De los judíos cinco veces he recibido cuarenta azotes menos uno. Tres veces he sido azotado con varas; una vez apedreado; tres veces he padecido naufragio; una noche y un día he estado como náufrago en alta mar; en caminos muchas veces; en peligros de ríos, peligros de ladrones, peligros de los de mi nación, peligros de los gentiles, peligros en la ciudad, peligros en el desierto, peligros en el mar, peligros entre falsos hermanos; en trabajo y fatiga, en muchos desvelos, en hambre y sed, en muchos ayunos, en frío y en desnudez (2 Co. 11:23-27).*

No solo eso, sino que "además de otras cosas", sobre él se agolpaba "cada día, la preocupación por todas las iglesias" (v. 28).

No existe tal cosa como un ministerio fiel que no sea costoso. Un ministerio sin dolor es un ministerio superficial y sin fruto.

Aunque probablemente no fuera Pablo quien escribió Hebreos, el autor de tal epístola también conocía y amaba a Timoteo y dijo esto con regocijo: "Sabed que está en libertad nuestro hermano Timoteo, con el cual, si viniere pronto, iré a veros" (He. 13:23). Como probablemente Hebreos se escribiera poco después de 2 Timoteo, este joven pastor debió quedar bajo arresto mientras ministraba en Éfeso, poco después de haber recibido esta carta. Muy pronto (cp. v. 3) le llegó el momento de soportar **las aflicciones** en el servicio de su Señor.

LA EXTENSIÓN DE SU COMISIÓN

haz obra de evangelista, (4:5*c*)

El verbo *poieō* (**haz obra**), es el octavo imperativo que Pablo da aquí a Timoteo. El sustantivo *euangelistēs* (**evangelista**) sólo se usa tres veces en el Nuevo Testamento, siempre en referencia a un oficio específico del ministerio. Pablo nos dice en su carta a la iglesia de Éfeso que Cristo "constituyó a unos, apóstoles; a otros, profetas; a otros, evangelistas; a otros, pastores y maestros" (Ef. 4:11). La única persona llamada evangelista específicamente es Felipe (Hch. 21:8), quien estaba entre los primeros diáconos escogidos en la iglesia (6:5) y a quien el Señor usó para llevar la salvación al funcionario etíope cuando regresaba de adorar en Jerusalén (8:26-38).

Pero el verbo relacionado *euangelizō* (evangelizar) y sus compuestos se usan 54 veces y el nombre *euangelion* (evangelio, buenas nuevas) se usa 76 veces. Las dos palabras no solo se usan en relación a los evangelistas, sino al llamado de todo cristiano a ser testigo de Cristo y a la responsabilidad de todo predicador y maestro de proclamar el evangelio de la salvación.

Es importante notar, pues, que Pablo no llama evangelista a Timoteo, pero sí lo llama a hacer **obra de evangelista**. En otras palabras, la proclamación del evangelio de la salvación era parte importante del ministerio de Timoteo, pero no era todo. Así como predicaba, enseñaba y pastoreaba a quienes ya pertenecían al Señor, también debía hablarles a los perdidos —en particular, a los cristianos nominales en la iglesia— sobre su necesidad de la salvación.

También es importante notar que el propósito de la evangelización —sea por un cristiano común y corriente a otra persona, por un pastor a quienes no son salvos en la congregación o por un evangelista al público general— es ayudar a los incrédulos en forma cuidadosa y sencilla a ser conscientes de su pecado y estado perdido, y proclamarles a Jesucristo como su único Señor y Salvador. Cualquier manipulación humana en ese proceso, no importa cuán bienintencionada sea, siempre se convierte en una barrera a la fe genuina.

LA META DE SU COMISIÓN

cumple tu ministerio. (4:5*d*)

Por último, Timoteo debía cumplir el **ministerio** único que el Señor le había dado. *Plērophoreō* (**cumple**) es el noveno y último imperativo, y conlleva la idea básica de darlo todo o completar. En relación al trabajo de una persona, conlleva también las ideas de entusiasmo y sinceridad.

De esa forma Pablo buscó cumplir su propio ministerio. A la congregación en Colosas aseguró esto:

> *De la [iglesia] fui hecho ministro, según la administración de Dios que me fue dada para con vosotros,* para que anuncie cumplidamente la palabra de

> Dios, *el misterio que había estado oculto desde los siglos y edades, pero que ahora ha sido manifestado a sus santos, a quienes Dios quiso dar a conocer las riquezas de la gloria de este misterio entre los gentiles; que es Cristo en vosotros, la esperanza de gloria, a quien anunciamos, amonestando a todo hombre, y enseñando a todo hombre en toda sabiduría, a fin de presentar perfecto en Cristo Jesús a todo hombre;* para lo cual también trabajo, luchando según la potencia de él, *la cual actúa poderosamente en mí (Col. 1:25-29, énfasis añadido cp. 1 Co. 9:24-27).*

El apóstol quería que Timoteo pudiera también un día ser capaz de decir lo que él estaba a punto de decir: “He peleado la buena batalla, he acabado la carrera, he guardado la fe” (2 Ti. 4:7).

El epitafio triunfante de Pablo 11

Porque yo ya estoy para ser sacrificado, y el tiempo de mi partida está cercano. He peleado la buena batalla, he acabado la carrera, he guardado la fe. Por lo demás, me está guardada la corona de justicia, la cual me dará el Señor, juez justo, en aquel día; y no sólo a mí, sino también a todos los que aman su venida. (4:6-8)

Las palabras finales de las personas moribundas suelen estar desprovistas de hipocresías y reflejan con precisión sus verdaderos sentimientos y creencias. Napoleón dijo en su lecho de muerte: "Muero antes de mi tiempo y mi cuerpo volverá a la tierra para ser comida de gusanos. Tal es el destino que espera pronto al gran Napoleón". Poco antes de morir, Gandhi, el renombrado líder religioso del hinduismo, confesó: "Mis días están contados. Es poco probable que viva mucho tiempo más, tal vez un año o un poco más. Por primera vez en cincuenta años me encuentro en un cenagal descorazonador. Todo a mi alrededor es oscuridad. Oro por ver la luz". Talleyrand, estadista francés del siglo XIX, escribió las siguientes palabras en un pedazo de papel y las dejó en una mesita de noche junto a su cama: "¡He aquí que han pasado ochenta y tres años! ¡Tantos afanes! ¡Tantos agites! ¡Tantas ansiedades! ¡Tanta malevolencia! ¡Tantas complicaciones tristes! ¡Y todo sin resultados diferentes a la gran fatiga de la mente y el cuerpo, a un sentimiento profundo de desaliento con respecto al futuro y de desasosiego con respecto al pasado!".

¡Cuán diferentes son las palabras de Pablo al acercarse al final de su vida terrenal! Eran un epitafio triunfante. Treinta años después de su encuentro con Cristo en el camino a Damasco, no tenía remordimientos ni lamentaciones en los asuntos importantes. En muy pocas palabras, como solo sabría hacerlo un escritor inspirado por el Espíritu Santo, no solo afirma su propio triunfo espiritual, sino que ofrece una motivación vigorosa a todo creyente para llevar una vida de servicio fiel a Cristo.

Como dijimos ya varias veces, cuando Pablo escribió esta carta, el evangelio puro se estaba contaminando en muchas iglesias por transigir la verdad y por la falsedad. Los maestros impíos estaban distorsionando la verdad y provocando que muchos cristianos nominales apostataran "de la fe, escuchando a espíritus engañadores y a doctrinas de demonios" (1 Ti. 4:1). Muchos creyentes verdaderos toleraban la impiedad en el cuerpo de Cristo y en sus propias vidas, preocupándose más por agradarse a sí mismos y a otros hombres que por agradar a Dios.

Pablo sabía que su encarcelamiento presente sería el último y solo escaparía a este por medio del martirio. Era un momento difícil para él, no por causa de sus complicaciones físicas, sino por las complicaciones espirituales de tantos creyentes por los que había derramado su corazón y su vida. Sentía preocupación especial por Timoteo: los problemas de las enseñanzas falsas y de los estilos de vida falsos que este enfrentaba en la iglesia de Éfeso, los problemas de timidez y el temor que enfrentaba en su vida personal. Una vez tras otra, en las dos cartas a Timoteo, lo desafió a tener ánimo, a ser consecuente, a ser fiel y a resistir la arremetida del mal y el error con el poder de la Palabra de Dios. En palabras de un teólogo del siglo XVI, Pablo estaba "bajando los brazos para que Timoteo pudiera subir los suyos". Quería que su hijo en el Señor estuviera en capacidad de escribir un día un epitafio similar para sí mismo.

Aun así, a pesar de sus preocupaciones profundas por la iglesia y por Timoteo, las palabras finales del apóstol reflejan la calma elocuente que solo viene de la confianza depositada en el Señor.

Aunque Timoteo no tenía la estatura espiritual de Pablo, estaba en un grupo maravillosamente selecto de santos de Dios. Era el sucesor de Pablo en un sentido algo similar al que Josué fue el sucesor de Moisés. "Mi siervo Moisés ha muerto; ahora, pues, levántate y pasa este Jordán, tú y todo este pueblo, a la tierra que yo les doy a los hijos de Israel" (Jos. 1:2). También recibió una bendición semejante a la de Eliseo, sobre quien no quedó solamente el manto de Elías, sino su espíritu (2 R. 2:12-15).

En este pasaje, Pablo examina su vida desde tres perspectivas. En el versículo 6, ve el final de su vida y ministerio terrenales y declara que está listo. En el versículo 7, mira el pasado y declara que fue fiel. En el versículo 8, mira al futuro y anticipa el honor y la recompensa celestial.

EL PRESENTE: EL FIN, PARA EL CUAL YA ESTÁ LISTO

Porque yo ya estoy para ser sacrificado, y el tiempo de mi partida está cercano. (4:6)

Al igual que la expresión *pero tú* al comienzo del versículo anterior, la expresión **porque yo** es enfática. Era especialmente urgente que Timoteo cumpliera su ministerio con firmeza, pues el ministerio de Pablo estaba a punto de acabar.

La frase **estoy para ser sacrificado** es un sentido figurado tomado del sistema de sacrificios del Antiguo Testamento. Como se ordenaba en el libro de

Números, el pueblo de Israel y los gentiles que vivían con ellos, debían ofrecer primero un holocausto de uno de los animales prescritos, luego una ofrenda de granos y finalmente una ofrenda de libación (15:1-10). Mientras Pablo escribía a Timoteo, estaba **ya** a punto de **ser sacrificado** como ofrenda de libación, era su ofrenda final para el Señor que se había sacrificado por el apóstol y por todas las personas de todas las épocas [N.T.: Aunque la RVR-60 y la NVI no especifican el tipo de sacrificio, otras versiones en español, como la Biblia de las Américas (BLA), sí mencionan que la ofrenda es de libación]. Y tal como se había ofrecido para el Señor "en sacrificio vivo, santo, agradable a Dios" (Ro. 12:1) mientras estaba vivo, ahora se ofrecía al Señor en su muerte. Era "ministro de Jesucristo a los gentiles, [y ministraba] el evangelio de Dios, para que los gentiles le [fueran] ofrenda agradable, santificada por el Espíritu Santo" (15:16).

Lo que Pablo dice sobre su muerte como sacrificio también puede haberse referido al tipo de ejecución que esperaba sufrir. Como estaba prohibido crucificar ciudadanos romanos, sabía que probablemente lo decapitarían, literalmente derramando su sangre para el Señor. Unos cinco años antes había escrito a los creyentes de Filipos esto: "Y aunque sea derramado en libación sobre el sacrificio y servicio de vuestra fe, me gozo y regocijo con todos vosotros" (Fil. 2:17).

Las cicatrices de batalla son las marcas de un soldado fiel, y Pablo las tenía en abundancia. Había recibido "azotes sin número... De los judíos cinco veces [recibió] cuarenta azotes menos uno... [y] tres veces [lo azotaron] con varas". Lo apedrearon al menos una vez, naufragó tres veces. Pasó una noche y un día "como náufrago en alta mar" y estuvo "en trabajo y fatiga, en muchos desvelos, en hambre y sed, en muchos ayunos, en frío y en desnudez" (2 Co. 11:23-27). Pero la marca suprema del soldado fiel es dar su vida en la batalla, y el apóstol ahora estaba preparado para recibir esa marca.

Siempre había estado listo para hacer el sacrificio último, pero ahora la posibilidad estaba a punto de volverse realidad; **el tiempo de** su **partida** estaba **cercano**. Al igual que en el versículo 3, *kairos* no se refiere aquí al tiempo cronológico, sino al **tiempo** por épocas. Pablo estaba hablando del *período* final de su vida y ministerio, no de los días u horas finales. Obviamente esperaba vivir unos meses más antes de su **partida**, porque le pidió a Timoteo que le llevara el capote que dejó "en Troas en casa de Carpo, y los libros, mayormente los pergaminos" (v. 13) y también le pidió que procurara ir antes del invierno (v. 21). Tenía la esperanza confortante de volver a ver a Timoteo en persona antes de morir.

Cuando el apóstol iba de camino a Roma para su primer juicio, ninguno de los creyentes estuvo con él (v. 16). Directa o indirectamente, quizás este hombre grande de Dios fue el progenitor espiritual de casi todas las almas redimidas en el mundo gentil, pero durante su tiempo de mayor necesidad personal se quedó sin amigos en la prisión fría y oscura, enfrentando la sentencia de muerte segura por parte de Nerón. No estaba amargado, pero, al igual que su Señor, oró por que la injusticia de sus perseguidores no se les tomara en cuenta (v. 16). Afirmó esto: "El Señor estuvo a mi lado, y me dio fuerzas, para que por mí fuese cumplida la predicación, y que todos los gentiles oyesen. Así fui librado de la boca del león. Y el Señor me librará de toda obra mala, y me preservará para su reino celestial" (vv. 17-18).

La frase **está cercano** es traducción del perfecto intensivo de *ephistēmi*, lo cual indica que **el tiempo** de la **partida** de Pablo había llegado, pero tenía un efecto continuo. Las nubes de la muerte habían llegado y se cernían sobre él.

Pero para Pablo no eran nubes oscuras, porque la muerte no era un peligro para él. Al igual que Pedro, veía la muerte tan solo como "abandonar el cuerpo" (2 P. 1:14). Era un paso entre su vida dolorosa y exigente aquí en la tierra y la vida infinitamente gloriosa de paz y descanso que estaba por llegar, cuando estuviera para siempre con el Señor.

La palabra **partida** es traducción de *analusis*, que tiene variedad de significados. William Barclay explica cuatro de estos, cada uno de los cuales aporta un retrato vívido de la forma en que los apóstoles veían sus últimos días.

> (a) Es la palabra para desatar a un animal de yugo de los palos del carro o del arado. La muerte era para Pablo el descanso de la brega… (b) Es la palabra para quitarle a uno las cadenas. La muerte era para Pablo una liberación. Iba a cambiar los confines de una prisión romana por la gloriosa libertad de las cortes celestiales. (c) Es la palabra para soltar las cuerdas de una tienda de campaña. Para Pablo era el momento de levantar el campamento otra vez. Había hecho muchos viajes por los caminos de Asia Menor y de Europa. Ahora estaba poniéndose en marcha para el último y el más grande viaje; iba a ponerse en camino hacia Dios. (d) Es la palabra para soltar las amarras de un navío. Pablo tenía experiencia de dejar puertos y de hacerse a la mar. Ahora sí que iba a lanzarse a alta mar de veras, haciéndose a la vela para cruzar las aguas de la muerte y llegar al puerto de la eternidad (*Comentario al Nuevo Testamento* [Barcelona: Clie, 2005], p. 852).

Para un cristiano la muerte es intercambiar la carga de la vida terrenal por la alegría eterna del cielo (cp. Fil. 1:21).

Pablo no murió como Napoleón, Gandhi, Talleyrand o cualquier otra persona que no conociera a Cristo, sin importar cuán exitosa o aclamada fuera. El apóstol enfrentó su **partida** sin sentimientos de inutilidad, desesperanza o desespero, con la seguridad divina de que su vida real tan solo estaba a punto de comenzar. Tal como había enfrentado sin miedo la vida terrenal, ahora enfrentaba la muerte terrenal sin temor. Por cuanto obedeció tan fielmente la voluntad de su Dios soberano, podía hacerse eco de las palabras de Jesús, quien dijo: "Nadie me… quita [la vida], sino que yo de mí mismo la pongo" (Jn. 10:18). Como el Señor Jesús lo había ordenado, Pablo tomó su cruz y nunca la dejó, teniendo el conocimiento seguro de que "esto corruptible se [viste] de incorrupción, y esto mortal se [viste] de inmortalidad. Y cuando esto corruptible se haya vestido de incorrupción, y esto mortal se haya vestido de inmortalidad", diría alegre junto con Isaías que "sorbida es la muerte en victoria" y por eso exclamó junto con Oseas: "¿Dónde está, oh muerte, tu aguijón? ¿Dónde, oh sepulcro, tu victoria?" (1 Co. 15:53-55; cp. Is. 25:8; Os. 13:14).

EL PASADO: EL CAMINO, EN EL CUAL FUE FIEL

He peleado la buena batalla, he acabado la carrera, he guardado la fe. (4:7)

A continuación Pablo reflexiona sobre su vida y servicio desde que fue salvo. Era una vida en la cual respiró todas las veces y vivió cada momento en servicio para su Señor, una vida en la cual ningún sacrificio era tan grande y ningún compromiso era demasiado exigente.

Tal vez Theodore Roosevelt tenía ese versículo en mente cuando escribió:

> No es el crítico el que cuenta, ni el que señala cómo tropezó el fuerte o dónde pudo haber obrado mejor quien hizo algo. El mérito pertenece a quien en verdad está en el ruedo, aquel cuya cara está descompuesta por el polvo, el sudor y la sangre, aquel que se esmera con valentía, aquel que yerra y se queda corto una y otra vez, porque no hay esfuerzo sin errores ni defectos; aquel que de verdad intenta hacerlo; aquel que conoce todo el entusiasmo, toda la devoción y se desgasta por la causa valiosa; a quien, en el peor de los casos, si falla, al menos falló asumiendo un gran riesgo.
>
> Es mucho mejor arriesgarse a hacer grandes cosas, obtener triunfos gloriosos, aunque hayan estado marcados por el fracaso, que formar parte de los espíritus pobres que ni disfrutan mucho ni sufren mucho porque viven en una penumbra que no conoce ni la victoria ni la derrota (del discurso sobre lo extenuante de la vida en el Club Hamilton, Chicago, 10 de abril de 1899).

Pablo vivió haciendo cosas grandes en el poder de Dios. Como el español lo refleja, las expresiones **he peleado**, **he acabado** y **he guardado** (al igual que la expresión *está cercano,* al final del v. 6) son traducciones de verbos perfectos intensivos para indicar acciones completadas con resultados que continúan. Pablo no tenía remordimientos, no sentía que no hubiera cumplido o no hubiera completado algo. Después de que el Señor tomó el control, Pablo vivió verdaderamente al máximo. Hizo todo aquello para lo cual el Señor lo había llamado y capacitado.

No dejó ninguna sinfonía sin terminar. No puede haber mayor satisfacción —y ciertamente ninguna forma más gloriosa de terminar la vida cristiana— que saber, como él, que se ha hecho todo aquello a lo cual el Señor lo ha llamado. Y era precisamente eso lo que estaba pidiendo a Timoteo: cumplir su ministerio (v. 5).

No podemos evitar preguntarnos cómo podemos vivir también nosotros de esa manera. ¿Cómo pudo hacer Pablo semejante afirmación? ¿Cuál era el motivo de su fidelidad y logros espirituales sorprendentes? Él mismo da la respuesta en las tres cláusulas cortas del versículo 7.

En este versículo se expresan o implican cinco principios que fueron fundamentales en la vida y el servicio de Pablo. Primero, reconoció que estaba en una lucha espiritual. La expresión **he peleado** proviene del verbo *agōnizomai* y **batalla** del sustantivo relacionado *agōn*. Como cabrá suponer, estos son la fuente de nuestras palabras en español "agonizar" y "agonía". En tiempos del Nuevo Testamento, las dos palabras solían usarse en referencia a las competiciones atléticas; en particular, a juegos públicos como los famosos juegos olímpicos griegos, cuyo origen databa de varios siglos antes. Las palabras también se usaban para otros tipos de lucha que requerían gran esfuerzo y energía, ya fuera física o espiritual.

Pablo había usado la misma frase básica en su primera carta a Timoteo para amonestarlo a pelear "la buena batalla de la fe" (6:12). A los creyentes corintios les recordó esto: "Todo aquel que lucha [*agōnizomai*], de todo se abstiene; ellos, a la verdad, para recibir una corona corruptible, pero nosotros, una incorruptible" (1 Co. 9:25). Jesús usó el mismo verbo (en cursivas en las referencias siguientes) cuando hizo este llamado: "*Esforzaos* a entrar por la puerta angosta" (Lc. 13:24). Pablo testificó lo siguiente en la carta a la iglesia de Colosas: "Para lo cual también trabajo, *luchando* según la potencia de él, la cual actúa poderosamente en mí" (1:29), y exaltó a Epafras así: "El cual es uno de vosotros, siervo de Cristo, siempre [está] *rogando encarecidamente* por vosotros en sus oraciones, para que estéis firmes, perfectos y completos en todo lo que Dios quiere" (4:12). Por eso "trabajamos y *sufrimos*" dice él, "porque esperamos en el Dios viviente, que es el Salvador de todos los hombres, mayormente de los que creen" (1 Ti. 4:10).

La vida cristiana fiel y fructífera no es menos que una lucha feroz e implacable "contra principados, contra potestades, contra los gobernadores de las tinieblas de este siglo, contra huestes espirituales de maldad en las regiones celestes" (Ef. 6:12). Al comentar al respecto de ese versículo, William Hendricksen escribe:

> Había sido una lucha contra Satanás; contra los principados y potestades, los gobernantes terrenos de esta oscuridad en las regiones celestes; contra la violencia y los vicios de los paganos y los judíos; contra el judaísmo entre los gálatas; contra el fanatismo entre los tesalonicenses, contra la contienda, la fornicación y los litigios entre los corintios; contra el gnosticismo incipiente entre los efesios y los colosenses; contra las peleas

> externas y los miedos internos; y por último, pero no menos importante, contra la ley del pecado y de la muerte que operaba en su propio corazón (*New Testament Commentary: Expositions of the Pastoral Epistles* [Comentario al Nuevo Testamento: Exposiciones de las epístolas pastorales] [Grand Rapids: Baker, 1965], p. 315).

El cristiano fiel batalla constantemente con su propia carne, su propio pecado, su propia ignorancia y pereza. Incluso debe pelear contra la tentación de hacer cosas que son perfectamente buenas en sí mismas, en lugar de otras cosas que son infinitamente más importantes. Cada día hay nuevos frentes en los cuales continúa esta lucha.

Segundo, Pablo reconocía que la causa que él perseguía era más noble. Tenía un sentido muy elevado de dedicación a la causa divina con la cual estaba comprometido. Estaba peleando **la buena batalla**. El griego *kalos* (**buena**) se refiere a aquello intrínsecamente bueno, bueno en sí mismo, sin calificativo alguno. También se usaba para lo que es inherente y genuinamente bello y para las cosas que se ajustan por completo a su naturaleza y propósito básico. En otras partes del Nuevo Testamento se usa para muchas cosas. En Mateo se emplea para el buen fruto (3:10), el buen árbol (12:33), la buena tierra (13:8), los peces buenos (13:48). Pablo lo usa para la ley de Dios (Ro. 7:16) y para todas sus criaturas (1 Ti. 4:4).

El apóstol estaba absolutamente perplejo por el hecho de que tantos creyentes estuvieran buscando "lo suyo propio, no lo que es de Cristo Jesús" (Fil. 2:21). De forma completamente opuesta, él consideraba que sus propias credenciales religiosas eran basura (Fil. 3:4-7) y, de hecho, consideraba "todas las cosas como pérdida por la excelencia del conocimiento de Cristo Jesús, [su] Señor, por amor del cual lo [había] perdido todo, y lo [tenía] por basura, para ganar a Cristo" (v. 8). Nada importaba, excepto la causa de Cristo.

Para el apóstol era de gran satisfacción poder decir que Timoteo hacía "la obra del Señor así como yo" (1 Co. 16:10). A pesar de sus limitaciones, este colaborador joven estaba siguiendo los pasos del apóstol, sirviendo desinteresadamente, desgastándose en la causa de Cristo, proclamando fielmente "la palabra de la reconciliación" divina (2 Co. 5:19).

Los cristianos no se salvan simplemente, ni siquiera principalmente, para su propio bien. Antes que nada, somos salvos para la gloria de Dios y para cumplir su llamado santo a ser sus testigos ante un mundo no salvo (Mt. 28:19-20; 2 Ti. 1:9; He. 3:1). Este, el llamado más noble para la causa más noble, debería inspirar a cada creyente a buscar "primeramente el reino de Dios y su justicia" (Mt. 6:33). Debería motivarnos a entregar todo don y talento, todo tiempo y oportunidad, todo recurso y toda nuestra energía a servir toda la vida en la voluntad y el poder de nuestro Señor.

Tercero, Pablo reconoció la necesidad de evitar vagar sin rumbo, de tener disciplina para permanecer en **la carrera** respectiva hasta que estuviera terminada. Desde el nacimiento espiritual hasta el momento en que Dios nos llame a su presencia divina, esa es nuestra misión celestial.

Se dice que Ted Williams, el famoso jugador de béisbol, tenía tal poder de concentración que cuando estaba al bate no lo distraían ni siquiera los fuegos artificiales lanzados a sus pies. No permitía que nada interfiriera en su concentración inusual de aquel momento. Tal es el grado de disciplina personal que todo hijo de Dios debe anhelar para servirle. El escritor de Proverbios amonesta sabiamente así: "Tus ojos miren lo recto, y diríjanse tus párpados hacia lo que tienes delante. Examina la senda de tus pies, y todos tus caminos sean rectos. No te desvíes a la derecha ni a la izquierda; aparta tu pie del mal" (Pr. 4:25-27).

La palabra **carrera** es traducción de *dromos*, y se refiere literalmente a correr en una carrera y se usaba metafóricamente para una profesión, ocupación o servicio militar de toda la vida. Durante el primer sermón en la sinagoga de Antioquía de Pisidia, Pablo habló de Juan el Bautista diciendo esto: "Mas cuando Juan terminaba su carrera [*dromos*], dijo: ¿Quién pensáis que soy? No soy yo él; mas he aquí viene tras mí uno de quien no soy digno de desatar el calzado de los pies" (Hch. 13:25). Unos años después, el apóstol aseguró lo siguiente a los ancianos de Éfeso, usando la misma palabra para describir su propio llamado: "Pero de ninguna cosa hago caso, ni estimo preciosa mi vida para mí mismo, con tal que acabe mi carrera con gozo, y el ministerio que recibí del Señor Jesús, para dar testimonio del evangelio de la gracia de Dios" (Hch. 20:24).

El escritor de Hebreos advierte sobre dos grandes obstáculos que amenazan implacablemente con sacar a los creyentes de **la carrera** que Dios les dio. Él dice: "Por tanto, nosotros también, teniendo en derredor nuestro tan grande nube de testigos, despojémonos de todo *peso* y del *pecado* que nos asedia, y corramos con paciencia la carrera [*dromos*] que tenemos por delante" (He. 12:1, cursivas añadidas).

Puesto que el escritor diferencia entre *peso* y *pecado*, obviamente los dos no son la misma cosa. Un *peso* no es malo en sí mismo. Normalmente es inofensivo e incluso vale la pena. El peligro y el daño llegan cuando tales cosas obstaculizan nuestro servicio a Cristo. Nos cargan mientras corremos, nos distraen cuando deberíamos estar concentrados, nos cambian el enfoque de la obra del Señor para ponerlo en otra parte y agotan la energía que debería estar completamente dedicada a Él. Cualquier cosa innecesaria que permitamos en nuestras vidas se convierte en un peso espiritual. Pablo llamó a tales cosas "madera, heno [y] hojarasca" (1 Co. 3:12). No son malas pero tienen un valor muy limitado.

El segundo obstáculo mencionado en Hebreos 12:1 es más obvio y mucho peor. El pecado no solamente nos desvía de la obra de Dios, sino que también nos priva del progreso ya ganado. Si el pecado es muy grave, el mismo Señor nos puede sacar de la carrera, porque nuestro testimonio y eficacia se han menoscabado (cp. 1 Co. 11:30; 1 Jn. 5:16). El gran apóstol era plenamente consciente de esa amenaza potencial a su propio ministerio. No sentía miedo de cosas como "prisiones y tribulaciones" en tanto pudiera acabar su "carrera con gozo, y el ministerio que [recibió] del Señor Jesús, para dar testimonio del evangelio de la gracia de Dios" (Hch. 20:23-24). Pero sentía gran preocupación porque, de alguna manera, hiciera o dejara de hacer algo por lo cual el Señor lo considerara indigno de su llamado. Dijo: "Así que, yo de esta manera corro, no como a la ventura; de esta manera peleo, no como quien golpea el aire, sino que golpeo mi cuerpo, y lo pongo en servidumbre, no sea que habiendo sido heraldo para otros, yo mismo venga a ser eliminado" (1 Co. 9:26-27).

El escritor de Hebreos procede a señalarnos la única protección contra el peso y el pecado, a saber: poner "los ojos en Jesús, el autor y consumador de la fe, el cual por el gozo puesto delante de él sufrió la cruz, menospreciando el oprobio, y se sentó a la diestra del trono de Dios" (12:2).

Incluso después de que Jesús cuestionó el amor de Pedro y le advirtió sobre sus aflicciones venideras por causa del evangelio, el discípulo no tenía sus ojos puestos en el Maestro. En su lugar, tuvo curiosidad por Juan y preguntó: "Señor, ¿y qué de éste?", por lo cual recibió otra reprensión: "Jesús le dijo: Si quiero que él quede hasta que yo venga, ¿qué a ti? Sígueme tú" (Jn. 21:21-22). En otras palabras, a Pedro no le incumbía si el Señor permitía que Juan viviera hasta la Segunda Venida. La preocupación de Pedro debía haber sido con respecto a su propia fidelidad.

El famoso poema de Rudyard Kipling, "Si", no es cristiano, pero capta la esencia de la vida madura, la vida que mantiene todo en su perspectiva y prioridad correctas.

> Si puedes conservar la calma cuando a tu alrededor
> todos la pierdan y te culpen;
> si puedes creer en ti cuando duden de ti todos los hombres
> pero igualmente permíteles que duden;
> si puedes esperar y no cansarte de la espera,
> que cuando mientan sobre ti, no transijas con mentiras,
> que cuando te odien, no le des cabida al odio
> y que, con todo, no parezcas demasiado bueno ni demasiado sabio;
>
> Si puedes soñar sin que bajo los sueños quedes dominado;
> si puedes pensar sin que bajo los pensamientos quedes afincado;
> si puedes encontrarte con el triunfo y el desastre
> y tratar igual a ese par de embaucadores;
> si puedes soportar que la verdad que has explicado
> termine retorcida por bellacos que la vuelvan trampa de
> mentecatos,

u observar desechas las cosas a las que tu vida has entregado,
y bajarte a construirlas de nuevo con instrumentos gastados;

Si puedes hablar con multitudes y conservarte virtuoso,
o pasearte con reyes sin perderte de lo cotidiano;
si ni amigos ni enemigos pueden hacerte daño;
si todos los hombres cuentan contigo, pero no en exceso;
si eres capaz de llenar el minuto implacable,
con lo que valen los últimos sesenta segundos del camino recorrido;
la Tierra será tuya y todo cuanto ella contenga,
y —lo que vale más— serás un Hombre, hijo mío.

El cuarto principio fundamental de la vida de Pablo fue reconocer la necesidad de atesorar el tiempo. Solo tenemos el tiempo que Dios nos ha asignado y ninguno de nosotros sabe cuándo terminará. La vida de cada cristiano corre conforme al programa divino y contra su divino reloj. No sabemos por cuánto tiempo mantendrá abierta la puerta de cierta oportunidad o de todo nuestro tiempo de servicio. Por eso el apóstol aconseja: "Mirad, pues, con diligencia cómo andéis, no como necios sino como sabios, aprovechando bien el tiempo, porque los días son malos" (Ef. 5:15-16). Dios nos da muchas cosas sin límite (su amor, su gracia y muchas cosas más). Pero su regalo del tiempo tiene medición estricta.

En el año 490 a.C., los atenienses ganaron una batalla decisiva sobre las fuerzas del rey Darío I de Persia en una llanura cercana a la pequeña villa costera griega de Maratón. Uno de los soldados griegos corrió sin parar desde el campo de batalla hasta Atenas para llevar las noticias de la victoria. Pero corrió con tal esfuerzo sin reservas que cayó muerto a los pies de aquellos a quienes llevaba el mensaje. Las competencias de maratón, tan populares hoy día, reciben su nombre por aquel campo de batalla. También son un tributo a aquel soldado, pues la distancia del recorrido tiene su base en la distancia aproximada de poco más de 42 kilómetros que corrió en su esfuerzo último y supremo por su país. Él completó su recorrido, no hay forma más noble en la que pueda morir un ser humano.

El quinto principio fundamental de la vida y ministerio de Pablo fue reconocer su responsabilidad sagrada con la Palabra de Dios, el elemento controlador de todo lo que dijo e hizo. Todos deberíamos querer poder decir "**he guardado la fe**", con la veracidad y sinceridad del apóstol.

La frase **he guardado** es traducción de *tērēo*, que conlleva las ideas de vigilar, poner atención o preservar. Jesús usó este verbo tres veces en su oración sacerdotal. Pidió amorosamente a su Padre: "*Guárdalos* [a su pueblo] en tu nombre, para que sean uno, así como nosotros"; le recordó esto: "Cuando estaba con ellos en el mundo, yo los *guardaba* en tu nombre; a los que me diste, yo los guardé, y ninguno de ellos se perdió". Pocos versículos después, pidió al Padre que los *guardara* del mal (Jn. 17:11-12, 15, cursivas añadidas; cp. 1 Jn. 5:18). Judas habla de los creyentes como los "llamados, santificados en Dios Padre, y *guardados* en Jesucristo" (Jud. 1:1, cursivas añadidas).

Por nuestra parte, guardar **la fe** requiere ser "solícitos en *guardar* la unidad del Espíritu en el vínculo de la paz" (Ef. 4:3; cursivas añadidas) y *conservarnos* puros del pecado (1 Ti. 5:22). Usando un verbo diferente pero haciendo la misma amonestación, Pablo dio a Timoteo la responsabilidad de guardar la Palabra de Dios que se le había confiado (1 Ti. 6:20; 2 Ti. 1:14). A pesar de los obstáculos o el costo, debemos preservar y proclamar el tesoro inconmensurable de la Palabra.

El primer requisito para guardar ese tesoro es reconocer que *es* un tesoro. Hay una historia hermosa y conmovedora sobre una joven francesa, ciega de nacimiento: Después de haber aprendido a leer con el tacto, una amiga le dio una copia en Braille del Evangelio de Marcos; la leyó tantas veces que sus dedos se volvieron callosos y perdieron la sensibilidad. Ella cortó la piel del final de los dedos para volver a obtenerla. Sin embargo, trágicamente, unas cicatrices insensibles y permanentes remplazaron a los callos; ella, en medio de sollozos, le dio un beso de despedida al libro y dijo: "Adiós, adiós, palabra dulce de mi Padre celestial". De esa manera, descubrió que sus labios eran más sensibles de lo que sus dedos fueron, y pasó el resto de sus días leyendo su gran tesoro con los labios. ¡Ojalá que todos los cristianos tuvieran tanto apetito por la Palabra de Dios!

En 1904, William Borden, miembro de la familia lechera Borden, terminó su bachillerato en Chicago y recibió de regalo de graduación un crucero por el mundo. Al viajar en particular por el Medio y Lejano Oriente, sintió una carga pesada por los perdidos. Después de regresar a casa, pasó siete años en la Universidad de Princeton, de los cuales los primeros cuatro años fueron en su pregrado y los tres siguientes en el seminario. Mientras estaba en la universidad, escribió estas palabras en el reverso de su Biblia: "Sin reservas". Aunque su familia le rogó que se hiciera cargo del negocio, del cual era socio, él insistió en que el llamado de Dios al campo misionero tenía prioridad. Después de deshacerse de su riqueza, añadió "Sin retrocesos" después de "Sin reservas". De camino a la China para testificar allí ante los musulmanes, contrajo una meningitis cerebral en Egipto y murió en menos de un mes. Después de su muerte, alguien descubrió estas palabras finales al mirar su Biblia: "Sin lamentaciones". Sabía que el Señor no exige éxito, solo fidelidad.

Deberíamos ser conscientes constantemente de que nuestras vidas son una lucha espiritual, porque eso es lo que la Palabra de Dios enseña regularmente. Sabemos que estamos comprometidos en la causa más noble, porque así es como la Biblia la define. Debemos trabajar con disciplina personal, porque eso es lo que la Palabra exige. Sabemos que nuestro tiempo es precioso y limitado y sabemos que nuestro llamado es una responsabilidad sagrada, porque la Palabra declara que eso es cierto.

EL FUTURO: LA CORONA, CON LA QUE SERÁ RECOMPENSADO

Por lo demás, me está guardada la corona de justicia, la cual me dará el Señor, juez justo, en aquel día; y no sólo a mí, sino también a todos los que aman su venida. (4:8)

El griego *loipos*, traducido **por lo demás**, se refiere en general a lo que queda, lo que falta por venir. Lo que le quedaba aún a Pablo, después de que el pasado y el presente se terminaran, sería por mucho la parte más gloriosa de su vida en Cristo.

Pablo tenía la seguridad cierta e inspirada por el Espíritu de que en el futuro le estaba **guardada la corona de justicia**. Después de haber peleado la buena batalla, terminado la carrera y guardado la fe, recibiría la recompensa de los victoriosos.

La palabra **guardado** conlleva la idea de estar almacenado en un lugar seguro y bien protegido. Los creyentes almacenan con anterioridad cierta parte de su tesoro. Jesús ordena esto: "Haceos tesoros en el cielo, donde ni la polilla ni el orín corrompen, y donde ladrones no minan ni hurtan" (Mt. 6:20). Pablo aconseja a Timoteo, en la primera carta que le escribió, que instruya a las personas de su congregación "que hagan bien, que sean ricos en buenas obras, dadivosos, generosos; atesorando para sí buen fundamento para lo por venir, que echen mano de la vida eterna" (1 Ti. 6:18-19).

Aunque Pablo no conoció a Jesús durante su ministerio terrenal, sin duda oyó de la promesa de su Señor: "Bienaventurados sois cuando por mi causa os vituperen y os persigan, y digan toda clase de mal contra vosotros, mintiendo. Gozaos y alegraos, porque vuestro galardón es grande en los cielos" (Mt. 5:11-12). Cristo también dijo que su Padre recompensará a quienes dan, oran y ayunan en secreto; esto es, quienes lo hacen con sinceridad y no para que otros hombres los vean y los alaben (Mt. 6:4, 6, 18). De hecho, Cristo se unirá a su Padre para entregar tales recompensas: "el Hijo del Hombre vendrá en la gloria de su Padre con sus ángeles, y entonces pagará a cada uno conforme a sus obras" (Mt. 16:27). La promesa de Jesús no era una revelación nueva, sino una cita del Salmo 62:12: "Y tuya, oh Señor, es la misericordia; porque tú pagas a cada uno conforme a su obra". El escritor de Hebreos nos dice: "Es necesario que el que se acerca a Dios crea que le hay, y que es galardonador de los que le buscan" (He. 11:6).

Ningún autor de las Escrituras proclamó con más fuerza que Pablo la verdad de que la salvación es solo por la gracia de Dios que opera a través de la fe. Aun así, ningún otro autor de las Escrituras anticipó con más gozo la recompensa que recibiría un día por parte del Señor que lo había salvado y sustentado por gracia. Continuamente presionaba por llegar "a la meta, al premio del supremo llamamiento de Dios en Cristo Jesús" (Fil. 3:14).

Esta recompensa se basará más en nuestras intenciones que en nuestros logros. El escritor de Proverbios pregunta retóricamente: "¿Acaso no lo entenderá el que pesa los corazones? El que mira por tu alma, él lo conocerá, y dará al hombre según sus obras" (Pr. 24:12). Las buenas obras motivadas por el egoísmo pueden ser de gran ayuda para las demás personas y Dios las puede usar para su gloria, pero no le merecerán recompensa a quien las haga.

Por otra parte, las buenas obras bien intencionadas pero que no se completaron, sin ser culpa de quien las quería hacer, merecerán recompensa para este hacedor sincero, porque Dios juzga el corazón. William Borden no logró prácticamente nada del ministerio que había previsto, pues la muerte lo alcanzó antes de que llegara a su campo de servicio. Pero su declaración final, "Sin lamentaciones", estaba bien fundamentada en la seguridad de que había buscado con sinceridad y obedecido con fidelidad la voluntad del Señor.

Pablo no tenía lamentaciones. No afirmó ser perfecto. Dijo: "Aunque de nada tengo mala conciencia, no por eso soy justificado". No obstante, tenía confianza absoluta en que Dios le tenía **guardada la corona de justicia**.

La palabra **corona** es traducción de *stephanos*, que tiene el significado literal de rodear y se usaba para las coronas o guirnaldas trenzadas que vestían las cabezas de los dignatarios, los vencedores militares y los ganadores de competiciones atléticas como marca de gran honor. Los soldados de Pilatos pusieron en la cabeza de Jesús un *stephanos* de espinas mientras se burlaban llamándolo "¡Rey de los judíos!" (Mt. 27:29).

Tal vez *stephanos* fuera usado más comúnmente para la corona que se colocaba en la cabeza de los atletas ganadores, tal como ocurre hoy día con las medallas que se colocan en el cuello de los campeones olímpicos. Era el único premio que recibían los atletas de la antigüedad (2 Ti. 2:5), pero era anhelado como un gran tesoro. Con todo, dijo Pablo, corrían "para recibir una corona corruptible, pero nosotros, una incorruptible" (1 Co. 9:25).

La frase **de justicia** es traducción del sustantivo singular griego *dikaiosunē*, que aquí es un genitivo. Lingüísticamente, podría ser un genitivo de la fuente (lo cual significaría que la **justicia** es la causa de la corona) o un genitivo de aposición (en cuyo caso **justicia** describe la naturaleza de la corona). Como ya se indicó, la recompensa celestial de un creyente tiene su base, de algún modo, en su fidelidad, lo cual hace posible el genitivo de la fuente. Pero en este contexto parece más apropiado tomar **justicia** como una aposición, para describir la corona. Se trata de la corona de justicia eterna, la misma corona del Redentor otorgada en perfección completa al creyente glorificado.

Ciertas recompensas que los creyentes recibirán o dejarán de recibir serán individuales, con base en su fidelidad. Jesús resumió así las verdades de la parábola de los talentos: "Al que tiene, le será dado, y tendrá más; y al que no tiene, aun lo que tiene le será quitado" (Mt. 25:29). Pablo enseña que compareceremos "ante el tribunal de Cristo, para que cada uno reciba según lo que haya hecho mientras estaba en el cuerpo, sea bueno o sea malo" (2 Co. 5:10). Pablo explicó en su carta anterior a los creyentes de Corinto lo siguiente: "La obra de cada uno se hará manifiesta; porque el día la declarará, pues por el fuego será revelada; y la obra de cada uno cuál sea, el fuego la probará. Si permaneciere la obra de alguno que sobreedificó, recibirá recompensa. Si la obra de alguno se quemare, él sufrirá pérdida, si bien él mismo será salvo, aunque así como por fuego" (1 Co. 3:13-15).

Pero Pablo estaba hablando aquí de la **corona de justicia** con la que *todo* creyente será coronado. Santiago la llama "corona de vida" (Stg. 1:12) y Pedro la llama "corona incorruptible de gloria" (1 P. 5:4). Jesús explica que todo creyente compartirá la misma porción de vida eterna y justicia eterna en la parábola del padre de familia que contrató a varios hombres, a diferentes horas del día, y les pagó el mismo jornal (Mt. 20:1-16).

Él también nos asegura: "Bienaventurados los que tienen hambre y sed de justicia, porque ellos serán saciados" (Mt. 5:6). Nuestra satisfacción vendrá de aquello que estamos buscando, pues la **justicia** será la recompensa de quienes la buscan. Los creyentes, "por el Espíritu", aguardan con ansias "la esperanza de la justicia" (Gá. 5:5), tal como aguardan unos "cielos nuevos y [una] tierra nueva, en los cuales [more] la justicia" (2 P. 3:13). "El reino de Dios... *es*... justicia, paz y gozo en el Espíritu Santo" (Ro. 14:17, cursivas añadidas). La **justicia** es aquella que, por la provisión misericordiosa del Señor, algún día será nuestra cosecha (2 Co. 9:10) y nuestro vestido (Ap. 19:8). No podría ser de otra manera, porque "sabemos que cuando [Cristo] se manifieste, seremos semejantes a Él, porque le veremos tal como Él es" (1 Jn. 3:2).

Cuando creímos en Cristo como Señor y Salvador, Él nos otorgó su justicia (Ro. 4:6, 11); y a medida que vivimos en Cristo, su Espíritu Santo obra la justicia práctica en nosotros y a través de nosotros (Ro. 6:13, 19; 8:4; Ef. 5:9; 1 P. 2:24). Aun así, por causa del pecado, que cuelga de nosotros como una prenda vieja y sucia, debemos batallar en contra de la injusticia. Solo al completar esa batalla su justicia se perfeccionará en nosotros, cuando recibamos precisamente la **corona de justicia** de las propias manos del Señor; la corona de victoria que, como dice Pablo, nos **dará el Señor, juez justo, en aquel día**.

Pablo se refiere a **aquel día** en dos ocasiones más en esta carta. Dijo: "Por lo cual asimismo padezco esto; pero no me avergüenzo, porque yo sé a quién he creído, y estoy seguro que es poderoso para guardar mi depósito para aquel día" (1:12). Pocos versículos después, oró para que su amado Onesíforo hallara "misericordia cerca del Señor en aquel día" (v. 18).

Por supuesto, está hablando del **día** del regreso de Cristo en particular, el **día** de la resurrección y el arrebatamiento: cuando "el Señor mismo con voz de mando, con voz de arcángel, y con trompeta de Dios, descenderá del cielo; y los muertos en Cristo resucitarán primero. Luego [los que vivan], los que [hayan] quedado, [serán] arrebatados juntamente con ellos en las nubes para recibir al Señor en el aire, y así [estén] siempre con el Señor" (1 Ts. 4:16-17). En aquel **día** glorioso ocurrirá esto: "Todos seremos transformados, en un momento, en un abrir y cerrar de ojos, a la final trompeta; porque se tocará la trompeta, y los muertos serán resucitados incorruptibles, y nosotros seremos transformados. Porque es necesario que esto corruptible se vista de incorrupción, y esto mortal se vista de inmortalidad. Y cuando esto corruptible se haya vestido de incorrupción, y esto mortal se haya vestido de inmortalidad, entonces se cumplirá la palabra que está escrita: Sorbida es la muerte en victoria" (1 Co. 15:51-54).

El apóstol exhortó a la iglesia de Filipos: "Haced todo sin murmuraciones y contiendas, para que seáis irreprensibles y sencillos, hijos de Dios sin mancha en medio de una generación maligna y perversa, en medio de la cual resplandecéis como luminares en el mundo; asidos de la palabra de vida, para que *en el día de Cristo* yo pueda gloriarme de que no he corrido en vano, ni en vano he trabajado" (Fil. 2:14-16, cursivas añadidas).

La perspectiva gloriosa de recibir de Dios la corona de justicia no pertenece solamente a Pablo, **sino también a todos los que aman su venida**. De nuevo, el apóstol usa el tiempo perfecto (*han amado*), indicando el logro de alguna situación pasada con efectos continuos.

Juan dice: "El amor es de Dios. Todo aquel que ama, es nacido de Dios, y conoce a Dios" (1 Jn. 4:7). De manera opuesta, continúa explicando, "el que no ama, no ha conocido a Dios; porque Dios es amor" (v. 8). El amor de Dios es tan absolutamente esencial que "el que no [ama] al Señor Jesucristo, [es] anatema", dice Pablo (1 Co. 16:22).

En otras palabras, una persona que no ama a Dios no puede reclamarle a Dios, ni en cuanto a la salvación ni en cuanto a las recompensas. Y todo creyente verdadero *amará* a Dios y a las cosas de Dios, porque el amor es la marca suprema y necesaria de la salvación. Cuando las personas se hacen cristianas, llegan a amar a Dios. El creyente regenerado recibe un nuevo corazón, una nueva voluntad y una nueva actitud espiritual, cosas todas que se expresan en el amor, porque "el amor de Dios ha sido derramado en [sus corazones] por el Espíritu Santo que [les] fue dado" (Ro. 5:5). No hay excepciones.

De igual forma, todos los creyentes **aman** la **venida** de Cristo, porque anhelan estar en su presencia divina, donde vivirán y le servirán por toda la eternidad. Porque para los cristianos, la verdadera "ciudadanía está en los cielos, de donde también [esperan] al Salvador, al Señor Jesucristo" (Fil. 3:20).

Pablo no hablaba por orgullo. Como cualquier santo que haya vivido, él sabía que todo lo bueno que tenía y que hizo fue por la gracia de Dios. A la iglesia de Colosas se lo explicó así: "Para lo cual también trabajo, luchando según la potencia de él, la cual actúa poderosamente en mí" (Col. 1:29). No buscaba reconocimiento para él, sino que reconocía que por la gracia y el poder de Dios, los cuales obran a través de la fidelidad humana que el Señor exige, su vida estaba llegando a un final victorioso. Basándose en la propia promesa del Señor, él esperaba oírle decir en un día cercano: "Bien, buen siervo y fiel" (Mt. 25:21).

Amigos y enemigos 12

Procura venir pronto a verme, porque Demas me ha desamparado, amando este mundo, y se ha ido a Tesalónica. Crescente fue a Galacia, y Tito a Dalmacia. Sólo Lucas está conmigo. Toma a Marcos y tráele contigo, porque me es útil para el ministerio. A Tíquico lo envié a Éfeso. Trae, cuando vengas, el capote que dejé en Troas en casa de Carpo, y los libros, mayormente los pergaminos. Alejandro el calderero me ha causado muchos males; el Señor le pague conforme a sus hechos. Guárdate tú también de él, pues en gran manera se ha opuesto a nuestras palabras. En mi primera defensa ninguno estuvo a mi lado, sino que todos me desampararon; no les sea tomado en cuenta. Pero el Señor estuvo a mi lado, y me dio fuerzas, para que por mí fuese cumplida la predicación, y que todos los gentiles oyesen. Así fui librado de la boca del león. Y el Señor me librará de toda obra mala, y me preservará para su reino celestial. A él sea gloria por los siglos de los siglos. Amén. Saluda a Prisca y a Aquila, y a la casa de Onesíforo. Erasto se quedó en Corinto, y a Trófimo dejé en Mileto enfermo. Procura venir antes del invierno. Eubulo te saluda, y Pudente, Lino, Claudia y todos los hermanos. El Señor Jesucristo esté con tu espíritu. La gracia sea con vosotros. Amén. (4:9-22).

Una empresa, gobierno u organización grande no puede funcionar bien ni sobrevivir sin una red de contactos. Proveedores, clientes, empleados, accionistas y muchas más personas tienen que estar necesariamente involucrados. Para este principio no hay mejor ilustración que el cuerpo humano con sus partes increíblemente variadas e intrincadamente relacionadas. Pablo usó tal figura en su primera carta a la iglesia inmadura y poco unida de Corinto para enseñarles cómo debe ser la armonía y la unidad en el cuerpo de Cristo (1 Co. 12:14-27).

Por tanto, no sorprende que al final de su última carta, Pablo se enfoque en otras personas, muchos amigos y unos cuantos enemigos, que influyeron en su ministerio de una forma u otra. El gran apóstol sabía que ellos estaban involucrados en todo lo que él hacía, así que en estos versículos finales reconoce y recuerda a esa red de personas. Ni siquiera él podía haber ministrado solo. Era muy consciente de su llamado distintivo y de su autoridad como apóstol del Señor Jesucristo (véase, p. ej., Ro. 1:1; 1 Co. 1:1; 1 Ti. 1:1; 2 Ti. 1:1); pero él no presumía de trabajar para el Señor independiente de otros creyentes ni intentaba satisfacer toda necesidad o hacer cada cosa solo. Tenía equipos de colaboradores y compañeros en el ministerio, la predicación y la enseñanza en quienes había depositado una gran confianza para el ministerio mutuo. La mayoría de ellos eran colaboradores fieles, "hombres [y mujeres] de guerra cuyos corazones Dios había tocado" (1 S. 10:26).

Algunos de ellos eran viejos amigos, otros eran nuevos, algunos fueron consecuentes en su servicio y otros no, algunos siempre estuvieron listos para ofrecerse como voluntarios y algunos nunca lo estuvieron, algunos estaban dispuestos a hacer sacrificios por el Señor y otros no lo estaban. Muy pocos eran incrédulos, algunos de ellos eran de la iglesia y otros no lo eran. Pero todos eran parte de la vida de Pablo y todos jugaron un papel en su ministerio.

Cuando se enfrentaba al hacha del verdugo, muchas de estas personas estaban en su mente. Al pasar el manto del ministerio a Timoteo, le dio información actualizada sobre la condición espiritual, las actividades y la ubicación de ciertos hombres y mujeres. A algunos, inclusive Timoteo, esperaba visitarlos antes de morir. A otros tan solo los saludó o extendió el saludo de parte de ellos. Algunos son mencionados por su nombre, otros no. A algunos los estaba enviando o ya los había enviado a lugares estratégicos para edificar las congregaciones vacilantes. A otros los cita por el daño especial que le habían hecho a él y a la causa de Cristo.

Pablo no escribe esta sección como un pensamiento de última hora; no era secundario, sino vital al mensaje inspirado por el Espíritu. El Señor quería que el resto de su iglesia supiera de estas personas en la vida de Pablo y aprendiera de su fidelidad y su fracaso.

TIMOTEO, EL HIJO FIEL

Procura venir pronto a verme, (4:9)

Al comienzo de la primera carta a Timoteo, el apóstol se dirigió a él llamándolo "verdadero hijo en la fe" (1:2) y en esta segunda carta lo llamó "amado hijo" (1:2). No tenía otro amigo terrenal que le fuera más querido.

No tenía un colaborador que fuera más digno de confianza. Dice a la iglesia de Corinto: "Por tanto, os ruego que me imitéis. Por esto mismo os he enviado a Timoteo, que es mi hijo amado y fiel en el Señor, el cual os recordará mi proceder en Cristo, de la manera que enseño en todas partes y en todas las iglesias" (1 Co. 4:16-17). En el mismo espíritu de confianza, el apóstol dijo a la iglesia de Filipos: "Espero en el Señor Jesús enviaros pronto a Timoteo, para que yo también esté de buen ánimo al saber de vuestro estado; pues a ninguno tengo del mismo ánimo, y que tan sinceramente se interese por vosotros" (Fil. 2:19-20). Timoteo no solo seguía la doctrina de Pablo, también seguía su ejemplo.

El amor era mutuo. Al principio de la segunda carta, el apóstol dice a Timoteo: "Doy gracias a Dios, al cual sirvo desde mis mayores con limpia conciencia, de que sin cesar me acuerdo de ti en mis oraciones noche y día; deseando verte, al acordarme de tus lágrimas, para llenarme de gozo" (2 Ti. 1:3-4).

Aunque Lucas, fiel y amado, estuvo con Pablo en Roma en aquel momento, el apóstol anhelaba ver a Timoteo con el anhelo de un padre, especialmente porque sabía que la posibilidad de verlo de nuevo en esta vida pronto se desvanecería. Por tanto, era imperativo que Timoteo procurara ir **pronto a** verlo.

Muchos grandes líderes cristianos han tenido un mentor espiritual, alguien que ha tenido cuidado especial en enseñarles la Palabra y en darles un ejemplo alto. Por supuesto, para Timoteo esa persona era Pablo. Como él, sin duda, tales mentores no tienen mayor satisfacción que ver a alguien que, bajo su guía, se vuelva un siervo eficaz de Cristo.

El escritor de Hebreos dijo a sus lectores: "Sabed que está en libertad nuestro hermano Timoteo" (He. 13:23). Este joven ministro estaba siguiendo los pasos de Pablo, hasta tal punto que fue encarcelado por proclamar con audacia y negarse a acomodar el evangelio.

DEMAS, EL DESERTOR INFIEL

porque Demas me ha desamparado, amando este mundo, y se ha ido a Tesalónica. (4:10*a*)

Pablo pasa del más fiel al más infiel. Es posible que **Demas** hubiera sido valioso para Pablo y para el ministerio de Roma de algún modo, y que el apóstol quisiera que Timoteo fuera pronto para continuar la obra que **Demas** había abandonado.

Pablo menciona a **Demas** por primera vez en Colosenses, escrita poco después de 1 Timoteo y unos cinco años antes que 2 Timoteo, durante el primer encarcelamiento de Pablo en Roma. En aquella ocasión, **Demas**, junto con Lucas y Epafras, era uno de los colaboradores más cercanos del apóstol (Col. 4:12-14). En el libro de Filemón, escrito por la misma época y en el mismo lugar, Pablo envía saludos de parte de **Demas**, uno de sus "colaboradores" (Flm. 24). Podemos estar seguros de que Pablo había invertido mucho tiempo y esfuerzo en enseñar, aconsejar y animar cuidadosamente a **Demas** y esperaba que él le ayudara a llevar a cabo el ministerio.

En aquel momento, cualquier amigo de Pablo, en especial los colaboradores, corrían el riesgo de compartir con él la persecución y la prisión. Cuando el riesgo se incrementó, la resolución de Demas decreció porque amaba más a **este mundo** que al Señor, a su pueblo y a su obra. Podría no haber sido ni siquiera un verdadero creyente. Juan dice: "Si alguno ama al mundo, el amor del Padre no está en él" (1 Jn. 2:15). El corazón de Demas podría haber sido un lugar rocoso, cubierto solo con la cantidad de tierra necesaria para aceptar superficialmente la semilla del evangelio, pero no la suficiente para darle la salvación completa. Cuando el calor de "la aflicción o la persecución" en el mundo se hizo muy fuerte, él se secó y se cayó (Mt. 13:5-6, 20-21). O tal vez su corazón estaba infestado de espinas y cuando "el afán de este siglo y el engaño de las riquezas [ahogaron] la palabra... se [hizo] infructuosa" (Mt. 13:7, 22). Su reacción a las privaciones que enfrentó en su vida física, a la larga sacó a la luz la depravación de su vida espiritual.

En cualquier caso, su cobardía era mayor que su compromiso y se alejó de Pablo. La palabra **ido** es traducción de *enkataleipo*, un verbo fuerte cuyo significado es abandonar completamente a alguien y dejarlo desamparado en una situación nefasta. Tal vez, el sacrificio de las múltiples comodidades, incluida la pérdida probable de su propia libertad, era un precio demasiado alto para Demas. Era un discípulo en las buenas, y nunca consideró el costo del compromiso genuino con Cristo. Tal vez quería satisfacer la emoción de haber hecho su parte en una causa noble cuando las exigencias no eran muy grandes. Pero cuando la causa se hizo costosa, él ya no se pudo encontrar.

No se da su razón para huir **a Tesalónica**, pero debe haber considerado que era un refugio seguro. Tal vez allí quedaba su casa (véase Flm. 4), en cuyo caso tal vez no lo conocieran allí como cristiano, o allí los creyentes no sufrían persecución. Pudo haber renunciado a Cristo del todo y vuelto al mundo. Cualquiera que fuera el caso, produjo gran desilusión y angustia en Pablo.

CRESCENTE, EL DESCONOCIDO FIEL

Crescente fue a Galacia, (4:10*b*)

Excepto por lo poco que se puede inferir en esta mención breve, nada sabemos de **Crescente**. Puesto que Pablo lo envió **a Galacia** y no huyó, como sí lo hizo Demas, obviamente era un siervo de Cristo fiel y confiable. En aquella región había muchas iglesias fuertes, en su mayoría fundadas por el apóstol. Pablo había ministrado en **Galacia** en cada uno de sus tres viajes misioneros y los creyentes del lugar tenían un lugar querido en su corazón. No les habría enviado un hombre en quien no tuviera absoluta confianza.

Crescente era un líder dedicado, enviado a iglesias dedicadas. Está entre los muchos hombres y mujeres fieles que, en gran mayoría, la naciente iglesia conocía pero que han sido desconocidos en la historia de la iglesia y son desconocidos en la iglesia de hoy. Aun así, la vida y obra de Crescente era un libro abierto para el Señor y podemos estar seguros de que recibirá una recompensa divina, además de la gratitud profunda de Pablo.

TITO, EL CONOCIDO FIEL

y Tito a Dalmacia. (4:10*c*)

Por otra parte, **Tito** era conocido y fiel. Pablo le escribió la carta varios años después de 1 Timoteo y cerca de un año antes de 2 Timoteo. Además de aquí y del libro que lleva su nombre, el apóstol menciona a **Tito** nueve veces en 2 Corintios y dos en Gálatas.

Al parecer, Pablo había predicado en Creta durante una breve estadía en su camino a Roma bajo custodia (véase Hch. 27:12). En aquella ocasión, dejó a **Tito**, su "verdadero hijo en la común fe… en Creta, para que [corrigiese] lo deficiente, y [estableciese] ancianos en cada ciudad, así como [Pablo le mandó]" (Tit. 1:5).

Tito era un edificador y capacitador, un hombre en quien el apóstol confiaba plenamente para enseñar y para pastorear iglesias en dificultades. Probablemente Pablo fue a Macedonia en algún momento después de su arresto domiciliario de dos años en Roma (Hch. 28:30). De allí fue a Dalmacia (conocida también como Ilírico, cp. Ro. 15:19), que estaba localizada justo al norte de Macedonia, en el lado oriental del mar Adriático. Luego viajó a Nicópolis, hacia el sur, un pueblo en la provincia de Acaya, cerca de la frontera con Macedonia. Fue allí donde pidió encontrarse con **Tito** (Tit. 3:12). Tal vez **Tito** fue **a Dalmacia** desde Nicópolis, probablemente por solicitud de Pablo, para fortalecer la iglesia de allí y edificar a sus líderes.

LUCAS, EL COMPAÑERO FIEL

Sólo Lucas está conmigo. (4:11*a*)

Algunos intérpretes consideran que Pablo quiere indicar desilusión con **Lucas** al usar la palabra **sólo**, como si el apóstol se estuviera lamentando: "No me quedan amigos ni nadie que me ayude, nada más **Lucas**". Pero esa perspectiva es injusta con este hombre y se opone a todo lo que sabemos de él en el Nuevo Testamento. Más bien, se trata de que este amigo devoto no podía llevar solo la carga del ministerio en Roma, mientras el apóstol languidecía en un calabozo sin perspectiva de liberación. Por causa de la persecución brutal de Nerón, muchos creyentes habían huido de la capital. Quienes quedaron estaban en peligro constante y necesitaban más que nunca guía y aliento espiritual.

Lucas se menciona por su nombre solo tres veces en el Nuevo Testamento, del cual él es el único autor gentil. Sin embargo, escribió el más largo de los cuatro Evangelios y el extenso libro de Hechos. Pablo se refiere a él como "Lucas el médico amado" (Col. 4:14) y como uno de sus "colaboradores" (Flm. 24). Dadas sus capacidades literarias, parece probable que actuara en ocasiones como el amanuense de Pablo.

Aunque **Lucas** era médico de profesión, no se nos dice nada de su trabajo médico después de su conversión, aunque sin duda trató a Pablo y a sus demás compañeros como "médico amado". Por su Evangelio sabemos que era evangelista y por el libro de Hechos que era un historiador hábil. El Espíritu Santo lo usó de manera única para relatar la vida de Cristo y los primeros días de la iglesia de Cristo. Sin embargo, como siervo humilde del Señor y de los demás santos, tenía cuidado de mantenerse tras las bambalinas.

Lucas había sido compañero de Pablo por mucho tiempo; acompañó al apóstol durante muchos años y cientos —quizá miles— de kilómetros. Es fácil trazar su asociación directa con el apóstol por el uso de los pronombres de primera persona en plural en Hechos (nosotros, nuestro, etc.). Estuvo con Pablo en Troas y Filipos durante el segundo viaje misionero, se le volvió a unir al final del tercero y estuvo con él en Jerusalén para enfrentar el arresto y el encarcelamiento. Acompañó a Pablo en su viaje a Roma, naufragó con él en las costas de Malta, ministró con él en Roma durante el primer encarcelamiento y le consoló durante el segundo y último encarcelamiento. Al momento de escribir esta carta, el apóstol no estaba triste, sino feliz de que Lucas estuviera con él.

MARCOS, EL INFIEL RESTAURADO

Toma a Marcos y tráele contigo, porque me es útil para el ministerio. (4:11*b*)

No sabemos dónde estaba Marcos en aquel momento, pero parece evidente que vivía en algún punto de la ruta que haría Timoteo desde Éfeso hasta Roma. Probablemente habría viajado por tierra hasta Troas (v. 13) y desde allí habría tomado un barco a Macedonia. Después de cruzar Macedonia, podría haber tomado otro barco hacia Brindisi, en la costa oriental de Italia, para continuar hasta Roma.

Marcos, a quien en ocasiones le llamaban Juan, era nativo de Jerusalén y una de las primeras congregaciones de creyentes nuevos se reunía en su casa (Hch. 12:12). Por cuanto era un líder cristiano prometedor, lo eligieron para partir con Pablo y Bernabé cuando salieron con otros compañeros en el primer viaje misionero. Pero cuando "arribaron a Perge de Panfilia... Juan [Marcos], apartándose de ellos, volvió a Jerusalén" (Hch. 13:13). Cualquier que hubiera sido la razón específica para que Marcos se fuera, a Pablo no le pareció ni adecuado ni excusable. Unos años después, Pablo y Bernabé volvieron a salir rumbo a Antioquía para "visitar a los hermanos en todas las ciudades en que [habían] anunciado la palabra del Señor, para ver cómo [estaban]". Bernabé quería dar a Marcos una segunda oportunidad, pero "a Pablo no le parecía bien llevar consigo al que se había apartado de ellos desde Panfilia, y no había ido con ellos a la obra. Y hubo tal desacuerdo entre ellos, que se separaron el uno del otro; Bernabé, tomando a Marcos, navegó a Chipre" (Hch. 15:36-39). Pablo no tenía ganas de ir con hombres perezosos, cobardes o sin compromiso. Especialmente, no quería colaboradores que no compartieran la carga y que se echaran atrás cuando las cosas se tornaran incómodas o exigentes.

No sabemos si **Marcos** cambió antes o durante su ministerio con Bernabé, su primo mayor (Col. 4:10). En todos los relatos del Nuevo Testamento, Bernabé vivió de acuerdo a su nombre: "Hijo del ánimo" (Hch. 4:36), y probablemente era un apelativo descriptivo y amoroso que la iglesia le dio. Cuando quiera y como quiera que ocurriera el cambio en **Marcos**, Bernabé debió estar implicado. Para el tiempo del primer encarcelamiento de Pablo en Roma —tal vez veinte años después de que se habían dividido—, este joven no solo le había demostrado a Bernabé quién era, sino también a Pablo. Durante aquel encarcelamiento, el apóstol pidió a la iglesia de Colosas que diera la bienvenida a **Marcos**, ahora fiel, si él los visitaba (Col. 4:10) y lo mencionó entre sus "colaboradores" (Flm. 24).

Marcos también estuvo un tiempo con Pedro (1 P. 5:13), de quien pudo haber recibido ideas para la revelación que registra en su Evangelio. De muchas formas y para muchas personas, se convirtió en un líder fiel y valioso de la iglesia naciente y Pablo pidió a Timoteo que lo llevara con él, **porque** le era **útil para el ministerio**.

Causa mucha desilusión ver que algunos siervos talentosos del Señor pierdan interés en su obra y eludan las exigencias y dificultades del ministerio. Pero hay gran satisfacción cuando esas personas dejan sus miedos y pretensiones egoístas y regresan sin reservas a la obra del reino.

TÍQUICO, EL MENSAJERO FIEL

A Tíquico lo envié a Éfeso. (4:12)

Tal vez Pablo había enviado antes **a Tíquico a Éfeso**, que estaba localizado en la provincia de Asia, de donde provenía (Hch. 20:4). O puede haber sido que Pablo lo enviara a llevar esta segunda carta de Timoteo, tal como lo había usado para entregar sus cartas a las iglesias de Éfeso (Ef. 6:12) y Colosas (Col. 4:7), y tal vez también la carta a Tito (véase Tit. 3:12).

No sabemos qué habilidades tenía **Tíquico**, pero es probable que el Espíritu Santo le hubiera dado el don del servicio (Ro. 12:7). No hay evidencia de que fuera maestro o pastor, pero era muy valioso para Pablo, y un amigo confiable.

CARPO, EL HOSPEDADOR FIEL

Trae, cuando vengas, el capote que dejé en Troas en casa de Carpo, y los libros, mayormente los pergaminos. (4:13)

Junto con las demás solicitudes personales a Timoteo, Pablo le pidió que le llevara **el capote que** dejó **en Troas en casa de Carpo**. Puede ser que **Troas** fuera la ciudad natal de **Carpo**; obviamente, vivía allí en aquel momento. Del contexto, parece probable que Pablo hubiera estado allí con Carpo y le hubiese confiado el cuidado de varias posesiones valiosas. También puede ser que la iglesia de **Troas** se reuniera en la casa de Carpo.

Un **capote** era una prenda de lana pesada que servía de abrigo y de cobija en el clima frío que Pablo estaba a punto de enfrentar (v. 21). Para la situación económica de la época, en especial para los cristianos perseguidos por Roma, tales prendas eran costosas en extremo.

Los libros y **los pergaminos** también eran costosos. A diferencia del capote, no le podían dar protección o comodidad física a Pablo, pero eran invaluables para él por la causa del ministerio. La expresión **los libros** probablemente haga referencia a rollos de papiro, posiblemente del Antiguo Testamento. **Los pergaminos** eran hojas de pergamino, hechas de piel de animal con un tratamiento especial. Eran muy costosas y, por tanto, se usaban solo para los documentos más importantes. Estos **pergaminos** en particular podrían haber contenido copias de las cartas de Pablo o podrían haber sido hojas en blanco en las cuales planeara escribir otras cartas. Él no tenía planes de parar de estudiar o de escribir.

Cabría preguntarse por qué Pablo no llevaba con él tan valiosas posesiones dondequiera que iba. Es difícil creer que se hubiera separado de ellas voluntariamente, porque el riesgo de no volverlas a ver era alto. La dificultad de cargarlas cuando no fueran necesarias eran poca cosa a la luz de las dificultades —físicas o de otra índole— de estar sin ellas cuando *fueren* necesarias. Por esa razón, algunos eruditos han sugerido que a Pablo lo arrestaron sin el debido proceso en Troas, y no tuvo oportunidad o no se le permitió llevar estas cosas con él.

ALEJANDRO, EL ENEMIGO INFIEL

Alejandro el calderero me ha causado muchos males; el Señor le pague conforme a sus hechos. Guárdate tú también de él, pues en gran manera se ha opuesto a nuestras palabras. (4:14-15)

Pablo dedica casi tantas palabras a **Alejandro el calderero** como las que había dedicado a la totalidad de los que había mencionado en los cuatro versículos previos. Y hay una buena razón.

Difícilmente había sido este **Alejandro** el que pusiera en riesgo su libertad, y quizás su vida, por defender a Pablo en Éfeso (Hch. 19:33). Puede haber sido el hombre a quien, junto con Himeneo, el apóstol entregó “a Satanás para que [aprendieran] a no blasfemar” (1 Ti. 1:20).

Pero al identificarlo como **el calderero**, Pablo probablemente indica que no era ninguno de los dos. Alejandro era un nombre común en la época y Éfeso era una ciudad grande. Como “Demetrio, que hacía de plata templecillos de Diana”

(Hch. 19:24), este **Alejandro** podría haber sido un fabricante de ídolos que estaba muy molesto con el apóstol y le causó **muchos males**. Por ello, además de sus enseñanzas falsas, **"el Señor le** pagaría **conforme a sus hechos**", dijo Pablo. Dejó la venganza en manos de Dios, fiel a la Palabra de Él (Dt. 32:35) y a su propia enseñanza sobre el asunto (Ro. 12:19).

Como el apóstol le dice a Timoteo que se guarde **también de él**, este enemigo pudo haber vivido en Roma y haber causado a Pablo problemas durante al menos uno de los dos encarcelamientos. En ese caso, le estaba advirtiendo a Timoteo que tuviera cuidado con él cuando llegara allí a ver a Pablo.

Incluso peor que el daño que Alejandro le había causado a Pablo era el daño que le había hecho a la causa de Cristo, pues se había **opuesto a** las **palabras** del apóstol. Más que un enemigo de Pablo, era un enemigo de Dios.

LOS ANÓNIMOS INFIELES

En mi primera defensa ninguno estuvo a mi lado, sino que todos me desampararon; no les sea tomado en cuenta. (4:16)

La palabra **defensa** es traducción del griego *apologia*, de la cual se derivan "apología" y "apologética". Se refiere a la defensa verbal y se usaba con frecuencia como término legal. En el sistema jurídico romano, una persona acusada tenía dos audiencias, la *prima actio*, para establecer claramente la acusación, y la *secunda actio* para determinar la culpabilidad o inocencia. Entonces, la **primera defensa** de Pablo pudo haber sido una *prima actio*.

Cualquiera que fuera la clase de juicio, ninguno de los amigos de Pablo u otros creyentes **estuvo a** su **lado**. Como ocurre con el sustantivo **defensa**, el verbo griego detrás de *estar al lado* puede haber sido un término legal que hiciera referencia al testimonio oficial en el tribunal. **Ninguno estuvo** con Pablo o testificó a su favor; en su lugar, **todos** lo **desampararon**.

Parece seguro que Onesíforo, quien "muchas veces... confortó [a Pablo], y no se avergonzó de [sus] cadenas" (1:16), y el fiel Lucas (4:11) aún no habían llegado a Roma. Si hubieran estado allí para ese momento, habrían acompañado a Pablo y habrían compartido felizmente su destino.

El precio de tal postura podría haber sido alto. Algunos eruditos creen que el mismo Nerón puede haber presidido esta audiencia porque Pablo era un líder muy conocido entre los cristianos y porque el emperador era vehementemente anti-cristiano. Pocos años antes, Nerón había incendiado Roma y había culpado de tan insensible hecho y maldad a los cristianos. Mientras estaban todavía vivos, algunos cristianos fueron cosidos a la piel de algunos animales muertos recientemente y lanzados a la arena entre perros salvajes que los despedazaron. A otros los untó de brea y les prendió fuego para que alumbraran sus fiestas en el jardín. Por supuesto, eso no sería excusa para quienes Jesús llamó a seguirlo y no a cargar sus propias cruces (Mt. 10:38; 16:24; 27:40).

Y aunque las acciones de algunos fueran indefendibles, tal vez solo rechazaron a Pablo, no a Cristo. Algunos de ellos podrían haber sido débiles de corazón, pero no falsos de corazón. En cualquier caso, Pablo oró para que **no** se les tomara **en cuenta** su deserción. Al igual que Esteban (Hch. 7:60) y el Señor (Lc. 23:24), el apóstol tenía un espíritu sumamente perdonador.

CRISTO, EL SEÑOR FIEL

Pero el Señor estuvo a mi lado, y me dio fuerzas, para que por mí fuese cumplida la predicación, y que todos los gentiles oyesen. Así fui librado de la boca del león. Y el Señor me librará de toda obra mala, y me preservará para su reino celestial. A él sea gloria por los siglos de los siglos. Amén. (4:17-18)

La persecución de la iglesia por todo el imperio había comenzado y Pablo estaba en juicio por su vida. Se presentaba ante un atemorizante tribunal romano, quizás ante el mismo Nerón. La corte debió haber estado abarrotada de espectadores, tal como ocurre hoy día con los juicios de la gente famosa, excepto porque ninguno de los espectadores de Roma estaba del lado de Pablo (cp. Hch. 23:11).

Los vv. 17-18 son la cúspide de este pasaje, pues testifican sobre la fidelidad de Cristo, **el Señor** que **estuvo** al **lado** de Pablo **y** le **dio fuerzas**. El Señor estuvo allí no solo por causa de Pablo, ni siquiera principalmente por él, sino **para que por** el apóstol **fuese cumplida la predicación** del evangelio**, y que todos los gentiles oyesen**. Pablo era el único apóstol señalado por Dios para ir a los **gentiles** (Ro. 11:13) y, sobre todas las cosas, fue para la salvación de ellos y para la gloria del Señor que el apóstol ministró (cp. Hch. 9:15; 22:21; 26:17).

A menudo, Pablo se había **librado de la boca del león**, una figura literaria común para el peligro de muerte (cp. Sal. 22:21; 35:17). También era el peligro específico en el cual el Señor permitió que Daniel estuviera, y del cual libró milagrosamente al profeta (Dn. 6:16-23). La amenaza mayor e inconmensurable —para Pablo y para todos los creyentes— viene de Satanás, nuestro "adversario el diablo [que] como león rugiente, anda alrededor buscando a quien devorar" (1 P. 5:8). Aun así, ni siquiera el diablo tiene el poder final sobre los que pertenecen a Cristo.

Pablo no tenía miedo al peligro físico. Muchas veces había enfrentado la muerte y al menos una vez lo dieron por muerto (véase Hch. 14:19). Declaró: "Sin importar lo que enfrente, **el Señor me librará de toda obra mala, y me preservará para su reino celestial**". Sabía que la concreción de su propia salvación estaba más cerca de lo que antes creía (cp. Ro. 13:11) y prefería "estar [ausente] del cuerpo, y [presente] al Señor" (2 Co. 5:8). Para Pablo, como para todo creyente, "el vivir [era] Cristo, y el morir [era] ganancia" (Fil. 1:21). Y aunque el apóstol no se rendiría en la batalla mientras el Señor no lo llevara a casa, su soledad, dolor, penurias y abandonos hacían la perspectiva del cielo mucho más atractiva.

Por eso y por todo lo que el Señor había hecho, estaba haciendo, y aún le faltaba hacer, Pablo dijo con felicidad: **A él sea gloria por los siglos de los siglos. Amén**.

LOS VIEJOS AMIGOS FIELES

Saluda a Prisca y a Aquila, y a la casa de Onesíforo. Erasto se quedó en Corinto, y a Trófimo dejé en Mileto enfermo. (4:19-20)

Pablo no dejó de recordar a sus viejos amigos. Había conocido **a Prisca y a Aquila** en Corinto, durante su segundo viaje misionero. Ellos habían huido de Italia cuando el emperador Claudio expulsó a todos los judíos de Roma (Hch. 18:2). Como también hacían tiendas, Pablo se quedó en la casa de ellos mientras "discutía en la sinagoga todos los días de reposo, y persuadía a judíos y a griegos" (v. 4). Cuando él y sus compañeros salieron de Corinto, se llevó con él a esta pareja devota y los dejó ministrando en Éfeso (vv. 18-19). Mientras estaban allí, Priscila (el nombre largo de **Prisca**) y **Aquila** conocieron a otro "judío llamado Apolos, natural de Alejandría, varón elocuente, poderoso en las Escrituras" (v. 24). Cuando se dieron cuenta de que la comprensión de Apolos del evangelio era incompleta, amorosamente lo llevaron aparte "y le expusieron más exactamente el camino de Dios" (v. 26). El apóstol, en la carta a la iglesia de Roma saludó "a Priscila y a Aquila, [sus] colaboradores en Cristo Jesús" (Ro. 16:3), lo cual indicaba que estos dos amigos especiales estaban viviendo y ministrando otra vez en Corinto, la ciudad desde donde se escribió la epístola.

Al comienzo de la carta, Pablo expresó aprecio por **la casa de Onesíforo**, el cual "muchas veces [lo] confortó, y no se avergonzó de [sus] cadenas" (1:16). Como la **casa** se menciona en dos lugares, es obvio que en esta todos eran cristianos, quizás **Onesíforo** los llevó a Cristo. Esta **casa** no habría incluido solamente los miembros de la familia, sino los siervos y amigos que vivían con **Onesíforo**.

Probablemente, **Erasto** que **se quedó en Corinto** era el "tesorero" de Corinto, quien envió saludos a la iglesia de Roma por medio de Pablo (Ro. 16:23). También pudo haber sido a quien el apóstol envió con Timoteo para ministrar en Macedonia (Hch. 19:22).

Trófimo era nativo de la provincia de Asia, específicamente de la ciudad de Éfeso, y había acompañado a Pablo desde Grecia a Troas (Hch. 20:1-6). Probablemente, ayudó a llevar la ofrenda a la iglesia de Jerusalén, donde pudo ser la causa (sin intención) del arresto de Pablo por entrar con un gentil al templo (Hch. 21:29). Tristemente, en el viaje de Pablo a Roma, tuvo que dejarlo **en Mileto enfermo**.

Es importante notar que Pablo no se esforzó por sanar a **Trófimo**, quien, a la postre, estaba presente en el servicio nocturno en que Pablo resucitó milagrosamente a Eutico, un joven que se durmió durante el sermón y murió al caer por la ventana (Hch. 20:9-10; cp. v. 4). Los dones de señales se estaban terminando. No hay evidencia de que alguno de los apóstoles, Pablo incluido, hiciera milagros de cualquier tipo en sus años finales. A medida que la revelación del Nuevo Testamento aumentaba y estaba disponible para la iglesia, la Palabra de Dios dejaba de necesitar la verificación de los milagros.

LOS NUEVOS AMIGOS FIELES

Procura venir antes del invierno. Eubulo te saluda, y Pudente, Lino, Claudia y todos los hermanos. (4:21*b*)

Antes de extender el saludo por cuenta de los nuevos creyentes que ahora ministraban con él y para él en Roma, Pablo amplió una solicitud anterior y le pidió a Timoteo que procurara ir **antes del invierno**. Necesitaba desesperadamente el capote para darle calor. En cuanto a los libros y los pergaminos, Pablo se daba cuenta de que la poca luz que ahora tenía para leer y escribir se haría aún más escasa cuando los días se hicieran más cortos.

Extendió los saludos finales de **Eubulo**, **Pudente** y **Lino**. Los tres nombres están en latín, lo cual indica que quizás eran de Italia y habían sido miembros de la iglesia de Roma.

Claudia era una creyente fiel y una amiga cercana de Pablo de la cual nada más sabemos. La conjetura y la leyenda han sugerido que era la esposa o la madre de **Lino**, pero no hay evidencia firme que respalde esas posturas.

LA BENDICIÓN

El Señor Jesucristo esté con tu espíritu. La gracia sea con vosotros. Amén. (4:22)

Todas las personas que Pablo menciona en este pasaje eran parte del círculo en el cual él se movía. Ese círculo incluía a hombres y mujeres, amigos cercanos y enemigos confesos, los fieles y los desertores, los creyentes verdaderos y los incrédulos. De una u otra forma, todos afectaban al ministerio y al alcance de la naciente iglesia, especialmente el ministerio y el alcance de este gran apóstol.

Como siempre, el enfoque de Pablo estaba en **el Señor**, a quien ahora le pedía que estuviera con aquellos amigos especiales y colaboradores en el **espíritu**. No volvería a ver u oír a la mayoría de ellos. Los dejó en las manos del Señor y en su **gracia**.

Bibliografía

Barclay, William. *Comentario al Nuevo Testamento.* Barcelona: Clie, 2005.

Harvey, H. *Commentary on the Pastoral Epistles, I & II Timothy and Titus, and the Epistle to Philemon.* Filadelfia: American Baptist Pub. Soc., 1890.

Hendricksen, William. *New Testament Commentary: Expositions of the Pastoral Epistles.* Grand Rapids: Baker, 1965.

Kent, Homer A., Jr. *The Pastoral Epistles: Studies in I & II Timothy and Titus.* Chicago: Moody, 1958.

Montgomery, John Warwick. *Damned Through the Church.* Minneapolis: Bethany, 1970.

Spurgeon, Charles Haddon. *Discursos a mis estudiantes.* El Paso: Casa Bautista de Publicaciones, 2003.

Taylor, William. *The Ministry of the Word.* Grand Rapids: Baker, 1975.

Trench, Richard C. *Synonyms of the New Testament.* Grand Rapids: Eerdmans, 1960.

Vincent, Marvin R. *Word Studies in the New Testament.* Vols. 3-4. Nueva York: Scribner's, 1904.

Westcott, B. F. y F. J. A. Hort. *The New Testament in the Original Greek.* Nueva York: Macmillan, 1929.

Wuest, Kenneth S. *Philippians, Hebrews, the Pastoral Epistles, First Peter.* Vol. 2 de *Word Studies from the Greek New Testament.* Grand Rapids: Eerdmans, 1966.

Índice de palabras griegas

Índice de temas

TITO

Dedicado con amor y gratitud a Kelly y Erika,
mis dos queridas nueras,
quienes han demostrado que saben
"amar a sus maridos y a sus hijos".
Ellas se han consagrado
"a ser prudentes, castas, cuidadosas de su casa,
buenas, sujetas a sus maridos" (Tito 2:4-5).

Índice

Prólogo

Predicar en el ámbito expositivo a través del Nuevo Testamento sigue siendo sido para mí una gratificante comunión divina. Mi meta ha sido siempre tener una comunión profunda con el Señor en el entendimiento de su Palabra, y a partir de esa experiencia proceder a explicar a su pueblo lo que significa e implica cierto pasaje. En las palabras de Nehemías 8:8, me esfuerzo en "poner sentido" a cada pasaje con el fin de que puedan verdaderamente escuchar a Dios hablar, y que al hacerlo se encuentren en capacidad de responderle.

Obviamente, el pueblo de Dios necesita entender a Dios, y esto requiere un conocimiento de su Palabra de verdad (2 Ti. 2:15), así como la disposición de permitir que esa Palabra more en abundancia dentro de cada uno de nosotros (Col. 3:16). Por lo tanto, la motivación preponderante en mi ministerio consiste en contribuir de alguna forma a que la Palabra viva de Dios sea avivada en su pueblo. Esta es una aventura que nunca deja de ser reconfortante e irreemplazable.

Esta serie de comentarios del Nuevo Testamento refleja la búsqueda de ese objetivo que precisamente consiste en explicar y aplicar las Escrituras a nuestra vida. Algunos comentarios son básicamente lingüísticos, otros eminentemente teológicos y algunos fundamentalmente homiléticos. El que usted tiene en sus manos es principalmente explicativo o expositivo. No es técnico en el sentido de la lingüística, aunque también trata aspectos lingüísticos cuando esto resulta benéfico para la interpretación adecuada. No pretende abarcar todos los temas de la teología, pero sí se enfoca en las doctrinas más importantes presentes en cada texto y en la manera como se relacionan con las Escrituras en todo su conjunto. No es homilético en principio, aunque cada unidad de pensamiento se trata por lo general como un capítulo, con un bosquejo claro y un flujo lógico de pensamiento. La mayoría de las verdades se ilustran y aplican con el respaldo de otras porciones de las Escrituras. Tras establecer el contexto de un pasaje, me he esforzado en seguir de cerca el desarrollo argumentativo y el razonamiento del escritor.

Mi oración es que cada lector pueda alcanzar un entendimiento pleno de lo que el Espíritu Santo está diciendo por medio de esta parte de su Palabra, de tal manera que su revelación pueda alojarse en las mentes de los creyentes trayendo como resultado una mayor obediencia y fidelidad de su parte, para la gloria de nuestro gran Dios.

Introducción

AUTORÍA

El hecho de que Pablo haya sido el autor de esta carta nunca ha sido cuestionado con seriedad, y tampoco la identidad de Tito. Puesto que los dos hombres habían estado asociados durante mucho tiempo, la presentación que Pablo hace de sí mismo como "apóstol de Jesucristo" (1:1) estaba dirigida a aquellos creyentes en las iglesias de Creta que no le habían conocido. Esta fue la penúltima carta que Pablo escribió.

DESTINATARIO

Es probable que Tito entró en la vida de Pablo durante el segundo viaje misionero del apóstol, aunque por alguna razón, Lucas no hace mención de él en el libro de Hechos. No sabemos dónde o cómo se convirtió ni cuándo y de qué manera llegó a vincularse con el gran apóstol. El hecho de que Pablo le llame "[mi] verdadero hijo en la común fe" (1:4) sugiere que Tito, al igual que Timoteo (1 Ti. 1:2), fue conducido a la fe salvadora por el apóstol mismo. Tras el primer encarcelamiento de Pablo, el apóstol llevó con él a Tito en su viaje a Creta, donde los dos ministraron juntos por algún tiempo. Al partir el apóstol, dejó a Tito en el lugar para dar continuidad al ministerio (1:5).

Tito había viajado y servido con Pablo en muchos lugares. Estuvo con el apóstol en Corinto y es mencionado en nueve ocasiones en la segunda carta de Pablo a la iglesia que se congregaba en aquella ciudad. Pablo se lamentó que "cuando llegué a Troas para predicar el evangelio de Cristo, aunque se me abrió puerta en el Señor, no tuve reposo en mi espíritu, por no haber hallado a mi hermano Tito; así, despidiéndome de ellos, partí para Macedonia" (2 Co. 2:12-13). Por otra parte, él se regocijó "por el gozo de Tito, que haya sido confortado su espíritu por todos vosotros" (7:13). Tito no solo fue un aprendiz de Pablo sino también su hermano amado y su "compañero y colaborador" (8:23).

Tito acompañó a Pablo y Bernabé a Jerusalén para asistir al concilio de Jerusalén, durante el cual se arregló en definitiva el asunto de la judaización de los cristianos (Hch. 15; Gá. 2:1-3). De hecho, Tito fue el modelo ejemplar que Pablo presentó de un convertido gentil nacido de nuevo y lleno del Espíritu, quien no tuvo necesidad de identificarse en sentido alguno con el judaísmo religioso, bien fuese a través de la circuncisión o la obediencia a la ley de Moisés (Gá. 2:3-5). Por ende, este joven gentil y anciano en la iglesia estaba muy familiarizado con los argumentos de los judaizantes a quienes más adelante tuvo que enfrentar en Creta (Tit. 1:10, 14), y entendía bien la postura oficial de la iglesia sobre su evangelio falso al igual que todos los argumentos contra su propagación.

Puesto que Tito había estado asociado con Pablo por muchos años antes de empezar su ministerio en Creta, es improbable que las doctrinas y estándares mencionados en esta epístola fueran conceptos novedosos para él. Como se indicó antes, él había pasado alrededor de un año con Pablo ministrando a la iglesia en Corinto, el prototipo de iglesia problemática en tiempos del Nuevo Testamento. En dos ocasiones estuvo encargado de recolectar las ofrendas de esa iglesia para los creyentes aquejados por la pobreza en Jerusalén (2 Co. 8:6, 22-24). Regresó después para continuar el ministerio en ese lugar por petición directa de Pablo con la entrega personal de la segunda carta del apóstol a los creyentes del lugar (2 Co. 8:16-19). Conocía de primera mano las pruebas y frustraciones propias de dirigir a un grupo de creyentes inmaduros, egoístas, facciosos y mundanos. El hecho mismo de que le haya sido confiada una tarea de tal magnitud indica la gran confianza de Pablo en su doctrina, su madurez espiritual, su liderazgo, su confiabilidad y rendimiento, y su amor genuino por quienes pastoreaba. Este deber de edificar iglesias en Creta que pudieran evangelizar con eficacia a todos los habitantes de la isla demuestra el compromiso firme de Tito para alcanzar a los no convertidos con el evangelio.

MENSAJE

La carta a Tito se asemeja bastante a las dos cartas de Pablo a Timoteo y se escribió en gran parte con el mismo propósito: animar y fortalecer a un pastor joven a quien había discipulado, en quien tenía una gran confianza y por quien sentía un amor profundo como padre espiritual. Estaba pasando la batuta en una carrera de relevos, por así decirlo, a aquellos pastores jóvenes que estaban ejerciendo el ministerio en situaciones difíciles: Timoteo en la iglesia en Éfeso y Tito en las múltiples iglesias que había en la isla de Creta. Ambos hombres habían sido preparados con gran esmero por este gran apóstol, ambos tenían los dones y el poder del Espíritu Santo, y ambos habían demostrado su dedicación inquebrantable a Pablo y a la obra del Señor. Ambos hombres también enfrentaban una oposición formidable, tanto desde afuera como desde el interior de la iglesia misma.

Esta carta tenía el propósito de instruir a Tito, instruir a los demás ancianos en Creta que ministraban bajo su liderazgo, e instruir a los miembros en las diversas congregaciones. También sirvió para respaldar el liderazgo de Tito con la autoridad apostólica de Pablo. El capítulo 1 se enfoca en las cualidades de quienes ejercen liderazgo en la iglesia, de manera específica en su teología y su carácter y conducta personales. El capítulo 2 se enfoca en el carácter y la conducta de los miembros de la iglesia entre ellos y el capítulo 3 en el carácter y la conducta tanto de líderes como de miembros frente al mundo incrédulo en que vivían y al cual daban testimonio de la verdad. Esas tres áreas de interés son esenciales para cumplir el propósito real de la carta, que consistía en edificar con solidez doctrinal y práctica iglesias fuertes que en consecuencia fueran efectivas en el evangelismo.

Aunque la carta de Tito no es tan doctrinal como algunas de las otras cartas de Pablo tales como Romanos, de todas maneras contiene muchos tesoros doctrinales, incluidas algunas de las doctrinas cardinales de la fe tales como la salvación por la sola gracia de Dios que obra a través de la fe del creyente (3:5-7). Aunque la carta trata muchas realidades excelsas de la salvación, su contenido preeminente es de carácter práctico ya que establece las obligaciones y responsabilidades que tenemos como hijos de Dios y coherederos con nuestro Señor Jesucristo (3:7). La carta presenta una guía concisa de la clase de ministerio cristiano y vida cristiana personal que puede llevar a los no convertidos a la salvación.

Tito es una epístola evangelística cuyo propósito principal era preparar a la iglesia para dar un testimonio más efectivo a los incrédulos en Creta. Pablo alude en repetidas ocasiones tanto al Padre celestial (1:3; 2:10; 3:4) como a Jesucristo (1:4; 2:13; 3:6) con el término "Salvador". Uno de los propósitos de silenciar a los maestros falsos era quitar el veneno de sus ideas corruptas y su corrupta manera de vivir que no solo amenazaban la vida espiritual de los creyentes mismos sino también la salvación de aquellos a quienes testificaban. Pablo sabía que la verdad salvadora del mensaje del evangelio cae en oídos sordos cuando aquellos que la proclaman llevan vidas impías que no muestran evidencia alguna de redención. Cuando los cristianos viven en pecado ante los demás, no pueden esperar que los incrédulos presten atención a un mensaje que afirma salvar a los hombres del pecado. Uno de los testimonios más convincentes que un cristiano puede dar es el de una vida justa, santa, generosa y abnegada. Fue por esa misma razón que Pablo recordó a los cristianos en Creta que nuestro Señor "se dio a sí mismo por nosotros para redimirnos de toda iniquidad y purificar para sí un pueblo propio, celoso de buenas obras"

(2:14). También fue por esa razón que el Señor mismo ordenó: "Así alumbre vuestra luz delante de los hombres, para que vean vuestras buenas obras, y glorifiquen a vuestro Padre que está en los cielos" (Mt. 5:16).

Dios es un Dios salvador, que salva a las personas para que puedan vivir vidas piadosas a fin de que otros también puedan ser salvos mediante la proclamación de la verdad del evangelio respaldada por el testimonio de vidas transformadas. Dios demuestra su poder de salvación por medio de personas salvas. Aunque Pablo estaba hablando en Tito 2:10 sobre la conducta de los siervos en especial, la vida de *todo* cristiano debería "adornar en todo la doctrina de Dios nuestro Salvador. Porque la gracia de Dios se ha manifestado", continúa el apóstol, "*para salvación a todos los hombres*" (v. 11, cursivas añadidas).

LAS IGLESIAS EN CRETA

La isla de Creta estaba ubicada en el Mar Mediterráneo al sudeste de Grecia, al sudoeste de Asia Menor y al norte de África. La isla tiene unos 260 kilómetros de largo y oscila entre 11 y 56 kilómetros de ancho. A causa de su ubicación estratégica, Creta había sido expuesta por mucho tiempo a la civilización grecorromana, a pesar de la reputación de sus habitantes de ser "mentirosos, malas bestias, glotones ociosos" (Tit. 1:12). Algunos de los judíos que estuvieron en el Pentecostés en Jerusalén provenían de Creta y oyeron el evangelio predicado en su propia lengua (Hch. 2:11). Parece seguro suponer que por lo menos algunos de aquellos que oyeron se convirtieron, llevaron el evangelio de regreso a Creta y establecieron iglesias incipientes en sus pueblos. Si esto es cierto, es posible que había un número significativo de cristianos en Creta cuando Pablo llegó a ese lugar por primera vez.

Las iglesias en Creta eran nuevas, inmaduras en la fe y sin duda pequeñas, aunque es posible que el número total de creyentes en la isla haya sido considerable. A fin de supervisar a tantas congregaciones dispersas en un área tan grande, es obvio que Tito necesitaba ayuda, y la primera instrucción de Pablo a este anciano principal fue nombrar y ordenar a otros ancianos en cada iglesia (1:5). La carta no solo fue una guía para Tito mismo sino que constituyó un documento escrito que atestiguaba la autenticidad de su autoridad apostólica delegada. Su comisión recibida de Pablo por escrito dejó en claro a cualquier lector o miembro de las iglesias que al oponerse a Tito se estaban oponiendo a Pablo y por lo tanto al Señor Jesucristo, quien había comisionado al apóstol en primer lugar.

Las iglesias cretenses habían atraído a "muchos contumaces, habladores de vanidades y engañadores, mayormente los de la circuncisión" (1:10), maestros falsos que no solo enseñaban doctrinas impías sino que llevaban vidas de completa impiedad. Algunos de esos hombres pudieron haber sido judíos de Creta que oyeron el evangelio aquel día de Pentecostés pero *no* creyeron. Además, como este todavía era un tiempo formativo para muchas, si no la mayoría de las iglesias en Creta, los creyentes de ese lugar eran en especial vulnerables. Incluso después de haber tenido el privilegio inmenso de recibir la enseñanza directa y el ejemplo personal de Pablo, seguían teniendo la necesidad de líderes fieles y competentes que les fundamentaran con mayor profundidad en la verdad de Dios y que fuesen ejemplos dignos de seguir para llevar una vida piadosa.

Compromisos de un líder fiel

1

Pablo, siervo de Dios y apóstol de Jesucristo, conforme a la fe de los escogidos de Dios y el conocimiento de la verdad que es según la piedad, en la esperanza de la vida eterna, la cual Dios, que no miente, prometió desde antes del principio de los siglos, y a su debido tiempo manifestó su palabra por medio de la predicación que me fue encomendada por mandato de Dios nuestro Salvador, a Tito, verdadero hijo en la común fe: Gracia, misericordia y paz, de Dios Padre y del Señor Jesucristo nuestro Salvador. (1:1-4)

Los primeros cuatro versículos en esta carta, que forman la salutación, comprenden un solo enunciado largo, elaborado y tajante. El saludo es un poco más formal que cualquiera de los incluidos en las cartas a Timoteo, pero el propósito general de las tres cartas era el mismo: animar y fortalecer a un pastor joven quien había sucedido al apóstol en un ministerio difícil. Como se hará evidente a lo largo de esta epístola, el foco de atención es la obra de salvación de Dios (tanto Dios como Cristo son llamados Salvador en repetidas ocasiones: 1:3, 4; 2:10, 13; 3:4, 6). El saludo inicial establece este tema al centrarse en la naturaleza del ministerio del evangelio.

Debido a que Pablo había pasado mucho menos tiempo en la fundación y establecimiento de iglesias en la isla de Creta del que había pasado con la única congregación en Éfeso (donde Timoteo ahora era pastor), era importante en particular que los creyentes en las iglesias cretenses entendieran que Tito no estaba operando por cuenta propia sino que ministraba con la autoridad designada de Pablo. Tito era el delegado, emisario o embajador directo del apóstol, enviado a Creta para fortalecer las iglesias con el propósito de hacer evangelismo efectivo en aquella cultura pagana. Por lo tanto, cualquier persona que atacara la autoridad y la enseñanza de Tito estaba atacando la autoridad y la enseñanza de Pablo mismo, las cuales había recibido por delegación divina.

La afirmación inicial que Pablo expresa acerca de él mismo (una de las representaciones más claras de su ministerio en todo el Nuevo Testamento) es mucho más que una declaración dogmática de autoridad apostólica. Aunque el apóstol tenía sentimientos personales profundos e incluso ciertos objetivos personales en el ministerio, como su deseo de llevar el evangelio a Bitinia (Hch. 16:7) y a España (Ro. 15:24), él no escribió bajo la presión de un ímpetu emocional o un deseo personal, mucho menos de manera impulsiva, sino bajo el apremio irresistible de dar a conocer verdades absolutas acerca del Señor dadas por revelación divina en el poder del Espíritu. Dios, quien desea salvar a los pecadores, quería preparar a Tito para la edificación de congregaciones que estuvieran en capacidad de alcanzar a los perdidos.

En esta salutación profusa a Tito, Pablo revela cinco características esenciales que orientaban su vida y su servicio para el Señor, principios fundamentales sobre los cuales debe construirse el servicio de todo líder dedicado en la iglesia de Cristo.

COMPROMETIDO A SER SIERVO DE DIOS

Pablo, siervo de Dios y apóstol de Jesucristo, (1:1*a*)

La primera característica es la de compromiso con el dominio de Dios. Por encima de todo, el apóstol se veía a sí mismo como un hombre que estaba por completo bajo la autoridad divina, como lo expresa la frase **siervo de Dios.**

Como se sabe, el nombre hebreo del apóstol era Saulo, un nombre que hacía memoria de Saúl, el primer rey de Israel. Poco tiempo después de su conversión milagrosa y llamamiento por parte de Cristo, sin embargo, este hombre llegó a ser conocido de manera exclusiva por su nombre griego, *Paulos* (**Pablo**).

Con veracidad y honradez plenas, **Pablo** pudo haberse identificado como un erudito brillante, un líder judío con una gran educación que además era experto en literatura y filosofía griegas. Pudo haber hecho alarde de su ciudadanía romana heredada, una ventaja en extremo valiosa durante la época. Pudo haberse jactado de su llamamiento único como apóstol a los gentiles, y por haber recibido de Dios autoridad apostólica plena y la misma posición privilegiada del grupo de los doce apóstoles. Pudo haberse gloriado ante ellos por su experiencia de haber sido "arrebatado hasta el tercer cielo... al paraíso" (2 Co. 12:2, 4), de su don de milagros y de haber sido elegido como el autor humano de gran parte de las Escrituras del nuevo pacto. En lugar de esto, optó por identificarse ante todo como un **siervo de Dios.**

Doulos (**siervo**) se refiere a la persona de carácter más servil en la cultura del tiempo de Pablo y se traduce con frecuencia "esclavo". Pablo estaba en servidumbre completa, pero voluntaria, a **Dios.** No tenía una vida que llamara suya propia, ni su voluntad era preponderante, ni los propósitos que tenía eran suyos, ni tenía un plan ingeniado por él mismo. Todo en su vida estaba sujeto a su Señor. En cada pensamiento, en su aliento de vida y en cada esfuerzo, se encontraba bajo el dominio de su amo, **Dios.**

Puesto que Pablo se refiere a sí mismo como un **siervo de Dios** solo en este lugar, ya que todas las demás veces se refiere a sí mismo como siervo de *Cristo* (véase por ejemplo, Ro. 1:1; Gá. 1:10; Fil. 1:1), es posible que se haya propuesto ponerse al lado de los hombres de Dios en el Antiguo Testamento. Juan llama a Moisés "siervo de Dios" (Ap. 15:3), y el Señor mismo habló de "Mi siervo Moisés" (Jos. 1:2). Su sucesor, Josué, es llamado "siervo de Jehová" (Jos. 24:29). Amós declaró: "Porque no hará nada Jehová el Señor, sin que revele su secreto a sus siervos los profetas" (Am. 3:7). Por medio de Jeremías, Dios dijo: "desde el día que vuestros padres salieron de la tierra de Egipto hasta hoy. Y os envié todos los profetas mis siervos" (Jer. 7:25).

Debido a que muchos de los maestros falsos en las iglesias de Creta eran judaizantes, "los de la circuncisión" (Tit. 1:10; cp. v. 14), puede ser que Pablo deseaba afirmar su autoridad como el **siervo de** *YHWH* (Jehová), el nombre de pacto del **Dios** de Israel.

En cierto sentido general todos los creyentes en el Señor Jesucristo han "sido libertados del pecado y hechos siervos de Dios", y esa servidumbre trae como resultado o "fruto la santificación, y como fin, la vida eterna" (Ro. 6:22). Ser cristiano equivale a ser **siervo de Dios.** Ya no somos nuestros sino que hemos "sido comprados por precio" (1 Co. 6:20), porque hemos sido "rescatados... no con cosas corruptibles, como oro o plata, sino con la sangre preciosa de Cristo" (1 P. 1:18-19). Además, puesto que no nos pertenecemos, "ya no [vivimos para nosotros], sino para aquel que murió y resucitó por [nosotros]" (2 Co. 5:15).

El deber específico de Pablo para con Dios era cumplir su servicio dócil e incondicional siento un **apóstol de Jesucristo** (cp. por ejemplo, Ro. 1:1; 1 Co. 1:1; 2 Co. 1:1; Ef. 1:1). Incluso al acercarse al final de una vida de bendición y frutos extraordinarios, seguía siendo motivado por el deseo de ser un siervo obediente. De hecho, su apostolado había aumentado sus deberes como siervo y demandaba mayor fidelidad, mayor sumisión y con frecuencia, mayores sacrificios.

Sin embargo, Pablo consideraba su servidumbre a Dios y su sufrimiento cada vez mayor como una oportunidad para ser bendición y también para ser bendecido. Por eso testificó a los creyentes en Filipos: "Y aunque sea derramado en libación sobre el sacrificio y servicio de vuestra fe, me gozo y regocijo con todos vosotros" (Fil. 2:17). Recordó a los ancianos de Éfeso: "...ni estimo preciosa mi vida para mí mismo, con tal que acabe mi carrera con gozo, y el ministerio que recibí del Señor Jesús, para dar testimonio del evangelio de la gracia de Dios" (Hch. 20:24).

Apostolos (**apóstol**) tiene el significado básico de "mensajero" y en ocasiones se empleaba aun con referencia a la persona más servil que llevara un mensaje de parte de otra persona. Sin embargo, el término se empleaba con mayor frecuencia para aludir a un mensajero especial, un tipo de embajador que era enviado con un mensaje específico y que hablaba con la autoridad de aquel por quien era enviado. La autoridad del mensaje, por lo tanto, no se derivaba del mensajero sino del remitente.

Por encima de todo, Pablo era un embajador de su Señor y Salvador divino, **Jesucristo** (cp. Hch. 9:15-16; 22:14-15; 26:15-18). Así como el hecho de llamarse **siervo de Dios** puede haber tenido la intención de establecer su autoridad con los judíos en las iglesias de Creta, su referencia a sí mismo como **apóstol de Jesucristo** puede haber tenido el propósito de establecer su autoridad con los gentiles en las iglesias del lugar.

Todos los líderes efectivos, fructíferos y con una vida espiritual genuina que hay en la iglesia de Cristo, son conscientes en lo profundo de su ser de que se encuentran por completo bajo la autoridad divina. Ese conocimiento consciente se convierte en la realidad controladora de sus vidas. Ellos no buscan cumplir un plan de metas personales, ni obtener fama y renombre o levantar imperios personales. Se contentan y sienten honrados por el privilegio de estar sujetos por entero al Amo que en su gracia les ha escogido, comisionado y enviado.

COMPROMETIDO A CUMPLIR LA MISIÓN DE DIOS

conforme a la fe de los escogidos de Dios y el conocimiento de la verdad que es según la piedad, en la esperanza de la vida eterna, (1:1*b*-2*a*)

A causa de la devoción de Pablo al dominio de Dios, él tenía un compromiso incuestionable con la misión de Dios. Es la misma misión que obliga a todo predicador y maestro, y en un sentido más general, a todo líder en la iglesia e incluso a todo creyente. Como se ve en este texto, esa misión incluye evangelización, edificación y ánimo.

EVANGELIZACIÓN

conforme a la fe de los escogidos de Dios (1:1*b*)

Pablo reconoció en primer lugar su responsabilidad de ayudar a llevar a los elegidos por Dios, aquellos que son **escogidos de Dios, a la fe** salvadora en Jesucristo. Casi un año después de escribir esta carta, el apóstol dijo a Timoteo: "Por tanto, todo lo soporto por amor de los escogidos, para que ellos también obtengan la salvación que es en Cristo Jesús con gloria eterna" (2 Ti. 2:10). Pablo fue llamado como un siervo y apóstol con la comisión divina de proclamar el mensaje del evangelio, a fin de que los elegidos pudieran ser llevados por el

Espíritu Santo **a la fe** que se requiere para activar, por así decirlo, la elección hecha por **Dios**. Como también explicó a los creyentes en Roma: "Así que la fe es por el oír, y el oír, por la palabra de Dios" (Ro. 10:17).

La fe acciona la justificación, el acto de gracia mediante el cual Dios considera y declara como justos a aquellos que han depositado su confianza en su Hijo, Jesucristo: "al que no obra, sino cree en aquel que justifica al impío, su fe le es contada por justicia" (Ro. 4:5). Sin embargo, hasta "la fe en Jesucristo, para todos los que creen en él" es un regalo de Dios, porque todos los creyentes somos "justificados gratuitamente por su gracia, mediante la redención que es en Cristo Jesús" (Ro. 3:22, 24). "Porque por gracia sois salvos por medio de la fe; y esto no de vosotros, pues es don de Dios" (Ef. 2:8).

Pablo mismo se regocijó en su propio recibimiento de esta gracia al escribir que ahora tenía el único propósito de ser hallado en Cristo, "no teniendo mi propia justicia, que es por la ley, sino la que es por la fe de Cristo, la justicia que es de Dios por la fe" (Fil. 3:9). Todos los demás aspectos de la salvación dependen de esta justificación por fe, incluyendo la regeneración y la conversión, por los cuales el creyente no solo es declarado justo sino transformado en una nueva criatura (2 Co. 5:17).

Algunas veces oímos incluso a predicadores y maestros evangélicos decir que el evangelio bíblico sencillo no es "relevante" para el hombre moderno y necesita ser reforzado y adornado mediante diversas adaptaciones culturales para hacerlo más atractivo y aceptable. ¡Cuán presuntuoso es pensar que un instrumento humano imperfecto y pecaminoso pueda mejorar el mensaje de Dios mismo para traer los hombres a Él! Cuando el evangelio se predica con claridad a aquellos que han sido escogidos, en algún punto el Espíritu Santo les despertará y ellos van a creer y tener acceso al beneficio pleno de su elección.

Aun siendo apóstol, Pablo sabía que la **fe** salvadora que estaba llamado a predicar no podía ser producida ni mejorada por su propia sabiduría, habilidad, capacidad persuasiva o estilo. En su primera carta a la iglesia inmadura y mundana en Corinto, él recordó a los creyentes: "nosotros predicamos a Cristo crucificado, para los judíos ciertamente tropezadero, y para los gentiles locura; mas para los llamados, así judíos como griegos, Cristo poder de Dios, y sabiduría de Dios. Porque lo insensato de Dios es más sabio que los hombres, y lo débil de Dios es más fuerte que los hombres" (1 Co. 1:23-25). "Así que, hermanos", añadió más adelante, "cuando fui a vosotros para anunciaros el testimonio de Dios, no fui con excelencia de palabras o de sabiduría. Pues me propuse no saber entre vosotros cosa alguna sino a Jesucristo, y a éste crucificado" (1 Co. 2:1-2). La verdad simple pero poseedora de poder infinito que es el evangelio de "Jesucristo, y... éste crucificado", nunca dejará de producir **fe** salvadora en el momento apropiado en aquellos que son **los escogidos de Dios**. La realidad de la elección divina está expuesta en todo el Nuevo Testamento. Es el fundamento del edificio conformado por todos los redimidos.

Jesús dijo a los doce: "No me elegisteis vosotros a mí, sino que yo os elegí a vosotros" (Jn. 15:16). Puesto que los judíos fueron el pueblo original elegido por Dios para evangelizar a las naciones bajo el antiguo pacto, "a la verdad era necesario que se [les] hablase primero la palabra de Dios", como dijeron Pablo y Bernabé a los judíos incrédulos en Antioquía de Pisidia: "mas puesto que la desecháis, y no os juzgáis dignos de la vida eterna, he aquí, nos volvemos a los gentiles. Porque así nos ha mandado el Señor, diciendo: te he puesto para luz de los gentiles, a fin de que seas para salvación hasta lo último de la tierra. Los gentiles, oyendo esto, se regocijaban y glorificaban la palabra del Señor, y creyeron todos los que estaban ordenados para vida eterna" (Hch. 13:46-48). La iglesia, que ha sido tomada de todas las naciones (sin excluir a judíos individuales que creen), ha reemplazado a Israel como el pueblo escogido de Dios "hasta que haya entrado la plenitud de los gentiles" y entonces Israel sea restaurado (Ro. 11:25-27). Dios ha escogido a pecadores de todas las naciones para salvarles y tenerles con Él por la eternidad, una congregación descomunal de individuos elegidos.

Como soberano divino del universo creado por Él, Dios es capaz de decir con perfecta justicia y rectitud: "Tendré misericordia del que yo tenga misericordia, y me compadeceré del que yo me compadezca" (Ro. 9:15; cp. v. 18). A quienes preguntan: "¿Por qué, pues, inculpa? porque ¿quién ha resistido a su voluntad? Mas antes, oh hombre, ¿quién eres tú, para que alterques con Dios? ¿Dirá el vaso de barro al que lo formó: ¿Por qué me has hecho así? ¿O no tiene potestad el alfarero sobre el barro, para hacer de la misma masa un vaso para honra y otro para deshonra?" (Ro. 9:19-21).

Pablo recordó a los creyentes en Éfeso que Dios "nos escogió en él antes de la fundación del mundo, para que fuésemos santos y sin mancha delante de él, en amor habiéndonos predestinado para ser adoptados hijos suyos por medio de Jesucristo, según el puro afecto de su voluntad" (Ef. 1:4-5). A los creyentes en Tesalónica dijo: "Dios os [ha] escogido desde el principio para salvación, mediante la santificación por el Espíritu y la fe en la verdad" (2 Ts. 2:13). También dijo a Timoteo: "participa de las aflicciones por el evangelio según el poder de Dios, quien nos salvó y llamó con llamamiento santo, no conforme a nuestras obras, sino según el propósito suyo y la gracia que nos fue dada en Cristo Jesús antes de los tiempos de los siglos" (2 Ti. 1:8-9).

Pedro dirigió su primera carta "a los expatriados de la dispersión en el Ponto, Galacia, Capadocia, Asia y Bitinia, elegidos según la presciencia de Dios Padre en santificación del Espíritu" (1 P. 1:1-2). Más adelante en esa carta se refiere a ellos como "linaje escogido, real sacerdocio, nación santa, pueblo adquirido por Dios" (1 P. 2:9). Desde la eternidad pasada, los nombres de todos y cada uno de los creyentes han sido "inscritos en el libro de la vida del Cordero" (Ap. 21:27).

El deber de la evangelización puede sintetizarse en la predicación clara del evangelio, con base en lo cual el Espíritu Santo de manera soberana y milagrosa hará que los elegidos crean y sean salvos. Ese es el ministerio prioritario de todos los que son siervos de Dios y mensajeros de Jesucristo.

EDIFICACIÓN

y el conocimiento de la verdad que es según la piedad, (1:1*c*)

La segunda responsabilidad de Pablo en el cumplimiento de su compromiso con la misión de Dios era edificar a aquellos que creían, enseñándoles todo el consejo de la Palabra de Dios para que pudieran ser santificados por **el conocimiento de la verdad.**

Conocimiento es la traducción de *epignōsis*, que se refiere a la percepción clara de una **verdad**. Pablo tiene en mente la **verdad** salvadora, la verdad del evangelio que lleva a la salvación. Este es el aspecto de la verdad que menciona en su primera carta a Timoteo, en la cual nos asegura que "Dios nuestro Salvador... quiere que todos los hombres sean salvos y vengan al conocimiento de la verdad" (1 Ti. 2:3-4; 2 Ti. 2:25). Por otro lado, las personas que no buscan a Dios ni su camino de salvación de manera genuina, "siempre están aprendiendo, y nunca pueden llegar al conocimiento de la verdad" (2 Ti. 3:7).

A partir de su salvación, cada creyente recibe un apetito fuerte por esta **verdad,** lo cual genera en su interior el deseo de conocer más y crecer y madurar **según la piedad.** La **verdad** salvadora conduce por medio de la salvación a la santificación a medida que produce **piedad** creciente, sin la cual la salvación no puede ser considerada como genuina. La **piedad** es la manifestación de la obra de santificación del Espíritu. "Porque la gracia de Dios se ha manifestado para salvación a todos los hombres", explica Pablo más adelante, "enseñándonos que, renunciando a la impiedad y a los deseos mundanos, vivamos en este siglo sobria, justa y piadosamente" (Tit. 2:11-12; 1 Ti. 4:7-8). La **verdad** y la **piedad** divinas son inseparables. Sin importar cuán sinceras puedan ser nuestras intenciones, no podemos obedecer la voluntad de Dios si no sabemos cuál es. No podemos ser piadosos si no sabemos cómo es Dios y qué espera de quienes le pertenecen.

Pablo dijo a los ancianos de la iglesia en Éfeso que la Palabra era lo que tenía poder para edificar a los creyentes (Hch. 20:32). Jesús sintetizó la relación entre verdad y santificación cuando dijo a su Padre: "Santifícalos en tu verdad; tu palabra es verdad" (Jn. 17:17).

Por lo tanto, es imposible exagerar la importancia que tiene la sana doctrina. "Si alguno enseña otra cosa, y no se conforma a las sanas palabras de nuestro Señor Jesucristo, y a la doctrina que es conforme a la piedad, está envanecido, nada sabe" (1 Ti. 6:3-4). "Pues no nos ha llamado Dios a inmundicia, sino a santificación", declara Pablo (1 Ts. 4:7). Como siempre, la gracia de Dios suministra aquello que su justicia demanda. "Como todas las cosas que pertenecen a la vida y a la piedad nos han sido dadas por su divino poder, *mediante el conocimiento* de aquel que nos llamó por su gloria y excelencia" (2 P. 1:3, cursivas añadidas).

En su primera carta Pedro amonesta: "Desechando, pues, toda malicia, todo engaño, hipocresía, envidias, y todas las detracciones, desead, como niños recién nacidos, la leche espiritual no adulterada, para que por ella crezcáis para salvación, si es que habéis gustado la benignidad del Señor" (1 P. 2:1-3). En su segunda carta, nos llama a "[crecer] en la gracia y el conocimiento de nuestro Señor y Salvador Jesucristo" (2 P. 3:18). Todo pastor y maestro tiene la responsabilidad de participar en la tarea divina de "perfeccionar a los santos para la obra del ministerio, para la edificación del cuerpo de Cristo, hasta que todos lleguemos a la unidad de la fe y del conocimiento del Hijo de Dios, a un varón perfecto, a la medida de la estatura de la plenitud de Cristo" (Ef. 4:11-13).

Al igual que primera y segunda de Timoteo, la carta a Tito contiene numerosas advertencias contra falsos maestros y doctrinas falsas. Además de que su error queda demostrado al compararse con las verdades bíblicas, la doctrina falsa también queda expuesta por la impiedad que produce. "Guardaos de los falsos profetas, que vienen a vosotros con vestidos de ovejas, pero por dentro son lobos rapaces. Por sus frutos los conoceréis. ¿Acaso se recogen uvas de los espinos, o higos de los abrojos? Así, todo buen árbol da buenos frutos, pero el árbol malo da frutos malos" (Mt. 7:15-17). Tanto la verdad como la falsedad pueden ser discernidas por lo que producen. La **verdad** de Dios produce **piedad.** La transformación obrada mediante la fe salvadora se manifiesta de manera visible por medio de una conducta santa.

Como se indicó antes, Dios "nos escogió en él antes de la fundación del mundo, para que fuésemos santos y sin mancha delante de él" (Ef. 1:4). El propósito mismo de Dios al escogernos y salvarnos es hacernos semejantes a Él mismo: santos, puros, sin mancha, justos y perfectos. La evidencia de nuestra elección se halla en nuestra justificación. La evidencia de nuestra justificación se halla en nuestra santificación, y un día la evidencia de nuestra santificación se manifestará en nuestra glorificación.

El líder y mensajero de Cristo que es espiritual y se conforma a la verdad, está dedicado a proclamar la Palabra, la cual por obra del Espíritu edifica al creyente y le capacita para vivir de manera piadosa.

ÁNIMO

en la esperanza de la vida eterna, (1:2*a*)

La tercera responsabilidad de Pablo en el cumplimiento de su compromiso con la misión de Dios era llevar ánimo y consuelo bíblicos a los creyentes, con base en su **esperanza** con garantía divina de **vida eterna;** la certeza de que un día los creyentes serán glorificados y perfeccionados por entero conforme a la justicia de Cristo mismo. Ese es el ánimo maravilloso de **la esperanza** con el cual todo ministro de Dios puede afianzar al pueblo de Dios, y de hecho todos los miembros del pueblo de Dios se pueden afianzar unos a otros con esta certeza. Más adelante en esta carta el apóstol habla acerca de nuestra "esperanza bienaventurada y la manifestación gloriosa de nuestro gran Dios y Salvador Jesucristo" (2:13) y también de que hemos sido "justificados por su gracia, [para que] viniésemos a ser herederos conforme a la esperanza de la vida eterna" (3:7).

Pablo no está hablando de un deseo iluso de algo que es posible pero incierto. **La esperanza de la vida eterna** es el anhelo más profundo del creyente por aquello que está afirmado y garantizado de forma inalterable por la Palabra de Dios mismo. Jesús levantará de entre los muertos a los suyos en el día postrero, y nadie que pertenezca a Dios quedará por fuera del cumplimiento de esa promesa que ha sido dada por juramento divino solemne (véase Jn. 6:37-40). El "Espíritu Santo de la promesa", no solo nos sella en Jesucristo sino que también es dado como "*las arras de nuestra herencia* hasta la redención de la posesión adquirida, para alabanza de su gloria" (Ef. 1:13-14, cursivas añadidas; cp. 2 Co. 1:22). "Porque asimismo los que estamos en este tabernáculo gemimos con angustia; porque no quisiéramos ser desnudados, sino revestidos, para que lo mortal sea absorbido por la vida. Mas el que nos hizo para esto mismo es Dios, quien nos ha dado *las arras del Espíritu*" (2 Co. 5:4-5, cursivas añadidas).

La vida eterna es la realidad completa de la salvación, y **la esperanza** de esa **vida** da a los creyentes ánimo en una multitud de maneras. Es un ánimo para vivir en santidad. "Amados, ahora somos hijos de Dios", dice Juan, "y aún no se ha manifestado lo que hemos de ser; pero sabemos que cuando él se manifieste, seremos semejantes a él, porque le veremos tal como él es. Y todo aquel que tiene esta esperanza en él, se purifica a sí mismo, así como él es puro" (1 Jn. 3:2-3).

La esperanza de la vida eterna da ánimo para el servicio. Tenemos la seguridad de que "nadie puede poner otro fundamento que el que está puesto, el cual es Jesucristo. Y si sobre este fundamento alguno edificare... recibirá recompensa" (1 Co. 3:11-12, 14). La recompensa más grande será escuchar a nuestro Maestro decir: "Bien, buen siervo y fiel" (Mt. 25:21). Todo creyente debería ser capaz de decir junto a Pablo: "prosigo, por ver si logro asir aquello para lo cual fui también asido por Cristo Jesús... prosigo a la meta, al premio del supremo llamamiento de Dios en Cristo Jesús" (Fil. 3:12, 14). El "premio" cuando seamos llamados a su presencia es la semejanza a Cristo (1 Jn. 3:2-3), y mientras sigamos en la tierra es la "meta" que procuramos alcanzar (1 Jn. 2:6).

La esperanza de la vida eterna también nos da ánimo para soportar cualquier sufrimiento que podamos experimentar por causa de Cristo. De nuevo, todo creyente debería estar en capacidad de decir junto a Pablo con plena sinceridad: "Y ciertamente, aun estimo todas las cosas como pérdida por la excelencia del conocimiento de Cristo Jesús, mi Señor, por amor del cual lo he perdido todo... a fin de conocerle, y el poder de su resurrección, y la participación de sus padecimientos, llegando a ser semejante a él en su muerte, si en alguna manera llegase a la resurrección de entre los muertos" (Fil. 3:8, 10-11). Sabemos "que las aflicciones del tiempo presente no son comparables con la gloria venidera que en nosotros ha de manifestarse... también nosotros mismos, que tenemos las primicias del Espíritu, nosotros también *gemimos* dentro de nosotros mismos, *esperando* la adopción, la redención de nuestro cuerpo" (Ro. 8:18, 23, cursivas añadidas). Todo aquel a quien Dios ha escogido, Él le justificará, y todo al que justifique le glorificará y hará conforme a la imagen de su Hijo (vv. 29-30). Esta esperanza gloriosa y eterna trasciende todo sufrimiento temporal.

COMPROMETIDO CON EL MENSAJE DE DIOS

la cual Dios, que no miente, prometió desde antes del principio de los siglos, y a su debido tiempo manifestó su palabra (1:2*b*-3*a*)

Esa contemplación del contenido del ministerio del evangelio lleva a Pablo a un tercer principio fundamental del ministerio, a saber, un compromiso inquebrantable y sin concesiones al mensaje de Dios, a las Escrituras dadas por revelación divina. Ese compromiso es una derivación obvia de los primeros dos. El entendimiento del dominio y la misión soberanos de Dios proviene de manera exclusiva de las Escrituras. Sabemos acerca de su pueblo escogido, de su requisito de fe para la salvación, del conocimiento de la verdad que conduce a la piedad, y de la esperanza de la vida eterna, tan solo a través de su revelación dada por gracia. Además conocemos ciertas realidades profundas con relación al plan eterno de redención de los pecadores gracias a que Dios inspiró a hombres para poner por escrito el contenido de esas realidades.

El hecho de que **Dios... no miente** es evidente por sí solo y también es atestiguado por las Escrituras. El profeta Samuel recordó al desobediente rey Saúl que Dios, "el que es la Gloria de Israel no mentirá, ni se arrepentirá, porque no es hombre para que se arrepienta" (1 S. 15:29). Puesto que Dios es la fuente y medida de toda verdad, por definición "es imposible que Dios mienta" (He. 6:18). De la misma manera que "[el diablo] cuando habla mentira, de suyo habla; porque es mentiroso, y padre de mentira" (Jn. 8:44), así también siempre que Dios habla verdad, habla conforme a su propia naturaleza porque Él es el Padre de la verdad.

El **Dios** de verdad **prometió desde antes del principio de los siglos** que quienes Él ha escogido, aquellos que llegan a tener fe en Él por medio de su verdad que conduce a la piedad, tienen la esperanza cierta de vida eterna. **Desde antes del principio de los siglos** no se refiere a la historia humana de la antigüedad, sino que significa en realidad "antes del comienzo del tiempo". Dios reiteró su plan de salvación y vida eterna a hombres piadosos tales como Abraham, Moisés, David y los profetas, pero la promesa original fue hecha y ratificada en el pasado eterno. Nuestro Dios de gracia "nos salvó y llamó con llamamiento santo... en Cristo Jesús antes de los tiempos de los siglos" (2 Ti. 1:9). Él "nos escogió en él antes de la fundación del mundo, para que fuésemos santos y sin mancha delante de él, en amor habiéndonos predestinado para ser adoptados hijos suyos por medio de Jesucristo, según el puro afecto de su voluntad [eterna]" (Ef. 1:4-5). Su voluntad eterna se manifestó en su "pacto eterno" por medio de Jesús nuestro Señor (He. 13:20).

El plan de redención para los pecadores no vino después que los hombres cayeron sino antes que el hombre fuese aún creado. El Padre mostró su amor perfecto al Hijo (cp. Jn. 17:23-24, 26) prometiéndole una humanidad redimida que le serviría y glorificaría para siempre. La tarea del Hijo era convertirse en el sacrificio perfecto por los pecados de los elegidos para que pudieran ser redimidos y llevados a la gloria eterna. Antes que Dios proveyera la promesa maravillosa de perdón y cielo a la humanidad pecadora, Él había dado una promesa a su Hijo amado. Esa es la promesa que Jesús recordó al Padre en su oración a nuestro favor: "Padre, aquellos que me has dado, quiero que donde yo estoy, también ellos estén conmigo, para que vean mi gloria que me has dado; porque me has amado desde antes de la fundación del mundo" (Jn. 17:24). Cerca de un año atrás, Jesús afirmó esa promesa de almas redimidas al hacer esta proclamación pública: "Todo lo que el Padre me da, vendrá a mí; y al que a mí viene, no le echo fuera... Y esta es la voluntad del que me ha enviado: Que todo aquel que ve al Hijo, y cree en él, tenga vida eterna; y yo le resucitaré en el día postrero" (Jn. 6:37, 40). Un día glorioso en la eternidad futura, cuando nuestro Señor Jesús haya recibido la promesa plena del Padre a Él y todos los salvos sean glorificados y hechos semejantes a Jesús para servirle y alabarle por siempre, el Hijo, en un gesto de amor divino, dará todo de vuelta al Padre. Pablo registra con estas palabras ese prodigioso acontecimiento futuro: "luego que todas las cosas le estén sujetas, entonces también el Hijo mismo se sujetará al que le sujetó a él todas las cosas, para que Dios sea todo en todos" (1 Co. 15:28).

Resulta sorprendente considerar que quienes son redimidos forman parte de este pacto eterno de magnitud sublime que dos miembros de la Deidad han establecido el uno con el otro a fin de demostrar el alcance infinito de su amor mutuo. **A su debido tiempo,** es decir, cuando la Biblia estaba siendo escrita, ese pacto eterno, al lado de todas sus verdades relacionadas, se **manifestó** incluyendo **su palabra.** La única fuente de esta verdad monumental, el único mensaje verdadero acerca de Dios, la única forma efectiva de hallarle, la única manera de agradarle y la única esperanza de estar con Él para siempre, se encuentra en lo que Dios mismo **manifestó** por medio de **su palabra.**

Por lo tanto, uno se pregunta cómo puede un predicador o maestro que invoca el nombre de Cristo, proclamar algo que no sea la **palabra** de Dios mismo. Toda verdad que necesitamos para el evangelismo se encuentra en **su palabra.** Esa **palabra** es la única semilla que da vida eterna (1 P. 1:23). Toda verdad que necesitamos para edificar a los creyentes se encuentra en **su palabra** (cp. 1 P. 2:1-2). Toda la verdad que hemos de enseñar se encuentra en **su palabra** (Jn. 17:17; Hch. 20:32). Esas verdades absolutas y todas las demás relacionadas con la vida espiritual se encuentran allí y en ninguna otra parte.

COMPROMETIDO CON LOS MEDIOS DE DIOS

por medio de la predicación que me fue encomendada por mandato de Dios nuestro Salvador, (1:3*b*)

Un cuarto principio básico en la vida y el ministerio de Pablo era su compromiso con los medios propios de Dios para el cumplimiento del ministerio a que fue llamado: **la predicación** de su Palabra completa e inerrante.

Predicación es la traducción de *kērugma,* que se empleaba con referencia al mensaje que un heraldo transmitía en nombre del gobernante o del municipio para el cual laboraba como servidor público. En el Nuevo Testamento, este término que también se puede traducir "proclamación", siempre se emplea para aludir a la **predicación** pública de la Palabra de Dios, la cual, como el apóstol acaba de señalar, lleva los hombres a la fe para salvación, les edifica en la verdad divina y les fortalece para una vida piadosa.

Es por esa razón que la predicación expositiva, aquella que de manera sistemática, completa y profunda explica el significado de las Escrituras, es la única forma legítima de predicar. La responsabilidad del predicador no consiste en crear mensajes basados en su propia sabiduría o astucia con el fin de manipular o arrastrar a sus oyentes por medio de su propia capacidad de persuasión o su carisma personal, sino interpretar, explicar y aplicar la Palabra de Dios de la manera más clara y completa posible.

En su libro excelente titulado *Hacia una teología exegética,* Walter C. Kaiser escribe:

> No es secreto que la iglesia de Cristo carece por completo de buena salud en muchos lugares del mundo. Ha vendido languideciendo debido a que ha sido alimentada, como se diría en términos contemporáneos, con "comida chatarra"; le han servido toda clase de sustitutos no naturales y preservativos artificiales que no alimentan de verdad. Como resultado, la desnutrición teológica y bíblica ha afligido a la misma generación que dio pasos gigantes para asegurar que su salud física no sea perjudicada

> por el consumo de alimentos o productos carcinógenos o que de cualquier manera sean nocivos para sus cuerpos físicos. De forma simultánea, una hambruna espiritual a escala global que ha venido como resultado de la ausencia de una publicación genuina de la Palabra de Dios (Am. 8:11) continúa su avance indiscriminado y casi indomable en gran parte de los dominios de la iglesia. ([Grand Rapids: Baker, 1981], p. 7)

Aunque la verdad plena del evangelio no había sido revelada todavía en el tiempo de Jonás, Jesús dijo que fue por medio de "la predicación" (*kērugma*) de aquel profeta antiguo que "los hombres de Nínive... se arrepintieron" (Mt. 12:41). A lo largo de su primer encarcelamiento y juicio en Roma, Pablo testificó: "Pero el Señor estuvo a mi lado, y me dio fuerzas, para que por mí fuese cumplida la predicación [*kērugma*], y que todos los gentiles oyesen. Así fui librado de la boca del león" (2 Ti. 4:17). Recordó a los creyentes en Corinto: "Pues ya que en la sabiduría de Dios, el mundo no conoció a Dios mediante la sabiduría, agradó a Dios salvar a los creyentes por la locura de la predicación" (1 Co. 1:21). Más adelante en esa epístola Pablo recordó de nuevo a sus lectores que "ni mi palabra ni mi predicación [*kērugma*] fue con palabras persuasivas de humana sabiduría, sino con demostración del Espíritu y de poder" (2:4).

Jesús mismo empezó su ministerio público predicando (Mt. 4:17), tal como el profeta Isaías lo había predicho (véase Lc. 4:17-21). El Señor llamó a sus primeros seguidores diciendo por ejemplo: "tú vé, y anuncia el reino de Dios" (Lc. 9:60). Después del Pentecostés, los apóstoles "todos los días, en el templo y por las casas, no cesaban de enseñar y predicar a Jesucristo" (Hch. 5:42), tal como el Señor les había mandado (10:42). Pablo dijo a Timoteo: "Te encarezco... que prediques la palabra" (2 Ti. 4:1-2).

A Pablo le **fue encomendada** una comisión apostólica única de proclamar la Palabra de Dios de conformidad con el **mandato de Dios nuestro Salvador.** Dios "me apartó desde el vientre de mi madre, y me llamó por su gracia", testificó el apóstol, porque le agradó "revelar a su Hijo en mí, para que yo le predicase entre los gentiles" (Gá. 1:15-16). Tanto como "siervo de Dios [el Padre] y apóstol de Jesucristo [el Hijo]" (Tit. 1:1), Pablo se encontraba sometido **por mandato de Dios** a la misión de predicar el evangelio de salvación. "Fui hecho ministro, según la administración de Dios que me fue dada para con vosotros", dijo Pablo a los creyentes en Colosas, "para que anuncie cumplidamente la palabra de Dios" (Col. 1:25; cp. 1 Ti. 2:7). "Me es impuesta necesidad", dijo en su primera carta a la iglesia en Corinto; "y ¡ay de mí si no anunciare el evangelio! ... la comisión me ha sido encomendada" (1 Co. 9:16-17).

Pablo habla aquí de **Dios** como **nuestro Salvador** en lugar de **Dios** el Padre, como en el versículo siguiente. Se refiere a **Dios** como **Salvador** en otras cinco ocasiones en las epístolas pastorales: en 1 Timoteo 1:1; 2:3; 4:10; y otras dos veces en esta carta (Tit. 2:10; 3:4). Dios no tiene indecisión para salvar, como lo son algunas deidades imaginarias que deben ser apaciguadas por sus devotos y se les debe rogar que tengan misericordia. Jesús declaró que "de tal manera amó Dios [el Padre] al mundo, que ha dado a su Hijo unigénito, para que todo aquel que en él cree, no se pierda, mas tenga vida eterna. Porque no envió Dios a su Hijo al mundo para condenar al mundo, sino para que el mundo sea salvo por él" (Jn. 3:16-17; cp. 1 Jn. 4:14). Jesús también declaró que "el que no naciere de nuevo, no puede ver el reino de Dios" (Jn. 3:5). El desarrollo de la historia fascinante de la salvación es el plan y la obra de toda la Trinidad. Es el gozo de Dios salvar a los pecadores (véase Lc. 15:7, 10, 20-24), y su tristeza que se pierdan (véase Lc. 19:21-24).

COMPROMETIDO CON EL PUEBLO DE DIOS

a Tito, verdadero hijo en la común fe: Gracia, misericordia y paz, de Dios Padre y del Señor Jesucristo nuestro Salvador. (1:4)

Un quinto principio fundamental en la vida de Pablo que está ilustrado aquí fue su compromiso con el pueblo de Dios. El apóstol se había dedicado con lealtad **a** personas como **Tito**, su **verdadero hijo en la común fe.** Empleó palabras casi idénticas para referirse a Timoteo (1 Ti. 1:1; cp. 2 Ti. 1:2).

Verdadero es la traducción de *gnēsios*, que tiene el significado básico de "engendrado de manera legal y auténtica"; **hijo** traduce *teknon*, que se empleaba con referencia a un hijo legítimo, a diferencia de uno nacido fuera del vínculo matrimonial. Por lo tanto, ambas palabras puestas una al lado de la otra acentúan la declaración de Pablo sobre su relación estrecha con Tito, su hijo espiritual en todo el sentido de la expresión. El apóstol fue con toda seguridad el agente humano usado por Dios para llevar a Tito a la salvación, y es claro que fue el principal responsable de alimentarle en su crecimiento espiritual y capacitarle para el servicio a Dios.

La expresión **en la común fe** puede interpretarse de forma subjetiva u objetiva. En sentido subjetivo hace referencia a la fe salvadora, que Tito tenía en **común** con Pablo y todos los demás creyentes. En sentido objetivo haría referencia a las verdades de la **fe** cristiana que Tito tenía en **común** con el apóstol y todos los demás creyentes que permanecen en la sana doctrina. Aunque es probable que Pablo estuviera aquí recalcando el aspecto subjetivo de la **fe** de Tito, es obvio a partir de esta epístola y de las descripciones del libro de Hechos que Pablo consideraba a Tito un poseedor de la sana doctrina. No habría dejado una sola iglesia en manos de un líder que no estuviera fundamentado y arraigado en la Palabra.

Pablo había encomendado a Tito que trabajara aun con una iglesia mundana y problemática como la de Corinto. En su segunda carta a esa congregación habla de Tito en nueve ocasiones, y siempre en términos favorables. "Pero Dios, que consuela a los humildes, nos consoló con la venida de Tito", dice regocijado;

"y no sólo con su venida, sino también con la consolación con que él había sido consolado en cuanto a vosotros, haciéndonos saber vuestro gran afecto, vuestro llanto, vuestra solicitud por mí, de manera que me regocijé aun más" (2 Co. 7:6-7). Unos versículos más adelante elogia al joven pastor diciendo: "gracias a Dios que puso en el corazón de Tito la misma solicitud por vosotros" (8:16) y le llama "mi compañero y colaborador para con vosotros" (v. 23).

A través de la historia, los líderes más poderosos y efectivos en la iglesia han estado comprometidos con el desarrollo de compañeros y colaboradores que extienden y perpetúan el ministerio de Jesucristo. Aunque Pablo fue entre los apóstoles el más dotado y capacitado, nunca ministró solo ni trató de conducir un ministerio individual sin ayuda de otros. Hasta su muerte, mantuvo una asociación íntima con una red considerable de predicadores, maestros y otros líderes en la iglesia con quienes fue un compañero en el servicio. Se extendió a sí mismo por medio de otros, sabiendo que el Señor no le llamó a funcionar como un agente solitario. Siempre estuvo consciente de la importancia que tiene delegar la responsabilidad y preparar a otros para dar continuidad al ministerio.

Todas las cartas de Pablo incluyen saludos de y para amigos y colaboradores. En el último capítulo de su carta a la iglesia en Roma envía saludos a veintisiete hombres y mujeres por nombre propio, y elogia a muchos otros cuyos nombres no se incluyen. Tuvo un amor genuino por sus hermanos en la fe y en la obra del ministerio, y construyó relaciones personales profundas con ellos en todos los lugares donde estuvo. Les animó todo el tiempo y se entregó con sacrificio personal a fin de proveer para sus necesidades en todas las áreas.

Sin embargo, de manera semejante a Timoteo, Tito fue objeto de un cariño especial por parte del apóstol, quien fue su padre y mentor espiritual. Podemos imaginar el sentimiento profundo del apóstol cuando escribió con gran afecto a su amado Tito: **Gracia, misericordia y paz, de Dios Padre y del Señor Jesucristo nuestro Salvador.**

Gracia es el don maravilloso de Dios que trae salvación por su **misericordia,** y **paz** es la bendición maravillosa que Él concede a quienes salva en su gracia. Por esa razón la frase **gracia, misericordia y paz** o su versión abreviada, "gracia y paz", se convirtió en un saludo común entre los primeros cristianos, una práctica que tal vez fue iniciada por Pablo mismo.

A este saludo el apóstol añadió: **de Dios Padre y del Señor Jesucristo nuestro Salvador**, un credo sencillo pero profundo que da testimonio sobre la fuente de **gracia, misericordia y paz** para el creyente. El apóstol acaba de hablar de "Dios nuestro Salvador" en el versículo anterior, y ahora al final de la misma frase habla **del Señor Jesucristo nuestro Salvador.**

Aunque **Dios** se convierte en el **Padre** celestial de todos aquellos que depositan su fe en **Jesucristo,** Pablo se concentra aquí en la relación única del Padre con "su Hijo unigénito" (Jn. 3:16) y en la verdad, mencionada antes, de que el **Padre** y el Hijo, **Jesucristo,** están unidos de forma inseparable en la obra de salvación.

Cualidades de un pastor – parte 1

2

Por esta causa te dejé en Creta, para que corrigieses lo deficiente, y establecieses ancianos en cada ciudad, así como yo te mandé; el que fuere irreprensible, marido de una sola mujer, y tenga hijos creyentes que no estén acusados de disolución ni de rebeldía. Porque es necesario que el obispo sea irreprensible, como administrador de Dios; no soberbio, no iracundo, no dado al vino, no pendenciero, no codicioso de ganancias deshonestas, sino hospedador, amante de lo bueno, sobrio, justo, santo, dueño de sí mismo, retenedor de la palabra fiel tal como ha sido enseñada, para que también pueda exhortar con sana enseñanza y convencer a los que contradicen. (1:5-9)

Sería beneficioso para todo pastor hacer una lectura ocasional del libro clásico de Richard Baxter, *El pastor reformado*. Ese título no indica que trate lo que se llama comúnmente teología reformada, sino que más bien se refiere a la reforma y el avivamiento espirituales en la vida personal de todo pastor. Escribe:

> Cuando sus mentes se encuentren en una condición santa y celestial, es probable que sus congregaciones van a participar de los frutos de tal condición. Sus oraciones, alabanzas y doctrina serán exquisitas y gloriosas para ellos. Es muy probable que perciban cuando ustedes hayan estado mucho tiempo en la presencia de Dios. Aquello que más fuerza tenga en sus corazones estará con mayor seguridad en los oídos de sus oyentes... Cuando dejo que mi corazón se enfríe, mi predicación es fría, y cuando está confundido mi predicación es confusa; de modo que puedo observar también con frecuencia en los mejores de mis oyentes que cuando me

> he enfriado en la predicación, ellos también se han enfriado; y en esas ocasiones las oraciones que escucho de ellos se han parecido demasiado a mi predicación...
>
> Oh hermanos, guarden por lo tanto sus propios corazones; manténganse alejados de lujurias y pasiones de inclinaciones mundanas. Preserven la vida de fe, de amor, de celo. Estén mucho tiempo en el hogar y mucho tiempo con Dios...
>
> Cuiden de ustedes mismos, no sea que su ejemplo contradiga su doctrina,... no sea que desdigan con su vida lo que han dicho con sus lenguas; y se conviertan en los estorbos más grandes para el éxito de sus propias labores.
>
> Una palabra pedante y altiva, un altercado innecesario, una acción codiciosa, puede cortar la garganta de muchos sermones y destruir el fruto de todo lo que hayan hecho hasta el momento... Que sus vidas condenen el pecado y persuadan a los hombres a cumplir su deber santo. ([Londres: Banner of Truth, edición de 1983], pp. 61-63, 65)

Los estándares de Dios para el liderazgo en la iglesia son altos, una verdad básica y de importancia crucial que muchas iglesias evangélicas niegan o ignoran en la actualidad. Los parámetros del Nuevo Testamento para pastores con frecuencia son rebajados, se aplican de forma selectiva o son desatendidos por completo. Algunas congregaciones y denominaciones extraen y seleccionan requisitos para el pastorado que parecen más relevantes y apropiados para la época, que satisfacen preferencias personales y que no entran en conflicto abierto con estándares y prácticas sociales contemporáneos. Algunos se toman la libertad de eximir a candidatos de cumplir estándares bíblicos cuando la aplicación de esos estándares pueda resultar en su destitución. Nada se necesita mas en la iglesia que la aplicación esmerada de los principios bíblicos de liderazgo, pero el hecho es que hay una escasez alarmante de líderes espirituales calificados en las iglesias contemporáneas.

Ninguna tendencia en la iglesia es más perniciosa para la obra de Cristo que la de dejar de disciplinar y descalificar de manera permanente a los pastores que han cometido pecados morales graves. También sucede que cuando un pastor es disciplinado y removido del ministerio, muchas veces es aceptado de inmediato para volver a ejercer el liderazgo tan pronto mengua la publicidad negativa. Muchos de los líderes eclesiásticos más conocidos y visibles de la actualidad no cumplen en absoluto los requisitos bíblicos para ejercer el ministerio. Al mismo tiempo que su popularidad y prestigio mundanos crecen, un líder puede acarrear corrupción espiritual y moral a la misma gente que le apoya e idolatra con tanta dedicación. Muy rara vez una iglesia puede sobrevivir tras el fracaso de su liderazgo. Un pastor que se haya hundido en lo espiritual, lo doctrinal o lo moral, y que no sea disciplinado y destituido, de manera inevitable arrastra a gran parte de su congregación en su caída.

Dios ofrece perdón y restauración espiritual a todos los creyentes, incluidos los pastores y demás líderes de la iglesia que con sinceridad confiesan sus pecados y renuncian a ellos, sin importar cuán execrables y públicos sean. La promesa que Dios da en su gracia es para todos los cristianos: "Si confesamos nuestros pecados, él es fiel y justo para perdonar nuestros pecados, y limpiarnos de toda maldad" (1 Jn. 1:9). Por otro lado, la Palabra también deja en claro que el Señor no acepta a esa persona para volver a una posición de liderazgo, sin importar cuántos dones, popularidad o efectividad haya tenido con anterioridad, o cuán arrepentida esté en la actualidad. La iglesia debería hacer lo mismo.

Bajar los estándares de Dios para aquellos que Él llama al ministerio y quienes le representan de manera única ante el mundo, así como ante la iglesia, es algo trágico y de consecuencias desastrosas. Constituye desobediencia y afrenta para con Dios y debilita la iglesia. Un hombre que ha dilapidado su integridad, manchado su púlpito y destruido la confianza de sus hermanos en la fe no ha perdido la salvación o el perdón, pero delante de Dios sí pierde el privilegio de ejercer liderazgo en la iglesia. Con la pérdida de pureza moral o doctrinal también se pierde la prerrogativa divina para predicar, enseñar o tener autoridad pastoral en la iglesia de Cristo.

Algunos cristianos argumentan que caer en un pecado terrible y luego ser perdonado y restaurado en el ministerio es algo que exalta la gracia y hace a una persona más sensible a las necesidades de otros y más dispuesta a servir a personas que han cometido pecados similares. Sin embargo, las implicaciones de esa manera de pensar son escalofriantes y tienen la misma clase de error lógico y teológico de aquella noción según la cual "perseveraremos en el pecado para que la gracia abunde" (Ro. 6:1). La respuesta contundente de Pablo a esa absurdidad depravada es: "En ninguna manera. Porque los que hemos muerto al pecado, ¿cómo viviremos aún en él?" (v. 2).

Algunos miembros de iglesia quieren rebajar los estándares para ministros con el fin de hacer que su propia vida de pecado parezca más aceptable. Otros quieren bajar los estándares debido a un concepto distorsionado y no bíblico de amor, pensando en su necedad que pasar por alto o excusar el pecado de un creyente de algún modo le inclina más a apartarse de él y procurar la justicia. No obstante, esa manera de ver las cosas hace que una persona se vuelva más complaciente y constituye una barrera para el arrepentimiento genuino y la vida en santidad.

El amor que viene de Dios nunca es compatible con el pecado; "...el que guarda su palabra, en éste verdaderamente el amor de Dios se ha perfeccionado... Pues este es el amor a Dios, que guardemos sus mandamientos" (1 Jn. 2:4-5; 5:3; cp. 1 Co. 13:6). No solo es *posible* amar sin poner en entredicho los estándares de rectitud de Dios, sino que es *imposible* amar de verdad si desacreditamos sus estándares.

Durante la mayor parte de este siglo, el cristianismo evangélico ha tenido un compromiso profundo en la batalla por la pureza doctrinal, pero en muchos círculos en años recientes no ha estado tan comprometido con la pureza moral, incluso entre sus líderes. El resultado inevitable es que la iglesia ha experimentado la erosión de su integridad y su poder espiritual. El Señor requiere líderes en su iglesia que sean puros, santos e intachables. Todo lo que esté por debajo de esto es inaceptable para Él y debería ser inaceptable para su pueblo. Las concesiones morales, así como las concesiones doctrinales, significan desastre inexorable para la iglesia. Por importantes que sean, las batallas para defender la inerrancia y la autoridad de las Escrituras pierden su efectividad en gran medida si los defensores de esas doctrinas no defienden también y mantienen en alto los estándares igualmente cruciales de rectitud personal. Los que con facilidad hacen concesiones en el terreno de la integridad del liderazgo estarán más dispuestos a hacer concesiones en el campo de la verdad. Al ser infieles en la batalla por una vida sana, tienen más probabilidad de fracasar en la batalla por la doctrina sana.

El tema central de Pablo en Tito 1:5-9 es que solo se debe permitir a un hombre cuyo carácter se conforma a estándares divinos de rectitud entrar al ministerio o permanecer en él. Tito debía seleccionar a hombres de ese talante para ejercer el liderazgo en las iglesias de Creta.

El apóstol menciona dos razones para haber dejado a Tito **en Creta.** En primer lugar, quería que el joven pastor **corrigiese lo deficiente.** El verbo *epidiorthoō* (**corrigieses**) se compone de dos preposiciones: *epi* ("sobre") y *dia* ("a través"), conectadas a *orthoō* ("enderezar", "corregir"). Es de la raíz *orthos* que se deriva la palabra *ortodoncia,* la corrección de malformaciones dentales o el enderezamiento de dientes torcidos por la intervención de un especialista en ese campo de la odontología. En tiempos antiguos el término se empleaba con referencia al arreglo de huesos fracturados y la corrección de extremidades arqueadas, que ahora es parte de la especialidad médica que hoy llamamos ortopedia.

Tito tenía encomendada la tarea de corregir y rectificar ciertas doctrinas (véase por ejemplo, 1:10-11, 13-14; 2:1) y prácticas (véase por ejemplo, 1:12, 16; 3:9), en las iglesias **en Creta,** las cuales se habían vuelto defectuosas. La frase calificativa **lo deficiente** indica que Pablo mismo, y quizás otros, ya habían avanzado en la corrección que Tito habría de llevar a feliz término. A juzgar por las admoniciones que vienen a continuación, los problemas eran tanto morales como teológicos y había líderes de la iglesia involucrados.

También había problemas de actitud y responsabilidad personal en las iglesias. Puesto que algunos de los hombres de mayor edad no estaban reflejando la madurez de debería venir con la edad, Tito debía amonestarles a que fuesen "sobrios, prudentes, sanos en la fe, en el amor, en la paciencia" (2:2). De manera similar, debía instruir a las ancianas que fueran "reverentes en su porte; no calumniadoras, no esclavas del vino, maestras del bien" (v. 3), a "las mujeres jóvenes a amar a sus maridos y a sus hijos, a ser prudentes, castas, cuidadosas de su casa, buenas, sujetas a sus maridos, para que la palabra de Dios no sea blasfemada" (vv. 4-5). También debía exhortar "a los jóvenes a que sean prudentes" (v. 6) y "a los siervos a que se sujeten a sus amos, que agraden en todo, que no sean respondones" (v. 9).

El factor principal en esa corrección tenía que ver con que Tito **estableciese ancianos en cada ciudad, así como** el apóstol se lo había **mandado,** lo cual indica que algunas de las iglesias del lugar todavía no contaban con su propio liderazgo local calificado. Debido a que muchas de las iglesias, si no todas, estaban aquejadas por "muchos contumaces, habladores de vanidades y engañadores, mayormente los de la circuncisión" (1:10), y debido a que muchas de las personas se habían entregado a "las cuestiones necias, y genealogías, y contenciones, y discusiones acerca de la ley" (3:9), la necesidad de liderazgo espiritual sano y ejemplo moral tenía una urgencia ineludible. Esos dos versículos indican que gran parte de la controversia fue causada por judaizantes, judíos legalistas que se proponían imponer los requisitos ceremoniales del antiguo pacto a los cristianos, sobre todo a los que venían de un trasfondo gentil.

El modelo ministerial de Pablo consistía en llevar hombres y mujeres a Cristo, alimentarles en la fe, inculcarles la esperanza eterna para perseverar, y suministrarles líderes amorosos y espirituales para su cuidado. Ese patrón puede verse con claridad en el libro de Hechos. Después que Pablo y Bernabé terminaron de "anunciar el evangelio a aquella ciudad [Derbe] y de hacer muchos discípulos, volvieron a Listra, a Iconio y a Antioquía, confirmando los ánimos de los discípulos, exhortándoles a que permaneciesen en la fe, y diciéndoles: Es necesario que a través de muchas tribulaciones entremos en el reino de Dios. Y constituyeron ancianos en cada iglesia, y habiendo orado con ayunos, los encomendaron al Señor en quien habían creído" (Hch. 14:21-23).

Ancianos es la traducción de *presbuteros*, que por lo general hacía referencia a cualquier hombre de edad; pero el término ya había venido a utilizarse como un título oficial para los líderes en la iglesia primitiva, como lo evidencia el hecho de que los **ancianos** que se nombraban debían tener el carácter espiritual más noble así como poseer la habilidad para enseñar. El simple hecho de tener más edad, incluso más años en la fe, no califica a un hombre de manera automática para ejercer el liderazgo en la iglesia.

A partir de numerosos pasajes en el Nuevo Testamento parece indiscutible que las palabras anciano, obispo (veedor, supervisor) y pastor, se refieren al mismo oficio, y los términos diferentes llaman la atención sobre características particulares del ministerio de cada uno, y no tienen que ver con niveles diferentes de autoridad, como arguyen algunas iglesias. Los requisitos para un *episkopos* (en sentido literal un "supervisor", que también se traduce obispo) que Pablo da en 1 Timoteo 3:1-7 constituyen un claro paralelo con las cualidades que deben poseer los ancianos como se presentan en Tito. Tanto en este primer capítulo de Tito (vv. 5, 7) como en el capítulo 20 de Hechos (vv. 17, 28), los títulos de *presbuteros* y *episkopos* se emplean con referencia a los mismos hombres. En Hechos 20:28 Pablo emplea la forma verbal de otro título (pastor) y la aplica al mismo grupo de hombres: "Por tanto, mirad por vosotros, y por todo el rebaño en que el Espíritu Santo os ha puesto por obispos [*episkopos*], para apacentar [o "pastorear", *poimainō*] la iglesia del Señor, la cual él ganó por su propia sangre" (v. 28). En Efesios 4:11 Pablo vincula los llamamientos divinos para ser pastor (*poimēn*) y maestro (*didaskalos*) como una sola función ministerial que sería apropiado llamar pastor–maestro.

Aunque la designación de **ancianos** era uno de los quehaceres básicos de Tito en Creta, la selección específica de esos hombres no fue dejada a su propio juicio y discreción como ser humano. Tito debía buscar la dirección del Espíritu Santo. En el mismo versículo (Hch. 20:28) antes citado, Pablo deja en claro que la selección de **ancianos** es una prerrogativa divina del Espíritu Santo ("el Espíritu Santo os ha puesto por obispos"). Aprendemos de un relato anterior en el libro de Hechos que, mientras los profetas y maestros en Antioquía de Siria se encontraban "ministrando... al Señor, y ayunando, dijo el Espíritu Santo: Apartadme a Bernabé y a Saulo para la obra a que *los he llamado*" (Hch. 13:2, cursivas añadidas). Solo por la dirección del Espíritu Santo, y después de haber ayunado y orado, fue que los líderes de esa iglesia enviaron a Pablo y Bernabé en su primer viaje misionero (v. 3). Durante ese viaje, "constituyeron ancianos en cada iglesia, y habiendo orado con ayunos, los encomendaron al Señor en quien habían creído" (Hch. 14:23). El nombramiento de ancianos por parte de los apóstoles y sus emisarios, tales como Timoteo y Tito, siempre se hizo como resultado de haber buscado la mente y la sabiduría del Espíritu Santo. El llamado divino de esas personas era afirmado por la iglesia como resultado de haber recibido la dirección de Dios.

En cada ciudad puede indicar que gran parte de la isla había sido evangelizada por Pablo y que ya se había establecido un número de iglesias locales. **Así como yo te mandé** indica que Pablo estaba reiterando una instrucción previa. Mediante esta confirmación escrita del mandato apostólico, las iglesias sabrían que los nombramientos hechos por Tito se habían hecho bajo un mandato divino.

En los siguientes cuatro versículos (6-9), Pablo menciona las cualidades no negociables y dadas por revelación divina para pastores (es decir, para ancianos y para obispos por igual). Estos líderes de la iglesia deben tener reputaciones públicas intachables (v. 6*a*) y deben ser aprobados en cuatro áreas específicas: moralidad sexual (v. 6*b*), liderazgo familiar (v. 6*c*), carácter general (vv. 7-8), y habilidad para enseñar (v. 9). No se puede permitir que un hombre no calificado en todas esas áreas ejerza el ministerio como anciano en una iglesia.

REPUTACIÓN PÚBLICA

el que fuere irreprensible, (1:6*a*)

Anenklētos (**irreprensible**) se forma a partir del prefijo negativo *a* y el verbo *enkaleō* ("llamar a rendir cuentas"), y alude al concepto de estar por completo libre de culpa. En su *Diccionario expositivo de palabras del Nuevo Testamento,* W. E. Vine observa que este término "no solo implica una mera exculpación, sino la ausencia total de acusaciones contra una persona". En el sistema legal del tiempo de Pablo, una persona que era *anenklētos* no estaba siquiera sometida a denuncias ni recriminaciones, mucho menos a ser juzgada. Ser **irreprensible** es de tal importancia para Pablo que el apóstol reitera esta cualidad en el siguiente versículo (7), donde se refiere a los mismos líderes en la iglesia con el nombre de obispos. También se requiere que los diáconos sean "irreprensibles" (1 Ti. 3:10).

Al principio de la lista paralela de cualidades de los obispos que se incluye en la otra epístola pastoral, Pablo emplea una palabra griega relacionada, *anepilēptos,* que también se traduce "irreprensible" en 1 Timoteo 3:2. Esta palabra alude a la idea de no ser asido o sujetado. En otras palabras, un anciano no debería ser llamado a rendir cuentas ni ser colocado bajo custodia, por así decirlo, a causa de alguna acusación moral o espiritual.

Pablo no está hablando de tener perfección y ausencia total de pecado sino que declarando que los líderes en la iglesia de Cristo no deben tener defectos pecaminosos en sus vidas que justifiquen el poner en duda su virtud, su justicia o su piedad, de tal modo que sean acusados con justa razón. No debe haber una sola cosa en sus vidas que les descalifique como modelos de carácter moral y espiritual para los creyentes que están bajo su cuidado y procuran seguir su ejemplo. No solo deben enseñar y predicar de la manera correcta sino también vivir de la manera correcta. Pablo encargó a Timoteo que fuese "ejemplo de los creyentes en palabra, conducta, amor, espíritu, fe y pureza" (1 Ti. 4:12).

Dios no llama a todos los ancianos a ser hombres de empresa que empiezan ministerios y los edifican, y tampoco llama a todos los ancianos a ser productores, hombres que realizan una gran cantidad de trabajo en la iglesia, aunque estas son cosas dignas y de valor. Tampoco les llama a todos a ser gerentes especializados en movilizar otras personas en el servicio del Señor, aunque esto también sea encomiable. Sin embargo, el Señor *sí* llama a todos los ancianos a ser líderes piadosos, hombres que tanto por sus vidas ejemplares como por su enseñanza y predicación sanas establecen un patrón de virtud y devoción al Señor que los demás creyentes puedan seguir.

Muchos líderes eclesiásticos se equivocan al ver su función en el cuerpo en términos de ser promotores, hombres de negocios, ejecutivos, psicólogos, animadores o presidentes. Esa clase de funciones se diferencia mucho de las especificadas en el Nuevo Testamento. En 2 Timoteo 2 y 3 Pablo emplea ocho figuras diferentes para ilustrar quiénes son los "hombres fieles" (v. 2) que desempeñan el ministerio. Deben ser maestros idóneos (v. 2), soldados activos en el servicio (vv. 3-4), atletas que compiten según las reglas (v. 5), labradores diligentes y esforzados (v. 6), obreros solícitos y concienzudos (v. 15), instrumentos útiles (v. 21) y siervos excelentes (v. 24). Ninguna de esas imágenes es fantasiosa ni implica el engrandecimiento individual. Todas ejemplifican el esfuerzo esmerado y el sacrificio personal. Además corresponden a los atributos del "hombre de Dios" (3:17), un título técnico del Antiguo Testamento para referirse a las personas cuyo llamado es hablar de parte de Dios.

El liderazgo piadoso y efectivo de la iglesia involucra muchas responsabilidades. Entre ellas se encuentran ganar a los perdidos para Cristo, discipular y nutrir a los creyentes, predicar y enseñar la sana doctrina, organizar la iglesia local y sus actividades, tomar decisiones sabias, administrar los recursos con buena mayordomía, orar con constancia y fervor, disciplinar a los miembros que están en pecado y ordenar al ministerio a otros ancianos calificados.

No obstante, a pesar de esas responsabilidades nobles y notables, Cristo no se propuso que el papel de pastor o anciano fuese una marca de distinción en la aristocracia o jerarquía eclesiástica. Como el Señor mismo en su encarnación, los líderes de la iglesia por encima de todo deben ser siervos fieles y humildes de Dios y de su pueblo. Las últimas palabras de Jesús a Pedro antes de su ascensión incluyeron el encargo triple: "Apacienta mis corderos... Pastorea mis ovejas... Apacienta mis ovejas" (Jn. 21:15-17). La palabra *pastor*, de hecho, significa "apacentador" y es una metáfora que el Señor empleó con referencia a Él mismo: "Yo soy el buen pastor; el buen pastor su vida da por las ovejas... Yo soy el buen pastor; y conozco mis ovejas, y las mías me conocen" (Jn. 10:11, 14; cp. v. 16). El escritor de Hebreos habla de Cristo como "el gran pastor de las ovejas" (He. 13:20). Pedro habla de Él como el "Pastor y Obispo de [nuestras] almas" (1 P. 2:25) y "el Príncipe de los pastores" (5:4).

Los pastores de ovejas nunca han gozado de mucho prestigio. Siempre han estado en los peldaños más bajos de la escalera socioeconómica. Su trabajo es importante y cumple una función necesaria, pero no requiere muchas aptitudes y consiste de tareas comunes, repetitivas y ordinarias que la mayoría de las personas tienden a evadir. Si un pastor tiene el corazón de un apacentador, tendrá la misma satisfacción y fidelidad ejerciendo el ministerio en las responsabilidades menos notorias y llamativas como en las más visibles y atractivas.

Durante la última cena, Jesús

> *se levantó de la cena, y se quitó su manto, y tomando una toalla, se la ciñó. Luego puso agua en un lebrillo, y comenzó a lavar los pies de los discípulos, y a enjugarlos con la toalla con que estaba ceñido... Así que,*

> *después que les hubo lavado los pies, tomó su manto, volvió a la mesa, y les dijo: ¿Sabéis lo que os he hecho? Vosotros me llamáis Maestro, y Señor; y decís bien, porque lo soy. Pues si yo, el Señor y el Maestro, he lavado vuestros pies, vosotros también debéis lavaros los pies los unos a los otros. Porque ejemplo os he dado, para que como yo os he hecho, vosotros también hagáis. De cierto, de cierto os digo: El siervo no es mayor que su señor, ni el enviado es mayor que el que le envió. Si sabéis estas cosas, bienaventurados seréis si las hiciereis.* (Jn. 13:4, 5, 12-17)

No obstante, al final de la cena "hubo también entre ellos una disputa sobre quién de ellos sería el mayor" (Lc. 22:24). Habían olvidado por completo la lección que el Señor les había enseñado de una manera tan gráfica contados instantes atrás. "Pero él les dijo: Los reyes de las naciones se enseñorean de ellas, y los que sobre ellas tienen autoridad son llamados bienhechores; mas no así vosotros, sino sea el mayor entre vosotros como el más joven, y el que dirige, como el que sirve" (vv. 25-26).

El distintivo de un líder piadoso en la iglesia es servicio humilde, amoroso, abnegado y generoso. El Señor no llama a los suyos a ser celebridades ni personajes carismáticos, mucho menos patrones dominantes sino todo lo contrario: siervos abnegados que encuentran su mayor satisfacción y gozo en emular la devoción, el sacrificio, la humildad y el amor de su Señor, el gran pastor de las ovejas y el Príncipe de los pastores.

Por supuesto, en muchos sentidos el trabajo de un pastor es diferente al de un apacentador de ovejas. Su trabajo está lejos de requerir aptitudes y preparación ordinarias. Aunque no es necesario que haya obtenido una gran educación ni que posea talentos especiales, el pastor debe ser maduro en la fe y ejercer el don espiritual que ha recibido. Incluso en una congregación pequeña un pastor puede enfrentar una diversidad enorme de problemas y retos. Toda posición de pastorado demanda esfuerzo, energía, devoción, paciencia, persistencia y sabiduría. En las figuras presentadas por Pablo en 2 Timoteo 2 y 3 antes mencionadas, un pastor/anciano debe funcionar como maestro, soldado, atleta, labrador, obrero, instrumento, siervo y hombre de Dios, además de otras propiedades no incluidas en esa lista.

Por otro lado, la enseñanza central del pasaje presente es que un pastor o anciano no cualifica para el ministerio con base en su inteligencia, educación, influencia o talento humano, sino sobre la base de su carácter moral y espiritual así como su aptitud para impartir la Palabra. A través de la historia los siervos elegidos de Dios han sido inteligentes, bien educados o muy talentosos han estado en la minoría, aunque estas son cualidades que el Señor también ha optado por utilizar y bendecir. Además, como se acaba de señalar, todo pastor debe estar dispuesto a trabajar duro. No obstante esas no son las cualidades fundamentales que el Señor requiere. Las cualidades fundamentales e indispensables que Él requiere de pastores eminentes y altamente capacitados son las mismas que exige al pastor más sencillo y sin instrucción formal que ministra en una zona rural o en un país en vías de desarrollo. Sin importar dónde y cómo ministren, todos los pastores deben ser puros en su vida moral. Solo hombres así son dignos de desempeñarse como líderes en la iglesia de Cristo.

Los líderes en la iglesia de Cristo también deben funcionar como padres en una familia. Pablo se refirió con frecuencia a quienes estaban bajo su cuidado como sus hijos en la fe. "Antes fuimos tiernos entre vosotros, como la nodriza que cuida con ternura a sus propios hijos", recordó el apóstol a los creyentes en Tesalónica. "Tan grande es nuestro afecto por vosotros", continuó, "que hubiéramos querido entregaros no sólo el evangelio de Dios, sino también nuestras propias vidas; porque habéis llegado a sernos muy queridos" (1 Ts. 2:7-8; cp. v. 11). Juan se refiere a quienes estaba escribiendo como "hijitos míos" (1 Jn. 2:1). Así como el liderazgo deficiente de los padres menoscaba una familia y debilita a la sociedad como un todo, el liderazgo pastoral mediocre perjudica a una congregación y debilita a la iglesia como un todo.

Al igual que Pablo, cada anciano debería estar en capacidad de decir con toda honestidad a quienes ministra: "Hermanos, sed imitadores de mí, y mirad a los que así se conducen según el ejemplo que tenéis en nosotros" (Fil. 3:17; cp. 1 Ts. 2:7-12; 5:12; 2 Ts. 3:9). Los ancianos deberían ser recordados por los creyentes en sus iglesias como aquellos "que os hablaron la palabra de Dios" y cuyo ejemplo es digno de imitar: "considerad cuál haya sido el resultado de su conducta, e imitad su fe" (He. 13:7).

Pedro escribió esto a los cristianos perseguidos que estaban dispersados por todo el imperio romano: "Ruego a los ancianos que están entre vosotros, yo anciano también con ellos, y testigo de los padecimientos de Cristo, que soy también participante de la gloria que será revelada: Apacentad la grey de Dios que está entre vosotros, cuidando de ella, no por fuerza, sino voluntariamente; no por ganancia deshonesta, sino con ánimo pronto; no como teniendo señorío sobre los que están a vuestro cuidado, sino siendo ejemplos de la grey" (1 P. 5:1-3).

Ser irreprensible debe ser una característica del anciano, obispo y pastor-maestro fiel durante toda su vida. Casi al final de su primera carta a Timoteo, Pablo amonesta al joven pastor diciendo: "que guardes el mandamiento sin mácula ni reprensión, hasta la aparición de nuestro Señor Jesucristo" (6:14).

Tras hacer la pregunta retórica: "Jehová, ¿quién habitará en tu tabernáculo? ¿Quién morará en tu monte santo?", David responde diciendo: "El que anda en integridad y hace justicia, y habla verdad en su corazón" (Sal. 15:1-2). "Integridad" es la traducción de *tamim*, una palabra hebrea que alude al concepto de ser completo, sano, perfecto, recto, inmaculado y sin defecto.

Fue la integridad de Job hacia Dios lo que mantuvo este hombre conservó con tesón y valentía contra todas las acusaciones y adversidades que le acaecieron. Dios mismo dijo "a Satanás: ¿No has considerado a mi siervo Job, que no hay otro como él en la tierra, varón perfecto y recto, temeroso de Dios y apartado del mal, y que todavía retiene su integridad [de *tummah*, muy relacionado con *tamim*], aun cuando tú me incitaste contra él para que lo arruinara sin causa?" (Job 2:3). La esposa de Job en su necedad le aconsejó que abandonara esa integridad: "¿Aún retienes tu integridad?" le preguntó. "Maldice a Dios, y muérete" (v. 9). Pero el testimonio inquebrantable de Job fue: "Hasta que muera, no quitaré de mí mi integridad. Mi justicia tengo asida, y no la cederé; no me reprochará mi corazón en todos mis días" (Job 27:5-6; cp. 31:6).

Isaías hizo esta pregunta retórica: "¿Quién de nosotros morará con el fuego consumidor? ¿Quién de nosotros habitará con las llamas eternas?" (Is. 33:14). Es decir, ¿quién puede evitar el juicio y escarmiento de Dios? El profeta responde: "El que camina en justicia y habla lo recto; el que aborrece la ganancia de violencias, el que sacude sus manos para no recibir cohecho, el que tapa sus oídos para no oír propuestas sanguinarias; el que cierra sus ojos para no ver cosa mala" (v. 15).

David declaró: "Entenderé el camino de la perfección cuando vengas a mí. En la integridad de mi corazón andaré en medio de mi casa" (Sal. 101:2). El rey incomparable de Israel estaba comprometido con el Señor de la manera más plena posible. Quiso que su vida reflejara la justicia y bondad de Dios, y que su relación personal con el Señor fuese estrecha y sincera. Quería vivir en "el camino de la perfección".

David también quiso que quienes ministraran a su lado vivieran de ese mismo modo: "Mis ojos pondré en los fieles de la tierra, para que estén conmigo; el que ande en el camino de la perfección, éste me servirá" (v. 6). No quería someterse al liderazgo espiritual de cualquier hombre que no llevara una vida irreprensible e irreprochable. La única persona que en verdad puede hablar y ministrar en nombre de Dios es aquella que ha estado en la presencia de Dios; y la única persona que puede entrar en la presencia de Dios es aquella que es justa tanto en lo interno como en lo externo.

Aunque las grandes deshonras de su vida, narradas con tantos detalles en el Antiguo Testamento, fueron confesadas, y él fue restaurado a la comunión con Dios, quien le permitió continuar como rey en Israel, la vida de David no es prueba de que una persona pueda pecar de manera escandalosa y ser restaurada al pastorado. Los reyes del Antiguo Testamento en muy raras ocasiones habrían estado calificados para el ministerio. David, con sus múltiples esposas, sus hijos rebeldes y sus pecados de adulterio y homicidio, por cierto no cumplía con los requisitos señalados.

"Apártese de iniquidad todo aquel que invoca el nombre de Cristo" (2 Ti. 2:19), declara Pablo; porque solo aquel que "se limpia de estas cosas, será instrumento para honra, santificado, útil al Señor, y dispuesto para toda buena obra" (v. 21).

MORALIDAD SEXUAL

marido de una sola mujer, (1:6*b*)

La primera cualidad específica para un anciano es que sea **marido de una sola mujer.** La palabra griega en esta frase puede traducirse en sentido más literal como "un hombre de una mujer", o "esposo de una mujer".

Debido a que esa cualidad es objeto de algunas interpretaciones erradas, es importante notar las cosas que no significa. Aunque la poligamia se prohíbe con claridad en el Nuevo Testamento (cp. 1 Co. 7:2), Pablo no está insistiendo en esto aquí. Estar casado con un solo cónyuge a la vez es una norma que se aplica a todos los creyentes, no solo a los líderes en la iglesia. Tampoco se refiere a un viudo que se haya vuelto a casar, una práctica permisible en el Nuevo Testamento (Ro. 7:1-3; 1 Co. 7:39; 1 Ti. 5:14). Pablo tampoco está diciendo que un anciano deba estar casado; si ese fuera el caso lo habría expresado sin rodeos. Además, es muy probable que Pablo mismo haya sido un anciano en Antioquía antes de pasar a ejercer funciones de apóstol (cp. Hch. 13), y parece que no estaba casado en aquel tiempo (cp. 1 Co. 9:5).

De igual modo, el apóstol no se refiere aquí al divorcio, o de lo contrario lo habría mencionado. Sin embargo, es posible que Pablo está incluyendo el caso de un divorcio no bíblico. En tiempos del Nuevo Testamento, el divorcio era muy común entre judíos y gentiles por igual. Aunque Dios aborrece el divorcio (Mal. 2:16), en su gracia lo permite bajo ciertas circunstancias. Jesús declaró que el adulterio de un cónyuge permitía que el compañero inocente se volviera a casar: "yo os digo que el que repudia a su mujer, a no ser por causa de fornicación, hace que ella adultere; y el que se casa con la repudiada, comete adulterio" (Mt. 5:32). Bajo la guía divina, Pablo enseñó que "si el [cónyuge] incrédulo se separa, sepárese; pues no está el hermano o la hermana sujeto a servidumbre en semejante caso, sino que a paz nos llamó Dios" (1 Co. 7:15).

Ser **marido de una sola mujer** se refiere a la singularidad de la fidelidad de un hombre a la mujer que es su esposa, e implica pureza sexual tanto fuera como dentro de la relación. Es bastante posible, y demasiado común, que un esposo se case con una mujer y que a pesar de ello no sea un hombre de una sola mujer, porque tiene deseos sexuales por otras mujeres además de su esposa o mantiene una conducta impura con otra mujer. Jesús dejó en claro "que cualquiera que mira a una mujer para codiciarla, ya adulteró con ella en su corazón" (Mt. 5:28). Un esposo lujurioso, aparte de si llega o no a cometer adulterio físico, comete adulterio moral si mantiene un deseo sexual por cualquier mujer que no sea su esposa. Esto quiere decir que ha dejado de ser el hombre de una sola mujer, y tan pronto se conoce su infidelidad este hombre queda descalificado del ministerio.

Un anciano debe tener una reputación sin tacha durante toda su vida de fidelidad a su esposa y de pureza sexual. Debe ser libre por completo de fornicación, adulterio, divorcio y nuevo matrimonio (excepto tras la muerte de una esposa), amantes y concubinas, hijos ilegítimos y todas las demás manchas morales de ese tipo que mancillan la reputación de Cristo y su iglesia. Cuando una iglesia permite ejercer el liderazgo a un hombre corrupto en su vida moral o le vuelve a instaurar tras una caída en pecado moral serio, lo hace en contradicción flagrante y peligrosa de los estándares y la voluntad de Dios.

El escritor de Proverbios hace estas preguntas retóricas: "¿Tomará el hombre fuego en su seno sin que sus vestidos ardan? ¿Andará el hombre sobre brasas sin que sus pies se quemen? Así es el que se llega a la mujer de su prójimo; no quedará impune ninguno que la tocare" (Pr. 6:27-29). Es un hecho que los hombres "no tienen en poco al ladrón si hurta para saciar su apetito cuando tiene hambre; pero si es sorprendido, pagará siete veces; entregará todo el haber de su casa" (vv. 30-31). En cambio, "el que comete adulterio es falto de entendimiento; corrompe su alma el que tal hace. Heridas y vergüenza hallará, y su afrenta nunca será borrada" (Pr. 6:32-33). A diferencia de un ladrón, el hombre que comete adulterio no tiene cómo hacer restitución por su pecado y nunca puede ser libre de reproche ni estar fuera del alcance de la reprensión pública, por lo tanto nunca puede ser "irreprochable" ni "irreprensible".

Aunque Rubén fue el "primogénito" de Jacob y era "principal en dignidad, principal en poder", llegó a ser "impetuoso como las aguas", por lo cual perdió su preeminencia: "no serás el principal, por cuanto subiste al lecho de tu padre; entonces te envileciste, subiendo a mi estrado" (Gn. 49:3-4). Un hombre así jamás puede estar por encima del reproche y la reprensión.

Sin embargo, debe advertirse que un hombre que nunca haya sido culpable de pecados sexuales no es superior en sentido moral o espiritual a un hombre que los haya confesado por completo y haya sido perdonado de ellos. Esta restricción no significa que un hombre arrepentido jamás será usado con efectividad por el Señor en el servicio cristiano. Significa simplemente que solo un hombre puro y fiel en su vida sexual está calificado para ser el pastor y ejemplo en la iglesia de Cristo.

David fue para Dios "un varón conforme a su corazón" (1 S. 13:14; Hch. 13:22), y "había hecho lo recto ante los ojos de Jehová, y de ninguna cosa que le mandase se había apartado en todos los días de su vida, *salvo en lo tocante a Urías heteo*" (1 R. 15:5, cursivas añadidas). Salomón el hijo de David sucedió a su padre en el trono de Israel, y a pesar de que "en muchas naciones no hubo rey como él, que era amado de su Dios, y Dios lo había puesto por rey sobre todo Israel, *aun a él le hicieron pecar las mujeres extranjeras*" (Neh. 13:26, cursivas añadidas). Esos dos hombres piadosos fueron objetos del amor y las bendiciones especiales de Dios, pero ambos quedaron descalificados moralmente como pastores espirituales del pueblo de

Dios. A pesar de su gran devoción al Señor y su fidelidad en servirle, la infidelidad sexual les impuso un estigma moral permanente.

A pesar de su ministerio apostólico y su servicio incomparable a Cristo y su iglesia, Pablo sabía que él mismo no estaba exento de una posible descalificación moral: "golpeo mi cuerpo, y lo pongo en servidumbre, no sea que habiendo sido heraldo para otros, yo mismo venga a ser eliminado" (1 Co. 9:27). Más atrás en esa carta el apóstol declara que "cualquier otro pecado que el hombre cometa, está fuera del cuerpo; mas el que fornica, contra su propio cuerpo peca. ¿O ignoráis que vuestro cuerpo es templo del Espíritu Santo, el cual está en vosotros, el cual tenéis de Dios, y que no sois vuestros?" (1 Co. 6:18-19). Pablo sabía que si sucumbía a la tentación sexual dejaría de tener una vida irreprensible y de estar calificado para ejercer el ministerio.

LIDERAZGO EN LA FAMILIA

y tenga hijos creyentes que no estén acusados de disolución ni de rebeldía. (1:6*c*)

La segunda calificación específica para el ministerio de los ancianos que se menciona aquí es el liderazgo familiar. Un hombre que no puede dirigir a su propia familia en lo espiritual y moral no está calificado para dirigir una congregación entera.

Para determinar si un hombre está calificado para ejercer liderazgo en la iglesia, primero debe observarse la influencia que tiene sobre sus propios **hijos.** Si se quiere saber qué capacidad tiene para dirigir a los no salvos a la fe en Cristo y ayudarles a crecer en la obediencia y la santidad, solo hay que examinar la efectividad de sus esfuerzos con sus propios hijos.

La palabra **hijos** es la traducción de *teknon* y se refiere a la descendencia de todas las edades. Pablo acaba de referirse a Tito, como un hombre mayor, como su "verdadero hijo [*teknon*] en la común fe" (v. 4). Su referencia inmediata a **disolución** es un fuerte indicativo de que tiene en mente hijos crecidos o cerca de su mayoría de edad. Aun los hijos de menor edad pueden ser **creyentes** en Cristo y por cierto también pueden ser rebeldes, pero no pueden ser culpables de **disipación** en el sentido habitual de la palabra.

Pistos es un adjetivo verbal cuyo significado pasivo es "digno de confianza" o "fiel", y significa en sentido activo *creer*, como se traduce aquí con la expresión **tenga hijos creyentes.** Algunos comentaristas creen que Pablo solo está usando el sentido pasivo aquí y que tan solo se refiere a **hijos** que se porten bien y dignos de la confianza de sus padres para hacer lo correcto y serles fieles.

En el Nuevo Testamento *pistos* se emplea en sentido pasivo con referencia a la fidelidad de Dios (véase por ejemplo 1 Co. 1:9; 10:13; 2 Co. 1:18), a la fidelidad de Cristo (véase por ejemplo 2 Ts. 3:3; He. 2:17; 3:2), a la fidelidad o confiabilidad de las palabras de Dios (véase por ejemplo Hch. 13:34; 1 Ti. 1:15; 2 Ti. 2:11; Tit. 1:9; 3:8). También se emplea muchas veces en sentido pasivo con referencia a personas en general, pero es significativo que a excepción de este texto disputado con frecuencia (Tit. 1:6), siempre se emplea con referencia a personas a quienes el contexto identifica con claridad como creyentes (véase por ejemplo Mt. 25:21, 23; Hch. 16:15; 1 Co. 4:2, 17; Ef. 6:21; Col. 1:7; 4:7; Ap. 2:10, 13; 17:14). Nunca se hace referencia a los incrédulos como fieles o confiables. Ese simple hecho constituye un argumento fuerte a favor de la traducción **hijos creyentes,** es decir, aquellos hijos que han depositado su fe en Jesucristo. Aun si la idea fuese de fidelidad a los padres, el uso de *pistos* en los demás pasajes citados es un argumento de su referencia a la fidelidad de los hijos *creyentes*. En el hogar de un anciano, un hijo que tenga la edad suficiente para ser salvo pero no lo sea, a duras penas puede ser considerado como fiel, y de hecho sería *infiel* en el sentido más crucial de la palabra.

Si los hijos de un hombre son demasiado pequeños para entender el evangelio y confiar en Jesús como Señor y Salvador, se aplica el estándar dado a Timoteo: "que [un obispo o anciano] gobierne bien su casa, que tenga a sus hijos en sujeción con toda honestidad (pues el que no sabe gobernar su propia casa, ¿cómo cuidará de la iglesia de Dios?)" (1 Ti. 3:4-5; cp. v. 12). A medida que los hijos crecen y el asunto deja de ser definido por el control y la tutela paterna, se aplican los criterios más exigentes de Tito 1.

Muchos hombres cristianos que trabajan duro para sustentar y administrar sus hogares fallan por completo en el aspecto de conducir sus hijos a la salvación, a la piedad y al servicio cristiano. No se trata de que un padre fiel y concienzudo sea responsable por el rechazo del evangelio por parte de sus hijos. Es posible que haya realizado todos los esfuerzos para enseñarles su necesidad de salvación mediante la fe en Jesucristo y que les haya dado un buen ejemplo para seguir. No obstante, tales hombres no están calificados para ser ancianos si no tienen **hijos** que no solo sean **creyentes,** sino además **que no estén acusados de disolución ni de rebeldía.** El liderazgo espiritual exitoso de sus familias es la evidencia que comprueba su capacidad para ejercer liderazgo espiritual en la iglesia, porque los líderes deben ser modelos de vida cristiana.

Asōtia (**disolución**) alude a las ideas de despilfarro, libertinaje y aun alboroto. Su uso común era con referencia a las borracheras y el desenfreno propios de los festivales paganos (cp. Ef. 5:18). *Anupotaktos* (**rebeldía**) no se refiere en este contexto a insurrección política o militar sino más bien a contumacia y obstinación personales, la negación a reconocer la autoridad y someterse a ella, tanto la de los padres como en sociedad. Un hombre cuyos hijos sean intemperantes y reacios, aun si son creyentes genuinos, no está calificado para pastorear ni para cumplir deberes como anciano.

Sin importar cuán piadoso, solícito y entregado sea un hombre en el servicio del Señor, los hijos suyos que no sean **creyentes** y que sean conocidos por su **disolución** o **rebelión** empañan la credibilidad de su liderazgo. Si él no puede guiar a sus propios **hijos** a la salvación y a la vida piadosa, no va a contar con la confianza de la iglesia en su capacidad para dirigir otros incrédulos a la salvación o para conducir a su iglesia en una vida piadosa. Los hijos incrédulos, rebeldes o libertinos serán motivo de serios reproches sobre su vida y ministerio.

Basado en una manera errada de entender la elección soberana de Dios, algunos intérpretes arguyen que Pablo no podía responsabilizar a un hombre porque sus hijos no se salvaran si en realidad Dios no les había elegido. Esa manera de pensar es ajena a la Biblia. La predestinación bíblica no tiene que ver con fatalismo ni determinismo. La elección soberana de Dios, tal como se enseña en las Escrituras con claridad, en ningún sentido contradice la enseñanza igualmente bíblica de que la salvación solo se da por medio de la fe personal en Jesucristo como Señor y Salvador, y que el Señor utiliza a los creyentes para dar testimonio del evangelio a los incrédulos por medio de lo que dicen y por su manera de vivir.

Jesús dio este mandato: "Así alumbre vuestra luz delante de los hombres, para que vean vuestras buenas obras, y glorifiquen a vuestro Padre que está en los cielos" (Mt. 5:16). Una vida que refleja la luz del evangelio atrae los hombres a esa luz. Es usada para traer salvación a los perdidos y gloria al Señor. Después del Pentecostés, los creyentes en Jerusalén "perseveraban en la doctrina de los apóstoles, en la comunión unos con otros, en el partimiento del pan y en las oraciones... Y perseverando unánimes cada día en el templo, y partiendo el pan en las casas, comían juntos con alegría y sencillez de corazón, alabando a Dios, y teniendo favor con todo el pueblo. Y el Señor añadía cada día a la iglesia los que habían de ser salvos" (Hch. 2:42, 46-47). Pablo testificó:

> *Por lo cual, siendo libre de todos, me he hecho siervo de todos para ganar a mayor número. Me he hecho a los judíos como judío, para ganar a los judíos; a los que están sujetos a la ley (aunque yo no esté sujeto a la ley) como sujeto a la ley, para ganar a los que están sujetos a la ley; a los que están sin ley, como si yo estuviera sin ley (no estando yo sin ley de Dios, sino bajo la ley de Cristo), para ganar a los que están sin ley. Me he hecho débil a los débiles, para ganar a los débiles; a todos me he hecho de todo, para que de todos modos salve a algunos.* (1 Co. 9:19-22; cp. Ro. 11:14)

Pablo sabía que todo lo que hacía, al igual que todo lo que decía, tenía un efecto en las personas y podía ser utilizado para acercar los no salvos a la salvación. Más adelante en esa misma epístola hace esta amonestación: "Si, pues, coméis o bebéis, o hacéis otra cosa, hacedlo todo para la gloria de Dios. No seáis tropiezo ni a judíos, ni a gentiles, ni a la iglesia de Dios; como también yo en todas las cosas agrado a todos, no procurando mi propio beneficio, sino el de muchos, para que sean salvos" (1 Co. 10:31-33; cp. Fil. 2:15-16). "Amados, yo os ruego como a extranjeros y peregrinos, que os abstengáis de los deseos carnales que batallan contra el alma, manteniendo buena vuestra manera de vivir entre los gentiles; para que en lo que murmuran de vosotros como de malhechores, glorifiquen a Dios en el día de la visitación, al considerar vuestras buenas obras" (1 P. 2:11-12). En esos dos pasajes los apóstoles subrayan el requisito doble del liderazgo de éxito: su aspecto negativo que consiste en no dar pie a ser reprochados, y el aspecto positivo de vivir en la práctica un ejemplo de piedad verdadera. Pablo encargó a Timoteo, su hijo en la fe y un anciano que había designado en Éfeso: "sé ejemplo de los creyentes en palabra, conducta, amor, espíritu, fe y pureza" (1 Ti. 4:12).

Debe advertirse que así como no es necesario que un anciano esté casado, tampoco es necesario que un anciano casado tenga hijos; pero así no esté casado ni tenga hijos, un hombre debe someter a prueba su liderazgo espiritual en otras áreas de la vida familiar.

También debe notarse que Pablo da por sentado que si un anciano está casado, su esposa también es creyente. El mandato: "No os unáis en yugo desigual con los incrédulos; porque ¿qué compañerismo tiene la justicia con la injusticia? ¿Y qué comunión la luz con las tinieblas?" (2 Co. 6:14) tiene implicaciones para el matrimonio y se aplica a todos los creyentes, pero de manera especial a los líderes en la iglesia. En su comentario acerca de tener "una hermana por mujer como también los otros apóstoles, y los hermanos del Señor, Cefas" (1 Co. 9:5), Pablo deja en claro que "una hermana" en la fe es la única clase de esposa que *cualquier* líder en la iglesia puede tener.

Cualidades de un pastor – parte 2

3

CARÁCTER GENERAL

Porque es necesario que el obispo sea irreprensible, como administrador de Dios; no soberbio, no iracundo, no dado al vino, no pendenciero, no codicioso de ganancias deshonestas, sino hospedador, amante de lo bueno, sobrio, justo, santo, dueño de sí mismo, retenedor de la palabra fiel tal como ha sido enseñada, para que también pueda exhortar con sana enseñanza y convencer a los que contradicen. (1:7-9)

Una tercera categoría específica de cualidades para el ministerio de anciano tiene que ver con su carácter general. En estos dos versículos Pablo elabora una lista de cinco atributos negativos y seis atributos positivos que deben distinguir al pastor.

LO QUE UN PASTOR NO DEBE SER

Porque es necesario que el obispo sea irreprensible, como administrador de Dios; no soberbio, no iracundo, no dado al vino, no pendenciero, no codicioso de ganancias deshonestas, (1:7)

Como se explicó en el capítulo anterior, **obispo** es un título alternativo para anciano, el término que Pablo acaba de emplear (v. 5) con referencia a los mismos hombres. *Episkopos* (**obispo**) se refiere en sentido literalmente a una persona que ve, supervisa o vigila y cuida de otros. En la cultura griega antigua la palabra se empleaba para aludir con frecuencia a los dioses paganos, quienes se suponía que cuidaban de sus adoradores y vigilaban sus naciones. También se empleaba con referencia a sacerdotes humanos que representaban a una deidad. Pablo utiliza el término para recalcar las responsabilidades de liderazgo que los pastores deben cumplir.

En el papel de **obispo,** los ancianos son los líderes espirituales y morales de la iglesia, así como sus guardianes constantes. Ellos deben "[mirar] por [ellos mismos], y por todo el rebaño en el que el Espíritu Santo [les] ha puesto por obispos, para apacentar la iglesia del Señor, la cual él ganó por su propia sangre" (Hch. 20:28), y así como en el texto presente, cada obispo debe ser "irreprensible, marido de una sola mujer, sobrio, prudente, decoroso, hospedador, apto para enseñar" (1 Ti. 3:2).

Aunque el escritor de Hebreos no utilizó el término *episkopos*, es obvio que estaba hablando de ese deber pastoral en su mandato a los creyentes: "Obedeced a vuestros pastores, y sujetaos a ellos; porque ellos *velan por* vuestras almas, como quienes han de dar cuenta; para que lo hagan con alegría, y no quejándose, porque esto no os es provechoso" (He. 13:17, cursivas añadidas; cp. v. 7). Pedro utiliza el verbo relacionado *episkopeō* al exhortar a sus hermanos ancianos: "Apacentad la grey de Dios que está entre vosotros, *cuidando de ella*, no por fuerza, sino voluntariamente; no por ganancia deshonesta, sino con ánimo pronto" (1 P. 5:2, cursivas añadidas). También llama al Señor "Pastor y Obispo de [nuestras] almas" (1 P. 2:25).

Pablo estipula de nuevo (véase v. 6), en esta ocasión con un imperativo, que **es necesario que el obispo sea irreprensible.** Esta cualidad no es opcional sino una necesidad absoluta porque, como se indica varias veces en el capítulo anterior, los pastores no solo deben enseñar la verdad sino que también deben demostrar que llevan vidas que constituyen ejemplos de piedad para sus rebaños.

El obispo cumple su función de liderazgo **como administrador de Dios.** Ha sido designado para tal oficio sagrado por el Espíritu Santo (Hch. 20:28) y como es el caso típico es afirmado en él por la iglesia (véase Hch. 13:2). *Oikonomos* (**administrador**) es una palabra compuesta que se forma a partir de *oikos* ("casa") y *nomos* ("ley") o *nemō* ("disponer", "ordenar"). En las sociedades griega y romana de la antigüedad, un **administrador** estaba encargado de regir los asuntos de una casa a nombre del propietario. Aunque por lo general los administradores eran esclavos u hombres libres que antes habían sido esclavos, muchos tenían responsabilidad y autoridad considerables. Además de atender todas las necesidades de los miembros de la familia, podían ser hechos responsables por las finanzas del hogar y de asegurarse, por ejemplo, que las cosechas fueran bien plantadas, cultivadas, recolectadas y almacenadas. En muchos casos ejercían funciones de supervisión de las labores de otros siervos del hogar, para asignarles trabajos y evaluar su desempeño. Se aseguraban que quienes estuviesen enfermos o lastimados recibieran el cuidado requerido e incluso aplicaban disciplina cuando era necesario.

Pablo dijo a Timoteo, quien fue un anciano: "si tardo, [que] sepas cómo debes conducirte en la casa de Dios, que es la iglesia del Dios viviente, columna y baluarte de la verdad" (1 Ti. 3:15). La iglesia es la casa de Dios, y los ancianos–obispos–pastores son los **administradores de Dios** en esa casa. La iglesia pertenece a Dios, pero Él ha delegado funciones de supervisión humana de su casa a los ancianos, quienes en su nombre y con su autoridad, empleando sus dones particulares, son responsables de alimentar, dirigir, enseñar, aconsejar, capacitar, disciplinar y alentar a los miembros de la iglesia en su proceso de crecimiento y maduración espiritual. Unos cuantos versículos más atrás, Pablo recordó a Timoteo la importancia de que un anciano pruebe su idoneidad con la administración apropiada de su propia familia: "el que no sabe gobernar su propia casa, ¿cómo cuidará de la iglesia de Dios?" (1 Ti. 3:5).

Como **administradores de Dios,** los ancianos tienen que rendirle cuentas por todo lo que hacen o dejan de hacer en la dirección y servicio de "la iglesia del Señor, la cual él ganó por su propia sangre" (Hch. 20:28). "Cada uno según el don que ha recibido, minístrelo a los otros, como buenos administradores de la multiforme gracia de Dios" (1 P. 4:10). Los ancianos, al igual que todos los demás creyentes, no pertenecen a ellos mismos sino que han "sido comprados por precio" (1 Co. 6:20), pero en sentido único son "servidores de Cristo, y administradores de los misterios de Dios" (1 Co. 4:1); y, Pablo continúa diciendo: "se requiere de los administradores, que cada uno sea hallado fiel" (v. 2).

El primer atributo negativo específico que debería caracterizar al anciano fiel es que **no** debe ser **soberbio** ni voluntarioso. **Soberbio** es la traducción de *authadē*, un adjetivo de intensidad inusual que denota un interés egoísta y arrogante para imponer la voluntad propia con desconsideración total de cómo se verán afectados los demás. El interés egoísta y orgulloso es de una u otra manera la raíz de todo pecado, porque no solo desatiende los intereses y el bienestar de otras personas, sino más importante, desatiende la voluntad de Dios y reemplaza su propósito y gloria con los del hombre.

Pedro describe los extremos perversos y el fin fatal al que conduce de manera inevitable la voluntad propia descontrolada, diciendo que el Señor no solo

> *sabe librar de tentación a los piadosos, [sino que también sabe cómo] reservar a los injustos para ser castigados en el día del juicio; y mayormente a aquellos que, siguiendo la carne, andan en concupiscencia e inmundicia, y desprecian el señorío. Atrevidos y contumaces [authadē], no temen decir mal de las potestades superiores... éstos [hombres], hablando mal de cosas que no entienden, como animales irracionales, nacidos para presa y destrucción, perecerán en su propia perdición... Tienen los ojos llenos de adulterio, no se sacian de pecar, seducen a las almas inconstantes, tienen el corazón habituado a la codicia, y son hijos de maldición... Estos son fuentes sin agua, y nubes empujadas por la tormenta;*

para los cuales la más densa oscuridad está reservada para siempre. Pues hablando palabras infladas y vanas, seducen con concupiscencias de la carne y disoluciones a los que verdaderamente habían huido de los que viven en error. (2 P. 2:9-10, 12, 14, 17-18)

El mundo por lo general busca personas agresivas y porfiadas para ejercer el liderazgo, pero esas características descalifican a un hombre para el liderazgo en la iglesia, donde no hay lugar para un hombre **soberbio.** Cada creyente, y por cierto cada líder en la iglesia, debe pelear la batalla contra la voluntad egoísta carnal, la realización del ego y la gloria personal.

Tras amonestar a Jacobo, Juan y la madre de estos dos discípulos por buscar los lugares de más alto honor para ellos al lado de Jesús en su reino, el Señor dijo: "Entonces Jesús, llamándolos, dijo: Sabéis que los gobernantes de las naciones se enseñorean de ellas, y los que son grandes ejercen sobre ellas potestad. Mas entre vosotros no será así, sino que el que quiera hacerse grande entre vosotros será vuestro servidor, y el que quiera ser el primero entre vosotros será vuestro siervo; como el Hijo del Hombre no vino para ser servido, sino para servir, y para dar su vida en rescate por muchos" (Mt. 20:25-28).

En segundo lugar, un líder calificado **no** es **iracundo.** *Orgilos* (**iracundo**) no se refiere a explosiones de ira ocasionales, aunque estas tampoco sean buenas, sino a una propensión continua al enojo. El hombre **iracundo** es irascible, tiene una especie de "fusible de bajo voltaje" que con mucha facilidad puede provocar un cortocircuito emocional.

"El siervo del Señor", por otro lado, "no debe ser contencioso, sino amable para con todos, apto para enseñar, sufrido" (2 Ti. 2:24). No debe ser "pendenciero... sino amable, apacible" (1 Ti. 3:3). Como Santiago dice: "la ira del hombre no obra la justicia de Dios" (Stg. 1:20). El pastor calificado debe mantenerse en guardia contra un espíritu de hostilidad, resentimiento y enojo, incluso cuando todas las cosas en la iglesia parecen ir por el camino equivocado y las personas son criticonas o indiferentes. Es un hombre que puede delegar responsabilidad a otros y está dispuesto a cumplir una tarea así no sea de la manera exacta como él quisiera. Puede trabajar con otros con amabilidad, paciencia y gratitud. Puede permitir que las personas dedicadas pero inexpertas que le rodean cometan errores hasta que aprendan a hacer las cosas bien. Su propio ego no está involucrado en todas las cosas que se hacen en la iglesia. Es pronto para tomar parte en los fracasos de otros tanto como en sus éxitos. Se somete con gozo a Dios y sirve a todos.

En tercer lugar, un anciano calificado es **no dado al vino.** *Paroinos* (**dado al vino**) es una palabra compuesta por el prefijo *para* (**al**) y *oinos* (**vino**), y su significado literal es "al lado del vino o en la presencia continua de vino". El **vino** no debe hacer compañía al siervo de Dios. Pablo utiliza la misma palabra en su primera carta a Timoteo, en la cual declara que todo obispo debe ser "no dado al vino, no pendenciero, no codicioso de ganancias deshonestas, sino amable, apacible, no avaro" (1 Ti. 3:3; cp. v. 8; Tit. 2:3).

El **vino** que se bebía por lo general en el tiempo de Pablo, al igual que en tiempos del Antiguo Testamento, o bien no era alcohólico, o tenía muy bajo contenido de alcohol. Se mezclaba jugo fermentado con agua (tanto como ocho a diez partes de agua por una parte de vino), para disminuir su poder de intoxicación, en particular cuando el clima era cálido y se consumían muchos líquidos. Puesto que el agua con frecuencia estaba contaminada, tal como sucede hoy en muchos países del tercer mundo, el leve contenido de alcohol en el vino común actuaba como desinfectante y tenía otros beneficios para la salud. Más adelante en su primera carta a Timoteo, Pablo aconsejó al joven anciano: "Ya no bebas agua, sino usa de un poco de vino por causa de tu estómago y de tus frecuentes enfermedades" (5:23). (Una discusión detallada sobre las bebidas alcohólicas mencionadas en las Escrituras se encuentra en el tomo acerca de *Efesios* de esta serie de comentarios del Nuevo Testamento.)

En el pasaje presente, es obvio que Pablo está hablando acerca de una adicción **al vino** que era lo bastante alcohólico, o que se bebía en cantidades suficientes como para estropear el juicio e intoxicar los sentidos. Puesto que el consumo excesivo de **vino** conducía con frecuencia a borrachera y esta resultaba en conducta desordenada, el término *paroinos* también se puede traducir "pendenciero" y "alborotador".

La proscripción de Pablo aquí se refería sin duda a cualquier consumo de **vino** que ocasionaría la pérdida de la alerta mental y buen juicio en el anciano. Una persona que ejerce liderazgo espiritual debe tener claridad mental todo el tiempo y control de sus sentidos y su juicio.

Un obispo o anciano no debe mantenerse cerca de un lugar donde haya **vino** u otras bebidas embriagantes disponibles con facilidad y donde podría beber hasta el punto de perder su autocontrol. Incluso en ocasiones apropiadas y alegres como un banquete de bodas, debería ser cuidadoso en no quedarse mucho tiempo en la mesa de las bebidas.

Debido a que el vino no alcohólico es casi desconocido en la actualidad y hay agua pura y otros jugos y bebidas inofensivos disponibles en muchos lugares, la mayoría de ancianos en culturas modernas no tienen razón justificable para consumir bebidas alcohólicas de ningún tipo y así hacerse susceptibles a caer en tentación. Además tienen una responsabilidad mayor que la de otros creyentes, para evitar el ejercicio de una libertad cristiana que podría venir "a ser tropezadero para los débiles" y ser la causa de que un hermano en la fe "por quien Cristo murió" se pierda (1 Co. 8:9, 11). "Bueno es no comer carne, ni beber vino, ni nada en que tu hermano tropiece, o se ofenda, o se debilite" (Ro. 14:21).

Dios siempre ha llamado a los líderes de su pueblo a conducirse por estándares más altos que los demás creyentes. El Señor instruyó a Aarón y los demás sacerdotes: "Tú, y tus hijos contigo, no beberéis vino ni sidra cuando entréis en el tabernáculo de reunión, para que no muráis; estatuto perpetuo será para vuestras generaciones" (Lv. 10:9). También tuvo estándares altos similares para los líderes políticos de su pueblo: "No es de los reyes, oh Lemuel, no es de los reyes beber vino, ni de los príncipes la sidra; no sea que bebiendo olviden la ley, y perviertan el derecho de todos los afligidos" (Pr. 31:4-5).

El voto de nazareo que está asociado con personajes notables como Sansón, Samuel y Juan el Bautista, era un compromiso voluntario de servicio especial al Señor que requería una abnegación considerable. Dios mandó a Moisés: "Habla a los hijos de Israel y diles: El hombre o la mujer que se apartare haciendo voto de nazareo, para dedicarse a Jehová, se abstendrá de vino y de sidra; no beberá vinagre de vino, ni vinagre de sidra, ni beberá ningún licor de uvas, ni tampoco comerá uvas frescas ni secas. Todo el tiempo de su nazareato, de todo lo que se hace de la vid, desde los granillos hasta el hollejo, no comerá" (Nm. 5:2-4). En efecto, un nazareo decía a sí mismo y al mundo: "De manera voluntaria renuncio a comodidades, reconocimiento personal, riqueza, popularidad y todo lo que estorbe mi más alto nivel de dedicación al Señor". Antes del nacimiento de Juan el Bautista, el ángel dijo esto a su padre acerca de él:

> *porque será grande delante de Dios. No beberá vino ni sidra, y será lleno del Espíritu Santo, aun desde el vientre de su madre. Y hará que muchos de los hijos de Israel se conviertan al Señor Dios de ellos. E irá delante de él con el espíritu y el poder de Elías, para hacer volver los corazones de los padres a los hijos, y de los rebeldes a la prudencia de los justos, para preparar al Señor un pueblo bien dispuesto.* (Lc. 1:15-17)

El hecho de que Pablo diera a Timoteo el consejo médico: "Ya no bebas agua, sino usa de un poco de vino por causa de tu estómago y de tus frecuentes enfermedades" (1 Ti. 5:23) es una fuerte indicación de que este joven anciano no acostumbraba tomar bebidas alcohólicas de ningún tipo. Aunque el agua no era purificada en ese entonces y su consumo siempre conllevaba un riesgo de enfermedad, Timoteo aun vacilaba en romper esa abstinencia así fuese por razones de salud. Es probable que tuviera temor de que aun cantidades modestas de **vino** podrían afectar su mente y su juicio en algún grado, y disminuir así su fidelidad y efectividad en la obra del Señor.

En cuarto lugar, un líder calificado **no** es **pendenciero,** es decir, no es camorrista ni combativo. Por innecesaria que parezca esa prohibición, no era poco común en tiempos del Nuevo Testamento que los hombres arreglaran disputas a puñetazos o con palos y piedras. A diferencia de ello, todo cristiano, en especial aquel siervo de Dios que ocupa posiciones de liderazgo, "no debe ser contencioso, sino amable para con todos, apto para enseñar, sufrido; que con mansedumbre corrija a los que se oponen, por si quizá Dios les conceda que se arrepientan para conocer la verdad" (2 Ti. 2:24-25).

Por extensión, **pendenciero** puede referirse a peleas físicas y verbales por igual. Es posible herir a una persona de una manera más profunda y permanente con palabras crueles que con un puñetazo o un golpe. Un anciano no debería tener parte alguna en el trato cruel, abusivo o vengativo de cualquier persona, sin importar con cuánta crueldad pueda ser provocado a hacerlo. Cuando surgen conflictos, debe asegurarse de que sean resueltos de forma pacífica, razonable y sin animosidades. "Si es posible, en cuanto dependa de vosotros", amonestó el apóstol a los creyentes romanos, "estad en paz con todos los hombres" (Ro. 12:18).

En quinto lugar, un anciano calificado **no** es **codicioso de ganancias deshonestas,** frase con la que se traduce la palabra compuesta *aischrokerdē*, que se deriva de *aischros* ("sucio, vergonzoso, ruin") y *kerdos* ("ganancia, lucro, codicia"). Pablo se está refiriendo a una persona que, sin honestidad ni integridad, busca riqueza y prosperidad económica a cualquier costo.

Todos los cristianos, incluidos los pastores, tienen derecho de ganarse la vida para su sostenimiento y el de sus familias. Jesús dijo que "el obrero es digno de su salario" (Lc. 10:7). Pablo escribió a los creyentes en Corinto: "Si nosotros sembramos entre vosotros lo espiritual, ¿es gran cosa si segáremos de vosotros lo material?... Así también ordenó el Señor a los que anuncian el evangelio, que vivan del evangelio" (1 Co. 9:11, 14). Un pastor no solo tiene el derecho de trabajar para ganar un sustento sino también de ser pagado por aquellos a quienes ministra. "Los ancianos que gobiernan bien, sean tenidos por dignos de doble honor, mayormente los que trabajan en predicar y enseñar" (1 Ti. 5:17). La palabra *timē* (honor) se empleaba tanto en sentido de valor monetario como de alta estima, y en este contexto incluye sin duda la idea de remuneración económica.

Incluso durante la infancia de la iglesia, los falsos maestros habían entrado a ejercer el pastorado por la simple razón de vivir con desahogo. Se trataba de "hombres corruptos de entendimiento y privados de la verdad, que toman la piedad como fuente de ganancia" (1 Ti. 6:5). Estaban en el pastorado por el dinero, no para servir al Señor o su pueblo. "Pero gran ganancia es la piedad acompañada de contentamiento", prosiguió Pablo:

> *porque nada hemos traído a este mundo, y sin duda nada podremos sacar. Así que, teniendo sustento y abrigo, estemos contentos con esto. Porque los que quieren enriquecerse caen en tentación y lazo, y en muchas codicias necias y dañosas, que hunden a los hombres en destrucción y perdición; porque raíz de todos los males es el amor al dinero, el cual codiciando algunos, se extraviaron*

> *de la fe, y fueron traspasados de muchos dolores. Mas tú, oh hombre de Dios, huye de estas cosas, y sigue la justicia, la piedad, la fe, el amor, la paciencia, la mansedumbre.* (vv. 6-11)

Pablo empleó la expresión "hombre de Dios" como un término técnico para pastores y ancianos (véase también 2 Ti. 3:17) en un sentido muy similar al que se tenía en el Antiguo Testamento para los profetas (véase por ejemplo, 2 R. 1:9, 11). Al igual que los profetas y maestros falsos en la iglesia primitiva, en tiempos del Antiguo Testamento se trataba de "pastores [que] no saben entender, siguen sus propios caminos, cada uno busca su propio provecho, cada uno por su lado" (Is. 56:11). Pedro amonestó a los pastores: "Apacentad la grey de Dios que está entre vosotros, cuidando de ella, no por fuerza, sino voluntariamente; no por ganancia deshonesta, sino con ánimo pronto" (1 P. 5:2).

LO QUE UN PASTOR DEBE SER

sino hospedador, amante de lo bueno, sobrio, justo, santo, dueño de sí mismo, (1:8)

Pasando a las características positivas de su carácter general, un pastor debe ser en primer lugar **hospedador.** *Philoxenos* (**hospedador**) se compone de *philos* ("afecto") y *xenos* ("forastero"). Alguien que es **hospedador** brinda ayuda práctica a cualquier persona que esté pasando necesidad, bien sea amiga o desconocida, creyente o incrédula. Con generosidad ofrece su tiempo, sus recursos y su ánimo para satisfacer las necesidades de otros.

Jesús elevó la honra de la hospitalidad cuando dijo: "Dijo también al que le había convidado: Cuando hagas comida o cena, no llames a tus amigos, ni a tus hermanos, ni a tus parientes, ni a vecinos ricos; no sea que ellos a su vez te vuelvan a convidar, y seas recompensado. Mas cuando hagas banquete, llama a los pobres, los mancos, los cojos y los ciegos; y serás bienaventurado; porque ellos no te pueden recompensar, pero te será recompensado en la resurrección de los justos" (Lc. 14:12-14). Por supuesto, el Señor no estaba diciendo que nunca hemos de invitar amigos y parientes a comer con nosotros. Estaba mostrando que la verdadera prueba de la hospitalidad piadosa y abnegada no está en lo que hacemos por personas con quienes nos gusta estar o que con mucha probabilidad van a devolvernos el favor de alguna manera, sino en lo que hacemos por otros única y exclusivamente por un interés sincero en su bienestar.

Pablo amonestó así a los cristianos en Galacia: "Así que, según tengamos oportunidad, hagamos bien a todos, y mayormente a los de la familia de la fe" (Gá. 6:10). Al mostrar "hospitalidad [a desconocidos]... algunos, sin saberlo, hospedaron ángeles" (He. 13:2). Todo cristiano debería practicar la hospitalidad (Ro. 12:13), en especial "los unos a los otros sin murmuraciones" (1 P. 4:9). Además, al igual que en otros aspectos, los líderes en la iglesia deben dar ejemplo en esta área para que sean imitados por otros cristianos (cp. 1 Ti. 3:2).

En segundo lugar, un pastor fiel debería caracterizarse por ser **amante de lo bueno.** Esa frase traduce la palabra griega *philagathos*, que abarca el concepto de tener un afecto fuerte hacia aquello que es **bueno** por razones intrínsecas. Un pastor debería amar aquellas cosas y personas cuya identificación con **lo bueno** es genuina. "Por lo demás, hermanos", dijo Pablo a los filipenses, "todo lo que es verdadero, todo lo honesto, todo lo justo, todo lo puro, todo lo amable, todo lo que es de buen nombre; si hay virtud alguna, si algo digno de alabanza, en esto pensad" (Fil. 4:8). Los que ejercen el liderazgo en la iglesia deberían ser conocidos como amantes de todo lo piadoso y virtuoso.

En tercer lugar, un pastor debe ser **sobrio.** *Sōphrōn* (**sobrio**) es otra palabra compuesta, formada a partir de *sōzō* ("salvar") y *phrēn* ("mente"), y describe a la persona de mente sana que es sensible y que mantiene la calma en medio de cualquier circunstancia. En la lista paralela de cualidades pastorales, la palabra se traduce "prudente" (1 Ti. 3:2).

Aquel que es **sobrio** está al mando de su mente. Tiene control de las cosas en las que piensa y hace. No permite que las circunstancias o la inmoralidad o necedad de otros le distraigan y desvíen su atención e interés. No solo se abstiene de involucrarse en cosas que son inmorales y que atentan contra la vida espiritual, sino que también evita cosas que son triviales, insensatas e improductivas. Conoce sus prioridades y es devoto a ellas.

En cuarto lugar, un pastor debe ser **justo** (*dikaios*), una palabra común en el Nuevo Testamento. Denota aquello que es apropiado, correcto y ajustado, por lo cual también se traduce "recto". Puesto que puede hacer referencia a justicia general, lo cual parecería estar fuera de lugar en esta lista de características específicas, aquí podría verse su significado en el sentido de "ecuanimidad", el compromiso a entender y aplicar todo lo que es justo y equitativo. Esa cualidad es crucial para la credibilidad de un líder. Se aplica a Dios mismo. En su oración sacerdotal, Jesús se dirigió a su Padre celestial como "Padre justo [*dikaios*]" (Jn. 17:25). Pablo escribió acerca de Dios como "el justo [*dikaios*], y el que justifica al que es de la fe de Jesús" (Ro. 3:26). Juan nos da la promesa divina de que "si confesamos nuestros pecados, él es fiel y justo [*dikaios*] para perdonar nuestros pecados, y limpiarnos de toda maldad" (1 Jn. 1:9; cp. 2:29; 3:7). El pastor que es **justo** y recto, es un hombre que refleja el carácter justo y ecuánime de Dios mismo.

El pastor también debe ser **santo.** *Hosios* (**santo**) no es la palabra griega más común en el Nuevo Testamento que significa "santo" (como es el caso de *hagios*), pero se relaciona mucho con ella y tiene el mismo significado general, que también podría traducirse "devoto". Se empleaba para referirse a todo lo que es verdadero a la dirección y el propósito divinos, a la obediencia genuina a la voluntad de Dios. En cada área de su vida el pastor debe ser un hombre irreprochable.

Al igual que *dikaios* y *hagios*, el término *hosios* se emplea con referencia a Dios en el Nuevo Testamento. Justo antes de empezar los juicios de las copas, "los que habían alcanzado la victoria sobre la bestia y su imagen, y su marca y el número de su nombre, [están] en pie sobre el mar de vidrio, con las arpas de Dios. Y cantan el cántico de Moisés siervo de Dios, y el cántico del Cordero, diciendo: Grandes y maravillosas son tus obras, Señor Dios Todopoderoso; justos y verdaderos son tus caminos, Rey de los santos. ¿Quién no te temerá, oh Señor, y glorificará tu nombre? pues sólo tú eres *santo*", y el "ángel de las aguas, que [dirá]: Justo eres tú, oh Señor, el que eres y que eras, el *Santo*, porque has juzgado estas cosas. por lo cual todas las naciones vendrán y te adorarán, porque tus juicios se han manifestado" (Ap. 15:2, 4; 16:4, cursivas añadidas). Al citar el Salmo 16:10, Pedro habló en Pentecostés acerca de Cristo como el "Santo" de Dios (Hch. 2:27; cp. 13:35). El escritor de Hebreos habla de Él como nuestro "sumo sacerdote... santo, inocente, sin mancha, apartado de los pecadores, y hecho más sublime que los cielos" (He. 7:26).

En 1 Tesalonicenses, Pablo conecta de nuevo los términos **justo** y **santo.** Emplea las formas adverbiales y testifica que su propia vida exhibía esas virtudes: "Vosotros sois testigos, y Dios también, de cuán santa [*hosiōs*], justa [*dikaiōs*] e irreprensiblemente nos comportamos con vosotros los creyentes" (1 Ts. 2:10).

Un cristiano no puede alcanzar perfección sin pecado en esta vida, pero todo pecado debe ser confesado. "Si decimos que no tenemos pecado, nos engañamos a nosotros mismos, y la verdad no está en nosotros. Si confesamos nuestros pecados, él es fiel y justo para perdonar nuestros pecados, y limpiarnos de toda maldad" (1 Jn. 1:8-9). Por la gracia, misericordia y poder de Dios, no solo los pastores sino todos los creyentes pueden ser limpiados "de toda maldad". Al igual que Pablo, pueden vivir "santa y justamente", agradando así al Señor, siendo un ejemplo para los demás y quitando toda causa de escándalo para la iglesia.

La sexta y última cualidad positiva de un pastor es la de ser **dueño de sí mismo.** Lleva por fuera una vida ejemplar debido a que se somete al control del Espíritu Santo en su interior.

Rendir cuentas a otros creyentes es de gran importancia en la iglesia, y esto incluye a los pastores que deben responder a sus congregaciones. Aunque Pablo hace esta advertencia a la iglesia: "Contra un anciano no admitas acusación sino con dos o tres testigos", es un hecho que todos los que *se encuentren* culpables y "persisten en pecar", deben ser reprendidos "delante de todos, para que los demás también teman" (1 Ti. 5:19-20).

Sin embargo, la rendición de cuentas a la iglesia no es lo que Pablo enseña aquí. Por supuesto, los demás creyentes ignoran acerca de los pecados ocultos, pero esos pecados pueden ser más destructivos para el carácter y el servicio eficaz que muchos pecados manifiestos. Un pastor que no es **dueño de sí mismo,** que no tiene su propia vida bajo vigilancia continua sometiendo su pecado a la limpieza de Señor y manteniendo una conciencia limpia, no está apto para dirigir al pueblo de Dios, sin importar cuánta rectitud externa parezca tener su vida. Si actúa con rectitud solo cuando otros están observando, está haciendo eso y nada más: una actuación.

El pastor **dueño de sí mismo** camina con Dios en la integridad de su corazón. Tiene la gracia continua de Dios obrando en su vida de tal manera que posee madurez espiritual y pureza moral. Debe estar en capacidad de decir junto a Pablo: "Porque nuestra gloria es esta: el testimonio de nuestra conciencia, que con sencillez y sinceridad de Dios, no con sabiduría humana, sino con la gracia de Dios, nos hemos conducido en el mundo, y mucho más con vosotros" (2 Co. 1:12).

No es que los estándares básicos de Dios sean más altos para pastores y ancianos que para otros creyentes. *Todos* los creyentes deben ser "perfectos, como [su] Padre que está en los cielos es perfecto" (Mt. 5:48). Un cristiano que lleva una vida descuidada e impura no pierde la salvación, pero el punto de Pablo aquí es que un hombre cristiano que vive de esa manera *sí* pierde su derecho a dirigir el pueblo de Dios. En ese sentido, los estándares para pastores *son* más altos.

En sus *Lecciones para mis estudiantes*, Carlos Spurgeon escribe:

> [Si un pastor] fuere llamado a una posición ordinaria y a un trabajo común, la gracia común tal vez pudiese satisfacerle, aunque de todas maneras sería una satisfacción indolente; pero al ser elegido para labores extraordinarias, y llamado a un lugar de peligro inusual, debería estar ansioso de poseer aquella fortaleza superior que es lo único adecuado para su lugar de trabajo. Su pulso de piedad vital debe latir con fuerza y regularidad; su ojo de fe debe tener claridad completa; su pie de resolución debe ser firme; su mano de actividad debe ser pronta; todo su ser interior debe estar en el grado más alto de salud y cordura. Se dice que los egipcios escogían sus sacerdotes de entre los más entendidos de sus filósofos, y que tenían en tan alta estima a sus sacerdotes que elegían a sus reyes de entre los tales. Se requiere que tengamos como ministros de Dios lo más selecto de todo el ejército de cristianos; hombres de tal altura, que si la nación quisiera reyes lo mejor que podría hacer sería elevarles al trono.
>
> Para algunos trabajos no escogemos más que a los fuertes, y cuando Dios nos llama a la labor ministerial deberíamos esforzarnos en la gracia para ser fortalecidos y adquirir el estado espiritual y también físico adecuado para ejercer nuestra posición, en lugar de ser meros novatos fluctuantes y a la deriva de las tentaciones de Satanás, para perjuicio de

> la iglesia y nuestra propia ruina. Debemos mantenernos de pie y firmes, equipados con toda la armadura de Dios, listos para hazañas de valor que no se esperan de otros: para nosotros la abnegación, el olvido de nosotros mismos, la paciencia, la perseverancia y la longanimidad deben ser virtudes cotidianas, ¿y acaso hay alguien que tiene estas cosas en exceso? Más nos vale vivir muy cerca a Dios si es que vamos a salir aprobados en el ejercicio de nuestra vocación. (*Lectures to My Students* [Grand Rapids: Zondervan, 1955], pp. 8-9)]

HABILIDAD PARA ENSEÑAR

retenedor de la palabra fiel tal como ha sido enseñada, para que también pueda exhortar con sana enseñanza y convencer a los que contradicen. (1:9)

Todas las calificaciones que Pablo ha mencionado hasta ahora (vv. 6-8) tienen que ver con carácter y actitudes espirituales, con la clase de persona que un anciano está llamado a *ser*. En el versículo 9 trata el *ministerio* básico de un anciano fiel, a saber, el de ser maestro, que corresponde a lo que un anciano fiel está llamado a *hacer*. A través de las epístolas pastorales (1 y 2 Timoteo y Tito), el apóstol resalta en repetidas ocasiones la importancia crítica de que los ancianos u obispos prediquen, enseñen y guarden la verdad de Dios con solicitud y constancia.

La predicación y la enseñanza son bastante semejantes en contenido y se distinguen ante todo por la naturaleza de su presentación. La predicación es proclamación pública de la verdad que tiene el propósito básico de mover la voluntad de los oyentes a responder. La enseñanza se dirige más a hacer que la mente entienda. La predicación incluye admonición y exhortación, mientras que la enseñanza tiene que ver con iluminación y explicación. Con mucha frecuencia las dos funciones se superponen y son indistinguibles, como es el caso en muchos pasajes de las cartas de Pablo, así como en otras partes del Nuevo Testamento. Toda predicación buena tiene elementos de explicación, y toda enseñanza buena incluye algo de exhortación. En algunos ancianos es claro que solo poseen uno de los dones, mientras que otros demuestran tener ambos. Aunque son diferentes en algunos sentidos, lo cierto es que ambos dones son cruciales para la iglesia y tienen el propósito común de diseminar la Palabra de Dios.

Puesto que la predicación y la enseñanza de las Escrituras son dones espirituales que Dios otorga en su soberanía a sus siervos por medio del Espíritu Santo (Ro. 12:7; 1 Co. 12:28), y debido a que los pastores deben ser "aptos para enseñar" (1 Ti. 3:2; 2 Ti. 2:24), la conclusión clara es que todo anciano está dotado de alguna manera y comisionado por el Espíritu Santo para tal fin. La predicación y la enseñanza son aspectos imprescindibles del ministerio. Los dones relacionados con ambas cosas varían, por supuesto, así como los demás dones espirituales varían en grado de un creyente a otro; pero las Escrituras son inequívocas en el sentido de que *todo* anciano verdadero está equipado por intervención divina para predicar y enseñar la Palabra de Dios.

Como ya se indicó, "los ancianos que gobiernan bien, [deberían ser] tenidos por dignos de doble honor, mayormente los que trabajan en predicar y enseñar" (1 Ti. 5:17). La frase condicional de Pablo "mayormente los que", indica que, a pesar de que todos los ancianos deberían trabajar duro "en predicar y enseñar", algunos de ellos no lo hacen. A partir del contexto, parece obvio que algunos ancianos en la iglesia primitiva tuvieron un rendimiento insuficiente en este aspecto. En este versículo "trabajen" es la traducción de *kopiaō*, que alude a la idea de esfuerzo diligente o de trajín con sacrificio individual máximo a fin de cumplir a perfección una tarea, hasta el punto de quedar exhaustos si resulta necesario. Tiene que ver tanto con la calidad como con la cantidad del trabajo realizado. Sin embargo, es importante entender que esta cualidad no tiene que ver con el tamaño o la influencia de la congregación de un pastor. Tampoco está determinado por capacidad natural o cantidad de dones espirituales. Un pastor con capacidades limitadas que trabaja con devoción y sin reservas es tan digno de doble honra como un pastor con mayores recursos que trabaja con el mismo tesón.

EL FUNDAMENTO NECESARIO

retenedor de la palabra fiel tal como ha sido enseñada, (1:9*a*)

El fundamento de la enseñanza efectiva de la Palabra es el entendimiento que el mismo pastor tiene de esa revelación y su obediencia a ella. El siervo de Dios debe tener una lealtad inconmovible a las Escrituras.

Antechō (**retenedor**) significa "aferrarse o adherirse con fuerza a algo o alguien". Al hablar de la lealtad espiritual, Jesús dijo: "Ningún siervo puede servir a dos señores; porque o aborrecerá al uno y amará al otro, o estimará al uno y menospreciará al otro. No podéis servir a Dios y a las riquezas" (Lc. 16:13; cp. Mt. 6:24). Los predicadores y maestros de Dios deben aferrarse a **la palabra fiel** con devoción ferviente y diligencia invariable.

Palabra es la traducción de *logos*, que se refiere a la expresión de un concepto, pensamiento o verdad. Con frecuencia se utiliza para aludir a la verdad y voluntad reveladas de Dios. Hablando a los enemigos de Dios, Jesús dijo: "esto es para que se cumpla la palabra que está escrita en su ley: Sin causa me aborrecieron" (Jn. 15:25). Pablo habló de "la palabra de la promesa" de Dios a Abraham: "Por este tiempo vendré, y Sara tendrá un hijo" (Ro. 9:9), y de su juicio: "porque el Señor ejecutará su sentencia sobre la tierra en justicia y con prontitud" (v. 24).

Logos se emplea con frecuencia como un sinónimo para Escrituras, la Palabra escrita de Dios. Jesús acusó a los fariseos de estar "invalidando la palabra de

Dios con [su] tradición que [habían] transmitido" (Mr. 7:13). Al hablar a judíos incrédulos en Jerusalén, nuestro Señor identificó con claridad la Palabra de Dios y las Escrituras, diciendo: "¿No está escrito en vuestra *ley*: Yo dije, dioses sois? Si llamó dioses a aquellos a quienes vino *la palabra de Dios* (y la *Escritura* no puede ser quebrantada), ¿al que el Padre santificó y envió al mundo, vosotros decís: Tú blasfemas, porque dije: Hijo de Dios soy?" (Jn. 10:34-36, cursivas añadidas).

En el prólogo al libro de Apocalipsis, Juan habló de sí mismo como aquel "que ha dado testimonio de la palabra de Dios, y del testimonio de Jesucristo, y de todas las cosas que ha visto" (Ap. 1:2; cp. v. 9; cp. 1 Ts. 1:8; 2 Ts. 3:1). En el prólogo a su evangelio, el mismo apóstol habla de Jesús como la Palabra viva de Dios: "En el principio era el Verbo, y el Verbo era con Dios, y el Verbo era Dios. Este era en el principio con Dios. Todas las cosas por él fueron hechas, y sin él nada de lo que ha sido hecho, fue hecho. En él estaba la vida, y la vida era la luz de los hombres... Y aquel Verbo fue hecho carne, y habitó entre nosotros (y vimos su gloria, gloria como del unigénito del Padre), lleno de gracia y de verdad" (Jn. 1:1-4, 14; cp. 1 (Jn. 1:1; Ap. 19:13).

Pablo describió las Escrituras como "el buen depósito por el Espíritu Santo" que le había sido encomendado (2 Ti. 1:14) y como "las Sagradas Escrituras, las cuales te pueden hacer sabio para la salvación por la fe que es en Cristo Jesús. Toda la Escritura es inspirada por Dios", continúa el apóstol, "y útil para enseñar, para redargüir, para corregir, para instruir en justicia, a fin de que el hombre de Dios sea perfecto, enteramente preparado para toda buena obra" (2 Ti. 3:15-17). Pablo encomendó a los ancianos de la iglesia en Éfeso "a Dios, y a la palabra de su gracia, que tiene poder para sobreedificaros y daros herencia con todos los santificados" (Hch. 20:32). Pedro llamó las Escrituras "la leche espiritual no adulterada", por la cual los creyentes crecen "para salvación" (1 P. 2:2).

Los pastores, por lo tanto, deben amar **la palabra fiel** de Dios, respetarla, estudiarla, creerla y obedecerla. Es su alimento espiritual. Cada uno de ellos debe ser "nutrido con las palabras de la fe y de la buena doctrina" (1 Ti. 4:6). Esto involucra mucho más que un mero compromiso con la inspiración e inerrancia de las Escrituras, por esencial que esto sea. Se requiere de un compromiso firme con la autoridad y suficiencia de la Palabra de Dios como la única fuente de verdad moral y espiritual.

El liderazgo espiritual de un líder en la iglesia no se fundamenta en sus capacidades naturales, su educación, su sentido común o su sabiduría humana. Se fundamenta en su conocimiento y entendimiento de las Escrituras, en el hecho de que sea **retenedor de la palabra fiel,** y en su sumisión a la aplicación que el Espíritu Santo hace de las verdades de esa **palabra** en su corazón y su vida. Un hombre que no es **retenedor de la palabra fiel** de Dios y que no se ha comprometido a vivirla, no está preparado para predicarla ni enseñarla. Al igual que los apóstoles en la iglesia primitiva, los pastores con efectividad espiritual deben dedicarse a persistir "en la oración y en el ministerio de la palabra" (Hch. 6:4).

Es por medio de la Palabra que un anciano crece en conocimiento y entendimiento del carácter de Dios, la voluntad y el propósito de Dios, el poder y la gloria de Dios, el amor y la misericordia de Dios, los principios y las promesas de Dios. Es por medio de la Palabra que llega a entender la justificación, la santificación y la glorificación. Es a través de la Palabra que lleva a entender al enemigo y sus poderes de oscuridad, aun su propia indefensión como pastor para resistir y vencer el pecado aparte de la ayuda de Dios. Es por medio de la Palabra que llega a entender la naturaleza y el propósito de la iglesia y su propio papel de ministerio en la iglesia. Todo esto es lo que a su vez enseña a su congregación.

El fracaso en el área de ser **retenedor de la palabra fiel** es responsable en gran medida por la predicación y enseñanza superficiales y vanagloriosas que son características en muchas iglesias evangélicas. Este factor es el culpable real de los sermones baratos sobre etiqueta cristiana que son tan comunes en la iglesia actual y que no pasan de ser débiles, superficiales e insípidos. Este es el villano real que ha llevado a muchos a volcarse hacia lo que consideran relevante y por lo tanto predican una psicología transigente que mima a los pecadores, o se convierten en cómicos profesionales, cuentistas, oradores hábiles y hombres de espectáculo y entretenimiento que convierten las iglesias en lo que John Piper ha llamado en su libro excelente titulado *La supremacía de Dios en la predicación*, "las payasadas del culto evangélico" (*The Supremacy of God in Preaching* [Grand Rapids: Baker, 1990], p. 21).

Timoteo había sido todo el tiempo "nutrido con las palabras de la fe" y había seguido "la buena doctrina" que aprendió en las Escrituras (1 Ti. 4:6). Con base en esa preparación, él debía *mandar* y *enseñar* estas cosas (v. 11), *ser ejemplo* de los creyentes (v. 12), *ocuparse* en la lectura, la exhortación y la enseñanza (v. 13), *no descuidar* el don que había en él, que le fue dado mediante profecía con la imposición de las manos del presbiterio (v. 14), *ejercitarse* en esas cosas y *permanecer* en ellas, para que su aprovechamiento y progreso fuera manifiesto a todos (v. 15), *tener cuidado* de sí mismo y de la doctrina, así como *persistir* en ello (v. 16). Todos los nueve verbos destacados en los versículos 11-16 son traducciones de imperativos en griego. Pablo no estaba dando sugerencias a Timoteo o simples consejos personales, sino órdenes apostólicas dadas por revelación divina.

Más adelante en esa carta Pablo dijo: "Los ancianos que gobiernan bien, sean tenidos por dignos de doble honor, mayormente los que trabajan en predicar y enseñar" (1 Ti. 5:17). La predicación y la enseñanza son las responsabilidades primordiales de los ancianos. Timoteo debía "enseñar y exhortar" con base en estos principios que Pablo expuso (1 Ti. 6:2): "A los ricos de este siglo manda que no sean altivos, ni pongan la esperanza en las riquezas, las cuales son inciertas, sino en el Dios vivo, que nos da todas las cosas en abundancia para que las disfrutemos. Que hagan bien, que sean ricos en buenas obras, dadivosos, generosos" (vv. 17-18).

El apóstol habló de sí mismo diciendo: "yo fui constituido predicador, apóstol y maestro" (2 Ti. 1:11; cp. v. 8); y le dio este encargo a Timoteo: "Retén la forma de las sanas palabras que de mí oíste, en la fe y amor que es en Cristo Jesús. Guarda el buen depósito por el Espíritu Santo que mora en nosotros... Lo que has oído de mí ante muchos testigos, esto encarga a hombres fieles que sean idóneos para enseñar también a otros" (vv. 13-14; 2:2). Timoteo debía salvaguardar y defender todas las cosas que le habían sido enseñadas y a su vez enseñarlas a otros ancianos, quienes también habrían de impartirlas a otros ancianos y así de manera sucesiva. Ese es el plan del Señor para la enseñanza y la predicación en su iglesia.

Pablo prosiguió a recordarle a Timoteo: "Toda la Escritura es inspirada por Dios, y útil para enseñar, para redargüir, para corregir, para instruir en justicia" (2 Ti. 3:16). Es la Palabra de Dios, bajo la guía e iluminación del Espíritu Santo, lo que hace "que el hombre de Dios", el líder espiritual y en particular el pastor y maestro, "sea perfecto, enteramente preparado para toda buena obra" (v. 17). Ha recibido la solemne comisión divina: "que prediques la palabra; que instes a tiempo y fuera de tiempo; redarguye, reprende, exhorta con toda paciencia y doctrina" (4:2). Debe "hablar lo que está de acuerdo con la sana doctrina" (Tit. 2:1).

Este deber para con las Escrituras está de acuerdo con la manera **tal como ha sido enseñada** (*didaskalia*), que se refiere al contenido de lo que se enseña, es decir, la doctrina que es la verdad dada por revelación divina.

Los creyentes en la iglesia primitiva "perseveraban en la doctrina de los apóstoles, en la comunión unos con otros, en el partimiento del pan y en las oraciones" (Hch. 2:42). Después que la revelación de Dios se completó por medio de la doctrina de los apóstoles, quedó registrada en lo que ahora conocemos como el Nuevo Testamento. Esa verdad es digna de confianza absoluta y suficiente en todo sentido. No debe ser redactada, editada, actualizada ni modificada.

EL DEBER NECESARIO

para que también pueda exhortar con sana enseñanza y convencer a los que contradicen. (1:9*b*)

Debido a que tiene un profundo conocimiento personal de la Palabra de Dios y una lealtad exclusiva a ella, el pastor llega a adquirir las cualidades para el ministerio bajo la dirección y el poder del Espíritu Santo, para ejercer su don de predicar y enseñar esa Palabra en la iglesia.

En sentido positivo, el pastor debe **exhortar** a los creyentes **con sana enseñanza.** Debe fortalecer al pueblo de Dios en su conocimiento de y obediencia a la Palabra.

Parakaleō (**exhortar**) significa "urgir, apremiar y animar". El significado literal es "llamar a un lado" con el propósito de brindar fuerza y ayuda. El término se empleaba con referencia a la acción del abogado defensor que expresaba sus recomendaciones al juez en una corte legal y aconsejaba al acusado a favor de su causa.

En el discurso en el aposento alto, Jesús se refiere al Espíritu Santo como "otro Consolador [*paraklētos*]" o Abogado, quien permanecería al lado de los doce después que Jesús ascendiera a su Padre. Este "Consolador, el Espíritu Santo, a quien el Padre enviará en mi nombre, él os enseñará todas las cosas", nos prometió el Señor, "y os recordará todo lo que yo os he dicho" (Jn. 14:16, 26; cp. 15:26; 16:7; cp. 1 Jn. 2:1). Esa promesa fue cumplida de una forma única con relación a los apóstoles, quienes enseñaron y establecieron con autoridad la Palabra de Dios que quedó plasmada en el Nuevo Testamento. Todo pastor que ha recibido el llamamiento genuino del Señor debe **también** estar en capacidad de **exhortar con sana enseñanza.**

La palabra **sana** se traduce de la palabra griega *hugiainō*, de la cual se deriva el término *higiene*. Tiene el significado básico de algo que es saludable y benéfico, con referencia a aquello que protege y preserva la vida. En su predicación y enseñanza, el único objetivo del pastor debe ser iluminar a su congregación en la **enseñanza** que protege y preserva su salud espiritual. Es una tarea inmensa y exigente, razón por la cual Santiago advierte: "Hermanos míos, no os hagáis maestros muchos de vosotros, sabiendo que recibiremos mayor condenación" (Stg. 3:1). Hablando a aquellos que están bajo el cuidado del pastor, el escritor de Hebreos dice: "Obedeced a vuestros pastores, y sujetaos a ellos; porque ellos velan por vuestras almas, como quienes han de dar cuenta; para que lo hagan con alegría, y no quejándose, porque esto no os es provechoso" (He. 13:17). Ningún cristiano razonable y sensato estaría dispuesto a presumir de que ejerce el papel de pastor y maestro sin contar con el llamado auténtico del Señor. Tampoco trataría, en caso de ser llamado por Dios, de cumplir ese llamado predicando y enseñando las ideas que salgan de su propia mente. No predicará ni enseñará más que **sana enseñanza.**

Es por esa razón que la predicación y la enseñanza deben ser expositivas, en el sentido de presentar de la manera más clara, sistemática y completa posible las verdades de la Palabra de Dios y solo esas verdades. Al igual que Esdras, el pastor fiel se asegura siempre de haber "preparado su corazón para inquirir la ley de Jehová y para cumplirla, y para enseñar... sus estatutos y decretos" (Esd. 7:10). Como Apolos, será "poderoso en las Escrituras" (Hch. 18:24). El pastor que reconoce que las Escrituras por sí solas son inerrantes y constituyen nuestra autoridad única, completa y suficiente, conoce con exactitud lo que ha sido llamado a predicar y enseñar. Predica la Palabra "a tiempo y fuera de tiempo", y también "redarguye, reprende, exhorta con toda paciencia y doctrina". Siempre se asegura de "que anuncie cumplidamente la palabra de Dios" (Col. 1:25). Esa es la comisión divina de todo predicador y maestro.

Contrario a lo que se ofrece en gran parte de la predicación popular de la actualidad, la Biblia, no es un recurso para encontrar la verdad, sino que es la *fuente* de verdad dada por revelación divina. No es un texto complementario sino el único texto. Sus verdades no son opcionales sino de cumplimiento obligatorio. El propósito del pastor no es hacer que las Escrituras sean relevantes a sus oyentes, sino capacitarles para entender la doctrina, lo cual se convertirá en el fundamento de sus vidas espirituales. La Biblia está "al alcance del usuario" pero solo para quienes se someten con humildad a su verdad profunda.

Los pecadores serán intolerantes con las verdades que les incomodan. Esto es de esperarse. Por otra parte, van a querer oír mentiras cómodas y convenientes para ellos. Buscan lo que es sensacional, entretenido, halagador, inofensivo y popular. En cambio, lo que nosotros predicamos está dictado por Dios, no por las multitudes que están ante nosotros. El psiquiatra y escritor cristiano John White ha escrito unas palabras inquietantes que es necesario atender:

> Hasta hace unos quince años la psicología era vista por la mayoría de los cristianos como hostil al evangelio.
>
> [No obstante, hoy día] cualquiera que profesa ser cristiano puede llegar a bautizar la psicología secular para presentarla como algo compatible con la verdad de las Escrituras, y la mayoría de los cristianos quedan felices tragando veneno teológico en la forma de conocimientos psicológicos.
>
> Durante los últimos quince años se ha dado una tendencia en la que las iglesias tienen cada vez más confianza en consejeros pastorales capacitados en instituciones seculares... Esto me da la impresión de una debilidad en o indiferencia hacia la predicación expositiva dentro de las iglesias evangélicas... ¿Por qué tenemos que acudir a las ciencias humanas en absoluto? ¿Por qué? Porque durante años hemos fracasado en la exposición de todas las Escrituras. Porque a partir de nuestra exposición débil y nuestras charlas temáticas superficiales hemos producido una generación de ovejas cristianas que no tienen pastor, y ahora nos estamos condenando a mayor profundidad que nunca antes porque hemos recurrido a la sabiduría del mundo.
>
> Lo que yo hago como psiquiatra y lo que mis colegas psicólogos hacen en su investigación o su consejería tiene un valor infinitamente menor para los cristianos atribulados que lo dicho por Dios en su Palabra. No obstante, los pastores al igual que las ovejas a las que guían, están siguiendo (si acaso puedo cambiar mi metáfora por un instante), a un nuevo flautista de Hamelin que les está conduciendo a las cavernas tenebrosas del hedonismo humanista.

Algunos de nosotros que estamos involucrados a profundidad en las ciencias humanas nos sentimos como voces que claman en un desierto impío de humanismo, mientras las iglesias se vuelven a la psicología humanista como un sustituto para el evangelio de la gracia de Dios. (*Flirting with the Word* ("Coqueteos con la Palabra") [Wheaton, Ill.: Harold Shaw, 1982], pp. 114-17).

John Stott escriba acerca del mismo problema:

La predicación expositiva es una disciplina bastante rigurosa. Quizás sea la razón por la que haya caído en tal desuso. Solo es emprendida por aquellos que están preparados a seguir el ejemplo de los apóstoles y decir: "No es justo que nosotros dejemos la palabra de Dios, para servir a las mesas... nosotros persistiremos en la oración y en el ministerio de la palabra" (Hch. 6:2, 4). La predicación sistemática de la Palabra es imposible sin el estudio sistemático de ella. No es suficiente repasar por encima algunos versículos en lectura bíblica diaria, ni estudiar un pasaje solo cuando tenemos que predicar sobre él. No. Debemos empaparnos en las Escrituras. Debemos no solo estudiarla como a través de un microscopio para captar todos los detalles lingüísticos de unos cuantos versículos, sino también tomar nuestro telescopio y recorrer la amplia vastedad de la Palabra de Dios, asimilando su tema grandioso de sabiduría divina en la redención de la humanidad. "Es bienaventurado", escribió C. H. Spurgeon, "ingerir el alma misma de la Biblia hasta que por fin se llega a hablar en el lenguaje de las Escrituras, y el espíritu queda saturado con el sabor de las palabras del Señor, de tal manera que el componente principal de la sangre llega a ser 'biblina' y la esencia misma de la Biblia fluye con naturalidad del interior de quien predica". (*The Preacher's Portrait* ("Retrato del predicador") [Grand Rapids: Eerdmans, 1961], pp. 30-31)

El segundo deber del pastor que enseña con fidelidad está expresado en sentido negativo. No solo debe exhortar a los creyentes en la sana doctrina sino que también debe **convencer a los que contradicen,** en especial aquellos que están dentro de la iglesia y que **contradicen** la doctrina saludable que protege y preserva la vida espiritual.

Los pastores tienen una obligación para con Dios, de dar a sus congregaciones un entendimiento de la verdad que genere el discernimiento necesario para protegerles del error pululante que les asedia sin cesar. *Antilegō* (**convencer**) tiene el significado literal de "refutar, hablar en contra de". Los predicadores y maestros del Señor deben polemizar contra la doctrina no sana que se esconde de verdad bíblica. Poco tiempo después que Pablo mismo ministró en Creta, "muchos contumaces, habladores de vanidades y engañadores, mayormente los de la circuncisión", estaban ocasionando problemas y confusión en las iglesias del lugar (Tit. 1:10). No debían ser ignorados y mucho menos tolerados, sino que era "preciso tapar la boca" de ellos porque estaban "trastornando casas enteras, enseñando por ganancia deshonesta lo que no conviene" (v. 11). Eran peligrosos en particular debido a que se habían levantado del interior de las congregaciones. "Profesan conocer a Dios, pero con los hechos lo niegan, siendo abominables y rebeldes, reprobados en cuanto a toda buena obra" (v. 16).

Hasta la iglesia de Éfeso que gozaba de gran madurez espiritual, no fue inmune a las enseñanzas falsas: "Porque yo sé que después de mi partida", advirtió Pablo a los ancianos de aquella iglesia, "entrarán en medio de vosotros lobos rapaces, que no perdonarán al rebaño. Y de vosotros mismos se levantarán hombres que hablen cosas perversas para arrastrar tras sí a los discípulos" (Hch. 20:29-30).

Aunque los maestros falsos en la iglesia existen escondidos bajo muchos disfraces, todos ellos, de una u otra forma, **contradicen** la verdad bíblica. Son enemigos de la sana doctrina y por lo tanto de Dios y de su pueblo. El simple hecho de aceptar las Escrituras como la Palabra de Dios inerrante no protege contra la posibilidad de que sea entendida mal o incluso pervertida. Atribuir a ciertas opiniones personales y decisiones tomadas en concilios eclesiásticos la misma autoridad de las Escrituras también constituye un acto de contradicción de la Palabra de Dios, tanto como lo es negar la deidad de Cristo o la historicidad de su resurrección. La advertencia final de las Escrituras es: "Yo testifico a todo aquel que oye las palabras de la profecía de este libro: Si alguno *añadiere* a estas cosas, Dios traerá sobre él las plagas que están escritas en este libro. Y si alguno *quitare* de las palabras del libro de esta profecía, Dios quitará su parte del libro de la vida, y de la santa ciudad y de las cosas que están escritas en este libro" (Ap. 22:18-19, cursivas añadidas).

La función doble del predicador y maestro piadoso consiste en proclamar y defender la Palabra de Dios. En los ojos del mundo, y como es trágico, en los ojos de muchos creyentes genuinos pero no enseñados, denunciar la falsa doctrina, en especial si esa doctrina se imparte bajo el disfraz de enseñanza evangélica, equivale a ser carente de amor, juzgador y disgregador. Pero comprometer las Escrituras a fin de que sean más apetecibles y aceptables, bien sea para creyentes o para incrédulos, no corresponde a actuar "siguiendo la verdad en amor" (Ef. 4:15). Es hablar falsedad y es la cosa más lejana del amor piadoso. Es una manera sutil, engañosa y peligrosa de contradecir la propia Palabra de Dios. El pastor fiel no debe tener parte alguna en ello, ya que tolera y enseña a su pueblo a tolerar, nada más que la sana doctrina.

Hombres que deben ser silenciados 4

Porque hay aún muchos contumaces, habladores de vanidades y engañadores, mayormente los de la circuncisión, a los cuales es preciso tapar la boca; que trastornan casas enteras, enseñando por ganancia deshonesta lo que no conviene. Uno de ellos, su propio profeta, dijo: Los cretenses, siempre mentirosos, malas bestias, glotones ociosos. Este testimonio es verdadero; por tanto, repréndelos duramente, para que sean sanos en la fe, no atendiendo a fábulas judaicas, ni a mandamientos de hombres que se apartan de la verdad. Todas las cosas son puras para los puros, mas para los corrompidos e incrédulos nada les es puro; pues hasta su mente y su conciencia están corrompidas. Profesan conocer a Dios, pero con los hechos lo niegan, siendo abominables y rebeldes, reprobados en cuanto a toda buena obra. (1:10-16)

Una de las mayores responsabilidades de Tito en la supervisión de las iglesias de Creta era prepararlas para contrarrestar los efectos de la enseñanza falsa y la vida inmoral de ciertos líderes. Pablo encargó a Tito, y por medio de él a las iglesias, que no solo se limitara a corregir la doctrina falsa y denunciar toda conducta inmoral, sino que silenciara a los responsables de ello y que removiera esos cánceres espirituales que amenazaban la comunión fraternal en las congregaciones.

Estos maestros falsos se parecían bastante a los de Éfeso, acerca de los cuales Pablo había advertido a Timoteo. El joven anciano recibió esta instrucción: "Como te rogué que te quedases en Éfeso, cuando fui a Macedonia, para que mandases a algunos que no enseñen diferente doctrina, ni presten atención a fábulas y genealogías interminables, [hombres] que acarrean disputas más bien que edificación de Dios que es por fe, así te encargo ahora... de las cuales cosas desviándose algunos, se apartaron a vana palabrería, queriendo ser doctores de la ley, sin entender ni lo que hablan ni lo que afirman" (1 Ti. 1:3-4, 6-7). Es obvio que el apóstol creía que esos hombres en particular todavía eran rescatables, incluso como maestros.

Sin embargo, algunos de los falsos maestros en Creta estaban lejos de ser recuperables para la fe, porque como Pablo afirma al final de este pasaje, "profesan conocer a Dios, pero con los hechos lo niegan, siendo abominables y rebeldes, reprobados en cuanto a toda buena obra" (Tit. 1:16).

En general, la lengua es una fuerza devastadora para el mal, y en las bocas de maestros falsos a quienes resulta necesario silenciar siempre ha sido un peligro serio, no solo para el pueblo de Dios sino también para la sociedad en general. "Así también la lengua es un miembro pequeño", nos recuerda Santiago, "pero se jacta de grandes cosas. He aquí, ¡cuán grande bosque enciende un pequeño fuego! Y la lengua es un fuego, un mundo de maldad. La lengua está puesta entre nuestros miembros, y contamina todo el cuerpo, e inflama la rueda de la creación, y ella misma es inflamada por el infierno" (Stg. 3:5-6). Sin supervisión y control, la lengua espeta la suciedad y perversión de un corazón y mente depravados y puede causar daños sin medida. Nada demuestra mejor la condición depravada del hombre caído como las cosas malvadas que salen de su boca. "Sepulcro abierto es su garganta; con su lengua engañan. Veneno de áspides hay debajo de sus labios", dice Pablo acerca de aquellos que hablan maldad; sus bocas están llenas "de maldición y de amargura" (Ro. 3:13-14; cp. Sal. 5:9; 140:3). Isaías se refirió a su propia pecaminosidad diciendo que era un "hombre inmundo de labios" (Is. 6:5). Dios promete que un día "la boca de los que hablan mentira será cerrada" (Sal. 63:11; cp. 107:42; Ro. 3:19).

En algunas ocasiones Dios en su soberanía silencia la lengua de una persona por medio de enfermedad o muerte. A veces elige cerrar una boca blasfema por otros medios. En ocasiones incontables ha silenciado una lengua perversa trayendo en su gracia salvación al usuario de la misma y una relación personal con Él. En otras ocasiones dice a su propio pueblo lo que dijo a Ezequiel, uno de sus siervos selectos: "Y haré que se pegue tu lengua a tu paladar, y estarás mudo... Mas cuando yo te hubiere hablado, abriré tu boca" (Ez. 3:26-27). El día vendrá cuando Dios intervendrá para silenciar para siempre a todos los predicadores y maestros de falsedad.

Mientras tanto, no obstante, la iglesia y en especial sus líderes piadosos tienen la tarea de silenciar a quienes se asocian con el cuerpo de Cristo en un esfuerzo para pervertir la verdad de Dios y confundir y corromper a su pueblo. "Los malos hombres y los engañadores irán de mal en peor, engañando y siendo engañados", aseguró Pablo a Timoteo (2 Ti. 3:13). Sin embargo, a diferencia de Timoteo, los pastores y ancianos fieles tienen la orden perentoria de "guardar lo que se [les] ha encomendado, evitando las profanas pláticas sobre cosas vanas, y los argumentos de la falsamente llamada ciencia" (1 Ti. 6:20).

En primer lugar, los líderes espirituales deben oponerse a los maestros falsos sobreponiéndose a ellos con la verdad enseñada con tal claridad, precisión y poder que quienes diseminan el error se escondan en humillación al quedar expuesta a la luz su falsedad.

Jesús combatió las mentiras y engaños de Satanás y sus servidores humanos impíos declarando la verdad divina con autoridad. Malogró a Satanás en el desierto contrarrestando cada tentación con una cita de las Escrituras (Mt. 4:1-11). Cuando los saduceos incrédulos trataron de confundir a Jesús por medio de una pregunta sobre el matrimonio en el cielo que creían era imposible responder, Él "les dijo: Erráis, ignorando las Escrituras y el poder de Dios. Porque en la resurrección ni se casarán ni se darán en casamiento, sino serán como los ángeles de Dios en el cielo" (Mt. 22:29-30). Con la afirmación sencilla de la verdad el Señor "había hecho callar a los saduceos" (v. 34).

Pensando que podían tener éxito en lo mismo en que habían fracasado los saduceos, los fariseos mandaron al Señor a uno de sus escribas, "intérprete de la ley, [quien] preguntó por tentarle, diciendo: Maestro, ¿cuál es el gran mandamiento en la ley?" (Mt. 22:35-36). Él contestó que el mandamiento más grande es: "Amarás al Señor tu Dios con todo tu corazón, y con toda tu alma, y con toda tu mente", y que "el segundo es semejante: Amarás a tu prójimo como a ti mismo" (vv. 37, 39). En seguida procedió a corresponder a su reto y les preguntó acerca de la relación del Mesías con el rey David. Al demostrar con base en las Escrituras que la respuesta de ellos era defectuosa, "nadie le podía responder palabra; ni osó alguno desde aquel día preguntarle más" (v. 46).

Por supuesto, los falsos maestros no siempre son silenciados por la verdad de Dios, y por cierto no de manera permanente cuando lo son. Después del incidente que se acabó de mencionar, los escribas, fariseos, saduceos y demás enemigos de Jesús se abstuvieron de confrontarle de forma directa, pero no dejaron de hacerle oposición. Los maestros falsos en la actualidad tampoco quedarán silenciados de manera permanente al ser confrontados por la verdad de Dios. De todas maneras, esa verdad siempre será el arma principal para combatir el error. La verdad es el arma espiritual que tiene capacidad para destruir fortalezas y especulaciones (ideologías falsas), "y toda altivez" que se levanta contra la verdad de Dios (véase 2 Co. 10:4-5).

En segundo lugar, debemos oponernos a los falsos maestros revocando su derecho de predicar, enseñar o ejercer liderazgo de cualquier otra forma en la iglesia. En tiempos modernos, esa revocación incluye negar todo respaldo y patrocinio a enseñanzas espurias que ellos promulgan por medio de revistas, libros, radio, televisión, ministerios con mensajes grabados, conferencias, cátedras en instituciones educativas o cualquier otro medio.

En tercer lugar, los creyentes deben oponerse a los maestros falsos viviendo vidas santas. El error promueve el pecado, y la gente que enseña ideas impías lleva de forma inevitable vidas de impiedad. La verdad de Dios también es impugnada cuando aquellos que enseñan esa verdad no viven de conformidad con ella. Por otra parte, la vida recta convalida la verdad, y además "esta es la voluntad de Dios: que haciendo bien, hagáis callar la ignorancia de los hombres insensatos" (1 P. 2:15).

En Tito 1:10-16 Pablo primero hace una descripción general de los maestros falsos en la iglesia que deben ser silenciados (vv. 10-13*a*). Luego especifica cuál debería ser la reacción frente a tales hombres (vv. 13*b*-14) y evalúa sus vidas (vv. 15-16).

DESCRIPCIÓN DE LOS HOMBRES QUE DEBEN SER SILENCIADOS

Porque hay aún muchos contumaces, habladores de vanidades y engañadores, mayormente los de la circuncisión, a los cuales es preciso tapar la boca; que trastornan casas enteras, enseñando por ganancia deshonesta lo que no conviene. Uno de ellos, su propio profeta, dijo: Los cretenses, siempre mentirosos, malas bestias, glotones ociosos. Este testimonio es verdadero; (1:10-13*a*)

Al describir los maestros falsos que habían de ser frenados y removidos de las iglesias, el apóstol llama la atención sobre su proliferación (v. 10*a*), su conducta que incluía rebeldía, palabras vanas y engañosas (v. 11*b*), y su carácter que era mentiroso, salvaje e intemperante (vv. 12-13*a*).

SU PROLIFERACIÓN

Porque hay aún muchos (1:10*a*)

El hecho de que había **aún muchos** maestros falsos en las iglesias de Creta hacía más urgente la responsabilidad que Tito tenía de hacerles oposición. También es por esa razón, entre otras, que este ministro necesitaba "establecer ancianos en cada ciudad", como Pablo ya le había mandado hacer (v. 5). Sin importar cuán diligente y persuasivo haya sido Tito, ningún hombre habría tenido tiempo para tratar los problemas generados por el creciente número de herejes y apóstatas. La mayoría de los creyentes en esas iglesias eran nuevos en la fe y contaban con escasos recursos de defensa contra doctrinas erróneas.

Pablo había hecho una advertencia similar a Timoteo: "el Espíritu dice claramente que en los postreros tiempos algunos apostatarán de la fe, escuchando a espíritus engañadores y a doctrinas de demonios; por la hipocresía de mentirosos que, teniendo cauterizada la conciencia" (1 Ti. 4:1-2). Los "postreros tiempos" de los que hablaba el Espíritu ya habían comenzado.

Quizás un año después que Pablo escribió a Tito, Pedro advirtió a las iglesias esparcidas por todo el imperio que "hubo también falsos profetas entre el pueblo, como habrá entre vosotros falsos maestros, que introducirán encubiertamente herejías destructoras, y aun negarán al Señor que los rescató, atrayendo sobre sí mismos destrucción repentina. Y muchos seguirán sus disoluciones, por causa de los cuales el camino de la verdad será blasfemado, y por avaricia harán mercadería de vosotros con palabras fingidas" (2 P. 2:1-3).

El peligro espiritual más grande siempre viene desde el interior de la iglesia. "Mas os ruego, hermanos", aconsejó Pablo a la iglesia en Roma, "que os fijéis en los que causan divisiones y tropiezos en contra de la doctrina que vosotros habéis aprendido, y que os apartéis de ellos. Porque tales personas no sirven a nuestro Señor Jesucristo, sino a sus propios vientres, y con suaves palabras y lisonjas engañan los corazones de los ingenuos" (Ro. 16:17-18). Pablo advirtió a los ancianos de la iglesia en Éfeso: "Porque yo sé que después de mi partida entrarán en medio de vosotros lobos rapaces, que no perdonarán al rebaño. Y de vosotros mismos se levantarán hombres que hablen cosas perversas para arrastrar tras sí a los discípulos" (Hch. 20:29-30).

Por definición, toda disensión proviene del interior de un grupo. En la iglesia, los engañadores se disfrazan como creyentes y como maestros verdaderos del evangelio. A toda costa y por todos los medios piadosos disponibles, los tales deben ser silenciados. El peligro de los evangelios falsos es tan grande que Pablo dijo que inclusive si "un ángel del cielo, os anunciare otro evangelio diferente del que os hemos anunciado, sea anatema" (Gá. 1:8).

SU CONDUCTA

contumaces, habladores de vanidades y engañadores, mayormente los de la circuncisión, (1:10*b*)

Primero que todo, los maestros falsos de Creta eran **contumaces,** como de hecho siempre lo habían sido los nativos del lugar. Son rebeldes espirituales y morales y por tanto enemigos de Dios, su verdad y su pueblo. Por ser ley para sí mismos y representar al rebelde Satanás, no reconocen la autoridad de la Palabra de Dios o de su Espíritu, mucho menos la de sus predicadores y maestros establecidos por llamado divino. Incluso cuando su doctrina errónea y su vida inmoral quedan expuestas, están inclinados a desafiar la corrección y la disciplina que les impone la iglesia verdadera.

En segundo lugar, los maestros falsos eran **habladores de vanidades.** En las palabras de Shakespeare, están "llenos de sonidos furiosos cuyo significado es: nada". Lo que hablan con frecuencia es cautivante y persuasivo. Sus palabras son suaves y pueden esconder con sagacidad sus falsedades en términos que les dan apariencia de veracidad, utilizando con frecuencia palabras y frases bíblicas que distorsionan y sacan de contexto, pero todo lo que enseñan es carente de verdad. Su predicación y enseñanza están basadas en las invenciones de sus propias imaginaciones, especulaciones y conocimientos distorsionados y contradictorios de la Palabra de Dios.

En tercer lugar, esos maestros falsos eran **engañadores.** Como ya se indicó, era típico de ellos disfrazar sus engaños con terminología bíblica. Lo triste es que rara vez carecen de oyentes gustosos. Casi desde su comienzo, la iglesia ha incluido algunas personas que se dejan enredar por tales engaños y ya no reciben "la sana doctrina, sino que teniendo comezón de oír, se amontonarán maestros conforme a sus propias concupiscencias, y apartarán de la verdad el oído y se volverán a las fábulas" (2 Ti. 4:3-4; cp. 1 Ti. 4:1-2).

Dios abomina toda mentira y engaño: "ninguno de vosotros piense mal en su corazón contra su prójimo, ni améis el juramento falso: porque todas estas son cosas que aborrezco, dice Jehová" (Zac. 8:17; Mal. 3:5). También tiene un aborrecimiento singular contra las mentiras y los engaños que se hacen en su nombre, en especial cuando están dirigidos a su pueblo.

Así como Pablo fue el apóstol que se enfrentó por excelencia a las doctrinas falsas, Jeremías también fue el profeta que se pronunció contra ella como ningún otro en el Antiguo Testamento. Declaró con denuedo:

> *Me dijo entonces Jehová: Falsamente profetizan los profetas en mi nombre; no los envié, ni les mandé, ni les hablé; visión mentirosa, adivinación, vanidad y engaño de su corazón os profetizan... Por tanto, así ha dicho Jehová Dios de Israel a los pastores que apacientan mi pueblo: Vosotros dispersasteis mis ovejas, y las espantasteis, y no las habéis cuidado. He aquí que yo castigo la maldad de vuestras obras, dice Jehová... No envié yo aquellos profetas, pero ellos corrían; yo no les hablé, mas ellos profetizaban... He aquí, dice Jehová, yo estoy contra los que profetizan sueños mentirosos, y los cuentan, y hacen errar a mi pueblo con sus mentiras y con sus lisonjas, y yo no los envié ni les mandé; y ningún provecho hicieron a este pueblo, dice Jehová* (Jer. 14:14; 23:2, 21, 32)

Profetizar falsedad en el nombre de un dios falso es en sí una gran maldad, pero profetizar falsamente en el nombre del Dios verdadero es peor todavía. "En los profetas de Samaria he visto desatinos; profetizaban en nombre de Baal, e hicieron errar a mi pueblo de Israel. Y en los profetas de Jerusalén he visto torpezas; cometían adulterios, y andaban en mentiras, y fortalecían las manos de los malos, para que ninguno se convirtiese de su maldad; me fueron todos ellos como Sodoma, y sus moradores como Gomorra" (Jer. 23:13-14). Las falsedades de los profetas paganos en Samaria eran *desatinos* escandalosos, pero las de los supuestos profetas del Señor en Jerusalén eran *torpezas* execrables.

Puesto que tantos cristianos en el comienzo de la iglesia eran judíos, las iglesias en tiempos del Nuevo Testamento se veían **mayormente** plagadas por **los** engañadores **de la circuncisión,** es decir, por judíos dentro de la iglesia. Algunos de ellos son denominados judaizantes a casa de sus esfuerzos para obligar a todos los creyentes a cumplir con el legalismo judío; además porque querían imponerles estándares ceremoniales del Antiguo Testamento y hasta tradiciones rabínicas. Se sabe por registros antiguos que muchos judíos vivían en la isla de Creta (cp. Hch. 2:11), y por los comentarios del apóstol aquí, parece que un número considerable de ellos eran judaizantes.

Unos quince años atrás, el concilio de Jerusalén fue convocado para responder a "algunos de la secta de los fariseos, que habían creído, [los cuales] se levantaron diciendo: Es necesario circuncidarlos, y mandarles que guarden la ley de Moisés" (Hch. 15:5). Como primer portavoz del concilio, Pedro preguntó: "¿por qué tentáis a Dios, poniendo sobre la cerviz de los discípulos un yugo que ni nuestros padres ni nosotros hemos podido llevar?" (v. 10). Tras una discusión considerable en grupo y la presentación de informes por parte de Pablo y Bernabé acerca de "cuán grandes señales y maravillas había hecho Dios por medio de ellos entre los gentiles", Santiago propuso "que no se inquiete a los gentiles que se convierten a Dios, sino que se les escriba que se aparten de las contaminaciones de los ídolos, de fornicación, de ahogado y de sangre" (véase vv. 12-20). El resto del concilio estuvo de acuerdo, y se enviaron cartas para tal efecto "a los hermanos de entre los gentiles que están en Antioquía, en Siria y en Cilicia" (vv. 22-23), donde el problema era más serio en ese momento.

Sin embargo, puede verse que la influencia de los judaizantes en la iglesia siguió siendo poderosa muchos años después de tal evento, por el propio distanciamiento temporal de Pedro de los creyentes gentiles a causa de que "tenía miedo de los de la circuncisión" (Gá. 2:12), una aquiescencia por la cual Pablo le resistió "cara a cara" (v. 11).

Como Pablo indica más adelante en este capítulo, los hombres **de la circuncisión** en las iglesias cretenses estaban divulgando "fábulas judaicas" y "mandamientos de hombres que se apartan de la verdad" (v. 14). Además, aunque "profesan conocer a Dios,... con los hechos lo niegan, siendo abominables y rebeldes, reprobados en cuanto a toda buena obra" (v. 16). El apóstol no describe la forma exacta de esta herejía, y los detalles particulares no son importantes. Toda enseñanza falsa debe ser objeto de oposición firme en cualquier forma y grado en que se aparte de las Escrituras.

SU EFECTO

a los cuales es preciso tapar la boca; que trastornan casas enteras, enseñando [por ganancia deshonesta] lo que no conviene. (1:11*a*)

Estos herejes en particular al parecer no estaban divulgando la mayor parte de su enseñanza durante cultos de adoración u otros tiempos en los que la iglesia se reunía, sino en las casas de las personas. Son obvias las razones para que recurrieran a esa táctica. Por un lado, hay mayor probabilidad en un grupo grande de incluir a creyentes con buena percepción espiritual y bien fundamentados en las Escrituras, lo cual hace más probable que la enseñanza falsa sea reconocida y refutada. Un grupo pequeño y aislado como lo es una sola familia, por otra parte, no solo tiene menor probabilidad de incluir a un creyente bien fundamentado en el conocimiento bíblico, sino que también, a causa de su tamaño, puede ser intimidado con mayor facilidad. Es en gran parte por esas razones que muchas sectas se enfocan en ministerios persona a persona y puerta a puerta para capturar a nuevos conversos. Pedro escribió acerca de quien practican esa misma estratagema: "hablando palabras infladas y vanas, seducen con concupiscencias de la carne y disoluciones a los que verdaderamente habían huido de los que viven en error" (2 P. 2:18).

A los engañadores en la iglesia **es preciso taparles la boca,** dijo Pablo, porque **trastornan casas enteras.** Pablo advirtió a Timoteo acerca de hombres impíos e inmorales "que se meten en las casas y llevan cautivas a las mujercillas cargadas de pecados, arrastradas por diversas concupiscencias" (2 Ti. 3:6). Antes en esa misma carta había amonestado al joven pastor en la iglesia de Éfeso que exhortara a los creyentes allí "a que no contiendan sobre palabras, lo cual para nada aprovecha, sino que es para perdición de los oyentes", y a "evitar profanas y vanas palabrerías, porque conducirán más y más a la impiedad" (2 Ti. 2:14, 16). Pedro nos enseña que algunos líderes "indoctos e inconstantes" en la iglesia primitiva torcían las enseñanzas de Pablo, "como también las otras Escrituras, para su propia perdición" (2 P. 3:16).

SU MOTIVO

por ganancia deshonesta (1:11*b*)

Quizás con la excepción de unos cuantos fanáticos, los maestros falsos realizan su obra destructiva motivados **por ganancia deshonesta.**

Ganancia deshonesta se refiere ante todo a lucro económico obtenido por medios perversos. Los motivos y objetivos de los líderes impíos están en contraste directo frente a los de aquellos que son piadosos. Mientras que los ancianos piadosos son puros en su vida moral y fieles a sus esposas (v. 6), los líderes impíos son inmorales e infieles. Los atributos pecaminosos de albedrío voluntarioso, carácter irascible, adicción al vino, beligerancia y amor al dinero que *no* deben hallarse en los ancianos (v. 7), son las cosas que los hombres impíos valoran más. Por otro lado, las actitudes justas de dominio propio, hospitalidad y amor de lo bueno, sensato, justo y devoto que *sí* deben encontrarse en líderes piadosos (v. 8), son cosas que los líderes impíos repudian y detestan. La palabra fiel de la doctrina sana que los ancianos piadosos enseñan y defienden es lo que procuran destruir los impíos. Además, una marca que distingue a los falsos maestros es su amor al dinero.

A lo largo de la historia de la iglesia, los predicadores y maestros falsos han utilizado sus posiciones y han concebido sus mensajes para promover su propia **ganancia** económica. Tal hombre impío no solo "delira acerca de cuestiones y contiendas de palabras, de las cuales nacen envidias, pleitos, blasfemias, malas sospechas", sino que también "toma la piedad como fuente de ganancia" (1 Ti. 6:4-5). Lo cierto es que "gran ganancia es la piedad", continúa diciendo Pablo, pero no la clase de **ganancia** que apetecen los maestros falsos, sino aquella que viene "acompañada de contentamiento" (v. 6). Pedro asimismo advierte a todos los pastores: "Apacentad la grey de Dios que está entre vosotros, cuidando de ella, no por fuerza, sino voluntariamente; no por ganancia deshonesta, sino con ánimo pronto" (1 P. 5:2).

SU CARÁCTER

Uno de ellos, su propio profeta, dijo: Los cretenses, siempre mentirosos, malas bestias, glotones ociosos. Este testimonio es verdadero; (1:12-13*a*)

La inmoralidad, codicia y falta absoluta de confiabilidad que caracterizan a los maestros falsos sobre los cuales Pablo hace esta advertencia, también eran propias de los habitantes de la isla en general, como lo testificó **uno de ellos, su propio profeta.** Aunque ese **profeta,** llamado Epiménides, quizás haya exagerado en los términos de su evaluación, su declaración básica era bastante precisa. Se trataba de un intelectual griego del siglo sexto a.C. que gozó de mucho prestigio y en tiempos antiguos fue considerado uno de los siete grandes hombres sabios de Grecia. Siendo oriundo de Creta, conocía bien a la gente y no estaba hablando mal de ellos como si se tratara del enemigo.

La falsedad más famosa de los cretenses, y sin duda también su mayor autoengaño, era la afirmación de que el dios Zeus estaba sepultado en su isla. Incluso a la luz de sus propias creencias paganas, esa aserción era necia porque Zeus era considerado un ser inmortal. La verdad de la afirmación: **Los cretenses, siempre mentirosos** también se ve reflejada en la expresión antigua "cretanizar", que se empleaba como una figura del lenguaje para aludir a la mentira.

Los **cretenses** también tenían la reputación de ser **malas bestias** y **glotones ociosos.** La idea detrás de **malas bestias** es la de comportarse como un animal salvaje, viviendo solo al nivel de los apetitos y pasiones sensuales. Tales personas son maliciosas todo el tiempo y con frecuencia salvajes y rapaces. El significado de **glotones ociosos** es evidente. Los cretenses detestaban trabajar pero les encantaba comer. Eran indulgentes, codiciosos, lujuriosos, sobrealimentados y de seguro tenían un pésimo estado físico. Pablo afirmó que el **testimonio** dado por Epiménides seiscientos años atrás acerca de los cretenses seguía siendo **verdadero.**

REACCIÓN FRENTE A LOS HOMBRES QUE DEBEN SER SILENCIADOS

por tanto, repréndelos duramente, para que sean sanos en la fe, no atendiendo a fábulas judaicas, ni a mandamientos de hombres que se apartan de la verdad. (1:13*b*-14)

Por esa causa, es decir, debido a las razones que acaban de darse, Tito debía confrontar de manera enérgica e inmediata la enseñanza herética y la vida impía de los maestros falsos.

REPRENDERLOS

por tanto, repréndelos duramente, para que sean sanos en la fe, (1:13*b*)

A causa del peligro espiritual extremo que esos hombres representaban si llegaban a infectar a la iglesia con su veneno, Tito debía **reprenderlos duramente.** La expresión **duramente** se traduce de *apotomōs*, un adverbio compuesto que se forma con la preposición *apo* y el verbo *tennō*, que significa "cortar", como con un cuchillo o un hacha. Le reprensión debía cortar con fuerza irresistible y penetrante.

La severidad de esa reprensión tenía el propósito de remediar la situación. Tito no debía condenar a los hombres sino procurar la corrección de su error doctrinal y su pecaminosidad personal, **para que sean sanos en la fe.** Como alguien ha observado: "El cirujano del alma corta solo para lograr una curación". Por lo tanto, al igual que Timoteo, Tito debía acatar la orden: "redarguye, reprende, exhorta con toda paciencia y doctrina" (2 Ti. 4:2). "Porque el siervo del Señor no debe ser contencioso, sino amable para con todos, apto para enseñar, sufrido; que con mansedumbre corrija a los que se oponen, por si quizá Dios les conceda que se arrepientan para conocer la verdad" (2 Ti. 2:24-25).

Pablo mismo tenía una paciencia extraordinaria, como es en particular evidente en su relación con los creyentes inmaduros, inmorales y plagados de confusión espiritual que estaban en la iglesia de Corinto, entre los cuales había ministrado de manera personal durante cerca de año y medio. "Por esto os escribo estando ausente, para no usar de severidad cuando esté presente, conforme a la autoridad que el Señor me ha dado para edificación, y no para destrucción" (2 Co. 13:10). El espíritu de bondad y humildad que caracterizó a Pablo debería caracterizar a todo líder en la iglesia de Cristo, como caracterizó a perfección al Señor mismo en su encarnación. De hecho, todos los creyentes deben tener en ellos mismos "este sentir que hubo también en Cristo Jesús, el cual, siendo en forma de Dios, no estimó el ser igual a Dios como cosa a que aferrarse, sino que se despojó a sí mismo, tomando forma de siervo, hecho semejante a los hombres; y estando en la condición de hombre, se humilló a sí mismo, haciéndose obediente hasta la muerte, y muerte de cruz" (Fil. 2:5-8).

REPUDIARLOS

no atendiendo a fábulas judaicas, ni a mandamientos de hombres que se apartan de la verdad. (1:14)

La expresión **atendiendo** alude a prestar atención o reverenciar, en este caso acatar el error y someterse a él. Esto es algo que se prohíbe a todos los líderes eclesiásticos. Pablo estableció esto con mucha firmeza en 2 Corintios 6:14-18:

> *No os unáis en yugo desigual con los incrédulos; porque ¿qué compañerismo tiene la justicia con la injusticia? ¿Y qué comunión la luz con las tinieblas? ¿Y qué concordia Cristo con Belial? ¿O qué parte el creyente con el incrédulo? ¿Y qué acuerdo hay entre el templo de Dios y los ídolos? Porque vosotros sois el templo del Dios viviente, como Dios dijo: Habitaré y andaré entre ellos, y seré su Dios, y ellos serán mi pueblo. Por lo cual, salid de en medio de ellos, y apartaos, dice el Señor, y no toquéis lo inmundo; y yo os recibiré, y seré para vosotros por Padre, y vosotros me seréis hijos e hijas, dice el Señor Todopoderoso.*

Ese mandato de no asociarse con los incrédulos se da en el contexto de asuntos religiosos y espirituales. Solo cosas malas pueden ganarse mediante la vinculación con aquellos que enseñan o practican cualquier forma de religión falsa, y esto es preciso lo que estaban haciendo los corintios (véase 1 Co. 10:20-21).

En particular para las iglesias en Creta, ese peligro provenía de **fábulas judaicas y mandamientos de hombres que se apartan de la verdad.** El apóstol hizo una advertencia casi idéntica a Timoteo, al decirle que también mandara: "[que] ni presten atención a fábulas y genealogías interminables, que acarrean disputas más bien que edificación de Dios que es por fe" (1 Ti. 1:4; 4:7).

Pablo no identifica las **fábulas judaicas** particulares ni los **mandamientos** hechos por **hombres** que estaban siendo promulgados. Podemos tener una idea de lo que se trataban si recordamos que en el idioma hebreo antiguo no había números como tales, sino que se empleaba un sistema complejo que asignaba un valor numérico a cada letra en el alfabeto y a diversas combinaciones de letras, que hasta el siglo octavo o noveno d.C., no incluía vocales escritas. Por ejemplo, la primera palabra hebrea en Génesis 1:1 (*brshth*, "en el principio"), tenía el valor numérico de 913. *Brm* ("Abram") tenía el valor de 318. Más o menos un siglo después del cautiverio en Babilonia, muchos rabinos empezaron a aplicar al lenguaje hebreo la numerología griega de los gnósticos, que incluía la práctica de asignar significados místicos a los números. Según las reglas de ese esquema en particular (y había muchos), se creía que el secreto en el valor numérico del nombre de Abraham era que este patriarca había tenido 318 sirvientes.

La numerología hebrea no solo se aplicaba a las Escrituras hebreas sino también al Talmud, una colección de interpretaciones rabínicas autorizadas de las Escrituras, en especial de la ley mosaica, que se empezó a desarrollar durante el tiempo de Esdras (aprox. 450 a.C.) y continuó hasta alrededor del año 500 d.C. En tiempos del Nuevo Testamento, muchos rabinos y otros judíos instruidos, en especial aquellos que vivían en áreas donde la filosofía griega seguía siendo dominante (como era el caso en Creta), mezclaban ideas de numerología hebrea y griega, añadiendo también sus propias elucubraciones alegóricas, haciendo más extravagantes que nunca las interpretaciones resultantes.

Durante varios siglos, los rabinos **judíos** habían venido desarrollando muchas leyes tradicionales, identificadas aquí como **mandamientos de hombres.** Es probable que esos **mandamientos** incluyeran e hicieran referencia a ordenanzas y estándares legalistas, la mayoría de los cuales sin duda provenían del Talmud, y que con mucha frecuencia constituían añadiduras ilegítimas que contradecían o anulaban las Escrituras.

Cuando un grupo de fariseos y escribas (intérpretes y maestros de la ley) preguntó a Jesús: "¿Por qué tus discípulos no andan conforme a la tradición de los ancianos, sino que comen pan con manos inmundas? Respondiendo él, les dijo: Hipócritas, bien profetizó de vosotros Isaías, como está escrito: Este pueblo de labios me honra, mas su corazón está lejos de mí. Pues en vano me honran, enseñando como doctrinas mandamientos de hombres. Porque dejando el mandamiento de Dios, os aferráis a la tradición de los hombres: los lavamientos de los jarros y de los vasos de beber; y hacéis otras muchas cosas semejantes. Les decía también: Bien invalidáis el mandamiento de Dios para guardar vuestra tradición" (Mr. 7:5-9; cp. Is. 29:13; Mt. 15:9).

Es probable que Pablo no hiciera mención específica de herejías particulares porque existían en demasiadas variedades. Si le hubiera faltado mencionar cierta herejía, algunos creyentes inmaduros y sin discernimiento podrían haber concluido que por esa razón quedaba excluida de esta advertencia. En lugar de eso el apóstol amonestó que todas las cosas que se enseñaran en el nombre de Cristo debían cotejarse con las Escrituras del Antiguo Testamento y la enseñanza de los apóstoles.

El hecho de que los maestros falsos en las iglesias cretenses fuesen identificados como **hombres que se apartan de la verdad** indica que habían sido expuestos a **la verdad** y la habían reconocido en el pasado, pero después la rechazaron en favor de mitos, preceptos y tradiciones inspirados por Satanás y fabricados por los hombres.

EVALUACIÓN DE LOS HOMBRES QUE DEBEN SER SILENCIADOS

Todas las cosas son puras para los puros, mas para los corrompidos e incrédulos nada les es puro; pues hasta su mente y su conciencia están corrompidas. Profesan conocer a Dios, pero con los hechos lo niegan, siendo abominables y rebeldes, reprobados en cuanto a toda buena obra. (1:15-16)

Pablo presenta por inspiración divina dos evaluaciones de maestros falsos en las iglesias cretenses, evaluaciones que se aplican a maestros falsos en todas las épocas. Primero evalúa sus vidas interiores y muestra que están corrompidos. Luego evalúa sus vidas exteriores y descubre que son hipócritas y libertinos.

SUS VIDAS INTERIORES

Todas las cosas son puras para los puros, mas para los corrompidos e incrédulos nada les es puro; pues hasta su mente y su conciencia están corrompidas. (1:15)

En cierta ocasión, "rogó un fariseo [a Jesús] que comiese con él; y entrando Jesús en la casa, se sentó a la mesa. El fariseo, cuando lo vio, se extrañó de que no se hubiese lavado antes de comer. Pero el Señor le dijo: Ahora bien, vosotros los fariseos limpiáis lo de fuera del vaso y del plato, pero por dentro estáis llenos de rapacidad y de maldad. Necios, ¿el que hizo lo de fuera, no hizo también lo de adentro? Pero dad limosna de lo que tenéis, y entonces todo os será limpio" (Lc. 11:37-41). En otras palabras, cuando una persona es **pura** en corazón y mente, su perspectiva acerca de **todas las cosas** también es pura, y esa pureza interna siempre produce pureza externa.

El legalismo judío, al igual que cualquier otra forma de legalismo, suponía que una persona se puede hacer aceptable a Dios mediante la observancia meticulosa de ciertas ceremonias y tradiciones que eran consideradas buenas y obligatorias, así como ejerciendo la misma meticulosidad en evitar las cosas consideradas como malas. La idea de que por medio de hacer o abstenerse de hacer ciertas cosas una persona es capaz, por su propio poder y mérito, de agradar a Dios y reconciliarse con Él, siempre ha sido la herejía básica de la religión sacramental, sacerdotal o ritualista, sin importar cuál sea su forma: judía, católica, protestante, ortodoxa, islámica u otra. La herejía básica de todo sistema religioso falso es la justicia por obras. Pablo describe a quienes promueven esa herejía fundamental en su carta a la iglesia en Roma, diciendo acerca de los tales: "Porque ignorando la justicia de Dios, y procurando establecer la suya propia, no se han sujetado a la justicia de Dios" (Ro. 10:3).

En cada fase de la historia humana desde la caída, los hombres solo han sido justificados con Dios por medio de la fe salvadora en Él. Por otra parte, aquellos que no son aceptados por Él siguen sin ser salvos a causa de que son **incrédulos.** Cosas tales como encender velas, quemar incienso, hacer genuflexiones, rezar rosarios, repetir oraciones prescritas, orientarse en cierta dirección al orar, tener visiones o experiencias místicas e incluso ser bautizado o participar en la Cena del Señor, carecen en absoluto de poder para salvar. Por el contrario, a no ser que una práctica, incluso una que se realice por mandato bíblico, se haga como el fruto de un corazón que cree, puede convertirse en una barrera colosal para tener acceso a la salvación y bendición de Dios.

En palabras del teólogo escocés del siglo diecinueve Patrick Fairbairn, quienes confían en el sacramentalismo o cualquier otra forma de justicia por obras "tienen una fuente de contaminación que se extiende por todas partes e infecta todo lo que les rodea. Sus alimentos y bebidas, sus posesiones, sus trabajos, sus comodidades, sus acciones; todo lo suyo a la vista de Dios está manchado con impureza porque están dejando fuera de sus vidas lo único que posee eficacia para la limpieza y la regeneración de sus almas" (citado en D. Edmond Hiebert, *Tito y Filemón*, Everyman's Bible Commentary [Chicago: Moody, 1957], pp. 44, 45).

Para los corrompidos e incrédulos, dice Pablo, **nada les es puro,** ni puede ser puro para ellos porque **hasta su mente y su conciencia están corrompidas.** Todas sus perspectivas y acciones están contaminadas con su corrupción interna.

"No lo que entra en la boca contamina al hombre", dijo Jesús; "mas lo que sale de la boca, esto contamina al hombre" (Mt. 15:11). Cuando Pedro pidió al Señor que explicara qué había querido dar a entender, su respuesta fue: "¿También vosotros sois aún sin entendimiento? ¿No entendéis que todo lo que entra en la boca va al vientre, y es echado en la letrina? Pero lo que sale de la boca, del corazón sale; y esto contamina al hombre. Porque del corazón salen los malos pensamientos, los homicidios, los adulterios, las fornicaciones, los hurtos, los falsos testimonios, las blasfemias. Estas cosas son las que contaminan al hombre; pero el comer con las manos sin lavar no contamina al hombre" (vv. 15-20). Una persona se contamina y corrompe en lo espiritual por el pecado en su corazón y mente, no por cosas materiales que manipula o ingiere.

No fue sino hasta varios años después de Pentecostés que Pedro llegó a entender esa verdad a plenitud. Después de su visión reiterada en tres ocasiones del lienzo que descendía del cielo lleno de animales impuros según la ley judía con el mandato celestial: "Levántate, Pedro, mata y come", el apóstol "Pedro estaba perplejo dentro de sí sobre lo que significaría la visión que había visto" (Hch. 10:10-17). Solo después que hubo obedecido el mandato del Espíritu de testificar a Cornelio, un gentil y centurión romano, y tras observar la salvación de aquel hombre y los de su casa así como el hecho de que todos fueron llenos del Espíritu Santo (vv. 20-48), fue que al fin pudo comprender que los gentiles no tenían una impureza ceremonial intrínseca y que el evangelio se ofrecía a ellos de manera gratuita, igual que a los judíos. "Si Dios, pues, les concedió también el mismo don que a nosotros que hemos creído en el Señor Jesucristo", testificó más adelante, "¿quién era yo que pudiese estorbar a Dios?" (11:17).

"Pues si habéis muerto con Cristo en cuanto a los rudimentos del mundo", preguntó Pablo a los creyentes en Colosas, "¿por qué, como si vivieseis en el mundo, os sometéis a preceptos tales como: No manejes, ni gustes, ni aun toques (en conformidad a mandamientos y doctrinas de hombres), cosas que todas se destruyen con el uso? Tales cosas tienen a la verdad cierta reputación de sabiduría en culto voluntario, en humildad y en duro trato del cuerpo; pero no tienen valor alguno contra los apetitos de la carne" (Col. 2:20-23). "Porque todo lo que Dios creó es bueno, y nada es de desecharse, si se toma con acción de gracias; porque por la palabra de Dios y por la oración es santificado" (1 Ti. 4:4-5).

SUS VIDAS EXTERIORES

Profesan conocer a Dios, pero con los hechos lo niegan, siendo abominables y rebeldes, reprobados en cuanto a toda buena obra. (1:16)

Por supuesto, solo Dios puede evaluar el corazón de una persona, pero por la manera como viven, los incrédulos por lo general ponen de manifiesto su incredulidad. Con sus palabras, **profesan conocer a Dios, pero con los hechos lo niegan.**

Las personas que confían en su justicia por obras también tienden a tener cierto aire de superioridad, al creer como los antiguos gnósticos griegos, que "se las saben todas" en cuestiones religiosas y que viven en un nivel por encima del resto de las otras personas. No solo **profesan conocer a Dios** sino conocerle mejor que los demás. Sin embargo, la verdad es que no le conocen en absoluto, y mucho menos tienen una relación salvadora con Él. **Con los hechos lo niegan,** y a causa de su incredulidad (v. 15), Él les niega a ellos (cp. Mt. 10:33). Se aferran a una "apariencia de piedad, pero [niegan] la eficacia de ella" (2 Ti. 3:56). Eso es lo que Jesús enseñó al decir acerca de los falsos maestros: "por sus frutos los conoceréis" (Mt. 7:16).

Los maestros falsos y justos en su propia opinión no solo son orgullosos y se sienten superiores a los demás, sino que son por completo **abominables y rebeldes, reprobados en cuanto a toda buena obra.** La forma sustantiva del adjetivo *bdeluktos* (**abominables**) fue empleada por Jesús para describir al anticristo, "la abominación desoladora de que habló el profeta Daniel" que va a estar en el templo (Mt. 24:15). Juan declara: "No entrará en ella ninguna cosa inmunda, o que hace abominación [*bdelugma*] y mentira, sino solamente los que están inscritos en el libro de la vida del Cordero" (Ap. 21:27). Los maestros falsos y **abominables** no tendrán lugar en el cielo.

Las vidas **rebeldes** ponen en evidencia una fe en Dios que solo es de profesión. Los impíos continúan su recorrido "siguiendo la corriente de este mundo, conforme al príncipe de la potestad del aire, el espíritu que ahora opera en los hijos de desobediencia" (Ef. 2:2). Debido a que tratan de "engañar [al pueblo de Dios] con palabras vanas,... viene la ira de Dios sobre los hijos de desobediencia" (Ef. 5:6; cp. Col. 3:6). Además, como Jeremías había proclamado muchos siglos atrás, "ningún provecho hicieron a este pueblo" (Jer. 23:32). Son **reprobados en cuanto a toda buena obra.** El término para **reprobados** es *adokimos*, que significa "descalificado o rechazado" (cp. 2 Ti. 3:8).

El carácter de una iglesia saludable – parte 1

5

Pero tú habla lo que está de acuerdo con la sana doctrina. Que los ancianos sean sobrios, serios, prudentes, sanos en la fe, en el amor, en la paciencia. Las ancianas asimismo sean reverentes en su porte; no calumniadoras, no esclavas del vino, maestras del bien; que enseñen a las mujeres jóvenes a amar a sus maridos y a sus hijos, a ser prudentes, castas, cuidadosas de su casa, buenas, sujetas a sus maridos, para que la palabra de Dios no sea blasfemada. Exhorta asimismo a los jóvenes a que sean prudentes; presentándote tú en todo como ejemplo de buenas obras; en la enseñanza mostrando integridad, seriedad, palabra sana e irreprochable, de modo que el adversario se avergüence, y no tenga nada malo que decir de vosotros. Exhorta a los siervos a que se sujeten a sus amos, que agraden en todo, que no sean respondones; no defraudando, sino mostrándose fieles en todo, para que en todo adornen la doctrina de Dios nuestro Salvador. (2:1-10)

En el capítulo 2, el tema pasa de los pastores a las congregaciones, de los líderes a los laicos. Todo el capítulo trata acerca del efecto evangelístico que tiene una congregación saludable e imparte instrucción directa y práctica acerca de la manera como los creyentes deben vivir con el propósito de mostrar a los pecadores el poder y el gozo de la salvación.

Pero tú indica una transición que destaca el contraste entre Tito y los maestros falsos en las iglesias, quienes a pesar de que profesaban conocer a Dios, le negaban con su vida inicua y eran por lo tanto “abominables y rebeldes, reprobados en cuanto a toda buena obra” (Tit. 1:16). Aquellos hombres habían sido sometidos a prueba y se había demostrado que eran contraproducentes y hasta peligrosos. Por lo tanto, Tito fue comisionado por Pablo para oponerse a sus enseñanzas falsas y a su falsa manera de vivir, así como a **hablar lo que está de acuerdo con**

la sana doctrina, a fin de fortalecer el testimonio de las iglesias a favor del evangelio de salvación.

Habla es la traducción del imperativo presente *laleō*, que se refiere a conversación corriente. El tiempo presente transmite la idea de continuidad y persistencia, y el imperativo convierte el verbo en un mandato. Tito, al igual que los ancianos designados por él (1:5), tenía que cumplir el mandato de **hablar** acerca de la vida recta así como de la **doctrina** correcta. No debían desviarse, capitular ni dejarse intimidar, sino ser agresivos en su enseñanza de la **sana doctrina** y el estilo de vida piadoso correspondiente, como también lo estaban haciendo los maestros falsos en las iglesias cretenses con su doctrina falsa y el estilo de vida impío correspondiente. Debían impartir instrucción pastoral con regularidad y esmero acerca de la vida cristiana práctica y las actitudes y acciones piadosas que vienen como resultado de creer y obedecer la verdad divina. Debían llevar vidas que reflejaran de manera apropiada su salvación del pecado y fuesen una afirmación honrosa y digna del poder transformador de su Salvador.

Casi un año más tarde, el apóstol amonestaría a Timoteo: "que prediques la palabra; que instes a tiempo y fuera de tiempo; redarguye, reprende, exhorta con toda paciencia y doctrina. Porque vendrá tiempo", continuó, "cuando no sufrirán la sana doctrina, sino que teniendo comezón de oír, se amontonarán maestros conforme a sus propias concupiscencias, y apartarán de la verdad el oído y se volverán a las fábulas" (2 Ti. 4:2-4). Las iglesias y sus líderes en Creta enfrentaban el mismo problema que los creyentes en Éfeso tendrían que enfrentar.

Es importante advertir que el apóstol no se está enfocando aquí en la enseñanza y predicación de **la sana doctrina** como tal, lo cual hace en 1:9. Más bien se está enfocando en un tipo de instrucción práctica acerca de todo **lo que está de acuerdo**, es decir, todo lo que se basa en y es atinente a **la sana doctrina** que ya ha sido enseñada. *Prepō* (**de acuerdo**) tiene el significado básico de "ser notorio o patente", y llegó a utilizarse para aludir a una característica distintiva. También se empleaba para describir todo lo que fuese apropiado, conforme, aprobado y **de acuerdo** con lo establecido. La verdad requiere ciertas conductas que la reflejan y le son propias, conformes a ella. "Pero fornicación y toda inmundicia, o avaricia, ni aun se nombre entre vosotros", amonestó Pablo a los creyentes en Éfeso, "como conviene [*prepō*] a santos" (Ef. 5:3).

La palabra **sana** es la traducción de una forma en participio del verbo *hugiainō*, que tiene el significado básico de "ser vital y saludable", y es el término del cual derivamos la palabra "higiene". Pablo emplea alguna forma de esta palabra en nueve ocasiones en las epístolas pastorales, y cinco de ellas en Tito, siempre con relación a la rectitud personal y el bienestar espiritual. De forma repetida recalca que la sana doctrina (1 Ti. 1:10; 2 Ti. 4:3; Tit. 1:9; 2:1) deriva frutos de fe sana y sano hablar (1 Ti. 6:3; 2 Ti. 1:13; Tit. 1:13; 2:2, 8). La doctrina saludable produce una vida espiritual saludable.

La Biblia nunca establece un divorcio entre doctrina y deber, entre verdad y conducta. Tras presentar once capítulos de doctrina básica del Nuevo Testamento, Pablo en seguida dijo a los creyentes en Roma: "Así que, hermanos, os ruego por las misericordias de Dios, que presentéis vuestros cuerpos en sacrificio vivo, santo, agradable a Dios, que es vuestro culto racional. No os conforméis a este siglo, sino transformaos por medio de la renovación de vuestro entendimiento, para que comprobéis cuál sea la buena voluntad de Dios, agradable y perfecta" (Ro. 12:1-2). Siguió el mismo patrón en sus cartas a los creyentes en Éfeso (véase Ef. 4:1), Filipos (véase Fil. 4:8-9) y Colosas (véase Col. 3:2-10). Citando Levítico 11:44, Pedro dijo: "porque escrito está: Sed santos, porque yo soy santo" (1 P. 1:16). A quienes profesan el nombre de Dios siempre se les ha mandado llevar vidas piadosas.

Lo que es cierto de creyentes individuales, por supuesto que también es cierto de la iglesia como un cuerpo. Una iglesia que está fundamentada en la verdad espiritual y protegida de falsedad espiritual debe ser saludable en su vida espiritual y productiva a través de la manera como viven sus miembros. El fruto de la doctrina correcta es una vida recta.

Los pastores deben concentrarse en la profundidad espiritual de sus congregaciones y permitir que Dios se encargue de la amplitud. "Yo planté, Apolos regó", dijo Pablo; "pero el crecimiento lo ha dado Dios" (1 Co. 3:6). "Y el que da semilla al que siembra, y pan al que come, proveerá y multiplicará vuestra sementera, y aumentará los frutos de vuestra justicia" (2 Co. 9:10; cp. Col. 2:19).

En Tito 2:2-10, el Espíritu Santo prescribe una serie de requisitos obligatorios que a los miembros de una iglesia saludable les resultan necesarios para tener algún efecto evangelístico. En 2:11-14, la razón para tal vida en santidad se declara con magnificencia como una parte integral del plan de redención de Dios. La admonición del versículo 1 se repite y refuerza más adelante en el versículo 15: "Esto habla, y exhorta y reprende con toda autoridad. Nadie te menosprecie" (Tit. 2:15).

Las ordenanzas en los versículos 2-10 son fuertes, directas y específicas. Puesto que son tan contrarias a la naturaleza humana orgullosa y voluntariosa, con frecuencia han sido controvertidas e impopulares, aun en la iglesia. En ningún tiempo han sido más impopulares y controvertidas como en muchas iglesias en la actualidad, donde la opinión personal y los estándares culturales toman precedencia sobre la verdad de Dios, y donde la realización individual es más importante que la vida en santidad.

Los patrones de vida santa que generan un testimonio efectivo son presentados aquí como las marcas distintivas de los grupos de cristianos incluidos en estos versículos: hombres de edad (v. 2), mujeres de edad (vv. 3-4*a*), mujeres jóvenes (4*b*-5), hombres jóvenes (vv. 6-8), y siervos o empleados (vv. 9-10).

HOMBRES DE EDAD

Que los ancianos sean sobrios, serios, prudentes, sanos en la fe, en el amor, en la paciencia. (2:2)

La ancianidad se asocia muchas veces con cosas tales como madurez, sabiduría y paciencia. Lo ideal es que "en los ancianos está la ciencia, y en la larga edad la inteligencia" (Job 12:12). Sin embargo, ese no es siempre el caso. Algunas cosas típicas que vienen con el aumento de la edad son energía disminuida, visión y audición mermadas, más achaques y dolores, y con frecuencia más depresión, desesperanza y cinismo. En el último capítulo de Eclesiastés el escritor nos dice: "Acuérdate de tu Creador en los días de tu juventud, antes que vengan los días malos, y lleguen los años de los cuales digas: No tengo en ellos contentamiento; antes que se oscurezca el sol, y la luz, y la luna y las estrellas, y vuelvan las nubes tras la lluvia; cuando temblarán los guardas de la casa, y se encorvarán los hombres fuertes" (Ec. 12:1-3).

Al ir envejeciendo, el cambio se puede volver más difícil de aceptar para nosotros. La vida puede volverse menos satisfactoria y más un motivo para desilusionarse. Es fácil convertirse en una criatura de hábitos, y cuanto más tiempo se practica un hábito, se arraiga con mayor profundidad y empecinamiento. Hay pecados constantes que se pueden convertir en parte integral de la vida diaria a tal punto que dejan de ser reconocidos en absoluto como pecado.

No obstante, para el cristiano la ancianidad debería venir acompañada por un amor más grande a Dios, al pueblo de Dios y a las cosas sagradas de Dios. Quienes han andado con Cristo durante muchos años deberían regocijarse en ese privilegio y en la certeza de por fin verle un día cara a cara. Una iglesia debería valorar y honrar a aquellos que han pasado muchos años en comunión con el Señor, en el estudio de su Palabra y en servicio a su iglesia y por medio de ella. Una iglesia es bendecida cuando tiene creyentes que pueden decir junto a Pablo: "He peleado la buena batalla, he acabado la carrera, he guardado la fe" (2 Ti. 4:7), y que pueden orar: "Oh Dios, me enseñaste desde mi juventud, y hasta ahora he manifestado tus maravillas" (Sal. 71:17).

Moisés tenía 80 años cuando Dios le llamó a dirigir al pueblo de Israel en su salida de Egipto tras cientos de años de esclavitud, hacia la tierra de la promesa. Ni su escasa facilidad de palabra (Éx. 4:10-12) ni su edad le fueron excusa para no hacer la obra del Señor.

A los 83 años y después de haber viajado unos trescientos mil kilómetros a lomo de caballo, predicado más de cuarenta mil sermones y producido unos doscientos libros y panfletos, Juan Wesley se lamentaba que no podía leer y escribir durante más de quince horas al día sin que sus ojos se cansaran demasiado para trabajar. Después de celebrar su cumpleaños número ochenta y seis, ¡admitió tener una tendencia creciente a quedarse en cama hasta las cinco y media de la mañana!

Los santos piadosos de mayor edad que traen fortaleza, estabilidad y sabiduría a una iglesia deberían ser atesorados. El Señor dijo al Israel antiguo: "Delante de las canas te levantarás, y honrarás el rostro del anciano, y de tu Dios tendrás temor" (Lv. 19:32; cp. Pr. 16:31). A los piadosos se asegura que "aun en la vejez fructificarán; estarán vigorosos y verdes" (Sal. 92:14) y que "la senda de los justos es como la luz de la aurora, que va en aumento hasta que el día es perfecto" (Pr. 4:18).

Sin embargo, la ancianidad en sí misma no hace más piadoso a un creyente, ni tampoco más fiel, más satisfecho o más eficaz en el servicio a Dios. Como lo indican las prescripciones de Pablo en este versículo, aun **los ancianos** necesitan en ocasiones ser amonestados para dar ejemplo de ciertas virtudes básicas.

Tanto el Antiguo como el Nuevo Testamento enseñan que **los ancianos** y las mujeres, sean creyentes o no, han de ser tratados con respeto y consideración especiales por todos los menores que ellos. Ese principio se aplicaba con vigor particular al trato de los hijos hacia sus padres. Como Pablo señaló a los creyentes en Éfeso, el precepto: "Honra a tu padre y a tu madre,... es el primer mandamiento con promesa" (Ef. 6:2; cp. Éx. 20:12). bajo el antiguo pacto, golpear a un padre era una ofensa que se castigaba con la muerte (Éx. 21:15).

Por supuesto, esto no significa que sea imposible impartir corrección a las personas ancianas. Sin embargo, cuando una persona de edad comete una ofensa, debe recibir su reconvención con respecto y cuidado. "No reprendas al anciano, sino exhórtale como a padre" (1 Ti. 5:1).

Los ancianos es la traducción del término griego *presbutēs*, que Pablo empleó con relación a sí mismo en Filemón 9 cuando iba por los sesenta años de edad. La única otra ocasión en la que se emplea en el Nuevo Testamento es con relación a Zacarías, el padre de Juan el Bautista, quien cuestionó al ángel sobre el hecho de que iba a convertirse en padre al decir: "¿En qué conoceré esto? Porque yo soy viejo, y mi mujer es de edad avanzada" (Lc. 1:18). Es obvio que Zacarías pensó que tanto él como su esposa ya habían pasado la edad normal para tener hijos. En la literatura griega de la antigüedad la palabra se aplicaba con frecuencia a los hombres desde sus cincuenta años de edad.

Pablo no utiliza la palabra "exhortar" en su ordenanza a **los ancianos,** las ancianas o las mujeres jóvenes como lo hace con relación a los jóvenes y los siervos (vv. 6, 9). Sin embargo, el uso de "asimismo" en el versículo 6 es una indicación clara de que el apóstol esperaba que Tito también exhortara de forma personal a los creyentes de los primeros tres grupos.

Todos **los ancianos** deben llevar vidas santas y ejemplares ante el Señor, ante la iglesia y ante el mundo. Deben abandonar la ligereza, la impetuosidad, la irresponsabilidad y la inestabilidad que son características de la juventud.

En primer lugar es necesario que **sean sobrios.** El adjetivo *nēphalios* (**sobrios**) tiene en su raíz la idea de estar libre de intoxicación. En el Nuevo Testamento se emplea en sentido metafórico para aludir a una persona moderada (véase también 1 Ti. 3:2, 11). Una persona **sobria** evita la extravagancia y la indulgencia en exceso. Pablo y Pedro emplearon expresiones relacionadas al amonestar a los creyentes a velar con la temperancia debida y a ser siempre sobrios (1 Co. 15:34; cp. 1 P. 1:13; 4:7).

Los ancianos que son **sobrios** están en la capacidad de discernir con mayor claridad cuáles cosas son de mayor importancia y valor. Utilizan su tiempo, su dinero y sus energías con mayor mesura y selectividad que cuando eran más jóvenes y menos maduros. Sus prioridades están en el orden correcto, y se sienten satisfechos con cosas más simples y en menor cantidad.

En segundo lugar, **los ancianos** deben ser **serios.** La palabra griega *semnos* (**serios**) aludía a un concepto original de reverencia y veneración, pero llegó a aplicarse en general a una persona o cosa que es honorable, decente y digna. La palabra no tiene un matiz de altivez o superioridad frívola, sino de virtud, discreción y seriedad en el mejor sentido de la palabra. La persona seria nunca es veleidosa, trivial ni superficial. Nunca se ríe ante la inmoralidad, la vulgaridad o cualquier cosa pecaminosa e impía. Tampoco se ríe de lo que es trágico ni a costa de otros.

Los creyentes de más edad han vivido lo suficiente para ver a muchas personas, incluidos buenos amigos y familiares cercanos, experimentar adversidades serias, sufrir gran dolor y quizás morir a una edad temprana. Es posible que hayan visto a un cónyuge o un hijo sufrir de leucemia o alguna otra forma de cáncer o enfermedad debilitante. Han aprendido el valor del tiempo y las oportunidades en la vida. Aceptan y comprenden mejor su propia mortalidad, las imperfecciones de este mundo presente y la incapacidad de las cosas materiales para suministrar satisfacción duradera y profunda. Han visto ideas utópicas fracasar y han aprendido cuán perecederas y decepcionantes pueden ser las experiencias emocionales eufóricas, incluso aquellas o quizás en especial aquellas que muchos consideran como pertenecientes a un orden espiritual más alto.

En tercer lugar, **los ancianos** deben ser **prudentes.** Deben tener el discernimiento, la discreción y el buen juicio que se derivan de haber caminado con Dios durante muchos años. Controlan sus pasiones físicas, rechazan estándares mundanos y resisten las atracciones del mundo. Como Pablo, por la gracia de Dios cada uno de ellos "piensa de sí con cordura" (Ro. 12:3).

En cuarto lugar, **los ancianos** deben caracterizarse por tres atributos positivos. Deben ser **sanos en la fe, en el amor, [y] en la paciencia.**

Sanos se deriva del mismo verbo utilizado en el versículo anterior con relación a la doctrina (*hugiainō*). Se refiere a aquello que es saludable, apropiado y sano, aquello que es como debería ser.

Primero que todo, **los ancianos** que han pasado cincuenta, sesenta, setenta o más años en esta vida, deben ser **sanos en la fe,** gracias a que han aprendido que Dios es digno de plena confianza en todos los asuntos de la vida. No ponen en duda su sabiduría, su poder ni su amor, y no pierden la confianza en su bondad y gracia, ni cuestionan la confiabilidad de su plan divino y su sabiduría divina. No dudan de la verdad o la suficiencia de su Palabra ni fluctúan en su esperanza establecida con seguridad divina, de que su plan soberano se cumplirá a perfección.

En segundo lugar, **los ancianos** deben ser **sanos... en el amor** hacia Dios, hacia su pueblo y hacia aquellos que aún no le conocen. El **amor** de ellos se manifiesta en que soportan las cargas los unos de los otros cumpliendo así la ley de Cristo (Gá. 6:2). Han aprendido a amar cuando su amor no es merecido y a continuar amando cuando es rechazado e incluso cuando sufren a causa de ese **amor.** Perdonan por amor y sirven por amor.

En su primera carta a los creyentes en la iglesia de Corinto, Pablo explicó lo que es y no es el amor piadoso, así como lo que hace y lo que no hace: "el amor es sufrido, es benigno; el amor no tiene envidia, el amor no es jactancioso, no se envanece; no hace nada indebido, no busca lo suyo, no se irrita, no guarda rencor; no se goza de la injusticia, mas se goza de la verdad. Todo lo sufre, todo lo cree, todo lo espera, todo lo soporta" (1 Co. 13:4-7).

El anciano piadoso cree y practica este mandato verdadero: "Amados, amémonos unos a otros; porque el amor es de Dios. Todo aquel que ama, es nacido de Dios, y conoce a Dios" (1 Jn. 4:7; cp. v. 11). Sabe que "el que no ama, no ha conocido a Dios; porque Dios es amor" (v. 8) y que ha "pasado de muerte a vida [porque ama] a los hermanos" (3:14). Ha "conocido y creído el amor que Dios tiene para con nosotros", y también que "Dios es amor; y el que permanece en amor, permanece en Dios, y Dios en él" (4:16). No tiene miedo alguno porque "en el amor no hay temor, sino que el perfecto amor echa fuera el temor" (v. 18). Sabe que es capaz de amar porque el Señor "nos amó primero" (v. 19) y que la marca de nuestro amor por Dios es que guardamos "sus mandamientos", los cuales "no son gravosos" (5:3).

En tercer lugar, **los ancianos** deben ser **sanos... en la paciencia.** Deben exhibir la capacidad de soportar penalidades, aceptar la desilusión y el fracaso, y estar satisfechos a pesar del malogro de sus deseos y planes personales. Han aprendido a vivir con gratitud en medio de dificultades tales como debilidad física, soledad, y el hecho de no ser bien entendidos ni apreciados. No se descorazonan cuando las cosas no salen como lo habían esperado, ya que tienen la plena confianza de que "a los que aman a Dios, todas las cosas les ayudan a bien, esto es, a los que conforme a su propósito son llamados" (Ro. 8:28).

MUJERES DE EDAD

Las ancianas asimismo sean reverentes en su porte; no calumniadoras, no esclavas del vino, maestras del bien; que enseñen a las mujeres jóvenes (2:3-4*a*)

Al igual que los hombres de edad, **las ancianas** en la iglesia deben recibir respeto y deferencia especiales a causa de su edad. Como se indicó antes, "el primer mandamiento con promesa" requiere honrar tanto a madre como a padre

(Ef. 6:2; cp. Éx. 20:12), y el castigo bajo el antiguo pacto por golpear a cualquiera de los padres era la muerte (Éx. 21:15). Incluso cuando una mujer de edad hace algo bastante erróneo, debería ser amonestada con amor como una madre (1 Ti. 5:2).

En el pasaje que se acabó de citar, Pablo no menciona circunstancias condicionales al respecto, puesto que se aplica incluso a una persona de edad que sea inmadura e inconsiderada. Cuando el apóstol mismo consideró necesario reprobar en público a Evodia y Síntique, les urgió de manera amable y benévola: "que sean de un mismo sentir en el Señor", también rogó a un "compañero fiel" no nombrado, "que ayudes a éstas que combatieron juntamente conmigo en el evangelio" (Fil. 4:2-3).

Pablo no especifica la edad que una mujer debería tener para ser clasificada como **anciana,** pero la capacidad de tener hijos cesa alrededor de los 40 a 45 años de edad, y la crianza correspondiente finaliza alrededor de los 60 a 65 años. Por lo tanto, parece razonable considerar que **las ancianas** son mujeres de al menos sesenta años de edad. Esa es la edad que Pablo menciona en su primera carta a Timoteo con relación a las viudas que calificaban para ser colocadas en la lista para distribución de ayudas económicas de la iglesia (1 Ti. 5:9).

Estas **ancianas** son un recurso espiritual valioso en la iglesia y merecen estima y consideración en especial. Por esa razón Pablo declaró que una viuda cristiana de más de sesenta años que no contaba con una familia que la apoyase y quien "espera en Dios, y es diligente en súplicas y oraciones noche y día", aquella que fue una esposa y madre fiel y piadosa y quien "practicado la hospitalidad... ha lavado los pies de los santos... ha socorrido a los afligidos... ha practicado toda buena obra", no solo debería ser honrada por la iglesia sino también recibir todo su sustento de la iglesia (1 Ti. 5:3-10).

En tiempos del Nuevo Testamento, **las ancianas** servían a la iglesia de diferentes maneras. Como Pablo menciona más adelante en el pasaje presente, una función clave de las mujeres de edad consistía en enseñar y animar a las mujeres más jóvenes en las cosas del Señor. También se ministraban unas a otras y a mujeres en la iglesia de todas las edades, fuesen solteras, casadas o viudas. Visitaban a los enfermos y a los que estaban en prisión. Suministraban hospitalidad a cristianos itinerantes, en especial aquellos que ejercían alguna forma de ministerio.

En pueblos que se caracterizaban por un paganismo fuerte, las mujeres cristianas salían por las calles y plazas de mercado buscando a recién nacidos que no eran deseados por sus progenitores y eran abandonados por ellos. Puesto que el aborto era peligroso y exorbitante en la época, y no existían dispositivos para el control de la natalidad, un bebé no deseado se dejaba morir por abandono al nacer. Algunos bebés de sexo masculino eran criados para convertirlos en esclavos o gladiadores, y algunas mujeres eran preparadas para ejercer la prostitución. Las mujeres cristianas que rescataban a estos infantes se encargaban de cuidarlos y entregarlos a familias de la iglesia para su adopción.

Pablo afirma varias cualidades que deberían caracterizar a **las ancianas.** En primer lugar, es necesario que **sean reverentes en su porte.** La expresión **reverentes en su porte** es la traducción de la palabra griega *hieroprepēs*, que solo se emplea aquí en el Nuevo Testamento. La palabra tiene en su raíz el significado de poseer cualidades sacerdotales, y servía para hacer referencia a todo lo que es apropiado para la santidad. **Las ancianas** deben ser ejemplos piadosos de santidad.

Ana ilustra esa clase de virtud. Tras haber sido "viuda hacía ochenta y cuatro años... no se apartaba del templo, sirviendo de noche y de día con ayunos y oraciones" (Lc. 2:37). Puesto que había vivido con tal fidelidad en el Señor, el Espíritu Santo la capacitó para reconocer de inmediato al niño Jesús cuando José y María le trajeron al templo. En el momento en el que le vio, "presentándose en la misma hora, daba gracias a Dios, y hablaba del niño a todos los que esperaban la redención en Jerusalén" (v. 28).

Las mujeres que son **reverentes en su porte** "se atavían de ropa decorosa, con pudor y modestia; no con peinado ostentoso, ni oro, ni perlas, ni vestidos costosos, sino con buenas obras, como corresponde a mujeres que profesan piedad" (1 Ti. 2:9-11). Son mujeres que, al haber engendrado y levantado toda una generación de hombres y mujeres piadosos, han removido el estigma del pecado de Adán y han vivido "en fe, amor y santificación, con modestia" (v. 15).

En segundo lugar, **las ancianas** deben ser **no calumniadoras.** Se niegan a escuchar y mucho menos propagar, chismes y palabras calumniadoras o degradantes acerca de otros. Así como los hombres están más inclinados a abusar de otros físicamente, las mujeres están más inclinadas a abusar de los demás verbalmente, lo cual puede incluso ser más destructivo.

Pablo no solo se está refiriendo a charlas ociosas y desfavorables acerca de una persona, por malo que sea tal hábito. La palabra que se traduce **calumniadoras** es *diabolos* en griego, que significa "calumniador o acusador falso", y de hecho se utiliza en treinta y cuatro ocasiones en el Nuevo Testamento como un título de Satanás, a quien Jesús describe como el "padre de mentira" (Jn. 8:44).

En tercer lugar, **las ancianas** deben ser **no esclavas del vino,** una frase fuerte que se refiere a la embriaguez habitual. Como muchas personas de edad lo han hecho a lo largo de la historia, los ancianos en Creta recurrían con frecuencia a la bebida como un estimulante y un medio para mitigar los dolores, frustraciones y la soledad de la senectud. El significado literal de *douloō* es **esclavas,** "ser retenido y controlado contra la voluntad propia", y la adicción al **vino** se vuelve más una prisión que un medio de escape. Peor todavía, un creyente anciano que adquiere una adicción a tal extremo trae descrédito al nombre del Señor, estropea la reputación de la iglesia y casi siempre conduce a otros a seguir su ejemplo de impiedad.

En cuarto lugar, y en un sentido positivo, **las ancianas** deben llegar a ser conocidas como **maestras del bien.** *Kalodidaskalos* (**maestras del bien**) se refiere a una persona que imparte instrucción en aquello que es noble, excelente y elevado. En este contexto incluye la enseñanza de todo lo atinente a la santidad y la piedad. Tras haber enseñado bien a sus propios hijos, las mujeres de edad ahora tienen la responsabilidad de ser **maestras del bien que enseñen a las mujeres jóvenes** que están en la iglesia, así como animarles a ser también esposas y madres rectas y piadosas (vv. 4-5).

Que enseñen a las mujeres jóvenes es el primero de cuatro cláusulas de propósito (*hina*) en este pasaje (véase también vv. 5, 8, 10). Las mujeres de edad deben enseñar y ser modelos de vida piadosa con el fin de animar **a las mujeres jóvenes** de la iglesia en las formas particulares que Pablo menciona aquí. *Sōphronizō* (**enseñar**) tiene el significado literal de "hacer que alguien tenga mente sana y autocontrol". Tiene una relación estrecha con las palabras que se traducen "sobrio" en 1:8 y 2:5, y "sobria[mente]" en 2:12. Un pronombre relacionado en 1 Timoteo 2:15, también aplicado a mujeres cristianas, se traduce "con modestia". El verbo subjuntivo en el texto presente se refiere a ayudar a otros a cultivar el buen juicio, la prudencia y la sensatez. Por lo tanto es otra forma de enseñanza, que cuando es aceptada y acatada, logra el objetivo de animar a quienes son enseñados, en este caso, **las mujeres jóvenes.**

Aunque las mujeres tienen vetado enseñar o tener autoridad sobre los hombres (1 Ti. 2:12), sí tienen la responsabilidad dada por Dios de enseñar tanto formal como informalmente a los niños, en especial sus propios hijos, así como a las mujeres jóvenes en la iglesia. Cuando las mujeres cristianas no se aseguran de inculcar las cosas de Dios en la generación más joven, la iglesia sufre como un todo y se ve abocada a una situación deplorable.

MUJERES JÓVENES

[que enseñen a las mujeres jóvenes] a amar a sus maridos y a sus hijos, a ser prudentes, castas, cuidadosas de su casa, buenas, sujetas a sus maridos, para que la palabra de Dios no sea blasfemada. (2:4*b*-5)

Aunque Pablo emplea la expresión **mujeres jóvenes,** es claro a partir del contexto que solo está hablando aquí a esposas, a **mujeres jóvenes** que están casadas. No es el plan de Dios que todos los hombres o mujeres se casen. A algunos creyentes Él da el don de vivir en soltería (cp. 1 Co. 7:8-9, 17). Por otro lado, el apóstol habla aquí en primer lugar a *todas* las **mujeres jóvenes** que están casadas (v. 4*b*), luego a las que tienen hijos propios o adoptados (v. 4*c*), y de nuevo a todas las esposas jóvenes (v. 5).

Como ya se indicó, en este pasaje Pablo se dirige a dos categorías amplias de tanto hombres como mujeres. Como las ancianas incluían a mujeres de sesenta años de edad o más, **las mujeres jóvenes** incluyen a todas las que estén en edad de matrimonio hasta cerca de los sesenta años.

Ningún estándar bíblico es objeto de ataques más exacerbados hoy día que el papel ordenado por Dios para las mujeres en la sociedad. Ningún otro pasaje es ridiculizado o reinterpretado más que estos dos versículos por parte de los agresores que también lanzan sus ataques desde el interior de la iglesia.

Como sucede con muchas influencias mundanas, el movimiento feminista ha entrado con bastante fuerza en la iglesia, incluida la iglesia evangélica. En el nombre de los derechos de las mujeres, la Palabra de Dios se convierte en objeto de deshonra al ser calificada como sexista, chauvinista y como una fuente de limitaciones injustificadas a la libertad humana. Algunos feministas sostienen que los estándares delineados en estos y otros pasajes similares estaban orientados hacia la cultura prevaleciente en tiempos del Nuevo Testamento o que no eran más que las creencias personales de Pablo sobre el tema. En cualquier caso, se consideran irrelevantes y de cumplimiento optativo para los cristianos en la actualidad.

Las instituciones del matrimonio y la familia que han sido ordenadas por Dios y constituyen el fundamento básico de una sociedad saludable, son atacadas como anticuadas e inconvenientes, o en el mejor de los casos como innecesarias. Lo trágico es que muchos cristianos inadvertidos que han recibido una enseñanza deficiente son seducidos por la retórica feminista para creer que los papeles tradicionales de las mujeres en la familia, en la sociedad y en la iglesia, son vetustos y opresivos. La frase "liberación femenina" tiene un deje atractivo y democrático que en la superficie parece razonable y justificado. Por supuesto, atrae en especial a mujeres que se sienten no apreciadas, obstaculizadas, explotadas, atrapadas y convertidas en víctimas de los papeles y oportunidades tradicionales que existen para las mujeres.

Debe entenderse que las tesis básicas del feminismo no se originaron en la sociedad moderna y no fueron producidas por las simples ambiciones egocéntricas de mujeres contemporáneas que quieren ser libres para ser cualquier cosa que quieran ser y hacer todo lo que quieran hacer. El feminismo radical no es un fenómeno exclusivo del siglo veinte ni el producto del movimiento igualitario occidental. El programa del activismo feminista es antiguo y en su raíz es satánico. Constituye una herejía originaria que forma parte de la estrategia de Satanás para menoscabar y destruir el plan de Dios para la humanidad. Empezó en el Jardín del Edén, con la tentación de Satanás y la rebelión de Eva, primero contra Dios y después contra su esposo. Cuando ella eligió seguir su propio camino independiente, condujo a la raza entera al pecado e hizo efectivo el primer complot de Satanás contra el matrimonio y la familia.

Las distinciones entre las posiciones de cabecera y sumisión fueron ordenadas por Dios en la Creación. Como consecuencia de la desobediencia de Eva al mandato de Dios y su falla de no haber consultado a Adán con respecto a la tentación, Dios le dijo: "Multiplicaré en gran manera los dolores en tus preñeces; con dolor darás a luz los hijos; y tu deseo será para tu marido, y él se enseñoreará de ti" (Gn. 3:16). El deseo del que se habla aquí no es sexual o psicológico, puesto que Eva ya los tenía por Adán antes de la caída como su ayuda idónea creada por Dios para su satisfacción mutua. Más bien se trata del mismo deseo al que se hace referencia en el capítulo siguiente, donde se emplea la misma palabra hebrea (*t'shûqâ*). El término proviene de una raíz arábica que significa "compeler, forzar, urgir, procurar tener control sobre otro". El Señor advirtió a Caín: "el pecado está a la puerta; con todo esto, a ti será su *deseo* [de tener control sobre ti] y tú te enseñorearás de él" (4:7, cursivas añadidas). El pecado quería enseñorearse de Caín, pero Dios mandó a Caín que él se enseñoreara del pecado. La maldición sobre Eva fue que de allí en adelante el deseo de una mujer sería usurpar el lugar del hombre como cabeza, y que él a su vez se opondría a ese deseo y ejercería todavía con más firmeza y reciedumbre su control sobre ella. La palabra hebrea que se traduce aquí "enseñorear" no es la misma que se emplea en 1:28 y se traduce "señorear". Más bien representaba un nuevo tipo de autoritarismo despótico que no estaba en el plan original de Dios para el ejercicio de la función del hombre como cabeza.

Con la caída y su maldición vino la distorsión de la sumisión apropiada de la mujer y la autoridad apropiada del hombre. Allí es donde empezó la guerra de los sexos y donde tuvieron origen el chauvinismo masculino y la liberación femenina. Las mujeres tienen una propensión pecaminosa a usurpar la autoridad de los hombres, y los hombres tienen una propensión pecaminosa a poner las mujeres debajo de sus pies. El decreto divino de que el hombre se enseñorearía de la mujer de esta manera fue parte de la maldición de Dios sobre la humanidad, y se necesita una manifestación de gracia en Cristo mediante la llenura del Espíritu Santo para restaurar el orden y la armonía originales de la creación con la sumisión mutua adecuada en una relación que se haya corrompido y desordenado a causa del pecado.

Las ideas esenciales del feminismo, incluyendo la inversión de papeles sexuales, se encuentran en casi todas las religiones antiguas, incluidas las leyendas de la madre diosa en la mitología de Babilonia y Persia. En tiempos del Nuevo Testamento, los propulsores principales del feminismo eran los abanderados del gnosticismo (del término griego *gnōsis*, "conocer"), un sistema general de creencias filosóficas que hacía ostentación de su conocimiento único y superior acerca de todas las cuestiones de importancia. A pesar de los intentos de algunos gnósticos para incorporar sus creencias al judaísmo y más adelante al cristianismo, lo cierto es que el gnosticismo era un sistema malévolo inventado por Satanás para oponerse a Dios, a Cristo y a la Biblia. En su libro sobresaliente *El imperio gnóstico golpea de nuevo*, Peter Jones observa que "el gnosticismo es un término amplio para describir la religión de oposición a Dios que se desarrolló antes del nacimiento del cristianismo como la mezcla del misticismo de las religiones orientales y el racionalismo occidental griego" ([Phillipsburg, N.J.: Presbyterian

& Reformed, 1992], p. 15). Los gnósticos combinaron las elucubraciones humanistas de la mente y las nociones esotéricas y ficticias del misticismo oriental para producir un sistema híbrido de verdad y según ellos, superior a todo lo que le había precedido. No obstante, solo tuvieron éxito en desarrollar una forma de paganismo más sofisticado, y sobre todo más engañoso y peligroso.

En toda la literatura gnóstica genuina, la creación del universo físico es representada como un acto de orgullo arrogante e insensato por parte de un dios poderoso pero subordinado que trágicamente corrompió hasta el día de hoy el universo espiritual otrora perfecto. Un texto gnóstico antiguo que se descubrió hace poco presenta al Dios creador como un ser ciego, ignorante, arrogante, la fuente de envidia y el padre de la muerte. Gran parte de la literatura gnóstica antigua hacía mofa del Dios creador de las Escrituras con un desdén que rayaba en el menosprecio. Sin embargo, ese dios inferior o semidiós de alguna manera también se las arreglaba para dotar a los hombres que había creado con una chispa de divinidad, la cual si era bien atizada podía hacer a una persona acreedora de divinidad plena.

El gnosticismo antiguo también enaltecía a las mujeres y consideraba a Eva como una mujer de grandes dotes en el campo del espíritu que en realidad había salvado a Adán de la deidad masculina engorrosa llamada Dios. De forma similar, según los gnósticos la salvación para toda la humanidad será traída por medio del poder de las mujeres. La dama Sabiduría que es la Eva celestial, era una diosa mística que actuaba como fuente de toda sabiduría. Se creía que ella había poseído a la serpiente en el Jardín del Edén para instruir a Eva en la sabiduría suprema de la realización individual y la satisfacción personal, una sabiduría que ella transmitió a Adán. Como Peter Jones observa, el gnosticismo tomó la historia de la redención y la paró sobre su cabeza, como la cruz satánica invertida que se utiliza en las misas negras.

Aunque el gnosticismo ha tomado muchas formas durante su larga historia de engaños, su doctrina esencial es el carácter consubstancial de la relación entre el ser humano y Dios. El propósito del hombre es hacerse a sí mismo Dios a plenitud, y el medio para obtener tal fin es la elevación del ego mediante el desarrollo de la autoestima, el autoconocimiento y la autorrealización. "En consecuencia", comenta Jones, "parte de la autorredención humana es el rechazo de las normas bíblicas y la promoción de una visión distorsionada de la sexualidad bíblica" (p. 26).

En la mitología del gnosticismo, la deidad suprema es andrógina, es decir, un ser masculino y femenino al mismo tiempo. No obstante, el aspecto femenino siempre es supremo. En consecuencia, se invierten los papeles sexuales bíblicos para la humanidad y se exaltan la dominación femenina y el lesbianismo.

El heredero moderno del gnosticismo es el movimiento de la nueva era, que al igual que su progenitor añejo tiene muchas formas y facetas pero manifiesta el mismo desdén hacia las Escrituras y el Dios de las Escrituras así como la misma elevación del ego. Como se acaba de indicar, también se caracteriza por el dominio de las mujeres y el lesbianismo. Aunque el hinduismo tiene muchas formas así como dioses y diosas incontables, muchos de sus preceptos básicos son de carácter gnóstico, y su deidad suprema es una diosa.

El feminismo radical con su inclinación homosexual, su libertinaje sexual y su ataque contra las diferencias de género y la definición de la familia, ha tenido una fuerte influencia en denominaciones cristianas importante, como puede verse en el crecimiento acelerado de la práctica de ordenar mujeres al sacerdocio y al pastorado, así como en la publicación de versiones de la Biblia con neutralidad de género y hasta con una feminización de la deidad. Como ya se advirtió, tales ideas contrarias a la Biblia no son ante todo un producto del ingenio de las mujeres para sentirse mejor consigo mismas, sino nada menos que religión satánica e infernal. (Un estudio más completo de este tema se encuentra en el libro de Jones, *The Gnostic Empire Strikes Back* [El imperio gnóstico golpea de nuevo], pp. 19-72).

La teóloga católica Carol Christ ha escrito: "Encontré a Dios en mí misma y he llegado a amarla con ardor". Peter Jones escribe que el libro *The Politics of Women's Spirituality* [Aspectos políticos de la espiritualidad femenina] de la escritora Charlene Spretnak de la nueva era

> constituye un llamado a acabar con la religión judeocristiana y reemplazarla con un movimiento femenino que se nutra de paganismo y culto a diosas, así como una brujería que tenga éxito en derrocar el mando global de los hombres.
>
> El feminismo está reclamando venganza. Este movimiento se libra de ciertas expresiones injustificables de opresión masculina, pero su meta ideológica real es borrar hasta el recuerdo de las estructuras y el orden de la creación. Es sorprendente que George Gilder, un no cristiano (al menos él no afirma ser cristiano en sus libros), quien antes fue pensador feminista, ha reconocido desde 1973 estas intenciones ideológicas mientras que muchos cristianos ingenuos u olvidadizos parecen ignorar esta realidad.

Gilder observa lo siguiente:

> Los agentes revolucionarios del movimiento femenino... dicen que nuestras relaciones sexuales son fundamentales para todas las demás instituciones y actividades. Propugnan que si pueden efectuarse cambios profundos en las relaciones entre los sexos, es posible transformar la sociedad de manera radical hasta dejarla irreconocible. (Jones, p. 61).

Esa es la clase de rebelión y juicio divino resultante de los cuales Pablo escribe con gran precisión:

> *Porque la ira de Dios se revela desde el cielo contra toda impiedad e injusticia de los hombres que detienen con injusticia la verdad... Pues habiendo conocido a Dios, no le glorificaron como a Dios, ni le dieron gracias, sino que se envanecieron en sus razonamientos, y su necio corazón fue entenebrecido. Profesando ser sabios, se hicieron necios, y cambiaron la gloria del Dios incorruptible en semejanza de imagen de hombre corruptible, de aves, de cuadrúpedos y de reptiles. Por lo cual también Dios los entregó a la inmundicia, en las concupiscencias de sus corazones, de modo que deshonraron entre sí sus propios cuerpos, ya que cambiaron la verdad de Dios por la mentira, honrando y dando culto a las criaturas antes que al Creador, el cual es bendito por los siglos. Amén. Por esto Dios los entregó a pasiones vergonzosas; pues aun sus mujeres cambiaron el uso natural por el que es contra naturaleza, y de igual modo también los hombres, dejando el uso natural de la mujer, se encendieron en su lascivia unos con otros, cometiendo hechos vergonzosos hombres con hombres, y recibiendo en sí mismos la retribución debida a su extravío. Y como ellos no aprobaron tener en cuenta a Dios, Dios los entregó a una mente reprobada, para hacer cosas que no convienen.* (Ro. 1:18, 21-28)

Sodoma y Gomorra no sobrevivieron a la proliferación desmandada de la homosexualidad, ni tampoco fue este el caso para el imperio romano.

Cuán diferente en extremo es el plan de Dios. Él tiene un diseño magnífico y maravilloso para las mujeres. Es un diseño que cumple el propósito de su creación, eleva al máximo su carácter único, las convierte en una fuente de bendición para el mundo y trae satisfacción y felicidad a sus propias vidas así como gloria para Dios. Ese diseño se declara y establece de manera sucinta en Tito 2.

Pablo continúa diciendo que, por medio de su enseñanza y ejemplo piadosos, las mujeres ancianas en la iglesia deben **enseñar a las mujeres jóvenes a amar a sus maridos.** Pablo no está hablando de amor romántico o sexual, lo cual por cierto tiene su lugar apropiado en el matrimonio, sino de un amor comprometido que las esposas piadosas eligen tener hacia sus esposos, el mismo que los esposos piadosos toman la decisión de tener por sus esposas (Ef. 5:25, 28). *Philandros* es un sustantivo que se traduce aquí **amar... maridos,** y se refiere a un amor voluntario y determinado que no se basa en la dignidad de un esposo sino en el mandato de Dios, y que sale del corazón afectuoso y obediente de una esposa. Incluso los esposos ingratos, infieles, que no saben amar ni cuidar de sus esposas, deben ser amados de esta manera. Esta clase de amor entre esposos y esposas implica una devoción incondicional y desarrolla un compañerismo mutuo y una amistad que es fuerte y profunda.

Si una esposa no ama en verdad a su esposo, debe en obediencia al Señor ejercitarse para amarle. Contrario al pensamiento popular, el amor que se edifica y nutre con esmero y empeño no es artificial. Resulta más común que los romances espontáneos con todos sus "bombos y platillos" demuestren ser al final artificiales y efímeros. El principio es recíproco y se aplica por igual a los esposos.

Ejercitarse en amar al cónyuge incluye hacer cosas amorosas por la otra persona, sin importar que uno sienta o no ganas de hacerlas. Implica poner los intereses y el bienestar de esa persona por encima de los propios. Incluye darse uno mismo de manera sacrificada por el bien de la otra persona, no para ser apreciados o para ser correspondidos en amor o con la devolución del favor. "Porque si amáis a los que os aman", preguntó Jesús, "¿qué recompensa tendréis? ¿No hacen también lo mismo los publicanos?" (Mt. 5:46).

"Completad mi gozo", escribió Pablo a los creyentes en Filipos, "sintiendo lo mismo, teniendo el mismo amor, unánimes, sintiendo una misma cosa. Nada hagáis por contienda o por vanagloria; antes bien con humildad, estimando cada uno a los demás como superiores a él mismo; no mirando cada uno por lo suyo propio, sino cada cual también por lo de los otros" (Fil. 2:2-4). Esa amonestación general a todos los cristianos se aplica de una manera especial a esposos y esposas cristianos. Al servir de manera sacrificada a otros, se vuelve casi imposible *no* amarles. Allí donde hay amor práctico genuino, es seguro que va a ser seguido por amor emocional genuino.

Esto es todo lo opuesto a lo dicho por la sociedad actual a **las mujeres jóvenes,** quienes no son enseñadas ni alentadas **a amar a sus maridos** sino por el contrario, a hacer las cosas a su manera y "amar" a cualquiera que quieran amar cuando les plazca hacerlo. En el mejor de los casos el mundo considera el matrimonio como una cuestión de conveniencia y preferencia, un arreglo temporal y condicional que es abandonado tan pronto se convierte en algo inconveniente y desventajoso.

Esta serie de mandatos para **las mujeres jóvenes,** al igual que los dados a los otros grupos de personas en Tito 2, tiene ramificaciones inmensas y de largo alcance para la vida en el reino de Dios. Hasta el creyente menos educado puede entender el significado de lo que Pablo está diciendo aquí.

El primer mandato es sencillo e inequívoco: **las mujeres jóvenes,** que en este contexto se refiere a esposas jóvenes, deben **amar a sus esposos.** No hay condiciones ni excepciones. No solo es cuestión de que **amar** a los **esposos** sea una virtud, sino que no amarles es un pecado.

Jesús dijo: "Si me amáis, guardad mis mandamientos" (Jn. 14:15), y "el que tiene mis mandamientos, y los guarda, ése es el que me ama; y el que me ama, será amado por mi Padre, y yo le amaré, y me manifestaré a él" (14:21; cp. 15:10; 1 Jn. 5:3).

Una iglesia saludable tendrá un testimonio vigoroso en el mundo gracias a que sus miembros son obedientes a la voluntad de su Señor.

Por otro lado, una persona no salva que ve a cristianos de profesión sin reparo alguno por su propio pecado y que siguen de forma abierta los estándares del mundo y no los de Dios, a duras penas se puede esperar que vea la necesidad de su propia salvación del pecado. En particular las mujeres jóvenes no salvas que ven la incongruencia e hipocresía en las mujeres jóvenes cristianas, verán muy pocas razones para amar y ser fieles a sus esposos, o siquiera para interesarse en absoluto en el matrimonio. Tampoco verán obrar el amor de Dios ni su poder de transformación.

Algunas personas, incluidos algunos evangélicos, mencionan la declaración de Pablo en Gálatas de que ya "no hay varón ni mujer" para afirmar que el apóstol enseña aquí la igualdad total de los sexos. No obstante, la igualdad en la salvación y en la posición espiritual delante de Dios no tiene por qué afectar el orden establecido por Dios para el matrimonio y para el liderazgo en la iglesia. El mismo apóstol que escribió esas palabras a las iglesias en Galacia también escribió esta carta a Tito.

Se ha levantado una nueva generación de mujeres jóvenes en una sociedad que por medio de su sistema educativo y los medios de comunicación exalta el feminismo y desluce los estándares bíblicos para hombres y mujeres. En muchos casos, **las mujeres jóvenes** aun en iglesias evangélicas no se han beneficiado con la influencia de "maestras del bien" (v. 3) para su instrucción en la vida, ni tampoco del ejemplo piadoso de mujeres de mayor edad en la iglesia, incluido el de sus propias madres. Tampoco han sido expuestas a la enseñanza clara de las Escrituras en las clases bíblicas, en los grupos de jóvenes o en los púlpitos de sus iglesias.

En segundo lugar, **las mujeres jóvenes** que son madres tienen el deber de **amar... a sus hijos.** Bien sea que los **hijos** hayan nacido de la pareja o sean adoptados, deben ser amados con un amor que, al igual que el amor mutuo de los cónyuges, es abnegado y sacrificado. Como es el caso con el amar a sus esposos, el amor de las madres por sus hijos no es una opción. No se basa en la hermosura física de los hijos ni en sus personalidades o inteligencia, sino en su necesidad de ser amados. La responsabilidad más importante de amor que tienen los padres creyentes consiste en guiar a **sus hijos** a un conocimiento de Jesucristo para salvación. La admonición de Pablo abarca todos los aspectos. Las madres jóvenes deben **amar a sus hijos** en *todo* sentido: práctico, físico, social, moral y espiritual; con un amor que no tiene condiciones ni límites. Este amor, al ser expresado en plenitud, demanda bastante de la madre a medida que ella procura cumplir su obligación de criar hijos piadosos (véase 1 Ti. 2:15).

En tercer lugar, **las mujeres jóvenes** y casadas deben **ser prudentes.** Esta es la misma cualidad que debería caracterizar a los ancianos en la iglesia (1:8), a todos los hombres de edad (2:2) y de hecho a todos los creyentes (2:12). El sentido común y el buen juicio deberían mejorar con la edad, pero deberían ser evidentes incluso desde los comienzos de la vida adulta.

En cuarto lugar, **las mujeres jóvenes** deben ser **castas.** *Hagnos* (**castas**) se refiere en primer término a la pureza moral, y de forma especial en este contexto, a la pureza sexual y a la fidelidad marital. Como las mujeres ancianas, y de hecho como todas las mujeres cristianas, las esposas jóvenes deben ataviarse "de ropa decorosa, con pudor y modestia; no con peinado ostentoso, ni oro, ni perlas, ni vestidos costosos, sino con buenas obras, como corresponde a mujeres que profesan piedad" (1 Ti. 2:9-10). "Pudor" se refiere a control moral, a mantener bajo sujeción las pasiones, en especial las de tipo sexual. "Modestia" se refiere a un sentido saludable de vergüenza frente a decir cualquier cosa, hacer cualquier cosa o vestirse de cualquier manera que pueda ocasionar lujuria en un hombre.

Pedro también se dirigió a las mujeres cristianas diciendo:

> *Vuestro atavío no sea el externo de peinados ostentosos, de adornos de oro o de vestidos lujosos, sino el interno, el del corazón, en el incorruptible ornato de un espíritu afable y apacible, que es de grande estima delante de Dios. Porque así también se ataviaban en otro tiempo aquellas santas mujeres que esperaban en Dios, estando sujetas a sus maridos; como Sara obedecía a Abraham, llamándole señor; de la cual vosotras habéis venido a ser hijas, si hacéis el bien, sin temer ninguna amenaza.* (1 P. 3:3-6)

En quinto lugar, **las mujeres jóvenes** casadas deben ser **cuidadosas de su casa.** Una de las cosas más difíciles de hacer para las esposas contemporáneas es sentirse satisfechas como amas de casa. Parte de la razón es que los electrodomésticos modernos y otras utilidades simplifican y reducen en gran manera el trabajo doméstico, y el tiempo que no se utiliza para algo constructivo produce aburrimiento, insatisfacción y con frecuencia mayores tentaciones.

Sin embargo, la presión más grande sobre las esposas jóvenes en la actualidad es la saturación de nuestra cultura por los preceptos de las feministas radicales, quienes creen que la permanencia de las esposas en el hogar es una forma flagrante de servidumbre impuesta por los hombres de la cual necesitan liberarse todas las mujeres. Insisten sin ambages en que las mujeres deberían ser tan libres como los hombres para trabajar fuera del hogar en cualquier trabajo, con la intensidad y durante todo el tiempo que quieran.

Por muchos años en los Estados Unidos, más del 50 por ciento de las madres con hijos menores de seis años han tenido trabajos fuera del hogar. El porcentaje es mucho mayor para las mujeres con hijos mayores de esa edad. En el año 2000 el 90 por ciento de todas las mujeres entre las edades de 16 y 65 años ya trabajaban fuera del hogar. Esa tendencia es estremecedora aun para muchos observadores seculares, quienes reconocen el daño hecho a los hijos pequeños que pasan gran parte de su tiempo con adultos que no son sus padres y reciben de ellos la mayor parte de su formación o falta de formación. Las estadísticas también dejan en claro que las aventuras fuera del matrimonio aumentan de forma exponencial con las mujeres que trabajan fuera del hogar, por la simple razón de que se exponen más a la tentación. Además de ello, con frecuencia terminan bajo la autoridad de un hombre diferente a su esposo (cp. Ef. 5:22, en especial la palabra "propios"), en un ambiente antitético frente a estándares cristianos de moralidad y funciones de género.

Es trágico que muchas madres jóvenes se vean forzadas a tener trabajos fuera del hogar debido a que sus esposos han muerto, están en la prisión o las han dejado y no pagan el sostenimiento de los hijos, perdón debido a que nunca se han casado y sus propias familias son incapaces de ayudar o no están dispuestas a hacerlo. También es trágico que muchas iglesias y amigos cristianos desatienden su obligación de ayudar a las mujeres jóvenes que se encuentran atrapadas en esas situaciones difíciles. Lo cierto es que si la madre está lejos del hogar los hijos pequeños son cuidados fuera de casa, cuando en realidad necesitan estar allí cuanto más sea posible y no ser privados de la compañía y la instrucción de sus madres.

Es obvio que las mujeres que no tienen hijos o cuyos hijos ya han crecido tienen menos obligaciones en el hogar y por lo tanto cuentan con mayor tiempo disponible. El punto no es tanto que el lugar de una mujer sea la casa, sino que su responsabilidad es el hogar. Es posible que tenga un trabajo razonable por fuera o que elija trabajar en la iglesia o servir en el ministerio a través de alguna entidad cristiana, en un hospital, una escuela o de muchas otras formas. Sin embargo, el hogar es el dominio y territorio especial de una mujer, y siempre debería ser su máxima prioridad. Allí es donde ella puede ofrecer más ánimo y apoyo a su esposo, y es el mejor lugar para ejercer la hospitalidad con amigos cristianos, vecinos incrédulos, así como misioneros u otros obreros cristianos que vienen de visita.

Con relación al mandato de ser **cuidadosas de su casa,** las esposas cristianas jóvenes deben cuidarse mucho de ser prudentes y sensibles, como se les amonesta antes en este versículo. Deben comunicarse con sus esposos y consultar con ellos para que haciendo uso del buen juicio se decida cuánto tiempo se puede pasar de manera justificada y sabia en actividades por fuera del hogar, bien sea en un trabajo asalariado o en alguna forma de servicio. Cuando ellas tienen un deseo genuino de obedecer y honrar al Señor en todas las cosas y buscan la guía de su Palabra en oración, pueden tener la seguridad de que Él proveerá la sabiduría y resolución necesarias.

Las verdaderas víctimas en la actualidad no son mujeres que con disposición voluntaria mantienen lazos de amor con al Señor, sus esposos y sus hijos. Las verdaderas víctimas son más bien aquellas mujeres que han sido engañadas por ideas feministas, antibíblicas y satánicas acerca de liberarse de Dios y del hogar.

El hogar es donde una esposa puede suministrar las mejores expresiones de amor por su esposo. Es el lugar donde enseña y guía a sus hijos además de darles un ejemplo de piedad insustituible. Allí es protegida de relaciones abusivas e inmorales con otros hombres, y sobre todo en nuestro tiempo, en el hogar es protegida de influencias mundanas aun a pesar de las intromisiones impías de elementos nocivos como lo son muchos programas de televisión, revistas y otros. El hogar es donde ella tiene una oportunidad especial para mostrar hospitalidad y para dedicarse a hacer otras buenas obras. El hogar es donde ella puede hallar una realización personal auténtica y satisfactoria, como cristiana y como mujer.

En sexto lugar, **las mujeres jóvenes** deben ser **buenas,** y el significado de esto es obvio. Han de ser amables, consideradas, amistosas, simpáticas y comprensivas, incluso con las personas que no merecen ese trato o que no les tratan bien a ellas. Ser **buenas** equivale a ser semejantes a Dios, "porque él es benigno para con los ingratos y malos", como dijo Jesús (Lc. 6:35). De manera similar, Pablo amonesta a los creyentes a ser "benignos unos con otros, misericordiosos, perdonándoos unos a otros, como Dios también os perdonó a vosotros en Cristo" (Ef. 4:32).

En séptimo y último lugar, **las mujeres jóvenes** casadas deben ser **sujetas a sus maridos.** Al igual que todas las mujeres cristianas "casadas [deben estar] sujetas a sus propios maridos, como al Señor; porque el marido es cabeza de la mujer, así como Cristo es cabeza de la iglesia, la cual es su cuerpo, y él es su Salvador. Así que, como la iglesia está sujeta a Cristo, así también las casadas lo estén a sus maridos en todo" (Ef. 5:22-24; cp. 1 Ti. 2:11-14).

Carlos Spurgeon escribió este tributo hermoso a su esposa Susana:

> Ella se deleita en su esposo, en su persona, su carácter y su afecto; para ella, él no solo es el primero y único entre todos los hombres, sino que en sus ojos él es todo en todo. El amor de su corazón pertenece a él y solo a él. Él es su pequeño universo, su paraíso, su tesoro selecto. Ella se alegra de poder fundir su individualidad con la de él; no procura renombre para sí misma porque su honor se refleja en ella, y ella se regocija en esa honra. Ella defenderá su nombre hasta la muerte; él tendrá seguridad suficiente dondequiera que ella hable en su nombre. Su sonrisa de gratitud es toda la recompensa que ella busca. Hasta en su vestimenta ella piensa en él y no considera bello lo que a él disgusta.
>
> Él tiene muchos objetivos en la vida, algunos de los cuales ella no entiende del todo; pero ella cree en todos ellos y se deleita en hacer cualquier cosa que pueda para promoverlos. Tal esposa, como una verdadera cónyuge, hace realidad el modelo divino de la relación matrimonial y ejemplifica la clase de unidad que debemos mantener con nuestro Señor.

Para que la palabra de Dios no sea blasfemada es la segunda de cuatro cláusulas de propósito en este pasaje (véase también vv. 4, 8, 10). Esta y la del versículo 10 se enfocan en glorificar la Palabra de Dios.

En su primera carta a Timoteo, Pablo hace una admonición similar con un objetivo expresado en sentido negativo, dirigida a viudas jóvenes: "Quiero, pues, que las viudas jóvenes se casen, críen hijos, gobiernen su casa; que no den al adversario ninguna ocasión de maledicencia. Porque ya algunas se han apartado en pos de Satanás" (1 Ti. 5:14-15; cp. 3:7; 6:1). Siempre que se hace lo que Satanás quiere, sin importar qué sea, la gloria del Señor es afrentada y su **palabra** es **blasfemada** y deshonrada.

Blasfemada es la traducción de *blasphēmeō*, que significa "difamar o deshonrar". William Kelley traduce esta frase así: "para que la Palabra de Dios no sufra escándalo alguno". El punto de Pablo es que no solo las cosas malas que decimos y hacemos, sino también las cosas buenas que dejamos de decir y hacer, deshonran a Dios y a su Palabra ante la iglesia y ante el mundo. Los incrédulos juzgan la autenticidad y el valor de nuestra fe más por nuestra manera de vivir que por nuestra teología. Al hacerlo, juzgan la verdad y el poder de **la palabra de Dios** por la forma en la que llevamos nuestra vida. El mundo juzga el evangelio, que es el corazón de **la palabra de Dios,** por el carácter de las personas que lo creen y que afirman ser transformadas por él. El filósofo alemán del siglo diecinueve Heinrich Heine dijo: "Muéstrenme sus vidas redimidas y quizás me sienta inclinado a creer en su Redentor".

Muchos esposos han rechazado a **Dios** y han hecho mofa de su **palabra** a causa de la conducta no piadosa de una esposa cristiana que no es amorosa ni sumisa (cp. 1 P. 3:1-2). Por supuesto, también es verdad que las vidas hipócritas de esposos, hijos, padres y otros parientes y amigos cristianos han tenido y continúan teniendo el mismo efecto trágico.

A causa de su adulterio con Betsabé y su participación en la muerte violenta de su esposo Urías, el Señor dijo a David por medio del profeta Natán: "¿Por qué, pues, tuviste en poco la palabra de Jehová, haciendo lo malo delante de sus ojos?... Por lo cual ahora no se apartará jamás de tu casa la espada, por cuanto me menospreciaste, y tomaste la mujer de Urías heteo para que fuese tu mujer... He aquí yo haré levantar el mal sobre ti de tu misma casa" (2 S. 12:9-11). Aun después que David confesó y fue perdonado, el Señor prometió un castigo todavía mayor. "Por cuanto con este asunto hiciste blasfemar a los enemigos de Jehová", le explicó Natán, "el hijo que te ha nacido ciertamente morirá" (2 S. 12:14).

Pablo denunció con intransigencia a los israelitas infieles diciendo: "He aquí, tú tienes el sobrenombre de judío, y te apoyas en la ley, y te glorías en Dios, y conoces su voluntad, e instruido por la ley apruebas lo mejor, y confías en que eres guía de los ciegos, luz de los que están en tinieblas... Tú, pues, que enseñas a otro, ¿no te enseñas a ti mismo?... Tú que te jactas de la ley, ¿con infracción de la ley deshonras a Dios? Porque como está escrito, el nombre de Dios es blasfemado entre los gentiles por causa de vosotros" (Ro. 2:17-19, 21, 23-24; cp. Is. 52:5).

Por cuanto "mientras la casa de Israel moraba en su tierra, la contaminó con sus caminos y con sus obras", el Señor recordó a su pueblo: "Les esparcí por las naciones, y fueron dispersados por las tierras; conforme a sus caminos y conforme a sus obras les juzgué. Y cuando llegaron a las naciones adonde fueron, profanaron mi santo nombre, diciéndose de ellos: Estos son pueblo de Jehová, y de la tierra de él han salido" (Ez. 36:17, 19-20). Debido a que Israel vivió igual que los paganos inmorales e impíos, su Dios verdadero y santo fue envilecido, escarnecido y considerado como no más justo ni poderoso que los dioses paganos falsos y decadentes.

La preocupación e interés positivos en vivir de tal modo que Dios y su Palabra no sean deshonrados, lo cual levanta una barrera entre los no salvos y el evangelio, se traducen en llevar una vida que pueda atraer a los no salvos a nuestro Señor de gracia.

Jesús manda a sus seguidores: "Así alumbre vuestra luz delante de los hombres, para que vean vuestras buenas obras, y glorifiquen a vuestro Padre que está en los cielos" (Mt. 5:16). Pablo dijo acerca de los creyentes en Corinto: "sois carta de Cristo expedida por nosotros, escrita no con tinta, sino con el Espíritu del Dios vivo; no en tablas de piedra, sino en tablas de carne del corazón" (2 Co. 3:3). Bien sea que se lo propongan o no, los cristianos son "cartas vivientes" de Cristo y en ocasiones son el único testimonio que el mundo tiene sobre el Señor y su evangelio de salvación.

Parece que existe un número casi ilimitado de estrategias, metodologías y técnicas que han sido desarrolladas para ganar a las personas para Jesucristo. En la mayoría de los casos, la meta es noble y el deseo es digno de admiración. Además, aunque nuestras ideas, métodos y planeación humanos tienen un lugar adecuado en la obra de la iglesia de Cristo, siempre deben estar en congruencia con y subordinados a los requisitos y principios fundamentales para el evangelismo que Dios establece en su Palabra. Estos incluyen una proclamación clara de la pecaminosidad innata de todo hombre, su perdición y su necesidad perentoria de salvación, la cual solo puede alcanzarse mediante fe en la obra expiatoria y sustitutiva de Jesucristo, quien pagó el castigo pleno por el pecado y cuya justicia es acreditada al creyente penitente, arrepentido y perdonado.

La única plataforma desde la cual deben predicar y testificar los cristianos es una vida transformada marcada por la virtud y la piedad. Hemos de vivir de tal manera "que [seamos] irreprensibles y sencillos, hijos de Dios sin mancha en medio de una generación maligna y perversa, en medio de la cual [resplandecemos] como luminares en el mundo" (Fil. 2:15). Como hijos de Dios, deberíamos ser piadosos de la manera como Él manda: "Sed santos, porque yo soy santo" (1 P. 1:16). Somos "linaje escogido, real sacerdocio, nación santa, pueblo adquirido por Dios, para que [anunciemos] las virtudes de aquel que [nos] llamó de las tinieblas a su luz admirable" (1 P. 2:9).

Para que una persona quede convencida de que Dios le puede salvar del pecado, necesita observar a alguien quien ha sido salvo del pecado y que en la medida de lo posible vive una vida separada del pecado. Para que una persona se convenza de la esperanza que hay en Dios, se le debe mostrar a alguien que tenga esperanza mientras que antes solo tenía desesperación. Para que una persona sea convencida de que Dios puede proveernos de manera milagrosa amor, paz y felicidad, necesita que se le muestre a alguien que irradie en el presente esas bendiciones.

El carácter de una iglesia saludable - parte 2

6

HOMBRES JÓVENES

Exhorta asimismo a los jóvenes a que sean prudentes; presentándote tú en todo como ejemplo de buenas obras; en la enseñanza mostrando integridad, seriedad, palabra sana e irreprochable, de modo que el adversario se avergüence, y no tenga nada malo que decir de vosotros. (2:6-8)

Tal como sucede con las mujeres jóvenes, el grupo de edad de hombres jóvenes en general corresponde a hombres en edad de casarse hasta alrededor de los 60 años.

EXHORTACIÓN

Exhorta asimismo a los jóvenes a que sean prudentes; (2:6-7*a*)

Exhorta es la traducción de *parakaleō*, que significa "intimar a alguien con firmeza". Como en los versículos 2 y 5, **prudentes** tiene el significado amplio de tener sentido común, buen juicio y autocontrol. Al igual que hombres ancianos y mujeres jóvenes deben ser **prudentes, asimismo** deben ser **los jóvenes.**

Pablo exhortó a su joven amigo Timoteo: "Huye también de las pasiones juveniles, y sigue la justicia, la fe, el amor y la paz, con los que de corazón limpio invocan al Señor" (2 Ti. 2:22). Pedro manda a los jóvenes: "Igualmente, jóvenes, estad sujetos a los ancianos; y todos, sumisos unos a otros, revestíos de humildad; porque: Dios resiste a los soberbios, y da gracia a los humildes" (1 P. 5:5).

Los hombres **jóvenes** deben ser **prudentes** en todas las cosas ya que con frecuencia tienden a ser impulsivos, apasionados, ambiciosos, volátiles y a veces arrogantes; por eso deben ejercer el autocontrol y mostrar sensatez y buen juicio en todo.

"Todo aquel que lucha, de todo se abstiene", recordó Pablo a los creyentes en Corinto; "ellos, a la verdad, para recibir una corona corruptible, pero nosotros, una incorruptible" (1 Co. 9:25). Puesto que la abstención y el autocontrol son tan importantes en la vida y el servicio para el Señor, aun ese gran apóstol después de muchos años de servicio fiel y sacrificado a su Señor prosiguió a decir con respecto a sí mismo: "Así que, yo de esta manera corro, no como a la ventura; de esta manera peleo, no como quien golpea el aire, sino que golpeo mi cuerpo, y lo pongo en servidumbre, no sea que habiendo sido heraldo para otros, yo mismo venga a ser eliminado" (1 Co. 9:26-27).

Tener autocontrol equivale a ser **prudentes** y el dominio propio como tal es una manifestación del fruto del Espíritu (Gá. 5:23). Por ende, con la ayuda del Espíritu **los jóvenes,** al igual que todos los demás creyentes, están capacitados para tener dominio en todas las áreas de sus vidas de una manera que sea agradable para su Señor.

EL EJEMPLO

presentándote tú en todo como ejemplo de buenas obras; en la enseñanza mostrando integridad, seriedad, palabra sana e irreprochable, (2:7-8*a*)

Tras haber dado una admonición general a Tito para que la transmitiera a los demás hombres jóvenes que estaban bajo su cuidado en Creta, Pablo pasa a darle a ese joven líder espiritual y encargo personal: **presentándote tú en todo como ejemplo** para ellos, así como para que todos los demás creyentes en las iglesias lo siguieran. Debía confrontarles no solo con palabras espirituales sino por medio de una vida espiritual que correspondiera con esas palabras. Hasta el consejo más forzoso y apremiante caerá e oídos sordos si quien lo da no está viviendo de conformidad con él.

Tupos (**ejemplo**) se refiere de manera literal a una marca o impresión dejada por un utensilio tal como una pluma de escribir, una espada o un martillo. Tomás rehusó creer que Jesús se había levantado de entre los muertos hasta que viera "en sus manos la señal [*tupos*] de los clavos" (Jn. 20:25). También llegó a emplearse en sentido figurado para aludir a un patrón, molde, modelo o copia del original de algo, fuese un objeto físico tal como una estatua, o un principio o virtud.

Si un **ejemplo** visible no sigue al consejo, aquel que lo da será visto como un hipócrita, y la hipocresía nunca promueve la justicia, no importa cuán sana y bíblica pueda ser la enseñanza y cuán sabio parezca ser el consejo de una persona. Otros pueden sentirse inclinados a aceptar los principios en el terreno intelectual, pero no verán razones prácticas para vivir de conformidad con ellos, y tarde o temprano, al igual que su maestro, se convertirán en hipócritas.

Las palabras más duras de Jesús estuvieron dirigidas a los hipócritas religiosos. Él dijo a algunos fariseos y escribas en Jerusalén: "Hipócritas, bien profetizó de vosotros Isaías, cuando dijo: Este pueblo de labios me honra; mas su corazón está lejos de mí" (Mt. 15:7-8). Cuando otro grupo de fariseos trató de tenderle una trampa, "Jesús, conociendo la malicia de ellos, les dijo: ¿Por qué me tentáis, hipócritas?" (Mt. 22:18). El efecto pernicioso de su hipocresía iba más allá de sus propias vidas. "Mas ¡ay de vosotros, escribas y fariseos, hipócritas! porque cerráis el reino de los cielos delante de los hombres; pues ni entráis vosotros, ni dejáis entrar a los que están entrando" (Mt. 23:13). El Señor dijo que los hipócritas "dicen, y no hacen" (Mt. 23:3).

En su reunión conmovedora con los ancianos de Éfeso en la playa cerca de Mileto, Pablo les dio este consejo al partir: "se debe ayudar a los necesitados, y recordar las palabras del Señor Jesús, que dijo: Más bienaventurado es dar que recibir" (Hch. 20:35*b*). Podemos estar seguros de que este consejo fue recibido de todo corazón por aquellos hombres. El apóstol les recordó, aunque ello sin duda fue innecesario, que mientras él había estado entre ellos "ni plata ni oro ni vestido de nadie he codiciado. Antes vosotros sabéis", continuó diciendo, "que para lo que me ha sido necesario a mí y a los que están conmigo, estas manos me han servido. En todo os he enseñado [estos principios mediante mi ejemplo]... trabajando así [yo mismo]" (vv. 33-35*a*).

Con confianza plena y perfecta, el apóstol pudo exhortar a los creyentes en Corinto: "Sed imitadores de mí, así como yo de Cristo" (1 Co. 11:1; cp. 4:16), y a los hermanos en Filipos diciendo: "sed imitadores de mí, y mirad a los que así se conducen según el ejemplo que tenéis en nosotros" (Fil. 3:17). En su segunda carta a la iglesia en Tesalónica el apóstol dijo: "ni comimos de balde el pan de nadie, sino que trabajamos con afán y fatiga día y noche, para no ser gravosos a ninguno de vosotros" (2 Ts. 3:8). No fue "porque no tuviésemos derecho", prosiguió a explicar, "sino por daros nosotros mismos un ejemplo para que nos imitaseis" (v. 9). Pablo no quería dar tan siquiera la impresión de estar utilizando su ministerio como un medio de ganancia económica, o que su vida fuera en lo más mínimo incongruente con su enseñanza (cp. 1 Ts. 5:22).

La congruencia entre vida y enseñanza es quizás el aspecto más importante del liderazgo espiritual efectivo. El escritor de Hebreos pudo exhortar confiado a sus lectores a imitar "a [sus] pastores, que [les] hablaron la palabra de Dios", considerando "el resultado de su conducta" e imitando su fe (He. 13:7), ello gracias a que la conducta de esos líderes correspondía con su consejo. Pablo informó a Timoteo que la manera más segura de vencer la desventaja percibida de su juventud en el ministerio era asegurarse de ser "ejemplo de los creyentes en palabra, conducta, amor, espíritu, fe y pureza" (1 Ti. 4:12). Los miembros en la iglesia en Éfeso quizás tendrían predisposición para resistirse en cierto grado a las palabras que enseñase, pero no podrían negar el poder de las verdades que ejemplificara con fidelidad en su vida. Si su *habla* en la vida cotidiana y no solo "desde el púlpito" era piadosa; si la *conducta* de su vida personal era moral y abnegada; si su *amor* por el Señor y por los hermanos en la fe era genuino; si su *fe* se manifestaba en confianza genuina en el Señor y si su vida estaba caracterizada por la *pureza* moral, él podía estar seguro de que su ministerio sería efectivo, que sería bendecido y rendiría frutos.

Son varias las categorías en las que debe hacerse manifiesta la conducta ejemplar. En primer lugar, Tito debía ser un **ejemplo** en hacer **buenas obras.** *Kalos* (**buenas**) no se refiere a aquello que es superficial o cosmético sino a todo aquello que posee bondad, nobleza, rectitud y excelencia genuinas e inherentes. Las **obras** de Tito debían ser reflejos verdaderos de lo que él predicaba y enseñaba. Los cristianos son "hechura" divina y han sido "creados en Cristo Jesús para buenas obras, las cuales Dios preparó de antemano para que anduviésemos en ellas" (Ef. 2:10).

En segundo lugar, Tito debía ser un ejemplo **en la enseñanza mostrando integridad.** Tal vez Pablo estaba urgiendo a este joven anciano que se asegurara de predicar la doctrina pura y ortodoxa, lo cual ya se ha mencionado en 1:9 y 2:1. Por otro lado, es posible que haya otra explicación. *Aphthoria* (**integridad**) es una forma negativa de un término que contiene la idea básica de algo que es corrupto y vil moralmente, el cual se empleaba con frecuencia en la literatura no bíblica para referirse a gente depravada en su constitución moral como es el caso de violadores, seductores y practicantes del aborto y otros crímenes. Una forma relacionada de la palabra es usada por Pedro, quien dice que los maestros falsos "prometen libertad, y son ellos mismos esclavos de *corrupción.* Porque el que es vencido por alguno es hecho esclavo del que lo venció" (2 P. 2:19, cursivas añadidas). Pablo pudo haber usado este término para amonestar a Tito a llevar una vida de **integridad** y pureza morales que correspondan a la **enseñanza** pura que proclamaba.

En tercer lugar, Tito debía dar ejemplo de **seriedad** y dignidad, de llevar una vida fijada en Dios que honra todo lo que le honra a Él. Como se indicó antes con relación a los hombres de edad (v. 2), la **seriedad** no excluye el sentido del humor, la risa o el goce, pero sí significa que los hombres cristianos deben ser capaces de distinguir entre lo que es importante y lo que es trivial.

En cuarto lugar, Tito debía dar ejemplo mediante su **palabra sana e irreprochable.** La palabra **sana** es la misma que se encuentra en el versículo 1 (*hugiainō*) y tiene el significado de "estar bien, saludable y lozano". *Logos* (**palabra**) se refiere con frecuencia a la Palabra de Dios, tanto en su expresión escrita en la Biblia (véase por ejemplo, Mr. 7:13; Ap. 1:2, 9) como en su identificación con el Cristo vivo (véase por ejemplo, Jn. 1:1; Ap. 19:13). No obstante, el término griego tiene toda una serie de otras connotaciones, incluyendo las de "habla" y "lenguaje". En Efesios 4:29 se traduce "palabra" para hacer referencia a conversación, y también se vierte así en Efesios 6:19 para referirse a alocución y testimonio.

La cuestión aquí no es doctrina o teología sino conversación, aquella **palabra** que se habla todos los días. La manera de hablar de Tito, fuese en enseñanza formal o en conversación informal, debía ser **sana,** saludable, edificante, vivificante, apropiada **e irreprochable.** Esa clase de conversación virtuosa y coherente es la marca segura de un hombre espiritual auténtico.

El escritor de Eclesiastés dice: "Alégrate, joven, en tu juventud, y tome placer tu corazón en los días de tu adolescencia; y anda en los caminos de tu corazón y en la vista de tus ojos; pero sabe, que sobre todas estas cosas te juzgará Dios" (Ec. 11:9). La protección contra la insensatez y la pecaminosidad es: "Acuérdate de tu Creador en los días de tu juventud, antes que vengan los días malos, y lleguen los años de los cuales digas: No tengo en ellos contentamiento" (12:1).

EL EFECTO

de modo que el adversario se avergüence, y no tenga nada malo que decir de vosotros. (2:8*b*)

La frase **de modo que el adversario se avergüence** es la segunda cláusula de propósito en este pasaje que refleja una razón para tales estándares altos de vida santa (véase también vv. 5, 10), y se refiere a las admoniciones anteriores en los versículos 2 al 8*a*. Las vidas piadosas de los ancianos, las ancianas, las mujeres jóvenes y los hombres jóvenes tienen, como parte de su propósito, **que el adversario se avergüence** al lado de todos los que critican a Cristo, su iglesia y su pueblo. Es obvio que los opositores en Creta incluían a los "muchos contumaces, habladores de vanidades y engañadores, mayormente los de la circuncisión" a quienes Pablo menciona en 1:10.

La efectividad verdadera del evangelismo no proviene de métodos, estrategias o técnicas de mercadeo de fabricación humana que se adapten de la cultura dominante, sino de la virtud, pureza moral y piedad genuinas de creyentes cuyas vidas dan pruebas fehacientes de la verdad de la Palabra de Dios y el poder de Cristo para redimir a seres humanos del pecado. Eso es lo que silencia a los críticos y hace creíble el evangelio.

Es por esa razón que Pedro amonestó a los creyentes, por su propio bien espiritual: "Amados, yo os ruego como a extranjeros y peregrinos, que os abstengáis de los deseos carnales que batallan contra el alma" (1 P. 2:11). Luego procede a urgirles a lograr este objetivo "manteniendo buena vuestra manera de vivir entre los gentiles", por el bien de aquellos a quienes debían testificar; "para que en lo que murmuran de vosotros como de malhechores, glorifiquen a Dios en el día de la visitación, al considerar vuestras buenas obras" (v. 12; cp. 2:15). El apóstol quiere dar a entender que cuando el Señor regrese, los creyentes serán contados entre aquellos que glorifican a Dios porque han llegado a la salvación por medio del testimonio de santos piadosos (cp. Mt. 5:16).

Vosotros puede ser una simple referencia a los cristianos en general, porque la gente con frecuencia juzga a una iglesia local o a la fe cristiana como tal, basados en lo que conocen acerca de los cristianos. No obstante, parece probable en este contexto que Pablo también se incluye en esta palabra y quiso decir "nosotros". Todos los creyentes en Creta, y es indudable que también una gran cantidad de incrédulos, sabían de la asociación estrecha de Pablo con Tito. Por lo tanto, si Tito no llevaba una vida espiritual ejemplar, su falla también tendría un reflejo negativo en el apóstol. Por otro lado, la vida fiel de Tito también se reflejaría positivamente en el noble apóstol.

SIERVOS Y EMPLEADOS

Exhorta a los siervos a que se sujeten a sus amos, que agraden en todo, que no sean respondones; no defraudando, sino mostrándose fieles en todo, para que en todo adornen la doctrina de Dios nuestro Salvador. (2:9-10)

A diferencia de las primeras cuatro, la quinta categoría de creyentes acerca de quienes Pablo da instrucciones a Tito no se basa en la edad sino en la posición social. *Douloi* (**siervos**) se refería a esclavos, aquellos que eran adueñados y controlados por **sus amos.**

El imperio romano dependía de esclavos para la mayor parte de la fuerza laboral, y ellos eran una parte esencial de la sociedad y la economía. Muchos, si acaso no la mayoría de los esclavos, eran víctimas de abuso y trato cruel, en muchos casos brutal. Hasta por infracciones exiguas o por la simple razón de disgustar a sus amos por cualquier cosa, podían ser golpeados con severidad y aun sometidos a muerte. Sin embargo, a muchos de ellos se les asignaba un alto grado de responsabilidad y autoridad en la administración de una casa y en algunos casos de granjas familiares y otros negocios de sus amos. Algunos de ellos, con frecuencia los que eran capturados en guerra, contaban con educación y cultura sobresalientes y en muchos casos superaban a sus amos en este sentido. Se permitía a los esclavos casarse y levantar sus propias familias; los hijos se convertían en esclavos al igual que sus padres. En algunas ocasiones se entregaba a un esclavo una parcela pequeña para tener cultivos destinados al sustento de su familia y quizás para obtener ganancias módicas.

Ahora bien, Pablo no está tratando aquí la condición misma de la esclavitud como cuestión social. El apóstol no formula un juicio acerca del carácter justo o moral básico de la situación. Tan solo reconoce que existe y se ocupa en tratar la actitud que **los siervos** cristianos deben tener hacia **sus amos,** sin importar que tales **amos** sean creyentes o incrédulos.

Aunque la esclavitud fue objeto de regulaciones minuciosas bajo la ley mosaica, ni el Antiguo ni el Nuevo Testamento condenan la esclavitud como tal. Los estratos sociales son reconocidos e incluso diseñados por Dios para el bien del hombre. Algunas personas serán servidas y algunas servirán a otras. Esa es la naturaleza de la sociedad humana. Lo que interesa a Dios es la manera como se tratan los seres humanos entre sí. Las relaciones y responsabilidades entre siervos y amos son tratadas en gran medida como las que existen entre empleadores y empleados, y ambos testamentos ofrecen bastante instrucción acerca del plan de Dios para estas relaciones y sus responsabilidades correspondientes. Como he escrito en el tomo acerca de *Efesios* en esta serie de comentarios sobre el Nuevo Testamento:

> Aunque la esclavitud no es condenada con uniformidad en el Antiguo ni en el Nuevo Testamento, la aplicación sincera de las verdades del Nuevo Testamento ha conducido de forma reiterada a la eliminación total de sus tendencias al abuso. Allí donde se vive el amor de Cristo en el poder de su Espíritu, es inevitable que sean quebrantadas todas las barreras y relaciones injustas. Al desintegrarse y caer el Imperio Romano, el sistema brutal y abusador de la esclavitud cayó con él, debido en gran medida a la influencia del cristianismo. En tiempos más recientes el respaldo a la trata de esclavos negros fue eliminado en Europa y Norteamérica debido en gran parte a la predicación poderosa y guiada por el Espíritu de hombres tales como Juan Wesley y George Whitefield, y a la gestión pública piadosa de estadistas como Wilberforce y William Pitt.
>
> La enseñanza del Nuevo Testamento no se enfoca en reformar y reestructurar sistemas humanos, los cuales nunca son la raíz causante de los problemas humanos. La cuestión problemática siempre es el corazón del hombre, que al ser malvado corrompe hasta los mejores sistemas, y al ser justo mejora hasta los peores. Si los corazones pecaminosos de los hombres no son cambiados, siempre van a encontrar maneras de oprimir a otros sin importar que exista o no la esclavitud como tal. Por otra parte, los creyentes llenos del Espíritu tendrán relaciones justas y armónicas unos con otros, sin importar bajo qué sistema tengan que vivir. Los problemas y las necesidades básicas del ser humano no son políticos, sociales o económicos sino espirituales...
>
> A través de la historia, incluso en nuestro tiempo, la población trabajadora ha sido oprimida y abusada por una intimidación económica que se equipara a una esclavitud desalmada en la práctica, sin importar en qué sistema económico, social o político en particular funcione. Por lo tanto, la enseñanza de Pablo se aplica a todos los dueños y administradores de negocios, y a todos los trabajadores y empleados.

En ningún lugar de las Escrituras se justifica la rebelión o la revolución con el fin de ganar libertad, oportunidad o derechos económicos, sociales o políticos. Más bien se recalca la responsabilidad que tienen los esclavos de servir a sus amos humanos con fidelidad y sin reservas, con el propósito de reflejar el poder transformador de Dios en sus vidas.

En su carta a la iglesia en Éfeso, Pablo escribió sin ambages: "Siervos, obedeced a vuestros amos terrenales con temor y temblor, con sencillez de vuestro corazón, como a Cristo; no sirviendo al ojo, como los que quieren agradar a los hombres, sino como siervos de Cristo, de corazón haciendo la voluntad de Dios" (Ef. 6:5-6). Tras dar instrucciones similares a los creyentes en Colosas (Col. 3:22-23), el apóstol añadió: "sabiendo que del Señor recibiréis la recompensa de la herencia, porque a Cristo el Señor servís" (v. 24). A Timoteo escribió: "Todos los que están bajo el yugo de esclavitud, tengan a sus amos por dignos de todo honor, para que no sea blasfemado el nombre de Dios y la doctrina" (1 Ti. 6:1).

Para muchos cristianos hoy día, así como a lo largo de la historia de la iglesia, el campo más importante y fértil para el evangelismo es el lugar donde trabajan. Ese es su campo misionero. Como en casi ningún otro sitio, los incrédulos tienen allí la oportunidad de observar a los creyentes, en situaciones y actividades del diario vivir. Allí se dan cuenta si un creyente es paciente o impaciente, amable o indiferente, abnegado o egoísta, honesto o deshonesto, decente o vulgar, etc. Tienen la oportunidad de ver qué tanto vive el cristiano a la altura de la fe que profesa y los principios bíblicos que afirma honrar. Invitar a amigos no salvos a la iglesia tiene por cierto su lugar en la testificación para Cristo, pero será inútil y hasta contraproducente si la actitud, confiabilidad y honestidad del creyente en su lugar de trabajo son cuestionables.

Como Pablo señala en los pasajes citados arriba, el propósito primordial de trabajar duro y respetar a nuestros superiores y empleadores, más que conducir otras personas a la fe, es que Cristo sea glorificado. Además, nuestra compensación más importante por esta obediencia no es el elogio o el aumento de salario que podamos recibir de nuestro empleador, sino la recompensa asegurada que recibiremos de nuestro Señor. Él es quien determina y asegura esa compensación eterna y gloriosa (cp. Ap. 20:12-13).

En Tito 2:9-10 Pablo presenta las cinco cualidades de carácter que deben distinguir a todos **los siervos** y a todos los demás creyentes que son empleados por otra persona para realizar un trabajo. Como lo indican con claridad los comentarios del apóstol en los pasajes citados de Efesios, Colosenses y 1 Timoteo, estas características deben ser genuinas y del corazón, y deben manifestarse sin condiciones, sin superficialidad y sin hipocresía.

SUJECIÓN

Exhorta a los siervos a que se sujeten a sus amos... [en todo] (2:9*a*)

En primer lugar, los trabajadores cristianos deben ser sumisos y es necesario **que se sujeten a sus amos,** a sus propios empleadores. *Hupotassō* (**se sujeten**) se empleaba con frecuencia en el campo militar para designar la relación de un soldado con sus superiores. Esa relación no es condicional ni optativa, sino un punto de partida absoluto e ineludible.

En los ojos de Dios, la obligación de los trabajadores cristianos para con sus jefes es igualmente incondicional y universal. **Que se sujeten** es la traducción de un verbo imperativo pasivo, y por lo tanto es un mandato al sometimiento voluntario. Sin importar cuán improcedente pueda ser un jefe o cuán opresiva pueda ser una situación laboral, el creyente fiel se somete con buena disposición **en todo** mientras siga empleado en ese trabajo. Si una situación se vuelve intolerable, debe buscar trabajo en otra parte.

La sumisión apropiada a la autoridad es esencial en una familia, donde los hijos están sujetos a sus padres (Ef. 6:1; Col. 3:20). Resulta esencial en el gobierno, donde los ciudadanos deben respetar y honrar a sus líderes (Ro. 13:1-7; Tit. 3:1). También es esencial en el lugar de trabajo. Un trabajador cristiano que se interesa primero que todo en sus derechos personales y que participa en iniciativas y esfuerzos para eludir el cumplimiento de obligaciones y en paros injustificados contra su empleador, deshonra a Dios.

La palabra **amos** es la traducción de *despotēs*, de la cual se deriva "déspota" y denota a una persona con autoridad y poder absolutos. Si **los siervos** están obligados a sujetarse a **sus amos** absolutos y con frecuencia crueles, cuánto más están obligados los creyentes "libres" a someterse a un empleador, incluso uno que sea rígido, exigente e irrazonable (cp. 1 P. 2:18-19).

COMPROMISO CON LA EXCELENCIA

que agraden en todo, (2:9*b*)

En segundo lugar, un trabajador cristiano debería asegurarse de **agradar en todo,** estando comprometido a ser excelente en su trabajo. **Que agraden** es la traducción de *euarestos*, que en el Nuevo Testamento casi siempre se emplea con relación a ser aceptable y agradable para Dios. Pablo urge a los creyentes: "que presentéis vuestros cuerpos en sacrificio vivo, santo, agradable a Dios, que es vuestro culto racional. No os conforméis a este siglo, sino transformaos por medio de la renovación de vuestro entendimiento, para que comprobéis cuál sea la buena voluntad de Dios, agradable y perfecta" (Ro. 12:1-2). Más adelante en esa carta, el apóstol dice que todo aquel que tiene "justicia, paz y gozo en el Espíritu Santo... en esto sirve a Cristo, agrada a Dios, y es aprobado por los hombres" (14:17-18). Los apóstoles siempre procuraron para gloria de Cristo, "ausentes o presentes, serle agradables" (2 Co. 5:9). Pablo también declaró que el sacrificio de generosidad de los creyentes de Filipos era "olor fragante, sacrificio acepto, agradable a Dios" (Fil. 4:18). El propósito de todo cristiano debería ser andar en Cristo y dar fruto para su gloria, "comprobando lo que es agradable al Señor" (Ef. 5:10).

Aun en el lugar de trabajo, Cristo es nuestro supervisor máximo, y en su Palabra Él deja en claro que ser agradable para nuestro Amo celestial incluye **que [agrademos]** a nuestro amo o jefe terrenal. Algunos cristianos razonan que, si su empleador es cristiano, tienen menos obligación de respetarle y agradarle "porque todos [nosotros somos] uno en Cristo Jesús" (Gá. 3:28). Sin embargo, la igualdad en el campo espiritual no se traduce en igualdad en el terrenal. "Y los que tienen amos creyentes, no los tengan en menos por ser hermanos", dice Pablo, "sino sírvanles mejor, por cuanto son creyentes y amados los que se benefician de su buen servicio" (1 Ti. 6:1-2).

No está mal trabajar duro, realizar un trabajo excelente y procurar agradar a nuestro empleador con el fin de contribuir al avance de una empresa y aumentar nuestros ingresos. Si se tiene un espíritu correcto esos motivos son legítimos, pero nunca deberían ser los objetivos más altos de un cristiano. Por encima de todo lo demás, muy por encima, debería estar el deseo sincero de hacer aquello que es agradable y aceptable para nuestro Señor, incluso en cualquier trabajo que desempeñemos.

RESPETO

que no sean respondones; (2:9*c*)

En tercer lugar, los trabajadores cristianos deben ser respetuosos hacia sus empleadores en el sentido que **no sean respondones**. *Antilegō* (ser **respondones**) tiene el significado literal: "hablar en contra de", en el sentido de alegar o contradecir. Alude a las ideas de protestar, obstaculizar y contender, en parte por la simple razón de manifestar desavenencia. Ser **respondones** es lo opuesto de ser sumisos y agradables.

Pablo empleó el mismo verbo en 1:9 con relación a los miembros de la iglesia que quieren contradecir la sana enseñanza. En Romanos 10:21 la palabra se traduce "contradictor". En Antioquía de Pisidia, los líderes judíos vieron que "muchos de los judíos y de los prosélitos piadosos siguieron a Pablo y a Bernabé, quienes hablándoles, les persuadían a que perseverasen en la gracia de Dios. El siguiente día de reposo se juntó casi toda la ciudad para oír la palabra de Dios.

Pero viendo los judíos la muchedumbre, se llenaron de celos, y rebatían lo que Pablo decía, *contradiciendo* y blasfemando" (Hch. 13:43-45, cursivas añadidas).

El sustantivo de ese verbo (*antilogia*) se traduce en la carta a los hebreos como "controversia" (6:16) y "discusión" (7:7). Más adelante en esa carta se emplea para hablar de la "contradicción" que Cristo tuvo que sufrir "de pecadores contra sí mismo" (He. 12:3), y es usada por Judas al referirse a "la contradicción de Coré" (Jud. 11; cp. Nm. 16).

En nuestros tiempos de egocentrismo y autoexaltación, ser **respondones** y argumentativos casi es un estilo de vida para algunas personas, incluyendo por desgracia a algunos cristianos. La prohibición no se refiere a pronunciarse con firmeza respecto a nuestras convicciones y defender lo que creemos correcto, apropiado y honroso para gloria de Dios, sino al simple hecho de oponerse a la autoridad por interés egoísta y preferencias individuales.

Si un trabajador tiene la oportunidad de expresar sus opiniones en un escenario adecuado para tal fin, tal iniciativa es por cierto permisible. Es obvio que los trabajadores hoy día tienen medios legítimos para expresar agravios manifiestos a un empleador, los cuales ni siquiera habrían imaginado posibles los esclavos en tiempos del Nuevo Testamento. No obstante, cuando la administración toma una decisión final, esa decisión debe ser aceptada y acatada en todas sus ramificaciones por los trabajadores, sin importar cuán insatisfactoria e injusta parezca ser. Como ya se indicó, si un régimen o un requisito es demasiado gravoso, involucra acciones inmorales o contrarias a la Biblia o en algún otro sentido es inaceptable para nuestras conciencias, la única alternativa permisible en ese punto es encontrar otro lugar de trabajo.

HONESTIDAD

no defraudando, (2:10*a*)

En cuarto lugar, un trabajador cristiano debe mostrar su honestidad **no defraudando,** una expresión (*nophizō*) cuyo significado literal es: "apartar a un lado ganancias personales inapropiadas" y que hace referencia a las prácticas de robar, escamotear o enriquecerse por medios ilícitos.

Puesto que los mayordomos o administradores de negocios en tiempos del Nuevo Testamento con frecuencia eran esclavos, tenían oportunidades considerables para apropiarse de dinero, comida, joyas u otros artículos de valor que les eran encomendados. En tiempos modernos, muchos trabajadores tienen acceso a fondos y propiedades de la empresa que se pueden convertir con facilidad en objetos de uso personal. Muchos otros cometen fraude en sus trabajos cobrando más de lo que corresponde a su rendimiento real, exagerando informes de gastos, llevando implementos de oficina a sus casas, haciendo llamadas no autorizadas en el teléfono de la empresa y realizando viajes no autorizados en el automóvil de la compañía. Cuando los cristianos hacen estas cosas, sus acciones no solo no son éticas y perjudican a sus empleadores sino que también tienen consecuencias espirituales y desacreditan su testimonio del Señor.

En efecto, Ananías y Safira cometieron desfalco con dinero que pertenecía a la iglesia y por tanto al Señor. Después de vender una propiedad solo dieron parte de los fondos a los apóstoles aunque afirmaron que habían entregado toda la cantidad. Como Pedro explicó a Ananías, ellos no estaban obligados a vender la propiedad ni a dar el producto de la venta para la obra del Señor. Sin embargo, por haber dado menos de lo que habían alegado dar, no solo mintieron a los hombres sino a Dios (Hch. 5:1-4). Su engaño equivalió a un intento de servir en la obra **defraudando** y fue tan serio en los ojos del Señor que como consecuencia le costó a esa pareja sus vidas físicas y "vino gran temor sobre toda la iglesia, y sobre todos los que oyeron estas cosas" (vv. 5-11).

LEALTAD

sino mostrándose fieles en todo, (2:10*b*)

En quinto lugar, **mostrándose fieles en todo** es una característica que describe la virtud tan valiosa de la lealtad. *Pistos* puede traducirse fe, pero en este contexto parece preferible verterla como "fidelidad", para aludir a hacer fielmente cualquier trabajo que un creyente tenga que hacer. Se refiere a confiabilidad, la cualidad de una persona de la cual se puede depender así no esté siendo observada por el amo o el empleador.

Mostrándose corresponde en griego a *endeiknumi*, que significa "manifestar con el propósito de demostrar o probar algo". El empleado cristiano no debe dejar en duda su lealtad sino dar evidencias abundantes de ella. Es trágico que la lealtad y fidelidad al empleador y a los compañeros de trabajo esté tan ausente de la "ética laboral" moderna, la cual defienden incluso algunos cristianos.

EL RESULTADO

para que en todo adornen la doctrina de Dios nuestro Salvador. (2:10*c*)

Esta última cláusula en el versículo 10 es la tercera cláusula de propósito en este pasaje que presenta una razón de peso para que se haga un llamado tan alto a la vida en santidad (véase también vv. 5, 8), y al igual que la del versículo 5 se enfoca en honrar y glorificar la Palabra de Dios.

Adornen es la traducción de *kosmeō*, término griego del que se deriva la palabra "cosméticos" que hace referencia a la cantidad inmensa de sustancias, tanto naturales como artificiales que las mujeres (y los hombres) utilizan para hacer más atractivo su aspecto físico. La idea del término en su raíz consiste en disponer algo en su orden apropiado para darle simetría, afinidad y belleza. En tiempos antiguos se empleaba con relación al engalanamiento de una diadema, collar o anillo con joyas dispuestas de tal manera que se desplegara al máximo su belleza.

Por supuesto, Pablo no estaba hablando de adornos físicos superficiales. Lo que hace atractiva e influyente a la iglesia en el mundo para gloria del Señor no es su estrategia o sus programas, sino la virtud y la santidad de las personas que la forman. Por lo tanto, los hijos de Dios deben conducirse de tal modo **que en todo adornen la doctrina de Dios nuestro Salvador,** por medio de su sumisión, por la excelencia de su trabajo, por su actitud respetuosa, por su honestidad y por su servicio leal a sus empleadores, sin importar que se trate de un hermano en la fe o un pagano, ni que sea justo o despótico, agradable o irritante, digno o mezquino.

Nuestro mensaje supremo a los no salvos acerca de **Dios** es que Él es **nuestro Salvador** y también desea ser el **Salvador** de ellos, porque Él es paciente "no queriendo que ninguno perezca, sino que todos procedan al arrepentimiento" (2 P. 3:9). Debemos hacerles saber, por medio de lo que decimos, lo que hacemos y por la manera como nos desempeñamos en nuestro trabajo, que Dios "es galardonador de los que le buscan" (He. 11:6).

Gracia salvadora 7

Porque la gracia de Dios se ha manifestado para salvación a todos los hombres, enseñándonos que, renunciando a la impiedad y a los deseos mundanos, vivamos en este siglo sobria, justa y piadosamente, aguardando la esperanza bienaventurada y la manifestación gloriosa de nuestro gran Dios y Salvador Jesucristo, quien se dio a sí mismo por nosotros para redimirnos de toda iniquidad y purificar para sí un pueblo propio, celoso de buenas obras. (2:11-14)

Actores, músicos, atletas, políticos, personas dedicadas al entretenimiento de las masas y otras celebridades que han captado de forma excepcional la atención de los medios al igual que gran éxito y popularidad, con frecuencia son llamados *estrellas.* Debido a que han llegado a ser tan bien conocidos en sus campos respectivos, sobresalen con brillo a los ojos del mundo y se les atribuye gran aclamación y deferencia. Sin embargo, la mayoría de esas estrellas están lejos de ser luminares en el mundo a la vista de Dios.

En la visión final de Daniel, el ángel le dijo: "Los entendidos resplandecerán como el resplandor del firmamento; y los que enseñan la justicia a la multitud, como las estrellas a perpetua eternidad" (Dn. 12:3). Daniel mismo fue una de esas estrellas de justicia, como también lo fueron Noé, Abraham, Sara, Moisés, Rahab y todos los demás hombres y mujeres del Antiguo Testamento quienes ganaron la aprobación de Dios por medio de su fe y obediencia (He. 11:4-39). Algunos de ellos, tales como Moisés y David, también alcanzaron gran renombre a escala mundial. No obstante, con frecuencia las vidas de esos santos de la antigüedad, incluidos Moisés y David, estuvieron caracterizadas mucho menos por tener éxito mundano que por debilidad física, tortura, escarnio, azotes, cadenas, cárceles, aflicción, destitución y hasta ejecución (vv. 34-37). El mundo les consideró indignos de respeto o admiración, pero en los ojos de Dios el mundo "no era digno" de ellos (v. 38).

Aquellos que se aferran a la verdad divina y poseen sabiduría divina están en capacidad de discernir la pecaminosidad, desesperanza y futilidad de la sabiduría y los estándares del mundo. Debido a que eligen seguir el camino de Dios y no el del hombre, no solo viven ellos mismos con rectitud sino que también "enseñan la justicia a la multitud", y por su fidelidad "resplandecerán como el resplandor del firmamento... como las estrellas a perpetua eternidad".

Hablando de Juan el Bautista, el ángel declaró a su padre Zacarías: "será grande delante de Dios. No beberá vino ni sidra, y será lleno del Espíritu Santo, aun desde el vientre de su madre. Y hará que muchos de los hijos de Israel se conviertan al Señor Dios de ellos. E irá delante de él con el espíritu y el poder de Elías, para hacer volver los corazones de los padres a los hijos, y de los rebeldes a la prudencia de los justos, para preparar al Señor un pueblo bien dispuesto" (Lc. 1:15-17). En el último versículo de su carta, Santiago nos asegura que cualquier creyente "que haga volver al pecador del error de su camino, salvará de muerte un alma, y cubrirá multitud de pecados" (Stg. 5:20). Debemos tener el propósito constante de ser "irreprensibles y sencillos, hijos de Dios sin mancha en medio de una generación maligna y perversa, en medio de la cual [resplandecemos] como luminares en el mundo" (Fil. 2:15). Aquellos que siguen las instrucciones en los vv. 2-10 y son piadosos en esta vida también se convertirán en luminares en la vida venidera.

La promesa dada por medio de Daniel está basada en el carácter, no en los logros. Son creyentes fieles que conocen, viven y reflejan la verdad redentora de Dios de tal manera que otros son guiados a creer, quienes resplandecerán como estrellas para siempre en su reino celestial. El plan de Dios en su gracia consiste en demostrar su poder de salvación a través de su pueblo salvo. Así como "el Hijo del Hombre vino a buscar y a salvar lo que se había perdido" (Lc. 19:10), también debe ser el propósito de aquellos a quienes el Hijo ya ha buscado y salvado. El propósito soberano de todas las exhortaciones a la manera santa de vivir en las Escrituras es honrar y glorificar a Dios mediante la vida justa y recta de su pueblo que a su vez conduce a la salvación de más pecadores.

Pablo quiso recalcar la importancia de esta realidad central del propósito de la redención y por esa razón culmina esta instrucción práctica con una sección monumental acerca de la obra salvadora de Dios. Empieza donde siempre deberíamos empezar: con **la gracia de Dios.** La **gracia de Dios** es su favor generoso para con pecadores malvados e indignos que no lo merecen, por medio del cual les libra de condenación y muerte. No obstante, **la gracia de Dios** es mucho más que un atributo divino; es una Persona divina: Jesucristo. Jesucristo no solo fue Dios encarnado sino **la gracia** manifestada en la carne. Él mismo personifica y expresa a perfección **la gracia de Dios,** el don soberano y eterno de quien **se ha manifestado para salvación a todos los hombres** sin que ellos posean los méritos para recibirla.

Se ha manifestado es la traducción de *epiphainō*, que tiene el significado de traer algo a la luz, en especial para hacer evidente lo que antes había permanecido invisible. Jesús sacó de las sombras el propósito de salvación de Dios, por así decirlo, y lo hizo manifiesto bajo su luz plena. Dios "nos salvó y llamó con llamamiento santo", recordó Pablo a Timoteo, "no conforme a nuestras obras, sino según el propósito suyo y la gracia que nos fue dada en Cristo Jesús antes de los tiempos de los siglos, pero que ahora ha sido *manifestada por la aparición* de nuestro Salvador Jesucristo, el cual quitó la muerte y sacó a luz la vida y la inmortalidad por el evangelio" (2 Ti. 1:9-10, cursivas añadidas). Como Pablo declara de nuevo en esta carta a Tito, fue en la persona misma de Jesucristo que se hizo manifiesta la salvación. "Cuando se manifestó la bondad de Dios nuestro Salvador, y su amor para con los hombres, [Él] nos salvó" (3:4-5). Él no solo fue **la gracia** encarnada, sino también el amor y la bondad encarnados.

Al tomar en sus brazos al niño Jesús, el piadoso Simeón "bendijo a Dios, diciendo: Ahora, Señor, despides a tu siervo en paz, conforme a tu palabra; porque han visto mis ojos tu salvación" (Lc. 2:28-30). Tal como Isaías profetizó, en el Hijo de Dios encarnado "verá toda carne la salvación de Dios" (Lc. 3:6; Is. 40:5). En Jesucristo el "Verbo fue hecho carne, y habitó entre nosotros (y vimos su gloria, gloria como del unigénito del Padre), lleno de gracia y de verdad... Porque de su plenitud tomamos todos, y gracia sobre gracia" (Jn. 1:14, 16).

Hablando de la encarnación, el notable teólogo alemán Eric Sauer escribió: "Es el punto de quiebre de todos los tiempos, es el punto más alto de todo amor, es el punto central de toda adoración y es el punto de partida de toda salvación".

El punto mismo de **la gracia** redentora **de Dios** por medio de Jesucristo consiste en salvar a los hombres de la corrupción y condenación del pecado; el pecado que debilita y aplasta la vida humana, que separa a los pecadores de un Dios santo y que persiste en la humanidad no redimida como una enfermedad incurable y fatal.

En Tito 2:11-14 Pablo condensa el plan eterno de gracia en Cristo que Dios ha tenido desde siempre. Presenta cuatro aspectos o realidades de la gracia redentora de Dios: salvación del castigo (v. 11*b*), el poder (v. 12), la presencia (v. 13) y la posesión (v. 14) del pecado.

SALVACIÓN DEL CASTIGO DEL PECADO

para salvación a todos los hombres, (2:11*b*)

La palabra **salvación** por sí sola expresa el anhelo de Dios que es manifestado en su obra redentora, porque denota liberación, rescate y emancipación del pecado. Lo que implican los versículos 11 y 12, el versículo 14 lo hace explícito: "se dio a sí mismo por nosotros para redimirnos de toda iniquidad".

En su gracia soberana, Dios salva muchas veces de peligro y aflicción físicas, incluso de la muerte. Daniel, por ejemplo, fue librado por intervención divina mientras estuvo en un foso de leones hambrientos (Dn. 6:19-22), así como sus compatriotas Sadrac, Mesac y Abed-nego habían sido librados de un horno de fuego (3:24-27). Durante una tormenta en el Mar de Galilea, Jesús salvó a los doce de perecer en un naufragio (Mr. 4:39). Sin embargo, a no ser que el contexto indique otra cosa con claridad, cuando la Biblia se refiere a **salvación** o a redención, bien sea en el Antiguo o en el Nuevo Testamento, siempre es con relación a liberación y rescate del pecado y sus consecuencias (muerte espiritual y separación de Dios) y de su castigo (condenación eterna). "La paga del pecado [siempre] es muerte" (Ro. 6:"3). Jesús hizo esta advertencia severa: "Por eso os dije que moriréis en vuestros pecados; porque si no creéis que yo soy, en vuestros pecados moriréis" (Jn. 8:24; cp. v. 21). "Y no temáis a los que matan el cuerpo, mas el alma no pueden matar; temed más bien a aquel que puede destruir el alma y el cuerpo en el infierno" (Mt. 10:28).

El infierno, "donde el gusano de ellos no muere, y el fuego nunca se apaga" (Mr. 9:44; cp. Is. 66:24) es el destino cierto e ineludible de aquellos que mueren en sus pecados sin haber sido perdonados. Es de esa realidad perentoria y terrible que la gracia soberana y suprema de Dios trae **salvación** eterna a quienes depositan su confianza en su Hijo Jesucristo.

Si, como algunos cristianos sostienen, la salvación se puede perder, en ese caso sería obvio que a la gracia de Dios le falta poder eterno y que la vida que Él confiere a los creyentes no es eterna. La esperanza de un creyente solo podría ser temporal y el cristiano estaría en peligro continuo de perder la salvación porque ella dependería de su propia fidelidad, fuerza y firmeza para evitar el pecado que seguiría teniendo poder para hacerle volver a su estado de perdición. Si esto fuera verdad, el poder de cada persona para pecar sería más grande que el poder de Dios para salvar, y cualquier testimonio dado a los incrédulos para traerles a la salvación estaría socavado por completo.

Jesús declaró de forma incondicional: "Todo lo que el Padre me da, vendrá a mí; y al que a mí viene, no le echo fuera" (Jn. 6:37) y también "yo les doy vida eterna; y no perecerán jamás, ni nadie [los] arrebatará de mi mano" (10:28). El Señor *no quiere* revocar la salvación de un solo creyente, y cualquier otro agente, sea el creyente mismo, otro ser humano o aun Satanás, *no puede* revocarla (cp. Ro. 8:28-38).

Por otro lado, si sucediera como otros sostienen, que un creyente no puede perder su salvación pero sí puede perder su fe, ignorar el señorío de Cristo, apartarse de Él y caer en desobediencia completa o continuar viviendo en pecado, de todas maneras su testimonio pierde toda eficacia porque su vida no da evidencia del poder de Dios para salvación. Como Pablo declara más adelante en el texto presente, Jesús "se dio a sí mismo por nosotros para redimirnos de toda iniquidad y *purificar* para sí un pueblo propio, celoso de buenas obras" (Tit. 2:14, cursivas añadidas). Una persona que no está siendo purificada del pecado no puede afirmar que ha sido salvada de él.

Esas verdades gemelas tienen importancia no solo con relación a la salvación personal sino también a la evangelización del mundo. Si Dios es incapaz de mantener salvo a un creyente o de purificar su vida después de salvarle, no tiene algo mediante lo cual pueda demostrar su gracia salvadora a un mundo perdido y condenado.

A todos los hombres no se refiere, como algunos sostienen, a salvación universal, sino más bien a la oportunidad universal para obtener la salvación. En su primera carta a Timoteo, Pablo habla sobre "el Dios viviente, que es el Salvador de todos los hombres, mayormente de los que creen" (1 Ti. 4:10). Dios es "el Salvador de todos los hombres" en el sentido de retardar el juicio que se merecen por el pecado y concederles bendiciones temporales sinnúmero que no merecen y sin embargo, reciben a causa de su amor y gracia.

Contrario a lo que muchas personas piensan, el Antiguo Testamento no presenta un Dios de juicio e ira y el Nuevo Testamento un Dios de amor y misericordia. En ambos testamentos, Él es por encima de todo un Dios de gracia infinita que desea la salvación de toda la humanidad. Por su misma naturaleza, Dios es un Salvador. Más de seis siglos antes del nacimiento de Cristo, el Señor declaró por medio de Isaías: "Proclamad, y hacedlos acercarse, y entren todos en consulta; ¿quién hizo oír esto desde el principio, y lo tiene dicho desde entonces, sino yo Jehová? Y no hay más Dios que yo; Dios justo y Salvador; ningún otro fuera de mí" (Is. 45:21; cp. 43:11). El profeta había profetizado antes: "He aquí Dios es salvación mía; me aseguraré y no temeré; porque mi fortaleza y mi canción es JAH Jehová, quien ha sido salvación para mí" (Is. 12:2).

Como se indicó antes, Dios libra a todo tipo de personas: individuos y naciones, judíos y gentiles, creyentes e incrédulos, de varias clases de peligros y aflicciones físicas incluida la muerte misma. Pablo dijo a miembros judíos de la iglesia en Corinto: "Porque no quiero, hermanos, que ignoréis que nuestros padres todos estuvieron bajo la nube, y todos pasaron el mar; y todos en Moisés fueron bautizados en la nube y en el mar, y todos comieron el mismo alimento espiritual, y todos bebieron la misma bebida espiritual; porque bebían de la roca espiritual que los seguía, y la roca era Cristo" (1 Co. 10:1-4). Todas las personas fueron guiadas por la nube que iba delante de ellos; todos fueron salvados de muerte y de ser otra vez sometidos a esclavitud por los egipcios tras cruzar el Mar Rojo; todos fueron salvados de morir de sed y hambre por la provisión generosa que Dios les hizo de maná para comer y agua para beber en medio del desierto; además, todos ellos tuvieron la bendición de conocer los estándares justos de Dios por medio de la ley. "Pero de los más de ellos no se agradó Dios" continuó Pablo; "por lo cual quedaron postrados en el desierto" (1 Co. 10:5). Aunque todos los israelitas fueron bendecidos por Dios, la mayoría de ellos no confiaron en Él y no fueron salvados en sentido espiritual.

En su libro *Los cinco puntos del calvinismo,* R. L. Dabney escribe: "El sacrificio de Cristo por cierto ha comprado para la raza humana entera un aplazamiento misericordioso de la condenación incurrida por nuestros pecados, y esto incluye todas las bendiciones temporales que recibimos en nuestra vida terrenal, todos los impedimentos del evangelio a la depravación humana, y la oferta sincera y abierta del cielo para todos. De no ser por la intervención de Cristo, la condenación del hombre habría seguido de manera instantánea tras el momento mismo su pecado, como sucedió en el caso de los ángeles caídos" ([Harrisburg, Penn.: Sprinkle Publications, 1992], p. 62).

"¿O menosprecias las riquezas de su benignidad, paciencia y longanimidad, ignorando que su benignidad te guía al arrepentimiento?" (Ro. 2:4). Dios en su gracia retarda el juicio y hace llover sobre la humanidad incrédula toda clase de bendiciones con el fin de que puedan arrepentirse y acudir a Él con fe salvadora. Sin embargo, sus manifestaciones temporales de gracia no son permanentes ni eternas. Un día llegarán a su fin. "Pero por tu dureza y por tu corazón no arrepentido, atesoras para ti mismo ira para el día de la ira y de la revelación del justo juicio de Dios" (Ro. 2:5).

En su muerte expiatoria, Cristo no salvó a todos los hombres en sentido espiritual sino que suministró los *medios* de **salvación a todos los hombres** que habrían de ser salvos. En su gracia incomparable, Dios "quiere que todos los hombres sean salvos y vengan al conocimiento de la verdad" (1 Ti. 2:4). Pedro recalcó esa misma verdad cuando escribió: "El Señor no retarda su promesa, según algunos la tienen por tardanza, sino que es paciente para con nosotros, no queriendo que ninguno perezca, sino que todos procedan al arrepentimiento" (2 P. 3:9). Como nuestro Señor mismo declaró en su promesa hermosa y conocida: "Porque de tal manera amó Dios al mundo, que ha dado a su Hijo unigénito, para que *todo aquel* que en él cree, no se pierda, mas tenga vida eterna" (Jn. 3:16, cursivas añadidas; cp. Jn. 6:51). El evangelio es buenas nuevas **a todos los hombres,** no porque todos sean elegidos o porque Cristo murió por cada uno de ellos en particular, sino porque, como Jesús prometió, "*el que* por mí entrare, será salvo; y entrará, y saldrá, y hallará pastos" (Jn. 10:9, cursivas añadidas).

Cuando Dios llama a todos los pecadores a creer, no les manda creer que son objeto de elección divina o que Cristo murió por ellos de manera específica. Les manda creer que Jesucristo murió por todos los pecadores en el mundo. Él no ofrece salvación a una persona siendo elegida o no elegida, sino tan solo como un pecador cualquiera.

En ningún lugar enseñan las Escrituras lo que se conoce con el nombre común de predestinación doble. Dios no elige algunos hombres a salvación y otros a condenación de una forma determinada. De una manera que es inescrutable e incomprensible para nuestras mentes finitas, la Palabra de Dios deja en claro que todo creyente fue escogido por Dios "en él [Cristo] antes de la fundación del mundo, para que fuésemos santos y sin mancha delante de él" (Ef. 1:4). La Biblia también deja en claro que quienes no creen son responsables y culpables por su rechazo de Cristo (cp. Jn. 3:17-20). Jesús nos da esta seguridad maravillosa: "Todo lo que el Padre me da, vendrá a mí; y al que a mí viene, no le echo fuera... Y esta es la voluntad del Padre, el que me envió: Que de todo lo que me diere, no pierda yo nada, sino que lo resucite en el día postrero" (Jn. 6:37, 39; cp. 17:2). Junto a esa seguridad, Él también nos da esta promesa: "el que a mí viene, nunca tendrá hambre; y el que en mí cree, no tendrá sed jamás... Todo lo que el Padre me da, vendrá a mí; y al que a mí viene, no le echo fuera" (Jn. 6:35, 37).

En su carta a la iglesia en Roma, Pablo explica con detalle: "Porque a los que antes [Dios] conoció, también los predestinó para que fuesen hechos conformes a la imagen de su Hijo, para que él sea el primogénito entre muchos hermanos. Y a los que predestinó, a éstos también llamó; y a los que llamó, a éstos también justificó; y a los que justificó, a éstos también glorificó" (Ro. 8:29-30). Más adelante el apóstol presenta las promesas inmortales: "Todo aquel que en él creyere, no será avergonzado" y "todo aquel que invocare el nombre del Señor, será salvo" (Ro. 10:11, 13).

Por otro lado, la Biblia no enseña lo que podría verse como un corolario de esa verdad: que Dios predestina los incrédulos al infierno. Como se indicó arriba, Dios es por naturaleza un Salvador, y nadie más que los incrédulos son responsables por el pecado en sus vidas que les envía al infierno. El Señor "quiere que *todos* los hombres sean salvos y vengan al conocimiento de la verdad" (1 Ti. 2:4, cursivas añadidas), "no queriendo que *ninguno* perezca, sino que *todos* procedan al arrepentimiento" (2 P. 3:9, cursivas añadidas). Los hombres no son condenados porque Dios no les haya elegido sino porque ellos no le han elegido a Él. El Señor dice a todos los incrédulos lo que dijo a los judíos incrédulos en Jerusalén: "De cierto, de cierto os digo: El que oye mi palabra, y cree al que me envió, tiene vida eterna; y no vendrá a condenación, mas ha pasado de muerte a vida... ni tenéis su palabra morando en vosotros; porque a quien él envió, vosotros no creéis... y no queréis venir a mí para que tengáis vida" (Jn. 5:24, 38, 40; cp. 8:24). Todos los hombres no son salvos por la simple razón de que "no es de todos la fe" (2 Ts. 3:2).

No es el alcance de la expiación lo que excluye a algunos de la salvación. Como Juan aclara en su segunda carta, Jesús mismo "es la propiciación por nuestros pecados; y no solamente por los nuestros, sino también por los de *todo* el mundo" (1 Jn. 2:2, cursivas añadidas). Jesús gustó la muerte por todos (He. 2:9). La expiación fue suficiente porque Cristo es la perfección de la divinidad y su sacrificio satisfizo por completo a Dios. Si Dios hubiese escogido a todas las personas que han vivido, no se necesitaría otra expiación aparte de la obrada por Cristo.

En su libro titulado *Discursos y dichos de nuestro Señor Jesucristo,* el notable puritano escocés del siglo dieciocho John Brown escribió:

> No puede haber duda en la mente de una persona que entiende la doctrina de elección personal, que quienes en efecto son salvados han sido hechos objeto de un amor especial por parte de Dios; y que el... Salvador tuvo un designio especial con referencia a ellos. No obstante, es imposible dudar que la expiación de Cristo mantiene una referencia general a la humanidad como un todo, y que tuvo el propósito de hacer manifiesto el amor de Dios por nuestra raza culpable de pecado y digna de muerte.
>
> La expiación ofrecida por Cristo no solo fue suficiente para la salvación del mundo entero, sino que tuvo el propósito y fue apta para quitar del camino de la salvación de los pecadores en general, todos los obstáculos presentados por las perfecciones del carácter moral divino y los principios del gobierno moral divino... Como consecuencia de esa expiación, todo pecador puede ser, y si cree en Jesús por cierto será, perdonado y salvado... La revelación de misericordia contenida en los evangelios se refiere a los hombres como pecadores, no como pecadores elegidos. ([Nueva York: Robert Carter & Bros., 1855], vol. 1, p. 33)

Por lo tanto, el problema no radica en la suficiencia o el alcance de la gracia de Dios. "Porque hay un solo Dios, y un solo mediador entre Dios y los hombres, Jesucristo hombre, el cual se dio a sí mismo en rescate *por todos,* de lo cual se dio testimonio a su debido tiempo" (1 Ti. 2:5-6, cursivas añadidas). Sin excepción alguna, Dios llama a todos los hombres a la fe en su Hijo Jesucristo, cuyo sacrificio expiatorio fue más que suficiente para cubrir todo pecado que ha sido o que será jamás cometido.

El Espíritu Santo reveló esa gran verdad al profeta Isaías, quien declaró que "todos nosotros nos descarriamos como ovejas, cada cual se apartó por su camino", y a continuación predijo acerca de Cristo: "mas Jehová cargó en él el pecado de todos nosotros" (Is. 53:6). Juan el Bautista testificó acerca de Jesús: "He aquí el Cordero de Dios, que quita el pecado del mundo" (Jn. 1:29). Pablo explica además: "Pero el don no fue como la transgresión; porque si por la transgresión de aquel uno murieron los muchos, abundaron mucho más para los muchos la gracia y el don de Dios por la gracia de un hombre, Jesucristo... Así que, como por la transgresión de uno vino la condenación a todos los hombres, de la misma manera por la justicia de uno vino a todos los hombres la justificación de vida... Pero la ley se introdujo para que el pecado abundase; mas cuando el pecado abundó, sobreabundó la gracia" (Ro. 5:15, 18, 20; cp. 2 Co. 5:14-15). La abundancia de la gracia de Dios excede en gran medida toda la depravación del hombre.

El problema es que no todos los hombres confían en la provisión suficiente de la salvación que Dios les ofrece en su gracia. Esa es siempre la razón, y la única razón, que las Escrituras dan sobre el hecho de que una persona no se salve. La bella promesa de Jesús en Juan 3:16-17 es seguida por esta grave advertencia: "El que en él cree, no es condenado; pero el que no cree, ya ha sido condenado, porque no ha creído en el nombre del unigénito Hijo de Dios" (v. 18). Parte de la obra del Espíritu Santo es que "convencerá al mundo de pecado, de justicia y de juicio. De pecado, por cuanto no creen en mí" (Jn. 16:8-9). En una aparición después de su resurrección, Jesús reiteró esa verdad al decir: "El que creyere y fuere bautizado, será salvo; mas el que no creyere, será condenado" (Mr. 16:16). Se podría decir que la expiación de Cristo es *suficiente* para el mundo entero pero solo es *eficiente* para aquellos que creen.

Dios llama a su pueblo, aquellos que ya son salvos, a demostrar su poder salvador en sus vidas y mostrar de esa manera que Él es un Dios que salva, para glorificarle y para acercar otros a Él. "Y todo esto proviene de Dios", declara Pablo, "quien nos reconcilió consigo mismo por Cristo, y nos dio el ministerio de la reconciliación; que Dios estaba en Cristo reconciliando consigo al mundo, no tomándoles en cuenta a los hombres sus pecados, y nos encargó a nosotros la palabra de la reconciliación. Así que, somos embajadores en nombre de Cristo, como si Dios rogase por medio de nosotros; os rogamos en nombre de Cristo: Reconciliaos con Dios" (2 Co. 5:18-20).

SALVACIÓN DEL PODER DEL PECADO

enseñándonos que, renunciando a la impiedad y a los deseos mundanos, vivamos en este siglo sobria, justa y piadosamente, (2:12)

Sin dejar de lado la importancia definitiva que tiene la salvación del castigo del pecado, Pablo se concentra aquí en destacar la salvación frente a su poder. En Jesucristo, la gracia redentora de Dios quebranta el poder y el dominio del pecado en nuestras vidas y nos da una naturaleza nueva que desea la santidad.

La palabra **enseñándonos** se traduce de *paideuō*, que incluye los significados paralelos de enseñar, capacitar, discipular, adiestrar, educar y nutrir. Es el término del cual obtenemos *pedagogía*. El tema de esa enseñanza divina es "la gracia de Dios", que como ya se ha indicado, está personificada en Jesucristo, la encarnación de la gracia de Dios, quien se ha manifestado para traer salvación (v. 11). Revelada y personificada en Cristo, la gracia salvadora y soberana de Dios no solo liberta sino que también enseña, guía y aconseja. Cuando somos salvos, de inmediato quedamos bajo la tutela de Dios por medio de su Espíritu Santo y a través de su Palabra. "Y nosotros no hemos recibido el espíritu del mundo" explicó Pablo a los creyentes en Corinto, "sino el Espíritu que proviene de Dios, para que sepamos lo que Dios nos ha concedido, lo cual también hablamos, no con palabras enseñadas por sabiduría humana, sino con las que enseña el Espíritu, acomodando lo espiritual a lo espiritual" (1 Co. 2:12-13). "Mas nosotros tenemos", prosigue a decir el apóstol, "la mente de Cristo" (v. 16).

En el capítulo 3 de su carta a la iglesia en Roma, Pablo describe la depravación total de todo ser humano aparte de Jesucristo. Al citar de los Salmos dice: "Como está escrito: No hay justo, ni aun uno; no hay quien entienda. No hay quien busque a Dios. Todos se desviaron, a una se hicieron inútiles; no hay quien haga lo bueno, no hay ni siquiera uno" (Ro. 3:10-12; cp. Sal. 14:1-3; 53:1-4). A causa de su esclavitud total al pecado, "no hay temor de Dios delante de sus ojos" (v. 18; cp. Sal. 36:1). "El hombre natural no percibe las cosas que son del Espíritu de Dios, porque para él son locura, y *no las puede entender,* porque se han de discernir espiritualmente" (1 Co. 2:14, cursivas añadidas).

Pablo recordó a los creyentes en Éfeso cuál había su condición anterior de pecaminosidad ininterrumpida cuando les dijo: "Y él os dio vida a vosotros, cuando estabais muertos en vuestros delitos y pecados, en los cuales anduvisteis en otro tiempo, siguiendo la corriente de este mundo, conforme al príncipe de la potestad del aire, el espíritu que ahora opera en los hijos de desobediencia, entre los cuales también todos nosotros vivimos en otro tiempo en los deseos de nuestra carne, haciendo la voluntad de la carne y de los pensamientos, y éramos por naturaleza hijos de ira, lo mismo que los demás" (Ef. 2:1-3). Fue solo gracias a que Dios "es rico en misericordia, por su gran amor con que nos amó, aun estando nosotros muertos en pecados, [que Él] nos dio vida juntamente con Cristo (por gracia sois salvos), y juntamente con él nos resucitó, y asimismo nos hizo sentar en los lugares celestiales con Cristo Jesús" (vv. 4-6). La persona que "está en Cristo, nueva criatura es; las cosas viejas pasaron; he aquí todas son hechas nuevas" (2 Co. 5:17).

Como se recalca en dos de mis libros: *El evangelio según Jesús* (Zondervan, 1988) y *La fe obra* (Word, 1993), cuando una persona de verdad se ha convertido y salvado, y en realidad ha recibido una vida nueva en Jesucristo, tiene lugar una transformación no solo de naturaleza sino de manera de vivir. No es posible, como insisten con vigor los que se oponen a lo que llaman "salvación por señorío", ser salvos del castigo del pecado y no ser salvos de su poder y dominio. A causa de la naturaleza nueva de un cristiano y la presencia del Espíritu Santo en su ser, esa persona simplemente no puede continuar viviendo en pecado intemperante, carente de alguna evidencia externa de su naturaleza nueva, santa y justa, así como de la presencia del Espíritu Santo de Cristo mismo en su interior.

Por su gracia divina, Jesucristo opera en nuestras computadoras, por así decirlo, para asignarles un formato y una programación por completo nuevos. Desecha los discos viejos y borra los programas y archivos anteriores, todos los cuales estaban invadidos de errores y "virus" destructivos, y en su gracia los reemplaza con su propia verdad y justicia perfectas. "Con Cristo estoy juntamente crucificado", testificó Pablo a las iglesias de Galacia, "y ya no vivo yo, mas vive Cristo en mí; y lo que ahora vivo en la carne, lo vivo en la fe del Hijo de Dios, el cual me amó y se entregó a sí mismo por mí" (Gá. 2:20).

La Biblia no enseña que la perfección sin pecado sea posible en las vidas terrenales de los creyentes. Aunque Pablo pudo decir con plena sinceridad "de nada tengo mala conciencia", aclaró de inmediato: "no por eso soy justificado" (1 Co. 4:4). Testificó con claridad: "No que lo haya alcanzado ya, ni que ya sea perfecto; sino que prosigo, por ver si logro asir aquello para lo cual fui también asido por Cristo Jesús. Hermanos, yo mismo no pretendo haberlo ya alcanzado; pero una cosa hago: olvidando ciertamente lo que queda atrás, y extendiéndome a lo que está delante, prosigo a la meta, al premio del supremo llamamiento de Dios en Cristo Jesús" (Fil. 3:12-14).

De cualquier forma, una persona que nace de nuevo por intervención divina ya no está bajo el dominio asiduo del pecado y de Satanás. Tiene una naturaleza radicalmente nueva y está llamada y capacitada para reflejar esa nueva naturaleza en una manera de vivir radicalmente nueva. Por la obra de Dios el Padre, nosotros estamos "en Cristo Jesús, el cual nos ha sido hecho por Dios sabiduría, justificación, santificación y redención" (1 Co. 1:30). "La gracia y la verdad vinieron por medio de Jesucristo" (Jn. 1:17) durante su ministerio terrenal y deben hacerse realidad y ser evidentes en las vidas de aquellos que portan su nombre y su naturaleza. Ellos se han "despojado del viejo hombre con sus hechos, y revestido del nuevo, el cual conforme a la imagen del que lo creó se va renovando hasta el conocimiento pleno" (Col. 3:9-10).

Nuestra vida terrenal presente es un tiempo de santificación, un proceso doble de ser cada vez menos parecidos a nuestro hombre viejo y pecaminoso, y volvernos cada vez más semejantes a nuestro hombre nuevo creado conforme a Cristo. "Así como para iniquidad presentasteis vuestros miembros para servir a la inmundicia y a la iniquidad, así ahora para santificación presentad vuestros miembros para servir a la justicia" (Ro. 6:19).

Puesto que la santificación tiene implicaciones en sentido tanto negativo como positivo, ya que separa a los creyentes *del* pecado y *para* la justicia, la gracia de Cristo está **enseñándonos** a vivir conforme a esa doble operación.

En sentido negativo, el Señor está **enseñándonos** a vivir **renunciando a la impiedad y a los deseos mundanos.** El poder de Cristo mismo, a través de la obra de su Espíritu Santo que mora en nosotros, no solo nos advierte sobre la presencia del pecado sino que nos capacita para resistirlo y renunciar a él. "No reine, pues, el pecado en vuestro cuerpo mortal, de modo que lo obedezcáis en sus concupiscencias", es la amonestación de Pablo; "ni tampoco presentéis vuestros miembros al pecado como instrumentos de iniquidad, sino presentaos vosotros mismos a Dios como vivos de entre los muertos, y vuestros miembros a Dios como instrumentos de justicia. Porque el pecado no se enseñoreará de vosotros; pues no estáis bajo la ley, sino bajo la gracia" (Ro. 6:12-14).

Renunciando alude a la idea de una acción consciente y deliberada de la voluntad que se hace con propósito consciente. Significa decir no y actuar de conformidad con esa decisión. Consiste en confesar y apartarse de manera consciente de aquello que es pecaminoso y destructivo, y avanzar hacia aquello que es bueno y piadoso. Incluye el compromiso que un creyente hace cuando reconoce por primera vez su pecado y recibe a Cristo como Salvador y Señor, al igual que en las muchas otras decisiones que toma para mantenerse **renunciando a** y abandonando toda **la impiedad** y **los deseos mundanos** que siguen tratando de volver a tener una presencia activa en su vida.

Quienes sostienen la noción reduccionista de que una persona puede ser librada del infierno sin ser librada del pecado, contradicen la enseñanza clara de Cristo y sus apóstoles. Tanto Juan el Bautista como Jesús mismo, el Mesías de quien Juan fue el heraldo, empezaron sus ministerios con llamados al arrepentimiento (Mt. 3:2, 8, 11; 4:17). De la misma forma, la primera obra del Espíritu Santo, a quien Jesús enviaría en su nombre, sería convencer a los hombres de pecado (Jn. 16:8). Después que el Espíritu prometido descendió en Pentecostés, quienes escucharon el sermón de Pedro "se compungieron de corazón, y dijeron a Pedro y a los otros apóstoles: Varones hermanos, ¿qué haremos? Pedro les dijo: Arrepentíos, y bautícese cada uno de vosotros en el nombre de Jesucristo para perdón de los pecados; y recibiréis el don del Espíritu Santo" (Hch. 2:37-38).

Los cristianos no practican el pecado de manera habitual y continua porque cuando una persona cree de verdad en Jesucristo, se opera en su vida una separación de **la impiedad** y de **los deseos mundanos** por intervención del poder divino. **Impiedad** se traduce de *asebeia*, que se refiere aquí a falta de reverencia y devoción verdaderas hacia Dios. Es "contra toda impiedad e injusticia de los hombres" que "la ira de Dios se revela desde el cielo" (Ro. 1:18). Una persona cuya vida está caracterizada por **la impiedad** no puede ser salva en verdad, sin importar cuán expresa y ortodoxa pueda ser su profesión de fe en Cristo.

El apóstol Juan advierte: "Hijitos, nadie os engañe; el que hace justicia es justo, como él es justo. El que practica el pecado es del diablo; porque el diablo peca desde el principio. Para esto apareció el Hijo de Dios, para deshacer las obras del diablo. Todo aquel que es nacido de Dios, no practica el pecado, porque la simiente de Dios permanece en él; y no puede pecar, porque es nacido de Dios. En esto se manifiestan los hijos de Dios, y los hijos del diablo: todo aquel que no hace justicia, y que no ama a su hermano, no es de Dios" (1 Jn. 3:7-10).

Después de dar una lista larga de "las obras de la carne, que son: adulterio, fornicación, inmundicia, lascivia, idolatría, hechicerías, enemistades, pleitos, celos, iras, contiendas, disensiones, herejías, envidias, homicidios, borracheras, orgías, y cosas semejantes a estas", Pablo declara "que los que practican tales cosas no heredarán el reino de Dios... Pero los que son de Cristo han crucificado la carne con sus pasiones y deseos" (Gá. 5:19-21, 24).

Deseos mundanos se refiere a pecados que, aunque puede ser que no los hayamos cometido en realidad, de todas maneras anhelamos cometerlos. Estos **deseos** incluyen todo el sinnúmero de lujurias y apetitos pecaminosos que caracterizan al hombre natural. Incluyen "pasiones juveniles" (2 Ti. 2:22), "deseos carnales" (1 P. 2:11), y todas las demás "codicias necias y dañosas, que hunden a los hombres en destrucción y perdición" (1 Ti. 6:9). Cuando en verdad andamos en el Espíritu, no vamos a satisfacer **los deseos mundanos** de la carne (cp. Gá. 5:16).

En sentido positivo, Cristo en su gracia nos enseña **que... vivamos en este siglo sobria, justa y piadosamente.** Habiendo sido *declarados y hecho* justos por nuestra justificación a través de Cristo, y hechos capaces de conducta justa por nuestra confesión y el perdón de pecados de Dios, nosotros por lo tanto hemos de *practicar* la justicia en nuestra santificación. Dios ha ordenado que nuestras vidas en Cristo sean vidas de cada vez mayor justicia, santidad y bondad: "para que así como el pecado reinó para muerte, así también la gracia reine por la justicia para vida eterna mediante Jesucristo, Señor nuestro" (Ro. 5:21).

La expresión "vivamos sobriamente" se traduce del adverbio *sōphronōs*, que alude a la idea básica de tener una mente cuerda. Pablo ha empleado otras formas de esa palabra en cuatro ocasiones anteriores en esta carta al referirse a las cualidades que deben caracterizar a los ancianos u obispos (1:8), los hombres de edad (2:2), las mujeres jóvenes (2:5) y los jóvenes (2:6). El cristiano que vive de una manera **sobria** tiene control sobre los asuntos de la vida. Como se indicó en el capítulo 3 de este comentario en la discusión de 1:8, el creyente sobrio no permite que las circunstancias o la influencia irresponsable de otros distraigan o afecten su propio juicio. No solo es cuidadoso en no involucrarse en cosas inmorales o dañinas para la vida espiritual, sino que también evita cosas que de por sí son triviales e improductivas. Por la capacitación y el poder del Espíritu Santo en su ser interior redimido, el cristiano mantiene bajo control la carne no redimida.

Cristo también nos enseña en su gracia a vivir de una manera **justa,** obedeciendo con fidelidad la Palabra de Dios, el estándar divino de lo que es correcto en absoluto y sin reservas. Además Cristo nos instruye en su gracia a vivir **piadosamente,** lo cual tiene el significado obvio de una comunión estrecha con nuestro Padre celestial.

La enseñanza divina que recibimos por gracia del Señor podría ser vista como tridimensional. Lo primero, vivir de manera **sobria,** se podría asociar al cambio continuo que se opera en nuestro interior por intervención divina. El segundo aspecto que es vivir de una manera **justa,** se conecta con nuestra relación transformada con los demás, tanto salvos como no salvos. En tercer lugar, vivir **piadosamente** puede referirse a nuestra relación cambiada con Dios mismo. Ya no somos sus enemigos sino sus hijos. Ya no le ignoramos, ni blasfemamos contra Él ni usamos su nombre en vano, sino que más bien le honramos en adoración, alabanza y exaltación reverentes.

Todos estos tres cambios, a escala tanto individual como colectiva, dan evidencias claras **en este siglo** de nuestro nuevo nacimiento espiritual. Son un testimonio vivo y poderoso dentro de la iglesia y delante del mundo, del poder salvador y transformador de Jesucristo.

Para muchas personas, lo único que les induce a escuchar el evangelio es ver su poder transformador produciendo en las vidas de los creyentes santidad, amor, paz y las demás manifestaciones del fruto del Espíritu (Gá. 5:22-23). Como Pablo declara unos cuantos versículos más adelante en su carta a Tito, las vidas transformadas por acción divina son en verdad "[celosas] de buenas obras" (2:14). Por lo tanto, los creyentes fieles deben procurar "ocuparse en buenas obras" porque estas "son buenas y útiles a los hombres" (3:8). Somos salvados a fin de que Dios pueda demostrar su gracia gloriosa, la cual produce en nosotros el deseo de hacer lo que es recto y bueno, de tal modo que demos gloria a nuestro Señor y tengamos un efecto de justicia verdadera en las vidas de los no salvos en su nombre. "Por esto fui recibido a misericordia", explicó Pablo a Timoteo, "para que Jesucristo mostrase en mí el primero [de los pecadores, v. 15] toda su clemencia, para ejemplo de los que habrían de creer en él para vida eterna" (1 Ti. 1:16). Como nuestro Señor manda, debemos hacer que "alumbre [nuestra] luz delante de los hombres, para que vean [nuestras] buenas obras, y glorifiquen a [nuestro] Padre que está en los cielos" (Mt. 5:16).

Contrario a lo alegado por los fariseos y la mayoría de las religiones fabricadas por los hombres, ninguna cantidad de buenas obras puede producir una relación correcta con Dios. Más bien es todo lo contrario: solo una relación correcta con Dios (asegurada por medio de confianza personal en su Hijo Jesucristo) puede producir obras buenas en verdad. "Porque por gracia sois salvos por medio de la fe", explica Pablo en su carta a la a iglesia en Éfeso; "y esto no de vosotros, pues es don de Dios; no por obras, para que nadie se gloríe. Porque somos hechura suya, creados en Cristo Jesús *para* buenas obras, las cuales Dios preparó de antemano para que anduviésemos en ellas" (Ef. 2:8-10, cursivas añadidas). La manera transformada de vivir que el apóstol describe en Tito 2:1-10 solo puede convertirse en una realidad por medio de la obra divina de gracia y salvación que se describe en los versículos 11-14.

SALVACIÓN DE LA PRESENCIA DEL PECADO

aguardando la esperanza bienaventurada y la manifestación gloriosa de nuestro gran Dios y Salvador Jesucristo; (2:13)

Una de las verdades maravillosas que están implícitas en esta promesa es que un día, cuando nuestra salvación sea perfeccionada, vamos a ser glorificados, hechos a plenitud semejantes a nuestro Señor en pureza y justicia. "Amados, ahora somos hijos de Dios", nos asegura Juan, "y aún no se ha manifestado lo que hemos de ser; pero sabemos que cuando él se manifieste, seremos semejantes a él, porque le veremos tal como él es" (1 Jn. 3:2).

Ese encuentro futuro bienaventurado con nuestro Señor traerá la remoción total y permanente del pecado de nuestras vidas. Ni siquiera quedará el rastro. Por esa razón Pablo pudo decir a los creyentes en Filipos: "Porque para mí el vivir es Cristo, y el morir es ganancia", debido a que tenía el apremio irresistible de un "deseo de partir y estar con Cristo, lo cual es muchísimo mejor" (Fil. 1:21, 23). El apóstol también pudo decir a los creyentes en Roma "que toda la creación gime a una, y a una está con dolores de parto hasta ahora; y no sólo ella, sino que también nosotros mismos, que tenemos las primicias del Espíritu, nosotros también gemimos dentro de nosotros mismos, esperando la adopción, la redención de nuestro cuerpo" (Ro. 8:22-23).

Aguardando es la traducción de la palabra *prosdechomai* en forma de participio, que no solo incluye los significados de abrigar una esperanza e ilusionarse sino también de mantener una expectación anhelante y cierta. **Esperanza** se traduce de *elpis*, que al igual que *prosdechomai* incluye la connotación de certidumbre confiada. Se trata de una **esperanza** en especial **bienaventurada** o feliz de los creyentes porque Pablo no está hablando acerca de un deseo humano agradable sino de una certeza prometida con garantía divina. Esa certidumbre es **la manifestación gloriosa de nuestro gran Dios y Salvador Jesucristo.** Es por esa razón que el apóstol la llama, y los cristianos durante todos los siglos la han llamado, **la esperanza bienaventurada,** aquella **esperanza** que está por encima de todas las demás esperanzas.

Manifestación es la traducción de *epiphaneia*, que tiene en su raíz las ideas de descubrir, descorrer un velo o revelar y mostrar a la vista. Pablo emplea el término con referencia a la primera y segunda venidas de Cristo por igual. En la primera "aparición de nuestro Salvador Jesucristo", Él "quitó la muerte y sacó a luz la vida y la inmortalidad por el evangelio" (2 Ti. 1:10). En su segunda aparición, Él "juzgará a los vivos y a los muertos en su manifestación y en su reino" que establecerá en la tierra (2 Ti. 4:1). Mientras tanto que llega ese momento, su pueblo debe "[guardar] el mandamiento sin mácula ni reprensión, hasta la [segunda] *aparición* de nuestro Señor Jesucristo" (1 Ti. 6:14, cursivas añadidas), y deben regocijarse en saber que les "está guardada la corona de justicia, la cual [les] dará el Señor, juez justo, en aquel día... a todos los que aman *su venida*" (2 Ti. 4:8), cursivas añadidas).

No creo que Pablo esté hablando aquí del arrebatamiento, aquel momento justo antes del período de tribulación de siete años cuando Cristo aparecerá y tomará para sí a todos los creyentes, tanto vivos como muertos (1 Ts. 4:13-17), el cual a su vez se distingue de su venida para juzgar al final de la tribulación para establecer su reino milenario, cuando "vendrá en la gloria de su Padre con sus ángeles, y entonces pagará a cada uno conforme a sus obras" (Mt. 16:27). Parece más bien que el apóstol se está refiriendo aquí a la segunda venida de Cristo en general, cuando Él se manifestará de manera **gloriosa** y poderosa a diferencia de la humildad y sumisión que fueron parte del propósito de su primera venida.

Pablo se está enfocando en la culminación de nuestra salvación, la cual será perfeccionada y completada cuando nuestro Señor nos llame a ir al lugar que Él ha preparado (cp. Jn. 14:1-3), cuando "no todos dormiremos; pero todos seremos transformados, en un momento, en un abrir y cerrar de ojos, a la final trompeta; porque se tocará la trompeta, y los muertos serán resucitados incorruptibles, y nosotros seremos transformados. Porque es necesario que esto corruptible se vista de incorrupción, y esto mortal se vista de inmortalidad" (1 Co. 15:51-53; cp. Mt. 24:30-31; 25:31). Por ende, Pablo nos puede asegurar que "ahora está más cerca de nosotros nuestra salvación que cuando creímos" (Ro. 13:11). Aun mientras permanecemos en la tierra, "nuestra ciudadanía está en los cielos, de donde también esperamos al Salvador, al Señor Jesucristo; el cual transformará el cuerpo de la humillación nuestra, para que sea semejante al cuerpo de la gloria suya, por el poder con el cual puede también sujetar a sí mismo todas las cosas" (Fil. 3:20-21). Incluso cuando regresemos a la tierra para reinar con Él, ya no seremos susceptibles a ser tentados y tocados por el pecado. En la Nueva Jerusalén "no habrá más maldición; y el trono de Dios y del Cordero estará en ella, y sus siervos le servirán, y verán su rostro, y su nombre estará en sus frentes. No habrá allí más noche; y no tienen necesidad de luz de lámpara, ni de luz del sol, porque Dios el Señor los iluminará; y reinarán por los siglos de los siglos" (Ap. 22:3-5).

En este contexto sería más preciso traducir "la manifestación de la gloria" que **la manifestación gloriosa,** porque la gloria, al igual que "la gracia" (2:11), "la bondad" y "su amor" (3:4), no es una simple descripción de Cristo sino también una personificación. En su encarnación, como su primera manifestación, Cristo fue la gracia personificada. En su segunda **manifestación** Él será la *gloria* personificada. Él será la gloria *Shekinah* incandescente y fulgurante que Pedro, Jacobo y Juan vieron en revelación parcial durante la transfiguración de Jesús (Mt. 17:1-8).

Nuestro gran Dios y Salvador Jesucristo es una de las muchas declaraciones sin rodeos en las Escrituras sobre la deidad de Jesucristo (véase por ejemplo, Jn. 1:1-18; Ro. 9:5; He. 1:1-3). Algunos intérpretes sostienen que en este pasaje las palabras **Dios** y **Salvador** se refieren a seres diferentes, y que la primera expresión (**gran Dios**) corresponde al Padre divino mientras que la segunda (**Salvador**) alude al Hijo humano, **Jesucristo.** Sin embargo, esa explicación tiene varios problemas insuperables. Además de las otras afirmaciones claras de la divinidad de Cristo en las Escrituras, existen varias razones gramaticales en el texto mismo. En primer lugar, solo hay un artículo definido ("el", *tou*), que indica la singularidad e identidad de **Dios y Salvador.** En segundo lugar, los dos pronombres singulares en el versículo siguiente ("quien", *hos* y "sí mismo", *heauton*) se refieren a una sola y la misma persona. Además, aunque el Antiguo Testamento hace referencias incontables a Dios el Padre como **gran Dios,** en el Nuevo Testamento esa descripción ("gran", "grande") solo se emplea con referencia a Dios el Hijo (véase por ejemplo, Mt. 5:35; Lc. 1:32; 7:16; He. 10:21; 13:20). Quizás lo más importante para tener cuenta en este sentido es que en ninguna parte habla el Nuevo Testamento de **la manifestación** o segunda venida de Dios el Padre sino solo de Dios el Hijo.

SALVACIÓN DE LA POSESIÓN POR EL PECADO

quien se dio a sí mismo por nosotros para redimirnos de toda iniquidad y purificar para sí un pueblo propio, celoso de buenas obras. (2:14)

En cuarto y último lugar, la salvación de Dios nos libra de la posesión del pecado de manera permanente.

La persona no regenerada se encuentra en servidumbre total al pecado. Pablo preguntó a los creyentes en Roma: "¿No sabéis que si os sometéis a alguien como esclavos para obedecerle, sois esclavos de aquel a quien obedecéis, sea del pecado para muerte, o sea de la obediencia para justicia?" (Ro. 6:16). Puesto que "fuimos plantados juntamente con [Cristo] en la semejanza de su muerte, así también lo seremos en la de su resurrección; sabiendo esto, que nuestro viejo hombre fue crucificado juntamente con él, para que el cuerpo del pecado sea destruido, a fin de que no sirvamos más al pecado. Porque el que ha muerto, ha sido justificado del pecado" (6:5-7).

Nuestro Señor de gracia **se dio a sí mismo por nosotros para redimirnos** de nuestra esclavitud al pecado, librándonos así **de toda iniquidad. Redimirnos** es la traducción de *lutroō,* que se refiere a soltar a una persona cautiva, trátese de un prisionero o un esclavo, tras la entrega y recibo de un pago en rescate por su libertad.

Pablo recordó a los ancianos de Éfeso la obligación que tenían: "mirad por vosotros, y por todo el rebaño en que el Espíritu Santo os ha puesto por obispos, para apacentar la iglesia del Señor, la cual él ganó por su propia sangre" (Hch. 20:28). Pedro recordó a sus lectores: "fuisteis rescatados de vuestra vana manera de vivir, la cual recibisteis de vuestros padres, no con cosas corruptibles, como oro o plata, sino con la sangre preciosa de Cristo, como de un cordero sin mancha y sin contaminación" (1 P. 1:18-19).

El propósito de la venida del Hijo de Dios a la tierra en su encarnación fue "dar su vida en rescate por muchos" (Mr. 10:45). Como un sacrificio divino, Él "se dio a sí mismo por nuestros pecados para librarnos del presente siglo malo, conforme a la voluntad de nuestro Dios y Padre" (Gá. 1:4). Al igual que Pablo, todo creyente puede decir con seguridad plena: "Con Cristo estoy juntamente crucificado, y ya no vivo yo, mas vive Cristo en mí; y lo que ahora vivo en la carne, lo vivo en la fe del Hijo de Dios, el cual me amó y se entregó a sí mismo por mí" (Gá. 2:20). En su gracia incomparable "Cristo nos amó, y se entregó a sí mismo por nosotros, ofrenda y sacrificio a Dios en olor fragante" (Ef. 5:2; cp. v. 25; 1 Ti. 2:6).

Pablo habla primero en sentido negativo, enfocándose en el hecho de que Cristo **se dio a sí mismo por nosotros para redimirnos de toda iniquidad,** de "los deseos carnales que" como Pedro declara, "batallan contra el alma" (1 P. 2:11).

En sentido positivo, Cristo también redime a su pueblo con el fin de **purificar para sí un pueblo propio.** Pablo explica esa verdad maravillosa en su carta a la iglesia en Roma. "Gracias a Dios", expresa alborozado el apóstol,

> *que aunque erais esclavos del pecado, habéis obedecido de corazón a aquella forma de doctrina a la cual fuisteis entregados; y libertados del pecado, vinisteis a ser siervos de la justicia. Hablo como humano, por vuestra humana debilidad; que así como para iniquidad presentasteis vuestros miembros para servir a la inmundicia y a la iniquidad, así ahora para santificación presentad vuestros miembros para servir a la justicia. Porque cuando erais esclavos del pecado, erais libres acerca de la justicia. ¿Pero qué fruto teníais de aquellas cosas de las cuales ahora os avergonzáis? Porque el fin de ellas es muerte. Mas ahora que habéis sido libertados del pecado y hechos siervos de Dios, tenéis por vuestro fruto la santificación, y como fin, la vida eterna.* (Ro. 6:17-22)

A fin de **purificar para sí un pueblo propio,** "Cristo amó a la iglesia, y se entregó a sí mismo por ella, para santificarla, habiéndola purificado en el lavamiento del agua por la palabra" (Ef. 5:25-26). El **pueblo** del Señor es "linaje escogido, real sacerdocio, nación santa, pueblo adquirido por Dios, para que anunciéis las virtudes de aquel que os llamó de las tinieblas a su luz admirable" (1 P. 2:9; cp. 1 Co. 6:19-20).

Así como nosotros antes fuimos poseídos y esclavizados por el pecado, ahora somos posesión exclusiva de nuestro Señor Jesucristo, a quien servimos. La posesión que Jesucristo tiene de **un pueblo propio** no es temporal sino permanente. El Señor mismo dejó muy en claro esa verdad. Como ya se indicó, Jesús recalcó en repetidas ocasiones que una persona que cree en Él será salvada con seguridad y garantía divinas. "Todo lo que el Padre me da, vendrá a mí; y al que a mí viene, no le echo fuera... Y esta es la voluntad del Padre, el que me envió: Que de todo lo que me diere, no pierda yo nada, sino que lo resucite en el día postrero. Y esta es la voluntad del que me ha enviado: Que todo aquel que ve al Hijo, y cree en él, tenga vida eterna; y yo le resucitaré en el día postrero" (Jn. 6:37, 39-40). En una ocasión posterior Jesús reiteró la promesa de seguridad eterna: "Mis ovejas oyen mi voz, y yo las conozco, y me siguen, y yo les doy vida eterna; y no perecerán jamás, ni nadie las arrebatará de mi mano. Mi Padre que me las dio, es mayor que todos, y nadie las puede arrebatar de la mano de mi Padre" (Jn. 10:27-29). Si la salvación fuera temporal y estuviera sujeta a la posibilidad de perderse, entonces por definición misma no podría constituirse en garantía de vida eterna. Lo cierto es que ni siquiera Satanás puede quitarle a un creyente su salvación. Para estar en capacidad de hacerlo, tendría que ser más poderoso que el Dios quien le hizo y quien, como Jesús puntualizó, "es mayor que todos".

Como el pueblo redimido de Dios, nosotros damos evidencia de nuestra salvación siendo un pueblo **celoso de buenas obras,** porque "somos hechura suya, creados en Cristo Jesús para buenas obras, las cuales Dios preparó de antemano para que anduviésemos en ellas" (Ef. 2:10; cp. Tit. 3:8). Las **buenas obras** no son un accesorio de nuestra vida cristiana o algo que hacemos según nos convenga, sino que deben ser una parte natural e integral de nuestra vida diaria, algo que realizamos con gran celo y devoción para gloria de Dios. "¿Cuánto más la sangre de Cristo, el cual mediante el Espíritu eterno se ofreció a sí mismo sin mancha a Dios, limpiará vuestras conciencias de obras muertas para que sirváis al Dios vivo?" (He. 9:14). El mismo Espíritu que nos limpia de "obras muertas" desea reemplazarlas con obras vivas y vivificantes.

El propósito de Dios para su pueblo siempre ha sido que sea justo y santo como un testimonio de su propia justicia y santidad ante un mundo incrédulo. "Jehová ha declarado hoy que tú eres pueblo suyo, de su exclusiva posesión, como te lo ha prometido" Moisés proclamó al Israel antiguo, "para que guardes todos sus mandamientos; a fin de exaltarte sobre todas las naciones que hizo, para loor y fama y gloria, y para que seas un pueblo santo a Jehová tu Dios, como él ha dicho" (Dt. 26:18-19). Al comienzo de su ministerio, en el sermón del monte, Jesús dijo a quienes creyeron en Él: "Así alumbre vuestra luz delante de los hombres, para que vean vuestras buenas obras, y glorifiquen a vuestro Padre que está en los cielos" (Mt. 5:16). Pedro destacó esa misma verdad al escribir: "manteniendo buena vuestra manera de vivir entre los gentiles; para que en lo que murmuran de vosotros como de malhechores, glorifiquen a Dios en el día de la visitación, al considerar vuestras buenas obras" (1 P. 2:12). De nuevo, de labios de nuestro mismo Señor, no tenemos un estándar menor que ser "perfectos, como [nuestro] Padre que está en los cielos es perfecto" (Mt. 5:48).

La autoridad del predicador

8

Esto habla, y exhorta y reprende con toda autoridad. Nadie te menosprecie. (2:15)

Este versículo por sí solo es una de las declaraciones más claras y enérgicas en la Biblia acerca de la autoridad espiritual de los hombres a quienes Dios llama a ministrar su Palabra y a pastorear su pueblo. Por cuanto la frase **con toda autoridad** es la verdad fundamental tanto para lo que precede como para lo que sigue a este versículo, debe considerarse en primer lugar su significado.

Autoridad es la traducción de *epitagē*, que se refiere a algo que está en su orden o lugar apropiado. El término llegó a ser empleado en sentido figurado para aludir a un mandato, precepto o dictamen oficial. La forma verbal (*epitassō*) se aplica al poder de Jesús sobre las fuerzas demoníacas sobrenaturales (Mr. 1:27; cp. 9:25; Lc. 4:36) y también sobre las fuerzas naturales de "los vientos" y "las aguas" (Lc. 8:25). También se empleó con referencia a la autoridad del rey Herodes para ordenar al verdugo que le trajera la cabeza de Juan el Bautista (Mr. 6:27), y al mandato dado por el sumo sacerdote Ananías a "los que estaban junto a [Pablo], que le golpeasen en la boca" (Hch. 23:2). En su interpelación a favor del esclavo Onésimo, Pablo le refirió a Filemón (el dueño del siervo) su autoridad apostólica, al decir: "aunque tengo mucha libertad en Cristo para mandarte [*epitassō*] lo que conviene, más bien te ruego por amor" (Flm. 8-9).

Los judíos del tiempo de Jesús estaban acostumbrados a que sus líderes religiosos hablaran y actuaran como si lo que decían y hacían fuera de gran peso. No obstante, hasta las personas comunes percibían la diferencia entre ostentación religiosa y autoridad espiritual genuina. Tras escuchar las palabras pronunciadas por Jesús en el sermón del monte, "la gente se admiraba de su doctrina; porque les enseñaba como quien tiene autoridad, y no como los escribas" (Mt. 7:28-29).

Los escribas tenían conceptos y estándares religiosos bastante rigurosos que se basaban en gran medida en interpretaciones de rabinos famosos que se habían venido transmitiendo en el transcurso de cuatro o cinco siglos atrás. Esas interpretaciones, o tradiciones, llegaron a convertirse en dogma y confianza se les atribuía mayor honor que a las Escrituras. En cierta ocasión un grupo de escribas y fariseos de Jerusalén increparon a Jesús por permitir a sus discípulos "[quebrantar] la tradición de los ancianos" al no lavarse las manos antes de comer. Jesús les refutó preguntando: "¿Por qué también vosotros quebrantáis el mandamiento de Dios por vuestra tradición? Porque Dios mandó diciendo: Honra a tu padre y a tu madre; y: El que maldiga al padre o a la madre, muera irremisiblemente. Pero vosotros decís: Cualquiera que diga a su padre o a su madre: Es mi ofrenda a Dios todo aquello con que pudiera ayudarte, ya no ha de honrar a su padre o a su madre. Así habéis invalidado el mandamiento de Dios por vuestra tradición" (Mt. 15:1-6; cp. Mr. 7:8). Pablo testificó que antes de su conversión: "en el judaísmo aventajaba a muchos de mis contemporáneos en mi nación, siendo mucho más celoso de las tradiciones de mis padres" (Gá. 1:14).

Tras la primera purificación del templo realizada por Jesús, "los principales sacerdotes, los escribas y los ancianos... y le dijeron: ¿Con qué autoridad haces estas cosas, y quién te dio autoridad para hacer estas cosas?" (Mr. 11:27-28). "Estas cosas" no solo se referían a su expulsión de los cambistas del templo (vv. 15-16) sino también a todo lo que enseñaba con autoridad (vv. 17-18). Aquellos líderes sabían que Jesús no había sido educado en una escuela de escribas ni había recibido la tutoría personal de un rabino reconocido. Tampoco daba crédito a escribas y rabinos venerados como fuentes de su enseñanza. En vista de que esos hombres no quisieron responder la pregunta de Jesús sobre si el ministerio de Juan el Bautista era del cielo o de los hombres, Él rehusó contestar la pregunta que ellos le hicieron acerca de la fuente de su autoridad (vv. 29-33).

La autoridad de Jesús no procedía de un título eclesiástico, adiestramiento como escriba o posición sacerdotal, ninguno de los cuales poseía. Tampoco provenía de las creencias judías populares de su época, muchas de las cuales se basaban en mitos, leyendas y prejuicios religiosos y raciales (cp. Tit. 1:14). Es claro que tampoco se derivaba de la tradición rabínica. En el sermón del monte Jesús demostró cuán alejadas estaban esas tradiciones de los estándares de Dios. Una de esas tradiciones decía: "Amarás a tu prójimo, y aborrecerás a tu enemigo" (Mt. 5:43). La primera parte, amar al prójimo, era bíblica (Lv. 19:18), pero la segunda parte, aborrecer a los enemigos, no lo era. Al igual que muchas otras tradiciones en la enseñanza rabínica, esa tradición era una verdad a medias, lo cual intensificaba su carácter engañoso y perjudicial.

En una ocasión en el templo Jesús *optó* por declarar a los líderes judíos la fuente de su autoridad: "Mi doctrina no es mía, sino de aquel que me envió. El que quiera hacer la voluntad de Dios, conocerá si la doctrina es de Dios, o si yo hablo por mi propia cuenta" (Jn. 7:16-17). En otras palabras, si un judío o cualquier otra persona busca a Dios el Padre y le obedece con sinceridad, va a reconocer la autoridad divina del Hijo. "Cuando hayáis levantado al Hijo del Hombre", dijo el Señor contados días después, "entonces conoceréis que yo soy, y que nada hago por mí mismo, sino que según me enseñó el Padre, así hablo" (Jn. 8:28; cp. vv. 38, 40; 12:49).

Si Jesús, el Hijo de Dios perfecto y sin pecado, se limitó a hablar durante su encarnación nada más que la verdad que recibía de su Padre, cuánto más deberían los que han sido llamados a su ministerio hablar sobre la base única y exclusiva de la autoridad de las Escrituras divinas. Ese principio es consecuente con lo que Pablo escribió en Tito 1:9 y 2:1, así como con su mandato a Timoteo: "que prediques la palabra" (2 Ti. 4:2).

El predicador está llamado a interpretar y proclamar las Escrituras con precisión y exactitud escrupulosas, y también de una manera comprensiva, compasiva y humilde. No obstante, también tiene el encargo divino de presentar la verdad bíblica con **autoridad** fuerte, mandando al pueblo de Dios a escuchar, creer y obedecer la Palabra de Dios.

Es por igual importante entender que ningún pastor tiene autoridad de cualquier clase *fuera de* la Palabra de Dios. En un artículo titulado "El predicador y la predicación", el teólogo J. I. Packer escribe:

> La predicación que no manifiesta autoridad divina, tanto en su contenido como en su estilo, no es la sustancia sino apenas la sombra de lo real...
>
> [De todas maneras] la Biblia es el predicador real, y el papel del hombre en el púlpito o en la conversación de consejería consiste tan solo en dejar que los pasajes envíen su mensaje a través de él... Para que el predicador llegue al punto en que ya no estorba ni obstruye su texto para que hable por sí solo, se requiere un esfuerzo más grande del que se reconoce por lo general. No obstante, es indiscutible que esta es la tarea que está llamado a cumplir todo predicador de la Palabra. (*Presbyterian and Reformed Journal*, otoño de 1986, pp. 11, 18)

Mientras sea fiel a la Palabra de Dios, un pastor tiene el privilegio asombroso de ministrar con **autoridad** dada por Dios. No está llamado a divulgar anécdotas, opiniones y conceptos personales, a discurrir sobre filosofía, ni siquiera sobre teología, tampoco por cierto a entretener con palabras que apelen a los antojos y prejuicios de aquellos a quienes ministra (cp. 2 Ti. 4:3).

El predicador debe quitarse de en medio y dejar que la Palabra de Dios hable por medio de él sin obstáculos. Sin importar la preparación, experiencia o capacidades personales que posea, el predicador tiene **autoridad** espiritual solo en la medida en que todo lo que diga se conforme a la Palabra de Dios. Por eso, como sucedió con la enseñanza de Jesús mismo, cuando un ministro de Dios proclama con fidelidad esa Palabra, aquellos que rechazan su enseñanza rechazan la verdad de Dios y son tan responsables por su rechazo como si el Señor les hubiese declarado a ellos la verdad con sus propios labios. Es de esa manera, y tan solo de esa manera, que un pastor es *capaz* de hablar con autoridad espiritual. También es de esa manera que ha sido *mandado* a hablar con autoridad espiritual.

Una digresión breve del texto ayudará a recalcar la importancia del concepto bíblico de autoridad pastoral. Como en el pasado, la iglesia hoy día está plagada por muchos tipos falsos de autoridad. El primero podría llamarse de tipo personal. Algunos pastores asumen autoridad sobre la vida de las personas en asuntos de decisiones y asuntos temporales, blandiendo un control dictatorial. Esto es autoridad falsa. Otros alegan que Dios está obligado a dar respuesta positiva a todas las demandas que le presentan "en el nombre de Jesús". Lo cierto es que una petición que no se hace en un espíritu de mansedumbre y obediencia, y que en cualquier sentido es contraria a las Escrituras y a los propósitos de Dios no puede sostenerse como válida en el nombre de Jesús. Cualquier cosa que de verdad se pide o se hace en su nombre (cp. Jn. 14:13-14), se pide y se hace de conformidad con la Palabra revelada de Dios y en un espíritu de humildad y sumisión total a la voluntad del Padre. Los pastores no tienen autoridad espiritual personal en absoluto. Hablan con autoridad solo cuando hablan la Palabra de Dios con exactitud. Es posible que tengan opiniones válidas sobre cuestiones terrenales, una medida inusual de sentido común así como inteligencia y conocimiento sobresalientes, pero ninguno de esos atributos es lo que reviste de autoridad espiritual lo que dicen. Ellos no pueden expresar mandatos como representantes de Dios excepto cuando hablan las Escrituras.

Otros que mantienen posiciones oficiales en la iglesia se arrogan un tipo de autoridad que no solo no está contemplada en la Palabra de Dios, sino que en muchos casos contradice de manera abierta la Palabra. Por ejemplo, es posible que afirmen tener poderes cuasi apostólicos sobre enfermedades, demonios y aun sobre Satanás. Algunas veces invocan un poder sobre los ángeles, presumiendo que son capaces de mandar hacer lo que quieran a estos siervos santos de Dios. Lo cierto es que se precian de tener mando en áreas donde no tienen la más mínima jurisdicción.

Mientras Pablo estaba ministrando en Éfeso, "algunos de los judíos, exorcistas ambulantes, intentaron invocar el nombre del Señor Jesús sobre los que tenían espíritus malos, diciendo: Os conjuro por Jesús, el que predica Pablo. Había siete hijos de un tal Esceva, judío, jefe de los sacerdotes, que hacían esto. Pero respondiendo el espíritu malo, dijo: A Jesús conozco, y sé quién es Pablo; pero vosotros, ¿quiénes sois?" (Hch. 19:13-15). La consecuencia de la fanfarronería de aquellos hombres fue inmediata, dolorosa y vergonzosa: "Y el hombre en quien estaba el espíritu malo, saltando sobre ellos y dominándolos, pudo más que ellos, de tal manera que huyeron de aquella casa desnudos y heridos. Y esto fue notorio a todos los que habitaban en Éfeso, así judíos como griegos; y tuvieron temor todos ellos, y era magnificado el nombre del Señor Jesús" (vv. 16-17).

Un segundo tipo de autoridad presuntuosa se da en el área eclesiástica. Ciertas sectas y organizaciones eclesiásticas afirman poseerla. Por ejemplo, durante más de mil quinientos años la iglesia católica romana ha afirmado ser la única iglesia verdadera de Jesucristo, y con frecuencia ha afirmado tener autoridad sobre los gobiernos humanos y la sociedad, así como sobre las almas de todos los seres humanos. Aunque esa iglesia afirma que la Biblia es la Palabra de Dios, sostiene que, debido a que fue dada por medio de la iglesia, la iglesia está por encima de las Escrituras y no bajo su autoridad. Por cuanto mantiene la creencia de que es la única iglesia verdadera, la iglesia católica también afirma que es la única intérprete confiable de la Biblia y el canal a través del cual se ha dado y se sigue dando la revelación divina. De acuerdo al dogma católico, cuando el Papa habla *ex cathedra* (lit., "desde la silla", esto es, desde el asiento o trono papal), habla con autoridad divina. También se afirma que las tradiciones que componen el *magisterium*, es decir, los pronunciamientos acumulados de todos los concilios eclesiásticos y los decretos papales, poseen la misma autoridad que la Biblia. La iglesia católica se precia de otorgar a sus sacerdotes la autoridad para perdonar pecados, no solo cuando se hace la confesión prescrita sino también por medio de ritos como la extrema unción, aun si la persona es por completo inconsciente en el momento de recibirla. Toda la autoridad de ese tipo es fabricada por el hombre y por ende es falsa.

Un tercer tipo de autoridad errónea es el intelectualismo, la noción de que las ideas propias poseen autoridad. Los períodos históricos del renacimiento y la ilustración trajeron consigo una confianza incondicional en la capacidad del hombre para resolver sus propios problemas y determinar su propio destino aparte de Dios o cualquier otro poder sobrenatural. Para muchas personas, la razón fue elevada a una posición de deidad, para todo fin práctico.

El poder intelectual del hombre es un regalo que Dios concede en su gracia a las criaturas que ha hecho a su imagen y semejanza. Sin embargo, ese don concedido por Dios no es suficiente para llevarles a Él. Como los demás aspectos de su ser, el intelecto del hombre fue corrompido por la caída. Pablo deja en claro en su carta a la iglesia en Roma que "lo que de Dios se conoce les es manifiesto" incluso a hombres inicuos y rebeldes dentro de su ser, "pues Dios se lo manifestó. Porque las cosas invisibles de él, su eterno poder y deidad, se hacen claramente visibles desde la creación del mundo, siendo entendidas por medio de las cosas hechas, de modo que no tienen excusa" (Ro. 1:19-20). La evidencia abrumadora no solo de la existencia de Dios sino también de su poder y gloria es del todo ineludible. Sin embargo, a pesar de esa evidencia, la humanidad pecadora no honra a Dios ni le da gracias. Debido a que los hombres confían en su propio intelecto y están determinados a hacer las cosas a su manera, "se [envanecen] en sus razonamientos, y su necio corazón [es] entenebrecido" (v. 21). Las mejores ideas humanas carecen de poder para transformar el alma, para traer vida espiritual, para hacer criaturas nuevas o para quebrantar el poder del pecado.

En nuestro tiempo, muchos teólogos y eruditos bíblicos piensan que tienen autoridad sobre la Biblia. Presumen que su educación y erudición les califica para decidir si la Biblia es cierta y en qué casos es obligatorio su cumplimiento. A una escala de menor erudición pero con las mismas consecuencias desastrosas, muchos pastores suponen que con sus propias habilidades y elucubraciones, pueden ayudar a las personas a resolver sus problemas y superar cualquier obstáculo o falla moral, espiritual o emocional que se les presente. No obstante, Pablo diría hoy a tales personas lo que dijo hace unos dos mil años atrás a los creyentes en la ciudad de Corinto que funcionaba conforme a la sabiduría mundana: "Así que, hermanos, cuando fui a vosotros para anunciaros el testimonio de Dios, no fui con excelencia de palabras o de sabiduría. Pues me propuse no saber entre vosotros cosa alguna sino a Jesucristo, y a éste crucificado" (1 Co. 2:1-2).

Un cuarto tipo de autoridad errada quizás sea el predominante en nuestro tiempo, y se da en el área de la experiencia. Es trágico lo común que han llegado a ser declaraciones de este tipo: "Yo sé que esto es correcto (o verdadero) porque siento que lo es", aun entre cristianos. Sin embargo, intuir algo no equivale a conocerlo. El sentimiento y la emoción no pueden discernir la verdad y no tienen una relación necesaria con la verdad. No existen confiabilidad ni autoridad inherentes en la mera experiencia.

No obstante, es bastante común que la gente crea en algo por la simple razón de que sienten que es verdad o porque experimentan algo que les lleva a concluir que es verdadero. Con desconsideración total frente al estudio y la interpretación cuidadosos de la Biblia, manipulan la verdad a su antojo y de ese modo pierden la autoridad espiritual verdadera.

El reto para el predicador consiste en mantener su propia intuición y experiencia fuera del texto y mantenerse a sí mismo fuera del sermón de tal modo que solo se oiga la voz de Dios. J. I. Packer ofrece de nuevo su valiosa opinión al respecto:

> La proyección del ego... menoscaba y corroe la autoridad. Si por medio de sus palabras y estilo el predicador enfoca la atención en él mismo, actuando así de conformidad con algún tipo de autoenajenamiento o autosatisfacción, en lugar de exponer su respuesta humilde a la Palabra que proclama, impide así toda posibilidad de canalizar la autoridad divina en cualquier sentido perceptible para sus oyentes: lo que él mismo no

> siente no lo puede transmitir a otros como mediador. James Denney dijo en alguna parte que no se puede dar al mismo tiempo la impresión de que uno es un gran predicador y que Jesucristo es un gran Salvador; pudo haber añadido: o la impresión de que el Señor es un gran Dios. La proyección de Dios y la proyección de Cristo en lugar de la proyección del ego es el único vehículo apropiado para comunicar y generar en los oyentes un sentido de autoridad divina en la predicación. La confianza en uno mismo para la ejecución del acto de predicar es un estorbo adicional a la autoridad verdadera que debe saturar la predicación, así como lo es la proyección del ego. También tiene el efecto de inducir a los oyentes a enfocarse en el mensajero y no en el mensaje. En otras palabras, a centrarse en el hombre y no en Dios. De ese modo queda eliminada la autoridad auténtica. ("De las Escrituras al sermón", *Ashland Theological Journal*, vol. xxi [1990], p. 50)

Las congregaciones que durante décadas solo han escuchado las opiniones de un predicador y han aprendido de él las teorías psicológicas y sociales más recientes, se extrañan al escuchar las palabras: "Así dice el Señor". Les parece que la verdad y los estándares de las Escrituras son anticuados, carecen de amor y solo sirven para inhibir. Por otro lado, el hombre de Dios que predica esa verdad y aplica los estándares divinos a esos creyentes, es considerado insensible, enjuiciador, no amoroso y hasta irrelevante.

Muchos que asisten a la iglesia no quieren escuchar predicaciones con autoridad y exigencias acerca de un Dios exigente y con autoridad. Al igual que aquellos acerca de los cuales Pablo advirtió a Timoteo, no están inclinados a tolerar "la sana doctrina, sino que teniendo comezón de oír, se [amontonan] maestros conforme a sus propias concupiscencias" (2 Ti. 4:3). En nuestro propio tiempo, no hay escasez de predicadores que están dispuestos a dar gusto a esa clase de oyentes egocéntricos. En gran medida la predicación más popular en la actualidad es liberal y flexible, anecdótica y amena, fortalece el ego y por encima de todo nunca confronta ni es dogmática. No ofende orgullo alguno ni perturba una sola conciencia, además es un reflejo claro del espíritu humanista de la época, en el cual la tolerancia y la unidad a cualquier costo son las virtudes supremas.

Resulta esencial predicar la Palabra con autoridad, a fin de contrarrestar el rechazo orgulloso de la verdad y autoridad de Dios que en efecto es raíz de todo pecado. Satanás se rebeló contra Dios en el cielo y después sedujo al hombre para rebelarse contra Dios en la tierra. En consecuencia, el hombre caído no tiene consideración alguna por la ley de Dios, la voluntad de Dios, la santidad de Dios o la soberanía de Dios. Tan pronto Dios y su Palabra son rechazados, es inevitable el rechazo de todos los absolutos espirituales y morales. Todas las creencias y todos los estándares se vuelven relativos y opcionales, una cuestión de preferencia individual. Solo cuando escuchan, creen y obedecen la Palabra de Dios proclamada con autoridad, pueden los pecadores ser rescatados de su rebelión.

Una generación de padres que no han disciplinado a sus hijos ha contribuido a esa mentalidad de oposición a la autoridad, y ellos han producido una generación de jóvenes que no respetan a sus padres, sus maestros, la policía o el gobierno, para no mencionar a Dios. Por supuesto, esa rebelión generalizada y esa resistencia a la autoridad se exacerbada cuando ambos padres trabajan y tienen poco tiempo para dedicar a sus hijos. Todavía más destructivo es el divorcio, en especial cuando viene acompañado de infidelidad sexual, abuso físico y mental o alcoholismo y drogadicción por parte de los padres. Predicar con autoridad a esa generación es un reto muy grande.

En el transcurso de más de medio siglo, las filosofías educativas han asignado un lugar esperado al resentimiento natural frente a la autoridad mediante la exaltación de los derechos individuales, las preferencias personales, la independencia personal, la libre expresión del ego y la autosuficiencia. Durante este tiempo, los medios de comunicación seculares han encabezado una campaña cada vez más intensa en contra de la autoridad social, paternal, religiosa, policial y política. La venganza personal y la desobediencia civil son glorificadas como respuestas legítimas a la injusticia, sea real o percibida.

Incluso muchos líderes de iglesia están lejos de ser modelos de virtud e integridad. Los escándalos morales y éticos que involucran a predicadores y líderes de organizaciones cristianas casi se han convertido en asunto de todos los días y ocasionan perjuicios devastadores a una iglesia ya debilitada que ha sido infectada por quienes rechazan la autoridad.

El mensaje que Tito había de proclamar con autoridad se condensa en la palabra **esto,** con la que empieza el versículo. **Esto** se refiere a lo que Pablo ha mencionado hasta ese punto en este capítulo con relación a la vida en santidad y el evangelio preciosos, que se resumen en la frase "lo que está de acuerdo con la sana doctrina" (2:1). Estas son las verdades divinas que Tito a su vez debía impartir al **hablar, exhortar** y **reprender** en su ministerio en las iglesias de Creta.

Habla (de *laleō*), indica la responsabilidad que el pastor tiene de predicar, anunciar, revelar y dar a conocer, con el propósito de presentar con claridad la verdad de Dios, de tal manera que quienes escuchan puedan entender. La predicación cuidadosa y fiel les imparte conocimiento de esa verdad.

Exhorta se traduce de *parakaleō*, que alude a las ideas de solicitar, requerir, rogar e instar. Incluye más que la simple enunciación y explicación de la verdad. El predicador que exhorta procura por todos los medios que tenga a disposición persuadir y animar a sus oyentes que no solo entiendan sino que también crean la verdad de Dios.

Mientras que **exhorta** tiene que ver con un mandato positivo a hacer lo correcto, **reprende** (*elenchō*) se refiere a un mandato negativo que significa "convencer y corregir a alguien que todavía no reconoce o admite que debe apartarse de lo erróneo". William Barclay escribe: "Los ojos del pecador deben ser abiertos frente a su pecado. La mente del que se ha desviado debe ser llevada al conocimiento consciente del error que ha cometido. El corazón del que no acata debe ser despertado sin vacilación. El mensaje cristiano no es un opio que pone a dormir a los hombres; no es el aseguramiento confortable de que todo va a estar bien. Mas bien es la luz cegadora que muestra a los hombres lo que son en realidad y a Dios tal como es" (*The Letters to Timothy, Titus and Philemon* ("Las cartas a Timoteo, Tito y Filemón") [Filadelfia: Westminster, 1960], p. 296).

En resumidas cuentas, el predicador debe esforzarse en llevar a sus oyentes a entender, creer y obedecer la verdad de Dios.

La admonición final de Pablo en este capítulo: **Nadie te menosprecie,** añade intensidad al mandato de hablar con autoridad. La palabra **nadie** indica con claridad que no hay excepción alguna. A ningún creyente se le debe permitir que rechace o desatienda la verdad de Dios. En efecto, Pablo está haciendo un llamado a la disciplina eclesiástica, tal como está definida en Mateo 18:15-17, 1 Corintios 5:1-2 y Tito 3:10-11.

Te menosprecie es la traducción de *periphroneō*, que tiene el significado literal de "pensar alrededor de algo, por lo general con la intención de evadirse". La palabra llegó a emplearse casi de forma exclusiva en sentido negativo, para aludir a tener un desacuerdo fuerte con una idea y tratarla sin respeto ni consideración. La verdad de Dios debe ser proclamada con autoridad, y la obediencia a ella debe ser exigida en la iglesia. Ninguna desobediencia puede ser tolerada ni pasada por alto.

La responsabilidad del cristiano en una sociedad pagana

9

Recuérdales que se sujeten a los gobernantes y autoridades, que obedezcan, que estén dispuestos a toda buena obra. Que a nadie difamen, que no sean pendencieros, sino amables, mostrando toda mansedumbre para con todos los hombres. Porque nosotros también éramos en otro tiempo insensatos, rebeldes, extraviados, esclavos de concupiscencias y deleites diversos, viviendo en malicia y envidia, aborrecibles, y aborreciéndonos unos a otros. Pero cuando se manifestó la bondad de Dios nuestro Salvador, y su amor para con los hombres, nos salvó, no por obras de justicia que nosotros hubiéramos hecho, sino por su misericordia, por el lavamiento de la regeneración y por la renovación en el Espíritu Santo, el cual derramó en nosotros abundantemente por Jesucristo nuestro Salvador, para que justificados por su gracia, viniésemos a ser herederos conforme a la esperanza de la vida eterna. Palabra fiel es esta, y en estas cosas quiero que insistas con firmeza, para que los que creen en Dios procuren ocuparse en buenas obras. Estas cosas son buenas y útiles a los hombres. (3:1-8)

Aquí Pablo pasa de cómo han de vivir los creyentes en la iglesia (capítulo 2) a cómo deben vivir en la sociedad. Esta es una sección crucial de instrucción para la actualidad. Los Estados Unidos es en esencia hoy día una nación pagana. Tras haber recibido la bendición de unos 150 años de influencia cristiana y bíblica fuerte, nuestro país ha venido decayendo con rapidez, en especial durante la última mitad del siglo veinte y en lo que llevamos en este nuevo siglo. Millones de norteamericanos siguen asistiendo con regularidad a las iglesias, y muchos más se consideran a sí mismos cristianos. Según las encuestas, la mayoría de los estadounidenses afirman creer en consuelo, pero el ateísmo práctico y el relativismo moral han dominado nuestra sociedad durante muchas décadas. En su gran mayoría, los pocos vestigios de cristianismo que todavía se reflejan en nuestra cultura son débiles, transigentes y contemporizadores. Un número creciente de esos vestigios ha caído en la apostasía o el sectarismo.

Muchos observadores se han referido a este período en los Estados Unidos y en la sociedad occidental en general, como poscristiano. De cualquier modo, es por cierto un período subcristiano. Aunque muchos aspectos de nuestra cultura siguen portando algún tipo de máscara religiosa, en realidad se trata de una cultura pagana. Por medio de sus líderes, sus organismos legislativos y sus cortes, no solo ha adoptado una simple postura neutral o no cristiana, sino una actitud abierta y un programa de acción concreto que se pueden describir con precisión como anticristianos. Cualquier cosa que de manera explícita sea cristiana y bíblica ha sido suprimida mediante mecanismos que encubren esa actitud como la separación entre iglesia y estado, la igualdad de derechos y la tolerancia religiosa y moral.

Los numerosos preceptos y estándares bíblicos que alguna vez fueron parte de la esencia de nuestra nación y que suministraban los beneficios culturales innegables de la moralidad, han desaparecido de la escena. Sin importar los beneficios prácticos que haya traído, lo cierto es que el cristianismo cultural está muerto. Los dioses prevalecientes son la expresión individual, la libertad moral, el materialismo y el hedonismo. Esos dioses, tan paganos como cualquier otro en los panteones antiguos de Grecia y Roma, de forma inevitable han engendrado como epidemias arrolladoras la fragmentación de familias, nacimientos ilegítimos, toda clase de maldades y perversiones sexuales, aumento desmesurado de la drogadicción y el crimen, así como la destrucción caprichosa de bebés que no han nacido. En nombre del progreso intelectual y científico, las filosofías impías han dominado por mucho tiempo la educación secular y gran parte de la privada.

No es de sorprenderse que la mayoría de quienes han crecido en esta sociedad sin estándares oponen una resistencia enérgica frente a cualquier clase de control de la conducta. En consecuencia, no contamos con suficientes leyes para contrarrestar modalidades de crimen que son cada vez más abundantes y sofisticadas. Tampoco tenemos suficientes agentes de policía para arrestar a los infractores, ni suficientes cortes para juzgarles, ni suficientes cárceles para detenerlos.

El avivamiento espiritual de la década de los setenta se propagó por los recintos de muchos colegios y universidades. A pesar de los excesos y distorsiones que Satanás utiliza siempre para tratar de frustrar la obra del Espíritu Santo, muchos estudiantes recibieron a Cristo como Salvador y Señor. Se realizaban bautismos masivos en ríos, lagos y océanos. La gente de aquel tiempo fue testigo de la publicación de varias versiones nuevas de la Biblia en inglés. La producción de literatura cristiana y la presencia del cristianismo en los medios de comunicación tuvo un crecimiento sobresaliente, y era innegable que estaba soplando un viento de renovación del Espíritu. En muchos sentidos, aquellos días fueron causa de regocijo para los cristianos y es comprensible que muchos creyentes esperaban que el movimiento diera entrada a un tiempo de gran bendición.

Sin embargo, el avivamiento de los setenta pronto dio lugar a la disipación de las décadas de los ochenta y noventa. Muchos líderes del gobierno, educadores, celebridades, estudiantes universitarios y gran parte de la sociedad en general, manifestaron su discrepancia abierta frente a los estándares bíblicos de moralidad y contra el cristianismo como un todo. Se dictaron leyes, se enunciaron veredictos en las cortes y se adoptaron estándares educativos desde el jardín infantil hasta los doctorados, que casi con un juramento solemne se comprometieron a rechazar la religión en general y el cristianismo bíblico en particular.

Los evangélicos fueron tan mortificados por esta tendencia fuerte a la secularización como antes habían sido alentados por el avivamiento espiritual que la precedió. Los creyentes se alarmaron al ver que los legisladores, las cortes y las administraciones empezaron a convalidar de manera abierta conductas sexuales desviadas, en especial las relaciones homosexuales. Sintieron náuseas al ver que en muchos, sino en la mayoría de los cursos de educación sexual en las escuelas públicas, se enseñaba que los únicos peligros reales para los adolescentes que son activos en su vida sexual son las enfermedades de transmisión sexual o los embarazos no deseados. Les causa repulsión que los criminales están siendo exonerados y las víctimas inocentes sean ignoradas. Les aterra ver cómo los estándares bíblicos de ética son rechazados con desfachatez y que la grosería, la vulgaridad y la blasfemia no solo sean admitidas sino admiradas.

Como reacción frente al aumento acelerado y generalizado de la inmoralidad y la impiedad, los creyentes se han entristecido y enfurecido al mismo tiempo. La hostilidad se ha intensificado en algunos de ellos al enterarse de que sus impuestos están siendo utilizados para financiar ideas y prácticas que tan solo contadas generaciones atrás eran condenadas hasta por las personas más secularizadas. Temen por sus hijos y todavía más por sus nietos debido a la clase de mundo en el que nacerán, serán educados y tendrán que vivir.

Muchos líderes cristianos bienintencionados se han dedicado a fundar y mantener organizaciones que tienen la meta de contrarrestar las influencias y ataques anticristianos. Tratando de apagar un incendio con llamas, por así decirlo, las organizaciones cristianas, las casas cristianas de publicaciones y los medios cristianos de divulgación masiva han procurado hacer oposición a ideas y programas anticristianos mediante la aplicación de tácticas no cristianas. Han decidido que ya es hora de pararse a defender sus "derechos" y han declarado la guerra a la cultura no cristiana prevaleciente, en especial los medios nacionales de comunicación que están dominados por la filosofía liberal. De esa manera se han vuelto hostiles frente a los incrédulos, las mismas personas a quienes Dios les ha mandado amar y alcanzar con el evangelio.

No obstante, ni el Nuevo Testamento ni el ejemplo de la iglesia en sus comienzos justifica esa clase de mentalidad. La causa de Cristo no puede ser protegida ni avanzada por medio de la intimidación social o con el acaparamiento de la atención pública, al igual que no puede serlo mediante decretos gubernamentales o conquistas militares. La nuestra es una guerra espiritual contra ideologías y creencias humanas que se han levantado en oposición a Dios y que solo pueden ser vencidas con éxito mediante el uso correcto del arma de la Palabra de Dios (véase 2 Co. 10:3-5). En su libro *El púlpito evangélico*, John Seel escribe:

> Una fe politizada no solo empaña nuestras prioridades sino que además debilita nuestras lealtades. Nuestra ciudadanía primordial no está en la tierra sino en el cielo... Aunque pocos evangélicos estarían dispuestos a negar esta verdad en teoría, el lenguaje de nuestra ciudadanía espiritual con frecuencia se deja envolver en los colores de la bandera patria. En lugar de actuar como extranjeros residentes que pertenecen a un reino celestial, con demasiada frecuencia sonamos y actuamos como defensores a sueldo de una república norteamericana cristiana... A no ser que rechacemos la confianza falsa en la ilusión de una Norteamérica cristiana, la iglesia evangélica continuará distorsionando el evangelio y desluciendo una identidad bíblica genuina...
>
> La iglesia evangélica en Norteamérica está cubierta ahora por capas y capas de actitudes moldeadas por procesos históricos complejos que oscurecen nuestra esencia bíblica original. ([Grand Rapids: Baker, 1993], pp. 106-7)

Debemos repudiar nuestras lealtades y preocupaciones confusas por el mundo pasajero y poner a un lado nuestros esfuerzos extraviados para cambiar la cultura por medios externos. Permitir que nuestros pensamientos, planes, tiempo, dinero y energía se gasten tratando de hacer una Norteamérica cristiana en la superficie o para darle un tinte de moralidad al mundo, equivale a distorsionar el evangelio, trastornar nuestro llamamiento divino y malgastar los recursos que Dios nos ha dado. No debemos debilitar nuestra misión espiritual, oscurecer nuestra prioridad de proclamar el evangelio de salvación o confundirnos con respecto a nuestra ciudadanía, lealtades y obligaciones espirituales. Sí debemos cambiar la sociedad, pero por medio de la proclamación fiel y fidedigna del evangelio, el cual tiene poder para cambiar las vidas desde adentro.

Como este pasaje en Tito y muchos otros en el Nuevo Testamento lo dejan en claro, no debemos ocuparnos tanto en tratar que la conducta social se conforme por la fuerza a nuestros estándares, que lleguemos al punto de convertirnos en enemigos de aquellos a quienes nuestro Señor nos ha llamado a ganar para Él. Debemos rechazar el pecado y nunca hacer concesiones en lo que respecta a los estándares de justicia y santidad de Dios, pero tampoco debemos embarcarnos en la difamación y denigración de los pecadores perdidos que componen nuestra sociedad y cultura corruptas. Cuando los cristianos se vuelven políticos, los pecadores se convierten en el enemigo y dejan de ser el campo misionero.

Es obvio que Pablo estaba comprometido con todas sus fuerzas a cumplir el mandato divino de evangelizar, y lo manifestó al escribir esta carta a Tito. No era su deseo que los cristianos que vivían en la cultura pagana de Creta la emprendieran contra los incrédulos y trataran de imponer a la fuerza cambios en los estándares culturales y la conducta personal con el fin de ser menos ofendidos por la sociedad en la que vivían.

Todo cristiano desea que los estándares de la sociedad fuesen mejores. Como creyentes nos afligimos ante los vicios descontrolados, la impudicia desfachatada, la indecencia, los engaños, la vulgaridad, la falta de castidad, la indulgencia extrema y toda otra forma de depravación que está corroyendo a nuestra sociedad. No obstante, por noble que pueda ser el deseo de reformar la cultura, Dios no llama a la iglesia a tener efecto en la sociedad mediante el impulso de leyes y decisiones judiciales que respalden los estándares bíblicos de conducta.

El llamado divino y singular de la iglesia consiste en traer pecadores a la salvación a través de Cristo. Como el Israel de la antigüedad, nosotros debemos ser "casa espiritual y sacerdocio santo, para ofrecer sacrificios espirituales aceptables a Dios por medio de Jesucristo... linaje escogido, real sacerdocio, nación santa, pueblo adquirido por Dios, para que anunciéis las virtudes de aquel que os llamó de las tinieblas a su luz admirable" (1 P. 2:5, 9; cp. Éx. 19:6).

La función y el propósito de un sacerdote son traer a Dios a las personas y llevar a las personas a Dios. Si no conducimos a los perdidos a la salvación, cualquier otra cosa que hagamos por ellos, sin importar cuán beneficioso sea en el momento, es de alguna consecuencia eterna. No importa en lo absoluto que una persona crea o no en la existencia de Dios, que sea un alborotador o un ciudadano modelo, un criminal o un policía, un pervertido sexual o un parangón de virtud, un tirano brutal o un benefactor generoso; si no tiene una relación salvadora con Jesucristo, su destino es el infierno. Puede que sea un partidario militante del aborto o un opositor refractario al aborto; si no es salvo, pasará la eternidad separado de Dios. No hace diferencia alguna que una persona vaya al infierno tras haber sido en esta vida agente de policía, drogadicto, criminal o juez. El fin de todos es el mismo.

Cuando la iglesia adopta una metodología moralizadora, su energía y sus recursos se desvían y la evangelización sufre las consecuencias. Cuando los cristianos se vuelven hostiles al gobierno y a la sociedad en general, casi de forma inevitable se vuelven hostiles a los líderes no salvos de ese gobierno y a los ciudadanos no salvos que viven en esa sociedad.

No podemos darnos el lujo de debilitar nuestra misión espiritual o nuestra prioridad de proclamar el evangelio y extensión del reino involucrándonos en esfuerzos para cambiar el comportamiento cultural. Aún más importante, no podemos convertirnos en enemigos preciso de aquellos a quienes procuramos ganar para Cristo, los cuales bien pueden ser en el futuro nuestros hermanos y hermanas en el Señor. Cuando las personas vienen a Cristo, Él les cambia y ellos a su vez cambian la esfera en la que tienen influencia.

Cambiar de verdad una sociedad empieza cuando el interés moral y espiritual de un cristiano se mantiene enfocado en su propia virtud y vida piadosa. Es nuestra actitud y conducta justa lo que no solo nos hace más agradables para el Señor sino también más agradables para los no salvos. Es la vida justa e íntegra lo que hace que el mensaje del evangelio sea creíble para los perdidos. Si afirmamos ser salvos del pecado pero seguimos viviendo vidas llenas de pecado, lo más probable es que nuestra predicación y nuestra enseñanza, sin importar cuán ortodoxas sean, van a caer en oídos sordos.

Por supuesto, en el tiempo de Pablo no había un cristianismo cultural para confrontar y denunciar, sino solo paganismo abierto con todos los elementos malignos y perjudiciales que Satanás podía generar en su interior, así como judaísmo débil, superficial e hipócrita.

A causa de la educación extensa que recibió antes de su conversión, Pablo tenía un conocimiento del judaísmo superficial y el paganismo establecido en particular. Sabía lo que significaba vivir en un mundo de tiranos homicidas, desigualdad e injusticia crasas, así como libertinaje y perversión sexual. El imperio romano, que en aquel tiempo abarcaba todo el mundo occidental conocido y parte del oriental, estaba inmerso en la idolatría, la prostitución ritual, la esclavitud, la extorsión y los impuestos exorbitantes. Solo los ciudadanos romanos contaban con protección razonable bajo la ley, y aun esa posición privilegiada podía perderse con facilidad. Había muchos motivos para que los creyentes se sintieran airados y enardecidos frente a su sociedad.

No obstante, Pablo al igual que Jesús, no pasó su tiempo condenando las creencias y prácticas paganas. No amonestó a los creyentes con el fin de que tuvieran efecto en la cultura pagana tratando de imponer reformas a su idolatría, inmoralidad y corrupción. Tampoco hizo llamados a la resistencia pacífica, y mucho menos violenta en contra de leyes injustas o castigos inhumanos. Más bien llamó a los creyentes a que predicaran, enseñaran y testificaran del poder transformador de la salvación que se obtiene por medio del Señor Jesucristo, y a que vivieran vidas que dieran evidencias claras de ese poder. En particular, no quiso que los creyentes tuvieran resentimiento hacia los incrédulos, sino más bien que les mostraran amor y compasión. Para estimular esa clase de amor hacia los malvados que corrompen el mundo, Pablo urge a Tito que ayude a los creyentes a recordar varias realidades esenciales.

En los primeros ocho versículos del capítulo 3, Pablo instruye a Tito que recuerde a los cristianos de Creta acerca de realidades que habían escuchado en muchas otras ocasiones anteriores. Las cuatro áreas principales en las que se debe recordar son atinentes a: nuestros deberes como cristianos (vv. 1*b*-2), nuestra condición anterior de incredulidad y pecado (v. 3), nuestra salvación por medio de Jesucristo (vv. 4-7) y nuestra misión con un mundo incrédulo y perdido (v. 8).

Recuérdales es la traducción de *hupomimnēskō* y aquí es un mandato imperativo que se aplica todas las admoniciones de este pasaje. El tiempo verbal presente da a este verbo las connotaciones adicionales de continuidad y persistencia. Recordar a los cristianos estas verdades debería tener el efecto de prevenir que se sientan hostiles hacia los no convertidos o superiores a ellos.

RECORDAR NUESTROS DEBERES

que se sujeten a los gobernantes y autoridades, que obedezcan, que estén dispuestos a toda buena obra. Que a nadie difamen, que no sean pendencieros, sino amables, mostrando toda mansedumbre para con todos los hombres. (3:1*b*-2)

Estos siete deberes cristianos se aplican a todos los creyentes todo el tiempo. Se trata de actitudes y disposiciones que siempre deberían caracterizar nuestra vida entre aquellos que no pertenecen a Dios. El Espíritu Santo define aquí la obligación que tenemos con la cultura pagana.

La obediencia voluntaria a la autoridad humana demuestra al mundo que los caminos mundanos y la manera como funcionan las cosas en este mundo no deben ser preocupaciones primordiales para los creyentes. Nuestra obra se realiza en este mundo pero no es de ese mundo, porque nuestra ciudadanía verdadera está en el cielo (Fil. 3:20). Nuestro enfoque debe mantenerse en vivir en santidad y ganar a los perdidos para Jesucristo, quien "vino a buscar y a salvar lo que se había perdido" (Lc. 19:10). En obediencia al Señor y como un testimonio para el mundo, no debemos "[conformarnos] a este siglo, sino [transformarnos] por medio de la renovación de [nuestro] entendimiento, para que [comprobemos] cuál sea la buena voluntad de Dios, agradable y perfecta" (Ro. 12:2).

Como cristianos somos "linaje escogido, real sacerdocio, nación santa, pueblo adquirido por Dios, para que anunciéis las virtudes de aquel que os llamó de las tinieblas a su luz admirable" (1 P. 2:9). Es por esa razón que debemos vivir "manteniendo buena [nuestra] manera de vivir entre los gentiles; para que en lo que murmuran de [nosotros] como de malhechores, glorifiquen a Dios en el día de la visitación, al considerar [nuestras] buenas obras" (2:12). Para continuar la lección acerca de la ciudadanía terrenal, Pedro menciona varios deberes que Pablo cita en Romanos 13. "Por causa del Señor someteos a toda institución humana, ya sea al rey, como a superior, ya a los gobernadores, como por él enviados para castigo de los malhechores y alabanza de los que hacen bien. Porque esta es la voluntad de Dios: que haciendo bien, hagáis callar la ignorancia de los hombres insensatos... Honrad a todos. Amad a los hermanos. Temed a Dios. Honrad al rey" (vv. 13-15, 17).

En primer lugar, debemos **sujetarnos a los gobernantes y autoridades.** Este deber tiene que ver con nuestra actitud y conducta con relación al gobierno secular. Es importante advertir que Pablo no especifica una clase o nivel de gobierno en particular o algún tipo o esfera particular de gobierno oficial. El apóstol no da lugar alguno a excepciones o condiciones.

En una de las muchas ocasiones cuando los líderes judíos trataron de intrigar a Jesús para acusarle de herejía o traición, los fariseos "le enviaron los discípulos de ellos con los herodianos, diciendo: "Maestro, sabemos que eres amante de la verdad, y que enseñas con verdad el camino de Dios, y que no te cuidas de nadie, porque no miras la apariencia de los hombres. Dinos, pues, qué te parece: ¿Es lícito dar tributo a César, o no?" (Mt. 22:16-17). Ellos sabían que si Jesús decía "sí", caería en descrédito con los judíos del común, quienes detestaban a los romanos por los impuestos excesivos que empleaban para oprimirles. Si decía que "no", habría sido arrestado por traición contra Roma. Al percibir su malicia, Jesús contestó: "¿Por qué me tentáis, hipócritas? Mostradme la moneda del tributo. Y ellos le presentaron un denario. Entonces les dijo: ¿De quién es esta imagen, y la inscripción? Le dijeron: De César. Y les dijo: Dad, pues, a César lo que es de César, y a Dios lo que es de Dios" (Mt. 22:18-21).

Jesús no dio a entender que el impuesto fuera justo o que sería utilizado para fines buenos. Estaba muy al tanto de que César afirmaba ser un dios y por ende los judíos consideraban que la imagen suya grabada en la moneda era una forma de idolatría. No obstante, Él declaró sin lugar a equívocos que el impuesto debía ser pagado. En una ocasión anterior Él dejó en claro que, aun siendo el Hijo encarnado de Dios, ni siquiera Él estaba exento del pago de impuestos (Mt. 17:24-27).

En Romanos 13, Pablo menciona siete razones por las que todas las personas, incluidos todos los creyentes, se encuentran bajo la obligación divina de respetar y obedecer el gobierno humano. En primer lugar, "porque no hay autoridades sino de parte de Dios, y las que hay, por Dios han sido establecidas" (v. 1). En segundo lugar, la persona que "se opone a la autoridad, a lo establecido por Dios resiste; y los que resisten (v. 2*a*). En tercer lugar, aquellos que oponen resistencia a tal autoridad "acarrean condenación para sí mismos" (v. 2*b*). En cuarto lugar, el gobierno ha sido diseñado para restringir la maldad, no para "infundir temor al que hace el bien, sino al malo" (v. 3). En quinto lugar, ha sido diseñado por Dios para fomentar el bien de los individuos y de la sociedad "porque es servidor de Dios para tu bien" (v. 4*a*). En sexto lugar, y en ese mismo orden de ideas, también ha sido investido de poder por Dios para castigar a los malhechores, si resulta necesario con la pena capital ("no en vano lleva la espada"), "pues es servidor de Dios, vengador para castigar al que hace lo malo" (v. 4*b*). En séptimo lugar, para los creyentes "es necesario estarle sujetos, no solamente por razón del castigo, sino también por causa de la conciencia" (v. 5) "Pues por esto pagáis también los tributos", prosigue el apóstol, "porque son servidores de Dios que atienden continuamente a esto mismo. Pagad a todos lo que debéis: al que tributo, tributo; al que impuesto, impuesto; al que respeto, respeto; al que honra, honra" (vv. 6-7).

El gobierno romano bajo el cual vivió la iglesia en sus comienzos no solo era pagano del todo y por completo disipado en asuntos morales, sino también despótico, opresivo, injusto y brutal. No obstante, Pablo deja en claro que la obligación que el cristiano tiene de respetar y obedecer el gobierno humano no depende de que este sea democrático o justo sino que es un deber incondicional porque el gobierno es el medio ordenado por Dios para la regulación de la sociedad humana. Por lo tanto, como Pablo aclara en el pasaje citado, la persona que resiste y se opone al gobierno humano, resiste y se opone a Dios.

En segundo lugar, es necesario **que** los creyentes **obedezcan** a las autoridades humanas. La única excepción tiene que ver con órdenes del gobierno para hacer algo que sea contrario al mandato de Dios. Una excepción de ese tipo se halla en el relato de Hechos 4. Cuando el Sanedrín, el concilio judío supremo en Jerusalén, ordenó a Pedro y Juan "que en ninguna manera hablasen ni enseñasen en el nombre de Jesús", los apóstoles contestaron: "Juzgad si es justo delante de Dios obedecer a vosotros antes que a Dios; porque no podemos dejar de decir lo que hemos visto y oído" (Hch. 4:18-20; cp. 5:40-42).

En tercer lugar, tenemos **que estar dispuestos a toda buena obra.** Pablo no está hablando de hacer con reluctancia lo que sabemos que deberíamos hacer en sociedad, sino de estar **dispuestos,** preparados y listos con disposición voluntaria y sinceridad para hacer **toda buena obra** que tengamos la oportunidad de hacer a las personas que nos rodean. El apóstol se está refiriendo a un anhelo sincero y amoroso de servir a los demás. Sin importar cuán hostil pueda ser la sociedad a nuestro alrededor, debemos ser buenos con las personas que viven en ella y cuyas vidas se cruzan de una u otra manera con las nuestras. "Así que, según tengamos oportunidad, hagamos bien a todos, y mayormente a los de la familia de la fe" (Gá. 6:10). Debemos ser conocidos por lo que se podría describir como bondad activa y benignidad agresiva, las cuales no se hacen realidad por el simple cumplimiento de un deber sino por el amor a nuestro Señor y a otras personas.

Esa actitud está en contraste directo frente a la que tienen los maestros falsos. Como Pablo menciona antes en esta carta, tales hombres "profesan conocer a Dios, pero con los hechos lo niegan, siendo abominables y rebeldes, reprobados en cuanto a toda buena obra" (Tit. 1:16).

Las vidas de los creyentes deben demostrar de manera continua la transformación espiritual que han recibido a través de la fe en Jesucristo.

En cuarto lugar, otro deber de los cristianos consiste en **que a nadie difamen,** ni siquiera a aquellos que más contribuyen al ataque y menoscabo de los estándares bíblicos. Aun mientras luchamos contra los peores pecados cometidos por los peores pecadores, nunca debemos rebajarnos a difamar aquellos cuyo pecado detestamos. **Difamen** se traduce de *blasphēmeō*, del cual proviene la palabra *blasfemia*. Tiene que ver con calumniar, maldecir y tratar con desprecio, y esto nunca se puede hacer con un motivo justo. Es trágico que muchos cristianos hablan con menosprecio de políticos y otros personajes públicos, sin darse cuenta que al hacerlo estorban la obra de redención. "Exhorto ante todo, a que se hagan rogativas, oraciones, peticiones y acciones de gracias, por todos los hombres; por los reyes y por todos los que están en eminencia, para que vivamos quieta y reposadamente en toda piedad y honestidad. Porque esto es bueno y agradable delante de Dios nuestro Salvador, el cual quiere que todos los hombres sean salvos y vengan al conocimiento de la verdad" (1 Ti. 2:1-4).

En quinto lugar, es necesario que los creyentes **no sean pendencieros**, lo cual significa que deben ser amistosos y pacíficos hacia los perdidos en lugar de ser contenciosos y beligerantes. En una sociedad impía e inmoral es fácil enojarse con quienes la corrompen, condenarles y descartarles como gente sin esperanza y por fuera del alcance de la gracia de Dios. Lo cierto es que no tenemos derecho alguno de volvernos hostiles cuando los incrédulos actúan como incrédulos. "Si es posible", exhortó Pablo a los creyentes en Roma, "en cuanto dependa de vosotros, estad en paz con todos los hombres" (Ro. 12:18). Si Dios amó al mundo de una manera tan ilimitada e incondicional que envió a su Hijo libre por completo de pecado a redimirlo, ¿cómo podemos nosotros, como pecadores que han recibido su gracia redentora, ser acerbos y carentes de amor hacia aquellos que aún no la han recibido?

En sexto lugar, debemos ser **amables.** *Epieikēs* (**amables**) alude a la idea básica de aquello que es moderado, justo, equitativo y longánimo en cuanto a la manera de tratar a otros. Algunos se refieren a esta virtud como la capacidad de ser "razonables con dulzura", la actitud de aquel que no sospecha ni guarda rencores sino que siempre da a los demás el beneficio de la duda.

En séptimo y último lugar, debemos vivir **mostrando toda mansedumbre a todos los hombres,** una característica bastante cercana a las dos anteriores. En la literatura griega *prautēs* (**mansedumbre**) se empleaba a veces para aludir a una preocupación fingida e hipócrita por otros que está motivada por el interés egoísta. En cambio, en el Nuevo Testamento siempre se emplea con referencia a una actitud de consideración y **mansedumbre** hacia los demás que también se puede traducir "humildad".

En su libro *Sinónimos del Nuevo Testamento*, Richard Trench comenta que *prautēs* se refiere a "una gracia arraigada en el alma cuyas expresiones se dirigen en primera y suprema instancia a Dios. Es aquel temple del Espíritu en el cual aceptamos su trato hacia nosotros como bueno, y por ende lo hacemos sin quejas ni resistencias... El corazón humilde es el único que también es manso y que como tal, no pelea con Dios ni lucha o contiende con Él. Esta mansedumbre, no obstante, siendo primero que todo una mansedumbre completa para con Dios, también es de tal carácter ante los hombres, incluso los hombres malvados, en vista de que ellos en cierto sentido, con los insultos y perjuicios que infligen, son permitidos y empleados por Dios con el fin de disciplinar y purificar a sus elegidos" (en *An Expository Dictionary of New Testament Words* [Diccionario expositivo de palabras del Nuevo Testamento] de W. E. Vine [Westwood, N.J.: Revell, 1940], 3:55-56).

Nuestro Señor mismo el ejemplo supremo de **mansedumbre** [*prautēs*] genuina **para con todos los hombres,** lo cual debería caracterizar a sus seguidores. En su segunda carta a los creyentes en Corinto, Pablo habla de "la mansedumbre [*prautēs*] y ternura de Cristo" (2 Co. 10:1). Al citar Zacarías 9:9 de la versión Septuaginta (el Antiguo Testamento traducido al griego), un texto en el que se precede la entrada triunfal del Señor a Jerusalén, Mateo emplea la forma adjetivada (*praus*) para describir a Jesús como "manso, y sentado sobre una asna, sobre un pollino, hijo de animal de carga" (Mt. 21:5). En una interpelación magnánima a sus seguidores, Jesús empleó el mismo adjetivo para describirse a sí mismo al decir: "Llevad mi yugo sobre vosotros, y aprended de mí, que soy manso y humilde de corazón; y hallaréis descanso para vuestras almas" (Mt. 11:29).

Nuestra actitud hacia los incrédulos siempre debería reflejar un espíritu de **mansedumbre,** consideración y amabilidad. "Santificad a Dios el Señor en vuestros corazones", nos dice Pedro, "y estad siempre preparados para presentar defensa con mansedumbre y reverencia ante todo el que os demande razón de la esperanza que hay en vosotros" (1 P. 3:15). También debemos tratar a hermanos en la fe desobedientes o que están en pecado "con espíritu de mansedumbre" (Gá. 6:1), y "con mansedumbre [corregir] a los que se oponen, por si quizá Dios les conceda que se arrepientan para conocer la verdad" (2 Ti. 2:25).

Como he comentado sobre ese versículo en la segunda carta a Timoteo:

> Aunque Él [Jesús] era Dios en la carne, y en cualquier momento pudo haber destruido a sus enemigos con una sola palabra y tenía a su disposición "más de doce legiones de ángeles" (Mt. 26:53), Él eligió someterse a toda indignidad porque esa era la voluntad de su Padre para Él en su encarnación.
>
> De la misma manera, aunque en un grado mucho más limitado, el siervo fiel de Jesucristo que tiene gran fortaleza en su convicción y puede tener autoridad como líder en la iglesia, expresa y defiende de buena voluntad sus convicciones y ejerce su autoridad en un espíritu de mansedumbre [*prautēs*]. La persona mansa de verdad es sumisa por decisión propia, porque *quiere* obedecer a su Maestro y asemejarse a Él. (*2 Timoteo,* Comentario MacArthur del Nuevo Testamento [Chicago: Moody, 1995], p. 100)

Por lo tanto, no es de sorprenderse que la *prautēs* sea un fruto del Espíritu ("mansedumbre", Gá. 5:23) y que en su forma de adjetivo (*praus*) sea una bienaventuranza ("los mansos", Mt. 5:5). Pablo amonesta: "Vestíos, pues, como escogidos de Dios, santos y amados, de entrañable misericordia, de benignidad, de humildad, de mansedumbre, de paciencia" (Col. 3:12).

La frase **para con todos los hombres** no es una hipérbole o exageración. Pablo está hablando de todo ser humano sin excepción, y en particular los no salvos. En tres ocasiones en su primera carta a Timoteo, el apóstol urge "que se hagan rogativas, oraciones, peticiones y acciones de gracias, por todos los hombres" (2:1). El apóstol nos recuerda que Dios "quiere que todos los hombres sean salvos y vengan al conocimiento de la verdad" (2:4) y "que es el Salvador de todos los hombres, mayormente de los que creen" (4:10; cp. 2:6). Antes en esta carta a Tito él se regocija porque "la gracia de Dios se ha manifestado para salvación a todos los hombres" (Tit. 2:11).

La **mansedumbre** genuina y de corazón **para con todos los hombres** es una de las virtudes espirituales más fundamentales. Como seguidores e imitadores de Jesucristo, nuestro llamado no es a combatir por nuestros derechos o privilegios contra los impíos. Más bien, al vivir en este mundo corrupto en sujeción y obediencia a la autoridad humana, haciendo buenas obras, sin difamación alguna contra los demás y no siendo pendencieros sino amables y mansos, de esa manera vamos a demostrar el poder y la gracia de Dios para transformar a los pecadores y hacerles semejantes a Él mismo.

RECORDAR NUESTRA CONDICIÓN ANTERIOR

Porque nosotros también éramos en otro tiempo insensatos, rebeldes, extraviados, esclavos de concupiscencias y deleites diversos, viviendo en malicia y envidia, aborrecibles, y aborreciéndonos unos a otros. (3:3)

En lugar de resentir y calumniar a los no incrédulos que son líderes, educadores, personas activas en los medios de comunicación en la industria del entretenimiento, y en lugar de volvernos iracundos y acerbos en nuestros ataques contra las actividades inmorales de diversas organizaciones y movimientos, deberíamos recordar que **nosotros también éramos** como aquellos a quienes ahora estamos inclinados a difamar y condenar. Antes fuimos lo mismo que ellos y seguiríamos siendo eso de no haber sido por la gracia salvadora de Dios quien nos hizo libres de condenación.

Con frecuencia Pablo presenta listas de pecados que tipifican a los incrédulos. Hablando de aquellos "hombres que detienen con injusticia la verdad... [los cuales] habiendo conocido a Dios, no le glorificaron como a Dios, ni le dieron gracias, sino que se envanecieron en sus razonamientos, y su necio corazón fue entenebrecido... como ellos no aprobaron tener en cuenta a Dios, Dios los entregó a una mente reprobada, para hacer cosas que no convienen; estando atestados de toda injusticia, fornicación, perversidad, avaricia, maldad; llenos de envidia, homicidios, contiendas, engaños y malignidades; murmuradores, detractores, aborrecedores de Dios, injuriosos, soberbios, altivos, inventores de males, desobedientes a los padres, necios, desleales, sin afecto natural, implacables, sin misericordia; quienes habiendo entendido el juicio de Dios, que los que practican tales cosas son dignos de muerte, no sólo las hacen, sino que también se complacen con los que las practican" (Ro. 1:18, 21, 28-32).

El apóstol da listas similares en sus cartas a la iglesia en Corinto (1 Co. 6:9-11), las iglesias de Galacia (Gá. 5:19-21) y la iglesia en Éfeso (Ef. 4:17-19; cp. 2:1-3). No se exime a sí mismo porque confiesa que antes de su conversión había sido "blasfemo, perseguidor e injuriador" (1 Ti. 1:13; cp. Hch. 8:3; Fil. 3:6).

No es que todo creyente haya tenido en su vida o haya defendido el pecado más extremo. Si nos convertimos en nuestra infancia, quizás ni siquiera escuchamos acerca de algunos de los pecados mencionados por Pablo. Aun si nos convertimos en creyentes en la edad adulta, es posible que hayamos llevado una vida de relativa moralidad y responsabilidad social. Sin embargo, como seres humanos no salvos, *todos* nosotros estuvimos inmersos en la depravación de nuestra propia naturaleza y fuimos enemigos de Dios (Ro. 5:10; Ef. 2:3; Col. 1:21), sin importar cuán moral, respetable y religiosa pueda haber sido nuestra apariencia externa.

A medida que crecemos en las cosas del Señor, es difícil no enfurecerse por el crecimiento acelerado y la aceptación increíble de cosas como la homosexualidad, la pornografía, el sexo casual y gratuito, la filosofía de la nueva era, el aborto masivo y la educación sexual en las escuelas que fomenta toda clase de conductas excepto la castidad. Esas y muchas otras creencias y prácticas son sin lugar a dudas, malas, corruptas, destructivas e impías. Destruyen las vidas de individuos y la sociedad como un todo así como deshonran a nuestro Dios santo.

No obstante, esto siempre ha sido cierto y seguirá siendo cierto hasta que el Señor regrese. Como lo indican sus listas de pecados, Pablo tenía bastante conocimiento de los pecados más extremos. El mismo nombre de Corinto, una ciudad griega donde el apóstol ministró durante unos dieciocho meses (Hch. 18:1-17; 1 Co. 2:3), se utilizaba como seudónimo para aludir a inmoralidad sexual desfachatada incluso en opinión del mundo pagano e inmoral de aquel tiempo.

Para que nosotros como creyentes podamos dar un testimonio piadoso en una cultura pagana, debemos recordar que esto es lo que se puede esperar de los impíos. En nuestra condición anterior, **nosotros también éramos en otro tiempo insensatos,** lo mismo que los incrédulos entre quienes vivimos y testificamos ahora, y por causa de los cuales nos enardecemos tanto. Para reforzar este punto, Pablo enumera siete vicios que caracterizan a los no salvos, vicios en los cuales nosotros mismos participamos de una u otra forma.

En primer lugar, Pablo recuerda nos recuerda que **nosotros también éramos en otro tiempo insensatos,** ignorantes y desinformados. *Anoētos* (**insensatos**) denota una falta total de entendimiento, ignorancia completa con relación a un área de conocimiento en particular. El punto de Pablo aquí es que sin importar cuán avanzada sea la educación de una persona o cuán notables sean sus logros intelectuales, si no reconoce a Dios y confía en Él para ser liberado del pecado, es **insensato** con respecto a la verdad más importante sobre su propia vida. Con Dios, hasta la sabiduría de los hombres es necedad e insensatez (cp. 1 Co. 1:20, 25).

En su libro fascinante *Los intelectuales*, Paul Johnson, uno de los historiadores contemporáneos más sobresalientes de la civilización occidental, documenta entre otras cosas los aspectos más turbadores de la suciedad moral y la impiedad que han caracterizado a la mayoría de los principales arquitectos intelectuales de la cultura occidental moderna. Sus capacidades mentales fenomenales y el efecto profundo que tuvieron en la sociedad moderna son incuestionables. No obstante, corresponden con precisión a los hombres que Pablo describió cerca de dos mil años atrás, aquellos que como "no aprobaron tener en cuenta a Dios, Dios los entregó a una mente reprobada, para hacer cosas que no convienen" (Ro. 1:28). Sus biografías son estudios sobre las profundidades de la perdición humana. Una mente brillante no solo es capaz de cometer maldades crasas, sino que a causa de esa misma lucidez también es capaz de las perversiones más aberrantes. Las atrocidades horrendas que se cometieron bajo el régimen nazi, por ejemplo, fueron concebidas y perpetradas por hombres brillantes en una de las naciones más avanzadas de los tiempos modernos en asuntos intelectuales, científicos y culturales.

Eso no debería sorprendernos. Después de todo, fue Lucifer, el más brillante de los arcángeles, el "Lucero, hijo de la mañana", quien se opuso a Dios y fue expulsado del cielo junto a los ángeles que se sumaron a su rebeldía (Is. 14:12; cp. Ap. 12:9), y quien se convirtió en Satanás, el príncipe de los demonios.

En segundo lugar, deberíamos tener paciencia y gracia hacia los no salvos de nuestra sociedad porque nosotros también como incrédulos fuimos en otro tiempo desobedientes y **rebeldes** por naturaleza frente a toda autoridad instituida por Dios. El Señor reveló por medio de Jeremías que "engañoso es el corazón más que todas las cosas, y perverso; ¿quién lo conocerá?" (Jer. 17:9). Jesús declaró que "del corazón salen los malos pensamientos, los homicidios, los adulterios, las fornicaciones, los hurtos, los falsos testimonios, las blasfemias", y todas las demás cosas que contaminan al ser humano (Mt. 15:19-20). Es por esa razón que a pesar de que las leyes y poderes humanos son ordenados por Dios para ayudar a restringir y castigar la conducta malvada y mantener cierta medida de orden y seguridad sociales, carecen de poder para cambiar el corazón humano, del cual emanan todas las maldades, todos los pecados, todas las contaminaciones y todas las disipaciones.

En tercer lugar, como incrédulos estuvimos en otro tiempo, por nuestra propia naturaleza, **extraviados.** *Planaō* (**extraviados**) tiene la idea básica de ser desviado del camino correcto de forma deliberada. El objetivo de Satanás es llevar a los pecadores a pecado e impiedad cada vez mayores. Juan se refiere a él como "el gran dragón, la serpiente antigua, que se llama diablo y Satanás, el cual engaña al mundo entero" (Ap. 12:9). Bien sea que lo reconozcan o no, y de hecho la vasta mayoría no lo hacen, todos los incrédulos son hijos de su "padre el diablo, y los deseos de [su] padre [quieren] hacer... [el diablo] ha sido homicida desde el principio, y no ha permanecido en la verdad, porque no hay verdad en él. Cuando habla mentira, de suyo habla; porque es mentiroso, y padre de mentira" (Jn. 8:44). Reflejando la naturaleza y siguiendo el ejemplo de su padre espiritual, "los malos hombres y los engañadores irán de mal en peor, engañando y siendo engañados" (2 Ti. 3:13). En los últimos tiempos, "se levantarán falsos Cristos, y falsos profetas, y harán grandes señales y prodigios, de tal manera que engañarán, *si fuere posible,* aun a los escogidos" (Mt. 24:24, cursivas añadidas).

En cuarto lugar, nosotros en otro tiempo siendo incrédulos y por nuestra propia naturaleza, fuimos **esclavos de concupiscencias y deleites diversos.** Aunque el hombre natural no salvo escoge pecar de forma voluntaria, lo hace porque su constitución misma es pecaminosa, y no tiene el deseo ni la capacidad para ser otra cosa que un practicante del pecado. Por lo tanto, de forma tanto voluntaria como inevitable, los incrédulos son **esclavos** del pecado en sus múltiples y **diversas** formas.

En Romanos 3:10-18 Pablo ilustra de manera gráfica la triste condición de los pecadores:

> *Como está escrito: No hay justo, ni aun uno; no hay quien entienda. No hay quien busque a Dios. Todos se desviaron, a una se hicieron inútiles; no hay quien haga lo bueno, no hay ni siquiera uno. Sepulcro abierto es su garganta; con su lengua engañan. Veneno de áspides hay debajo de sus labios; su boca está llena de maldición y de amargura. Sus pies se apresuran para derramar sangre; quebranto y desventura hay en sus caminos; y no conocieron camino de paz. No hay temor de Dios delante de sus ojos.*

Por lo tanto, aunque nos resulte difícil no irritarnos al ver la maldad abrirse paso, no deberíamos sorprendernos. Aparte de la confianza para salvación en Jesucristo, una persona no tiene otra alternativa que pecar. Pablo recordó a los creyentes en Roma su condición anterior a la salvación: "para iniquidad presentasteis vuestros miembros para servir a la inmundicia y a la iniquidad" (Ro. 6:19).

Concupiscencias se refiere a deseos pecaminosos y **deleites** a satisfacciones pecaminosas. El apóstol está hablando de toda la gama de cosas que los hombres caídos procuran hacer y disfrutan hacer por naturaleza. **Deleites** es la traducción de *hēdonē*, del cual se deriva la palabra *hedonismo*, la búsqueda insaciable de satisfacción individual que tanto caracteriza a la sociedad moderna. Bien sea que las **concupiscencias y deleites** incluyan el mal uso de cosas buenas que el Señor provee o que tengan una maldad intrínseca, el hombre natural las desea y disfruta por razones puramente egoístas y pecaminosas.

En quinto lugar, como incrédulos que fuimos alguna vez, por nuestra propia naturaleza nos encontrábamos **viviendo en malicia.** La expresión **viviendo** se traduce de una variación de *diagō*, que tiene el significado básico de estar con vida; pero este participio presente activo incluye la idea adicional de una manera de vida normal y típica, la forma habitual y ordinaria de pasar el tiempo en esta tierra. **Malicia** traduce *kakia*, que significa "maldad", o como un erudito griego se refiere a la palabra, "el carácter vicioso en sentido general". En grados diversos pero de forma inevitable, la persona no salva pasa su vida de manera maliciosa.

En sexto lugar, como los incrédulos que fuimos en otro tiempo, estábamos viviendo por nuestra propia naturaleza en **envidia.** La **envidia** es un pecado que trae su propia recompensa: garantiza su propia frustración y descontento. Por definición, la persona envidiosa no puede estar satisfecha con lo que tiene y siempre apetecerá más. Sus concupiscencias y sus deleites son insaciables, y no puede soportar que cualquier otra persona tenga lo que hace falta en su propia vida, o que tenga más de alguna cosa que sí posee.

Como incrédulos que fuimos en otro tiempo, éramos **aborrecibles** por naturaleza. El odio es un fruto natural de la envidia, pero también es producido por muchas otras cosas. Con frecuencia no tiene base racional y se expresa sin otra razón que por ser lo que es. De hecho no necesita una razón en absoluto. Las personas **aborrecibles** desprecian a cualquier persona o cosa que se atraviese en su camino o que no sea de su agrado. Siempre terminan **aborreciéndose unos a otros** y tarde o temprano odian a todo el mundo, incluidos los que más se parecen a ellos. El aborrecimiento no es un pecado atractivo, ni siquiera para los **aborrecibles.**

Los cónyuges se divorcian porque sus egos entran en conflicto y cada uno quiere hacer las cosas a su manera, aun a costa de su matrimonio y el bienestar de sus hijos. Lo más probable es que los hijos criados por padres aborrecedores se conviertan también en personas aborrecibles entre ellos, hacia sus padres, sus profesores y hacia cualquier persona que amenace su libertad y su voluntad individual. Tarde o temprano también aborrecerán a sus amigos y quizás serán aborrecidos por ellos. El aborrecimiento es quizás el pecado que genera más soledad.

Ciegos a la verdad de Dios, los estándares de Dios, la voluntad de Dios y todas las realidades espirituales, los incrédulos generan con exactitud la clase de mundo que tenemos el día de hoy. No pueden hacer otra cosa, pero así detestemos los pecados que les caracterizan, motivan e impulsan, debemos ser constantes en recordar el punto de Pablo en este versículo: todos nosotros sin excepción alguna, fuimos en otro tiempo caracterizados, motivados e impulsados por los mismos pecados que ahora son repugnantes para nosotros. Al estar conscientes de esto deberíamos ser humildes y mantenernos en guardia contra los sentimientos de odio hacia aquellos que están en pecado y necesitan la salvación por medio de Jesucristo, tal como fue nuestro caso.

Debemos mirar a los no salvos como nuestro Señor les miró durante su encarnación y les sigue mirando ahora: con aflicción y lágrimas por su perdición y con un deseo compasivo de verles arrepentirse, creer en Jesucristo y ser salvos.

RECORDAR NUESTRA SALVACIÓN

Pero cuando se manifestó la bondad de Dios nuestro Salvador, y su amor para con los hombres, nos salvó, no por obras de justicia que nosotros hubiéramos hecho, sino por su misericordia, por el lavamiento de la regeneración y por la renovación en el Espíritu Santo, el cual derramó en nosotros abundantemente por Jesucristo nuestro Salvador, para que justificados por su gracia, viniésemos a ser herederos conforme a la esperanza de la vida eterna. (3:4-7)

Al pasar el apóstol a su tercer recordatorio, la conjunción **pero** funciona como una transición que traslada el foco de atención de recordar nuestra condición anterior de perdición a la necesidad igualmente importante de recordar nuestra condición presente de salvación. De nuevo, Pablo enumera siete categorías (como en los dos puntos anteriores), en esta ocasión los siete aspectos de la salvación que están revelados en la frase singular que comprende los versículos 4-7.

En este pasaje breve Pablo hace un recorrido a través de las verdades gloriosas de la salvación, declarando que cada una de sus facetas es iniciada e investida de poder por Dios y nadie más. Hay aquí doctrinas que podrían ser estudiadas y meditadas durante meses sin ahondar lo suficiente en la profundidad de toda su verdad.

Ahora somos radicalmente diferentes de la manera en la que fuimos antes, y de la forma que los no salvos siguen siendo, gracias de manera única y exclusiva a **la bondad de Dios nuestro Salvador, y su amor para con** nosotros, a su **lavamiento de la regeneración,** su **renovación en el Espíritu Santo,** su Hijo **Jesucristo nuestro Salvador,** y **su gracia.**

Entre otras cosas, recordar nuestra salvación debería motivarnos a tener en mente que la única razón por la que somos diferentes ahora es que **Dios nos salvó.** Cuando somos bombardeados por nuestra cultura impía, por medios de comunicación impíos, educadores impíos, políticos impíos, personas impías en el mundo del espectáculo y los deportes, libros y revistas impíos, vecinos y compañeros de trabajo impíos, y hasta amigos y parientes impíos, deberíamos enfocarnos por encima de todo en la gracia soberana de Dios, quien nos libró a cada uno de nosotros de esa vida nada más que por su propia benevolencia y por su propia gloria, no por algo deseable o digno que hubiera en nosotros. Es

Dios quien "quiere que todos los hombres sean salvos y vengan al conocimiento de la verdad" (2 Ti. 2:4), quien no quiere "que ninguno perezca, sino que todos procedan al arrepentimiento" (2 P. 3:9), y quien "de tal manera amó... al mundo, que ha dado a su Hijo unigénito, para que todo aquel que en él cree, no se pierda, mas tenga vida eterna... para que el mundo sea salvo por él" (Jn. 3:16-17).

Cada aspecto de la salvación es de Dios y solo de Dios. En primer lugar, debemos recordar que fuimos salvos por **la bondad de Dios nuestro Salvador.** *Chrēstotēs* (**bondad**) connota bondad genuina y generosidad de corazón. Nuestra salvación del pecado, la perdición y la muerte emanó por completo de **la bondad de Dios,** su interés amoroso, benévolo y lleno de gracia para acercarnos a Él y redimirnos para siempre del pecado.

Es parte de la naturaleza de Dios el ser bondadoso para con los perdidos. "Amad, pues, a vuestros enemigos, y haced bien, y prestad, no esperando de ello nada", mandó Jesús; "y será vuestro galardón grande, y seréis hijos del Altísimo; *porque él es benigno para con los ingratos y malos*" (Lc. 6:35, cursivas añadidas). Dios es todavía más bondadoso para con sus hijos, aquellos que son salvados por Él. En su carta a la iglesia en Éfeso, Pablo declaró: "Pero Dios, que es rico en misericordia, por su gran amor con que nos amó, aun estando nosotros muertos en pecados, nos dio vida juntamente con Cristo (por gracia sois salvos), y juntamente con él nos resucitó, y asimismo nos hizo sentar en los lugares celestiales con Cristo Jesús, *para mostrar en los siglos venideros las abundantes riquezas de su gracia en su bondad para con nosotros en Cristo Jesús*" (Ef. 2:4-7, cursivas añadidas).

Pablo se refiere de nuevo a **Dios** como **Salvador,** el título central tanto para Dios el Padre como para Cristo el Hijo, y el tema de esta carta (véase también 1:3, 4; 2:10, 11, 13; 3:6). Cerca del comienzo de su carta a los creyentes en Roma, el apóstol hizo esta pregunta retórica: "¿O menosprecias las riquezas de su benignidad, paciencia y longanimidad, ignorando que su benignidad te guía al arrepentimiento?" (Ro. 2:4; cp. 11:22). Es **la bondad** soberana **de Dios** la que da inicio al arrepentimiento que a su vez es el primer paso en la salvación.

En segundo lugar, debemos recordar que fuimos salvados por el **amor** de Dios **para con los hombres,** el cual ellos no merecen y no es parcial. Esta frase traduce el sustantivo griego compuesto *philanthrōpia,* del cual se deriva la palabra *filantropía.* Se compone de *phileō* ("tener afecto hacia") y *anthrōpos* ("hombre" o humanidad) y se refiere a compasión, en especial el anhelo de librar a una persona de dolor, pesadumbre o peligro. Involucra más que mera emoción y siempre encuentra la manera de expresarse en alguna forma de ayuda y beneficio desinteresados.

En los últimos dos capítulos de Hechos, Lucas incluye dos relatos en los que gentiles no salvos mostraron *philanthrōpia*. Antes de que Pablo abordara la embarcación para ser llevado como prisionero a Roma, el centurión "Julio, tratando humanamente [*philanthrōpia*] a Pablo, le permitió que fuese a los amigos, para ser atendido por ellos" (Hch. 27:3). Después del naufragio cerca a la costa de Malta, Pablo y todos los demás a bordo se las arreglaron para llegar seguros a la orilla, tal como Dios había prometido (27:22-26). Lucas registra a continuación que "los naturales nos trataron con no poca humanidad [*philanthrōpia*]; porque encendiendo un fuego, nos recibieron a todos, a causa de la lluvia que caía, y del frío" (28:2).

El Antiguo Testamento habla con frecuencia acerca de la bondad y amor del Señor que nunca cesan ni fallan (Lm. 3:22). David declaró: "Mas tú, Señor, Dios misericordioso y clemente, lento para la ira, y grande en misericordia y verdad" (Sal. 86:15; cp. 145:8). Otro salmista proclamó: "Ha hecho memorables sus maravillas; clemente y misericordioso es Jehová" (Sal. 111:4).

En el pasaje presente, **bondad** y **amor para con los hombres** son sinónimos. Las dos palabras juntas, sobre todo en el contexto de estos cuatro versículos, reflejan el amor *agapē* todavía más profundo que Dios tiene para con la humanidad caída. El pasaje más conocido y amado que expresa el amor *agapē* de Dios es: "Porque de tal manera amó Dios al mundo, que ha dado a su Hijo unigénito, para que todo aquel que en él cree, no se pierda, mas tenga vida eterna" (Jn. 3:16). A causa del **amor** grande y compasivo de Dios **para con los hombres,** Él libra a los pecadores de la opresión y el peligro fatal de su iniquidad.

Fue a través de la encarnación de Jesucristo que **se [manifestaron] la bondad** y el **amor** soberanos de Dios **para con los hombres,** y también fue así que su gracia fue manifestada a perfección (Tit. 2:11). "Pero Dios, que es rico en misericordia, por su gran amor con que nos amó, aun estando nosotros muertos en pecados, nos dio vida juntamente con Cristo (por gracia sois salvos), y juntamente con él nos resucitó, y asimismo nos hizo sentar en los lugares celestiales con Cristo Jesús" (Ef. 2:4-6). Todos los creyentes pueden expresar gozosos junto a Pablo: "Con Cristo estoy juntamente crucificado, y ya no vivo yo, mas vive Cristo en mí; y lo que ahora vivo en la carne, lo vivo en la fe del Hijo de Dios, el cual me amó y se entregó a sí mismo por mí" (Gá. 2:20; cp. Ap. 1:5).

Juan Calvino escribió que, aunque Dios

> pone de manifiesto su bondad y amor a todos, lo sabemos solo por fe, cuando Él se declara como nuestro Padre en Cristo. Antes que Pablo fuese llamado a la fe de Cristo, él gozó innumerables dones de Dios, los cuales pudieron haberle permitido saborear la bondad paternal de Dios; él había sido educado desde su infancia en la doctrina de la ley, pero deambula en las tinieblas de tal modo que no percibe la bondad de Dios hasta que el Espíritu alumbró su entendimiento, y hasta que Cristo se manifestó como el testimonio y el juramento de la gracia de Dios el Padre, de la cual, a excepción de Él, todos estamos excluidos. Por esto quiere el apóstol dar a entender que la bondad de Dios no es revelada y conocida si no es por la luz de la fe.

En tercer lugar, debemos recordar que no nos salvamos a nosotros mismos con esfuerzos propios u otros medios, sino que Dios **nos salvó, no por obras de justicia que nosotros hubiéramos hecho, sino por su misericordia.**

Salvó se traduce de *sōzō,* que a pesar de emplearse algunas veces en el Nuevo Testamento con relación a un rescate físico y temporal (véase por ejemplo, Mt. 8:25; Jn. 12:27), se utiliza con mayor frecuencia para aludir a la salvación espiritual. Esas palabras siempre han sido atesoradas por aquellos que *han sido* salvados. Nuestra salvación es lo más importante y valioso acerca de nosotros y ninguna otra cosa puede ni siquiera comparársele. El cristianismo bíblico es una religión de salvación, y la salvación siempre ha sido el tema central de los cánticos e himnos cristianos.

En el sentido negativo, la salvación se relaciona con nuestra liberación del castigo del pecado, es decir, de la ira divina, la muerte espiritual y el infierno. Una vez más nuestra atención se dirige a ese texto amado en el Evangelio de Juan. "Porque de tal manera amó Dios al mundo, que ha dado a su Hijo unigénito, para que todo aquel que en él cree, no se pierda, mas tenga vida eterna. Porque no envió Dios a su Hijo al mundo para condenar al mundo, sino para que el mundo sea salvo por él" (Jn. 3:16-17).

En el sentido positivo, la salvación nos concede el privilegio de llegar "al conocimiento de la verdad" (1 Ti. 2:4), de recibir "vida juntamente con Cristo" (Ef. 2:5), de ser librados "de la potestad de las tinieblas, y trasladados al reino de su amado Hijo" (Col. 1:13), y de tener "la esperanza de la vida eterna" (Tit. 1:2).

Después del Pentecostés, "el Señor añadía cada día a la iglesia los que habían de ser salvos" (Hch. 2:47). En palabras que pueden haber formado parte de un credo antiguo de la iglesia en sus comienzos, Pablo escribió: "Palabra fiel y digna de ser recibida por todos: que Cristo Jesús vino al mundo para salvar a los pecadores" (1 Ti. 1:15). El propósito de la encarnación fue realizar el sacrificio perfecto que habría de salvar a los pecadores perdidos, entre los cuales todos nos habíamos contado en otro tiempo (Ef. 2:5).

El Salvador no nos redimió a causa de alguna cosa que nosotros fuésemos o pudiésemos llegar a ser jamás. Efesios 2:8-9 lo deja en claro: "Porque por gracia sois salvos por medio de la fe; y esto no de vosotros, pues es don de Dios; no por obras, para que nadie se gloríe" (Ef. 2:8-9). Las **obras** que nosotros **hubiéramos** podido hacer, así se tratara de **obras de justicia,** jamás pueden hacernos ganar o merecer nuestra salvación. No hicimos contribución alguna a la obra soberana de salvación que Dios realiza en su gracia. No merecíamos ser libertados del pecado y la muerte. No merecimos nacer de nuevo ni haber sido creados de nuevo a imagen y semejanza de nuestro Señor. No merecimos llegar a ser hechos hijos de Dios y coherederos junto a su Hijo unigénito, Jesucristo. No merecimos la promesa de vida eterna, la cual pasaremos en el cielo en la presencia continua de Dios.

En lugar de eso, fuimos salvados **por su misericordia.** La palabra **misericordia** se traduce del término griego *eleos,* que se refiere a la manifestación externa de piedad y presupone la necesidad que tienen aquellos que la reciben, así como los medios suficientes para satisfacer la necesidad por parte de aquellos que la muestran. En algunos sentidos, **misericordia** es similar a gracia, la cual Pablo menciona en el versículo 7; pero mientras que la gracia se relaciona con la culpa, la **misericordia** está relacionada con la aflicción. La gracia tiene que ver con la condición del pecador delante de Dios el juez; la **misericordia** se relaciona con la condición del pecador en su pecado. Mientras que la gracia otorga perdón judicial al ofensor por su transgresión, la **misericordia** le ayuda de manera compasiva a recuperarse y seguir adelante.

En cuarto lugar, debemos recordar que fuimos salvados por la decisión que Dios tomó en su misericordia de concedernos **el lavamiento de la regeneración.** Cuando fuimos salvados, fuimos limpiados de nuestro pecado, de toda la descomposición y la suciedad que es producida por la condición de muerte espiritual. Al hablar de esa verdad en su carta a la iglesia en Éfeso, Pablo explica que fuimos limpiados y purificados "en el lavamiento del agua por la palabra" (Ef. 5:26). Santiago declara que Dios "de su voluntad, nos hizo nacer por la palabra de verdad, para que seamos primicias de sus criaturas" (Stg. 1:18). Pedro nos recuerda que hemos sido "renacidos, no de simiente corruptible, sino de incorruptible, por la palabra de Dios que vive y permanece para siempre" (1 P. 1:23).

Palingenesia (**regeneración**) alude a la idea de recibir vida nueva, de nacer de nuevo o nacer de lo alto. Jesús a Nicodemo el indagador: "De cierto, de cierto te digo, que el que no naciere de agua y del Espíritu, no puede entrar en el reino de Dios" (Jn. 3:5; cp. Ef. 5:26). En su primera carta, el apóstol Juan habla en repetidas ocasiones sobre la verdad maravillosa del nuevo nacimiento. Tenemos esta seguridad: "Si sabéis que él [Cristo] es justo, sabed también que todo el que hace justicia es nacido de él" (1 Jn. 2:29). Por ende, también contamos con la seguridad de que "todo aquel que es nacido de Dios, no practica el pecado, porque la simiente de Dios permanece en él; y no puede pecar, porque es nacido de Dios" (3:9; cp. 5:18). Podemos estar seguros de que "todo aquel que ama, es nacido de Dios, y conoce a Dios" (4:7) y que "todo aquel que cree que Jesús es el Cristo, es nacido de Dios" (5:1).

En quinto lugar, debemos recordar que nuestra salvación vino por medio de nuestra **renovación en el Espíritu Santo.** Esta frase avanza al siguiente paso lógico: el efecto o resultado de la regeneración, a saber, la vida nueva que surge a partir del nuevo nacimiento. En Romanos 8:2, Pablo revela que "la ley del Espíritu de vida en Cristo Jesús [nos] ha librado de la ley del pecado y de la muerte". **El Espíritu Santo,** obrando por medio de la Palabra, reviste de poder nuestra nueva vida en Cristo. "De modo que si alguno está en Cristo", explica el apóstol en su segunda carta a la iglesia en Corinto, "nueva criatura es; las cosas viejas pasaron; he aquí todas son hechas nuevas" (2 Co. 5:17). Esa es la obra de santificación del Espíritu (cp. 1 P. 1:2). Él empieza a mover al creyente en su ascenso por la escalera de gloria de un nivel al siguiente (cp. 2 Co. 3:18).

El Padre no solo nos salvó por medio de su **Espíritu Santo,** sino que **derramó en nosotros** su Espíritu **abundantemente** y sin medida cuando nacimos de nuevo (cp. Hch. 2:38-39; 1 Co. 12:7, 11, 13). El Señor "es poderoso para hacer todas las cosas mucho más abundantemente de lo que pedimos o entendemos, según el poder [de su **Espíritu Santo**] que actúa en nosotros" (Ef. 3:20). En vista del poder divino que tenemos a disposición dentro de nosotros mismos, recibimos el mandato: "sed llenos del Espíritu" (Ef. 5:18). **El Espíritu Santo** nos da vida espiritual, sustenta nuestra vida espiritual, reviste de poder nuestra vida espiritual y garantiza que nuestra vida espiritual se convertirá en vida eterna, porque Él es el sello, o la garantía, de la vida eterna (Ef. 1:13-14).

En sexto lugar, a fin de prevenir sentimientos de hostilidad hacia los corruptores de nuestra sociedad, debemos recordar que fuimos salvados solo por el sacrificio substitutivo y expiatorio del Hijo de Dios, **Jesucristo nuestro Salvador,** el cual Dios, por su decreto eterno, hizo eficaz para nosotros antes de haber siquiera nacido. Su muerte en nuestro lugar y por nosotros es el medio, y el único medio, de nuestra salvación. En su sermón de Pentecostés, Pedro declaró a los judíos reunidos en Jerusalén que, aunque Jesús fue sometido a muerte por los líderes impíos de los judíos, Él por encima de todo y de manera soberana fue "entregado por el determinado consejo y anticipado conocimiento de Dios" (Hch. 2:23). Además, la muerte que Él padeció fue en el plan de Dios una muerte en la cual llevó sobre sí todos los pecados de todos los que habrían de creer.

El séptimo aspecto de la salvación soberana proviene por igual de Dios y nadie más. Debemos recordar que fuimos salvados por la **gracia** de Dios, como Pablo ya ha mencionado en el versículo 5. En su segunda carta a Timoteo, el apóstol explica en mayor detalle que Dios "nos salvó y llamó con llamamiento santo, no conforme a nuestras obras, sino según el propósito suyo y la gracia que nos fue dada en Cristo Jesús antes de los tiempos de los siglos" (2 Ti. 1:9; cp. Ro. 4:2-8; 9:11; Ef. 2:8-9).

Pablo no está empleando aquí la palabra **justificados** en el sentido jurídico concreto de que Dios declara justos a los creyentes con base en los méritos de Jesucristo que son aplicados a favor de ellos (véase por ejemplo, Ro. 4:6-8; cp. 3:24, 26; Gá. 2:7). Más bien está utilizando **justificados** en su sentido más amplio y general como un sinónimo de salvación. Aun Juan Calvino, quien insistió con meticulosidad en la definición concreta y precisa de justificación, reconoció que en este pasaje se refiere a la salvación en general. Dice al respecto: "¿Qué quiso dar a entender el apóstol con la palabra "justificados"? El contexto parece exigir que su significado se extiende a algo más que la imputación judicial de justicia".

Pablo usó su propia vida como prueba de que la salvación se basa por entero en el mérito y la obra de Cristo otorgados por gracia divina y soberana. "Si alguno piensa que tiene de qué confiar en la carne, yo más", testifica el apóstol:

> *circuncidado al octavo día, del linaje de Israel, de la tribu de Benjamín, hebreo de hebreos; en cuanto a la ley, fariseo; en cuanto a celo, perseguidor de la iglesia; en cuanto a la justicia que es en la ley, irreprensible. Pero cuantas cosas eran para mí ganancia, las he estimado como pérdida por amor de Cristo. Y ciertamente, aun estimo todas las cosas como pérdida por la excelencia del conocimiento de Cristo Jesús, mi Señor, por amor del cual lo he perdido todo, y lo tengo por basura, para ganar a Cristo, y ser hallado en él, no teniendo mi propia justicia, que es por la ley, sino la que es por la fe de Cristo, la justicia que es de Dios por la fe.* (Fil. 3:4-9)

Gracias a que Jesús pagó el precio por nuestros pecados, estos son quitados por gracia y la justicia queda satisfecha por completo; de esa manera la bondad, el amor, la misericordia, la regeneración, la renovación y la gracia de Dios son activados y capacitados para actuar. La gracia nos da lo que no merecemos ni podemos merecer jamás. No merecemos ser perdonados, que nuestros pecados sean quitados, que la justicia propia de Cristo nos sea imputada, que nos sea dada la ciudadanía celestial, el ser justificados, santificados y un día glorificados en la presencia misma de nuestro Salvador y Señor lleno de gracia. Por eso la verdad suprema queda resumida en dos palabras: **nos salvó.**

Esa gracia salvadora divina suministra otro beneficio asombroso a los pecadores no merecedores: por fe han venido **a ser herederos conforme a la esperanza de la vida eterna.** Como Pablo declara con mayores detalles en su carta a los creyentes romanos: "El Espíritu mismo da testimonio a nuestro espíritu, de que somos hijos de Dios. Y si hijos, también herederos; herederos de Dios y coherederos con Cristo, si es que padecemos juntamente con él, para que juntamente con él seamos glorificados" (Ro. 8:16-17). Pedro expresa con alborozo: "Bendito el Dios y Padre de nuestro Señor Jesucristo, que según su grande misericordia nos hizo renacer para una esperanza viva, por la resurrección de Jesucristo de los muertos, para una herencia incorruptible, incontaminada e inmarcesible, reservada en los cielos para vosotros" (1 P. 1:3-4).

RECORDAR NUESTRA MISIÓN

Palabra fiel es esta, y en estas cosas quiero que insistas con firmeza, para que los que creen en Dios procuren ocuparse en buenas obras. Estas cosas son buenas y útiles a los hombres. (3:8)

En cuarto y último lugar, si queremos vivir de la manera que Dios quiere que vivamos en una sociedad pagana, sin resentirnos contra las personas a quienes estamos llamados a alcanzar, debemos recordar nuestra misión ordenada por designio divino dentro de esa sociedad. Debemos vivir como hemos sido instruidos a hacerlo en el capítulo 2.

Estas cosas se refiere a todo lo que Pablo ha recalcado en ese capítulo y en los primeros siete versículos del capítulo tres, a saber, la manera como los creyentes deberían vivir y actuar en su relación los unos con los otros dentro de la iglesia (2:1-15) y la manera como deberían vivir y actuar delante del mundo incrédulo (3:1-7).

Tito debía hablar **con firmeza** acerca de esas verdades a las iglesias, a fin de que, como Pablo ya ha mencionado (3:1), **los que creen en Dios procuren ocuparse en buenas obras.** Este joven anciano no debía ser irresoluto, indeciso o vacilante sino que debía **insistir** con intensidad y denuedo, hablando y actuando con la convicción firme de que estaba siendo obediente en el cumplimiento de su ministerio asignado por orden divina.

Los que creen en Dios no se refiere a personas que no son ateas sino a cristianos genuinos, aquellos que han sido salvados por la gracia de Dios y creen de todo corazón en la Palabra de **Dios.** Los creyentes fieles y fundamentados en la Biblia recuerdan su deber de someterse a la autoridad humana, incluso aquella que es injusta, impía y pagana. Recuerdan su condición anterior como incrédulos, sabiendo que de no ser por la gracia de Dios, todavía estarían perdidos y condenados. Recuerdan el don maravilloso de la salvación, el cual han recibido a causa de la bondad de Dios, su amor, su misericordia, su lavamiento de regeneración, su renovación por el Espíritu Santo, por su Hijo, y todo ello por su gracia soberana. También recuerdan que el Señor les ha llamado a ser sus testigos ante el mundo perdido y condenado en que ahora viven. Por lo tanto, reconocen que no están llamados a cambiar la cultura, a reformar las conductas externas o a tratar de redimir a la sociedad en la superficie.

Son cuidadosos y **procuran ocuparse en buenas obras,** actos genuinos de virtud que benefician a los no salvos y son producidos por un corazón amoroso que está investido de poder para ser fructífero por el Espíritu Santo de Dios. Entre esas **buenas obras** se encuentran nuestras oraciones sinceras por quienes están perdidos, la clase de **obras** que los perdidos quizás ni siquiera sepan que se han realizado en su favor, pero que contribuirán a su bendición y según esperamos los creyentes, a su salvación.

Cuando los cristianos exaltan la Palabra de Dios y demuestran el poder de Dios para transformar vidas, **estas cosas son buenas y útiles a los hombres,** no solo para los creyentes sino como corresponde al enfoque de este pasaje, también para los pecadores no salvos que les rodean y son atraídos a Cristo por las vidas ejemplares de aquellos a quienes Él ha transformado en su gracia.

La última palabra sobre relaciones personales 10

Pero evita las cuestiones necias, y genealogías, y contenciones, y discusiones acerca de la ley; porque son vanas y sin provecho. Al hombre que cause divisiones, después de una y otra amonestación deséchalo, sabiendo que el tal se ha pervertido, y peca y está condenado por su propio juicio.
Cuando envíe a ti a Artemas o a Tíquico, apresúrate a venir a mí en Nicópolis, porque allí he determinado pasar el invierno. A Zenas intérprete de la ley, y a Apolos, encamínales con solicitud, de modo que nada les falte. Y aprendan también los nuestros a ocuparse en buenas obras para los casos de necesidad, para que no sean sin fruto. Todos los que están conmigo te saludan. Saluda a los que nos aman en la fe. La gracia sea con todos vosotros. Amén. (3:9-15)

El plan de salvación de Dios requiere iglesias fuertes que proclamen y vivan la realidad del evangelio transformador de tal modo que sea atractivo para los perdidos. Ese testimonio se construye sobre la base de relaciones santificadas.

Como se indicó en la introducción, el capítulo 1 de Tito trata acerca de la relación de los creyentes en la iglesia con el Señor de la iglesia, como está ejemplificada por su liderazgo. El capítulo 2 trata las relaciones mutuas entre los creyentes y la primera mitad del capítulo 3 trata la relación de los creyentes con la sociedad no regenerada en la que viven. En la última mitad del capítulo 3, el final de la carta, Pablo presenta lo que se podría llamar "la última palabra sobre relaciones personales", ya que se enfoca en la relación de los líderes de la iglesia entre sí.

Cuando una persona tiene conversaciones importantes o mantiene correspondencia seria con un amigo o un consejero, las cuestiones más personales y a veces las más urgentes, se mencionan al final. Esto parece ser cierto en la carta a Tito. En sus palabras finales, Pablo menciona cuatro categorías distintas e importantes de relaciones personales dentro de la iglesia que son de importancia especial: relaciones con maestros falsos, con personas facciosas, con hermanos en la fe y en la obra, y con amigos fieles.

MAESTROS FALSOS

Pero evita las cuestiones necias, y genealogías, y contenciones, y discusiones acerca de la ley; porque son vanas y sin provecho. (3:9)

Los creyentes en la isla de Creta habían sido expuestos en demasía a una gran cantidad de hombres que alegaban representar al Señor, ser siervos suyos y enseñar su Palabra. En realidad, no obstante, eran corruptos en sus vidas espirituales y se habían constituido en enemigos del Señor, su Palabra y su iglesia. Aquellos hombres habían generado tanta confusión que Pablo amonestó a Tito, "para que corrigieses lo deficiente, y establecieses ancianos en cada ciudad, así como yo te mandé... [cada uno de los cuales debía ser] retenedor de la palabra fiel tal como ha sido enseñada, para que también pueda exhortar con sana enseñanza y convencer a los que contradicen. Porque hay aún muchos contumaces, habladores de vanidades y engañadores, mayormente los de la circuncisión, a los cuales es preciso tapar la boca; que trastornan casas enteras, enseñando por ganancia deshonesta lo que no conviene" (1:5, 9-11).

Tito tenía que enfrentar a un grupo grande ("muchos", 1:10) y formidable de líderes en las iglesias cretenses que estaban engañando a los creyentes con respecto a las verdades centrales del evangelio. Los más influyentes y peligrosos eran los legalistas judíos, "los de la circuncisión" (v. 10), quienes promovían "fábulas judaicas" y "mandamientos de hombres" (v. 14). Ni siquiera eran maestros falsos honestos, porque su motivo básico no era instruir, así fuera en la falsedad, sino más bien obtener "ganancia deshonesta". De cualquier forma, estaban ocasionando graves perjuicios a la causa de Cristo y debían ser refutados (v. 9), silenciados (v. 11) y reprobados (v. 13). Profesaban "conocer a Dios", explicó Pablo, "pero con los hechos lo niegan, siendo abominables y rebeldes, reprobados en cuanto a toda buena obra" (v. 16).

Así como aquellos acerca de los cuales Pablo advirtió a Timoteo, estos falsos maestros "tendrán apariencia de piedad, pero negarán la eficacia de ella" (2 Ti. 3:5). No se trataba de creyentes desobedientes; no eran creyentes en lo absoluto, como lo evidencia el hecho de que se habían acogido a doctrinas impías y llevaban vidas impías. Debían ser expulsados de inmediato de las iglesias.

Pablo mismo había sido hostigado por falsos maestros y líderes judaizantes a lo largo de su ministerio y estaba muy consciente tanto de su peligro como de su persistencia. En uno de sus encuentros con ellos Tito estuvo involucrado. Algunos años atrás, acompañado por Bernabé y Tito, Pablo había ido a Jerusalén para explicar su ministerio entre los gentiles a los líderes cristianos judíos que estaban allí. En su carta a las iglesias de Galacia, él explica que, en oposición a las demandas de los judaizantes, "ni aun Tito, que estaba conmigo, con todo y ser griego, fue obligado a circuncidarse" (Gá. 2:3); "y esto", continúa Pablo, "a pesar de los falsos hermanos introducidos a escondidas, que entraban para espiar nuestra libertad que tenemos en Cristo Jesús, para reducirnos a esclavitud, a los cuales ni por un momento accedimos a someternos, para que la verdad del evangelio permaneciese con vosotros" (vv. 4-5). Al final de esa epístola el apóstol comenta además que "todos los que quieren agradar en la carne, éstos os obligan a que os circuncidéis, solamente para no padecer persecución a causa de la cruz de Cristo" (6:12).

Evita es la traducción de una forma del verbo *periistēmi*, que en la voz media, como aquí, significa "darse la vuelta, alejarse de forma intencional de algo o alguien". Tito, los demás ancianos y las congregaciones en Creta debían apartarse de toda clase de maestros falsos, los cuales eran destructivos en sentido moral y espiritual, y que no solo corrompían a las iglesias sino que por sus estilos de vida pecaminosos y sórdidos, eran un estorbo inmenso para la credibilidad del evangelio. El efecto de las enseñanzas falsas está explicado en varios pasajes del Nuevo Testamento: Perturbar el alma (v. 20), naufragar en cuanto a la fe (1 Ti. 1:19), llevar a la blasfemia (v. 20), contribuir a la perdición de los oyentes (2 Ti. 2:14), producir impiedad (v. 16), así como carcomer y propagarse "como gangrena" (v. 17).

En este versículo Pablo menciona cuatro categorías específicas de errores que estos falsos maestros habían apropiado para su difusión: **cuestiones necias, y genealogías, y contenciones, y discusiones acerca de la ley.**

Necias se traduce de *mōros* y **cuestiones** de *zētēsis*, que tiene el significado básico de buscar o investigar pero llegó a emplearse para aludir a discusión o debate, en especial sobre cuestiones controvertibles y problemáticas.

En las cartas de Pablo *zētēsis* siempre tiene una connotación negativa y se emplea en advertencias similares a la de este pasaje, con el propósito de que los cristianos no se dejen involucrar en argumentos fútiles acerca de **cuestiones** de filosofía o incluso teología que están basadas en la razón y la imaginación humana pero no en la Palabra de Dios. Pablo la emplea en tres ocasiones en sus palabras a Timoteo. Al principio de su primera carta, el apóstol instruye así a este otro anciano joven: "para que mandases a algunos que no enseñen diferente doctrina, ni presten atención a fábulas y genealogías interminables, que acarrean *disputas* más bien que edificación de Dios", y que de forma inevitable resultan en "vana palabrería" (1 Ti. 3:6, cursivas añadidas). Casi al final de esa carta repite la advertencia: "Si alguno enseña otra cosa, y no se conforma a las sanas palabras de nuestro Señor Jesucristo, y a la doctrina que es conforme a la piedad, está envanecido, nada sabe, y delira acerca de *cuestiones* y contiendas de palabras, de las cuales nacen envidias, pleitos, blasfemias, malas sospechas, disputas necias de hombres corruptos de entendimiento y privados de la verdad, que toman la piedad como fuente de ganancia; apártate de los tales" (1 Ti. 6:3-5, cursivas añadidas). En su segunda carta, Pablo también exhorta a Timoteo: "Pero desecha las *cuestiones* necias e insensatas, sabiendo que engendran contiendas" (2 Ti. 2:23, cursivas añadidas).

Los falsos maestros en la iglesia siempre distorsionan y contradicen las Escrituras, reemplazándola con opiniones, ideas y nociones novedosas que confunden y extravían al pueblo de Dios al tiempo que menoscaban su confianza en la verdad revelada de Dios. El peligro de la doctrina falsa se hace todavía peor porque al apelar al hombre natural, encuentra aceptación inmediata entre los incrédulos e incluso entre cristianos mundanos y egocéntricos que no están bien fundamentados en la Palabra. Es por esa razón que Pablo instruye a Timoteo: "Procura con diligencia presentarte a Dios aprobado, como obrero que no tiene de qué avergonzarse, que usa bien la palabra de verdad. Mas evita profanas y vanas palabrerías, porque conducirán más y más a la impiedad. Y su palabra carcomerá como gangrena..." (2 Ti. 2:15-17). Una vez que ha sido descubierto un maestro falso, debe ser rechazado por la iglesia y despojado de toda plataforma para divulgar sus falsedades destructivas que son como cáncer espiritual. No debe ser debatido sino denunciado y expulsado (cp. 2 Co. 6:14-18).

Uno se pregunta cuántas horas, años y vidas de cristianos consagrados se han perdido para detrimento de la enseñanza genuina de la Palabra de Dios y el evangelismo efectivo a causa del tiempo que se ha desperdiciado en **cuestiones necias.** Aunque por cierto las doctrinas falsas en sí mismas son necias, el punto de Pablo aquí es que gastar tiempo discutiéndolas también es una necedad y el pueblo de Dios no debe participar en ello.

Algo que también carece por completo de valor para los creyentes es ocuparse en la interpretación de **genealogías.** Por supuesto, Pablo no está negando el valor de las abundantes y extensas **genealogías** que se encuentran en la Biblia, tanto en el Antiguo como en el Nuevo Testamento. Esas **genealogías** tuvieron una importancia crítica para determinar el linaje dado por Dios para el sacerdocio, los reyes de Judá e Israel, e incluso el Mesías. El Evangelio de Mateo empieza con estas palabras: "Libro de la genealogía de Jesucristo, hijo de David, hijo de Abraham..." (Mt. 1:1; cp. 2-17). La advertencia de Pablo a Tito se refería por otro lado a las incontables interpretaciones caprichosas y alegóricas de tales **genealogías** que tanto ha fascinado a muchos judíos durante siglos.

El historiador de la iglesia del cuarto siglo Eusebio reportó que cuando los apóstoles murieron, surgió una conspiración de error impío por medio de maestros falsos y engañosos que con arrogancia propagaban sus mentiras insidiosas en oposición a la Palabra de Dios. Es obvio a partir del consejo de Pablo a Timoteo y a Tito que esos errores impíos eran una amenaza seria para la iglesia incluso antes de que murieran todos los apóstoles.

Una tercera clase de error que los cristianos en Creta enfrentaban tenía que ver con **contenciones** en general. Este término incluye las ideas de toda clase de rivalidad egocéntrica, antagonismos y discrepancias sin fundamento acerca de la verdad.

Debido a que la iglesia incluyó en sus comienzos a tantos judíos convertidos, un cuarto error común se relacionaba con **discusiones acerca de la ley** de Moisés. Pablo se refiere a ese problema en su carta a las iglesias en Galacia: "Todos los que quieren agradar en la carne, éstos os obligan a que os circuncidéis, solamente para no padecer persecución a causa de la cruz de Cristo. Porque ni aun los mismos que se circuncidan guardan la ley; pero quieren que vosotros os circuncidéis, para gloriarse en vuestra carne" (Gá. 6:12-13; cp. 1 Ti. 1:6-7).

El concilio de Jerusalén fue convocado con el propósito específico de tratar la enseñanza de los judaizantes, incluidos "algunos de la secta de los fariseos, que habían creído, [los cuales] se levantaron diciendo: Es necesario circuncidarlos [creyentes gentiles], y mandarles que guarden la ley de Moisés" (Hch. 15:5). El primer orador en el concilio fue Pedro, quien terminó sus comentarios con la pregunta: "Ahora, pues, ¿por qué tentáis a Dios, poniendo sobre la cerviz de los discípulos un yugo que ni nuestros padres ni nosotros hemos podido llevar? Antes creemos que por la gracia del Señor Jesús seremos salvos [los judíos], de igual modo que ellos [los gentiles]" (vv. 10-11). Después que Pablo, Bernabé y otros hubieron hablado, Santiago como moderador de concilio y quien es probable que haya sido medio hermano de Jesús (véase Hch. 12:17; 21:18), dio por terminada la reunión con estas palabras: "Por lo cual yo juzgo que no se inquiete [con la circuncisión y la observancia de la ley mosaica] a los gentiles que se convierten a Dios" (v. 19). Para los creyentes que reconocen la autoridad de los apóstoles y de la Palabra de Dios, las **discusiones acerca de la ley** de Moisés y su relación con los cristianos se terminaron y quedaron resueltas de forma permanente en ese tiempo.

Cosas como las mencionadas por Pablo en este versículo deben ser evitadas **porque son vanas y sin provecho.** Discutir sobre teología, doctrina o moralidad con aquellos que distorsionan o desatienden la Palabra de Dios es algo que siempre resulta infructuoso. A diferencia de los incrédulos, quienes aceptan la autoridad de la Biblia y discuten su significado, Pablo se refiere aquí a toda discusión con maestros falsos, los cuales no tienen deseo alguno de aceptar la verdad divina.

Los maestros falsos son imbuidos por "espíritus engañadores" y "doctrinas de demonios" (1 Ti. 4:1), pero lo cierto es que parecen no faltarles discípulos. Pedro dijo acerca de ellos: "Y muchos seguirán sus disoluciones, por causa de los cuales el camino de la verdad será blasfemado" (2 P. 2:2). A través de la historia de la iglesia, aquellos que no soportan "la sana doctrina" han abundado, porque al vivir "teniendo comezón de oír, se [amontonan] maestros conforme a sus propias concupiscencias, y [apartan] de la verdad el oído y se [vuelven] a las fábulas" (2 Ti. 4:3-4).

GENTE FACCIOSA

Al hombre que cause divisiones, después de una y otra amonestación deséchalo, sabiendo que el tal se ha pervertido, y peca y está condenado por su propio juicio. (3:10-11)

Así como debemos evitar las ocupaciones impías, infructuosas y corruptoras mencionadas en el versículo 9, también debemos desechar **al hombre que cause divisiones.**

Deséchalo se traduce de *paraiteomi*, que también se traduce así en 1 Timoteo 4:7 y en 2 Timoteo 2:23. En el primer caso Pablo se refiere a "fábulas profanas y de viejas", y en el segundo a "las cuestiones necias e insensatas". **Hombre que cause divisiones** se traduce a partir de *hairetikos*, del cual se deriva la palabra *hereje*. La palabra original tenía el significado simple de "escoger", pero el término llegó a significar la colocación voluntariosa de opiniones individuales por encima de la verdad, rehusando hasta la simple consideración de opiniones contrarias a la propia. En su forma de sustantivo, está asociada con "obras de la carne" tan serias como "adulterio, fornicación, inmundicia, lascivia, idolatría, hechicerías, enemistades, pleitos, celos, iras, contiendas, disensiones, *herejías*, envidias, homicidios, borracheras, orgías, y cosas semejantes a estas" (Gá. 5:19-21, cursivas añadidas). La persona facciosa que causa **divisiones** no está dispuesta a someterse a la Palabra o a los líderes piadosos en la iglesia. Es la ley para sí mismo y no tiene interés alguno en la verdad o la unidad espirituales.

Aunque los maestros falsos por cierto son los que causan **divisiones** más devastadoras, Pablo arroja aquí una red más amplia que incluye a *cualquiera* en la iglesia que sea causante de divisiones y perturbación. Puesto que las consecuencias de la insubordinación, la insumisión y las contiendas pueden ser tan destructivas para la unidad entre el pueblo del Señor, el mandato del apóstol es que cualquier persona **que cause divisiones,** trátese de hombre o mujer, debe ser desechado por la iglesia **después de una y otra amonestación,** es decir, después de que se le hayan hecho advertencias por primera y segunda vez. Las cuestiones mismas pueden ser triviales, pero contender sobre ellas no lo es.

Las palabras fuertes del apóstol no solo se aplican a herejes y apóstatas sino a todos los que causan divisiones y son facciosos: "Mas os ruego, hermanos", advirtió Pablo a los creyentes en Roma, "que os fijéis en los que causan divisiones y tropiezos en contra de la doctrina que vosotros habéis aprendido, y que os apartéis de ellos. Porque tales personas no sirven a nuestro Señor Jesucristo, sino a sus propios vientres, y con suaves palabras y lisonjas engañan los corazones de los ingenuos" (Ro. 16:17-18).

Al hablar acerca de los maestros falsos y otros que causan **divisiones,** Pablo mandó a la iglesia en Tesalónica: "Si alguno no obedece a lo que decimos por medio de esta carta, a ése señaladlo, y no os juntéis con él, para que se avergüence. Mas no lo tengáis por enemigo, sino amonestadle como a hermano" (1 Ts. 3:14-15). La disciplina en la iglesia siempre debe aplicarse de una manera amorosa, sin enjuiciamientos y con el propósito de remediar, restaurar y redimir. Debe administrarse en toda humildad, "con mansedumbre [se debe corregir] a los que se oponen, por si quizá Dios les conceda que se arrepientan para conocer la verdad" (2 Ti. 2:25).

La unidad en la verdad divina y en el compañerismo espiritual es imperativa para el evangelismo efectivo. Jesús dijo que esto es testimonio para el mundo: "Yo en ellos, y tú en mí, para que sean perfectos en unidad, para que el mundo conozca que tú me enviaste, y que los has amado a ellos como también a mí me has amado" (Jn. 17:23). Poco después de esa oración, en lo que se llama con frecuencia el discurso en el aposento alto (Jn. 13:1–16:33), el Señor dijo a los doce: "En esto conocerán todos que sois mis discípulos, si tuviereis amor los unos con los otros" (13:35).

El amor piadoso y genuino es la fuerza apremiante de vinculación que mantiene la unidad espiritual auténtica de conformidad con el orden divino y como una parte integral de nuestro testimonio ante el mundo: "así nosotros, siendo muchos, somos un cuerpo en Cristo, y todos miembros los unos de los otros" (Ro. 12:5). En su carta a los creyentes en Éfeso, el apóstol expone la misma verdad básica con palabras diferentes: "un cuerpo, y un Espíritu, como fuisteis también llamados en una misma esperanza de vuestra vocación; un Señor, una fe, un bautismo, un Dios y Padre de todos, el cual es sobre todos, y por todos, y en todos" (Ef. 4:4-6). Pablo continúa explicando que el plan de Dios para los apóstoles, evangelistas, pastores y maestros está diseñado "a fin de perfeccionar a los santos para la obra del ministerio, para la edificación del cuerpo de Cristo, hasta que todos lleguemos a *la unidad de la fe* y del conocimiento del Hijo de Dios, a un varón perfecto, a la medida de la estatura de la plenitud de Cristo" (vv. 11-13, cursivas añadidas).

Quizás la enseñanza más comprensiva de Pablo acerca de la naturaleza e importancia de la unidad genuina en la iglesia se halla en su primera carta a la iglesia en Corinto, la cual estaba confundida y fragmentada debido a doctrina falsa, animosidades personales y divisiones internas.

> *Os ruego, pues, hermanos, por el nombre de nuestro Señor Jesucristo, que habléis todos una misma cosa, y que no haya entre vosotros divisiones, sino que estéis perfectamente unidos en una misma mente y en un mismo parecer. Porque he sido informado acerca de vosotros, hermanos míos, por los de Cloé, que hay entre vosotros contiendas. Quiero decir, que cada uno de vosotros dice: Yo soy de Pablo; y yo de Apolos; y yo de Cefas; y yo de Cristo. ¿Acaso está dividido Cristo? ¿Fue crucificado Pablo por vosotros? ¿O fuisteis bautizados en el nombre de Pablo?... La copa de bendición que bendecimos, ¿no es la comunión de la sangre de*

> *Cristo? El pan que partimos, ¿no es la comunión del cuerpo de Cristo? Siendo uno solo el pan, nosotros, con ser muchos, somos un cuerpo; pues todos participamos de aquel mismo pan... Porque así como el cuerpo es uno, y tiene muchos miembros, pero todos los miembros del cuerpo, siendo muchos, son un solo cuerpo, así también Cristo.* (1 Co. 1:10-13; 10:16-17; 12:12)

Las últimas palabras de Pablo a esa iglesia camorrista y problemática fueron: "Por lo demás, hermanos, tened gozo, perfeccionaos, consolaos, sed de un mismo sentir, y vivid en paz; y el Dios de paz y de amor estará con vosotros" (2 Co. 13:11).

Para un creyente que está bien fundamentado en la Palabra, los errores y la pecaminosidad de la gente facciosa que causa divisiones en la iglesia deberían ser obvios, **sabiendo que** una persona que persiste en altercar por ideas necias **se ha pervertido, y está condenado por su propio juicio.** La palabra **pervertido** traduce *ekstrephō*, que tiene el significado de "voltear por dentro o torcer". La persona facciosa que se ha dejado retorcer por su pecado constante, manifestará su condición perversa por sus propias palabras y acciones, razón por la cual termina **condenada por su propio juicio.**

Es triste que haya hombres y mujeres en iglesias evangélicas que enseñan ideas ajenas por completo a las Escrituras, los cuales con frecuencia no solo no son sometidos a disciplina sino que en lugar de ello reciben alabanza y se les dan oportunidades para promulgar sus aberraciones.

HERMANOS EN LA FE Y EN LA OBRA

Cuando envíe a ti a Artemas o a Tíquico, apresúrate a venir a mí en Nicópolis, porque allí he determinado pasar el invierno. A Zenas intérprete de la ley, y a Apolos, encamínales con solicitud, de modo que nada les falte. (3:12-13)

Haciendo una transición al lado positivo, Pablo pasa de condenar a los maestros falsos a elogiar a los líderes de la iglesia que de verdad estaban siendo usados por el Señor y que de hecho eran una bendición para su propia vida. En unas palabras personales bastante especiales, Pablo pidió dos favores a Tito: primero visitarle y segundo cuidar de dos consiervos en la obra del Señor.

Pablo no sabía **cuándo** habría de enviar un substituto para Tito o si sería **Artemas o Tíquico.** No conocemos sobre **Artemas** en lo absoluto y solo podemos concluir que, puesto que es obvio que Pablo tenía confianza en su piedad y su capacidad de liderazgo, se trataba de un pastor y maestro fiel que estaba bien calificado para hacerse cargo de la supervisión de las iglesias cretenses.

Tíquico es mencionado varias veces en el Nuevo Testamento. Acompañó a Pablo en el viaje misionero desde Corinto hasta Asia Menor (Hch. 20:4), entregó la carta de Pablo a la iglesia en Colosas (Col. 4:7) y es probable que la dirigida a Éfeso (Ef. 6:21). En la primera de esas dos referencias **Tíquico** es llamado "amado hermano y fiel ministro y consiervo en el Señor", y en la segunda "hermano amado y fiel ministro en el Señor". Ese hombre eminente de Dios había sido enviado antes por Pablo para reemplazar a Timoteo en Éfeso (2 Ti. 4:12). Resulta claro que hizo un trabajo digno de elogio en Éfeso teniendo en cuenta la confianza que Pablo tuvo en él para que se encargara de una tarea mucho más grande de administrar y tratar los problemas en las numerosas iglesias de Creta.

Quizás había hasta nueve ciudades en tiempos del Nuevo Testamento que se llamaban **Nicópolis,** nombre que significa "ciudad de victoria", las cuales fueron así llamadas por diversos conquistadores militares para conmemorar alguna victoria decisiva. Es probable que **Nicópolis** donde Pablo había **determinado pasar el invierno** estuviese ubicada en la costa occidental de Acaya, la provincia sureña de Grecia. La ciudad había sido fundada por Octaviano (el primer emperador romano, llamado más tarde Augusto), tras su gran victoria sobre Marco Antonio y Cleopatra en la batalla de Atrium en 31 a.C.

Es probable que Pablo haya escrito esta carta a Tito desde algún lugar en Macedonia (al norte de Grecia), quizás desde Filipos. Es obvio que el apóstol seguía viviendo en libertad en aquel tiempo, pero es probable que haya sido arrestado en **Nicópolis** y llevado a Roma para su último encarcelamiento. También fue desde esa ciudad que Tito viajó más tarde a Dalmacia (2 Ti. 4:10), ubicada en el área general de Croacia y Serbia en tiempos modernos.

Antes de que Tito partiera de Creta para unirse a Pablo, tenía que seguir la siguiente instrucción: **A Zenas intérprete de la ley, y a Apolos, encamínales con solicitud, de modo que nada les falte.** Como en el caso de Artemas, no tenemos información sobre **Zenas** aparte de esta mención breve que le identifica como **intérprete de la ley.** No podemos afirmar si fue un abogado romano o un experto judío en la ley mosaica. El hecho de que tenía un nombre romano no significa mucho en este respecto porque muchos judíos de aquel tiempo, incluido Pablo, recibían o adoptaban nombres romanos. Al igual que con Artemas, podemos suponer con bastante seguridad que **Zenas** fue un creyente piadoso en quien el apóstol tenía gran confianza y por el cual tenía un gran amor.

Apolos, por otro lado, es mencionado en numerosas ocasiones en el Nuevo Testamento, siempre en términos favorables. Fue un judío y predicador elocuente del evangelio, proveniente de Alejandría en Egipto y quien se caracterizó por ser "poderoso en las Escrituras"; además "había sido instruido en el camino del Señor; y siendo de espíritu fervoroso, hablaba y enseñaba diligentemente lo concerniente al Señor, aunque solamente conocía el bautismo de Juan" (Hch. 18:24-25). Cuando llegó a Éfeso y "comenzó a hablar con denuedo en la sinagoga... le oyeron Priscila y Aquila, [y] le tomaron aparte y le expusieron más exactamente el camino de Dios. Y queriendo él pasar a Acaya, los hermanos le animaron, y escribieron a los discípulos que le recibiesen; y llegado él allá, fue de gran provecho a los que por la gracia habían creído" (vv. 26-27).

Aunque **Apolos** todavía no había visitado Corinto para el tiempo en que Pablo escribió su primera carta a la iglesia de aquel lugar (véase 1 Co. 16:12), al parecer algunos de sus convertidos habían llegado a esa ciudad y habían formado uno de los bandos acerca de los cuales se lamentó Pablo: "Porque he sido informado acerca de vosotros, hermanos míos, por los de Cloé, que hay entre vosotros contiendas. Quiero decir, que cada uno de vosotros dice: Yo soy de Pablo; y yo de Apolos; y yo de Cefas; y yo de Cristo" (1 Co. 1:11-12).

En cualquier momento en que **Zenas** y **Apolos** llegaran a Creta y dondequiera que se estuvieran dirigiendo a su paso por allí, Tito fue urgido por el apóstol para ayudarles en el camino: **encamínales con solicitud, de modo que nada les falte.** Eran compañeros queridos de Pablo y colaboradores fieles en la obra del reino. Sin duda alguna Pablo sentía que este tiempo de libertad terminaría pronto y que si vivía para continuar la obra del Señor, tendría que hacerlo desde la celda de una prisión. Por esa razón era mucho más imperativo que los hombres a quienes había adiestrado en el ministerio y dejado tras de sí, fuesen animados y apoyados en todo sentido.

Ese espíritu de apoyo y cuidado mutuos siempre deberían caracterizar a la iglesia de Cristo, en especial a sus líderes espirituales. Bajo el Señor soberano, todos los líderes tienen interdependencia y están llamados y comisionados para confiar entre sí y ayudarse unos a otros como consiervos de nuestro Señor Jesucristo.

AMIGOS FIELES

Y aprendan también los nuestros a ocuparse en buenas obras para los casos de necesidad, para que no sean sin fruto. Todos los que están conmigo te saludan. Saluda a los que nos aman en la fe. La gracia sea con todos vosotros. Amén. (3:14-15)

Para terminar, Pablo da una última palabra acerca de los amigos fieles. Así como Tito y los demás ancianos en Creta, las personas entre las cuales ministraban (**los nuestros**) debían aprender **a ocuparse en buenas obras para los casos de necesidad.**

No es posible que un pastor, ni siquiera un equipo de pastores en una iglesia grande, atiendan de manera satisfactoria los abundantes **casos de necesidad** que se presentan en una congregación. No solo no hay tiempo suficiente para que un hombre lo haga todo, sino que es un hecho que los demás creyentes en la iglesia también poseen dones y capacidades espirituales que el pastor no tiene, por medio de los cuales se pueden realizar ciertas **buenas obras** y resolver ciertos **casos de necesidad** para bien de los hermanos en la fe.

Más allá de esto, una iglesia armoniosa, amorosa y servicial también será un faro para el mundo que atrae los incrédulos a la luz de la salvación por medio de la confianza plena en Cristo.

La palabra final de Pablo *para* los líderes fieles es de amor para otros, ya que los creyentes deben ser personas que se **aman en la fe.** Su palabra final *a* los amigos fieles es: **La gracia sea con todos vosotros.**

Índice de palabras griegas y hebreas

Palabras griegas

Palabras hebreas

Índice temático

EDITORIAL
PORTAVOZ

NUESTRA VISIÓN

Maximizar el efecto de recursos cristianos de calidad que transforman vidas.

NUESTRA MISIÓN

Desarrollar y distribuir productos de calidad —con integridad y excelencia—, desde una perspectiva bíblica y confiable, que animen a las personas a conocer y servir a Jesucristo.

NUESTROS VALORES

Nuestros valores se encuentran fundamentados en la Biblia, fuente de toda verdad para hoy y para siempre. Nosotros ponemos en práctica estas verdades bíblicas como fundamento para las decisiones, normas y productos de nuestra compañía.

Valoramos la excelencia y la calidad
Valoramos la integridad y la confianza
Valoramos el mérito y la dignidad de los individuos y las relaciones
Valoramos el servicio
Valoramos la administración de los recursos

Para más información acerca de nuestra editorial y los productos que publicamos visite nuestra página en la red: www.portavoz.com